Grundthemen der Literaturwissenschaft: Erzählen

Grundthemen der Literaturwissenschaft

Herausgegeben von
Klaus Stierstorfer

Wissenschaftlicher Beirat
Martin Huber, Barbara Korte, Schamma Schahadat,
Christoph Strosetzki und Martina Wagner-Egelhaaf

Martin Huber und Wolf Schmid (Hrsg.)

Grundthemen der Literaturwissenschaft: **Erzählen**

DE GRUYTER

ISBN 978-3-11-070915-5
e-ISBN (PDF) 978-3-11-041074-7
e-ISBN (EPUB) 978-3-11-041080-8
ISSN 2567-241X

Library of Congress Cataloging-in-Publication Data
A CIP catalog record for this book has been applied for at the Library of Congress.

Bibliografische Information der Deutschen Nationalbibliothek
Die Deutsche Nationalbibliothek verzeichnet diese Publikation in der Deutschen Nationalbibliografie; detaillierte bibliografische Angaben sind im Internet über http://dnb.dnb.de abrufbar.

© 2020 Walter de Gruyter GmbH, Berlin/Boston
Dieser Band ist text- und seitenidentisch mit der 2018 erschienenen gebundenen Ausgabe.
Satz: Dörlemann Satz, Lemförde
Druck und Bindung: Hubert & Co. GmbH & Co. KG, Göttingen

♾ Gedruckt auf säurefreiem Papier
Printed in Germany

www.degruyter.com

Die Reihe bietet substanzielle Einzeldarstellungen zu Grundthemen und zentralen Fragestellungen der Literaturwissenschaft. Sie erhebt den Anspruch, für fortgeschrittene Studierende wissenschaftliche Zugänge zum jeweiligen Thema zu erschließen. Gleichzeitig soll sie Forscherinnen und Forschern mit speziellen Interessen als wichtige Anlaufstelle dienen, die den aktuellen Stand der Forschung auf hohem Niveau kartiert und somit eine solide Basis für weitere Arbeiten im betreffenden Forschungsfeld bereitstellt.

Die Bände richten sich nicht nur an Studierende und WissenschaftlerInnen im Bereich der Literaturwissenschaften. Von Interesse sind sie auch für all jene Disziplinen, die im weitesten Sinn mit Texten arbeiten. Neben den verschiedenen Literaturwissenschaften soll sie LeserInnen im weiten Feld der Kulturwissenschaften finden, in der Theologie, der Philosophie, der Geschichtswissenschaft und der Kunstgeschichte, in der Ethnologie und Anthropologie, der Soziologie, der Politologie und in den Rechtswissenschaften sowie in der Kommunikations- und Medienwissenschaft. In bestimmten Fällen sind die hier behandelten Themen selbst für die Natur- und Lebenswissenschaften relevant.

Münster, im November 2017 Klaus Stierstorfer

Inhaltsverzeichnis

Dank – *Martin Huber und Wolf Schmid* —— IX

I	**Erzählen** – *Martin Huber* —— 3

II	**Die Entwicklung der Erzählforschung**
II.1	Traditionslinien der Erzähltheorie von der Antike bis in die erste Hälfte des 20. Jahrhunderts – *Matthias Grüne* —— 15
II.2	Formalistische und strukturalistische Erzähltheorie in Russland und ihre westliche Proliferation – *Wolf Schmid* —— 36
II.3	Von der französischen strukturalistischen Erzähltheorie zur nordamerikanischen postklassischen Narratologie – *John Pier* —— 59
II.4	Erzählen: Eine anthropologische Universalie? – *Jan Christoph Meister* —— 88

III	**Zentrale Fragestellungen**

III.1	**Instanzen und Modi des Erzählens**
III.1.1	Reale und implizite Autoren – *Brian Richardson* —— 117
III.1.2	Erzähler und Erzählstimme – *Natalia Igl* —— 127
III.1.3	Adressaten- und Leserinstanzen – *Rolf Fieguth* —— 150
III.1.4	Figur – *Claudia Hillebrandt* —— 161
III.1.5	Perspektive / Fokalisierung – *Sonja Zeman* —— 174
III.1.6	Bewusstseinsdarstellung – *Wolf Schmid* —— 203
III.1.7	Mündliches Erzählen / Alltagserzählungen – *Jarmila Mildorf* —— 229
III.1.8	Episches Präteritum und Historisches Präsens – *Sonja Zeman* —— 244

III.2	**Zeit, Handlung, Raum und Ereignis**
III.2.1	Zeit – *Antonius Weixler und Lukas Werner* —— 263
III.2.2	Handlung / Plot – *Karin Kukkonen* —— 278
III.2.3	Strukturmomente der Erzählung – *Anja Burghardt* —— 299
III.2.4	Ereignis – *Wolf Schmid* —— 312
III.2.5	Metalepse – *Sonja Klimek* —— 334
III.2.6	Raum – *Caroline Frank* —— 352

III.3 Gattungen
III.3.1 Narrative Gattungen – *Rüdiger Zymner* —— **365**
III.3.2 Erzählen in der Lyrik und im Drama – *Peter Hühn* —— **384**

III.4 Rezeption
III.4.1 Ästhetische Illusion – *Werner Wolf* —— **401**
III.4.2 ‚Unnatürliches' Erzählen – *Rüdiger Heinze* —— **418**

IV Transdisziplinäre Implikationen und Konzepte

IV.1 Erzählen jenseits der Literatur
VI.1.1 Historiografie als Erzählen – *Daniel Fulda* —— **433**
VI.1.2 Erzählen im Film – *Matthias Christen* —— **447**
VI.1.3 Erzählen im Fernsehen – *Kathrin Rothemund* —— **458**
VI.1.4 Erzählen in Bildern – *Wolfgang Kemp* —— **472**
VI.1.5 Erzählen im Comic – *Lukas Etter und Jan-Noël Thon* —— **485**
VI.1.6 Erzählen in der Musik – *Werner Wolf* —— **499**
VI.1.7 Narration im Recht und vor Gericht – *Michael Niehaus* —— **514**
VI.1.8 Erzählungen und narrative Praktiken in der Psychotherapie – *Carl Eduard Scheidt und Anja Stukenbrock* —— **528**
VI.1.9 Erzählen im Arzt/Patient-Gespräch – *Karin Birkner* —— **547**

IV.2 Transdisziplinäre Fragestellungen und Konzepte
VI.2.1 Erzählen und Gender – *Susan Lanser* —— **569**
VI.2.2 Kognitivistische Narratologie – *Ralf Schneider* —— **580**
VI.2.3 Computergestützte Erzähltextforschung – *Fotis Jannidis* —— **597**
VI.2.4 Kulturwissenschaftliche Konzepte des Erzählens – *Roy Sommer* —— **613**

Register der Namen und Werke —— **623**

Sachregister —— **642**

Dank

Unternehmungen wie ein Handbuch *Erzählen* können nur gelingen, wenn viele kompetente Menschen gut zusammenarbeiten. Dafür möchten wir herzlich danken. An erster Stelle gilt der Dank unseren Autorinnen und Autoren, die sich in ihrem Forschungsfeld mit viel Engagement noch einmal neu auf den ihnen bekannten Gegenstand eingelassen haben. Dabei sind verständliche und zugleich hochinformative Beiträge entstanden, die so noch nicht publiziert sind.

Für die sorgfältige redaktionelle Begleitung der Manuskripte und die Erstellung der Register danken wir Lisa Sattler. Anja-Simone Michalski und Annika Goldenbaum möchten wir für die freundliche und umsichtige Lektorierung des Bandes im Verlag besonderen Dank sagen.

Martin Huber und Wolf Schmid

I Erzählen

Martin Huber
1 Grundlagen und Funktionen

Erzählt haben Menschen zu allen Zeiten und in allen Kulturen. Und schon immer hatte das Erzählen nicht nur den Effekt, die Zeit oder die Angst zu vertreiben (Blumenberg 2009 [1979], 40) und den Terror bewältigen zu können (Blumenberg 1971). Menschen haben das Erzählen auch schon immer zu sehr pragmatischen Zwecken eingesetzt: zur Weitergabe von Informationen in bester instruktiver Absicht und zur Manipulation. Erzählen, das heißt, mit Sprache die Welt zu ordnen, Zusammenhänge herzustellen und zu deuten, von Veränderungen zu berichten. Dies reicht von kleinen Geschichten, mit denen wir alltäglich Informationen austauschen und unsere Identitäten konstruieren, bis hin zu den Erzählungen, mit deren Hilfe Gesellschaften ihre soziale wie politische Ordnung herstellen und stabilisieren (Müller-Funk 2008 [2002]). Erzählen ist universal: Wir werden über Erzählen sozialisiert, unsere Vorstellungen von individuellem Glück und sozialem Zusammenleben, alle transzendenten Denkmodelle werden in Geschichten tradiert, sind zunächst Erzählung. Wir sind „in Geschichten verstrickt", so hat der Philosoph Wilhelm Schapp schon 1953 die Bedeutung des Erzählens hervorgehoben.

Bereits die Herkunft des Wortes im Deutschen verweist auf die ordnende Grundeigenschaft von ‚erzählen'. Das mittelhochdeutsche Verbum *erzellen* bedeutet ursprünglich „‚aufzählen', dann in geordneter Reihenfolge hersagen, berichten" (Kluge [1999], 233). In diesem Sinn bildet Erzählen eine elementare Ordnungsleistung im Alltag (*Mildorf, Mündliches Erzählen / Alltagserzählungen*)[1]. Zugleich macht das Erzählen es möglich, einzelne Begebenheiten aus dem Alltag herauszuheben und über die Form der Erzählung als Erfahrung zu generalisieren. Über den gewöhnlichen Ablauf unseres Alltags sprechen wir nicht ausführlich, erst eine Unterbrechung der Routine, ein außergewöhnliches Vorkommnis, ein Ereignis, bringt uns zum Erzählen (*Schmid, Ereignis*).

Erzählen meint auch die Fähigkeit, Begebenheiten aus dem Kontinuum des alltäglichen Weltgeschehens auszugliedern und in eine mit Anfang und Ende versehene, diskontinuierliche Ereignisfolge zu überführen. Dabei wird im Erzählen die physikalische Zeit angehalten und etwas geschaffen, was es außerhalb des Erzählens nicht gibt: eine eigene Zeit (*Weixler und Werner, Zeit*). Diese ‚erzählte' oder ‚diegetische Zeit' ist während der Erzählung unmittelbar gegenwärtig – ganz

---

[1] Kursivierte Namen und Titel (zum Teil verkürzt) in Klammern verweisen auf die entsprechenden Beiträge im vorliegenden Band.

unabhängig davon, wann das Ereignis tatsächlich passiert ist. Ein Geschehen, das mit den einleitenden Worten ‚Vor drei Jahren ist mir im Urlaub etwas Schreckliches passiert ...', erzählt wird, ist während des Erzählens ebenso präsent wie das Ereignis in einer Erzählung nach dem Muster ‚Du glaubst nicht, was ich eben gesehen habe ...'

Erzählen ist eine eigenständige Form der Wirklichkeitsaneignung und geht rein beschreibenden und systematischen Verfahren voraus. Erzählen impliziert dabei einen Akt der Sinnbildung, in dem wir nachträglich für an sich ‚sinnlose' kontingente Ereignisse eine sinnhafte Abfolge und eine Kausalität als strukturierte Begebenheit konstruieren. Warum das so ist, wissen wir nicht. Sicher ist jedoch, dass Menschen die sie umgebende Welt zunächst durch Geschichten, also erzählend, erklärt haben, bevor sie begonnen haben, systematisch und ‚wissenschaftlich' zu denken. Am Anfang stand der „Mythos", die ‚Erzählung', für Aristoteles die durchaus sinn- und effektgesteuerte „Zusammenfügung von Handlungen" (*Poetik* 1450a). Die Konfrontation mit Zufall und Komplexität wird von uns Menschen immer wieder über die Form der Erzählung, also einer deutenden Repräsentation, in eine Ordnung überführt. Offenbar gibt es einen übergeordneten Zusammenhang zwischen Erfahrung und Erzählen, über den der Prozess der Sinnbildung anthropologisch verankert scheint und dem Erzählen ein bestimmtes Set an Funktionen zuweist (*Meister, Erzählen: Eine anthropologische Universalie?*).

Die Fähigkeit, kontingente Welterfahrungen durch Geschichten in eine verständliche und im Alltag sinnfällige Erzählung zusammenzufassen, charakterisiert den Menschen – Walter Fisher (1987) hat dafür die Formel *homo narrans* geprägt. Wir haben die Fähigkeit, man könnte auch sagen: den kognitiven Zwang, Informationen als Teile einer zeitlichen Ereigniskette im Sinne einer vollständigen und sinnhaften Erzählung zu deuten und das bloße zeitliche Nacheinander mit einer kausallogischen Motivierung zu unterlegen. Dieser Sinnbildungsprozess lässt sich etwa an einer berühmt gewordenen Wortkette beobachten: *For Sale. Baby shoes. Never worn.*

Wir verstehen diese sechs Worte, die Ernest Hemingway in einem Wettstreit um die kürzeste vollständige Geschichte um 1925 auf eine Serviette geschrieben haben soll, nicht anders als eine kurze Alltagserzählung (*Burghardt, Strukturmomente der Erzählung*). Wir erkennen eine zeitliche Verknüpfung von Zukunft *For Sale*, Gegenwart *Baby shoes* und Vergangenheit *Never worn*, und um Kohärenz herzustellen und eine sinnvolle Erzählung zu erhalten, ergänzen wir die fehlende Kausalverknüpfung (warum sind die Babyschuhe ungetragen geblieben?) und damit das dahinterliegende Ereignis (was ist mit dem Baby passiert?) mit mehr oder weniger emotionaler Phantasie und Empathie. Kurz, wir stellen aus den fragmentarischen Informationen eine vollständige Geschichte her, für die wir sogar im Rückgriff auf Kontexte unserer Erfahrungswelt und jeweiligen kulturellen Vorstellungen die Figur der Verkäuferin oder des Verkäufers (*Richardson, Reale und implizite Autoren*; *Igl, Erzähler und Erzählstimme*) und auch deren soziales Umfeld imaginieren (*Hillebrandt, Figur*).

2 Erzählen als Gegenstand der Literaturwissenschaft – und darüber hinaus

Mit Hemingways auf einer Serviette notierten Kürzestgeschichte ist der Rundblick zu Funktionen und Grundelementen des Erzählens beim schriftlichen Erzählen angekommen – und damit bei der literarischen Erzählung. Schriftliches Erzählen im Distanzmedium der Literatur unterscheidet sich vom Erzählen im Alltag durch potenzierte Möglichkeiten Gattungsmuster (*Zymner, Narrative Gattungen*) und Darstellungsformen anzuwenden (*Zeman, Perspektive / Fokalisation*; *Zeman, Episches Präteritum und Historisches Präteritum*; *Frank, Raum*), um die Erlebnisse oder mentalen Erfahrungen anzuordnen (Schmid 2017; *Schmid, Bewusstseinsdarstellung* und *Kukkonen, Handlung / Plot*).

Schon die im späten 19. Jahrhundert entstehende Erzähltheorie geht von einer begrifflichen Unterscheidung zwischen Autor und Erzähler aus, die erst ein mögliches Auseinandertreten von Wahrnehmungs- und Erzählinstanz fassen kann, wie es die Literatur der Moderne charakterisiert (*Grüne, Traditionslinien der Erzähltheorie*).

Schriftlich fixiertes Erzählen ist ein Grundthema und Kerngegenstand der Literaturwissenschaft – aber auch andere Wissenschaften vom Menschen wie die Philosophie, die Soziologie, die Kulturwissenschaften und die Anthropologie untersuchen das Erzählen. Im Austausch mit diesen Disziplinen hat sich seit der Wende zum 21. Jahrhundert auch in der Literaturwissenschaft der Blick auf das Erzählen verändert. Bereits die ‚klassische' strukturalistische Erzählforschung (*Schmid, Formalistische und strukturalistische Erzähltheorie*) hatte neben der für die Entwicklung der Narratologie grundlegenden Arbeit an den Kategorien des Erzählens immer schon auch historisch und kontextualisierend geforscht (Ėjchenbaum 1922, 1924; Šklovskij 1928; Mukařovský 1948). Zur disziplinären Gründungserzählung der ‚postklassischen' Narratologie in den späten 1990er Jahren gehört gleichwohl die Ankündigung, erstmals die historischen, kulturellen und kommunikativen Kontexte der Literatur umfassend sichtbar zu machen (Meister 2014; *Pier, Von der strukturalistischen Erzähltheorie zur postklassischen Narratologie*). Im Zusammenhang mit der disziplinübergreifenden Aufwertung des Erzählens als grundlegendes Verfahren des Menschen, seinem Dasein und der Welt Sinn abzugewinnen, hat sich seit den 1990er Jahren im Kontext des Schlagworts *narrative turn* ein weiter Erzählbegriff entwickelt (zur kritischen Darstellung vgl. Herman 1999, 2005; Nünning 2003).

Mit Alltagserzählungen, Filmen, Musik und Text/Bild-Medien ist dieser Erzählbegriff intermedial ausgerichtet und umfasst weit mehr als literarische Erzähltexte (*Christen, Erzählen im Film; Rothemund, Erzählen im Fernsehen; Kemp, Erzählen in Bildern; Wolf, Erzählen in der Musik*). Erzählformen wie Comics, die in intermedialen Adaptionszusammenhängen stehen und zunehmend durch Medienkonvergenzen (vom Comic zum Film – vom Film zum Comic) bestimmt werden, erfordern eine medienbewusste Narratologie (*Etter und Thon, Intermediales Erzählen im Comic*). In der Literaturwissenschaft weitet sich der Blick auf alle Gattungen – auch Lyrik und Drama werden unter dem Aspekt des Erzählens untersucht (*Hühn, Erzählen in der Lyrik und im Drama*). Als neues Forschungsfeld sind genderorientierte Ansätze auf das Erzählen entstanden (*Lanser, Erzählen und Gender*).

Mit der Ausweitung der Gegenstände konvergiert eine Ausdifferenzierung der kulturwissenschaftlich orientierten Erzählforschung (*Sommer, Kulturwissenschaftliche Konzepte des Erzählens*) entlang der Nachbarwissenschaften vom Menschen, etwa zu den Kognitionswissenschaften (*Schneider, Kognitivistische Narratologie*), der Medizin (*Birkner, Erzählen im Arzt/Patient-Gespräch*) und Psychotherapie (*Scheidt und Stukenbrock, Narrative Praktiken in der Psychotherapie*). Die Literaturwissenschaft stellt hierfür Begriffe und Untersuchungsverfahren zur Verfügung, die von den Nachbardisziplinen auf deren Gegenstände angewandt werden. So etwa auch bei der Rechtsprechung (*Niehaus, Narration im Recht und vor Gericht*) oder der historiografischen Erzählung, die beide mit erzähltheoretischen Verfahren untersucht werden (*Fulda, Historiografie als Erzählen*). In diesem multidisziplinären Feld nutzen viele Disziplinen Kategorien und Beschreibungsmodelle aus der Literaturwissenschaft. Die literaturwissenschaftliche Erzählforschung findet sich hierbei meist in der Rolle der begriffs- und modellgebenden Disziplin für die Nachbarn wieder – der theoretische Gewinn war aus literaturwissenschaftlicher Sicht nicht immer groß. Dies mag damit zusammenhängen, dass Nachbarn die literaturwissenschaftlich modellierten erzähltheoretische Konzepte eben nach der Relevanz in ihrer eigenen Disziplin beurteilen und für ihre eigenen Fragestellungen einsetzen.

Nicht groß genug allerdings können die positiven Effekte für die literaturwissenschaftlichen Fächer eingeschätzt werden, die sich aus der Anwendung der Erzählforschung auf alle Kommunikationen ergeben, die nun als Erzählung verstanden werden und erzähltheoretisch untersucht werden.

3 Konjunktur des Erzählens – neue Herausforderungen

Gegenwärtig herrscht eine nie da gewesene Konjunktur des Erzählens. Erzählen ist als Tätigkeit universal und ubiquitär, wir erleben eine überaus lebendige Praxis des Erzählens in Politik, Gesellschaft und Wirtschaft. Neu daran ist das allgemeine Bewusstsein für die Bedeutung des Erzählens für unser soziales und politisches Zusammenleben. Kein Leitartikel, keine Grundsatzrede kommt heute ohne den Begriff ‚Narrativ' aus. Befeuert durch die englische Sprache, in der *narrative* zunächst nur einen Text meint, der eine Geschichte erzählt („A spoken or written account of connected events; a story", so das OED), ist das Narrativ im Deutschen zur allgegenwärtigen Floskel geworden. Dabei knüpft der deutsche Lehnbegriff kaum mehr inhaltlich an die akademische Debatte an, die Jean-François Lyotard 1979 mit der These vom Ende der *grand récits* oder *metarécits* (große Erzählungen oder Metaerzählungen) angestoßen hatte. Lyotards neue Begriffe wurden im Englischen mit *grand narrative* oder *master narrative* übersetzt und kehrten als ‚Narrative' in der Mitte der 1990er Jahre als Neologismus wieder in die deutsche Sprache zurück.

War ‚Narrativ' um 2000 noch ein Fachbegriff der Literatur- und Kulturwissenschaften, wird der Begriff heute beliebig gebraucht. Doch mit ‚Narrativ' hat sich auch in der allgemeinen gesellschaftlichen Wahrnehmung ein differenzierteres Verständnis von ‚Erzählung' verfestigt: Der Begriff ‚Narrativ' macht Erzählungen als Kulturgebilde sichtbar, die sich aus Phantasie und Erfahrung speisen und in der Auswahl dessen, was erzählt wird, eine Wirklichkeit garantieren. Wer von Narrativen in der öffentlichen Debatte spricht oder schreibt, hat erkannt, welche sinnstiftende positive Kraft von Erzählungen ausgeht. Wer von Narrativen spricht, konzediert zugleich, dass es zum vorgetragenen Narrativ grundsätzlich Alternativen gibt, dass jedem Geschehen eine Vielzahl von grundsätzlich subjektiv perspektivierten Geschichten gegenübersteht.

Wird Erzählung als politisches Instrument eingesetzt, soll zumeist gerade die Möglichkeit zur alternativen Erzählung überdeckt werden. Die Erzählung zur politischen Sinnstiftung erbringt eine besondere Syntheseleistung, verbindet Intellekt und Gefühl, sie liefert dem Verstand eine Erklärung der Welt, weckt zugleich aber auch Emotionen. Mit einer narrativen Struktur, die per se Kohärenz erzeugt, lassen sich Widersprüche integrieren und Disparates als Zusammenhang darstellen. Wo politische Programme und Theorien systematisch und schlüssig argumentieren müssen, kann ein politischer Mythos Widersprüche etwa zum Charaktermerkmal der politischen Führung, oder eines Volkes erklären (Becker 2005). Nationalistische Bewegungen seit dem 19. Jahrhundert arbeiten deshalb bis heute vorwiegend mit narrativen Formen. Nach den Historikern hat jüngst auch die Politikwissenschaft ein Bewusstsein für den Modus des Erzählens im politischen Alltag entwickelt und politische Narrative als Schlüsselkategorie für die Disziplin entdeckt (Gadinger et al. 2014) und wendet bei der Beschreibung und Analyse der Erzählstrukturen narratologische Kategorien an.

Ein weiteres großes Teilsystem unserer Gesellschaft, die Wirtschaft, verwendet Erzählen im Produktmarketing als strategisches Element, seit es Werbung gibt. Mit dem wachsenden Bewusstsein, dass Erzählen die wichtigste Fähigkeit des Menschen ist – Alasdair MacIntyre hat schon 1981 dafür die einprägsame Formel vom „storytelling animal" geschaffen (Jensen und Hoffmann 2002) –, gestalten seit den 2000er Jahren auch Unternehmen ihre interne und externe Kommunikation zunehmend mithilfe von Geschichten und Erkenntnissen der ‚angewandten' Erzählforschung (Norlyk 2013, Ettl-Huber 2014). Produktgeschichten und die Geschichte des Unternehmens werden in Form eines Markennarrativs zum zentralen Grundpfeiler der Unternehmen, der durch *storytelling* in den sozialen Medien und durch virales Marketing permanent verfestigt werden muss (Krüger 2014). Unternehmen können mit ihrem Markennarrativ die Einstellung der Konsumenten zu einer Marke positiv beeinflussen (Neder 2017) und Konzerne mit einem soliden Markennarrativ überstehen selbst fehlerhafte Produkte und schwierige Phasen am Markt.

Angesichts eines zunehmenden Wissenschaftspopulismus hat zuletzt auch die Wissenschaft das Bewusstsein erreicht, wie wichtig Erzählen für ihr institutionelles Fortbestehen ist. Auch die Wissenschaft hat erkannt, dass sie sich mit der Erzählung, die Wissenschaftlerinnen und Wissenschaftler selbst über ihre Gegenstände und ihr disziplinäres Selbstverständnis nach außen kommunizieren, im Wettbewerb mit populistischen Akteuren befindet. Die Wissenschaft als institutionelles Ganzes und die einzelnen Forschungsdisziplinen als nach außen sichtbare Einheiten stehen vor der Herausforderung, sich selbst und ihr Tun, sinnhaft zu erzählen. Diese Erzählungen müssen dabei mit Angeboten konkurrieren, die für komplexe wissenschaftliche Probleme einfache Lösungen in noch einfacheren Erzählungen zu liefern behaupten.

4 Perspektiven

In diesem multidisziplinären Feld zwischen Literatur, Medien, Geschichte, Politik, Wirtschaft und Recht hat sich die Erzählforschung in den letzten Jahren hinsichtlich ihrer Gegenstände und Untersuchungsmethoden weit ausdifferenziert. Gemeinsam ist allen Ansätzen jedoch die grundlegende Annahme, dass es beim Erzählen einen Zusammenhang zwischen Form, narrativen Verfahren und Bedeutung gibt. Erzählungen aller Art, aber Literatur und ihre ästhetischen Artefakte im Besonderen, werden dabei als Artikulationsformen verstanden, die Kultur beschreiben und reflektieren.

Aus Sicht der literaturwissenschaftlichen Erzählforschung ist die Öffnung gegenüber der Medienwissenschaft, aber auch eine Neubewertung der kognitivistischen und linguistisch orientierten Narratologie besonders fruchtbar.

Eine Kernaufgabe freilich ist und bleibt die Reflexion auf das Erzählen selbst, auf seine Schwierigkeiten, seine Möglichkeiten und Weiterentwicklungen. Diese Reflexion entzündete sich schon immer vornehmlich an den Gegenständen der Literatur selbst. Neue Erzählformate wie intermediale und multimodale Literatur (Gibbons 2012) und explizite Text-Bild-Bezüge wie etwa in der *Graphic Novel* fügen eine neue Perspektive auf die Literatur hinzu und erfordern eine Öffnung des Beobachtungsfokus über den Text hinaus.

Gleichzeitig spricht eine seit 2000 allgemein zu beobachtende Zunahme an Verfahren der Metaisierung (*Klimek, Metalepse*; *Heinze, ‚Unnatürliches' Erzählen*) im literarischen Erzählen dafür, analytische Kompetenzen gegenüber dem Text in seiner Textualität (Stockwell 2009) weiter auszubauen. Im Blick auf die neuen Erzählformate aber auch auf Marktsegmente wie die serielle Erzählliteratur (etwa Thriller), die bislang meist unter dem Beobachtungshorizont der Erzählforschung lagen, wird der Bedarf an einer internationalen Narratologie über Disziplingrenzen hinweg deutlich: Gegenwärtig entstehen neue Formen der Zusammenarbeit in den Bereichen der intermedialen Narratologie und der kognitionswissenschaftlichen Erzählforschung (Wege 2013). Literaturwissenschaftliche Multimodalitätsforschung, *Cognitive Poetics* und eine linguistisch orientierte Narratologie treffen sich in der gemeinsamen Frage, wie literarisches Erzählen Geist und Körper einbindet (Kukkonen 2017). Mit welchen erzählerischen Verfahren gelingt es, Leserinnen und Leser immer wieder in das Erzählen hineinzuholen (*reader engagement, immersion*) und gleichzeitig einer pathologisch identifikatorischen Übernahme der Erzählperspektive vorzubeugen?

Diese gewiss nicht neuen Fragen nach der Wahrnehmung von Erzählen knüpfen an ungelöste Probleme der Rezeptionsforschung an, verfolgen aber keine neuro-empirischen Ansätze. Die *Cognitive Poetics* werden über Fragen nach literarischem Stil (*Stylistics*) zu Gesprächspartnern für computergestützte Erzählforschung und korpusbasierte Erzählforschung (*Jannidis, Computergestützte Erzähltextforschung*) und erlauben grundsätzlich auch die Anbindung an historische Kontexte der literarischen Gegenstände.

Neben den weiträumigeren kulturtheoretischen Zugriffen auf das Erzählen und Untersuchungen zu dessen kulturaufschließendem Potential (Koschorke 2012), sind es gegenwärtig verstärkt Fragen nach den narratologischen

Grundlagen und fundamentalen Problemen, die von der literaturwissenschaftlichen Narratologie in Zusammenarbeit mit anderen Disziplinen bearbeitet werden.

Das Interesse an den Ergebnissen der Narratologie aus den unterschiedlichsten Gesellschaftsbereichen im Rahmen des expliziten Erzählens in der Öffentlichkeit und das damit einhergehende gesellschaftliche Bewusstsein für die Bedeutung von Erzählvorgängen ist eine Erfolgsgeschichte der Literaturwissenschaft und ihrer Erzählforschung. Denn die Literatur ist das einzige Medium, das alle Raffinessen des Erzählens, die es gibt, selbst modellhaft darstellen und reflektieren kann. Die Literaturwissenschaft untersucht die Literatur als Modell für Kommunikation. Die dabei entstehenden narratologischen Modelle, wie Literatur das Erzählen bewusst macht, sind wiederum die Arbeitsgrundlage für andere Disziplinen. Die narratologische Literaturwissenschaft übernimmt in diesem Zusammenspiel der Wissenschaften die zentrale Funktion einer metakritischen Disziplin.

Literaturverzeichnis

Aristoteles. *Poetik*. Griechisch/Deutsch. Übers. und hg. von Manfred Fuhrmann. Stuttgart 1994.
Becker, Franz (2005). „Begriff und Bedeutung des politischen Mythos". In: B. Stollberg-Rilinger (Hg.), *Was heißt Kulturgeschichte des Politischen?* [= Zeitschrift für Historische Forschung, Beiheft 35]. Berlin, 129–148.
Blumenberg, Hans (1971). „Wirklichkeitsbegriff und Wirkungspotential des Mythos". In: M. Fuhrmann (Hg.), *Terror und Spiel. Probleme der Mythenrezeption*. München, 11–66.
Blumenberg, Hans (2009 [1979]). *Arbeit am Mythos*. Frankfurt a. M.
Ėjchenbaum, B. M. (1922). *Molodoj Tolstoj* [Der junge Tolstoj]. Petrograd/Berlin. – Nachdruck: München 1968.
Ėjchenbaum, Boris M. (1924). *Lermontov. Opyt istoriko-literaturnoj ocenki* [Lermontov. Versuch einer literarhistorischen Bewertung]. Leningrad. – Nachdruck: München 1967 [= Slavische Propyläen 35].
Ettl-Huber, Sylvia (Hg. 2014). *Storytelling in der Organisationskommunikation. Theoretische und empirische Befunde*. Wiesbaden.
Fisher, Walter (1987). *Human Communication as Narration*. Columbia, SC.
Gadinger, Frank, Frank Jerzebinski und Taylan Yildiz (Hgg. 2014). *Politische Narrative. Konzepte – Analysen – Forschungspraxis*. Heidelberg.
Gibbons, Alison (2012). *Multimodality, Cognition, and Experimental Literature*. New York.
Herman, David (1999). „Introduction: Narratologies". In: D. Herman (Hg.), *Narratologies: New Perspectives on Narrative Analysis*. Columbus, 1–30.
Herman, David (2005). „Histories of Narrative Theory (I): A Genealogy of Early Developments". In: J. Phelan, P. J. Rabinowitz (Hgg.), *A Companion to Narrative Theory*. Malden, MA, 19–35.
Jensen, Rolf, und Roland Hoffmann (2002). „Die Ära der Geschichtenerzähler". In: Bertelsmann Stiftung (Hg.), *Was kommt nach der Informationsgesellschaft?* Gütersloh, 68–92.

Kluge. *Etymologisches Wörterbuch der deutschen Sprache* [1999]. 23. erweiterte Aufl. Bearb. von Elmar Seebold. Berlin/New York.
Koschorke, Albrecht (2012). *Wahrheit und Erfindung. Grundzüge einer Allgemeinen Erzähltheorie*. Frankfurt a. M.
Krüger, Florian (2014). *Corporate Storytelling. Theorie und Empirie narrativer Public Relations in der Unternehmenskommunikation*. Wiesbaden.
Kukkonen, Karin (2017). *A Prehistory of Cognitive Poetics*. Oxford.
Lyotard, Jean-François (1979). *La condition postmoderne*. Paris.
MacIntyre, Alasdair C. (1981). *After Virtue: A Study in Moral Theory*. Notre Dame.
Meister, Jan Christoph (2014). „Narratology". In: P. Hühn et al. (Hgg.), *the living handbook of narratology*. Hamburg. http://www.lhn.uni-hamburg.de/article/narratology (28. Mai 2017).
Mukařovský, Jan (1948). „Vývoj Čapkovy prózy" [Die Entwicklung von Karel Čapeks Prosa]. In: J. Mukařovský, *Kapitoly z české poetiky*. 2. Aufl. Bd. 2. Prag, 325–356.
Müller-Funk, Wolfgang (2008 [2002]). *Die Kultur und ihre Narrative*. Wien/New York.
Neder, Pablo (2017). *Markennarrative in der Unternehmenskommunikation*. Wiesbaden.
Norlyk, Brigitte (2013). „Corporate Storytelling". In: P. Hühn et al. (Hgg.), *the living handbook of narratology*, Hamburg. http://www.lhn.uni-hamburg.de/article/corporate-storytelling (28. Mai 2017).
Nünning, Ansgar (2003). „Narratology or Narratologies? Taking Stock of Recent Developments, Critique and Modest Proposals for Future Usages of the Term". In: T. Kindt, H.-H. Müller (Hgg.), *What Is Narratology? Questions and Answers Regarding the Status of a Theory*. Berlin/New York, 239–275.
Schapp, Wilhelm (2012 [1953]). *In Geschichten verstrickt. Zum Sein von Mensch und Ding*. Frankfurt a. M.
Schmid, Wolf (2017). *Mentale Ereignisse. Bewusstseinsveränderungen in europäischen Erzählwerken vom Mittelalter bis zur Moderne*. Berlin.
Šklovskij, Viktor B. (1928). *Material i stil' v romane L. N. Tolstogo „Vojna i mir"* [Material und Stil in Tolstojs „Krieg und Frieden"]. Moskva 1928.
Stockwell, Peter (2009). *Texture. A Cognitive Aesthetics of Reading*. Edinburgh.
Wege, Sophia (2013). *Wahrnehmung, Wiederholung, Vertikalität. Zur Theorie und Praxis der Kognitiven Literaturwissenschaft*. Bielefeld.

II Die Entwicklung der Erzählforschung

Matthias Grüne
II.1 Traditionslinien der Erzähltheorie von der Antike bis in die erste Hälfte des 20. Jahrhunderts

1 Theoriegeschichtliche Ursprünge

Die theoretische Auseinandersetzung mit der Erzählung beginnt nicht erst im 20. Jahrhundert. Lange vor der Herausbildung der Narratologie als eines interdisziplinären Forschungsfeldes und einer Methode der Geistes- und Kulturwissenschaften werden narrative Texte in unterschiedlichen disziplinären Kontexten auf ihre zentralen Darstellungs- und Wirkungsprinzipien hin untersucht. Ein Beispiel hierfür ist die klassische Rhetorik, die die *narratio* neben dem *exordium*, der *argumentatio* und der *peroratio* zu den vier elementaren Teilen der Rede zählt. Die überzeugende Vergegenwärtigung der (juristisch zu klärenden) Ereignisse gilt als ihre primäre Funktion, theoretisch besprochen werden aus diesem Grund vor allem die Mittel, mit denen die Anschaulichkeit und Glaubwürdigkeit der Erzählung gesteigert werden kann (vgl. Knape 2003). Der langanhaltende Einfluss der Rhetorik auf die Literaturtheorie ist für die kontinuierliche Tradierung erzähltheoretischen Wissens ein entscheidender Faktor (Ernst 2000). Doch speist sich das Interesse der Poetik an der Erzählung auch aus anderen Quellen: Seit der Antike bieten gattungstheoretische Überlegungen Anlass für die Reflexion über die Erzählform.

Ein erster Ansatz zur Unterscheidung erzählender und nicht-erzählender Formen literarischer Darstellung findet sich bei Platon. Dieser führt das sogenannte Redekriterium in die Gattungstheorie ein, wobei es ihm selbst dabei nicht vorranging um das System der Gattungen, sondern vielmehr um das Verhältnis von Literatur und Mimesis geht. Im dritten Buch seiner *Politeia* teilt er die Literatur in drei Gruppen. Der Dichter kann demnach erstens ganz auf eine nachahmende Rede verzichten und in seiner Person von einem (fiktiven) Ereignis berichten; als Beispiel für diesen reinen Bericht wird in Platons Text die Dithyrambendichtung angegeben. Ganz auf dem Prinzip der Mimesis beruhen hingegen die zweite Gruppe literarischer Gattungen, in denen der Dichter allein die Rede anderer Figuren nachahmt; hierzu sind die Tragödie und Komödie zu zählen. Drittens kann der Dichter auch zwischen berichtender und mimetischer Darstellung, zwischen Dichterrede und Figurenrede wechseln; dies entspricht dem Vorgehen Homers in seinen Epen (Platon 2000, 215).

In der *Poetik* des Aristoteles findet man eine ähnliche, aber nicht identische Einteilung der Gattungen. Da er die Literatur insgesamt dem Nachahmungsprinzip unterstellt, trennt Aristoteles nicht mehr zwischen nicht-mimetischen und mimetischen Darstellungsformen, sondern zwischen einer berichtenden und einer szenischen Art und Weise der Nachahmung: „Denn es ist möglich, mit Hilfe derselben Mittel dieselben Gegenstände nachzuahmen, hierbei jedoch entweder zu berichten – in der Rolle eines anderen, wie Homer dichtet, oder so, daß man unwandelbar als derselbe spricht – oder alle Figuren als handelnde und in Tätigkeit befindliche auftreten zu lassen." (Aristoteles 2006 [1982], 9) Die Deutung dieser Passage ist umstritten, wenn man aber der hier zitierten Übersetzung von Manfred Fuhrmann folgt, so differenziert Aristoteles zunächst nur zwischen berichtender und szenischer Darstellung und unterteilt dann den Bericht noch einmal danach, ob darin Figurenrede vorkommt oder nicht.[1]

Folgt man dieser Deutung, so ergibt sich ein aus erzähltheoretischer Sicht bedeutender Unterschied zwischen der aristotelischen und der platonischen Auffassung des Redekriteriums. Dann muss man nämlich davon ausgehen, dass Aristoteles die Erzählung bzw. die berichtende Darstellung als ein textumfassendes Strukturprinzip versteht, in dem verschiedene Redeformen (Figurenrede und Bericht) realisiert sein können. Für Platon hingegen ist Erzählung eine Redeform wie die Figurenrede, weshalb er Texte oder Gattungen, in denen beide Formen Anwendung finden, nur als Mischungen von narrativen und nicht-narrativen Elementen auffassen kann. Ihm fehlt mit anderen Worten ein Begriff der Erzählung, mit dem sich Erzähltexte – unabhängig davon, ob in ihnen Figurenrede gestaltet wird oder nicht – von anderen (z. B. dramatischen) Texten abheben lassen. Die moderne Erzähltheorie folgt der aristotelischen Auffassung des Redekriteriums insofern, als sie in der Regel die Beschreibung nicht einer Redeform, sondern „komplexe[r] Textgebilde" (Weber 1998, 64) beabsichtigt, die immer mehr als

---

[1] Unter der homerischen Art, „in der Rolle eines anderen" zu dichten, ist dabei wohl ein Wechsel zwischen Figurenrede und Erzählerbericht zu verstehen. Dies geht aus dem 24. Kapitel der *Poetik* hervor, in dem Aristoteles das Verhältnis von Tragödie und Epos behandelt. An den homerischen Epen hebt er lobend hervor, dass darin der Dichter „möglichst wenig in eigener Person" redet und stattdessen „nach einer kurze[n] Einleitung sofort einen Mann oder eine Frau oder eine andere Person auftreten" lässt (Aristoteles 2006 [1982], 83). Allerdings stützt sich Aristoteles in dieser Passage auf den platonischen Nachahmungsbegriff, der in Widerspruch steht zu seinen eigenen Ausführungen. So konfligiert das Argument, dass der Dichter dort, wo er selbst redet und nicht eine Figur reden lässt, nicht nachahme (Aristoteles 2006 [1982], 83), mit der Aussage aus dem 1. Kapitel der *Poetik*, dass die Epik „als Ganzes betrachtet" ebenso wie Tragödie und Komödie oder die Dithyrambendichtung eine Nachahmung sei (Aristoteles 2006 [1982], 5).

Erzählung im engeren Sinne umfassen.[2] Gerade im deutschen Sprachraum ist die kontrastive Erfassung der dramatischen und der erzählenden Gattungen, wie sie bei Aristoteles angelegt ist, entscheidend für die Entwicklung einer allgemeinen Theorie des Erzählens.

Bevor sich im 18. Jahrhundert erste Ansätze einer solchen allgemeinen, d. h. nicht gattungsgebundenen Theorie des Erzählens herausbilden, werden erzähltheoretisch relevante Aspekte im Rahmen von Poetiken einzelner narrativer Gattungen (und zwar hauptsächlich des heroischen Epos) behandelt. Ein wichtiges Zeugnis dieser gattungsgebundenen Erzähltheorie ist René Le Bossus *Traité du poëme épique* von 1675. Der dritte Hauptteil dieser Abhandlung behandelt allein die Form des Epos, die Erzählung („narration", Le Bossu 1708 [1675], 281). Le Bossu geht hier zunächst auf das Redekriterium ein und unterscheidet zwischen zwei Arten, eine vergangene Handlung darzustellen. Die erste Art besteht darin, dass ein Erzähler einem Publikum ein Geschehen berichtet; der Leser oder Zuhörer ist sich dabei immer bewusst, ein Buch zu lesen oder einen Vortrag zu hören.[3] Die andere Art ist kunstfertiger („plus industrieuse"), der Autor erscheint darin nicht und spricht nicht in seinem Namen, rückt stattdessen die Figuren in ihrem Sprechen und Handeln in den Vordergrund und versetzt so den Leser oder Zuhörer auf gewisse Weise an den Schauplatz des Geschehens.[4] Die beiden Darstellungsweisen verbindet Le Bossu mit der Gattungsunterscheidung zwischen

---

[2] Platons Einteilung ist gleichwohl nicht ohne Resonanz in der modernen Erzähltheorie geblieben. Rückbezüge finden sich insbesondere in Arbeiten, die das Verhältnis von Erzähler- und Figurenrede diskutieren (vgl. etwa Doležel 1973).

[3] „Il y a deux manieres de faire connoître une action passée: l'une est simple & historique, lorsqu'un homme en fait le recit à ses Auditeurs sans forcer leur imagination, mais en les laissant persuadez qu'ils lisent un livre, ou qu'ils entendent raconter une chose." (Le Bossu 1708 [1675], 281–282) [Es gibt zwei Weisen, von einem vergangenen Geschehen Kenntnis zu erlangen: Die eine ist einfach und historisch, wenn ein Mensch seinen Zuhörern davon erzählt ohne ihre Einbildungskraft anzuregen, sie dabei in der Überzeugung lassend, dass sie ein Buch lesen oder eine Sache erzählen hören.] Übers. M. G.

[4] „L'autre est plus industrieuse. L'Autheur ne paroît point, & ne dit rien de lui-même. Il ressuscite par un charme innocent, & il fait paroître ceux qui ont fait l'action qu'il veut representer: il leur remet dans la bouche ce qu'ils ont dit, il les force à refaire ce qu'ils ont fait, & il transporte en quelque façon ses Auditeurs aux temps & aux lieux où cette action a été faite." (Le Bossu 1708 [1675], 282) [Die andere ist kunstfertiger. Der Autor erscheint nicht und er sagt nichts von sich selbst. Durch einen unschuldigen Zauber wird er wieder lebendig und er lässt diejenigen erscheinen, die an der Handlung, die er darstellen will, beteiligt waren: Er legt ihnen in den Mund, was sie gesagt haben, er bringt sie dazu, zu wiederholen, was sie gemacht haben, und er versetzt seine Zuhörer in gewisser Weise in die Zeiten und Räume, in denen die Handlung passiert ist.] Übers. M. G.

dramatischen und epischen Texten (Le Bossu 1708 [1675], 282–283).[5] Er stellt mit anderen Worten im Anschluss an Aristoteles zunächst berichtende und szenische Darstellung einander gegenüber und geht erst später auf die Frage nach der Mischung von Erzähler- und Figurenrede in der Epik ein. Dabei diskutiert er die aristotelische Forderung, der Epiker müsse möglichst selten in eigener Person auftreten und vielmehr die Figuren sprechen und handeln lassen (Le Bossu 1708 [1675], 357–358). Nach Le Bossu impliziert diese Forderung nicht, dass Aristoteles den Erzählerbericht ganz verbannen wolle, schließlich sehe er doch in der Erzählform das entscheidende Differenzkriterium zur dramatischen Literatur.[6] Zudem sei Aristoteles' Bemerkung auch nicht ausschließlich auf den Anteil der Figurenrede zu beziehen, sondern auch auf die Frage, ob der Dichter es vermag, die Figuren in ihrem charakteristischen Handeln zu zeigen (Le Bossu 1708 [1675], 361–362). Le Bossu etabliert also den Gedanken, dass die Dramatisierung der Erzählung nicht unbedingt mit ihrer Dialogisierung einhergehen muss. Das Festhalten an der grundsätzlichen formalen Dichotomie von erzählender und dramatischer Form ermöglicht es ihm im Folgenden, erzählspezifische Struktureigenschaften zu identifizieren und zu beschreiben. Von erzähltheoretischer Relevanz sind hierbei vor allem seine Ausführungen zur Ordnung und Dauer in der Epik (Le Bossu 1708 [1675], 368–390).

2 Erzähltheorie in der Poetik und Ästhetik zwischen 1770 und 1900

Das letzte Drittel des 18. Jahrhunderts markiert insofern einen Wendepunkt in der Geschichte der Erzähltheorie, als zu dieser Zeit eine intensive Beschäftigung mit der Erzählung als einem gattungsübergreifenden Formprinzip einsetzt.[7] Im

---

[5] Le Bossu geht an dieser Stelle davon aus, dass beide Gattungen ein vergangenes Geschehen darstellen. Das Kriterium des Vergangenheitscharakters wird hier also nicht zur Unterscheidung epischer und dramatischer Texte herangezogen.
[6] „Ce n'est pas qu'il en banisse la Narration du Poëte. Cela ne se peut; puisque lui-même dit que l'Epopée est *une Imitation qui se fait par Narration*; & que la narration du Poëte est en effet sa forme, & ce qui la distingue le plus essentiellement d'avec les actions du Théatre." (Le Bossu 1708 [1675], 358) [Es ist nicht so, dass er [Aristoteles] die Erzählung des Dichters daraus verbannen würde. Dies kann nicht sein, da er selbst sagt, dass die Epopöe *eine Nachahmung durch Erzählung* ist; und dass die Erzählung des Dichters tatsächlich ihre Form darstellt und das ist, was sie am grundlegendsten von den Handlungen auf der Theaterbühne unterscheidet.] Übers. M. G.
[7] Die folgenden Ausführungen konzentrieren sich, von Seitenblicken abgesehen, auf die Ent-

Hintergrund dieser Entwicklung steht ein tiefgreifender Wandel innerhalb der Theorie der literarischen Gattungen. Die humanistische und barocke Poetik war darum bemüht, anhand von exemplarischen literarischen Texten eine Reihe von Teilungskriterien aufzufinden, mithilfe derer sich Gattungen voneinander differenzieren und hinreichend bestimmen lassen. Im Gegensatz dazu fragen die Theoretiker der Aufklärung nach dem notwendigen Grund für das Zusammentreten bestimmter Gattungsmerkmale. Sie gehen davon aus, ein inneres Gesetz oder ‚Wesen' der Gattungen angeben zu können, aus dem sich dann alle weiteren relevanten Kriterien ableiten lassen (Trappen 2001, 182–183). Auf der Suche nach diesen grundlegenden Gesetzmäßigkeiten rückt die Erzählung nun zunehmend in den Fokus der Diskussion, wobei es gerade ihre Universalität ist, die sie für die Theoretiker interessant macht. Denn mit der Erzählung scheint ein Formprinzip gefunden zu sein, das die Zusammenfassung mehrerer Einzelgattungen unter einem gemeinsamen Gesetz ermöglicht und noch dazu in der Natur des Menschen gegründet zu sein scheint.

Im Zuge dieser Transformation gattungstheoretischen Denkens wird das seit der Antike genutzte Redekriterium neu interpretiert und zugleich in seiner Bedeutung für das Gattungssystem aufgewertet. So stellt etwa Charles Batteux in seinem einflussreichen Werk *Les Beaux Arts réduits à un même principe* (1746) die Unterscheidung zwischen Figuren- und Autorrede an den Beginn seines Kapitels zur Einteilung der Dichtarten und deutet sie zugleich in charakteristischer Weise um: Das Unterscheidungsmerkmal wird nun nicht mehr als textanalytischer Befund präsentiert, sondern erhält eine wahrnehmungs- und erkenntnistheoretische Begründung. Die Differenzierung zwischen szenischer und berichtender Darstellung sei demnach zurückzuführen auf den Umstand, dass die menschliche Erfassung der Außenwelt entweder auf direkter visueller Wahrnehmung oder aber auf einer indirekten, allein auditiven Vermittlung von Informationen, sprich: auf Erzählung, beruhen kann. Die zweifache Weise, zu Erkenntnissen zu gelangen, teile das Gebiet der Dichtung in die dramatischen und epischen Gattungen (Batteux 1746, 145–146). Der nun häufiger anzutreffende Gebrauch des Begriffes ‚Episch' als Sammelbezeichnung für alle erzählenden Gattungen zeigt an, dass sich das theoretische Interesse von einer präzisen Ausdifferenzierung der Einzelgattungen hin zu einer Identifikation makrostruktureller Unterschei-

---

wicklung im deutschsprachigen Raum. Die Geschichte des erzähltheoretischen Denkens vor dem 20. Jahrhundert in internationaler Perspektive nachzuzeichnen, bleibt ein Desiderat der Disziplingeschichtsschreibung.

dungen – wie die zwischen szenischer und erzählender Darstellung – verschiebt (vgl. Scheffel 2010).[8]

Die theoretische Erfassung der Erzählung als eines gattungsübergreifenden Formprinzips wird im letzten Drittel des 18. Jahrhunderts immer öfter als Desiderat der Gattungspoetik erkannt. Johann Georg Sulzer betont im Eintrag zum ‚Heldengedicht' in seiner *Allgemeinen Theorie der Schönen Künste* (1771–1774) die Notwendigkeit, die Theorie des Epos um eine Theorie der Erzählung zu erweitern. Seiner Ansicht nach liegt der Ursprung des Epos in dem „jedem lebhaften Menschen natürlichen Hange, merkwürdige Begebenheiten mit seinen Zusätzen, Schilderungen, und besonderer Anordnung der Sachen zu erzählen" (Sulzer 1771, 526). Dem genetischen Zusammenhang zwischen der „künstliche[n] Epopöe" und der „natürlichen Erzählung" hat eine „gründliche Theorie des Heldengedichts" Rechnung zu tragen, indem sie die Analyse der Alltagserzählung an ihren Anfang stellt (Sulzer 1771, 527). Allerdings beschränkt sich Sulzer selbst im Wesentlichen auf eine kulturanthropologische Vertiefung der Epostheorie, indem er bestimmte Formzüge der Gattung aus der Praxis rituellen Erzählens im Kontext festlicher Zusammenkünfte ableitet.

Sulzers Artikel ebnet einer allgemeinen Theorie des Erzählens im Prinzip den Weg, wenngleich er zur präzisen Bestimmung der formalen Besonderheiten narrativer Darstellung kaum etwas beiträgt. Eben dieser Aufgabe widmet sich dafür Sulzers Zeitgenosse Johann Jakob Engel, der 1774 mit seiner Abhandlung *Über Handlung, Gespräch und Erzählung* die wohl erste dezidiert erzähltheoretische Veröffentlichung deutscher Sprache vorlegt. Engel betrachtet Erzählung und Gespräch als allgemeine Formen sprachlicher Mitteilung, die sich unabhängig vom System der literarischen Gattungen beobachten und beschreiben lassen. Konsequenterweise bezieht er in seine Untersuchung auch nicht-literarische Gattungen wie den philosophischen Dialog oder die historiografische Erzählung mit ein. Grundsätzlich geht er wie die meisten Theoretiker seiner Zeit von einem künstlerischen Defizit der Erzählung gegenüber dem Gespräch bzw. der dialogisch-szenischen Darstellung aus. Die Bevorzugung der Dialogform in der Poetik der Aufklärung gründet in der Regel auf wirkungsästhetischen Überlegungen. So behauptet Lessing im 77. Stück der *Hamburgischen Dramaturgie* (1768), dass von der Rezeption szenisch vorgeführter Handlungen eine ungleich stärkere emotionale Wirkung ausgehe als von der Lektüre eines Erzähltextes (Lessing 1985, 568). Engel hingegen argumentiert stärker produktionsästhetisch. Der eigentliche Vorteil des Dialogs liegt demnach in der Art und Weise, wie darin Handlung, d. h.

---

[8] Allerdings geht Batteux im Kapitel über das Epos auf diese Unterscheidung und die möglichen erzähltheoretischen Konsequenzen nicht weiter ein.

eine Reihe kausal miteinander verknüpfter Zustandsveränderungen, dargestellt werden kann. Nach Engel kommt es insbesondere in literarischen Texten darauf an, die dem Handeln zugrunde liegenden innerseelischen Vorgänge zu verdeutlichen. Dies kann zwar auch die Erzählung leisten, allerdings ist die Handlung dann notwendig bereits etwas Gewordenes. Hingegen stellt der Dialog Handlung im Prozess des Werdens dar, weshalb hier, nach Engels Ansicht, die kausalgenetischen Zusammenhänge und das Wechselspiel zwischen inneren und äußeren Vorgängen klarer hervortreten (Engel 1964 [1774], 28–29).[9] Trotz der grundsätzlichen Bevorzugung des Dialogs leistet Engel eine differenzierte Analyse der Erzählform, die neben dem Aspekt des Zeitverhältnisses und dem Problem der Darstellbarkeit innerer Vorgänge auch Fragen nach der Perspektivstruktur (Engel 1964 [1774], 73–77) und dem Rezipientenbezug (Engel 1964 [1774], 77–79) in erzählenden bzw. dialogisch-dramatischen Texten berührt.

Bis ins späte 18. Jahrhundert ist der erzähltheoretische Diskurs hauptsächlich darauf ausgerichtet, den Vorrang des Dramas gegenüber der erzählenden Literatur argumentativ zu begründen. Um 1800 zeigt sich jedoch eine grundlegende Verschiebung in den theorieleitenden Prämissen, die eine neue Sicht auf die Erzählform und ihre künstlerische Anwendung eröffnet. Kurz gesagt rückt nun gerade das, was zuvor als Defizit der Erzählung im Vergleich zum Drama galt, also die Mittelbarkeit der Darstellung, in den Mittelpunkt des poetologischen Interesses.

Exemplarisch lässt sich diese Entwicklung anhand von erzähltheoretischen Äußerungen Friedrich Schillers verdeutlichen. In seinem 1792 veröffentlichten Aufsatz *Über die tragische Kunst* erfasst er das Verhältnis von Drama und Erzählung noch ganz im Sinne der Aufklärungspoetik. Er vergleicht darin die sinnliche Wirkung erzählender und szenischer Darstellung und hält fest, dass Leiden, „von denen wir Zeugen sind", uns weit stärker „affizieren" als Begebenheiten, „die wir erst durch Erzählung oder Beschreibung erfahren"; denn jene „heben das freye Spiel unsrer Einbildungskraft auf, und dringen, da sie unsre Sinnlichkeit unmittelbar treffen, auf dem kürzesten Weg zu unserm Herzen" (Schiller 1962, 159). Die Erzählung hingegen versetzt den Rezipienten häufig „aus dem Gemütszustand der handelnden Person in den des Erzählers", wobei das Vordrängen des Erzählers einen „Stillstand in der Handlung" bewirkt und der teilnehmende Affekt sich verliert (Schiller 1962, 159). Die distanzierende Wirkung erzählender Darstellung

---

9 Ebendieses Problem, wie das Werden von Handlungen, mithin das Ineinandergreifen von inneren und äußeren Geschehnissen in der Erzählung dargestellt werden kann, liegt auch Friedrich von Blanckenburgs *Versuch über den Roman* (1774) zugrunde, der zeitgleich mit Engels Abhandlung erscheint.

wird von Schiller in diesem Kontext allein als künstlerischer Nachteil gewertet. Fünf Jahre später, im brieflichen Austausch mit Johann Wolfgang Goethe über epische und dramatische Dichtung, hat sich sein Urteil gewandelt. Dabei ähneln sich die Differenzkriterien, mit denen Schiller die beiden Gattungen voneinander abgrenzt. Im Brief an Goethe vom 26. Dezember 1797 etwa spricht er erneut von einem Stillstand der Handlung in der Erzählung: „Die dramatische Handlung bewegt sich vor mir, um die epische bewege ich mich selbst, und sie scheint gleichsam stille zu stehen." (Goethe 1990, 473) Anders als im Aufsatz von 1792 betont er nun jedoch, dass die Bewegungslosigkeit der Handlung die freie Bewegung von Rezipient und Erzähler erst ermöglicht. Die strenge Gegenwartsbindung des Dramas versetze den Zuschauer in fortwährende Unruhe und beraube ihn aller Freiheit zur Reflexion. In der Erzählung hingegen können Erzähler wie Leser einen „ungleichen Schritt" mit dem Handlungsverlauf halten – der Erzähler, weil er „schon am Anfang und in der Mitte das Ende" weiß, der Leser, weil er über sein Lesetempo selbst bestimmt (Goethe 1990, 473). Nach Schillers Deutung macht also gerade die Asynchronie zwischen Rezeptions- bzw. Erzählvorgang und Handlungslauf den künstlerischen Mehrwert erzählender Darstellung aus.

Der Verschiebung in den theorieleitenden Prämissen entspricht, dass sich die Aufmerksamkeit der Theoretiker nun verstärkt darauf richtet, die Unabhängigkeit der Ordnung des Erzählens gegenüber der Ordnung der Geschichte herauszustellen. Im Briefwechsel zwischen Goethe und Schiller zeigt sich dies unter anderem in der präzisen begrifflichen Differenzierung zwischen Handlungs- und Vermittlungsebene (vgl. Schillers Brief vom 25. April 1797; Goethe 1990, 336) und in den Reflexionen über den Begriff der Retardation. Aufschlussreich ist in diesem Kontext, dass Goethe im Aufsatz *Über epische und dramatische Dichtung* (1797), der die Ergebnisse des gattungstheoretischen Austauschs mit Schiller festhält, die Figur des Rhapsoden einführt, um daran die wesentlichen Eigenschaften episch-narrativer Darstellung zu verdeutlichen (Goethe 1998, 447). Der Rhapsode verkörpert primär den Vorgang des Erzählens, d. h. die künstlerische Anordnung und Vermittlung des Geschehens. Er steht als Instanz zwischen den handelnden Figuren und der empirischen Person des Autors. Mit dem Begriff bezieht sich Goethe also explizit auf die Vermittlungsebene und unterstreicht dabei – beispielsweise mit dem Hinweis, der Rhapsode könne „nach Belieben rückwärts und vorwärts greifen" (Goethe 1998, 447) – die Autonomie der erzählerischen Ordnung.

Vergleichbare Positionen lassen sich auch in den Schriften Friedrich und August Wilhelm Schlegels zur Theorie der epischen Dichtung finden. In Auseinandersetzung mit dem antiken Epos skizziert Friedrich Schlegel im Aufsatz *Über die Homerische Poesie* (1796) und in der Abhandlung *Geschichte der Poesie der Griechen und Römer* (1798) eine Theorie der Epik, in deren Mittelpunkt die

Bestimmung der ‚epischen Einheit' in Abgrenzung von der ‚dramatischen Einheit' steht. Dazu differenziert er zwischen einer pragmatisch-kausalen und einer kompositorischen Art der Verknüpfung von Geschehenssegmenten und betont, dass die ‚epische Einheit' nicht aus der inneren Kohärenz der Handlung, sondern aus der ästhetischen Folgerichtigkeit ihrer kompositorischen Behandlung resultiert (F. Schlegel 1979, 124). August Wilhelm Schlegel greift diesen Gedanken auf und führt ihn in seinen eigenen Beiträgen zur Epostheorie, im Aufsatz über *Goethes Hermann und Dorothea* von 1798 (A. Schlegel 1984 [1964]) ebenso wie in seinen Jenaer und Berliner Vorlesungen zur Poetik und Kunst (A. Schlegel 1989), systematisch aus.

Die Epostheorie der Brüder Schlegel zeigt, dass auch im Rahmen einer dezidiert philosophischen Kunsttheorie ein Diskurs über erzähltheoretische Themen stattfindet. Für die idealistische Ästhetik, die sich im Laufe des 19. Jahrhunderts unter dem dominierenden Einfluss der Philosophie Hegels herausbildet, gilt Ähnliches. Allerdings verschiebt sich erneut der Schwerpunkt der erzähltheoretischen Reflexion: Standen zuvor die Aspekte der narrativen Einheit und Ordnung im Mittelpunkt, so konzentriert sich die Diskussion nun vornehmlich auf die Frage nach der Objektivität des Erzählens. Besonders wirkmächtig war hier Hegels Einteilung der Gattungstrias nach dem dialektischen Dreischritt von Objektbezug (Epik), Subjektbezug (Lyrik) und Vermittlung von Objektivität und Subjektivität (Dramatik) (Hegel 1998, 282–283). Dieses Teilungsschema ist an sich nicht neu, in vergleichbarerer Form findet es sich bereits bei August Wilhelm Schlegel (1989, 462). Neu ist an Hegels Ansatz, dass er auch die Art und Weise der sprachlichen Hervorbringung des poetischen Textes berücksichtigt und sich dabei nicht auf die schöpferische Leistung des epischen, lyrischen oder dramatischen Dichters bezieht, sondern auf die Redetätigkeit der Vermittlerfiguren – also des Rhapsoden, des lyrischen Sängers und der Bühnenfiguren. Für die Epik ergibt sich daraus das Problem, dass die Vermittlungstätigkeit eines redenden Subjekts der Behauptung der Selbstständigkeit und Objektivität des Inhalts scheinbar zuwiderläuft. Diesem Widerspruch entzieht sich Hegel, indem er den kommunikativen Charakter der epischen Darstellung radikal infrage stellt. Die Erzählung der Rhapsoden bezeichnet er als eine „mechanische Rede" (Hegel 1998, 283), sie selbst als „tote Instrumente", und vom Epos behauptet er, es singe „sich so für sich selbst fort" (Hegel 2005, 233).

Diese radikale Lösung, die jegliche Form von kommunikativer Gerichtetheit der epischen Darstellung negiert, ist in der nachhegelianischen Ästhetik allerdings umstritten. Friedrich Theodor Vischer, dessen *Ästhetik* in vielen Aspekten an Hegels *Philosophie der Kunst* anknüpft, widerspricht in diesem Punkt entschieden. Anders als Hegel bezieht er sich dabei nicht auf die Figur des Rhapsoden, sondern auf den Autor „[a]ls Erzähler" (Vischer 1857, 1265). In dieser Tätigkeit, behauptet Vischer, bleibt er neben dem Inhalt immer zugleich „gegenwärtig" und „fühlbar" (Vischer 1857, 1265). Die epische Objektivität sei mithin nicht im Verschwinden der Erzählinstanz zu suchen, sondern beruhe allein auf der Idealität und Allgemeingültigkeit des dargestellten Inhalts. Damit verschiebt sich allerdings auch das Objektivitätsproblem, denn Vischer muss nun die Frage beantworten, auf welchem Weg es dem Autor möglich ist, einen ideellen, von seinem subjektiven Erfahrungshorizont unabhängigen Stoff zu finden bzw. erfinden. In dieser Hinsicht erkennt Vischer einen tiefgreifenden Unterschied zwischen antiker und moderner Epik. Der antike Autor empfange seine Stoffe aus den überlieferten Sagen und Mythen, verfüge insofern gar nicht in völliger Freiheit über den Gegenstand seiner Erzählung, während der moderne Autor gezwungen sei, seinen Stoff völlig frei zu erfinden. Nach Vischer zwingt diese ungewollte Freiheit den modernen Epiker zu einem Taschenspielertrick: Er muss den Anschein erwecken, „als thue er nichts dazu, als mache sich die Fabel von selbst oder zwinge ihn, [...] so und nicht anders zu erzählen" (Vischer 1857, 1306). Aus erzähltheoretischer Sicht ist bemerkenswert, dass Vischer hier ein Konzept von impliziter Autorschaft skizziert. Der moderne Autor ist demnach bestrebt, über die Erzählung zugleich eine Vorstellung von sich selbst und seiner Tätigkeit zu vermitteln, die bewusst von den realen Bedingungen abweicht.

Neben der philosophischen Ästhetik entwickelt sich im 19. Jahrhundert eine stärker empirisch ausgerichtete, an der Romanpraxis der Zeit orientierte Erzähltheorie, die jedoch zumindest in Teilen von der idealistischen Philosophie und Poetik beeinflusst bleibt (vgl. Hahl 1971). Besonders deutlich tritt diese Beziehung im theoretischen Werk Friedrich Spielhagens und hier vor allem in seinem frühen Aufsatz „Ueber Objectivetät im Roman" (1864) zutage. Spielhagen reformuliert die Objektivitätsforderung darin mit geradezu dogmatischer Schärfe und legt zugleich die idealistischen Prämissen hinter dieser Forderung offen: Jede Erzählung von künstlerischem Rang zielt nach seiner Ansicht darauf, „eine Idee zur Erscheinung zu bringen" (Spielhagen 1864, 177). Um dies zu erreichen, habe der Autor während der Produktion von seiner eigenen Persönlichkeit völlig abzusehen. Der ideelle Gehalt seines Werkes müsse sich vollständig aus sich selbst heraus entwickeln, ohne dass der erzählende Autor als Arrangeur oder Kommentator in Erscheinung trete (Spielhagen 1864, 174–175). Die Kontinuität von idealistischen Denkfiguren in der Erzähltheorie des 19. Jahrhunderts, die Spielhagens Aufsatz belegt, steht der Weiterentwicklung und Ausdifferenzierung der theoretischen Konzepte allerdings nicht prinzipiell entgegen. Das zeigt sich am Beispiel von Heinrich Keiters *Versuch einer Theorie des Romans und der Erzählkunst* (1876). Der Verfasser ist ein Anhänger von Spielhagens Theorie und seine Abhandlung der Versuch, die Kriterien objektiver Darstellung für alle Ebenen der Komposition – von der Wahl des Stoffes bis zur Präsentation der Figuren –

auszuformulieren. In diesem Kontext behandelt Keiter auch das Problem der narrativen Darstellung von Gedankeninhalten dritter Personen und beschreibt dabei erstmals das Phänomen der ‚erlebten Rede' bzw. ‚freien indirekten Rede'. Diese Darstellungsform sei, so Keiter, „eine Art indirekter Monolog", mit ihr sei es möglich, die Gedankeninhalte zwanglos „in den epischen Fluß ein[zu]fügen, und den Dichter, durch welchen die Mittheilung geschieht, vergessen [zu] lassen" (Keiter 1876, 159–160).[10]

Nicht in allen Beiträgen zur Erzähltheorie aus der zweiten Hälfte des 19. Jahrhunderts tritt der Einfluss der idealistischen Ästhetik so deutlich hervor wie in Spielhagens oder Keiters Texten. Zu den Autoren, die sich von dieser Tradition weitgehend lösen, gehören Otto Ludwig und Berthold Auerbach. In den theoretischen Schriften dieser beiden Literaten finden zwei Aspekte Beachtung, die im Kontext der idealistisch fundierten Erzähltheorie nur zögerlich oder überhaupt nicht theoretisch erfasst werden: die Rolle des Rezipienten im narrativen Prozess und die Form der Ich-Erzählung. Beide Aspekte widersetzen sich in gewissem Sinne dem Objektivitätsparadigma. Sobald die Theorie den Prozess der Aneignung der Erzählung durch den Rezipienten in den Fokus rückt, wird die Überzeugung problematisch, dass sich der objektive, d. i. ideelle Gehalt in der Erzählung gewissermaßen selbstständig, also unabhängig vom Autor wie vom Leser, entfalten kann.[11] Ebenso ist die Beschäftigung mit der Ich-Erzählung vor dem Hintergrund des idealistischen Objektivitätstheorems kaum erstrebenswert: Eine Erzählform, in der die Darstellung der erzählten Welt *per definitionem* personengebunden bleibt, kann dem Anspruch absoluter Objektivität kaum genügen.[12]

---

10 Keiters Hinweis auf dieses – in der Erzähltheorie des 20. Jahrhunderts so ausgiebig besprochene – Phänomen ist bisher unentdeckt geblieben. Dabei handelt es sich, soweit ich sehe, um die früheste begriffliche Erfassung der erlebten Rede, die auch der sprachwissenschaftlichen Beschäftigung mit dieser Vermittlungsform bei Otto Behaghel (1877) und Adolf Tobler (1887) vorausgeht.
11 Spielhagen betont, dass der Autor während seines Schaffens sowohl sich selbst als auch sein Publikum vergessen muss (Spielhagen 1864, 175). Es gibt demnach keinen direkten kommunikativen Bezug zwischen dem erzählenden Autor und dem Leser.
12 Angesichts des hohen Ansehens, das diese Erzählform traditionell in der englischsprachigen Literatur genießt, überrascht es nicht, dass hier auch ihre theoretische Reflexion deutlich früher einsetzt. Eine erste substantielle Bestimmung leistet Anna Laetitia Barbauld 1804 im Vorwort ihrer Ausgabe der Briefe Samuel Richardsons (Barbauld 1968 [1959], 258–260). Das Erzählen mit einem „imaginary narrator" (Barbauld 1968 [1959], 258), der seine eigene Lebensgeschichte wiedergibt, stellt Barbauld einem Erzählen, bei dem der Autor selbst berichtet, sowie dem Erzählen in Briefen gegenüber und vergleicht die formalen Besonderheiten und Leistungsmerkmale dieser drei typischen Erzählweisen.

Demgegenüber zeigt Otto Ludwig in seinen nachgelassenen *Romanstudien* (entstanden zwischen 1850 und 1865) zum einen ein ausgeprägtes Interesse an rezeptionsästhetischen Themen (vgl. Steinmetz 1975), etwa dem Phänomen der Spannungserzeugung (Ludwig 1977, 565–573). Zum anderen widmet er seine Aufmerksamkeit der Differenzierung verschiedener Erzählertypen und damit zugleich der Theorie der Ich-Erzählung. Relevant ist in diesem Zusammenhang vor allem Ludwigs Typologie der Erzählformen, in der er drei verschiedene Erzählweisen – die „eigentliche Erzählung", die „szenische Erzählung" sowie eine die beiden anderen verbindende Mischform – voneinander abgrenzt (Ludwig 1977, 654–657). Die Rezeption der *Romanstudien* in der deutschsprachigen Erzähltheorie des 20. Jahrhunderts konzentriert sich fast ausschließlich auf diese Passage. Allerdings hat man darin lediglich die Gegenüberstellung einer berichtend-mittelbaren und einer szenisch-unmittelbaren Erzählweise gesehen, analog zu der später in der englischsprachigen Erzählforschung etablierten begrifflichen Opposition von *telling* und *showing*. Tatsächlich aber zieht Ludwig für seine Typologie weitere Bestimmungskriterien heran, unter anderem die Frage nach der Stellung des Erzählers zum Erzählten. Der Erzähler der *eigentlichen Erzählung* hat „den Gegenstand entweder ganz oder teilweise selbst erlebt" und muss daher auch „sein Wissen um die Sache motivieren" (Ludwig 1977, 654). In der *szenischen Erzählung* dagegen ist der Erzähler, obwohl er den Eindruck einer geringen Distanz zum erzählten Geschehen erweckt, nicht Teil der Figurenwelt. Nach Ludwig orientiert sich diese Erzählform an den medialen Bedingungen des Dramas: Berichtet wird demnach von einem Beobachterstandpunkt in unmittelbarer Nähe, und doch außerhalb des Bühnengeschehens (Ludwig 1977, 655).[13]

Wie Ludwig, so beschreibt auch Berthold Auerbach das Erzählen mit und ohne Ich-Erzähler als zwei in Anlage und Wirkung zwar verschiedene, künstlerisch aber gleichrangige Formen der literarischen Erzählung. Sein Essay über Goldsmiths Roman *Der Pfarrer von Wakefield* ist die erste umfangreiche deutschsprachige Publikation zur Theorie des „sogenannten Ich-Roman[s]" (Auerbach 1867, 293). Die besondere Qualität dieser Erzählform erkennt Auerbach gerade in ihrer subjektiven Färbung, wonach die einzelnen Geschehnisse keinen objekti-

---

13 Bezieht man Ludwigs Einteilung auf die Begriffe der modernen Erzähltheorie, liegt in der *eigentlichen Erzählung* ein Ich-Erzähler bzw. homodiegetischer Erzähler vor. Ludwigs Beschreibung der *szenischen Erzählung* wiederum ließe sich mit dem Begriff des neutralen Erzählens in Verbindung bringen, den Stanzel in seiner Habilitationsschrift einführt, später jedoch nicht wieder aufgreift (Stanzel 1955, 23). Mit Genette (1998 [1994], 135) könnte man auch von einem Erzählen mit externer Fokalisierung sprechen.

ven Wert oder Bedeutungsgehalt haben, sondern ihre Bedeutung immer erst im Kontext eines individuellen Lebenszusammenhangs erhalten. Sowohl für die Figur selbst als auch für den Leser wird „das Ereigniß [...] erst durch den Hintergrund der Empfindungen, auf dem es sich aufsetzt, zu einem *Erlebniß*" (Auerbach 1867, 296).

Die systematische Erschließung der Ich-Erzählung ist eine der hervorstechendsten Leistungen der Erzähltheorie des 19. Jahrhunderts. Den wichtigsten Beitrag dazu leistet Friedrich Spielhagen mit seiner umfangreichen Abhandlung „Der Ich-Roman", die 1883 in dem Sammelband *Beiträge zur Theorie und Technik des Romans* erscheint. Angesichts der Entschiedenheit, mit der Spielhagen in seinen frühen Aufsätzen die Objektivitätsforderung vertritt, überrascht seine intensive Beschäftigung mit dem Gegenstand (vgl. Stanzel 2001 [1979], 110–111). In der Tat liegt Spielhagens späten Texten und insbesondere seinem Aufsatz zum „Ich-Roman" ein Widerspruch zugrunde: Der Theoretiker hält weiterhin am Objektivitätspostulat fest, entzieht ihm aber gleichzeitig den Boden, indem er auf die Erfahrungsgebundenheit modernen Erzählens hinweist. Er hebt hervor, dass es eine notwendige Verbindung zwischen der Lebenswelt des Autors und der fiktional entworfenen Erzählwelt, eine „approximative Kongruenz des Dichters und des Helden" gibt (Spielhagen 1967 [1883], 132). Der Ich-Roman steht somit paradigmatisch für die Erzählliteratur der Moderne, er weist auf ein allgemeines Problem modernen Erzählens und zugleich, nach Spielhagens Ansicht, auf dessen annähernde Lösung. Diese besteht in einem mehrstufigen Prozess der Selbstobjektivierung, im Zuge dessen das „naive[ ] ‚Ich'", das dem Autor nach Charakter und Lebenserfahrung noch sehr nahe steht, zunächst in ein „reflektiertes ‚Er'" (Spielhagen 1967 [1883], 175) und anschließend wiederum in ein „neues, künstlich seiner Beschränkung enthobenes, reflektiertes" Ich (Spielhagen 1967 [1883], 203) verwandelt werden muss.

Spielhagens Aufsätze haben auf die Entwicklung der Erzähltheorie des frühen 20. Jahrhunderts einen großen Einfluss. Seine differenzierten Beobachtungen zur Ich-Erzählung oder zur genetischen Verbindung zwischen Autor und Held wurden dabei allerdings kaum zur Kenntnis genommen, die Auseinandersetzung beschränkte sich im Wesentlichen auf das Objektivitätsproblem und die Frage nach der Stellung des Erzählers in der heterodiegetischen Erzählung (Erzählung in der 3. Person).

3 Literaturwissenschaftliche Erzähltheorie in der ersten Hälfte des 20. Jahrhunderts

In den ersten Jahrzehnten des 20. Jahrhunderts gewinnen erzähltheoretische Untersuchungen auch innerhalb der Literaturwissenschaften zunehmend an Bedeutung. Diese Entwicklung markiert einen Einschnitt, aber keinen Bruch in der Geschichte der Erzähltheorie. Denn wie gezeigt werden konnte, reicht die Beschäftigung mit dem Gegenstand Erzählung als einem gattungsübergreifenden Strukturprinzip weit über die Grenze zum 20. Jahrhunderts zurück (vgl. dagegen Cornils und Schernus 2003, 148–149). Es ist also nicht der Gegenstand, der sich ändert, wohl aber die Untersuchungsperspektive. Die erzähltheoretische Begriffsbildung im Rahmen literaturwissenschaftlicher Untersuchungen folgt weniger den Bedürfnissen der Produzenten als denen der Rezipienten bzw. Interpreten literarischer Texte. Sie dient dem Zweck, Leitlinien und Orientierungsrahmen nicht mehr für die Produktion, sondern für die Interpretation von Erzähltexten aufzustellen. Sie ist darum auch, zumindest dem Anspruch nach, darauf ausgerichtet, die formalen Bedingungen und Möglichkeiten narrativer Darstellung möglichst umfassend abzubilden, wobei die Theorie trotz ihrer stärker deskriptiven Ausrichtung auf Wertungen und normative Aussagen selten ganz verzichtet. Trotz dieser grundsätzlichen Differenz hinsichtlich der theorieleitenden Prämissen betont die deutschsprachige literaturwissenschaftliche Erzähltheorie der vorstrukturalistischen Zeit die Kontinuität zu älteren Theorien und stärker poetologisch orientierten Ansätzen.

Ablesen lassen sich Kontinuitäten und Diskontinuitäten exemplarisch an Käte Friedemanns wegweisender Abhandlung *Die Rolle des Erzählers in der Epik* von 1910. Friedemann war eine Schülerin Oskar Walzels und in wesentlichen Aspekten weist die Arbeit, mit der sie 1907 promoviert wurde, auf den literaturwissenschaftlichen Ansatz ihres Lehrers zurück. Dieser richtet sich gegen die Reduktion der Literaturwissenschaft auf die biografische Ausdeutung einzelner Kunstwerke. Walzel plädiert stattdessen für eine formästhetische und synthetisierende Betrachtung von Literatur, wobei er unter ‚synthetisch' das Zusammenfassen der Einzelerscheinungen unter allgemeineren begrifflichen Einheiten versteht. Zu diesen Begriffen, die über die einzelnen Erscheinungen hinausführen, zählt er neben dem „Ideelle[n]" und den „Lebensprobleme[n]" auch und vor allem die künstlerische „Form" (Walzel 1968 [1926], 20).[14] Die ‚synthetische'

---

14 Walzel vertritt dabei einen betont weiten Formbegriff, der „vom äußerlich Technischen bis zu dem geheimnisvollen Punkte, an dem die künstlerische Idee in eine ihr notwendige Gestalt

Erfassung der Form kann zum einen bedeuten, dass man die Entwicklungsgeschichte epochen- oder gruppenspezifischer Formen zum Gegenstand macht; zum anderen kann damit aber auch die vergleichende Betrachtung transhistorisch auffindbarer Formvarianten, z. B. einer Gattung, gemeint sein, wie Walzel in seinen eigenen Studien etwa über die „Formeigenheiten des Romans" von 1914 oder über die „Objektive Erzählung" von 1915 demonstriert.

Friedemanns Arbeit entspricht diesem Ansatz in dem Versuch, die allgemeinen Formeigenschaften der Erzählung in vergleichender Perspektive zu erfassen. Die Darstellung beschränkt sich nicht allein auf den Begriff des Erzählers, sie behandelt auch weitere Gestaltungsaspekte wie die Komposition und Ordnung der erzählten Handlung, die Figurendarstellung oder den Gebrauch von bildlicher Rede. Gleichwohl steht die Bestimmung der Stellung und Funktion des Erzählers im Zentrum von Friedemanns Argumentation. Dabei knüpft sie direkt an die erzähltheoretischen Debatten des späten 19. Jahrhunderts an, insbesondere an Friedrich Spielhagens Forderung nach einem objektiven Erzählen. Dieser Forderung setzt Friedemann die Überzeugung entgegen, dass die Sichtbarkeit der erzählenden Instanz nicht nur ebenso legitim ist wie ein scheinbar unvermitteltes, szenisches Erzählen, sondern im Grunde der Erzählform angemessener ist. Denn diese unterscheidet sich von der dramatischen Darstellung eben darin, dass in ihr „die Geschehnisse nicht direkt, sondern durch ein organisch mit der Dichtung selbst verwachsenes Medium übermittelt werden" (Friedemann 1969 [1910], 32).

Die Betonung der Erzählerrolle und die Differenzierung von erzählender und dramatischer Literatur über das Kriterium der Mittelbarkeit sind, theoriegeschichtlich betrachtet, wenig originell. Auch trifft Friedemann damit nicht ins Zentrum von Spielhagens Theorie, denn es ist gar nicht primär die Sichtbarkeit des Erzählers, die darin problematisiert wird, sondern das Hervortreten des Autors. Spielhagens Objektivitätsforderung zielt im Kern auf die Illusion der Unabhängigkeit der erzählten Welt von der Willkür des Autors, nicht auf die Unabhängigkeit von einem erzählenden Medium. Von einer anderen Seite aus nähert sich Friedemann, ohne sich dessen bewusst zu sein, der Theorie Spielhagens sogar an. Der eigentlich innovative Impuls ihres Ansatzes liegt in der begrifflichen Trennung von Autor und Erzähler. Ihrem Anspruch folgend, von aller „Künstlerpsychologie" (Friedemann 1969 [1910], VIII) abzusehen, ist es für Friedemann nur konsequent, den Erzähler nicht als Brücke zwischen Text und empirischem Autor

---

übergeht", reicht (Walzel 1968 [1926], 21; zur Genese von Walzels Theorie und Begriff der Form, insbesondere zu seiner produktiven Auseinandersetzung mit formästhetischen Ansätzen in den Kunstwissenschaften vgl. Burdorf 2001, 418–427).

zu betrachten, sondern als ein funktionales Element im Kompositionsgefüge der Erzählung. Seine Funktion interpretiert sie dabei weniger kommunikations- als vielmehr erkenntnistheoretisch. Im Verhältnis von Erzähler und erzählter Handlung wiederholt sich demnach das epistemologische Verhältnis von Ich und Welt. Der Erzähler ist „*der* Bewertende, *der* Fühlende, *der* Schauende. Er symbolisiert die uns seit Kant geläufige erkenntnistheoretische Auffassung, daß wir die Welt nicht ergreifen, wie sie an sich ist, sondern wie sie durch das Medium eines betrachtenden Geistes hindurchgegangen" (Friedemann 1969 [1910], 26).

Auch Spielhagen kennt eine solche perspektivierende Instanz; für ihn aber ist der Held das „Auge" oder „Gesichtswinkel", unter dem sich die erzählte Welt darstellt, und nur im Falle der Ich-Erzählung fallen der Erzähler und Perspektivträger in eins (Spielhagen 1967 [1883], 72). In einer Erzählung, in der der Held nicht zugleich der Erzähler ist, können deutlich markierte narratoriale Eingriffe dazu beitragen, die Einheitlichkeit der Perspektive aufzuheben. Der Erfahrungsmaßstab, den der Held aufzeigt, wird dann gebrochen durch die Sichtweise eines Außenstehenden, den Spielhagen mit dem Autor gleichsetzt. Für Friedemann ist der Erzähler das perspektivische Zentrum des Erzähltextes. Den Autor als Produktionsinstanz klammert sie dagegen aus ihren theoretischen Überlegungen weitgehend aus, was ihr umso leichter gelingt, als sie sich auf die Wahrnehmungsfunktion des Erzählers konzentriert und seine kommunikative Funktion und damit die Frage nach dem Sender und dem Adressaten der Erzählung ausblendet. Sie umgeht damit theoretisch bereits die Möglichkeit, die Spielhagen ästhetisch missbilligt: die Brechung der Erfahrungsperspektive der (Erzähler-)Figur durch die des Autors.

Die Konzentration auf das Thema der Perspektive teilt Friedemanns Text mit einem der Klassiker der frühen englischsprachigen Erzähltheorie: Percy Lubbocks *The Craft of Fiction* (1921). Davon abgesehen erinnert Lubbocks Argumentation allerdings stärker an die Arbeiten Spielhagens. So präferiert auch er ein Erzählen, bei dem der Autor hinter seinem Gegenstand verschwindet, unterscheidet nicht zwischen den Konzepten des Autors und des Erzählers und geht schließlich, im Gegensatz zu Friedemann, nicht davon aus, dass der Erzähler notwendig das perspektivische Zentrum des Erzähltextes darstellt. Der letzte Aspekt ist besonders wichtig, denn Lubbocks Arbeit ist gerade darin wegweisend, dass sie auf ein mögliches Auseinandertreten von Wahrnehmungs- und Erzählinstanz hinweist und so die Genette'sche Doppelfrage nach dem „Qui perçoit?" und dem „Qui parle?" vorwegnimmt (vgl. dagegen Lahn und Meister 2008, 26).

Lubbock – der sich seinem Gegenstand zwar nicht als Wissenschaftler, aber als „critical reader" nähert (Lubbock 1957 [1921], 17) – arbeitet in seinen Analysen mit zwei verschiedenen Begriffsgegensätzen. Er unterscheidet zum einen zwischen einer szenischen („scenic") und einer panoramatischen („panoramic"), zum anderen zwischen einer piktorialen („pictorial") und einer dramatischen („dramatic") Art der Darstellung (Lubbock 1957 [1921], 67, 69). Das erste Begriffspaar bezieht sich auf das Kriterium der narrativen Distanz, unterschieden wird demnach ein Erzählen, das die Illusion von Gegenwärtigkeit erzeugt, und ein Erzählen, bei dem der Erzähler das Geschehen überwiegend referierend und anscheinend aus einer großen zeit-räumlichen Entfernung darstellt. Das zweite Begriffspaar, das Lubbock von Henry James übernimmt, bezieht sich hingegen auf das Kriterium der Perspektive. In der dramatischen Darstellung wird dem Leser der Eindruck vermittelt, ein Geschehen unmittelbar wahrzunehmen. In der piktorialen Darstellung wird ihm das Wahrnehmungsbild einer anderen Figur präsentiert, „the reflection of events in the mirror of somebody's receptive consciousness" (Lubbock 1957 [1921], 69), wobei die reflektierende Figur nicht notwendigerweise zugleich der Erzähler der Geschichte ist.[15]

Zwar verwischt Lubbock im Folgenden die hier implizierte Trennung zwischen Erzählen und Wahrnehmen, indem er die Begriffspaare konfundiert (Lubbock 1957 [1921], 110). Er hebt sie aber nicht völlig auf, zumal ihm diese Differenzierung ermöglicht, die Besonderheiten im Erzählstil des von ihm hochgeschätzten Henry James zu beschreiben. In Texten wie James' *The Ambassadors* (1903) sieht Lubbock eine Mischung aus szenischer und piktorialer Darstellung verwirklicht, „the picture of a mind is fully dramatized" (Lubbock 1957 [1921], 156). Aber die Figur, deren Wahrnehmung dem Leser präsentiert wird, erzählt nicht: „Everything in the novel is now dramatically rendered, [...] nobody is addressing us, nobody is reporting his impression to the reader. The impression is enacting itself" (Lubbock 1957 [1921], 170). Franz K. Stanzel wird einige Jahrzehnte später an diese Analysen anknüpfen können und für diese Darstellungsform die Begriffe der Reflektorfigur und der personalen Erzählsituation prägen.

In der deutschsprachigen Erzähltheorie tritt das Problem der Erzählperspektive in den folgenden Jahrzehnten jedoch zunächst in den Hintergrund. Charakteristisch für die erzähltheoretische Diskussion dieser Zeit ist zudem eine stärkere Orientierung an den Traditionslinien der nationalen Poetik und Ästhetik, die

---

[15] Mitunter werden Lubbocks Unterscheidungen verkürzend mit dem Begriffspaar *telling* vs. *showing* identifiziert, das Lubbock in der Tat alternativ zur Unterscheidung *panoramic* vs. *scenic* nutzt (Lubbock 1957 [1921], 62), das sich aber nicht mit der Differenzierung *pictorial* vs. *dramatic* deckt (vgl. dagegen Lahn und Meister 2008, 26). Unzutreffend ist zudem der Vorwurf, Lubbock argumentiere präskriptiv und lasse nur die szenisch-dramatische Art des Erzählens gelten (Lahn und Meister 2008, 26; Herman 2008, 27). Zwar bringt Lubbock seine Präferenz für die szenisch-piktoriale Erzählung, wie er sie bei Henry James vorfindet, klar zum Ausdruck, verwirft aber andere Darstellungsweisen nicht grundsätzlich. Entscheidend ist nach seiner Ansicht allein die Übereinstimmung zwischen der gewählten Form und dem behandelten Gegenstand.

nicht als Stagnation oder Rückschritt verstanden werden sollte, da sie durchaus zur Erschließung neuer Gegenstandsbereiche und konzeptueller Innovation beiträgt. Die Autorität, auf die sich die Forschung vorzugsweise beruft, ist Goethe. Der Germanist Robert Petsch legt seiner Abhandlung *Wesen und Formen der Erzählkunst* (1934) einen Begriff des Epischen zugrunde, der sich an Goethes Idee der drei „Naturformen der Poesie" aus den *Noten und Abhandlungen zu besserem Verständnis des „West-östlichen Divans"* orientiert (vgl. Petsch 1942 [1934]), 6). Unter dem Begriff versteht Petsch daher weniger eine durch eine Reihe formaler Eigenschaften bestimmbare Makrogattung literarischer Texte als eine Haltung, die der Autor „dem Gegenstand und der Welt gegenüber" einnimmt (Petsch 1942 [1934]), 6). Weil sich für ihn das „Wesen" des Epischen nicht in formalen Bestimmungen erschöpft, fällt es ihm wiederum leicht, Bestandteile erzählender Texte, die im engeren Sinne nicht narrativ sind, in seine Theorie zu integrieren. Seine wichtigste erzähltheoretische Leistung liegt deshalb auch in der Identifikation und Abgrenzung verschiedener „Grundformen" des Erzählens wie Bericht, Beschreibung, Betrachtung, Bild, Szene und Gespräch (Petsch 1942 [1934], 332–359).[16] Auch die erzähltheoretischen Schriften Günther Müllers finden in Goethes Werk einen zentralen Bezugspunkt; allerdings sind es nicht die Überlegungen zur epischen Dichtung, sondern Goethes Arbeiten zur Morphologie, die hierbei den Ausschlag geben. Besonders fruchtbar ist die Übertragung der für Goethe zentralen Frage nach dem Verhältnis von äußerer und innerer Gestalt auf Aspekte der narrativen Zeitgestaltung, aus der Müller die grundlegende begriffliche Differenz von Erzählzeit und erzählter Zeit gewinnt (Müller 1968, 269–286).

Die Fixierung der deutschsprachigen Theorie auf die Autorität Goethes ist noch in Franz K. Stanzels epochemachender Abhandlung *Die typischen Erzählsituationen im Roman* (1955) greifbar. Wiederum dienen die *Noten und Abhandlungen zu besserem Verständnis des „West-östlichen Divans"* als Bezugspunkt. Stanzel übernimmt daraus den Gedanken einer kreisförmigen Anordnung dreier Darstellungstypen, modifiziert diesen aber beträchtlich. Im Unterschied zu Goethes Entwurf bezieht sich sein Modell nicht auf die Gesamtheit der Gattungen, sondern allein auf die erzählende Literatur (Stanzel 1955, 158). Und anders als Petsch übernimmt er von Goethe nicht das Verständnis des Epischen als einer Ausdruckshaltung, sondern konzentriert sich auf ein formales Kriterium, den Aspekt der Mittelbarkeit (Stanzel 1955, 20). Stanzels Ziel ist es, auf diese Weise zu

---

[16] In Hauptzügen findet sich die Theorie der epischen Grundformen bereits in zwei früheren Aufsätzen des Autors skizziert (vgl. Petsch 1928, 1931). Petschs Begriffe werden später von Eberhard Lämmert (1955) aufgegriffen und unter anderem durch die Verknüpfung mit der Thematik der Zeitdarstellung weiterentwickelt.

einer Typologie von Romanformen zu gelangen, die von stoffbezogenen Zuschreibungen (wie ‚Bildungsroman' oder ‚Charakterroman') absieht und nur die Ebene der erzählerischen Vermittlung berücksichtigt.

Stanzels Auseinandersetzung mit der theoriegeschichtlichen Tradition beschränkt sich indes nicht auf Goethe. Eine weitere wichtige Quelle sind Otto Ludwigs *Romanstudien*, insbesondere die Ausführungen zur ‚eigentlichen' und ‚szenischen Erzählung'. Stanzel sieht in dieser Typologie einen Gegenentwurf zu der seit Spielhagen oft mit normativem Anspruch geführten Debatte um die Stellung des Erzählers. Im Gegensatz zu Spielhagen, aber auch zu Friedemann lasse Ludwig sowohl das Erzählen mit einem vordergründigen Erzähler als auch das Erzählen, das sich an der dramatischen Unmittelbarkeit orientiert, als ästhetisch gleichermaßen legitime Darstellungsvarianten gelten (Stanzel 1955, 22). Mit dieser Deutung reduziert Stanzel allerdings Ludwigs Begriffe auf den Gegensatz zwischen berichtender und szenischer Darstellung. Er übersieht dabei eine wichtige Parallele zu seiner eigenen Theorie und seinem Konzept der ‚Erzählsituation': In beiden Fällen werden unterschiedliche Gestaltungsaspekte narrativer Darstellung typologisch zusammengefasst. Ludwigs Begriffe der ‚eigentlichen', ‚szenischen' und gemischten Erzählung beziehen sich auf die Unterscheidung von Erzählertypen (beteiligter vs. unbeteiligter Erzähler), Perspektivformen (Innen- vs. Außensicht) und Erzählmodi (berichtende vs. szenische Darstellung). Ebenso beruht Stanzels Konzept der ‚Erzählsituation' auf einer Kombination von drei Konstituenten: der Konstituenten der Person (Ich- vs. Er-Bezug), der Perspektive (Innen- vs. Außenperspektive) sowie des Modus (Erzähler vs. Reflektor bzw. *telling* vs. *showing*) (Stanzel 2001 [1979], 70–73).

Mit Stanzels Schriften beginnt die klassische Periode der deutschsprachigen Narratologie (Fludernik und Margolin 2004, 153). Im Bemühen um den Anschluss an die französisch- und englischsprachige Forschung tritt in der Forschungsdiskussion die Orientierung an der theoriegeschichtlichen Tradition immer mehr in den Hintergrund. Bereits in der strukturalistischen Überarbeitung seiner Theorie, die Stanzel 1979 unter dem Titel *Theorie des Erzählens* vorlegt, nimmt die Auseinandersetzung mit älteren Ansätzen wie Otto Ludwigs Theorie der Erzählformen nur noch einen geringen Raum ein. Diese Tendenz wird die disziplingeschichtliche Entwicklung bis in ihre poststrukturalistische Phase hinein prägen.

Literaturverzeichnis

Aristoteles (2006 [1982]). *Poetik*. Übers. und hg. von M. Fuhrmann. Stuttgart.
Auerbach, Berthold (1867). *Deutsche Abende*. Neue Folge. Stuttgart.
Barbauld, Anna Laetitia (1968 [1959]). „Three Ways of Telling a Story" [1804]. In: M. Allott (Hg.), *Novelist on the Novel*. London, 258–260.
Batteux, Charles (1746). *Les Beaux Arts réduits à un même principe*. Paris.
Behaghel, Otto (1877). *Über die Entstehung der abhängigen Rede und die Ausbildung der Zeitfolge im Altdeutschen*. Paderborn.
Blanckenburg, Christian Friedrich von (1965 [1774]). *Versuch über den Roman*. Faksimiledruck der Originalausgabe. Stuttgart.
Burdorf, Dieter (2001). *Poetik der Form*. Stuttgart.
Cornils, Anja, und Wilhelm Schernus (2003). „On the Relationship between the Theory of the Novel, Narrative Theory, and Narratology". In: T. Kindt, H.-H. Müller (Hgg.), *What is Narratology?* Berlin, 137–174.
Doležel, Lubomír (1973). *Narrative Modes in Czech Literature*. Toronto.
Engel, Johann Jakob (1964 [1774]). *Über Handlung Gespräch und Erzählung*. Faksimiledruck der ersten Fassung von 1774. Hg. von E. T. Voss. Stuttgart.
Ernst, Ulrich (2000). „Die natürliche und die künstliche Ordnung der Welt. Grundzüge einer historischen Narratologie". In: R. Zymner (Hg.), *Erzählte Welt – Welt des Erzählens*. Köln, 179–199.
Fludernik, Monika, und Uri Margolin (2004). „Introduction". In: *Style* 38.2, 148–187.
Friedemann, Käte (1969 [1910]). *Die Rolle des Erzählers in der Epik*. Nachdruck der Originalausgabe. Darmstadt.
Genette, Gérard (1998 [1994]). *Die Erzählung*. München.
Goethe, Johann Wolfgang von (1990). *Sämtliche Werke nach Epochen seines Schaffens*. Bd. 8.1. Hg. von M. Beetz. München.
Goethe, Johann Wolfgang von (1998). *Sämtliche Werke, Briefe, Tagebücher und Gespräche*. Bd. 18. Hg. von F. Apel. Frankfurt a. M.
Hahl, Werner (1971). *Reflexion und Erzählung. Ein Problem der Romantheorie von der Spätaufklärung bis zum programmatischen Realismus*. Stuttgart.
Hegel, Georg Wilhelm Friedrich (1998). *Vorlesungen. Ausgewählte Nachschriften und Manuskripte*. Bd. 2. Hg. von A. Gethmann-Siefert. Hamburg.
Hegel, Georg Wilhelm Friedrich (2005). *Philosophie der Kunst. Vorlesung von 1826*. Hg. von A. Gethmann-Siefert, J.-I. Kwon, K. Berr. Frankfurt a. M.
Herman, David (2008). „Histories of Narrative Theory (I). A Genealogy of Early Developments". In: J. Phelan, P. J. Rabinowitz (Hgg.), *A Companion to Narrative Theory* [1. Paperback-Aufl.]. Malden, 19–35.
Keiter, Heinrich (1876). *Versuch einer Theorie des Romans und der Erzählkunst*. Paderborn.
Knape, Joachim (2003): „Narratio". In: G. Ueding (Hg.), *Historisches Wörterbuch der Rhetorik*. Bd. 6. Tübingen, 98–106.
Lahn, Silke, und Jan Christoph Meister (2008). *Einführung in die Erzähltextanalyse*. Stuttgart.
Lämmert, Eberhard (1955). *Bauformen des Erzählens*. Stuttgart.
Le Bossu, René (1708 [1675]). *Traité du poëme épique*. Paris.
Lessing, Gotthold Ephraim (1985). *Werke und Briefe in zwölf Bänden*. Bd. 6. Hg. von K. Bohnen. Frankfurt a. M.

Lubbock, Percy (1957 [1921]). *The Craft of Fiction*. London.
Ludwig, Otto (1977). *Romane und Romanstudien*. Hg. von W. J. Lillyman. München.
Müller, Günther (1968). *Morphologische Poetik: Gesammelte Aufsätze*. Hg. von E. Müller. Darmstadt.
Petsch, Robert (1928). „Epische Grundformen". In: *Germanisch-Romanische Monatsschrift* 16, 379–399.
Petsch, Robert (1931). „Der epische Dialog". In: *Euphorion* 32, 187–205.
Petsch, Robert (1942 [1934]). *Wesen und Formen der Erzählkunst*. Halle (Saale).
Platon (2000). *Der Staat – Politeia*. Übers. von R. Rufener. Hg. von Th. A. Szlezák. Düsseldorf.
Scheffel, Michael (2010). „Theorien der Epik". In: R. Zymner (Hg.), *Handbuch Gattungstheorie*. Stuttgart, 311–314.
Schiller, Friedrich (1962). *Schillers Werke. Nationalausgabe*. Bd. 22. Hg. von B. v. Wiese. Weimar.
Schlegel, August Wilhelm (1984 [1964]). „Goethes Hermann und Dorothea". In: A. W. Schlegel, *Über Literatur, Kunst und Geist des Zeitalters*. Hg. von F. Finke. Stuttgart, 114–147.
Schlegel, August Wilhelm (1989). *Vorlesungen über Ästhetik I [1798–1803]*. Hg. von E. Behler. Paderborn.
Schlegel, Friedrich (1979). *Studien des Klassischen Altertums*. Hg. von E. Behler. Paderborn.
Spielhagen, Friedrich (1864). *Vermischte Schriften*. Bd. 1. Berlin.
Spielhagen, Friedrich (1967 [1883]). *Beiträge zur Theorie und Technik des Romans*. Faksimiledruck nach der 1. Auflage von 1883. Mit einem Nachwort von H. Himmel. Göttingen.
Stanzel, Franz K. (1955). *Die typischen Erzählsituationen im Roman*. Wien/Stuttgart.
Stanzel, Franz K. (2001 [1979]). *Theorie des Erzählens*. Göttingen.
Steinmetz, Horst (1975). „Die Rolle des Lesers in Otto Ludwigs Konzeption des ‚Poetischen Realismus'". In: G. Grimm (Hg.), *Literatur und Leser*. Stuttgart, 223–239.
Sulzer, Johann Georg (1771). *Allgemeine Theorie der Schönen Künste in einzeln, nach alphabetischer Ordnung der Kunstwörter auf einander folgenden, Artikeln abgehandelt*. Bd. 1. Leipzig.
Tobler, Adolf (1887). „Vermischte Beiträge zur französischen Grammatik". In: *Zeitschrift für Romanische Philologie* 11, 433–461.
Trappen, Stefan (2001). *Gattungspoetik. Studien zur Poetik des 16. bis 19. Jahrhunderts und zur Geschichte der triadischen Gattungslehre*. Heidelberg.
Vischer, Friedrich Theodor (1857). *Aesthetik oder Wissenschaft des Schönen*. T. 3, Abs. 2, H. 5. Stuttgart.
Walzel, Oskar (1968 [1926]). *Das Wortkunstwerk. Mittel seiner Erforschung*. Nachdruck der 1. Aufl. Heidelberg.
Weber, Dietrich (1998). *Erzählliteratur: Schriftwerk, Kunstwerk, Erzählwerk*. Göttingen.

Wolf Schmid

II.2 Formalistische und strukturalistische Erzähltheorie in Russland und ihre westliche Proliferation

1 Die Konstituierung der Narratologie und der russische Formalismus

Die Narratologie beginnt nicht mit Tzvetan Todorov, aber immerhin prägte der junge Bulgare (1939–2017), der 1963 nach Paris gekommen war, 1969 den Begriff und definierte ihn als *la science du récit*. Grundbegriffe der neuen Disziplin hatte er schon 1966 in seinem berühmten Aufsatz „Les catégories du récit littéraire" vorgestellt. Dabei rekurrierte er auf Konzepte der russischen Formalisten, die er dem westlichen Publikum in einer Anthologie (Todorov 1965b) präsentiert hatte. Seinen Aufsatzband *Poétique de la prose* (1971a) eröffnete er mit der Studie „L'héritage méthodologique du formalisme" (1965a), in der er die Impulse der russischen Schule für die Entwicklung der zeitgenössischen Literaturtheorie nachzeichnete. Und im Aufsatz „Quelques concepts du formalisme russe" (1971b) gab er eine systematische Übersicht über Grundkategorien der Schule. Todorov rekurrierte also bei der Konstituierung der Erzähltheorie als strukturaler Narratologie auf die Schriften der russischen Formalisten. Der russische Formalismus avancierte somit zu einer Art Proto-Narratologie.[1] Einige Texte der Formalisten hatte Todorov, des Russischen gut kundig, bereits im heimatlichen Sofia im Original gelesen, freilich nicht in öffentlichen Bibliotheken, in denen sie, in der Sowjetunion verboten, kaum zugänglich gewesen sein dürften, sondern in der Bibliothek des Vaters.[2]

Die russischen Formalisten beabsichtigten nicht, eine Narratologie zu begründen. Sie wollten allenfalls *Theorie der Prosa* betreiben. So lautete der Titel des erstmals 1925 publizierten Bandes, der Viktor Šklovskijs wegweisende Essays enthält. Ein Beitrag zu einer systematischen Erzähltheorie, die in seiner Zeit hauptsächlich in der deutschsprachigen Germanistik (Walzel 1914, 1915a, 1915b, 1924; Friedemann 1908, 1910) und Anglistik (Dibelius 1910) betrieben wurde, vor

---

[1] Vgl. dazu den Sammelband Schmid 2009a.
[2] Nach seiner mündlichen Auskunft auf der Konferenz „Russian Formalism. 100 Years on" (Paris, Oktober 2015).

allem mit dem Augenmerk auf Fragen der Komposition (Schissel von Fleschenberg 1910), schwebte Šklovskij ebenfalls nicht vor. Ihm ging es darum, an der Prosa, der zweiten Hemisphäre der Dichtung, Merkmale der „Literaturhaftigkeit" (*literaturnost'*) aufzuweisen. Die „Literaturhaftigkeit", „dasjenige, was ein gegebenes Werk zu einem literarischen Werk macht", bezeichnete Roman Jakobson als den eigentlichen Gegenstand der Literaturwissenschaft, und das „Verfahren" (*priem*) nannte er ihren einzigen „'Helden'".[3] Eine weitere Grundfrage war für Jakobson die nach der „Anwendung" und der „Rechtfertigung" des Verfahrens (Jakobson 1972 [1921], 30–33 [russ.-dt.]).

Als das grundlegende „Verfahren" der Dichtung identifizierte Šklovskij (1969a [1917]) das „Verfahren der Verfremdung" (*priem ostranenija*). Der Begriff ‚Verfremdung' hat in den Beispielen von Šklovskijs Schlüssel-Essay „Kunst als Verfahren" von 1917 unterschiedliche Bedeutungen: (1) Abweichung von konventionalisierten Darstellungs- und Mitteilungsformen, (2) Erschwerung automatisierter Darstellungs- und Mitteilungsvorgänge, (3) Fremdmachen vertrauter Gegenstände, Vorgänge, Begriffe, Verfahren, Formen.[4] (Die Bedeutungen 1 und 2 sind in 3, die Bedeutung 1 ist in 2 enthalten.) Für die Theorie der Prosa ist zunächst der Aspekt der Abweichung relevant. Er wird in der Dichotomie von *Fabel* und *Sujet* wirksam, jenem Konzept der russischen Schule, dem aus der Perspektive der späteren internationalen Entwicklung der Narratologie die größte Relevanz zugesprochen wird (vgl. Todorov 1971b; Schmid 2009c). Die Facetten der Erschwerung und des Fremdmachens kommen in den Verfahren des *Skaz*, der *Äquivalenzbildung* und der *Ornamentalisierung* zur Geltung und sind in der Formalismusrezeption viel geringer beachtet worden.

2 Fabel und Sujet

Die russischen Theoretiker der 1910er und 1920er Jahre verstanden unter den beiden Begriffen der Dichotomie durchaus Unterschiedliches. Für die weitere Entwicklung der Theorie relevant waren vor allem die Konzeptionen von Viktor Šklovskij und Boris Tomaševskij.

---

[3] Jakobsons Definitionen stammen aus einem vor dem Moskauer Linguistenkreis 1919 gehaltenen Vortrag, der 1921 als selbstständige Ausgabe in Prag publiziert wurde.
[4] Zur Typologie der Bedeutungen des Verfremdungsbegriffs, der von Šklovskij ins Spiel gebrachten Funktionen des Verfahrens und der Objekte, auf die in Šklovskijs Texten Verfremdung angewandt wird, vgl. Schmid 2005a.

Viktor Šklovskij

Mit seiner Dichotomie *Fabel* vs. *Sujet* brachte Šklovskij zwei Begriffe, die ursprünglich beide den erzählten Stoff, die erzählte Handlung bezeichneten, in eine Opposition (Volek 1977, 142). Und in dieser Opposition spielten sie die Rolle von ‚Material' und ‚Verfahren'. In dem Paar übernahm das Verfahren den Part des ästhetisch Relevanten, das Material aber spielte eine untergeordnete Rolle, es diente lediglich der ‚Motivierung'.

Die klassische Definition von Fabel und Sujet gibt Šklovskij wie beiläufig am Ende seines Essays zu Sternes *Tristram Shandy* von 1921:

> Den Begriff *Sujet* verwechselt man allzu häufig mit der Beschreibung der Geschehnisse, also mit dem, wofür ich den Begriff *Fabel* vorschlage. In Wirklichkeit ist die Fabel nur Material für die Formung durch das Sujet. Somit ist das Sujet von *Eugen Onegin* nicht die Liebesgeschichte des Helden mit Tat'jana, sondern die sujetmäßige Verarbeitung dieser Fabel, ausgeführt durch die Einschaltung von unterbrechenden Abschweifungen. (Šklovskij 1969c [1921], 297–299[5])

Šklovskij illustriert in dem Essay „allgemeine Gesetze des Sujets", insbesondere diverse Fälle der „Entfaltung des Sujets" (*razvertyvanie sjužeta*; zu dem Begriff Aumüller 2009a). In Šklovskijs Wahrnehmung war für Sterne, einen Revolutionär der Form, das Verfahren der „Bloßlegung des Verfahrens" (*obnaženie priema*; Šklovskij 1969c [1921], 245) typisch. Bloßlegung war für die frühen Formalisten ein Modus der Verfremdung. Verfremdet wird in der Bloßlegung nicht thematisches Material, ein Ausschnitt aus der Wirklichkeit, sondern das Verfahren der Präsentation des Materials selbst. Worin besteht diese Bloßlegung als Verfremdung des Verfahrens? Šklovskij definiert: „Die künstlerische Form wird ohne Motivierung [*motivirovka*], einfach als solche dargeboten" (ebd.). Hinter dieser Definition verbirgt sich Šklovskijs Auffassung, dass ein „Roman des üblichen Typus" Verfahren benutzt, die künstlich und konventionell sind, ihre Künstlichkeit und Konventionalität aber durch eine Motivierung verschleiert. Die Bloßlegung der traditionellen Erzählverfahren bedient sich in Sternes Roman jenes paradoxen Wechsels der narrativen Ebenen, den Gérard Genette (1972) ‚Metalepse' nennt. Die Metalepse ist für Šklovskij (der keinen spezifischen Namen für das Verfahren hat) nicht ein Mittel ontologischer Irritation, als das sie in der Literatur der Postmoderne oft

---

[5] Die Schriften der russischen Formalisten werden nach der zweisprachigen Ausgabe (Striedter 1969) zitiert, soweit dort abgedruckt. Angegeben ist jeweils die Seite der deutschen Übersetzung (nachgedruckt in Striedter 1971), die von mir allerdings durchweg revidiert und ferner an die aktuelle Orthografie angepasst worden ist.

fungiert, sondern dient vielmehr dazu, die Künstlichkeit der Verfahren bewusst zu machen, um die Verfahren selbst und die ‚Gemachtheit' der Kunst aus Verfahren zum Gegenstand der Wahrnehmung zu erheben (vgl. Schmid 2005b).

Šklovskij tendierte dazu, die übliche Hierarchie von Inhalt und Form umzukehren. Und so behauptete er mit der für ihn typischen provokativen Geste immer wieder, dass das Material die Sujetverfahren motiviere und nicht umgekehrt: „Schiffbruch, Entführung durch Piraten usw. wurden [im Abenteuerroman] nicht aufgrund lebensweltlicher, sondern aufgrund künstlerisch-technischer Umstände für das Sujet ausgewählt." (Šklovskij 1969b [1919], 85)

Die thematischen Einheiten oder die Handlung sind also nicht Endzweck, sondern dienen nur dazu, bestimmte Verfahren zu rechtfertigen. Fällt die Motivierung weg, so steht das Verfahren ohne schützende Kleidung nackt vor uns. Wenn die erzählte Geschichte nur Motivierung der Verfahren ist, dann kann sie nicht den eigentlichen Inhalt des Romans ausmachen. So kommt Šklovskij konsequent zu dem epatistischen Schluss: Bei Sterne „besteht der Inhalt des Romans darin, dass man sich der Form mit Hilfe ihrer Verletzung bewusst wird" (Šklovskij 1969c [1921], 251). Und so kann Šklovskij das schöne Aperçu formulieren: „Blut [krov'] ist in der Kunst nicht blutig, sondern reimt auf Liebe [ljubóv'], es ist entweder Material für eine Lautkonstruktion oder Material für eine Bildkonstruktion" (Šklovskij 1969c [1921], 275).

Šklovskij suchte das Künstlerische ausschließlich in den Akten der verfremdenden Formung und schätzte die ästhetische Relevanz des zu formenden Materials gering ein. Das Sujet als Formungsakt bedeutete für Šklovskij vor allem ‚Deformation' der Fabel. Kunst war, wie der programmatische Titel von Šklovskijs bekanntem Essay von 1917 postulierte, „Verfahren", und die Verfahren des Sujetbaus bestanden vor allem in jenen Techniken des Parallelismus, der Wiederholung, des „Stufenaufbaus", der „Zerkleinerung" oder der „Bremsung", die eine „Verfremdung der Dinge" und eine „erschwerte Form" bewirkten (Šklovskij 1969a [1917], 14). Gegenstand der Wahrnehmung, deren Schwierigkeit und Länge vergrößert werden sollten („denn der Wahrnehmungsprozess ist in der Kunst Selbstzweck und muss verlängert werden"; ebd.), waren die erschwerenden Formungsakte selbst, das – wie Šklovskij es in einem schönen Bild formulierte – „Tanzen hinter dem Pflug" (um des Empfindens des Pflügens willen), wobei „der gepflügte Acker nicht benötigt wird" (Šklovskij 1969b [1919], 36): „[D]ie Kunst ist ein Mittel, das Machen einer Sache zu erleben; das Gemachte dagegen ist in der Kunst nicht wichtig" (Šklovskij 1969a [1917], 14). Šklovskij gab immer wieder zu verstehen, dass er das Sujet nicht als Substanz dachte, etwa als geformten Inhalt oder als das Produkt der Anwendung von Verfahren auf die Fabel, ja, er unterstrich sogar die Irrelevanz der Inhaltskategorie für das Sujet: „Für den Begriff ‚Inhalt' findet sich bei der Analyse eines Kunstwerks unter dem Aspekt der Sujethaftigkeit kein

Bedarf. Die Form muss man hierbei als Konstruktionsgesetz des Gegenstands [*zakon postroenija predmeta*] begreifen." (Šklovskij 1969b [1919], 108)

Dieses „Konstruktionsgesetz des Gegenstands" nimmt bei Šklovskij den Charakter einer autonomen abstrakten Kraft an. Das Sujet bearbeitet nicht einfach ein bestehendes, fertiges, vorgegebenes Material, dessen Direktiven es folgt. „Auf der Grundlage besonderer, noch unbekannter Gesetze der Sujetkonstruktion" (Šklovskij 1969b [1919], 43) sucht es sich vielmehr aktiv aus dem Repertoire der in einer Kultur vorhandenen Motive einzelne aus und verbindet sie.

In Šklovskijs radikal-formalistischer Konzeption werden Handlungsmomente in ein Werk nicht aufgrund ihres lebensweltlichen, ethischen oder philosophischen Gehalts eingeführt, sondern weil die Sujetkonstruktion sie erfordert:

> Bestimmte Fabelsituationen können nach Sujetprinzipien ausgewählt werden, d.h. in ihnen selbst kann eine bestimmte Sujetkonstruktion angelegt sein, ein Stufenaufbau, eine Inversion, eine Ringkonstruktion. So haben gewisse Steinsorten einen Schichtenaufbau und sind deshalb besonders geeignet für bestimmte Plattenmuster.
> Die Sujetkonstruktionen wählen zu ihnen passende Fabelsituationen aus und deformieren damit das Material. Deshalb kommen Schwierigkeiten auf der Reise, Abenteuer, unglückliche Ehen, verlorengegangene Kinder wesentlich häufiger in der Literatur vor als im Leben. (Šklovskij 1928, 220; Übers. W. S.)

Die Sujetkonstruktion hat im Denken des Aristotelikers Šklovskij, der sich im Essay über die Sujetverfahren immer wieder auf den Theoretiker des gut gebauten *Mythos* beruft und der die Poesie im wörtlichen Sinne des griechischen Wortes *Poíēsis* als ‚Machen' versteht, den Charakter der aristotelischen Kategorie der *Entelécheia* oder *Enérgeia* (vgl. Schmid 2017). Die beiden Begriffe sind nicht im Sinne ihrer neuzeitlichen Derivate zu verstehen, sondern bezeichnen den Zustand der wesensmäßigen Vollendung, in dem die Teile eines Ganzen aufeinander abgestimmt sind und entsprechend ihrem *Télos* zusammenwirken. So ist für Aristoteles die Seele, an deren Beispiel er seine ontologischen Kategorien darlegt, weder eine Eigenschaft (*Symbebekós*) noch etwas Stoffliches (*Hýlē*), sondern das wirkliche Lebendigsein (*Enérgeia* oder *Entelécheia*) des natürlichen, organischen Körpers, der der Möglichkeit (*Dýnamis*) nach Leben hat (vgl. Aristoteles' *De anima*). Die Energeia ist der Zustand, in dem die Teile des Körpers, die *Órgana*, lebenserhaltend zusammenarbeiten.[6] So ist für Šklovskij das Sujet und seine Konstruktion das einheitsschaffende Prinzip des erzählenden Werks.

---

6 In den neuzeitlichen holistischen Theorien hat das aristotelische Konzept der *Enérgeia* und *Entelécheia* als das einheits- und ganzheitsbildende Prinzip breiten Niederschlag gefunden. Man denke an das „henogene" „Gestaltungsprinzip" des Gestaltpsychologen Christian von Ehrenfels (1916) oder an die Ganzheitstheorie des Biologen und Philosophen Hans Driesch (1903, 1917), der

Die Gesetze der Sujetkonstruktion, auf die, wie Šklovskij konstatiert, die Menschen üblicherweise nicht achten, da ihre Aufmerksamkeit ganz von der Suche nach „Lebenswelt, Seele und Philosophie" (Šklovskij 1969b [1919], 65) eingenommen wird, zielen auf die „Herstellung spürbarer Werke" (Šklovskij 1969b [1919], 97). Die Spürbarkeit aber wird durch die „Neuheit" der Form garantiert: „Eine neue Form entsteht nicht, um einen neuen Inhalt auszudrücken, sondern um eine alte Form abzulösen, die ihren Charakter als künstlerische Form bereits verloren hat." (Šklovskij 1969b [1919], 51)

Šklovskijs Fabel-Sujet-Konzept hat einerseits einen deutlich reduktionistischen Charakter, andererseits enthält es Perspektiven, die in der Proliferation der Begriffe gar nicht wahrgenommen wurden oder verlorengegangen sind.

Insofern Šklovskij dazu tendierte, den Begriff der Form mit dem Begriff des ästhetisch Wirksamen gleichzusetzen, vernachlässigte er nicht nur die Substanz der Fabel, sondern auch ihre eigene Geformtheit. Die Form der Fabel wurde als vorgegebene Eigenschaft des Materials betrachtet. Sie erschien nicht als Resultat künstlerischer Tätigkeit. Der radikale Antisubstantialismus seines Denkens verstellte Šklovskij den Blick auf den künstlerischen Eigenwert, die ‚Gemachtheit' der zu transformierenden Fabel. Er hinderte ihn auch daran, Fabel und Sujet als unterschiedlich geformte Substanzen zu betrachten, deren Inkongruenz über den bloßen Verfremdungseffekt hinaus sich in neuen thematischen Sinnpotentialen niederschlägt. Diese Reduktion aufzuheben, war Anliegen sowohl der französischen Narratologen der 1970er Jahre, die *discours* nicht form-, sondern substanzbezogen definierten, als auch der Theoretiker, die die narrative Konstitution mit mehr als zwei Ebenen modellierten und für die Bildung der untersten Ebene bereits künstlerische Akte voraussetzten.

Diese Korrektur hat in Russland bereits Michail Petrovskij (1925, 1927) vorgenommen. Der an der Peripherie des russischen Formalismus stehende Theoretiker der Komposition (vgl. Aumüller 2009b) vertauscht nicht nur Šklovskijs Begriffe (Šklovskijs ‚Fabel' heißt bei ihm ‚Sujet', Šklovskijs ‚Sujet' entsprechend ‚Fabel'), in Petrovskijs Definition findet auch eine auf den ersten Blick unscheinbare, in Wirklichkeit aber höchst charakteristische Verschiebung der Intensionen statt. Während Šklovskij seinen Sujetbegriff meistens in Kategorien der Prozessualität, der *Formung* (‚Bearbeitung', ‚Formgebung') definiert, bezeichnet Petrovskij mit seinem äquivalenten Fabelbegriff ein Produkt, eine *Substanz*,

---

den die Ganzheit des Organismus erzeugenden Faktor aristotelisch „Entelechie" oder „Seele" nannte. Im slavischen Strukturalismus finden wir einen Niederschlag des aristotelischen Konzepts in Jurij Tynjanovs 1924 „Konstruktionsprinzip", Jan Mukařovskýs 1943 „semantischer Geste" und Jurij Lotmans 1970 „Idee des Werks" (vgl. Schmid 1977, 57–58).

den „poetisch bearbeiteten Stoff" (Petrovskij 1925, 197; Übers. W. S.). Hier finden wir bereits jene Akzentverschiebung von der Energeia zum Ergon, die für die ganze spätere Rezeption der Fabel-Sujet-Dichotomie leitend wurde. Und noch eine zweite Verschiebung der Begriffsinhalte ist zu registrieren: Das ‚Sujet' (in Petrovskijs Begriffsverwendung) liegt, auch wenn es das Ausgangsmaterial für den individuellen kreativen Akt bildet, dem Dichter nicht als amorphes Material vor, sondern als etwas, das schon auf eine bestimmte Weise geformt ist, als „System der Geschehnisse" (wie Petrovskij [1925, 197] aristotelisch formuliert). Diese zweite Akzentverschiebung, die auf die Aufwertung des Materials hinausläuft, das bereits als Ergebnis künstlerischer Tätigkeit erscheint, wird dann in vielen Modellen vorgenommen, die den frühformalistischen Reduktionismus zu überwinden trachten.

Die Rekonstruktion von Šklovskijs Fabel-Sujet-Konzept macht deutlich, warum sich seine Dichotomie in der Praxis der Werkanalyse als schwer anwendbar erweist: Der Grund ist nicht nur die Uneindeutigkeit der Begriffe, sondern auch der Antisubstantialismus des frühformalistischen Denkens. Wie ‚Fabel' auch aufgefasst wurde, immer bedeutete der Begriff etwas Untergeordnetes, dessen *raison d'être* sich darin erschöpfte, einem verfremdenden Sujet als Grundlage zu dienen. Die Fabel war für Šklovskij nur wichtig als das zu Überwindende, als eine Ordnung, die der deformierenden Neuordnung Widerstand entgegensetzte, letztlich eben nur die ‚Spürbarkeit' der diesen Widerstand überwindenden Verfahren, d. h. des Sujets, steigerte, aber sie wurde nicht als eigene phänomenale Gegebenheit betrachtet. Sobald die Verfahren ‚gespürt' werden, kann der Leser nach Šklovskijs Konzeption jenes Material vergessen, das ihrer Motivierung diente.

Der Nachteil von Šklovskijs Konzept, die nicht substanzbezogene Betrachtung von Fabel und Sujet, ist eng verbunden mit seinem Vorteil, nämlich der Vorstellung vom Sujet als einer die Wahl der Fabelelemente determinierenden autonomen Kraft. Die in der Proliferation des Fabel-Sujet-Konzepts verlorengegangene Perspektive besteht also in der Betrachtung des Sujets nicht als Ergon, sondern als Energeia. Diesen Aspekt hat die Narratologie nicht weiter verfolgt – vielleicht weil ihn ihre eigenen Prämissen aus dem Gesichtsfeld rückten.

Boris Tomaševskij

Mit seiner *Theorie der Literatur* ist Boris Tomaševskij (1925, 1928) der in der internationalen Narratologie bei weitem am intensivsten rezipierte russische Theoretiker der Fabel-Sujet-Dichotomie. Sein Kompendium, das Theoreme und Konzepte des russischen Formalismus und seiner Peripherie zusammenfasst, nicht aber einen eigenen theoretischen Beitrag darstellt, gibt im Kapitel „Thematik" die erste systematische und konsequent durchgeführte Definition von Fabel und Sujet. Es stellt sich freilich die Frage, ob Tomaševskijs handliche Lehrbuchfassung, die oft als das letzte, gültige Wort des russischen Formalismus zum Fabel-Sujet-Problem betrachtet wird, tatsächlich noch genuin formalistisches Denken repräsentiert. Šklovskijs Konzept des Sujets als Energeia wird von ihm nicht aufgenommen, und das Verfremdungsprinzip spielt bei ihm eine untergeordnete Rolle, als „Sonderfall der künstlerischen Motivierung" (Tomaševskij 1925, 153–155; Übers. W. S.). Hansen-Löve (1978, 268) sieht Tomaševskijs Orientierung am Thema als dem vereinigenden Prinzip der Konstruktion „in scharfem Widerspruch" stehend sowohl zum Immanentismus des frühen „paradigmatischen" Modells des Formalismus als auch zum Funktionalismus der späteren syntagmatischen und pragmatischen Phase.

Tomaševskij entwickelt seine Definition von Fabel und Sujet in zwei Ansätzen. Der erste Ansatz wird ab der vierten Auflage von 1928 etwas anders formuliert als in der ersten Auflage von 1925.[7]

Die Fabel wird in der Ausgabe 1925 auf folgende Weise definiert:

> Fabel heißt die Gesamtheit der miteinander verknüpften Ereignisse, von denen im Werk berichtet wird. Die Fabel kann pragmatisch dargestellt werden, in der natürlichen chronologischen und logischen Ordnung der Ereignisse, unabhängig davon, in welcher Ordnung und wie sie im Werk eingeführt worden sind. (Tomaševskij 1925, 137; Übers. W. S.)

Das Sujet wird hier noch vage als eine Umorganisation von „Ordnung" und „Verknüpfung" definiert:

> Der Fabel steht das Sujet gegenüber: dieselben Ereignisse, aber *in ihrer künstlerischen Darbietung*, in jener Ordnung, in der sie im Werk mitgeteilt werden, in jener Verknüpfung, in der im Werk Mitteilungen über sie gemacht werden. (Tomaševskij 1925, 137; Übers. W. S.; Hervorh. im Orig.)

In der Fassung von 1928 wird für die Fabel der Aspekt der Reihenfolge durch den der Verknüpfung ersetzt:

> Das Thema eines Werks mit Fabel stellt ein mehr oder weniger einheitliches System von Ereignissen dar, die auseinander hervorgehen und miteinander verknüpft sind. Die

---

[7] Die Rezeption des Kapitels „Thematik" wird durch die Differenz der Ausgaben, die insbesondere in diesem Kapitel besteht, nicht unerheblich erschwert. Die englische und französische Übersetzung des Kapitels (Tomaševskij 1965, 2001) folgen der Auflage von 1925, die deutsche Übersetzung des gesamten Buchs (Tomaševskij 1985) folgt der Fassung von 1928, die in die 6. Aufl. 1931 eingegangen ist.

Gesamtheit der Ereignisse in ihrer wechselseitigen inneren Verknüpfung nennen wir Fabel. (Tomaševskij 1985, 215 [im russ. Orig.: 1928, 134]; Übers. revidiert)

Die Fabel wird in dieser Fassung also nicht mit dem vor-literarischen Stoff identifiziert, sondern sie bildet bereits eine gewisse Abstraktion vom Kontinuum der Ereignisse mit dem Merkmal der Verknüpfung.

Auch in dieser Fassung bleibt die Definition des Sujets zunächst noch recht unbestimmt:

> Es reicht nicht, eine unterhaltsame Kette von Ereignissen zu erfinden und sie durch Anfang und Ende zu begrenzen. Man muss diese Ereignisse *verteilen*, sie in eine bestimmte Ordnung bringen, sie darstellen, indem man aus dem Fabelmaterial eine literarische Kombination macht. Die künstlerisch organisierte Verteilung der Ereignisse in einem Werk heißt *Sujet*. (Tomaševskij 1985, 217 [im russ. Orig.: 1928, 136]; Übers. revidiert)

Der zweite Ansatz zur Definition von Fabel und Sujet bedient sich in beiden Auflagen der *Theorie der Literatur* des Motivbegriffs. Motive werden als die Themen der kleinsten, nicht weiter zerlegbaren Teile des thematischen Materials definiert (Tomaševskij 1925, 137). Als Beispiele für Motive werden angeführt: „Es brach der Abend an", „Raskol'nikov erschlug die Alte", „der Held starb". Motive sind in Tomaševskijs Auffassung also Kondensate, Abstraktionen bestimmter Sequenzen des Textes, sie sind aber nicht äqui-extensional mit diesen Sequenzen. Die motivbezogene Definition der Dichotomie lautet wie folgt:

> Die Motive bilden in ihrer Verknüpfung die thematische Kohärenz des Werks. Aus dieser Perspektive ist die Fabel die Gesamtheit der Motive in ihrer logisch-kausalen Verknüpfung, das Sujet die Gesamtheit derselben Motive in jener Reihenfolge und Verknüpfung, in der sie im Werk präsentiert werden. Für die Fabel ist nicht wichtig, in welchem Teil des Werks der Leser von einem Ereignis erfährt und ob es ihm in unmittelbarer Mitteilung des Autors präsentiert wird oder in der Erzählung einer Person oder durch ein System von Anspielungen. Im Sujet dagegen spielt gerade die *Einführung der Motive* in das Wahrnehmungsfeld des Lesers eine Rolle. Als Fabel kann auch ein wirkliches Ereignis dienen. Das Sujet ist eine ganz und gar künstlerische Konstruktion. (Tomaševskij 1985, 218 [im russ. Orig.: 1925, 138]; Übers. revidiert)

Die bei Petrovskij zu beobachtende Tendenz, die Fabel als etwas bereits Gestaltetes zu betrachten, finden wir auch bei Tomaševskij. Das Herstellen einer logisch-kausalen Verknüpfung, die ja nicht in der Wirklichkeit selbst vorgefunden wird, ist bereits ein künstlerischer Akt. Die Grenze zwischen Vor-Literarizität und Literarizität wird bei Tomaševskij, wie schon bei Petrovskij, anders gezogen als bei Šklovskij (vgl. Todorov 1971b). Während Letzterer die Fabel meistens mit dem ästhetisch indifferenten, vorliterarischen Geschehen gleichsetzt, erkennt

Tomaševskij der Fabel, zumindest implizit, einen künstlerischen Charakter zu. Das Sujet wird von Tomaševskij in zweierlei Hinsicht der Fabel gegenübergestellt: Es ist einerseits das Resultat der Umstellung und der künstlerischen Verknüpfung der von der Fabel vorgegebenen Motive, anderseits aber präsentiert es die künstlerisch organisierte Folge der Motive aus einer bestimmten Perspektive.

Die Lehrbuch-Definition, die Tomaševskij dem Fabel-Sujet-Paar gegeben hat, kann nicht das grundsätzliche Problem verdecken, das der Dichotomie von Anfang an innewohnte, nämlich die latente Ambivalenz beider Begriffe. Der Fabelbegriff oszillierte zwischen zwei Bedeutungen: (1) Material im Sinne des vorliterarischen Geschehens der Wirklichkeit, (2) mit Anfang und Ende versehene und auch intern strukturierte Folge von Motiven in ihrem künstlerischen Zusammenhang. Der Sujetbegriff schwankte zwischen den Bedeutungen: (1) energetische Kraft der Formung, (2) Resultat der Anwendung verschiedener Verfahren.

In der zweiten Bedeutung blieb unklar, welche Verfahren beteiligt sind und in welcher Substanz das Sujet zu denken sei, ob es bereits als in der Sprache einer Kunst (der Literatur, des Films, der Musik usw.) formuliert oder als medial noch nicht substantiierte Struktur vorgestellt werden müsse.

Histoire und discours im französischen Strukturalismus

Die Ersetzung von Fabel und Sujet durch die Dichotomie *récit* vs. *narration* (Barthes 1966) oder *histoire* vs. *discours* (Todorov 1966) löste die Probleme, die ein dyadisches Modell der narrativen Konstitution aufwirft, nur zum Teil. Bei der Definition ihrer Kategorien rekurrierten die französischen Strukturalisten auf die didaktisch geglättete Konzeption Tomaševskijs und beriefen sich vorzugsweise auf seine bewusst vereinfachende Explikation in der berühmten Fußnote der ersten Auflage der *Theorie der Literatur*, eine Erklärung, auf die Tomaševskij in den späteren Auflagen verzichtet hat: „Kurz gesagt, die Fabel ist das, ‚was tatsächlich gewesen ist', das Sujet das, ‚wie der Leser davon erfahren hat'" (Tomaševskij 1925, 137; Übers. W. S.).

In offensichtlicher Anlehnung an Tomaševskij formuliert Todorov:

> Auf der allgemeinsten Ebene hat das literarische Werk zwei Seiten: Es ist zugleich Geschichte [*histoire*] und Diskurs [*discours*]. Es ist Geschichte, weil es eine bestimmte Realität evoziert [...]. Dieselbe Geschichte hätte uns mit anderen Mitteln berichtet werden können, zum Beispiel in einem Film; sie hätte uns im mündlichen Bericht eines Zeugen, ohne dass sie zu einem Buch gemacht worden wäre, übermittelt werden können. Aber das Werk ist zugleich Diskurs [...]. Auf dieser Ebene zählen nicht die berichteten Geschehnisse, sondern die Weise, in der der Erzähler sie uns vermittelt. (Todorov 1972a, 264–265 [im franz. Orig.: 1966, 126])

Noch Seymour Chatman, der in seinem Buch *Story and Discourse* (1978) die prominentesten Ansätze der russischen Formalisten und französischen Strukturalisten zu ‚synthetisieren' sucht, reformuliert in seiner Basisdefinition Tomaševskijs Fußnote: „In simple terms, the story is the *what* in a narrative that is depicted, discourse the *how*." (Chatman 1986 [1978], 19)[8]

Trotz der Abhängigkeit vom formalistischen Archi-Konzept und trotz der scheinbaren Homologie mit *Fabel* vs. *Sujet* impliziert die Dichotomie *histoire* vs. *discours* drei wesentliche Akzentverschiebungen, die zu einer adäquateren und analysetauglicheren Modellierung der narrativen Konstitution beitragen:

1. Die *histoire* wird vom Makel, bloßes Material zu sein, befreit, und ihr wird ein eigener künstlerischer Wert zugestanden: „Die beiden Aspekte, Geschichte und Diskurs, sind [...] gleichermaßen literarisch." (Todorov 1972a, 265 [im franz. Orig.: 1966, 127])[9]

2. Während Šklovskij besonders auf den Parallelismus und den Stufenbau hinwies, schrieben Petrovskij, Tomaševskij und der den Formalisten nahestehende Psychologe Lev Vygotskij der Permutation der Fabelelemente die stärkste Wirkung unter den Sujetverfahren zu. Demgegenüber betonen die französischen Theoretiker die Verfahren der Amplifikation, Perspektivierung und Verbalisierung.

3. Während der Sujetbegriff bei den russischen Formalisten und den ihnen nahestehenden Theoretikern in Kategorien der Form oder Formung gedacht wurde, ist der Terminus *discours* mit einer Ergon-bezogenen Betrachtungsweise verbunden. Der Begriff bezeichnet nicht die Summe der angewandten Verfahren oder einen ganzheitsgenerierenden Prozess (wie *Sujet* bei

---

8 Ähnlich schon Meir Sternberg (1978 [1974], 8–9): „To put it as simply as possible, the fabula involves what happens in the work as (re)arranged in the ‚objective' order of occurrence, while the sujet involves what happens in the order, angle, and patterns of presentation actually encountered by the reader". Während aber Chatmans Dichotomie auf die Opposition von Inhalt und Form hinausläuft, werden in Sternbergs Interpretation von Fabel und Sujet zwei kookkurrente Ordnungen miteinander konfrontiert.

9 In der Rehabilitierung der *histoire* tendieren einige Vertreter des französischen Strukturalismus freilich zu dem der einseitigen Favorisierung des Sujets entgegengesetzten Extrem: zum ausschließlichen Interesse für die Regeln, die die Konstitution der *histoire* leiten. Auch dafür gibt es ein Vorbild in der russischen Theorie der 1920er Jahre: Vladimir Propps Modell der Aktanten und Funktionen (Propp 1928; dt. 1972; dt. Textauszüge, Kommentar und Annotationen: Propp 2009). Propps Ansatz, der in der internationalen Narratologie, insbesondere der französischen, stark rezipiert wurde, wird im folgenden Beitrag von John Pier gewürdigt. Zur Differenz zwischen Propps Analytik und der formalistischen Heuristik der Verfremdung vgl. Hansen-Löve 1978, 260–263.

Šklovskij), sondern das *Resultat* von künstlerischen Operationen. Dabei überschneiden sich im Begriff *Diskurs* zwei Aspekte:

a) Der Diskurs enthält die Geschichte in transformierter Gestalt.
b) Der Diskurs hat eine kategorial andere Substanz als die Geschichte: Die Geschichte (*récit* oder *histoire*) ist medial unspezifiziert und kann in unterschiedlichen Medien substantiiert werden. Der Diskurs ist Rede, Erzählung, Text, Film, Bild usw., die die Geschichte nicht einfach enthalten und sie auch nicht lediglich umformen, sondern sie allererst als ihr Signifikat bezeichnen, darstellen.

Somit ist der Begriff des Diskurses mit zwei ganz unterschiedlichen Operationen verbunden: (1) der Transformation der Geschichte durch Umstellung der Teile, Amplifikation, Perspektivierung und andere Verfahren, (2) der Materialisierung der Geschichte in einem sie bezeichnenden Signifikanten, z. B. im Roman und nicht im Film.

3 Skaz

In den Arbeiten der Formalisten und ihnen nahestehender Theoretiker spielt ein Phänomen eine besondere Rolle, das in der russischen Erzählprosa weit verbreitet ist, der sogenannte Skaz. Es handelt sich hierbei, so Viktor Vinogradov in einem Aufsatz von 1925, um eine „künstlerische Imitation monologischer Rede, die, indem sie die Erzählfabel hervorbringt, sich gleichsam als ihr unmittelbares Sprechen konstituiert" (Vinogradov 1969 [1925], 191; Übers. revidiert). Zu den konstitutiven Merkmalen dieses nicht nur stilistischen Phänomens gehören: (1) Narratorialität (mit Skaz ist die Stilisierung der Rede einer erzählenden Instanz gemeint, nicht die der Figurenrede), (2) Begrenztheit des geistigen Horizonts (spürbare intellektuelle Distanz des Erzählers vom Autor), (3) Zweistimmigkeit und Bifunktionalität (im Skaz drückt sich zugleich der naive Erzähler und der seine Rede mit einer besonderen Geste präsentierende Autor aus; die Erzählerrede ist zugleich darstellend und dargestellt), (4) Mündlichkeit, (5) Spontaneität, (6) Umgangssprachlichkeit, (7) Dialogizität (Orientierung des Sprechers an seinem Zuhörer und dessen Reaktionen).

In den Schriften der russischen Formalisten werden zwei – unterschiedlich benannte – Grundtypen des Skaz unterschieden: (a) der *charakterisierende* Skaz, der durch den Erzähler und seine sprachlich-ideologische Perspektive schlüssig motiviert ist, (b) der *ornamentale* Skaz, der nicht einen bestimmten mehr oder weniger deutlich als Person greifbaren Erzähler kundgibt, sondern auf ein ganzes Spektrum heterogener Stimmen und Masken zu beziehen ist und dem die schlüssige Perspektivierung und damit auch die Motivierung fehlt.

Bezeichnenderweise interessierten sich die Formalisten in ihrer Frühphase mehr für den zweiten Typus, der nicht konsequent auf die Perspektive *eines* Sprechers bezogen ist. Ein Beispiel dafür ist der Schlüsselaufsatz von Boris Ėjchenbaum „Wie Gogol's ‚Mantel' gemacht ist" von 1919. Ėjchenbaum konzentriert sich hier auf die Montage-Faktur und die ornamentale Stilisierung und unterstreicht das Spiel mit unterschiedlichen Sprachgesten, in dem der Erzähler nur noch als Schauspieler und Träger heterogener sprachlicher Masken figuriert.

In der späteren, 1925 publizierten Arbeit über Nikolaj Leskov dagegen definiert Ėjchenbaum den Skaz als „eine Form der Erzählprosa", „die in ihrer Lexik, Syntax und in der Wahl der Intonationen eine Ausrichtung auf die mündliche Rede eines Erzählers zeigt", und er schließt hier ausdrücklich alle Erzählformen aus dem Skaz aus, „die deklamatorischen Charakter oder den Charakter poetischer Prosa haben und sich damit nicht am Erzählen orientieren, sondern an der oratorischen Rede oder am lyrischen Monolog" (Ėjchenbaum 1969c [1925], 219).

Die anfängliche Konzentration auf den ornamentalen Skaz zeigt, dass sich die Formalisten im Grunde nicht sonderlich für den Perspektivismus interessierten, sich dem Phänomen also nicht narratologisch näherten, sondern sich in erster Linie auf die Erscheinungen der Verfremdung richteten und den Skaz als Mittel zur Steigerung der ‚Wahrnehmbarkeit' (*oščutimost'*) der Sprache betrachteten. So würdigt Ėjchenbaum 1918 in seinem frühen Essay „Die Illusion des Skaz" die quasi-mündliche Erzählform als Mittel zur Befreiung der Wortkunst von der „Schriftlichkeit, die für den Künstler des Wortes nicht immer ein Wert ist", als Mittel, in die Literatur das Wort als „lebendige, bewegliche Tätigkeit einzuführen, die von Stimme, Artikulation, Intonation gebildet wird, zu denen sich noch Gestik und Mimik hinzugesellen" (Ėjchenbaum 1969a [1918], 167). Im Aufsatz zu Gogol's *Mantel* unterstreicht Ėjchenbaum (1969b [1919], 122) die Verlagerung des Schwerpunkts vom Sujet (im Sinne der nacherzählbaren Handlung), das in Gogol's Skaz auf ein Minimum reduziert ist, auf die Verfahren, die die Sprache als solche „spürbar" machen. Und den Aufsatz zu Leskov, dessen Skaz eher den perspektivierten, motivierten und nicht den ornamentalen Typus vertritt, schließt er mit dem Bekenntnis zum Skaz als Phänomen der „Wortkunst" (*slovesnost'*):

> Nicht der Skaz als solcher ist wichtig, sondern die *Ausrichtung auf das Wort, auf die Intonation, auf die Stimme*, und sei es auch in schriftlicher Transformation. Das ist die natürliche und unabdingbare Grundlage der Erzählprosa. [...] Wir beginnen vieles wie von neuem, und darin liegt die historische Kraft unserer Zeit. Vieles empfinden wir anders – darunter auch das Wort. Unser Verhältnis zum Wort ist konkreter geworden, sinnlicher, physiologischer. [...] Wir wollen es hören, es wie eine Sache anfassen. So kehrt die „Literatur" zur „Wort-

kunst" zurück, die Erzählliteratur zum mündlichen Erzählen. (Ėjchenbaum 1969c [1925], 240–243; Hervorh. im Orig.)

Wir beobachten am Skaz Ähnliches wie an der Sujet-Theorie. Die Rezeption ‚narratologisiert' das ursprünglich am Verfremdungsprinzip orientierte formalistische Interesse. Indem sie die narratologische Relevanz der Theoriebildung der Formalisten herauskehrt, tendiert sie dazu, genuin formalistische Aspekte auszublenden, den Energeia-Charakter des Sujets, die Steigerung der Wahrnehmbarkeit der Sprache im Skaz. Eine Besinnung auf die ausgeblendeten Facetten formalistischer Konzepte könnte die Narratologie um neue Fragestellungen bereichern.

4 Äquivalenz und Ornamentalismus

Ein weiteres Konzept des russischen Formalismus, das für die Narratologie eine bislang noch unterschätzte Relevanz besitzt, ist die Äquivalenz. Dieser Begriff bezeichnet die Gleichheit zweier thematischer oder sprachlicher Elemente in Bezug auf einen Wert, d.h. die gleichzeitige Identität der Elemente in *einem* Merkmal und Nicht-Identität in einem *anderen*. Äquivalenz umfasst also die Relationen Similarität und Kontrast. Die duale Natur der Äquivalenz ist ausgedrückt in Jurij Lotmans (1970) Begriff ‚Ko-Opposition' (*so-protivopostavlenie*).

Das Äquivalenzkonzept wurde von den Formalisten zunächst für poetische Texte entwickelt und vor allem von Roman Jakobson (vgl. seinen Aufsatz „Die neueste russische Poesie" von 1921; dt. 1972 [1921]) formuliert, der auch den Begriff des Parallelismus verwendete. 1960 erklärte Jakobson die Äquivalenz zum konstitutiven Verfahren der Wortkunst, d. h. von Texten, in denen die ‚poetische Funktion' dominiert. Die poetische Funktion bedingte für Jakobson und ähnlich auch für andere Strukturalisten, wie den Tschechen Jan Mukařovský, die Lenkung der Aufmerksamkeit auf den Aufbau des Werks („The set toward the message as such, focus on the message for its own sake"; Jakobson 1960, 356). Später erkannte Jakobson die Rolle des Parallelismus auch für die Prosa an, sah ihre Wirkung aber nicht so sehr in den Bereichen der Prosodie, Metrik, Grammatik und Lexik, sondern in den größeren thematischen Strukturen. In der erzählenden Prosa „zeigt sich der Parallelismus der durch Ähnlichkeit, Kontrast oder Kontiguität verknüpften Einheiten aktiv im Sujetbau, in der Charakterisierung der Subjekte und Objekte der Handlung sowie in der Folge der Motive des Erzählens" (Jakobson und Pomorska 1982 [1980], 95; Übers. revidiert; vgl. dazu Schmid 2013a).

Den unterschiedlichen Manifestationen der Äquivalenz in der Sujetkonstruktion galt von Anfang an das Augenmerk Viktor Šklovskijs (1921, 1966a [1921], 1969b [1919]), der sich besonders für den motivischen und verbalen Parallelismus, den Stufenbau des Sujets und die Opposition von Handlung und Gegenhandlung interessierte. Die Vertreter der formalismusnahen Kompositionstheorie, vor allem Michail Petrovskij, konzentrierten sich auf die funktionalen Aspekte der Novellenkomposition (Einzelheiten bei Aumüller 2009b). In der nachformalistischen Zeit untersuchte Viktor Vinogradov (1934, 1941), der von der formalistischen Sujet- und Kompositionstheorie beeinflusst war, aber natürlich keinerlei Bezugnahme auf die seit Ende der 1920er Jahre verfemte Schule erkennen lassen durfte, die mannigfachen Manifestationen thematischer Äquivalenz in der Prosa Aleksandr Puškins. Jakobson hatte schon 1921 unterschiedliche Formen des Parallelismus behandelt, die die Realisierung eines umgekehrten und eines negativen Parallelismus als Sujetkonstruktion einschlossen. 1935 führte er die Dichotomie der paradigmatischen Affinitäten *Metapher–Ähnlichkeit–Poesie* und *Metonymie–Kontiguität–Prosa* ein. An der Prosa des Dichters Boris Pasternak demonstrierte er die Überschneidung der beiden Paradigmen und die Hybridisierung ihrer Prinzipien.

Sobald sich die Äquivalenzen in der Prosanarration verdichten, d. h. der Text wahrnehmbaren euphonischen und rhythmischen Wiederholungen unterworfen wird und in der Geschichte thematische Parallelismen erscheinen, entsteht ein in der Literatur der postrealistischen Moderne, vor allem in Russland, weit verbreiteter Typus, der ‚poetisierte Prosa' (Tynjanov 1977a [1922], 132) oder ‚ornamentale Prosa' (Šklovskij 1929a [1924]) genannt wird (ausführlicher: Schmid 2013b). Die Poetisierung der Prosa führt unausweichlich zu einer Schwächung ihrer Narrativität. Diese Schwächung kann so weit gehen, dass sich – wie etwa in Andrej Belyjs *Symphonien* – eine ereignishafte Geschichte gar nicht mehr bildet und der Text lediglich Fragmente einer Handlung denotiert, deren Zusammenhang nicht mehr narrativ-syntagmatisch, sondern nur noch poetisch-paradigmatisch nach den Prinzipien von Assoziation, Ähnlichkeit und Kontrast hergestellt wird. Die Formalisten interessierten sich für diesen Typus vor allem als ein Exempel für ‚sujetlose Prosa', und sie erörterten an den Werken der sogenannten Serapionsbrüder, die die am weitesten avancierte Prosa ihrer Zeit schrieben, die extreme Ausprägungen der zeitgenössischen Literatur, die sie als ‚sujetlose' und ‚sujethaltige' Prosa charakterisierten (vgl. dazu Hansen-Löve 1978, 253–259).

5 Der russische Strukturalismus

Jurij Lotmans Ereignis-Begriff

Boris Tomaševskijs *Theorie der Literatur* erlebte in Russland von 1925 bis 1931 sechs Auflagen mit einer für die papierarme Zeit beachtlichen Gesamtzahl von 75.000 Exemplaren. Danach wurde das Buch im sowjetischen Russland nicht mehr aufgelegt und verschwand wie alle Publikationen, die nach der geltenden Kulturdoktrin als ‚formalistisch' galten, aus den öffentlichen Bibliotheken. 1976 erschien im estnischen Tartu in der Auflage von 800 Exemplaren (in der Sowjetunion dieser Zeit ein Tropfen auf dem heißen Stein) ein Wiederabdruck des Kapitels „Thematik". Die Unternehmung verdankte sich dem Wirken des in Tartu lehrenden Semiotikers Jurij Lotman, der die kleine Universitätsstadt mit seinen berühmten Sommerschulen ab Beginn der 1960er Jahre zum Zentrum der Erneuerung der Literaturwissenschaft machte und das Haupt der ‚semiotischen Schule von Moskau und Tartu' wurde.

Im Zentrum von Lotmans literaturwissenschaftlichem Hauptwerk, der *Struktur des künstlerischen Textes* (1970; dt. 1972, 1973; engl. 1977), steht das auf den formalistischen Äquivalenz-Begriff zurückgehende Konzept der ‚Ko-Opposition' und seine Rolle für die Konstitution dessen, was Lotman die ‚Idee des Werks' (vgl. oben, Anm. 6) nennt. In zwei – wie es zunächst scheint – untergeordneten Teilkapiteln, „Das Problem des Sujets" und „Der Begriff der Figur" (Synopse in Lotman 2009), begründet der Strukturalist, inspiriert durch die russischen Proto-Narratologen Aleksandr Veselovskij, Viktor Šklovskij und Vladimir Propp, eine Theorie des literarischen Ereignisses, die für die Narratologie von größter Bedeutung werden sollte (vgl. Hühn 2009; Hauschild 2009; eine Darlegung von Lotmans Ereignistheorie enthält der Artikel *Schmid, Ereignis* im vorliegenden Band).

Zwei Facetten sind es, die Lotmans Ereignis-Theorie interessant für die Narratologie und anschlussfähig für die weitere Theorieentwicklung machen: (1) Das Ereignis ist skalierbar, d. h. Ereignisse verfügen über unterschiedliche Grade jener Eigenschaft, die in der Narratologie ‚Ereignishaftigkeit' genannt wird; (2) Der Grad der Ereignishaftigkeit hängt einerseits ab vom historischen und sozialen Kontext und seinen Normen und andererseits vom ideologischen Standpunkt der Betrachter. Skalierbarkeit, Kontextsensitivität und Subjektabhängigkeit sind die Kategorien, die die narratologische und kulturhistorische Untersuchung von Ereignissen aus Lotmans Schriften gewinnen kann.

Das Werk Jurij Lotmans widerlegt den vor allem aus der Warte der ‚postklassischen' Narratologie erhobenen Vorwurf, der klassische Strukturalismus frage nicht nach Bedeutung, Geschichte und Kontext.

Boris Uspenskijs Ebenenmodell der Perspektive

Ein anderer Vertreter des russischen Strukturalismus und Mitstreiter Lotmans in der Moskau-Tartu-Schule ist der russische Philologe und Semiotiker Boris Uspenskij. Sein Buch *Poėtika kompozicii* (1970), das bald ins Französische (1972), Englische (1973) und schließlich als *Poetik der Komposition* ins Deutsche (1975) übersetzt und vielfach besprochen wurde, sowohl in Russland als auch im Westen (vgl. Schmid 2014 [2005], 114–118), hat mit seiner Theorie der Perspektive die internationale Narratologie nicht unwesentlich beeinflusst.

Vom russischen Formalismus ausgehend und gestützt auf die Arbeiten Viktor Vinogradovs, aber auch Michail Bachtins und Valentin Vološinovs,[10] fördert Uspenskij die Erforschung der Perspektive durch ein Modell, das neben der Literatur auch andere darstellende Künste, z. B. die Malerei und den Film, erfasst. Damit schließt Uspenskij nicht nur eine Lücke in der russischen Erzählforschung, in der Probleme des Stand- oder Blickpunkts auffallend wenig beachtet worden waren,[11] sondern gab auch der westlichen Theorie, die seit jeher den Phänomenen der Perspektivierung besondere Aufmerksamkeit geschenkt hatte, einen entscheidenden Impuls. Die Innovation der *Poetik der Komposition* besteht vor allem darin, dass für die Perspektive ein Stratifikationsmodell entworfen wird, d. h. ein Modell, das für die Perspektive mehrere Ebenen der Manifestation vorsieht. Im Gegensatz zur traditionellen Modellierung, die die Perspektive in der Regel nur auf einer Ebene betrachtet, unterscheidet Uspenskij vier Ebenen, auf denen sich Perspektive manifestiert: (1) die Ebene der *Wertung* oder der *Ideologie*, auf der der *Wertungsstandpunkt* oder die *ideologische Perspektive* figuriert; (2) die Ebene der *Phraseologie*; (3) die Ebene der *raumzeitlichen Charakteristik*; (4) die Ebene der *Psychologie*. Auf jeder dieser Ebenen kann, so Uspenskij, der ‚Autor' (gemeint ist

---

10 Der russische Philosoph Michail Bachtin, der in der westlichen Rezeption oft als Literaturwissenschaftler, manchmal sogar als Erzähltheoretiker aufgefasst wird, hat vor allem in seinem berühmten Dostoevskij-Buch (1929, 1963; dt. 1971) unter dem Vorzeichen einer ‚Metalinguistik' einige Kategorien geprägt, die tatsächlich hohe Relevanz für die Narratologie haben. Dazu zählt das Konzept der ‚Zweistimmigkeit', das in den Relationen Autor ↔ Erzähler, Erzähler ↔ Held, Erzähler ↔ fiktiver Leser, Autor ↔ realer Leser demonstriert wird. Valentin Vološinov, der – entgegen der Mehrheitsmeinung der Bachtinologen und Bachtinisten – als eine zwar von Bachtin beeinflusste, aber grundsätzlich selbstständige wissenschaftliche Persönlichkeit zu betrachten ist, hat in seinem Buch mit dem zeitgebundenen Titel *Marxismus und Sprachphilosophie* (1929; dt. 1975) eine wegweisende Analyse des Problems der ‚fremden Rede' und diverser Typen jenes Phänomens vorgelegt, das er ‚Redeinterferenz' nennt (nicht ‚sprachliche Interferenz', wie in der deutschen Version übersetzt).

11 Mit der entscheidenden Ausnahme Bachtins, in dessen literaturbezogenen Arbeiten der Standpunkt, den er ‚Sinnposition' (*smyslovaja pozicija*) nennt, eine zentrale Kategorie ist.

der Erzähler) die Geschehnisse von zwei verschiedenen ‚Standpunkten' aus darbieten, von seinem eigenen, den Geschehnissen gegenüber ‚äußeren' Standpunkt oder von einem ‚inneren' Standpunkt, d. h. aus der Position einer oder mehrerer der dargestellten Figuren. Die Differenzierung der beiden Standpunkte bildet eine fundamentale Opposition, die Uspenskij auf allen vier Ebenen der Perspektive ansetzt (ausführliche Darlegung und Kritik: Schmid 1971).

Besonders hilfreich sind Uspenskijs Beobachtungen zu den „Wechselbeziehungen" zwischen den Standpunkten auf unterschiedlichen Ebenen. Die Standpunkte fallen auf den unterschiedenen Ebenen in der Regel zusammen, d. h. auf den vier Ebenen orientiert sich das Erzählen entweder nur am äußeren oder nur am inneren Standpunkt. Aber ein solcher Zusammenfall ist nicht notwendig. Der Standpunkt kann durchaus auf bestimmten Ebenen ein äußerer und auf den anderen ein innerer sein. Es ist gerade diese Inkongruenz, die eine Stratifizierung der Manifestationsebenen des Standpunkts rechtfertigt, ja erforderlich macht.

Die an Werken der russischen Klassiker vorgenommene Demonstration der Inkongruenzen der ideologischen und raumzeitlichen Ebene einerseits und der psychologischen und phraseologischen anderseits ist das Herzstück in Uspenskijs Buch, und viele Rezensenten sehen in dieser Analyse sein größtes Verdienst.

Ungeachtet einiger Inkonsistenzen und problematischer Interpretationen, vor allem der Opposition von Außen und Innen, bedeutete Uspenskijs Modell einen entscheidenden Fortschritt, insofern es die Perspektive als ein Phänomen mehrerer Ebenen darstellte. Seine Theorie gab den Anstoß zur Ausarbeitung weiterer Mehrschichtenmodelle (Lintvelt 1981; Rimmon 1983).

Literaturverzeichnis

Aumüller, Matthias (2009a). „Konzepte der Sujetentfaltung". In: W. Schmid (Hg.), *Russische Proto-Narratologie. Texte in kommentierten Übersetzungen.* Berlin/New York, 47–90.

Aumüller, Matthias (2009b). „Die russische Kompositionstheorie". In: W. Schmid (Hg.), *Slavische Erzähltheorie. Russische und tschechische Ansätze.* Berlin/New York, 91–140.

Bachtin, Michail (1929). *Problemy tvorčestva Dostoevskogo.* Leningrad. Wieder in: M. M. Bachtin, *Sobranie sočinenij.* Bd. 2. Moskva 2000, 5–175.

Bachtin, Michail (1963). *Problemy poėtiki Dostoevskogo.* Moskva. Dt.: Bachtin 1971.

Bachtin, Michail (1971). *Probleme der Poetik Dostoevskijs* [Übers. von Bachtin 1963]. Aus dem Russischen von A. Schramm. München.

Barthes, Roland (1966). „Introduction à l'analyse structurale des récits". In: *Communications* 8, 1–27.

Chatman, Seymour (1986 [1978]). *Story and Discourse. Narrative Structure in Fiction and Film.* 3. Aufl. Ithaca/London.

Dibelius, Wilhelm (1910). *Englische Romankunst: Die Technik des englischen Romans im achtzehnten und zu Anfang des neunzehnten Jahrhunderts.* 2 Bde. Berlin.
Driesch, Hans (1903). *Die „Seele" als elementarer Naturfaktor.* Leipzig.
Driesch, Hans (1917). *Wirklichkeitslehre.* Leipzig.
Ehrenfels, Christian von (1916). *Kosmogonie.* Jena.
Ėjchenbaum, Boris (1969a [1918]). „Illjuzija skaza/Die Illusion des Skaz". Russ.-dt. in: J. Striedter (Hg.), *Texte der russischen Formalisten.* Bd. 1: *Texte zur allgemeinen Literaturtheorie und zur Theorie der Prosa.* München, 160–167.
Ėjchenbaum, Boris (1969b [1919]). „Kak sdelana ‚Šinel'" Gogolja/Wie Gogol's ‚Mantel' gemacht ist". Russ.-dt. in: J. Striedter (Hg.), *Texte der russischen Formalisten.* Bd. 1: *Texte zur allgemeinen Literaturtheorie und zur Theorie der Prosa.* München, 122–159.
Ėjchenbaum, Boris (1969c [1925]). „Leskov i sovremennaja proza/Leskov und die moderne Prosa". Russ.-dt. in: J. Striedter (Hg.), *Texte der russischen Formalisten.* Bd. 1: *Texte zur allgemeinen Literaturtheorie und zur Theorie der Prosa.* München, 208–243.
Friedemann, Käte (1908). „Untersuchungen über die Stellung des Erzählers in der epischen Dichtung". In: *Zeitschrift für Ästhetik und allgemeine Kunstwissenschaft.* Bd. 3, 512–561.
Friedemann, Käte (1910). *Die Rolle des Erzählers in der Epik.* Berlin.
Genette, Gérard (1972). „Discours du récit". In: G. Genette, *Figures III.* Paris, 67–282.
Hansen-Löve, Aage A. (1978). *Der russische Formalismus. Methodologische Rekonstruktion seiner Entwicklung aus dem Prinzip der Verfremdung.* Wien.
Hauschild, Christiane (2009). „Jurij Lotmans semiotischer Ereignisbegriff. Versuch einer Neubewertung". In: W. Schmid (Hg.), *Slavische Erzähltheorie. Russische und tschechische Ansätze.* Berlin/New York, 141–186.
Hühn, Peter (2009). „Event and Eventfulness". In: P. Hühn, J. Ch. Meister, J. Pier, W. Schmid (Hgg.), *Handbook of Narratology.* 2nd ed., fully revised and expanded. Berlin, 159–178. www.lhn.uni-hamburg.de/article/event-and-eventfulness (28. Mai 2017).
Jakobson, Roman (1960). „Linguistics and Poetics". In: Th. A. Sebeok (Hg.), *Style in Language.* Cambridge, MA, 350–377.
Jakobson, Roman (1972 [1921]). „Novejšaja russkaja poėzija/Die neueste russische Poesie". Russ.-dt. in: W.-D. Stempel (Hg.), *Texte der russischen Formalisten.* Bd. 2: *Texte zur Theorie des Verses und der poetischen Sprache.* München, 18–135.
Jakobson, Roman, und Krystyna Pomorska (1980). *Dialogues.* Paris. Dt.: Jakobson und Pomorska 1982.
Jakobson, Roman, und Krystyna Pomorska (1982). *Poesie und Grammatik. Dialoge* [Übers. von Jakobson und Pomorska 1980]. Frankfurt a. M.
Lintvelt, Jaap (1981). *Essai de typologie narrative. Le „point de vue". Théorie et analyse.* Paris.
Lotman, Jurij (1970). *Struktura chudožestvennogo teksta.* Moskva. Dt.: Lotman 1972, 1973.
Lotman, Jurij (1972). *Die Struktur literarischer Texte* [Übers. von Lotman 1970]. Übers. von R.-D. Keil. München.
Lotman, Jurij (1973). *Die Struktur des künstlerischen Textes* [Übers. von Lotman 1970]. Hg. mit einem Nachwort und einem Register von R. Grübel. Frankfurt a. M.
Lotman, Jurij (1977). *The Structure of the Artistic Text.* Transl. G. Lenhoff and R. Vroon. Ann Arbor.
Lotman, Jurij (2009). „Zum künstlerischen Raum und zum Problem des Sujets". In: W. Schmid (Hg.) *Russische Proto-Narratologie. Texte in kommentierten Übersetzungen.* Berlin/New York, 261–289.

Mukařovský, Jan (1974 [1943]). „Beabsichtigtes und Unbeabsichtigtes in der Kunst" [„Záměrnost a nezáměrnost v umění"]. In: J. Mukařovský, *Studien zur strukturalistischen Ästhetik und Poetik*. München, 31–65.
Petrovskij, Michail (1925). „Morfologija puškinskogo ,Vystrela'". In: V. Ja. Brjusov (Hg.), *Problemy poėtiki*. Sbornik statej, Moskva/Leningrad, 173–204.
Petrovskij, Michail (1927). „Morfologija novelly". In: M. A. Petrovskij (Hg.), *Ars Poetica*, Bd. 1. Moskva, 69–100. Engl.: Petrovskij 1987b.
Petrovskij, Michail (1987a [1921]). „Short Story Composition in Maupassant: Toward a Theoretical Description and Analysis" [„Kompozicija novelly u Mopassana. Opyt teoretičeskogo opisanija i analiza"]. In: *Essays in Poetics* 12, 1–21.
Petrovskij, Michail (1987b). „Morphology in the Novella" [Übers. von Petrovskij 1927]. In: *Essays in Poetics* 12 (1987), 22–50.
Propp, Vladimir (1928). *Morfologija skazki*. Leningrad. Dt.: Propp 1972.
Propp, Vladimir (1972). *Morphologie des Märchens*. Übers. von Ch. Wendt, hg. von K. Eimermacher. München.
Propp, Vladimir (2009). [Auszüge aus] „Morphologie des Märchens". Übers. von Ch. Wendt, ausgew. und komm. von Ch. Hauschild. In: W. Schmid (Hg.) *Russische Proto-Narratologie. Texte in kommentierten Übersetzungen*. Berlin/New York, 131–161.
Rimmon(-Kenan), Shlomith (1983). *Narrative Fiction. Contemporary Poetics*. London.
Schissel von Fleschenberg, Otmar (1910). *Novellenkomposition in E. T. A. Hoffmanns „Elixieren des Teufels". Ein prinzipieller Versuch*. Halle (Saale).
Schmid, Wolf (1971). [Rezension zu Uspenskij 1970]. In: *Poetica* 4, 124–134.
Schmid, Wolf (1977). *Der ästhetische Inhalt. Zur semantischen Funktion poetischer Verfahren*. Lisse.
Schmid, Wolf (2005a). „Defamiliarisation". In: D. Herman, M. Jahn, M.-L. Ryan (Hgg.), *The Routledge Encyclopedia of Narrative Theory*. London, 98.
Schmid, Wolf (2005b). „La métalepse narrative dans la construction du formalisme russe". In: J. Pier, J.-M. Schaeffer (Hgg.), *Métalepses. Entorses au pacte de la représentation*. Paris. 189–195.
Schmid, Wolf (Hg. 2009a). *Russische Proto-Narratologie. Texte in kommentierten Übersetzungen*. Berlin/New York.
Schmid, Wolf (Hg. 2009b). *Slavische Erzähltheorie. Russische und tschechische Ansätze*. Berlin/New York.
Schmid, Wolf (2009c). „,Fabel' und ,Sujet'". In: W. Schmid (Hg.), *Slavische Erzähltheorie. Russische und tschechische Ansätze*. Berlin/New York, 1–45.
Schmid, Wolf (2013a). „Non-temporal Linking in Narration". In: P. Hühn, J. Ch. Meister, J. Pier, W. Schmid (Hgg.), *Handbook of Narratology*. 2nd ed., fully revised and expanded. Berlin, 667–676. www.lhn.uni-hamburg.de/article/non-temporal-linking-narration (28. Mai 2017).
Schmid, Wolf (2013b). „Poetic or Ornamental Prose". In: P. Hühn, J. Ch. Meister, J. Pier, W. Schmid (Hgg.), *Handbook of Narratology*. 2nd ed., fully revised and expanded. Berlin. www.lhn.uni-hamburg.de/article/poetic-or-ornamental-prose (28. Mai 2017).
Schmid, Wolf (2014 [2005]). *Elemente der Narratologie*. 3., erw. und bearb. Aufl. Berlin/Boston.
Schmid, Wolf (2017). *Energeia, an Underestimated Facet in Šklovskij's Concept of Sujet* [im Druck].
Šklovskij, Viktor (1921). *Razvertyvanie sjužeta*. Petrograd.
Šklovskij, Viktor (1928). *Material i stil' v romane L'va Tolstogo „Vojna i mir"*. Moskva.

Šklovskij, Viktor (1929a [1924]). „Ornamental'naja proza. Andrej Belyj". In: V. Šklovskij, *O teorii prozy*. 2. Aufl. Moskva, 205–225. Engl.: Šklovskij 1991.

Šklovskij, Viktor (1929b [1925]). *O teorii prozy*. Moskva. 2. Aufl. Dt.: Šklovskij 1966b.

Šklovskij, Viktor (1966a [1921]). „Der Aufbau der Erzählung und des Romans" [„Stroenie rasskaza i romana"]. In: V. Šklovskij, *Theorie der Prosa*. Übers. und hg. von G. Drohla. Frankfurt a. M., 62–88.

Šklovskij, Viktor (1966b). *Theorie der Prosa* [Übers. von Šklovskij 1929 [1925]]. Übers. und hg. von G. Drohla. Frankfurt a. M.

Šklovskij, Viktor (1969a [1917]). „Iskusstvo kak priem/Kunst als Verfahren". Russ.-dt. in: J. Striedter (Hg.), *Texte der russischen Formalisten*. Bd. 1: *Texte zur allgemeinen Literaturtheorie und zur Theorie der Prosa*. München, 2–35.

Šklovskij, Viktor (1969b [1919]) „Svjaz' priemov sjužetosloženija s obščimi priemami stilja/ Der Zusammenhang zwischen den Verfahren der Sujetfügung und den allgemeinen Stilverfahren". Russ.-dt. in: J. Striedter (Hg.), *Texte der russischen Formalisten*. Bd. 1: *Texte zur allgemeinen Literaturtheorie und zur Theorie der Prosa*. München, 36–121.

Šklovskij, Viktor (1969c [1921]). „Parodijnyj roman. ‚Tristram Šendi' Sterna/Der parodistische Roman. Sternes ‚Tristram Shandy'". Russ.-dt. in: J. Striedter (Hg.), *Texte der russischen Formalisten*. Bd. 1: *Texte zur allgemeinen Literaturtheorie und zur Theorie der Prosa*. München, 244–299.

Šklovskij, Viktor (1991). „Bely and Ornamental Prose" [Übers. von Šklovskij 1929a [1924]]. In: V. Shklovsky, *Theory of Prose*. Transl. B. Sher. Elmwood Park, IL, 171–188.

Šklovskij, Viktor (2009). „Zum Sujet und seiner Konstruktion. Auszüge aus der Theorie der Prosa, ausgewählt, übers. und komm. von W. Schmid". In: W. Schmid (Hg.), *Russische Proto-Narratologie. Texte in kommentierten Übersetzungen*. Berlin/New York, 15–46.

Sternberg, Meir (1978 [1974]). „What is Exposition? An Essay in Temporal Delimitation". In: M. Sternberg, *Expositional Modes and Temporal Ordering in Fiction*. Baltimore/London, 1–34.

Striedter, Jurij (Hg. 1969). *Texte der russischen Formalisten*. Bd. 1: *Texte zur allgemeinen Literaturtheorie und zur Theorie der Prosa*. München. Nachdruck der deutschen Übersetzung: Striedter Hg. 1971.

Striedter, Jurij (Hg. 1971). *Russischer Formalismus* [Nachdruck der deutschen Übersetzung aus Striedter Hg. 1969]. München.

Todorov, Tzvetan (1965a). „L'héritage méthodologique du formalisme". In: *L'Homme* 1, 54–83.

Todorov, Tzvetan (Hg. 1965b). *Théorie de la littérature. Textes des Formalistes russes*. Réunis, présentés et traduits par T. Todorov. Préface de R. Jakobson. Paris. 2., verb. Aufl. Paris 2001.

Todorov, Tzvetan (1966). „Les catégories du récit littéraire". In: *Communications* 8, 125–151. Dt.: Todorov 1972a.

Todorov, Tzvetan (1971a). *Poétique de la prose*. Paris. Dt.: Todorov 1972b.

Todorov, Tzvetan (1971b). „Quelques concepts du formalisme russe". In: *Revue d' Esthétique* 24, 129–143. Engl.: Todorov 1973.

Todorov, Tzvetan (1972a). „Die Kategorien der literarischen Erzählung" [Übersetzung von Todorov 1966]. In: H. Blumensath (Hg.), *Strukturalismus in der Literaturwissenschaft*. Köln, 263–294.

Todorov, Tzvetan (1972b). *Poetik der Prosa* [Übers. von Todorov 1971a]. Übers. von H. Müller. Frankfurt a. M.

Todorov, Tzvetan (1973). „Some Approaches to Russian Formalism" [Übers. von Todorov 1971b]. In: St. Bann, J. E. Bowlt (Hgg.), *Russian Formalism. A Collection of Articles and Texts in Translation*. Edinburgh, 6–19.
Todorov, Tzvetan (1978 [1969]). *Grammaire du Décaméron*. La Haye.
Tomaševskij, Boris (1925). *Teorija literatury. Poètika*. Moskva/Leningrad.
Tomaševskij, Boris (1928). *Teorija literatury. Poètika*. 4., veränderte Aufl. Moskva/Leningrad. Dt.: Tomaševskij 1985.
Tomaševskij, Boris (1965). „Thematics" [Übersetzung des Kapitels „Tematika" aus Tomaševskij 1925]. In: L. T. Lemon, M. J. Reis (Hgg.), *Russian Formalist Criticism*. Lincoln, 61–95.
Tomaševskij, Boris (1985). *Theorie der Literatur. Poetik* [Übersetzung von Tomaševskij 1928, konkret der 6. Aufl. Moskva/Leningrad 1931]. Hg. von K.-D. Seemann. Wiesbaden.
Tomaševskij, Boris (2001). „Thématique" [Übers. des Kapitels „Tematika" aus Tomaševskij 1925]. In: T. Todorov (Hg.), *Théorie de la littérature. Textes des Formalistes russes*. Réunis, présentés et traduits par T. Todorov. Préface de R. Jakobson. 2., verb. Aufl. Paris, 267–312.
Tynjanov, Jurij (1924). *Problema stichotvornogo jazyka*. Leningrad. Dt.: Tynjanov 1977b.
Tynjanov, Jurij (1977a [1922]). „Serapionovy brat'ja. Al'manach I.". In: Ju. Tynjanov, *Poètika. Istorija literatury. Kino*. Moskva, 132–136.
Tynjanov, Jurij (1977b). *Das Problem der Verssprache. Zur Semantik des poetischen Textes* [Übers. von Tynjanov 1924]. Übers. und eingeleitet von I. Paulmann. München.
Uspenskij, Boris (1970). *Poètika kompozicii. Struktura chudožestvennogo teksta i tipologija kompozicionnoj formy*. Moskva. Dt.: Uspenskij 1975.
Uspenskij, Boris (1972). „Poétique de la composition" [Teilübersetzung von Uspenskij 1970]. In: *Poétique* 9, 124–134.
Uspenskij, Boris (1973). *A Poetics of Composition. The Structure of the Artistic Text and Typology of a Compositional Form*. Transl. by V. Zavarin and S. Wittig. Berkeley.
Uspenskij, Boris (1975). *Poetik der Komposition. Struktur des künstlerischen Textes und Typologie der Kompositionsform* [Übers. von Uspenskij 1975]. Hg. und nach einer revidierten Fassung des Originals bearb. von K. Eimermacher, übers. von G. Mayer. Frankfurt a. M.
Vinogradov, Viktor (1934). „O stile Puškina". In: *Literaturnoe nasledstvo* 16–18, 135–214.
Vinogradov, Viktor (1941). *Stil' Puškina*. Moskva.
Vinogradov, Viktor (1969 [1925]). „Problema skaza v stilistike/Das Problem des skaz in der Stilistik". Russ.-dt. in: J. Striedter (Hg.), *Texte der russischen Formalisten*. Bd. 1: *Texte zur allgemeinen Literaturtheorie und zur Theorie der Prosa*. München, 168–207.
Volek, Emil (1977). „Die Begriffe ‚Fabel' und ‚Sujet' in der modernen Literaturwissenschaft". In: *Poetica* 9, 141–166.
Vološinov, Valentin (1929). *Marksizm i filosofija jazyka: Osnovnye problemy sociologičeskogo metoda v nauke o jazyke*. Leningrad. Dt.: Vološinov 1975.
Vološinov, Valentin (1975). *Marxismus und Sprachphilosophie. Grundlegende Probleme der soziologischen Methode in der Sprachwissenschaft* [Übers. von Vološinov 1929]. Hg. von S. Weber. Frankfurt a. M.
Vygotskij, Lev (1968 [1925]). „Legkoe dychanie". In: L. Vygotskij, *Psichologija iskusstva*. 2., verb. und erg. Aufl. Moskva, 187–208. Dt.: Vygotskij 1976.
Vygotskij, Lev (1976). „Leichter Atem" [Übers. von Vygotskij 1968 [1925]]. In: Lew S. Vygotski, *Psychologie der Kunst*. Dresden, 168–189.

Walzel, Oskar (1914). „Formeigenheiten des Romans". In: *Internationale Monatsschrift für Wissenschaft, Kunst und Technik* 8, 1329 ff. – Wieder in: O. Walzel, *Das Wortkunstwerk. Mittel seiner Erforschung*. Leipzig, 125–151.

Walzel, Oskar (1915a). „Die Kunstform der Novelle". In: *Zeitschrift für den deutschen Unterricht* 29, 161–184.

Walzel, Oskar (1915b). „Objektive Erzählung". In: *Germanisch-Romanische Monatsschrift* 7, 161–177. – Wieder in: O. Walzel, *Das Wortkunstwerk. Mittel seiner Erforschung*. Leipzig 1926, 182–206.

Walzel, Oskar (1924). „Von ‚erlebter' Rede". In: *Zeitschrift für Bücherfreunde* 16, 17–28. Wieder in: O. Walzel, *Das Wortkunstwerk. Mittel seiner Erforschung*. Leipzig 1926, 207–230.

John Pier
II.3 Von der französischen strukturalistischen Erzähltheorie zur nordamerikanischen postklassischen Narratologie

1 Zwei Manifeste

Ein Überblick über die wendungsreiche Geschichte der Erzählforschung kann einsetzen mit den beiden ‚Manifesten' der Narratologie, Roland Barthes' „Introduction à l'analyse structurale des récits" (1966) und David Hermans Einleitung zu dem Sammelband *Narratologies* (Herman 1999). Diese ‚Manifeste' markieren die beiden heute allgemein anerkannten Entwicklungsstufen narratologischer Forschung: die ‚textzentrierte' und strukturalistisch geprägte französische (oder ‚klassische') Narratologie und die kontextorientierte, ‚postklassische' nordamerikanische Narratologie. Die eine Richtung als ‚französisch', die andere als ‚nordamerikanisch' zu bezeichnen, ist in gewisser Weise willkürlich, denn beide sind stark von ausländischen Einflüssen geprägt und haben große Wirkung auch außerhalb des eigenen Landes bzw. Sprachraumes entfaltet, was der Narratologie in nationalem wie internationalem Rahmen den Weg geebnet hat.

Zu Beginn seines Aufsatzes konstatiert Barthes, dass Erzählungen unzählbar und inhaltlich wie formal außerordentlich vielfältig seien, in verschiedenen Medien ebenso präsent wie in menschlichen Artefakten aller Art, dass sie in allen Gesellschaften, sozialen Klassen und Gruppen vorkämen, sich aus unterschiedlichen Perspektiven analysieren ließen (historisch, psychologisch, ethnologisch, ästhetisch usw.) und dass sie außerdem international, transhistorisch und transkulturell seien, vorhanden wie das Leben selbst. Erzählungen sind für Barthes universal und lassen sich im Rückgriff auf ein ‚gemeinsames Modell' beschreiben: *la langue* (Barthes 1966, 1).[1]

Mehr als drei Jahrzehnte später stellte Herman (1999, 1) in einer bilanzierenden Darstellung des vermeintlichen Todes der Erzähltheorie und ihrer Wiederauferstehung fest, dass sich die *eine* Narratologie in *Narratologien* aufgefächert

---

[1] Einige Jahre zuvor hatte Barthes in einem Beitrag über ‚strukturalistische Aktivität' (1964a [1963]) festgestellt, dass strukturelle Sprachwissenschaft zur damaligen Zeit die ‚Wissenschaft der Struktur' war, eine unter Strukturalisten beliebte These, verstanden sie doch die strukturelle Sprachwissenschaft als ‚Pilotwissenschaft' für die Sozialwissenschaften.

und das Nachdenken der Strukturalisten über Geschichten sich zu einer Vielzahl narratologischer Analysemodelle ausdifferenziert habe. Nachdem die ‚abschreckende Terminologie und der Taxonomie-Wahn' der Strukturalisten überwunden worden seien, habe sich die Erzähltheorie von ihrer klassischen in ihre nachklassische Phase bewegt, sich für die integrativen Kräfte von Strukturen im Kontext geöffnet und in diesem Zuge eine große Bandbreite neuer Paradigmen entwickelt, die den Strukturalisten verschlossen geblieben seien. Herman konstatiert, dass das Feld eine Neuorientierung und Erweiterung erfahren habe und dass Narratologie heute nicht mehr nur ein Teilbereich der strukturalistischen Literaturtheorie sei, sondern Ansätze aller Art bezeichne, die sich mit der Analyse narrativ organisierter Diskurse befassen, sei es in Literatur, Geschichtsschreibung, Konversation oder im Film.

Barthes' Beschreibung der Narratologie (ein Begriff, der 1966 noch nicht existierte) ist programmatischer Natur, und doch erfasst sie auch heute noch sowohl den Geist des Unternehmens als auch seine zentralen Themen – nicht von ungefähr wird seine berühmte Einleitung immer wieder zitiert. Hermans Vorschläge für eine postklassische Narratologie stellen ihrerseits im Wesentlichen eine Neufassung von Barthes' Beitrag dar, die auf Weiterentwicklungen der Forschung reagiert.

Die zum Teil überraschend heterogene Ausdifferenzierung der narratologischen Forschung seit ihrer ‚Wiederauferstehung' hat viele Forscher dazu verleitet, den Beitrag der frühen, strukturalistisch geprägten Narratologie in allzu vereinfachender Weise zu beschreiben und dabei interessante Facetten und die gesamte Dynamik dieser Forschungsrichtung zu übersehen, die eher *work in progress* denn feste Doktrin war. Bezeichnend für diesen Kodifizierungsprozess ist der Titel eines Kapitels in Monika Fluderniks Überblick „From Structuralism to the Present" (2005): „Structuralist Narratology: The Rage for Binary Oppositions, Categorization, and Typology". Wichtig ist auch, sich vor Augen zu führen, dass ‚Struktur' (der Ausdruck stammt nicht von Saussure, der eher von ‚System'[2] sprach) im weiteren Sinne ein Sammelbegriff ist für die Prinzipien *Totalität*, *Transformation* und *Selbstregulierung* (vgl. Piaget 1968). Wir sollten berücksichtigen, dass die verschiedenen Theorien der strukturalistischen Narratologie, unabhängig von ihren Stärken und Schwächen, in das allgemeinere und historisch umfassendere Konzept von ‚Struktur' gehören, anstatt sie nur als Vorläufer

---

[2] Roman Jakobson war der Erste, der von ‚struktureller und funktionaler Linguistik' sprach, und zwar auf dem First Congress of General Linguistics in Den Haag im April 1928 (vgl. Dosse 1991/1992, Bd. 1, 76–77; für einen hervorragenden historischen Überblick vgl. Benveniste 1966, 91–98).

des Poststrukturalismus zu betrachten, eine kritische Schule, in die der Strukturalismus oftmals integriert worden ist (jedenfalls in den Vereinigten Staaten). Gerald Prince (2006, 3–4), lange Zeit wichtigster Botschafter französisch-amerikanischer narratologischer Beziehungen, hat argumentiert, bei dem Wandel der klassischen in eine postklassische Narratologie handele es sich womöglich eher um eine allmähliche, ganz natürliche Entwicklung als um eine Revolution.

2 Die französische strukturalistische Erzähltheorie: thematisch und modal

Vor dem Hintergrund dieser Überlegungen bietet Tzvetan Todorovs *Grammaire du „Décaméron"* (1969) einen geeigneten Ausgangspunkt, um einen Überblick über die strukturalistische Erzähltheorie zu gewinnen. Todorovs Studie prägte den Begriff ‚Narratologie' für die ‚strukturelle Analyse des Erzählens', erstmals verwendet drei Jahre zuvor im bahnbrechenden 8. Band der Zeitschrift *Communications*. Seine *Grammaire*, so Todorov (1969, 10), präsentiere keine literarischen Studien, sondern eine Wissenschaft, die noch nicht existiere, nämlich die *Narratologie*, die Wissenschaft vom Erzählen,[3] womit er Saussures Plädoyer für eine Wissenschaft der Zeichen aufgriff, die es zur damaligen Zeit noch nicht gab: Semiologie. Indem er sich auf die ‚Universalgrammatik' als Modell bezog (wobei er vor allem auf die spekulativen Grammatiken der mittelalterlichen Modisten verwies),[4] postulierte Todorov ‚die tiefgreifende Einheit von Sprechen und Erzählen'. Man verstehe die Erzählung besser, wenn man wisse, dass die Figur ein Name ist, die Handlung ein Verb, aber man verstehe auch den Namen und das Verb besser, wenn man an die Rolle denke, die sie in der Erzählung spielen, so Todorov (1969, 27). Deutlich wird hier eine der bedeutendsten Innovationen der Narratologie, nämlich ein sprachwissenschaftlich geprägtes theoretisches Gerüst, in dem Erzählen und Sprache in Bezug zueinander gesetzt werden können, allerdings hat Todorovs Formulierung viel Kritik auf sich gezogen, weil sie so metaphorisch ist. Trotzdem ist die behauptete ‚Einheit' von Sprache und Erzählen, und damit

---

[3] Ihwe (1972) und Genot (1979) führten später den Begriff ‚Narrativik' ein, jedoch zu einer Zeit, als ‚Narratologie' sich in der Forschung bereits durchgesetzt hatte.
[4] Interessanterweise bezieht sich Todorov hier nicht auf Saussure, sondern auf die modistische Theorie der ‚Modi', *modi essendi, modi significandi* und *modi intelligendi* – Vorläufer der semiotischen Dreiteilung in Semantik, Syntax und Pragmatik. Nähere Ausführungen zu Todorovs Verwendung der Universalgrammatik und zur Anwendung dieser Kategorien im Rahmen der Textanalyse finden sich bei Herman (1995).

von linguistischen und narrativen Kategorien, höchst bedeutsam, legt sie doch die Prämissen, Methoden und Ziele der strukturalistischen Erzähltheorie offen. Eine solche Einheit deutet einerseits auf einige Durchbrüche strukturalistischer Narratologie hin, legt andererseits aber auch die Grenzen offen, mit denen sich diese Theorien konfrontiert sahen – Grenzen, die manchmal an der Schwelle nachfolgender Entwicklungen lagen.

Durch die gesamte Entwicklung strukturalistischer Narratologie bis hin zu den jüngsten Theorien zieht sich eine zentrale Unterscheidung: die zwischen dem Erzählgegenstand – dem *Was* – und dem Erzählverfahren – dem *Wie*. Seit 1955, dem Erscheinungsjahr von Claude Lévi-Strauss' „La structure des mythes" – tatsächlich aber weiter zurückreichend zu Vladimir Propps *Morfologija skazki* (1928), die vielen als Gründungstext der Narratologie galt und gilt,[5] und zu den russischen formalistischen Kategorien *fabula* und *sjužet* (vgl. Schmid 2009; 2014 [2005], 205–217), bis hin zur *Grammaire du „Décaméron"* und darüber hinaus – befassten sich Narratologen hauptsächlich mit der Analyse und Formalisierung narrativer Inhalte mittels der Ausarbeitung narrativer Grammatiken und Logiken sowie semiotischer Modelle. Dass keiner von ihnen seine Forschung als ‚Narratologie' bezeichnet hat, mag damit zusammenhängen, dass viele bedeutende Werke vor Todorovs Buch erschienen sind. Aber selbst Bremonds *Logique du récit* (1973) nahm den Begriff nicht auf.[6]

Heute wird weithin anerkannt, dass Genettes „Discours du récit" von 1972 (in dem der Ausdruck ‚Narratologie' ebenfalls nicht fällt) den Beginn der ‚Diskursnarratologie' einläutete, die Analyse des *Wie* des Erzählens. Im Rückblick auf neuere Entwicklungen verwendete Genette einige Jahre später in seinem „Postscriptum" den Begriff dann doch (Genette 1983, 12), wandte allerdings ein, dass zwei Narratologien voneinander zu unterscheiden seien, eine ‚thematische' und

---

5 Die französische Übersetzung *Morphologie du conte* erschien 1965 und damit im selben Jahr wie Todorovs *Théorie de la littérature* (überarbeitet und korrigiert 2001), eine Anthologie wichtiger Texte des russischen Formalismus in französischer Übersetzung, darunter vor allem Boris Tomaševskijs „Thématique" (d. i. das Kapitel „Tematika" aus Tomaševskijs *Teorija literatury* von 1925), die eine zentrale Rolle für die Entwicklung der französischen Narratologie spielte. Andere slavische Forschungsbeiträge, die für die strukturalistische Erzähltheorie bedeutsam wurden, sind Roman Jakobsons *Essais de linguistique générale* (1963) und *Questions de poétique* (1973). Französische Übersetzungen von Bachtins Arbeiten, beginnend mit *La poétique de Dostoïevski*, erschienen seit 1970, und Lotmans *La structure du texte artistique* wurde 1973 publiziert.

6 Meister (2014, 626) hält fest, dass der Begriff ‚Narratologie' sich im Französischen ab 1977, im Englischen ab 1979 und im Deutschen ab 1989 durchzusetzen begann (zur Entwicklung des deutschen Begriffs *Erzählforschung* von der Romantheorie des späten 19. Jahrhunderts hin zur Narratologie vgl. Cornils und Schernus 2003).

eine ‚formale' oder besser ‚modale', dass jedoch nur die Verfechter der modalen Ausprägung (mit der Ausnahme von Hénault 1983) den Begriff ‚Narratologie' für sich beanspruchten. Es ist dabei einigermaßen ironisch, dass Genettes „Discours du récit", eine Diskursnarratologie und das einflussreichste Werk des französischen Strukturalismus, diesen Begriff Todorovs Studie von 1969 entnahm, einer Narratologie oder Grammatik narrativer Inhalte also, keiner Studie, die sich mit der Diskursebene auseinandersetzte. Dies soll spätere Versuche nicht schmälern, das *Was* und das *Wie* des Erzählens miteinander zu verbinden, wie sie von einflussreichen Autoren wie Jean-Michel Adam (1976), Shlomith Rimmon-Kenan (2002 [1983]), Seymour Chatman (1978) und Gerald Prince (1982) unternommen worden sind, ebenso auch in jüngeren Publikationen von Matías Martínez und Michael Scheffel (2007 [1999]) sowie Wolf Schmid (2014 [2005]) oder – mit der Kombination linguistischer und narratologischer Ansätze im Rahmen einer kognitionswissenschaftichen Analyse – David Herman (2002, 2009, 2014). Obwohl sich keiner der genannten Forscher Todorovs programmatische ‚tiefgreifende Einheit von Sprechen und Erzählen' auf die Fahnen schreibt, versuchen sie doch auf die eine oder andere Weise, sprachliche und narrative Strukturen miteinander in Verbindung zu setzen, und dies mittels eines Ansatzes, der ‚thematische' und ‚modale' Narratologien gleichermaßen berücksichtigt.

Vladimir Propp: Ein Vorläufer

Erzähltheoretiker, die ihre Forschung in die Propp'sche Tradition stellen, haben im Hinblick auf inhaltsbezogene Erzähltheorien unterschiedliche Positionen eingenommen. Propps *Morphologie* ist eine Studie der 31 ‚Funktionen', die die Struktur der 100 russischen Volksmärchen prägen, die Propp untersucht. Für Fragen nach dem ‚Stil' der Erzählung wird der Leser jedoch explizit auf eine andere Studie verwiesen (für eine Darstellung von Propps Modell vgl. Gülich und Raible 1977, 195–202). Einer von Propps bedeutendsten Beiträgen – und ein entscheidender Durchbruch für die spätere Erzählanalyse – war seine Definition von ‚Funktion', die Handlung einer Figur, definiert mit Blick auf ihre Bedeutung für den Handlungszusammenhang. (So kann ‚John tötete Peter' in einer Erzählung ein bösartiger Akt sein, in einer anderen jedoch für den Sieg des Helden stehen.) Propp begriff die Funktionen von Figuren als konstante Elemente der Erzählung. Unabhängig davon, wie und vom wem sie erfüllt werden, bilden sie die wesentlichen Komponenten einer Erzählung. Die Anzahl der Funktionen, die im Märchen aufträten, sei dabei begrenzt. Jede Figur könne mehr als nur eine Rolle spielen, ebenso wie umgekehrt dieselbe Rolle von verschiedenen Figuren übernommen werden könne. Ein weiterer bedeutender Aspekt von Propps morphologischem Modell ist die Kategorisierung der handelnden Personen nach sieben ‚Handlungskreisen': Gegenspieler (Schadenstifter), Schenker (Versorger), Helfer, Zarentochter (gesuchte Gestalt), Sender, echter und falscher Held. Forscher nach Propp haben festgehalten, dass zwar nicht alle 31 Funktionen in allen Erzählungen seines Korpus vorkämen, Propp aber argumentierte, dass die Reihenfolge ihres Auftretens unverändert bleibe, so dass die syntagmatische Struktur der Sequenzen linear und deterministisch sei und wenig Raum lasse für den wahrscheinlichen Handlungsverlauf, der Erzählungen prägt (vgl. Doležel 1972, 65–66; Herman 2002, 94).[7]

In seinem detaillierten Kommentar zu Propps *Morphologie* hat Paul Ricœur (1984, 55–63) eine grundlegende Spannung zwischen einem taxonomischen (Linné) und einem organischen (Goethe) Verständnis von Erzählen ausgemacht. Dieses Spannungsverhältnis zeige sich u. a. auch (1) in einer teleologischen Konzeption von Handlung im Gegensatz zum additiven Charakter der Beziehungen zwischen Funktionen, (2) in der These, dass eine begrenzte Anzahl von Funktionen sich zu einer unendlichen Anzahl von Erscheinungen verbinden kann, (3) in einer Mittelposition zwischen Dechronologisierung und Relogifizierung und (4) in der Vorstellung, dass die Erzählungen des Gesamtkorpus eine Art Proto-Erzählung bilden, d. h. das Produkt analytischer Rationalität – eine Erzählung, die von niemandem erzählt wird.[8] Unabhängig von den Schwächen seiner Studie ist es Propp gelungen, die Art und Weise, wie erzählerische Inhalte im Folgenden untersucht wurden, grundlegend zu verändern.

Claude Lévi-Strauss: Eine Übergangsfigur

Claude Lévi-Strauss (1960) würdigte Propps Verdienste, hielt jedoch fest, dass seine Analyse der 31 Funktionen auf die Oberflächenerscheinung des Korpus beschränkt bleibe und daher die logische Struktur des latenten Inhaltes nicht erfassen könne. Anders als Propp, dessen System sich auf die syntaktische, lineare Reihenfolge von Funktionen stützt, war er darum bemüht, die Grundlagen für eine Semantik des Mythos zu legen. In seinem berühmten Artikel „La

---

[7] In einer Detailstudie stellten Bremond und Verrier (1982) fest, dass Propps Modell tatsächlich auf einer einzigen Erzählung basiert.
[8] Vgl. auch den Beitrag von Bremond (1964), der Propps morphologisches Modell neu fasst als „une sémiologie autonome du récit", d. h. als eigenständige Bedeutungsschicht, unabhängig von den Techniken (Wörtern, Bildern, Gesten), mit denen sie vermittelt wird – das Erzählte (*raconté*) im Gegensatz zum Erzählenden (*racontant*) (ebd., 11–12).

structure des mythes" (1958 [1955]) griff Lévi-Strauss Prinzipien der strukturellen Sprachwissenschaft auf, darunter vor allem die Arbitrarität des Zeichens, und verwarf den philologischen Zugang zur Mythenanalyse. Unter Rückgriff auf die binären Prinzipien, die die von Trubetzkoy initiierte ‚phonologische Revolution' ermöglicht hatten, argumentierte Lévi-Strauss, dass Mythen aus ‚großen konstitutiven Einheiten' bestünden. Diese Einheiten seien keine isolierten Merkmale, sondern ‚Bündel von Relationen', die sich sowohl synchron als auch diachron entfalten. Um seine Methode der Mythenanalyse zu veranschaulichen, erläuterte Lévi-Strauss, dass vier ‚Mytheme' (entworfen analog zur logischen Struktur des Phonems in der Phonologie) den Ödipus-Mythos strukturieren. Diese Mytheme, bezeichnet als A, B, C und D, sind synchron als vier vertikale Säulen angeordnet, bilden jedoch gleichzeitig eine Reihe diachroner Sequenzen. Diese ‚synchrondiachrone Struktur' von Mythemen im Ödipus-Mythos lege offen, wie eine Kultur darum bemüht ist, den Glauben, dass der Mensch von der Erde hervorgebracht worden sei, mit der Tatsache in Einklang zu bringen, dass Menschen der Vereinigung von Mann und Frau entstammen. Die Struktur des Mythos, so Lévi-Strauss, sei eine vierteilige Homologie, die zwei Paare widersprüchlicher Begriffe miteinander in Verbindung setze, nämlich A und B sowie C und D: A verhält sich zu B wie C sich zu D verhält (vgl. Pavel 1986, 7; Prince 1995, 115).

Lévi-Strauss wurde vielfach dafür gewürdigt, Erzähltheorie und -analyse einen großen Schritt vorangebracht zu haben. Jedoch ging es ihm, wie Prince (1995, 114–115) feststellt, hauptsächlich um mythisches Denken, nicht um mythisches Erzählen, und die Bedeutung eines Mythos war für ihn unabhängig von der konkreten narrativen Ausgestaltung. Da sie keine belastbaren Kriterien für die Auswahl relevanter Textstellen oder Eigenschaften einzelner Texte festlegt, bietet Lévi-Strauss' strukturelle Mythentheorie, obwohl sehr einflussreich, keine überzeugende Methode für die Text- oder Diskursanalyse. Dennoch behauptet er, dass ein Mythos als *parole* eines symbolischen Systems zu verstehen sei, eine Position, die einige Fragen aufwirft bezüglich seiner Aneignung der Prinzipien struktureller Sprachwissenschaft (Pavel 1986, 3–4, und 1988, 45–59, zeigt sich höchst kritisch gegenüber Lévi-Strauss' ‚Phonologismus'). Es lassen sich weitere Schwierigkeiten benennen, vor allem die Tatsache, dass dem einzelnen Text ein vorgefertigtes homologes System zugeschrieben wird, bei dem es sich tatsächlich um eine elementare Logik der Klassenzugehörigkeit handelt (vgl. Culler 1975, 43), so dass Bedeutung und formale Struktur zusammengefasst werden auf Kosten kommunikativer Prozesse und gleichzeitig jede Form von Prozessualität oder Zeitlichkeit des Erzählens für null und nichtig erklärt wird.[9] Wenn Mythen derart

---

9 Später übernahm Barthes diese Position und hielt fest: „L'analyse actuelle tend en effet à ‚dé-

strukturiert sind, ist es schwer zu erklären, warum, wenn Lévi-Strauss Varianten von Mythen aus verschiedenen Kulturen vergleicht, ihre Bedeutung aus der Beziehung zwischen diesen Mythen abgeleitet wird und nicht aus den einzelnen Mythen selbst. Der Gegenstand einer solchen Studie erweist sich als Mythologie im Allgemeinen, und es geht hier nicht um die Frage, wie Mythen in einer Gesellschaft funktionieren oder wie der Einzelne Mythen interpretiert.

Algirdas Julien Greimas: Die semiotisch-linguistische Erzählgrammatik

Sowohl auf Propps morphologische Analyse als auch auf Lévi-Strauss' strukturelle Mythenanalyse und die Saussure'sche Lehre des Zeichens baut Algirdas Julien Greimas' semiotisch-linguistische Erzählgrammatik auf, die komplizierteste und technischste Theorie der strukturalen Narratologie.[10] Anstelle von Propps *dramatis personae* führte Greimas den Begriff ‚Aktant' ein, den er definiert als ‚denjenigen, der die Handlung ausführt, unabhängig von jeder andern Bestimmung' (Greimas und Courtés 1979, 3), eine Vorstellung, die Lucien Tesnières struktureller Satzsyntax von 1959 entstammt.[11] Aktanten waren ursprünglich eingeordnet in ein sechs Rollen umfassendes Aktantenmodell (Subjekt – Objekt, Sender – Empfänger, Helfer – Gegenspieler, die wiederum den Beziehungen von Begierde, Kommunikation und Aktion entsprachen), wurden jedoch später auf vier Rollen eingegrenzt, nachdem Helfer – Gegenspieler als ‚Auxilianten' neu definiert worden waren. Das Aktantenparadigma wird ‚vertont' mithilfe einer grundlegenden syntaktischen Struktur, dem *narrativen Programm*, das die Beziehungen zwischen Subjekt und Objekt mittels Äußerungen zum Zustand (‚sein' oder ‚haben') und Äußerungen zur Handlung (‚tun') ausdrückt. Eine *Minimalerzählung* basiert demzufolge auf der Veränderung der Ausgangssituation, indem ein Subjekt ein anderes beeinflusst durch Entzug oder Aneignung. Während das narrative Programm dazu dient, Handlung zu gestalten, enthält

---

chronologiser' le contenu narratif et à le ‚relogifier' [...]" [Die aktuelle Analyse tendiert dazu, den narrativen Inhalt zu ‚dechronologisieren' und zu ‚relogifizieren'] (Barthes 1966, 12). Einer der Hauptkritikpunkte, die Paul Ricœur (1984) gegen die strukturalistische Narratologie vorbrachte, betraf die Tatsache, dass die methodologische Revolution, die damit einherging, Geschichte zugunsten der Struktur aufgab.

10 Die zentralen Quellen der semiotisch-linguistischen Narratologie sind Greimas (1966, 1970 [insbes. „Éléments de grammaire narrative], 1976). Vgl. auch Hénault (1983) und Budniakewicz (1992). Ein kritischer Kommentar findet sich in Culler (1975, Kap. 4).

11 Eine weitere Quelle für Greimas' Aktant ist Souriaus (1950) Funktion.

diese Handlung Sinn und Intentionalität dank eines *kanonischen Erzählschemas*. Um zu einem solchen Schema zu gelangen, analysiert Greimas Propps 31 Funktionen und reduziert sie (in Bezug auf Volksmärchen) auf drei Sets von ‚Proben' (*épreuves*): qualifizierend, entscheidend, verherrlichend. Proben dieser Art, die Erzählungen kulturell verankern, werden dann verallgemeinert und kontextualisiert durch die Ergänzung anderer Schemata, so dass ein *Vertrag* die Sender-Empfänger-Beziehung bestimmt, *Kompetenz* die Subjekt-Objekt-Beziehung, *Leistung* die Subjekt-Antisubjekt-Beziehung und *Sanktion* vorherrscht, wenn der Sender gegenüber dem Subjekt als Richter auftritt – alle angesiedelt in den drei größeren semiotischen Bereichen Manipulation, Handlung und Sanktion. An der narrativen Oberfläche übernimmt der Aktant die Rolle eines Akteurs (anstelle der traditionellen ‚Figur') und kombiniert mindestens eine Aktanten- und eine thematische Rolle in einer Einer-viele-, Viele-einer-Beziehung (ein Akteur kann mehrere Aktantenrollen einnehmen, mehrere Akteure können eine einzige Aktantenrolle spielen). Schließlich laufen die grundlegenden Äußerungen von Zustand und Handlung auf der Ebene des narrativen Programms nicht nur durch ein narratives Schema, sondern sind auch einem Prozess semiotischer *Modalisierung* unterworfen. So modalisiert z. B. das Erzählschema ‚Vertrag' (‚tun') Glauben, Wollen und Wissen, während Kompetenz ein Zustand ist (‚sein'), der Möglichkeit modalisiert. Greimas' semiotisch-linguistischer Erzähltheorie liegen zugrunde einerseits das ‚semiotische Quadrat' (*carré sémiotique*) oder die grundlegende Bedeutungsstruktur, ein Modell der elementaren logischen und semantischen Relationen, die Bedeutung ausmachen (binäre Relationen von Gegensatz, Widerspruch und Voraussetzung), und andererseits der ‚generative Parcours' (*parcours génératif*), der aus einer syntaktischen und einer semantischen Komponente besteht, sowohl auf der Ebene der ‚immanenten' als auch auf der Ebene der ‚sichtbaren' Struktur (vgl. Greimas und Courtés 1979, 157–160; Prince 2003 [1987], 38–39). Das semiotische Quadrat ist vielfach überarbeitet worden, sowohl von Greimas als auch von Mitgliedern der Pariser Semiotikschule (einen Überblick bieten Greimas und Courtés 1979, 29–33).

Das Aktantenmodell wurde von zahlreichen Erzähltheoretikern aufgegriffen, wenngleich meist nur rudimentär und mit geringer Bezugnahme auf das semiotisch-linguistische System, dem es entstammt. Oft ist eingewandt worden, Greimas' semiotisch-linguistische Erzählgrammatik leide an ihrem hohen Grad an Allgemeinheit, ihrem deduktiven Wesen, den vielen Stufen zwischen semiotischem Quadrat und sichtbarem Text und schließlich an ihrer fehlenden empirischen Grundlage. Die Einschätzung des Greimas'schen Beitrages fällt höchst unterschiedlich aus. Beispielsweise kritisiert Pavel (1988, 146–157), der erhebliche Zweifel an der Vereinbarkeit der drei Quellen des semiotischen Quadrats (Saussures Zeichentheorie, Lévi-Strauss' Mythenanalyse, Propps morphologisches

Modell) hegt, dass Greimas die Prinzipien der strukturellen Sprachwissenschaft (z. B. Anti-Referentialismus, vom Binarismus des Zeichens auf den Binarismus der Bedeutung zu schließen) überdehne, auf der Grundlage kleinster semantischer Merkmale verallgemeinernde Behauptungen aufstelle und Entwicklungen der Modallogik außer Acht lasse (zu Greimas' ‚semantischem Fundamentalismus' vgl. Pavel 1986, Kap. 1).

Bremond (1973 [1972]) bemerkt in seiner Analyse der Anwendung des *konstitutiven Modells* auf Erzählstrukturen, dass Greimas als Narrativ auf der ‚tiefen' Strukturebene einen Diskurs ansetze, der tatsächlich kein Narrativ sei, während das eigentliche Narrativ in seinen zahlreichen Ausprägungen bedeutungslos werde. Aus hermeneutischer Perspektive sieht dagegen Ricœur (1984, 71–91) in Greimas' Erzähltheorie (ähnlich wie in den Theorien Lévi-Strauss') den Versuch, ein strikt achronisches System zu entwickeln, das darauf abzielt, das Syntagmatische in das Paradigmatische zu überführen. Gleichzeitig bedeute es einen Widerstand der narrativen Zeitlichkeit (z. B. der menschlichen Zeit, hermeneutisch gesprochen) gegen die bloße Chronologie, die Elemente der Narrativität vor jeder konkreten Ausgestaltung in einem logischen Modell zu identifizieren: Einfache narrative Äußerungen des Typs ‚tun' werden durch die Hinzufügung von Modalitäten in ein Äußerungsprogramm überführt (‚tun wollen', ‚tun können' usw.) und projizieren damit die paradigmatische auf die syntagmatische Dimension. Damit bringen sie die taxonomischen Relationen der immanenten Struktur in Erzählform. Dieses Spiel zwischen semiotischer Rationalität und narrativer Intelligenz, ein Schlüsselprinzip in Ricœurs *Temps et récit*, erweist sich als eine der Quellen der sogenannten *mise en intrigue* (*emplotment*).

Claude Bremond und die Erzähllogik

Anders als die bisher vorgestellten Autoren hat es Bremond unternommen, eine Logik narrativer Möglichkeiten zu entwickeln, keine Erzählgrammatik.[12] Dass die Reihenfolge der Funktionen immer identisch ist, wie Propp dies in Bezug auf seine Volksmärchen behauptete, erweist sich als teleologisch geordnete Abfolge, die keinerlei Raum für abweichende Handlungsabläufe lässt. Ebenso reduziert Greimas' Modell narrative Möglichkeiten auf eine lineare, mechanische Abfolge

---

[12] Die Grundzüge von Bremonds Modell sind dargelegt in „La logique des possibles narratifs" (1966), „Le message narratif" (1964) und „Les rôles narratifs principaux" (1973a). Die beiden erstgenannten Texte sind wiederabgedruckt in *Logique du récit* (1973b). Gülich und Raible (1977, 202–219, 239–245) bieten hier einen nützlichen Überblick.

von Ereignissen und übersieht damit ein wesentliches Prinzip der Narrativität, nämlich dass Geschichten sich in verschiedene Richtungen entwickeln können. Funktion (im Sinne der Handlung einer Figur, die entsprechend ihrer Bedeutung im Handlungsganzen definiert ist) wird beibehalten, jedoch wird ‚Sequenz' neu gefasst als die Entwicklung eines Prozesses: Auf eine Virtualität (*éventualité*) folgt entweder die Realisierung (*passage à l'acte*) oder die Nicht-Realisierung (*non passage l'acte*), und die Realisierung führt ihrerseits zum Abschluss (*achèvement*) oder nicht (*non achèvement*). In einem solchen Dreischritt impliziert die spätere Stufe die frühere, während das Gegenteil niemals der Fall ist (so impliziert Sieg einen Kampf, aber Kampf beinhaltet nicht den Sieg). Mehrere einfache Sequenzen können sich zu komplexen Sequenzen verbinden: ‚Aneinanderreihung' (*bout-à-bout*), d. h. das Ende einer Sequenz fällt mit dem Anfang einer anderen zusammen; ‚Einbettung' (*enclave*), d. h. eine Sequenz entwickelt sich in einer anderen; ‚gleichzeitige Entwicklung' (*accolement*), d. h. Sequenzen laufen parallel. Funktion ist nicht nur eine Handlung, die aufgrund eines Prozesses existiert, sondern resultiert auch daraus, dass ein Prozess-Prädikat einem Figur-Subjekt zugeschrieben wird, wodurch eine *Rolle* entsteht, von der es zwei Grundtypen gibt: *Patienten*, die von Prozessen der Veränderung oder Erhaltung betroffen sind, und *Agenten*, die Prozesse initiieren. Bremonds Studie der Erzählrollen zergliedert das Narrativ in einen Komplex gleichzeitiger und aufeinanderfolgender Rollen, wobei jede dieser Rollen aus dem oben beschriebenen Dreiphasenprozess besteht. Im Anschluss präsentiert Bremond ein umfassendes Inventar der wichtigsten narrativen Rollen.

Marie-Laure Ryans Feststellung, der französische Strukturalismus, insbesondere die Arbeit von Barthes und Bremond, habe das Erzählen von Erzählliteratur emanzipiert und es als semiotisches Phänomen erkannt, das über die Grenzen einzelner Disziplinen und Medien hinaus relevant sei (Ryan 2005, 344), wird von vielen ihrer Forscherkollegen geteilt.[13] Tatsächlich eignet sich Bremonds medienneutrale Logik narrativer Möglichkeiten hervorragend für eine intermediale Erweiterung der Narratologie, wie Ryan in zahlreichen Studien aufzeigen konnte. Ein anderes von Bremond behandeltes Thema, Virtualität, hat Einfluss auf die Entwicklung einer Erzähltheorie der möglichen Welten ausgeübt, etwa bei Ryan (bes. 1991, Kap. 8), Doležel (z. B. 1998) und Pavel (1986). Offensichtlich ist auch, dass Princes bedeutender Begriff des ‚disnarrated' (Nicht-Erzählten) in direktem

---

[13] Ansätze dieser Art reichen zurück bis zu den russischen Formalisten, die dazu beitrugen, *Erzähl*theorien von *Roman*theorien zu entkoppeln; in diese Richtung arbeiteten auch Scholes und Kellogg (1966; vgl. Herman 2005a, 24, 28). Cornils und Schernus (2003) gehen diesem Prozess für die deutsche *Erzähl*forschung nach.

Zusammenhang mit der Logik narrativer Möglichkeiten steht, etwa wenn er festhält, dass es dem Erzählen zwar hauptsächlich um das gehe, was passiert ist, nicht darum, was passiert sein könnte, es aber auch Ereignisse gebe, die nicht geschehen, obwohl sie hätten geschehen können, und die im Erzähltext trotzdem Erwähnung finden (vgl. Prince 1992, 34, 30; 1988). In einigen Punkten ist Bremonds Theorie auch mit der Handlungstheorie der analytischen Philosophie verglichen worden. Gülich und Raible (1977, 204) etwa registrieren eine Verwandtschaft zwischen Bremonds Handlungsbegriff und von Wrights (1972) These, dass Handlung eine Veränderung entweder auslöse oder verhindere. Herman (2002, 54 ff.) hat auf die Ähnlichkeit von Wrights (1966) ‚acting situation' oder ‚opportunity for action' und Bremonds narrativen Möglichkeiten hingewiesen. Ricœur (1984, 63–71) befasst sich ebenfalls mit Bremond und der analytischen Handlungstheorie, kommt jedoch zu dem Schluss, dass die Beziehung zwischen Rolle und Handlung (*intrigue*) zirkulär sei. Aus seiner Sicht sind diese Rollen in Wahrheit Positionen oder ‚Slots', die im Laufe der Handlung gefüllt werden, allerdings trage die Definition dieser Rollen nicht dazu bei, eine Handlungsstruktur zu erkennen oder zu entwerfen. Aus diesem Grund sei Bremonds Theorie eher eine Semantik und Handlungslogik denn eine Erzähltheorie. Bremond (1973a, 329–331) selbst zeigt sich jedoch überzeugt, dass sich Erzählmodelle aus einem Modell menschlichen Handelns ableiten lassen (vgl. Scheerer und Winkler 1976).

Tzvetan Todorov und die Erzählgrammatik

Bremonds Auffassung nach teilen Todorovs und seine eigene Arbeit (was auch auf andere Forscher zutrifft, die, in Genettes Worten, ‚thematische' Narratologie betrieben haben) drei Eigenschaften mit Greimas' Beitrag zu einer generativen Matrix für eine universale Erzählgrammatik:
1. die in einer Grammatik (oder Logik) der Subjekt-Prädikat-Beziehung wurzelnde Grammatik (oder Logik) des Erzählens;
2. die Strukturierung des Narrativs in eine immanente Ebene narrativer Strukturen und eine offenliegende Ebene sprachlicher Strukturen (Greimas), *histoire* und *discours* (Todorov), *raconté* und *racontant* (Bremond);
3. die Möglichkeit, Ereignisse als Sequenzen von Handlungen darzustellen, von denen einige einem universalen Lexikon der Narrativität angehören, und Regeln für die Kombination dieser Einheiten aufzustellen (Bremond 1973 [1972], 101–102).

Ein zweiter Punkt ist, dass Todorov (1966) mit Blick auf das Begriffspaar *fabula/sjužet* der russischen Formalisten die ‚beiden Aspekte' der Erzählung auf eine gleichwertige begriffliche und analytische Ebene (*histoire* und *discours*) gestellt

hat, wobei er die Begriffe für die beiden Typen der Äußerung (*énonciation*) übernahm, die Émile Benveniste (1966, 237–250) unterschieden hatte.[14] In dieser Studie wird *histoire* heruntergebrochen auf eine Logik der Handlungen und Beziehungen zwischen Figuren, *discours* hingegen auf Zeit, Aspekte und Modi. In „Poétique" (Todorov 1968), werden diese Parameter in einem komplexeren Schema neu organisiert: Modi heißen hier ‚Register' (analysiert einerseits über die Äußerung, andererseits über den Bezug/die wörtliche Bedeutung der Äußerung [*énoncé*]), während Aspekte ‚Sichtweisen' werden (in einem der Fokalisierung nahen Sinne). Die *histoire* (obwohl der Begriff hier keine Verwendung findet) besteht aus:
1. logischer (oder kausaler), psychologischer und philosophischer Reihenfolge;
2. narrativer Syntax (syntaktischer Spezifizierung, semantischer Interpretation, verbaler Realisierung);
3. Transformationen (des Verbs), Modi (Indikativ usw.) und Wiedererkennung (im Sinne der aristotelischen *anagnorisis*).

Es ist wichtig, Todorovs Erzählgrammatik vor dem Hintergrund dieser Entwicklung zu lesen und zudem seine Veröffentlichungen zu berücksichtigen, die nach 1969 erschienen sind.[15] Hier benutzt Todorov nicht die Begriffe *histoire*/*discours*, sondern bezieht sich auf drei ‚Aspekte': *semantisch* (d. h. das, wofür die Erzählung steht und was sie aussagt), *syntaktisch* (d. h. die Verbindung der Einheiten untereinander) und *verbal* (d. h. die Sätze, die die Erzählung übermitteln) (Todorov 1969, 18). Da er den verbalen Aspekt von Boccaccios Novellen beiseiteließ und nur Textsynopsen zugrunde legte,[16] lag das Hauptaugenmerk seiner Studie auf der syntaktischen Einheit der Proposition (des Typs Subjekt-Prädikat) als der kleinsten Erzähleinheit (anstelle von Propps Funktion oder Greimas' Aktant). Die grundlegenden Kategorien der Proposition sind Eigenname, Verb und Adjektiv.[17] Jede dieser Kategorien wird semantisch (Bedeutung) und syn-

---

14 Für Schmid (2014 [2005], 218–219) bringt Todorovs Vorschlag eine wesentliche Klärung der Begriffe *fabula* und *sjužet*. Die teilweise Überlappung der Begriffe ‚Geschichte'/‚Diskurs', *histoire*/*discours*, *raconté*/*racontant*, *fabula*/*sjužet* usw. diskutiert Pier (2003). Vgl. Martínez und Scheffel (2012 [1999], 20–26) und Scheffel (2014).
15 Für einen Überblick vgl. Todorov (1971a [1968]). 1973 publizierte Todorov eine überarbeitete Version seiner Arbeit von 1968, die Elemente der *Grammaire* enthält und Aspekte von Genettes „Discours du récit" integriert. Vgl. den Kommentar und die Musteranalyse bei Gülich und Raible (1977, 220–225, 245–250).
16 Vgl. Todorov (1969, 16). Zur methodischen Unzulänglichkeit der Synopsen in Todorov und Bremond vgl. Gülich und Raible (1977, 234–236).
17 Vgl. auch Bremond (1973, 109–117). Die wichtigsten Kategorien der Proposition entsprechen den Einheiten der traditionellen Satzgrammatik; Appellative, Pronomina, Artikel und Präpositionen werden jedoch nicht berücksichtigt.

taktisch (Sinn) betrachtet. Der Eigenname etwa ist semantisch gesehen eine Person und syntaktisch gesehen ein Agent (Subjekt oder Objekt). Der Agent ist damit ein rein formales Konzept, das zu einem Prädikat (Verb oder Adjektiv) in Beziehung tritt, nicht jedoch in ein Beziehungsnetz wie in Propps Handlungskreisen, Greimas' Aktantenmodell oder Bremonds Erzählrollen.[18] Ein Adjektiv ist semantisch gesehen eine Qualität oder ein charakteristischer Zug, der einem Eigennamen zugeschrieben wird; syntaktisch gesehen ist es eine Eigenschaft, ein Zustand oder ein Status. Die Verben in Boccaccios *Decamerone* sind in semantischer Hinsicht höchst verschieden, doch Todorov klassifiziert sie in drei ‚syntaktische Verben': ‚verändern', ‚sündigen', ‚bestrafen'. Dies zeigt: Todorovs Erzählgrammatik betrachtet Syntax in zweifacher Hinsicht, entweder im Hinblick auf Kategorien oder im Hinblick auf funktionale Konfigurationen dieser Kategorien (Hendricks 1973 [1972], 134), und deswegen, so Hendricks, fehlt dem System am Ende eine semantische Komponente (Hendricks 1973 [1972], 142, 144). Propositionen besitzen auch sekundäre Kategorien. Diese bestehen u. a. aus narrativen Modi – nicht nur dem indikativischen Modus (was passierte), sondern auch aus nicht-indikativischen Modi des Wollens (Obligativ, Optativ) und den hypothetischen Modi (Konditional, Prädiktiv).[19]

Mit Blick auf komplexere Konfigurationen von Propositionen griff Todorov diese Frage in „Poétique" (1968) auf, wo er drei Typen logischer oder kausaler Ordnung unterscheidet: ereignisbezogen [*événementiel*], psychologisch und ‚philosophisch' (die Handlungen der Figuren sind Sinnbilder von Begriffen oder Vorstellungen). Propositionen können auch zeitlich (Exkurse, umgekehrte Abfolge) oder räumlich angeordnet sein (dabei werden kausale und zeitliche Verbindungen schwächer, wie in Apollinaires *Calligrammes*). In der *Grammaire* erscheinen Kausalität und Zeitlichkeit weitgehend voneinander getrennt (vgl. Bremond 1973, 119–126). Innerhalb der Sequenzen sind Relationen entweder obligatorisch (Propositionen müssen an bestimmter Stelle auftauchen), alternativ (die eine oder die andere Proposition muss auftauchen) oder optional. Schließlich können Sequenzen durch Verkettung (1-2), Einbettung (1-2-1) oder Wechsel (1-2-1-2) verbunden sein, ähnlich wie in Propps Morphologie.

---

[18] Bremond (1973b, 110) hingegen vertritt die These, Todorovs Agent entspreche den Propp'schen *dramatis personae*, Souriaus Funktion und Greimas' Aktant.
[19] Todorovs Modi lassen sich als Vorläufer der Modalität in der Erzähltheorie der möglichen Welten verstehen (vgl. zu alethischen, deontischen, axiologischen und epistemischen Modalsystemen Ryan 1991, Kap. 6; Doležel 1998, Kap. V; Doležel hebt in diesem Zusammenhang Propp und Greimas besonders hervor).

Ein Thema, das die *Grammaire* nicht hinreichend behandelt, ist das Problem der Transformation. Todorov greift es später auf (1971b [1969]), um paradigmatischen Verbindungen in der Erzählung Rechnung zu tragen. Er argumentiert, dass eine Transformation zwischen zwei Propositionen entsteht, wenn ein Prädikat in beiden identisch bleibt. Sie ist einfach, wenn ein Operator (Modalität, Negation usw.) dazwischentritt („X arbeitet' → ‚X fängt an zu arbeiten'), und komplex, wenn ein zweites Prädikat auf das erste übertragen wird und nicht davon zu trennen ist („Y denkt, dass X seine Mutter getötet hat'). Zu jedem Typus gibt es verschiedene Untertypen.

Durch die Verbindung von ‚Transformation' und dem älteren Sequenzbegriff gelingt Todorov in der überarbeiteten Fassung von „Poétique" (1973) eine überzeugendere Definition von ‚Sequenz', ein aus meiner Sicht bedeutender und noch heute relevanter Beitrag der strukturalen Narratologie. Eine Sequenz, so Todorov, besteht aus fünf Propositionen und ist markiert durch eine unvollständige Wiederholung (oder Transformation) der ursprünglichen Proposition. Die ideale Erzählung beginnt mit einer stabilen Ausgangssituation, die von einer beliebigen Kraft gestört und damit in ein Ungleichgewicht überführt werde. Das Handeln einer entgegengesetzten Kraft stelle das Gleichgewicht wieder her, wobei das am Ende erreichte Gleichgewicht dem ersten ähneln könne, niemals aber identisch sei (Todorov 1973, 82; für eine Darstellung der narrativen Sequenz, auch zu Todorovs Definition vgl. Pier 2016). Zuvor hatte Todorov (1971a [1968]) ‚zwei Erzähllogiken' diskutiert (eine Logik der Abfolge und eine Logik der Transformation), woraufhin er seine Position zur Relation von Kausalität und Zeitlichkeit revidierte und nicht nur das Projekt einer Erzählgrammatik aufgab, sondern damit auch die postulierte Analogie zwischen Satzgrammatik und narrativen Konstituenten. Stattdessen sprach er sich für eine logische und medienneutrale Analyse aus (vgl. Todorov 1973, 87).

Es gibt jedoch einen weiteren Typus der Transformation, der in Todorovs Studie unerwähnt bleibt, und dies hält Hendricks (1973 [1972], 139–140) für ein gewaltiges Versäumnis: Mit keinem Wort geht Todorov auf die Schritte oder Stufen ein, die vom abstrakten Schema zur Textoberfläche führen. Um dieses Problem zu überwinden, hätte er sich mit Entwicklungen in der generativen Transformationsgrammatik auseinandersetzen müssen, die bei Erscheinen seines Buches bereits die Grundlagen legten für Textgrammatiken und Textlinguistik. Dies allerdings hätte für Todorov bedeutet, sich in Bereiche vorzuwagen, die außerhalb nicht nur seines eigenen Modells, sondern auch des strukturalistischen Paradigmas lagen. So blieb es auf die eine oder andere Weise von Todorov inspirierten Forscherkollegen wie van Dijk (1972), Prince (1973, 1982), Pavel (1976, 1985) oder Genot (1979) überlassen, sich mit diesen komplexen Fragen zu befassen.

Roland Barthes: Von der Translinguistik zum Text

Todorovs Erzählgrammatik konzentriert sich auf das Erzählen als *langue* oder, wie er selbst (1969, 7) es mit Verweis auf Louis Hjelmslevs (1969 [1928]) glossematische Saussure-Revision ausdrückte, als ‚System abstrakter Kategorien'. Barthes' berühmter Artikel von 1966 bleibt zwar dem strukturalistischen Grundsatz der ‚Identität von Sprache und Literatur' treu, betrachtet die Probleme der Erzählstruktur jedoch aus einer anderen Perspektive. Barthes ging es nicht darum, eine Erzählgrammatik zu entwerfen, sondern vielmehr eine ‚Diskurslinguistik' oder ‚Translinguistik' – eine Linguistik, die über die Satzebene hinausgeht –, und dies zu einer Zeit, in der Diskursanalyse und Textlinguistik noch in den Kinderschuhen steckten.[20] Eine solche Translinguistik, so hielt er fest, gründet auf der Homologie von Satz und Diskurs, so dass, wie in der Sequenz, die Verteilungsrelationen, gewonnen durch die Segmentierung in Einheiten auf derselben Ebene eines gegebenen Diskurses (definierende Form), in höheren Ebenen eingebunden werden und so Bedeutung erzeugen (Barthes 1970a; vgl. auch 1966, 26).[21] Auf dieser Grundlage hielt Barthes fest, der Diskurs sei ein großer ‚Satz', ebenso wie die Erzählung, denn schließlich sei jeder Aussagesatz am Ende der Entwurf einer kleinen Erzählung (Barthes 1966, 3–4). Das Erzählmodell, das er entwirft, eine Hierarchie von Distributions- und Integrationsbeziehungen anstelle einer Akkumulierung von Sätzen, spiegelt diese Homologie zwischen Satz und Diskurs exakt wider und stellt, anders als die anderen bisher vorgestellten Ansätze, einen Versuch dar, die Lücke zwischen *langue* und *parole* tatsächlich zu überwinden. Um dies zu erreichen, führte Barthes, im Rückgriff auf Todorov, Bremond, Greimas und Tomaševskijs „Thématique" (1965 [1925]), drei Beschreibungsebenen für den Erzähltext ein: *Funktionen* (gebraucht in einem ähnlichen Sinn wie bei Propp und Bremond); *Handlungen* (strukturiert in ähnliche Handlungssphären wie Greimas' Aktanten); *Narration* (wo die Handlungssphären innerhalb des Textes verbunden werden zu ‚personalen' und ‚apersonalen' Äußerungsformen und wo die ‚Diskursinstanz' zwischen Sender und Empfänger auftritt).

Trotz seiner Mängel, die bei der ‚homologen' Relation zwischen Satz und Diskurs am deutlichsten zutage treten, legte Barthes mit seinem Artikel ein glo-

---
20 Vgl. Herman (2001) für eine gelungene Darstellung, wie die strukturalen Narratologen an die Schwelle der ‚Textwissenschaften' gelangten, ohne in diese Richtung weiterzuforschen. Spätere Entwicklungen u. a. in der Linguistik und Diskursanalyse stellten die Ergebnisse der strukturalen Theorie auf neue Grundlage.
21 Die Translinguistik entwickelte sich aus der konnotativen Semiologie, die Barthes in „Éléments de sémiologie" (1964b) skizzierte. Hier werden der Satz als Bedeutungssystem erster Ordnung und der Diskurs als Bedeutungssystem zweiter Ordnung definiert.

bales (wenngleich nicht unangefochtenes) Modell für die Erzählanalyse vor, das auch heute noch als Meilenstein der Forschung gilt (vgl. Herman 2005b, 573–574). Bekanntermaßen verfolgte er diesen Weg zu einer Literaturwissenschaft nach dem Beispiel der strukturalen Sprachwissenschaft als Pilotwissenschaft jedoch nicht weiter. Einige seiner Publikationen aus den Folgejahren zeugen von seiner Ernüchterung angesichts des ‚Szientismus' der strukturalen Narratologie, was ihn dazu bewegte, eine negative Hermeneutik zu entwickeln, die zum Teil von Derrida, Kristeva und der Tel-Quel-Bewegung geprägt war, eine Entwicklung, die Barthes in „Texte (théorie du)" (1973) zusammenfasste. Hier wird ein Ansatz entwickelt, der einige zentrale Prinzipien der strukturalen Analyse zu untergraben sucht. So ‚dekonstruiert' z. B. der Text, nun verstanden als intertextuelles Netz vergangener Zitate anstelle einer empirischen Einheit, die Sprache der Kommunikation. Der Schwerpunkt liegt nicht länger auf der Erzählung als strukturiertem Produkt, sondern auf einem offenen Prozess der Strukturierung; es wird für eine ‚Semanalyse' zur Analyse der Schnittstelle zwischen Sprachwissenschaft und Psychoanalyse plädiert; der Begriff *écriture* (ein Thema, das sich bereits in einer von Barthes' frühesten Schriften findet, *Le degré zero de l'écriture*, 1953) wird aufgegriffen als textuelle Strategie, die den Leser von den Zwängen formaler Theorien befreien soll.[22]

Solche Neupositionierungen dominieren auch Barthes' *S/Z* (1970b), eine Mikroanalyse der Balzac'schen Novelle *Sarrasine* (1830), die einigen als Meilenstein der poststrukturalistischen Narratologie gilt, was insofern etwas ironisch wirkt, als sich Barthes selbst zu keiner Zeit als Narratologe verstand. Vergleicht man dieses Buch mit seinem Essay von 1966, überraschen die stark gegensätzlichen Perspektiven. Wird die frühere Arbeit mit einem Plädoyer für eine Methode eröffnet, welche die schier unendlichen Erzählformen unter Rückgriff auf eine gemeinsame *langue* beschreiben kann, die sie als analysierbare Struktur zusammenhält, lehnt die spätere von vornherein jede Methode ab, die den Text seiner *différence* berauben könnte. Während erstere für ein allgemeines Modell eintritt mit seinen Begriffen und Prinzipien, arbeitet letztere mit einer Praxis der *écriture* aufseiten des Lesers im Falle des ‚schreibbaren' (*scriptible*) oder Avantgarde-Textes – im Gegensatz zum ‚lesbaren' (*lisible*) Text, der zum Konsum gedacht ist. Wo ersterer eine homologe Beziehung zwischen Satz und Diskurs behauptet, sieht letzterer den Text als pluralisch, bar jeder Erzählstruktur bzw. -grammatik oder -logik. Arbeitet ersterer mit der Analyse der Verteilung und Eingliederung von Einheiten, betrachtet letzterer den einzelnen Text nicht als induktiven Eintrag in ein Modell, sondern als Netz mit Tausenden von Einträgen. Und während die

---

[22] Eine detailliertere Darstellung bietet Pier (2011, 347–349).

frühere Studie die Analyse mit den Funktionen („den kleinsten Erzähleinheiten') starten lässt, bricht die spätere den Text auf in eine Abfolge von Signifikanten-Fragmenten, den sogenannten Lexia, die jeweils mehrere Bedeutungen tragen. Diese grundlegende Akzentverschiebung – von der Analyse des Signifikats, dem auch das Hauptaugenmerk der bisher vorgestellten Theorien galt, zur Annäherung an den Text mittels Segmentierung seiner Signifikanten oder Lexia – geht einher mit der Einführung fünf verschiedener *Codes*: hermeneutischer Code (Entschlüsselung eines Rätsels); Handlungscode; kultureller Code (Bezüge); semischer Code (Konnotationen); symbolischer Code.

Der radikale Bruch von *S/Z* mit der strukturalistischen Methode ist auf unterschiedliche Weise bewertet worden. Die Wertungen schwanken zwischen Lob (vgl. Leitch 1983, 198) und heftiger Kritik. In ihrer umfangreichen Studie zu *S/Z* stellen Bremond und Pavel (1998, 101–102) fest, dass Barthes den Geist des Systems zurückgewiesen und sich dabei in einen eklatanten Widerspruch verwickelt hat: In seiner Konzentration auf das ‚Schreibbare' (*scriptible*) verwirft Barthes die klassischen Kategorien von Narrativität, während er dieselben Kategorien durch die Hintertür wieder einführt, nämlich in Form von Codes, die sich zum Teil verdoppeln und einander zum Teil außer Kraft setzen. *S/Z* hebt sich auf radikale Weise ab von der „Introduction", die Herman (2005b) als paradigmatisches Beispiel für den Gegenstand, die Methoden und die Ziele der strukturalen Narratologie qualifiziert hat. Dennoch bahnte dieses kontrovers diskutierte Buch den Weg für neue Forschungsansätze in Erzähltheorie und Erzählanalyse.

Gérard Genette und die Narratologie des Diskurses

Die Theorien, die bisher vorgestellt wurden, sind, bis auf *S/Z*, entschieden auf das *Was* des Erzählens konzentriert und klammern das *Wie* bewusst aus, obwohl Barthes' Berücksichtigung der ‚Narration' in seinem Beitrag von 1966 einen Versuch darstellt, beide miteinander zu verbinden. Mit seiner Konzentration auf die Diskursebene war Genettes „Discours du récit" zum Zeitpunkt seiner Veröffentlichung (1972) im Grunde die einzige narratologische Unternehmung ihrer Art und füllte damit eine Lücke. Indem er aber den Diskurs und nicht die Geschichte in den Mittelpunkt stellte, präsentierte Genette nichts wirklich Neues, sondern stellte seine Forschung in eine Linie mit den platonischen und aristotelischen Begriffen der *diegesis* und *mimesis*, den Modi der Präsentation, die Epos und Drama voneinander unterscheiden. Der Erfolg des Genette'schen „Discours" lässt sich wenigstens zum Teil dadurch erklären, dass er, anders als viele der ‚thematischen' Narratologien, Aspekte der Erzähltheorie aufgriff, die Literaturwissenschaftlern bereits bekannt waren, z. B. *showing* vs. *telling*, Erzählperspektive/

Fokalisierung, Erzählstimme usw. Das wirklich Innovative an Genettes Studie ist die Tatsache, dass sie die zahlreichen Kategorien der Erzählanalyse in eine globale und ausgewogene dreigliedrige Einteilung des Erzähltextes überführte: *histoire* (Geschichte) bzw. Signifikat oder narrativer Inhalt; *récit* (Erzählung) bzw. Signifikant, die Äußerung, der Diskurs/Text an sich; *narration* (Narration) bzw. der narrative Akt und die Gesamtheit der realen oder fiktiven Situation, in der er stattfindet. Auf dieser Grundlage und anders als Erzähltheorien, die versuchen, Erzählen ‚von unten' zu modellieren, indem sie bei den elementarsten Erzähleinheiten starten, wie auch sprachwissenschaftliche Analysen dies tun, untersucht der „Discours" systematisch drei Sets von Relationen:
1) zwischen *histoire* und *récit*;
2) zwischen *narration* und *récit*;
3) zwischen *narration* und *histoire*.

Für Genette beginnt Erzählen nicht mit einer Subjekt-Prädikat-Verbindung (wie z. B. für Todorov), sondern mit der Erweiterung des Verbs wie in Kleinsterzählungen des Typs ‚Ich gehe' oder ‚Pierre ist gekommen', und deshalb sind seine narrativen Kategorien nach Verbkategorien gebildet: Tempus, Modus und Person (einen nützlichen und systematischen Überblick über den „Discours du récit" bietet Rimmon 1976).

Als einflussreichster Beitrag der klassischen Narratologie ist der Genette'sche „Discours" auf vielfältige Weise aufgegriffen, bewertet und kritisiert worden. Auch jene, die kritisch Position gegen seine Theorie bezogen, haben letztlich Fragen diskutiert, die ohne Genettes Buch möglicherweise nie Gegenstand der narratologischen Agenda geworden wären. Aus postklassischer Perspektive betrachtet, scheint der Genette'schen Narratologie mit ihrem Hang zu Taxonomien und Neologismen der transdisziplinäre Zuschnitt zu fehlen, scheint sie strikt auf Erzählliteratur in natürlichen Sprachen beschränkt. Dagegen lässt sich jedoch einwenden, dass es Genette nie um die Allgegenwart des Erzählens ging, der seit dem *narrative turn* zahlreiche Forschungsbeiträge gewidmet wurden, und auch nicht darum, narratologische Kategorien auf nonverbale Medien zu übertragen. Sein Gegenstand war vielmehr die Besonderheit des Erzählens im Rahmen einer offenen Poetik (vgl. dazu und weiteren Aspekten Pier 2010). Interessanterweise ist Genette der einzige von den hier vorgestellten Erzähltheoretikern, der seine Arbeit unter das Zeichen der Poetik stellt (mit Ausnahme von Todorov in seinen beiden Fassungen der „Poétique", 1968, 1973).[23]

---

23 Ein Kuriosum der französischen Erzähltheorie ist die Tatsache, dass so gut wie keines der Werke von Franz K. Stanzel ins Französische übertragen worden ist und dass sich der Zugang französischer Forscher zu Stanzel auf zusammenfassende Darstellungen beschränkt. Einen her-

Der Wendepunkt: Das Jahr 1983

Das Jahr 1983 markiert aus zwei Gründen einen wichtigen Wendepunkt in der französischen Erzähltheorie. Zum einen publizierte Genette in diesem Jahr seinen *Nouveau discours du récit*, in dem er auf seine Kritiker reagierte und der neben *Fiction et diction* (1991) eine seiner letzten Publikationen ist, die sich mit narratologischen Fragen auseinandersetzt (für eine Darstellung von Genettes Rückkehr zu Poetik und Ästhetik vgl. seine intellektuelle Biografie 1999; vgl. auch Pier 2010). Hier wird Bilanz gezogen über die beiden Narratologien, die thematische und die modale. In Frankreich wurde weiterhin in diesem Feld geforscht, gleichzeitig jedoch erschienen zunehmend Studien, die zwar von Interesse für die Narratologie waren, jedoch nicht explizit als narratologische Beiträge firmierten (eine kurze Zusammenfassung dieser Entwicklungen gibt Pier 2011, 345–347). Auf internationaler Ebene wurde die Narratologie im Jahr 1979 aus der Taufe gehoben mit einer großen Konferenz, die unter dem Titel „Synopsis 2: Theory of Narrative and Poetics of Fiction" in Tel Aviv stattfand. Die Akten zu dieser Konferenz, die Beiträge von Spezialisten aus aller Herren Länder versammeln, erschienen in drei frühen Heften der Zeitschrift *Poetics Today* (1980, 1981, 1990).

1983 war auch deshalb entscheidend für die französische Erzählforschung, weil in diesem Jahr der erste Band von Paul Ricœurs großem dreibändigem Werk *Temps et récit* erschien, eine höchst einflussreiche hermeneutische Annäherung an das Erzählen, das Beiträge zur strukturalen Narratologie zugleich aufgreift und kritisiert. Ricœurs System beruht auf drei Formen von Mimesis. *Mimesis I* ist der Bereich der ‚Präfiguration'. Die menschliche Erfahrung von Zeit, so Ricœur (1983, 87), gründet ebenso wie der Aufbau einer Erzählhandlung auf einem Vorverständnis der Handlungswelt mit ihren Strukturen, ihrer Symbolik und ihrem zeitlichen Wesen. *Mimesis I* vertritt damit eine Phänomenologie des Tuns (*faire*), die in gewisser Weise der *storyworld* der kognitiven Narratologie ähnelt und sie vorwegnimmt. *Mimesis II* ist der Bereich der semiotischen Vermittlung und umschließt damit die Phänomene, die die Narratologie untersucht. In diesem Zusammenhang führt Ricœur auch den Begriff der ‚Konfiguration' ein, durch den die *mise en intrigue* (*emplotment*) stattfindet, und den Bereich des *comme si* (‚als ob'), da aus seiner Sicht Handlungsverlauf und Fiktionalität von der narratologischen Forschung bis dato völlig vernachlässigt worden waren. *Mimesis III*

---

vorragenden Vergleich der Genette'schen und Stanzel'schen Methoden bietet Dorrit Cohns 1981 erschienene Rezension zu Stanzels *Theorie des Erzählens*. Hingegen ist etwa Käte Hamburgers *Logik der Dichtung*, 1986 in französischer Übersetzung erschienen, von der französischen Forschung recht intensiv rezipiert worden.

schließlich, der Bereich der ‚Refiguration', bildet die Schnittstelle zwischen der Welt des Textes und der Welt des Lesers. Hier kommt Zeitlichkeit im hermeneutischen Sinn der ‚gelebten Zeit' ebenso ins Spiel wie Fragen nach der Bezugnahme, wiederum Aspekte, mit denen sich die strukturale Narratologie nicht beschäftigt hatte.

Indem er in die erzähltheoretische Debatte Fragen einbrachte nach semiotischer Rationalität (im Gegensatz zu narrativer Intelligenz), der *mise en intrigue*, der Beziehung zwischen historiografischem und fiktionalem Erzählen und den Problemfeldern von Zeitlichkeit und Bezug (Fragen, die von den französischen Narratologen gezielt beiseitegelassen wurden), warf Ricœur Fragen auf, die nicht länger ausgeklammert werden konnten, selbst von den Erzählforschern nicht, die seiner hermeneutischen Philosophie fern- oder seinen Theorien kritisch gegenüberstanden.[24]

1983 – das Erscheinungsjahr von Genettes „Post-scriptum" und Ricœurs *Temps et récit* – lässt sich somit als Ende der später als ‚französische klassische' Narratologie bezeichneten Erzähltheorie verstehen. Dies bedeutet allerdings nicht, dass Erzähltheorie im französischsprachigen Raum danach gar nicht mehr stattfand. Wie bereits festgehalten, entstanden auch danach, in den 1980er wie in den 1990er Jahren, Studien, die für die Narratologie relevant wurden, auch wenn sie sich selbst oft nicht als narratologische Beiträge im engeren Sinne verstanden. Zwei Strömungen narratologischer Forschung in Frankreich, die in die 1970er Jahre zurückreichen und bis heute lebendig sind, sind diskursanalytische Ansätze einerseits (vgl. Pier 2011, bes. 349 ff.) und die enunziative Narratologie andererseits (vgl. Patron 2009, 263–283; Kurzfassung: Patron 2011).

Konklusionen

Welche Schlüsse lassen sich aus diesem Überblick ziehen, und inwiefern deuten die hier vorgestellten Theorien voraus auf spätere Entwicklungen der nachklassischen Narratologie, die, zumindest anfangs, hauptsächlich in Nordamerika stattfanden?

Zunächst wäre es unangemessen, wie dies mit mehreren Jahrzehnten Abstand allzu leicht geschieht, diese Theorien zu reduzieren auf Binarismen, Kategorisie-

---

24 Brooks (1984), der die Vernachlässigung der Zeitlichkeit durch die Strukturalisten ebenfalls kritisierte, sprach sich für eine psychoanalytische Untersuchung von Handlung aus. Im frankopohonen Raum hat Baroni (2007; v. a. 2009) jüngst das Thema Zeitlichkeit wieder in die narratologische Debatte eingeführt.

rungen und Typologien. Vielmehr sollte man bedenken, dass die Arbeiten der Strukturalisten sich mit einer Struktur auseinandersetzten, die als Gesamtheit, Transformation und Selbstregulierung verstanden wurde – als System funktioneller Beziehungen. Konkreter kommt diesen Theorien das Verdienst zu, Definitionsstandards für die Gegenstände, Methoden und Ziele narratologischer Forschung entwickelt zu haben, wenngleich mit unterschiedlich großem Erfolg. Dank metatheoretischer Debatten, die die Forschung zu allen Zeiten begleitet haben, sind diese Standards bis heute Teil der Diskussion, was auch zur Entwicklung des klassischen/postklassischen Paradigmas als solchem beigetragen hat.

Ein zweiter Punkt betrifft die Einbeziehung der Sprachwissenschaft durch die frühen Narratologen, ein vieldiskutierter Aspekt. Auffällig ist, dass diese zwar die Rolle der strukturalen Linguistik stets hervorheben, sich dabei aber sehr oft auf die Kategorien der traditionellen Grammatik stützen. Dies gilt für die gemäßigten Strukturalisten Todorov, für den die Figur ein Substantiv ist und die Handlung ein Verb, und Genette, für den sich die Kategorien der Erzählanalyse aus dem Verb ableiten (Tempus, Modus, Person). Dasselbe lässt sich auch von Barthes in seiner ‚szientistischen' Phase behaupten, in der er von einer ‚homologen' Beziehung zwischen Satz und Diskurs ausging. Anders stellt sich dies dar für andere Anhänger der strukturalen Linguistik als Pilotwissenschaft für die Erzähltheorie, z. B. für Lévi-Strauss, der das Mythem nach dem Phonem modellierte, oder für Greimas mit seiner Synthese Saussure'scher, Lévi-Strauss'scher und Propp'scher Theorien. Interessanterweise war es Bremonds ‚Logik', die Barthes' Forderung nach einem medienneutralen Konzept von Erzählen (Barthes 1966) am ehesten entsprach.

Die teilweise Zweckentfremdung der Linguistik durch die strukturalistische Narratologie erinnert an die von den russischen Formalisten eingeführte ‚theoretische Synekdoche', nach Peter Steiner (1984, 138) eine *Pars-pro-toto*-Beziehung, die Sprache – das Material für Wortkunst – an die Stelle der Kunst setzte und Sprachwissenschaft an die Stelle der Literaturwissenschaft. Herman (2005a, 29) hält fest, dass die Narratologen mit ihrem entschieden strukturalistisch-linguistischen Standpunkt am Ende nur die Grenzen ihres eigenen Konzepts (Erzählen als eine Art Sprache) aufzeigten.[25]

Durch eine Art Negativbeweis öffnete die strukturelle Sprachwissenschaft damit den Weg für andere linguistische Theorien und Paradigmen, darunter

---

[25] Eine allgemeine Kritik der Sprachwissenschaft während der Zeit des französischen Strukturalismus, auch zum Einfluss des Strukturalismus auf die Literaturwissenschaft, bietet Pavel 1988. In einer früheren Studie (Pavel 1986, Kap. 1) spricht er vom ‚Mythozentrismus' des Strukturalismus.

generative Transformationsgrammatik, Diskursanalyse, Text- und Soziolinguistik, Konversationsanalyse, Psycho-, Computer- und Pragmalinguistik (mit den benachbarten Feldern Pragmatik und Sprechakttheorie) sowie zuletzt kognitive Linguistik. All diese Forschungsrichtungen, die den Sprachgebrauch zum Gegenstand haben, sind auch für die Erzähltheorie bedeutsam geworden.

3 Auf dem Weg zur nordamerikanischen postklassischen Narratologie

Wollen wir den Übergang der Narratologie von ihren strukturalistischen Anfängen zu ihren zahlreichen postklassischen Ausprägungen nachvollziehen, sollten wir einige ‚vermittelnde' Werke betrachten. Ein Beispiel ist Jonathan Cullers *Structuralist Poetics* (1975), eine fundierte Studie zum französischen Strukturalismus, die das Feld als eine der ersten auch dem englischsprachigen Publikum erschloss (vgl. auch Scholes 1974). Sie entwarf auch eine auf Barthes' Erzähltheorie gegründete Poetik, die die Prinzipien literarischer Kompetenz ebenso aufgreift wie die von Konvention, Naturalisierung und den Begriff des kulturell Wahrscheinlichen (*vraisemblable*) (vgl. Culler 1981 und 1982 zu Strukturalismus und Dekonstruktion). Die erste systematische Abhandlung zur strukturalen Narratologie in englischer Sprache bot Seymour Chatman (1978). Chatman, der als einer der Ersten das Kino in die Erzähltheorie einbezog, stellte sich in die Tradition der französischen Forschung ebenso wie in die der angloamerikanischen Literaturkritik (insbesondere Henry James) und brach ‚Geschichte' herunter auf Ereignisse/Existenten und ‚Diskurs' auf nicht-erzählte Geschichten im Gegensatz zu verborgenen vs. offensichtlichen Erzählern. Ein Meilenstein war Dorrit Cohns *Transparent Minds* (1978), eine Studie, die Annahmen aus Käte Hamburgers *Logik der Dichtung* (1968 [1957]) aufgreifend und die Haltung der strukturalistischen Narratologie kritisierend, eine strenge und nach wie vor einflussreiche Typologie der Techniken entwirft, die zur Darstellung von Bewusstsein in Erzählungen in der 1. und 3. Person genutzt werden. Wenn sich Chatmans *Story and Discourse* (1978) als synthetisch bezeichnen lässt, wäre Shlomith Rimmon-Kenans *Narrative Fiction* (1983) am ehesten als synkretistisch zu beschreiben. Die Studie befasst sich nicht mit Erzählen, sondern mit Erzählliteratur und folgt grob Genettes Dreiteilung in Geschichte (Ereignisse, Figuren), Text (Zeit, Charakter, Fokalisierung) und Narration (Ebenen und Stimmen, Rededarstellung). Dabei bezieht sie sich nicht nur auf den französischen Strukturalismus, sondern auch auf den angloamerikanischen New Criticism, den russischen Formalismus, die Tel Aviv School of Poetics und die Phänomenlogie des Lesens. Symptomatisch für die Krise der angloamerikanischen Literaturwissenschaft der 1960er Jahre war die These, dass die Zukunft der Narratologie in der Dekonstruktion liege – eine Position, die in der zweiten Auflage des Buches von Rimmon-Kenan (2002 [1983], v. a. 136–138) bekräftigt wurde.

Für die postklassische Narratologie, die sich in zum Teil erheblich voneinander abweichende Richtungen teilt, sei auf die umfangreiche und einschlägige Überblicksliteratur verwiesen: Herman (1997, 1999); Nünning (2000, 2003); Nünning und Nünning (2002); Fludernik (2000, 2005); Alber und Fludernik (2010a, 2010b); Fludernik und Olson (2011). Während Herman sechs Strömungen der nachklassischen Narratologie identifiziert (feministisch, linguistisch, kognitiv, philosophisch [vor allem Mögliche-Welten-Theorien], rhetorisch und postmodern), ordnet Nünning die verschiedenen Schulen entlang eines Achtstufenmodells ein, das von ‚untertheoretisierten' (neue historische Narratologien) zu ‚übertheoretisierten' Theorien (auf der Mögliche-Welten-Theorie basierende narrative Semantik) reicht. Viele der mehr als 30 ‚Bindestrich'-Narratologien, die er inventarisiert, erweisen sich als thematische oder interpretierende Anwendungen, nicht jedoch als Ansätze, denen es tatsächlich um die *differentia specifica* des Erzählens geht. Nünning weist auch darauf hin, dass die klassische Narratologie differenzierter war als oft behauptet, insofern sie nicht nur an der Geschichte orientierte (Syntax) und diskurs-orientierte Ausprägungen, sondern auch semantische bzw. rhetorisch-pragmatische Tendenzen zeigte. Zehn Jahre später notierten Alber und Fludernik, die postklassische Narratologie befinde sich, nach einer ersten Phase der Vielfalt, Interdisziplinarität und Transmedialität, nun in einer zweiten Phase der Konsolidierung und weiteren Ausdifferenzierung. Eine neuere und sehr aktive Richtung postklassischer Narratologie ist die ‚Narratologie des Unnatürlichen'. Ausgehend von Brian Richardsons *Unnatural Voices* (2006), entwickelt diese Analysemethoden für Erzählungen, die Gesetze der Plausibilität verletzen, auch wenn sie mit der Zeit selbst zur Konvention geworden sind (für einen Überblick vgl. Alber 2014 und Richardson 2015). Eine weitere bedeutende Entwicklung, die nicht auf die französische strukturalistische Narratologie, sondern auf die Chicago-Schule und Wayne C. Booths *Rhetoric of Fiction* (1983 [1961]) zurückgeht, ist die rhetorische Narratologie. Dieser Ansatz, mittlerweile in seiner dritten Generation, findet in der aktuellen Forschung viel Beachtung, vor allem (aber nicht nur) aufgrund seines Beitrags zu den vieldiskutierten Begriffen des impliziten Autors und des (un)zuverlässigen Erzählens (vgl. Phelan 2005, 2015).

Zuweilen ist behauptet worden, dass die klassische Erzähltheorie ein ‚relativ einheitliches' Unternehmen gewesen sei. Dies trifft zu, allerdings nur insofern, als die Narratologen der 1960er Jahre von einer Reihe gemeinsamer Annahmen ausgingen, die hauptsächlich aus der strukturalen Sprachwissenschaft stammten. Wir haben jedoch gesehen, dass es zwischen den einzelnen Positionen erhebliche Divergenzen gab, die oft in der unterschiedlichen Spezialisierung und Schwerpunktsetzung der jeweiligen Forscher begründet waren: Anthropologie, Linguistik, Poetik, Folkloristik, Filmwissenschaft, Philosophie usw. Im Rückblick wird bisweilen vergessen, dass die strukturale Methode selbst in einer Krisenzeit der Sozialwissenschaften entstand und dass die Narratologie sich aus intensiven interdisziplinären Forschungsdebatten entwickelte. Wie David Herman (2005a) in einem Essay über ‚prä'-narratologische Erzähltheorien überzeugend aufgezeigt hat, sollte man das klassische/postklassische Paradigma in einem genealogischen Gesamtrahmen betrachten.

Literaturverzeichnis

Adam, Jean-Michel (1976). *Linguistique et discours littéraire. Théorie et pratique des textes.* Paris.
Alber, Jan (2014). „Unnatural Narrative". In: P. Hühn, J. Ch. Meister, J. Pier, W. Schmid (Hgg.), *Handbook of Narratology.* 2 Bde. 2. Aufl. Berlin/Boston, Bd. 2, 887–895.
Alber, Jan und Monika Fludernik (2010a). „Introduction". In: J. Alber, M. Fludernik (Hgg.), *Postclassical Narratology: Approaches and Analyses.* Columbus, OH, 1–31.
Alber, Jan und Monika Fludernik (Hgg. 2010b). *Postclassical Narratology: Approaches and Analyses.* Columbus, OH.
Bakhtine, Mikhaïl (1970 [1963]). *La poétique de Dostoïevski.* Übers. von Isabelle Kolitcheff, Vorwort von Julia Kristeva. Paris.
Baroni, Raphaël (2007). *La tension narrative. Suspense, curiosité et surprise.* Paris.
Baroni, Raphaël (2009). *L'œuvre du temps.* Paris.
Barthes, Roland (1953). *Le degré zero de l'écriture.* Paris.
Barthes, Roland (1964a [1963]). „L'activité structuraliste". In: R. Barthes, *Essais critiques.* Paris, 213–220.
Barthes, Roland (1964b). „Éléménts de sémiologie". In: *Communications* 4, 91–144.
Barthes, Roland (1966). „L'analyse structurale des récits". In: *Communications* 8, 1–27.
Barthes, Roland (1970a). „La linguistique du discours". In: A. J. Greimas et al. (Hgg.), *Sign, Language, Culture/ Signe, Langage, Culture./ Znak, Jezyk, Kultura.* Den Haag/Paris, 580–584.
Barthes, Roland (1970b). *S/Z.* Paris.
Barthes, Roland (1973). „Texte (théorie du)". In: *Encyclopedia Universalis,* Bd. XV, 1013–1017.
Benveniste, Émile (1966). *Problèmes de linguistique générale.* Paris.
Booth, Wayne C. (1983 [1961]). *The Rhetoric of Fiction,* 2. Aufl. Chicago/London.
Bremond, Claude (1964). „Le message narratif". In: *Communications* 4, 4–32.
Bremond, Claude (1966). „La logique des possibles narratifs". In: *Communications* 8, 60–76.
Bremond, Claude (1973 [1972]). „'Le modèle constitutionnel' de A. J. Greimas". In Bremond 1973b, 81–102.
Bremond, Claude (1973a). „Les rôles narratifs principaux". In: Bremond 1973b, 131–344.
Bremond, Claude (1973b). *Logique du récit.* Paris.

Bremond, Claude, und Jean Verrier (1982). „Afanassiev et Propp". In: *Littérature* 45, 61–78.
Bremond, Claude, und Thomas Pavel (1998). *De Barthes à Balzac. Fictions d'un critique, critiques d'une fiction.* Paris.
Brooks, Peter (1984). *Reading for the Plot: Design and Intention in Narrative.* New York.
Budniakewicz, Therese (1992). *Fundamentals of Story Logic: Introduction to Greimassian Semiotics.* Amsterdam.
Chatman, Seymour (1978). *Story and Discourse: Narrative Structures in Fiction and Film.* Ithaca, NY/London.
Cohn, Dorrit (1978). *Transparent Minds: Narrative Modes for Presenting Consciousness in Fiction.* Princeton.
Cohn, Dorrit (1981). „The Encirclement of Narrative: On Franz Stanzel's ‚Theorie des Erzählens'". In: *Poetics Today* 2.2, 157–182.
Cornils, Anja, und Wilhelm Schernus (2003). „On the Relationship between the Theory of the Novel, Narrative Theory, and Narratology". In: T. Kindt, H.-H. Müller (Hgg.), *What is Narratology? Questions and Answers Regarding the Status of a Theory.* Berlin/New York, 137–174.
Culler, Jonathan (1975). *Structuralist Poetics: Structuralism, Linguistics, and the Study of Literature.* Ithaca, NY.
Culler, Jonathan (1981). *The Pursuit of Signs: Semiotics, Literature, Deconstruction.* Ithaca, NY.
Culler, Jonathan (1982). *On Deconstruction: Theory and Criticism after Structuralism.* Ithaca, NY.
Dijk, Teun A. van (1972). *Some Aspects of Text Grammars: A Study of Theoretical Linguistics and Poetics.* Den Haag.
Doležel, Lubomír (1972). „From Motifemes to Motifs". In: *Poetics* 4, 55–90.
Doležel, Lubomír (1998). *Heterocosmica: Fiction and Possible Worlds.* Baltimore/London.
Dosse, François (1991/1992). *Histoire du structuralisme.* 2 Bde. Paris.
Fludernik, Monika (1996). *Towards a ‚Natural' Narratology.* London.
Fludernik, Monika (2000). „Beyond Structuralism in Narratology. Recent Developments and New Horizons in Narrative Theory". In: *Anglistik* 11.1, 83–96.
Fludernik, Monika (2005). „Histories of Narrative Theory (II): From Structuralism to the Present". In: J. Phelan, P. J. Rabinowitz (Hgg.), *A Companion to Narrative Theory.* Oxford, 36–59.
Fludernik, Monika, und Greta Olson (2011). „Introduction". In: G. Olson (Hg.), *Current Trends in Narratology.* Berlin/New York, 1–33.
Genette, Gérard (1972). „Discours du récit: essai de méthode". In: G. Genette, *Figures III.* Paris, 69–286.
Genette, Gérard (1983). *Nouveau discours du récit.* Paris.
Genette, Gérard (1991). *Fiction et diction.* Paris.
Genette, Gérard (1999). „Du texte à l'œuvre". In: G. Genette, *Figures IV.* Paris, 7–45.
Genot, Gérard (1979). *Elements of Narrativics: Grammar in Narrative, Narrative in Grammar.* Hamburg.
Greimas, Algirdas J. (1966). *Sémantique structurale: recherche de méthode.* Paris.
Greimas, Algirdas J. (1970). *Du sens. Essais sémiotiques.* Paris.
Greimas, Algirdas J. (1976). *Maupassant. La sémiotique du texte: exercices pratiques.* Paris.
Greimas, Algirdas J., und Joseph Courtés (1979). *Sémiotique. Dictionnaire raisonné de la théorie du langage.* Paris.
Gülich, Elisabeth, und Wolfgang Raible (1977). *Linguistische Textmodelle. Grundlagen und Möglichkeiten.* München.

Hamburger, Käte (1968 [1957]). *Logik der Dichtung*. 2. stark veränderte Aufl. Stuttgart. Franz.: Hamburger 1986.
Hamburger, Käte (1986). *La logique des genres littéraires* [Übers. von Hamburger 1968]. Übers. von Pierre Cadiot. Paris.
Hénault, Anne (1979). *Les enjeux de la sémiotique*. Paris. Bd. 2: Hénault 1983.
Hénault, Anne (1983). *Narratologie. Sémiotique générale* [Bd. 2 zu Hénault 1979]. Paris.
Hendricks, William O. (1973 [1972]). „Linguistic Models and the Study of Narrative". In: W. Hendricks, *Essays on Semiolinguistics and Verbal Art*. Den Haag/Paris, 127–151.
Herman, David (1995). *Universal Grammar and Narrative Form*. Durham/London.
Herman, David (1997). „Scripts, Sequences, and Stories: Elements of a Postclassical Narratology". In: *PMLA* 112, 1046–1059.
Herman, David (1999). „Introduction". In: D. Herman (Hg.), *Narratologies: New Perspectives on Narrative Analysis*. Columbus, OH, 1–30.
Herman, David (2001). „Sciences of the Text". In: *Postmodern Culture* 11.3. http://muse.jhu.edu/article/27741 (28. Mai 2017)
Herman, David (2002). *Story Logic: Problems and Possibilities of Narrative*. Lincoln/London.
Herman, David (2005a). „Histories of Narrative Theory (I): A Genealogy of Early Developments". In: J. Phelan, P. J. Rabinowitz (Hgg.), *A Companion to Narrative Theory*. Oxford, 19–35.
Herman, David (2005b). „Structuralist Narratology". In: D. Herman, M. Jahn, M.-L. Ryan (Hgg.), *The Routledge Encyclopedia of Narrative Theory*. London/New York, 571–576.
Herman, David (2009). *Basic Elements of Narrative*. Oxford.
Herman, David (2014). „Cognitive Narratology". In: P. Hühn, J. Ch. Meister, J. Pier, W. Schmid (Hgg.), *Handbook of Narratology*. 2 Bde. 2. Aufl. Berlin/Boston, Bd. 1, 46–64.
Herman, David, Manfred Jahn und Marie-Laure Ryan (Hgg. 2005). *The Routledge Encyclopedia of Narrative Theory*. London/New York.
Hjelmslev, Louis (1969 [1928]). *Prolegomena to a Theory of Language*. Veränderte engl. Aufl., übers. von Francis J. Whitfield. Madison/Milwaukee/London.
Hühn, Peter, Jan Christoph Meister, John Pier und Wolf Schmid (Hgg. 2014). *Handbook of Narratology*. 2. Aufl. 2 Bde. Berlin/Boston.
Ihwe, Jens (1972). *Linguistik in der Textwissenschaft. Zur Entwicklung einer modernen Theorie der Literaturwissenschaft*. München.
Jakobson, Roman (1963). *Essais de linguistique générale*. Übers. von Nicolas Ruwet. Paris.
Jakobson, Roman (1973). *Questions de poétique*. Hg. von T. Todorov, übers. von J.-P. Colin et al. Paris.
Kindt, Tom, und Hans-Harald Müller (Hgg. 2003). *What is Narratology? Questions and Answers Regarding the Status of a Theory*. Berlin/New York.
Leitch, Vincent B. (1983). *Deconstructive Criticism. An Advanced Introduction*. New York.
Lévi-Strauss, Claude (1958 [1955]). „La structure des mythes". In: Cl. Lévi-Strauss, *Anthropologie structurale*. Paris, 227–255.
Lévi-Strauss, Claude (1960). „L'analyse morphologique des contes russes". In: *International Journal of Slavic Linguistics* 3, 122–149.
Lotman, Iouri (1973 [1970]). *La structure du texte artistique*. Übers. von Anne Fournier et al., Vorwort von Henri Meschonnic. Paris.
Martínez, Matías, und Micheal Scheffel (2007 [1999]). *Einführung in die Erzähltheorie*. München.
Meister, Jan Christoph (2014). „Narratology". In: P. Hühn, J. Ch. Meister, J. Pier, W. Schmid (Hgg.), *Handbook of Narratology*. 2 Bde. 2. Aufl. Berlin/Boston, Bd. 2, 623–645.

Nünning, Ansgar (2000). „Towards a Cultural and Historical Narratology: A Survey of Diachronic Approaches, Concepts, and Research Programs". In: B. Reitz, S. Rieuwerts (Hgg.), *Anglistentag 1999 Mainz: Proceedings*. Trier, 345–373.
Nünning, Ansgar (2003). „Narratology or Narratologies? Taking Stock of Recent Developments, Critique and Modest Proposals for Future Uses of the Term". In: T. Kindt, H.-H. Müller (Hgg.), *What is Narratology? Questions and Answers Regarding the Status of a Theory*. Berlin/New York, 239–275.
Nünning, Ansgar, und Vera Nünning (2002). „Von der strukturalistischen Narratologie zur ‚postklassichen' Erzähltheorie. Ein Überblick über neue Ansätze und Entwicklungstendenzen". In: A. Nünning, V. Nünning (Hgg.), *Neue Ansätze in der Erzähltheorie*. Trier, 1–33.
Olson, Greta (Hg. 2011). *Current Trends in Narratology*. Berlin/New York.
Patron, Sylvie (2009). *Le Narrateur. Introduction à la théorie narrative*. Paris.
Patron, Sylvie (2011). „Enunciative Narratology: A French Speciality". In: G. Olson (Hg.), *Current Trends in Narratology*. Berlin/New York, 312–335.
Pavel, Thomas (1976). *La syntaxe narrative des tragédies de Corneille*. Paris.
Pavel, Thomas (1985). *The Poetics of Plot: The Case of English Renaissance Drama*. Minneapolis.
Pavel, Thomas (1986). *Fictional Worlds*. Cambridge, MA/London.
Pavel, Thomas (1988). *Le mirage linguistique. Essai sur la modernization intellectuelle*. Paris.
Phelan, James (2005). „Rhetorical Approaches to Narrative". In: D. Herman, M. Jahn, M.-L. Ryan (Hgg.), *The Routledge Encyclopedia of Narrative Theory*. London/New York, 500–504.
Phelan, James (2015). „The Chicago School: From Neo-Aristotelian Poetics to the Rhetorical Theory of Narrative". In: M. Grishakova, S. Salupere (Hgg.), *Theoretical Schools and Circles in the Twentieth-Century Humanities: Literary Theory, History, Philosophy*. New York/London, 133–151.
Phelan, James, und Peter J. Rabinowitz (Hgg. 2005). *A Companion to Narrative Theory*. Oxford.
Piaget, Jean (1968). *Le structuralisme*. Paris.
Pier, John (2003). „On the Semiotic Parameters of Narrative: A Critique of Story and Discourse". In: T. Kindt, H.-H. Müller (Hgg.), *What is Narratology? Questions and Answers Regarding the Status of a Theory*. Berlin/New York, 73–97.
Pier, John (2010). „Gérard Genette's Evolving Narrative Poetics". In: *Narrative* 18.1, 8–18.
Pier, John (2011). „Is There a French Postclassical Narratology?" In: G. Olson (Hg.), *Current Trends in Narratology*. Berlin/New York, 336–367.
Pier, John (2016). „The Configuration of Narrative Sequences". In: R. Baroni, F. Revaz (Hgg.), *Narrative Sequence in Contemporary Narratologies*. Columbus, OH, 20–36.
Prince, Gerald (1973). *A Grammar of Stories. An Introduction*. Den Haag.
Prince, Gerald (1982). *Narratology: The Form and Functioning of Narrative*. Berlin/New York/Amsterdam.
Prince, Gerald (1988). „The Disnarrated". In: *Style* 22, 1–8.
Prince, Gerald (1992). *Narrative as Theme: Studies in French Fiction*. Lincoln.
Prince, Gerald (1995). „Narratology". In: R. Selden (Hg.), *The Cambridge History of Literary History*. Bd. 8: *From Formalism to Structuralism*. Cambridge, 110–130.
Prince, Gerald (2003 [1987]). *Dictionary of Narratology*. Revid. Aufl. Lincoln/London.
Prince, Gerald (2006). „Narratologie classique et narratologie post-classique". In: *Vox poetica*. http://www.vox-poetica.org/t/articles/prince.html (28. Mai 2017).

Propp, Vladimir (1965 [1928]). *Morphologie du conte*, suivi de *Les transformations des contes merveilleux* et de E. Mélétinski, *L'étude structurale et typologie du conte*. Übers. von Marguerite Derrida et al. Paris.
Richardson, Brian (2006). *Unnatural Voices: Extreme Narration in Modern and Contemporary Fiction*. Columbus, OH.
Richardson, Brian (2015). *Unnatural Narratology: Theory, History, and Practice*. Columbus, OH.
Ricœur, Paul (1983). *Temps et récit*. Bd. I. Paris.
Ricœur, Paul (1984). *Temps et récit*. Bd. II: *La configuration du temps dans le récit de fiction*. Paris.
Ricœur, Paul (1985). *Temps et récit*. Bd. III: *Le temps raconté*. Paris.
Rimmon, Shlomith (1976). „A Comprehensive Theory of Narrative: Genette's ‚Figures III' and the Structuralist Study of Fiction". In: *PTL* 1.1, 33–62.
Rimmon, Shlomith (2002 [1983]). *Narrative Fiction: Contemporary Poetics*. London/New York.
Ryan, Marie-Laure (1991). *Possible Worlds, Artificial Intelligence, and Narrative Theory*. Bloomington, IN.
Ryan, Marie-Laure (2005). „Narrative". In: D. Herman, M. Jahn, M.-L. Ryan (Hgg.), *The Routledge Encyclopedia of Narrative Theory*. London/New York, 344–348.
Scheerer, Thomas M., und Markus Winkler (1976). „Zum Versuch einer universalen Erzählgrammatik bei Claude Bremond. Darstellung, Andwendung und Modellkritik". In: *Poetica* 8, 1–24.
Scheffel, Michael (2014). „Narrative Constitution". In: P. Hühn, J. Ch. Meister, J. Pier, W. Schmid (Hgg.), *Handbook of Narratology*. 2 Bde. 2. Aufl. Berlin/Boston, Bd. 2, 507–520.
Schmid, Wolf (2009). „‚Fabel' und ‚Sujet'". In: W. Schmid (Hg.), *Slavische Erzähltheorie. Russische und tschechische Ansätze*. Berlin/New York, 1–45.
Schmid, Wolf (2014 [2005]). *Elemente der Narratologie*. 3., erw. und überarb. Aufl. Berlin/Boston.
Scholes, Robert (1974). *Structuralism in Literature*. New Haven.
Scholes, Robert, und Robert Kellogg (1966). *The Nature of Narrative*. London/Oxford/New York.
Souriau, Étienne (1950). *Les Deux cent milles situations dramatiques*. Paris.
Steiner, Peter (1984). *Russian Formalism: A Metapoetics*. Ithaca, NY.
Tesnière, Lucien (1959). *Éléments de syntaxe structurale*. Paris.
Todorov, Tzvetan (1966). „Les catégories du récit littéraire". In: *Communications* 8, 125–151.
Todorov, Tzvetan (1968). „Poétique". In: F. Wahl (Hg.), *Qu'est-ce que le structuralisme?* Paris, 99–166.
Todorov, Tzvetan (1969). *Grammaire du Décaméron*. Den Haag/Paris.
Todorov, Tzvetan (1971a [1968]). „Grammaire du récit". In: T. Todorov, *Poétique de la prose*. Paris, 118–128.
Todorov, Tzvetan (1971b [1969]). „Les transformations narratives". In: T. Todorov, *Poétique de la prose*. Paris, 225–240.
Todorov, Tzvetan (1973). *Poétique* [= *Qu'est-ce que le structuralisme?* Bd. 2, hg. von F. Wahl]. Paris.
Todorov, Tzvetan (Hg. und Übers. 2001 [1965]). *Théorie de la littérature*. Revid. Aufl., Vorwort von Roman Jakobson. Paris.
Tomaševskij, Boris (1965). „Thématique" [Übers. des Kapitels „Tematika" aus B. Tomaševskij, *Teorija literatury*, 1925]. In: T. Todorov (Hg.), *Théorie de la littérature*. Paris, 263–307.
Wright, Georg Henrik von (1966). „The Logic of Action – A Sketch". In: G. H. von Wright (Hg.), *The Logic of Decision and Action*. Pittsburgh, 121–126.
Wright, Georg Henrik von (1972). *An Essay in Deontic Logic and the General Theory of Action*. Amsterdam.

Jan Christoph Meister
II.4 Erzählen: Eine anthropologische Universalie?

„The king died and then the queen died". Anhand dieser beiden lapidaren Sätze illustrierte der englische Schriftsteller und Erzähltheoretiker E. M. Forster 1927, was den Nukleus einer *story* ausmacht: die chronologisch verknüpfte Abfolge zweier Ereignisse. Ein ästhetisch befriedigender *plot*, so Forster, wird daraus allerdings erst, wenn die bloße zeitliche Sequenz auch eine logische Verknüpfung erfährt, die das Warum dieser Abfolge verständlich macht: „The king died and then the queen died of grief" (Forster 2002 [1927], 71–72).[1]

Das vielzitierte Beispiel demonstriert, was jeder Leser und Hörer von Erzählungen intuitiv bestätigen wird – Erzählen leistet mehr als das bloße Auflisten von unzusammenhängenden Ereignissen und punktuellen Beobachtungen; es stellt Zusammenhänge her. In dieser Funktion begegnet es uns als medienübergreifendes Phänomen, das nicht notwendig an Sprache oder Texte gebunden ist: Zeichnungen und Bilder, Gesten, Filme, das Ballett, die Performance und womöglich sogar architektonische und musikalische Artefakte können ereignisverknüpfende Geschehensberichte liefern. Fasst man unter den Begriff ‚Erzählen' alle Formen dieses verknüpfenden Berichtens über (reales oder imaginiertes) Geschehen und menschliches Handeln, dann reichen die Zeugnisse des Erzählens in der Tat von den Höhlenmalereien in Lascaux über die Bronzezeit bis zum Twitter-Stream der Gegenwart.[2] Und hinzukommen dann noch die Myriaden von Erzählungen, die niemand jemals sieht oder hört – nämlich die Orientierung, Identität und Lebenssinn stiftenden ‚Selbst-Erzählungen', die wir im Stillen entwerfen, aber nicht nach außen kommunizieren.[3]

---

1 Forsters Differenzierung verknüpft dabei den produktions- mit dem wirkungsästhetischen Aspekt: Jede Handlung oder jedes Wort in einem *plot* müsse relevant sein und dabei sparsam, effizient und ökonomisch eingesetzt werden. Die anzustrebende Wirkung auf den Leser sei, so Forster, „[that] the final sense (if the plot has been a fine one) will be not of clues or chains, but of something aesthetically compact" (Forster 1927, 72).
2 Neue computergestützte Verfahren der *Digital Humanities* stützen diese Annahme mit statistischen Befunden. So kommen z. B. da Silva und Tehrani (2016) in einer phylogenetischen Analyse des Aarne-Thompson-Uther-Index (ATU-Index) mit seinen über zweitausend Volkserzählungen zu dem Ergebnis, dass die Erzählung The Smith and the Devil (Nr. 330 im ATU-Index) auf jeden Fall vor mehr als fünf- bis sechstausend Jahren, also zur Bronzezeit und im Kontext der letzten gemeinsamen indoeuropäischen Kulturepoche entstanden sein muss.
3 Zum Alltagserzählen vgl. Gülich (2008). – Dass die „stille" Variante des Erzählens ebenfalls

Menschen erzählen in allen Epochen und Gesellschaften, und dies nicht nur in der schönen Literatur oder im geselligen Kreis, sondern auch im Alltag und damit zu handfesten Zwecken – zur Information, zur Instruktion, zur Kommunikation und Weitergabe von Erfahrungen ebenso wie mit manipulativer Absicht.[4] Aufgrund der Fülle seiner pragmatischen wie ästhetischen Erscheinungsformen, der Vielfalt seiner Ausprägungen und seiner Verbreitung über Kulturen und Zeiten hinweg wird das Erzählen deshalb gerne als eine ‚anthropologische Universalie' bezeichnet.[5] Die These vom *homo narrans*, also vom Menschen als einem erzählenden Wesen, die vor dem Hintergrund dieser erstaunlichen Bandbreite narrativer Praktiken intuitiv einleuchtend scheint, hat allerdings nicht nur einen deskriptiven, sondern auch einen normativen Aspekt. Denn Sprechen und Erzählen geschehen ja nicht einfach naturwüchsig, sie werden vielmehr als kommunikative Kompetenzen trainiert und eingefordert, weil das menschliche Miteinander entscheidend von ihnen abhängt. Beherrscht ein Mensch diese Praktiken unzureichend, so gilt dies entweder als ein Unvermögen, das durch persönliche Entwicklung und Lernen überwunden werden kann, oder als ein pathologischer Zustand, der therapiebedürftig ist.[6] Wenn aber ein prinzipiell *erzählfähiger* Mensch durch sein Nicht-Erzählen auffällig wird, so werten gerade moderne, diskursorientierte Gesellschaften dies schnell als eine strategische Erkenntnis-

---

konzeptbasiert und damit von der so genannten „Unhintergehbarkeit der Sprache" (Holenstein 1985) betroffen ist, bleibt wie bei allen Aussagen über intrapsychische Phänomene eine Behauptung, die sich der Überprüfung entzieht. Das Junktim Sprache–Erzählen ist so gesehen eher eine definitorische Setzung als eine phänomenologische Tatsache.

4 Dabei reicht das Bewusstsein von der Relevanz und Verbreitung des Erzählens jenseits bzw. vor jeder literarischen Verwendung ideengeschichtlich betrachtet weit zurück: Schon Platon und Aristoteles unterschieden zwischen der ästhetischen und der pragmatischen (rhetorischen bzw. historiografischen) Verwendung epischer Rede.

5 Vgl. z. B. Scheffel (2004, 121), der die These vom Erzählen als anthropologischer Universalie als „offenbar unbestritten" an den Anfang seiner Überlegungen stellt, um dann nach der Definition der „menschlichen Tätigkeit des Erzählens" und dessen Leistung „im Alltag und in der Literatur" zu fragen.

6 Erzählkompetenz wird entsprechend in schulischen Curricula explizit als Bildungsziel ausgewiesen – beispielhaft vgl. etwa den *Bildungsplan gymnasiale Oberstufe Deutsch* der Freien und Hansestadt Hamburg, der unter den „Anforderungen im Kompetenzbereich Sprachliche Handlungsfähigkeit" neben der Argumentationskompetenz als zweites Hauptziel für die Schüler ausweist: „Geschichten [erzählen] unter bewusster Einbeziehung gestalterischer Mittel (z. B. Steigerung, Andeutung, Vorausdeutung, in *medias res*, Rückblende)" (Freie und Hansestadt Hamburg, Behörde für Schule und Berufsbildung 2009, 13). – In einem allgemeineren Sinne behauptet Gieschler (1999, 142) eine „[e]xistenzielle Abhängigkeit vom Erzählen", die unter den Bedingungen der Postmoderne neu ins Bewusstsein getreten sei.

oder Kommunikationsverweigerung (exemplarisch z. B. im psychoanalytischen oder juridischen Kontext). Toleriert wird das bewusste Nicht-Erzählen allenfalls als Praxis meditativer Dekonstruktion von narrativen Ich-Entwürfen, die ihren Platz hat in einem kontemplativen Freiraum jenseits von Alltag und kulturellem Mainstream.[7]

Es sind mithin nicht erst die konkreten Erzählungen, sondern es ist das Erzählvermögen als solches, das als ein besonderes, den Menschen bestimmendes Merkmal gilt. Nicht nur diese *communis opinio* von der vermeintlich anthropologisch gestifteten ‚Unhintergehbarkeit' des Erzählens für den Menschen fordert allerdings eine kritische Betrachtung – das Gleiche gilt auch für die in jüngerer Zeit behauptete epistemologische Unhintergehbarkeit narrativer Codierung von Erfahrungen in den Wissenschaften, von der manche Autoren insbesondere die Geistes- und Sozialwissenschaften betroffen sehen. So hat man seit den frühen 1990er Jahren in zahlreichen Disziplinen den Ansatz verfolgt, die jeweils untersuchten Phänomene als ‚narrative' Prozesse und Gegebenheiten zu konzeptualisieren. Das damit sprunghaft gesteigerte Interesse vieler Wissenschaften am Erzählen gilt heute als Indiz des sogenannten *narrative turn*.[8] Aber ist dieser *turn* wirklich mehr als nur eine Modeerscheinung? Bringt es einen tatsächlichen Erkenntnisgewinn, wenn wir Phänomene aus allen möglichen Erfahrungsbereichen als ‚erzählartige' betrachten? Kreiswirth (1992, 629), der diese „virtual explosion of interest in narrative and in theorizing about narrative" als einer der

---

[7] Das in den 1950er Jahren einsetzende Interesse des Westens an den Lehren des japanischen Zen-Buddhismus re-legitimiert in dieser Hinsicht eine individuelle Praxis des Nicht-Erzählens, die mentalitätsgeschichtlich an die mittelalterliche Mystik anknüpft. Diese Praxis steht im deutlichen Kontrast zur neuzeitlichen Norm der Versprachlichung und Narrativierung, die z. B. in der Habermas'schen Diskursethik ihren modernen Ausdruck findet. – Die paradoxe Erfahrung des bewussten Nicht-Erzählens in einer rationalistischen Perspektive thematisiert in beeindruckender Weise der autobiografische Roman *Teach Us to Sit Still* von Tim Parks (2010).

[8] Zum *narrative turn* vgl. u. a. auch Hyvärinen (2010), Fahrenwald (2011). – Die Ausrufung von *turns* und Paradigmenwechsel hat bekanntlich in der zweiten Hälfte des 20. Jahrhunderts einige Konjunktur (*linguistic turn*, *cognitivist turn*, *digital turn* etc.). Wissenschaftsgeschichtlich betrachtet ist immerhin bemerkenswert, dass die vom Poststrukturalismus eingeforderte Rückwendung zu historisch-ideologiekritischen Verfahren mit dem *narrative turn* ausgerechnet das Erzählen zum methodischen Ansatzpunkt genommen hat. Für den klassischen Strukturalismus war das Erzählen eines der privilegierten Demonstrationsobjekte gewesen, um die von historisch-kontingenten Inhalten abstrahierende formale Methodik des Formalismus weiter voranzutreiben. Nachdem jedoch White (1973, 1978) das Erzählen speziell als Verfahren der Geschichtsschreibung methodisch problematisiert hatte, wurde es schließlich von poststrukturalistischen Theoretikern wie Lyotard (1979) erneut historisch-ideologiekritisch thematisiert.

ersten kommentierte, stellte hier zu Recht und skeptisch die ‚große Frage': „[W]hy? Why narrative?"

Die Anwendung des Erzählens als eines konzeptuellen *passe-partout* im Blick auf alle möglichen Objektbereiche ist fraglos eine problematische Konsequenz des *narrative turn*.[9] Wir verdanken diesem *turn* aber auch den durchaus wichtigen Hinweis auf die methodische Problematik narrativer Verfahrensweisen in der Forschung selbst. Als exemplarischer Fall gilt dabei die Geschichtswissenschaft, auf deren erzählende Verfahren schon White (1973, 1978) kritisch verwiesen hatte. Ob man wie er das narrative *emplotment* grundsätzlich als unvereinbar mit der Forderung nach wissenschaftlicher Objektivität ansehen muss oder ob man es umgekehrt als legitime, wenn nicht gar unvermeidbare erkenntnisproduktive Praxis begreifen sollte, darüber herrschen nach wie vor unterschiedliche Auffassungen. Unbestritten ist jedoch heute, dass nicht nur in den Geistes- und Sozialwissenschaften, sondern selbst in den Naturwissenschaften und bis hin zur Mathematik neben der argumentativen auch eine erzählartige Verknüpfung von Einzelaussagen und Beobachtungen Verwendung findet, die diskrete Ereignisse als Geschehenssequenz modelliert.[10]

Auch wenn es für Literaturwissenschaftler vor dem Hintergrund dieser Konjunktur des Erzählens verlockend sein mag, *pro domo* dessen universelle Wirkungsmacht zu reklamieren, so beweist ein Überblick über die praktischen wie die wissenschaftlichen Anwendungen und Thematisierungen des Konzepts ‚Erzählen' in der Anthropologie, den Kognitionswissenschaften, der Psychologie, den Sozialwissenschaften usw. allerdings genau besehen nur, dass auch andere Disziplinen vom Erzählen reden bzw. selbst erzählen.

Aber handelt es sich beim Erzählen bereits um eine Universalie, nur weil es sich, wenn man einen hinreichend vagen Begriff von ihm voraussetzt, als eine weit verbreitete Praxis und ein weit verbreitetes Phänomen belegen lässt?[11] Gerade die Geistes- und Literaturwissenschaften müssen Sorge tragen, beim Nachdenken über die Relevanz des Erzählens für den Menschen nicht Opfer ihrer eigenen methodischen Perspektive als ‚teilnehmende Beobachter' zu werden. Drei Vorbehalte sind deshalb zu formulieren:

---

9 Zur Kritik an dieser ungezügelten Anwendung des Konzepts ‚narrative' in den Sozialwissenschaften vgl. Atkinson und Delamont (2006).
10 Vgl. hierzu u.a. den von Apostolos Doxiades und Barry Mazur herausgegebenen Sammelband *Circles Disturbed: The Interplay of Mathematics and Narrative* (2012).
11 Dieser Vorschlag findet sich zuletzt bei Koschorke (2012), der eine ‚Allgemeine Erzähltheorie' entwirft, dabei jedoch die Narratologie als avancierteste Theorie des Erzählens weitgehend ignoriert.

- Das Erzählen als anthropologische Universalie zu betrachten, ist etwas anderes, als der primär erzähltheoretisch bzw. literarhistorisch motivierten Frage nach möglichen Universalien des Erzählens nachzugehen, wie dies z. B. Sternberg (2003) ausführlich getan hat.[12]
- Die Frage nach der möglicherweise universellen Relevanz und Dignität des Phänomens Erzählen ist, will man nicht einem selbstbezogenen „narrative imperialism" (Phelan 2005) das Wort reden, klar zu trennen von jener nach der Relevanz der Wissenschaften vom Erzählen. Gerade Erzähltheoretiker müssen die Möglichkeit in Rechnung stellen, dass fremde Disziplinen ‚unseren' Gegenstand – also das Erzählen – nicht nur in einem anderen, sondern auch in einem helleren Licht sehen könnten.
- Jenseits der Philologien koexistieren sehr verschiedene Redeweisen von Erzählen resp. *narrative*. Von der Analyse ideologischer Paradigmen als sogenannte *master narratives* (Lyotard 1979; engl. 1984) bis hin zur „Life as Narrative"-These (Bruner 1987), derzufolge bereits die vorbewusste Reflexion subjektiver Handlungen und Erlebnisse erzählend strukturiert ist, hat man insgesamt ein sehr breites Funktionsspektrum des Erzählens in den Blick gefasst. Wenn allerdings die unterschiedlichsten Disziplinen vom Erzählen reden, so meinen sie damit selten das Gleiche – sie reden vielmehr zumeist von Phänomenen, die ein Gemeinsames haben, also eine ‚Familienähnlichkeit' (Wittgenstein 2001 [1953]) besitzen. Weder das Erzählen als solches, noch seine theoretische Bestimmung interessiert jedoch diese Wissenschaften.

Dass die Formulierung der These vom Erzählen als anthropologischer Universalie in Abhängigkeit vom Erkenntnisinteresse und dem jeweils vorausgesetzten Begriff des Erzählens erfolgt, liegt ebenso auf der Hand wie die Tatsache, dass die Erzähltheorie hier keine absolute Deutungshoheit reklamieren sollte. Und das gilt umso mehr, als wir eigentlich zunächst eine ganz andere Frage zu klären hätten: Was meinen wir überhaupt, wenn wir von einer ‚anthropologischen Universalie' reden?

---

[12] Dieser speziellere, erzähltheoretisch relevante Gesichtspunkt soll nachfolgend keine Berücksichtigung finden.

1 Der Begriff der ‚anthropologischen Universalien'

Reichelt und Metz (2013) stellen in einem umfassenden Forschungsüberblick zur Verwendung des Konzepts der Universalien in den Wissenschaften der Biologie, Ethnologie, Linguistik, Kulturanthropologie und Philosophie fest: „Von anthropologischen Universalien, so es sie denn gibt, dürfte kaum jemals nachweisbar sein, daß sie strikt universal sind, also ohne Ausnahme gelten [...]." Ein solcher Versuch scheitere zumeist schon aus methodischen Gründen: Unsere Kenntnisse früherer Gesellschaften seien lückenhaft; wo hingegen kultureller Kontakt gegeben sei, verfälsche dies möglicherweise die Wahrnehmung – und außerdem müssten solche Aussagen dann auch noch Gültigkeit für die Zukunft beanspruchen können.

Mit „strikt universal" verweisen die Autoren dabei auf eine von insgesamt sieben Verwendungsweisen des Begriffs ‚Universalie', die Holenstein (1985, 153–168) differenziert hat und die von der Benennung absoluter und notwendiger Merkmale des Anthropologischen bis zur Zuschreibung relativer, akzidentieller Eigenschaften reichen. Tatsächlich ist, wenn heute von anthropologischen Universalien gesprochen wird, nur in den seltensten Fällen eine absolut gültige, bis auf die ontologische Bestimmung des Menschen durchgreifende Kennzeichnung gemeint. Dominant vertreten ist vielmehr die ‚weiche' Auffassung von anthropologischen Universalien als Merkmalen, Eigenschaften und Kompetenzen, die sich im jeweiligen kulturellen oder natürlichen Lebenskontext zwar oft in unterschiedlicher Form manifestieren, dabei jedoch, wenn man sie allgemeiner fasst, an so gut wie allen Menschen beobachtbar sind. Es sind dennoch nur hinreichende, nicht aber notwendige Merkmale, denn es lassen sich meist durchaus Fälle finden oder zumindest konstruieren, in denen das ‚Menschsein' eben nicht an diesen Merkmalen hängt. Noch deutlicher von einer strikten Auslegung als ‚Wesensmerkmal des Menschen' rücken zudem Definitionen ab, die die Verwendung des Begriffs ‚anthropologische Universalie' zur Kennzeichnung von Merkmalen der *Spezies* Mensch grundsätzlich infrage stellen und ihn nur mehr auf die menschliche *Gesellschaft* angewendet sehen wollen. In diesem Sinne verweist z. B. Antweiler (2009, 341) auf „Phänomene, die in allen Gesellschaften regelmäßig vorkommen" und folgert: „Diese pankulturellen Merkmale werden Universalien genannt und sind auf der Ebene von Gesellschaften, nicht Individuen, angesiedelt."

Begriffsgeschichtlich gesehen wird mit den hier thematisierten Fragen nach der logischen Schärfe und dem Anwendungsbereich des Konzepts ‚anthropologische Universalie' eine bereits in der Antike beginnende grundsätzlichere Diskussion fortgeführt, nämlich der sogenannte Universalienstreit. Dabei ging es um die Frage, ob eine ‚Universalie' eine aus der konkreten Anschauung abgeleitete Eigenschaft ist, die einer Menge von Objekten als ‚Sammelbegriff' zugeordnet wird (*Nominalismus*), oder ob mit dem Verweis auf die fragliche Eigenschaft nicht vielmehr etwas unabhängig von den konkreten Trägerobjekten Existierendes bezeichnet wird (sogenannter *Realismus*, wobei im Sinne der platonischen Lehre bekanntlich Ideen und nicht materielle Entitäten als die eigentlichen Realien gelten). Auf unseren Gegenstand, also auf das Erzählen bezogen, hieße dies: Wollen wir dem, was Menschen in verschiedenster (kognitiver, sprachlicher, epistemischer usw.) Hinsicht tun, nur den universellen *Namen* ‚Erzählen' geben – oder gehen wir von der Annahme aus, dass das Erzählen eine universelle, abstrakte *Eigenschaft und Modalität an sich* ist, die sich im konkreten Handeln manifestiert?

Philosophisch gesehen hat sich in der Moderne weitgehend das nominalistische Verständnis von Universalien durchgesetzt. So ist schon Murdock (1949, 90) der Meinung, dass kulturelle anthropologische Universalien genau genommen gar keine beobachteten Eigenschaften, sondern vielmehr von den Eigenschaften selbst abstrahierte Klassifikationskategorien für Beobachtetes sind, nach denen Vergleichbares gruppiert wird: „The true universals of culture [...] are not identities in habit, in definable behavior. They are similarities in classification, not in content."[13]

Folgt man diesem Ansatz, so müsste man folgern: Die Rede vom Erzählen als anthropologischer Universalie *kann* überhaupt nicht Bezug auf eine Idee vom ‚Erzählen an sich' nehmen – wer von Universalien redet, verwendet immer nur einen Klassifikationsbegriff, der zwar das eigene Erkenntnisinteresse bedient, dem Phänomen als solchem aber nicht gerecht wird.[14] Diese grundlegende Skepsis gegenüber der Verwendung des Konzepts teilen jedoch durchaus nicht

---

[13] Noch weiter geht der Philosoph P. F. Strawson (1959), der auf der grundlegenden Differenz zwischen *logical subjects* (also: Universalen) und *particular objects* insistiert, um zu zeigen, dass man über universelle Eigenschaften sinnvoll ohnehin nur in Bezug auf Allgemeines reden kann – in Bezug auf *particular objects* angewendet bedeute der Hinweis auf Universelles entweder, dem Objekt eine bereits vorausgesetzte allgemeingültige Eigenschaft zu attestieren oder aber einen Kategorienfehler zu begehen.

[14] Ein für Erzähltheoretiker desillusionierendes Detail sei dabei nicht verschwiegen: In Murdocks Mitte der 1940er Jahre veröffentlichter, lange Zeit als kanonisch geltender Liste von gut siebzig solcher „true universals" werden u. a. „ethics, ethnobotany, etiquette, faith healing" und „dancing", „language" sowie „music" aufgeführt – aber weder „drama" noch „story-telling" erscheinen darin (Murdock 1945).

alle Anthropologen.¹⁵ So stellt etwa Brown (1991, 6) in seinem provozierend schlicht *Human Universals* betitelten Werk fest: „[T]he study of universals has been effectively tabooed as an unintended consequence of assumptions that have predominated in anthropology (and other social sciences) throughout much of this century". Postuliert werde in der amerikanischen Anthropologie, so Brown, bereits seit dem ersten Drittel des 20. Jahrhunderts aus ideologischen Gründen die Autonomie der Kultur, die man zur den Menschen alleinig determinierenden Größe erhoben habe. Jüngere Erkenntnisse aus den empirischen Humanwissenschaften stellten jedoch zunehmend infrage, ob man tatsächlich die Erforschung des Menschen auf die Erforschung seiner Kulturen reduzieren könne. Zweierlei lasse sich nicht länger ignorieren: 1) „human biology is a key to understanding many human universals"; 2) „evolutionary psychology is a key to understanding many of the universals that are of interest to anthropology". Browns Argumentation und das Plädoyer für eine neuerliche Erforschung menschlicher Universalien jenseits der kulturellen Praktiken läuft dabei interessanterweise gerade nicht auf einen deterministischen Biologismus hinaus. Er denkt vielmehr *avant la lettre* kognitionswissenschaftlich, wenn er postuliert: „The future [recte: feature; JCM] of human biology most of interest to anthropology is the human mind" (Brown 1991, 6). Auf das Erzählen angewandt bedeutet dies, dass es als Universalie weniger als kulturelle Praktik von Interesse wäre, denn als grundlegende kognitive Disposition, die neurobiologisch *hard wired* ist und auf kulturelle Praktiken durchschlägt – also als Erzählvermögen.

Wie diese Vorüberlegungen zeigen, tut sich also ausgerechnet die Anthropologie mit dem Konzept anthropologischer Universalien schwer.¹⁶ Und das bedeutet in Hinblick auf die These vom Erzählen als anthropologischer Universalie: Fassen wir den Begriff des Erzählens hinreichend abstrakt, so wie es zu Beginn dieses Artikels versucht wurde, werden wir es als Phänomen sicherlich überall vorfinden; fassen wir es hingegen konkret und spezifisch je nach dem primären Erkenntnisinteresse der jeweiligen Wissenschaften (z. B. dem von Geschichtswissenschaft, Kognitionspsychologie, Identitätsphilosophie, ästhetischer Theorie usw.), so reden wir aller Wahrscheinlichkeit nach nicht mehr über die gleiche

---

15 Der kritische Impetus verdankt sich insbesondere auch Geertz' (1966) methodischer Kritik an den Verfahren der anthropologischen Feldforschung.
16 Im Anschluss an Geertz (1966) resümieren Reichelt und Metz im Fazit ihres Forschungsüberblicks kritisch (2013, Abschnitt 3.2): „Die Existenz von Universalien für sich genommen sagt (...) wenig über ihre tatsächliche Bedeutung für die Anthropologie aus, und sie vermag nicht notwendigerweise den Eindruck zu korrigieren, daß die kulturellen Unterschiede genauso wichtig oder wesentlicher sind als jene Gemeinsamkeiten, die sich in abstrahierender und isolierender Perspektive ergeben."

Sache – und das selbst dann, wenn wir dem Erzählen nur noch eine ‚weiche' universelle Relevanz attestieren wollen, es also nicht als eine Eigenschaft begreifen, die den Menschen normativ-logisch bestimmt, sondern nur als eine Praxis, die in unserem Handeln in vielfältiger Weise ausgeprägt ist, in ihren Varianten aber eine Familienähnlichkeit erkennen lässt. Aus der Perspektive der Erzähltheorie fällt dabei allerdings eines schnell auf: Die meisten der Wissenschaften, die seit dem *narrative turn* das Erzählen für sich entdeckt haben, blenden ausgerechnet jene Dimension des Phänomens aus, die in der Erzähltheorie und vor allen Dingen in der strukturalistischen Narratologie unser wesentliches Interesse auf sich gezogen hat. Die Aufmerksamkeit dieser ‚Importwissenschaften' gilt fast ausschließlich der Inhaltsdimension, dem *Was* des Erzählens, und damit der chronologischen und motivischen Verknüpfung von Einzelbeobachtungen. Der *discours*, d.h. das ambitioniertere *Wie* der erzählerischen Vermittlung, die das *Was* der Erzählung – also die repräsentierte Ereignisfolge – nicht einfach nur sequentiell verknüpft, sondern diese reorganisiert, perspektiviert, wertet oder auf andere Weise subjektivierend überformt, bleibt dagegen zumeist unberücksichtigt.[17]

2 Funktionen des Erzählens

Jede der Einzelwissenschaften, die in der einen oder anderen Weise auf das Erzählen als Kompetenz des Menschen verweist, geht von der Annahme aus, dass das Erzählen für den Menschen als Individuum wie als soziales Wesen funktional ist. Einfacher gesagt: Das Erzählen wird als nützlich angesehen und gilt insofern als gegenüber einem hypothetischen ‚nicht-erzählenden' Modus des Denkens, Handelns, Fühlens, Erfassens, Erinnerns, Modellierens, Prozessierens und Konstruierens ausgezeichnet.

---

17 Vgl. auch die kritische Anmerkung von Christman (2004, 700), der insbesondere den Vertretern der *Narrative-Identity*-These bescheinigt, sie verließen sich im Großen und Ganzen auf „the pretheoretic understanding we all have of what a *story* is". – Ein interessantes Beispiel dafür liefert auch die *Artificial-Intelligence*-Forschung: Mit Rumelhart (1980) beginnt dort die Auseinandersetzung mit der *story logic* und den Versuchen, die menschliche Erzählkompetenz maschinell zu simulieren; sie reicht bis in die Gegenwart. Der dabei zugrunde gelegte Begriff des Erzählens selbst orientiert sich jedoch in vielen Fällen nach wie vor an Propps verdienstvoller, aber in der Erzähltheorie mittlerweile eindeutig als unterkomplex geltender Modellierung des Erzählens als einer Sequenz von narrativen Funktionen.

Verfolgt man diesen Ansatz, so lässt sich das Erzählen unter einer Reihe von funktionalen Gesichtspunkten betrachten, die jeweils einen zentralen Verfahrensaspekt hervorheben, der für verschiedene Wissenschaften wie auch im Alltag von Interesse sein kann. Es sind dies die Aspekte
- Darstellung: Repräsentation von Handlungen und Geschehen,
- Handeln: Erzählen als Verfahren der symbolischen Interaktion,
- Konstruktion: historische und biografische Herleitung sozialer Identität,
- Exploration: Erkunden von Handlungsmöglichkeiten,
- Introspektion: Teilhabe an fremdem Wahrnehmen und Fühlen sowie
- Kognition: Erzählen als mentales Modell.

Hinzu kommt eine siebte Kategorie, auf die wir abschließend Augenmerk legen werden:
- Reflexion: Die *Narrative-Identity*-These.

Die letztgenannte These behauptet, dass nicht erst unsere sozialen und biografischen Identitätsentwürfe, die uns als gesellschaftliche Wesen kennzeichnen, sondern bereits unser vorangehendes eigenes, innerpsychisches Identitätsbewusstsein unumgänglich erzählender Natur ist. Um diese These ist insbesondere seit 2004 eine intensive Debatte geführt worden, die dem Phänomen ‚Erzählen' in philosophischer Hinsicht gerecht zu werden versucht. Der Ansatz überschneidet sich dabei partiell mit dem psychologischen und kognitivistischen Interesse an der Rolle des Erzählens bei der Identitätskonstruktion, ist aber metaphysisch und nicht empirisch ausgerichtet. Wenn überhaupt, so wäre vermutlich diese fundamentale Perspektive auf das Erzählen am ehesten geeignet, das Phänomen als Universalie im strikten Sinne zu fassen.

Darstellung: Repräsentation von Handlungen und Geschehen

Was das Erzählen unter dem Gesichtspunkt seiner darstellenden Funktion leistet und gegenüber anderen Repräsentationsformen auszeichnet, lässt sich mit einem Gedankenexperiment *a contrario* demonstrieren: Inwiefern funktioniert die Repräsentation von Handlungen und Geschehen im Erzählen anders als zum Beispiel deren Erfassung in einer ‚Datenbank der Personen und Ereignisse'?

In Paul Maars *Geschichte vom Jungen, der keine Geschichten erzählen konnte* (2004) fordert der Vater seinen Sohn Konrad auf, sich „irgendeine Geschichte" auszudenken:

„Einfach ausdenken? Ihr wollt, dass ich lüge?", fragte Konrad empört. – „Nein, du sollst etwas erfinden. Das ist etwas ganz anderes," sagte der Vater. „Fang doch mal so an: Vor langer, langer Zeit ..." – „Vor langer Zeit ist mir viel zu ungenau", sagte Konrad. „Da müsste ich erst wissen, was du unter langer Zeit verstehst, Papa." [...] Seine kleine Schwester Susanne kam ihm zu Hilfe. „Ich fang immer so an: Es war einmal eine Maus", fing sie an. – „Spitzmaus, Hausmaus oder Wühlmaus?", fragte Konrad, der sich in Biologie bestens auskannte. (Maar 2004)

Der Junge Konrad reibt sich hier gleich an zwei Prämissen des Erzählens: an dem Verzicht auf den logischen Wahrheitsbeweis, der die Emanzipation des Erzählens von der Empirie ermöglicht, und an der Lizenz zur Ungenauigkeit, aus der das Erzählen die Kraft zur Generalisierung schöpft. Gewiss, Erzählungen können durchaus auch aus empirisch wahren und taxonomisch genauen Einzelaussagen gebildet werden (für manche narrative Genres ist dies sogar eine Bedingung, etwa für ‚gerichtsfeste' Zeugenberichte). Aber der Mehrwert des Erzählens gegenüber anderen Formen, wie etwa dem einer datenbankbasierten Erfassung von Ereignissen, in der jedes distinkte Ereignis hinsichtlich Ort, Zeit, Akteuren etc. präzise definiert und verzeichnet wird, entspringt prinzipiell nicht der exakt verweisenden, sondern der relationalen, verknüpfenden Dimension der Aussagen, aus denen sie gebildet werden.

Erzählungen sind dabei allerdings genau genommen immer schon Repräsentationen zweiter Ordnung. Denn statt einer objektiven, an den einzelnen Aussagen Punkt für Punkt nachprüfbaren Abbildung einer (realen oder vorgestellten) Welt, die in distinkte Einzelbeobachtungen zerlegt werden kann, liefern sie uns eine ‚Geschichte', d.h. ein unter subjektiven Gesichtspunkten konstruiertes Verlaufsmodell dieser Welt, in dem durch eine Erzählinstanz etliches ausgelassen und umgedeutet worden sein kann. Die Erzähltheoretikerin Bal hat dies auf die Formel gebracht: „X relates that Y sees that Z does" (Bal 1981, 45). Ähnlich hatte schon Friedemann (1910) betont, dass Erzählungen immer bereits durch eine Erzählinstanz wahrgenommene oder entworfene, also vermittelte Repräsentationen sind und keine objektiven Abbildungen eines Geschehens. Mehr noch, die Vermittlung selbst rücke geradezu in den Fokus; das Erzählen als solches werde reflektiert und problematisiert. Erzählen ist in logischer wie sprachlicher Hinsicht also gerade kein Hervorbringen, Sammeln und Auflisten unzweifelhafter Einzelaussagen; in dieser Hinsicht leistete eine Datenbank der Ereignisse und Personen eindeutig mehr. Bei der Erzählung liegt der funktionale Fokus vielmehr auf ihrer synthetisierenden Leistung – und genau deshalb ‚funktioniert' dieser Typus der Repräsentation auch dann noch als Geschichte und Verlaufsmodell, wenn Detailaussagen vage oder sogar falsch sind. Im Vergleich zu anderen Formen der symbolischen Repräsentation besitzt das Erzählen einfach eine höhere Fehlertoleranz, damit aber zugleich auch eine größere Flexibilität und Anschlussfähigkeit an historisch wie situativ neue Kontexte.[18]

Diese Eigenart prädestiniert das Erzählen zur Repräsentation von Verläufen. So ein erzählendes ‚Verlaufsmodell' entwickelt allerdings schnell eine Eigendynamik, wie Gooding (1992) anhand einer Gegenüberstellung der Laborbücher des Physikers Faraday mit dessen späteren, erzählenden Berichten über seine Experimente gezeigt hat. Faraday fügte dabei seine wesentlichen, experimentell gewonnenen Einzelbeobachtungen zu einer Art Entdeckungsgeschichte zusammen, stilisierte aber zugleich die gezogenen Schlussfolgerungen zu selbstevidenten Konsequenzen, indem er eingeschlagene Irrwege und widersprüchliche Details ausblendete. Goodings systematische Analyse dieses Vorgangs zeigt, wie die Konstruktion der Erzählungen die Komplexität eines Experiments reduziert und dem experimentellen Ergebnis diese „self-evidence of its outcomes" zuschreibt (Gooding 1992, 65). Nicht einmal das zunächst unverdächtig erscheinende physikalische Experiment kann sich also gegen das synthetisierende, generalisierende und dem beobachteten Geschehen Motivationen und Notwendigkeiten unterlegende Prinzip des Erzählens behaupten.

Handeln: Erzählen als Verfahren der symbolischen Interaktion

Als Äußerungsakt aufgefasst dient das Erzählen jedoch nicht nur der Repräsentation und Kommunikation eines Inhaltes, sondern auch der Interaktion: Indem wir erzählen und auf Erzählungen reagieren, thematisieren wir uns selbst, drücken Wünsche und Ängste aus, nehmen Rollen ein und positionieren uns in einem sozialen und historischen Kontext. Über den Austausch unserer Erzählungen untereinander verhandeln wir Problematiken und entwerfen Utopien, die uns selbst betreffen. Jakobson (1979 [1960]) hat in seinem Sprachmodell auf die Funktionsvielfalt der sprachlichen Mitteilung verwiesen und unterscheidet neben der inhaltsbezogenen, sogenannten *referentiellen* Funktion, noch fünf weitere Funktionen, von denen mit Bezug auf das Erzählen als symbolische Interaktion die *emotive* (auf den Sender bezogene), die *konative* (auf den Empfänger bezogene) und die *phatische* (auf den Sender-Empfänger-Kontakt bezogene) eine besondere

---

[18] Funktional gesehen bedeutet diese Flexibilität mehr als nur ein Angebot an „Unbestimmtheitsstellen" (Ingarden 1931, 265) und das Angebot eines subjektiven Interpretationsspielraumes an den jeweiligen Rezipienten. Hochgradige Kontextsensitivität ist, abstrakter betrachtet, vielmehr eine Art Evolutionsstrategie und ‚Funktionsgarantie', dank derer sich das Erzählen als besonders durchsetzungsfähige Variante symbolischer Repräsentation behaupten kann.

Rolle spielen.[19] Diese Funktionsvielfalt charakterisiert aber nicht nur das sprachlich realisierte Erzählen, bei dem die performative Dimension der natürlichen Sprachen selbst dies schon medial nach sich zieht; Analoges gilt auch für z. B. bildbasiertes Erzählen oder gestisches Erzählen.

Literarische Erzählungen motivieren diese Überschreitung der Darstellung hin zur Performanz und Interaktion am offenkundigsten dort, wo sie dem Leser konkrete Identifikationsangebote auf der Inhaltsebene anbieten. Aber Performanz ist nicht erst eine Frage des Inhaltes; sie beginnt mit der Wahl der Form. Wenn wir etwa in einer Alltagserzählung einen ironischen Ton anschlagen oder, statt ein Geschehen chronologisch zu erzählen, den Fluss der Ereignisse mit vielen Vor- und Rückblenden unterbrechen, kommunizieren wir mit unserem Gegenüber auch durch unser Erzählhandeln – wir spannen jemanden auf die Folter, wir führen ihn in die Irre, wir befriedigen seine Neugier usw.

Diese performative Dimension ist im Erzählen kein Beiwerk – sie ist ihm im Unterschied zu anderen Repräsentationsweisen geradezu systematisch eingeschrieben. Denn wer erzählend berichtet, kommt um ein Aushandeln von zwei Ordnungsprinzipien nicht herum. Darauf macht die in der Narratologie gängige Unterscheidung zwischen *histoire* (Ebene des repräsentierten *Geschehens*, auf das eine Erzählung symbolisch verweist) und *discours* (medial realisierte symbolische Repräsentation als erzählte *Geschichte*) aufmerksam. Nicht nur *was*, sondern vor allen Dingen *wie* erzählt wird, ist Resultat eines mehrstufigen interaktiven Transformationsprozesses,[20] in dem das *Wie* das *Was* überformt. Wir interagieren und verhandeln Positionen als Erzähler und Zuhörer also nicht erst über den Austausch fertiger Erzählungen und ihrer Inhalte im Akt der Kommunikation, sondern wir handeln bereits beim vorangehenden Konstruieren unserer Erzählung, indem wir laufend zwischen dem *Was* und dem *Wie* des Erzählens vermitteln. Die dabei getroffenen Entscheidungen haben einen indirekten Mitteilungscharakter, denn an ihnen werden Präferenzen, Motive und Entscheidungen einer abstrakten Erzählinstanz deutlich, die wir selbst als reale Erzähler entwerfen und profilieren.[21] So kann man z. B. auch an realweltlichen Konflikterzählungen bereits an der Form des Erzählens – d. h. ohne jegliche inhaltliche Interpretation des Erzählten – ablesen, welchen Grad an Plausibilität die inhaltlichen

---

19 Hinzu kommen in Jakobsons Sprachmodell noch die sogenannte *poetische* und die *metasprachliche* Funktion.
20 Vgl. hierzu das „idealgenetische Modell" von Schmid (2014, 223–225).
21 In der strukturalistischen Erzähltheorie und Narratologie gibt es verschiedene Versuche, dieses Phänomen theoretisch und begrifflich zu fassen. Zu den bekanntesten zählen Genettes (2010 [1972, 1983]) Konzept der *Fokalisierung* und Schmids (2014) Modell der *Erzählparameter*.

Behauptungen des Erzählers zum Status des erzählten Konflikts besitzen (Gius 2015).

Konstruktion: Historische und biografische Herleitung sozialer Identität

Dass und wie Erzählungen dazu dienen können, Identität – also eine wiedererkennbare, persistente Erscheinungsform, in der die als charakteristisch bewerteten Merkmale und Eigenschaften eines Subjekts oder einer Gruppe zu einem Individuum integriert sind – herzuleiten und zu sichern, ist sowohl im Hinblick auf den einzelnen Menschen und seine Biografie wie im Hinblick auf menschliche Gesellschaften und deren historische Epochen vielfach untersucht worden. So hebt Shoemaker (2015) mit Blick auf den individuellen Identitätsentwurf im ethischen Kontext die Aspekte Kohärenzstiftung und rationale Nachvollziehbarkeit (*intelligibility*) als besondere Leistungen eines narrativen Identitätskonstrukts hervor: Was eine Handlung, eine Erfahrung oder eine psychologische Eigenheit einer bestimmten Person zuschreibbar mache und als charakteristischen Bestandteil ihrer selbst ausweise, sei die stimmige Einfügung dieses Elements in eine selbsterzählte Lebensgeschichte. Damit ein Subjekt als Person und moralisch handelnder Agent gelten kann, müssten die gemachten Erfahrungen deshalb aktiv miteinander verknüpft werden zum Leben eines narrativen Egos – das Subjekt müsse also eine Geschichte erzählen, in der seine Erfahrungen kohärent und plausibel miteinander verwoben werden.

In der neuzeitlichen Literatur prägen sich schon früh erzählerische Muster für epochenspezifische Identitätsmodelle aus. In einem Schelmenroman wie Grimmelshausens *Simplicius Simplicissimus* (1668) z. B. gewinnt die wirre Biografie des Titelhelden identitätsstiftende *coherence* und *intelligibility* erst am Ende, als der Bezug zur normativ gesetzten christlichen Heils- und Erlösungsgeschichte hergestellt wird. In den Bildungs- und Entwicklungsromanen des ausgehenden 18. und des 19. Jahrhunderts hingegen rücken an die Stelle dieses normativen Prä-Narrativs dann philosophische und ideologische Abstrakta, die quasi-allegorisch illustriert werden – wie eben die von ‚Bildung' und ‚Entwicklung'. Und in welchem Maße die stringente und kohärente Erzählbarkeit einer Biografie als solche schließlich zur Norm erhoben wird, demonstriert Anfang des 20. Jahrhunderts die aufkommende Psychoanalyse, indem sie die narrative Integration der Manifestationen des ‚Unbewussten' zum therapeutischen Prinzip erklärt.

Wiedererkennbarkeit und Persistenz (Dauer) sind jedoch nicht nur notwendige Bedingungen personaler Identität, sondern auch die der Identität von Kollektiven. Ein gutes Beispiel für die zentrale Rolle, die Erzählungen bei der Konstruktion, Tradierung und Rekonstruktion sozialer Identitätsentwürfe spielen, liefert hier das Aufkommen der Nationalstaaten im späten 18. und 19. Jahrhundert. Neben sprachgeschichtlichen Forschungen ist es insbesondere das seit der Romantik programmatisch betriebene Sammeln von Mythen und Volkserzählungen, mit dem eine Vorgeschichte des sich aktuell formierenden Nationalstaats ‚gewoben' wird. Umgekehrt und mit dem Blick auf eine erst noch herzustellende soziale Realität entstehen seit dem frühen 18. Jahrhundert spezifische narrative Genres, in denen die identitätsstiftenden ethischen Maximen des aufkommenden Bürgertums verhandelt werden (so etwa das Genre moraldidaktischer Kurzerzählungen, das in den sogenannten Moralischen Wochenschriften in England und im deutschsprachigen Raum weite Verbreitung fand). Erzählungen spielen mithin sowohl für die rückwärtsgewandte Fundierung aktueller gesellschaftlicher Identitätskonstrukte wie für deren zukunftsbezogene Orientierung eine entscheidende Rolle. Als übergreifende *master narratives* (Lyotard 1979; engl. 1984) entwerfen und legitimieren sie dabei nicht nur die Identität der je gegebenen Gesellschaft und ihrer Institutionen, sondern erklären und bewerten deren Genesis wie Fortentwicklung tendenziell auch aus einer geschichtsphilosophischen Metaperspektive, die das einzelne historische Geschehen unter überzeitliche Prinzipien wie ‚Aufklärung', ‚Fortschritt', ‚ewige Wiederkehr des Gleichen', ‚Kolonialismus', ‚Postkolonialismus' etc. subsumiert.

Neben diesen psychologischen und ideologischen lassen sich heute zunehmend auch kurzfristigere, strategische Instrumentalisierungen des identitätsstiftenden Erzählens beobachten. Bamberg und Georgakopoulou (2008) haben z. B. untersucht, wie die unauffälligen, alltäglichen *small stories*, die von Jugendlichen in ihren Gruppen ausgetauscht werden, als identitätsstiftendes Mittel eingesetzt werden. Aber auch Institutionen und Unternehmen setzen narrative Techniken gezielt ein: Das sogenannte *Corporate Storytelling* stilisiert Wirtschaftsbetriebe zu handelnden Subjekten, um so die Identifikation der Arbeitnehmer mit dem Unternehmen zu befördern (Hansen et al. 2013; Denning 2005). Gerade weil das Erzählen als Praxis so weit verbreitet ist, haftet dem Gestus erzählender Identitätsstiftung dabei schnell etwas Ursprüngliches und Unbezweifelbares an, das die strategischen Motive in den Hintergrund treten lässt. Und auch wissenschaftliche Paradigmenwechsel werden mittlerweile erzählend legitimiert, wie etwa das aktuelle Projekt einer *narrative medicine* zeigt.[22]

---

[22] Vgl. die Ankündigung von 2016 zum *Project Narrative Summer Institute* an der Ohio State University unter dem Titel „Narrative Medicine across Genres and Media", zu dem mitgeteilt wird: „The goal of narrative medicine is to reform medical practice" (Project Narrative 2016).

Exploration: Erkunden von Handlungsmöglichkeiten

Die erzählende Darstellung von – realem oder imaginiertem – Handeln von Personen in ihrer Welt hat oftmals auch eine explorative Funktion. Sie wird am offensichtlichsten dort, wo von dem erzählt wird, was nicht ist oder war, aber sein (oder hätte gewesen sein) könnte: Welche Handlungsmöglichkeiten stünden Agenten unter diesen hypothetischen Bedingungen offen? Solche Erzählungen können als experimentelle Konfigurationen und Simulationen dienen, innerhalb derer man Akteure, die durch definierte Motive und Ziele bestimmt sind, agieren lässt, um die mannigfachen Verknüpfungsoptionen von Einzelereignissen durchzuspielen.

Bereits ‚fertige', d. h. präfabrizierte literarische Erzählungen und insbesondere utopische Erzählungen simulieren diese Simulation allerdings nur – denn sie sind ja faktisch bereits an ihr Ende gekommen, bevor wir beginnen, sie zu rezipieren. Die hypothetischen Varianten, die man hierbei nachträglich durchspielen kann, sind genau genommen bereits falsifiziert – bis auf die eine, die dann im Handlungsfortgang erzählerisch realisiert worden ist. Diese simulierte Exploration zeichnet dabei nicht nur jene Genres aus, in denen sie inhaltlich zum Programm erhoben worden ist (Utopie, phantastische Literatur etc.). Auch faktuale Erzählungen von unspektakulären Alltagsereignissen zeigen auf, wie man handeln könnte – und mehr noch, wie man zu handeln hat.

Etwas anders verhält es sich bei der geschehensbegleitenden Variante eines Erzählens *in real time*: Zwar steht dieses Erzählen logisch gesehen ebenso unter dem Diktat der temporalen Nachzeitigkeit der Repräsentation gegenüber dem Repräsentierten. Aber das geschehensbegleitende Erzählen ist, je facettenreicher und komplexer der repräsentierte Ereigniszusammenhang sich darbietet, umso stärker von Kontingenz geprägt: Der logische und motivationale Zusammenhang der Ereignisse entfaltet sich gerade erst, er ist weder schlüssig vorhersehbar, noch ist er bereits aus sicherer Warte rekonstruierbar. An die Stelle des Nachvollzugs von Repräsentationen ist dabei dank der neuen elektronischen Medien und Technologien ein immersiver Modus der Exploration getreten. In Computerspielen z. B. interagieren wir mit einem System, in dem „Narrative as Virtual Reality" (Ryan 2001) erfahrbar wird. An dieser interaktiven Variante ist erzähltheoretisch von besonderem Interesse, inwieweit bereits etablierte Erzählmuster hier wieder die aktuelle Wahrnehmung und narrative Verknüpfung überformen und so die vermeintliche freie interaktive Exploration von Handlungsmöglichkeiten in eine faktische Deutung nach vorgegebenem Erzählmuster verkehren.

Introspektion: Teilhabe an fremdem Wahrnehmen und Fühlen

Mit der Etablierung des Romans als tonangebender literarischer Gattung im 18. Jahrhundert setzt zugleich die Entwicklung von Erzähltechniken ein, die neben der Darstellung äußerer Geschehnisse jetzt auch die einer inneren Handlung ermöglichen, die schon Lessing (1759, 147) als einen „innere[n] Kampf von Leidenschaften, jede Folge von verschiedenen Gedanken, wo eine die andere aufhebt" beschrieben hatte. Techniken wie der innere Monolog oder die erlebte Rede erlauben es, erzählend zu simulieren und rezipierend nachzuvollziehen (und nicht mehr nur zu berichten bzw. zur Kenntnis zu nehmen), was sich als kognitive oder emotionale ‚Handlung' im Inneren einer fremden Psyche abspielt. Auch im Alltagserzählen sind diese Erzähltechniken heute weit verbreitet.

Funktional ist das Erzählen damit nicht mehr nur, indem es zeigt, *was* man anders und anderes in einer äußeren Welt sehen und wie man dort handeln könnte. Es führt jetzt darüber hinaus vor, *wie* man anders sehen und vor allen Dingen *fühlen* kann. Dieses erzählende Simulieren von kognitivem und emotionalem Handeln und Verhalten erzählter Figuren, deren *transparent mind* (Cohn 1983) uns in den Bann schlägt, ist bis in die Gegenwart einer der stärksten Effekte von Erzählungen geblieben. Ob man sich ihm ‚naiv' lesend hingibt oder ihn seinerseits analytisch reflektiert: In beiden Varianten geht es dabei um das, was das Kernprinzip ästhetischer Schau ausmacht – um das ‚Anders-Sehen', das man teilhabend erfährt und nicht nur objektiv beobachtet. Diese besondere Leistung des Erzählens, nicht nur die bereits als Wissen oder Erinnerung verbuchten Erfahrungsinhalte zu repräsentieren, sondern das Erfahren als Vorgang und damit den Prozess selbst zu doppeln, hat Fludernik (1996, 12) als „quasi-mimetic evocation of real-life experience" unter dem Begriff *experientiality* gefasst.

Die Nutzung dieser Funktion des Erzählens bleibt dabei allerdings nicht auf den Bereich der ästhetisch ambitionierten künstlerischen Praxis beschränkt, bei der das Anders-Sehen der Aisthesis sich *per definitionem* auf die Erkenntnis des Allgemeinen richtet. Das Sich-Hineindenken in die Psyche eines anderen Menschen auf dem Wege einer Simulation seiner hypothetischen ‚Selbst-Erzählhaltung' wird z. B. auch in therapeutischen oder in kriminalistischen Anwendungsbereichen angewandt (sogenanntes *Criminal Profiling*; vgl. Verde und Nurra 2010). Durchaus ähnlich der naiven Lektürehaltung gilt hier das Erkenntnisinteresse nicht der Erkenntnis eines allgemeinen psychischen oder emotiven Wirkungsprinzips anhand einer hypothetischen Figur. Entschlüsselt werden soll vielmehr ein spezifischer psychologischer Wirkungszusammenhang, der das Wie und das Warum des konkreten Handelns, Fühlens und Denkens eines Einzelnen erklär- und beherrschbar macht.

Kognition: Erzählen als mentales Modell

Welchen Vorteil bedeutet es nun aber für den Menschen in grundsätzlicherer Hinsicht, erzählen zu können? Abbott (2000) argumentiert evolutionsbiologisch und nennt zwei Überlebensvorteile, die für unsere Spezies aus dem Erzählvermögen resultierten: erstens die Fähigkeit, ein non-präsentes (zumeist ein vergangenes) Geschehen zu kommunizieren (andere Stammesmitglieder zu informieren, zu warnen etc.); zweitens die bewusstseinserweiternde „creation of a fundamentally new mode of awareness" (Abbott 2000, 250), die den Menschen als Lebewesen von der fixen zeitlichen Ordnung der Natur und der totalen Immersion im gegenwärtigen Augenblick emanzipiert. Das Erzählvermögen begründet insofern ein neues mentales Schema, das neben pragmatischen Vorteilen (Adaptabilität, Planungsvermögen, Kommunikationsvermögen etc.) als Nebeneffekt dann auch das Bewusstsein unseres Selbst hervorgebracht habe: „It [narrative, J. C. M] did this by giving us an event-based way of not only thinking about, but also living within, time." (Abbott 2000, 250) Im Akt des Erzählens wird die absolute, existentielle Zeitlichkeit nach Abbott so zur konstruierten Zeit, wobei dieses Konstrukt nach Maßgabe unserer menschlichen Bedürfnisse entworfen werde. Die Hominiden erringen damit nicht nur eine Möglichkeit, sich von der ewigen natürlichen Gesetzmäßigkeit der Tage und Jahreszeiten zu emanzipieren, sondern sie können erzählend auf ihr vorgegebenes Lebensumfeld jetzt erstmals auch eigene Formen und Strukturen projizieren.

Nicht nur die Kategorie der Zeit, sondern auch sekundäre Konzepte, die wir im Erzählen wie selbstverständlich einüben und anwenden – etwa die Unterscheidung zwischen handlungstragenden Agenten und passiven Nebenfiguren oder das Verfahren, Geschehensfolgen über Motive kausal zu verknüpfen – organisieren dabei die Art und Weise, wie wir unsere Welt wahrnehmen und deuten. Bruner (1991) hat zehn solcher Merkmale des Erzählens aufgelistet, die nach seiner Ansicht teils eingeübte Diskurspraktiken, teils aber auch grundlegende mentale Schemata sind. Im einen wie im anderen Falle determinieren diese Merkmale, wie wir erzählend unsere Welt entwerfen und verstehen – nämlich

- unter dem Gesichtspunkt zeitlicher Folge (*narrative diachronicity*),
- mit einem Fokus auf typische, schematisierte Ereignisfolgen (*particularity*),
- als Deutung und Erklärung des erzählten Geschehens als eines intentional motivierten Handelns (*intentional state entailment*),
- als eine Äußerung, die immer schon über reine Faktenaussagen hinausweist auf Verstehenskontexte und Hintergrundwissen (*hermeneutic composability*),
- im notwendigen Spannungsverhältnis zwischen etablierten, erwarteten Abläufen und ereignishaften Abweichungen (*canonicity and breach*),

- unter der stillschweigenden Voraussetzung, dass in der Erzählung der Anspruch auf Wahrscheinlichkeit und nicht der auf Wahrheit im Zentrum steht (*referentiality* im Sinne von *verisimilitude*),
- mit der Erwartung, dass das jeweils gewählte Erzählmuster allgemeine Gültigkeit besitzt und daher auf andere Problemstellungen übertragbar ist (*genericness*),
- unter Bezug auf kulturelle Normen (*normativeness*),
- unter der Voraussetzung prinzipieller Kontextabhängigkeit und Verhandelbarkeit von Darstellung und Deutung (*context sensitivity and negotiability*),
- und schließlich: mit der Tendenz, unsere einzelnen Erzählungen zusammenzufügen zu einer Gesamterzählung, die auf längere Sicht die Geschichte eines – psychischen oder kulturellen – Ganzen entwirft (*narrative accrual*).[23]

Reflexion: Die Narrative-Identity-These

Mit der Formulierung der sogenannten *Narrative-Identity*-These ist neben den empirischen, psychologischen und kognitivistischen Ansätzen auch eine philosophisch-metaphysische Diskussion über die möglicherweise universale Rolle des Erzählens entfacht worden. Diese Debatte hatte zum Ausgangspunkt u. a. Ricœurs Versuch, in seinem dreibändigen Werk *Temps et récit* (1983–1985; engl. 1984–1988; dt. 1988–1991) das menschliche Zeitbewusstsein als einen Effekt des Erzählens zu erklären. Wesentlich war für Ricœur dabei die Erkenntnis, dass das Erzählen nicht nur ein bloßes Abbilden oder Erinnern vergangener Geschehenssequenzen ist, deren Zeitlichkeit im Akt der Rezeption von uns zunächst abgebildet und dann rezipierend reaktualisiert wird. Es ist vielmehr der zwischengeschaltete Akt des erzählenden Konfigurierens und Verknüpfens, der Vorgang des *emplotment*, in dem wir uns die Dimension der Zeit als Ordnungsprinzip selbst narrativ aneignen. Diesen Dreischritt versuchte Ricœur in Form von drei Stufen der Mimesis zu beschreiben: „We are following [...] the destiny of a prefigured time that becomes a refigured time through the mediation of a configured time." (Ricœur 1984–1988 [1983–1985], Bd. 1, 54) Pellauer (2015) hat im Anschluss an diese These betont, dass ja nicht Zeit an sich erzählt werde, sondern *Handlung* in der Zeit. Auf dieser vermittelnden Ebene des erzählenden Rekonfigurierens von Zeit qua Handlung entspringe deshalb folgerichtig auch unsere eigene *narrative identity*, ein Vorgang mit durchaus lebenspraktischen Konsequenzen: „[I]t is through narrative that we

---

[23] Inwieweit dann allerdings gerade die Erzählmuster wiederum kulturspezifisch sind, untersucht Brewer (1984).

make practical sense of time and of what happens or can happen in it, a practical sense that allows us to get on with our lives." (Pellauer 2015, 72)[24]

Die Doxa der *Narrative-Identity*-These hat Christman (2004, 695) auf die Formel gebracht: „[F]or an individual to count as a person, a single personality, or the subject of a life, the experiences of the subject in question must take a narrative form." Wegbereiter dieser These ist neben Ricœur insbesondere MacIntyre (1984, 212) gewesen, der die Erzählung zur geeignetsten Verstehensmetapher für das menschliche Handeln erklärte: „[B]ecause we all *live out narratives* in our lives and because we understand our own lives in terms of *narratives that we live out* [...] the form of narratives is appropriate for understanding the actions of others." (Hervorh. im Orig.)[25] Ihm folgte wenig später Bruner (1987), der – wiederum an Ricœur anschließend – mit dem vielbeachteten Aufsatz „Life as Narrative" einen kognitivistischen Akzent setzte und die Konstruktion der eigenen Lebensgeschichte in den Mittelpunkt rückt. Unklar bleibt bei Bruner allerdings, inwieweit dieser konstruktive Akt autonom ist und inwieweit er von vorgeprägten kulturellen und linguistischen Mustern determiniert wird (Hyvärinen 2008, 268). In einer eingehenden methodischen Kritik der Beiträge zur *Narrative-Identity*-Debatte hat Christman (2004) darauf hingewiesen, dass die meisten der Autoren mit einem theoretisch unterkomplexen Begriff von *narrativity* operieren, der das Erzählen auf die retrospektive Konstruktion einer kohärenten, kausallogischen *event*-Sequenz reduziert, jedoch Aspekte wie die thematische oder teleologische Gerichtetheit ausblendet.[26] Das mit der *Narrative-Identity*-These vorausgesetzte

---

24 Ricœur schließt mit seiner Studie an die zeitphilosophischen Spekulationen von Augustinus und an die von Husserl begründete phänomenologische Tradition an. Während für Augustinus die Zeit ein paradoxes Phänomen war, das man zwar erfahren, aber nicht begreifen kann, erklärte Husserl die „Phänomenologie des inneren Zeitbewußtseins" (Husserl 1985) zum Effekt eines konstruktiven Bewusstseinsakts. Ausschlaggebend für die menschliche Zeiterfahrung ist nach Husserl die Synthetisierung von sequentiell geordneten Ereignissen in den ‚Zeitfenstern' Vergangenheit, Gegenwart und Zukunft, die ihnen so neben dem Merkmal der objektiven Abfolge einen auf uns selbst bezogenen, existentiellen Zusammenhang verleiht. Diese Gruppierung von Ereignissen im Zuge der Zeitwahrnehmung nimmt damit, wie Pellauer (2015) richtig beobachtet, strukturell vorweg, was vom Erzählen jenseits der bloßen Wiedergabe zeitlich gereihter Geschehnisse geleistet wird: eine subjektiv motivierte Synthese von Ereignissen zu komplexen Handlungen.
25 Vgl. als Vorläufer aber auch Fisher (1984), der meines Wissens als erster explizit das sogenannte *narrative paradigm* ausgerufen hat. Fisher betrachtet das Erzählen dabei als ein Kommunikationsparadigma, in dem ein rationaler, diskursorientierter Austausch von Argumenten qua narrativer *good reasons* erfolgt.
26 Die in der Narratologie eingeführte Unterscheidung der Konzepte *narrativity* und *tellability* wird allerdings von Christman ebenfalls nicht berücksichtigt.

Konzept von *narrativity* meine daher letztlich kaum mehr als ein Vermögen zur Selbstreflexion: „What narrativity amounts to, then, is whatever results from the capacity for self-interpretation mediated by socially embedded rules of meaning. Therefore, what unifies a self is the capacity for self-interpretation by way of socially mediated norms." (Christman 2004, 709)

Neben dieser methodischen ist auch eine ethische Kritik an der *Narrative-Identity*-These formuliert worden. Mit seinem Aufsatz „Against Narrativity" hat Galen Strawson (2004) dabei die bislang schärfste Kritik an dem „narrative imperialism" (Phelan 2005) formuliert, der die metaphysische Abhängigkeit unserer Identität vom Erzählvermögen postuliert. Strawsons Gegenargument lautet: Man kann ein erfülltes, ethisches Leben sowohl als *Diachronic* führen (d. h. als ein Mensch, der sich den Gesamtzusammenhang seiner Existenz erzählend in einer geschlossenen Geschichte zu Bewusstsein bringt) wie als *Episodic* (d. h. als jemand, der die Phänomene und Ereignisse seines Daseins in Form episodischer Zeit- und Aktionsfenster wahrnimmt).[27] Für sich selbst reklamiert Strawson dabei mit polemisch-selbstironischem Gestus die Existenzform eines *Episodic*, der sich in einem gegenwartsbezogenen Daseinsfenster definiert und in diesem Kontext auch ethisch handelt. Aber der von ihm formulierte Einwand ist natürlich mehr als nur eine subjektive Positionsbestimmung; Battersby (2006, 27) hat ihn zu Recht als einen „iconoclastic turn" charakterisiert – also als radikale Antwort auf jenen *narrative turn*, mit dem das Aufspüren erzählartiger Strukturen in allen möglichen Wahrnehmungs-, Handlungs- und Wissenschaftsdomänen ebenso wie das Nachdenken über das Erzählen als mögliche anthropologische Universalie 15 Jahre zuvor seinen Ausgang genommen hatte.

3 „The whole truth is, unfortunately, a chaotic mess of stuff"

Ist das Erzählen nun also eine anthropologische Universalie oder nicht? Battersby, dem ich mich hier anschließen möchte, plädiert am Ende seiner philosophischen Metakritik von Galen Strawson für einen abgeklärten Pluralismus, der das Erzählen als eine zwar vielgenutzte Möglichkeit, nicht aber als notwendigen

---

[27] Dass wiederum bereits auf dieser Ebene eigentlich schon jedes elementare Ereigniskonstrukt, das auf der Basis beobachteter Zustandsveränderungen vom Subjekt generiert wird, eine fundamentale logische Identitäts- bzw. Persistenzbehauptung voraussetzt, wird von Meister (2007) in Anlehnung an Kant als das ‚paralogische' Identitätspostulat des Erzählens bezeichnet.

und einzigen Weg zur Orientierung in der Welt wie zur Stiftung unseres Identitätsbewusstseins begreift:

> There are, then, many truths we can tell, in long and short forms, about selves, and many ways of telling them, but there is no way to get at the whole truth in any way of telling. The whole truth is, unfortunately, a chaotic mess of stuff belonging to a massive number of incompatible categories that simply cannot be brought under the control of a single discursive taskmaster. [...] [T]here are many roads leading to Self-representation and many vehicles available for transportation, each one capable of getting us there; just don't expect them all to take us to the same place. (Battersby 2006, 27)

Literaturverzeichnis

Abbott, H. Porter (2000). „The Evolutionary Origins of the Storied Mind: Modeling the Prehistory of Narrative Consciousness and its Discontents". In: *Narrative* 8.3, 247–256.

Antweiler, Christoph (2009). „Universalien im Kontext kultureller Vielfalt". In: *Erwägen Wissen Ethik* 20.3, 341–352.

Atkinson, Paul, und Sara Delamont (2006). „Rescuing Narrative from Qualitative Research". In: *NI* 16.1, 164–172. DOI: 10.1075/ni.16.1.21atk.

Bal, Mieke (1981). „Notes on Narrative Embedding". In: *Poetics Today* 2.2, 41–59.

Bamberg, Michael, und Alexandra Georgakopoulou (2008). „Small Stories as a New Perspective in Narrative and Identity Analysis". In: *Text & Talk* 28.3, 377–396.

Battersby, James L. (2006). „Narrativity, Self, and Self-Representation". In: *Narrative* 14.1, 27–44.

Brewer, William F. (1984). „The Story Schema: Universal and Culture-Specific Properties". In: *Center for the Study of Reading – Technical Reports* 322, 2–46.

Brown, Donald E. (1991). *Human Universals*. New York.

Bruner, Jerome (1987). „Life as Narrative". In: *Social Research* 54.1, 11–32.

Bruner, Jerome (1991). „The Narrative Construction of Reality". In: *Critical Inquiry* 18.1, 1–21.

Christman, John (2004). „Narrative Unity as a Condition of Personhood". In: *Metaphilosophy* 35.5, 695–713.

Cohn, Dorrit (1983). *Transparent Minds: Narrative Modes for Presenting Consciousness in Fiction*. Princeton.

da Silva, Sara Graca, und Jamshid J. Tehrani (2016). „Comparative Phylogenetic Analyses Uncover the Ancient Roots of Indo-European Folktales". In: *R. Soc. open sci.* (Royal Society Open Science) 3: 150645. DOI: 10.1098/rsos.150645. http://rsos.royalsocietypublishing.org/content/3/1/150645 (28. Mai 2017).

Denning, Steve (2005). *The Leader's Guide to Storytelling: Mastering the Art and Discipline of Business Narrative*. San Francisco.

Doxiades, Apostolos, und Barry Mazur (2012). *Circles Disturbed: The Interplay of Mathematics and Narrative*. Princeton/Oxford.

Fahrenwald, Claudia (2011). *Erzählen im Kontext neuer Lernkulturen: Eine bildungstheoretische Analyse im Spannungsfeld von Wissen, Lernen und Subjekt*. Wiesbaden.

Fisher, Walter R. (1984). „Narration as a Human Communication Paradigm: The Case of Public Moral Argument". In: *Communication Monographs* 51, 1–22.
Fludernik, Monika (1996). *Towards a ‚Natural' Narratology*. London.
Forster, Edward Morgan (2002 [1927]). „Aspects of the Novel. Chapter V: Plot". In: B. Richardson (Hg.), *Narrative Dynamics: Essays on Time, Plot, Closure, and Frames*. Columbus, OH, 71–72.
Freie und Hansestadt Hamburg, Behörde für Schule und Berufsbildung (2009). *Bildungsplan gymnasiale Oberstufe Deutsch der Freien und Hansestadt Hamburg*. http://www.hamburg.de/bildungsplaene/4539524/start-gyo/ (28. Mai 2017)
Friedemann, Käte (1910). *Die Rolle des Erzählers in der Epik*. Leipzig.
Geertz, Clifford (1966). *Person, Time, and Conduct in Bali: An Essay in Cultural Analysis*. New Haven, CT.
Genette, Gérard (2010). *Die Erzählung*. Paderborn.
Gieschler, Sabine (1999). *Leben erzählen: von der Wiederbelebung einer Kulturtätigkeit in postmoderner Zeit*. Münster u. a.
Gius, Evelyn (2015). *Erzählen über Konflikte: Ein Beitrag zur digitalen Narratologie*. Berlin/Boston.
Gooding, David (1992). „The Procedural Turn; or: Why do Thought Experiments Work?" In: N. Giere (Hg.), *Cognitive Models of Science*. Minneapolis, 45–76.
Gülich, Elisabeth (2008). „Alltägliches erzählen und alltägliches Erzählen". In: *Zeitschrift für germanistische Linguistik* 36.3, 381–402.
Hansen, Per Krogh, Birgitte Norlyk und Marianne Wolff Lundholt (2013). „Corporate Storytelling". In: P. Hühn et al. (Hgg.), *the living handbook of narratology*. Hamburg. http://www.lhn.uni-hamburg.de/article/corporate-storytelling (28. Mai 2017).
Holenstein, Elmar (1985). *Sprachliche Universalien: Eine Untersuchung zur Natur des menschlichen Geistes*. Bochum.
Husserl, Edmund (1985). *Texte zur Phänomenologie des inneren Zeitbewußtseins (1893–1917)*. Text nach Husserliana, Bd. 10. Hg. von R. Bernet. Hamburg.
Hyvärinen, Matti (2008). „‚Life as Narrative'-Revisited". In: *Partial Answers* 6.2, 261–277.
Hyvärinen, Matti (2010). „Revisiting the Narrative Turns". In: *Life Writing* 7.1, 69–82.
Ingarden, Roman (1931). *Das literarische Kunstwerk. Eine Untersuchung aus dem Grenzgebiet der Ontologie, Logik und Literaturwissenschaft*. Halle (Saale).
Jakobson, Roman (1979 [1960]). „Linguistik und Poetik". In: R. Jakobson, *Poetik. Ausgewählte Aufsätze 1921–1971*, Frankfurt a. M., 83–121.
Koschorke, Albrecht (2012). *Wahrheit und Erfindung: Grundzüge einer Allgemeinen Erzähltheorie*. Frankfurt a. M.
Kreiswirth, Martin (1992). „Trusting the Tale: The Narrativist Turn in the Human Sciences". In: *New Literary History* 23.3, 629–657.
Lessing, Gotthold Ephraim (1759). *Fabeln. Drey Bücher. Nebst Abhandlungen mit dieser Dichtungsart verwandten Jnhalts*. Berlin. – Wiederabdruck unter dem Titel *Abhandlung über die Fabel*. Stuttgart 1974.
Lyotard, Jean-François (1979). *La condition postmoderne: rapport sur le savoir*. Paris. Engl.: Lyotard 1984.
Lyotard, Jean-François (1984). *The Postmodern Condition: A Report on Knowledge* [Übers. von Lyotard 1979]. Manchester.
Maar, Paul (2004). „Die Geschichte vom Jungen, der keine Geschichten erzählen konnte". In: *Die Zeit*, Nr. 45/2004 (28. 10. 2004). http://www.zeit.de/2004/45/Geschichte_Maar (28. Mai 2017).

MacIntyre, Alasdair (1984). *After Virtue: A Study in Moral Theory*. Notre Dame.
Meister, Jan Christoph (2007). „Events are Us". In: *Amsterdam International Electronic Journal for Cultural Narratology* 4. http://cf.hum.uva.nl/narratology/a07_meister.htm (28. Mai 2017).
Murdock, George Peter (1945). „The Common Denominator of Cultures". In: R. Linton (Hg.), *The Science of Man in the World Crisis*. New York, 123–142.
Murdock, George Peter (1949). *Social Structure*. New York.
Parks, Tim (2010). *Teach Us to Sit Still: A Sceptic's Search for Health and Healing*. London.
Pellauer, David (2015). „Narrated Action Grounds Narrative Identity". In: R. W. H. Savage (Hg.), *Paul Ricoeur in the Age of Hermeneutical Reason. Poetics, Praxis and Critique*. Lanham, 69–84.
Phelan, James (2005). „Who's Here? Thoughts on Narrative Identity and Narrative Imperialism". In: *Narrative* 13, 205–210.
Project Narrative Summer Institute, July 4–15, 2016 (2016). „Narrative Medicine across Genres and Media". Ohio State University, Columbus, OH. https://projectnarrative.osu.edu/sites/projectnarrative.osu.edu/files/2016%20Project%20Narrative%20Summer%20Institute%20flyer.pdf (28. Mai 2017).
Reichelt, Gregor und Bernhard Metz (2013). „Universalien". Universität Konstanz. https://web.archive.org/web/20160612072725/www.uni-konstanz.de/FuF/ueberfak/sfb511/publikationen/universalien.html (2. Februar 2016).
Ricœur, Paul (1980). „Narrative Time". In: *Critical Inquiry* 7.1, 169–190.
Ricœur, Paul (1983–1985). *Temps et récit*. 3 Bde. Paris. Engl.: Ricœur 1984–1988; dt.: Ricœur 1988–1991.
Ricœur, Paul (1984–1988). *Time and Narrative* [Übers. von Ricœur 1983–1985]. Übers. von Kathleen McLaughlin und David Pellauer. 3 Bde. Chicago.
Ricœur, Paul (1988–1991). *Zeit und Erzählung* [Übers. von Ricœur 1983–1985]. Übers. von Rainer Rochlitz und Andreas Knop. 3 Bde. München.
Rumelhart, David E. (1980). „On Evaluating Story Grammars". In: *Cognitive Science* 4.3, 313–316.
Ryan, Marie-Laure (2001). *Narrative as Virtual Reality: Immersion and Interactivity in Literature and Electronic Media*. Baltimore.
Scheffel, Michael (2004). „Erzählen als anthropologische Universalie: Funktionen des Erzählens im Alltag und in der Literatur". In: R. Zymner, M. Engel (Hgg.), *Anthropologie der Literatur: Poetogene Strukturen und ästhetisch-soziale Handlungsfelder*. Paderborn, 121–138.
Schmid, Wolf (2014). *Elemente der Narratologie*. 3., erw. und bearb. Aufl. Berlin/Boston.
Shoemaker, David (2015). „Personal Identity and Ethics". In: E. N. Zalta (Hg.), *The Stanford Encyclopedia of Philosophy*. http://plato.stanford.edu/archives/win2015/entries/identity-ethics/ (28. Mai 2017).
Sternberg, Meir (2003). „Universals of Narrative and Their Cognitivist Fortunes" [I–III]. In: *Poetics Today* 24.2, 297–395, 24.3, 517–638.
Strawson, Galen (2004). „Against Narrativity". In: *Ratio* 17, 428–452.
Strawson, Peter Frederick (1959). *Individuals: An Essay in Descriptive Metaphysics*. London.
Verde, Alfredo, und Antonio Nurra (2010). „Criminal Profiling as a Plotting Activity Based on Abductive Processes". In: *International Journal of Offender Therapy and Comparative Criminology* 54.5, 829–849.
White, Hayden (1973). *Metahistory: The Historical Imagination in Nineteenth Century Europe*. Baltimore.

White, Hayden (1978). *Tropics of Discourse: Essays in Cultural Criticism*. Baltimore/London. Dt.: White 1986.
White, Hayden (1986). *Auch Klio dichtet oder die Fiktion des Faktischen: Studien zur Tropologie des historischen Diskurses* [Übers. von White 1978]. Übers. von Brigitte Brinkmann-Siepmann und Thomas Siepmann. Stuttgart.
Wittgenstein, Ludwig (2001 [1953]). *Philosophische Untersuchungen. Kritisch-genetische Edition*. Hg. von J. Schulte. Frankfurt a. M.

III Zentrale Fragestellungen

III.1 Instanzen und Modi des Erzählens

Brian Richardson
III.1.1 Reale und implizite Autoren

1 Definitionen

Der implizite Autor lässt sich definieren als Autorfigur, die der Leser beim Lesen oder Hören eines Werkes konstruiert. „The concept of implied author refers to the author-image evoked by a work and constituted by the stylistic, ideological, and aesthetic properties for which indexical signs can be found in the text", so Wolf Schmid (2014, 288). Seit seiner Einführung durch Wayne Booth im Jahr 1961 wird der Begriff des ‚implied author' häufig verwendet und intensiv diskutiert. Zu unterscheiden sind drei wesentliche Konzepte des impliziten Autors.

Das erste setzt nach den Worten Booths (1961, 71) voraus, dass der Leser, egal wie sachlich er versucht zu Werke zu gehen, sich zwangsläufig ein Bild des Autors macht, der auf diese Weise schreibt. Ungewöhnlich sei dies nicht, so Booth, denn schließlich sei das Bild, das der Leser von dieser Präsenz gewinne, eine der wichtigsten Wirkungen des Autors überhaupt. Im Booth'schen Sinne ist der implizite Autor damit eine Art ‚zweites Selbst' und üblicherweise dem tatsächlichen Autor überlegen. Spätere Forschungsbeiträge ersetzen ‚überlegen' durch ‚konsistenter', und Peter Rabinowitz (2011, 102–103) hat konkrete Beispiele aufgezeigt, in denen der tatsächliche Autor einen impliziten Autor entwirft, der ihm sogar entschieden unterlegen ist. Der implizite Autor weicht immer ab vom realen Autor (oder den realen Autoren) und dies in mehrfacher Hinsicht; derselbe reale Autor konstruiert in unterschiedlichen Werken verschiedene implizite Autoren, so wie Fielding in *Jonathan Wild*, *Joseph Andrews* und *Tom Jones* bzw. *Amelia* (Booth 1961, 72). Der implizite Autor ist auch zu unterscheiden vom Erzähler eines fiktionalen Werks. Nach William Nelles (1993, 22) ‚schreibt' der historische Autor, während der implizite Autor ‚sagen will' und der Erzähler ‚spricht'.

Booth (1974, 78) hat den Alltagsgebrauch dieses Begriffes wie folgt beschrieben: „Die einzelnen Werke [eines Autors] implizieren verschiedene Versionen, verschiedene ideale Kombinationen von Normen. Ebenso wie persönliche Briefe verschiedene Versionen von einem selbst implizieren, je nach den unterschiedlichen Beziehungen zu jedem Briefpartner und dem Zweck jedes Briefes, nimmt auch der Schriftsteller verschiedene Züge an, je nach den Erfordernissen einzelner Werke". Rabinowitz (2011, 102–103) hat diesen Gedanken weiterentwickelt und zudem festgehalten, dass der implizite Autor keine theoretische Abstraktion, sondern vom realen Autor geschaffen sei, ebenso wie dessen Figuren und die Handlung. Wie Booth und James Phelan wendet auch Rabinowitz den Begriff sowohl auf fiktionale als auch auf nicht-fiktionale Werke an. Booth hat einige seiner Thesen in einem Beitrag von 2005 wieder aufgegriffen; eine Überblicksdarstellung seiner Arbeiten zu diesem Thema hat 2011 Dan Shen vorgelegt.

Booth nimmt in einem nächsten Schritt zwei ergänzende theoretische Überlegungen hinzu, die den Begriff erheblich modifizieren. Er fasst den impliziten Autor als wesentlichen Bestandteil der Vermittlung eines Textes; aus seiner Sicht bewegt sich die Erzählung vom impliziten Autor zu einem ‚vorausgesetzten' Leser („postulated reader"; Booth 1961, 157–158). Seymour Chatman hat diese Beziehung später weiterverfolgt und formal als die grundlegende Kommunikationsstruktur von Erzählliteratur gefasst, die auch den realen Autor und Leser berücksichtigt, wobei diese in die Vermittlung der Geschichte gleichermaßen eingebunden sind wie daraus ausgeklammert bleiben. Die Vermittlung bewegt sich danach vom [realen Autor] zum impliziten Autor, zum Erzähler, zum fiktiven Leser, zum impliziten Leser und schließlich zum [realen Leser]. Wichtig ist, dass dieses Modell sich nur auf fiktionale Literatur anwenden lässt. In nicht-fiktionalen Texten ist der Autor der Erzähler, unterscheidet sich jedoch auch hier vom impliziten Autor. Parallel zu und verbunden mit dem impliziten Leser entwirft Booth folgendes Bild: Der Autor schaffe ein Bild seiner selbst und ein anderes Bild von seinem Leser; er schaffe seinen Leser, während er sein zweites Selbst schafft, und optimales Lesen sei dann gegeben, wenn das erschaffene Selbst des Autors und des Lesers völlige Übereinstimmung erreichen (Booth 1974, 142). Wie andere rhetorisch orientierte Theoretiker hält auch Booth den Begriff des impliziten Lesers für wesentlich, um aufzeigen zu können, wie unzuverlässiges Erzählen funktioniert: Der implizite Leser ist in der Lage, die Ungenauigkeiten des Erzählers zu erkennen und damit auch die Ironie, die der implizite Autor erzeugt, in vollem Umfang zu erfassen. Phelan (2005, 50) erläutert, dass der implizite Leser, wenn der Erzähler von den Ansichten des impliziten Autors abweicht, die Aussagen des impliziten Autors erkennen könne, jenseits des Erzählerbewusstseins, und tatsächlich sei es Teil der Herausforderung des impliziten Autors, denselben Text zu nutzen, um zwei verschiedene Botschaften zu senden, eine an den fiktiven Leser, die andere an den impliziten Leser. Auch wenn viele Forschungsbeiträge den Verdacht äußern, es gebe eine wechselseitige Beziehung zwischen den Vorstellungen des impliziten Autors und des impliziten Lesers (z. B. Nelles, Rimmon-Kenan), gibt es tatsächlich keine logische Implikation. Beide Konzepte lassen sich vertreten, ohne das jeweils andere vorauszusetzen; auch können sich erhebliche Asymmetrien in ihrer Beziehung finden (Richardson 2006, 114–115, 129–132).

Das dritte Konzept des impliziten Autors hat Seymour Chatman (1978) auf der Grundlage Booth'scher Thesen entwickelt. Er begreift den impliziten Autor als ‚Strukturprinzip' innerhalb des Textes, das vom realen Autor geschaffen wird. Diese Einheit, die Chatman nicht als ‚er' oder ‚sie' bezeichnet, sondern als ‚es', erfindet den Erzähler und begründet zugleich die Normen der Erzählung, hat jedoch keine eigene Stimme, sondern spricht zu uns durch den Aufbau des Erzählganzen (Chatman 1978, 148–149). Nilli Diengott (1993, 72), die Chatmans Ansatz kritisiert und modifiziert, beschreibt ihre Vorstellung des impliziten Autors als etwas Entpersonalisiertes, als Bild des realen Autors, als Gesamtheit der Haltungen und Einstellungen, die Gesamtbedeutung des Textes. Dieses Konzept, das den impliziten Autor mit dem Text selbst gleichsetzt, hat viel Kritik erfahren und kaum Anhänger gefunden.

2 Die frühe Geschichte des Konzepts

Laut Booth findet sich die Vorstellung eines impliziten Autors erstmals 1877 in Earnest Dowdens Diskussion von George Eliot. Kathleen Tillotson (1959, 71) bezieht sich in ihrem Buch *The Teller and the Tale* darauf und fasst diese Vorstellung als das zweite Selbst des Autors. In *The Author of Beltraffio* dramatisiert Henry James den Unterschied zwischen dem freundlichen lebenden Autor und der bösartigen Figur des Autors, die in seinen Büchern zum Vorschein kommt. In *The Private Life* bietet er ein mögliches übernatürliches Bild, um die anscheinend unvereinbaren Empfindungen und Handlungen des unscheinbaren realen Autors und der schwer fassbaren Figur darzustellen, die die brillanten Werke schafft. Marcel Proust, Joseph Conrad, Virginia Woolf und Jorge Luis Borges diskutieren ebenfalls den beträchtlichen Unterschied zwischen dem Konstrukt eines Autors, das sie erschaffen haben, und der lebenden Person, die dies getan hat. Proust bezeichnet das Buch als das Produkt eines Selbst, das ganz anders sei als das, was der Autor im wahren Leben zeigt (Proust 1984, 99–100), während Woolf sich auf die fiktive V. W. bezieht, die sie wie eine Maske durch die Welt trage (Woolf 1977–1984, Bd. 5, 307). Nach Wolf Schmid prägte schon 1927 der russische Formalist Jurij Tynjanov (1971 [1927], 75) den Begriff ‚literarische Persönlichkeit', mit dem er die interne abstrakte Autorinstanz eines Werkes beschrieb. Im Jahr 1926, so Schmid (2014, 289–290), begann Viktor Vinogradov, der Studien zu Sprache und Stil betrieb und dabei Verbindungen zum russischen Formalismus hatte, damit, das Konzept des „Autorbildes" (*obraz avtora*) zu entwickeln.

3 Angriffe

Zu einem einflussreichen Kritiker vieler Konzepte des impliziten Autors wurde Gérard Genette. Unter Hinweis auf Ockhams Rasiermesser widersprach er der

Vorstellung, dass der implizite Autor ein notwendiger (und damit gültiger) Akteur zwischen Erzähler und realem Autor sei, und wies darauf hin, dass in nahezu allen Fällen die Kategorien realer Autor und Erzähler ausreichend seien. Mit Blick auf Texte, die von zwei realen Autoren gemeinsam verfasst werden, stellte er fest, es sei schwer vorstellbar, dass die *Texte* dieser Werke die Dualität ihrer Autorakteure erkennen ließen (Genette 1988, 147), wobei sich allerdings zahlreiche Gegenbeispiele nennen lassen (vgl. Richardson 2011, 4–7). Jedoch räumt Genette ein, dass in apokryphen Texten und Werken, die von Ghostwritern verfasst werden, der implizite Autor vom realen Autor abweicht und dass die Vorstellung, die sich der Leser vom Autor eines Werkes mache, legitim sei, da der implizite Autor alles sei, was der Text uns über den Autor verrate, und wie jeder andere Leser dürfe auch der Literaturwissenschaftler dies nicht vernachlässigen (Genette 1988, 148). Andere Theoretiker haben sich deutlich kritischer gegen den Begriff gestellt.

Mieke Bal (2009, 17) hat mehrere Argumente gegen den Begriff ins Feld geführt, u.a. dass der implizite Autor oftmals das *Ergebnis* der Analyse der Bedeutung eines Textes sei, nicht aber die *Quelle* dieser Bedeutung. Diese Kritik ähnelt der von Shlomith Rimmon-Kenan (2002). Sie hält den Begriff als solchen für nützlich, wendet sich aber dennoch gegen eine von Chatmans Formulierungen. Wenn, wie Chatman sagt, der implizite Autor nichts als ein Konstrukt sei und nicht direkt kommunizieren könne (vgl. Chatman 1978, 148), dann erscheine es als begrifflicher Widerspruch, ihm die Rolle des Senders in einer kommunikativen Situation zuzuschreiben (Rimmon-Kenan 2002, 88). Bal meint, der Begriff mystifiziere und überschreibe den Beitrag des Lesers; und weiter: „[T]he term [...] is easily recuperated to grant the interpretation of one person [...] the authority of knowing ‚what the author meant to say'" (Bal 2009, 17). Porter Abbott (2011, 477) hingegen zeigt, wie sich der Begriff verträgt mit unserer Wahrnehmung, dass es für viele komplexe oder schwer zugängliche Texte mehr als eine intentionale Lektüre geben kann, die auf den Gesamttext zutreffe. Schließlich gibt Bal zu bedenken, dass der implizite Autor nicht ausschließlich in den Bereich des Erzählens und zur Narratologie gehört (Bal 2009, 17). Forscher, die in der Booth'schen Tradition arbeiten, sehen in diesen Gegenargumenten jedoch kein ernsthaftes Problem für ihre Theorieentwürfe.

Ansgar Nünning hat in einer Reihe von Artikeln, erschienen ab 1993, ähnliche Einwände vorgebracht. Unter Rückgriff auf einige der beschriebenen Positionen hält er fest, das Konzept (in der Formulierung Chatmans und Diengotts) sei bestenfalls deskriptiv unzureichend, im schlimmsten Fall widersprüchlich und irreführend (Nünning 1997, 98). Ebenso sei der Begriff theoretisch nicht schlüssig verortet, denn eine Entität könne unmöglich gleichzeitig ein konkreter Akteur in der Sequenz narrativer Vermittlung sein und der Text selbst (Nünning 2005, 92). Seiner Auffassung nach wurde der Begriff ursprünglich einfach verwendet, um

Absichten des Autors diskutieren zu können, ohne den Autor selbst ins Spiel zu bringen und damit den Widerstand jener zu riskieren, die die sogenannte *intentional fallacy* verurteilten. Allerdings verwendete Booth die Begriffe ‚Autor' und ‚Absicht' durchaus. Phelan und Rabinowitz benutzen die Begriffe ‚impliziter Autor' und ‚Autorpublikum' erst lange, nachdem die kritischen Einwände gegen Autoren und Absichten abgeebbt sind. Der Begriff scheint immer noch brauchbar, auch wenn er inzwischen Teile seiner ursprünglichen Funktion verloren hat.

David Herman (2012, 50), der frühere kritische Beiträge aufgreift und weiterführt, hält fest: „[T]he idea of the implied author arises from efforts to accommodate an anti-intentionalist position that I believe is preferable to dispute from the start". Und er ergänzt: „[T]alk of implied authors entails a reification or hypostatization of what is better characterized as a stage in an inferential process." Marie-Laure Ryans (2011) detaillierte Kritik stützt sich auf Kommunikationsmodelle aus der Sprachphilosophie. Sie argumentiert, die von der analytischen Sprachphilosophie geprägten Begriffe von Bedeutung und Absicht reichten zur Beschreibung der Interaktion, die der Begriff des impliziten Autors fassen soll, vollkommen aus. Aus Ryans Sicht ist der implizite Autor kein notwendiges Element des Kommunikationsmodells des Erzählens, als *design structure* nicht vernünftig erfasst und bildet auch nicht die Quelle der Normen und Werte, die der Text transportiert. Ryans Kritik konzentriert sich hauptsächlich auf die oben erwähnte zweite und dritte Fassung des Konzeptes.

Luc Herman und Bart Vervaeck (2011) haben angemerkt, das Konzept des impliziten Autors sei restriktiv, vereinfachend und zirkulär. Hingegen beschreiben Tom Kindt und Hans-Harald Müller (2006, 152) in ihrer Studie – übrigens der einzigen zu diesem Thema in Buchlänge –, in der sie die Probleme des Begriffes, gleichzeitig jedoch die Gründe für seine Langlebigkeit ausmachen: „[M]aking use of the implied author reflects a wide range of intuitions which are perfectly plausible when considered separately but which conflict with one another in a single concept." Fast jeder Aspekt des Konzepts, wie es artikuliert wurde, sei letztlich problembehaftet. Doch sie stellen auch fest, dass in den Kulturwissenschaften gewisse zentrale Konzepte grundsätzlich nicht wegen ihrer Tauglichkeit, sondern im Gegenteil trotz ihrer Untauglichkeit Verwendung fänden, weil sie es ermöglichten, bestimmte Überzeugungen zum Ausdruck zu bringen (Kindt und Müller 2006, 151). Sie gelangen zu dem Schluss, dass dieses höchst problematische und in sich widersprüchliche Bündel von Begriffen sich weiterhin halten werde.

Insgesamt lässt sich festhalten, dass von den drei oben vorgestellten Konzepten des impliziten Autors das dritte weitgehend widerlegt worden ist und als lebendiges Konzept nicht mehr existiert. Der zweite Ansatz, der die Rolle des impliziten Autors im Rahmen des Modells zur ‚narrativen Kommunikation' vom Autor zum Leser verortet, wird von rhetorisch orientierten Narratologen weiterhin verteidigt, von den meisten anderen Forschern hingegen heftig kritisiert (für eine Übersicht solcher Gegenargumente und ihre Widerlegung vgl. Phelan 2005, 40–44). Das brauchbarste Konzept ist das zuerst vorgestellte, das den impliziten Autor als Figur versteht, die den Text verfasst hat, in der Vorstellung seines Lesers. Selbst Genette akzeptierte diese Vorstellung. Auch sie jedoch bleibt höchst umstritten und wird immer wieder als irreführend oder mystifizierend abgelehnt. Möglicherweise bildet sie das einzige narratologische Konstrukt, das von vielen Theoretikern intensiv genutzt wird, vor dem andere hingegen ebenso überzeugt warnen.

4 Weitere Aspekte des Konzeptes und neuere Entwicklungen

Der implizite ‚Œuvre-Autor'

Booth hat auch die These vertreten, es gebe einen *career implied author*, einen impliziten Œuvre-Autor, der ähnliche Aspekte aus dem Gesamtwerk eines Autors fasse. Diese Vorstellung ist in späteren Studien kaum weiterverfolgt worden, wurde jedoch von Chatman (1990, 87–89) aufgegriffen. Patrick Colm Hogan befasst sich in seinem Entwurf des *cross-textual implied author* näher mit diesem allgemeinen Thema. Es gebe ein gewisses Maß interpretativer Relevanz und geistiger Einheit in verschiedenen Werken desselben Autors. In seiner Darstellung des *cross-genre implied author* in den Erzählwerken und Gemälden von Künstlern wie Rabindranath Tagore geht Hogan über die Grenzen der Erzählliteratur und der Literatur insgesamt hinaus. Ebenso untersucht er die These des filmischen *auteur*, die das Konzept des impliziten Autors recht gut ergänzt, in anderer Hinsicht aber ziemlich problematisch ist, besonders weil sie den bedeutenden Beitrag zum Werk eines Filmemachers herabmindert, den andere Beteiligte leisten, z. B. der Kameramann.

Mehrfache implizite Autoren

Abbott (2011) argumentiert, dass der Wert des Begriffes ‚implizit' [eigentl. ‚impliziert' – Anm. d. Übers.] darin liege, dass er eine Vielzahl von Interpretationen zulasse, anstatt sich auf eine einzige Lesart festzulegen, so wie Booth dies bei der Entwicklung des Begriffes vorausgesetzt hatte. Aus der Sicht Heinens (2002),

Lansers (2001) und Hogans (2013) wird der implizite Autor gemeinhin zwar als stabile, in sich stimmige Einheit vorgestellt, kann jedoch in sich durchaus Unterschiede, Brüche und Unvereinbares aufweisen. Für Heinen stellt dies eine erhebliche Schwäche des Konzepts dar. Lanser (2001, 157) bemerkt, man müsse die Vorstellung eines einheitlichen konsequenten Autors überwinden, die in der westlichen Kultur mindestens seit Hobbes Gültigkeit beanspruche, und anerkennen, dass implizite Autoren multiple Persönlichkeiten nicht nur sein können, sondern möglicherweise meistens sind. Nach Hogan (2013, 113) offenbaren neuere Darstellungen der kognitiven Architektur, dass es statt einer einzelnen, einheitlichen Intention von Autor oder implizitem Autor viele zum Teil widersprüchliche Ideen und Haltungen gebe. Er verwendet den Ausdruck *implicated author*, um die eher *local receptive intentions* zu beschreiben. So habe ein Text neben einem globalen impliziten Autor – ein Begriff, der nötig sei, um die gedanklichen Zusammenhänge eines größeren Werkes zu fassen – viele lokale *implicated authors* (Hogan 2013, 117).

Andere Theoretiker gehen noch weiter. So wie zwei reale Autoren einen einzigen impliziten Autor bilden können, was viele in Ko-Autorschaft entstandene Werke wie die der Goncourt-Brüder beweisen, kann auch ein einzelnes Werk zwei implizite Autoren aufweisen. Dies wird besonders offensichtlich, wenn der Stil zweier oder mehrerer tatsächlicher Autoren in einem Werk eigenständig und klar erkennbar bleibt, was in vielen Texten der Fall ist, etwa im *Rosenroman* von Guillaume de Lorris und Jean de Meung, die beide einen distinkt eigenen Stil und Ton haben und eine eigene Thematik und Absicht gestalten. Ein solches Werk hat zwei implizite Autoren. Derselbe tatsächliche Autor kann in Ausnahmefällen zudem zwei sehr unterschiedliche implizite Autoren präsentieren, so wie Chaucer im Haupttext und im Widerruf seiner *Canterbury Tales*. Ebenso ist dies vielleicht in den frühen und späteren Stilen von Joyces *Ulysses* zu beobachten. Diese Idee, zunächst von Chatman (1978, 149) formuliert, wird von Richardson (2006, 118–121, sowie 2011, 4–7) aufgegriffen und von Isabell Klaiber (2011) weiterentwickelt. Klaiber untersucht Werke, die von mehreren Autoren geschrieben wurden, darunter *The Whole Family*, ein von zwölf sehr unterschiedlichen Autoren (u. a. Henry James) verfasster Roman, von denen jeder seinen persönlichen Stil und seine eigene Stimme behält. Der implizite Œuvre-Autor bietet einen idealen Ausgangspunkt für weitere Studien zu Konzept und Umsetzung mehrfacher impliziter Autoren, da viele Schriftsteller (z. B. Tolstoj) bekanntlich Stil und Stimme ebenso wie Ästhetik und Weltanschauung im Laufe ihrer literarischen Laufbahn verändern.

Der implizite Autor und die narrative Ethik

Booth hat stets eine enge Verbindung von Schreiben, Lesen und Ethik postuliert und verschiedene Erzählhaltungen ethisch beurteilt. Spätere Theoretiker haben, beginnend mit Chatman, kein Interesse gezeigt an vermeintlich ethischen Implikationen und es für unnötig gehalten, die Normen einer Erzählung unbedingt als moralische Normen zu fassen (vgl. Chatman 1978, 149). James Phelan (2005) hat den Versuch unternommen, diesen Aspekt zu erweitern und auszugestalten, indem er die Zwiespältigkeit der ethischen Position des Protagonisten mit der des impliziten Autors verglichen hat, wie sie sich im Verlauf von Kazuo Ishiguros Roman *Was vom Tage übrigblieb* entwickelt. Er setzt sich auch mit einer besonders problematischen Behauptung Booths auseinander, dass nämlich das erfolgreichste Lesen dann gelinge, wenn der implizite Autor und der implizite Leser völlige Übereinstimmung finden. Schließlich ist es das Ziel des – in Judith Fetterleys (1978) Worten – feministischen *resisting reader*, sich gegen ein ‚Vereinnahmtwerden' in einem frauenfeindlichen Text zu stellen, sich also genau der Identifizierung zu erwehren, für die Booth sich starkmacht. Phelan (2005, 59) hingegen hält fest: „[W]ithin the model of rhetorical reading the flesh-and-blood reader will *attempt* to enter the authorial audience, but that entrance can be affected by the reader's own set of beliefs and values." Da er dies erkennt, privilegiert Phelans Ansatz weder den impliziten Autor noch den Text oder die Reaktion des Lesers, sondern geht von einer Rückkopplungsschleife zwischen diesen Stationen des rhetorischen Austausches aus. Gleichzeitig ist es wichtig, eine parallele Identifizierung zu vermeiden. Schmid (2014, 295) hat darauf hingewiesen, dass der implizite Autor nicht als Sprachrohr des tatsächlichen Autors verstanden werden dürfe. Denn schließlich, so stellt er fest, sei es durchaus üblich, dass Autoren in ihren Werken mit ihrer Weltanschauung experimentieren und ihre Überzeugungen auf die Probe stellen.

Der implizierte Autor nicht-fiktionaler Erzählungen

Phelan (2011) hat festgestellt, dass der Begriff des impliziten Autors für das Verstehen nicht-fiktionaler Erzählungen ebenso nützlich sei wie für fiktionale Erzählliteratur. Er nutzt den Begriff auch, um unzuverlässige Erzähler nicht-fiktionaler Prosa zu behandeln. Ein entschiedener Vorteil dieser Position ist, dass sie notwendigerweise der Kritik entgeht, das Konzept werde als Aspekt der Vermittlung fiktionaler Erzählungen verstanden.

5 Aktuelle Debatten

Definition, Geltungsbereich und Nützlichkeit des Begriffs ‚impliziter Autor' sind immer noch Gegenstand narratologischer Debatten, was eine jüngere Ausgabe von *Style* (45.1, Frühjahr 2011) beweist, die diesem Thema gewidmet war. So wie Strukturalisten sich für das Konzept eingesetzt oder dagegen gekämpft haben, diskutieren heute Kognitivisten das Pro und Contra. Dabei weichen die Positionen, die etwa Bortolussi und Dixon (2003, 66–68), David Herman, Abbott und Hogan vertreten, erheblich voneinander ab. Jüngere Studien zeigen, dass Narratologen auch heute noch das Konzept erweitern, verfeinern und weiterentwickeln. Es zeichnet sich weder ab, dass die Debatten nachlassen, noch dass die Forschung demnächst zu einer einheitlichen Linie finden wird.

Übersetzt von Christine Henschel

Literaturverzeichnis

Abbott, H. Porter (2011). „Reading Intended Meaning Where None Is Intended: A Cognitivist Reappraisal of the Implied Author" In: *Poetics Today* 32.3, 461–487.
Bal, Mieke (2009). *Narratology: Introduction to the Theory of Narrative*. 3. Aufl. Toronto.
Booth, Wayne C. (1961). *The Rhetoric of Fiction*. Chicago. Dt.: Booth 1974.
Booth, Wayne C. (1974). *Die Rhetorik der Erzählkunst* [Übers. von Booth 1961]. Übers. von A. Polzin. Heidelberg.
Booth, Wayne C. (2005). „Resurrection of the Implied Author: Why Bother?" In: J. Phelan, P. J. Rabinowitz (Hgg.), *A Companion to Narrative Theory*. Oxford, 75–88.
Bortolussi, Marisa, und Peter Dixon (2003). *Psychonarratology: Foundations for the Empirical Study of Literary Response*. Cambridge.
Chatman, Seymour (1978). *Story and Discourse*. Ithaca.
Chatman, Seymour (1990). *Coming to Terms*. Ithaca.
Diengott, Nilli (1993). „The Implied Author Once Again". In: *Journal of Literary Semantics* 22, 68–75.
Fetterley, Judith (1978). *The Resisting Reader: A Feminist Approach to American Fiction*. Bloomington, IN.
Genette, Gérard (1988). *Narrative Discourse Revisited*. Übers. von J. E. Lewin. Ithaca.
Heinen, Sandra (2002). „Das Bild des Autors: Überlegungen zum Begriff des ‚impliziten Autors' und seines Potentials zur kunstwissenschaftlichen Beschreibung von inszenierter Autorschaft". In: *Sprachkunst* 33, 327–343.
Herman, David (2012). „Authors, Narrators, Narration". In: D. Herman, J. Phelan, P. J. Rabinowitz, B. Richardson, R. Warhol (Hgg.), *Narrative Theory: Core Concepts and Critical Debates*. Columbus, OH, 44–50.
Herman, Luc, und Bart Vervaeck (2011). „The Implied Author: A Secular Excommunication". In: *Style* 45.1, 11–28

Hogan, Patrick Colm (2013). *Narrative Discourse: Authors and Narrators in Literature, Film, and Art*. Columbus, OH.
Kindt, Tom, und Hans-Harald Müller (2006). *The Implied Author: Concept and Controversy*. Berlin.
Klaiber, Isabell (2011). „Multiple Implied Authors: How Many Can a Text Have?" In: *Style* 45.1, 138–152.
Lanser, Susan S. (2001). „(Im)plying the Author". In: *Narrative* 9, 153–160.
Nelles, William (1993). „Historical and Implied Authors". In: *Comparative Literature* 45, 22–46.
Nünning, Ansgar (1993). „Renaissance eines anthropormorphisierten Passepartouts oder Nachruf auf ein literaturkritisches Phantom? Überlegungen und Alternativen zum Konzept des ‚implied author'". In: *Deutsche Vierteljahrsschrift für Literaturwissenschaft und Geistesgeschichte* 67.1, 1–25.
Nünning, Ansgar (1997). „Deconstructing and Reconceptualizing the ‚Implied Author': The Resurrection of an Anthropomorphicized Passepartout or the Obituary of a Critical Phantom?" In: *Anglistik* 8, 95–116.
Nünning, Ansgar (2005). „Reconceptualizing Unreliable Narration: Synthesizing Cognitive and Rhetorical Approaches". In: J. Phelan, P. J. Rabinowitz (Hgg.), *A Companion to Narrative Theory*. Oxford, 89–107.
Phelan, James (2005). *Living to Tell about It*. Ithaca.
Phelan, James (2011). „The Implied Author, Deficient Narration, and Nonfiction Narrative: Or, What's Off-Kilter in ‚The Year of Magical Thinking' and ‚The Diving Bell and the Butterfly'?" In: *Style* 45.1, 119–137.
Proust, Marcel (1984). *Marcel Proust on Art and Literature*. Übers. von S. Townsend Warner. New York.
Rabinowitz, Peter J. (2011). „‚The Absence of Her Voice from That Concord': The Value of the Implied Author". In: *Style* 45.1, 99–108.
Richardson, Brian (2006). „Implied Authors, Historical Authors, and the Transparent Narrator: Toward a New Model of the Narrative Transaction". In: B. Richardson, *Unnatural Voices: Extreme Narration in Modern and Contemporary Fiction*. Columbus, 114–133.
Richardson, Brian (2011). „The Implied Author: Back from the Grave or Simply Dead Again?" In: *Style* 45.1, 1–10.
Rimmon-Kenan, Shlomith (2002). *Narrative Fiction: Contemporary Poetics*. 2. Aufl. London.
Ryan, Marie-Laure (2011). „Meaning, Intent, and the Implied Author". In: *Style* 45.1, 29–47.
Schmid, Wolf (2014). „Implied Author". In: P. Hühn, J. Ch. Meister, J. Pier, W. Schmid (Hgg.), *Handbook of Narratology*. 2., überarb. und erw. Aufl. Berlin, 288–300. http://www.lhn.uni-hamburg.de/article/implied-author-revised-version-uploaded-26-january-2013 (28. Mai 2017).
Shen, Dan (2011). „What is the Implied Author?" In: *Style* 45.1, 80–98.
Tillotson, Kathleen (1959). *The Teller and the Tale*. London.
Tynjanov, Jurij (1971 [1927]). „On Literary Evolution". In: L. Matejka, K. Pomorska (Hgg.), *Readings in Russian Poetics: Formalist and Structuralist Views*. Cambridge, MA, 66–78.
Woolf, Virginia (1977–84). *The Diary of Virginia Woolf*. Hg. von A. O. Bell. London.

Natalia Igl
III.1.2 Erzähler und Erzählstimme

1 Der ‚Erzähler' als narratologisches Kernkonzept und als potentiell ‚fragwürdige Existenz'

Der ‚Erzähler' oder auch die ‚Erzählstimme' stellt eines der zentralen narratologischen Beschreibungs- und Analysekonzepte dar. Ob jede Erzählung auch einen Erzähler hat, ist innerhalb der Forschung jedoch nicht unstrittig. Während sich etwa mit Margolin (2014, [1]) der Erzähler als „highest-level speech position" sowie als textintern entworfener Ursprung des gesamten jeweiligen narrativen Diskurses auffassen lässt und entsprechend nach Bal (2009, 18) das zentralste erzählanalytische Konzept darstellt, erscheint der Erzähler aus anderer Sicht kein notwendiges Element narrativer Texte zu sein (vgl. exemplarisch Abbott 2008, 68–69). Die Antwort auf die Frage, ob eine Erzählung auch erzählerlos sein kann, wie etwa Banfield (1982) und Patron (2009) argumentieren, hängt jedoch grundlegend von der jeweiligen Konzeptualisierung dessen ab, was unter ‚Erzähler(stimme)' verstanden wird.

Der Erzähler als notwendig oder fakultativ

Im *Reallexikon der deutschen Literaturwissenschaft* findet sich unter dem Lemma „Erzähler" (Zeller 1997) eine Begriffsexplikation, die noch von einem unerschütterten *common ground* ausgeht: So werde unter ‚Erzähler' oder englisch *narrator* „nach allgemeiner literaturtheoretischer Übereinkunft diejenige Instanz in narrativen Texten [...] genannt, die zwischen einem Autor und einem Leser [...] vermittelt, indem sie den Text ‚spricht' bzw. die Geschichte ‚erzählt'" (Zeller 1997, 502). Gemäß seinem Status als textkonstitutiver Funktion kann der Erzähler dementsprechend mit Zeller „zwar auffällig individuell bis fast unbemerkbar sein" (Zeller 1997, 502), außerhalb von Fällen wie einer Erzählung im ‚inneren Monolog' oder in durchgehender direkter Rede aber nicht verschwinden oder fehlen. Diese Position wird auch im Artikel zur Erzähltextanalyse (Schmid 2007) im *Handbuch Literaturwissenschaft* geteilt. So hebt Schmid hier hervor, dass Erzähltexte nicht unmittelbar erzählen, sondern einen Erzählakt darstellen, „eine fiktive Kommunikation, in der ein fiktiver Erzähler seinem fiktiven Adressaten eine Geschichte erzählt" (Schmid 2007, 107). Der ‚fiktive Erzähler' ist entsprechend zu verstehen als „jene Instanz, die in der fiktiven dargestellten Welt als Urheber der Erzählung auftritt" (Schmid 2007, 109). Unterschieden wird dabei zwischen der expliziten Darstellung, bei der der Erzähler sich (mehr oder weniger ausführlich) selbst präsentiert und der impliziten Darstellung, die auf den „Symptomen oder indizialen Zeichen des Erzähltextes" (Schmid 2007, 109) beruht, zu denen mit Schmid „Verfahren der Auswahl, der Konkretisierung und der Komposition der Geschehensmomente" einer Erzählung, sprachlich-stilistische Mittel, implizite oder explizite Wertungen sowie „‚Einmischungen' des Erzählers" in Form von „Kommentaren, Reflexionen und dergleichen" zu zählen sind (Schmid 2007, 110). Im Gegensatz zur fakultativen expliziten Darstellung des Erzählers hat die implizite Darstellung dieser Auffassung nach „obligatorischen Charakter" (Schmid 2007, 110), lässt sich also für das Erzählen als konstitutiv verstehen.

Entgegen dieser Auffassung von der obligatorischen Präsenz des Erzählers in der Narration und der Unmöglichkeit ‚erzählerloser' Erzählungen findet sich innerhalb der narratologischen Forschungsdiskussion jedoch auch die Position, dass die Erzählinstanz nicht als konstitutiv für narrative Texte anzusetzen ist (vgl. grundlegend Banfield 1982; aktuell: Köppe und Stühring 2011; Birke und Köppe 2015a; Patron 2009, 2010; siehe Margolin 2014, [25]–[32] für einen differenzierten Überblick zu den alternativen Modellierungen gegenüber der ‚klassischen' narratologischen Auffassung vom Erzähler). So unterscheiden Köppe und Stühring (2011) in Bezug auf die in verschiedenen Forschungsbeiträgen diskutierte Annahme der notwendigen oder fakultativen Existenz des Erzählers zwei generelle Positionen: Einerseits die sogenannten *Pan-narrator theories*, deren zentrale Prämisse es nach Köppe und Stühring ist, dass alle ‚fiktionalen Erzählungen' einen vom Autor des Textes zu unterscheidenden ‚fiktionalen Erzähler' aufweisen, und die zudem häufig von einer ‚impliziten', ‚hintergrundierten' oder ‚verdeckten' Präsenz des fiktionalen Erzählers ausgehen; die *Optional-narrator theories* vertreten andererseits hingegen die Auffassung, dass eine ‚fiktionale Erzählung' auch ‚erzählerlos' sein kann und dass es keine theoretische Notwendigkeit für das Postulat einer stets vorhandenen Erzählerinstanz gibt (Köppe und Stühring 2011, 59).

Wenn es aber nicht der Erzähler ist, der den narrativen Text in Form einer textinternen Sprecherposition vermittelt, dann fällt diese Funktion mit Köppe und Stühring (2011) zurück auf die textexterne Position des Autors. Eine Gleichsetzung von ‚Autor' und ‚Erzähler' wäre dabei jedoch unzulässig. Wie Eibl (2013, 224) vermerkt, ist es „seit Wolfgang Kaysers berühmt gewordener Frage: ‚Wer erzählt den Roman?' [...] für Literaturwissenschaftler zur Pflicht geworden, bei jeder Art von literarischem Erzählwerk zwischen Autor und Erzähler zu unterscheiden". Mit Birke und Köppe (2015b, 6) steht die grundlegende Autor/Erzähler-Unterscheidung (im Sinne der Differenzierung zwischen ‚realen' Textproduzenten und fiktionalen narrativen Sprecher- und Vermittlungsinstanzen) als literaturwissenschaftlicher Konsens und terminologische Notwendigkeit außer Zweifel. Diskussionsbedarf gäbe es jedoch in Bezug auf die Reichweite, Folgen und spezifischen Details der Autor/Erzähler-Unterscheidung (vgl. Birke und Köppe 2015b, 6). Das Vorhandensein eines ‚fiktionalen Erzählers' in jeder ‚fiktionalen Erzählung' leitet sich aus dieser Grundunterscheidung für Birke und Köppe nicht ab.

Anstatt der Annahme, dass die Erzählerfunktion im Falle eines nicht vorhandenen ‚fiktionalen Erzählers' bei der Autorposition verbleibt, lässt sich aus Sicht von *Pan-narrator theories* dennoch eine zusätzliche *Funktionsebene* ansetzen, die im narrativen Diskurs zur Autorposition hinzutritt und linguistisch nachweisbar ist. So setzen – anders als von Köppe und Stühring (2011, 59) postuliert – Ansätze, die die Möglichkeit ‚erzählerlosen' Erzählens verneinen, zwar die Unterscheidung ‚Autor' (textexterne Sprecherinstanz mit dem Status ‚Person') und ‚Erzähler' (textinterne Sprecherinstanz bzw. perspektivische Ebene) als axiomatisch voraus, gehen jedoch nicht notwendigerweise von der Existenz eines ‚fiktionalen Erzählers' aus, sei er explizit verkörpert bzw. als distinkte Stimme wahrnehmbar oder gegebenenfalls auch impliziert oder verdeckt gehalten. Stattdessen argumentieren entsprechende Studien ausgehend von kognitiv-linguistischen Erkenntnissen und Prämissen beispielsweise für die Annahme einer abstrakten Eigenschaft der *narratorship* (Dancygier 2012) sowie eine diskursive Doppelstruktur, bei der die Figurenebene perspektivisch in die Erzählerebene eingebettet ist (vgl. Igl und Zeman 2016; Margolin 1991).

In seinem differenzierten Abriss zu den verschiedenen Prämissen und Argumentationen der *Pan-narrator* versus *Optional-narrator theories* kommt Zipfel (2015, 77) zu dem Schluss, dass die Beantwortung der Frage nach der Möglichkeit oder Unmöglichkeit ‚erzählerloser' Erzählungen von axiomatischen Setzungen abhängt – so etwa davon, welche spezifischen Texteigenschaften wir als Hinweise auf das Vorhandensein eines Erzählers zu deuten bereit sind. Solange ‚der Erzähler' als *klar umrissene textuelle Entität* konzeptualisiert ist – und dies ist auch im Falle des Konzepts der ‚heterodiegetischen Erzählung' implizit der Fall, insofern nach einer klar konturierten Sprecherposition Ausschau gehalten wird – dreht sich die Frage um ein ontologisches *Entweder-Oder*. Ein Konsens ist in diesem Streit aufgrund der unterschiedlichen Prämissen entsprechend nicht zu erwarten.

Der Erzähler als Verkörperung, Stimme und mentales Konstrukt

Ungeachtet der (axiomatischen) Uneinigkeit über die Frage, ob ‚der Erzähler' als konstitutiv für narrative Texte anzusetzen ist, steht innerhalb der narratologischen Diskussion außer Zweifel, dass der ‚verkörperte' Erzähler schwerlich als notwendiger Bestandteil einer Narration anzusetzen ist. Dies hat jedoch zugleich Konsequenzen für das Konzept einer eindeutig zuzuordnenden, in Relation zur Diegese klar ‚verortbaren' Erzählstimme, wie es etwa Genettes taxonomische Unterscheidung zwischen einer homo-, hetero- und autodiegetischen Erzählung sowie intra- vs. extradiegetischem Erzählen (vgl. Genette 1972, 1983) impliziert. So lassen sich etwa in postmodernen Erzählungen häufig ‚unnatural voices' (vgl. Richardson 2006; Alber et al. 2012) beobachten, die ‚mimetisch unmöglich' sind, da sich in ihnen beispielsweise mehrere Stimmen zu überlagern scheinen oder unmarkierte metaleptische Sprünge keine eindeutige Sprecherposition identifizierbar machen (vgl. Margolin 2014, [6]; zur narratologischen Diskussion um ‚Stimme(n) im Text' vgl. auch Blödorn et al. 2006). Aus Sicht der *Optional-narrator theories* lässt sich eben dieses Fehlen einer eindeutigen „highest-level narrator position" (Margolin 2014, [6]) als Argument dafür sehen, dass die Annahme einer obligatorisch anzusetzenden Erzählerinstanz für jeden narrativen Text unzulässig ist (vgl. Zipfel 2015 zur Problematisierung heterodiegetischer Erzählungen innerhalb der *Optional-narrator*-Ansätze).

Dennoch lässt sich die Erzählinstanz im Sinne einer innertextuellen Sprecherposition (Margolin 2011, 2014) als konstitutiv für narrative Texte ansetzen. Einen argumentativen Ausgangspunkt hierfür liefert gerade Patron (2006), die sich gegen die Prämisse des obligatorischen Erzählers ausspricht. So ist die Annahme von ‚erzählerlosen' Erzählungen aus ihrer Sicht eine Grundlage dafür, um besser zu verstehen, welche kognitiven Prozesse bei der Rezeption fiktionaler Erzählungen ablaufen (vgl. Patron 2006, 130). Gerade ausgehend von der mentalen Verarbeitung narrativer Texte bzw. Artefakte durch die Leser lässt sich jedoch die Kategorie des ‚Erzählers' und dessen konstitutiver Status sowohl theoretisch wie auch empirisch gut stützen: Innerhalb der kognitionswissenschaftlich ausgerichteten Literaturwissenschaft, die an Ergebnisse kognitions- und neurowissenschaftlicher sowie (evolutions-)psychologischer Forschung anknüpft (vgl. für einen Überblick Wege 2013a, 2013b; Brône und Vandaele 2009), ist als Prämisse gesetzt, dass die kognitive Verarbeitung narrativer Texte – seien sie fiktional oder faktual – analog zu realer Konversation verläuft, die konstruierte Kommunikation jedoch im Kopf des Lesers stattfindet (vgl. Bortolussi und Dixon 2003, 73–74; Wege 2013b, 66). Hier liegt auch der entscheidende Punkt für die Anthropomorphisierung und gestalthafte Vervollständigung der textuell evozierten Instanz ‚Erzähler' (siehe auch Blödorn und Langer 2006 zu den Implikationen eines metaphorischen Stimmenbegriffs): „Da der Leser den Erzähler als Kommunikationsteilnehmer behandelt, *muss* er ihm bestimmte Eigenschaften zuschreiben – zum Beispiel, dass der Erzähler grundlegendes Wissen des Lesers teilt und Ähnlichkeiten mit ihm aufweist [...]." (Wege 2013b, 66)

Aus psychonarratologischer Sicht ist der Erzähler also zugleich ‚im' Text und ‚im' Leser verortet (vgl. Bortolussi und Dixon 2003, 37). Sein ‚quasi-ontologischer Status' (vgl. Mellmann, 2010, 119; grundlegend Bortolussi und Dixon 2003) ergibt sich also gerade aus dem dynamischen Zusammenspiel von Textimpulsen und mentaler Resonanz beim Rezipienten (vgl. Fricke und Müller 2010, 2). Diese Prämisse des dynamischen Text-Leser-Verhältnisses ist konstitutiv für kognitiv-poetische Zugriffe, die sich innerhalb der Erzählforschung beispielsweise im Rahmen der *Text World Theory* (vgl. grundlegend Werth 1999; Gavins 2007; Semino 2009) mit dem Zusammenspiel von Textphänomenen und kognitiven Grundlagen der Rezeption und narrativen Bedeutungskonstitution befassen (vgl. auch Fludernik 2003). Fricke und Müller (2010, 2) bringen dies gut auf den Punkt: „Cognitive poetics is, among other things, a programme of explaining presumed or observed psychological effects on the recipient [...]. Or at least it is concerned with questions of *interaction* between ‚text impulses' and mental ‚reader reactions'."

Dieses dynamische Verhältnis zwischen Textimpulsen und mentaler Konstruktionsleistung des Rezipienten gilt nicht nur in Bezug auf die Instanz des Erzählers, sondern ganz grundlegend auch in Bezug auf die erzählten Figuren eines Textes (vgl. Jannidis 2004) – und nicht zuletzt in Bezug auf die textuell entworfene Erzählwelt. Wie Ryan und Thon (2014b, 3) bekräftigen, kommt dem Konzept der *storyworld* eine gewichtige Rolle zu, „for it captures the kind of mental representation that a text must evoke in order to qualify as narrative". So beschreibt Herman (2009, 105) Erzählungen als ‚Blaupausen' für einen spezifischen Modus der „world-creation". Ryan und Thon (2014b, 3) sprechen hier in Abgrenzung zu Herman noch konkreter von „world imagination": „[W]hile the author creates the storyworld through the production of signs, it is the reader, spectator, listener, or player who uses the blueprint of a finished text to construct a mental image of this world." Ausgehend von einer kognitiv-linguistisch basierten Erzählforschung ist der Erzähler dabei also einerseits diejenige Funktionsstelle im Text, die als innertextuelle Vermittlungsinstanz fungiert, wie dies bereits Schmid (2007, 109; 2008, 42) in seiner Modellierung der Erzählkommunikation entwirft. Andererseits kommt der Erzählstimme neben der Vermittlung der erzählten Welt auch eine entscheidende Funktion hinsichtlich der *Konstruktion* derselben zu. Wie Brandt (2013, 470) aus kognitiv-linguistischer Sicht betont, ist die Erzählstimme ein starkes „space-building device", da eine Sprecherposition immer auch einen an diese gebundenen Referenzraum impliziert, von dem die Äußerungen des Sprechers ausgehen bzw. auf den sie sich beziehen (vgl. das Konzept der Origo bei Bühler 1999 [1934]): „[B]y setting forth a propositional utterance, the narrator thereby sets up a referential space, prompting the mental enactment of signifieds in the mind of the 2nd person addressee." (Brandt 2013, 470) Der erzählte Raum als fiktional-diegetischer Referenzraum wird aus dieser Perspektive durch die narrative Kommunikation im Sinne der konkreten textuellen Erzählakte entworfen und ermöglicht so die mentale Konstruktion einer *storyworld* auf Rezipientenseite.

Insgesamt lässt sich die Kategorie der Stimme, der in Gérard Genettes erzählanalytischer Taxonomie ein besonderer Stellenwert zukommt, vor diesem Hintergrund in ihrer analytischen Leistungsfähigkeit bestärken. So bewertet Mellmann die Unterscheidung von ‚Stimme' und ‚Wahrnehmung(sinstanz)' sogar als narratologisches ‚Ei des Columbus' für Genettes Analysezugriffs, da infolge dieser im Gegensatz zu vorangehenden typischen Ansätzen (vgl. etwa Franz K. Stanzels Modell der Erzählsituationen) eine systematisch Beschreibung der durch Textelemente beim Leser evozierten konkreten Vorstellungen vom Erzähler und den in der Narration präsentierten Figuren möglich sei, die deren ‚quasi-ontologischen' Status berücksichtige (vgl. Mellmann 2010, 119). Auch Zipfel (2015) nimmt diese doppelte Relation vom Erzähler als der für den narrativen Diskurs konstitutiven Instanz und kognitiv-mentaler Konstruktionsleistung in den Blick. So ist es aus Sicht von *Pan-narrator*-Ansätzen nicht problematisch, wenn der Erzähler in einem narrativen Text nicht explizit erwähnt bzw. dargestellt wird. Wie Zipfel (2015, 76) anmerkt, impliziert das Konzept ‚Narration' die Annahme einer Erzählinstanz – im Sinne eines kognitiv-semantischen *Frames* (vgl. Gawron 2011), mit dem auch entsprechende Rezeptionserwartungen der Leser einhergehen. Quendler (2010, 19) spricht hier auch vom „novelistic frame" im Sinne der spezifischen Wissensbestände und entsprechenden Rezeptionserwartungen von Lesern in Bezug auf fiktionale Texte und die an der Erzählkommunikation beteiligten Instanzen (vgl. grundlegend auch Fludernik 1996 zur Relevanz des kognitionswissenschaftlichen *Frame*-Begriffs für die Narratologie). Gestalthaft oder auch als eine auf einen gestalthaften Sprecher rückverweisende Stimme ‚verkörpert' wird der Erzähler also nicht zuletzt durch die auf *Frames* und konzeptuellem Wissen basierende mentale Modellierung des Lesers – und damit in dessen Kognition. Mit Margolin lässt sich die Erzählinstanz entsprechend als komplexe und dynamische Funktionsstelle narrativer Texte auffassen, die durch Texteigenschaften und zugleich durch mentale Konstruktionsleistungen evoziert und konstituiert wird: „A narrator is a linguistically indicated, textually projected and readerly identified position whose occupant needs to be thought of primarily in terms of a communicative role [...], distinct from any actual-world flesh-and-blood (or computer) producer of the text." (Margolin 2011, 44) Als ‚Erzählinstanz' lässt sich damit die innertextuell verortete Sprecherposition bezeichnen, die den narrativen Diskurs in seiner Gesamtheit hervorbringt und von der die Bezugnahmen auf die erzählten Entitäten, Handlungen und Ereignisse ausgehen (vgl. Margolin 2011, 44). Das kognitiv-mentale Konstrukt ‚Erzähler' korrespondiert mit dieser in narrativen Texten gegebenenfalls in sich wiederum dynamisch entworfenen, d. h. perspektivisch aufgespaltenen innertextuellen Sprecherposition.

Deutlich wird aus kognitiv-linguistischer Sicht, dass der Erzähler als „communicative role" in der Tat konstitutiv für narrative Texte sowie für deren Rezeption anzusetzen ist. Die ‚Einladung' zur gestalthaften Ausdeutung und zum Versuch einer Verortung der Erzählstimme im Verhältnis zur erzählten Welt wird dabei an zweierlei Orten ‚ausgesprochen': *im Text* und *im Leser*.

Der Erzähler als abstraktes Organisationsprinzip

Insgesamt zeigt sich bei der Frage nach der Ubiquität des Erzählers in der Narration oder der Möglichkeit ‚erzählerloser' Erzählungen, dass innerhalb der narratologischen Diskussion zwischen zwei terminologischen Verwendungsweisen unterschieden werden muss, die wiederum auf unterschiedlichen methodisch-theoretischen Prämissen basieren. So wird unter ‚Erzähler' in der ‚klassischen' Narratologie eine mehr oder weniger stark materialisierte Persona oder auch Erzählstimme innerhalb eines narrativen Textes verstanden. Oftmals wird in der Forschung auch dezidiert vom ‚fiktiven' oder ‚fiktionalen Erzähler' gesprochen. Demgegenüber wird der ‚Erzähler' innerhalb kognitiv-linguistisch basierter Ansätze als Erzählinstanz im Sinne einer abstrakten Größe verstanden, die sich als *narratorship* (Dancygier 2012) bezeichnen lässt. Ausgehend von Modellierungen der *Mental-Space-* und *Blending*-Theorie (vgl. exemplarisch Fauconnier und Turner 2002; Fauconnier 1994) konzeptualisiert Dancygier (2012, 63) *narratorship* im Sinne einer übergeordneten, subjektiven ‚Triebkraft' des narrativen Diskurses, die sich im sogenannten *story-viewpoint space* (in Abgrenzung zu anderen *main narrative spaces*) verorten lässt. Ausgehend von dieser Konzeptualisierung ist die Erzählinstanz nicht nur als jene Instanz zu verstehen, „die in der fiktiven dargestellten Welt als Urheber der Erzählung auftritt" (Schmid 2007, 109), sondern als perspektivische Ebene, die sich aus der grundlegenden Distanz zwischen den verschiedenen *narrative spaces* ergibt (vgl. Zeman 2016, 30).

Die textuelle Manifestation der Erzählinstanz als klar konturierte Persona oder verortbare Stimme muss dabei nicht notwendigerweise gegeben sein. Als abstraktes diskursives Organisationsprinzip und sprachlich-perspektivische Ebene lässt sich die Erzählinstanz im narrativen Diskus dennoch stets nachweisen. Die Spuren des Erzählers im Text sind linguistisch auch dort erfassbar, wo aus Sicht der *Optional-narrator*-Theorien ein ‚erzählerloses' Erzählen vorliegt: So gibt es im Falle einer Erzählung in der ‚freien indirekten Rede' (‚free indirect discourse', oftmals gleichgesetzt mit ‚erlebter Rede'; zur stärkeren Differenzierung Schmid 2008, 205–208) vermeintlich keine Anzeichen für eine Erzählstimme (vgl. exemplarisch Banfield 1982; Fludernik 1993, 443). Betrachtet man jedoch die grammatische Struktur einer im genannten Modus gehaltenen Textpassage, bei der Rede-, Gedanken- und Wahrnehmungsakte einer Figur ohne explizite sprachliche Markierung (etwa *Inquit*-Formeln wie ‚... , sagte sie.', ‚Er dachte bei sich, ...') dargeboten werden, so lässt sich auch hier die Erzählerebene nachweisen. Ein berühmter Beispielsatz für das Phänomen der erlebten Rede – „Morgen war Weihnachten" – stammt (leicht abgewandelt) aus dem Roman *Die Bräutigame der Babette Bomberling* (1915) von Alice Berend:

> Frau Bomberling sagte sich, daß sie etwas tun müsse, um dünner zu werden. Noch einmal wollte sie Babettes Glück nicht aufs Spiel setzen.
> Helene hatte gestern einen Arzt genannt, der die Wohlhabenden mager kurierte. Sie mußte ihn aufsuchen.
> Aber am Vormittag hatte sie den Baum zu putzen. Morgen war Weihnachtsabend. (Berend 2012 [1915], 83)

Käte Hamburger deutet den Satz in ihrer einflussreichen Studie *Die Logik der Dichtung* (1957) als Beleg für die Verschiedenheit von fiktional-literarischer Sprachverwendung und Alltagssprache sowie die ‚grammatische Funktionslosigkeit' des ‚epischen Präteritums' (vgl. daran anknüpfend Banfield 1982, die von der ‚Unmöglichkeit' bestimmter Äußerungen außerhalb der schriftlichen Sprachverwendung ausgeht). Hamburger geht dabei von einer Ersetzung einer Sprecher-Origo durch eine andere aus: „Denn erst das Auftreten bzw. das erwartete Auftreten der fiktiven Ich-Origines, der Romanpersonen, ist der Grund dafür, daß die reale Ich-Origo verschwindet und zugleich, als logische Folge, das Präteritum seine Vergangenheitsfunktion ablegt." (Hamburger 1957, 34) Die Origo als das deiktische Zentrum, d. h. als „Koordinatenausgangspunkt" im „Zeigfeld der menschlichen Sprache" (Bühler 1999 [1934], 102), ist mit E. Fricke (2003, 72) aber gerade nicht als ein einzelner fixierter Punkt zu verstehen, sondern als abstrakt, beweglich und potenziell multipel: „These origos are not fixed to the speaker but rather can also be shifted to other entities." Das Hinzutreten einer zweiten, dritten, vierten etc. Origo in einem narrativen Text führt entsprechend nicht einfach zu einer *Ablösung* der ersten. Stattdessen kommt es im oben zitierten Beispiel aus Berends Roman zu einer perspektivischen Überlagerung von Erzähler- und Figuren-Origo (und damit auch von verschiedenen *narrative spaces*, vgl. Dancygier 2012), die in Form der freien indirekten Rede im Satz „Morgen war Weihnachtsabend" linguistisch beobachtbar wird. So vermerkt etwa Schlenker (2004, 285): „Free Indirect Discourse [...] behaves like a quotation whose ‚grammatical skeleton' (= the tenses and pronouns) had been modified to match the perspective of the narrator." Auch Pascal (1977, 137) weist bereits auf die linguistische Nachweisbarkeit des ‚Erzählers' hin – sowohl auf der Mikroebene der syntaktischen Struktur im Falle der freien indirekten Rede als auch auf der Makroebene von Struktur und Design der Erzählung als Ganzer, in der komplexe

Perspektivenüberlagerungen von Figuren- und Erzählerebene vorliegen können (vgl. weiterführend Zeman 2016 sowie im vorliegenden Band Zeman, *Episches Präteritum und Historisches Präsens*).

Auch in ähnlichen Sequenzen wie der aus Alice Berends Roman, in denen sich Erzählstimme und Figurenperspektive nicht klar verorten und festmachen lassen, wird solch eine Struktur der perspektivischen Überlagerung deutlich. In der folgend zitierten Eingangssequenz von Alfred Döblins Roman *Berlin Alexanderplatz* (1929) verweisen beispielsweise Pronomina und Tempora als ‚grammatisches Grundgerüst' auf die Erzählerperspektive bzw. -ebene, während die übrigen Deiktika (z. B. Temporaladverbien wie ‚jetzt' und ‚gestern') auf die Figurenperspektive verweisen:

> Er stand vor dem Tor des Tegeler Gefängnisses und war frei. Gestern hatte er noch hinten auf den Äckern Kartoffeln geharkt mit den andern, in Sträflingskleidung, jetzt ging er im gelben Sommermantel, sie harkten hinten, er war frei. Er ließ Elektrische auf Elektrische vorbeifahren, drückte den Rücken an die rote Mauer und ging nicht. Der Aufseher am Tor spazierte einige Male an ihm vorbei, zeigte ihm seine Bahn, er ging nicht. Der schreckliche Augenblick war gekommen (schrecklich, Franze, warum schrecklich?), die vier Jahre waren um. (Döblin 1993 [1929], 15)

Der in Klammern gesetzte Einschub „schrecklich, Franze, warum schrecklich?" lässt sich dabei weder eindeutig der Figur im Sinne einer direkten Gedankenrede noch der Erzählinstanz im Sinne eines direkten Erzählerkommentars zuordnen – er bleibt doppelt lesbar und verweist *zugleich* auf beide Sprecher-Origines.

Auf der Basis des skizzierten kognitiv-linguistischen Analysezugriffs ist der Erzähler entsprechend tatsächlich als konstitutives Merkmal narrativer Texte zu verstehen: Selbst wenn es auf der Oberflächenstruktur keine eindeutig zuzuschreibende bzw. zu verortende vermittelnde Stimme im Text gibt, lassen sich Spuren des Erzählers in der grammatischen Tiefenstruktur aufzeigen. Formen multiperspektivischen Erzählens sind aus dieser Sicht kein ungewöhnlicher ‚Sonderfall', da die Erzählerebene immer das Potential zur narrativen Inszenierung mehrerer Perspektiven bereithält. Genauer gesagt ist damit nicht der ‚fiktionale Erzähler' konstitutiv für die Narration, sondern diejenige Funktionsebene, die im narrativen Diskursmodus als zusätzlicher perspektivischer Betrachterstandort in Relation zur Figurenebene ‚ausgefaltet' wird. Insgesamt entbindet die Auffassung der Erzählinstanz als abstrakte Größe und ‚Triebkraft' jedoch davon, den Erzähler bzw. die Erzählstimme im Verhältnis zur Diegese eindeutig zu verorten und ermöglicht auch in Fällen vermeintlich ‚erzählerloser' Erzählungen und ‚unnatürlicher' Erzählstimmen den analytischen Zugriff auf die unterschiedlichen Funktionsebenen der narrativen Diskursstruktur.

Dies hat noch weitere Konsequenzen, und zwar in Bezug auf das Konzept des ‚unzuverlässigen Erzählens'. *Reliability* bzw. *unreliability* ist innerhalb der narratologischen Forschung noch immer ein stark diskutiertes Phänomen (vgl. grundlegend Booth 1983 [1961]; zum aktuellen Diskussionsstand: Shen 2013; Nünning 2015). Vor dem Hintergrund des immer schon vorhandenen Potentials von Multiperspektivität im narrativen Modus ist Erzählen immer schon potentiell ‚unzuverlässig'. So ist ‚Verlässlichkeit' aus kognitiv-linguistischer Sicht nicht als *absolute* Kategorie von Aussagen anzusetzen und auch der Abgleich zwischen ‚Autorintention' und ‚Erzählerhaltung' nicht als funktionales Bewertungskriterium dienlich. Stattdessen wird ausgehend von dieser Modellierung ein relationales Verhältnis verschiedener textintern evozierter Perspektivierungen erfassbar, so dass dem Erzählen potentiell immer schon ein ‚Es kann auch anders sein' zu eigen ist. Ganz ähnlich argumentiert auch Eibl (2013, 225–226) aus Sicht einer evolutionspsychologisch fundierten Literaturtheorie. Infolge der Auskopplung der extra-textuellen Sprecherposition ‚Autor' und ihrer Verschiebung als Sprecherposition *in den literarischen Text hinein* bleibe, so Eibl, das grundlegende „Interesse an ‚wahrer' Information" der Rezipienten zwar bestehen, die Informationen in einem literarischen Werk erweisen sich gewissermaßen aber als „Informationen mit beschränkter Haftung":

> Das Bedürfnis nach Zuverlässigkeit bzw. nach der Möglichkeit, Zuverlässigkeit und Unzuverlässigkeit abzuschätzen, war zwar als evolutionäre Ursache für die Unentbehrlichkeit des ‚Autors' in der Alltagssprache namhaft zu machen. Die Zuverlässigkeits-Erwartungen des alltagssprachlichen Verkehrs verlieren jedoch im literarisch-spielerischen Gebrauch an Verbindlichkeit, schrumpfen zur wechselseitigen Unterstellung von Regeltreue *innerhalb* des Spiels, und ein gelegentlicher Treubruch auf dieser Ebene kann sogar als Pointe das Lesevergnügen erhöhen, weil er ja keine vitalen Folgen hat. (Eibl 2013, 225–226)

Eibl stützt sich hier unter anderem auf die pragma-linguistische Forschung von Grice (1975) zu den Kommunikationsmaximen sowie die noch stärker kognitiv-linguistisch ausgerichtete Relevanz-Theorie nach Sperber und Wilson (1986). Die Formulierung vom ‚unzuverlässigen' Erzähler erscheint damit in der Tat „im Bereich literarischer Sprachverwendung [als] ein Pleonasmus" (Eibl 2013, 225). Einen analytischen Mehrwert birgt der Begriff dort, wo eine als Subjekt-Position konturierte Erzähler-Figur (oder auch Erzählstimme) dezidiert mit der Zuverlässigkeit ihrer Aussagen und Wahrnehmungsinhalte spielt oder diese implizit durch entsprechendes semantisches *framing* (vgl. Gawron 2011) zweifelhaft erscheinen lässt, wie etwa im Falle der Verortung des Ich-Erzählers als Insasse einer Heil- und Pflegeanstalt im Roman *Die Blechtrommel* (1959) von Günter Grass (vgl. Eibl 2013, 226).

Analytisch fruchtbarer und methodisch-theoretisch stimmiger als die begrifflich-typologische Einordnung als potentiell ‚unzuverlässige' Erzähler bzw. Erzählstimmen erscheint aus der Sicht einer kognitiv-linguistischen Modellierung der narrativen Kommunikationssituation jedoch die Frage nach den spezifischen narrativen Strategien, die zu einer Vordergrundierung perspektivischer Überlagerungen und Widersprüche führen (wie z. B. Formen des semantischen und textuellen *framings*).

2 Möglichkeiten einer ‚erzähler-zentrierten' Narratologie: Die kognitiv-linguistische Modellierung der Erzählerebene und narrativen Kommunikation

Aus kognitiv-linguistischer Sicht erweist sich perspektivische ‚Mehrlagigkeit' als konstitutiv für den narrativen Diskurs. Fasst man ‚Erzählen' als sprachlichen Modus auf, in dem immer schon eine potentielle Überlagerung von Perspektiven (im Sinne von Sprecherpositionen bzw. Origines) angelegt ist, so lässt sich ein ‚erzähler-zentrierter' (vgl. Rivara 2004) narratologischer Analysezugriff fruchtbar machen, der ‚den Erzähler' nicht als Persona und diegetisch klar verortbare Erzählstimme konzipiert, sondern als linguistisch stets nachweisbares abstraktes Strukturprinzip narrativer Texte.

Die Erzählerebene als Teil der doppelten Perspektivenstruktur der Narration

Eine zentrale Prämisse der Konzeptualisierung einer im narrativen Diskurs stets vorhandenen Erzählerebene ist das linguistische Axiom, dass jede Äußerung auch einen Sprecher voraussetzt – oder besser gesagt: *aufweist*. Zwar sind sprachliche Äußerungen in Form von Propositionen nicht notwendigerweise referentiell und relational im Sinne eines Bezugs auf *außersprachliche Wirklichkeit*, aber sie sind immer referentiell und relational im Sinne einer deiktischen Verweisstruktur, die nicht nur auf ein deiktisches (Zeige-)Feld, sondern auch auf den ‚Nullpunkt der Orientierung', also die Origo als deiktisches Zentrum (rück)verweist (vgl. Stockwell 2002, 41–57 zu ‚cognitive deixis'). Was im Falle literarischer, ‚zerdehnter' Kommunikation fehlt, ist die eindeutige deiktische Verortung in Raum und Zeit (vgl. Brandt 2013, 425–426) – gerade hierin liegt beispielsweise das Potential für die Erschaffung fiktionaler Erzählwelten.

Was hingegen im Falle des narrativen Diskurses – sei es in schriftlicher oder mündlicher Form – hinzukommt, ist die grundlegende doppelte Perspektivstruktur: Während ‚Sprecher' (= Aussagesubjekt) und ‚Betrachter' (= Wahrnehmungssubjekt) im nicht-narrativen (also z. B. deskriptiven) Diskursmodus in der Regel in einer Person zusammenfallen, sind Erzähltexte dagegen dadurch charakterisiert, dass der ‚Sprecher' und der ‚Erzähler' im Text grundsätzlich nicht die gleiche Instanz sind. Es kommt zu einer Aufspaltung der Funktionsstellen ‚Sprecher' und ‚Erzähler' (vgl. Dancygier 2004) und damit zugleich zu einer Überlagerung zweier Wissenssysteme bzw. *Perspektiven*, die in der Narration potentiell als diskrepante Relation z. B. von Erzähler- versus Figurenwissen wahrnehmbar werden kann (vgl. zu sprachlicher Perspektivierung grundlegend Graumann und Kallmeyer 2002; im vorliegenden Band auch Zeman, *Perspektive / Fokalisation*).

Die Aufspaltung der Instanzen ‚Sprecher' und ‚Erzähler' im Sinne einer „Staffelung des Sprechers in *Verfasser* und *Stimme*", wie Eibl (2013, 224) diese unter Bezug auf Genettes Modellierung bezeichnet, hat entscheidende Implikationen in Bezug auf die Perspektivenstruktur narrativer Texte. So ergibt sich infolge der ‚Ausfaltung' der Erzählerebene im Sinne einer *narrative force* (als mentale Erweiterung zur *illocutive force* der initialen, außertextuellen Sprecherinstanz ‚Autor'; vgl. Zeman 2016, 30) eine grundlegende perspektivische Doppelstruktur des narrativen Diskurses, wie sich anhand der Modellierung von Zeman (2016, 30; vgl. Abb. 1) illustrieren lässt.

Diese Einbettungs- und Doppelstruktur von Sprecher- und Beobachterpositionen ist in sich rekursiv, d. h. die Verschachtelung von Perspektiven setzt sich in Form von weiteren eingebetteten Ebenen fort, so etwa in der Relation von der Erzähler- und der von ihr abgrenzbaren Figurenebene – und von dort aus gegebenenfalls weiter, wenn eine Figur der Erzählung selbst wieder zum Erzähler einer

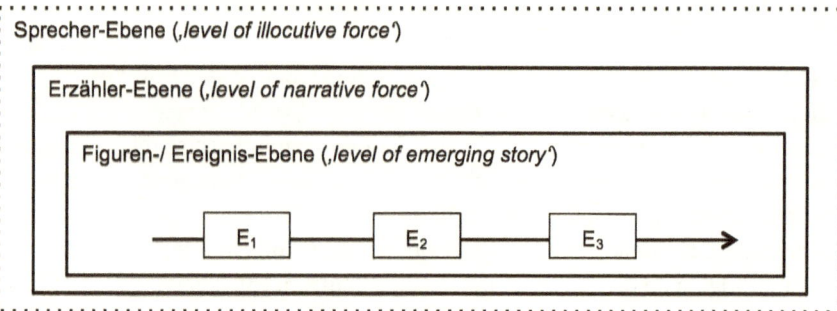

Abb. 1: Die Einbettungs- und Doppelstruktur des narrativen Diskurses (vgl. Zeman 2016, 30).

Binnengeschichte wird. Insgesamt bedeutet dies auch, dass es in einem Erzähltext immer schon das Potential für mehrere Perspektiven gibt – und zwar dergestalt, dass diese Perspektiven eben gerade nicht im Sinne eines *Entweder-oder* hintereinander geschaltet sein müssen, sondern dass ein *Zugleich* von Perspektiven möglich ist.

Gut illustrieren lässt sich diese perspektivische Überlagerung am Beispiel einer (mit Genette gesprochen) autodiegetischen Erzählung, also einer solchen, in der eine Figur als Erzähler ihrer Geschichte fungiert, wie beispielweise in Irmgard Keuns Roman *Das kunstseidene Mädchen* (1932). Der für diese Erzählperspektive konstitutive Zusammenfall der Instanzen ‚Erzähler' und ‚Figur' kann dabei auf der Textoberfläche als ein Wegfall der Instanz ‚Erzähler' erscheinen, deren Funktionen einfach von einer Figur übernommen werden. Aus Sicht einer kognitiv-linguistisch fundierten Erzählforschung, die die diskursive Tiefenstruktur miteinbezieht, fallen ‚Stimme' und ‚Wahrnehmung' hier jedoch nicht einfach in einer Entität zusammen, sondern werden perspektivisch gedoppelt, so dass es zu einer *Dual-Voice*-Struktur (vgl. Pascal 1977) und einer Überlagerung zweier Betrachterstandorte kommt.

Anknüpfend an Ansätze der *Mental-Space*- und *Blending*-Theorie (vgl. Fauconnier und Turner 2002) beleuchtet Dancygier (2004, 363) das *kognitive* Grundprinzip der ‚Subjekt-Aufspaltung' respektive der perspektivischen Überblendung. Mit Bezug auf den gleichnamigen ‚Doppelprotagonisten' von Robert Louis Stevensons Roman *The Strange Case of Dr. Jekyll and Mr. Hyde* (1886) bezeichnet sie das untersuchte Phänomen als „Jekyll-and-Hyde Effect", bei dem ein (Text-)Subjekt physisch und psychisch aufgespalten wird, dabei aber dennoch *eine Person* bleibt: „Recent research into the theory of conceptual integration, or blending [...], shows, however, that a person's perceived identity is always – not just in fiction – a product of compression of information from various mental spaces." (Dancygier 2004, 363)

Als *narratives* Grundprinzip wird diese ‚Subjekt-Aufspaltung' nun im genannten Falle einer autodiegetischen Erzählung und im konkreten Beispiel von Irmgard Keuns *Das kunstseidene Mädchen* sichtbar, wenn ein ‚späteres' Ich (Erzählerebene) von einem ‚früheren' Ich (Figurenebene) erzählt; anders formuliert (und ohne die nicht unproblematische Prämisse einer zeitlichen Abfolge): wenn ein *Beobachter zweiter Ordnung* von einem *Beobachter erster Ordnung* erzählt. Wie die (virtuellen) Entitäten ‚Dr. Jekyll' und ‚Mr. Hyde' sind auch die Entitäten ‚Doris als *Figur*' und ‚Doris als *Erzähler*' in Keuns Roman Ergebnis einer Subjekt-Aufspaltung. Die Anfangssequenz des Textes macht die narrative Strategie der perspektivischen Aufspaltung und die damit einhergehende perspektivische Überblendung in der Narration sehr gut beobachtbar. Mit dem ersten Satz sind wir mitten in der Textwelt bzw. mitten im Referenzsystem der Instanz, deren

(Gedanken-)Rede uns präsentiert wird: „Das war gestern Abend so um zwölf, da fühlte ich, daß etwas Großartiges in mir vorging." (Keun 2005 [1932], 9) Die Sprecherinstanz etabliert dabei nicht nur sich selbst, sondern evoziert zugleich die perspektivische Doppelung, die für den gesamten Roman konstitutiv ist. In der Selbstreflexivität der Introspektion und des ‚Über-sich-Sprechens' ist bereits die Distanz angelegt, die für das Aufspalten in die Funktionsstellen ‚Figur' und ‚Erzählinstanz' grundlegend ist. Die kurz darauf folgende Passage beginnt im Präsens und legt den Fokus auf das Referenzsystem der Erzählerin, die sich nun explizit in dieser Funktion präsentiert – als junge Frau, die ihre eigene Geschichte „wie im Film" schreiben will:

> Und ich denke, daß es gut ist, wenn ich alles beschreibe, weil ich ein ungewöhnlicher Mensch bin. Ich denke nicht an Tagebuch – das ist lächerlich für ein Mädchen von achtzehn und auch sonst auf der Höhe. Aber ich will schreiben wie im Film, denn so ist mein Leben und wird noch mehr so sein. [...] Und habe mir ein schwarzes, dickes Heft gekauft und ausgeschnittne weiße Tauben draufgeklebt und möchte einen Anfang schreiben: Ich heiße somit Doris und bin getauft und christlich und geboren. Morgen schreibe ich mehr. (Keun 2005 [1932], 10, 12)

Die Erzählerin ist nun zugleich Figur – ja man kann sogar sagen: sie *inszeniert* ihre *Figur-Werdung*: So gibt sie – die Erzählerin – sich bzw. der Figur in einem performativen Sprechakt einen Namen („Ich heiße somit Doris und bin getauft"), zugleich erschafft sie sich damit in der Funktion ‚Figur', ist also in der Tat als solche „geboren" und als *zusätzliche* Origo zur initialen Sprecher-Origo hinzugetreten.

Die Aufspaltung der Funktionsstellen ‚Erzähler' und ‚Figur' im narrativen Diskurs geht also zugleich mit einer grundsätzlichen perspektivischen Überlagerung einher, die gegebenenfalls auf der Textoberfläche unmarkiert bzw. hintergrundiert bleiben kann. Mit Dancygier (2012, 4) ist die Distanz zwischen den verschiedenen *narrative spaces* (im Sinne mentaler Verarbeitungsräume einerseits und textuell evozierter perspektivischer Referenzräume andererseits) innerhalb des narrativen Diskurses als konstitutive Struktureigenschaft anzusehen, da sich erst aus dieser Distanz diejenige Doppelstruktur ergibt, die sich in der Gegenüberstellung von Erzähler- und Figurenebene bzw. ‚Erzählraum' und ‚erzähltem Raum' erfassen lässt (vgl. auch Dancygier und Vandelanotte 2009). In der konkreten Narration können Erzähler- und Figurenebene jeweils unterschiedlich (und durch den Text hinweg dynamisch) zueinander in Relation gesetzt sein, so dass sie als stark voneinander abgegrenzt oder auch als sich überlappend inszeniert werden können. Im Falle einer Metalepse, bei der beispielsweise die zunächst als extradiegetisch entworfene Erzählinstanz plötzlich in die erzählte Welt eintritt und auf der Ebene der Figuren mit diesen interagiert, wird die Ebenen-Distanz abrupt aufgelöst; bei einer autodiegetischen Erzählung wie Keuns *Das kunstseidene Mädchen* lässt sich die Ebenen-Distanz etwa zu Beginn performativ inszenieren und kann im Verlauf der Erzählung immer wieder strategisch hinter- und vordergrundiert werden (vgl. Igl 2016, [2017, im Ersch.]). Für das ‚Funktionieren' dieser narrativen Strategien ist in jedem Falle die Rezipientenposition relevant, die die jeweiligen Textimpulse entsprechend erfasst und deutet. Die Narration ist vor diesem Hintergrund in der Tat als *Erzähl(er)kommunikation* zu verstehen, so dass sich in Anlehnung an Wolf Schmids Schema der (doppelten) Erzählkommunikation (vgl. Schmid 2008, 42) eine korrespondierende Modellierung der narrativen Kommunikationsebenen vornehmen lässt, die die Erzähler- als Vermittler-Ebene zwischen Adressaten (gegebenenfalls in Form eines direkt angesprochenen *narratee*) und erzählter Welt im Sinne der Figuren- und Ereignis-Ebene positioniert (vgl. Abb. 2).

Diese Modellierung ermöglicht es, die narrative Dynamik aus inszenierter Nähe und Distanz zwischen den Funktionsstellen *Erzähler und Figur*, aber auch zwischen den Positionen *Erzähler und Adressat* zu erfassen und in ihrer Veränderung über den Verlauf der Erzählung zu illustrieren (vgl. dazu Igl 2016, 99–110).

Der Erzähler als Fokalisierer und die Dynamik von Erzählraum und erzähltem Raum

Die Auffassung, dass der Erzähler nicht nur als Stimme und als Vermittler der Diegese relevant ist, sondern in der Narration auch als Beobachter und Wahrnehmungssubjekt in den Vordergrund rücken kann, impliziert eine Abgrenzung vom Konzept der Fokalisierung nach Genette. Dies ist an sich kein neuer Punkt –

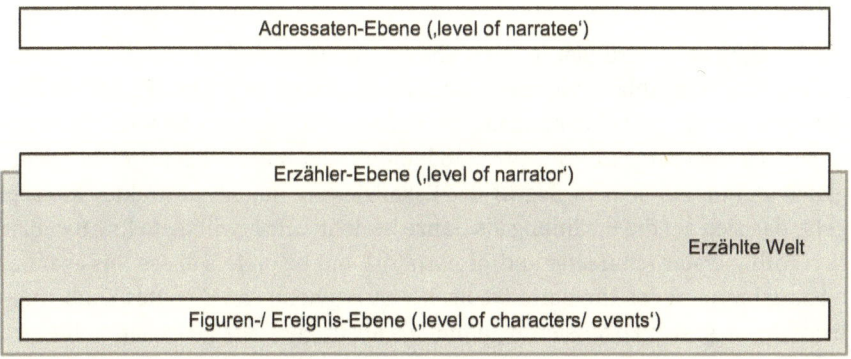

Abb. 2: Modellierung der narrativen Kommunikationsebenen (vgl. Igl 2016, 99).

wie Horstkotte und Pedri (2011, 330) mit Blick auf den jüngeren Diskussionsstand (exemplarisch Hühn et al. 2009) zusammenfassen, ist ‚Fokalisierung' einerseits ein basales erzähltheoretisches Analysekonzept, andererseits gleichermaßen ein anhaltender Streitfall. Gérard Genettes Unterscheidung zwischen *Stimme* und *Modus* und damit auch der von ihm geprägte Fokalisierungsbegriff haben die Narratologie seit dem Erscheinen seiner Studie „Discours du récit" (1972) intensiv und anhaltend beschäftigt, worauf Genette unter anderem in seinem *Nouveau discours du récit* (1983) mit einer teilweisen Justierung seiner Ausführungen reagiert hat. Anders als die dort noch einmal genauer konturierte Gegenüberstellung der beiden Fragen *Wer spricht?* und *Wer nimmt wahr?* suggerieren mag, will Genette diese nicht starr den jeweiligen Instanzen ‚Erzähler' versus ‚Figur' zugeordnet wissen. Dies wird beispielsweise in seiner Unterscheidung von interner und externer Fokalisierung deutlich, bei der einer an der Wahrnehmungsinstanz Figur ausgerichteten Erzählperspektive ein über die Figurenperspektive hinausgehender externer Betrachterstandpunkt als „position focale" (Genette 1983, 43) gegenübergestellt wird. Diese Opposition von figurengebundener *interner* und durch die Erzählinstanz vermittelter *externer* Wahrnehmungsposition gehört trotz der anhaltenden intensiven narratologischen Theorie- und Begriffsdiskussionen zu den gesetzten Grundannahmen der gegenwärtigen Vermittlung erzählanalytischer Basiskompetenzen. Dies zeigt z. B. der exemplarische Blick in das explizit auf Studierende ausgerichtete Handbuch *Narrative Form* (2015) der Narratologin Suzanne Keen. Die zentralen Fragen, die am Beginn einer narratologischen Textanalyse stehen, sind mit Keen unter anderem folgende:

> Who tells the tale? (What kind of narrator does the writer create?); Does the telling imply speech, writing, or thought? (and a matching narratee – listener, reader, or self-auditor?); *Who sees the actions? (Does a narrator provide the perspective from the outside, or do character(s) within the story view the events?* Does the perspective of a single character or set of characters dominate the view of the fictional world?) (Keen 2015, 34; Hervorh. N. I.)

Die Erzählinstanz wird hier in Form eines heterodiegetischen Erzählers in einer Anleitung zur erzählanalytischen Praxis durchaus als möglicher Perspektivierer der erzählten Ereignisse behandelt. Wie Herman und Vervaeck (2005, 118) hervorheben, ist dies bereits in Genettes Modellierung grundsätzlich angelegt, wenngleich es ihm mit seinem Begriff der Fokalisierung um ein abstraktes Konzept geht, das sich auf die Erzählung als Ganze bezieht: „He is willing to link focalization with ‚person' (character and/or narrator), but he prefers to see this agent as a textual property of ‚the narrative itself'." Ausgehend von Genettes Konzeptualisierung lässt sich Fokalisierung damit als abstrakte Texteigenschaft auffassen, die sich über die Relation von Vermittlungs- und Wahrnehmungsinstanzen der Narration konstituiert.

Trotz der heuristisch zunächst so fruchtbaren Unterscheidung von ‚Stimme' und Wahrnehmungsinstanz erweist sich der Fokalisierungsbegriff nach Genette jedoch als problematisch. Dies lässt sich am obigen Zitat aus der Einführung von Keen (2015, 34) darlegen: Die Frage „Who sees the actions?" kann ihr zufolge im Sinne eines *Entweder-oder* beantwortet werden. Die Erzählperspektive konstituiert sich *entweder* über einen externen, durch den Erzähler vermittelten Betrachterstandort *oder* über die Figurenperspektive(n). Angesichts der für Erzähltexte aus kognitiv-linguistischer Sicht als grundlegend anzusetzenden Perspektiven-Verschachtelung (vgl. detailliert Zeman 2016 sowie Zeman, *Perspektive / Fokalisation* im vorliegenden Band) greift dieses *Entweder-oder* jedoch zu kurz – und damit auch der Fokalisierungsbegriff nach Genette. Versteht man hingegen Fokalisierung anknüpfend an Bal (2009) und Phelan (2001) nicht als abstrakte Texteigenschaft, sondern als aktiven und dynamischen Prozess, der auf mehreren Ebenen der narrativen Kommunikation zugleich stattfindet – also auf der Ebene der Figur(en) und *zugleich* auf der Ebene des Erzählers –, so lässt sich ein anderer Analysezugriff konturieren, der Fokalisierung als *Perspektivierung in zwei Richtungen* denkt (vgl. exemplarisch Igl 2015).

In der bisherigen erzählanalytischen Praxis wird die Fokalisiererfunktion des Erzählers durchaus bereits angedeutet, wenngleich auch noch nicht im Sinne eines Analysemodells systematisiert. Die Relevanz einer solchen Systematisierung lässt sich etwa an Texten wie Wolf Haas' Krimireihe um den Protagonisten Simon Brenner (acht Teile, 1996–2014) zeigen. Diese sind insgesamt durch einen irritierend ‚präsenten' Erzähler gekennzeichnet, der deutlich außerhalb der Diegese verortet ist. In *Das ewige Leben* (2003) eröffnet der Erzähler die Narration in der für die Reihe charakteristischen Weise:

> Jetzt ist schon wieder was passiert. Und ob du es glaubst oder nicht. Zur Abwechslung einmal etwas Gutes. Weil erlebst du auf einer Intensivstation auch nicht jeden Tag, dass dir ein Hoffnungsloser noch einmal wird.
> Auf einer Intensiv passiert natürlich rund um die Uhr so viel, dass normalerweise niemand vom Personal viele Worte über irgendwas verliert. Und wenn du müde von der Intensiv nach Hause kommst, hast du die meisten Vorfälle schon wieder vergessen, weil eines verdrängt das andere, und wo die Ereignisse sich überschlagen, kommt schnell der Punkt, wo man sagt, alles ganz normal. (Haas 2011 [2003], 5)

Der herausstechende sprachliche Habitus des Erzählers evoziert als „[s]imulierte Oralität in Stammtischmanier" (Martens 2006, 71) eine Nähe zwischen dem Erzähler und dem Leser und zieht Letzteren an die Diegese bzw. genauer gesagt *den Erzählraum* heran. In diesem Erzählraum lässt sich die Erzählinstanz nicht einfach als Stimme verorten, die die Narration hervorbringt, sondern als eigene Wahrnehmungsinstanz, die über eine Origo und ein zugehöriges deiktisches (Zeige-)Feld verfügt. Wenn Martens (2006, 67–68) in seiner Analyse zu Haas' Roman *Das ewige Leben* nicht nur vermerkt, dass der Erzähler sukzessive auf die Handlung ‚einzoomt', sondern auch davon spricht, dass er die Figuren- und Handlungsebene ‚überschaut', ist dies für ein Verständnis der Erzählers als *Fokalisierer* fruchtbar zu machen. Denn das Zoomen auf die Handlung und auf spezifische Figurenwahrnehmungen lässt sich einerseits als ‚klassische' Operation der Erzählinstanz verstehen und mit Genettes Konzeption von Fokalisierung als abstrakter Texteigenschaft (ähnlich dem Konzept der Brennweite bei einer Kamera) in Deckung bringen. Die Formulierung vom nicht nur auf ‚Wissen' sondern tatsächlich auf ‚Wahrnehmen' bezogenen ‚Überschauen' der Diegese durch den Erzähler ist hingegen andererseits für einen weiter gefassten Fokalisierungsbegriff anschlussfähig, der die Erzählinstanz als *Wahrnehmungs- und Beobachtungsinstanz* in den Vordergrund rückt – ohne dabei aber die Figuren der erzählten Welt als potentiell gleichzeitig relevant gesetzte Wahrnehmungssubjekte auszublenden. ‚Fokalisierung' ist damit nicht mehr als Texteigenschaft zu verstehen, die über die Relation von Erzählinstanz und Figur zustande kommt, sondern als Perspektivierungsstrategie, die auf mehreren Ebenen des narrativen Diskurses *zugleich* abläuft.

Diese Konzeptualisierung findet sich etwa bei Phelan der die Parallelität der Instanzen Figur und Erzähler hervorhebt: „[T]he narrator is doing something parallel in discourse space to what focalizing characters do in story space [...]." (Phelan 2001, 57) Nicht nur Erzähler und Figur, sondern auch *Erzählraum* (‚discourse space') und *erzählter Raum* (‚story space') sind auf dieser Basis als analog anzusehen. Dass dies auch für vormoderne Literatur zu konstatieren ist und kein Phänomen der (Post)Moderne darstellt, verdeutlicht Wagner (2015) in seiner Studie zur höfischen Epik. Erzählraum und erzählter Raum sind aber nicht nur parallel zueinander strukturiert, sondern stehen zugleich in einem Einbettungsverhältnis: „Literary narratives are also linguistic mechanisms for the presentation or simulation of hierarchically embedded circuits of communication consisting of, at least, the discourse of the narrator (= DN) and the discourse of the characters (= DC)." (Margolin 1991, 519)

3 Ausblick: Transmediale Funktionsäquivalente der Erzählinstanz

Versteht man die Instanz des Erzählers im Sinne eines abstrakten Organisationsprinzips der Narration, so lässt sich auch über *literarisches Erzählen* hinaus eine funktionsanalytische Perspektive fruchtbar machen. Mit Blick auf die zunehmend transmedial ausgerichtete Narratologie (vgl. grundlegend etwa Chatman 1978, 1990; für einen aktuellen Überblick vgl. Wolf 2011; Ryan 2004, 2014; Ryan und Thon 2014a) ist entsprechend danach zu fragen, welche Funktionsäquivalente der text-basierten Erzählinstanz etwa in (text-)bild-basierten Narrationen wie Comics bzw. in audiovisuellen Narrationen wie dem Film zum Tragen kommen.

Ryan und Thon (2014b, 3–4) bekräftigen die Relevanz, bei einer transmedialen Analyseperspektive auf die Unterscheidung zwischen medienspezifischen Beschreibungsbegriffen (wie z. B. ‚Panels' in Bezug auf Comic, ‚voice over' in Bezug auf Film, ‚innerer Monolog' in Bezug auf Erzähltexte) und medienunabhängigen Kategorien der Beschreibung zu achten. Während Erstere sich auf spezifische Darstellungsmöglichkeiten und Formaspekte beziehen, betrifft Letzteres den Bereich zentraler narrativer Funktionsstellen wie Figur, Ereignis, Handlung/Handlungsort, Zeit, Raum und Kausalität (vgl. Ryan und Thon 2014b, 4). Aus einer über den Gegenstandsbereich Literatur bzw. Sprache als Medium (vgl. Jäger 2001) hinausgehenden narratologischen Perspektive ist zwar nicht die Erzählinstanz im engeren Sinne als medienunabhängige Größe aufzufassen, sehr wohl jedoch die *perspektivische Verschachtelung und Überlagerung*, die sich im narrativen Diskurs durch die Ausfaltung einer Erzählerebene ergibt (vgl. Zeman, *Perspektive / Fokalisation* im vorliegenden Band). Dass diese zur Figuren- bzw. Handlungsebene hinzutretende Strukturebene in sich selbst wiederum multiperspektivisch angelegt sein kann, wird mit Blick auf das audiovisuelle Medium Film sehr deutlich: So konstituiert sich das filmische Erzählen im gleichzeitigen Zusammenspiel von Visualisierung, *Mise en Scène* und Montage, von Sound(track) und vielleicht sogar der Präsenz einer zusätzlich vernehmbaren Erzählstimme. Ein *personifizierter Erzähler* oder eine *diegetisch klar verortbare Erzählstimme* ist dabei in der filmischen Narration genauso wenig nötig, wie dies letztlich auch für das literarische Erzählen gilt.

Literaturverzeichnis

Abbott, H. Porter (2008). *The Cambridge Introduction to Narrative*. 2. Aufl. Cambridge.
Alber, Jan, Henrik Skov Nielsen und Brian Richardson (2012). „Unnatural Voices, Minds, and Narration". In: J. Bray, A. Gibbons, B. McHale (Hgg.), *The Routledge Companion to Experimental Literature*. London, 351–367.
Bal, Mieke (2009). *Narratology: Introduction to the Theory of Narrative*. 3. Aufl. Toronto u. a.
Banfield, Ann (1982). *Unspeakable Sentences. Narration and Representation in the Language of Fiction*. Boston u. a.
Berend, Alice (2012 [1915]). *Die Bräutigame der Babette Bomberling. Roman*. Hg. und mit einem Nachwort von Britta Jürgs. Berlin.

Birke, Dorothee, und Tilmann Köppe (Hgg. 2015a). *Author and Narrator. Transdisciplinary Contributions to a Narratological Debate*. Berlin u. a.

Birke, Dorothee, und Tilmann Köppe (2015b). „Author and Narrator: Problems in the Constitution and Interpretation of Fictional Narrative". In: D. Birke, T. Köppe (Hgg.), *Author and Narrator. Transdisciplinary Contributions to a Narratological Debate*. Berlin u. a., 1–12.

Blödorn, Andreas, und Daniela Langer (2006). „Implikationen eines metaphorischen Stimmenbegriffs: Derrida – Bachtin – Genette". In: A. Blödorn, D. Langer, M. Scheffel (Hgg.), *Stimme(n) im Text. Narratologische Positionsbestimmungen*. Berlin/New York, 53–82.

Blödorn, Andreas, Daniela Langer und Michael Scheffel (Hgg. 2006). *Stimme(n) im Text. Narratologische Positionsbestimmungen*. Berlin/New York.

Booth, Wayne C. (1983 [1961]). *The Rhetoric of Fiction*. Chicago.

Bortolussi, Marisa, und Peter Dixon (2003). *Psychonarratology. Foundations for the Empirical Study of Literary Response*. Cambridge.

Brandt, Line (2013). *The Communicative Mind: A Linguistic Exploration of Conceptual Integration and Meaning Construction*. Newcastle upon Tyne.

Brône, Geert, und Jeroen Vandaele (Hgg. 2009). *Cognitive Poetics. Goals, Gains and Gaps*. Berlin/New York.

Bühler, Karl (1999 [1934]). *Sprachtheorie*. Reprint. Stuttgart.

Chatman, Seymour (1978). *Story and Discourse. Narrative Structure in Fiction and Film*. Ithaca.

Chatman, Seymour (1990). *Coming to Terms: The Rhetoric of Narrative in Fiction and Film*. Ithaca.

Dancygier, Barbara (2004). „Identity and Perspective: The Jekyll-and-Hyde Effect in Narrative Discourse". In: M. Achard, S. Kemmer (Hgg.), *Language, Culture and Mind*. Stanford, CA, 363–375.

Dancygier, Barbara (2012). *The Language of Stories*. Cambridge.

Dancygier, Barbara, und Lieven Vandelanotte (2009). „Judging distances: Mental spaces, distance, and viewpoint in literary discourse". In: Geert Brône, Jeroen Vandaele (Hgg.), *Cognitive Poetics. Goals, Gains and Gaps*. Berlin/New York, 319–370.

Döblin, Alfred (1993 [1929]). *Berlin Alexanderplatz. Die Geschichte vom Franz Biberkopf. Roman*. Hg. und mit einem Nachwort von Helmuth Kiesel. Düsseldorf/Zürich.

Eibl, Karl (2013). „‚Wer hat das gesagt?' Zur Anthropologie der Autorposition". In: *Scientia Poetica* 17, 207–229.

Fauconnier, Gilles (1994). *Mental Spaces: Aspects of Meaning Construction in Natural Language*. Cambridge.

Fauconnier, Gilles, und Mark Turner (2002). *The Way We Think. Conceptual Blending and the Mind's Hidden Complexities*. New York.

Fludernik, Monika (1993). *The Fictions of Language and the Languages of Fiction. The Linguistic Representation of Speech and Consciousness*. London.

Fludernik, Monika (1996). *Towards a ‚Natural' Narratology*. London/New York.

Fludernik, Monika (2003). „Natural Narratology and Cognitive Parameters". In: D. Herman (Hg.), *Narrative Theory and the Cognitive Sciences*. Stanford, CA, 243–267.

Fricke, Ellen (2003). „Origo, Pointing, and Conceptualization – What Gestures Reveal About the Nature of the Origo in Face-to-face Interaction". In: F. Lenz (Hg.), *Deictic Conceptualisation of Space, Time, and Person*. Amsterdam/Philadelphia, 69–94.

Fricke, Harald, und Ralph Müller (2010). „Cognitive Poetics Meets Hermeneutics. Some Considerations About the German Reception of Cognitive Poetics". In: *Mythos-Magazin* 6.

http://www.mythos-magazin.de/erklaerendehermeneutik/hf-rm_cognitivepoetics.pdf (28. Mai 2017).

Gavins, Joanna (2007). *Text World Theory: An Introduction*. Edinburgh.

Gawron, Jean-Mark (2011). „Frame Semantics". In: C. Maienborn, K. v. Heusinger, P. Portner (Hgg.), *Semantics*. Berlin/New York, 664–687.

Genette, Gérard (1972). „Discours du récit. Essai de méthode". In: G. Genette, *Figures III*. Paris, 69–286.

Genette, Gérard (1983). *Nouveau discours du récit*. Paris.

Graumann, Carl Friedrich, und Werner Kallmeyer (Hgg. 2002). *Perspective and Perspectivation in Discourse*. Amsterdam/Philadelphia.

Grice, H. Paul (1975). „Logic and Conversation". In: P. Cole, J. L. Morgan (Hgg.), *Syntax and Semantics III: Speech Acts*. New York, 41–58.

Haas, Wolf (2011 [2003]). *Das ewige Leben. Roman*. München.

Hamburger, Käte (1957). *Die Logik der Dichtung*. Stuttgart.

Herman, David (2009). *Basic Elements of Narrative*. Malden.

Herman, Luc, und Bart Vervaeck (2005). „Focalization Between Classical and Postclassical Narratology". In: J. Pier (Hg.), *The Dynamics of Narrative Form. Studies in Anglo-American Narratology*. Berlin/New York, 115–138.

Horstkotte, Silke, und Nancy Pedri (2011). „Focalization in Graphic Narrative". In: *Narrative* 19.3, 330–357.

Hühn, Peter, Wolf Schmid und Jörg Schönert (Hgg. 2009). *Point of View, Perspective, and Focalization. Modeling Mediation in Narrative*. Berlin/New York.

Igl, Natalia (2015). „,Und ob du es glaubst oder nicht' – Der Erzähler als Fokalisierer am Beispiel von Wolf Haas' Brenner-Reihe". In: *Mitteilungen des Deutschen Germanistenverbandes* (Themenheft *Erzählen*, hg. von M. Huber, B. Kennedy) 62.3, 240–254.

Igl, Natalia (2016). „The Double-layered Structure of Narrative Discourse and Complex Strategies of Perspectivization". In: N. Igl, S. Zeman (Hgg.), *Perspectives on Narrativity and Narrative Perspectivization*. Amsterdam/Philadelphia, 91–114.

Igl, Natalia ([2017]). „Poetics of Perception. The Cognitive-Linguistic Foundation of Narrativity and the ,Aesthetics of Observation' in German Avant-garde Literature". In: Sz. Csábi (Hg.), *Expressive Minds and Artistic Creations: Studies in Cognitive Poetics*. Oxford [im Erscheinen].

Igl, Natalia, und Sonja Zeman (Hgg. 2016). *Perspectives on Narrativity and Narrative Perspectivization*. Amsterdam/Philadelphia.

Jäger, Ludwig (2001). „Sprache als Medium. Über die Sprache als audio-visuelles Dispositiv des Medialen". In: H. Wenzel, W. Seipel, G. Wunberg (Hgg.), *Audiovisualität vor und nach Gutenberg. Zur Kulturgeschichte der medialen Umbrüche*. Wien, 19–42.

Jannidis, Fotis (2004). *Figur und Person*. Berlin/New York.

Keen, Suzanne (2015). *Narrative Form. Revised and Expanded Second Edition*. Basingstoke/New York.

Keun, Irmgard (2005 [1932]). *Das kunstseidene Mädchen. Roman*. Nach dem Erstdruck von 1932, mit einem Nachwort und Materialien hg. von St. Arend, A. Martin. Berlin.

Köppe, Tilmann, und Jan Stühring (2011). „Against Pan-Narrator Theories". In: *Journal of Literary Semantics* 40.1, 59–80.

Margolin, Uri (1991). „Reference, Coreference, Referring, and the Dual Structure of Literary Narrative". In: *Poetics Today* 12.3, 517–542.

Margolin, Uri (2011). „Necessarily a Narrator or Narrator if Necessary: A Short Note on a Long Subject". In: *Journal of Literary Semantics* 40.1, 43–57.

Margolin, Uri (2014). „Narrator". In: P. Hühn et al. (Hgg.), *the living handbook of narratology*. Hamburg. http://www.lhn.uni-hamburg.de/article/narrator (28. Mai 2017).

Martens, Gunther (2006). „,Aber wenn du von einem Berg springst, ist es wieder umgekehrt.' Zur Erzählerprofilierung in den Meta-Krimis von Wolf Haas". In: *Modern Austrian Literature* 39.1, 65–80.

Mellmann, Katja (2010). „Voice and Perception: An Evolutionary Approach to the Basic Functions of Narrative". In: F. L. Aldama (Hg.), *Toward a Cognitive Theory of Narrative Acts*. Austin, 119–140.

Nünning, Vera (Hg. 2015). *Unreliable Narration and Trustworthiness. Intermedial and Interdisciplinary Perspectives*. Berlin u. a.

Pascal, Roy (1977). *The Dual Voice. Free Indirect Speech and Its Functioning in the Nineteenth-Century European Novel*. Manchester.

Patron, Sylvie (2006). „On the Epistemology of Narrative Theory: Narratology and Other Theories of Fictional Narrative". In: M. Hyvärinen, A. Korhonen, Ju. Mykkänen (Hgg.), *The Travelling Concept of Narrative*. Helsinki, 118–133.

Patron, Sylvie (2009). *Le Narrateur. Introduction à la théorie narrative*. Paris.

Patron, Sylvie (2010). „The Death of the Narrator and the Interpretation of the Novel. The Example of ,Pedro Páramo' by Juan Rulfo". In: *Journal of Literary Theory* 4.2, 253–272.

Phelan, James (2001). „Why Narrators Can Be Focalizers – and Why It Matters". In: W. van Peer, S. Chatman (Hgg.), *New Perspectives on Narrative Perspective*. Albany, 51–64.

Quendler, Christian (2010). *Interfaces of Fiction. Initial Framings in the American Novel from 1790 to 1900*. Wien.

Richardson, Brian (2006). *Unnatural Voices*. Columbus.

Rivara, René (2004). „A Plea for a Narrator-Centered Narratology". In: J. Pier (Hg.), *The Dynamics of Narrative Form. Studies in Anglo-American Narratology*. Berlin/New York, 81–113.

Ryan, Marie-Laure (Hg. 2004). *Narrative across Media: The Languages of Storytelling*. Lincoln.

Ryan, Marie-Laure (2014). „Narration in Various Media". In: P. Hühn et al. (Hgg.), *the living handbook of narratology*. Hamburg. http://www.lhn.uni-hamburg.de/article/narration-various-media (28. Mai 2017).

Ryan, Marie-Laure, und Jan-Noël Thon (Hgg. 2014a). *Storyworlds across Media. Toward a Media-Conscious Narratology*. Lincoln.

Ryan, Marie-Laure, und Jan-Noël Thon (2014b). „Introduction: Storyworlds across Media". In: M.-L. Ryan, J.-N. Thon (Hgg.), *Storyworlds across Media. Toward a Media-Conscious Narratology*. Lincoln, 1–21.

Schlenker, Philippe (2004). „Context of Thought and Context of Utterance (A Note on Free Indirect Discourse and the Historical Present)". In: *Mind and Language* 19.3, 279–304.

Schmid, Wolf (2007). „Erzähltextanalyse". In: Th. Anz (Hg.), *Handbuch Literaturwissenschaft. Band 2: Methoden und Theorien*. Stuttgart/Weimar, 98–120.

Schmid, Wolf (2008). *Elemente der Narratologie*. 2. Aufl. Berlin.

Semino, Elena (2009). „Text Worlds". In: G. Brône, J. Vandaele (Hgg.), *Cognitive Poetics. Goals, Gains and Gaps*. Berlin/New York, 33–71.

Shen, Dan (2013). „Unreliability". In: P. Hühn et al. (Hgg.), *the living handbook of narratology*. Hamburg. http://www.lhn.uni-hamburg.de/article/unreliability (28. Mai 2017).

Sperber, Dan, und Deidre Wilson (1986). *Relevance: Communication and Cognition*. Oxford.

Stockwell, Peter (2002). *Cognitive Poetics. An Introduction*. London/New York.

Wagner, Silvan (2015). *Erzählen im Raum. Die Erzeugung virtueller Räume im Erzählakt höfischer Epik*. Berlin/Boston.

Wege, Sophia (2013a). „Aufgehender Mond und der Kubikinhalt des Herzens. Zum Verhältnis von Empirie und Literatur in der Kognitiven Literaturwissenschaft". In: Ph. Ajouri, K. Mellmann, Ch. Rauen (Hgg.), *Empirie in der Literaturwissenschaft*. Münster, 395–417.

Wege, Sophia (2013b). *Wahrnehmung – Wiederholung – Vertikalität. Zur Theorie und Praxis der Kognitiven Literaturwissenschaft*. Bielefeld.

Werth, Paul (1999). *Text Worlds: Representing Conceptual Space in Discourse*. Harlow.

Wolf, Werner (2011). „Narratology and Media(lity): The Transmedial Expansion of a Literary Discipline and Possible Consequences". In: G. Olson (Hg.), *Current Trends in Narratology*. Berlin/New York, 145–180.

Zeller, Rosmarie (1997). „Erzähler". In: K. Weimar (Hg.), *Reallexikon der deutschen Literaturwissenschaft. Neubearbeitung des Reallexikons der deutschen Literaturgeschichte. Band 1, A–G*. Berlin u. a., 502–505.

Zeman, Sonja (2016). „Perspectivization as a Link between Narrative Micro- and Macro-structure". In: N. Igl, S. Zeman (Hgg.), *Perspectives on Narrativity and Narrative Perspectivization*. Amsterdam/Philadelphia, 17–42.

Zipfel, Frank (2015). „Narratorless Narration? Some Reflections on the Arguments For and Against the Ubiquity of Narrators in Fictional Narration". In: D. Birke, T. Köppe (Hgg.), *Author and Narrator. Transdisciplinary Contributions to a Narratological Debate*. Berlin u. a., 45–80.

Rolf Fieguth
III.1.3 Adressaten- und Leserinstanzen

1 Einführung und problemgeschichtliche Bemerkungen

Die Gegenstände dieses Artikels berühren das weite Feld der (Des)Orientierung, die das Erzählwerk seinem Leser bietet, sowie des Spielraums, den es ihm lässt. Die hier eingenommene Perspektive ist nicht universell. Sie hält sich eher an die vielen Spielarten realistischer Erzählwerke, auch wenn mancherlei Erfahrungen mit dem Antiroman von Laurence Sterne bis Michel Butor sowie mit dem längeren Erzählgedicht (Poem) der Romantik und Postromantik einfließen. Unberücksichtigt bleiben asiatische oder afrikanische Erzähltraditionen sowie anonyme erzählende Texte mythischen Charakters, deren Kommunikationsstruktur eine sehr andere ist.

Vorausgesetzt wird hier ferner der verbreitete Standpunkt eines stark gemäßigten Textobjektivismus, der dem Leser und seinen Erfassungsenergien einen sehr weiten Spielraum gegenüber dem Erzähltext lässt. Ein Erzählwerk kann, wenn es überhaupt – und sei es in seiner Widersprüchlichkeit und Antikonventionalität – verstanden werden will, auf unvorhersehbar vielfältige Weise gelesen, erlebt oder erfahren, verstanden, gedeutet und gewertet werden. Doch enthält es eine Fülle von implizit angedeuteten uneindeutigen Leseanweisungen und kann mehr oder weniger angemessen gelesen werden. Übrigens vermag eine essayistische oder wissenschaftliche Darstellung die vollständige faktische Leseerfahrung mit einem Erzählwerk nur außerordentlich vereinfacht, lückenhaft und verzerrt wiederzugeben – aber nur auf solche Darstellungen kann sich Rezeptions- oder Konkretisationsforschung stützen.

In allen Poetiken des Altertums, des Mittelalters und der früheren Neuzeit sind Hinweise auf den Leser auszumachen, die sich gegen dessen subjektive Willkür richten – vgl. Thomas von Aquins (1225–1274) Stoßseufzer: „Quidquid recipitur, ad modum recipientis recipitur" [Was auch immer rezipiert wird, es wird nach der Art des Rezipienten rezipiert] (*Summa theologiae*, 1, 75, 5c, zit. nach Pfeiffer 2007 [2003], 283). Ein Forschungsdesiderat wäre die Suche nach alten und neueren Leserkonzeptionen, welche die vielfach geübte autoritäre Durchsetzung willkürlich neuer Lesarten alter Texte reflektieren: Die Römer lasen den Anfang ihrer Geschichte in Homers *Ilias* und *Odyssee*, die antiken christlichen Theologen ihre neue Religion in die jüdische Bibel hinein; christliche Gehalte wurden bei Vergil aufgefunden; die Staatsmarxisten des

20. Jahrhunderts ‚erbten' die gesamte Weltliteratur als Präfiguration ihrer Weltsicht.

Eine vergleichsweise positivere Wertung privaten subjektiven Leseverhaltens bricht sich Bahn mit dem Aufkommen großer Individuen der neuzeitlichen Literaturkritik ab dem späten 17. und frühen 18. Jahrhundert (Samuel Johnson, Jean-Baptiste Dubos, Voltaire, Diderot, Lessing) und mit der Karriere des Begriffs vom subjektiven Geschmack des gebildeten Lesers als Gegenstück zum Genie des Dichters (Weimar und Solms 2007 [1997]). Die Epoche der Empfindsamkeit war mit ihren neuen Formen intimen Erzählens in Prosa (Novelle, Roman, Tagebuchnotiz, Brief) stark auf den Leser und die Leserin und deren Gefühls- und Gedankenwelt orientiert; moralische und andere Urteile über Romanfiguren und ihre Handlungen wurden in der langfristigen Folge immer häufiger der Verantwortung des Lesers anheimgestellt. Ferner wuchs die Aufmerksamkeit für unterschiedliche Rezeptionen der Autoren und Werke des weltliterarischen Kanons, darunter besonders Shakespeares, nicht zuletzt dank der krass unterschiedlichen Lesarten und Leser, nämlich Kommentatoren, Rezitatoren, Schauspieler und Theaterregisseure, shakespearebegeisterte Autoren.

Das gegenwärtige literaturwissenschaftliche Interesse am Leser hat viele Ursprünge in den Künsten und in der Literatur sowie in den Geisteswissenschaften. Eine Literaturgeschichte aus der Perspektive des Lesers schlug 1928 Boris Buchštab vor (Ulicka 2013, 95), wohl nicht als Erster. Roman Ingarden, wie alle Phänomenologen stark von der Auseinandersetzung mit der Einfühlungsästhetik geprägt, publiziert 1931 und 1937 die Konzeption des Lesers als notwendigen Ko-Autors des konkretisierten literarischen Kunstwerks; 1937 postuliert er eine Geschichte der stilistisch variablen und jeweils epochenabhängigen Konkretisationen eines Werks (Ingarden 1976 [1937]). In Tschechien greift Felix Vodička (1941 und 1942) Ingardens Konkretisationsbegriff modifizierend auf, später unternimmt Miroslav Červenka (1978 [1969]) eine Semiotisierung von Grundzügen der Ingarden'schen Konzeption. In Polen fällt eine Neulektüre Ingardens nach dem Tauwetter von 1956 und danach mit der Rezeption russischer, tschechoslowakischer, angelsächsischer und deutscher Theorien zusammen und regt die Entwicklung eigener Konzeptionen literarischer Kommunikation an (Głowinski 1975 [1967], 1977; Okopień-Sławińska 1975 [1971]; Sławiński 1975a [1967], 1975b [1971]; Bartoszyński 1976 [1971]). In Deutschland begleitet die Auseinandersetzung mit Ingarden die Entfaltung der bekannten und einflussreichen Wirkungsästhetik Wolfgang Isers (1972, 1976). Eine besondere Berücksichtigung findet die slavische Theoriebildung, darunter neben vielen anderen auch die Ingardens, bei Wolf Schmid (2014).

2 Vom habituellen Literaturleser zum aktuellen Leser eines konkreten Erzählwerks

Wir unterscheiden – mehr oder weniger scharf – werkexterne ‚reale', werkinterne fiktive sowie werkinterne implizite Empfängerrollen und -instanzen. Das nachstehende Modell narrativer Kommunikation wurde aus Konzeptionen des polnischen Strukturalismus der 1960er Jahre (Głowiński 1975 [1967]; Okopień-Sławińska 1975 [1971]; Sławiński 1975b [1971]; Bartoszyński 1976 [1971]) sowie eigenen Ideen entwickelt und geht möglichst konsequent von der Perspektive des Lesers aus, der zur Lektüre eines Erzählwerks ansetzt:

Sender	Empfänger
1. Werkexterne oder ‚reale' Bereiche	
1-S1: Vorgängige Vorstellungen des privaten oder öffentlichen Lesers über diesen Autor in dessen gesamten Lebensrollen.	1-E1: Bewusstsein des privaten oder öffentlichen Lesers von allen eigenen Lebensrollen.
1-S2: Vorgängige Vorstellungen des privaten oder öffentlichen Lesers über diesen Autor als Literaturproduzent, einschließlich vorgängiger Erfahrungen mit Büchern dieses Autors.	1-E2: Bewusstsein des Lesers von seiner eigenen Rolle als privater Literaturkonsument und Leser der Bücher dieses Autors oder als öffentlicher Literaturkommentator.
1-S3: Das sich im Leser bei der aktuellen Lektüre entwickelnde Bild des Autors in dessen Rolle als Verfasser dieses konkreten Erzählwerks.	1-E3: Das sich bei der aktuellen Lektüre entwickelnde Selbstbild des Lesers in seiner Rolle als Leser dieses konkreten Erzählwerks.
2.1 Werkinterner impliziter Bereich	
2.1-S1: Der implizite Autor: das sich im Lektüreverlauf entfaltende, mehr oder weniger offene narrative Sinngeschehen (vgl. Angehrn 2011) und dessen imaginiertes Urhebersubjekt.	2.1-E1: Der implizite Leser: das sich während der Lektüre entwickelnde Leseverhalten prospektiver Erwartungen, retrospektiver Selbstkorrekturen und Syntheseversuche.
2.2 Werkinterner fiktiver Bereich	
Gestufter Bereich der fiktiven Erzählerschaft und ihrer Adressaten	
2.2-S1: Der oder die fiktiven Erzähler, evtl. als Protagonist(en) einer Erzählgeschichte. Der Erzähler ist für den Leser nicht nur Erfinder sowie Arrangeur der erzählten Geschichte, sondern auch deren ‚erster Leser'. An ihm orientiert sich schließlich der Vorleser (Rezitator).	2.2-E1: Der (oder die) fiktive(n) Zuhörer oder Adressat(en) des Erzählers oder der Erzähler, evtl. als fiktive Gestalten einer Erzählgeschichte. Die Rede des Erzählers richtet sich aber zugleich u. a. auch an den ‚impliziten Leser', wobei sie diesen ‚erzeugt'.

2.2-S2: Der oder die fiktiven Erzähler als Protagonist(en) einer Rahmenhandlung.	2.2-E2: Der (oder die) fiktive(n) Zuhörer oder Adressat(en) des Erzählers oder der Erzähler als fiktive Gestalten einer Rahmenhandlung.
Gestufter Bereich des handelnden Personals	
2.2-S3: Handeln, Denken und Sprechen der Zentralfiguren (namentlich der ‚Perspektivfigur') als indirektes auktoriales Sinn- und Identifikationsangebot an den Leser.	2.2-S3: Reaktionen, Hilfestellungen, Antworten, Nachforschungsaktionen der Zentralfiguren als indirektes Modell oder Antimodell (Karikatur) des Leserverhaltens.
2.2-S4: Beiläufiges Handeln und Sprechen von Neben- und Zentralfiguren (‚Sprachrohre des Autors') als nahezu explizites auktoriales Raisonnement.	2.2-E4: Beiläufig handelndes und sprechendes Reagieren von Neben- und Zentralfiguren als nahezu explizites Modell oder Antimodell des Leserverhaltens („modellhafter oder karikierter Rezipient').

Das Modell ist trotz seiner Ausführlichkeit notwendigerweise schematisch. Da die sukzessive Erfassung des narrativen Sinngeschehens durch den Leser in jedem Moment auf mehreren werkinternen und werkexternen Ebenen zugleich erfolgt, sind die Ebenen und Bereiche des Modells füreinander durchlässig. Ferner besteht auf einigen Ebenen des Modells ein Verhältnis funktionaler Abhängigkeit und häufigen Rollenwechsels zwischen Sender und Empfänger.

In der literarischen Kommunikationswirklichkeit wird der aktuelle Leser eines konkreten Erzählwerks von Anfang an auf die Sinnbewegungen aller werkinternen Niveaus zugleich reagieren. Er wird dabei aber auch werkexterne Vorgaben einbeziehen, darunter je nach Kompetenz die intertextuellen oder intermedialen Anspielungen und Verweise des Werks. Zu den werkexternen Vorgaben gehören ein (vermeintliches) Vorwissen über den Autor, dessen Werk und dieses Buch sowie die jeweiligen Erfahrungen mit leserbezogenen Normen und Konventionen, zu denen auch Normverletzungserwartungen gehören.

Sobald die lesende Person zur aktuellen Lektüre eines konkreten Erzählwerks ansetzt, z. B. eines Kriminalromans, aktiviert sie unter ihren vielen anderen Lebensrollen z. B. die Erfahrungen des Krimi-Lesers und nimmt dabei eher unbewusst als bewusst eine ‚ästhetische Einstellung' (Ingarden 1996 [1937, 1968]) ein. Diese ist abhängig sowohl von den Prädispositionen des Lesers als auch von den Vorgaben des Werks. Sie kann, wie bei Ingarden, als momentanes radikales Absehen von allem Außerästhetischen verstanden werden oder als Konzentration auf das Werk und die damit vom Leser assoziierten Normen, Konventionen und Traditionen oder schließlich als Perspektivwechsel mit einem sich bei der Lektüre verändernden Blick auf die Welt. In jedem Fall enthält die ästhetische Einstellung ein Moment des phantasiemäßigen Überschreitens der eigenen lebensweltlichen individuellen und sozialen Bestimmt- und Begrenztheiten, des Übergangs von einem der Realität angepassten Wirklichkeitssinn zu einem der Fiktion angemessenen Möglichkeitssinn. Solcher Übergang wird bekanntlich schroff gegensätzlich gewertet. Er wird gepriesen oder geschmäht als vorübergehende ästhetisierende Abkehr vom Leben der Gemeinschaft oder begrüßt bzw. verworfen als phantasiemäßige Öffnung und tätige Aktivierung für die Idee einer Neugestaltung des Lebens für sich und in der Gemeinschaft, Gesellschaft und Menschheit im Sinn irgendeiner großen Welterklärungsidee.

Bei fortschreitender Lektüre nimmt die lesende Person – unter dem Eindruck der sukzessiven Sinnbewegungen der Erzählung – eine kontrollierende und revidierende Anpassung ihrer Vorwissensmomente und ihrer aus dem schon Gelesenen gewonnenen Erwartungen an den weiteren Verlauf vor, indem sie dieselben fortwährend selegiert, kombiniert, modifiziert, aktiviert, hintanstellt oder verwirft (Bartoszyński 1976 [1971]). Sie durchläuft also, ohne ihre übrigen Lebensrollen völlig auszublenden, Phasen der Anpassung ihrer (mehr oder weniger ausgeprägten) vorgängigen Rollenkompetenzen und Prädispositionen als Literaturleser an die Rolle des Lesers von Werken dieses Genres, dieses Autors und dieses spezifischen Werks. Halten wir dabei fest, dass die Instanz oder Rolle des Adressaten eines Erzählwerks nicht selten ein Konstrukt des Autors oder Verlegers ist, die Rolle des Lesers dieses konkreten Werks dagegen eine Leistung des Lesers; bei späterer erneuter Lektüre desselben Werks kann die lesende Person neue Einsicht und Erleuchtung erfahren oder frühere vermissen, aber die besagte Rolle wird sie schwerlich spurlos vergessen haben.

3 Empfängermomente im fiktiven handelnden Personal des Erzählwerks

Ein erhebliches, oft sogar entscheidendes Potential der Leserlenkung – neben dem Bereich des fiktiven Erzählers – liegt im Zentralbereich des narrativen Sinngeschehens, in den handelnden Figuren und in den Prozessen, Situationen und Geschichten, in die sie verwickelt sind. Ein besonders wichtiger Punkt ist die Perspektivierung der Handlung vermittels der bedeutungstragenden Opposition zwischen implizitem Gesamtgeschehenszeitraum und erzählter Geschichte. Der Gesamtzeitraum ist vom Leser – vielleicht eher beiläufig – sukzessive zu erschließen und zu imaginieren und dient ihm als Wahrnehmungshintergrund für die in der erzählten Geschichte aktualisierten und neu miteinander verknüpften Zeitmomente (vgl. Schmid 1984). Weitere leserlenkende Oppositionen sind: diejenige zwischen dem impliziten Gesamtreservoir an möglichen Fabelmomenten und

-modellen, welche das Erzählwerk sukzessive andeutet, und der fortschreitenden selektiven Aktualisierung und Kombination von Fabelmomenten aus diesem Reservoir; diejenige zwischen der erzählten Geschichte (im *ordo artificialis*) und der implizierten, sukzessive zu erschließenden Geschichte (im *ordo naturalis*); diejenige zwischen dem Stil der Erzählerrede und den Stilen der Figurenreden.

Sehr relevant als Moment der Leserlenkung bzw. -orientierung ist ferner die unterschiedliche Gewichtung der handelnden Figuren, angefangen mit der allein schon quantitativ herausgehobenen Zuteilung von bloßer Textmenge an einzelne dargestellte Personen. Dies kann besonders prägnant und damit orientierend wirken, wenn daraus z. B. ein Widerspruch zum sozialen Rang dieser Personen unter den übrigen Figuren entsteht.

Diese und andere die Lektüre lenkenden oder orientierenden Momente werden durch den direkten Kontakt des Lesers mit dem Erzählmonolog und den Figurenreden näher ausgestaltet. Aus den Spannungen zwischen beiden entwickelt sich ein fortdauerndes Hinblicken des Lesers auf den von ihm sukzessive imaginierten impliziten Autor. Im Prinzip kann jede kommentierende Äußerung einer Figur (sowie auch des Erzählers) über sich selbst, über eine andere Figur, über eine erzählte Situation ein Angebot an den Leser sein, sein Wahrnehmungsverhalten entsprechend auszurichten. Angesichts der erwähnten anderen orientierenden Momente, aber auch angesichts der Äußerungen des fiktiven Erzählers meint der Leser, diese Angebote relativ rasch gewichten zu können. Dabei unterstützt (oder verwirrt) ihn ein Netz von banalen bis komplexen Normen und Konventionen des Lesens. Den Figuren erwachsen aus ihrer Funktion innerhalb der erzählten Handlung gleichsam organisch kommunikationsrelevante Rollen: als ‚Hauptfiguren' (der einen und der anderen ‚Partei'), als ‚Helfer' (Komplize, Kuppler, Verführer, Sympathisant, Konfident, Freund, Liebender), ‚Doppelgänger', ‚Gegenspieler', ‚Verräter' oder ‚Frontwechsler', ‚Beobachter', ‚Späher', ‚Fahnder' oder ‚Zeuge' (die Reihe ist nicht abschließbar). Dabei kann eine der Figuren (oft die Hauptfigur) als ‚Perspektivfigur' nahe an die Perspektive des Erzählers heranrücken und erhält dadurch eine besonders wirksame leserorientierende Funktion. Eine spezifische, wenngleich im Erzählwerk weniger herausragende Bedeutung kann einem Komplex von Figurenverhaltensweisen zugeschrieben werden, die sich provisorisch benennen ließen als sendernah (,Räsoneur', ‚Sprachrohr des Autors', ‚Sprachrohr feindlicher Konzeptionen') bzw. empfängernah (,Verständnisheischer', ‚Tadler', ‚Modell-Kommentator' oder ‚Missversteher' bzw. ‚modellhafter oder karikaturaler Rezipient' [bei Fieguth 1973 „idealisierter Rezipient"]). Kommunikationsrelevante Rollen dieser und anderer Art können momentweise von jeder beliebigen Figur übernommen werden, besonders aber auch von den Hauptfiguren und vom Erzähler: Die Hauptfigur (und nicht sie allein) ringt *im Verlauf der erzählten Handlung* um ein Verständnis dessen, was ihr und ihren

Mitmenschen zustößt; der fiktive Erzähler bemüht sich *nach dem Abschluss der Handlung im Verlauf seines Erzähldiskurses* darum, denn er erzählt in der Regel vorgeblich zu einem späteren Zeitpunkt.

Der Erzähler und die Hauptfigur sind nicht nur die wichtigsten Komponenten, Aktanten und ‚Sender', beide sind auch besonders wichtige Kommentatoren, Adressaten und ‚Empfänger' (um nicht zu sagen: ‚Leser') des sich entfaltenden narrativen Sinngeschehens – selbst dann, wenn ihre Kommentare und Reaktionen sich bald einmal als irrig oder höchst interpretationsbedürftig erweisen.

Im hochliterarischen Erzählwerk kann keine Einschätzung vonseiten irgendeines dieser kommunikativen Funktionsträger abschließende Gültigkeit beanspruchen. Der Leser wird jedes derartige Angebot jedenfalls abwägen und mit anderen derartigen Angeboten vergleichen, ehe er es für seine weitere Erfassung des narrativen Sinngeschehens verwirft, in Reserve hält oder mehr oder weniger provisorisch annimmt, um es vielleicht später zu revidieren.

4 Der Erzähler und seine Adressaten

Die gegenseitige Durchlässigkeit der Ebenen unseres Modells zeigt sich nicht selten an einem engeren Verhältnis zwischen fiktivem Erzähler, Perspektivfigur und implizitem Autor. In der Verserzählung sprechen Figuren und Erzähler, ohne es zu wissen, in Versen und Reimen, d. h. in einer Stilform des Autors; der gesamte Bedeutungsaufbau des Poems ist von dieser Äußerungsform der Autor-Rede infiziert. Auch bei bestimmten Prosaschriftstellern, etwa bei Nikolaj Gogol', Thomas Mann, Witold Gombrowicz, schlägt ein unverkennbar spezifischer Autor-Stil trotz noch so fein gesponnener Erzählerfiktionen und Personenerfindungen durch und prägt den gesamten Lesevorgang. Zahlreiche andere Romane und Erzählungen kaschieren dagegen das Autorprinzip und gestalten überdies ihre Erzählerinstanz möglichst neutral und transparent, während das Denken und Sprechen der fiktiven Perspektivfigur stark in den Vordergrund rückt.

Wen aber spricht der fiktive Erzähler des Romans, der Novelle oder des Poems an? Hier ist ein vielleicht etwas haarspalterischer Unterschied zu machen zwischen den wie immer angedeuteten Zuhörern (2.2-E1) des Erzählers (2.2-S1) innerhalb der zeitlich „jüngsten" Erzählgeschichte (Schmid 2014, 246) und den Zuhörern innerhalb der zeitlich ‚davor' angesetzten Rahmenhandlung (2.2-E2). Beide unterscheiden sich von der vom fiktiven Erzähler erzählten ‚noch früheren' Hauptgeschichte. Am deutlichsten ausgeprägt ist in der Regel die fiktive Zuhörerschaft des fiktiven Erzählers in der Rahmenhandlung. Im Novellenzyklus umfasst diese etwa die Gruppe von Menschen, die sich wechselseitig ihre Geschichten erzählen – d. h. Zuhörer, die bald darauf selbst Erzähler sein werden. Wenn aber sowohl die Erzählgeschichte als auch die Rahmenhandlung unausgeprägt bleiben, so ergibt sich eine in gewissen Grenzen unbestimmte, heterogene Adressatenschaft des fiktiven Erzählers, die sich etwa aus folgenden, auf verschiedenen Ebenen unseres Modells figurierenden Subjektkategorien zusammensetzt:

A) Aus dem Bereich der fiktiven Erzählerschaft und ihrer Adressaten.

A.1) Der Erzähler (2.2-S1) selbst, indem er im Rahmen der Erzählgeschichte tagebuchartig zu sich selbst oder z. B. zu imaginierten oder erinnerten Personen (2.2-E1) spricht und dabei seine sich entwickelnde Wahrnehmung der von ihm erzählten oder explizit phantasiemäßig erfundenen Personen (2.2-S3–2.2-S4; 2.2-E3–2.2-E4) und Situationen im Sinn der Erzählfiktion längere Zeit nach dem Ende der erzählten Handlung reflektiert. Er tritt sowohl den Zuhörern der fiktiven Rahmenhandlung (2.2-E2) als auch uns Lesern (2.1-E1) gleichsam als ‚erster Leser' des erzählten Geschehens oder sogar als ‚Repräsentant des Lesers' (Butor 1964, 63; zit. nach Netzer 1970, 118) entgegen.

A.2) Manchmal kommt im Kontext einer Rahmenhandlung ein zweiter, wichtiger Erzähler dazu (2.2-S2–2.2-E2), mit dem der erste sowohl aus der Perspektive der nachträglichen Rahmenhandlung als auch der noch späteren Erzählgeschichte korrigierend und ergänzend streitet (so bei Lüscher 2013).

B) Aus dem Bereich des erzählten handelnden Personals (2.2-S3 sowie 2.2-E3).

B.1) Die fiktive ‚Perspektivfigur' (falls eine solche im Roman vorkommt), deren Wahrnehmung, Verständnis und Sprechen gleichfalls den Charakter einer ‚ersten Lektüre' der eigenen Situationen und/oder anderer Figuren hat und mit der ‚Lektüre' des Erzählers kompatibel ist.

B.2) Diese oder andere erzählte Personen, die der Erzähler z. B. mit ‚du'/‚Sie' (Fludernik 1993 Sambor 2004, 53–94) oder auf andere Weise direkt apostrophiert und damit besonders fokussiert; darunter die Hauptfigur, wenn der Erzähler dieser ihre Geschichte *in absentia* (etwa nach ihrem Tod) erzählt.

C) Aus dem werkintern impliziten Bereich.

Der ‚implizite Leser' (2.1-E1), der alles Sprechen des Erzählers und nicht Weniges vom Sprechen der erzählten Personen als potentiell an ihn gerichtetes und auf den von ihm imaginierten impliziten Autor zu beziehendes Sprechen versteht oder missversteht. Insbesondere alle metaliterarischen Andeutungen eines fiktiven Erzählers oder anderen fiktiven Sprechers werden vom impliziten Leser decodiert/umcodiert und dem Bereich des impliziten Autors zugeordnet.

5 Impliziter Leser und Lesertypen

Die werkinterne Kategorie des impliziten Lesers umfasst den Prozess des sukzessive erfassten narrativen Sinngeschehens im Erzähltext, der sich gewissermaßen seinen Leser selbst schafft. Gemeint ist damit auch der verstehensmäßige Spielraum, den das konkrete Erzählwerk seinem empirischen Leser im Verfolg der Lektüre lässt. Wie sinnvoll es ist, im Zusammenhang mit der Kategorie des impliziten Lesers Regeln für den optimalen oder sogar idealen Leser eines Werks ermitteln zu wollen, bleibe hier unerörtert. Mit Sicherheit gibt es aber Prädispositionen empirischer Leser, die in ihre persönliche Lebensrolle als Literaturleser einfließen und sich in der Einübung in die Rolle des Lesers dieses konkreten Erzählwerks nicht einfach neutralisieren. Solche Dispositionen können anthropologischer, genderabhängiger und altersspezifischer Art sein, sie können die weiten Bereiche des Sozialen, Kulturellen und Religiösen oder Weltanschaulichen, Geografisch-Regionalen und Nationalen berühren, und sie können sich wie vage auch immer mit Stil- und Gattungsbesonderheiten des Erzählwerks verbinden. Vier verschiedene Prädispositionen seien hier eher zufällig herausgegriffen: die des Augenlesers, des Ohrenlesers, des Autorlesers und des Meta-Lesers. Der Augenleser will sich alles Erzählte imaginär prägnant vorstellen können; ihm kommt ein Autor wie Vladimir Nabokov mit seinen auffallenden Hell-Dunkel-Effekten sehr entgegen. Der Ohrenleser horcht gern auf Stilnuancen und Stimmen – er ist bei Turgenev, Dostoevskij und Fontane gut aufgehoben. Der Autorleser imaginiert bei seiner Lektüre gern ein von allen lebensweltlichen Unliebsamkeiten gereinigtes Bild des weisen, alles verstehenden und alles intelligent erklärenden Autors; ihm wird u. a. bei Robert Musil wohl sein – aber vielleicht bevorzugt er gerade die zerrissenen Autorbilder Nikolaj Gogol's oder der romantischen und postromantischen Erzähldichtungen Byrons und seiner zahlreichen Nachfolger. Dem Augen-, Ohren- und Autorleser werfen humorarme Kritiker gern naive Selbsttäuschung vor; aber selbst wenn sie Recht hätten, es gibt diese Prädispositionen nun einmal. Der unnaive Meta-Leser forscht dagegen an jeder Wendung des narrativen Sinngeschehens nach dem artifiziellen Trick bzw. nach der intertextuellen Anspielung, der bzw. die dahinter steht, und/oder nach der verborgenen Alternativ-Variante, die just in dieser Wendung versteckt ist. Ihm wären Jean Paul und seine postmodernen Ururenkel zu empfehlen. Solche und andere subjektiven Prädispositionen prägen gewiss die Privatisierung, die jede individuelle Person an der ihr auch literatursoziologisch vorgegebenen habituellen Leserrolle für sich vornimmt. Die aktuell lesende individuelle Person wird zwischen den sukzessiv erfassten Sinnbewegungen des gelesenen Werks und der versuchten Anpassung ihrer habituellen subjektiven Prädispositionen ihren privaten Kompromiss herstellen. Dieser ist lediglich andeutungsweise in allgemeinen Begriffen zu erfassen. Der Leser und die Leserin füllt jedenfalls damit – partiell und je auf seine bzw. ihre Weise – den Spielraum aus, den das konkrete Erzählwerk lässt; dass dieser Spielraum auch überschritten werden kann, liegt auf der Hand.

Literaturverzeichnis

Angehrn, Emil (2011). „Sinngeschehen und Sinnbildung". In: *Erwägen. Wissen. Ethik* 22.4, 490–493. http://edoc.unibas.ch/21829/1/Angehrn_EWE22_2011.pdf (28. Mai 2017).
Bartoszyński, Kazimierz (1976 [1971]). „Probleme der Kommunikation in narrativen Werken". In: R. Fieguth (Hg. und Übers.), *Literarische Kommunikation*. Kronberg i.Ts., 149–176.
Butor, Michel (1964). *Répertoire II*. Paris.
Červenka, Miroslav (1978 [1969]). *Der Bedeutungsaufbau des literarischen Werks*. Hg. von F. Boldt, W.-D. Stempel. München.
Fieguth, Rolf (1973). „Zur Rezeptionslenkung bei narrativen und dramatischen Werken". In: *Sprache im technischen Zeitalter* 47, 186–201.
Fludernik, Monika (1993). „Second Person Fiction. Narrative ‚You' As Addressee And/Or Protagonist". In: AAA – *Arbeiten aus Anglistik und Amerikanistik* 18, 217–247.
Głowiński, Michał (1975 [1967]). „Der virtuelle Empfänger in der Struktur des poetischen Werkes". In: R. Fieguth (Hg.), *Literarische Kommunikation*. Kronberg i. Ts., 93–126.
Głowiński, Michał (1977). *Style odbioru. Szkice o komunikacji literackiej*. Kraków.
Ingarden, Roman (1931). *Das literarische Kunstwerk. Eine Untersuchung aus dem Grenzgebiet der Ontologie, Logik und Literaturwissenschaft*. Halle (Saale).
Ingarden, Roman (1976 [1937]). „Gegenstand und Aufgaben des ‚Wissens von der Literatur'". In: R. Ingarden, *Gegenstand und Aufgaben der Literaturwissenschaft. Aufsätze und Diskussionsbeiträge (1937–1964)*. Ausgew. und eingel. von Rolf Fieguth. Tübingen, 1–28.
Ingarden, Roman (1996 [1937, 1968]). *Vom Erkennen des literarischen Kunstwerks*. Hg. von R. Fieguth, E. Swiderski. Tübingen [= Ingardens Gesammelte Werke, Bd. 13, hg. von G. Küng und R. Fieguth].
Iser, Wolfgang (1972). *Der implizite Leser*. München.
Iser, Wolfgang (1976). *Der Akt des Lesens*. München.
Lüscher, Jonas (2013). *Frühling der Barbaren. Novelle*. München.

Netzer, Klaus (1970). *Der Leser des Nouveau Roman*. Frankfurt a. M.
Okopień-Sławińska, Aleksandra (1975 [1971]). „Die personalen Relationen in der literarischen Kommunikation". In: R. Fieguth (Hg.), *Literarische Kommunikation*. Kronberg i. Ts., 127–147.
Pfeiffer, Helmut (2007 [2003]). „Rezeption". In: G. Braungart et al. (Hg.), *Reallexikon der deutschen Literaturwissenschaft*. Berlin/New York, Bd. 3, 283–285.
Sambor, Ronnie (2004). *Die Verwendung der Du-Form in deutschsprachigen Erzählungen*. Diplomarbeit, Philologisch-Kulturwissenschaftliche Fakultät, Universität Wien. http://othes.univie.ac.at/154/ (28. Mai 2017).
Schmid, Wolf (1984). „Thematische und narrative Äquivalenz. Dargelegt an Erzählungen Puškins und Čechovs". In: R. Grübel (Hg.), *Russische Erzählung. Russian Short Story. Russkij rasskaz*. Amsterdam, 79–118.
Schmid, Wolf (2014). *Elemente der Narratologie*. 3., erw. und überarb. Aufl. Berlin/Boston.
Sławiński, Janusz (1975a [1967]). „Die Semantik der narrativen Äußerung". In: J. Sławiński, *Literatur als System und Prozeß*. Hg. von R. Fieguth. München, 81–109.
Sławiński, Janusz (1975b [1971]). „Literatursoziologie und historische Poetik". In: J. Sławiński, *Literatur als System und Prozeß*. Hg. von R. Fieguth. München, 173–202.
Ulicka, Danuta (2013). *Słowa i ludzie. 10 szkiców z antropologii filologicznej*. Warszawa.
Vodička, Felix (1976a [1941]). „Die Konkretisation des literarischen Werks. Zur Problematik der Rezeption von Nerudas Werk" [übers. von Frank Boldt]. In: F. Vodička, *Die Struktur der literarischen Entwicklung*. Mit einer einleitenden Abhandlung von Jurij Striedter. Redaktion und Register: Frank Boldt (in Zusammenarbeit mit Herbert Grönebaum und Inge Paulmann). München, 87–125.
Vodička, Felix (1976b [1942]). „Die Literaturgeschichte, ihre Probleme und Aufgaben" [übers. von Christian Tuschinsky]. In: F. Vodička, *Die Struktur der literarischen Entwicklung*. Mit einer einleitenden Abhandlung von Jurij Striedter. Redaktion und Register: Frank Boldt (in Zusammenarbeit mit Herbert Grönebaum und Inge Paulmann). München, 1–86.
Weimar, Klaus und Friedhelm Solms (2007 [1997]). „Geschmack". In: G. Braungart et al. (Hg.), *Reallexikon der deutschen Literaturwissenschaft*. Berlin/New York, Bd. 1, 714–717.

Claudia Hillebrandt
III.1.4 Figur

1 Explikation

Eine ‚Figur' ist von einem fiktionsinternen Standpunkt aus betrachtet eine Person, also ein Mensch oder ein menschenähnlich gestaltetes Wesen, innerhalb eines fiktionalen Mediums. Von einem fiktionsexternen Standpunkt aus lässt sie sich als menschlich oder menschenähnlich gestaltetes, kommunikativ konstruiertes Artefakt auffassen. Um menschlich oder menschenähnlich zu erscheinen, sollte die ‚Figur' mindestens die Fähigkeit zum intentionalen Handeln aufweisen, eine Innen-Außen-Unterscheidung sowie die Unterscheidung transitorischer von stabilen Merkmalen ermöglichen (vgl. vertiefend zu dem hier explizierten Figurbegriff Eder 2008, 61–130; Jannidis 2004, 185–195; Köppe, und Kindt 2014, 115–120). Von diesem Figurbegriff sind andere Verwendungsweisen von ‚Figur' zu unterscheiden, beispielsweise als abkürzende Redeweise für ‚rhetorische Stilfigur', für ‚Spielfigur', insofern diese keine der oben genannten Anforderungen an menschliche oder menschenähnliche Darstellung erfüllt, oder als Element der Figur-Grund-Unterscheidung der Gestaltpsychologie, die z. B. über die *Cognitive Poetics* auch Eingang in die Sprache der Literaturwissenschaft gefunden hat.

Figuren in Erzählungen sind in unterschiedlichen Medien präsent. Und Figuren finden sich nicht nur in Erzähltexten, sondern gleichfalls in dramatischen und lyrischen Texten (vgl. Abschnitt 5: „Gattungs- und Mediendifferenzen"). Die Ausführungen in den Abschnitten 2 bis 4 zu „Figur und Fiktion", „Theorien der Figur" und „Analysedimensionen und Funktionen von Figuren in Erzähltexten" gehen allerdings vom Modellfall des schriftlich fixierten Erzählens aus.

2 Figur und Fiktion

Figuren sind im Unterschied zu Personen Teil eines fiktionalen Mediums. Um die Rede von Figuren genauer verstehen zu können, sind daher Angaben zur vorausgesetzten Fiktionstheorie erforderlich. In der Fiktionsforschung ist eine Reihe von Erklärungsansätzen diskutiert worden, auf welche Weise die Fiktionalität eines Mediums sich konstituiert (vgl. für einen Überblick Gertken und Köppe 2009; Zipfel 2001). Als besonders erklärungsmächtig hat sich in den letzten Jahren die sogenannte institutionelle Theorie der Fiktionalität erwiesen. Sie versteht Fiktionalität als Institution, als eine regelgeleitete Praxis also, die Produ-

zenten und Rezipienten des fiktionalen Mediums als geteiltes Handlungswissen zur Verfügung steht (vgl. Lamarque und Olsen 1994). Die beiden für den Umgang mit Fiktionen einschlägigen Regeln lauten:
1. Stelle dir vor, was der Text besagt.
2. Schließe nicht von dem im Text Besagten auf die Wirklichkeit.

Fiktionalität ist damit eine Eigenschaft von sprachlichen Entitäten: Erzählungen können fiktional oder nicht-fiktional sein. Fiktiv ist das, wovon eine fiktionale Erzählung handelt (vgl. Köppe und Kindt 2014, 73–97).

Als Konsequenz aus der ersten Regel der Fiktionalitätsinstitution ergibt sich, dass Figuren als besonderer Typ von Vorstellungen verstanden werden können, die ein Leser auf Basis des fiktionalen Mediums bildet, nämlich von Vorstellungen eines menschlich oder menschenähnlich gestalteten Wesens. Menschlich oder menschenähnlich erscheint eine Entität innerhalb einer fiktiven Erzählwelt prototypisch dann, wenn ihr die Fähigkeit zu intentionalem Handeln zugeschrieben werden kann, eine Innen-Außen-Unterscheidung möglich ist – eine Unterscheidung von Innenleben und äußerer Erscheinung also – sowie die Unterscheidung transitorischer von stabilen Merkmalen (vgl. Jannidis 2004, 185–195). Die zweite Regel kann erklären helfen, warum Figurenwahrnehmung sich in wesentlichen Punkten von der Wahrnehmung von Personen, und zwar auch von medial vermittelt wahrgenommenen Personen, unterscheidet. Denn sie besagt, dass wir nicht (zumindest nicht ohne weitere Spezifikation) von der Vorstellung eines menschlichen oder menschenähnlichen Wesens in einem fiktionalen Medium auf etwas in der Wirklichkeit, also beispielsweise darauf schließen sollen, dieses existiere als Person in unserer eigenen Lebenswelt. Unter dieser Voraussetzung können wir Figuren auch von einem fiktionsexternen Standpunkt aus als künstlich erschaffene Artefakte wahrnehmen: Wir können die artifizielle Verfasstheit der Figur betrachten und so z. B. den Vorwurf der Überpsychologisierung gegen den Autor erheben wie Jorge Luis Borges gegenüber Henry James; wir sind entlastet vom Handlungsdruck, da eine reziproke Interaktion mit der Figur im Allgemeinen nicht möglich ist, und wir z. B. Andersens kleines Mädchen mit den Schwefelhölzchen nicht trösten oder ihm helfen können; der Text kann uns dazu einladen, uns Vorstellungen von einer Figur zu machen, die von den Beschränkungen abweicht, denen Personen im Hinblick auf ihr Erscheinungsbild oder ihre physischen oder psychischen Vermögen unterliegen, wie etwa im Falle von Dracula oder Rumpelstilzchen, und vieles andere mehr (vgl. für eine ausführliche Darstellung von Gemeinsamkeiten und Unterschieden zwischen Personen- und Figurenwahrnehmung Eder 2008, 220–228; Frow 2014; Köppe und Kindt 2014, 125–127). Von besonderem Interesse für ein genaueres Verständnis der Figur-Leser-Interaktion sind Fragen der emotionalen Reaktion auf Figuren: Diese ähneln in vielfältiger Weise unseren Reaktionen auf Personen, weichen in bestimmten Hinsichten aber auch von diesen ab. Die analytische Ästhetik hat dieses Phänomen unter der Bezeichnung *Paradox of Fiction* in den letzten Jahrzehnten intensiv diskutiert und verschiedene Vorschläge erarbeitet, wie diese Gemeinsamkeiten und Unterschiede von Figuren- und Personenwahrnehmung zu erklären sind (für einen Überblick vgl. Levinson 1997). In welchem Sinne Figuren als Teil einer fiktiven Erzählwelt in unserer Welt existieren, welchen ontischen Status sie also haben, diese Frage ist Gegenstand der Ontologie und der Kunstphilosophie (vgl. Reicher 2010).

3 Theorien der Figur

Zu Überblickszwecken lassen sich vereinfachend vier besonders einflussreiche Typen von Figurentheorien unterscheiden, die einander forschungsgeschichtlich zum Teil überlagert, zum Teil auch abgelöst haben, letztlich aber in der literatur- und medienwissenschaftlichen Praxis bis heute Geltung beanspruchen können (zur Geschichte der Figurenforschung von den Anfängen bei Aristoteles bis ins 19. Jahrhundert vgl. Eder 2008, 42–45): a) hermeneutische, b) psychoanalytische, c) semiotisch-strukturalistische und d) kognitive Theorien der Figur (vgl. Eder 2008, 45–60 und Eder et al. 2010, 5). Die kognitiven Theorien haben sich dabei als jüngster Ansatz seit den 1990er Jahren im Zweig der an den Kognitionswissenschaften orientierten Narratologie etabliert.

In hermeneutischen Theorien werden Figuren als Repräsentationen menschlicher Wesen angesehen. Zu ihrer Analyse wird insbesondere der spezifische historische und kulturelle Hintergrund von Figuren und ihren Autoren herangezogen. Beispielsweise unterscheidet Hans Robert Jauß (1991) in seinen Ausführungen zum Helden fünf Interaktionsmodi zwischen Figur und Leser (assoziativ, admirativ, sympathetisch, kathartisch, ironisch), die „aus der Anschauung historisch bezeugter Interaktionsmuster gewonnen" wurden (Jauß 1991, 247). Wenn Jauß zur Stützung seiner Beobachtungen Konzepte aus der Soziologie und Sozialpsychologie von George H. Mead und Max Scheler heranzieht, behandelt er die Figuren- analog zur Personenwahrnehmung und Figuren damit als Repräsentationen menschlicher Wesen. Darüber hinaus geht Jauß implizit davon aus, dass Autoren durch ihre Gestaltungsabsichten einen bestimmten Interaktionsmodus zwischen Figur und Leser im Text festlegen, was seinen Ansatz in den Bereich der Hermeneutik verweist (vgl. z. B. Jauß 1991, 288 zu Diderot).

Psychoanalytische Theorien richten ihre Aufmerksamkeit auf die psychischen Vorgänge von Figuren und Rezipienten. Unter der Voraussetzung, dass das Innenleben von Figuren analog zu dem menschlicher Wesen konzipiert werden kann, gilt ihr Hauptaugenmerk der Erläuterung dieser inneren Vorgänge anhand unterschiedlicher psychologischer Modelle und gegebenenfalls auch der Wirkung auf den Leser. So analysiert Sigmund Freud in seiner 1907 veröffentlichten Abhandlung *Der Wahn und die Träume in W. Jensens „Gradiva"* das Verhalten der Hauptfigur Norbert Hanold als Symptom für Hanolds Innenleben, das gemäß Freuds Theorie auf die „ihn [Hanold, C. H.] beherrschende Ablehnung der Erotik" (Freud 1966 [1941], 95) und damit auf unterdrückte sexuelle Wünsche verweist. Freud setzt also voraus, dass Jensens Figuren in psychologischer Hinsicht so gestaltet sind, wie Freuds eigenem Modell zufolge die psychische Struktur von Personen verfasst ist.

Strukturalistisch-semiotische Theorien hingegen konzipieren Figuren in erster Linie als zeichenbasierte Konstrukte. Damit steht die sprachliche, visuelle oder auditive Gestaltung von Figuren und deren Funktion im Zeichensystem eines Kunstwerks im Zentrum des Erkenntnisinteresses. In seiner *Morphologie des Märchens* (1928, dt. 1972) benennt Vladimir Propp insgesamt 31 Funktionen, die die Figuren im Zaubermärchen übernehmen können, und analysiert die Märchenfiguren damit als Träger von Handlungen, ähnlich wie dies schon die *Poetik* des Aristoteles für die Tragödie getan hatte. Propps Ziel ist damit nicht die Figurenanalyse selbst, sondern „eine Analyse des Märchens auf der Basis der *Funktionen der handelnden Personen*" (Propp 1975 [1928], 26; Hervorh. im Orig.). In Algirdas J. Greimas' *Strukturaler Semantik* wird diese Vorstellung weiter vorangetrieben, wenn Greimas Figuren im Sinne eines „der Syntax entlehnte[n] aktantielle[n] Modell[s]" (Greimas 1971 [1966], 158) in der Linguistik als Aktanten, als semantische Realisierungen von Handlungsrollen versteht.

Im Kontext kognitionswissenschaftlich informierter Ansätze werden Figuren als textbasierte mentale Konstrukte von Rezipienten aufgefasst, zu deren Analyse Einsichten über Vorgänge des Textverstehens wie auch Modelle der menschlichen Psyche berücksichtigt werden müssen. So geht Ralf Schneider (2000) davon aus, dass Figuren als besonderer Typ eines textbasierten mentalen Modells mit dem Merkmal ‚menschlich/menschenähnlich' verstanden werden können, dessen Konstitution von *bottom-up-* und *top-down*-Prozessen des Textverstehens ebenso abhängt wie von den allgemeinen kognitiv-emotionalen Informationsbeständen des Rezipienten. Diese Figurenmodelle werden während der Lektüre beständig elaboriert, modifiziert oder revidiert und mit anderen Modellen relationiert. Seine kognitive Figurentheorie versteht Schneider als grundsätzlich kompatibel mit den gängigen figurenbezogenen Kategorien der Narratologie, sie legt allerdings im Gegensatz zu diesen den „Schwerpunkt auf den *Prozeß* des Figurenverstehens" und damit auf die Konstituierung und Wandlung von Figurenmodellen (Schneider 2000, 167; Hervorh. im Orig.).

Die theoretischen Grundannahmen der vier genannten Typen von Figurentheorien sind nicht immer miteinander vereinbar. Dennoch lassen sich in der neueren narratologischen Figurenforschung „zunehmend integrative Tendenzen" ausmachen, die eine Verbindung und Erweiterung bestehender Figurentheorien und Analyseverfahren zum Ziel haben (Eder 2008, 56–58). Dies ist auch in der Vielfalt der zu untersuchenden Phänomene des Themenfeldes ‚Figur und Erzählen' begründet, die eine interdisziplinäre Herangehensweise erfordern: Neue Forschungsfelder stellen z. B. die intermediale und medienspezifische Figurenforschung dar, die Forschung zur emotionalen Interaktion mit Figuren und die Forschung zu Figuren in lyrischen Texten.

4 Analysedimensionen und Funktionen von Figuren in Erzähltexten

Zur Analyse von Figuren

Nach Jens Eder können Figuren in mindestens vier verschiedenen Hinsichten betrachtet und dementsprechend auch analysiert werden: Auf Basis eines mentalen Modells werden sie als fiktive Wesen wahrgenommen, mittels indirekter oder höherstufiger Bedeutungszuweisungen als Repräsentationen eines symbolischen Gehalts, im Hinblick auf den kommunikativen Rahmen des Textes als Symptome von Kommunikationsabsichten und als künstlich erzeugte Vorstellungsgegenstände mit Bezug auf ihren Artefaktcharakter (vgl. Eder 2008, 134–143). Wird eine Figur als Repräsentation eines symbolischen Gehaltes wahrgenommen, dann kann sie als Thementräger, Personifikation, Allegorie, Exemplifikation und anderes mehr erscheinen. So wurde K. in Franz Kafkas *Das Schloss* in der wirkmächtigen Deutungstradition, die Max Brod initiiert hat, als faustischer Mensch und seine Geschichte als allegorische Darstellung einer religiös motivierten Suche nach der göttlichen Gnade aufgefasst (vgl. Hillebrandt 2011, 194–208). Als Symptom von Kommunikationsabsichten kann die Figur in produktions- und rezeptionsbezogener Perspektive erscheinen. Als symptomatisch wird eine Figur beispielsweise dann verstanden, wenn die Ansichten, die sie äußert, dem Autor zugeschrieben oder in ihrer Wirkung auf das jeweilige Rezeptionsumfeld bezogen werden. Dies ist etwa der Fall, wenn die Geschichten von Pozdnyšev in Lev Tolstojs *Kreutzersonate* und die von Anna in Sof'ja Andreevna Tolstajas *Eine Frage der Schuld* als indirekte Stellungnahmen der Autoren zur Ehe und zur Rolle von Mann und Frau in der russischen Gesellschaft des 19. Jahrhunderts verstanden werden oder als verschlüsselte Auseinandersetzung der Eheleute Tolstoj miteinander. Im Modus der Wahrnehmung als Artefakt steht die ästhetische Gestaltung der Figur im Mittelpunkt der Aufmerksamkeit, sie ist also in ihrer Eigenschaft als künstlich erschaffenes Gebilde von Interesse. Dies geschieht z. B., wenn Gustave Flauberts Kunstanstrengung bei der Erschaffung von Emma Bovary als gelungen, glaubwürdig, stimmig oder Ähnliches eingeschätzt wird.

Die narratologische Figurenanalyse konzentriert sich ausgehend von der Unterscheidung in ‚Was' und ‚Wie' des Erzählens auf Figuren als fiktive Wesen (‚Was') und als Artefakte (‚Wie') – Letzteres allerdings nur, insofern hier die Frage der Darstellungsverfahren von Figuren in Erzähltexten berührt ist. Anders gesagt, beschreibt die Narratologie Figuren von einem fiktionsinternen Standpunkt aus im Hinblick auf ihre personalen Merkmale inklusive ihrer Wechselbeziehungen mit anderen Figuren, von einem fiktionsexternen Standpunkt aus fragt sie danach, auf welche Weise Figuren erzähltechnisch konstituiert werden. Werden Figuren als Symbole und Symptome analysiert und sollen weitergehende Einschätzungen zur zeitgenössischen Beurteilung ihres Artefaktcharakters vorgenommen werden, ist dagegen eine stärker kontextorientierte Herangehensweise erforderlich, die außerhalb des Kernbereichs der überwiegend textzentrierten Analyseverfahren der Narratologie liegt.

Als fiktive Wesen lassen sich Figuren im Hinblick auf ihre Merkmale sowie ihre Funktion innerhalb einer Figurenkonstellation analysieren. Hinsichtlich der Zuschreibung von Figurenmerkmalen muss beachtet werden, dass nicht alle Informationen, die mit einer Figur verbunden werden, auch Merkmale der Figur darstellen. Mit anderen Worten: Es muss unterschieden werden zwischen Informationen, die allgemein mit einer Figur verknüpft werden (Jannidis 2004, 199), und solchen, die zur Figurencharakterisierung beitragen (Jannidis 2004, 207). So ist die Tatsache, dass über Oliver Twist in Charles Dickens' gleichnamigem Roman gesagt wird, dass er Hunger hat, noch keine charakterisierende Information. Dass er wegen dieses Hungers aber im Armenhaus um einen zweiten Teller Suppe bittet, veranschaulicht sein Elend wie seine kindliche Naivität. Informationen, die im *discours* an eine Figur gebunden werden, lassen sich in vier verschiedenen Dimensionen skalar daraufhin gewichten, inwiefern sie einen Beitrag zur Figurenkonstitution leisten: nämlich in Hinsicht auf die Zuverlässigkeit, den Modus, die Relevanz sowie die Offensichtlichkeit der vergebenen Informationen (Jannidis 2004, 201). Figuren können unterschiedlich stark schematisiert dargestellt sein – und dies oft in Abhängigkeit von Gattungs- und Genrekonventionen sowie anderen Wissensbeständen (vgl. zum Verhältnis von Figur und Wissen auch Jappe et al. 2012). Mit Fotis Jannidis lässt sich zur Differenzierung unterschiedlicher, stark schematisierter Figurenkonzepte unterteilen in Figurenmodelle, figurale Schemata und situative Schemata. Figurenmodelle stellen dabei „[t]ypisierte Konfiguration[en] von Figureninformationen" (Jannidis 2004, 253) bereit wie etwa im Typ des Melancholikers, des Vamp und so weiter. Figurale Schemata sind gekennzeichnet durch eine „Regelmäßigkeitsannahme, die mindestens zwei Informationen miteinander verbindet" (Jannidis 2004, 252) und so Schlüsse von einer gegebenen Information auf eine weitere gestattet, wie beispielsweise vom Merkmal ‚empathisch' auf das Merkmal ‚mitleidig'. Situative Schemata ordnen schließlich eine Figur einem bestimmten Ort sowie einem bestimmten Geschehen an diesem Ort zu (vgl. Jannidis 2004, 133), z. B. die böse Schwiegermutter dem Elternhaus und der Auseinandersetzung mit den Stiefkindern. Auf Basis solcher schematisierter Figureninformationen sind in der Literaturwissenschaft verschiedene Formen von Figurentypologien entwickelt worden, deren Leistungsfähigkeit allerdings jeweils in Abhängigkeit von der konkreten Fragestellung ermittelt werden muss, die mit der betreffenden Typologie beantwortet werden soll. Die Figurenmodelle beispielsweise, die in Vladimir Propps *Morphologie des Märchens* (1975 [1928]) die 31 Funktionen des Märchens mitkonstituieren, dienen Propp zur genaueren Charakterisierung der Gattung ‚Zaubermärchen' und sind nicht ohne weiteres auf andere Gattungen oder Genres übertragbar. Typologien können nach verschiedenen Gesichtspunkten vorgenommen werden. So können wir Figurenkonzepte z. B. hinsichtlich ihrer Komplexität, ihres Typisierungs- oder Individualisierungsgrades, ihrer Dynamik und anderem mehr voneinander unterscheiden (vgl. dazu vertiefend Eder 2008, 373–414; Köppe und Kindt 2014, 133–140).

Figuren werden in Erzählungen in der Regel nicht isoliert geschildert. Ihre Merkmale stehen in unterschiedlichen Relationen zu den Merkmalen anderer Figuren, etwa in Kontrast- und Korrespondenzrelationen, und dieses Relationsgefüge verändert sich dynamisch im Laufe der Erzählung. Neben der Analyse der Merkmale von Figuren muss deswegen auch ihre Einbettung in die Figurenkonstellation der Erzählung beachtet werden. Bei der Ermittlung der Figurenkonstellation können z. B. die Formen der Bezugnahme des Erzählers auf die Figuren oder der Figuren untereinander, ihre Merkmalsrelationen oder ihre Handlungsfunktionen die Grundlage bilden (vgl. Pfister 2001 [1988], 232–235).

Wird das Hauptaugenmerk auf die Figur als Artefakt gerichtet, sind letztlich a) die sprachlichen und b) die erzähltechnischen Mittel der Figurendarstellung zu analysieren. Sprachlich gibt es unterschiedliche Möglichkeiten auf Figuren zu referieren: durch Lexeme mit der semantischen Eigenschaft ‚Mensch' (‚ein weiches Kind'), durch Namen (‚Diederich Heßling'), Pronomina (‚er'), Verben, die mit menschlichen Akteuren verbunden werden (‚verließ'), durch die Zuschreibung von mentalen Zuständen (‚träumte') und anderes mehr (vgl. hierzu ausführlich Jannidis 2004, 114). Die Art der sprachlichen Referenz auf eine Figur prägt deren Modellierung und beeinflusst ihre Wiedererkennbarkeit. Das Erkennen und Wiedererkennen von Informationen als zu einer bestimmten Figur gehörig ist dabei auch von Genrezuschreibungen und Konsistenzregeln der erzählten Welt abhängig. Figuren können innerhalb der erzählten Welt einen unterschiedlichen Existenzmodus haben, der sprachlich geltend gemacht werden muss (faktisch, kontrafaktisch, hypothetisch, möglich, rein subjektiv; vgl. Jannidis 2004, 129).

Für die Ermittlung der erzähltechnischen Aspekte der Figurendarstellung sind im Prinzip alle Aspekte des *discours* zu beachten, insofern sie die Figurendarstellung beeinflussen, insbesondere aber Aspekte wie Perspektive, Fokalisierung und Zeit (vgl. dazu die Artikel *Zeman, Perspektive / Fokalisierung* sowie *Weixler und Werner, Zeit* in diesem Band; zu Erzähler- und Figurenrede vgl. Schmid 2014 [2005], 142–145 und 163–204).

Funktionen von Figuren

Figuren erfüllen in Erzählungen ganz unterschiedliche interne und externe Funktionen (vgl. dazu ausführlicher Köppe und Kindt 2014, 149–152). Als Handlungsträger dienen sie der Verknüpfung der Ereignisse der Erzählung und erfüllen damit eine Motivationsfunktion. Dies geschieht einerseits kausal, indem das Handeln von Figuren durch deren jeweilige Merkmalsstruktur begründet wird. Andererseits tragen Figuren auch retrospektiv zu einer finalen Verknüpfung des Erzählten bei, indem ihre Handlungen einen bestimmten, nicht intendierten Verlauf der Ereignisse bedingen, der rückwirkend als vorherbestimmt erscheinen kann. Von einem externen Standpunkt betrachtet, kann ihr Handeln ebenfalls als ereignisverknüpfend angesehen werden, insofern sie als artifiziell erschaffene fiktive Wesen mit ihrem Verhalten z. B. bestimmten Gattungs- oder Genrekonventionen unterlegen sein können, die ihre Handlungen motivieren. Die Art der Figurendarstellung kann dazu beitragen, den Eindruck einer realistischen Darstellungsweise zu festigen oder zu schwächen (Realismusfunktion). Mithilfe einer Figur kann auf einen anderen Text verwiesen werden (intertextuelle Funktion) oder sie fungiert als Gradmesser für die ästhetische Beurteilung einer Erzählung (ästhetische Funktion). Intensiver hat sich die narratologische Figurenforschung in den letzten Jahren mit den emotionalen Funktionen auseinandergesetzt, die Figuren erfüllen. Dabei werden in der Regel verschiedene Interaktionsmodi unterschieden – so etwa Identifikation, Empathie und Sympathie beziehungsweise Antipathie – und es wird danach gefragt, welche sprachlichen und erzähltechnischen Mittel geeignet erscheinen, solche Formen der Interaktion mit Figuren nahezulegen oder diese zu behindern (vgl. dazu im vorliegenden Band den Artikel *Wolf, Ästhetische Illusion*; weiterführend: Barthel 2008; Dimpel 2011; Dimpel und Velten 2016; Hillebrandt 2011; Hillebrandt und Kampmann 2014).

5 Gattungs- und Mediendifferenzen

Figuren in Lyrik und Drama

Figuren sind nicht nur in klassischen Erzählgattungen präsent wie im Roman, in der Novelle oder der Kurzgeschichte. Wir finden Figuren nicht zuletzt auch in den anderen beiden Großgattungen, in der Lyrik und im Drama (vgl. dazu in diesem Band auch den Artikel Hühn, *Erzählen in der Lyrik und im Drama*).

Figuren als Gegenstand der Dramenanalyse bedürfen zum Teil anderer Analysemethoden als Figuren in Erzähltexten, denn hier sind die Besonderheiten dramatischer Texte zu berücksichtigen. Mit Manfred Pfister sind dies die unvermittelte Überlagerung von innerem und äußerem Kommunikationssystem, die performative Kommunikation, die Plurimedialität und die Kollektivität von Produktion und Rezeption (vgl. hierzu Pfister 2001 [1988], 33). Auch wenn sich die Dramenanalyse auf das literarische Textsubstrat konzentriert und damit performative, mediale und weitere für die dramatische Rezeptionssituation typische Aspekte der Ausgestaltung der Figur in der Rolle weitgehend unberücksichtigt bleiben (vgl. für diese Aspekte z. B. Fischer-Lichte 1994 [1983]), ergeben sich damit Abweichungen zwischen Figurenkonzeptionen in dramatischen und narrativen Texten: aufgrund der im Vergleich mit Erzähltexten oft kürzeren Dramentexte erstens hinsichtlich des möglichen Umfangs der Darstellung sowie aufgrund der vermittelten Kommunikationsform in narrativen Texten zweitens hinsichtlich der Möglichkeiten, Innensichten einer Figur zu eröffnen (vgl. Pfister 2001 [1988], 222–224). Auch die Form der Figurenrede in Drama und Erzähltext weicht voneinander ab (vgl. dazu Pfister 2001 [1988], 171–219).

Die Besonderheiten der Figurenkonstitution in lyrischen Texten sind in der Lyriktheorie im Vergleich zur Erzähl- und Dramentheorie bisher kaum erforscht. Dabei gilt, dass viele lyrische Texte narrative Elemente aufweisen und damit oft auch mithilfe narratologischer Begriffe analysiert werden können. Simone Winko zufolge sind es drei Merkmale, die die typischen lyrischen von typischen Erzähltexten unterscheiden und die damit auch die Herausbildung von Figurenmodellen in gattungsspezifischer Weise beeinflussen: die Kürze, die Dichte beziehungsweise Konzision der vergebenen Information und der Vers beziehungsweise die metrisch gebundene Rede. Die Textkürze hat zur Folge, dass die Figurencharakterisierung in lyrischen Texten knapper und oft skizzenhafter ausfällt. Die Kürze der Information kann aber partiell durch konzise Information und die formale Gestaltung ausgeglichen werden, insbesondere in Form typisierter Figureninformationen und formaler Überstrukturierung. Lyrische Texte tendieren damit eher zur Präsentation typisierter Figuren in Standardsituationen als Erzähltexte im engeren Sinne. Damit kommt der Analyse vor allem der formalen Mittel der Figurendarstellung besonderes interpretatives Gewicht zu (vgl. Winko 2010). Die Desiderate im Forschungsfeld ‚Lyrik und Figur' sind vielfältig. Unter anderem sind hier neben detaillierteren Studien zur Figurenkonstitution in lyrischen Texten Fragen nach den Funktionen von Figuren in Lyrik zu beantworten, nach der Genreabhängigkeit verschiedener Typisierungen, nach Interaktionsformen zwischen Figur und Rezipient und vieles andere mehr (vgl. Hillebrandt 2016).

Figuren in anderen Medien

Interessiert man sich ganz allgemein für die Analyse von Figuren in fiktionalen Medien, so gilt es neben Gattungs- auch Mediendifferenzen zu beachten: Wir finden Figuren nicht nur in literarischen Texten, sondern natürlich auch in Malerei und Plastik, im Film, im Comic, im Hörspiel, im Computerspiel, in der Werbung und vielen weiteren medialen Gebrauchsformen (vgl. hierzu im vorliegenden Band den Artikel *Christen, Erzählen im Film*, ferner *Etter und Thon, Intermediales Erzählen im Comic* und *Kemp, Erzählen in Bildern*; für einen Überblick vgl. einige der Beiträge in Eder et al. 2010 sowie Leschke und Heidbrink 2010). Diese Medien lassen sich unter anderem hinsichtlich ihrer raumzeitlichen Ausdehnung, ihrer kinetischen Eigenschaften, dem verwendeten semiotischen Code (und gegebenenfalls der Gewichtung verschiedener Codes zueinander wie im Film oder im Computerspiel), ihrer technisch-materiellen Beschaffenheit und ihrer kulturellen Funktion voneinander abgrenzen (vgl. mit Bezug auf Marie-Laure Ryan die Ausführungen bei Eder et al. 2010, 17–18). Diese Mediendifferenzen fallen unter Analyseaspekten insbesondere bei Figuren auf, die wie Asterix und Obelix oder Kapitän Ahab in mehreren Medien präsent sind. Zur Veranschaulichung seien einige dieser Differenzen hier mit Blick auf Herman Melvilles *Moby Dick* aufgeführt: In Melvilles Roman wird Ahab aus der Perspektive Ismaels ausschließlich im sprachlichen Code beschrieben; dem Leser bleibt die Möglichkeit, in seinem eigenen Tempo vor- und zurückzublättern, um Figureninformationen, die er möglicherweise übersehen hat oder falsch erinnert, in sein Figurenmodell von Ahab zu integrieren; dieses Figurenmodell Ahabs ist allerdings als sprachlich vermitteltes nicht unmittelbar sinnlich präsent. In der berühmten Verfilmung von John Huston mit Gregory Peck in der Hauptrolle wird Ahabs äußere Erscheinung durch den zusätzlichen audiovisuellen Code sinnlich vergegenwärtigt. Ismaels subjektive Perspektive auf Ahab ist damit aber nicht mehr ohne weiteres beziehungsweise nur mit anderen Mitteln als im Roman repräsentierbar. Als Kinofilm ist *Moby Dick* an eine raumzeitlich fixierte Rezeptionssituation gebunden, alle Informationen über Ahab müssen also vom Rezipienten unmittelbar aufgenommen werden. An der Produktion des Films sind deutlich mehr Akteure beteiligt als an der Herausgabe und Herstellung von Melvilles Roman und die Produktionskosten sind deutlich höher. Die einsame, stille Lektüre des Buches und die kollektive Rezeption des Films im Kinosaal erfüllen unterschiedliche kulturelle Funktionen.

Umfassend zu ermitteln, wie genau Figurenkonzepte durch die Art der medialen Vermittlung beeinflusst werden und für welche Medien hier welche Charakteristika gelten, ist Gegenstand der neueren transmedialen und medienspezifischen Figurenforschung (vgl. zur Figurendarstellung im Film umfassend Eder 2008). Einen besonders interessanten Fall stellen in diesem Zusammenhang Figuren in Computerspielen dar: Figuren sind hier als Spielsteine, Marionetten oder in der Perspektivenstruktur präsent. Dank der ludischen Elemente, die Computerspiele neben den narrativen ebenfalls aufweisen, fungieren sie einerseits als Werkzeug zur Handlung, andererseits kann der Spieler das Figurenkonzept auf Basis der vorgegebenen Handlungspotentiale in vielen Fällen aber auch mitbestimmen, so dass die Figur je nach Spielformat als Agent der Handlung in einer vom Spieler modifizierten Weise auftritt (vgl. Sorg 2010).

6 Neuere Forschungsfelder

Die integrativen und auf Interdisziplinarität abzielenden Tendenzen, die für die Figurenforschung des letzten Jahrzehnts charakteristisch sind (vgl. Abschnitt 3), haben dem Themenbereich ‚Figur und Erzählen' viele zusätzliche Forschungsperspektiven eröffnet: Neuere Forschungsfelder stellen neben anderen die transmediale und medienspezifische Figurenforschung dar (vgl. Eder et al. 2010; Leschke und Heidbrink 2010), die Forschung zur emotionalen Interaktion mit Figuren (vgl. Keen 2007; Hillebrandt und Kampmann 2014), außerdem die Forschung zu Figuren in lyrischen Texten (vgl. Winko 2010; Hillebrandt 2016).

Literaturverzeichnis

Barthel, Verena (2008). *Empathie, Mitleid, Sympathie. Rezeptionslenkende Strukturen mittelalterlicher Texte in Bearbeitungen des Willehalm-Stoffes.* Berlin.

Dimpel, Friedrich Michael (2011). *Die Zofe im Fokus. Perspektivierung und Sympathiesteuerung durch Nebenfiguren vom Typus der Confidente in der höfischen Epik des hohen Mittelalters.* Berlin.

Dimpel, Friedrich Michael, und Hans Rudolf Velten (Hgg. 2016). *Techniken der Sympathiesteuerung in Erzähltexten der Vormoderne. Potentiale und Probleme.* Heidelberg.

Eder, Jens (2008). *Die Figur im Film. Grundlagen der Figurenanalyse*. Marburg.
Eder, Jens, Fotis Jannidis und Ralf Schneider (Hgg. 2010). *Characters in Fictional Worlds. Understanding Imaginary Beings in Literature, Film and Other Media*. New York.
Fischer-Lichte, Erika (1994 [1983]). *Semiotik des Theaters*. Bd. 1: *Das System der theatralischen Zeichen*. Tübingen.
Freud, Sigmund (1966 [1941]). „Der Wahn und die Träume in W. Jensens ‚Gradiva'". In: S. Freud, *Gesammelte Werke*. Chronologisch geordnet. Hg. von Anna Freud et al. Bd. 7: *Werke aus den Jahren 1906–1909*. 4. Aufl. Frankfurt a. M., 31–125.
Frow, John (2014). *Character and Person*. Oxford.
Gertken, Jan, und Tilmann Köppe (2009). „Fiktionalität". In: F. Jannidis, G. Lauer, S. Winko (Hgg.), *Grenzen der Literatur. Zu Begriff und Phänomen des Literarischen*. Berlin, 228–266.
Greimas, Algirdas J. (1966). *Sémantique structurale: recherche de méthode*. Paris. Dt.: Greimas 1971.
Greimas, Algirdas J. (1971). *Strukturale Semantik. Methodologische Untersuchungen* [Übers. von Greimas 1966]. Braunschweig.
Hillebrandt, Claudia (2011). *Das emotionale Wirkungspotenzial von Erzähltexten. Mit Fallstudien zu Kafka, Perutz und Werfel*. Berlin.
Hillebrandt, Claudia (2016). „Sympathie als Kategorie der Gedichtanalyse? Zu gattungsspezifischen Besonderheiten der Sympathiewirkung von Figuren in lyrischen Texten". In: F. M. Dimpel, H. R. Velten (Hgg.), *Techniken der Sympathiesteuerung in Erzähltexten der Vormoderne. Potentiale und Probleme*. Heidelberg, 281–297.
Hillebrandt, Claudia, und Elisabeth Kampmann (Hgg. 2014). *Sympathie und Literatur. Zur Relevanz des Sympathiekonzeptes für die Literaturwissenschaft*. Berlin.
Jannidis, Fotis (2004). *Figur und Person. Beitrag zu einer historischen Narratologie*. Berlin/New York.
Jappe, Lilith, Olav Krämer und Fabian Lampart (Hgg. 2012). *Figurenwissen. Funktionen von Wissen bei der narrativen Figurendarstellung*. Berlin.
Jauß, Hans Robert (1991). „Ästhetische Identifikation – Versuch über den literarischen Helden". In: H. R. Jauß, *Ästhetische Erfahrung und literarische Hermeneutik*. Frankfurt a. M., 244–292.
Keen, Suzanne (2007). *Empathy and the Novel*. Oxford.
Köppe, Tilmann, und Tom Kindt (2014). „Fiktive Erzählwelten und ihre Bewohner". In: T. Köppe, T. Kindt, *Erzähltheorie. Eine Einführung*. Stuttgart, 115–160.
Lamarque, Peter, und Stein Haugom Olsen (1994). *Truth, Fiction, and Literature. A Philosophical Perspective*. Oxford.
Leschke, Rainer, und Henriette Heidbrink (Hgg. 2010). *Formen der Figur. Figurenkonzepte in Künsten und Medien*. Konstanz.
Levinson, Jerrold (1997). „Emotion in Response to Art. A Survey of the Terrain". In: M. Hjort, S. Laver (Hgg.), *Emotion and the Arts*. New York, 20–34.
Pfister, Manfred (2001 [1988]). „Personal und Figur". In: M. Pfister, *Das Drama. Theorie und Analyse*. München, 220–264.
Propp, Vladimir (1928). *Morfologija skazki*. Leningrad. Dt.: Propp 1972.
Propp, Vladimir (1975). *Morphologie des Märchens* [Übers. von Propp 1928]. Übers. von Ch. Wendt, hg. von K. Eimermacher. Frankfurt a. M.
Reicher, Maria E. (2010). „The Ontology of Fictional Character". In: J. Eder, F. Jannidis, R. Schneider (Hgg.), *Characters in Fictional Worlds. Understanding Imaginary Beings in Literature, Film and Other Media*. New York, 111–133.

Schmid, Wolf (2014 [2005]). *Elemente der Narratologie*. 3., erw. und überarb. Aufl. Berlin/Boston.
Schneider, Ralf (2000). *Grundriß zur kognitiven Theorie der Figurenrezeption am Beispiel des viktorianischen Romans*. Tübingen.
Sorg, Jürgen (2010). „Figurenkonzepte im Computerspiel". In: R. Leschke, H. Heidbrink (Hgg.), *Formen der Figur. Figurenkonzepte in Künsten und Medien*. Konstanz, 341–371.
Winko, Simone (2010). „On the Constitution of Characters in Poetry". In: J. Eder, F. Jannidis, R. Schneider (Hgg.), *Characters in Fictional Worlds. Understanding Imaginary Beings in Literature, Film and Other Media*. New York, 208–231.
Zipfel, Frank (2001). *Fiktion, Fiktivität, Fiktionalität. Analysen zur Fiktion in der Literatur und zum Fiktionsbegriff in der Literaturwissenschaft*. Berlin.

Sonja Zeman
III.1.5 Perspektive / Fokalisierung

1 Perspektivierung und Narrativität – ein enges Verhältnis

Als ein anthropologisch-kognitives Grundprinzip ist Perspektivierung eine Grundbedingung aller Wahrnehmung: Jede Betrachtung setzt implizit den Betrachterstandort eines wahrnehmenden Subjekts voraus und selegiert sowie segmentiert somit die Realität in Wirklichkeitsausschnitte. In diesem allgemeinen Sinn ist jede Form von Repräsentation – und damit auch die Narration als basaler Darstellungsmodus – genuin perspektivisch (vgl. Schmid 2003, 256 sowie 2008, 289; Hartner 2012, 3). Für das Erzählen gilt dies jedoch noch in besonderer Weise, da narrative Texte die repräsentierten Ereignisse nicht nur durch den Blick eines aktuellen Sprechers, sondern zusätzlich durch Erzählinstanz(en) und Figuren perspektivisch gebrochen vermitteln. Das Konzept der Perspektive ist damit unmittelbar an die Mittelbarkeit des Erzählens als narratologische Grundkonstante gebunden.

Literaturwissenschaft und Narratologie blicken daher auf eine lange Tradition der Erforschung von Erzählperspektiven zurück. Dass dem Terminus der Perspektive dennoch „eine bemerkenswerte terminologische Unklarheit und Uneinheitlichkeit in der Verwendung" (Nünning und Nünning 2000a, 10) zuzusprechen ist, liegt neben der Tatsache, dass Perspektive ein relationales Konzept ist und damit nicht konkrete Entitäten erfasst (Lanser 1981), auch daran, dass es als abstrakte Relation zwischen einem Betrachterstandort und einem fokussierten Realitätsausschnitt auf unterschiedliche Ebenen narrativer Texte und damit auf unterschiedliche Phänomenbereiche bezogen worden ist. Was unter narrativer Perspektivierung verstanden wird, ist damit selbst von der Betrachterperspektive abhängig.

Perspektive als Selektionsmechanismus

Wird Perspektivierung als grundlegender Selektionsmechanismus verstanden, kann es ohne Perspektive keine Geschichte geben, da sich jede narrative Darstellung erst durch die jeweilige Perspektive formiert. Da jede Geschichte auf der Selektion bestimmter Geschehensmomente und deren Eigenschaften basiert (vgl. z. B. Schmid 2008, 252–260) und damit deren Darstellungsform bedingt, wie es beispielsweise an der Anordnung der einzelnen Geschehensmomente in einer Kriminalgeschichte deutlich wird, kann auch die temporale Sequenzierung von Ereignissen und deren räumliche Lokalisierung als eine Form von Perspektivierung verstanden werden.

Perspektive als kognitiv-linguistisches Grundprinzip

In einem allgemeinen Sinn kann es ohne Perspektivierung nicht nur keine Geschichte, sondern auch keine sprachliche Darstellung geben. Unter der Definition von Perspektive als kognitiv-linguistischem Grundprinzip ist damit nicht nur jede Erzählung, sondern jeder Satz innerhalb einer Erzählung perspektivisch. Indexikalische Elemente wie ‚ich', ‚hier', ‚jetzt' sowie grammatische Markierungen von Tempus, Modus und Person tragen grundlegend zum Aufbau von Perspektiven bei, indem sie die Relation zwischen Sprecher, Satzsubjekt und denotierten Ereignissen codieren und damit die Betrachterstandorte, d. h. die Origo in Bühlers Sinn, im Text lokalisierbar machen (vgl. aus linguistischer Sicht z. B. Leiss 2009; Graumann und Kallmeyer 2002; Langacker 1999; Verhagen 2007). Deiktische Mittel sind damit grundlegend für die Etablierung von Figuren- und Erzähl(er)-Perspektiven und damit zentral für die narratologische Analyse von Perspektivenkonstellationen (vgl. Weidacher 2011; *Zeman, Episches Präteritum und Historisches Präsens* in diesem Band).

Perspektive als Figuren- und Erzählerperspektive

In einem spezifischeren Sinn bezieht sich narrative Perspektivierung auf die Innenweltdarstellung der Protagonisten einer erzählten Welt. Da das Verhandeln von Bewusstseinsvorgängen fiktionaler Entitäten als Grundbedingung von Literatur im Allgemeinen (Hartner 2012, 5) und von Narrativität im Speziellen (z. B. Cohn 1978; Fludernik 1996; Palmer 2004; Ryan 2007, 29; Herman 2009) gilt, stellt die Analyse der Vermittlung von Wahrnehmungen, Gedanken und Wissen im Text und die Rekonstruktion des Standpunkts der Figuren in ihren unterschiedlichen semantischen Dimensionen (d. h. räumlich, zeitlich, moralisch, psychologisch, emotional, ideologisch etc.) einen bedeutenden Forschungsgegenstand der Narratologie dar. Basierend auf der Prämisse, dass fiktionale Textcharaktere analog zu den Gedankenstrukturen realer Personen analysiert werden können, ist die Darstellung von Bewusstseinsinhalten sowohl innerhalb von Sprechakt- (Cohn 1978), *Possible-World*-Theorien (Ryan 1991) als auch unter Bezug auf kognitive Prinzipien (*Theory of Mind*, Intersubjektivierung) modelliert worden (vgl.

z. B. Palmer 2004; Zunshine 2006; Herman 2003; zur Kritik vgl. Hutto 2011). Die Analyse bezieht sich dabei nicht nur auf die Figurenperspektive auf der Ebene der *histoire* und den (räumlich-zeitlichen, ideologischen, emotionalen etc.) Blickwinkel eines homodiegetischen Erzählers, sondern auch auf auktoriale heterodiegetische Erzählinstanzen, deren Standort sich beispielsweise anhand evaluativer Kommentare rekonstruieren lässt, selbst wenn sie sich auf der Textebene nicht als Figuren materialisieren (vgl. Surkamp 2003, 42–43).

Perspektive als Erzählperspektive

In Abgrenzung zur Erzähl*er*perspektive wird unter ‚Erzählperspektive' nicht der Blickwinkel einer Figur innerhalb der erzählten Welt gefasst, sondern der Gesamtkomplex der erzählerischen Vermittlung (vgl. auch Nünning 2001; Nünning und Nünning 2000b, 49–50). Die Erzählperspektive bezieht sich auf das Verhältnis der Erzählinstanz zur erzählten Welt und erfasst damit zwei unterschiedliche Ebenen der hierarchischen Architektonik der Erzählung. Wie dieses Verhältnis und die darauf basierenden unterschiedlichen Konstellationen narrativer Vermittlung theoretisch zu modellieren sind, steht in Abhängigkeit von erzähltheoretischen Prämissen und ist traditioneller – und kontroverser – Untersuchungsgegenstand der Erzählforschung (vgl. im Detail Abschnitt 3). Unter der Definition von Erzähl-Perspektive als Gesamtkomplex der erzählerischen Vermittlung ist dafür plädiert worden, auch die perspektivische Konstellation der Kommunikation zwischen Erzähler und dem impliziten Leser zu berücksichtigen (vgl. grundlegend Igl 2016).

Perspektive als Leser/Autorperspektive / Außertextuelle Perspektive

Der Terminus der Perspektive ist nicht nur auf textinterne, sondern auch auf außertextuelle Betrachterstandorte bezogen worden. Unter der Prämisse, dass die Charakteristik narrativer Texte durch textinterne Merkmale allein nicht ausreichend erfasst werden kann, ist das Verhältnis von Autor, Rezipient und Textfiguren in das Interesse der Forschung gerückt. Die Rezipientenperspektive steht etwa in psycholinguistischen und kognitiven Modellierungen im Vordergrund (vgl. z. B. Bortolussi und Dixon; Palmer 2004; Zunshine 2006), die die prozessuale Verarbeitung der Perspektivenkonstellation durch den Leser untersuchen, sowie in Analysen der Sympathielenkung der literarischen Empathieforschung (vgl. für einen Überblick Keen 2013).

Perspektive als Perspektivenkonstellation

Unter Berücksichtigung der genannten perspektivischen Aspekte wird deutlich, dass jeder narrative Text auf mehreren Formen von Perspektivensetzung basiert, so dass die Konstellation der einzelnen Perspektiven innerhalb eines Textes und deren (verstärkendes, modifizierendes oder ironisch brechendes) Verhältnis zueinander zu einem relevanten Forschungsgegenstand wird (vgl. Klepper 2011; Hartner 2012). In Tradition von Pfister (1974) und Uspenskij (1975) sind in dieser Hinsicht verschiedene semantische (d. h. perzeptive, psychologische, räumliche, zeitliche, ideologische) Dimensionen von Perspektive zu unterscheiden, die als Untersuchungsparameter narrativer Texte fungieren können (vgl. z. B. das Stratifikationsmodell von Schmid 2010 und das Parametermodell von Nünning und Nünning 2000b, 48), wobei jedoch keine Einheitlichkeit in Bezug auf die Unterscheidung der einzelnen Parameter besteht.

***

Aus diesem schematischen (und sicher nicht vollständigen) Überblick wird ersichtlich, dass sich die Phänomenbereiche, die unter ‚Perspektive' gefasst werden, sowohl auf unterschiedliche Ebenen narrativer Texte, auf textinterne wie textexterne Konstellationen sowie auf disparate semantische (d. h. räumliche, zeitliche, mentale, emotionale, ideologische etc.) Dimensionen beziehen. Eine Systematisierung der unter Perspektivierung verhandelten heterogenen Phänomene ist damit schwer möglich. Die Grundproblematik des Perspektivenbegriffs beruht damit „nicht so sehr auf einer Differenz in der Terminologie oder auf unterschiedlichen Prinzipen der Typologie, sondern vor allem auf der Divergenz der Inhalte, die mit dem Begriff verbunden werden" (Schmid 2008, 115). Dies gilt umso mehr, als die Ebenen, auf die der Terminus der Perspektive bezogen wird, innerhalb der Narratologie kontrovers diskutiert werden, und der Anwendungsbereich der Perspektive damit in Abhängigkeit zur Axiomatik erzähltheoretischer Prämissen steht. Um die einzelnen Modellierungen vergleichen zu können, ist demnach der gemeinsame Nenner der unterschiedlichen Phänomenbereiche zu betrachten: das Grundprinzip von Perspektivierung.

2 Das Grundprinzip von Perspektivierung

‚Perspektive' ist ein metaphorischer Begriff und entstammt als solcher dem Bereich der visuellen Wahrnehmung (zur Rekonstruktion der Perspektiven-Metapher aus dem Bereich der Optik vgl. Guillén 1971). Etymologisch lässt sich der

Begriff auf lat. *perspicere* ‚durchschauen, genau sehen' zurückführen. Perspektivierung bezieht sich damit auf die an einen Körper gebundene Raumwahrnehmung, die Objekte in der realen Welt immer nur von einem spezifischen Betrachterstandort aus erfahrbar werden lässt. Die wahrgenommenen Aspekte dieses Objekts ergeben sich aus der räumlich-zeitlichen Situierung des wahrnehmenden Subjekts, wobei jeder Positionswechsel die Wahrnehmung des fokussierten Wirklichkeitsausschnitts verändert (vgl. Foppa 2002, 17; Graumann 2002, 25–26; Zeman 2017). Als abstraktes Grundprinzip ist Perspektive damit zunächst als eine gerichtete, standortabhängige Relation zwischen einem wahrnehmenden Subjekt und den wahrgenommenen Aspekten eines fokussierten Objekts zu fassen (vgl. Abb. 1).

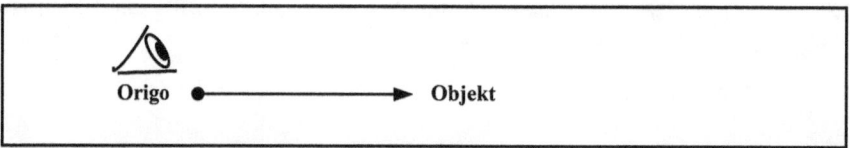

Abb. 1: Dualistisches Konzept von Perspektive.

In diesem allgemeinen Sinn ist das Prinzip auch auf mentale Fähigkeiten wie das Einnehmen unterschiedlicher mentaler Standorte übertragen worden, deren ‚Sehepunkte' nicht an die physikalische Verortung eines wahrnehmenden Subjekts in der realen Welt geknüpft sind. Diese kognitiven Perspektivierungsleistungen lassen sich jedoch nicht durch eine einfache Relation zwischen Subjekt und Objekt erfassen. Zum einen erfordert ein Perspektivenwechsel das Bewusstsein darüber, dass neben dem eigenen Standort noch weitere Standortalternativen bestehen. Perspektive präsupponiert daher immer das Vorhandensein mehrerer möglicher Perspektiven. Wird der mentale Standort gewechselt, kommt es zudem nicht zu einer vollständigen Aufgabe des ursprünglichen Blickwinkels. Bei der Verlagerung des eigenen Standorts wird gleichzeitig noch die Aktualisierung des eigenen, ursprünglichen Blickwinkels aufrechterhalten, so dass kognitive Perspektivierung eine Form von Meta-Perspektive voraussetzt (vgl. z. B. Perner 1991; Moll und Meltzoff 2014): Das Subjekt verändert mental den Standpunkt und beobachtet selbst diese Veränderung. Dabei kommt es zu einer mentalen Spaltung des Subjekts in einen Beobachter und einen Beobachteten, wobei beide Funktionen an die gleiche reale Person gebunden sind. Diese beiden Betrachterstandorte haben jedoch eine unterschiedliche Qualität, da der dislozierte Standort von der Origo betrachtet werden kann, nicht aber umgekehrt. Aus kognitivlinguistischer Sicht ist das Grundkonzept der Perspektive damit zu einem triangulären Modell zu erweitern (vgl. Abb. 2).

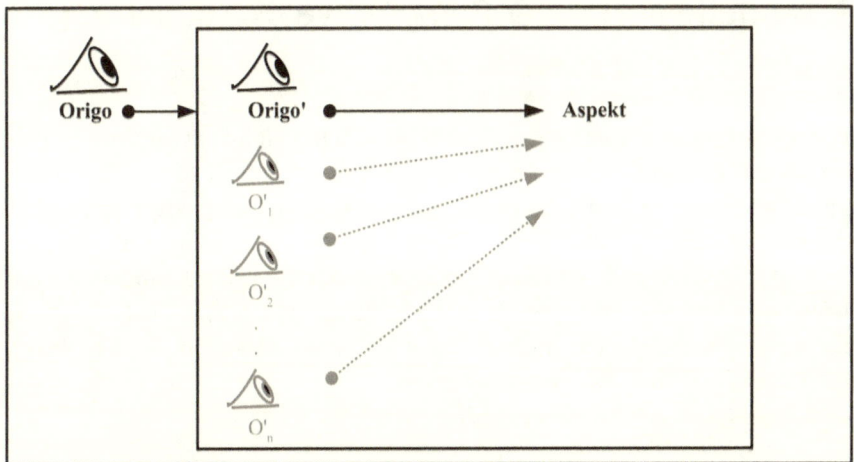

Abb. 2: Trianguläres Konzept von Perspektive.

Wie kognitiv-linguistische und entwicklungspsychologische Studien gezeigt haben, steht die ontogenetische Entwicklung kognitiver Perspektivierungsleistungen – etwa die Ausprägung einer *Theory of Mind* – in einem engen Verhältnis mit sprachlichen und narrativen Perspektivierungsfähigkeiten (vgl. u. a. Astington 1990; Feldman et al. 1990; Nelson 2003; Gallagher und Hutto 2008, 29). Um narrative Texte verstehen zu können, ist es nicht nur zentral, mental den Standpunkt zu wechseln (d.h. die Standpunkte von Figuren einzunehmen), sondern auch, die unterschiedlichen Perspektiven im Text miteinander in Bezug zu setzen und eine Meta-Perspektive über den Text einzunehmen. Kinder vor der Ausprägung einer *Theory of Mind* haben daher Schwierigkeiten, komplexere Perspektivierungskonstellationen wie ‚dramatische Ironie' zu verstehen (Goldie 2007, 70 ff.): Sie können sich zwar in einen Protagonisten wie Rotkäppchen hineinversetzen, es gelingt ihnen aber nicht, divergierende Perspektiven in eine Makro-Perspektive zu integrieren, wenn beispielsweise vom Wissensstandpunkt Rotkäppchens die Person im Bett ihre Großmutter sein muss, Erzähler und Leser aber bereits wissen, dass es sich um den Wolf handelt.

Komplexe Perspektivierungsstrukturen wie Subjektsplits, Ironie und Multiperspektivierung sind damit nicht als einfache Perspektiven*wechsel* zu beschreiben, sondern erfordern eine Berücksichtigung der Abhängigkeitsbeziehungen zwischen den einzelnen Perspektivenstandorten. Dieser Aspekt erweist sich im Folgenden auch für die Erfassung der erzähltheoretischen Kategorien ‚Perspektive', ‚Fokalisierung' und ‚Point of View' als zentral. Gleichzeitig kann das auf kognitiven Wahrnehmungsprinzipien basierende Grundprinzip von Perspektivierung als Meta-Modell für einen Vergleich der diesbezüglichen Modellierungen dienen.

3 Modelle narrativer Perspektive, Fokalisierung und *Point of View*

‚Perspektivierung' ist somit einerseits ein „overall principle that controls the presentation of story material in a novel or short story" (Broman 2004, 58). In einer engen Definition mit Bezug auf Erzähltexte bezieht sich ‚Perspektive' bzw. ‚Point of View' spezifisch auf das Verhältnis von Erzähler und Erzähltem. Die Vagheit des Perspektivenbegriffs einerseits und die narratologischen Kontroversen um den Gesamtkomplex der narrativen Vermittlung andererseits haben jedoch bislang ein einheitliches Modell zur Perspektivierung verhindert. Die Bandbreite der unterschiedlichen Parametersetzungen wird exemplarisch im Vergleich der Modelle von Genette und Bal deutlich.

Genette: Wer spricht? Wer nimmt wahr?

Ausgangspunkt des Modells von Genette (2010 [1994; im franz. Orig.: 1972, 1983]) ist eine Kritik früherer *Point-of-View*-Modelle, wie sie Brooks und Warren, Stanzel, Friedman, Booth und Romberg vorgelegt haben. Zentraler Einwand ist dabei, dass diese Klassifizierungen zwei unterschiedliche Aspekte vermengen, die kategorisch klar voneinander unterschieden werden müssen, nämlich der erzählerische Akt, die *Narration*, und die perspektivische Vermittlung der Figurenwahrnehmung, die *Fokalisierung* (Genette 2010 [1994], 213). Grundlegend ist damit eine dichotomische Unterscheidung zwischen der Frage „*Welche Figur liefert den Blickwinkel, der für die narrative Perspektive maßgebend ist?*" und der ganz anderen „*Wer ist der Erzähler?*" (Genette 2010 [1994], 119), kurz gefasst: die Trennung zwischen den beiden Fragen *Wer sieht?* und *Wer spricht?* (Genette 2010 [1994], 119) bzw. *Wer nimmt wahr?* (Genette 2010 [1994], 213). Im ternären Modell Genettes, das auf der Grundunterscheidung der Kategorien ‚Zeit', ‚Modus' und ‚Stimme' basiert, wird die Fokalisierung der Kategorie ‚Modus' zugeordnet, die Frage *Wer spricht?* dagegen der Kategorie der ‚Stimme'.

Tab. 1: Die Grundunterscheidung zwischen ‚Fokalisierung' und ‚Narration' bei Genette (2010 [1994]).

Zeit	Modus	Stimme
Relation zwischen der Zeit der Geschichte und der Zeit der Erzählung	Regulierung der narrativen Information 1. ‚Distanz' (*showing* vs. *telling*) 2. ‚Perspektive' (Fokalisierung)	Spuren der Erzählinstanz 1. ‚Zeit der Narration' 2. ‚narrative Ebene' 3. ‚Person'
	Wer sieht? *Wer nimmt wahr?*	*Wer spricht?*

Unter Fokalisierung versteht Genette „eine Einschränkung des ‚Feldes', das heißt eine Selektion der Information gegenüber dem, was die Tradition *Allwissenheit* nannte" (Genette 2010 [1994], 218). Das Instrument dieser Selektion ist „ein *situierter Fokus*, d.h. eine Art Informationsschleuse, die nur durchlässt, was die Situation erlaubt" (Genette 2010 [1994], 218; Hervorh. im Orig.). Genette unterscheidet drei Arten von Fokalisierung: Nullfokalisierung, interne Fokalisierung und externe Fokalisierung.

Tab. 2: Fokalisierungstypen nach Genette (2010 [1994], 121–122).

Nullfokalisierung	Erzähler > Figur (Erzähler sagt mehr als die Figur weiß)
Interne Fokalisierung	Erzähler = Figur (Erzähler sagt genau das, was die Figur weiß)
Externe Fokalisierung	Erzähler < Figur (Erzähler sagt weniger als die Figur weiß)

In Formulierungen wie „wo er mehr *sagt*, als irgendeine Figur weiß" (Genette 2010 [1994], 209–210; Hervorh. im Orig.) wird deutlich, dass Fokalisierung bei Genette eine relationale Kategorie ist, die das Verhältnis zwischen dem Erzähler und dem Erzählten betrifft. Damit setzt Genette genau die Kategorien in Bezug, für deren Unterscheidung er argumentiert: Fokalisieren kann ihm zufolge „nur der, der die Erzählung fokalisiert (oder nicht fokalisiert), d.h. der Erzähler" (Genette 2010 [1994], 217). Demnach ist es unmöglich, Fokalisierung ohne Rückgriff auf das Konzept des Erzählers zu diskutieren (vgl. auch Rimmon-Kenan 1976, 58–59; Broman 2004, 61; Blödorn und Langer 2006, 76, 78 [Fn. 107]). Weiter ist an der Formulierung ablesbar, dass statt der Frage nach dem Wahrnehmungsprozess (*Wer nimmt wahr?*) die Frage nach dem Erzähler- und Figuren-*Wissen* – und damit die narrative Informationsvergabe – im Fokus des Modells steht.

Fokalisierung als Wahrnehmung

Obwohl das Modell von Genette und insbesondere die Trias der Fokalisierungsklassifikation in unterschiedlichen Aspekten kritisiert worden ist (vgl. z. B. Bal 1977; Nünning 1990, 257–258; Jahn 1996; Broman 2004; Schmid 2008, 119–121), besteht derzeit kein alternatives Modell, das allgemein akzeptiert wäre. Eine grundlegende Modifizierung bzw. Neuinterpretation nimmt Bal (1977, 2009 [1985]) vor. Während Genette Fokalisierung als Restriktion eines Feldes definiert, steht im Modell von Bal der Selektionsprozess eines ‚Focalizers' im Vordergrund, der zur Restriktion des Feldes führt. Anders als der Ansatz von Genette stellt dieses Modell damit nicht die Relation zwischen Erzähler und Erzähltem in den Fokus, sondern die aktive Rolle eines Wahrnehmungssubjekts (vgl. zur Kritik Bronzwaer 1981, 195).

Damit ergibt sich für Bal eine andere Fokalisierungstypologie: Während Genette die Kategorie einer ‚kameralosen', uneingeschränkten Nullfokalisierung ansetzt (Genette 2010 [1994], 217), kann es für Bal eine von einem Wahrnehmungssubjekt abgelöste Fokalisierung nicht geben, so dass Bal nur zwischen interner vs. externer Fokalisierung unterscheidet. Dabei bezieht sich die externe Fokalisierung auf die Beschreibung äußerer Handlungen, die interne Fokalisierung auf die Darstellung der Innenwelt der Fokalisierungsinstanz, wozu sowohl Wahrnehmungsprozesse als auch mentale Vorgänge des Denkens, der Vorstellung und der Erinnerung zählen. Die Fokalisierungsinstanz kann dabei entweder eine Figur (*character-focalizer*) oder der Erzähler (*narrator-focalizer*) sein. Das bedeutet, dass ein *character-focalizer* wiederum Gegenstand einer Fokalisierung sein kann, so dass für Bal auch Einbettungen („embedded focalization"; Bal 1981a, 1981b) im Sinn von „X relates that Y sees that Z does" (Bal 1981b, 45) möglich sind. Genette schließt dagegen die Möglichkeit der Einbettung von Fokalisierungen aus, da „der *Fokus* der Erzählung" nicht „an zwei Punkten *zugleich* sein kann" (Genette 2010 [1994], 219). Während Genette also von einem Fokuswechsel – und damit von einem dichotomischen Unterschied zwischen Erzähler (*Wer spricht?*) und Figur (*Wer nimmt wahr?*) – ausgeht, spricht Bals subjektbezogenes Modell beiden Instanzen den gleichen (metaphorisch zu verstehenden) Wahrnehmungs- bzw. Perspektivierungsprozess zu.

Vor dem Hintergrund des Grundprinzips von Perspektivierung ist die Gegenüberstellung der Modellierungen von Genette und Bal instruktiv, da diese komplementäre Aspekte in den Vordergrund stellen. Die Modelle lassen sich somit nicht ineinander überführen, da sie sich sowohl in Bezug auf den Fokus des Modells, der semantischen Dimension der Perspektivierungsrelation und in Bezug auf erzähltheoretische Prämissen unterscheiden.

Tab. 3: Vergleich der Parametersetzungen von Genette und Bal.

Parameter	Genette 2010 [1994]	Bal 2009 [1985]
‚Fokalisierung'	Informationsregulierung / -selektion	Wahrnehmungsprozess einer Fokalisierungsinstanz
Zentrum der Wahrnehmung	‚Fokale Position', unabhängig von einer narrativen Instanz	‚Focalizer', gebunden an eine Wahrnehmungsinstanz
Fokus des Modells	Relationsbezogen: Verhältnis zwischen Erzähler- und Figurenwissen	Subjektbezogen: innere vs. äußere Wahrnehmungsperspektive der Fokalisierungsinstanz
Status des Erzählers	Fokalisierung als Verhältnis zwischen Erzähler- und Figuren-Ebene	Fokalisierung als Prozess auf der Erzähler- wie auf der Figuren-Ebene
Verhältnis Erzähler – Figur	Dichotomische Kategorienunterscheidung: Wer spricht? Wer sieht?	‚Narrative embedding': narrator-focalizer character-focalizer

Anwendungsprobleme: ‚Interne' vs. ‚externe' Perspektive

Das Problem der Vergleichbarkeit der unterschiedlichen Perspektiven- bzw. Fokalisierungsmodelle, betrifft auch die Bezugsetzung zu weiteren Modellierungen, wie sie u. a. Chatman, Cohn, Prince, Phelan und Jahn vorgelegt haben. Exemplarisch zeigt sich das an der heterogenen Beschreibung der Figurenperspektive und der Unterscheidung zwischen ‚Außen'- und ‚Innenperspektive', vgl. den folgenden Abschnitt aus Flauberts *Madame Bovary*.

> [1] [D]ann wieder sprach sie ihm von ihrer und von seiner Mutter. Rodolphe hatte sie schon vor zwanzig Jahren verloren. [2] Trotzdem tröstete Emma ihn mit abgeschmackten Wendungen, wie man sie einem verlassenen Kind gegenüber gebraucht hätte und sagte ihm manchmal, zum Mond emporschauend: [3] „Ich bin sicher, daß die beiden dort oben unsere Liebe billigen."
> [4] Aber sie war so hübsch! [5] Er hatte kaum je welche von solcher Unverdorbenheit besessen!
> [6] Diese Liebe ohne Ausschweifungen war für ihn etwas Neues und schmeichelte, weil sie von dem Gewohnten abwich, gleichzeitig seinem Stolz und seiner Sinnlichkeit. [7] Emmas Schwärmerei, die sein bürgerlicher gesunder Menschenverstand verachtete, erschien ihm insgeheim doch reizend, weil sie seiner Person galt. In der Sicherheit, geliebt zu werden, tat er sich nun keinen Zwang mehr an, und [8] langsam änderte sich sein Verhalten.

> Er hatte nicht mehr, wie früher, für sie die süßen Worte, die sie zum Weinen brachten, und auch die stürmischen Liebkosungen, die sie verrückt machten, nicht mehr; [9] so daß ihr war, als ob ihrer beider große Liebe, in der sie badete, unter ihr abnehme wie das Wasser eines Flusses, der in seinem Bette versickert, und als ob sie den Schlamm sehe. [10] Sie wollte es nicht glauben, sie verdoppelte ihre Zärtlichkeit; [11] und Rodolphe verbarg seine Gefühllosigkeit immer weniger.
> [12] Sie wußte nicht, bereute sie es sich ihm hingegeben zu haben oder wünschte sie im Gegenteil, ihn noch mehr zu lieben. [13] Das demütigende Gefühl, schwach zu sein, schlug um in einen Groll, den die Wollust immer wieder dämpfte. Es war keine Verbundenheit, es war eine stets neue Verführung. [14] Er unterjochte sie. [15] Sie hatte fast Angst vor ihm. (Flaubert 2007 [1867]), S. 223–224)

Auf den ersten Blick ist die Passage insgesamt eine Darstellung der Innenwelt der Protagonisten, wobei der Leser zunächst Einblick in die Gedanken Rodolphes erhält, bevor die Perspektive zu Emma wechselt. Unter einer Definition von interner Fokalisierung als Relation zwischen dem, was der Erzähler sagt und die Figur weiß, ist eine solche Analyse dagegen fragwürdig. Zwar fällt der Fokus jeweils mit der Figur zusammen; der Grad der Mittelbarkeit der Darstellung der Innensicht ist jedoch variabel. So ist im ersten Teil [1] ohne vorausgehenden Kontext zunächst nicht eindeutig, ob der heterodiegetische Erzähler die Ereignisse berichtet oder ob die Darstellung zusätzlich durch die Reflektorfigur Rodolphes gefiltert ist. Durch die Darstellung in der 3. Person wird deutlich, dass kein direkter Blick auf die ‚Innensicht' gegeben ist, wie es beispielsweise im inneren Monolog der Fall wäre. Die ersten beiden Sätze sind damit sowohl dem Wissen des Erzählers als auch der Beobachtung der Figur zuzuordnen – und damit eine „embedded focalization" in Bals (1981b) Sinn bzw. eine „dual-focalization" im Sinn Phelans (2001, 60, sowie 2005). Die (‚Außen'-)Perspektive des Erzählers und die (‚Innen'-)Perspektive der Figur sind damit nicht voneinander ablösbar. Das wird auch deutlich in [2], wo Rodolphes Wertung von Emmas Wendungen als „abgeschmackt[ ]" in die Darstellung der 3. Person integriert ist. Eine dieser Wendungen wird in [3] als direkte Rede eingefügt, die als ‚objektiver' Reflex Emmas Sentimentalität gelten könnte. In ihrer Einbettung in die Figurensicht Rodolphes ist diese Äußerung jedoch sowohl ein Fragment der (‚Innen'-)Sicht der Figur Emma als auch Objekt der (‚Außen'-)Sicht Rodolphes.

Im Ausruf „Aber sie war so hübsch!" [4] scheint der Leser einen ungefilterten Blick auf Rodolphes Innenleben gewährt zu bekommen. Ausrufezeichen und die Partikel *so* deuten an, dass es sich hier um freie indirekte Rede handelt. Allerdings dient dieser Satz zugleich als Erklärung für die Handlungsmotivation Rodolphes, so dass fraglich ist, ob der Ausruf ausschließlich der Figurenperspektive Rodolphes zuzuordnen ist. In [5] wird anhand der Referenz auf Rodolphe in der 3. Person deutlich, dass sich auch hier zwei Perspektiven, die des Erzählers und der Figur, überlagern. Die Erzählerperspektive gewinnt in [6] wieder an Dominanz, da die Erläuterung von Rodolphes Gefühlswelt eine ‚Außen'-Perspektive voraussetzt, die auch in den evaluativen Kommentaren des Erzählers („sein bürgerlicher gesunder Menschenverstand", [7]) deutlich wird. In [8] wechselt der Erzähler von der Darstellung der „insgeheim[en]" Gefühlslage zur Beschreibung des (von ‚außen' sichtbaren) Verhaltens Rodolphes.

Die Relativität der Abgrenzung von ‚außen' und ‚innen' zeigt sich auch im Wechsel zur Figurenperspektive von Emma. Die Beschreibung ihrer Gefühlswelt [10, 12] offenbart deutlich mehr als eine auf beobachtbare Handlungen reduzierte ‚Außen'-Perspektive. In der Reaktion auf die zunehmende „Gefühlslosigkeit" Rodolphes bleibt aber offen, ob der metaphorische Vergleich ihrer „beider [aus Emmas Sicht, S. Z.] große[n] Liebe" mit einem verschlammenden Flussbett Emma oder dem Erzähler zuzuordnen ist. Noch deutlicher wird an der Wendung „Sie wußte nicht" [12], dass Emmas Innenwelt nicht unvermittelt, sondern in Form einer „Psychonarration" (Cohn 1978) dargestellt wird. Dabei bleibt zweifelhaft, ob sich Emma ihres Nicht-Wissens und ihrer Angst [15] bewusst ist. Die rational-analytische Beschreibung der Gefühle in [14], die in Kontrast zur sentimentalen Wahrnehmung Emmas stehen, legen jedoch nahe, dass der Erzähler im Genette'schen Sinn hier mehr sagt, als seine Figur weiß.

Die Analyse macht damit insgesamt deutlich, dass zwar eine bzw. zwei *Figurenperspektiven* vorliegen, indem Rodolphe und Emma als „Reflektorfiguren" (Stanzel), „Focalizer" (Bal) bzw. „filter" (Chatman) fungieren. Diese Figurenperspektive ist jedoch weder notwendig an eine Wahrnehmungs- noch an eine Bewusstseinsdarstellung geknüpft, noch geht die Darstellung von Gedanken, Gefühlen und Wahrnehmungen notwendigerweise mit der Unmittelbarkeit der Darstellung einher (vgl. zur Differenzierung der Mittelbarkeitsgrade Cohn 1978). Auch besteht keine Kongruenz zwischen der Wahrnehmungsrelation und dem Wissen der Figur. Anhand der Klassifikation einer Perspektive als ‚außen' oder ‚innen' zeigt sich demnach, dass die Erfassung der Figurenperspektive auf heterogenen Beschreibungsparametern basiert, so dass die diesbezügliche Klassifikation selbst zu einer Sache der Perspektive des Betrachters wird:

Tab. 4: Heterogenität der Kriterien zur Unterscheidung ‚Innen'- vs. ‚Außenperspektive'.

‚Innenperspektive'	‚Außenperspektive'
Erzählerwissen = Figurenwissen	Erzählerwissen < Figurenwissen
Perspektive der Figur	Perspektive des Erzählers
Innenwelt einer Figur (d. h. Darstellung von Emotion, Perzeption, Gedanken, Evaluation)	Außensicht einer Figur (d. h. Darstellungen von sichtbaren Handlungen und Veränderungen, direkte Rede)
Bewusstsein mentaler Vorgänge (die Figur weiß, dass sie weiß)	Nicht-Bewusstsein mentaler Vorgänge (die Figur weiß nicht, dass sie weiß)
Unmittelbarkeit der Bewusstseinsdarstellung (d. h., Bewusstseinsstrom, erlebte Rede)	Mittelbarkeit der Bewusstseinsdarstellung (d. h. Psychonarration, *Verba sentiendi* wie ‚er wusste (nicht)', ‚es schien', 3. Person)

Als Konsequenz für die Erfassung der *Erzähler-Figuren-Konstellation* wird aus der Analyse deutlich, dass eine dichotomische Trennung von Erzähler- und Figurenperspektive (wie eine Unterscheidung zwischen ‚innen' vs. ‚außen'; vgl. zur Kritik auch Herman 2011, 249) nicht möglich ist, da sich Figuren- und Erzählerperspektiven überlagern können. Geht man von einer hierarchischen Architektonik des narrativen Kommunikationsprozesses aus, bei dem die erzählte Welt und damit die Figurenperspektiven strukturell in einem Einbettungsverhältnis zur narrativen Ebene der erzählerischen Vermittlung stehen, liegt die Herausforderung eines Perspektivenmodells demnach darin, gleichermaßen das strukturell bedingte, hierarchische Abhängigkeitsverhältnis (und damit die unterschiedliche Qualität) zwischen Erzähler- und Figureninstanzen (Genettes ‚Modus' vs. ‚Stimme', Chatmans ‚filter' vs. ‚slant') als auch die Rekursivität der Perspektivenkonstellation zu erfassen, wie sie sich auf den unterschiedlichen Ebenen widerspiegelt. Unter diesem Gesichtspunkt wird auch das Verhältnis von ‚Subjekt' und ‚Objekt' im Perspektivierungsprozess (und damit die Unterscheidung zwischen *Wer spricht?* vs. *Wer nimmt wahr?*) relativ, da die ‚Innensicht' einer Figur gleichzeitig auch die Außensicht einer anderen sein kann.

Die Analyse zeigt damit, dass sowohl in Bezug auf die Perspektivenwechsel innerhalb des Textes als auch mit Blick auf die Variabilität der unterschiedlichen Beschreibungskategorien eine absolute Klassifikation einer Erzählsituation weder möglich noch sinnvoll ist. Gleichzeitig wird deutlich, dass sich die Bedeutung der Passage nicht aus der Zuordnung der Einzelperspektiven, sondern erst aus deren Zusammenspiel ergibt, so dass das Verhältnis der Einzelperspektiven zueinander in den Blick rückt.

Konsequenzen für eine narratologische Kategorie der ‚Perspektive'

Trotz der konzeptionellen Probleme, die an den Begriff der Perspektive geknüpft sind, lässt der breite Anwendungsbereich deutlich werden, dass das Konzept der Perspektivierung aus der Erzählforschung schwerlich wegzudenken ist. Vor diesem Hintergrund sind damit die Konsequenzen der bisherigen Betrachtungen in Bezug auf allgemeine Kritikpunkte zu diskutieren, die dem Perspektivenbegriff entgegengesetzt worden sind.

Visuelle und anthropomorphe Metaphorik

Termini wie ‚Blickwinkel', ‚Point of View' (James 1968 [1884]); Lubbock 1921), ‚Fenster' (Jahn 1996; Fludernik 1996) und ‚Filter' (Chatman 1978) machen deutlich, dass der Perspektivenbegriff ein metaphorisches Konzept ist, das sowohl an eine visuelle Konnotation als auch an ein anthropomorphes, sehendes bzw. wahrnehmendes Subjekt geknüpft ist (zur Kritik siehe u. a. Wolf 2000, 80; Patron 2010). Wie der Vergleich der Modelle von Bal und Genette gezeigt hat, ist diese Metaphorik in den einzelnen Ansätzen unterschiedlich wörtlich genommen worden und schwankt zwischen den Polen einer abstrakten Informationsselektion und einem an ein agentives Subjekt gebundenen Wahrnehmungsprozess (Bal 2009 [1985]; Chatman 1990; Prince 2001). Perspektivierung bezieht sich damit nicht notwendigerweise auf einen Wahrnehmungsprozess, noch ist dieser notwendig an ein Wahrnehmungssubjekt im Text gebunden. Zudem ist auch bei der Beschreibung von Figurenperspektiven zu berücksichtigen, dass es sich bei Erzähl- und Figureninstanzen nicht um ‚personenähnliche Erscheinungen', sondern textuelle Phänomene bzw. diskursive Funktionen handelt (vgl. Nünning 1989; Jannidis 2012). Wenngleich die anthropomorphe Struktur als grundlegende Voraussetzung für das kommunikative Spiel des Textes zu sehen ist (vgl. Jannidis 2006, 162) und Erzähler- und Figureninstanzen in dieser Hinsicht vom Leser rekonstruiert werden (vgl. Bortolussi und Dixon 2003, 72–75; Jannidis 2006, 159; Margolin 2011, 52), hat der Erzähler als semiotisches Element im Text weder eine Wahrnehmung noch eine Gefühlswelt. Eine Argumentation, dass Erzähler nicht fokussieren können, weil sie nicht ‚sehen', sondern über ihre Wahrnehmung nur berichten können (Chatman 1990; Prince 2001), ist demnach verfehlt, da Erzähler- wie Figureninstanzen gleichermaßen fiktional sind und die narrative Wissensvergabe nicht an deren kognitive Fähigkeiten gebunden ist (vgl. Patron 2010, 330). Aussichtsreich scheint in dieser Hinsicht der Ansatz von Herman (1994, 246), der Fokalisierung als Skala epistemischer Deixis modelliert. Eine solche Konzeption setzt allerdings voraus, die Fokalisierungskategorie von einem zu engen Konzept der Wahrnehmung zu entbinden.

Dualismus

Ausgehend von der Definition von Perspektive als ‚gerichtete, standortabhängige Relation zwischen dem wahrnehmenden Subjekt und den wahrgenommenen Aspekten eines fokussierten Objekts' ist Perspektive ein dualistisches Prinzip (vgl. auch Guillén 1971, 292–293; Kawashima 2008; Damisch 2010). Mit Blick auf seine Anwendung als narratologische Kategorie ist dieser Dualismus problematisch, da er eine Konzeption von Perspektive als Transformationsprozess voraussetzt, wobei die Veränderung der Perspektive die Wahrnehmung des Objekts verändert, nicht aber das Objekt in der Realität selbst. Übertragen auf narrative Texte würde das bedeuten, dass „es eine objektive, noch nicht perspektivierte, eine ‚Geschichte an sich' gibt" (Schmid 2008, 256). Da eine Geschichte jedoch immer schon die Auswahl von Geschehensmomenten und damit eine Perspektive voraussetzt, ergibt sich die Geschichte Schmid (2008, 262) zufolge erst aus den unterschiedlichen Perspektivensetzungen. Perspektivierung ist damit kein Abbildungsverfahren, sondern ein dynamischer, emergenter Prozess, durch den die Geschichte – im Text sowie im Rezeptionsprozess des Lesers – erst generiert wird (vgl. auch Surkamp 2003, 65). Einen Ausweg bietet hier ein trianguläres Konzept von Perspektive, das einen metarepräsentationalen Standort berücksichtigt, von dem aus erst die Relation zwischen einem Subjekt und einem Objekt als solche erkannt wird (vgl. Abschnitt 2 sowie Zeman 2017).

Vagheit und Relationalität

Da das Konzept der Perspektive auf unterschiedliche Ebenen und unterschiedliche Aspekte angewendet worden ist, ist wiederholt dessen Vagheit kritisiert worden (vgl. Lanser 1981, 15; Schmitz-Emans 1999, 14; Nünning und Nünning 2000a, 10; Nünning 2001, 208; Hartner 2012, 3). In den Modellen der erzählerischen Vermittlung wird der Terminus daher in der Regel durch spezifische Begriffe (z. B. ‚slant', ‚filter', ‚Point of View', ‚Fokalisierung') ersetzt, die damit den allgemeinen Terminus der Perspektive – sowie seinen Status als narratologische Kategorie insgesamt – „entbehrlich" erscheinen lassen (Nünning und Nünning 2000a, 11; kritisch ebenso Schmid 2003; Titzmann 2003; Sternberg 2009). In einem allgemeinen Sinn ist eine Kategorie ‚Perspektive' in der Tat wenig sinnvoll, da sich Perspektivierung als abstraktes sprachliches Grundprinzip auf den unterschiedlichen Ebenen narrativer Repräsentation als grundlegend erweist, um die relationalen Aspekte narrativer Texte beschreiben zu können. Um ‚Perspektive' bzw. ‚Perspektivierung' für die narratologische Analyse greifbar zu machen, ist insofern zu bestimmen, zwischen welchen Entitäten die Perspektivenrelation betrachtet werden soll, welche narrativen Ebenen (*story* vs. *discours*) diese Relation umfasst, welche semantischen Dimensionen bei der Analyse der Relation berücksichtigt werden – und in welcher Konstellation die Einzelperspektiven zueinander stehen.

4 Multiperspektivität

Aus den Ausführungen in Abschnitt 3 wird deutlich, dass die Beschreibung narrativer Texte unter dem Terminus der Erzählperspektive als einer Perspektive, die sich über einen gesamten Roman erstreckt, der komplexen Perspektivenvielfalt innerhalb eines Textes nicht gerecht werden kann. Um die ‚Perspektivenstruktur narrativer Texte', d. h. das „Ensemble der Einzelperspektiven" (Nünning und Nünning 2000, 13) erfassen zu können, ist zwischen der inhärenten Multiperspektivität narrativer Texte und deren spezifischen Ausformung zu unterscheiden.

Multiperspektivität als Oberflächeneffekt der narrativen Doppelstruktur

Vor dem Hintergrund der Annahme, dass Erzähltexte wesentlich durch ihre Doppelstruktur charakterisiert sind, wie sie aus der Divergenz einer Erzähler- vs. Figurenebene resultiert, ist das Potential von Multiperspektivität bereits in der Struktur narrativer Texte inhärent angelegt. Sie zeigt sich darin, dass in narrativen Textpassagen ein einzelner Satz die Perspektive eines Erzählers und einer Figur sprachlich enthalten kann, wie es in *Dual-Voice*-Ansätzen zur freien indirekten Rede aufgezeigt worden ist (vgl. u. a. Pascal 1977; Fludernik 1993; Schlenker 2004; Eckardt 2014):

> „Aber am Vormittag hatte sie den Baum zu putzen. *Morgen* war Weihnachten." (Berend 1915, zit. nach Hamburger 1987 [1957], 71; Hervorh. S. Z.)

In diesem Beispiel aus Alice Berends Roman *Die Bräutigame der Babette Bomberling* (1915) – im Originaltext heißt es übrigens: „Morgen war Weihnachtsabend" (Berend 2012 [1915], 83) – zeigt die Temporaladverbiale an, dass der Verrechnungspunkt der dargestellten Gedanken das Referenzsystem der Figur bildet:

„Morgen" bezieht sich auf den nächsten Tag bezogen auf die Gegenwart von Frau Bomberling. Gleichzeitig wird durch die Referenz auf die Protagonistin in der 3. Person und durch die Verwendung des Präteritums auf der sprachlichen Ebene die Perspektive des Erzählers aufrechterhalten (vgl. Zeman, *Episches Präteritum und Historisches Präsens* in diesem Band). Die freie indirekte Rede kombiniert bzw. integriert damit zwei disparate Perspektiven: die Perspektive der Figur, indiziert durch expressive, indexikalische Elemente, emotive Ausdrücke, Fragen, Ausrufe, Interjektionen und idiomatische Wendungen, und die Perspektive des Erzählers, indiziert durch die grammatischen Kategorien Tempus und Person (vgl. Fludernik 1993; Schlenker 2004).

Die freie indirekte Rede ist nun ein sehr spezifischer Erzählmodus, der in seiner systematischen Verwendung erst zwischen 1800 und 1900 auftritt. Dennoch zeigt der Umstand, dass Phänomene wie die freie indirekte Rede nur in narrativen Textstrukturen vorkommen, einen grundlegenden Unterschied zwischen der Perspektivenkonstellation des narrativen und nicht-narrativen Diskursmodus an: Während im nicht-narrativen Modus defaultmäßig Sprecher und Betrachter durch die gleiche Person konstituiert sind und damit konzeptionell zusammenfallen, ist die Narration dadurch charakterisiert, dass die Aussagen nicht direkt auf den Sprecher zurückzuführen sind, sondern durch die Erzählinstanz des Erzählers vermittelt werden können. Grundlegend für die Narration ist damit ein (potentielles) Perspektivensplitting zwischen ‚Sprecher' und ‚Betrachter' (bzw. Autor – Erzähler / Erzähler – Figur) (vgl. Zeman 2016 sowie [im Druck]). Exemplarisch deutlich wird das an Erzählungen in der 1. Person, in der sich der Sprecher in ein erzählendes und ein erzähltes Ich spaltet. Mit diesem Split einer Person in zwei funktionale Instanzen erhöht sich gleichzeitig das Perspektivenpotential.

Dieses Potential kann in den jeweiligen Erzähltexten unterschiedlich ausgeschöpft sein und damit zu unterschiedlichen Perspektivierungskonstellationen führen. Die Erzählung kann entweder auf einem klaren Kontrast zwischen Erzähler- und Figurenebene basieren, wie beispielsweise in der prototypischen Erzählkonstellation des mittelalterlichen Versepos, oder die Erzählinstanz kann hinter der Figurensicht gänzlich zurücktreten wie im inneren Monolog Schnitzlers *Leutnant Gustl*. Der Effekt narrativer Verfahren, die den Erzähler unsichtbar werden lassen, funktioniert jedoch nur, wenn implizit die Doppelstruktur der Erzählung vorausgesetzt wird. Unter diesem Aspekt wäre insofern jede Narration als ‚multiperspektivisch' zu betrachten, so dass das inhärente Perspektivenpotential auch als charakteristisches Merkmal von Narrativität zu sehen ist (vgl. Blödorn und Langer 2006, 79; Zeman 2016 sowie [im Druck]).

Genuin multiperspektivisch sind narrative Texte zudem darin, dass sie prototypischerweise mehrere Bewusstseinsperspektiven enthalten. Ein solches Nebeneinander von Perspektiven ist im Grunde bereits dann gegeben, wenn die Rede anderer Figuren wiedergegeben wird. In diesem Sinn wäre selbst ein durchgängig monologisch strukturierter Bewusstseinsstrom wie in Schnitzlers *Leutnant Gustl* ‚multiperspektivisch', wenn er Redewiedergaben anderer Figuren integriert (vgl. Lindemann 1999, 56 zum Dialog als „Grundmodell allen polyperspektivischen Erzählens").

Multiperspektivität im engen Sinn

Um eine leere Definition von ‚Multiperspektivität' zu vermeiden, plädieren Nünning und Nünning (2000a, 18) dafür, Multiperspektivität nicht als numerischen Effekt, d. h. nach dem Vorhandensein mehrerer Perspektiventräger, zu erfassen. Multiperspektivität als „rezeptionsästhetisch und interpretatorisch signifikante[s] Phänomen" entsteht ihnen zufolge erst dann, „wenn mehrere Versionen *desselben Geschehens* (verstanden als Sammelbegriff für die Gesamtheit aller Phänomene auf der Ebene der erzählten Welt) erzählt werden" (Nünning und Nünning 2000a, 18–19; Hervorh. im Orig.). Relevantes Kriterium ist damit „die Konfrontation unterschiedlicher Perspektiven und das Vorhandensein eines gemeinsamen Bezugspunktes" (Nünning und Nünning 2000a, 19) sowie der daraus entstehende „Reibungs"-Effekt (vgl. Lindemann 1999, 54–55; Zeman 2017). Der *„Grad der Dissonanz"* (Lindemann 1999, 54; Hervorh. im Orig.) ist dabei ein semantisches Kriterium. Das bedeutet, dass die Integration unterschiedlicher formaler Mittel, wie eine collagen- bzw. montagehafte Erzählstruktur, nur dann als multiperspektivisch zu verstehen ist, wenn mit dem Kontrast in der Darstellungsform auch ein Kontrast auf der inhaltlichen Ebene korreliert.

Da der Begriff der ‚Multiperspektivität' die Vagheiten erbt, die auch mit dem Begriff der Perspektive verknüpft sind, sind in Analogie zu den Differenzierungen in Abschnitt 1 mehrere Subtypen von Multiperspektivität möglich. Unter der Berücksichtigung des Grundprinzips von Perspektivierung lässt sich dabei zwischen horizontaler und vertikaler Perspektivität unterscheiden:

Horizontale Multiperspektivität: Multifokalisierung und Polyphonie

Horizontale Multiperspektivität liegt vor, wenn der Perspektivenkontrast an Perspektiventräger gebunden ist, die auf der gleichen narrativen Ebene liegen. Das ist der Fall bei ‚Multifokalisierung', die auf der Ebene der erzählten Welt disparate Sichtweisen der Fokalisierungsinstanzen kontrastiert. Beispiele wären Abschnitt

[1] aus Flauberts *Madame Bovary*, in dem die Figurenperspektiven von Emma und Rodolphe gegenübergestellt werden, oder auch Richardson's Briefroman *Clarissa Harlowe* (1747/1748), in dem die Flucht der beiden Protagonisten aus zwei unterschiedlichen Perspektiven beschrieben wird (vgl. im Detail Lindemann 1999).

Multiperspektivität muss jedoch nicht notwendigerweise an anthropomorphe Erzähler- bzw. Figureninstanzen geknüpft sein. Beispielhaft zeigt sich das in Döblins Montage-Roman *Berlin Alexanderplatz* (1929), in dem die Collage von Redewiedergaben, optischen wie akustischen Bewusstseinseindrücken, Sprachstilen, Zeitungsheadlines, Schlagertexten etc. nicht an Figureninstanzen, sondern an entmaterialisierte ‚Stimmen' bzw. „unperceived perspectives" (Van Alphen 2008, 414) gebunden ist. Eine solche ‚Mehrstimmigkeit' kann auch in das Bewusstsein einer einzelnen Figur verlagert sein. Beispiel hierfür ist Rilkes ‚Prosabuch' *Die Aufzeichnungen des Malte Laurids Brigge* (1910), in dem der Protagonist fremde und eigene Positionen abwägt und mit sich selbst in einen ‚Mikro-Dialog' tritt (vgl. Dembski 2000, 129, 362–363). Eine spezifische Form von Mehrstimmigkeit wird in Bachtins (1971) Konzept der ‚Polyphonie' vertreten. Die Mehrstimmigkeit eines Werks bezieht sich dabei nicht primär auf die ‚Stimmen' der Figuren- und Erzählerinstanzen, sondern auf eine soziale Redevielfalt als Dialog ideologischer Positionen.

Vertikale Multiperspektivität: Kontraste der narrativen Ebenen

Vertikale Multiperspektivität ist dann gegeben, wenn der Perspektivenkontrast zwei unterschiedliche narrative Ebenen betrifft. Das gilt prototypischerweise für den Kontrast zwischen Erzähler- und Figuren-Perspektive. Dissonanzen zwischen dem Wissenssystem von Erzähler und Figur können zu Effekten von Spannung und ‚dramatischer Ironie' führen, wenn beispielsweise auf der Erzählebene bereits bekannt ist, dass Ödipus seine Mutter geheiratet hat, er selbst jedoch auf der Ebene der erzählten Welt im Unwissen darüber bleibt. In McEwans *Atonement* (2001) führt die Einführung einer Rahmenerzählung am Ende des Romans zu einer Infragestellung der gesamten erzählten Welt, indem sich die heterodiegetisch erzählte Geschichte in der 3. Person als Imaginations- und Konstruktionsprozess einer (unzuverlässigen) Ich-Erzählerin enttarnt und die Geschichte lediglich als eine mögliche Version unter vielen perspektiviert (vgl. Palmer 2011, 288–297).

Eine Perspektivendissonanz kann auch durch Kontraste auf unterschiedlichen Werkebenen, beispielsweise durch nicht-verbale oder paratextuelle Rahmungen (vgl. Wolf 2000), evoziert werden. So leistet das fiktive Vorwort von Dr.

phil. John Ray jun. in Nabokovs *Lolita* (1955) eine Evaluation des Protagonisten in seiner Rolle als Erzähl- wie auch als Figureninstanz.

Zudem kann sich ein Kontrast disparater Perspektiven einstellen, wenn die Darstellung in Kontrast zur textuellen Welt steht und sich der Erzähler damit als ‚unzuverlässig' herausstellt. Das Konzept des ‚unzuverlässigen Erzählers' steht somit in einem engem Verhältnis zu Multiperspektivität, da dieses immer eine Dissonanz der Wahrnehmung bzw. des Wissens des Erzählers mit den dargestellten Sachverhalten voraussetzt (vgl. Ryan 1991, 113; Surkamp 2003, 96–97; Menhard 2009).

***

Mit Blick auf die Analyse multiperspektivischer Konstellationen besteht Übereinstimmung darin, dass das Funktions- und Wirkungspotential sich nicht additiv aus der Summe der Einzelperspektiven ergibt, sondern multiplikatorisch. Offen bleibt jedoch die Frage, wie sich ein solches semantisches Multiplikat errechnet. Wichtige Schritte in diese Richtung bilden die Parametermodelle von Nünning und Nünning (2000a, 2000b) und Surkamp (2003), die neben der Anzahl und Dimension der unterschiedlichen Einzelperspektiven insbesondere den Grad der Dissonanz als relevanten Beschreibungsparameter ansehen sowie die Frage danach, ob der Grad der Integrität der Perspektiven und die Glaubwürdigkeit der Perspektiventräger eine Hierarchisierung der Perspektiven zulässt. Auf der Basis dieser Parameter lässt sich analysieren, ob die Einzelperspektiven eher zu einem homogenen Gesamtbild und in einem gemeinsamen Fluchtpunkt zusammenführen, oder sich kaleidoskopartig gegenseitig relativieren und zentrifugal auseinanderlaufen (vgl. Nünning und Nünning 2000, 60–61; Nünning 2001, 217; Surkamp 2003, 120 zu einem Kriterienkatalog zur Skalierung der geschlossenen und offenen Perspektivenstrukturen).

Die Errechnung des Multiplikats der textuellen Perspektivenkonstellationen erfordert damit auch die Interpretation des Lesers, so dass gerade der Untersuchungsgegenstand der Multiperspektivität die Notwendigkeit des Einbezugs der Rezipientenperspektive in diesbezügliche Modellierungen deutlich macht, wie er bislang ein Forschungsdefizit darstellt (vgl. Hartner 2012, 69). Einen weiterführenden Ansatz entwickelt Hartner, der unter Einbezug kognitiver Mechanismen (*Theory of Mind*, *Blending Theory*) das Zusammenwirken der Perspektiven in narrativen Texten als „Interaktionsprozess innerhalb einer netzwerkartig organisierten Gesamtperspektivenstruktur" (Hartner 2012, 10) modelliert. Ein solcher Ansatz ist für die Erzählforschung insgesamt relevant, da das Kernproblem der Erfassung von Multiperspektivität – d.h. die Frage nach der Errechnung des semantischen Multiplikats aus der Konstellation von Einzelperspektiven – kein spezifischer Sonderfall, sondern charakteristisch für narrative Texte an sich ist. Gleichzeitig stellt ein solches Modell auch eine vielversprechende Basis für Fragen nach dem Funktions- und Wirkungspotential von Multiperspektivität in ihren unterschiedlichen historischen Konstellationen dar, deren Aufarbeitung noch aussteht.

5 Perspektivierungskonstellationen in historischer Dimension

Während Perspektivierung – wie in Abschnitt 1 dargelegt – eine sprachliche wie literarische Grundbedingung darstellt und damit eine historische Konstante bildet, sind die formalen Realisierungen von Perspektivierung in Erzähltexten dem historischen Wandel unterworfen. Zentrale Veränderungen der narrativen Strategien werden dabei insbesondere für den Übergang zur Moderne und Postmoderne postuliert, wie sie unter den folgenden Haupttendenzen diskutiert werden.

Inward Turn: Von der erzählerischen ‚Außen'- zur figuralen ‚Innen'-Perspektive

Die historischen Veränderungen der Perspektivenkonstellation von den epischen Vorläufern bis zur Romangestaltung in der Moderne werden häufig als eine Tendenz zur Darstellung figurenbezogener Innenperspektiven beschrieben (vgl. Kahler 1970; Cohn 1978, 8–9; Benjamin 1991 [1929]; Stanzel 2008 [1979], 165–169; Klepper 2011, 23; Van Alphen 2008, 411; Herman 2011). Während figurale Bewusstseinsdarstellungen bereits in Antike und Mittelalter einen wesentlichen Bestandteil narrativer Texte ausmachen (vgl. z. B. de Jong 2001 zu Fokalisierung und Psychonarration im Altgriechischen; Hübner 2003 zur Frage im mittelalterlichen höfischen Roman), wird den Werken von beispielsweise Gustave Flaubert, Arthur Schnitzler, Jane Austen ein verstärkter Fokus auf die Innenweltdarstellung der Figuren und der Experientialität der erzählten Welt zugesprochen, der sich im systematischen Gebrauch narrativer Darstellungsformen wie dem inneren Monolog, dem Bewusstseinsstrom und der freien indirekten Rede manifestiert (zur diachronen Entwicklung der freien indirekten Rede zwischen 1800 und 1900 vgl. Pascal 1977, 11; Adamson 2001, 83; Klepper 2011, 23–24; Herman 2011; Kurt 2012, 75).

Damit einher geht auch eine Veränderung des Status des Erzählers: Die Geschichten werden nicht mehr von einer extradiegetischen, distanzierten Erzählerinstanz vermittelt, sondern von einem „subjektiv" involvierten Erzähler (vgl. Fludernik 1996, 221; Canisius 2002, 307). Infolge kommt es zur Auflösung einer strikten Trennung zwischen dem (präsentischen) Erzählerrahmen und der (präteritalen) Darstellung der erzählten Welt und damit zur formalen Nivellierung von Erzähler- und Figurenebene (Fludernik 1996, 221; Klepper 2011, 22 mit Bezug auf Martin 1986, 132), wie sie beispielsweise im Präsensroman durchgeführt ist (vgl. Zeman, *Episches Präteritum und Historisches Präsens* in diesem Band). Zudem kann die vermittelnde Erzählinstanz wie in Schnitzlers Monolognovellen *Leutnant Gustl* und *Fräulein Else* auch komplett zurücktreten.

Als Gegentendenz ist in den Texten um 1900 jedoch gleichzeitig auch eine Tendenz zu distanzierten Darstellungen aus einer dokumentarischen Außenperspektive zu beobachten. Klepper 2011 zufolge sind Texte dieser Zeit damit von zwei Impulsen – „toward the inside *and* the outside" (Klepper 2011, 325–326, 379; Hervorh. S. Z.) – charakterisiert. Die Beschreibung einer linearen Entwicklungslinie von ‚Innen'- zu ‚Außenperspektive' bzw. als „Subjektivierung" (Stanzel 2008 [1979], 166) greift damit zu kurz. Vielmehr ist die Entwicklung im Spannungsfeld zwischen diesen beiden Polen als eine Tendenz dazu zu sehen, den Perspektivierungsprozess selbst zum Darstellungsgegenstand zu machen (vgl. die These in Klepper 2011 zur ‚Entdeckung des Point of View').

Dezentrierung: Von ‚Monoperspektivität' zu ‚Multiperspektivität'

Eine weitere Veränderung wird in einer Tendenz zu Multiperspektivität (im spezifischen Sinn) und einer damit korrelierenden ‚Dezentrierung des Subjekts' gesehen. Diese Entwicklungsrichtung steht nicht notwendig in Widerspruch zum zuvor beschriebenen *inward turn*: Mit dem Fokus auf figurbezogenen Bewusstseinsdarstellungen treten in den narrativen Texten nicht nur ein, sondern mehrere Wahrnehmungszentren auf. Während polyphone Erzählstrukturen ebenfalls bereits in den homerischen Epen auftreten (vgl. de Jong 2001; Bakker 2009), gilt als charakteristisch für modernes Erzählen, dass die Erzählinstanz ihre Autorität als Organisationszentrum verliert. Damit nivelliert sich der hierarchische Unterschied der Perspektiven, indem der Standort des Erzählers zu einem gleichberechtigten Standort neben anderen wird, der sich ebenso als unzuverlässig herausstellen kann wie die Perspektiven der Figureninstanzen. Es ist insofern nicht Multiperspektivität per se, die zur „Dezentrierung der Erzählinstanz" (Blüher 1992) und zu einem größeren Grad an narrativer Instabilität führt, sondern deren Interaktion mit der narrativen Ebenenhierarchie. In diesem Sinn ist auch eine monokausale Interpretation von Multiperspektivität als Reflex einer relativistischen Wirklichkeitsdarstellung zu revidieren, wie sie u. a. von Buschmann (1996, 267) und Surkamp (2003, 3) kritisiert worden ist.

Metaisierung: Von der ‚Beobachtung' zur ‚Beobachtung der Beobachtung'

Die Multiperspektivität moderner Erzähltexte wird zudem in den Zusammenhang einer Tendenz zu Formen metanarrativer bzw. metafiktionaler Strategien und Formen der Illusionsbrechung (Metalepse, Ironie, *Mise en abyme*) als charakteristischen Erzählstrukturen insbesondere der (Post)Moderne diskutiert (vgl. für einen Überblick Waugh 1984, 21–22). Die Auflösung des Erzählerrahmens und die damit verbundene dezentrierte Organisation disparater Perspektiven führen demzufolge dazu, dass der Erzählvorgang selbst zum Gegenstand der Erzählung wird und der Aufmerksamkeitsfokus auf die Ebene der Interpretation als Wirklichkeit zweiter Ordnung gelenkt wird (vgl. Hutcheon 1980, 3; Lindemann 1999, 63; Nünning und Nünning 2000a, 20; Klepper 2011). In dieser Hinsicht sind Formen von Metafiktion selbst das Resultat zweier divergenter Perspektiven: der Konstruktion einer perspektivischen Darstellung und deren Explizitmachung (vgl. Waugh 1984, 6).

Auch in dieser Hinsicht ist jedoch zwischen Form und Bedeutung perspektivischer Konstellationen zu unterscheiden, da diese nicht in jedem Erzähltext an die gleichen Funktionen gebunden sind. Während metaleptische Strukturen in modernen Erzähltexten beispielsweise häufig eine Illusionsbrechung evozieren, tragen Überschreitungen zwischen den Erzählebenen im homerischen Epos eher zu einer Bestärkung der Realität der narrativen Welt bei als zu deren Instabilisierung (vgl. de Jong 2009). Metanarrative Strukturen bewegen sich damit innerhalb eines Funktionspotentials zwischen Illusionsbrechung und Illusionsverstärkung (vgl. Hauthal et al. 2007, 7–8).

***

Form und Semantik der Perspektivenstrukturen in narrativen Texten erweisen sich damit historisch variabel, so dass das Funktionspotential einer spezifischen Perspektivenkonstellation nicht losgelöst vom historischen Kontext betrachtet werden kann. Aus dieser Sicht sind alle drei skizzierten Tendenzen nicht nur als transgenerische sowie transmediale Entwicklungsrichtungen angesehen worden (vgl. z. B. die Beiträge in Hauthal et al. 2007 zur Metaisierung in Film und Fernsehserien, in der Musik, Malerei, im Drama, Comic etc., insbesondere Wolf 2007 für einen Überblick; Anderst 2011 zur Dezentrierung der Erzählperspektiven im

Film; Horstkotte und Pedri 2011 zur Fokalisierung in der *Graphic Novel*), sie sind zudem als Reflexe kulturhistorischer Kontextbedingungen diskutiert worden (vgl. Klepper 2011, 23–40 für einen Überblick). Unter der grundlegenden Voraussetzung, dass sich die Einzelperspektiven in einem multiperspektivischen Text „als das formale Korrelat weltanschaulicher Strukturen" (Nünning und Nünning 2000a, 23) ansehen lassen, ist damit insbesondere sprachvergleichenden und diachronen Studien ein Potential zuzuschreiben, durch formale Analysen von Perspektivenkonstellationen Rückschlüsse auf die Wirklichkeitserfahrung der Entstehungszeit sowie auf die kulturgeschichtlichen Präsuppositionen zu erhalten und damit die skizzenhaften Entwicklungslinien präzisieren und modifizieren zu können (vgl. zu diesbezüglichen Forderungen einer diachronen Narratologie Fludernik 2003; Klepper 2011, 21). Damit wird das Konzept der ‚Perspektive' in seiner erkenntnistheoretischen Dimension zum Forschungsgegenstand der Erzähltheorie.

Literaturverzeichnis

Adamson, Sylvia (2001). „The Rise and Fall of Empathetic Narrative: A Historical Perspective on Perspective". In: W. van Peer, S. B. Chatman (Hgg.), *New Perspectives on Narrative Perspectives*. New York, 83–99.

Anderst, Leah (2011). „Cinematic Free Indirect Style: Represented Memory in ‚Hiroshima mon amour'". In: *Narrative* 19.3, 358–382.

Astington, Janet (1990). „Narrative and the Child's Theory of Mind". In: B. K. Britton, A. D. Pellegrini (Hgg.), *Narrative Thought and Narrative Language*. Hillsdale, NJ, 151–171.

Bachtin, Michail M. (1971). *Probleme der Poetik Dostoevskijs*. München.

Bakker, Egbert J. (2009). „Homer, Odysseus, and the Narratology of Performance". In: J. Grethlein, A. Rengakos (Hgg.), *Narratology and Interpretation. The Content of Narrative Form in Ancient Literature*. Berlin/New York, 117–136.

Bal, Mieke (1977). *Narratologie. Les instances du récit. Essais sur la signification narrative dans quatre romans modernes*. Paris.

Bal, Mieke (1981a). „The Laughing Mice. Or: On Focalization". In: *Poetics Today* 2.2, 202–210.

Bal, Mieke (1981b). „Notes on Narrative Embedding". In: *Poetics Today* 2.2, 41–59.

Bal, Mieke (2009 [1985]). *Narratology: Introduction to the Theory of Narrative*. 3. Aufl. Toronto.

Benjamin, Walter (1991 [1929]). „Krisis des Romans. Zu Döblins ‚Berlin Alexanderplatz'". In: W. Benjamin, *Gesammelte Schriften*. Band III: *Kritiken und Rezensionen 1912–1940*. Hg. von H. Tiedemann-Bartels. Frankfurt a. M., 230–236.

Berend, Alice (2012 [1915]). *Die Bräutigame der Babette Bomberling*. Hg. und mit einem Nachwort von Britta Jürgs. Berlin.

Blödorn, Andreas, und Daniela Langer (2006). „Implikationen eines metaphorischen Stimmenbegriffs". In: A. Blödorn, D. Langer, M. Scheffel (Hgg.), *Stimme(n) im Text. Narratologische Positionsbestimmungen*. Berlin/New York, 53–99.

Blüher, Karl Alfred (1992). „Die Dezentrierung der Erzählinstanz in den Romanen Robbe-Grillets". In: K. A. Blüher (Hg.), *Robbe-Grillet zwischen Moderne und Postmoderne. Nouveau roman, nouveau cinéma und nouvelle autobiographie*. Tübingen, 77-100.
Bortolussi Marisa, und Peter Dixon (2003). *Psychonarratology*. Cambridge.
Broman, Eva (2004). „Narratological Focalization Models – a Critical Survey". In: G. Rossholm (Hg.), *Essays on Fiction and Perspective*. Bern, 57-89.
Bronzwaer, W. (1981). „Bal's Concept of Focalization. A Critical Review". In: *Poetics Today* 2.2, 193-201.
Buschmann, Matthias (1996). „Multiperspektivität – Alle Macht dem Leser?" In: *Wirkendes Wort* 46.2, 259-275.
Canisius, Peter (2002). „Point of View, Narrative Mode and the Constitution of Narrative Texts". In: C. F. Graumann, W. Kallmeyer (Hgg.), *Perspective and Perspectivation in Discourse*. Amsterdam/Philadelphia, 307-321.
Chatman, Seymour (1978). *Story and Discourse. Narrative Structure in Fiction and Film*. Ithaca.
Chatman, Seymour (1990). *Coming to Terms: The Rhetoric of Narrative in Fiction and Film*. Ithaca, NY.
Cohn, Dorrit (1978). *Transparent Minds: Narrative Modes for Representing Consciousness in Fiction*. Princeton.
Damisch, Hubert (2010). *Der Ursprung der Perspektive*. Übers. von Heinz Jatho. Zürich.
de Jong, Irene J. F. (2001). „The Origins of Figural Narration in Antiquity". In: W. van Peer, S. B. Chatman (Hgg.), *New Perspectives on Narrative Perspective*. Albany, 67-81.
de Jong, Irene J. F. (2009). „Metalepsis in Ancient Greek Literature". In: J. Grethlein, A. Rengakos (Hgg.), *Narratology and Interpretation. The Content of Narrative Form in Ancient Literature*. Berlin/New York, 87-115.
Dembski, Tanja (2000). *Paradigmen der Romantheorie zu Beginn des 20. Jahrhunderts*. Würzburg.
Eckardt, Regine (2014). *The Semantics of Free Indirect Discourse. How Texts Allow Us to Mind-read and Eavesdrop*. Leiden.
Feldman, Carol Fleisher, Jerome Bruner, Bobby Renderer und Sally Spitzer (1990). „Narrative Comprehension". In: B. K. Britton, A. D. Pellegrini (Hgg.), *Narrative Thought and Narrative Language*. Hillsdale, NJ, 1-78.
Flaubert, Gustave (2007 [1867]). *Madame Bovary*. Frankfurt a. M.
Fludernik, Monika (1993). *The Fictions of Language and the Languages of Fiction. The Linguistic Representation of Speech and Consciousness*. London.
Fludernik, Monika (1996). *Towards a ‚Natural' Narratology*. London.
Fludernik, Monika (2003). „The Diachronization of Narratology". In: *Narrative* 11.3, 331-348.
Foppa, Klaus (2002). „Knowledge and Perspective Setting. What Possible Consequences on Conversation Do We Have to Expect?" In: C. F. Graumann, W. Kallmeyer (Hgg.), *Perspective and Perspectivation in Discourse*. Amsterdam/Philadelphia, 15-23.
Gallagher, Shaun, und Daniel D. Hutto (2008). „Understanding Others through Primary Interaction and Narrative Practice". In: J. Zlatev, T. P. Racine, C. Sinha, E. Itkonen (Hgg.), *The Shared Mind. Perspectives on Intersubjectivity*. Amsterdam/Philadelphia, 17-38.
Genette, Gérard (2010 [1994]). *Die Erzählung*. 3. Aufl. Paderborn.
Goldie, Peter (2007). „Dramatic Irony, Narrative, and the External Perspective". In: D. D. Hutto (Hg.), *Narrative and Understanding Persons*. Cambridge, 69-84.

Graumann, Carl Friedrich (2002). „Explicit and implicit perspectivity". In: C. F. Graumann, W. Kallmeyer (Hgg.), *Perspective and Perspectivation in Discourse*. Amsterdam/Philadelphia, 25–39.

Graumann, Carl Friedrich, und Werner Kallmeyer (2002). „Introduction". In: C. F. Graumann, W. Kallmeyer (Hgg.), *Perspective and Perspectivation in Discourse*. Amsterdam/Philadelphia, 1–11.

Guillén, Claudio (1971). „On the Concept and Metaphor of Perspective". In: C. Guillén (Hg.), *Literature as System. Essays Toward the Theory of Literary History*. Princeton, NJ, 283–371.

Hamburger, Käte (1987 [1957]). *Die Logik der Dichtung*. Stuttgart.

Hartner, Marcus (2012). *Perspektivische Interaktion im Roman. Kognition, Rezeption, Interpretation*. Berlin/New York.

Hauthal, Janine, Julijana Nadj, Ansgar Nünning und Henning Peters (Hgg. 2007), *Metaisierung in Literatur und anderen Medien*. Berlin/New York, 25–64.

Herman, David (1994). „Hypothetical Focalization". In: *Narrative* 2.3, 230–253.

Herman, David (2003). „Regrounding Narratology: The Study of Narratively Organized Systems for Thinking". In: T. Kindt, H.-H. Müller (Hgg.), *What is Narratology? Questions and Answers Regarding the Status of a Theory*. Berlin/New York, 303–329.

Herman, David (2009). *Basic Elements of Narrative*. Malden.

Herman, David (2011). „1880–1945: Re-minding Modernism". In: D. Herman (Hg.), *The Emergence of Mind. Representations of Consciousness in Narrative Discourse in English*. Lincoln, 243–272.

Horstkotte, Silke, und Nancy Pedri (2011). „Focalization in Graphic Narrative". In: *Narrative* 19.3, 330–357.

Hübner, Gert (2003). *Erzählform im höfischen Roman. Studien zur Fokalisierung im „Eneas", im „Iwein" und im „Tristan"*. Basel.

Hutcheon, Linda (1980). *Narcissistic Narrative: The Metafictional Paradox*. New York.

Hutto, Daniel (2011). „Understanding Fictional Minds without Theory of Mind!" In: *Style* 45.2, 276–282.

Igl, Natalia (2016). „The Double-layered Structure of Narrative Discourse and Complex Strategies of Perspectivization". In: N. Igl, S. Zeman (Hgg.), *Perspectives on Narrativity and Narrative Perspectivization*. Amsterdam/Philadelphia, 91–114.

Jahn, Manfred (1996). „Windows of Focalization. Deconstructing and Reconstructing a Narratological Concept". In: *Style* 30.2, 241–267.

James, Henry (1968 [1884]). „The Art of Fiction". In: H. James, *Selected Literary Criticism*. Hg. von M. Shapira. Harmondsworth, 78–96.

Jannidis, Fotis (2006). „Wer sagt das? Erzählen mit Stimmverlust". In: A. Blödorn, D. Langer, M. Scheffer (Hgg.), *Stimme(n) im Text. Narratologische Positionsbestimmungen*. Berlin/New York, 151–164.

Jannidis, Fotis (2012). „Character". In: P. Hühn et al. (Hgg.), *the living handbook of narratology*. Hamburg. http://www.lhn.uni-hamburg.de/article/character (28. Mai 2017).

Kahler, Erich (1970). *The Inward Turn of Narrative*. Princeton.

Kawashima, Robert S. (2008). „What is Narrative Perspective? A Non-historicist Answer". In: R. S. Kawashima, G. Philippe, T. Sowley (Hgg.), *Phantom Sentences. Essays in Linguistics and Literature Presented to Ann Banfield*. Bern/New York, 105–126.

Keen, Suzanne (2013). „Narrative Empathy". In: P. Hühn et al. (Hgg.), *the living handbook of narratology*. Hamburg. http://www.lhn.uni-hamburg.de/article/narrative-empathy (28. Mai 2017).

Klepper, Martin (2011). *The Discovery of Point of View: Observation and Narration in the American Novel 1790–1910*. Heidelberg.

Kurt, Sibylle (2012). „‚Morgen begann der Krieg'. Erlebte Rede und ihre Übersetzung". In: G. Leupold, E. Passet (Hgg.), *Im Bergwerk der Sprache. Eine Geschichte des Deutschen in Episoden*. Göttingen, 73–101.

Langacker, Ronald W (1999). *Grammar and Conceptualization*. Berlin/New York.

Lanser, Susan (1981). *The Narrative Act: Point of View in Prose Fiction*. Princeton.

Leiss, Elisabeth (2009). *Sprachphilosophie*. Berlin/New York.

Lindemann, Uwe (1999). „Die Ungleichzeitigkeit des Gleichzeitigen. Polyperspektivismus, Spannung und der iterative Modus der Narration bei Samuel Richardson, Choderlos de Laclos, Ludwig Tieck, Wilkie Collins und Robert Browning". In: K. Röttgers, M. Schmitz-Emans (Hgg.), *Perspektive in Literatur und bildender Kunst*. Essen, 48–81.

Lubbock, Percy (1921). *The Craft of Fiction*. London.

Margolin, Uri (2011). „Necessarily a Narrator or Narrator if Necessary: A Short Note on a Long Subject". In: *Journal of Literary Semantics* 40.1, 43–57.

Martin, Wallace (1986). *Recent Theories of Narrative*. Ithaca.

Menhard, Felicitas (2009). *Conflicting Reports: Multiperspektivität und unzuverlässiges Erzählen im englischsprachigen Roman seit 1800*. Trier.

Moll, Henrike, und Andrew N. Meltzoff (2011). „Perspective-taking and its Foundation in Joint Attention". In: J. Roessler, H. Lerman, N. Eilan (Hgg.), *Perception, Causation, and Objectivity*. Oxford/New York, 286–304.

Nelson, Katherine (2003). „Narrative and the Emergence of a Consciousness of Self". In: G. D. Fireman, T. E. McVay, O. J. Flanagan (Hgg.), *Narrative and Consciousness: Literature, Psychology, and the Brain*. Oxford, 17–36.

Nünning, Ansgar (1989). *Grundzüge eines kommunikationstheoretischen Modells der erzählerischen Vermittlung. Die Funktion der Erzählinstanz in den Romanen George Eliots*. Trier.

Nünning, Ansgar (1990). „‚Point of view' oder ‚Fokalisierung'? Über einige Grundlagen und Kategorien konkurrierender Modelle der erzählerischen Vermittlung". In: *Literatur in Wissenschaft und Unterricht* 23, 249–268.

Nünning, Ansgar (2001). „On the Perspective Structure of Narrative Texts: Steps toward a Constructivist Narratology". In: W. van Peer, S. B. Chatman (Hgg.), *New Perspectives on Narrative Perspective*. Albany, 207–223.

Nünning, Ansgar, und Vera Nünning (2000a). „Von ‚der' Erzählperspektive zur Perspektivenstruktur narrativer Texte: Überlegungen zur Definition, Konzeptualisierung und Untersuchbarkeit von Multiperspektivität". In: V. Nünning, A. Nünning (Hgg.), *Multiperspektivisches Erzählen. Zur Theorie und Geschichte der Perspektivenstruktur im englischen Roman des 18. bis 20. Jahrhunderts*. Trier, 3–38.

Nünning, Ansgar, und Vera Nünning (2000b). „Multiperspektivität aus narratologischer Sicht: Erzähltheoretische Grundlagen und Kategorien zur Analyse der Perspektivenstruktur narrativer Texte". In: V. Nünning, A. Nünning (Hgg.), *Multiperspektivisches Erzählen. Zur Theorie und Geschichte der Perspektivenstruktur im englischen Roman des 18. bis 20. Jahrhunderts*. Trier, 39–77.

Palmer, Alan (2004). *Fictional Minds*. Lincoln/London.

Palmer, Alan (2011). „1945–: Ontologies of Consciousness". In: D. Herman (Hg.), *The Emergence of Mind. Representations of Consciousness in Narrative Discourse in English*. Lincoln/London, 273–297.

Pascal, Roy (1977). *The Dual Voice. Free Indirect Speech and Its Functioning in the Nineteenth-Century European Novel*. Manchester.
Patron, Sylvie (2010). „The Death of the Narrator and the Interpretation of the Novel. The Example of ‚Pedro Páramo' by Juan Rulfo". In: *Journal of Literary Theory* 4.2, 253–272.
Perner, Josef (1991). *Understanding the Representational Mind*. Cambridge, MA.
Pfister, Manfred (1974). *Studien zum Wandel der Perspektivenstruktur in elisabethanischen und jakobäischen Komödien*. München.
Phelan, James (2001). „Why Narrators Can Be Focalizers – and Why It Matters". In: W. van Peer, S. B. Chatman (Hgg.), *New Perspectives on Narrative Perspective*. Albany, 51–64.
Phelan, James (2005). *Living to Tell about It: A Rhetoric and Ethics of Character Narration*. Ithaca/London.
Prince, Gerald (2001). „A Point of View on Point of View or Refocusing Focalization". In: W. van Peer, S. B. Chatman (Hgg.), *New Perspectives on Narrative Perspective*. Albany, 43–50.
Rimmon-Kenan, Shlomith (1976). „A Comprehensive Theory of Narrative. Genette's ‚Figures III' and the Structuralist Study of Fiction". In: *PTL. A Journal for Descriptive Poetics and Theory of Literature* 1, 33–62.
Ryan, Marie-Laure (1991). *Possible Worlds, Artificial Intelligence, and Narrative Theory*. Bloomington, IN.
Ryan, Marie-Laure (2007). „Toward a Definition of Narrative". In: D. Herman (Hg.), *The Cambridge Companion to Narrative*. Cambridge, 22–36.
Schlenker, Philippe (2004). „Context of Thought and Context of Utterance. (A Note on Free Indirect Discourse and the Historical Present)". In: *Mind and Language* 19.3, 279–304.
Schmid, Wolf (2003). „Narrativity and Eventfulness". In: T. Kindt, H.-H. Müller (Hgg.), *What is Narratology? Questions and Answers Regarding the Status of a Theory*. Berlin/New York, 17–33.
Schmid, Wolf (2008). *Elemente der Narratologie*. Berlin/New York.
Schmid, Wolf (2010). *Narratology: An Introduction*. Berlin/New York.
Schmitz-Emans, Monika (1999). „Perspektivische Vorüberlegungen". In: K. Röttgers, M. Schmitz-Emans (Hgg.), *Perspektive in Literatur und bildender Kunst*. Essen, 11–14.
Stanzel, Franz K. (2008 [1979]). *Theorie des Erzählens*. 8. Aufl. Göttingen.
Sternberg, Meir (2009). „Epilogue. How (Not) to Advance Toward the Narrative Mind". In: G. Brône, J. Vandaele (Hgg.), *Cognitive Poetics. Goals, Gains and Gaps*. Berlin/New York, 455–532.
Surkamp, Carola (2003). *Perspektivenstruktur narrative Texte. Zu ihrer Theorie und Geschichte im englischen Roman zwischen Viktorianismus und Moderne*. Trier.
Titzmann, Michael (2003). „The Systematic Place of Narratology in Literary Theory and Textual Theory". In: T. Kindt, H.-H. Müller (Hgg.), *What is Narratology? Questions and Answers Regarding the Status of a Theory*. Berlin/New York, 175–204.
Uspenskij, Boris A. (1975). *Poetik der Komposition. Struktur des künstlerischen Textes und Typologie der Kompositionsform*. Frankfurt a. M.
Van Alphen, Ernst (2008). „Describing the World Seen Without the Self: Modernism, the Impersonal, and the Traumatic". In: R. S. Kawashima, G. Philippe, T. Sowley (Hgg.), *Phantom Sentences. Essays in Linguistics and Literature Presented to Ann Banfield*. Bern/New York, 411–425.
Verhagen, Arie (2007). „Construal and Perspectivization". In: D. Geeraerts, H. Cuyckens (Hgg.), *The Oxford Handbook of Cognitive Linguistics*. Oxford, 48–81.

Waugh, Patricia (1984). *Metafiction. The Theory and Practice of Self-Conscious Fiction*. London/ New York.

Weidacher, Georg (2011). „Die Indizierung von Perspektiven: Perspektivierung auf mikrotextueller Ebene in literarisch-narrativer Prosa". In: A. Betten, J. Schiewe (Hgg.), *Sprache – Literatur – Literatursprache. Linguistische Beiträge*. Berlin, 52–69.

Wolf, Werner (2000). „Multiperspektivität: Das Konzept und seine Applikationsmöglichkeit auf Rahmungen in Erzählwerken". In: V. Nünning, A. Nünning (Hgg.), *Multiperspektivisches Erzählen. Zur Theorie und Geschichte der Perspektivenstruktur im englischen Roman des 18. bis 20. Jahrhunderts*. Trier, 79–109.

Wolf, Werner (2007). „Metaisierung als transgenerisches und transmediales Phänomen: Ein Systematisierungsversuch metareferentieller Formen und Begriffe in Literatur und anderen Medien". In: J. Hauthal, J. Nadj, A. Nünning, H. Peters (Hgg.), *Metaisierung in Literatur und anderen Medien*. Berlin/New York, 25–64.

Zeman, Sonja (2016). „Perspectivization as a Link between Narrative Micro- and Macrostructure". In: N. Igl, S. Zeman (Hgg.), *Perspectives on Narrativity and Narrative Perspectivization*. Amsterdam/Philadelphia, 17–42.

Zeman, Sonja (2017). „Confronting Perspectives: Modeling Perspectival Complexity in Language and Cognition". In: *Glossa: a journal of general linguistics* 2.1:6 [Special Issue *Perspective-taking*, hg. von S. Hinterwimmer und P. B. Schumacher], 1–22.

Zeman, Sonja [im Druck]. „What Is a Narration – and Why Does It Matter?" In: M. Steinbach, A. Hübl (Hgg.), *Linguistic Foundations of Narration in Spoken and Sign Language*. Amsterdam/Philadelphia.

Zunshine, Lisa (2006). *Why We Read Fiction. Theory of Mind and the Novel*. Columbus.

Wolf Schmid
III.1.6 Bewusstseinsdarstellung

1 Bewusstsein in der Realität und in der Fiktion

Bewusstseinsdarstellung ist eine wesentliche Komponente des Erzählens, das in der gegenwärtigen Narratologie allgemein als Darstellung von Zustandsveränderungen verstanden wird. Seit dem Ende des 18. Jahrhunderts sind in den europäischen Literaturen die entscheidenden Zustandsveränderungen mentaler Natur, Veränderungen des Bewusstseins. Jedes äußere Handeln wird seitdem mit mehr oder weniger ausführlich dargestellten inneren Vorgängen verbunden. Der Nexus zwischen Handeln und Bewusstsein ist ein Grundprinzip des neueren Erzählens, und der wechselseitigen Motivierung der beiden Faktoren gilt die Sorge der um Plausibilität bemühten Autoren.

Bewusstsein kann in der Narration auf zweierlei Weise präsent sein, entweder explizit, als Gegenstand der Darstellung und Ort der darzustellenden Zustandsveränderung, oder nur implizit, als mehr oder weniger eindeutig aus indizialen Zeichen und Symbolen zu rekonstruierender innerer Zustand. In beiden Fällen erscheint Bewusstsein als für das Erzählen konstitutiv. „Novel reading is mind reading", so lautet das Motto, unter das der kognitivistische Narratologe Alan Palmer sein Buch *Fictional Minds* (2004) stellt. Mit Blick auf die Ereignishaftigkeit als entscheidendes Merkmal des Erzählens könnte man dem entgegensetzen: Novel reading is event reading, oder noch besser: Novel reading is mental event reading.

Das Axiom der klassischen Erzähltheorie

In der klassischen Erzähltheorie galt das Axiom, dass die Fiktion der privilegierte oder gar der einzige Ort für die authentische Gestaltung des menschlichen Innenlebens sei. Eine erste These zur exzeptionellen Rolle des Romans bei der Darstellung der Innenwelt hat der englische Schriftsteller Edward Morgan Forster formuliert. In seinen berühmten *Aspects of the Novel* (1927, 46–47, 61) konstatiert er: „We cannot understand each other, except in a rough and ready way [...]. But in the novel we can know people perfectly [...]. In this direction fiction is truer than history, because it goes beyond the evidence [...]."

Dreißig Jahre später radikalisierte Käte Hamburger in ihrer *Logik der Dichtung* (1957, 40; 1968, 73), ohne sich auf Forster zu beziehen, die Darstellung der Innenwelt als entscheidendes Merkmal der Fiktion – die sich für sie auf die Erzählung in der 3. Person beschränkte. Ihre „aussagenlogische" Argumentation, nach der ausschlaggebend das in einer Aussage als Orientierungszentrum („Ich-Jetzt-Hier-Origo") fungierende Subjekt ist, dessen Erlebensinhalt die Aussage bildet, führt Hamburger zu folgender Schlussfolgerung: „Die epische Fiktion ist der einzige erkenntnistheoretische Ort, wo die Ich-Originität (oder Subjektivität) einer dritten Person als einer dritten dargestellt werden kann."

So sehr Hamburgers Thesen zur Detemporalisierung des epischen Präteritums (1953) und der „Zeitlosigkeit der Dichtung" (1955) auch bestritten wurden, insofern sie beide vom Phänomen der deutschen erlebten Rede und der für sie charakteristischen Verbindung von präteritalem Verb und futurischem Deiktikum (‚Morgen war Weihnachten') hergeleitet sind, hat die von ihr behauptete Verwendung von Verben der inneren Bewegung für dritte Personen (nach dem Muster: ‚Napoleon dachte ...') und die Möglichkeit der Introspektion in fremde Subjektivität als Merkmale der Fiktion weitgehende Anerkennung gefunden. Hamburgers These, dass nur in der epischen Fiktion fremde Subjektivität dargestellt werden könne, ist dann von Franz K. Stanzel (1955, 152; 1959; 1979, 31) bei allen Differenzen im Einzelnen (vgl. Stanzel 2002) im Wesentlichen bestätigt und von Dorrit Cohn (1978, 1995, 1999) nachdrücklich bekräftigt worden.

Die kognitivistische Kritik

In jüngster Zeit wird aus der Position der kognitiven Narratologie (zu dieser vgl. Herman 2014) Kritik an Hamburgers und Cohns „Exceptionality Thesis" geübt, wie David Herman (2011b, 8–18) sie nennt. Gestützt auf die Erkenntnisse der kognitiven Psychologie und Evolutionspsychologie bestreitet Herman den dieser These angeblich zugrunde liegenden kartesianischen Dualismus von Außenwelt und Innenwelt. Er stellt, wie er beteuert, nicht die Spezifik der Fiktion infrage, sondern die Dichotomisierung von fiktionaler und faktualer Darstellung und die Annahme, dass nur fiktionale Narrative uns eine direkte Innensicht des Figurenbewusstseins geben können. Dieser Annahme setzt er zwei Argumente entgegen:

> (1) das „Mediation argument": Fiktionale Erzählungen bieten keineswegs unmittelbare Ansichten fremden Bewusstseins; jegliches Wissen über fiktionales Bewusstsein bedient sich derselben Heuristik und beruht auf denselben Schlussfolgerungen wie das Wissen um fremdes Bewusstsein im Alltagskontext;
> (2) das „Accessibility argument": Die Erfahrung fremder Ich-Originität ist nicht auf die Fiktion beschränkt; Menschen sind durchaus imstande, aufgrund der in der „folk psychology" erworbenen Heuristik nach Äußerungen, Gesichtsausdruck, Gestik, Situierung im Kontext tatsächlich fremdes Bewusstsein zu erfahren. Da die Ich-Originität anderer im Alltagskontext zwar nicht transparent, aber grundsätzlich zugänglich ist, kann diese Zugäng-

lichkeit nicht als Kriterium für die Besonderheit fiktiven Bewusstseins dienen (Herman 2011b, 17–18).

Hermans Argumentation, die er durch die Beiträge seines Sammelbands *The Emergence of the Mind* (Herman 2011a) zur Genese der Bewusstseinsdarstellung in der englischen Literatur auch durch historische Beobachtungen gestützt sieht, trifft Hamburgers und Cohns Anliegen im Grunde allerdings nicht. Die These der beiden Narratologinnen, dass in der Fiktion eine unmittelbare und vorbehaltlose Bewusstseinsdarstellung gepflegt werde, die in der außerliterarischen Wirklichkeit nicht akzeptiert würde, bleibt von Hermans Argumenten unberührt. Ein Vorbehalt ist natürlich zu machen: Die Introspektion in das Bewusstsein der fiktiven Figuren, die ein Autor offeriert, beruht nicht auf Wissen oder Erraten, sondern auf seinem freien Erfinden (Cohn 1995, 109). Und schon Gérard Genette hat in diesem Zusammenhang konstatiert: „[M]it Sicherheit errät man nur, was man erfindet" (1992 [1990], 76).

Auch Palmer verwirft die Auffassung, dass Romane uns direkten Zugang zum Bewusstsein der Figuren gewähren, während wir in der Wirklichkeit nie wirklich wüssten, was andere Menschen denken. Diese Dichotomisierung ist für Palmer ein „cliché of literary studies". Unter Berufung auf die „folk-psychological theory" postuliert er: „All of us, every day, know for a lot of the time what other people are thinking. This is especially true of our loved ones, close friends, family, and work colleagues." (Palmer 2011a, 197) Palmer konzediert allerdings, dass wir in der Realität „manchmal" nicht wissen, was in anderen vorgeht, selbst wenn sie es uns mitzuteilen versuchen. Ihm ist vor allem entgegenzuhalten, dass ein Erzähler in der 3. Person nicht *mind reading* betreibt, das ungefähre, auf Intuition und Erfahrung beruhende Erraten dessen, was in einer Figur vor sich geht, sondern ein genaues, bis in die tiefsten Winkel der fremden Seele und ihre Widersprüche eindringendes *Darstellen*. Die zerklüfteten Bewusstseinslandschaften der Helden des realistischen Romans – man denke nur an die widersprüchlichen Seelen der Protagonisten Dostoevskijs – eröffneten sich nicht dem *mind reading* der mit ihnen konfrontierten Figuren der narrativen Welt und blieben auch unzugänglich für die im Alltag geschulte *Theory of Mind* des Lesers, wenn die Erzähler sie nicht explizit darstellten. (*Theory of Mind* bezeichnet in der Sprache der kognitiven Psychologie ähnlich wie *mind reading* die Fähigkeit, nach bestimmten Symptomen die Bewusstseinszustände, Motive, Wünsche usw. anderer zu verstehen; vgl. Zunshine 2006.)

Die Kritik an Palmer

Palmers Postulate sind von mehreren Positionen angegriffen worden. Empirisch arbeitende Psychologen monieren, dass Palmer sich von den ‚weichen' Kognitionswissenschaften, vor allem von der These des *Theory of Mind*, eine begrenzte Selektion universaler Prozesse ‚geliehen' habe, was ihn wie andere kognitive Narratologen dazu verführe, einige voreilige Schlussfolgerungen zu ziehen (Bortolussi 2011, 284). So werde die von Palmer als ‚ausgemachte Sache' behandelte Überzeugung, dass wir fiktive Figuren genauso läsen wie reale Personen, von der Empirie nicht bestätigt. Die Empirie zeige vielmehr, dass Leser, anstatt eine *Theory of Mind* für fiktive Figuren zu bilden, eher zu rekonstruieren suchen, „what the narrator might intend for us to understand". Überhaupt zeigten empirische Studien, dass die bei kognitiven Narratologen so beliebte *Theory of Mind* überschätzt werde. Auch Palmers Annahme, dass Romanleser dazu tendierten, sich weniger auf die Ereignisse als auf die Charaktere zu konzentrieren, werde von den Befunden der empirischen Psychologie widerlegt (Bortolussi 2011, 284–286; zur Kritik des *mind reading* aus der Warte der *folk psychology* vgl. Hutto 2011, der in den von Palmer angeführten Fällen eher ein *mind guessing* sieht).

Emma Kafalenos (2011, 256) wirft Palmer vor, dass er zu schnell die epistemologische Unterscheidung zwischen Fiktion und Nicht-Fiktion zurückweise, und sie problematisiert seinen Begriff des *knowing*. In der Fiktion wisse der Erzähler, was in der realen Welt nicht gewusst werden könne. Palmers Weigerung, in der Fiktion zwischen dem zu unterscheiden, was wir als Faktum wissen (weil es der Erzähler sagt), und dem, was eine Figur mutmaßt, entspreche seiner Weigerung, zwischen dem zu unterscheiden, was wir über eine fiktive Welt wissen können, und dem, was wir in unserer Welt wissen (ähnliche Kritik am Begriff des *knowing* übt Hogan 2011).

Introspektion

Auch nach der kognitivistischen Kritik scheint die von Forster, Hamburger und Cohn vertretene These von der vorbehaltlosen Darstellung fremden Innenlebens als Merkmal fiktionalen Erzählens nicht erschüttert.

Als ein Beispiel für die unmittelbare Introspektion in eine Romanfigur sei die Darstellung der geheimsten Seelenregungen Napoleons während der Schlacht bei Borodino zitiert, die Lev Tolstoj in *Krieg und Frieden* (1868/1869) ohne Kommentar und Begründung offeriert:

> Napoleon war schwer zumute [...]. In seinen früheren Schlachten hatte er nur die Eventualitäten des Erfolgs bedacht, jetzt aber tauchte in seiner Vorstellung eine unendliche Menge unglücklicher Eventualitäten auf, und er erwartete sie alle. Ja, es war wie im Traum, wenn dem Menschen ein ihn angreifender Mörder erscheint und der Mensch im Traum ausgeholt hat, um seinen Mörder mit schrecklicher Gewalt zu treffen, die ihn, wie er weiß, vernichten muss, und er fühlt, dass seine Hand kraftlos und schlapp wie ein Lappen herabfällt, und das Entsetzen vor dem unentrinnbaren Verderben den hilflosen Menschen erfasst. (Tolstoj 1936–1964, Bd. XI, 244–246; Übers. W. S.)

In einem faktualen, historiografischen Text wäre eine solche Inszenierung des Innenlebens eines Staatsmannes undenkbar und nicht zulässig. Es sind nicht einmal Quellen vorstellbar, die dem Historiker erlaubten, entsprechende Mutmaßungen anzustellen.

Gewiss, was Hamburger als ‚Symptom' der Fiktion betrachtet, die vorbehaltlose, unmittelbare Darstellung des Innenlebens dritter Personen, scheint gelegentlich durchaus auch in nicht-fiktionalen Texten vorzukommen, wie gegen Hamburger immer wieder vorgebracht wurde. Indes handelt es sich in solchen Fällen lediglich um Mutmaßungen und Schlussfolgerungen, deren präsumptiver und konjekturaler Status aus dem Kontext hervorgeht. Die unkommentierte, begründungslose Verwendung von Verben der inneren Bewegung (‚Napoleon dachte ...') ist in faktualen Texten nicht akzeptabel. Es muss entweder eine bloße Vermutung signalisiert oder eine authentische Quelle dieses Wissens (Brief, Tagebuch, Mitteilung) vorausgesetzt sein. Aber solche Quellen unterliegen wie alle Selbstbezeugungen dem Vorbehalt sowohl möglichen Mangels an Selbsterkenntnis als auch verzerrender Selbststilisierung. Im faktualen Kontext ist die Darstellung der Innenwelt dritter Personen, wo sie überhaupt vorkommt, deshalb weit weniger authentisch als z. B. in Tolstojs *Krieg und Frieden*. Deren Authentizität ist natürlich mit ihrer Fiktivität erkauft und abhängig von der Weltkenntnis und Lebenserfahrung des fingierenden Autors und seiner psychologischen Imaginationskraft.

2 Das fiktive Bewusstsein und sein ideologischer Kontext

Palmers „social mind"

Im Zusammenhang mit der Diskussion um die Exzeptionalität fiktionaler Bewusstseinsdarstellung steht auch die von Palmer (2004, 2010, 2011a) angestoßene Frage nach der ideologischen und sozialen Determination des *fictional mind*. Der klassischen Narratologie wirft Palmer vor, dass sie sich einseitig in ‚internalistischer Perspektive' auf das in sich geschlossene, private, ‚intramentale' Bewusstsein konzentriert habe. Er fordert eine Narratologie mit ‚externalistischer Perspektive', in der sichtbar werde, was er *social mind* und *intermental thought* nennt, „which is joint, group, shared, or collective thought, as opposed to intramental, or private, individual thought" (Palmer 2011a, 196).

Auch dieses Konzept hat eine hochkontroverse Diskussion ausgelöst (vgl. die 27 Repliken auf Palmers „Target Essay" „Social Minds in Fiction and Criticism" [2011a] und seine Erwiderungen [2011 b, 2011 c] in *Style* 45.2 und 45.4). Aus unterschiedlichen Positionen wird die Dichotomie von internalistischer und externalistischer Perspektive infrage gestellt (Fernyhough 2011), die klassische Narratologie in Palmers Präsentation als „straw man" bezeichnet (Hogan 2011, 244) und die Parallelisierung der Oppositionen *social* vs. *individual*, *intermental* vs. *intramental*, *externalist* vs. *internalist* kritisiert (Herman 2011c). Nachdrückliche Skepsis äußern die Kritiker gegenüber den Konstrukten des *social mind* und *intermental thought* (Hutto 2011), die, wie Manfred Jahn (2011) ausführt, nur in einer metaphorischen Redeweise als *mind* oder *thought* bezeichnet werden können. Shlomith Rimmon-Kenan (2011) fragt, ob sich die traditionelle Literaturwissenschaft nicht schon immer für die soziale und ideologische Determination des dargestellten Bewusstseins interessiert habe, und beklagt die Vernachlässigung der künstlerischen Konstruktion. Marie-Laure Ryan (2011), die ähnliche Fragen stellt, moniert, dass Palmer die Existenzweise des *social mind*, sein Verhältnis zum individuellen Bewusstsein und seine Rolle in der Narration nicht hinreichend kläre. Generell ist die Kritik an der Aufspaltung des Bewusstseins in einen privaten und einen sozialen Teil. „Even ‚Internalist' Minds are Social", repliziert Fernyhough (2011) mit seiner von Lev Vygotskij (1934) inspirierten Überschrift auf die von Palmer betriebene Aufspaltung des Bewusstseins.

Die russische Theorie der 1920er Jahre: Bachtin und Vološinov

Das Anliegen, das Palmer vorträgt, nämlich das in der Literatur dargestellte Bewusstsein in seinem sozialen und ideologischen Kontext zu erfassen, ist bereits in der russischen Theorie der 1920er und 1930er Jahre systematisch verfolgt worden. Neben dem Psychologen Vygotskij, auf den unter Palmers Kritikern auch Herman (2011c, 266) verweist, sind vor allem der Philosoph und Literaturwissenschaftler Michail Bachtin und der Linguist, Philosoph und Literaturwissenschaftler Valentin Vološinov zu nennen. Palmer sind seine Vorläufer keineswegs entgangen. In dem Kapitel „Social Mind" (Palmer 2004, 141–169) bezieht er sich, offensichtlich angeregt durch den amerikanischen neo-vygotskijanischen Psychologen James Wertsch (1991), häufig und ausführlich auf die russischen Theoretiker, die die sozialen und ideologischen Dimensionen des Denkens und Sprechens herausgearbeitet haben (neben den drei genannten Autoren berücksichtigt er auch den Neuropsychologen Aleksandr Lurija).

Vološinov, dessen Buch mit dem irreführenden, dem Zeitgeist huldigenden Titel *Marxismus und Sprachphilosophie* (1929; dt. 1975) in einer exzellenten Exposition des Problems der „fremden Rede" und der Schablonen ihrer Wiedergabe kulminiert, legt im Kapitel zur „sprachlichen Interaktion" zunächst den sozialen Charakter des Denkens und Sprechens dar: „Die innere Welt und das Denken eines jeden Menschen haben ihr eigenes stabilisiertes soziales Auditorium [...]. Die unmittelbare soziale Situation und das soziale Milieu im weiteren Sinne bestimmen – sozusagen von innen – die Struktur der Äußerung." (Vološinov 1975, 145–147 [im russ. Orig: 1929, 94])

In der Modellierung der erlebten Rede, die seit jeher ein Katalysator der sprachphilosophischen Position ist, grenzt sich Vološinov gegen zwei Richtungen des linguistischen Denkens ab, einerseits gegen den „abstrakten Objektivismus" der Genfer Schule (also Charles Ballys [1912, 1914] und seiner Schüler), die im *style indirect libre* ein Verfahren der reinen, objektiven und offenkundigen Rede- und Gedankenwiedergabe sieht, anderseits gegen den „hypostasierenden Subjektivismus" der Münchner Vossler-Schule (Étienne Lorck, Eugen Lerch, Gertraud Lerch). Das Interesse dieser Schule der ‚Sprachseelenforschung' galt vornehmlich der psychologischen Leistung der erlebten Rede, der „Einfühlung des Dichters in die Geschöpfe seiner Phantasie" (E. Lerch 1914; G. Lerch 1922). Das Wesen der erlebten Rede bestand für sie im unmittelbaren ‚Erleben' der Vorgänge eines fremden Bewusstseins (von daher rührt der von Lorck 1921 geprägte Begriff der ‚erlebten' Rede). Vološinov betont dagegen das Phänomen der agonalen „Interferenz" zweier Reden, die Tatsache, dass in *einer* sprachlichen Konstruktion die „Akzente zweier gegeneinander gerichteter Stimmen" ausgedrückt werden (Vološinov 1975, 215 [im russ. Orig.: 1929, 156]). Er wird damit zum ersten Vertreter des sogenannten Bivokalismus, der Auffassung, dass im wiedergegebenen Sprechen und Denken einer literarischen Figur zwei Stimmen erklingen, die des Erzählers und die der Figur. Vološinov und auch Bachtin tendieren zu einem agonalen Modell des Bivokalismus, das für die beiden Stimmen grundsätzlich eine Differenz der Wertungshaltung annimmt (zur agonalen Konzeption beider vgl. Schmid 1989 sowie 2014 [2005], 165).

Bachtin beleuchtet in seiner ‚Metalinguistik', die er in seinem berühmten Dostoevskij-Buch (1929, 1963) entwickelt, diejenigen – von der ‚reinen' Linguistik seiner Zeit vernachlässigten – Seiten der Rede, die daraus resultieren, dass die Sprache nur lebt „in der Sphäre des dialogischen Umgangs". Bachtin fordert und vollzieht damit nichts Geringeres als die Konstituierung einer Disziplin, die die Rede (und das Bewusstsein) als intersubjektive, soziale und ideologische Gegebenheit erkennt, in der sich die ‚Sinnposition' (*smyslovaja pozicija;* Bachtins Äquivalent des westlichen *Point-of-View*-Begriffs) nicht nur des Sprechenden, sondern auch des angesprochenen Adressaten und der besprochenen Figur manifestiert. Aufgabe der ‚Metalinguistik' ist es, die Orientierung des Sprechers am Adressaten und am besprochenen Objekt als Komponente der jeweils dargestellten Bewusstseinstätigkeit zu erfassen. Bachtin selbst nennt eine solche Orientierung – in der ihm eigenen metaphernreichen Benennungsweise (vgl. Schmid 1984, 1999) – „dialogische Beziehung".

Für das Problem des Bewusstseins und seiner sozialen wie ideologischen Prägung ist ein Konzept Bachtins besonders relevant, das im Westen als *Heteroglossie* bezeichnet wird (russ. *raznorečie*) (vgl. dazu Tjupa 2009). Es besagt, dass jegliches Denken und Sprechen sich in einem Umfeld unterschiedlicher sozial und ideologisch geprägter ‚Stimmen' vollzieht. Die für die Abbildung solcher Heteroglossie prädestinierte literarische Gattung ist für Bachtin der Roman: „Der Roman ist künstlerisch organisierte Redevielfalt, zuweilen Sprachvielfalt und individuelle Stimmenvielfalt" (Bachtin 1979, 157 [im russ. Orig.: 1975 [1934/1935], 76]). Das Wort im Roman trägt nicht nur Spuren der divergierenden Sinnpositionen der in der dargestellten Welt Sprechenden, Besprochenen und Angesprochenen, sondern enthält auch Akzente ideologischer Kontexte, die in der Kommunikation der Instanzen in dialogische und oft auch agonal-polemische Beziehungen treten. Für beide Theoretiker, Vološinov wie Bachtin, figurieren hybride Stilphänomene wie die erlebte Rede als ‚Kampfarena' sozialer und ideologischer Stimmen.

3 Verfahren der expliziten Bewusstseinsdarstellung

Explizite und implizite, markierte und kaschierte Bewusstseinsdarstellung

In den folgenden Unterkapiteln werden Modi und Formen der Bewusstseinsdarstellung unterschieden. In der *expliziten* Bewusstseinsdarstellung wird der Figurentext, der die Bewusstseinsinhalte formuliert, durch den Erzähltext präsentiert, im *impliziten* Modus erfolgt die Darstellung des Bewusstseins durch indiziale Zeichen und symbolische Ausdrucksformen.

Die explizite Darstellung ist wiederum zu unterteilen in *markierte* und *kaschierte* Formen. Markiert ist die Darstellung, wenn durch grafische Mittel (Anführungszeichen, Kursivdruck, Sperrung und dergleichen), *Inquit*-Formeln (‚er dachte ...'; ‚sie fühlte ...') oder narratoriale Kommentare ausdrücklich auf den figuralen Ursprung der entsprechenden Segmente des Erzähldiskurses hingewiesen wird. Kaschierte Darstellung liegt vor, wenn der Figurentext nicht ohne weiteres als solcher zu erkennen ist, sondern formal als Erzähldiskurs ausgegeben ist.

Die drei Schablonen der Redewiedergabe

Die klassische Erzähltheorie erfasste die Formen der Bewusstseinsdarstellung in den drei Schablonen der Redewiedergabe: direkte Rede, indirekte Rede, erlebte Rede (für das Englische vgl. Toolan 2006; McHale 2014). Dabei wurden die indirekte und erlebte Rede als mehr oder weniger narratoriale Transformationen des in der direkten Rede ‚vollmimetisch' wiedergegebenen Figurentextes verstanden. Die direkte Rede galt als ‚mimetischer', d. h. den Figurentext unmittelbarer abbildend als die indirekte Rede, die als ‚diegetischer', d. h. als narratorialer und weniger authentisch, aufgefasst wurde. (Die Begriffe ‚mimetisch' und ‚diegetisch' wurden im Sinne der platonischen Dichotomie *Mimesis* – Nachahmung der Rede der Helden – und *Diegesis* – ‚reines Erzählen' des Erzählers – gebraucht; zur „direct discourse fallacy", der Annahme, dass die direkte Rede den Figurentext authentischer als die indirekte oder erlebte Rede reproduziert, vgl. Fludernik 1993, 312–315).

Die nationalsprachigen Realisierungen der drei Schablonen unterscheiden sich durch spezifische grammatische Merkmale der indirekten und erlebten Rede. So wird etwa im Grundtypus der deutschen erlebten Rede das Tempus um eine Stufe in die Vergangenheit verschoben (‚Morgen war Weihnachten. Gestern war die Tante gekommen') oder bei futurischen Ausdrücken der Modus vom Indikativ in den Konditional transponiert (‚Was würde sie dazu sagen?') (zu den Tempora und Modi der erlebten Rede im Deutschen, Englischen und Französischen vgl. Steinberg 1971; im Grundtypus der russischen erlebten Rede werden dagegen die ‚indikativischen' Tempora gebraucht, die der direkten Rede entsprechen; vgl. Schmid 2014 [2005], 186–190).

Die Triade der Schablonen wurde auch für Modelle der Darstellung vorsprachlicher Bewusstseinsinhalte (Wahrnehmungen, Gedanken, Gefühle, Sinnposition) herangezogen. In folgendem Schema ist die Korrelation zwischen (1) den Inhalten des wiedergegebenen Figurentextes, (2) den Formen der wiedergebenen Figurenrede und (3) den bevorzugten Wiedergabeschablonen dargestellt (nach Schmid 2014 [2005], 175).

Schema 1: Die drei Schablonen der Rede- und Bewusstseinswiedergabe

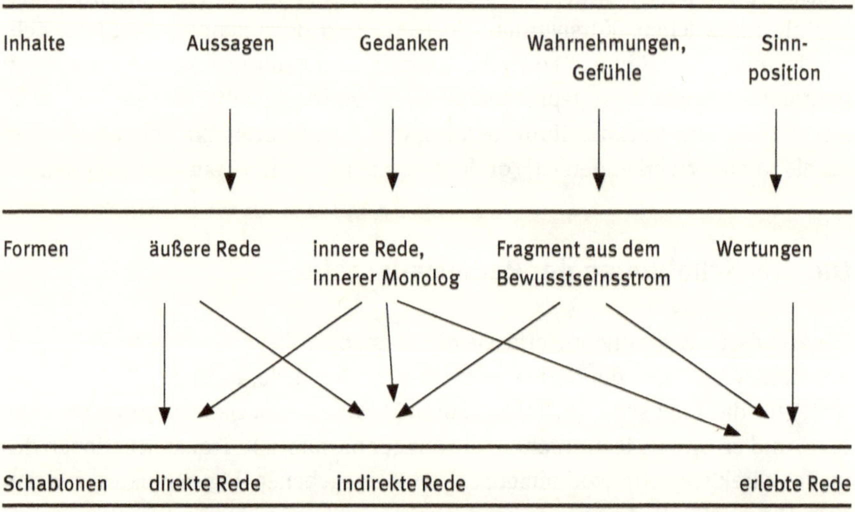

Inhalte	Aussagen	Gedanken	Wahrnehmungen, Gefühle	Sinnposition
Formen	äußere Rede	innere Rede, innerer Monolog	Fragment aus dem Bewusstseinsstrom	Wertungen
Schablonen	direkte Rede	indirekte Rede		erlebte Rede

Die drei Schablonen der Redewiedergabe könnten ergänzt werden durch den Bewusstseinsbericht, der nicht der Wiedergabe von äußerer Rede und nicht nur der Wiedergabe von Gedanken, sondern auch der Wiedergabe von Wahrnehmungen und Gefühlen sowie der Sinnposition einer Figur oder einer Gruppe von Figuren dient. Der Ausschluss aus dem Schema ist jedoch insofern gerechtfertigt, als in den unterschiedlichen Inhalten des Bewusstseinsberichts (‚ein Schauder lief ihm über den Rücken', ‚sie fühlte sich unwohl in ihrer Haut', ‚er konnte ihren Argumenten nicht folgen') nicht der Figurentext wiedergegeben wird, sondern eine narratoriale Darstellung, also Erzähldiskurs vorliegt.

In *Transparent Minds*, der ersten Monografie zur Bewusstseinsdarstellung in der erzählenden Literatur, schlägt Dorrit Cohn (1978) eine etwas andere Triade vor, die nicht mehr den drei Schablonen der Redewiedergabe entspricht:
1. *quoted monologue*: innerer Monolog in direkter Rede;
2. *narrated monologue*: innerer Monolog in erlebter Rede;
3. *psycho-narration*: narratoriale Benennung der figuralen Bewusstseinszustände.

In der Tradition Käte Hamburgers behandelt Cohn die Bewusstseinsdarstellung in der Ich- und der Er-Form gesondert, und zur weiteren Differenzierung führt sie für die drei Typen, Stanzels Dichotomie *auktorial* vs. *personal* aufnehmend, das Merkmal der Wertungsrelation zwischen Erzähler und Figur ein: „[D]issonant" ist eine Bewusstseinsdarstellung, die ein distanzierter oder gar ironischer Erzähler präsentiert, „consonant" ist die Darstellung, wenn der Erzähler, wie Cohn (1978,

26) nicht unproblematisch formuliert, ‚verschwindet' und ‚mit dem erzählten Bewusstsein verschmilzt'.

Die *psycho-narration* ist, wie Cohn ausführt, von der Narratologie traditionell vernachlässigt worden, und ihre Existenz wird von den Anhängern des *stream of consciousness* (der in den Typen 1 oder 2 gestaltet werden kann) nur widerwillig zugegeben. Der Würdigung dieser schlecht angesehenen Form der Bewusstseinsdarstellung gilt jedoch Cohns besonderes Augenmerk, und das ist einer der zahlreichen innovativen Aspekte ihres Buches.

Eine anders benannte, aber in der Sache weitgehend identische Triade hat Alan Palmer (2004) vorgeschlagen:
1. *direct thought* (Beispiel: „She thought, ‚Where am I?'");
2. *free indirect thought* (Beispiel: „She stopped. Where the hell was she?");
3. *thought report* (Beispiel: „She wondered where she was").

Palmer, der schon 2002 heftig gegen den *speech category approach* polemisierte, kann nicht verhehlen, dass seine Typen 1 und 2 den Redeschablonen der direkten und erlebten Rede entsprechen. Bezeichnenderweise wollte er den ‚Sumpf' der erlebten Rede in seinem Buch ursprünglich ganz umgehen (Palmer 2004, 56). Seine besondere Aufmerksamkeit gilt dem dritten Typus, der Cohns *psycho-narration* entspricht und den er wort- und argumentreich gegen seine Verächter verteidigt (ausführlich zu *psycho-narration* vgl. schon Fludernik 1993, 291–299). Der Bewusstseinsbericht ist in der Erforschung der Wiedergabeschablonen, die seit Ende des 19. Jahrhunderts (Tobler 1887) bis in die jüngste Zeit vom hochkomplexen Phänomen der erlebten Rede dominiert war, gewiss vernachlässigt worden, wie schon Brian McHale (1981, 186) in seiner Besprechung von Cohn (1978) feststellte.

Palmer spricht dem *thought report* die Grundfunktion des *linking* zu, der Fähigkeit, den Denkvorgang der Figur mit ihrer Umgebung zu verknüpfen und dabei die soziale Natur des Denkens zu demonstrieren. „It is in thought report that the narrator is able to show explicitly how characters' minds operate in a social and physical context" (Palmer 2005a, 604). Diese Grundfunktion fächert Palmer (2004, 81–85; 2005a, 604) in eine Reihe von Facetten auf. Deren Liste kann indes nicht darüber hinwegtäuschen, dass der *thought report*, der für Palmer (2005a, 602) von der indirekten Rede bis zur Zusammenfassung (*summary*) reicht (Beispiel: „She thought of Paris"), die genannten Funktionen keineswegs exklusiv ausübt und dass er unter den drei von Palmer dargestellten Möglichkeiten die trockenste und unkomplexeste ist. Der Hauptnachteil des *thought report* besteht aber wohl vor allem in seiner Explizitheit, die – wie schon Bachtin (1979, 208 [im russ. Orig.: 1975 [1934/1935], 133) konstatierte – der „Unklarheit und Verschwommenheit" des darzustellenden Seelenlebens wenig entspricht. Unter diesem

Aspekt ist die erlebte Rede nicht von ungefähr seit jeher als der Bewusstseinsdarstellung besonders angemessen empfunden worden.

Die Skala zwischen Diegesis und Mimesis

In den 1970er Jahren wurden feiner gekörnte Typologien präsentiert. Von ihnen erlangte besondere Anerkennung die von Brian McHale (1978, 258–259) vorgestellte Skala, die Norman Pages (1973, 31–35) *degrees of indirectness* modifizierte. Die Skala unterscheidet sieben Typen, die sich vom ‚diegetischen' (d. h. narratorialen) zum ‚mimetischen' (d. h. figuralen) Pol erstrecken. In der folgenden Tabelle sind die Kategorien McHales (1978) (die meisten von ihnen begleitet von seinen Beispielen) zusammen- und denen Cohns und Palmers gegenübergestellt, so dass die Äquivalenzen zwischen den Nomenklaturen zu erkennen sind:

McHale	Cohn	Palmer
1. Diegetic Summary: „involving only the bare report that a speech event has occurred, without any specification of what was said or how it was said" (258) „When Charley got a little gin inside of him he started telling war yarns" (259)		
2. Summary, less „purely" diegetic: „represents, not merely gives notice of, a speech event in that it names the topics of conversation" (259) „He stayed till late in the evening telling them about miraculous conversions of unbelievers, extreme unction on the firing line […]" (259)	*Psycho-Narration*	*Thought Report*
3. Indirect Content Paraphrase: „without regard to the style or form of the supposed ‚original' utterance" (259) „The waiter told him that Carranzas troops had lost Torreón […]" (259)		
4. Indirect Discourse, mimetic to some degree: „gives the illusion of ‚preserving' or ‚reproducing' aspects of the style of an utterance" (259)		
„She shook her head but when he mentioned a thousand she began to brighten up und to admit that que voulez vous it was la vie" (255)		

5. *Free Indirect Discourse*: „may be mimetic to almost any degree short of ‚pure' mimesis" (259) „[...] he still had more'n fifty iron men, quite a roll of lettuce for a guy like him" (254)	Narrated Monologue	Free Indirect Thought
6. *Direct Discourse*: „the most purely mimetic type of report" (259)	Quoted Monologue	Direct Thought
7. *Free Direct Discourse*: „direct discourse shorn of its conventional orthographic cues" (259)		

Diese Skala der Formen sollte freilich, wie McHale (2014, 816) vorsorglich warnt, nicht als eine Folge zunehmender Realitätsadäquatheit verstanden werden. Formen und Funktionen sind, wie Meir Sternberg (1982) anmerkt, nicht in „package deals" zu haben, sie können sich kreuzen. Das heißt, dass die direkte Rede, die als die mimetischste Form gilt, durchaus weniger ‚authentisch' sein kann als etwa der diegetische Gedankenbericht.

Das Textinterferenz-Modell

Als Alternative oder – besser – Ergänzung zu dem Drei-Schablonen-Modell und der Sieben-Formen-Skala bietet sich das Textinterferenz-Modell an. Es geht zurück auf Bachtins Beschreibung der erlebten Rede als einer „hybriden Konstruktion", in der „zwei Äußerungen vermischt sind, zwei Redeweisen, zwei Stile, zwei ‚Sprachen', zwei Sinn- und Wertungshorizonte" (Bachtin 1979, 195 [im russ. Orig.: 1975 [1934/1935], 118]). Mit Bachtins Ansatz, der schon im berühmten Dostoevskij-Buch (1929) formuliert wurde, ist Vološinovs Konzept der ‚Redeinterferenz' verbunden (Vološinov 1975, 206; hier fälschlicherweise übersetzt als „sprachliche Interferenz"; vgl. das russ. Orig.: 1929, 148). Bachtins und Vološinovs Modelle der Zweistimmigkeit wurden vom tschechischen Stukturalisten Lubomír Doležel (1958, 1960, 1965) aufgegriffen und in ein Modell distinktiver Merkmale für Erzählertext und Figurentext integriert. Wolf Schmid (1973, 2003, 2014 [2005]) entwickelte das Modell weiter, indem er die Merkmale, ihren Status und die mögliche Neutralisierung ihrer Oppositionen neu definierte und die Kategorie der Textinterferenz einführte.

Textinterferenz resultiert daraus, dass in ein und demselben Segment des Erzähldiskurses gewisse Merkmale auf den Erzählertext (ET), andere dagegen auf den Figurentext (FT) als Ursprung verweisen (wobei die Opposition der Texte in bestimmten Merkmalen neutralisiert sein kann). ET und FT bezeichnen die idealen Äußerungsebenen der beiden Instanzen, die im Erzähldiskurs oft nicht in reiner Form, sondern vermischt erscheinen. Die in Betracht kommenden Merkmale sind: (1) Thema, (2) Wertung, (3) Personalform, (4) Tempus und Modus, (5) Zeigsystem, (6) Sprachfunktion, (7) Lexik und (8) Syntax. Durch die Distribution der Merkmale auf die beiden Texte, durch die in zwei Richtungen zielende „Kundgabe" (Bühler 1918/1920) werden die beiden Texte als ganze gleichzeitig vergegenwärtigt. Das bivokalistische Modell impliziert, dass der Erzähler nie ‚von der Bühne geht', wie es univokalistische Konzeptionen wie z. B. die von Ann Banfield (1982) vorsehen. Auch in der Rede der Figur ist der Erzähler präsent, und sei es auch nur als derjenige, der aus dem Kontinuum der Reden und Gedanken der Figur bestimmte auswählt und somit den ‚fremden' Text für seine eigenen narrativen Zwecke nutzt. Schon Platon stellt die rhetorische Frage: „Sind denn die Reden, die [Homer] jeweils anführt, und das, was zwischen den Reden steht, nicht gleichermaßen Erzählung [Diegesis]?" (*Politeia* 393c; Übers. W. S.)

Die Textinterferenz lässt sich mit einer Merkmalmatrix darstellen, die für den Grundtypus der deutschen erlebten Rede („Aber am Vormittag hatte sie den Baum zu putzen. Morgen war Weihnachten"; Berend 2012 [1915], 83), wenn alle Merkmale vertreten sind und ihre Opposition nicht neutralisiert ist, wie folgt aussieht:

Schema 2: Das Merkmalschema im Grundtypus der erlebten Rede im Deutschen.

	1. Thema	2. Wertung	3. Person	4. Tempus/ Modus	5. Zeigsystem	6. Sprachfunktion	7. Lexik	8. Syntax
ET			x	x				
FT	x	x			x	x	x	x

Die mannigfachen Kombinationen der Merkmaldistributionen ergeben zahllose fein differenzierte Formen der Bewusstseinsdarstellung. Ihr Kontinuum wird im Folgenden in fünf Grundtypen mit ihren Merkmalprofilen fixiert. In der neueren Erzählprosa seit dem Beginn des 19. Jahrhunderts können die fünf Grundtypen in den axiologischen und stilistischen Merkmalen (2, 7, 8) in einer narratorialen und einer figuralen Variante auftreten. Diese Varianten bilden keine Idealtypen, sondern eine gleitende Skala. Als sechste Form erscheint in der Typologie der Bewusstseinsbericht, der keine Textinterferenz enthält.

Die sechs Grundtypen der expliziten Bewusstseinsdarstellung werden in zwei Gruppen, *markierte* und *kaschierte* Formen unterteilt.

A. Markierte Bewusstseindarstellung

1. *Direkte innere Rede mit dem direkten inneren Monolog, dem stream of consciousness (1. Person) und der direkten figuralen Benennung*: Im Grundtypus verweisen alle Merkmale auf den FT. In direkten inneren Monologen begegnen wir nicht selten einer Variante, in der die Sprache der Figur syntaktisch narratorial überarbeitet ist; das Merkmal Syntax verweist dann auf den ET. Der *stream of consciousness* in der 1. Person ist dagegen eine extrem figurale Variante des direkten inneren Monologs. In der direkten figuralen Benennung sind einzelne Wörter des Erzähldiskurses durch grafische Zeichen als FT ausgewiesen.
2. *Indirekte und freie indirekte Darstellung von Wahrnehmungen, Gedanken und Gefühlen*: Nach der Nähe und Ferne des Wiedergabeteils zu ET oder FT unterscheiden wir zwei Spielarten. In der *narratorialen indirekten Darstellung* erfährt der FT eine deutliche Überarbeitung, die sich in der analytischen Akzentuierung des thematischen Kerns und in der stilistischen Assimilation an den ET äußert. Dabei verweisen alle Merkmale außer Thema und Wertung auf den ET. In der *figuralen indirekten Darstellung* präsentiert der Erzähler die Bewusstseininhalte der Figur in allen ihren Besonderheiten. Im Wiedergabeteil ist der ET dann nur im grammatischen Merkmal der Personalform und – in einigen Sprachen – im Tempus und/oder Modus repräsentiert. Die Figuralisierung kann so weit gehen, dass die grammatischen und syntaktischen Normen der indirekten Rede verletzt werden. Dann bildet sich ein hybrider Typus, die *freie indirekte Darstellung*.

B. Kaschierte Bewusstseinsdarstellung

3. *Erlebte Rede mit dem erlebten inneren Monolog und dem stream of consciousness (3. Person)*: In Tempus und Modus gibt es zwischen den Sprachen erhebliche Differenzen. Im Grundtypus der deutschen erlebten Rede sprechen Personalform und Tempus/Modus für den ET, alle anderen Merkmale verweisen mehr oder weniger deutlich auf den FT. Eine nicht selten gebrauchte Variante der deutschen erlebten Rede, die z. B. in folgender Stelle aus Lion Feuchtwangers *Der jüdische Krieg* (1932) vorliegt, verwendet das Tempus des FT: „Er mag sie nicht, die Römer, er hasst sie geradezu, aber das muss er ihnen lassen: Organisationstalent haben sie, sie haben ihre Technik. […] Er ist nicht dumm, er wird diesen Römern von ihrer Technik etwas abluchsen" (Feuchtwanger 1998, 7–8).

Eine extrem figurale Form des erlebten inneren Monologs ist der *stream of consciousness in der 3. Person*.

4. *Erlebte Wahrnehmung*: In dieser Form, die einen Schritt näher zum narratorialen Pol liegt, gibt der Erzähler die Wahrnehmung der Figur wieder, ohne sie in ihre Ausdrucksformen zu kleiden. Erlebte Wahrnehmung liegt bereits vor, wenn nur das Thema für den FT spricht und alle andern Merkmale auf den ET verweisen oder neutralisiert sind. Häufig verweist in dieser Form auch die Wertung auf den FT. Ein Beispiel aus Dostoevskijs *Doppelgänger* (1846), in dem die Titelfigur, die eine Schimäre des Helden ist, in figuraler Wahrnehmung als reale Figur präsentiert wird: „Der Passant verschwand schnell im Schneesturm. [...] Das war derselbe, ihm schon bekannte Passant, der vor etwa zehn Minuten an ihm vorbeigegangen war und der jetzt plötzlich, völlig unerwartet wieder vor ihm auftauchte ..." (Dostoevskij 1972–1990, Bd. I, 140–141; Übers. W. S.).
5. *Uneigentliches Erzählen*: Scheinbar authentischer Diskurs des Erzählers, der in variabler Dichte Bewertungen und Benennungen ohne Markierung aus dem FT übernimmt. Zu unterscheiden sind zwei Modi: Wenn die figural gefärbten Elemente *aktuelle* Bewusstseinsinhalte der Figur reflektieren, kann man mit Spitzer (1961 [1922]) von *Ansteckung* sprechen; wenn die figural gefärbten Elemente *nicht aktuelle, sondern typische* Wertungen und Benennungen des FT präsentieren, sprechen wir von einer (mehr oder weniger ironischen) *Reproduktion* des FT.
6. *Bewusstseinsbericht*: Wenn dieser rein narratoriale Typus thematische und lexikalische Merkmale des FT aufnimmt, geht er zum uneigentlichen Erzählen über.

Funktionen der Textinterferenz

Die Textinterferenz impliziert neben der Bewusstseinsdarstellung zwei spezifische Funktionen: Uneindeutigkeit und Bitextualität (Schmid 2014, 200–204).

Die erste Funktion ist seit Beginn der Erforschung der erlebten Rede beschrieben worden. Die frühen deutschen Bezeichnungen des Verfahrens ‚verschleierte Rede' (Kalepky 1899, 1913), ‚verkleidete Rede' (Kalepky 1928), ‚stellvertretende Darstellung' (Låftman 1929) und seine Beschreibung als „Versteckspiel, das der Erzähler treibt" (Walzel 1926 [1924], 221), weisen auf die Uneindeutigkeit des Verfahrens.

Die Formen der Textinterferenz sind von dieser Uneindeutigkeit in unterschiedlichem Maße betroffen. In den markierten Typen liegt eine ‚Verschleierung' der Präsenz des FT natürlich nicht vor. In den Formen der indirekten Darstellung kann freilich der konkrete Anteil des FT fraglich erscheinen. Der Leser muss hier entscheiden, welche Eigenschaften ET und FT zuzuordnen sind. In den Typen der erlebten Rede, in denen das Merkmal Tempus auf den FT weist, wird die Identifizierung des FT durch die Differenz zum epischen Präteritum erleichtert. Wenn aber das Merkmal Tempus auf ET verweist, kann es sowohl im präsentischen als auch im präteritalen Kontext schwierig werden, die Präsenz des FT zu identifizieren. Eine Erschwerung der Zuordnung entsteht in beiden Typen der erlebten Rede, wenn die Opposition von ET und FT neben dem Tempus noch in weiteren Merkmalen neutralisiert ist. Dann kann die erlebte Rede vom ET ununterscheidbar werden. Am wenigsten eindeutig zu identifizieren ist das uneigentliche Erzählen. In vielen Texten, die dieses Verfahren enthalten, erweist es sich als außerordentlich schwierig, wenn nicht unmöglich, in den Interferenzen die Anteile von FT und ET zu scheiden. Ihre Verschmelzung erleichtert indes die Aufgabe, innere Prozesse der Helden wiederzugeben. Die Uneindeutigkeit des sich ständig ändernden Textaufbaus entspricht der Uneindeutigkeit und dem Fluktuieren des des darzubietenden Seelenlebens. Wo direkte und indirekte Darstellung die schwer zu bestimmenden, noch nicht artikulierten Seelenbewegungen unangemessen eindeutig fixieren, bildet die Uneindeutigkeit der Präsenz des FT im perspektivisch fluktuierenden Erzähldiskurs ein ideales Medium zur Darstellung der inexpliziten und unklaren Regungen des Bewusstseins.

Seit den 1920er Jahren gibt es einen Dissens in der Frage, ob die Formen der Textinterferenz, vorweg die erlebte Rede, eher der Einfühlung oder der Kritik dienen. In der Polemik mit Werner Günther (1928, 83–91), der die erlebte Rede als synthetische Form beschrieben hatte, die zwei Perspektiven des Erzählers miteinander verschmelze, die sich in die Figur versenkende „Innensicht" und die distanzierte „Außensicht", die also „Einfühlung" und „Kritik" in einem Akt vereinige, konstatiert Eugen Lerch (1928, 469–471): „[D]ie Erlebte Rede bedeutet an sich nur Einfühlung, nicht auch Kritik [...]. Durch die Erlebte Rede kann der Autor sich sogar mit Figuren, die ihm keineswegs sympathisch sind oder deren Meinungen er keineswegs teilt, wenigstens für den Augenblick identifizieren". Den noch heute währenden Streit zwischen den Bivokalisten (vgl. Roy Pascals [1977] *Dual-Voice*-Position) und den Univokalisten (Banfield 1982; Padučeva 1996) kann man schlichten, indem man die Frage nach dem axiologischen Verhältnis zwischen Erzählertext und Figurentext in dem jeweiligen Werk stellt. Die Bitextualität nimmt nicht zwangsläufig einen zweistimmigen, doppelakzentigen Charakter an, wie ihn die auf agonale Relationen fixierten Bachtin und Vološinov postuliert haben. Zwischen der einakzentigen Textinterferenz und der den Inhalt und den Ausdruck des Helden satirisch vorführenden zweistimmigen Darbietung erstreckt sich ein breites Spektrum möglicher Formen mit unterschiedlichen Wertungsrelationen, die von der Empathie über die humoristische Akzentuierung und die kritische Ironie bis zur vernichtenden Verhöhnung reichen.

4 Verfahren der impliziten Bewusstseinsdarstellung

Neben den Verfahren der expliziten Bewusstseinsdarstellung können mentale Zustände der Figuren auch durch indiziale und symbolische Mittel ausgedrückt werden. Das wichtigste indiziale Zeichen ist das Sprechen und Verhalten der Figuren, das – plausible Motivierung vorausgesetzt – gewisse Rückschlüsse auf ihren Bewusstseinszustand ermöglicht. Zu den indizialen Zeichen gehört auch jene Kategorie, die Monika Fludernik (2011, 75) „Descriptions of Gestures and Other Behaviors Indicative of Emotional States" nennt. Mimik, Gestik und körperliche Reaktionen wie z. B. ein Tobsuchtsanfall oder eine Ohnmacht drücken einen Bewusstseinszustand jedoch in aller Regel nur allgemein aus, verweisen lediglich auf das Faktum einer inneren Erschütterung, eines seelischen Schmerzes u. ä. Die von den Kognitivisten ins Spiel gebrachten Kompetenzen der *Theory of Mind* oder des *mind reading* erlauben, sofern der Kontext nicht ganz eindeutig ist, keinen Aufschluss über den spezifischen Inhalt der äußerlich kundgegebenen Gemütsbewegung.

Einige der indizialen und symbolischen Mittel sind spezifisch für den Film und können in der Literatur nicht angewandt werden. Zu ihnen gehört die Musik. Gemütszustände der Protagonisten werden im Film häufig durch bestimmte Stimmungsqualitäten der Musik wie Harmonie oder Unruhe symbolisch ausgedrückt. Ein symbolisches Mittel der Bewusstseinsdarstellung ist im Film auch die Stimmungsqualität bestimmter Bilder. Vor allem wenn die äußere Wirklichkeit mit den Augen eines Protagonisten wahrgenommen wird, kann ihre Qualität (z. B. Harmonie oder Chaos) als Index oder Symbol für den Gemütszustand des Betrachtenden gedeutet werden. Alle diese Mittel der indirekten Darstellung, gleichgültig, ob sie symbolisch oder indizial eingesetzt werden, sind natürlich auf Interpretation durch den Zuschauer angewiesen.

Indiziale und symbolische Bewusstseinsdarstellung ist allerdings auch in der Literatur möglich. Betrachten wir zwei Beispiele aus Lev Tolstojs *Anna Karenina* (1877/1878). Als Konstantin Levin vor seinem Besuch bei Kittys Eltern, die er um die Hand der Tochter bitten will, am frühen Morgen durch die Straßen Moskaus geht, sieht er Dinge, „die er nie wieder sehen soll": „Besonders rührten ihn die Kinder, die zur Schule gingen, die graublauen Tauben, die von einem Dach auf den Bürgersteig flogen, und die mehlbestäubten Brötchen, die eine unsichtbare

Hand in eine Auslage schob." (Tolstoj 1966, 566) Schulkinder, Tauben und Brötchen bilden ein Paradigma, das Lebensbejahung assoziiert und Levins Erwartung eines künftigen Eheglücks reflektiert.

Ganz anders geartet sind die Wahrnehmungen, die Anna auf dem Weg zum Bahnhof macht, wo sie sich, was sie jetzt noch nicht weiß, vor den Zug werfen wird:

> [S]ie sah einen betrunkenen Fabrikarbeiter mit hin und herschwankendem Kopf, der von einem Polizisten abgeführt wurde. [...] Der da will alle verblüffen und ist sehr mit sich zufrieden, dachte sie beim Anblick eines rotwangigen Verwalters, der auf einem Manegepferd vorbeiritt. [...] Diese Straßen kenne ich gar nicht. Irgendwelche Berge und lauter Häuser ... Und in den Häusern lauter Menschen ... Wieviele von ihnen, unzählige, und alle hassen einander. [...] Ja, eine Bettlerin mit einem Kind. Sie glaubt, dass man sie bemitleidet. Sind wir denn nicht alle in diese Welt geworfen, nur um einander zu hassen und deshalb uns selbst und andere zu quälen? (Tolstoj, 1936–1964, Bd. XIX, 342–344; Übers. W. S.).

In dieser Stelle ist der Ursprung der Auswahl und Bewertung der Wirklichkeitsausschnitte eindeutig auf die Figur bezogen.

Etwas anders verhält es sich mit folgendem Erzähleingang aus Anton Čechovs Erzählung „Der Student" (1894):

> Das Wetter war anfangs schön, ruhig. Es riefen die Drosseln, und in der Nähe, in den Sümpfen tönte etwas Lebendiges klagend, als ob man in eine leere Flasche bliese. Es flog eine Waldschnepfe vorbei, und der Schuss auf sie ertönte in der Frühlingsluft *fröhlich* schallend. Aber als es im Wald dunkelte, blies *ungelegenerweise* vom Osten ein kalter, *durchdringender* Wind, und alles verstummte. Auf den Pfützen bildeten sich lang gezogene Eisnadeln, und im Wald wurde es *ungemütlich*, *dumpf* und *abweisend*. Es roch nach Winter. (Čechov 1974–1982, Bd. VIII, 306; Übers. W. S.)

Es ist zunächst nicht klar, wer das Subjekt der Wahrnehmungen und der Urheber der (im Zitat kursiv gesetzten) Wertungen ist. Erst im nächsten Absatz wird der 22 Jahre alte Student der Geistlichen Akademie Ivan Velikopol'skij eingeführt, der am Karfreitag (!) auf der Schnepfenjagd von der abendlichen Frühlingskühle in seinem körperlichen Behagen gestört wird und dann zu negativen Schlussfolgerungen über den Verlauf der Menschheitsgeschichte gelangt. Der erste Absatz enthält Indizes für ein egozentrisches Subjekt, das einerseits das Leiden der Kreatur ästhetisch wahrnimmt, sich andererseits aber in seinen Körperempfindungen durch die natürliche Abendkühle im Frühling geradezu gekränkt fühlt (Einzelheiten in Schmid 1992).

5 Marksteine in der Entwicklung des Bewusstseinsromans

Zu Beginn des neuzeitlichen Erzählens, das wir für die europäischen Literaturen mit dem 18. Jahrhundert ansetzen können, war die Bewusstseinsdarstellung noch schwach entwickelt. Es dominierte die äußere Handlung, und die Motivationen der Helden wurden im knappen Bewusstseinsbericht mitgeteilt. Der Figurentext fand gelegentlichen Ausdruck in kurzer direkter innerer Rede. Dabei artikuliert sich die Figur noch nicht in ihrer individuellen Sprache. In der Erzählung *Die arme Lisa* (1792) des russischen Sentimentalisten Nikolaj Karamzin kommt nicht nur die Bäuerin, sondern auch der Erzähler nicht zu einer eigenen Sprache. Die Bäuerin spricht wie der Erzähler, und dieser folgt der empfindsamen Sprechweise der Literatur seiner Epoche. Erst im 19. Jahrhundert erlangen in den europäischen Literaturen die Figuren allmählich ein eigenes sprachliches Profil, aber noch im romantischen Erzählen sind Figurentext und Erzählertext sprachlich wenig voneinander und vom Autor dissoziiert.

Mit der Entwicklung der Bewusstseinskunst ergab sich das Erfordernis entsprechender Darstellungsformen. Noch in Goethes *Wahlverwandtschaften* (1809), die in der deutschen Literatur ein frühes Beispiel für systematisch gebrauchte erlebte Rede sind, wird Bewusstsein im Wesentlichen über den narratorialen Bewusstseinsbericht, die indirekte Darstellung, die direkte Rede der Figuren und verschiedene Formen direkter figuraler Aussage wie Briefe und Tagebuchaufzeichnungen vermittelt. Folgender Bericht über Eduards Emotionen und Planungen ist bei aller Introspektion in die geheimsten Gedanken der Figur noch deutlich narratorial geführt: „Eduard schauderte, er hielt sich für verraten und die liebevolle Sprache seiner Frau für ausgedacht, künstlich und planmäßig, um ihn auf ewig von seinem Glücke zu trennen." (Goethe 1960, 86–87)

Ab Teil I, Kap. 10 findet sich allerdings häufiger erlebte Rede. Da Figuren und Erzähler dieselbe Sprache der Gebildeten sprechen, fallen Lexik und Syntax als distinktive Merkmale weitgehend aus, so dass oft nur nach Thema, Wertung und Sprachfunktion zu entscheiden ist, ob der gelegentlich subjektive Erzähler im eigenen Namen spricht oder die Gedanken einer Figur wiedergibt (vgl. Pascal 1977, 37–45). Im folgenden Beispiel ist die erlebte Rede (hier kursiv gesetzt) vor allem durch Ausrufe und aufgewühlte Fragen, also die Sprachfunktion, markiert: „Diese letzte Wendung floss ihm aus der Feder, nicht aus dem Herzen. Ja, wie er sie auf dem Papier sah, fing er bitterlich an zu weinen. *Er sollte auf irgendeine Weise dem Glück, ja dem Unglück, Ottilien zu lieben, entsagen! Jetzt fühlte er, was er tat.*" (Goethe 1960, 87) Solcherart expressive Markierung ist charakteristisch für Goethes Abgrenzung der erlebten Rede vom Erzähldiskurs.

Der Beginn des europäischen Bewusstseinsromans wird häufig mit Jane Austens *Pride and Prejudice* (1813) datiert. Das entscheidende Ereignis ist hier mentaler Natur. Elizabeth Bennet und Fitzwilliam Darcy, die unterschiedlichen sozialen Klassen angehören, finden zueinander, indem beide eine mentale Schwelle überschreiten. Elizabeth und Darcy überwinden beide ihr Vorurteil und ihren Stolz. Dieses doppelte Ereignis wird zum Teil figural dargeboten, aus der Perspektive Elizabeths, wobei die erlebte Rede erheblichen Anteil hat. Wie im gesamten viktorianischen Roman bleibt freilich eine deutliche Dosis Narratorialität mit einer unverkennbar ironischen Note erhalten (vgl. Cohn 1978, 113).

Eine radikal figurale Bewusstseinsdarstellung ohne narratoriale Korrektur mutet Fedor Dostoevskijs bereits angeführter Kurzroman *Der Doppelgänger* seinen an romantische Doppelgängerfiguren gewöhnten Lesern zu. Das gesamte Geschehen um den vermeintlichen ‚Zwilling' und ‚Usurpator' wird aus der Perspektive eines Helden erzählt, der dem Wahnsinn verfällt. Realität und Schimäre verschwimmen. Textinterferenz kommt hier in allen ihren Spielarten vor, und beide Funktionen, die Uneindeutigkeit wie die Bitextualität, machen sich so intensiv und konsequent geltend, dass die Zeitgenossen mit heftiger Ablehnung reagierten, da sie das zugrunde liegende Verfahren, die systematische Interferenz von ET und FT nicht identifizierten und die Entstehung des Doppelgängers aus dem Bewusstsein des Helden nicht erkannten (vgl. Schmid 1973, 39–79).

In der französischen Literatur spielte eine analoge Rolle Gustave Flaubert, dessen *Madame Bovary* (1857) durch die zu jener Zeit noch ungewohnte figurale Darbietung der sündigen Gedanken der Ehebrecherin die moralische Empörung der Zeitgenossen gegen den vermeintlich im eigenen Namen sprechenden Autor lenkte und einen Gerichtsprozess wegen Verstoßes gegen die guten Sitten auslöste (LaCapra 1982).

Der moderne Bewusstseinsroman findet für viele Betrachter seinen Höhepunkt in den Techniken des *inneren Monologs* und des *stream of consciousness*. Der zweite der beiden nicht einheitlich gebrauchten Begriffe (Palmer 2005b) wird von den meisten Benutzern als sprachlich sehr freie, rein assoziative Gedankenwiedergabe verstanden. In unserer Typologie figuriert er als extrem figurale Variante des direkten bzw. erlebten inneren Monologs. Als Meisterbeispiele gelten James Joyces *Ulysses* (1922; vor allem die Episode „Penelope") und Virgina Woolfs *To the Lighthouse* (1927).

Lange vor der Verwendung der beiden Techniken im Modernismus und auch noch vor Édouard Dujardin (1931), der für seinen Roman *Les lauriers sont coupés* von 1888 den Primat für den *monologue intérieur* beansprucht, hat Lev Tolstoj, der in seiner Auktorialität nicht gerade als ein Wegbereiter modernistischer Bewusstseinskunst gilt, in seinen *Sevastopoler Skizzen* (1855) hochassoziative innere Monologe gestaltet (vgl. Struve 1954). In *Krieg und Frieden* verwendet er für besondere mentale Situationen wie Halbschlaf und Fieberzustand einen inneren Monolog, dessen Kohärenz vor allem auf phonischen Äquivalenzen beruht wie im folgenden Monolog Nikolaj Rostovs:

> „Das muss Schnee sein, dieser Fleck; ein Fleck – une tache", dachte Rostov, „nein, doch keine tache". „Natascha, Schwester, schwarze Augen. Na ... taschka ... (Da wird sie sich aber wundern, wenn ich ihr erzähle, wie ich den Kaiser gesehen habe!) Nataschka ... nimm die Tasche". [...] „Woran hab ich bloß gedacht? Das darf ich nicht vergessen. Wie ich mit dem Kaiser sprechen werde? Nein, das war's nicht, das ist morgen. Ach ja, das war's, die Tasche angreifen ... uns greifen – wen? Die Husaren. Die Husaren und ihre Moustaches ... Über die Tverskaja ritt dieser Husar mit dem Moustache [...] Ach, das ist alles unwichtig. Die Hauptsache ist jetzt: Der Kaiser ist hier. Wie er mich anschaute, und er wollte mir etwas sagen, aber er hat sich nicht getraut. Nein, ich war es, der sich nicht getraut hat. Aber das ist unwichtig, die Hauptsache ist – nicht vergessen, dass ich an etwas Notwendiges gedacht habe, ja. Na-taschka, die Tasche greifen, ja, ja, ja. Das ist gut." (Tolstoj 1936–1964, Bd. IX, 325–326; Übers. W. S.)

Von den Assoziationen Nikolaj Rostovs in *Krieg und Frieden* ist es nur noch ein Schritt zum modernistischen *Bewusstseinsstrom*, in dem die Diegesis nicht mehr als eine vom Erzähler berichtete Geschichte dargeboten zu sein scheint, sondern als Sequenz flüchtiger Eindrücke, freier Assoziationen, momentaner Erinnerungen und fragmentarischer Reflexionen der Figuren. In dieser Sequenz erzählt hinter dem Rücken der Figuren ein Erzähler gleichwohl eine Geschichte.

Literaturverzeichnis

Bachtin, Michail (1929). *Problemy tvorčestva Dostoevskogo*. Leningrad. 2., wesentl. veränderte Aufl.: Bachtin 1963.
Bachtin, Michail (1963). *Problemy poėtiki Dostoevskogo*. Moskva. Dt.: Bachtin 1971.
Bachtin, Michail (1971). *Probleme der Poetik Dostoevskijs* [Übers. von Bachtin 1963]. München.
Bachtin, Michail (1975 [1934/1935]). „Slovo v romane". In: M. M. Bachtin, *Voprosy literatury i ėstetiki*. Moskva, 72–233. Dt.: Bachtin 1979.
Bachtin, Michail (1979). „Das Wort im Roman" [Übers. von Bachtin 1975]. In: M. Bachtin, *Die Ästhetik des Wortes*. Hg. von R. Grübel. Frankfurt a. M, 154–300.
Bally, Charles (1912). „Le style indirect libre en français moderne". In: *Germanisch-romanische Monatsschrift* 4, 549–556, 597–606.
Bally, Charles (1914). „Figures de pensée et formes linguistiques". In: *Germanisch-romanische Monatsschrift* 6, 405–422, 456–470.
Banfield, Ann (1982). *Unspeakable Sentences. Narration and Representation in the Language of Fiction*. Boston.
Berend, Alice (2012 [1915]). *Die Bräutigame der Babette Bomberling. Roman*. Hg. und mit einem Nachwort von Britta Jürgs. Berlin.
Bortolussi, Marisa (2011). „Response to Alan Palmer's ‚Social Minds'". In: *Style* 45, 283–287.

Bühler, Karl (1918/1920). „Kritische Musterung der neueren Theorien des Satzes". In: *Indogermanisches Jahrbuch* 4, 1–20.
Čechov, Anton P. (1974–1982). *Polnoe sobranie sočinenij i pisem v 30 t. Sočinenija v 18 t.* Moskva
Cohn, Dorrit (1978). *Transparent Minds: Narrative Modes for Presenting Consciousness in Fiction.* Princeton.
Cohn, Dorrit (1995). „Narratologische Kennzeichen der Fiktionalität". In: *Sprachkunst. Beiträge zur Literaturwissenschaft* 26, 105–112.
Cohn, Dorrit (1999). *The Distinction of Fiction.* Baltimore.
Doležel, Lubomír (1958). „Polopřímá řeč v moderní české próze". In: *Slovo a slovesnost* 19, 20–46.
Doležel, Lubomír (1960). *O stylu moderní české prózy. Výstavba textu.* Praha.
Doležel, Lubomír (1965). „Nejtralizacija protivopostavlenij v jazykovo-stilističeskoj strukture épičeskoj prozy". In: *Problemy sovremennoj filologii. Sb. st. k semidesjatiletiju V. V. Vinogradova.* Moskva, 116–123.
Dostoevskij, Fëdor M. (1972–1990). *Polnoe sobranie sočinenij v 30 t.* Leningrad.
Dujardin, Edouard (1931). *Le monologue intérieur. Son apparition, ses origines, sa place dans l'œuvre de James Joyce et dans le roman contemporain.* Paris.
Fernyhough, Charles (2011). „Even ,Internalist' Minds are Social". In: *Style* 45, 271–275.
Feuchtwanger, Lion (1998). *Der jüdische Krieg.* In: L. Feuchtwanger, *Gesammelte Werke in Einzelbänden.* Bd. 2. Berlin
Fludernik, Monika (1993). *The Fictions of Language and the Language of Fiction. The Linguistic Representation of Speech and Consciousness.* London.
Fludernik, Monika (2011). „1050–1500. Through a Glass Darkly; or, the Emergence of Mind in Medieval Narrative". In: D. Herman (Hg.), *The Emergence of Mind. Representations of Consciousness in Narrative Discourse in English.* Lincoln, 69–102.
Forster, Edward Morgan (1927). *Aspects of the Novel.* London.
Genette, Gérard (1992 [1990]). „Fiktionale Erzählung, faktuale Erzählung". In: G. Genette, *Fiktion und Diktion.* München, 65–94.
Goethe, Johann Wolfgang (1960). *Die Wahlverwandtschaften.* Frankfurt a. M.
Günther, Werner (1928). *Probleme der Rededarstellung: Untersuchungen zur direkten, indirekten und „erlebten" Rede im Deutschen, Französischen und Italienischen.* Marburg.
Hamburger, Käte (1953). „Das epische Präteritum". In: *Deutsche Vierteljahrsschrift für Literaturwissenschaft und Geistesgeschichte* 27, 329–357.
Hamburger, Käte (1955). „Die Zeitlosigkeit der Dichtung". In: *Deutsche Vierteljahrsschrift für Literaturwissenschaft und Geistesgeschichte* 29, 414–426.
Hamburger, Käte (1957). *Die Logik der Dichtung.* Stuttgart.
Hamburger, Käte (1968). *Die Logik der Dichtung.* 2., wesentlich veränderte Auflage. Stuttgart.
Herman, David (Hg. 2011a). *The Emergence of Mind. Representations of Consciousness in Narrative Discourse in English.* Lincoln.
Herman, David (2011b). „Introduction". In: D. Herman (Hg.), *The Emergence of Mind. Representations of Consciousness in Narrative Discourse in English.* Lincoln, 1–40.
Herman, David (2011c). „Post-Cartesian Approaches to Narrative and Mind: A Response to Alan Palmer's Target Essay on ,Social Minds'". In: *Style* 45, 265–271.
Herman, David (2014). „Cognitive Narratology". In: P. Hühn, J. Ch. Meister, J. Pier, W. Schmid (Hgg.), *Handbook of Narratology.* 2nd ed., fully revised and expanded. Berlin, 46–64.

http://www.lhn.uni-hamburg.de/article/cognitive-narratology-revised-version-uploaded-22-september-2013 (28. Mai 2017).
Hogan, Patrick Colm (2011). „Palmer's Anti-Cognitivist Challenge". In: *Style* 45, 244–248.
Hutto, Daniel D. (2011). „Understanding Fictional Minds without Theory of Mind!" In: *Style* 45, 276–282.
Jahn, Manfred (2011). „Mind = Mind + Social Mind?: A Response to Alan Palmer's Target Essay". In: *Style* 45, 249–253.
Kafalenos, Emma (2011). „The Epistemology of Fiction: Knowing v. ‚Knowing'". In: *Style* 45, 254–258.
Kalepky, Theodor (1899). „Zur französischen Syntax. VII. Mischung indirekter und direkter Rede. (T[obler] II, 7) oder V[erschleierte] R[ede]?" In: *Zeitschrift für romanische Philologie* 23, 491–513.
Kalepky, Theodor (1913). „Zum ‚Style indirect libre' (‚Verschleierte Rede')". In: *Germanisch-romanische Monatsschrift* 5, 608–619.
Kalepky, Theodor (1928). „Verkleidete Rede". In: *Neophilologus* 13, 1–4.
LaCapra, Dominick (1982). *Madame Bovary on Trial*. Ithaca.
Låftman, Emil (1929). „Stellvertretende Darstellung". In: *Neophilologus* 14, 161–168.
Lerch, Eugen (1914). „Die stilistische Bedeutung des Imperfektums der Rede (‚style indirect libre')". In: *Germanisch-romanische Monatsschrift* 6, 470–489.
Lerch, Eugen (1928). „Ursprung und Bedeutung der sog. ‚Erlebten Rede' (‚Rede als Tatsache')". In: *Germanisch-romanische Monatsschrift* 16, 459–478.
Lerch, Gertraud (1922). „Die uneigentlich direkte Rede". In: V. Klemperer, E. Lerch (Hgg.), *Idealistische Neuphilologie. Festschrift für Karl Vossler zum 6. September 1922*. Heidelberg, 107–119.
Lorck, Étienne (1921). *Die „Erlebte Rede". Eine sprachliche Untersuchung*. Heidelberg.
McHale, Brian (1978). „Free Indirect Discourse: A Survey of Recent Accounts". In: *PTL* 3, 249–287.
McHale, Brian (1981). „Islands in the Stream of Consciousness. Dorrit Cohn's ‚Transparent Minds'". In: *Poetics Today* 2, 183–191.
McHale, Brian (2014). „Speech Representation". In: P. Hühn, J. Ch. Meister, J. Pier, W. Schmid (Hgg.), *Handbook of Narratology*. 2nd ed., fully revised and expanded. Berlin, 812–824. http://www.lhn.uni-hamburg.de/article/speech-representation (28. Mai 2017).
Padučeva, Elena V. (1996). *Semantičeskie issledovanija*. Moskva.
Page, Norman (1973). *Speech in the English Novel*. London.
Palmer, Alan (2002). „The Construction of Fictional Minds". In: *Narrative* 10, 29–46.
Palmer, Alan (2004). *Fictional Minds*. Lincoln.
Palmer, Alan (2005a). „Thought and Consciousness Representation (Literature)". In: D. Herman, M. Jahn, M.-L. Ryan (Hgg.), *Routledge Encyclopedia of Narrative Theory*. Oxon, 602–607.
Palmer, Alan (2005b). „Stream of Consciousness and Interior Monologue". In: D. Herman, M. Jahn, M.-L. Ryan (Hgg.), *Routledge Encyclopedia of Narrative Theory*. Oxon, 570–571.
Palmer, Alan (2010). *Social Minds in the Novel*. Columbus, OH.
Palmer, Alan (2011a). „Social Minds in Fiction and Criticism". In: *Style* 45, 196–240.
Palmer, Alan (2011b). „Enlarged Perspectives: A Rejoinder to the Responses". In: *Style* 45, 366–412.
Palmer, Alan (2011c). „Rejoinder to Response by Marie-Laure Ryan". In: *Style* 45, 660–662.

Pascal, Roy (1977). *The Dual Voice: Free Indirect Speech and Its Functioning in the Nineteenth-Century European Novel*. Manchester.
Rimmon-Kenan, Shlomith (2011). „Response to Alan Palmer". In: *Style* 45, 339–343.
Ryan, Marie-Laure (2011). „Kinds of Minds: On Alan Palmer's ‚Social Minds'". In: *Style* 45, 654–659.
Schmid, Wolf (1973). *Der Textaufbau in den Erzählungen Dostoevskijs*. München. – 2. Aufl. mit einem Nachwort („Eine Antwort an die Kritiker"): Amsterdam 1986.
Schmid, Wolf (1984). „Bachtins ‚Dialogizität' – eine Metapher". In: *Roman und Gesellschaft. Internationales Michail-Bachtin-Colloquium*. Jena, 70–77.
Schmid, Wolf (1989). „Vklad Bachtina/Vološinova v teoriju tekstovoj interferencii". In: *Russian Literature* 26, 219–236.
Schmid, Wolf (1992). „‚Der Student' – die Geschichte eines Karfreitagsereignisses?" In: W. Schmid, *Ornamentales Erzählen in der russischen Moderne. Čechov – Babel' – Zamjatin*. Frankfurt a. M., 117–134.
Schmid, Wolf (1999). „‚Dialogizität' in der narrativen ‚Kommunikation'". In: I. Lunde (Hg.), *Dialogue and Rhetoric. Communication Strategies in Russian Text and Theory*. Bergen, 9–23. Online in: *Amsterdam International Electronic Journal for Cultural Narratology* 1 (2005). http://cf.hum.uva.nl/narratology/schmid.htm (28. Mai 2017).
Schmid, Wolf (2003). *Narratologija*. Moskva. 2., erw. Aufl. Moskva 2008. Dt.: Schmid 2014 [2005].
Schmid, Wolf (2014 [2005]). *Elemente der Narratologie* [Übers. von Schmid 2003]. 3., erw. und bearb. Aufl. Berlin/Boston.
Spitzer, Leo (1928). „Zur Entstehung der sogenannten ‚erlebten Rede'". In: *Germanisch-romanische Monatsschrift* 16, 327–332.
Spitzer, Leo (1961 [1922]). „Sprachmengung als Stilmittel und als Ausdruck der Klangphantasie". In: L. Spitzer, *Stilstudien II*, 2. Aufl. München, 84–124.
Stanzel, Franz K. (1955). *Die typischen Erzählsituationen im Roman. Dargestellt an „Tom Jones", „Moby Dick", „The Ambassadors", „Ulysses" u. a.* Wien.
Stanzel, Franz K. (1959). „Episches Präteritum, erlebte Rede, historisches Präsens". In: *Deutsche Vierteljahrsschrift für Literaturwissenschaft und Geistesgeschichte* 33, 1–12.
Stanzel, Franz K. (1979). *Theorie des Erzählens*. Göttingen.
Stanzel, Franz K. (2002). „Der Durchbruch. Die Kontroverse mit Käte Hamburger". In: F. K. Stanzel, *Unterwegs. Erzähltheorie für Leser*. Göttingen, 41–44.
Steinberg, Günter (1971). *Erlebte Rede. Ihre Eigenart und ihre Formen in neuerer deutscher, französischer und englischer Erzählliteratur*. 2 Bde. Göppingen.
Sternberg, Meir (1982). „Proteus in Quotation-Land: Mimesis and the Forms of Reported Discourse". In: *Poetics Today* 3, 107–156.
Struve, Gleb (1954). „Monologue intérieur: The Origins of the Formula and the First Statement of Its Possibilities". In: *Publications of the Modern Language Association of America* 69, 1101–1111.
Tjupa, Valerij (2014). „Heteroglossia". In: P. Hühn, J. Ch. Meister, J. Pier, W. Schmid (Hgg.), *Handbook of Narratology*. 2nd ed., fully revised and expanded. Berlin, 219–226. http://www.lhn.uni-hamburg.de/article/heteroglossia (28. Mai 2017).
Tobler, Adolf (1887). „Vermischte Beiträge zur französischen Grammatik". In: *Zeitschrift für romanische Philologie* 11, 433–461.
Tolstoj, Lev N. (1936–1964). *Polnoe sobranie sočinenij v 91 t*. Moskva.
Tolstoj, Lev N. (Lew Tolstoi) (1966). *Anna Karenina*. Übers. von Hermann Asemissen. Berlin

Toolan, Michael (2006). „Speech and Thought: Representation of". In: K. Brown (Hg.), *Encyclopedia of Language and Linguistics*. 2nd ed. Amsterdam, Vol. 12, 698–710.

Vološinov, Valentin (1929). *Marksizm i filosofija jazyka: Osnovnye problemy sociologičeskogo metoda v nauke o jazyke*. Leningrad. Dt.: Vološinov 1975; russ. Neuauflage: Moskva 1993.

Vološinov, Valentin (1975). *Marxismus und Sprachphilosophie. Grundlegende Probleme der soziologischen Methode in der Sprachwissenschaft* [Übers. von Vološinov 1929]. Hg. von S. Weber. Frankfurt a. M.

Vygotskij, Lev Semenovič (1934). *Myšlenie i reč'*. Moskva. Dt.: Vygotskij 1969.

Vygotskij, Lev Semenovič (1969). *Denken und Sprechen* [Übers. von Vygotskij 1934]. Frankfurt a. M.

Walzel, Oskar (1926 [1924]). „Von ‚erlebter' Rede". In: O. Walzel, *Das Wortkunstwerk. Mittel seiner Erforschung*. Leipzig, 207–230.

Wertsch, James V. (1991). *Voices of the Mind: A Sociocultural Approach to Mediated Action*. Harvard.

Zunshine, Lisa (2006). *Why We Read Fiction. Theory of Mind and the Novel*. Columbus, OH.

Jarmila Mildorf
III.1.7 Mündliches Erzählen / Alltagserzählungen

Mündliches Erzählen umfasst die unterschiedlichsten Phänomene: von Alltagserzählungen in Konversationen (Norrick 2000) sowie zunehmend in sozialen Medien (Page 2012) über das Erzählen von Erlebnissen in institutionalisierten Kontexten wie Gerichtsverhandlungen (Bruner 2002), Arzt/Patienten-Gesprächen (Charon 2006; Mattingly 1998), Predigten, in Firmen (Linde 2009) oder in biografischen Interviews (Lucius-Hoene und Deppermann 2002; Riessman 2008) bis zum Geschichtenerzählen für Kinder in didaktischen Kontexten (Becker 2005; Grove 2013) oder beim abendlichen Zubettbringen und natürlich dem Geschichtenerzählen zur Tradierung von Mythen, Wissen und kulturellen Werten in indigenen Volksstämmen (Celi und Boiero 2002; Merkel 2015) wie überhaupt dem Erzählen besonderer Geschichten in bestimmten Kulturen, etwa die *tall tales* in der amerikanischen (Brown 1989) oder der *blarney* in der irischen Tradition. All diesen Arten der Erzählung und des Erzählens ist gemein, dass sie primär in gesprochener Form auftreten und dass durch das Primat des Oralen der Prozess des Erzählens und dessen Produkt, das Erzählte, zeitgleich sind und auf die Sprechsituation beschränkt bleiben, es sei denn, sie werden erinnert oder aufgezeichnet: „Erzählen ist flüchtig, jede Erzählung ist mit der letzten Silbe des Erzählten verklungen." (Merkel 2015, 11) Unterschiede zwischen diesen Erzählformen bestehen im Wesentlichen auf zwei analytischen Achsen: 1.) mit Blick auf den Grad der Faktizität bzw. Fiktionalität des Erzählten (Koschorke 2012); und 2.) mit Blick auf den Grad der Formalität und Ritualisierung bzw. Spontanität des Erzählens.

Für die Literaturwissenschaft ist mündliches Erzählen insofern relevant, als enge Verbindungen zwischen mündlichen und schriftlich verfassten bzw. literarischen Erzählungen bestehen. Diese Verbindungen lassen sich auf mindestens zwei Ebenen ausmachen. Sowohl mündliches als auch literarisches Erzählen entspringen – erstens – einem tiefsitzenden Bedürfnis des Menschen, (mögliche) Erlebnisse und Erfahrungen fassbar und vermittelbar zu machen, was den Menschen als *homo narrans* (Fisher 1984) kennzeichnet. Wie der Philosoph Wilhelm Schapp (1985 [1953]) es metaphorisch treffend fasst, sind wir alle ‚in Geschichten verstrickt'. Dabei ist zu unterscheiden zwischen Erzählung als Form oder Gestalt und Erzählung als Denk- und Verstehensmodus (Bruner 1986; Herman 2002; Sarbin 1986). Aus diesem gemeinsamen Ursprung lassen sich – zweitens – grundlegende Gemeinsamkeiten zwischen mündlichem und literarischem Erzäh-

https://doi.org/10.1515/9783110410747-011

len ableiten, wie sie etwa von David Herman (2009) oder Monika Fludernik (1996) dargelegt worden sind.

Herman macht vier Grundbedingungen jeglichen Erzählens aus: „situatedness", also die Einbettung von Erzählungen in diskursive Kontexte; „event sequencing", die Reihung von Ereignissen/Handlungen in Erzählungen; „worldmaking/world disruption", die Erschaffung einer erzählten Welt, die gleichzeitig auch ein Problem zur Schau stellt; „what it's like", die Darstellung des Erlebens der erzählten Welt durch anthropomorphe Figuren.

In Fluderniks Theorie einer ‚natürlichen Narratologie' bezieht sich der Begriff ‚natürlich' auf die oben genannten kognitiven Parameter des Erzählens und stellt eine Analogie zwischen literarischem und mündlichem („naturally occurring") Erzählen her (Fludernik 1996, 247). Das Konzept der *experientiality*, also der Erfahrbarkeit und Erfahrung der erzählten Welt sowie die Darstellung dieser Erfahrung, spielt hierbei eine zentrale Rolle und wird der Bedeutung eines *plot* oder einer Handlungssequenz noch übergeordnet (Fludernik 1996, 234). Nach Fluderniks Modell werden selbst ungewöhnliche oder innovative Erzählweisen im Laufe der Zeit ‚naturalisiert'. In jüngeren narratologischen Strömungen wie der sogenannten *unnatural narratology* wird die Annahme einer grundsätzlichen Verwandtschaft mündlicher und literarischer Erzählungen teilweise kritisiert und die Besonderheiten der Letzteren in den Vordergrund gestellt (Alber et al. 2013; Richardson 2006). Geht man jedoch stärker von Gemeinsamkeiten aus, lassen sich interessante Schnittmengen erkennen und untersuchen (siehe Abschnitte 3 und 5).

1 Mündliches Erzählen in Konversationen

Die linguistische Erzählforschung hat sich lange Zeit an der Pionierarbeit William Labovs orientiert (Labov und Waletzky 1967; Labov 1972). Labovs paradigmatisches Analyseschema basiert auf der Annahme, Erzählungen über persönliche Erlebnisse bilden in ihrer Erzählsequenz weitestgehend die Abfolge der Ereignisse selbst ab. Der Begriff der *temporal juncture* erfasst die Beziehung einzelner Satzteile, deren Umstellung die temporale und kausale Logik des Erzählten grundlegend verändern würde, wie etwa in folgender Erzählung:

   1 Well this person had a little too much to drink
   2 and he attacked me
   3 and the friend came in,
   4 and she stopped it. (Labov 2013, 16)

Die einzelnen Sätze, die Labov als „narrative clauses" bezeichnet, reproduzieren die zeitliche Abfolge des tatsächlich Geschehenen. In einer anderen Reihung würden sie zu einer völlig anderen Geschichte führen. Dies ist insofern interessant, als auch in der strukturalistischen Narratologie die zeitliche (und kausale) Abfolge mindestens zweier Zustände, deren Beziehung durch eine Zustandsveränderung gekennzeichnet ist, als Grundvoraussetzung einer Erzählung angesehen wird (Schmid 2014, 2–6). Wie Elinor Ochs und Lisa Capps (2001, 88–102) für mündliches Erzählen konstatieren, ist Linearität als Merkmal kulturell geprägt und wird Kindern durch gemeinsames, von Eltern oder Lehrern gelenktes Erzählen bereits früh antrainiert.

Ein weiterer Aspekt in Labovs erzähltheoretischem Modell, der nach wie vor Anwendung findet, ist die Unterteilung mündlicher Erzählungen in: ein *abstract*, also eine Art vorwegnehmender Zusammenfassung; eine *orientation*, die Hintergrundinformationen zu einer Geschichte bietet; eine *complicating action*, in der sich die Ereignisse zuspitzen; eine *resolution*, die eine Auflösung des Geschehens darbringt; sowie eine *coda*, in der ein Bezug des Erlebten zur gegenwärtigen Situation hergestellt wird. Folgende Anekdote, die ein Arzt im Rahmen eines Interviews zum Thema Partnergewalt erzählte, illustriert diese Einteilung:

1 I have a friend who was assaulted by his wife.
2 So, I know it happens.
3 And, er, he was, er, he was kicked and various other things, uhm,
4 and he ended up arrested.
5 Incredibly, even though I'm sure I know that it was her who assaulted him.
6 She admitted it, you know,
7 and he was arrested.
8 I just find this,
9 feminism's just gone completely bananas as far as I am concerned. (Mildorf 2007, 197)

Zeile 1 bietet eine Orientierung und gleichzeitig eine Art *abstract*, weil hier bereits das Wesentliche der Erzählung vorweggenommen wird. Die Geschichte wird in der *complicating action* in Zeile 3 elaboriert und bereits in Zeile 4 zu einer Konklusion geführt. Das Ergebnis des Geschehens, dass nämlich der Ehemann verhaftet wurde, obwohl er durch seine Frau Partnergewalt erfuhr, wird rückblickend als *reportable event*, also als das eigentlich erzählenswerte Ereignis, hervorgehoben, was sich auch in der fast wörtlichen Wiederholung dieser *resolution* in Zeile 7 zeigt. Die Zeilen 8 und 9 bieten eine Art *coda*, in der festgehalten wird, welche Bedeutung diese Geschichte für den Sprecher in seiner jetzigen Situation hat. Als ein Arzt, der über seine Erfahrungen mit den Ergebnissen von Partnergewalt in seiner Berufspraxis berichten soll, nimmt der Erzähler diese Anekdote zum Anlass, seinen Missmut über feministische Positionen und deren übertriebenen Einfluss auf gesellschaftliche Entwicklungen zum Ausdruck zu bringen.

Zentral in Labovs Schema ist auch die *evaluation*, also eine retrospektive Einschätzung des Erzählten, deren Hauptfunktion es ist, das Erzählenswerte der Geschichte hervorzuheben und somit das Erzählen dieser Geschichte in einer Sprechsituation zu legitimieren. Im obigen Beispiel fungieren neben der Wiederholung des *reportable event* auch das Adverb „incredibly" und die syntaktische Spaltkonstruktion (*cleft construction*) in der Aussage „it was her who assaulted him" als Evaluationsmarkierungen, da sie die ungläubige Haltung des Erzählers angesichts der aus seiner Sicht verdrehten Fakten betonen helfen. In diesem Zusammenhang ist es wichtig, den Begriff der *reportability* von dem der *tellability* zu unterscheiden. *Tellability* bezeichnet die Angemessenheit einer Erzählung in einer Situation. So mag eine Geschichte ein aufregendes Erlebnis darbieten, das Erzählen dieses Erlebnisses aber in einem bestimmten Kontext unangemessen sein, z.B. wenn ein Anwesender oder gar der Erzählende selbst dadurch in ein schlechtes Licht gerückt würde (Norrick 2005; Labov 2013, 23). Hätte beispielsweise der Arzt seine Geschichte in Anwesenheit der Frau des Freundes erzählt, so müsste diese Erzählung als persönlicher Angriff eingestuft werden und wäre zwar noch erzählenswert, aber in solch einer Situation nicht unbedingt erzählbar.

Labovs Analyseschema hat in soziolinguistischen Studien durchaus auch Kritik erfahren. So wird etwa angemerkt, dass Labov ausschließlich Erzählungen untersucht, die in Interviews elizitiert wurden und somit tendenziell wohlgeformter sind als Erzählungen, die dem Redefluss einer spontanen Gesprächssituation entspringen. Die Auflistung ‚typischer' Merkmale wird als problematisch angesehen, da sich zahlreiche Beispiele für Geschichten finden lassen, die Labovs Schema gerade nicht entsprechen. Eine alternative Herangehensweise an mündliches Erzählen wird von Ochs und Capps (2001) angeboten. In ihrer einflussreichen Studie betonen die Autorinnen die Verschiedenartigkeit mündlicher Erzählungen und schlagen ein gradierbares Modell auf der Grundlage von fünf narrativen Dimensionen vor, die unterschiedlich stark ausgeprägt sein können: 1.) die Dimension des Erzählers (*tellership*), wobei hier im Zentrum steht, ob die Geschichte von einem Erzähler erzählt wird oder möglicherweise mehrere Personen an der Erzählung beteiligt sind (*co-tellership*); 2.) die Dimension des Erzählbaren und Erzählenswerten (*tellability*); 3.) die Dimension der relativen Einbettung einer Erzählung in einen sie umgebenden Diskurs (*embeddedness*); 4.) die Dimension der zeitlichen Anordnung der dargestellten Ereignisse (*linearity*); und 5.) die Dimension der moralischen Wertung (*moral stance*).

Die Erzählung des Arztes ist beispielsweise eher weniger in den Redefluss eingebettet bzw. kann als monolithische Geschichte leicht herausgelöst werden, da es sich um eine Erzählung im Rahmen eines Interviews handelt. Sie ist aufgrund ihrer evaluativen Widerholungsstruktur nicht ganz linear, zeigt aber gerade deswegen und durch ihre Evaluationsmarkierungen allgemein eine starke moralische Einstellung des Sprechers zum Geschehen.

Die vermeintlich normative Struktur, die Labovs Modell zugrunde liegt, wird vor allem in neueren Ansätzen aus der Konversationsanalyse (Quasthoff und Becker 2005; De Fina und Georgakopoulou 2012) kritisiert und modifiziert. Diese Ansätze zeichnen sich durch eine noch genauere Untersuchung der Mündlichkeit und die damit verbundene stärkere Kennzeichnung von Oralitätsmerkmalen in den Transkripten von Erzählungen aus. Während im Beispiel oben die mündliche Interaktion im Interview bereits durch Diskursmarker wie „you know" (Zeile 6), Ausdrücke des Zögerns beim Sprechen wie „er" und „uhm" (Zeile 3) und einer Redeunterbrechung in Zeile 8 gekennzeichnet ist, würde ein konversationsanalytischer Ansatz eine noch genauere Darstellung der Abfolge der einzelnen Redebeiträge beider Sprecher sowie die Erfassung prosodischer Merkmale wie Redetempo, Intonationsmuster, Lautstärke und Pausen anstreben. Eine prominente Entwicklung im Bereich konversationsanalytischer Ansätze ist der sogenannte *Small-Stories*-Ansatz, der sehr kurze, oft unvollständige bzw. über Redesequenzen verteilte und zunächst banal wirkende Geschichten, die in alltäglichen Interaktionen ausgetauscht werden, in den Fokus nimmt (Bamberg und Georgakopoulou 2008; Georgakopoulou 2007). Diese *small stories* werden den *big stories* gegenübergestellt, also solchen Geschichten, die rückwärtsgewandt eine sinnstiftende Funktion übernehmen, indem sie signifikante Lebensmomente narrativ erfassen, wie es etwa in der Autobiografieforschung untersucht wird.

2 Mündliches Erzählen und Identität

Diesen unterschiedlichen theoretischen Ansätzen zum mündlichen Erzählen liegen auch unterschiedliche Positionen bezüglich des Nexus von Erzählung und Identität zugrunde. Grundsätzlich lässt sich die Identitätsforschung mittels dreier Achsen erfassen, auf denen sich Wissenschaftler je nach theoretischer Ausrichtung verorten: So kann einem eher einheitlichen und kohärenten Bild von Selbst und Identität eine multiple, fragmentarische und oft in sich widersprüchliche Identität entgegengesetzt werden (*unity* vs. *multiplicity*); der Identitätsfindung aus dem Selbst heraus steht die Fremdbestimmung durch die Gesellschaft entgegen (*self* vs. *society*); und die Vorstellung eines Selbst, das im Wesentlichen stabil ist und durch einen zeitlichen Verlauf hindurch gleich bleibt, wird kontrastiert mit Ansätzen, die Wandel, Entwicklung und Wachstum betonen (*stabi-*

lity vs. *growth*) (McAdams et al. 2006). Die linguistische Erzählforschung geht stärker von einem dynamischen Identitätsmodell aus, bei dem Identität nicht nur als diskursiv konstruiert, sondern auch als situations- und adressatenabhängig gesehen wird (De Fina et al. 2006; Schiffrin et al. 2010).

Bamberg und Georgakopoulou (2008, 393) beispielsweise betonen den dialogischen und relationalen Charakter mündlicher Alltagserzählungen und die Bedeutung, die solche Mikroerzählungen für die Bildung und Zurschaustellung der eigenen Identität haben. Sie kritisieren autobiografische Ansätze, die ihrer Meinung nach die Inhalte von und Reflexionen über Erlebniserzählungen in den Vordergrund rücken, ohne ausreichend die situativ bedingte Konstruiertheit solcher Inhalte und Reflexionen zu berücksichtigen. Trotz dieser Kritik sind Ansätze als ebenso valide zu betrachten, die rückwärtsgewandte und, bezogen auf ein Leben, globalere Erzählungen untersuchen und in Disziplinen wie der Soziologie oder der Psychologie nach wie vor verwendet werden. Letztlich zählt für die Methodenwahl, welche Forschungsfragen beantwortet werden sollen (Riessman 2008; Mildorf 2010). Ein Bereich, der gerade in den letzten Jahrzehnten durch verbesserte technische Möglichkeiten für die Aufnahme, Speicherung und Distribution mündlicher (Lebens-)Erzählungen einen enormen Zuwachs erfahren hat, ist die *Oral-History*-Forschung (Kurkowska-Budzan und Zamorski 2009). Zahlreiche Internetdatenbanken, die Geschichten von Zeitzeugen zu den unterschiedlichsten Themen zusammentragen, geben einen Eindruck von der Produktivität dieses Bereichs.

Insgesamt lassen sich in der Erforschung mündlicher Erzählungen sowohl mikro- als auch makroanalytische Ansätze unterscheiden und darüber hinaus solche, die entweder globale oder lokale Erzählstrukturen betrachten. Lieblich et al. (1998, 12–14) verwenden die vier Eckpfeiler Inhalt („content"), Form („form"), kategorial („categorical") und holistisch („holistic"), um mögliche Zugänge zu mündlichen Erzählungen schematisch zu erfassen. Bei einem holistischen Ansatz, der sich auf den Inhalt konzentriert, werden z. B. Erzählungen in ihrer Gesamtheit erfasst und selbst einzelne Abschnitte im Gesamtzusammenhang interpretiert und bewertet. Ein holistisch-formaler Ansatz betrachtet globalere formale Strukturen, etwa Gattungsmerkmale. So mag sich eine Lebensgeschichte als Tragödie oder Komödie gestalten. Kategoriale Ansätze zeichnen sich durch ihre Konzentration auf einzelne Kategorien in der Untersuchung von Erzählungen aus. Eine kategorial-inhaltliche Herangehensweise prägt beispielsweise Labovs Einteilung von Erzählungen, da hier bestimmte Kategorien für inhaltliche Komponenten wie *orientation* oder *resolution* gefunden werden. Einem kategorial-formalen Ansatz würde die oben erläuterte Konversationsanalyse entsprechen, weil hier Erzählungen nicht nur nach bestimmten Kategorien untersucht werden, sondern noch dazu sehr kleinschrittig in Bezug auf deren formale Ausprägung. So wird hier z. B. untersucht, wie die Eröffnungssequenz einer mündlichen Erzählung auszusehen hat, damit dem Gesprächspartner signalisiert wird, dass der Erzähler nun eine Geschichte erzählen und dafür mehr diskursiven Raum einnehmen möchte.

3 Mündliches Erzählen und Imagination

Neuere Forschungen zu Alltagserzählungen berücksichtigen zunehmend auch die Rolle, die die Imagination für das Geschichtenerzählen spielt (Andrews 2014). Die Tatsache, dass selbst auf wahren Begebenheiten beruhende Geschichten phantasievolle Ausschmückungen erfahren können, wirft interessante Fragen für die Unterscheidung von faktischem und fiktionalem Erzählen auf. Folgende Anekdote, die ein amerikanischer Textilkünstler mit deutschen Vorfahren aus seiner Familiengeschichte erzählt hat, bietet ein gutes Beispiel:

> My mother's father passed away when she was very young, four years old, so she was raised by my grandmother, who was a dressmaker in Berlin. And at one point, when my mother was about 15, nearly 16 years old, a quite [sic!] rogue of a man – he was a young German man who had come from Los Angeles and was on summer holiday in Berlin – met my grandmother, Emma, and they apparently had a wonderful time together, to such a degree that when Carl Jaeger returned to Los Angeles, he wrote to my grandmother saying, „Dear Emma, [I] love you dearly. I'm enclosing two tickets. I want you and your daughter Lilly to come to Los Angeles. And marry me." And my grandmother was quite taken aback but the times were such that she said to herself, well, this is an opportunity that I didn't know I was going to have and I know what life is like in Berlin, I think I'll try Los Angeles. So they packed up everything, including pots and pans, which my grandmother were [sic!] sure did not exist in Los Angeles – [laughs] – and moved. (Adamson 2004, [3])

Obwohl der Künstler die geschilderten Erlebnisse nicht persönlich erlebt und allenfalls von ihnen aus Geschichten, die ihm seine Mutter erzählt haben muss, erfahren hat, wird nur an einer Stelle der hypothetische Charakter des Erzählten mittels eines Modaladverbs („apparently") gekennzeichnet. Die Geschichte darüber, wie es zur Auswanderung der Großmutter und der Mutter nach Amerika kam, wird interessanterweise mit denselben Mitteln erzählt, die ansonsten für persönliche Ich-Erzählungen typisch sind. So wird der Brief mit dem Heiratsantrag Carl Jaegers direkt zitiert, und auch die Gedanken und Gefühle der Großmutter werden unvermittelt wiedergegeben, um die Geschichte für den Zuhörer dramatischer zu gestalten. Während der Brief sich möglicherweise noch im Familienbesitz befindet und somit das Wissen des Künstlers um dessen genauen Wortlaut erklärt, müssen die direkt wiedergegebenen Gedanken der Großmutter als

‚erfunden' eingestuft werden, zumal der Erzähler seine Großmutter nicht persönlich kannte. Dennoch sind diese Gedanken nicht ‚fiktional' im gleichen Sinne, wie eine Kurzgeschichte oder ein Roman erdichtet sind. Schließlich wird hier von wahren Begebenheiten aus der Familiengeschichte erzählt, und wenn die ‚zitierten' Gedanken der Großmutter nicht exakt ihren wirklichen Gedanken zum damaligen Zeitpunkt entsprechen, so tun sie das zumindest annäherungsweise. Diese Vermengung von ‚Dichtung' und ‚Wahrheit' findet sich häufig in Alltagserzählungen. Randall (2014) verwendet wortspielerisch den Begriff der „novel-ty" (mit Bindestrich), um die Nähe von literarischen und autobiografischen Erzählungen zu fassen, die seines Erachtens beide Neues oder Neuigkeiten (im Sinne von Labovs *reportable event*) berichten und gleichzeitig beide Romancharakter haben, also ein breites Spektrum an Emotionen darstellen können („openness") und in eine übergeordnete Handlung zahlreiche Nebengeschichten und unterschiedliche, komplexe Figuren einbetten („integrity") (Randall 2014, 258–267). Darüber hinaus gibt es in den mündlichen Erzähltraditionen unterschiedlichster Kulturen auch immer genuine Phantasiegeschichten, die literarische Erzählgattungen und das Theater beeinflussten (Merkel 2015). Faktizität und Fiktionalität sind beim mündlichen Erzählen daher nicht als absolute Gegensätze, sondern eher als Gegenpole auf einer gradierbaren Skala anzusehen.

4 Mündliches Erzählen und neue Medien/ soziale Medien

Wie zu erwarten war, hat sich im Zeitalter der Digitalisierung und der fortschreitenden Entwicklung neuer Medien und Technologien auch das Erzählen verändert (Gächter et al. 2008; Page 2012). Soziale Medien und Internetplattformen für soziale Netzwerke und Diskussionsforen basieren zwar nach wie vor auf dem Erzählen persönlicher Geschichten, jedoch wandeln sich diese Geschichten durch die neuen medialen Bedingungen dahingehend, dass sie erstens Zeichen von Mündlichkeit und Schriftlichkeit vermischen, zweitens zunehmend multimedial ausgestaltet sind, also Bild-, Schrift- und Tonmaterial kombinieren, und drittens aufgrund der Möglichkeiten des Teilens, Kommentierens und Interagierens zunehmend gemeinschaftlich konstruiert und interaktiv sind. Zwar wird auch für das eigentliche mündliche Erzählen insofern Gemeinschaftlichkeit angenommen, als sich Sprecher an ihren Gesprächspartnern orientieren und ihre Erzählungen der jeweiligen Situation anpassen (Norrick 2000, 12). Außerdem gibt es das Phänomen der *co-narration*, also der gemeinschaftlichen Erzählung eines gemeinsam erlebten Begebnisses. Dennoch sind aufgrund der Unmittelbarkeit der Gesprächssituation größere Restriktionen zu erwarten als etwa im Internet, wo unter dem Schutzmantel der Anonymität persönliche Geschichten möglicherweise freier und freizügiger ausfallen können.

Damit einher geht auch die Frage der Authentizität. Wie Klebl und Lukosch (2008, 143) betonen, vermittelt das gesprochene Wort stärker den Eindruck der Authentizität des Gesagten, weil dieses Gesagte einer Person zugeordnet werden kann. Dies gilt bis zu einem gewissen Grad auch für Audiodateien im Internet. Bei gemischt-medialen Formen des Erzählens wird Autorschaft und somit Authentizität schon fragwürdiger, zumal in Internetforen und sozialen Medien auch unter Pseudonymen agiert werden kann. Ein Beispiel für eine solche hybride Form ist der *web log*, kurz *blog* genannt, der Kommunikationsformen aus E-Mails und persönlichen Webseiten nutzt, die Mündlichkeit teilweise nachahmen, sich aber auch aus nicht-medialen Erzählformen wie der Autobiografie speist. Geschichten, die in *blogs* erzählt werden, sind dadurch zwar tendenziell intimer als die in offiziellen Kontexten erzählten Geschichten, zugleich jedoch weniger retrospektiv und monolithisch als autobiografische Geschichten (Page 2012, 51).

5 Mündliches Erzählen und die Literatur- und Kulturwissenschaften

Das mündliche Erzählen hat für die Literatur- und Kulturwissenschaften große Bedeutung. Dabei lassen sich fünf Berührungspunkte ausmachen.

1.) Konversationelle Alltagserzählungen haben durchaus literarische Qualitäten. Das haben insbesondere die linguistischen Forschungen gezeigt (Georgakopoulou 1997; Labov 2013; Polanyi 1982; Tannen 1989). Linguisten, Ethnologen und Anthropologen in den 1970er und 1980er Jahren interessierten sich zunehmend für die künstlerische Gestaltung und Performanz in Erzählungen von Volksstämmen ohne Schriftkultur (Bauman und Sherzer 1974; Bauman 1986; Scollon und Scollon 1981; Tedlock 1972). Daraus resultierte der Ansatz der *ethnopoetics* (Hymes 2004), die bei der Untersuchung solch mündlicher Erzählungen rhythmische und prosodische Eigenschaften und deren Kovarianz mit lexikalischen und syntaktischen Strukturen in den Fokus nahm und aufzeigte, inwiefern bestimmte sprachliche Muster mit kognitiven Strukturen und kulturellen Bedeutungen korrelierten (Chafe 1980; Gee 1986; Hymes 1981).

Unter anderem angeregt durch die literaturwissenschaftliche Narratologie, untersuchen neuere Studien auch weniger paradigmatische oder zumindest weniger beachtete Formen von Alltagserzählungen, z. B. Erzählungen, die die Erlebnisse Dritter schildern (Norrick 2000, 143–162). Norrick (2013) nennt solche Erzählungen „narratives of vicarious experience". Seltener, oder zumindest weniger leicht erfassbar, sind Alltagserzählungen in der ‚Du'-Form (Mildorf 2012; vgl. auch Linde 2009, 74–78). Ein Forschungsdesiderat ist in diesem Zusammenhang, die Schnittmengen zwischen literarischen und Alltagserzählungen weiter zu untersuchen und Ansätze zu entwickeln, die narratologische mit linguistischen Ansätzen verknüpfen. Ein solcher Ansatz findet sich z. B. in David Hermans (1999) Konzept einer *socionarratology*, bei der klassisch-narratologische Konzepte zur Analyse mündlicher Erzählungen herangezogen werden (vgl. auch Mildorf 2006, 2008).

2.) Eine Reihe von literarischen Gattungen hat ihren Ursprung in oralen Traditionen, und selbst in der verschriftlichten Form lassen sich deutliche Spuren des Oralen erkennen. Das gilt z. B. für die antiken Versepen oder die balkanische Guslar-Tradition wie auch die balkanischen Balladen (Čolović 2002; Foley 1990, 1999; Parry 1988; Vidan 2003), die mittelalterlichen nordischen Heldensagen (Sigurdsson 2004) und den Minnesang (Hübner 2012; Schweikle 1995). Ob es sich bei diesen Gattungen um genuin orale Formen handelt oder Mündlichkeit zu Performanzzwecken nur fingiert ist, wird beispielsweise für die mittelalterliche Literatur kontrovers diskutiert (Reichl 2012). In diesem Zusammenhang ist es interessant zu beobachten, dass Labov (2013) seine narrative Analyse ebenfalls auf epische, historische und biblische Erzählungen ausweitet und somit deren Nähe zu eigentlichen mündlichen Erzählungen unterstreicht.

Die Oralitätsdiskussion hat vor allem durch Walter J. Ong (2002 [1982]) wichtige Impulse erfahren. Ong unterscheidet nicht nur zwischen Oralität und Schrifttum, sondern auch zwischen ‚primärer' und ‚sekundärer' Oralität. Letztere bezieht sich darauf, dass durch Technologien wie Telefon, Radio und Fernsehen (heute ließen sich eine Reihe weiterer elektronischer Medien hinzufügen) Oralität eine andere Qualität bekommt, die laut Ong ohne die Existenz des Schrifttums und der Drucktechnik nicht auskommen könnte und von ihr beeinflusst ist. Die Erforschung der Schnittstelle von Mündlichkeit und Schriftlichkeit ist gerade im Hinblick auf Digitalisierung und neue Medien ein fruchtbares Feld (Page und Thomas 2011).

3.) Erzählende Gattungen, seien sie mimetisch oder vermittelt (Schmid 2014, 8), fingieren oft mündliches Erzählen oder verwenden pseudo-mündliche Erzählungen als in das gesamte literarische Werk eingebettete Sequenzen. Dies gilt für mimetisch und vermittelt erzählende Gattungen, wie Wolf Schmid (2014, 8) sie unterscheidet. Als Beispiel für Ersteres kann die sogenannte Skaz-Narration vor allem in der russischen Literatur (Ohme 2015; Schmid 2013) gelten, aber auch die Sprechsituation in der poetischen Gattung des dramatischen Monologs, etwa bei Robert Browning, oder die an afrikanischen Geschichtenerzählern (*soras*) orientierten Erzählfiguren beispielsweise im Werk Ahmadou Kouroumas. Die hierbei dargestellte Mündlichkeit reicht von kolloquial bis formal-ritualisiert, und die Erzählerfiguren decken das gesamte Spektrum von ungebildeten Sprechern bis hin zu versierten, nahezu ‚professionellen' Geschichtenerzählern ab. Pseudomündliche Erzählsequenzen als Einbettungen finden sich u. a. in dramatischen Dialogen oder innerhalb von Dialogen in Romanen (Goetsch 2003). Diese eingebetteten Erzählungen sind oft an das alltagsweltliche Erzählen in Konversationen angelehnt, müssen aber aufgrund ihrer stilistisch konstruierten Mündlichkeit und ihrer zuweilen unterschiedlichen textinternen Funktionen doch von realweltlichen Arten und Weisen des Sprechens deutlich unterschieden werden (Leech und Short 2007, 128–138). Hier ist zu vermerken, dass kognitive Ansätze tendenziell eher die Gemeinsamkeiten realweltlichen und literarischen Erzählens in den Vordergrund stellen, weil hier weniger die ästhetische Gestalt als die leser- bzw. hörerseitige Rezeption von Interesse ist (vgl. Dancygier 2012, 21–23). Quasi-mündliche Erzählsituationen dienen häufig auch der Rahmung von Handlungen z. B. in der Erzählliteratur oder im epischen Theater. Ein linguistisches Analyseinstrumentarium kann hier zumindest teilweise dienlich sein (Leech und Short 2007, 231–254).

4.) Im Zuge der Ausweitung der Literaturwissenschaften zu Kulturwissenschaften werden sowohl in Forschung als auch Lehre zunehmend nicht-literarische Materialien untersucht. Bei der Betrachtung von Interviews, Interneterzählungen, politischen Reden, *Oral-History*-Daten und dergleichen sind Methoden, die sich mit mündlichem Erzählen auseinandersetzen, unabkömmlich. Auch für die Diskussion von in den Kulturwissenschaften so zentralen Themen wie ‚Identität' kann ein Blick auf linguistische Betrachtungen zu solchen Themen durchaus hilfreich sein.

Schließlich spielt die Frage nach dem mündlichen Erzählen mit seinen Elementen der Stimme und der Prosodie auch eine große Rolle für die Betrachtung von Audiomedien und Audiogattungen wie dem Hörbuch oder Hörspiel oder von pragmatischen Audioformen wie dem Ausstellungs-Audioguide. Auch wenn diese Gattungen in der Regel einem Skript folgen und somit nach Ong einer ‚sekundären Oralität' zuzurechnen sind, teilen sie aufgrund ihrer performativen Darbietung Charakteristika mit anderen Formen mündlichen Erzählens. Trotz zahlreicher medien- und kulturwissenschaftlicher Studien zu diesen Medien und Gattungen sind Untersuchungen, die einen dezidiert narratologischen Fokus auf Klang und Stimme legen, bislang eher selten (Blödorn et al. 2006; Huwiler 2005). Ein Forschungsdesiderat ist vor diesem Hintergrund die Entwicklung einer ‚Audionarratologie', bei der die Klangseite von Erzählungen stärker ins Zentrum der Betrachtung rückt (Mildorf und Kinzel 2016). Methodologisch kann die Forschung zu mündlichem Erzählen insofern hilfreich sein, als hier klangliche Qualitäten gesprochener Erzählungen und von Erzählerstimmen bereits untersucht werden. Auch inter- und transkulturelle Studien sind in diesem Zusammenhang aufschlussreich. So gibt es in der afrikanischen Erzählkultur rein lautliche Ausdrücke (Ideophone), die zur lebendigen Andeutung von Farben, Bewegungsarten, Körpereigenschaften, Gefühlen und dergleichen in Geschichten verwendet werden (Reuster-Jahn 2002). Und bereits die russischen Formalisten zeigten in Anlehnung an deutsche Philologen wie Eduard Sievers Interesse an der spürbaren Klanglichkeit von sprachlichem Material. So schrieb Boris Ėjchenbaum 1925:

> Nicht der Skaz als solcher ist wichtig, sondern die *Ausrichtung auf das Wort, auf die Intonation, auf die Stimme*, und sei es auch in schriftlicher Transformation. Das ist die natürliche und unabdingbare Grundlage der Erzählprosa. [...] Wir beginnen vieles wie von neuem, und darin liegt die historische Kraft unserer Zeit. Vieles empfinden wir anders – darunter auch das Wort. Unser Verhältnis zum Wort ist konkreter geworden, sinnlicher, physiologischer. [...] Wir wollen es hören, es wie eine Sache anfassen. So kehrt die „Literatur" zur „Wortkunst" [*slovesnost'*] zurück, die Erzählliteratur zum mündlichen Erzählen. (Ėjchenbaum 1969 [1925], 240–243; hier zit. nach der revid. Übersetzung bei Schmid 2014, 155; Hervorh. im Orig.)

Literaturverzeichnis

Adamson, Glenn (2004). *Oral History Interview with Gerhardt Knodel, 2004 August 3, in Bloomfield Hills, Michigan [Transcript], for the Archives of American Art's Nanette L. Laitman Documentation Project For Craft and Decorative Arts in America*. Archives of American Art, Smithsonian Institution. Washington, D. C./New York. https://www.aaa.si.edu/collections/interviews/oral-history-interview-gerhardt-knodel-12740 (28. Mai 2017).
Alber, Jan, Henrik Skov Nielsen und Brian Richardson (Hgg. 2013). *A Poetics of Unnatural Narrative*. Columbus.
Andrews, Molly (2014). *Narrative Imagination and Everyday Life*. Oxford.
Bamberg, Michael, und Alexandra Georgakopoulou (2008). „Small Stories as a New Perspective in Narrative and Identity Analysis". In: *Text & Talk* 28, 377–396.
Bauman, Richard (1986). *Story, Performance and Event*. Cambridge.
Bauman, Richard, und Joel Sherzer (Hgg. 1974). *Explorations in the Ethnography of Speaking*. Cambridge.
Becker, Tabea (2005). *Kinder lernen erzählen. Zur Entwicklung der narrativen Fähigkeiten von Kindern unter Berücksichtigung der Erzählform*. 2., korrigierte Aufl. Baltmannsweiler.
Blödorn, Andreas, Daniela Langer und Michael Scheffel (Hgg. 2006). *Stimme(n) im Text. Narratologische Positionsbestimmungen*. Berlin/New York.
Brown, Carolyn S. (1989). *The Tall Tale in American Folklore and Literature*. Knoxville.
Bruner, Jerome (1986). *Actual Minds, Possible Worlds*. Cambridge, MA.
Bruner, Jerome (2002). *Making Stories. Law, Literature, Life*. Cambridge, MA.
Celi, Ana, und Maria Christina Boiero (2002). „The Heritage of Stories: A Tradition of Wisdom". In: *American Studies International* 40.2, 57–72.

Chafe, Wallace (1980). *Peer Stories. Cognitive, Cultural, and Linguistic Aspects of Narrative Production*. Norwood.
Charon, Rita (2006). *Narrative Medicine. Honoring the Stories of Illness*. Oxford.
Čolović, Ivan (2002). „Who Owns the Gusle? A Contribution to Research on the Political History of a Balkan Musical Instrument". In: S. Resic, B. Törnquist-Plewa (Hgg.), *The Balkans in Focus. Cultural Boundaries in Europe*. Riga, 59–82.
Dancygier, Barbara (2012). *The Language of Stories. A Cognitive Approach*. Cambridge.
De Fina, Anna, und Alexandra Georgakopoulou (2012). *Analyzing Narrative. Discourse and Sociolinguistic Perspectives*. Cambridge.
De Fina, Anna, Deborah Schiffrin und Michael Bamberg (Hgg. 2006). *Discourse and Identity*. Cambridge.
Ėjchenbaum, Boris (1969 [1925]). „Leskov i sovremennaja proza/Leskov und die moderne Prosa". Russ.-dt. in: J. Striedter (Hg.), *Texte der russischen Formalisten*. Bd. 1: *Texte zur allgemeinen Literaturtheorie und zur Theorie der Prosa*. München, 208–243.
Fisher, Walter R. (1984). „Narration as a Human Communication Paradigm: The Case of Public Moral Argument". In: *Communication Monographs* 51, 1–22.
Fludernik, Monika (1996). *Towards a ‚Natural' Narratology*. London.
Foley, John Miles (1990). *Traditional Oral Epic. The „Odyssey", „Beowulf", and the Serbo-Croatian Return Song*. Berkeley.
Foley, John Miles (1999). *Homer's Traditional Art*. University Park.
Gächter, Yvonne, Heike Ortner, Claudia Schwarz und Andreas Wiesinger (Hgg. 2008). *Erzählen. Reflexionen im Zeitalter der Digitalisierung*. Innsbruck.
Gee, J. Paul (1986). „Units in the Production of Narrative Discourse". In: *Discourse Processes* 9, 391–422.
Georgakopoulou, Alexandra (1997). *Narrative Performances. A Study of Modern Greek Storytelling*. Amsterdam.
Georgakopoulou, Alexandra (2007). *Small Stories, Interaction and Identities*. Amsterdam.
Goetsch, Paul (2003). *The Oral and the Written in Nineteenth-Century British Fiction*. Frankfurt a. M.
Grove, Nicola (Hg. 2013). *Using Storytelling to Support Children and Adults with Special Needs. Transforming Lives Through Telling Tales*. Oxon.
Herman, David (1999). „Toward a Socionarratology: New Ways of Analyzing Natural-Language Narratives". In: D. Herman (Hg.), *Narratologies. New Perspectives on Narrative Analysis*. Columbus, 218–246.
Herman, David (2002). *Story Logic. Problems and Possibilities of Narrative*. Lincoln.
Herman, David (2009). *Basic Elements of Narrative*. Chichester.
Hübner, Gert (2012). „Minnesang, Minnerede". In: G. Ueding (Hg.), *Historisches Wörterbuch der Rhetorik*, Bd. 10. Darmstadt, 701–711.
Huwiler, Elke (2005). *Erzähl-Ströme im Hörspiel. Zur Narratologie der elektroakustischen Kunst*. Paderborn.
Hymes, Dell (1981). *„In vain I tried to tell you". Essays in Native American Ethnopoetics*. Philadelphia.
Hymes, Dell (2004). *Now I Know So Far. Essays in Ethnopoetics*. Lincoln.
Klebl, Michael, und Stephan Lukosch (2008). „Kollaboratives und audio-basiertes Storytelling: Prinzipien und Anwendung". In: Y. Gächter, H. Ortner, C. Schwarz, A. Wiesinger (Hgg.), *Erzählen. Reflexionen im Zeitalter der Digitalisierung*. Innsbruck, 142–167.
Koschorke, Albrecht (2012). *Wahrheit und Erfindung. Grundzüge einer Allgemeinen Erzähltheorie*. Frankfurt a. M.

Kurkowska-Budzan, Marta, und Krzysztof Zamorski (Hgg. 2009). *Oral History. The Challenges of Dialogue*. Amsterdam.

Labov, William (1972). *Language in the Inner City. Studies in the Black English Vernacular*. Philadelphia.

Labov, William (2013). *The Language of Life and Death. The Transformation of Experience in Oral Narrative*. Cambridge.

Labov, William, und Joshua Waletzky (1967). „Narrative Analysis: Oral Versions of Personal Experience". In: J. Helm (Hg.), *Essays on the Verbal and Visual Arts*. Seattle, 12–44.

Leech, Geoffrey, und Mick Short (2007). *Style in Fiction. A Linguistic Introduction to English Fictional Prose*. 2., erweiterte Aufl. Harlow.

Lieblich, Amia, Rivka Tuval-Mashiach und Tamar Zilber (1998). *Narrative Research. Reading, Analysis, and Interpretation*. Thousand Oaks.

Linde, Charlotte (2009). *Working the Past. Narrative and Institutional Memory*. Oxford.

Lucius-Hoene, Gabriele, und Arnulf Deppermann (2002). *Rekonstruktion narrativer Identität. Ein Arbeitsbuch zur Analyse narrativer Interviews*. Opladen.

Mattingly, Cheryl (1998). *Healing Dramas and Clinical Plots. The Narrative Structure of Experience*. Cambridge.

McAdams, Dan P., Ruthellen Josselson und Amia Lieblich (Hgg. 2006). *Identity and Story. Creating Self in Narrative*. Washington, DC.

Merkel, Johannes (2015). *Hören, Sehen, Staunen. Kulturgeschichte des mündlichen Erzählens*. Hildesheim.

Mildorf, Jarmila (2006). „Sociolinguistic Implications of Narratology: Focalization and ‚Double Deixis' in Conversational Storytelling". In: M. Hyvärinen, A. Korhonen, J. Mykkänen (Hgg.), *The Travelling Concept of Narrative*. Helsinki, 42–59.

Mildorf, Jarmila (2007). *Storying Domestic Violence. Constructions and Stereotypes of Abuse in the Discourse of General Practitioners*. Lincoln.

Mildorf, Jarmila (2008). „Thought Presentation and Constructed Dialogue in Oral Storytelling: Limits and Possibilities of a Cross-Disciplinary Narratology". In: *Partial Answers* 6.2, 279–300.

Mildorf, Jarmila (2010). „Narratology and the Social Sciences". In: M. Fludernik, J. Alber (Hgg.), *Postclassical Narratology. Approaches and Analyses*. Columbus, 234–254.

Mildorf, Jarmila (2012). „Second-Person Narration in Literary and Conversational Storytelling". In: *Storyworlds* 4, 75–98.

Mildorf, Jarmila und Till Kinzel (Hgg. 2016). Audionarratology. Interfaces of Sound and Narrative. Berlin.

Norrick, Neal R. (2000). *Conversational Narrative. Storytelling in Everyday Talk*. Amsterdam.

Norrick, Neal R. (2005). „The Dark Side of Tellability". In: *Narrative Inquiry* 15, 323–344.

Norrick, Neal R. (2013). „Narratives of Vicarious Experience in Conversation". In: *Language in Society* 42, 385–406.

Ochs, Elinor, und Lisa Capps (2001). *Living Narrative. Creating Lives in Everyday Storytelling*. Cambridge, MA.

Ohme, Andreas (2015). *Skaz und Unreliable Narration. Entwurf einer neuen Typologie des Erzählers*. Berlin.

Ong, Walter J. (2002 [1982]). *Orality and Literacy. The Technologizing of the Word*. London.

Page, Ruth (2012). *Stories and Social Media. Identities and Interaction*. New York.

Page, Ruth, und Bronwen Thomas (Hgg. 2011). *New Narratives: Stories and Storytelling in the Digital Age*. Lincoln.

Parry, Adam (Hg. 1988). *The Making of Homeric Verse. The Collected Papers of Milman Parry*. Oxford.
Polanyi, Livia (1982). „Literary Complexity in Everyday Storytelling". In: D. Tannen (Hg.), *Spoken and Written Language. Exploring Orality and Literacy*. Norwood, 155–170.
Quasthoff, Uta M. und Tabea Becker (Hgg. 2005). *Narrative Interaction*. Amsterdam.
Randall, William Lowell (2014). *The Stories We Are. An Essay on Self-Creation*. 2. Aufl. Toronto.
Reichl, Karl (Hg. 2012). *Medieval Oral Literature*. Berlin.
Reuster-Jahn, Uta (2002). *Erzählte Kultur und Erzählkultur bei den Mwera in Südost-Tansania*. Köln.
Richardson, Brian (2006). *Unnatural Voices. Extreme Narration in Modern and Contemporary Fiction*. Columbus.
Riessman, Catherine Kohler (2008). *Narrative Methods for the Human Sciences*. Thousand Oaks.
Sarbin, Theodore R. (1986). „The Narrative as a Root Metaphor for Psychology". In: T. R. Sarbin (Hg.), *Narrative Psychology. The Storied Nature of Human Conduct*. New York, 3–21.
Schapp, Wilhelm (1985 [1953]). *In Geschichten verstrickt. Zum Sein von Mensch und Ding*. Frankfurt a. M.
Schiffrin, Deborah, Anna De Fina und Anastasia Nylund (Hgg. 2010). *Telling Stories. Language, Narrative, and Social Life*. Georgetown.
Schmid, Wolf (2013). „Skaz". In: P. Hühn et al. (Hgg.), *the living handbook of narratology*. Hamburg. http://www.lhn.uni-hamburg.de/article/skaz (28. Mai 2017).
Schmid, Wolf (2014). *Elemente der Narratologie*. 3., erw. und bearb. Aufl. Berlin/Boston.
Schweikle, Günther (1995). *Minnesang*. 2., korrigierte Aufl. Stuttgart.
Scollon, Ronald, und Suzanne B. K. Scollon (1981). *Narrative, Literacy, and Face in Interethnic Communication*. Norwood.
Sigurdsson, Gisli (2004). *The Medieval Icelandic Saga and Oral Tradition. A Discourse on Method*. Cambridge, MA.
Tannen, Deborah (1989). *Talking Voices. Repetition, Dialogue, and Imagery in Conversational Discourse*. Cambridge.
Tedlock, Dennis (1972). *Finding the Center. Narrative Poetry of the Zuni Indians*. New York.
Vidan, Aida (2003). *Embroidered with Gold, Strung with Pearls. The Traditional Ballads of Bosnian Women*. Cambridge, MA.

Sonja Zeman
III.1.8 Episches Präteritum und Historisches Präsens

1 Episches Präteritum (EP) und Historisches Präsens (HP) im Schnittbereich von Temporalität, Narrativität und Fiktionalität

Erzählen – so eine grundlegende Auffassung der traditionellen Erzählforschung – bedeutet in der Regel, Vergangenes zu erzählen: Da das Erzählen eines Ereignisses das Wissen um selbiges voraussetzt, muss der Akt des Erzählens sich notwendigerweise auf zeitlich bereits vergangene Ereignisse beziehen (vgl. z. B. Rasch 1961, 73; Cohn 1993, 9; Fludernik 2010, 63; Martínez und Scheffel 1999, 72). Erzähltempora wie das Präteritum im Deutschen rekrutieren sich daher prototypischerweise aus den Vergangenheitstempora. Nicht erst seit den experimentellen Ausprägungen zukünftigen und multilinearen Erzählens (vgl. z. B. Bode 2013) und dem sich in der Moderne etablierenden Präsensroman (Petersen 1992; Avanessian und Hennig 2013a) ist eine solch einfache Bezugsetzung von Temporalität und Narrativität jedoch problematisch geworden. Denn bereits im klassischen präteritalen Erzählmuster retrospektiven Erzählens widersetzen sich dieser Prämisse zwei Tempus-Verwendungen – das Historische Präsens (im Folgenden: HP) und das Epische Präteritum (im Folgenden: EP):

(1) HP: *Gestern klingelt* es plötzlich an der Tür.
(2) EP: *Morgen war* Weihnachtsabend.

In (1) bezieht sich das Präsens auf ein Ereignis, das ‚gestern' und damit in der ‚Vergangenheit' situiert ist. Das Präteritum in (2) bezeichnet dagegen ein Ereignis, das sich, verrechnet von der fiktiven ‚Gegenwart' der Romanfigur aus, auf die Zukunft bezieht. Aus einer rein referenzsemantischen Sicht sind damit beide Verwendungsformen problematisch, da sie der grammatischen Funktion von Tempus, nämlich der Lokalisierung eines Ereignisses in der Zeit (Comrie 1985, 9), zuwiderzulaufen scheinen: Weder bezeichnet das Präsens in (1) ‚Gegenwart' noch das Präteritum in (2) ‚Vergangenheit'. Verhalten sich Tempora in Erzähltexten damit grundsätzlich anders als in der Alltagssprache? Der scheinbar ‚ungrammatische' Gebrauch der Tempora hat bezüglich dieser Frage zu zwei Grundpositionen geführt:

I. Die Funktion der Tempora ist in narrativen Texten eine grundlegend andere als in nicht-narrativen Texten.

> Vertreter dieser Position argumentieren in der Tradition der These von Käte Hamburger, der zufolge Tempora in narrativen Texten ihre grammatische Bedeutung „verlieren" (Hamburger 1987 [1957], 61). Statt einer zeitlichen Situierung leistet das EP eine „epische" Funktion, indem das Erzählte „entzeitlicht" und damit der Realität entrückt wird. Als Indikator von Fiktionalität erfüllt das Präteritum damit eine grundsätzlich andere Funktion als in der Alltagssprache. Parallel dazu ist argumentiert worden, dass auch das HP seine eigentliche grammatische Bedeutung aufgibt (Hamburger 1965, 50) und als „fiktionales Präsens" fungiert (Petersen 1992).

II. Die Funktion der Tempora in narrativen Texten unterscheidet sich nicht grundlegend von ihrer Funktion in nicht-narrativen Texten, denn
a. *Tempora (inklusive HP und EP) haben grundsätzlich keine temporale Bedeutung.*

> Der bekannteste Vertreter dieser Position ist Weinrich (2001 [1964]), dem zufolge Tempora keine zeitliche Dimension bezeichnen, sondern eine Einstellung des Sprechers zum Gesagten – und zwar in narrativen wie nicht-narrativen Texten gleichermaßen. Tempora (inklusive HP und EP) leisten damit grundsätzlich keine zeitliche Verortung.

b. *Tempora (inklusive HP und EP) behalten auch in narrativen Texten eine temporale Bedeutung.*

> Vertreter dieser Position stehen in der Tradition der Hamburger-Kontrahenten (u. a. Kayser 1957; Stanzel 1959; Rasch 1961), die dafür argumentieren, dass das EP eine Vergangenheitsbedeutung bewahrt, indem es sich auf den Zeitpunkt eines relativ zur Erzählinstanz vorzeitigen Ereignisses bezieht. Diese Position setzt damit die Prämisse voraus, dass die Erzählinstanz ein konstitutives Charakteristikum narrativer Texte bildet. Ebenso bewahrt dieser Position zufolge das HP seine temporale Grundbedeutung, indem es die Ereignisse aus der Sicht des Lesers und/oder des Erzählers ‚vergegenwärtigt'.

2 Tempus und Narrativität

Die Kontroverse um die Frage, ob Tempora in Erzähltexten ihre grammatische Funktion verlieren und dem Tempusgebrauch in narrativen Texten damit ein Sonderstatus zukommt, ist nur vor dem Hintergrund zu klären, worin diese grammatische Funktion eigentlich besteht. Diesbezüglich sind drei häufig in der Forschungsliteratur vertretene Ansichten zu revidieren.

‚Tempora bezeichnen ‚Vergangenheit', ‚Gegenwart' und ‚Zukunft'.'

Dass eine rein referenzsemantische Beschreibung der Tempora nicht nur für erzählende Kontexte unzulässig ist, wird an der Tatsache deutlich, dass auch die Verwendung der Tempora in nicht-narrativen Texten nicht auf eine bestimmte Zeitstufe festgelegt ist. Neben der Bezeichnung der Gegenwart kann etwa das Präsens auch allgemeingültige (‚Der Löwe ist ein Säugetier') oder zukünftige Sachverhalte (‚Morgen habe ich Geburtstag') bezeichnen. Eine absolute Klassifikation des Präsens als ‚Gegenwarts'- bzw. des Präteritums als ‚Vergangenheits'-Tempus bleibt damit für narrative wie nicht-narrative Texte gleichermaßen unzureichend. Für erzählende Texte gilt diese Relativität umso mehr, als deren Doppelstruktur (mindestens) zwei unterschiedliche Zeitebenen voraussetzt: die Zeitebene des Erzählens und die Zeitebene des Erzählten. ‚Vergangenheit' kann sich damit sowohl auf das aktuelle *story now* beziehen als auch auf das (fiktionale) Jetzt des Erzählers. Eine Bezeichnung als ‚Vergangenheit' impliziert damit notwendigerweise die Frage: ‚Vergangen' in Relation zu was?

‚Tempora lokalisieren ein Verbalereignis in der Zeit.'

Anders als absolute Temporaladverbien (‚Wir befinden uns *im Jahr 50 v. Chr.*') verorten Tempora das Ereignis nicht zu einem spezifischen Zeitpunkt, sondern setzen es in eine temporale Relation zu einem Bezugspunkt, der mit der aktuellen Sprechzeit zusammenfallen kann, aber nicht notwendigerweise muss. Tempora *lokalisieren* damit nicht ein Verbalereignis, sondern *perspektivieren* es hinsichtlich seiner temporalen Situierung. Das ist ein relevanter Unterschied, da die Bezugsetzung zwischen dem erzählten Ereignis und der Sprechzeit erst über eine dritte Betrachtzeit erfolgt (vgl. z. B. Klein 1994, 2009). Tempus ist damit eine Kategorie, die sich in Tradition von Reichenbach (1947) durch die Relationen zwischen drei unterschiedlichen Zeitintervallen beschreiben lässt – der Sprechzeit S, der Ereigniszeit E und einer Referenzzeit R, vgl. (3):

(3a) Es klingelt an der Tür.   (3b) Es klingelte an der Tür.

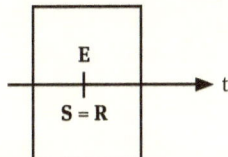
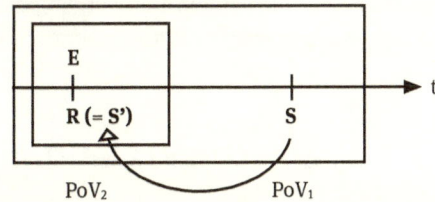

(S = Sprechzeit, E = Ereigniszeit, R = Referenzzeit, PoV = Point of View)

Das Präsens in (3a) bezeichnet eine Konstellation, bei der sich Ereigniszeit, Sprechzeit und Referenzzeit überlappen. Der Unterschied zum Präteritum in (3b) besteht nun nicht vornehmlich darin, dass ein Ereignis vor dem Sprechzeitpunkt ‚lokalisiert' wird, sondern dass der Perspektivenpunkt, von dem aus das Ereignis betrachtet wird, deiktisch verlagert (Bühler 1999 [1934]) bzw. (im Sinn von Jakobson 1999 [1967]) ‚geshiftet' wird. Das Ereignis wird damit von einem zweiten Referenzpunkt aus betrachtet, der nicht mit dem der ursprünglichen Sprecher-Origo zusammenfällt. Die Relation zur ursprünglichen Origo bleibt dabei jedoch implizit erhalten, so dass zwei ‚Point of Views' zur gleichen Zeit aktualisiert werden. Die Perspektivierungsleistung von Tempus basiert damit auf einem komplexen deiktischen Prozess, in dem nicht nur eine temporale Perspektivierung der Ereigniszeit in Relation zur Sprechzeit erfolgt, sondern gleichzeitig auch eine reflexive Situierung der Sprecher-Origo. Auf diese Weise ist Tempus als deiktische Kategorie eng mit erzähltheoretischen Fragen nach dem Sprecher bzw. Erzähler verknüpft.

‚Vergangenheitstempora bezeichnen Abgeschlossenheit.'

Häufig wird implizit davon ausgegangen, dass Vergangenheitstempora wie das Präteritum auch temporale Abgeschlossenheit bezeichnen. Dass ‚Vergangenheit' und ‚Abgeschlossenheit' jedoch zwei unabhängige Faktoren sind (vgl. auch Margolin 1999), wird an präteritalen Verlaufsformen wie dem engl. *Past Progressive* deutlich:

(4) „She was sitting for hours and hours and hours [...]." (Van Hasselt 2007, o. S.)

In (4) wird das Ereignis in seinem Verlauf dargestellt, der Abschluss der Handlung ist sprachlich jedoch nicht konzeptualisiert. Tempusformen wie das Präteritum (und das EP) sind damit nicht notwendigerweise aspektuell in Bezug auf ihre Abgeschlossenheit markiert. Der Effekt ergibt sich vielmehr aus der Inferenz einer Abgeschlossenheit der ‚vergangenen' erzählten Welt und ist damit an die Doppelstruktur der Erzählung geknüpft.

3 Das Epische Präteritum (EP)

Die Bezeichnung ‚Episches Präteritum' ist von Käte Hamburger geprägt worden. Berühmt geworden in der Erzählforschung ist das Beispiel in (5):

> (5) „Aber am Vormittag hatte sie den Baum zu putzen. Morgen war Weihnachten." (Berend 2012 [1915], 83; hier zit. nach Hamburger 1987 [1957], 71; im Orig. übrigens: „Morgen war Weihnachtsabend.")

Hamburger (1987 [1957], 70–71) zufolge zeigt die Kombination des zukunftsbezogenen Temporaladverbs *morgen* mit dem Präteritum eindeutig an, dass es sich in (5) nur um einen Romansatz handeln kann, da eine solche Verbindung in einer realen Sprechsituation nicht möglich sei: Das Präteritum bezieht sich nicht auf eine Vergangenheit in Relation zur realen Origo eines Aussagesubjekts, sondern auf die Gegenwart der fiktiven Ich-Origo einer Romanfigur. Hamburger folgert daraus, dass das EP im Roman seine Vergangenheitsbedeutung verliert und stattdessen die Fiktionalität des Erzählten anzeigt. Damit werden zwei Aspekte des EP verknüpft, die zunächst als unabhängige Faktoren zu betrachten sind: der temporale und der fiktionale Gehalt des Präteritums.

Der *temporale Gehalt* des Präteritums bezieht sich auf die Relation der erzählten Ereignisse zur Sprechzeit. In narrativen Texten bezieht sich ‚Vergangenheit' auf die Relation zum ‚Jetzt' des Erzählers. Die temporale Bedeutung des Präteritums bzw. EP steht folglich in enger Abhängigkeit zur erzähltheoretischen Frage, ob eine Erzählinstanz als konstitutives Merkmal eines narrativen Textes erachtet wird oder nicht. Probleme ergibt die deiktische Bedeutung des EP nur für jene Ansätze, die davon ausgehen, dass nicht jede Erzählung bzw. jede Erzählpassage eine Erzählinstanz aufweist. Denn nur wenn, wie von Hamburger (1987 [1957], 75) postuliert, die Ich-Origo des Erzählers verschwindet, verschwindet auch die temporale Relation zwischen den erzählten Ereignissen und dem Erzähler. In Konsequenz bezeichnet das EP dann nicht mehr ‚Vergangenheit', sondern ‚fiktionale Gegenwart' bzw. Zeitlosigkeit.

Wird dagegen angenommen, dass jeder Erzähltext bzw. jede erzählende Textpassage *per definitionem* eine – overte oder koverte – Erzählinstanz voraussetzt, besteht keine Notwendigkeit, den Verlust einer Vergangenheitsfunktion anzunehmen. Auch in Sätzen wie (5) bezeichnet das Präteritum demnach eine

Vorzeitigkeitsrelation der erzählten Ereignisse zur (fiktiven) Zeit des Erzählers, während die Gleichzeitigkeitsrelation zum aktuellen *story now* und damit die Figurenperspektive durch Temporaladverbien markiert wird. Damit sind Beispiele wie (5) nicht zeitlos. Vielmehr integrieren sie zwei zeitliche Perspektiven: die des Erzählers und der Figur (vgl. zu sogenannten *Dual-Voice*-Ansätzen in Tradition von Pascal 1977 auch Zeman, *Perspektive / Fokalisierung* im vorliegenden Band). Das EP konserviert demzufolge inhärent die deiktische Relation zu einer koverten Erzählinstanz.

Die Frage nach dem EP ist damit weniger eine Frage nach der Temporalität der Erzählung als vielmehr nach dem Status des Sprechers bzw. des Erzählers in Erzähltexten. Dies gilt auch in Bezug auf den *fiktionalen Gehalt* des EP. Dieser kommt Hamburger zufolge dadurch zustande, dass in Beispielen wie (5) die ‚reale' Ich-Origo durch fiktive Origines der Romanfiguren ersetzt wird, wodurch die Aussagestruktur der Erzählung verlorengehe (Hamburger 1965, 60). Ein Hauptcharakteristikum der ‚puren' Erzählung ist somit ihre Sprecherlosigkeit: Die Sätze der Narration sind „unspeakable" (Banfield 1982). Es ist damit die Kontextumgebung, die dem Präteritum die Vergangenheitsbedeutung (E – S) „nimmt" (Hamburger 1987 [1957], 73), so dass die fiktionale Bedeutung des EP sich aus der Struktur der Narration ergibt. Damit ist zu fragen, ob das EP weniger als ein Indikator für Fiktionalität als eher für Narrativität zu bewerten ist. Zeman [im Druck] zufolge ergibt sich der fiktionale Gehalt des EP erst sekundär: Nicht die „Entzeitlichung", sondern die Überlagerung zweier unterschiedlicher Perspektiven, wie sie für die kanonische Redesituation untypisch ist, bewirkt den fiktionalen Effekt. Für eine solche Position spricht auch, dass Formen der freien indirekten Rede – und damit auch das Vorkommen von EP – nicht auf fiktionale Kontexte beschränkt sind (vgl. Fludernik 1993, 83–84).

Ist nun jedes Präteritum in einem erzählenden Text auch ein Episches Präteritum? Auch diese Frage steht in Abhängigkeit erzähltheoretischer Grundannahmen. Wird der fiktionale Gehalt des EP an den Verlust der Aussagestruktur geknüpft, ist das EP *per definitionem* an ‚sprecherlose' Sätze gebunden. Hamburger postuliert daher einen grundlegenden Unterschied zwischen der epischen, d. h. sprecherlosen Fiktion der Er-Erzählung und der fingierten Wirklichkeitsaussage der 1. Person. Während in Erzählungen der 1. Person eine Erzählinstanz vorhanden ist und die deiktische Qualität des Präteritums daher erhalten bleibt, ist jedes Präteritum in der Erzählung der ‚sprecherlosen' 3. Person als Episches Präteritum zu sehen (Hamburger 1965, 61). Wird dagegen davon ausgegangen, dass Erzählen in der 1. wie 3. Person gleichermaßen eine Erzählinstanz voraussetzt (vgl. z. B. Stanzel 2008 [1978], 120 ff.), ist das EP dagegen nicht grundsätzlich von der 1. Person ausgeschlossen, sondern vielmehr an das Vorkommen einer Reflektorfigur und damit an historische Ausprägungen figuraler Erzählsituationen gebunden (vgl. zur Diachronie der freien indirekten Rede Zeman, *Perspektive / Fokalisierung* im vorliegenden Band). Was demnach jeweils im Einzelfall als ‚Episches Präteritum' betrachtet wird, ist davon abhängig, welche temporale Relation als Klassifikationskriterium herangezogen wird (vgl. Tabelle 1).

Tab. 1: Heterogenität der Klassifikationskriterien zur Bestimmung des EP.

EP	Phänomenbereich	Temporale Relation
EP 0	‚Präteritum ohne Vergangenheitsbezug'	unspezifiziert
EP 1	Präteritum in der figuralen Erzählsituation (der 1. oder 3. Person)	Ereignis – Fokalisierungsinstanz (*wer nimmt wahr?*)
EP 2	Präteritum in Erzählungen der 3. Person (unabhängig von der Erzählperspektive)	Ereignis – Erzählinstanz (*wer spricht?*)
EP 3	Präteritum in fiktionalen Erzähltexten	Verlust der temporalen Relation (→ ‚Entrealisierung', ‚Entzeitlichung')

4 Das Historische Präsens (HP)

Wird das EP gemeinhin als ein ‚Präteritum ohne Vergangenheitsbezug' beschrieben, gilt das HP komplementär als ‚Präsens mit Vergangenheitsbezug'. Wie in Bezug auf das EP greift eine solche Definition allerdings zu kurz, da auch für das HP die doppelte Zeitlichkeit der Narration zu berücksichtigen ist. So steht auch im klassischen Muster retrospektiven präteritalen Erzählens das Präsens, wenn Ereignisse bezeichnet werden, die in Relation zur Zeit einer potentiellen Rahmenerzählung bzw. der Rezeptionszeit des Lesers zwar ‚vergangen' sind, sich aber auf ein fiktives ‚Jetzt' der Figur oder des Erzählers und damit auf einen deiktischen Verweisraum beziehen, der eine (fiktive) Sprecher-Origo miteinschließt. Beispiele für dieses ‚Erzähler-Präsens' sind Vorkommen in der direkten Rede, Kommentare des Erzählers (6), Verweise zur fiktiven Erzählzeit bzw. allgemein gültige Ereignisse (7) und metanarrative Einschübe sowie Zusammenfassungen (8):

(6) „Nun höre jeder genau zu! Ich *will* euch viele wunderliche Dinge von einem edlen Ritter erzählen." (*Herzog Ernst*, 1979 [um 1200], V1–3; Hervorh. S. Z.)

(7) „Als sie dem unten liegenden Hause des alten Haien nahe kam, ging sie den Akt, wie man bei uns die Trift- und Fußwege *nennt*, die schräg an der Seite des Deiches *hinab- oder hinaufführen*, zu den Häusern hinunter." (Storm 1888, 10; Hervorh. S. Z.)

(8) „Dies Buch *berichtet* von einem ehemaligen Zement- und Transportarbeiter Franz Biberkopf in Berlin." (Döblin 2007 [1929], 11; Hervorh. S. Z.)

In den Beispielen (6–8) fingiert das Präsens eine Gleichzeitigkeit von Ereigniszeit und (fiktiver) Sprechzeit und behält damit seinen präsentischen Charakter bei. Nicht jedes Präsens in einem narrativen Text ist daher auch ein Historisches Präsens. Als Klassifikationskriterium für das HP gilt in traditionellen Ansätzen die Ersetzbarkeit durch das Präteritum (vgl. z. B. Duden 2009, 506). Diese Substitutionsprobe ist jedoch zu unspezifisch, da unter das ‚Präsens mit Vergangenheitsbezug' durchaus unterschiedliche Präsensvarianten fallen (vgl. auch Zeman 2013).

Tabellarisches Präsens (auch: praesens annalisticum, praesens tabulare)

Das tabellarische Präsens bezeichnet historische Ereignisse in Listen und Tabellen, deren Situierung in der Vergangenheit meist durch absolute Temporaladverbien geleistet wird.

> (9) 15. März 44 v. Chr.: Caesar *wird ermordet*.

Beispiele wie (9) sind damit zwar durch das Präteritum ersetzbar, die Verwendung des Präsens verhindert jedoch eine deiktische Verlagerung der Referenzzeit in die Vergangenheit. Die Ereignisse werden insofern nicht *erzählt*, sondern *aufgezählt*, so dass das tabellarische Präsens in narrativen Texten in der Regel keine Rolle spielt. Vergleichbar ist der Gebrauch des Präsens in Überschriften:

> (10) „Tödlicher Unfall gestern Abend in Rhede: 51-Jähriger *verunglückt* mit Oldtimer-Sportwagen." (*Bocholter-Borkener Volksblatt*, 2. August 2014; Hervorh. S. Z.)

Betrachter-Präsens (auch: Präsens tabulare, schilderndes / beschreibendes / deskriptives Präsens, szenisches Präsens, dramatisches Präsens, Präsens des Verweilens, imaginatives Präsens, fiktionales Präsens, visuelles Präsens)

Auch das Betrachter-Präsens ist an ein deiktisches Referenzsystem eines – realen oder fiktiven – Sprechers gebunden. In narrativen Kontexten fingiert es eine Simultaneität der Zeit des Erzählers, der Zeit der erzählten Ereignisse und der Rezeptionszeit des Lesers. Dabei ist es häufig an Wahrnehmungsverben gebunden, wobei der Effekt simuliert wird, das Geschehen spiele sich quasi vor den Augen (bzw. Ohren) von Erzähler und Rezipient ab:

(11) „Mit Gewalt mich ermannend *gucke* ich behutsam hervor. Der Sandmann *steht* mitten in der Stube vor meinem Vater, der helle Scheint der Lichter brennt ihm ins Gesicht!" (Hoffmann 2009 [1816], 56; Hervorh. S. Z.)

Eine Abgrenzung zum Erzähler-Präsens ist nicht immer eindeutig zu ziehen, da sich – insbesondere in Traumsequenzen und im Bewusstseinsstrom – Erzähler- und Wahrnehmungsinstanzen überlagern können (siehe hierzu im vorliegenden Band auch *Zeman, Perspektive / Fokalisierung*).

Historisches Präsens in Alternation zu präteritalen Tempora (auch: narratives, szenisches, dramatisches Präsens, Präsens der fortschreitenden Handlung, episches Präsens, fluktuierendes Präsens, diegetisches Präsens)

Während beim Betrachter-Präsens der Wechsel zum Präsens durch die fingierte Gleichzeitigkeit der erzählten Ereignisse und der Wahrnehmung der jeweiligen Fokalisierungsinstanz motiviert ist, wirkt in prototypischen Beispielen des HP wie (1) und (12) die Alternation der Tempora zur Bezeichnung innerhalb einer fortschreitenden Handlungsfolge (d. h. *on-plot*; Fludernik 1991) willkürlich:

(12) „und da er in die bachstuben ka, so fint er weder weck noch semlen [...]" [Und als er in die Backstube kam, so findet er weder Brote noch Semmeln [...].] (*Ulenspiegel*, zit. nach Herchenbach 1911, 114)

Traditionellen Ansätzen zufolge dient diese HP-Variante als stilistisches Mittel zur Erzeugung eines Effekts von ‚Vergegenwärtigung' bzw. ‚Verlebendigung', wobei der Vergegenwärtigungseffekt auf die temporale Synchronisierung von Ereigniszeit, Referenzzeit und Sprechzeit zurückgeführt wird. Eine solche Beschreibung kann aber weder den ‚Verlebendigungseffekt' erklären (der sich zudem nicht bei jeder Verwendung des HP nachweisen lässt) noch die übereinzelsprachlich zu beobachtende Affinität dieser HP-Variante zu Bewegungsverben und *Verba Dicendi*. Um die textuellen Oberflächeneffekte des HP zu erklären, sind daher Ansätze vorgeschlagen worden, die über eine rein zeitreferentielle Beschreibung hinausführen:

Die Bedeutung des HP resultiert aus seiner deiktischen Relation zum ‚Sprecher'.

Demnach aktualisiert die temporal-deiktische Bedeutung des Präsens-Tempus immer auch den Bezug auf einen Sprecher. Diese inhärent deiktische Beziehung wird als Quelle für evaluative Funktionen gesehen, wie sie dem HP in vielen Sprachen zugeschrieben worden ist (Fleischman 1986; Fludernik 1991, 391; Sakita 2002).

Die Bedeutung des HP resultiert aus der Alternation zum Präteritum.

Demnach kommt die Bedeutung des HP nicht durch die temporal-deiktische Bedeutung des Tempus, sondern erst durch das Alternationsmuster Präsens – Präteritum zustande. Der Kontrast des Präsens zum präteritalen Kontext bewirkt die Vordergrundierung der durch das HP bezeichneten Ereignisse. In dieser aoristischen Funktion gilt das HP als grammatisches Mittel zur textuellen Reliefbildung (u. a. Wolfson 1982; Fleischman 1990; Fludernik 1991, 1992; Longacre 1985; Leiss 2000; Cotrozzi 2010).

Sowohl der deiktische Sprecher-Bezug des HP als auch die Tempus-Alternation mit dem Präteritum ist übereinzelsprachlich als Merkmal ‚mündlichen Erzählens' beschrieben worden (Quasthoff 1980; Wolfson 1982; Koch und Oesterreicher 1985; Fleischman 1990; Fludernik 1991, 1992). Der Umstand, dass das HP diachron und übereinzelsprachlich jedoch keine Konstante in mündlichen Erzählformen bildet (vgl. für einen Überblick Zeman 2013), und die Tatsache, dass Erzählen im HP im Kindspracherwerb relativ spät erworben wird (Topalović und Uhl 2013), deutet darauf hin, dass sich die Präferenz des HP zum mündlichen Erzählen nicht durch eine direkte Abhängigkeit erklären lässt. Aufschluss über diesen Zusammenhang lassen neben übereinzelsprachlichen Vergleichen Untersuchungen zur historischen Entwicklungslogik des HP erwarten. Einen diachronen Erklärungsansatz bietet Zeman (2013, 2016a, 2016b), in dem das Quellkonzept des HP auf metanarrative Verweise des Erzähler-Präsens und damit auf die Doppelstruktur der Erzählung zurückgeführt wird.

Narratives Präsens (auch: Historisches Präsens, Betrachter-Präsens, Fiktionales Präsens, Episches Präsens, Simultanes Präsens, Fabelpräsens, Asynchrones Präsens, Consistent present)

Abzugrenzen vom HP als Alternations-Tempus ist die Etablierung des Präsens als durchgängiges Leittempus im gesamten Roman bzw. Teilen davon (Fleischman 1990; Petersen 1992) sowie in narrativen Passagen nicht-literarischer Textsorten (vgl. Diller 1993; Weber 2011). Der Beginn dieses neuen Erzählmusters wird in die Mitte des 20. Jahrhunderts mit dem Aufkommen des *Nouveau Roman* (z. B. Robbe-Grillets *La Jalousie* [1957]) situiert (zu mutmaßlichen Vorläufern dieser Entwicklung in den 1920 und 1930er Jahren vgl. Avanessian und Hennig 2013b, 14). Die Funktionsweisen dieses Präsens sind vielfältig, so dass kontrovers diskutiert wird, aus welcher Funktion des Präsens sich die Verwendung als konsistentes Erzähltempus ableiten lässt.

Zum einen ist der durchgängige Gebrauch des Präsens als eine Ausdehnung der ‚Tempus-Metapher' des *Historischen Präsens* gesehen worden (vgl. Weinrich 2001 [1964]; Fleischman 1990; Fludernik 2012). Fleischman (1990) hat auf der Basis ihrer Untersuchung der Tempus-Alternationen in oral geprägten altfranzösischen Versepen dafür argumentiert, dass die Präferenz für das Präsens im *Nouveau Roman* als Re-Etablierung eines mündlichen Erzählmusters im Kontext einer grundlegenden Verschiebung des kulturellen Bedingungsgefüges von Mündlichkeit und Schriftlichkeit (,Reoralisierung') zu verstehen sei. Dieser These spricht jedoch entgegen, dass sich das narrative Präsens nicht aus der Kontrastwirkung des Präsens zum Präteritum erklären lässt.

Weiter ist vorgeschlagen worden, das narrative Präsens als eine Fortführung des *Betrachter-Präsens* zu sehen (z. B. Hamburger 1964; Avanessian und Hennig 2012). Als Scharnierstelle in der Entwicklung gelten längere Passagen bzw. Monolognovellen interner Fokalisierung, in denen Erzähler- und Figurenperspektive zur Deckung gebracht und somit eine Gleichzeitigkeit von Erzählen und Erleben fingiert wird, vgl. (13):

> (13) „[J]etzt ist's noch so kahl – aber der Frühling kommt bald – in ein paar Tagen ist er schon da. – Maiglöckerln, Veigerln – schad', daß ich nichts mehr davon haben werd' – jeder Schubiak hat was davon, und ich muß sterben! Es ist ein Elend!" (Schnitzler 2001 [1900], 539)

Dieses Muster wird Avanessian und Hennig (2012, 52–53) zufolge dann auf Erzählungen in der 3. Person ausgedehnt. Das Aufkommen des Präsens als Erzähltempus wird dabei im Zusammenhang mit einer grundlegenden Erweiterung von Erzähltechniken im ‚modernen' Roman gesehen (innerer Monolog, freie indirekte

Rede; vgl. im vorliegenden Band auch *Zeman, Perspektive / Fokalisierung*), die sich dadurch auszeichnen, dass eine klare Trennung zwischen dem Referenzsystem des Erzählers und der erzählten Welt, wie sie für das klassische Erzählmuster grundlegend ist, nivelliert wird.

An eine solche Auffassung schließt sich die Frage an, ob das narrative Präsens an spezifische historisch-kulturelle Konstellationen gebunden ist und damit als Sonderfall des Erzählens zu gelten hat oder ob es eine grundsätzliche Alternative zum präteritalen Erzählmuster darstellt. Diese diachrone Frage in Bezug auf das narrative Potential des Präsens ist für die Erzähltheorie von grundlegender Relevanz: Geht man wie Petersen (1992, 71), Cohn (1999, 106) und Avanessian und Hennig (2012, 67) davon aus, dass sich das Präsens zu einem ‚fiktionalen Präsens' entwickelt, dem letztlich die gleichen Funktionen wie dem Präteritum zukommen, führt das zur Notwendigkeit grundlegender Revisionen der Positionen von Weinrich und Hamburger, die dem Präsens eine Verwendung als Erzähltempus *per definitionem* absprechen. Eine Aufrechterhaltung der Thesen von Weinrich und Hamburger führt dagegen zu nicht minder grundlegenden Konsequenzen: Nimmt man an, dass das Präsens kein Erzähltempus sein kann, bedeutet das entweder das Ende des Erzählens in seiner traditionellen Form (Casparis 1975, 28; Stanzel 2008 [1978], 271) – oder das Dogma retrospektiven Erzählens ist grundsätzlich zu revidieren (Cohn 1993).

Die Bestimmung des HP erweist sich damit ebenso heterogen wie die des EP (vgl. Tabelle 2).

Tab. 2: Subklassifikation des ‚Präsens mit Vergangenheitsbezug' im narrativen Diskursmodus.

HP	Phänomenbereich	Temporale Relation
~~HP~~	Erzähler-Präsens → Substitution durch das Präteritum nicht gegeben	Ereignis – Sprecher
HP 0	‚Präsens mit Vergangenheitsbezug' → Substitution durch das Präteritum möglich	unspezifiziert
HP 1	Betrachter-Präsens: Fingierte Simultaneität der Zeit des Erzählers, der erzählten Welt und der Rezeptionszeit	Ereignis – Fokalisierungsinstanz (*wer nimmt wahr?*)
HP 2	Alternations-Präsens: Punktuelle Verwendung des Präsens zur Bezeichnung von Ereignissen *on-plot* in Alternation zu präteritalen Tempora	Alternation zum Präteritum Ereignis – Erzählinstanz (*wer spricht?*)
HP 3	Narratives Präsens: Durchgängige Verwendung des Präsens als Erzähltempus	Formale Nivellierung der Distinktion von Erzählung und Fokalisierung

5 EP und HP als komplementäre narrative Perspektivierungsstrukturen

In der Gegenüberstellung von EP und HP lassen sich folgende Parallelen zusammenfassen:
- EP und HP erlauben gleichermaßen eine ‚ungrammatische' Kombination mit deiktischen Temporaladverbialen, die einer rein referenzsemantischen Beschreibung des HP als ‚Gegenwarts'- bzw. des EP als ‚Vergangenheits'-Tempus widerspricht. In beiden Fällen werden zwei unterschiedliche Perspektiven zusammengeführt: die temporale Relation einer fokalisierenden Instanz zum erzählten Ereignis und die Relation zwischen dem erzählten Ereignis und der Erzählinstanz.
- EP und HP lösen gleichermaßen einen ‚Vergegenwärtigungseffekt' aus, der allerdings in Bezug auf die einzelnen Varianten auf unterschiedliche Zeitrelationen bezogen ist. Während das EP1 eine Simultaneität der Figurenperspektive und der betrachteten Ereignisse fingiert und damit die Ebene des Erzählers in den Hintergrund rücken bzw. ‚verschwinden' lässt, präsupponiert – wie an der Kombination mit Temporaladverbien wie ‚gestern' deutlich wird – das HP2 als Alternationstempus das Referenzsystem eines ‚Sprechers' (vgl. Fludernik 1991, 391; Sakita 2002).
- EP und HP setzen damit gleichermaßen die Doppelstruktur der Erzählung, d.h. die Distinktion zwischen der Ebene der Ereignisfolge (*story*) und deren erzählerischen Vermittlungsebene (*narration* bzw. *focalization*), voraus. Das erklärt, warum EP und HP auf narrative Kontexte (nicht aber auf fiktionale oder literarische Texte) beschränkt sind (vgl. etwa Quasthoff 1980 zum HP in mündlichen Alltagserzählungen; Fludernik 1993 zur Verwendung des EP in nicht-fiktionalen Alltagstexten). Die Erfassung von EP und HP ist damit weniger an die Frage nach der Temporalität bzw. Fiktionalität der Erzählung gebunden als vielmehr an den Status der Sprecher-/Erzähler-/Fokalisierungs-Instanz(en) (vgl. Zeman [im Druck] zur notwendigen Differenzierung der drei Kategorien) – und steht so in einer grundlegenden Abhängigkeit zu erzähltheoretischen Prämissen.

Die Diskussion um den Gebrauch von HP und EP ist damit weit mehr als eine Diskussion um zwei stilistische Mittel: Als Verwendungsweisen, die auf den narrativen Diskursmodus beschränkt sind, bilden HP und EP nicht nur den Prüfstein für eine Tempustheorie des Erzählens, sondern sind ebenso eng an die Frage nach den Grundprinzipien von Narrativität und Fiktionalität gebunden. Im Umkehrschluss ist zu erwarten, dass Untersuchungen zum narrativen Gebrauch der Tempora und zur diachronen Entwicklung der EP- und HP-Varianten Rückschlüsse auf die

Grundprinzipien des Erzählens zulassen sollten (vgl. auch Zeman [im Druck]). Als eines der größten Forschungsdesiderate hat insofern eine Tempustheorie zu gelten, die die Kategorien Temporalität, Narrativität und Fiktionalität integriert. Die Ansätze von Hamburger und Weinrich erfassen diesbezüglich relevante Einzelaspekte. Es bleibt der künftigen Forschung im Schnittbereich zwischen Linguistik und Narratologie als Aufgabe vorbehalten, diese Einzelaspekte zu einer umfassenden Theorie zusammenzuführen.

Literaturverzeichnis

Avanessian, Armen, und Anke Hennig (2012). *Präsens. Poetik eines Tempus.* Zürich.
Avanessian, Armen, und Anke Hennig (Hgg. 2013a). *Der Präsensroman.* Berlin/New York.
Avanessian, Armen, und Anke Hennig (2013b). „Einleitung". In: A. Avanessian, A. Hennig (Hgg.), *Der Präsensroman.* Berlin/New York, 1–24.
Banfield, Ann (1982). *Unspeakable Sentences. Narration and Representation in the Language of Fiction.* Boston u. a.
Berend, Alice (2012 [1915]). *Die Bräutigame der Babette Bomberling.* Hg. und mit einem Nachwort von Britta Jürgs. Berlin.
Bode, Christoph (Hgg. 2013). *Narrating Futures.* 5 Bde. Berlin/New York.
Bühler, Karl (1999 [1934]). *Sprachtheorie. Die Darstellungsfunktion der Sprache.* Reprint. Stuttgart.
Casparis, Christian Paul (1975). *Tense Without Time. The Present Tense in Narration.* Bern.
Cohn, Dorrit (1993). „‚I doze and I wake': The Deviance of Simultaneous Narration". In: H. Foltinek, W. Riehle, W. Zacharasiewicz (Hgg.), *Tales and ‚their telling difference'. Zur Theorie und Geschichte der Narrativik. Festschrift zum 70. Geburtstag von Franz K. Stanzel.* Heidelberg, 9–23.
Cohn, Dorrit (1999). *The Distinction of Fiction.* Baltimore, MD.
Comrie, Bernard (1985). *Tense.* Cambridge.
Cotrozzi, Stefano (2010). *Expect the Unexpected. Aspects of Pragmatic Foregrounding in Old Testament narratives.* New York.
Diller, Hans-Jürgen (1993). „The Observer's Present in Journalism and the Historical Present in Fiction". In: H. Foltinek, W. Riehle, W. Zacharasiewicz (Hgg.), *Tales and ‚their telling difference'. Zur Theorie und Geschichte der Narrativik. Festschrift zum 70. Geburtstag von Franz K. Stanzel.* Heidelberg, 61–76.
Döblin, Alfred (2007 [1929]). *Berlin Alexanderplatz.* München.
Duden. Die Grammatik (2009). 8. Aufl. Mannheim.
Fleischman, Suzanne (1986). „Evaluation in Narrative: The Present Tense in Medieval ‚Performed Stories'". In: *Yale French Studies* 70, 199–251.
Fleischman, Suzanne (1990). *Tense and Narrativity. From Medieval Performance to Modern Fiction.* London.
Fludernik, Monika (1991). „The Historical Present Tense Yet Again. Tense Switching and Narrative Dynamics in Oral and Quasi-Oral Storytelling". In: *Text* 11, 365–398.

Fludernik, Monika (1992). „The Historical Present Tense in English Literature: An Oral Pattern and its Literary Adaptation". In: *Language and Literature* 17, 77–107.
Fludernik, Monika (1993). *The Fictions of Language and the Languages of Fiction: The Linguistic Representation of Speech and Consciousness*. London.
Fludernik, Monika (2010). *Erzähltheorie. Eine Einführung*. 3. Aufl. Darmstadt.
Fludernik, Monika (2012). „Narratology and Literary Linguistics". In: R. I. Binnick (Hg.), *Tense and Aspect*. Oxford, 75–101.
Hamburger, Käte (1965). „Noch einmal: Vom Erzählen". In: *Euphorion* 59, 46–71.
Hamburger, Käte (1987 [1957]). *Die Logik der Dichtung*. Stuttgart.
Herchenbach, Hugo (1911). *Das Präsens historicum im Mittelhochdeutschen*. Berlin.
Herzog Ernst. Ein mittelalterliches Abenteuerbuch (1979 [ca. 1200]). In der mittelhochdeutschen Fassung B nach der Ausgabe von Karl Bartsch mit den Bruchstücken der Fassung A. Hg., übers., mit Anm. und Nachwort von Bernhard Sowinski. Stuttgart.
Hoffmann, E. T. A. (2009 [1816]). „Der Sandmann". In: E. T. A Hoffmann, *Sämtliche Werke in sechs Bänden*. Hg. von Hartmut Steinecke und Wulf Segebrecht. Bd. 3: *Nachtstücke. Klein Zaches. Prinzessin Brambilla. Werke 1816–1820*. Hg. von Hartmut Steinecke unter Mitarbeit von Gerhard Allroggen. Frankfurt a. M., 11–49.
Jakobson, Roman (1999 [1957]). „Shifters, Verbal Categories, and the Russian verb". In: R. Jakobson, *On Language*. Hg. von L. R. Waugh, M. Monville-Burston. Cambridge, MA, 386–392
Kayser, Wolfgang (1957). „Wer erzählt den Roman?" In: *Neue Rundschau* 68, 444–459.
Klein, Wolfgang (1994). *Time in Language*. London/New York.
Klein, Wolfgang (2009). „How Time Is Encoded". In: W. Klein, Ping Li (Hgg.), *The Expression of Time*. Berlin/New York, 39–81.
Koch, Peter, und Wulf Oesterreicher (1985). „Sprache der Nähe – Sprache der Distanz. Mündlichkeit und Schriftlichkeit im Spannungsfeld von Sprachtheorie und Sprachgeschichte". In: *Romanistisches Jahrbuch* 36, 15–43.
Leiss, Elisabeth (2000). *Artikel und Aspekt. Die grammatischen Muster von Definitheit*. Berlin/New York.
Longacre, Robert E. (1985). „Discourse Peak as Zone of Turbulence". In: J. R. Wirth (Hg.), *Beyond the Sentence: Discourse and Sentential Form*. Ann Arbor, 81–98.
Margolin, Uri (1999). „Of What Is Past, Is Passing, or to Come: Temporality, Aspectuality, Modality, and the Nature of Literary Narrative". In: D. Herman (Hg.), *Narratologies. New Perspectives on Narrative Analysis*. Columbus, OH, 142–166.
Martínez, Matías, und Michael Scheffel (1999). *Einführung in die Erzähltheorie*. München.
Pascal, Roy (1977). *The Dual Voice. Free Indirect Speech and Its Functioning in the Nineteenth-Century European Novel*. Manchester.
Petersen, Jürgen H. (1992). „Erzählen im Präsens. Die Korrektur herrschender Tempus-Theorien durch die poetische Praxis der Moderne". In: *Euphorion* 86, 65–89.
Quasthoff, Uta M. (1980). *Erzählen in Gesprächen. Linguistische Untersuchungen zu Strukturen und Funktionen am Beispiel einer Kommunikationsform des Alltags*. Tübingen.
Rasch, Wolfdietrich (1961). „Zur Frage des epischen Präteritums". In: *Wirkendes Wort*, Sonderheft 3, 68–81.
Reichenbach, Hans (1947). *Elements of symbolic logic*. New York.
Sakita, Tomoko (2002). *Reporting Discourse, Tense, and Cognition*. Amsterdam.
Schlenker, Philippe (2004). „Context of Thought and Context of Utterance. (A Note on Free Indirect Discourse and the Historical Present)". In: *Mind and Language* 19.3, 279–304.

Schnitzler, Arthur (2001 [1900]). *Lieutenant Gustl*. Historisch-Kritische Ausgabe. Hg. von Konstanze Fliedl. Berlin/New York.
Stanzel, Franz K. (1959). „Episches Präteritum, erlebte Rede, historisches Präsens". In: *Deutsche Vierteljahrsschrift für Literaturwissenschaft und Geistesgeschichte* 33, 1–12.
Stanzel, Franz K. (2008 [1979]). *Theorie des Erzählens*. 8. Aufl. Göttingen.
Storm, Theodor (1888). *Der Schimmelreiter*. In: *Deutsche Rundschau*, 1–34 (April-Heft), 161–203 (Mai-Heft).
Topalović, Elvira, und Benjamin Uhl (2014). „Linguistik des literarischen Erzählens". In: *Zeitschrift für Germanistische Linguistik* 42.1, 26–49.
Van Hasselt, Caroline (2007). *High Wire Act: Ted Rogers and the Empire that Debt Built*. Mississauga.
Weber, Heinrich (2011). „Zeitloses Deutsch? Überlegungen zum historischen Präsens". In: W. Kürschner, M. Vliegen, J. Strässler, R. Rapp (Hgg.), *Neue linguistische Perspektiven. Festschrift für Abraham P. ten Cate*. Frankfurt a. M., 91–105.
Weinrich, Harald (2001 [1964]). *Tempus. Besprochene und erzählte Welt*. 6., neubearb. Aufl. München.
Wolfson, Nessa (1982). *CHP. The Conversational Historical Present in American English Narrative*. Dordrecht.
Zeman, Sonja (2013). „Vergangenheit als Gegenwart? Zur Diachronie des Historischen Präsens". In: P. M. Vogel (Hg.), *Sprachwandel im Neuhochdeutschen*. Berlin/New York, 236–256.
Zeman, Sonja (2016a). „Orality, Visualization, and the Historical Mind. The ‚Visual Present' in (Semi-)Oral Epic Poems and Its Implications for a Theory of Cognitive Oral Poetics". In: M. Antović, C. Pagán Cánovas (Hgg.), *Oral Poetics and Cognitive Science*. Berlin/New York, 168–196.
Zeman, Sonja (2016b). „Nähe, Distanz und (Historische) Pragmatik". In: M. Hennig, H. Feilke (Hgg.), *Zur Karriere von ‚Nähe und Distanz'. Rezeption und Diskussion des Koch-Oesterreicher-Modells*. Berlin/New York, 259–298.
Zeman, Sonja [im Druck]. „What Is a Narration – and Why Does It Matter?" In: M. Steinbach, A. Hübl (Hgg.), *Linguistic Foundations of Narration in Spoken and Sign Language*. Amsterdam/Philadelphia.

III.2 Zeit, Handlung, Raum und Ereignis

Antonius Weixler und Lukas Werner
III.2.1 Zeit

1 Definition

Zeit ist eine fundamentale Dimension der menschlichen Wahrnehmung und fungiert zugleich als kulturelles Orientierungs- und Ordnungsmuster; damit ist sie einerseits *a priori* gegeben und andererseits kulturell wie historisch variabel (Elias 1984). Gemeinsam mit den drei räumlichen Parametern ermöglicht es die zeitliche Dimension, Ereignisse zu verorten und sie in Beziehung zueinander zu setzen.

Diese fundamentalen Funktionen besitzt Zeit auch für Erzähltexte sowie deren kommunikative Einbindung, d.h. für den Erzählakt, die erzählte Welt sowie die Rezeption eines Erzählwerks. Sie ist neben dem Raum eine konstitutive Dimension erzählter Welten; der Erzählakt hat eine zeitliche Position und die sinnlich-intellektuelle Aufnahme eines Erzähltextes nimmt Zeit in Anspruch. Zeit als Abstraktum entzieht sich jedoch der unmittelbaren Wahrnehmung, fassbar wird sie, wenn sie explizit thematisiert wird oder wenn aus Sekundärphänomenen wie Zustandsveränderungen auf sie zurückgeschlossen werden kann.

2 Hauptaspekte des Themas

In Erzähltexten geht Zeit aus dem Zusammenspiel verschiedener sprachlicher Bausteine, d.h. grammatischer und lexikalisch-semantischer Einheiten, sowie erzählerischer Verfahren hervor. Sie hat in diesem Sinne eine ‚erzählerische', ‚diegetische' und ‚semantische Dimension' (Weixler und Werner 2015; Werner 2017). Der Einsatz der unterschiedlichen Tempora ist dabei ebenso gestaltend wie die Verwendung von temporalen Konjunktionen, Temporaladverbien und die Aktionsarten der Verben. Für die erzählte Geschichte und das Erzählen selbst besitzt Zeit systemische Relevanz: Die erzählte Geschichte vollzieht sich in der Zeit, dabei kann der erzählte Ausschnitt wie in Leo Perutz' Roman *Zwischen Neun und Neun* (1918) auf weniger als einen Tag beschränkt sein; oder das mehrere Jahre umfassende Geschehen wird – wie in der *Ilias* und *Odyssee* – auf eine begrenzte Anzahl von Tagen komprimiert. Der Akt des Erzählens hat einen Zeitpunkt, an dem er stattfindet: Er kann – wie im Standardfall – dem Erzählten nachfolgen, so dass er von einem retrospektiven Blick bestimmt wird, er kann wie in Kevin Vennemanns *Nahe Jedenew* (2005) simultan zum Geschehen erfolgen oder wie in prophetischen Erzählungen gar ein Blick in die Zukunft sein. Der Erzählakt sowie der Rezeptionsprozess nehmen Zeit in Anspruch: In einem erzählten oder gelesenen Satz können – wie in Johann Peter Hebels Kalendergeschichte „Unverhofftes Wiedersehen" (1811) – ebenso Jahrzehnte passiert werden wie ein Augenblick der Handlung im Erzählen beliebig verlängert werden kann.

Die Verschränkung von Zeit und Erzählen ist nicht allein auf diese systemischen Aspekte beschränkt. Zeit spielt zudem als allegorische Figur (z. B. die Figur des Chronos), als thematisches Motiv (Uhr, Nacht, Tag) oder als Teil semantischer Konzepte eine wichtige Rolle für Erzähltexte (Anfang und Ende, vgl. dazu Friedrich et al. 2014; Welt- und Lebensaltermodelle, vgl. dazu Schmidt 2004 [1955/1956]; Friedrich 2012). Die Sanduhr in Thomas Manns *Tod in Venedig* (1912) ist eines von vielen *vanitas*-Motiven, so dass Zeit gleich in einem doppelten Sinne thematisiert wird: durch das technische Instrument, das zu ihrer Messung dient, und durch den mit diesem verknüpften allegorischen Gehalt. Geschichtsphilosophische Vorstellungen über das Verhältnis von Vergangenheit, Gegenwart und Zukunft, wie man sie z. B. in Zeitreiseromanen findet, und das Spannungsverhältnis von Kontingenz und Providenz, wie es im höfisch-historischen Barockroman durchgespielt wird, haben einen genuin temporalen Kern, denn in ihnen ist die Frage nach der Geschlossenheit und Offenheit des zeitlichen Horizonts mitgeprägt. Zum thematischen Zentrum avanciert Zeit im sogenannten Zeit-Roman (Jauß 1986 [1955], 11), etwa in James Joyces *Ulysses* (1922), Thomas Manns *Zauberberg* (1924) oder Marcel Prousts *À la recherche du temps perdu* (1913–1927).

3 Geschichte des Phänomens und seiner Erforschung

Diesen Facetten von Zeit ist die Forschung in unterschiedlichem Umfang nachgegangen. Die Erzählforschung, von den proto-narratologischen Ansätzen im russischen Formalismus über die für Zeitfragen wichtige morphologische Schule in Deutschland bis hin zu den aktuellen Ansätzen der *new narratologies*, interessierte sich aus diesem breiten Spektrum an Phänomenen vor allem für drei Dimensionen des Verhältnisses von Zeit und Erzählen: die im Text erzählte Zeit, ihr Verhältnis zur Erzählung sowie den Zeitpunkt des Erzählens. Quer dazu widmete man sich der kompositorischen Bedeutung von Zeit (z. B. den Formen des ‚Chronotopos') einerseits und einzelnen temporalen Motiven sowie Konzepten samt ihrer poetologischen und kulturellen Bedeutung andererseits (z. B. ‚Plötzlichkeit', ‚Präsenz' und ‚Erinnerung').

Skizze der narratologischen Auseinandersetzung

Für jede der drei grundlegenden Dimensionen von Erzähltexten stellt die Erzählforschung eigene Zeit-Kategorien bereit: Die Zeit der Geschichte (*histoire*) wird bezeichnet als „erzählte Zeit", die der Erzählung (*récit*) als „Erzählzeit" und die der Narration (*narration*) als „Zeit des narrativen Aktes" (Genette 1998 [1972], 21–114, 153–162). Die erzählte Zeit ist die Zeitspanne vom Anfang bis zum Ende der erzählten Geschichte. Die Erzählzeit ist die Zeit, die die Erzählinstanz braucht, um die Geschichte zu erzählen, oder die ein Rezipient dafür benötigt, diese zu lesen. Und jedes Erzählen findet zu einem bestimmten Zeitpunkt statt, der die temporale Position der ‚Stimme' beschreibt.

Zwar hat Günther Müller für die ersten beiden Zeitformen die heute gebräuchlichen Bezeichnungen „erzählte Zeit" und „Erzählzeit" entwickelt (Müller 1968a [1948]), doch wurde diese grundlegende Dichotomie bereits von Boris V. Tomaševskij (1985 [1925/1931], 226: „Fabelzeit" und „Erzählzeit") und Ernst Hirt (1923, 27–31: „Handlungszeit" und „Erzählezeit") erkannt. In der Nachfolge Müllers wurden von Christian Metz (1972 [1966], 38: „Zeit des *signifié*" und „Zeit des *signifiant*"), Meir Sternberg (1978 [1974], 14: „represented time" und „representational time"), Seymour Chatman (1978, 62–84: „story-time" und „discourse-time") sowie Alfonso de Toro (1986, 113–15: „Textzeit" und „Aktzeit") analoge Begriffspaare gebildet.

Die *erzählte Zeit* oder „diegetische Zeit" (Souriau 1997 [1951], 148) ist nie per se vorhanden, sondern muss durch die Erzählung evoziert werden. Dies geschieht auf einer elementaren Ebene durch die Ausdrucksformen der Sprache und darüber hinaus durch das Zusammenspiel von Raumaspekten, Ereignissen, Figuren und/oder Plotstrukturen (Werner 2017). Die Verwendung bestimmter Tempora und der Einsatz von Temporaladverbien, Konjunktionen oder Präpositionen erzeugen zeitliche Relationen zwischen Ereignissen und der Erzählsituation. Tomaševskij unterscheidet drei Evokationstechniken von Zeit: „Datierungen", die ‚absolut' (z. B. ‚am 11. März 2015') oder ‚relativ' (‚nach vier Monaten') sein können, Hinweise auf „Zeiträume" (‚er joggte dreißig Minuten') sowie Verfahren, die den „Eindruck von [...] Dauer erzeugen" (Tomaševskij 1985 [1925/1931], 226–227).

Die *Erzählzeit* ist in literarischen Texten – anders als im Kino die Laufzeit oder „*screen* duration" (Bordwell 1985, 80; Herv. i. Orig.) bzw. „filmophanische Zeit" (Souriau 1997 [1951], 144) oder im Theater die „reale Spielzeit" (Pfister 2001 [1977], 369) – nicht eindeutig bestimmbar, so dass man sich damit behelfen muss, die zeitliche Dimension mit der räumlichen Extension des Textes, d. h. mit der Anzahl der Buchseiten, anzugeben. Diese metaphorische Übertragung wird von Müller, Roland Barthes (2006 [1967]) und Genette zwar kritisch reflektiert – Letzterer gesteht beispielsweise ein, dass es sich bei der Erzählzeit um eine „*Pseudo-Zeit*" handelt (Genette 1998 [1972], 22; Hervorh. im Orig.) –, aber dennoch wird aus pragmatischen Gründen an ihr festgehalten.

Die Unterscheidung von Erzählzeit und erzählter Zeit ist insbesondere für die Bestimmung von Abweichungs- und Relationsfiguren zwischen *discours* und *histoire* von Bedeutung. Als konsensfähiger Referenzentwurf hat sich Genettes typologische Systematik durchgesetzt, in die ältere Überlegungen von Müller, Eberhard Lämmert und Metz übernommen werden und die das bestehende Instrumentarium zugleich erweitert. Genette unterscheidet das Verhältnis von Erzählzeit und erzählter Zeit nach ‚Ordnung', ‚Dauer' und ‚Frequenz'. In der Kategorie *Ordnung* wird – rhetorische Differenzierungen aufgreifend – untersucht, in welcher Reihenfolge Ereignisse erzählt werden. Die ‚artifiziellen' Abweichungen von der ‚natürlichen' Chronologie (*ordo naturalis*) bezeichnet Genette als „Anachronien" und differenziert sie weiter in „Analepsen" (oder „Rückwendungen"; vgl. Lämmert 1993 [1955], 100–139) und „Prolepsen" (oder „Vorausdeutungen"; vgl. Lämmert 1993 [1955], 139–194). Im Hinblick auf den Aspekt der *Dauer* wird gefragt, wie lange – im Vergleich zu seiner angenommenen Dauer in der erzählten Welt – die Darstellung eines Ereignisses in der Erzählung dauert. In Anlehnung an Lämmert und Genette lassen sich die fünf möglichen Erzählgeschwindigkeiten „Szene", „Dehnung", „Raffung", „Ellipse" und „Pause" unterscheiden (Martínez und Scheffel 2012 [1999], 42; Lämmert 1993 [1955]; Genette 1998 [1972], 68–80). Die *Frequenz* schließlich fragt nach den Wiederholungsbeziehungen zwischen Ereignissen in der erzählten Welt und ihrer Darstellung. Ein Ereignis kann dabei so oft erzählt werden, wie es sich ereignet hat (‚singulativ'), oder mehrmals erzählt werden, auch wenn es nur ein Mal stattgefunden hat (‚repetitiv'). Eine ‚iterative' Erzählung liegt vor, wenn ein Mal erzählt wird, was sich mehrmals ereignet hat. Genettes Modell aus ‚Ordnung', ‚Dauer' und ‚Frequenz' ist weiterentwickelt und stärker ausdifferenziert worden (z. B. de Toro 1986, 31–43) und wurde auch auf andere Medien übertragen (z. B. auf den Film: Chatman 1978, 62–79; Kuhn 2011, 195–242).

Von der erzählten Zeit und der Erzählzeit wird als dritte Ebene die *Zeit des narrativen Aktes*, also der Zeitpunkt, an dem das Erzählen stattfindet, unterschieden. Diese ‚Zeit' bezeichnet eine Relation zwischen Erzählakt und Erzähltem und ist bei Genette systematisch der Kategorie ‚Stimme' zugeordnet; sie wird zum Teil aber auch bei der Untersuchung der ‚Perspektive' mitbehandelt. Während es durchaus möglich erscheint, so Genette, die räumlichen Parameter im Erzählprozess undefiniert zu lassen, ist es „so gut wie unmöglich [...], [die Erzählung] nicht zeitlich in bezug auf [den] narrativen Akt zu situieren, da [man] sie notwendigerweise in einer Zeitform der Gegenwart, Vergangenheit oder Zukunft erzählen muß" (Genette 1998 [1972], 153). Dietrich Weber konzipiert mit Karl

Bühler die epistemischen Perspektiven von Erzähler und Protagonisten als zwei zu differenzierende „Orientierungszentren" oder „Ich-Hier-Jetzt-Systeme" (Weber 1998, 43–48; Bühler 1965 [1934], 102, spricht von „hier-jetzt-ich-Systemen"). Wolf Schmid bezeichnet das *hic et nunc* der Figuren als „figurale Perspektive" und das *hic et nunc* der Erzählinstanz als „narratoriale Perspektive", die u. a. hinsichtlich der „zeitliche[n] Perspektive" differieren können (Schmid 2014 [2005], 124–129).

    Generell wird der Erzählakt als ein retrospektiver Vorgang der Sinnerzeugung verstanden. Indem die Erzählinstanz die zum Zeitpunkt des Erzählens zumeist bereits abgeschlossene Handlung überblickt, kann sie sie zu einem geordneten Ganzen fügen. Genette, der vier Arten von Zeitpunkten des narrativen Aktes differenziert, nennt diesen Fall die „*spätere*" Narration. Davon unterscheidet er die „*frühere*" oder prophetische Erzählung, die „*gleichzeitige*" oder simultane sowie die gemischte Form der „*eingeschobene[n]*" Narration (Genette 1998 [1972], 154–155; vgl. ebd., 153–162; Hervorh. im Orig.). In Bezug auf fiktionale Literatur wird der Zeitindex der Tempora, die die Position des narrativen Aktes anzeigen, allerdings auch infrage gestellt: Beispielsweise behauptet Käte Hamburger (1968 [1957]), dass es per se keine zeitliche Differenz zwischen Erzähltem und Erzählen gibt; aufgegriffen wurde Hamburgers Hypothese u. a. von Ann Banfield (1982) sowie von Armen Avanessian und Anke Hennig (2012, 2013).

    Die erzählte Zeit ist nicht nur im Hinblick auf ihr Verhältnis zur Erzählzeit untersucht, sondern auch mit der ‚realen' Zeit verglichen worden. Alfonso de Toro (1986, 29) unterscheidet zwischen einer „internen Zeit", die die „Zeit im Text" ist, und einer extrafiktionalen „externe[n] Zeit". Da man in der Regel davon ausgehen kann, dass sich diese beiden Zeiten ähneln, versteht de Toro (1986, 30) die interne Zeit als „eine an die empirisch historische externe Zeit pragmatisch gebundene" Größe; auch Ruth Ronen (1994, 200) geht von einer ‚grundsätzlichen Analogie' aus. Doch es gibt auch Ausnahmen davon. Ein Beispiel liefert Michail M. Bachtin mit seiner Untersuchung der „Abenteuerzeit" des griechischen Liebes- und Abenteuerromans, die eine „leere Zeit" darstellt, da sie „im Leben der Helden und in ihren Charakteren keinerlei *Spur* hinterläßt" (Bachtin 2008 [1975], 13–15; Hervorh. im Orig.). Die Helden begeben sich auf Abenteuerreise, ohne dass ihre körperliche Schönheit in dieser Zeit unter den Strapazen und Gefahren leiden würde. Bachtins Untersuchung legt den Schluss nahe, dass diese von unserem intuitiven Empfinden abweichende Zeit ein Phänomen älterer Texte ist. Allerdings ist es im zeitgenössischen Actionfilm oder im Comic durchaus ebenso üblich, dass die Helden ihre abenteuerlichen Kämpfe verletzungslos überstehen, Ereignisse also keine Spuren an ihnen und ihren Körpern hinterlassen. Ein weiteres Beispiel für temporale Besonderheiten in neuerer Literatur stellt eine Kammer in Gabriel García Márquez' *Cien años de soledad* (1967) dar, in der es immer Montag und März ist.

Plötzlichkeit, Präsenz, Erinnerung

Die Literaturwissenschaft der letzten Jahrzehnte hat – jenseits der erzähltheoretischen Überlegungen – u. a. drei Begriffe mit zeitlichen Semantiken genutzt, um verschiedene kultur- und literarhistorische Phänomene zu erschließen: *Plötzlichkeit*, *Präsenz* und *Erinnerung*.

Karl Heinz Bohrer (1981, 7) erkennt in Texten bedeutender Autoren des 19. und 20. Jahrhunderts die Entwicklung einer Ästhetik der „Plötzlichkeit", die sich als eine neue „zeitliche[ ] Modalität" und als ein gegen religiöse oder mystische Vereinnahmungen bereinigter Zeitbegriff zeigt. Im weiteren Kontext von Beschleunigungsprozessen der Makroepoche Moderne vollzieht sich nach Bohrer in literarischen Texten der Frühromantik eine „phänomenologische[ ] Modifizierung des Zeitbegriffs" (Bohrer 1981, 183). Das neue Zeitverständnis steht damit auch für eine neue Autonomie der Kunst gegenüber geschichtsphilosophischen und teleologischen Zeitmodellen, so dass Bohrer die verschiedenen Formen der „Plötzlichkeit" bzw. des „Momentanismus" (Bohrer 1981, 184) entsprechend als eine Kritik am „geschichtsphilosophisch und systemtheoretisch entstellten Zeitbegriff" (Bohrer 1981, 10) versteht. Das Plötzliche als Epiphanie des Augenblicks markiert in literarischen Texten demnach eine „ästhetische Grenze, [die] als ein reines Wahrnehmungsereignis erhalten bleibt" (Bohrer 1981, 7). Derartige Darstellungen emphatischer Augenblicklichkeit entgrenzen nicht nur einen kontinuierlichen und in die Zukunft gerichteten Verlauf der Zeit, sondern negieren nach Bohrer letztlich die Zeitlichkeit selbst. Bohrer überführt seine Position in „systematische[ ] Einsichten über eine Inkommensurabilität in der Struktur fiktiver Sprache" (Bohrer 1981, 7): Indem Plötzlichkeit die „Grenze des ästhetischen Phänomens gegen das nichtästhetische" (Bohrer 1981, 7) markiert und diese Grenze zugleich ausstellt, zeigen sich in Bohrers Zeitverständnis Parallelen zu poststrukturalistischen Positionen.

Hans Ulrich Gumbrechts Theorie der Präsenz hat drei unterschiedliche Dimensionen, die über ein rein motivisches Verständnis des Phänomens hinausweisen, denn Präsenz wird von ihm in Relation gesetzt zu einem hermeneutisch verstandenen ‚Sinn', zu räumlichen Parametern und zugleich wird sie auch begriffen als ein kulturhistorisches Konzept. Die „‚Produktion von Präsenz' wird als ein ‚Hier', als ein ‚Diesseits' gedacht, gegenüber dem sich Interpretation und Sinnzuweisung schon immer ‚auf der anderen Seite' befinden": Ins Zentrum rückt eine „Nähe-zu-den-Dingen", die „vor jeglicher Interpretation gegeben zu sein scheint" und die die „Sinne" (nicht die Sinnfindung) anspricht (Gumbrecht 2004, 10, 12). Diese Nähe verweist auf die Verschränkung von räumlichen und zeitlichen Parametern im Konzept der Präsenz, insofern sie „sich nicht (jedenfalls nicht hauptsächlich) auf ein zeitliches, sondern auf ein räumliches Verhältnis zur

Welt" bezieht (Gumbrecht 2004, 10–11). Die Differenz zwischen den „Idealtypen" einer „Präsenz-" und „Sinnkultur" macht Gumbrecht an Unterschieden zwischen mittelalterlicher und neuzeitlicher Kultur fest (Gumbrecht 2004, 99–110), die u. a. auf der Dichotomie von „Geist" und „Körper", auf der Art und Weise der Verortung des Menschen in der Welt, auf der Legitimierung des Wissens und auf dem zugrunde liegenden Begriff des Zeichens basieren. Gumbrecht erkennt jedoch auch in der Gegenwart „ein gewisses Verlangen nach Präsenz" (Gumbrecht 2004, 12). Es geht ihm nicht darum, die Dominanz von Sinn und Interpretation durch das Paradigma der Präsenz abzulösen, sondern vielmehr darum, „das ästhetische Erleben als ein Oszillieren (und mitunter auch als Interferenz) zwischen ‚Präsenzeffekten' und ‚Sinneffekten' [zu] begreifen" (Gumbrecht 2004, 18).

Schriftliche und bildliche Zeichen wurden seit ihrer Erfindung dazu benutzt, Wissen überzeitlich festzuhalten. Der eminent enge Zusammenhang von Kultur und Gedächtnis/Erinnerung ist von Literaturwissenschaftlern in kaum zu überschauendem Maße immer wieder thematisiert und reflektiert worden, so dass sich von einem unabschließbaren oder „unendlichen Thema" (Weinberg 2006) sprechen lässt. Als besonders bedeutsam erweisen sich indes die kulturwissenschaftlichen Arbeiten von Jan und Aleida Assmann zum ‚kulturellen Gedächtnis' und zu ‚Erinnerungsräumen' (v. a. J. Assmann 1992; A. Assmann 1999). Assmann und Assmann unterteilen das kollektive Gesellschaftsgedächtnis in ein *kulturelles Gedächtnis* – epochenübergreifend wiederholte Texte mit darin gespeicherten Traditionen, Riten und Bilder einer Kultur – und ein alltagsnahes und gruppengebundenes *kommunikatives Gedächtnis* – Wissen, das auf mündlicher Überlieferung basiert und drei Generationen oder ca. 80 Jahre zurückreicht. Aleida Assmann nimmt in ihren zahlreichen Untersuchungen zum Thema die drei Ebenen Funktionen, Medien und Speicher des Gedächtnisses in den Blick. Zu den Funktionen des Gedächtnisses gehören u. a. Totengedenken, Nachruhm und historische Erinnerung, insbesondere berührt dies aber den sehr breiten und in der Kulturgeschichte immer wieder thematisierten Zusammenhang von Erinnerung und Identität. Aleida Assmann weist darüber hinaus auf die Bedeutung „externer Speichermedien und kultureller Praktiken" (A. Assmann 1999, 19) für das kulturelle Gedächtnis hin. Als Gedächtnismedien unterscheidet sie Schrift, Bilder, den menschlichen Körper und Gedächtnisorte. Da Medien (technischen) Veränderungen unterworfen sind, verändert sich damit „notwendig auch die Verfaßtheit des Gedächtnisses" (A. Assmann 1999, 19). Im Zuge der Digitalisierung etwa konstatiert sie jüngst einen Paradigmenwechsel sowohl in der Speichertechnologie wie auch in der kognitiven Verarbeitung von Erinnerung vom Prinzip der „dauerhaften Einschreibung" hin zum „Prinzip fortgesetzten Überschreibens" (A. Assmann 1999, 20). Abschließend analysiert Aleida Assmann das Archiv als Speicher der

Erinnerung, in dem die Vergangenheit nicht nur aufbewahrt, sondern „wo Vergangenheit konstruiert, produziert wird" (A. Assmann 1999, 21).

Neben diesen kulturwissenschaftlichen Arbeiten ist der spezifische Zusammenhang von Mnemotechnik und Literatur immer wieder in den Blick der Forschung geraten. Für Renate Lachmann beispielsweise ist „Schreiben [...] Gedächtnishandlung und Neuinterpretation" der Kultur „ineins", so dass jeder einzelne literarische Text als ein „Gedächtnisraum" der Kultur figuriert (Lachmann 1990, 36). Darüber hinaus birgt aber jeder Text für Lachmann auch einen mnemotechnischen Mehrwert: „Der Raum zwischen den Texten, ist er nicht der eigentliche Gedächtnisraum? [...] Der Gedächtnisraum ist auf dieselbe Weise in den Text eingeschrieben, wie sich dieser in den Gedächtnisraum einschreibt. Das Gedächtnis des Textes ist seine Intertextualität." (Lachmann 1990, 35) Manfred Weinberg entwickelt diesen Ansatz weiter und konzentriert sich in seiner diskursanalytisch und poststrukturalistisch geprägten Studie auf die den Bestimmungen und Definitionsversuchen des Erinnerns und Vergessens „eingeschriebenen Widersprüche" (Weinberg 2006, 10): „Um es [...] kryptisch zu formulieren: (An) Das Gedächtnis ‚an sich' zu erinnern, heißt auch, jenes Vergessen(e) mit erinnern zu wollen, das das Gedächtnis erst (es selbst) ‚sein' lässt." (Weinberg 2006, 18) Nach Weinberg lässt sich das Gedächtnis ‚selbst' nicht direkt beobachten, allerdings lassen sich diskursanalytisch die in den Texten „vergessen gemachten Abgründe" (Weinberg 2006, 18) beschreiben und analysieren. Im Erinnern ist „über das jeweils in ihm Re-Präsentierte hinaus auch ein ‚Unendliches' mit ‚im Spiel'" (Weinberg 2006, 199), das zum Wesen des Gedächtnisses *per definitionem* dazugehört und über das keine „angemessene Aussage möglich" (Weinberg 2006, 11) ist.

Geschichte des Phänomens

Angesichts der Vielfältigkeit temporaler Phänomene in Erzähltexten erscheint es schwierig, *eine* Geschichte *der* Zeit zu skizzieren. In diachroner Perspektive sind die klassischen erzähltheoretischen Zeitaspekte ‚Dauer', ‚Frequenz' und ‚Ordnung' historisch unspezifisch, denn die Realisationsformen sind ubiquitär und polyfunktional (Wippermann 1948; Müller 1968b [1954]; Genette 1998 [1972]; de Jong und Nünlist 2007). In den poetologischen Diskursen des Mittelalters und der Frühen Neuzeit wird teils in Fortführung antiker Rhetoriken und Poetiken allein der ‚Ordnung' eine gattungsdifferenzierende Qualität zugesprochen: Während der Historiker dem *ordo naturalis* zu folgen habe, solle sich der Dichter des *ordo artificialis* bedienen (Ernst 2000; Schneider 2013). Aufschlussreicher für eine diachrone Betrachtung temporaler Phänomene sind die Relationen zwischen Raum, Figur und Zeit (Bachtin 2008 [1975]; Nitsche 2006; Störmer-Caysa

2007) sowie Zeitaspekte, die als Motive und Themen (z. B. *vanitas*, Erinnerung Langeweile, vgl. Kessel 2001) oder erzählbestimmende Strukturmodelle (z. B. Zufall, vgl. Nef 1970; Providenz, Kontingenz, vgl. Frick 1988) in Erzähltexten zum Tragen kommen.

Da literaturgeschichtliche Prozesse in der Regel keine reinen Ersetzungsprozesse sind, kommt es zu historischen Überlagerungen und Kopräsenzen von temporalen Phänomenen. Ungeachtet der dadurch entstehenden Diversität zeichnen sich in diachroner Perspektive dominierende Paradigmen ab: Die Heterogenität von Zeit und ihre funktionale Verzerrung bestimmen vor allem vormoderne Erzähltexte. Mit der Frühen Neuzeit gewinnt die Wahrscheinlichkeit und Kohärenz der erzählten Zeit zunehmend an Bedeutung und in der Moderne avanciert das Spiel mit der Wahrnehmung von Zeit zu einem die Romanpoetik formenden Aspekt (Werner 2011).

Der hellenistische Liebes- und Abenteuerroman mit Heliodors *Aithiopiká* (3. Jh. n. Chr.) als seinen Exponenten lieferte eines der wichtigsten Plotmuster für die westliche Erzähltradition, das mit einem spezifischen Zusammenspiel von Zeit und Figur verbunden ist. Konstitutiv für diesen Romantypus ist laut Bachtin die sogenannte Abenteuerzeit. Die Grundstruktur dieser Romane, deren Beginn von der einsetzenden Liebe der Protagonisten markiert wird und deren Abschluss ihre Verbindung bildet, basiert auf dem Verhältnis zwischen der ‚biografischen Zeitreihe', wie sie in den zwei zentralen Handlungsmomenten ‚Kennenlernen' und ‚Verbindung' vorgegeben ist, und der ‚Zeit des Abenteuers', die sich zwischen diesen beiden Ereignissen erstreckt. Letztere „liegt außerhalb der biographischen Zeit; sie vermag weder am Leben der Helden etwas zu verändern noch ihm etwas hinzuzufügen", so dass die ‚Abenteuerzeit' zu einer „außerzeitlichen Spanne" und damit zu einer „leere[n] Zeit" wird (Bachtin 2008 [1975], 13–14.). Das Muster ist u. a. durch die *Historia Apollonii* (3. Jh. n. Chr.) auch im Mittelalter bekannt (Tomasek 1997), wird aber vor allem im Nachklang der *editio princeps* von Heliodors Roman von 1534 aktualisiert. Besonders für den hohen Barockroman in Frankreich und Deutschland ist die Bedeutung des Heliodor'schen Modells nicht zu unterschätzen (Oeftering 1977 [1901]; Berger 1984). Eigentümlichkeiten im Raum-Zeit-Verhältnis sind dem mittelalterlichen Roman ebenso nicht fremd (Störmer-Caysa 2007). Sie realisieren sich als temporale Sonderräume, die in die erzählte Welt eingebettet sind, oder in der Flexibilität der Raum-Zeit-Strukturen. Ein solcher Sonderraum begegnet in Hartmanns von Aue *Erec* (um 1180; vgl. Nitsche 2006, 68–71) ebenso wie in der Eudis-Âventiure im *Wigamur* (13. Jh.). Man will Eudis eine Linde rauben, die von einem *locus amoenus* umgeben ist und die keine Jahreszeiten kennt. Zudem entspringt in ihrer Nähe eine Quelle, durch deren Wasser das Altern im 30. Lebensjahr beendet wird. Solche zeitlosen Gärten findet man darüber hinaus auch in der Fauststofftradition bis ins 18. Jahrhundert.

Die ‚Biegsamkeit des Raumes' wird als Verkürzung der Reise im mittelalterlichen *Orendel* (12. Jh.) explizit durch göttliches Eingreifen motiviert: „Do halff jn got der herr / das sy siben tagraiß in dreyen tagen rytten" (*Von dem untrenlichen...*, Augsburg 1512, n. p.). Oder sie kann wie in der ‚rechtzeitigen Rettung' handlungstechnisch motiviert sein (Störmer-Caysa 2007, 121–132).

Jene in providentiellen Weltmodellen implizierte Geschlossenheit und Teleologie des zeitlichen Horizonts wird mit der zunehmenden Säkularisierung und Rationalisierung erzählter Welten geöffnet: Zwischen der *Asiatischen Banise* (1689) von Heinrich Anshelm von Zigler und Kliphausen und Christoph Martin Wielands *Geschichte des Agathon* (1766–1767) durchläuft der Roman über verschiedene Zwischenstufen kontinuierlich eine fortschreitende „Immanentisierung" (Frick 1988, Bd. 2, 500), im Rahmen derer eine providentielle Ordnung der erzählten Welt zugunsten kontingenter Fügungen mit einem offenen Zeithorizont aufgegeben wird. Parallel dazu gewinnt in den Romanen Anton Ulrichs die zeitlich-historische Stimmigkeit und kalendarische Verankerung der Handlung an Bedeutung (Wippermann 1948). Für die Figurenerzählungen in Johann Gottfried Schnabels *Insel Felsenburg* (1731–1743) bildet – teils in der Tradition von Daniel Defoes *Robinson Crusoe* (1719) – die kalendarische Fixierung der Ereignisse einen wichtigen Aspekt innerhalb einer generell numerischen Ästhetik. Auch wenn für die *Insel Felsenburg* sowie den Roman in der Tradition Heliodors die eingebettete analeptische Figurenerzählung kompositorische Bedeutung besitzt, spielt für das Erzählen dieser Analepsen der ‚Erinnerungsakt' mit seiner subjektiven Verzerrung keine Rolle; es dominiert die *perfect memory* (Stanzel 2008 [1979], 275), dies ändert sich jedoch spätestens im ausgehenden 19. und beginnenden 20. Jahrhundert (Jauß 1986 [1955]; Middeke 2004). Variiert wird das Verhältnis von Zeit und Figur in besonderer Weise in Louis-Sébastian Merciers Roman *L'an deux mille quatre cent quarante* (1770), der das Motiv der Zeitreise zu einem Sujet macht, das im 19. und 20. Jahrhundert in die phantastische Literatur und die Science-Fiction eingeht (Lehnert-Rodiek 1987).

Dass im ‚Zeit-Roman' der ersten Dekaden des 20. Jahrhunderts Zeit nicht allein eine Dimension der erzählten Handlung ist, sondern dass ihr eine grundlegende poetologische Bedeutung zukommt, macht Hans Robert Jauß im Rückgriff auf Thomas Manns Überlegungen an einer Typologie des Verhältnisses von Zeit, Roman und Reflexivität fest. Insofern sich die Erzählung in der Zeit entfaltet, ist Zeit „ihr *Element*" – dies ist der „erste[ ] Schritt der Reflexion". Der zweite Schritt der Reflexion liegt in der Möglichkeit, dass sich der „‚Inhalt' der Erzählung [...] im Ablauf einer *imaginären* Zeit darstell[t]". Und schließlich kann, als dritter Schritt der Reflexion, die Zeit „*selbst, als solche, an und für sich* zum Inhalt der Erzählung, zu ihrem *Gegenstande* werden" (Jauß 1986 [1955], 9; Hervorh. im Orig.). Den letzten Schritt sieht Jauß in Thomas Manns *Zauberberg*, Prousts *Recherche* und

James Joyces *Ulysses* verwirklicht. In Joyces Roman fungiert die Zeit als Rahmen, denn es ist der 16. Juni 1904, an dem sich die gesamte Handlung (in der Erstausgabe auf immerhin über 730 Seiten erzählt) entfaltet. Dieser Tag kann aufgrund der „absoluten Immanenz des dargestellten Geschehens [...] nur in seiner Gegebenheit für ein dargestelltes Subjekt erscheinen" (Jauß 1986 [1955], 51). Wichtig wird, verallgemeinert man das dahinterstehende Verfahren, das Verhältnis zwischen „pluraler Zeit der Seele und linearer Zeit der Welt" (Ricœur 1988, Bd. 1, 39). In Leo Perutz' *Zwischen Neun und Neun* erscheint ein Großteil der Handlung als Imagination, die de facto innerhalb von wenigen Sekunden stattfindet, aber durch die Figur auf einen ganzen Tag gedehnt wird.

Quer zu diesen historischen Tendenzen liegen generische und stilistische Faktoren und eine experimentelle Ästhetik, die die Gestaltung der Zeit bestimmen können. So wird im anonymen *Fincken Ritter* (um 1560), der in manieristischer Weise seine Prätexte überbietet, mit der Spannung zwischen dem fixen zeitlichen Rahmen von acht Tagesreisen und der „Pseudozeitlichkeit" (Knape 1991, 120) der erzählten Geschichte gespielt. Christian Friedrich Hunolds *Satyrischer Roman* (1706) greift ebenso wie Voltaires *Candide* (1759) ironisierend die Plotstruktur des Heliodor'schen Romans samt ihrer temporalen Eigenheit auf (Bachtin 2008 [1975], 13–14). Virginia Woolf lässt im *Orlando* (1928) den Protagonisten im Vergleich zu seinem historischen Umfeld verlangsamt altern, während in Martin Amis' *Time's Arrow* (1991) die Zeit rückwärts erzählt wird (Alber 2013).

Die Beziehung zwischen den Erzähltexten zugrunde liegenden Zeitvorstellungen und den Vorstellungen von Zeit, wie sie parallel in der Philosophie, der Theologie und/oder den Naturwissenschaften entwickelt werden, lässt sich partiell als Korrelation beschreiben. Die Zeit- und Raumvorstellungen im Mittelalter hat man im Sinne einer „Parallelität von Denken und Dichten" (Störmer-Caysa 2007, 3) gedeutet. Mit der Säkularisierung und der Rationalisierung der Gesellschaft in der Frühen Neuzeit gehen analoge Prozesse bei der Gestaltung von Zeit einher, denn eine konsistente Zeit mit einer geöffneten Zukunftsperspektive gewinnt an Bedeutung (Kraft 2004; Koselleck 1989 [1979]). Mit der Subjektivität der Zeitwahrnehmung und der Relativierung des Raum-Zeit-Verhältnisses, wie sie von der Philosophie, Psychoanalyse und Physik zu Beginn des 20. Jahrhunderts starkgemacht werden, steigt auch die Tendenz, Zeit in der Literatur als innerliche Dimension von Figuren zu verstehen. Das Verhältnis zwischen literarischen Weltentwürfen und den außerliterarischen Konzepten von Zeit ist jedoch auch durch eine Verzögerung charakterisiert, denn aufgrund der „Entwicklungsträgheit in der Formenwelt der Dichtung [...] leben alte Auffassungen in der dichterischen Formenwelt weiter" (Lugowski 1970 [1932], 19), auch wenn sie eigentlich historisch überholt sind; in diesem Sinne lässt sich die wiederholte Aktualisierung des Heliodor'schen Modells deuten. Der Korrelation entgegengesetzt ist die ‚Konterdiskursivität' literarischer Weltentwürfe (Warning 1999), die sich den Ordnungs- und Machtstrukturen des Diskurses (Michel Foucault) widersetzen. Hinzu kommt ein gewisser ‚Eigensinn' literarischer Welt- und Zeitentwürfe, der sich nicht allein aus dem Verhältnis zu kontextuellen Faktoren erklären lässt, sondern auf die Autonomie von Literatur verweist.

4 Offene Fragen/Desiderate

Gerade aufgrund der Bedeutung von Zeitvorstellungen für historische Transformationsprozesse ist die Auseinandersetzung mit literarischen Konzepten von Zeit für kulturwissenschaftliche Fragestellungen besonders interessant. Zeit kann als Schlüsselkonzept für kulturgeschichtliche Konstellationen und Transformationsprozesse dienen. Die Herausforderungen eines operationalisierten literaturwissenschaftlichen Zugriffs liegen dabei erstens – im Hinblick auf die textuelle Ebene – in der systematischen Erfassung der verschiedenartigen temporalen Phänomene im Spannungsfeld von erzählerischen, diegetischen und semantischen Aspekten, zweitens in der Bestimmung des Verhältnisses zwischen den eher formalen Dimensionen der Gestaltung, die erst durch den retrospektiven analytischen Blick sichtbar werden, sowie semantischen Konzepten, die in die Texte selbst eingeschrieben sind und die man damit als historische Selbstbeschreibungsformen ernst zu nehmen hat. Es geht also aus methodischer Perspektive um die Engführung eines narratologischen Ansatzes mit der historischen Semantik. Eine dritte Herausforderung liegt – jenseits der textuellen Ebene – in der Herausarbeitung pragmatisch, medial und generisch bestimmter und tradierter Zeitvorstellungen, denn der Kommunikationskontext, die medialen Bedingungen und die ‚Eigenlogik' von Gattungen formen und tradieren Zeitvorstellungen. Das gilt sowohl für den im engeren Sinne literaturwissenschaftlichen Bereich als auch für andere narrative Medienfelder wie Comics oder *Graphic Novel*s. Und viertens ist die Verortung der literaturwissenschaftlichen Befunde in einem kulturgeschichtlichen Kontext zu leisten, die den korrelativen und konterdiskursiven Relationen zwischen literarischem und außerliterarischem Diskurs sowie dem Eigensinn literarischer Weltentwürfe Rechnung zu tragen hat.

Literaturverzeichnis

Alber, Jan (2013). „Unnatural Narratology and the Retrogressive Temporality in Martin Amis's ‚Time's Arrow'". In: V. Nünning (Hg.), *New Approaches to Narrative: Cognition, Culture, History*. Trier, 43–56.
Assmann, Aleida (1999). *Erinnerungsräume. Formen und Wandlungen des kulturellen Gedächtnisses*. München.
Assmann, Jan (1992). *Das kulturelle Gedächtnis. Erinnerung und politische Identität in frühen Hochkulturen*. München.
Avanessian, Armen, und Anke Hennig (2012). *Präsens. Poetik eines Tempus*. Zürich.
Avanessian, Armen, und Anke Hennig (Hg. 2013). *Der Präsensroman*. Berlin/Boston.
Bachtin, Michail M. (2008 [1975]). *Chronotopos*. Frankfurt a. M.
Banfield, Ann (1982). *Unspeakable Sentences. Narration and Representation in the Language of Fiction*. Boston.
Barthes, Roland (2006 [1967]). „Der Diskurs der Geschichte". In: R. Barthes, *Das Rauschen der Sprache*. Frankfurt a. M., 149–163.
Berger, Günter (1984). „Legitimation und Modell. Die ‚Aithiopika' als Prototyp des französischen heroisch-galanten Romans". In: *Antike und Abendland* 30, 177–189.
Bohrer, Karl Heinz (1981). *Plötzlichkeit. Zum Augenblick des ästhetischen Scheins*. Frankfurt a. M.
Bordwell, David (1985). *Narration in the Fiction Film*. London.
Bühler, Karl (1965 [1935]). *Sprachtheorie. Die Darstellungsfunktion der Sprache*. Stuttgart.
Chatman, Seymour (1978). *Story and Discourse. Narrative Structure in Fiction and Film*. Ithaca.
de Jong, Irene J. F., und René Nünlist (Hgg. 2007). *Time in Ancient Greek Literature*. Leiden/Boston.
Elias, Norbert (1984). *Über die Zeit. Arbeiten zur Wissenssoziologie 2*. Frankfurt a. M.
Ernst, Ulrich (2000). „Die natürliche und die künstliche Ordnung des Erzählens. Grundzüge einer historischen Narratologie". In: R. Zymner (Hg.), *Erzählte Welt – Welt des Erzählens. Festschrift für Dietrich Weber*. Köln, 179–199.
Frick, Werner (1988). *Providenz und Kontingenz. Untersuchungen zur Schicksalssemantik im deutschen und europäischen Roman des 17. und 18. Jahrhunderts*. 2 Bde. Tübingen.
Friedrich, Udo (2012). „Altersstufen als Narrative und Metaphern in mittelalterlichen Wissens- und Erziehungsdiskursen". In: Th. Fitzon, S. Linden, K. Liess, D. Elm von der Osten (Hgg.), *Alterszäsuren. Zeit und Lebensalter in Literatur, Theologie und Geschichte*. Berlin/Boston, 49–80.
Friedrich, Udo, Andreas Hammer und Christiane Witthöft (Hgg. 2014). *Anfang und Ende. Formen narrativer Zeitmodellierung in der Vormoderne*. Berlin.
Genette, Gérard (1998 [1972]). „Diskurs der Erzählung". In: G. Genette, *Die Erzählung*. Aus dem Französischen von Andreas Knop. München, 9–192.
Gumbrecht, Hans Ulrich (2004). *Diesseits der Hermeneutik. Die Produktion von Präsenz*. Frankfurt a. M.
Hamburger, Käte (1968 [1957]). *Die Logik der Dichtung*. Stuttgart.
Hirt, Ernst (1923). *Das Formgesetz der epischen, dramatischen und lyrischen Dichtung*. Leipzig.
Jauß, Hans Robert (1986 [1955]). *Zeit und Erinnerung in Marcel Prousts „À la recherche du temps perdu". Ein Beitrag zur Theorie des Romans*. Frankfurt a. M.
Kessel, Martina (2001). *Langeweile. Zum Umgang mit Zeit und Gefühlen in Deutschland vom späten 18. bis zum frühen 20. Jahrhundert*. Göttingen.

Knape, Joachim (1991). „Der Finckenritter. Text und Untersuchung". In: *Philobiblon* 35.2, 97–148.
Koselleck, Reinhart (1989 [1979]). „‚Erfahrungsraum' und ‚Erwartungshorizont' – zwei historische Kategorien". In: R. Koselleck, *Vergangene Zukunft. Zur Semantik geschichtlicher Zeiten*. Frankfurt a. M, 349–375.
Kraft, Stephan (2004). *Geschlossenheit und Offenheit der „Römischen Octavia" von Herzog Anton Ulrich. „der roman macht ahn die ewigkeit gedencken, den er nimbt kein endt"*. Würzburg.
Kuhn, Markus (2011). *Filmnarratologie. Ein erzähltheoretisches Analysemodell*. Berlin/New York.
Lachmann, Renate (1990). *Gedächtnis und Literatur. Intertextualität in der russischen Moderne*. Frankfurt a. M.
Lämmert, Eberhard (1993 [1955]). *Bauformen des Erzählens*. Stuttgart.
Lehnert-Rodiek, Gertrud (1987). *Zeitreisen. Untersuchungen zu einem Motiv der erzählenden Literatur des 19. und 20. Jahrhunderts*. Rheinbach-Merzbach.
Lugowski, Clemens (1970 [1932]). *Die Form der Individualität im Roman. Studien zur inneren Struktur der frühen deutschen Prosaerzählung*. Hildesheim/New York 1970.
Martínez, Matías, und Michael Scheffel (2012 [1999]). *Einführung in die Erzähltheorie*. München.
Metz, Christian (1972 [1966]). *Semiologie des Films*. München.
Middeke, Martin (2004). *Die Kunst der gelebten Zeit: Studien zur Phänomenologie literarischer Subjektivität im englischen Roman des ausgehenden neunzehnten Jahrhunderts*. Würzburg.
Müller, Günther (1968a [1948]). „Erzählzeit und erzählte Zeit". In: G. Müller, *Morphologische Poetik. Gesammelte Aufsätze*. Hg. von Elena Müller in Verbindung mit Helga Egner. Darmstadt, 269–286.
Müller, Günther (1968b [1954]). „Das Zeitgerüst des Fortunatus-Volksbuches". In: G. Müller, *Morphologische Poetik. Gesammelte Aufsätze*. Hg. von Elena Müller in Verbindung mit Helga Egner. Darmstadt, 570–590.
Nef, Ernst (1970). *Der Zufall in der Erzählkunst*. Bern.
Nitsche, Barbara (2006). *Die Signifikanz der Zeit im höfischen Roman. Kulturanthropologische Zugänge zur mittelalterlichen Literatur*. Frankfurt a. M.
Oeftering, Michael (1977 [1901]). *Heliodor und seine Bedeutung für die Literatur*. Nendeln.
Pfister, Manfred (2001 [1977]). *Das Drama. Theorie und Analyse*. München.
Ricœur, Paul (1988–1991). *Zeit und Erzählung*. Übers. von Rainer Rochlitz und Andreas Knop. 3 Bde. München.
Ronen, Ruth (1994). *Possible Worlds in Literary Theory*. Cambridge.
Schmid, Wolf (2014 [2005]). *Elemente der Narratologie*. 3., erw. und bearb. Aufl. Berlin/Boston.
Schmidt, Roderich (2004 [1955/1956]). „Aetates mundi. Die Weltalter als Gliederungsprinzip der Geschichte". In: R. Schmidt, *Weltordnung – Herrschaftsordnung im europäischen Mittelalter. Darstellung und Deutung durch Rechtsakt, Wort und Bild*. Goldbach, 1–30.
Schneider, Christian (2013). „Narrationis contextus. Erzähllogik, narrative Kohärenz und das Wahrscheinliche in der Sicht der hochmittelalterlichen Poetik". In: F. Kragl, Ch. Schneider (Hgg.), *Erzähllogiken in der Literatur des Mittelalters und der Frühen Neuzeit. Akten der Heidelberger Tagung vom 17. bis 19. Februar 2011*. Heidelberg, 155–186.
Souriau, Etienne (1997 [1951]). „Die Struktur des filmischen Universums und das Vokabular der Filmologie". In: *montage/av* 6.2, 140–157.

Stanzel, Franz K. (2008 [1979]). *Theorie des Erzählens*. 8. Aufl. Göttingen.
Sternberg, Meir (1978 [1974]). *Expositional Modes and Temporal Ordering in Fiction*. Baltimore/London.
Störmer-Caysa, Uta (2007). *Grundstrukturen mittelalterlicher Erzählungen. Raum und Zeit im höfischen Roman*. Berlin/New York.
Tomasek, Tomas (1997). „Über den Einfluss des Apolloniusromans auf die volkssprachliche Erzählliteratur des 12. und 13. Jahrhunderts". In: W. Harms, J.-D. Müller (Hgg.), *Mediävistische Komparatistik. Festschrift für Franz Josef Worstbrock zum 60. Geburtstag*. Leipzig/Stuttgart, 221–237.
Tomaševskij, Boris (1985 [1925/1931]). *Theorie der Literatur. Poetik*. Nach dem Text der 6. Aufl. von (1931). Hg. u. eingel. von Klaus-Dieter Seemann, übers. von Ulrich Werner. Wiesbaden.
Toro, Alfonso de (1986). *Die Zeitstruktur im Gegenwartsroman: Am Beispiel von G. García Márquez' „Cien años de soledad", M. Vargas Llosas „La casa verde" u. A. Robbe-Grillets „La maison de rendez-vous"*. Tübingen.
Von dem untrenlichen ungenäten Rock unsers Herren Jesu christi, den im sein ausserwelte muter, unser liebe fraw, die ewig fruchtbar unn unbeflect junckfraw, selbs mit irer keüschen henden gewürckt hat, wie der einem Juden von Pylato und Herode gegeben ward (1512). Augspurg [Digitalisat: VD16 ZV 12008].
Warning, Rainer (1999). „Poetische Konterdiskursivität. Zum literaturwissenschaftlichen Umgang mit Foucault". In: R. Warning, *Die Phantasie der Realisten*. München, 313–345.
Weber, Dietrich (1998). *Erzählliteratur. Schriftwerk, Kunstwerk, Erzählwerk*. Göttingen.
Weinberg, Manfred (2006). *Das „unendliche Thema". Erinnerung und Gedächtnis in der Literatur/Theorie*. Tübingen.
Weixler, Antonius, und Lukas Werner (Hgg. 2015). *Zeiten erzählen. Ansätze – Analysen – Aspekte*. Berlin/Boston.
Werner, Lukas (2011). „Zeit". In: M. Martínez (Hg.), *Handbuch Erzählliteratur. Theorie, Analyse, Geschichte*. Stuttgart/Weimar, 150–158.
Werner, Lukas (2017). *Erzählte Zeiten im Roman der Frühen Neuzeit. Eine historische Narratologie der Zeit*. Berlin/Boston [im Druck].
Wippermann, Hanna (1948). *Herzog Anton Ulrich von Braunschweig „Octavia. Römische Geschichte" (Zeitumfang und Zeitrhythmus)*. Diss. (masch.), Bonn.

Karin Kukkonen
III.2.2 Handlung / Plot

„Plot, plot, plot, plot, plot, plot ... it sounds like someone wading through mud, and it very often reads like it, too." So beschreibt der britische Comicautor Alan Moore (2005, 29) in seiner Einführung zur Erzählkunst im Comic, was passiert, wenn ein Autor sich auf die Handlung konzentriert. Nicht nur in Moores Handreichung für angehende Comicautoren, sondern in der Literaturkritik allgemein hat der Plot keinen guten Ruf. Moores Beschreibung ist symptomatisch: Der wiederholte onomatopoetische Effekt von „plot" weist auf Eintönigkeit und Austauschbarkeit der Handlungselemente hin und das Wortspiel mit ‚plod' (engl. für ‚trotten') zeugt von der scheinbar mühseligen, uninspirierten Natur der Handlungsführung. „As you may have gathered if you've read much of my work I very often can't be bothered with this formality", schreibt Moore (2005, 28). Er steht hier in einer langen Reihe von Kritikern des Plots, zu der auch E. M. Forster und viele zeitgenössische Erzählforscher gehören. Wenn es nach Moore geht, werden Erzählungen erst dann interessant, wenn die Weltsichten der Charaktere in Disput treten, unlösbare moralische Konflikte sich auftürmen und metaphysische Fragestellungen verbildlicht werden können. Der Plot – oder: die geformte Abfolge der Erzählereignisse – ist reine ‚Formalität'.

Warum sollte sich also die Erzählforschung mit der Handlung abgeben? Können wir nicht auf eine Beschreibung und Analyse der Ereignisse verzichten und gleich zum Wesentlichen kommen? Aber wie entfalten sich die unterschiedlichen Weltsichten der Charaktere, wenn nicht im Wechsel mit den Ereignissen, die den Charakteren widerfahren? Wie gestalten sich ihre Dispute und die moralischen Konflikte, wenn nicht entlang einer (mehr oder minder) sorgsamen Handlungsführung? Wie werden diese Konflikte behoben oder ihre Unlösbarkeit den Lesern vor Augen geführt, wenn nicht durch den Handlungsausgang? Wie anders erhalten metaphysische Fragestellungen dramatische Prägnanz, wenn nicht durch ihre Einbindung in eine konfliktreiche Handlungsstruktur? Vielleicht lässt sich der Plot doch nicht ganz so einfach von anderen Aspekten der Erzählkunst lösen, sondern kann vielmehr als ihr Knotenpunkt betrachtet werden.

Die Tatsache, dass der Plot über die Geschichte der Literaturkritik hinweg aus immer neuen Perspektiven beleuchtet wurde, unterstreicht diese Vielseitigkeit. Aristoteles spricht vom ‚Mythos' und arbeitet Elemente des ‚besten' Plots heraus, die eine Erzählung emotional packend, unerwartet und doch einsehbar machen. Viktor Šklovskij betont mit seinem Begriff ‚Sujet' die künstlerische Formung des Handlungsmaterials im Plot, während Paul Ricœurs ‚Intrigue' die Rolle von Plots in der Gestaltung unserer Lebenswirklichkeit in den Vordergrund stellt.

Wenn man verstehen will, wie Erzählungen funktionieren, ist die Analyse der Handlung ein zentrales Anliegen. Dafür ist es sinnvoll, einerseits die Ereignisse und ihre Anordnung sorgfältig zu beleuchten, und andererseits diese Handlungselemente mit den übrigen Aspekten des Erzähltextes zu verbinden. So schwingt sich die Handlungsanalyse aus dem Schlick der traditionellen Ansichten, die oft auf Vorurteilen beruhen und daher nicht selten zu kurz greifen, zum Plot.

1 Was ist ein Plot?

Was also ist eine Handlung oder ein Plot? Man kann von einer Handlung kein Foto machen und es dem Roman oder Theaterstück beilegen. Wenn wir nach der Handlung eines Erzähltextes gefragt werden, so listen wir häufig die Ereignisse auf und erörtern, wie diese Ereignisse temporal und kausal zusammenhängen und wie sie zum Ausgang der Erzählung geführt haben. Der Plot oder die Handlung kann als Zusammenhang der Erzählereignisse definiert werden, dem wir uns entweder über die fortlaufende Abfolge der Erzählung (dynamischer Aspekt) oder über die letztliche Gesamtkonstellation der Ereignisse (struktureller Aspekt) annähern können.

In der Erzählforschung begegnet uns der Plot in unterschiedlichen Gestalten: (1) als Zusammenschau der Ereignisse einer Erzählung (Synopsis), (2) als metaphorische Diskussion der ‚Handlungsstränge' oder ‚Plotpfade' oder (3) als Diagramm. In jeder dieser Gestalten der Handlungsanalyse haben wir nicht den Plot an sich vor uns, sondern eine Beschreibung, die sich einen Schritt vom Phänomen selbst entfernt hält. Die Handlungsanalyse ist nicht mit dem schlagenden Herz vergleichbar, sondern mit einer anatomischen Skizze, die die Organe in Umrissen darstellt, ihre Anordnung und Vernetzung mit den Adern und Nerven aufzeigt und einen Abriss ihrer Funktion gibt.

Die zentralen Metaphern zum Plot sind wohlbekannt und haben eine lange Geschichte in der Erzählforschung. Marco Girolamo Vida spricht in seiner neoklassischen Poetik von einem Pfad, der sich für den Leser auftut (Vida 1742 [1517], 37). Während wir einer Erzählung folgen, wandeln wir auf diesem Pfad. Wir sehen genug vom Ausgang (von Vida beschrieben als Schloss am Horizont) um motiviert weiterzugehen, aber wir wissen nicht, wie genau der sich windende Pfad uns dorthin führen wird und ob wir unseren Augen trauen dürfen. In seinem Roman *Joseph Andrews* (1742) entwickelt Henry Fielding diese Metapher mit dem Leser als Reisendem, der sich immer wieder ausruhen muss (zwischen den Kapiteln) um zu verstehen, was er da gelesen hat. Die Kapitelüberschriften dienen gleichsam als Wegweiser oder Wirtshausschilder. In Vida und Fielding mausert sich die Pfadmetapher zu einer globalen Konzeptualisierung des Leseprozesses im Zusammenhang mit dem Plot. Auch in der aktuellen Narratologie ist diese Metapher noch in Gebrauch, etwa bei der Diskussion von *forking-path plots* im Film (vgl. Bordwell 2002).

Eine zweite Metapher, die bereits zu Aristoteles zurückverfolgt werden kann, ist der Plot als (roter) Faden, der sich durch den Erzähltext schlingt. Diese Metapher betont die Arbeit der Autoren bei der Gestaltung eines Plots. Besonders die neoklassische Kritik entwickelt eine Sprache von den ‚Knoten' (oder Komplikationen), in die ein Plot verwoben wird, und wie die Kunst des Autoren sie wieder ‚löst'. Der französische Begriff *dénouement* (wörtlich ‚Aufknoten', eine Übersetzung von Aristoteles' ‚lysis'; *Poetik* 1455b) wird auch heute häufig verwendet, um den Handlungsausgang zu bezeichnen. Diese Metapher impliziert einen idealen Plot, bei dem keine ‚losen Enden' zurückbleiben. Im 20. Jahrhundert spricht J. Hillis Miller (1976) von der „narrative line" und erweitert dabei die Fadenmetapher auf den ariadnischen Faden, der sich durch alle Gänge windet und so das Labyrinth (des Erzähltextes) selbst abbildet.

In der Moderne gesellt sich eine dritte Metapher hinzu: der Plot als musikalisches Thema, in dem unterschiedliche Motive zusammenspielen. Dies erscheint z. B. bei Šklovskij, Lotman und Propp. Besonders bei Šklovskij wird die künstlerische Natur des Sujets hervorgehoben, das das Erzählmaterial formt und verfremdet. Die ‚Verfremdung' durch das Sujet hebt die Erzählereignisse von der Alltagswahrnehmung, die automatisch ist, ab und macht sie neu erlebbar. Damit steht Šklovskijs Unterscheidung von Sujet und Fabel weit entfernt von E. M. Forsters Begriffspaar *story* und *plot*, mit denen sie oft übersetzt werden. Forsters *plot* bringt eine kausale Dimension in die *story* (als Beispiel haben wir „The queen died and the king died *of grief*"; Forster 2002 [1927], 71; Hervorh. K. K.), aber keineswegs eine ästhetische Umformung wie bei Šklovskij. Die prosaische Note des Forster'schen *plots* sowie seine Ablehnung finden sich z. B. bei Alan Moore wieder.

Neben diesen metaphorischen Betrachtungsweisen der Handlung begegnen uns auch Diagramme, die sich dem Phänomen verständlicherweise bildlich annähern. Ein Diagramm kann der geometrischen Beweisführung dienen, es kann die Umrisse und Anordnungen illustrieren, und es kann eine Entwicklung greifbar machen.

Eine der bekanntesten diagrammatikalischen Darstellungen der Handlung ist Gustav Freytags Plot-Pyramide. Laut Freytag (1890 [1863]) lässt sich die ideale Handlung eines Theaterstücks auf fünf Teile herunterbrechen: 1) Einleitung; 2) steigende Handlung; 3) Höhepunkt; 4) fallende Handlung; 5) Katastrophe. Freytags Pyramide kann nun verwendet werden, um den Handlungsverlauf eines Erzähltextes zu verfolgen. Wie weit reichen die Exposition und Einleitung? Wann macht diese Einführung in die Erzählwelt der steigenden Handlung Platz, die zum Höhepunkt der Erzählung führt? Das Diagramm der Pyramide bestimmt nicht nur Freytags Begriffswahl, sondern auch die Logik des Plots, die sein Modell entwickelt. Handlungen müssen für Freytag erst steigen und dann fallen.

Erstellt man ein Diagramm des Plots eines beliebigen Erzähltextes und vergleicht es mit der Freytag'schen Pyramide, so stellt sich die Frage, ob dieser Plot der Freytag'schen Pyramide entsprechen *sollte* oder ob gelungene Plots nicht auch davon abweichen können. In der Tat kann man dieses Modell leicht kritisieren, wenn man sich überlegt, wie viele dramatische Plots nicht der Freytag'schen Pyramide entsprechen. Wenn man Freytags Diagramm an nicht-dramatische Erzähltexte heranträgt, treten weitere Schwierigkeiten auf. Die fünf Schritte der Freytag'schen Pyramide entsprechen den fünf Akten des klassischen Dramas, während Romane normalerweise von längerer Dauer und in Kapitel untergliedert sind. An dieser Stelle ist Freytags Pyramide aufschlussreich, nicht weil sie ein generell anwendbares Modells des Plots böte, sondern weil sie die Schwierigkeiten illustriert, die entstehen, wenn man ein solches Modell entwickeln möchte. Erstens geben die Strukturmerkmale des Erzählmediums (wie die Akte eines Theaterstücks und die Kapitel eines Romans sowie die unterschiedliche Länge ihrer Texte) bestimmte Vorgaben an den Plot. Zweitens werden mögliche Strukturvorgaben für den Plot oft in individuellen Texten und deren Handlungen entwickelt und neu verhandelt.

Global umfassende Modelle des Plots in diagrammatischer Form finden sich auch, wie Marie-Laure Ryan (2007) zeigt, in der strukturalistischen Narratologie: So analysiert Claude Lévi-Strauss den Plot von *Ödipus* in einer Tabelle zwischen diachronischen Elementen des Erzähltextes und ihren thematischen Analogien in Bezug auf Blutsverwandtschaft und Heimat, in Algirdas Greimas' semiotischem Quadrat stehen sich wiederum gegensätzliche Qualitäten der Protagonisten gegenüber und sind mit Pfeilen verbunden, die mögliche Plots andeuten. Ryan diskutiert nun allgemeine Elemente des Diagramms, aus denen sich Annäherungen an die Handlungen von individuellen Erzähltexten erstellen lassen. Sie betont gleichzeitig, dass die Visualisierung von Plots mit Karten, Verlaufsdiagrammen oder den überlappenden Kreisen des Mengendiagramms immer eine Interpretation darstellt (aber eine, die weithin nachvollziehbar ist). Während das Diagramm die Gesamtkonstellation der Ereignisse einer Handlung anzeigt, bringt seine Konstruktion (und sein Lesen) ebenfalls den dynamischen Aspekt des Plots ins Spiel.

Aristoteles beschreibt in seiner *Poetik* den Mythos als die Anordnung der Handlungen („synthesis / systasis ton pragmaton"; *Poetik* 1450a). Diese Anordnung kann simpel oder ‚komplex' gestaltet sein. Im ‚simplen Plot' entwickeln sich die Ereignisse über Anfang, Mitte und Ende des Erzähltextes hinweg. Im

‚komplexen Plot' haben wir eine Schicksalswende (Peripetie), wenn unerwartete Konsequenzen der Handlungen des Helden ihren Lauf nehmen, sowie eine Wiedererkennung (Anagnorisis), wenn die Helden (und Leser) erkennen, wie sie miteinander verbunden sind und was tatsächlich auf dem Spiel steht. Sophokles' Drama *Ödipus* ist in der *Poetik* ein Standardbeispiel hierfür: Ödipus erfährt erst zu Ende des Stückes, dass er der Sohn des thebanischen Königs Laios ist. Alles, was Ödipus bisher getan hat, muss nun neu verstanden werden. Während er dachte, dass er einen Tyrannen getötet und die Königin geehelicht habe, um selbst den Thron von Theben einzunehmen, hat er tatsächlich seinen Vater ermordet und seine Mutter zur Gattin genommen. Angesichts dieser Erkenntnis bleiben ihm nur Abdankung, Blendung und Exil. Hier fällt die Schicksalswende mit der Wiedererkennung zusammen und Aristoteles lobt dies als den bestmöglichen Mythos.

Die ‚Anordnung der Ereignisse' entwickelt aber auch eine eigene Logik, in der Handlung und Konsequenz miteinander verwoben sind und die tatsächlich nur einen Handlungsausgang zulassen. Jonathan Culler (1981) weist darauf hin, dass schon am Anfang der Erzählung klar ist, wie der Ausgang von *Ödipus* sein wird, da ein Orakel prophezeit hat, was Ödipus tun wird. Die Handlungen von Ödipus (und seiner Eltern) entfernen ihn nicht von der Prophezeiung, sondern bringen ihn näher dorthin. Einerseits ist die Handlung als Muster bereits in der Prophezeiung vorweggenommen; andererseits bewegt sich die Handlung als Entwicklung darauf im Verlauf des Stückes zu. Die Zusammenschau der Ereignisse einer Erzählung und die Verkettung der Ereignisse, wie sie sich entlang der Erzählung entwickeln, ergänzen sich. Einerseits ergibt der Plot ein Bedeutungsmuster (darum ‚geht es' in der Erzählung), andererseits führt der Plot Leser und Zuschauer über die Verkettung der Ereignisse zu diesem Muster hin, wenn sie die Zusammenhänge nach und nach erkennen. Eine umfassende Diskussion des Plots in der Erzählforschung, wie wir sie beispielsweise bei Hilary Dannenberg (2008a) finden, verhandelt diese Balance zwischen dem dynamischen und dem strukturellen Aspekt der Handlung.

2 Einfache Plots

Ein einfacher Plot hat nur einen Konflikt, der am Anfang der Erzählung ausbricht und am Ende der Erzählung gelöst wird. Der einfache Plot mag dabei eine Schicksalswende und die Wiedererkennung beinhalten. Anders als in der aristotelischen Unterscheidung zwischen ‚simpel' und ‚komplex' betrachten wir mit ‚einfach' hier die Zahl der Konflikte. Nimmt man ein Märchen wie *Der Räuber-*

bräutigam aus der Grimm'schen Sammlung der *Kinder- und Hausmärchen* (KHM 40), so liest man von einer jungen Braut, die ihrem Bräutigam nicht so recht traut. Sie findet heraus, dass er der Anführer einer kannibalistischen Räuberbande ist. Am Tag der Hochzeit erbringt sie den Beweis und ihre Verwandten übergeben den Räuberbräutigam der Staatsgewalt. Die Auflösung erfolgt unmittelbar: „Da ward er und seine ganze Bande für ihre Schandtaten hingerichtet." (KHM 2007 [1857], Bd. 1, 223)

Der Narratologe Tzvetan Todorov beschreibt das Prinzip einer solchen ‚einfachen Handlung' als ‚Übergang von einem Äquilibrium zum anderen' (Todorov 1969, 75). Ein Gleichgewicht wird aufgehoben, und dadurch kommt die Handlung ins Rollen, bis dann, am Ende der Handlung, ein neues Gleichgewicht etabliert ist. Todorov arbeitet hier im Kontext des Strukturalismus, einer Denkrichtung, die versuchte, jene abstrakten Strukturen aufzudecken, die einem komplexen Phänomen zugrunde liegen. Oft benutzt man dabei Diagramme, wie schon am Beispiel von Lévi-Strauss oder Greimas erwähnt. Der Strukturalismus hat die Absicht, aus der Erzählforschung eine ‚harte' Wissenschaft – eine Narratologie – zu machen, und arbeitet darauf hin, die Bausteine einer Erzählung zu unterscheiden sowie unterschiedliche Arten von Erzählungen anhand ihrer Plots zu typologisieren. Für Todorov etwa ist die Strukturanalyse der Handlung die Vorstufe zu einer „future science of literature" (Todorov 1969, 71). Für diese grundlegenden Analysen greift der Strukturalismus auf (vermeintlich) einfache Formen, etwa das Märchen, zurück.

Vladimir Propps *Morphologie des Märchens* (1928) unterschied zwischen 31 ‚Funktionen', die in jeder Erzählung aneinandergereiht werden können. Wenn die Braut im *Räuberbräutigam* geht, um ihren Verlobten zu besuchen, haben wir z. B. die Funktion der ‚Abreise' (Funktion XI: „Der Held verläßt das Haus"; Propp 1975 [1928], 43). Die alte Frau, die sie in der Räubergrube versteckt, fungiert als ‚Helfer' und ‚Schenker' (XII und XIII), und am Ende kommt die Braut in der ‚Rückkehr' (XX) nach Hause, enttarnt den ‚Gegenspieler' (XXVIII) und sorgt für seine Bestrafung (XXX): Wenn auch nicht jedes Märchen alle Funktionen ins Spiel bringt und Propp die erstaunliche Variabilität dieser Handlungselemente betont, so können doch immer einige in ihrer vorgesehenen Abfolge unterschieden werden. Die quasi-syntaktische Aneinanderreihung von Propps ‚Funktionen' machte es möglich, einen computergestützten ‚Fairy Tale Generator' zu entwickeln, der – nach Auswahl beliebiger Propp'scher Funktionen – automatisch einen Erzähltext erstellt. Auch die heutige Computernarratologie arbeitet mit Propps Ansätzen bei der Generation und Analyse von ‚Handlung' (vgl. Meister 2003).

Bereits vor Propp hat sich der finnische Märchenforscher Antti Aarne in den 1910er Jahren daran gemacht, zwischen Märchentypen aufgrund ihrer Plotstrukturen zu differenzieren. Allerdings unterscheidet Aarne anhand von inhaltlichen

Ähnlichkeiten der kompletten Erzählung und nicht, wie Propp, anhand der Zusammensetzung abstrakterer Funktionen. *Der Räuberbräutigam* ist als AT 955 der Gruppe „Robbers and Murderers" (AT 950–969; Aarne 1973 [1910]) zugeordnet, und wird z. B. auch in finnischen, schwedischen, französischen, russischen und irischen Märchensammlungen gefunden. Bei Aarne dient die Unterscheidung der Plottypen dazu, die Verbreitung von bestimmten Erzählungen zu verfolgen und kulturelle Kontakte nachzuvollziehen. Die Folklore- und Märchenforschung bewegt sich also zwischen einer Untersuchung der Erzählung als Text und der kulturellen Relevanz, die diese Erzählung hat. In der aktuellen Märchenforschung wird dieses Interesse durch Denkmodelle aus der Evolutionstheorie ergänzt: Jack Zipes (2006) diskutiert z. B. die Frage, warum bestimmte Märchen relevant bleiben, und behandelt Plot-Typen als ‚Meme', d. h. dem Genom ähnliche Einheiten, die kulturell übertragen werden.

Auch in der Literaturwissenschaft finden sich Ansätze, die Plottypen als Grundeinheit nehmen, um Erzählungen zu vergleichen. Northrop Frye (1971) vergleicht vier Plottypen, die den Jahreszeiten entsprechen, und ordnet ihnen Genres und bestimmte Perioden in der Literaturgeschichte zu. Während die Märchenforscher zwischen unterschiedlichen Plottypen im Märchen unterscheiden, um zu ihren Klassifizierungen zu gelangen, ordnet Frye (und mit ihm viele andere Literaturforscher) einem Genre einen bestimmten Plottyp zu. In der Erwartungsstruktur, die ein Genre – etwa die klassische Komödie – aufspannt, finden sich bestimmte, im Plot zusammenspielende Erzählelemente, die als typisch erachtet werden. Diese Erwartungsstruktur in einem generischen Plottyp spiegelt oft bestimmte kulturelle Haltungen wider. Vor allem die Handlungen (und Handlungsausgänge), die für weibliche Charaktere als erstrebenswert angesehen werden, wie Heirat und Familiensinn, unterscheiden sich oft diametral von denen, die für männliche Charaktere vorgesehen sind, wie Heldentaten und Abenteuer (vgl. N. Miller 1981; DuPlessis 1985). In der Literatur wandelt sich oft auch ein weiblicher Plottyp in einen männlichen (oder umgekehrt), während die Erzählung fortschreitet (vgl. Dannenberg 2008b). Die Gendervorurteile in Grimms Märchen sind gut dokumentiert (vgl. Bottigheimer 1987; Tatar 1987). Allerdings finden sich selbst in dieser Sammlung durchaus Variationen. Im *Räuberbräutigam* z. B. haben wir überraschenderweise keine Heirat, sondern eine Heldin, die sich vor einer schlechten Heirat retten muss (wenn auch mithilfe ihrer Familie). Das Modell des Plottyps dient als mögliche Vergleichsschablone, weniger als Vorschrift, wie Handlungen sich entfalten sollten, oder als Beschreibung, die alle Fälle abdeckt.

Propp wurde besonders von Claude Bremond kritisiert. Bremond und Verrier (1982) weisen darauf hin, dass Propps generelle Morphologie keineswegs eine breite Auswahl von Märchensammlungen abdeckt, sondern gänzlich auf einem

Märchentypus basiert und sich aus einer einzigen Märchensammlung speist. Eine rein morphologische Annäherung an den Plot stößt schnell an ihre Grenzen, wenn nicht auch inhaltliche Aspekte und Motive bedacht werden (Bremond und Verrier 1982, 78). In seinem eigenen Entwurf betont Bremond (1980) die (logische) Abfolge narrativer Möglichkeiten: Ein Ziel ist (1) virtuell; die Handlung, um es zu erreichen, kann dann (2) erfolgen oder braucht nicht zu erfolgen; diese Handlung kann (3) erfolgreich sein oder nicht. Während sich die Heldin im *Räuberbräutigam* versteckt, wird sie z. B. Zeugin dessen, wie ihre eigene Geschichte hätte ausgehen können. Sie beobachtet, wie die Räuber eine andere Braut töten, ausrauben und verspeisen. Wenn die Räuber nicht dem Aufruf der alten Frau gefolgt wären, die Suche abzubrechen, hätten sie die Heldin im Versteck gefunden. Und wenn der Finger des Opfers nicht der Heldin im Versteck zugefallen wäre, so hätte sie keinen Beweis für die wahre Natur ihres Bräutigams gehabt. Auf der Grundlage des Modells der möglichen Welten (*possible worlds*) entwickelt Marie-Laure Ryan (1991) Bremonds Plotverständnis weiter. Der Pfad der Handlung erstreckt sich entlang der Möglichkeiten, die tatsächlich eintreten und so von der „possible world" zur „textual actual world" werden.

Die aktuelle Märchenforschung arbeitet ebenfalls auf eine Flexibilisierung der strukturalistischen Plot-Morphologie hin. Cristina Bacchilega (1997) zeigt auf, wie in der Blaubart-Geschichte (und auch im *Räuberbräutigam*) ein „double-plotted narrative" zustande kommt, bei dem die Braut und Blaubart als Mittel und als Hindernis für genau den Plot fungieren, der dem jeweils anderen zugutekäme. Zugleich kann nur einer dieser Plots erfolgreich sein und nur einer der Charaktere kann die Handlung überleben. Dieser „double plot" wird dann in Adaptionen der Geschichte wie Margaret Atwoods Kurzgeschichte *Bluebeard's Egg* und Jane Campions Film *The Piano* unterschiedlich aufgelöst (Bacchilega 1997, 113). Elizabeth Wanning Harries (2001) unterscheidet zwischen der ‚compact fairy-tale form' des traditionellen Grimm'schen Märchenplots und den komplexeren Plots des französischen Kunstmärchens von Madame de Beaumont oder Madame d'Aulnoy mit seinen ironischen Seitenhieben, Sprachspielen und Schachtelstukturen. Jennifer Orme (2010, 2012) entwickelt diesen Unterschied weiter in die ‚queer possibilities' des Märchenplots, die sich durch rekursive Strukturen und Rahmungen auszeichnen. Orme bringt einen wichtigen Unterschied zum Strukturalismus auf den Punkt, wenn sie schreibt: „This structure is not amenable to diagramming" (Orme 2010, 117). Diese Ansätze differenzieren die traditionelle Märchenmorphologie aus der Genderperspektive heraus und entwickeln so gleichzeitig das Verständnis dessen weiter, was Handlung ist und welche Arbeit die Plotanalyse leisten kann.

In der aktuellen kognitiven Narratologie hat Karin Kukkonen (2014) ein Modell vorgeschlagen, das den Plot als Teil eines probabilistischen Lernprozesses versteht. Am Anfang des *Räuberbräutigams* steht es schlecht um die Heldin: Ihr Vater hat entschieden, dass sie diesen Mann heiraten soll, und sie selbst ist sich nicht sicher, warum sie „ein Grauen in ihrem Herzen" fühlt (KHM 2007, 219). Das Verständnis der Leser für das, was in der Welt des Räuberbräutigams wahrscheinlich ist, entwickelt sich weiter, während der Plot neue Ereignisse präsentiert, die entweder die Hypothesen der Leser bestätigen oder ihnen widersprechen. Der grausige Fund im Räuberhaus, die Hilfe der alten Frau und das Beweisstück machen es Schritt für Schritt wahrscheinlicher, dass die Heldin mit dem Leben davonkommt, und entwickeln so das Leserverständnis für die fiktionale Welt und ihre Wahrscheinlichkeiten. Der Plot steuert also, wie sich die Auffassung der Leser vom Wahrscheinlichen und damit das Verständnis der fiktionalen Welt im Laufe der Geschichte verändern. Dabei spielen einerseits strukturelle Merkmale der Plotentwicklung eine Rolle, andererseits aber auch kulturelle und generische Erwartungshaltungen. Auch die emotionale Einbindung der Leser, die oft auf einen (zunächst) unwahrscheinlichen Handlungsausgang hoffen, ist ein wichtiger Bestandteil.

Die Bemühungen der Erzählforschung, ein einfaches Plotmodell auszumachen, bieten eine Schablone, die man gegen tatsächliche Erzähltexte zur Analyse anlegen kann, und beschreiben nicht die Vielfalt der möglichen Plots. Von der generellen Abfolge des einfachen Plots (bei Todorov) entwickelten sich Modelle, die Plots bestimmten kulturellen Phänomenen zuordnen (Frye und Nancy Miller), und Modelle, die die Möglichkeiten und Wahrscheinlichkeiten der Handlungsentwicklung berücksichtigen (Bremond, Ryan und Kukkonen).

3 Multiple Plots

Bereits Todorovs Beispiel, Boccaccios *Decamerone*, beinhaltet mehrere Geschichten, die nebeneinander gestellt sind, und wird generell eher als Novellensammlung denn als ‚einfache Form' verstanden (vgl. Jolles 1965 [1930]). Das Märchen vom Räuberbräutigam als Teil der Grimm'schen Sammlung *Kinder- und Hausmärchen*, wurde, wie uns das Vorwort informiert, von oralen Märchenerzählern Anfang des 19. Jahrhunderts gesammelt und von den Grimms als schriftlich fixierte Erzählsammlung konzipiert (KHM [1857] 2007, 18). Die Ende des 17. Jahrhunderts publizierte französische Märchensammlung *Contes de ma mère l'Oye* von Charles Perrault führt eine fiktive Erzählerfigur, Mutter Gans oder Ma Mère L'Oye, ein, die am Herdfeuer Geschichten erzählt. Wenn Autoren wie die Brüder Grimm ihre Erzählungen in einer bestimmten Reihenfolge anordnen und wenn Charles Perrault in seinen *Contes* Erzählerfiguren ins Spiel bringt, hat dies natürlich Auswirkungen darauf, wie Leser den Plot der Sammlung insgesamt rekonstruieren.

Im Jahre 1704 veröffentlicht Antoine Galland den ersten Teil einer Sammlung, die eine der bekanntesten Erzählerfiguren der Weltliteratur einführt und gleichzeitig multiple Plots explizit (und nicht implizit wie Perrault und die Grimms) ineinander verschachtelt: *Tausendundeine Nacht*. Der Erzählerin Scheherazade droht an jedem Morgen die Hinrichtung, wenn sie nicht eine Geschichte so erzählt, dass ihr Gatte, der Sultan, in der Folgenacht das Ende davon hören möchte. Die Rahmenerzählung mit Scheherazade, dem Sultan und ihrer Schwester Dinarzade, die Scheherazade jeden Morgen bittet, die Geschichte fortzuführen, bettet die vertrauten Geschichten von Ali Baba und den vierzig Räubern, Aladin und seiner Lampe, Sindbad dem Seefahrer und die Abenteuer des Kalifen Harun al-Rashid ein.

Diese Erzählebenen haben ihre eigenen Plots. Auf E1 erzählt Scheherazade um ihr Leben. Auf E2 wirbt Aladin mithilfe seines Djinns um eine Prinzessin. Oder der Ifrit droht, den Fischer zum Dank für seine Freilassung zu töten. Das hat zunächst nichts mit dem Plot der Geschichte von Scheherazade zu tun, und doch ergeben sich Überschneidungen. Wenn Scheherazade ihre Erzählung vom Fischer und dem Ifrit abbricht, als der Ifrit dem Fischer mit dem Tode droht, aber ihm eine letzte Frage gewährt, so liegt es am Sultan zu entscheiden, ob er das Ende der Geschichte hören möchte. Nicht nur die Entscheidungen der Erzählerin auf E1 haben Einfluss auf die eingebettete Geschichte auf E2, sondern auch die eingebetteten Geschichten auf E2 haben Einfluss auf die Erzählerin auf E1. Mieke Bal (1985) unterscheidet hier zwischen *enchâssement* (Einfassung), wenn E1 und E2 wechselseitigen Einfluss haben, und *encadrement* (Rahmung), wenn nur E1 einen Einfluss auf E2 hat. William Nelles (1992; vgl. auch Nelles 1997) weist allerdings darauf hin, dass diese Unterscheidung oft nicht eindeutig zu machen ist, und schlägt vor, sich auf eine Unterscheidung zu beschränken zwischen Fällen, in denen sowohl Erzählebene und Erzähler gewechselt werden, und Fällen, in denen nur der Erzähler, nicht aber die Erzählebene gewechselt wird (vgl. auch Nischik 1981, 74).

Doch der Einfluss zwischen Erzählebenen (auch wenn nicht immer klar ist, ob er wechselseitig erfolgt) ist zentral für die Konfiguration des multiplen Plots, und wir können unterschiedliche Arten des Einflusses unterscheiden. Bei der Geschichte des Fischers und des Ifrits geht es zunächst um spannungsgebundene Unterbrechungen der Handlung. Hier stellt sich klar die Frage, wie der Plot weitergeht (Wird der Ifrit den Fischer töten?) und welche imaginativen Sprünge die Erzählerin machen wird (Was wäre die letzte Frage, die du einem Ifrit stellen würdest?). Neben dieser Spannungsbildung gibt es jedoch auch eine moralisch-thematische Beziehung zwischen den Erzählebenen. Sobald der Ifrit nach der

Frage ‚Wie passt ein großer Ifrit in ein so kleines Gefäß' wieder sicher verstaut ist, bittet er den Fischer, ihn erneut freizulassen. Doch der Fischer erzählt eine Geschichte, die unterstreicht, dass man den Mächtigen nicht trauen kann und oft zum Äußersten greifen muss, um sich zu schützen („Geschichte des griechischen Königs und des Arztes Duban"). Diese Geschichte auf E3 hat einen direkten thematischen Bezug zu E2 und erklärt – quasi allegorisch – die Handlungen des Fischers. Auch zwischen E1 und E2 besteht ein solch thematischer Bezug: Viele der Geschichten von Scheherazade beschäftigen sich mit der willkürlichen, despotischen Gewalt von Herrschenden, Djinns und Ifrits, während die Helden mit Gewitztheit ihr Auskommen haben. Ebenso handeln sich Charaktere immer wieder Gefallen mit dem Versprechen einer besonderen Geschichte aus. Über die Nächte der Galland'schen Sammlung hinweg überzeugt Scheherazade den Sultan nicht nur davon, dass sie es wert ist zu leben, ihre Geschichten verdeutlichen dem Sultan auch, wie verheerend sein Despotismus wirkt. Die eingebetteten Geschichten tragen also direkt zum Plotausgang bei. Reingard Nischik (1981) unterscheidet hier generell zwischen ‚Dominanzrelationen' und ‚Gleichgewichtsrelationen', die sich zwischen den Strängen des multiplen Plots entwickeln.

Eine metafiktionale Betonung der Interaktionen zwischen diesen Ebenen (oder gar metaleptische Sprünge zwischen Erzählebenen) sind oft ein probates Mittel, um die ‚Gemachtheit' der Erzählung aufzuzeigen oder in der Erzählung selbst eine Stellungnahme zur zentralen Bedeutung der Verschachtelung in der Literatur zu machen (vgl. Todorov 1977 [1971]; Nelles 1992).

In Gallands erstem Band reiht Scheherazade relativ ordentlich ihre Geschichten aneinander. Fast immer, wenn sie eine Ebene tiefer geht, schreitet die Geschichte auf der höheren Ebene so lange nicht fort, bis der Plotkonflikt der unteren Ebenen gelöst ist. Diagrammatisch ergibt sich eine Treppenstruktur, entlang der sich die Handlung von *Tausendundeine Nacht* bewegt (vgl. Pinault 1992, 42; vgl. auch Ryan 1990 für andere diagrammatikalische Möglichkeiten). Nicht alle Erzählsammlungen sind so symmetrisch angeordnet. In Denis Diderots *Jacques le fataliste* (als Gesamtausgabe 1796 posthum erstveröffentlicht) fängt der gleichnamige Erzähler beispielsweise häufig Geschichten an, die nicht unbedingt zu Ende geführt werden. Da Diderot auf eine Struktur wie die der Nächte (oder von Kapiteln) und die orientierenden Fragen wie die von Dinarzade auf E1 verzichtet, ergibt sich ein Gewirr von Erzählebenen, die es dem Leser schwer machen, sich zurechtzufinden. Dies legt nahe, dass Leser häufig vergessen, auf welcher Ebene der Geschichte sie sich gerade befinden und wer die Geschichte erzählt, wenn ihre Aufmerksamkeit nicht darauf gelenkt wird. Wie aber William Nelles (1992) erklärt, kann eine Rahmengeschichte, sobald sie die Aufgabe erfüllt hat, einen Kontext für die Geschichte auf E2 herzustellen, und sofern sie keine ungelösten Plotpunkte in sich trägt, durchaus unaufgelöst bleiben.

Man kann nun mit Reingard Nischik zwischen unterschiedlichen Funktionen des multiplen Plots – oder (in Nischiks Terminologie): der „Mehrsträngigkeit der Handlungsführung" – unterscheiden: Der multiple Plot kann 1.) unterhalten, 2.) ästhetischen Zwecken dienen, 3.) können seine einzelnen Stränge einander wechselseitig erhellen und 4.) Ereignisse erklären, dabei 5.) Spannung erzeugen oder verstärken, sowie 6.) die erzählten Ereignisse als allgemeingültig darstellen, wenn die eingebetteten Plots sich scheinbar ähneln.

Gérard Genette (1983) bietet eine Typologie von sechs Arten der verschachtelten Erzählung, anhand derer auch die folgenden Analysefragen entwickelt wurden. Solche zentralen Fragen, die man an die Analyse von multiplen Plots der Schachtelerzählung herantragen kann, lauten:

1. Sind die Plots ineinander verschachtelt? Kann man zwischen Erzählebenen (E1, E2 etc.) unterscheiden? Wechselt der Erzähler?
2. Wie sind die Ebenen miteinander verknüpft? Hier kann man zwischen Erzählerpositionen (eine Figur von E1 ist der Erzähler von E2), Spannungselementen (der Fortgang von E1 hat direkten Einfluss auf den Fortgang von E2) und allegorischen Verknüpfungen (E2 zeigt einen neuen Aspekt von E1 auf) unterscheiden.
3. Gibt es ein Dominanzverhältnis, d. h. hat ein Plot ein Übergewicht über die anderen?
4. Was ist das zeitliche Verhältnis? (Genette 1983 unterscheidet hier zwischen ‚analepsis', d. h. E2 vor E1, und ‚prolepsis', d. h. E2 nach E1).
5. Wie sind die Ebenen im Verhältnis zueinander markiert? Werden Geschichten explizit zu Ende erzählt? Wie einfach ist es, sich während des Lesens ohne die Hilfe eines Plotdiagramms zu orientieren?
6. Finden metaleptische Sprünge zwischen den Ebenen statt?
7. Thematisiert der Erzähler die Funktionen des multiplen Plots?

Erzählformen, die mit multiplen Plots arbeiten, haben in der Literaturgeschichte eine lange Tradition. Apuleius' *Goldener Esel* ist ein Beispiel aus der Antike, und Erzählsammlungen wie Boccaccios *Decamarone*, Chaucers *Canterbury Tales* oder Marguerite de Navarres *Heptaméron* führen uns ins Mittelalter. Schachtelerzählungen und multiple Plots verweisen auf die oralen Erzähltraditionen, die diesen Texten ebenso wie den Originalversionen in Gallands Sammlung unterliegen. Im Laufe des Barock wird diese Tradition kunstvoll mit den Romanzen der Madeleine de Scudéry fortgeführt, in denen die Helden sich gegenseitig ihre Geschichten erzählen. Der Schauerroman, z. B. Schillers *Geisterseher* oder Potockis *Manuscrit trouvé à Saragosse*, verwirrt seine Leser hinsichtlich der Erzählebene und bringt so metaphysische Sicherheiten ins Wanken. In der aktuellen Medienlandschaft wird diese Tradition der multiplen Plots und Schachtelerzählungen z. B. im Comic oder in der Fernsehserie fortgeführt.

Trotz der Häufigkeit, mit der verschachtelte Erzählungen in der Literatur auftreten, und der zentralen Rolle, die ihnen von Šklovskij und Todorov zugedacht wird, gibt es, mit Ausnahme von Nischiks *Einsträngigkeit und Mehrsträngigkeit der Handlungsführung in literarischen Texten* (1981) und Nelles' *Frameworks* (1997), in der Erzählforschung nur wenige ausführliche Abhandlungen dazu. Häufig wird der Begriff *embedded narrative* zur Bezeichnung der Innenwelt eines Charakters verwendet (beginnend mit Ryan 1986 und, darauf aufbauend, Palmer 2004). Allerdings verwischt sich damit der Unterschied zwischen der Geschichte, die jeder Charakter *in potentia* in sich trägt und einer tatsächlich erzählten, separaten Geschichte, wie ein multipler Plot sie erfordert.

4 Komplexe Plots und Plotsymmetrie

Einfache Plots stehen nicht nur multiplen Plots wie denen von *Tausendundeiner Nacht* gegenüber, sondern auch den komplexen Plots. Während multiple Plots mehrere Geschichten vereinen und ineinander verschachteln, findet sich in komplexen Plots ein besonderes Arrangement der Handlungsstränge eines Plots, die sich oft in symmetrischen Mustern gruppieren.

Henry Fieldings Roman *The History of Tom Jones, A Foundling* (1749) wurde bereits von Fieldings Zeitgenossen für seinen komplexen Plot gelobt. Der romantische Dichter Samuel Coleridge bezeichnet den Plot von *Tom Jones* sogar als einen der drei perfekten Plots der Weltliteratur (neben *Oedipus* und Ben Jonsons *The Alchemist*). „What a master of composition Fielding was!" (Coleridge 1835, 339). Während die beiden anderen Texte zur Tradition des Dramas gehören, beweist Fielding, dass diese komplexe Komposition sich auch über die Länge eines Romans erstrecken kann, und zeigt der englischen Erzählliteratur den Weg zum wohlgeformten Plot auf. Im deutschen Kontext wurde *Tom Jones* als Idealmodell des Romans besonders von Christoph Martin Wieland (in der 1766/1767 erstmals erschienenen *Geschichte des Agathon*) und von Christian Friedrich von Blanckenburg (in der Abhandlung *Versuch über den Roman* von 1774) aufgegriffen.

Wie funktioniert also der komplexe Plot von *Tom Jones*? Fielding erzählt, wie der Waise Tom Jones aus Paradise Hall, dem Heim seines Ziehvaters Squire Allworthy, vertrieben wird, sich auf eine Reise durch England begibt, fast gehängt wird, doch letztlich seine Unschuld beweist, seine Eltern ausfindig macht, sein Erbe antritt und seine geliebte Sophia heiratet. In der Mitte der Geschichte (in Buch X) kommen alle Charaktere, die bislang eingeführt wurden, im Gasthaus zu Upton zusammen – und die komplizierenden Handlungen für den Rest des Romans werden angelegt. Sie sind alle in ein und denselben Plot eingebunden.

Gleichzeitig bilden viele der Charaktere Kontrastpaare, in denen sich unterschiedliche Aspekte des Plots spiegeln. Tom Jones mit seiner Spontaneität und Gutherzigkeit ist beispielsweise das Gegenbild zu seinem Halbbruder Blifil junior, der berechnend und auf Vorteilnahme aus ist. Diese Kontrastpaare entwickeln sich symmetrisch. Während es zu Beginn nicht gut um Tom Jones steht – er ist, wie er selbst annimmt, von zweifelhafter Abstammung und ziemlich arglos – so zahlen sich die Intrigen Blifils für diesen zunächst aus – er kann sich dank seiner Durchtriebenheit als Erbe und Freier von Sophia etablieren. Doch zum Ende des Romans führen seine Ränke nur dazu, dass sich Tom Jones als sein älterer Bruder entpuppt und nach Paradise Hall zurückkehren kann, während Blifil selbst verbannt wird. Die Handlungen um diese beiden Charaktere spiegeln sich sehr genau und verbinden Charakterzüge und Schicksal mit neoklassischer Klarheit.

Über den Plot hinweg begegnet Tom Jones drei Frauen und lässt sich auf eine Beziehung mit ihnen ein. Im ersten Drittel betrügt ihn Molly Seagrim mit seinem Schulmeister Thwackum und lässt ihn doch glauben, dass sie von ihm schwanger sei. Mrs Waters vergnügt sich mit ihm in Upton im mittleren Drittel der Handlung. Im letzten Drittel hält ihn Lady Bellaston im mondänen London aus. Alle drei Frauen stehen auf unterschiedlichen Gesellschaftsstufen. Sie sind Gegenbilder zu Sophia, die von Fielding ausführlich als Idealbild der Frau eingeführt wird, und zeigen alle drei mögliche alternative Entwicklungen der Geschichte von Tom Jones auf, denen er nur knapp entrinnt: als betrogener, aber aufrichtiger Ehemann (mit Molly Seagrim), als im Duell getöteter oder tötender Liebhaber (mit Mrs Waters) oder als Spielzeug (mit Lady Bellaston). Die Charaktere zeigen mögliche Pfade der Entwicklung auf und sind im Dreiklang angeordnet. Handlung und Charakter greifen im komplexen Plot erneut ineinander.

Im Laufe der Literaturgeschichte erweiterte der Roman sein Repertoire an komplexen Plots. Jane Austens Plots etwa sind ebenfalls häufig komplex und arbeiten mit Plotsymmetrien, die mit denen Fieldings vergleichbar sind. In *Pride and Prejudice* (1813) haben wir vier junge Männer auf Brautschau, die für vier unterschiedliche Verhaltenspole stehen. Wickham ist der durchtriebene Aufsteiger, Collins der lächerliche Aufsteiger, Bingley der unbedarfte Aufrichtige ohne Rückgrat und Darcy der Misstrauische mit Rückgrat. Bingleys und Darcys „opposition of character" wird von Austen selbst hervorgehoben (Austen 2006 [1813], 17). In der Handlungsentwicklung ergibt sich ebenfalls eine Spiegelung auf der Ebene der Verwandtschaft der beiden Hauptcharaktere Elizabeth Bennett und Fitzwilliam Darcy. Zunächst sind es Elizabeths aufgeregte Mutter und ihre missratenen jüngeren Schwestern, die einem glücklichen Ende im Wege stehen, weil sie sich beim Ball von Netherfield nicht benehmen und weil Lydia mit Wickham durchbrennt (und so auch das Ansehen und die Aussichten ihrer Schwestern trübt). Doch in der zweiten Hälfte gerät Darcys Verwandtschaft, vor allem seine

Tante Lady Catherine de Bourgh, in ein fragwürdiges Licht, und gleichzeitig ist es letztlich Lady de Bourghs Versuch, die Ehe zu verhindern, die zum glücklichen Ende des Plots von *Pride and Prejudice* führt. Sowohl Elizabeth als auch Darcy überwinden im Laufe dieses Plots jeweils ihren Stolz und ihr Vorurteil, was vielleicht die offensichtlichste Spiegelung darstellt, die auch im Titel von Austens Roman hervorgehoben wird.

Komplexe Plots spinnen Verknüpfungen über einzelne Handlungslinien hinweg. Konstellation von zwei (Tom Jones und Blifil), drei (Molly Seagrim, Mrs Waters und Lady Bellaston), vier (Wickham, Collins, Bingley und Darcy) oder mehr Charakteren bringen Plotsymmetrien hervor, wenn z. B. der Handlungsverlauf eines Charakters den eines anderen widerspiegelt oder wenn sie mögliche alternative Pfade der Haupthandlung andeuten.

5 Metaplots

In den Kapiteln, die jedes Buch von *Tom Jones* einführen, diskutiert Fielding, wie er seine Geschichte erzählt, welche literarischen Prinzipien er aufgreift, und spekuliert, wie die Kritiker wohl darauf reagieren werden. Seit Anfang der Literaturgeschichte geht es in literarischen Werken auch immer selbstreflexiv um die Prinzipien, die darin am Wirken sind, und der Plot ist keine Ausnahme. In Heliodors *Äthiopischen Abenteuern* (3. Jh. n. Chr.) fordert z. B. ein Charakter den Erzähler wiederholt dazu auf, sich auf die Haupthandlung zu konzentrieren („Beinahe wäre es dir gelungen, mich unvermerkt gleich ans Ende deiner Erzählung zu führen"; Heliodor 1972, 59; vgl. auch ebd., 73), ein Erzähler erkennt, dass er die Geschichte am selben Tag nicht mehr zu Ende bringen werde („Doch was spinne ich zur unrechten Zeit einen so langen Faden und führe meine Erzählung unversehens auf das weite Meer der weiteren Begebenheiten hinaus?"; Heliodor 1972, 119), und für die Auflösung der Handlung erschließt ein anderer Charakter den Willen der Götter aus den unnatürlichen Zufällen, die gleichsam einer „Theatermaschine" einen „dramatischen Schlußeffekt" erzeugen (Heliodor 1972, 308).

Erzählungen wie die *Äthiopischen Abenteuer*, die selbst die Aufmerksamkeit des Lesers auf den Plot (und seine aktuelle Entwicklung) richten und so seinen Fortgang bestimmen, haben das, was man als einen Metaplot bezeichnen könnte. Hier liegt die Handlung nicht nur in der (temporalen und kausalen) Verknüpfung von Ereignissen, sondern auch in einer Verknüpfung zweiter Ordnung. Sie entsteht, wenn die Bildungsprinzipien des Plots selbst in der Erzählung zur Sprache kommen.

Wie kann man eine Typologie des Metaplots entwickeln? Beginnen wir mit einem gängigen Beispiel. In Laurence Sternes *The Life and Opinions of Tristram Shandy, Gentleman* (1759–1767) finden wir eine Reihe von Linien, die die Plots der Bücher dieses Romans diagrammatisch wiedergeben. „These were the four lines I moved in through my first, second, third, and fourth volumes. – In the fifth volume I have been very good [...]. In this last volume I have done better still – for from the end of *Le Fever's* episode, to the beginning of my uncle *Toby's* campaigns, – I have scarce stepped a yard out of my way." (Sterne 2009 [1759–1767], 379–380).

Für den weiteren Verlauf des Romans verspricht Tristram, nur in geraden Linien (ohne Abschweifungen) zu erzählen. Sternes *Tristram Shandy* ist wohlbekannt für seine metafiktionalen Elemente, die von der Ansprache des Lesers durch den Erzähler (um sie zu einem früheren Kapitel zurückzuschicken) über die Intervention in der fiktiven Welt (wenn er die Kritiker bittet, ihm zu helfen, Tristrams Vater aus dem Treppenhaus in den nächsten Raum zu bewegen) bis zu den Hinweisen auf die physische Beschaffenheit des Buches (mit seinen schwarzen und marmorierten Seiten) reichen. Mit den Plotlinien verweist der Erzähler auf die Bedeutungsstränge seiner Erzählung und schließt so seinen sechsten Band ab.

Neben der diagrammatischen Darstellung des Plots können Erzähler auch auf die Plotmetaphern verweisen und ihre Leser darauf aufmerksam machen, wie sie sie manipulieren. Wir haben Beispiele hierfür bei Heliodor gesehen. In Margaret Atwoods *The Robber Bride* (1993) finden wir weitere. So überlegt eine der Erzählerinnen, wo die Handlung beginnen soll, und versteht Ereignisse als Einschnitte in das narrative Gewebe: „*Pick any strand and snip, and history becomes unravelled.*" (Atwood 1999 [1993], 3) Atwood verschachtelt ihre multiplen Plots in einer solchen Weise, dass Leser auf die Konstruktion hingewiesen werden. Zunächst kommen die drei Protagonistinnen (Tony, Charis und Roz) in einem Restaurant zusammen und erleben die Rückkehr der mysteriösen Zenia von den Toten. In den nächsten drei Teilen geht es dann in (chronologisch fortschreitenden) Rückblenden um das Verhältnis der Protagonistinnen zu Zenia und die eskalierende Bedrohung, die von ihr vor ihrem Scheintod ausgeht. Im letzten Teil trifft man sich wieder und plant, Zenia endgültig loszuwerden. Atwoods Kapitelüberschriften und ihre Sprachwiederholungen weisen explizit auf die Verschachtelung der Erzählung hin und wirken so ein Muster von Verbindungen in den Erzählstoff. Während Atwoods *The Robber Bride* auf eine Auflösung der multiplen Plots hinausläuft, zeugen andere Metaplots dieser Art von einer Verschachtelung *ad infinitum*, die nicht aufgelöst wird, ein Beispiel dafür ist Italo Calvinos *Se una notte d'inverno un viaggiatore* (1979).

Der Titel von Atwoods Roman *The Robber Bride* bezeichnet Zenia, aber Atwood verweist damit auch auf das Grimm'sche Märchen *Der Räuberbräuti-*

gam. Die Autorin bezieht sich hier auf die generische Ploterwartung, die sich vom Märchen her ergibt. Einerseits wird Zenia so zu einer mysteriösen, zerstörerischen Figur (ähnlich dem Räuberbräutigam und anderen Märchenbösewichten). Andererseits erwartet man auf der Basis des Märchens, dass die (mehr oder minder) unschuldigen Heldinnen Zenias Fängen entkommen können. Mit ihren eingebetteten Rückblenden verweist Atwood ebenso auf die Wiederholungsstruktur des Märchens, in dem die Heldinnen immer wieder den Stiefmüttern, Hexen und Räubern ausgesetzt sind. Der Metaplot in der Gestaltung der Ploterwartung wird offensichtlich, wenn Roz und ihre Töchter das Grimm'sche Märchen lesen und die Töchter es wieder und wieder hören wollen.

Eine weitere Möglichkeit zum Metaplot ergibt sich, wenn die bedeutungsgebende Funktion des Plots explizit angesprochen wird. Nach der Einführung der Fadenmetapher entwickelt Atwoods Erzählerin sie weiter. „If Tony could just find a loose end and pull, a great deal would come free" (Atwood 1999 [1993], 3–4). Die Handlung als sinngebender Mechanismus, der bedeutungsvolle Verbindungen zwischen Ereignissen herstellt, hat die Heldinnen gleichsam ‚eingewickelt' – genauso wie die Lügen Zenias. Es gilt eine neue Geschichte zu schreiben. Die Handlung von *The Robber Bride* wird als die Auflösung der alten Geschichten dargestellt und die Metapher des Plots als Faden (und des Texts als Gewebes) wird umgekehrt.

Der Beruf der Erzählerin Tony verweist auf die breitere Relevanz des Plots als bedeutungsgebender Struktur: „She has a historian's belief in the salutory power of explanations." (3) In der Geschichtsschreibung spielen Handlungen eine ebenso wichtige Rolle wie in der Literatur. Die bedeutungsvolle Anordnung von Ereignissen in der klassischen Geschichtsschreibung entwickelt einen Plot für diese faktischen Erzählungen. Wie Hayden White (1981) herausgestellt hat, so ergab sich dies mit der Entwicklung von der Chronik (die nur temporale Abfolgen aufzeichnet) zur Geschichte selbst (die auch temporale und kausale Zusammenhänge herstellt). Narratologen wie Dorrit Cohn (1990) greifen diese Beobachtung auf, um einen Unterschied zwischen fiktionalem und faktischem Erzählen herauszuarbeiten. Während die Literatur ihre Ereignisse frei wählen kann, muss die Geschichtsschreibung sich auf tatsächliche Ereignisse und deren *emplotment* beschränken. In Literatur, Geschichtsschreibung und auch im Journalismus (vgl. Baroni 2009) nimmt der Plot bedeutungsgebende Züge für unsere Erfassung von tatsächlichen Ereignissen an.

Atwoods Roman legt nahe, dass die unterschiedlichen Typen des Metaplots (nämlich Plotmetaphern, ostentativ verschachtelte Handlungen, generische Erwartungen und eine Betonung der bedeutungsgebenden Natur von Handlung) in literarischen Erzählungen zusammenspielen und dem Text eine metafiktionale Dimension jenseits von selbstreflexiven Erzählern geben.

Die Handlung bringt also Charaktere, fiktionale Welten und Ereignisse zusammen und lenkt die Leser, wenn sie Bedeutung aus einem Erzähltext konstruieren. Selbst Alan Moore lässt sich in seiner Handreichung zu einer mehrseitigen Diskussion des Plots als den roten Faden hinreißen, der durch das Erzählszenario führt und die Ideen des Autors unterstreicht (Moore 2005, 28–33). Ein analytischer Blick auf das Handlungsgefüge und seine einfachen, multiplen, komplexen und Meta-Formen erhellt das Verständnis eines Erzähltextes, da dies oft auch andere Aspekte (wie Charaktere, kontrastierende Stimmung etc.) ins Verhältnis setzt. Ein Plot, der scheinbar nirgends hinführt, kann dabei ebenso eingehend diskutiert werden wie Fieldings Perfektion in *Tom Jones*.

Wie sich anhand der angeführten Beispiele sehen lässt, wäre eine historische Entwicklung von einfachen zu verschlungeneren Plotformen in der westlichen Literatur nur schwierig auszumachen. Bereits Homers *Odyssee*, die von Aristoteles als Musterbeispiel eines gelungenen Plots in der Epik eingeführt wird, arbeitet mit Rückblenden und verschachtelten Handlungen (wie ausführlich in Sternberg 1978 diskutiert). Heliodors Roman *Äthiopische Abenteuer* aus dem 3. Jahrhundert erheitert seine Leser mit einem launigen Metaplot. In der Neoklassik des 17. Jahrhunderts wurde zum Teil die Idee vertreten, dass multiple Plots auf eine orientale Urform des Erzählens hinweisen (vgl. Pierre Daniel Huets *Traité de l'origine des romans* von 1670), was dann mit *Tausendundeiner Nacht* bestätigt schien, während die neuzeitlichen Erzählungen im Roman eine einfachere Handlungsform anstrebten. Doch der Erfolg von *Tausendundeiner Nacht* zeigt, dass die Zeit der multiplen Plots auch im 18. Jahrhundert noch nicht vorbei war, gleichzeitig entwickelten Autoren wie Henry Fielding und Jane Austen den Roman mit ihren komplexen Plots und Plotsymmetrien weiter. Multiple Plots spielen dann im viktorianischen Roman, der oft in Serienform veröffentlicht wurde, eine zentrale Rolle (vgl. Garrett 1980).

In der zeitgenössischen Medienlandschaft greifen die Erzählformen der Fernsehserie und des Comics auf ein Widerspiel zwischen einfachem Plot (der sich in einer Folge abhandeln lässt) und multiplem Plot (der unterschiedliche Handlungsstränge zu einem Bogen über die Serie hinweg vereint) zurück. Die narratologische Erforschung dieser ausladenden Erzählungen und ihrer Plots steckt noch in den Kinderschuhen (vgl. O'Sullivan 2010; Kelleter 2012). Besonders in der Untersuchung neuerer Erzählformen wird aber deutlich, dass sowohl die mediale Form als auch die Produktions- und Rezeptionsbedingungen (wie z. B. im am Fließband produzierten Hollywoodfilm der 1930er und 1940er Jahre, im viktorianischen Roman und in aktuellen Comicserien) einen zentralen Einfluss auf die Gestaltung des Plots haben. Für die Zukunft dürfte dies ebenso auf die E-Books zutreffen, wo die bildschirmgebundene Leseweise unter Umständen auf die Konzentration und die Aufmerksamkeit der Leser Einfluss nimmt. Hier bringt die Diskussion des Plots nicht nur Handlungsstruktur, erzählte Welt und Charaktere zusammen, sondern entwickelt sich zu einem Untersuchungsgegenstand, der weitergehende kulturelle und intermediale Fragen zur Erzählkunst aufwirft.

Literaturverzeichnis

Aarne, Antti (1973 [1910]). *The Types of the Folktale*. Übers. und erweitert von Stith Thompson. Helsinki.
Aristoteles (2008). *Poetik. Griechisch/Deutsch*. Übers. und hg. von Manfred Fuhrmann. Stuttgart.
Atwood, Margaret (1999 [1993]). *The Robber Bride*. London.
Austen, Jane (2006 [1813]). *Pride and Prejudice*. Harmondsworth.
Bacchilega, Cristina (1997). *Postmodern Fairy Tales: Gender and Narrative Strategy*. Philadelphia.
Bal, Mieke (1985). *Narratology: An Introduction to the Theory of Narrative*. Toronto.
Baroni, Raphaël (2009). *L'œuvre du temps. Poétique de la discordance narrative*. Paris.
Bordwell, David (2002). „Film Futures". In: *SubStance* 31.1, 88–104.
Bottigheimer, Ruth (1987). *Grimms' Bad Girls and Bold Boys: The Moral and Social Vision of the Tales*. New Haven.
Bremond, Claude (1980 [1966]). „The Logic of Narrative Possibilities" [Übers. von Elaine D. Cancalon]. In: *New Literary History* 11.3, 387–411.
Bremond, Claude, und Jean Verrier (1982). „Afanassiev et Propp". In: *Littérature* 45, 61–78.
Cohn, Dorrit (1990). „Signposts of Fictionality: A Narratological Perspective". In: *Poetics Today* 11.4, 775–804.
Coleridge, Samuel Taylor (1835). *Specimens of the Table Talk of the Late Samuel Taylor Coleridge*. Bd. 2. London.
Culler, Jonathan (1981). „Story and Discourse in the Analysis of Narrative". In: J. Culler, *The Pursuit of Signs: Semiotics, Literature, Deconstruction*. London, 169–187.
Dannenberg, Hilary (2008a). *Coincidence and Counterfactuality: Plotting Time and Space in Narrative Fiction*. Lincoln.
Dannenberg, Hilary (2008b). „Nadine Gordimer's ‚The Pickup' and the Desert Romance Tradition in Post/Colonial Anglophone Fiction". In: *Current Writing* 20.1, 69–88.
DuPlessis, Rachel Blau (1985). *Writing Beyond the Ending: Narrative Strategies of Twentieth-Century Women Writers*. Bloomington.
Fielding, Henry (2008 [1749]). *The History of Tom Jones, A Foundling*. Oxford.
Forster, Edward Morgan (2002 [1927]). „Aspects of the Novel". Chapter V: „Plot". In: B. Richardson (Hg.), *Narrative Dynamics: Essays on Time, Plot, Closure, and Frames*. Columbus, OH, 71–72.
Freytag, Gustav (1890 [1863]). *Die Technik des Dramas*. 6., verbesserte Aufl. Leipzig.
Frye, Northrop (1971). *Anatomy of Criticism: Four Essays*. Princeton.
Galland, Antoine (1713 [1704]). *Arabian Nights Entertainments*. Anon. Übers. 2 Bde. London.
Garrett, Peter K. (1980). *The Victorial Multi-plot Novel: Studies in Dialogical Form*. New Haven.
Genette, Gérard (1983). *Nouveau discours du récit*. Paris. Dt.: Genette 1994.

Genette, Gérard (1994). „Neuer Diskurs der Erzählung" [Übers. von Genette 1983]. In: G. Genette, *Die Erzählung*. München, 193–298.

Grimm, Jacob, und Wilhelm Grimm (2007). *Kinder- und Hausmärchen*. Ausgabe letzter Hand. Hg. von Heinz Rölleke. 3 Bde. Stuttgart.

Harries, Elizabeth Wanning (2001). *Twice Upon a Time: Women Writers and the History of the Fairy Tale*. Princeton.

Heliodor (1972). *Die äthiopischen Abenteuer von Theagenes und Charikleia*. Übers. von Horst Gasse. Stuttgart.

Jolles, André (1965 [1930]). *Einfache Formen: Legende, Sage, Mythe, Rätsel, Spruch, Kasus, Memorabilie, Märchen, Witz*. Tübingen.

Kelleter, Frank (Hg. 2012). *Populäre Serialität: Narration – Evolution – Distinktion*. Bielefeld.

Kukkonen, Karin (2014). „Bayesian Narrative: Probability, Plot and the Shape of the Fictional World". In: *Anglia* 132.4, 720–739.

Meister, Jan Christoph (2003). *Computing Action: A Narratological Approach*. Übers. von Alastair Matthews. Berlin.

Miller, J. Hillis (1976). „Ariadne's Thread: Repetition and the Narrative Line". In: *Critical Inquiry* 3.2, 57–77.

Miller, Nancy (1981). "Emphasis Added: Plot and Plausibilities in Women's Fiction" In: *PMLA* 96.1: 36–48.

Moore, Alan (2005). *Alan Moore's Writing for Comics*. Bd. 1. Urbana.

Nelles, William (1992). „Stories within Stories: Narrative Levels and Embedded Narrative". In: *Studies in the Literary Imagination* 25.1, 79–96.

Nelles, William (1997). *Frameworks: Narrative Levels and Embedded Narrative*. New York.

Nischik, Reingard (1981). *Einsträngigkeit und Mehrsträngigkeit der Handlungsführung in literarischen Texten*. Tübingen.

O'Sullivan, Sean (2010). „Broken on Purpose: Poetry, Serial Television, and the Season". In: *Storyworlds* 2, 57–77.

Orme, Jennifer (2010). „Mouth to Mouth: Queer Desires in Emma Donoghue's Kissing the Witch". In: *Marvels and Tales: Journal of Fairy-Tale Studies* 24.1, 116–130.

Orme, Jennifer (2012). „Happily Ever After ... According to Our Tastes: Jeanette Winterson's ‚Twelve Dancing Princesses' and Queer Possibility". In: K. Turner, P. Greenhill (Hgg.), *Transgressive Tales: Queering the Grimms*. Detroit, 141–160.

Palmer, Alan (2004). *Fictional Minds*. Lincoln.

Pinault, David (1992). *Story-telling Techniques in the Arabian Nights*. Leiden.

Propp, Vladimir (1975 [1928]). *Morphologie des Märchens* [Morfologija skazki], Hg. von Karl Eimermacher. Frankfurt a. M.

Ryan, Marie-Laure (1986). „Embedded Narrative and the Structure of Plans". In: *Text* 6.1, 107–142.

Ryan, Marie-Laure (1990). „Stacks, Frames and Boundaries". In: *Poetics Today* 11.4, 873–899.

Ryan, Marie-Laure (1991). „Possible Worlds and Accessibility Relations: A Semantic Typology of Fiction". In: *Poetics Today* 12.3, 553–576.

Ryan, Marie-Laure (2007). „Diagramming Narrative". In: *Semiotica* 165.1/4, 11–40.

Šklovskij, Viktor (1990 [1925]). „The Relationship between Devices of Plot Construction and General Devices of Style". In: V. Šklovskij, *Theory of Prose*. Übers. von Benjamin Sher. Elmwood Park, IL, 15–51.

Sternberg, Meir (1978). *Expositional Modes and Temporal Ordering in Fiction*. Baltimore.

Sterne, Laurence (2009 [1759–1767]). *The Life and Opinions of Tristram Shandy, Gentleman*. Oxford.
Tatar, Maria (1987). *The Hard Facts of Grimms' Fairy Tales*. Princeton.
Todorov, Tzvetan (1969). „Structural Analysis of Narrative" [Übers. von Arnold Weinstein]. In: *Novel: A Forum on Fiction* 3.1, 70–76.
Todorov, Tzvetan (1977 [1971]). „Narrative-Men". In: T. Todorov, *The Poetics of Prose*. Übers. von Richard Howard. Oxford, 66–79.
Vida, Marco Girolamo (1742 [1517]). *Vida's Art of Poetry*. Übers. von Christopher Pitt. London.
White, Hayden (1981). „The Value of Narrativity in the Representation of Reality". In: W. J. T. Mitchell (Hg.), *On Narrative*, 1–23.
Zipes, Jack (2006). *Why Fairy Tales Stick: The Evolution and Relevance of a Genre*. New York.

Anja Burghardt
III.2.3 Strukturmomente der Erzählung

Der Begriff der Strukturmomente der Erzählung wird für unterschiedliche Phänomene in Anschlag gebracht. Jurij Lotman unterscheidet für Texte zunächst zwischen der „Begrenztheit" nach außen und der inneren „Strukturiertheit" (Lotman 1972 [1970], 84–86). In Form von Kapiteln und anderen Einteilungen werden Begrenzungen allerdings auch innerhalb des Erzähltextes tragend, ein Aspekt, den Oskar Walzel in seiner 1929 veröffentlichten Typologie von Schlüssen als grundlegend diskutiert. Diese Einteilungen sieht er in seiner Untersuchung zum Bau vom Erzählwerken von 1915 insofern als tragend für die Zusammenführung verschiedener Erzählstränge, als sie den „Rhythmus" des Textes bestimmen (Walzel 1926a [1915], 139).

Für die innere Strukturiertheit wird teilweise stärker die Fabel (*fabula*), teilweise vorrangig das Sujet (*sjužet*) herangezogen (für diese Dichotomie wird hier die Terminologie des russischen Formalisten Boris Tomaševskij von 1931 verwendet). Als Strukturmomente werden demnach einerseits Phänomene wie Anfang und Ende oder auch der Wendepunkt der Handlung bezeichnet, andererseits wie in Eberhard Lämmerts *Bauformen der Erzählung* von 1955 verschiedene Aspekte der Präsentation der Ereignisse in Hinblick auf die Chronologie und die Verknüpfung verschiedener Erzählstränge und -elemente.

1 Strukturmomente in Aristoteles' *Ars poetica*

Eine Reihe unterschiedlicher Dimensionen von Strukturmomenten ist bereits bei Aristoteles angelegt. Da Aristoteles das Epos als eine literarische Form betrachtet, die weniger komplex ist als die Tragödie, sind seine Ausführungen explizit auch für das Epos gültig, sofern es über die entsprechenden Phänomene verfügt (*Poetik* 1449b, 12–20). Auf seine erste Bestimmung der Tragödie als „Darstellung (*mimesis*) einer vollständigen und ganzen Handlung", die Anfang, Mitte und Ende hat, folgt ihre Definition über ihre Teile:

> Es ist also notwendig, dass für die Tragödie als Ganze sechs Teile konstitutiv sind, aus denen sich ihre Gattungsmerkmale als Tragödie ergeben. Diese sind der Mythos, die Charaktere, die sprachliche Gestaltung, die Denkweise, die Aufführung und die Lieddichtung. Denn das, womit die Darstellung erfolgt, sind zwei Teile, die Art und Weise, wie dargestellt wird, ist ein Teil, die Gegenstände, die dargestellt werden, sind drei Teile, und darüber hinaus gibt es keine weiteren wesentlichen Teile. (*Poetik* 1450a, 8–13)

Sowohl das Sujet, also die sprachliche Gestaltung (im Fall der Tragödie zudem Lieddichtung und Aufführung), als auch die Fabel (im Fall der Tragödie Mythos, Charaktere und ihre Denkweise) sind nach Aristoteles demnach konstitutiv für die Tragödie. Der Mythos, den man als die Fabel der Tragödie bezeichnen kann, verfügt abermals über zwei Teile, nämlich Wendepunkt (*peripeteia*) und Wiedererkennung (*anagnorisis*; *Poetik* 1450a, 34), denen Aristoteles insofern eine besondere Funktion zuschreibt, als vor allem sie das Auditorium beeinflussen; beide sind Typen der übergeordneten Kategorie des ‚Umschwungs' (*metabolē*). Beiden Momenten, die Manfred Fuhrmann (2003, 37) als Erkenntnis- bzw. Handlungsmetabole bezeichnet, kommt bei Aristoteles eine kognitive Dimension zu: Offensichtlich ist dies für die Wiedererkennung (oder „eigentliche Erkenntnis"); für den Wendepunkt ergibt sich der kognitive Aspekt aus Aristoteles' Definition als ein Umschlag einer Handlung in das Gegenteil *des Intendierten* (*Poetik* 1452a, 22–24). Nicht unbedingt an eine solche Peripetie gebunden ist die Veränderung von Glück zu Unglück bzw. von Unglück zu Glück, die sich im Verlauf der Tragödie vollzieht. Wendepunkte dienen hier als Kriterium für die Typologie von Tragödien (vgl. *Poetik*, Kap. 10), nämlich komplexen einerseits (Veränderung in Verbindung mit einem Wendepunkt), einfachen andererseits. Zwei der eingangs erwähnten Varianten von Strukturmomenten zeichnen sich damit ab: einerseits ganze Handlungsstränge, die den Status von grundlegenden Einheiten der Tragödienhandlung insgesamt erhalten, sowie Fragen ihrer Verknüpfung; andererseits wird wichtig, wie die Veränderungen, und zwar vorrangig die makrostrukturelle(n) Veränderung(en), gestaltet sind. Mit Aristoteles' Idealtyp des Mythos, der sich aus den Ergebnissen der einzelnen Handlungen der Charaktere entwickelt, rückt die konstitutive Funktion von Einzelereignissen für die Haupthandlung in den Blick (vgl. seine Definition des *mythos* als „Zusammenstellung der Handlungen" [*systasis tōn pragmatōn*]; *Poetik* 1450a, 5).

Das bereits erwähnte Merkmal von Handlung darstellenden Texten – das Vorhandensein von Anfang, Mitte und Ende – führt Aristoteles mit einer Definition eben dieser drei Phänomene aus. Der Anfang ist demnach etwas, das nicht „aus innerer Notwendigkeit" auf etwas anderes folgt, während es selbst mit dem Nachfolgenden in einem ursächlichen Zusammenhang steht. Während umgekehrt das Ende auf etwas folgt, ihm aber nichts nachfolgt (oder zumindest nicht nachfolgen muss), ist die Mitte eben das, was auf etwas anderes folgt und nach dem noch etwas geschieht (vgl. *Poetik* 1450b, 23–31). Mit dieser Definition schreibt Aristoteles Anfang und Ende vor allem eine Rahmenfunktion zu.

Aristoteles plädiert in seiner *Poetik* insbesondere für einen Mythos, der sich aus der Anfangssituation sowie dem Charakter und der Reflexionsfähigkeit oder Denkweise der Figuren möglichst stringent und konsequent entwickelt. Dadurch erweist sich das Ende als ein Resultat der Anfangssituation, es ist bereits im

Anfang angelegt. Anfang und Ende lassen sich, wie auch die Strukturmomente Wendepunkt und Wiedererkennung, für deren musterhafte Umsetzung Aristoteles Sophokles' *König Ödipus* lobt (*Poetik* 1455a, 16–18), anhand dieser Tragödie ebenso erhellen wie einige Schwierigkeiten speziell mit dem Ende, die in Sophokles' zwei Ödipus-Tragödien zutage treten: In Sophokles' *König Ödipus* drängt Ödipus allen Warnungen und der Mahnung, er möge seine Nachforschungen einstellen, zum Trotz darauf, die Wahrheit ans Licht zu bringen. Die Tragödie beginnt damit, dass Ödipus Theben von der Pest befreien möchte. Der eingeholte Orakelspruch, dass dafür der Mörder des vorigen Königs Laios gefunden werden muss, löst dann die Suche aus, die letztlich mit dem Bericht des Hirten Ödipus' Herkunft aufdeckt. Zum Vorschein kommen so auch Ödipus' unwissentliche Ermordung des Vaters und die unwissentliche eheliche Verbindung mit seiner Mutter. Seine Selbstblendung und der Selbstmord Jokastes bedeuten insofern ein Ende, als mit Jokastes Tod und dem Ende von Ödipus' Herrschaft der Protagonist im wahrsten Sinne des Wortes ein anderes Leben beginnen muss. *Ödipus auf Kolonos* spielt dann auch Jahre später an gänzlich anderem Ort und weist eine ganz andere Konstellation mit veränderten Schwierigkeiten auf. Hier ist also ein neuer Anfang gesetzt, indem Sophokles den seit Jahren in Begleitung seiner Tochter umherirrenden Ödipus am Ende seines Lebens zeigt. Mit der Prophezeiung, die Stadt werde mit seiner Beherbergung und vor allem seiner Grabstätte unter den Schutz der Götter gestellt sein, weist der Schluss der Tragödie abermals über das Ende der Geschehnisse hinaus.

2 Anfang, Ende, Wendepunkt in der Literaturwissenschaft

Die enge Verknüpfung und wechselseitige Abhängigkeit von Anfang und Ende und ihre damit verbundene Funktion einer Abgrenzung nach ‚Außen' ist in der literaturwissenschaftlichen Diskussion oft thematisiert worden. Lotman (1972 [1970], 300–310) versteht sie denn auch als Rahmen, wobei er dem Anfang die Funktion einer Definition oder der Modellierung der Ursache zuschreibt. Das Ende legt dem gegenüber „Zeugnis ab von der Konstruktion der Welt als ganzer" (Lotman 1972 [1970], 310). In verschiedenen Untersuchungen stehen die von Epoche zu Epoche variierende Profilierung eher des Anfangs (wie Gerhard Neumann 1996 beispielsweise für die Zeit der Aufklärung darlegt), häufiger des Endes im Vordergrund. In diesem Sinne verweisen auch Udo Friedrich, Andreas Hammer und Christiane Witthöft (2014, 16) auf die „strukturelle Überdetermination von Anfang und Ende in vielen mittelalterlichen Erzählungen". In diesen

Texten nämlich finde sich eine besondere Fixierung auf das Ende oder auch den Anfang, was einer Überwindung von Kontingenz und der Vergewisserung von Ordnung und Kontinuität diene.

Viktor Šklovskijs Suche nach den Gesetzen des Sujets

Einer der wenigen Literaturtheoretiker, der sich ausführlich den verschiedenen Sujetverfahren widmet, wobei er neben dem Schluss besonders auf die Handlungsverknüpfung eingeht, ist Viktor Šklovskij, einer der Begründer der russischen Formalen Schule. Er untersucht verschiedene Kompositionsweisen in Erzählungen vor allem in Hinblick darauf, wie sie die Aufmerksamkeit auf den Erzählprozess lenken. Zentral sind dabei Wiederholungsfiguren, insbesondere in Verbindung mit einem Stufenaufbau, wie sie speziell im Märchen zu finden sind (Šklovskij 1919, 1921; dt. 1969 bzw. 1966a). Wie Schmid (2009, 44) betont, steht bei Šklovskij die „Spürbarkeit des Prozesses als das eigentliche Ziel der Kunst" im Vordergrund (vgl. dazu Šklovskij 2009 [1918–1925]). Als eine Spielart der Verfremdung durch Wiederholungen versteht Šklovskij den ‚Geheimnisroman' (*novella tajn*), der sich dadurch auszeichnet, dass das erste Element eines Parallelismus verschwiegen wird und erst das Ende des Textes seine Entdeckung offenbart. Da Märchen, der Abenteuerroman und Novellen mit der Möglichkeit, in einen Rahmen endlos viele weitere Episoden einzufügen, prinzipiell offen sind, bedarf es eines weiteren Elements, um Erzählungen solcher Gattungen zu einem Abschluss zu bringen. Šklovskij beschreibt in diesem Sinn die Rahmenerzählung beispielsweise von Boccaccios *Dekameron* (1348/1349–1353) als Schleife, die den Eindruck der Geschlossenheit erlaubt. Novellen, die ein Gefühl der Abgeschlossenheit vermissen lassen, bezeichnet er als Novellen-„Bilder"; sie stehen solchen mit einem „Pseudo-Ende" (*ložnyj konec*) nahe. Bei einem Pseudo-Ende werden insbesondere Naturstimmungen dazu genutzt, den Eindruck entstehen zu lassen, die Novelle sei abgeschlossen (Šklovskij 1966a [1921]; vgl. dazu auch Hansen-Löve 1978, 253 ff.). Als weitere Form des Endes führt Šklovskij das „negative" oder „Null-Ende" (*otricatel'nyj konec*; Šklovskij 1966a [1921]) ein, das sich häufig bei Maupassant findet und das sich vor dem Hintergrund üblicher Novellenschlüsse eben als dessen Fehlen abzeichnet.

Weniger das Ende als die Frage nach der Verknüpfung von Erzählsträngen stehen in seiner Untersuchung zu Cervantes' *Don Quijote* (1605/1615) im Zentrum, und zwar verschiedene Weisen eines ‚glatten Aneinanderfügens' einzelner Episoden oder auch ineinander verschachtelter Novellen (Šklovskij 1966b [1921/1929]). Neben der Wiederkehr desselben Motivs (beispielsweise des Zorns der Götter in der *Odyssee*, Sindbads Reiselust oder überhaupt der Reise wie in *Gullivers Reisen*

[1839] oder eben in *Don Quijote*) entstehen solche Verknüpfungen entweder über die Beteiligung einer Figur an der Handlung der eingefügten Novelle oder durch längere Erzählungen einer Figur nach dem Prinzip des vorgefundenen Manuskripts. Zu diesem stellt der Botenbericht eine Variante dar, der allerdings anderer einheitsstiftender Formen bedarf. Dies kann beispielsweise ein Ort sein wie die von Šklovskij erwähnte Schenke, in der die verschiedenen Figuren aufeinandertreffen: Mittels ihrer Begegnungen in dieser „Schenke zum literarischen Verfahren" kreuzen sich die einzelnen Episoden und Handlungssequenzen und können miteinander verknüpft werden. Im Kontext neuerer Untersuchungen zur Handlungsfügung werden Šklovskijs Schriften kaum beachtet; der Fokus hat sich hier zur Funktion verschiedener Weisen vor allem der Einbettung von Erzählsträngen verschoben.

Enden

Während Anfänge den Anschein erwecken, als entwickelte sich alles aus ihnen heraus, ist das Ende maßgeblich für die Sinnstiftung. In literaturwissenschaftlichen Behandlungen der Strukturmomente wird zwischen dem Schluss des Textes und dem tatsächlichen Ende beispielsweise einer Ereigniskette differenziert. So stellt Brigitte Obermayr die formale Kategorie des Schlusses der hermeneutischen des Endes gegenüber: „Während der Schluss dort ist, wo der Text aufhört, ist das Ende ortlos, außerhalb des Textes." (Obermayr 2007, 353) Ähnlich differenziert der Kunsthistoriker Wolfgang Kemp (1996) zwischen dem Ende und dem Schluss – hier des Buches. Er konzentriert sich vor allem auf den Schluss in prophetischen Erzählungen, der häufig mit dem Ende der Welt verbunden wird. Neben Fragen der Erzählbarkeit des Lebensendes eines Individuums zeigt sein Beitrag die Nähe zwischen dem Ende als Strukturmoment und – aufgrund der Thematik des Endes der Welt – der Apokalyptik.

Deutlich werden hier somit auch die anthropologische und kulturelle Dimension des Erzählens, also die Versuche bzw. das Bedürfnis, solche letztlich unerfahrbaren Gegebenheiten der menschlichen Existenz wie den Tod erzählerisch zu fassen. Diese anthropologische Dimension spiegelt sich gemeinhin in der Wahl der analysierten Werke. Klaus Reichert (1996) diskutiert „endlose Enden" anhand von Becketts *Play* (1963), eines Stückes, das damit endet, dass es zum dritten Mal beginnt. Obermayr (2007) schlägt aufgrund ihrer Beobachtung, dass moderne wie postmoderne literarische Texte das fehlende Ende erzählerisch oder mit anderen Mitteln sprachlicher Darstellung vollziehen, die folgende dreiteilige Typologie vor:

1. Der Schluss hat eine sinnstiftende Funktion und lässt das Textganze hervortreten. Über zwei Lesarten von Becketts *Fin de partie* (1957) zeigt Obermayr zwei Varianten dieses Typus: In der im Stück angelegten Wiederholung geht der Schluss mit einem Neubeginn einher, so dass die Unerfahrbarkeit des Endes zutage tritt. Die alternative Interpretation lässt mit dem Schluss ein Ende hervortreten, das sich bereits *im* Leben befindet.
2. Indem der Text Anfang und Ende als Rahmenbedingungen eigens darstellt und so die Abgrenzung gegenüber seinem Außen betont, treten Anfang und Ende als „gewaltsame Entscheidung" (Obermayr 2007, 363) hervor.
3. Bei diesem Typus wird das Suspendieren teleologischer Linearitäten mittels ‚Resten' eingefangen, also Elementen, die nicht in das Ganze integriert werden. Neben einer selbstreferentiellen Spielart dieses Typus mündet ein solches Verfahren mit der Auflösung narrativer Chronologie und teleologischer Linearität in seriellen Erzählformen.

Die von Oskar Walzel 1929 vorgenommene Typologie ist ganz anders gestaltet, legt er doch die Kapitelschlüsse in der Erzählung zugrunde und untersucht sie auf die Verknüpfungen von Beginn und Schluss hin (vgl. Walzel 1957 [1929], 227). Marianna Torgovnick (1981) verwendet den Begriff *closure* sowohl für den Abschluss von Handlungssequenzen als auch für das Ende eines Erzähltextes, dessen Status als Teil eines Ganzen sie betont. Aage A. Hansen-Löve (1996) stellt zudem Epilog und Prolog als Strukturmomente vor, denen insofern eine Sonderstellung zukommt, als sie nicht unbedingt unmittelbar zur Erzählung gehören. Beispielsweise haben sie, wie Hansen-Löve aufzeigt, in Dostoevskijs Roman *Der Jüngling* (1879) und seiner Erzählung „Die Sanfte" (1876) eine metapoetische Dimension, die nicht als Teil der erzählten Handlung gelten kann.

Anfänge

Für den Anfang sind die Schwierigkeiten der Nicht-Darstellbarkeit nicht in gleichem Ausmaß gegeben wie für das Ende. Zudem spielt die Abgrenzung zwischen dem hermeneutischen Anfang der Erzählung und dem formalen Beginn insofern eine weniger zentrale Rolle, als relevante Ereignisse, die der Handlung vorangingen, über Analepsen und andere Mittel der erzählenden Darstellung in die eigentliche Handlung integriert werden können. Die Forschung konzentriert sich dann auch vorrangig auf Typologien des Beginns. Im Rahmen der mehrjährigen DFG-Forschergruppe ‚Anfänge der Moderne' (2006–2012, Universität München) entstanden verschiedene Arbeiten, die typologische Untersuchungen des Beginns von Erzählwerken vornehmen, beispielsweise von Lars Schneider (2014) zu Schreibweisen des Naturalismus in der Romania (vgl. auch Schneider 2008).

Handlungsverlauf, Verknüpfung von Erzählsträngen und Wendepunkt

Auch in Hinblick auf die Sequentialität der dargebotenen Geschichte zeigen sich unterschiedliche Untersuchungsschwerpunkte. Die Notwendigkeit eines *gestalteten* Dazwischen, einer strukturierten Mitte, die sich als Übergang vom Anfang zum Ende erweist und der damit eine erklärende Funktion zukommt, betont Frank Kermode (2000, 35–36 bzw. 44–46). Larissa Schuler-Lang (2014, 246) führt als eine Spielart der Strukturierung das „analytische Erzählen" an, das auf einer sukzessiven Enthüllung beruht. Weniger die Art und Weise der Verknüpfung, die bei Šklovskij im Vordergrund steht, als vorrangig die Chronologie und unterschiedliche Weisen ihrer Aufhebungen in der Betrachtung der Verknüpfung verschiedener Erzählstränge nimmt die neuere Forschung in den Blick.

Eines der bekanntesten und in der literaturwissenschaftlichen Forschung entsprechend häufig zitierten Beispiele für das Spiel mit der Erwartung einer chronologischen Darstellung, aber auch einer bestimmten Kapitelabfolge stellt Laurence Sternes *Leben und Meinungen von Tristram Shandy, Gentleman* (1759–1767) dar. Nicht nur verliert sich der Erzähler in ‚Digressionen', so dass die eigentliche Handlung kaum voranschreitet. Er verknüpft zwei Handlungsstränge derart miteinander, dass sie kaum trennbar sind. Zudem zeichnet sich der Text durch sein Spiel mit konventionellen Chronologien der Darstellung aus, was beispielsweise darin zutage tritt, dass die eigene Geburt erst im vierten Buch erzählt wird oder dass der Erzähler die Einleitung, die er eingangs vergessen hat, deutlich später nachholt. Eberhard Lämmert (2004 [1955], 47, 49–52) diskutiert den Roman hinsichtlich der Verkettung einzelner Handlungsstränge und ordnet ihn additiven Formen der Verknüpfung zu. Dieser Einordnung liegt die Frage zugrunde, welche Funktion die eingeschobenen Handlungsstränge für die Erzählgegenwart haben, und zwar vor allem in Hinblick darauf, wie eigenständig sie sind bzw. wie sehr sie einen Ergänzungsstrang zur Haupthandlung darstellen. Im Fall von konsekutiver (oder kausaler) Verknüpfungsform wiederum werden solche weiteren Erzählstränge tragend für die Entwicklung der Gesamthandlung bzw. für den Strang der Erzählgegenwart. Leitend ist in Lämmerts Diskussion auch die Rolle dieser Verknüpfungen für die Spannungssteigerung. Alle Formen der Handlungseinschübe, deren idealtypische Trennung er betont, bringen die „Auflockerung des Gewebes als Formprinzip" (Lämmert 2004 [1965], 65) mit sich. Die bei Lämmert ebenfalls berücksichtigten zeitlichen Verhältnisse, die Matías Martínez und Michael Scheffel (2012 [1999]) in der Darstellung eingeschobener Handlungsstränge oder Binnenerzählungen zusammen mit ihren unterschiedlichen Funktionen diskutieren, betreffen vorrangig Fragen der Chronologie und gelten so mehr der Zeitstruktur als den Strukturmomenten der Erzählung. Ähnlich rückt

Günther Müller (1965 [1953]) das Spannungsverhältnis von Erzählen, Erzähltem und Erzählzeit als das ‚Zeitgerüst des Erzählwerkes' in den Mittelpunkt.

In der Prosa der Moderne lassen sich vielfältige Experimente mit dem Aufbrechen der Sequentialität beobachten. Joseph Frank (1968), der die Poetizität englischsprachiger künstlerischer Prosa der 1920er und 1930er Jahre untersucht, stellt eine, wie er sie nennt, ‚räumliche' (*spatial*) Organisation des Textes vor, die die Chronologie der Ereignisse in den Hintergrund drängt. Die Präsentation von Ereignissen ist damit nicht mehr an die temporale und kausale Folge, sondern an nicht-zeitliche Verknüpfungen gebunden (vgl. dazu Schmid 2013). Beispielhaft zeigt Schmid (2008) die handlungskonstitutive Funktion von Lautlichkeit und Motivik für eine Passage in Evgenij Zamjatins Erzählung „Überschwemmung" (1929) auf. Bereits Oskar Walzel (1926a [1915], 1926b [1915]) diskutiert Linearität, Ornamentik und die Leitmotivik als ein Mittel der Verknüpfung in der Handlungsgestaltung. Während ein lineares Erzählen den Aufbau des Werkes betont, überwuchern bei der Ornamentik Abschweifungen die Erzählung. Die Leitmotivik, also das der Musik entlehnte Verfahren einer strukturierenden Wiederholung einander ähnlicher Momente, liegt demgegenüber jenseits der Einteilung in Haupt- und Nebenhandlungen, ist aber von daher als Strukturmoment einzuordnen, da dieses Verfahren zur Einheit der Erzählung führt.

Während Rahmung, Erzählstränge und deren Verknüpfung vielfach in der Erzählforschung thematisiert wurden, ist der Wendepunkt vorrangig Gegenstand der Dramenforschung. Bei Michail Bachtin (1975 [1937–1938]) findet er als Wiedererkennung Beachtung im Abenteuerroman; auch Šklovskij (1921; dt. 1966a) thematisiert den Wendepunkt in Form der Wiedererkennung als eine beliebte Möglichkeit, die im Prinzip endlosen Abenteuer zu einem Ende zu führen. Ansgar Nünning und Kai Marcel Sicks betonen in ihrem konstruktivistischen Ansatz die signifikante Rolle dieser „entscheidenden Momente, an denen eine sehr bedeutende Änderung eintritt" (Nünning und Sicks 2012, 3) für die Sinnstiftung in Erzähltexten. Zentral sind hier allerlei Arten der Veränderung – sei es in Sequenzen von Geschehnissen und Handlungsketten, sei es in Hinblick auf die auch mentale Entwicklung einer Person beispielsweise im Entwicklungsroman. In der engen Bindung an das Ereignis und die Ereignishaftigkeit (vgl. Schmid 2003; Hühn 2011) ist der Wendepunkt nicht so sehr strukturelles Moment des Erzähltextes, sondern ein Phänomen, das einer inhaltlichen und kontextuellen Begründung bedarf.

3 Von der Novelle zum Hypertext: Signifikante literarische Beispiele

In Hinblick auf episodisches Erzählen und Fragen der Abschließbarkeit, dem sich Šklovskij in seinen Studien zuwandte, lässt sich als Phänomen der experimentellen literarischen Fortführung tradierter Formen wie der Novelle die Serialität ansehen. Mit erzählenden Serien wird allerdings die Abgeschlossenheit selbst aufgehoben, so dass sich die Frage nach den Strukturmomenten bestenfalls am Rande stellt, beispielsweise nach den Verknüpfungsweisen der einzelnen Serienteile.

Die bereits bei Aristoteles anklingende Gegenüberstellung einer Einsträngigkeit und einer Mehrsträngigkeit der Handlungsfügung bis hin zur fragmentartigen Zersplitterung einzelner Momente lässt sich als ein Spannungsfeld beschreiben, innerhalb dessen Prosatexte situiert sind. Dabei kann eine Rahmenhandlung entweder nahezu eigenständige Erzählungen miteinander verbinden wie das z. B. in Boccaccios *Dekameron* gegeben ist, wo die Situation der Eingeschlossenen die einzelnen Novellen rahmt. Die Verknüpfung der einzelnen Erzählstränge kann aber auch deutlich komplexer angelegt sein und beispielsweise in verschiedenen Perspektiven oder Erzählstimmen gründen. Virginia Woolfs Œuvre zeigt die Steigerung eines solchen Verfahrens. So ergibt sich in *Die Wellen* (1931) mit den sechs Erzählern aus ihrem jeweiligen Erzählen nach und nach ein zwar bruchstückhaftes, dennoch klares Bild ihrer Persönlichkeit bzw. in den Rückblicken auf ihre Jugend ein Bild der gemeinsamen Jahre. Die Darstellung des Meeres im Tagesverlauf, die keiner der figuralen Erzählinstanzen zugeordnet ist, geht insofern über die Rahmung hinaus, als sie in Bildlichkeit und Motivik auch die einzelnen Figurenerzählungen durchzieht. Woolfs letzter Roman, *Zwischen den Akten* (1941), treibt dann das Verfahren einer Zersplitterung von Erlebnisebenen und Erzählsträngen sowie deren Verschränkung ins Extrem. Während in *Die Jahre* (1937) die verschiedenen Situationen in montageartig aufeinanderfolgende Eindrücke eines ganzen Figurenensembles derart gefasst sind, dass sie kaum mehr zu einer Handlung führen, sondern eher ein Bild der Gesellschaft vom ausgehenden viktorianischen Zeitalter bis in die 1930er Jahre entwerfen, hat *Zwischen den Akten* insofern einen klaren Handlungsrahmen, als hier ein Laienstück auf dem Land aufgeführt wird. Mit der Dopplung von szenischer Handlung auf der Bühne und den Momenten der Begegnung zwischen den Theaterbesuchern in den Pausen, durchdringen sich die beiden Handlungssequenzen. Diese beiden zunächst getrennten Bereiche, charakterisiert durch die ständigen Unterbrechungen und damit auch durch ihre wechselseitige Durchdringung, werden so zusammengeführt.

Eine weitere Form des Aufbrechens der Sequentialität einer Erzählung ist ein Aufheben des einheitlichen Druckbildes, das für verschiedene Formen der Gleichzeitigkeit oder auch der Polyphonie, also der Präsenz verschiedener gleichberechtigter Stimmen, genutzt wird. Arno Schmidt setzt in seinem innovativen Werk *Zettel's Traum* (1970) den Text in drei Spalten nebeneinander. Jede der Spalten legt eine andere Dimension dar. Die mittlere gilt der Gegenwartshandlung, links und recht stehen Zitate bzw. die Assoziationen des Erzählers. Die variierende Spaltenbreite markiert dabei den jeweiligen Schwerpunkt der Darstellung. Mit dem Paralleldruck wird die Gleichzeitigkeit dieser Elemente des Prosatextes markiert.

Weniger eine Gleichzeitigkeit als die Präsenz zweier unterschiedlicher Perspektiven auf die gemeinsame Zeit wird aus der von Terézia Mora gewählten Darbietungsform in *Das Ungeheuer* (2013) deutlich. Den zentralen Handlungsstrang bildet der Versuch des Helden, den Selbstmord seiner geliebten Frau zu ertragen. Nachdem er ihr Tagebuch (eine Reihe von chronologischen Dateien, wobei das Erzählte keine Chronologie aufweist) ins Deutsche hat übersetzen lassen, sind zwei ganz verschiedene Erlebensweisen der gemeinsamen neun Jahre nebeneinander gestellt. Der auch ursprünglich auf Ungarisch verfasste Tagebuchtext (vgl. Mora 2016, 100–103) ist im unteren Drittel der Seite abgedruckt (vor dem Beginn der Tagebuchkapitel ist dieser Teil der Seite leer). Mittels der Nummerierung der Kapitel ist zwar eine Lesesequenz vorgesehen, die seitenlangen Sequenzen, nach denen zum jeweiligen Beginn zurückzukehren ist, verleiten aber dazu, dieser Kapitelanweisung nur bedingt zu folgen. Die Figur ist damit über ihren Tod hinaus im Roman auch mit einer eigenen Stimme präsent. Das Verhältnis zwischen Ende und Schluss wird zudem dadurch problematisiert, dass dies der zweite Band einer Trilogie ist, der Text weder einen Anfang noch ein Ende erzählerisch fasst. Bei Woolf, Schmidt und Mora zeichnet sich zudem ab, wie sehr die Wahl der Erzähler und der Perspektive mit der Strukturierung des Textes ineinandergreifen.

Betrachtet man die Unterminierung der Lesechronologie als eine der Veränderungen in der neueren Erzählprosa, so stellt der Hypertext deren konsequente Weiterführung dar. Der gedruckte Text (im Internet der Text, der auf einer Seite erscheint) gibt hier bestenfalls Anhaltspunkte für die Lesechronologie. Julio Cortázar macht in seinem Roman *Rayuela. Himmel und Hölle* (1963) zwei verschiedene Leseangebote: Der Text lässt sich traditionell von vorne nach hinten lesen, wobei ein Gutteil des Textes ungelesen bleibt, nämlich der Teil „Von anderen Ufern (Kapitel, die man getrost beiseite lassen kann)". Erst die zweite – hypertextuelle – Variante, die am Ende jedes Kapitels auf die Stelle der Fortsetzung der Lektüre verweist, schließt auch diesen Teil des Buches ein. Die Geschichte von Horacio Oliveira, die erst in Paris, dann in Buenos Aires spielt, entfaltet sich bei dieser zweiten Lesart in Verbindung mit unzähligen Einschüben, in denen über Philosophie, Kunst und vieles mehr reflektiert wird.

Weiter zurückgenommen ist die Abfolge einzelner Textsequenzen in Lev Rubinštejns *Kartothek* (2003). Die Textkarten sind zwar nummeriert, in der Leseanweisung zu Beginn des Textes in einem Karteikasten heißt es aber dezidiert, dass diese Nummerierung keine Lesefolge vorgibt. Tatsächlich weisen die Texte auf den jeweiligen Karten auch keine unmittelbar einsichtige kausale oder chronologische Sequentialität auf, so dass eine Lektüre der ‚Textbausteine' den Lesenden vollkommen freigestellt ist. Wie Günter Hirt und Sascha Wonders (2003, 20) bemerken, machen die Textbausteine die Fragmentarik dinglich spürbar. „Der Kartenstapel ist ein Gegenstand, ein Volumen, ein *Nicht*-Buch, es ist ein Kind der ‚außergutenbergschen' Existenz der Wortkultur." (Rubinstein, 2003, 12) Wenn sie auch der Sache nach nicht grundlegend andersartig sind als gedruckte Hypertexte, erhalten Hypertexte im Internet doch eine weitergehende Beweglichkeit beispielsweise mittels der Überblendung verschiedener Texte.

Literaturverzeichnis

Aristoteles. *De arte poetica*. Hg. von R. Kassel. Oxford 1965.
Aristoteles. *Werke in deutscher Übersetzung*. Hg. von H. Flashar. Bd. 5: *Poetik*. Übers. und Kommentar von Arbogast Schmitt. Berlin 2008 [Übersetzung modifiziert].
Bachtin, Michail M. (1975 [1937–1938]). „Formy vremeni i chronotopa v romane. Očerki po istoričeskoj poètike". In: M. Bachtin, *Voprosy literatury i èstetiki. Issledovanija raznych let*. Moskva, 234–407. [Dt. Ausgabe zuletzt: *Chronotopos*. Übers. von M. Dewey. Frankfurt a. M. 2008.]
Frank, Joseph (1968). „Spatial Form in Modern Literature". In: J. Frank, *The Widening Gyre. Crisis and Mastery in Modern Literature*. Bloomington/London, 3–62.
Friedrich, Udo, Andreas Hammer und Christiane Witthöft (2014). „Anfang und Ende". In: U. Friedrich, A. Hammer, C. Witthöft (Hgg.), *Anfang und Ende. Formen narrativer Zeitmodellierung in der Vormoderne*. Berlin, 11–27.
Fuhrmann, Manfred (2003). *Die Dichtungstheorie der Antike: Aristoteles, Horaz, „Longin". Eine Einführung*. Überarb. Neuaufl. Düsseldorf.
Hansen-Löve, Aage A. (1978). *Der russische Formalismus*. Wien.
Hansen-Löve, Aage A. (1996). „Diskursapokalypsen: Endtexte und Textenden. Russische Beispiele". In: K. Stierle, R. Warning (Hgg.), *Das Ende. Figuren einer Denkform*. München, 183–266.
Hirt, Günter, und Sascha Wonders (2003). „Editorial". In: Lew Rubinstein, *Programm der gemeinsamen Erlebnisse. Kartothek. Programma sovmestnych pereživanij*. Hg. von G. Hirt und S. Wonders. Münster, 19–24.
Hühn, Peter (2011). „Event and Eventfulness". In: P. Hühn et al. (Hgg.), *the living handbook of narratology*. Hamburg. www.lhn.uni-hamburg.de/article/event-and-eventfulness (28. Mai 2017).

Kemp, Wolfgang (1996). „Das letzte Bild. Welt-Ende und Werk-Ende bei Giotto und Dante". In: K. Stierle, R. Warning (Hgg.), *Das Ende. Figuren einer Denkform*. München, 415–434.
Kermode, Frank (2000). *The Sense of an Ending. Studies in the Theory of Fiction with a New Epilogue*. Oxford u. a.
Lämmert, Eberhard (2004 [1955]). *Bauformen des Erzählens*. Stuttgart/Weimar.
Lotman, Jurij M. (1970). *Struktura chudožestvennogo teksta*. Moskva. Dt.: Lotman 1972.
Lotman, Jurij M. (1972). *Die Struktur literarischer Texte* [Übers. von Lotman 1970]. Übers. von R.-D. Keil. München.
Martínez, Matías, und Michael Scheffel (2012 [1999]). *Einführung in die Erzähltheorie*. 9. erw. Aufl. München.
Mora, Terézia (2016). *Der geheime Text: Stefan Zweig Poetikvorlesung*. Wien.
Müller, Günther (1965 [1953]). „Aufbauformen des Romans". In: V. Klotz (Hg.), *Zur Poetik des Romans*. Darmstadt, 280–302.
Neumann, Gerhard (1996). „Der Anfang vom Ende. Jean Pauls Poetologie der letzten Dinge im ‚Siebenkäs'". In: K. Stierle, R. Warning (Hgg.), *Das Ende. Figuren einer Denkform*. München, 476–94.
Nünning, Ansgar, und Kai Marcel Sicks (2012). „Turning Points as Metaphors and Mini-narrations: Analysing Concepts of Change in Literature and Other Media". In: A. Nünning, K. M. Sicks. (Hgg.), *Turning Points. Concepts and Narratives of Change in Literature and Other Media*. Berlin/Boston, 1–28.
Obermayr, Brigitte (2007). „Das Ende nachvollziehen. Zu Schluss und Ende im Modernen und Nachmodernen Literarischen Text". In: *Wiener Slawistischer Almanach* 60, 353–383.
Reichert, Klaus (1996). „Endlose Enden. Zu apokalyptischen Figuren bei Beckett und Shakespeare". In: K. Stierle, R. Warning (Hgg.), *Das Ende. Figuren einer Denkform*. München, 495–514.
Rubinstein, Lew (2003). *Programm der gemeinsamen Erlebnisse. Kartothek. Programma sovmestnych perežívanij*. Hg. von Günter Hirt und Sascha Wonders, Münster. [Letzte Fassung: *Bol'šaja kartoteka* [Die große Karthotek], Moskva 2015].
Schmid, Wolf (2003). „Narrativity and Eventfulness". In: T. Kindt, H.-H. Müller (Hgg.), *What is Narratology? Questions and Answers Regarding the Status of a Theory*. Berlin/New York, 17–33.
Schmid, Wolf (2008). „‚Wortkunst' und ‚Erzählkunst' im Licht der Narratologie". In: R. Grübel, W. Schmid (Hgg.), *Wortkunst, Erzählkunst, Bildkunst. Festschrift für Aage A. Hansen-Löve*. München, 23–37.
Schmid, Wolf (2009). „Kommentar, Anmerkung". In: W. Schmid (Hg.), *Russische Proto-Narratologie. Texte in kommentierten Übersetzungen*. Berlin/New York, 36–46.
Schmid, Wolf (2013). „Non-temporal Linking in Narration". In: P. Hühn et al. (Hgg.), *The Living Handbook of Narratology*. Hamburg. www.lhn.uni-hamburg.de/article/non-temporal-linking-narration (28. Mai 2017).
Schneider, Lars (2008). „Verlorene Ursprünge, haltlose Anfänge und weißes Papier: von Melville zu Mallarmé". In: E. Schumacher, I. Mülder-Bach (Hgg.), *Am Anfang war ... Ursprungsfigurationen und Anfangskonstruktionen der Moderne*. München, 145–171.
Schneider, Lars (2014). „Le livre blanc rêvé: Spiritualistischer Naturalismus bei Joris-Karl Huysmans". In: L. Schneider, Xuan Jing (Hgg.), *Anfänge vom Ende. Schreibweisen des Naturalismus in der Romania*. Paderborn, 157–178.
Schuler-Lang, Larissa (2014). *Wildes Erzählen – Erzählen vom Wilden. „Parzival", „Busant" und „Wolfdietrich D"*. Berlin u. a.

Šklovskij, Viktor (1921). *Razvertyvanie sjužeta*. Petrograd. – Reprint: Letchworth 1979. Dt. (Teilübers.): Šklovskij 1966a.
Šklovskij, Viktor (1929 [1921]). „Kak sdelan Don Kichot" [1921]. In: V. Šklovskij, *O teorii prozy*. 2. Aufl. Moskva. – Reprint: Letchworth 1979. Dt.: Šklovskij 1966b.
Šklovskij, Viktor (1966a). „Der Aufbau der Erzählung und des Romans" [Teilübers. von Šklovskij 1921]. In: V. Šklovskij, *Theorie der Prosa*. Hg. und übers. von Gisela Drohla. Frankfurt a. M., 62–88.
Šklovskij, Viktor (1966b). „Wie Don Quijote gemacht ist" [Übers. von Šklovskij 1929 [1921]]. In: V. Šklovskij, *Theorie der Prosa*. Hg. und übers. von Gisela Drohla. Frankfurt a. M., 89–130.
Šklovskij, Viktor (1969 [1919]). „Svjaz' priemov sjužetosloženija s obščim priemam stilja/Der Zusammenhang zwischen den Verfahren der Sujetfügung und den allgemeinen Stilverfahren". Russ.-dt. in: J. Striedter (Hg.), *Texte der russischen Formalisten*, Bd. 1. München, 36–121.
Šklovskij, Viktor (2009 [1918–1925]). „Zum Sujet und seiner Konstruktion (Auszüge aus der Theorie der Prosa)". In: W. Schmid (Hg.), *Russische Proto-Narratologie. Texte in kommentierten Übersetzungen*. Berlin/New York, 15–35.
Tomaševskij, Boris (1931). *Teorija literatury. Poėtika*. 6. Aufl. Moskva/Leningrad. [Dt. Übers.: *Theorie der Literatur, Poetik*. Hg. von K.-D. Seemann, übers. von U. Werner. Wiesbaden 1985.]
Torgovnick, Marianna (1981). *Closure in the Novel*. Princeton.
Walzel, Oskar (1926a [1915]). „Formeigenheiten des Romans". In: O. Walzel, *Das Wortkunstwerk. Mittel seiner Erforschung*. Leipzig, 125–151.
Walzel, Oskar (1626b [1915]). „Leitmotive in Dichtungen". In: O. Walzel, *Das Wortkunstwerk. Mittel seiner Erforschung*, Leipzig, 152–181.
Walzel, Oskar (1957 [1929]). „Aktschluß. Kapitelschluß von Erzählungen". In: O. Walzel, *Gehalt und Gestalt im Kunstwerk des Dichters*. 2. Aufl. Darmstadt, 220–233.

Wolf Schmid
III.2.4 Ereignis

1 Narrativität, Erzählwürdigkeit und Ereignis

Was ‚Erzählen' bedeutet, ist unter den Experten der Textwissenschaften keineswegs unumstritten, wie die Übersichten von Ryan (2005a), Aumüller (2012) und Abbott (2014) zu den weit auseinander strebenden Definitionen von Narrativität belegen. Gleichwohl scheint sich in der Disziplin, die sich seit Todorov (1969, 10) ‚Narratologie' nennt, ein gewisser Grundkonsens darüber hergestellt zu haben, dass Erzählen durch die Darstellung von Zustandsveränderungen konstituiert wird. Die klassische Definition stammt von Gerald Prince (1987, 90): „Narrative is the representation of one or more changes of state."

Die Minimalbedingung der Narrativität ist, dass mindestens *eine* Veränderung *eines* Zustands in einem gegebenen zeitlichen Moment dargestellt wird. Edward Morgan Forsters berühmtes Beispiel einer Minimalerzählung ist noch zu extensiv. Forster (1974 [1927], 93) hatte das Exempel geprägt „The king died and then the queen died". Gérard Genette (1983, 15; dt. 1994, 203) unterbot Forster, indem er den zweiten Teil des Beispielsatzes strich und als Minimalerzählung zuließ: „The king died".

Damit eine Zustandsveränderung Narrativität begründen kann, müssen drei Bedingungen erfüllt sein:
(1) eine temporale Struktur mit mindestens zwei Zuständen, einem Ausgangs- und einem Endzustand (der König lebt – der König ist tot);
(2) eine Äquivalenz von Ausgangs- und Endzustand, d. h. Similarität *und* Kontrast der Zustände, genauer: Identität *und* Differenz ihrer Eigenschaften (leben und tot sein bilden eine klassische Äquivalenz);
(3) die beiden Zustände und die sich zwischen ihnen ereignende Veränderung müssen sich auf ein und dasselbe Subjekt des Handelns oder Erleidens beziehen (in unserem Beispiel ist das der arme König).

Die Veränderung des Zustands und ihre Bedingungen brauchen nicht explizit dargestellt zu sein. Für die Narrativität ist hinreichend, wenn die Veränderung impliziert ist, etwa durch die Darstellung von zwei miteinander kontrastierenden Zuständen oder – in der piktorialen Narration – durch die Darstellung eines Zustands, der eine bestimmte vorausgehende Veränderung impliziert oder eine folgende nach aller Erfahrung nach sich zieht.

Mit der bloßen Präsentation gleichwertiger Zustandsveränderungen wird sich ein Erzähler, gleichgültig, ob real oder fiktiv, nicht begnügen. Schon in der kleinsten Erzählung wird eine Unmenge von Veränderungen dargestellt sein, unter ihnen ganz triviale. Um die gefürchtete Leserreaktion ‚So what?' zu vermeiden, wird jeder Erzähler, dem am Interesse seiner Rezipienten gelegen ist, seiner Geschichte *Erzählwürdigkeit* zu verleihen suchen. Dieser Begriff hat in seiner englischen Ursprungsversion *tellability*, die von William Labov (1972) für die Analyse von Alltagserzählungen geprägt wurde, in der Narratologie weite Verbreitung gefunden (vgl. Ryan 2005b; Baroni 2014). Die Erzählwürdigkeit einer Geschichte beruht nicht auf der Qualität ihrer Präsentation, etwa auf einem schönen oder interessanten Stil oder einer ungewöhnlichen Komposition. Auch Versicherungen des Erzählers, er habe etwas Außerordentliches zu berichten, können seine Geschichte allein nicht erzählwürdig machen (Prince 2008, 24). Für die Erzählwürdigkeit einer Geschichte entscheidend ist die Ungewöhnlichkeit der in ihr dargebotenen Zustandsveränderung. Überraschende, ungewöhnliche Zustandsveränderungen werden in der Narratologie als *Ereignisse* bezeichnet (vgl. Schmid 1992, 2003, 2007, 2009a; Hühn 2007, 2008, 2009, 2010b). Ein Ereignis (engl. *event*; franz. *événement*; russ. *sobytie*) ist im Gebrauch aller vier Sprachen ein nicht alltäglicher, erzählenswerter Vorfall.

Die Kategorie des Ereignisses ist in der Literatur seit der Renaissance entwickelt worden, als der Unerwartetheit, der ‚Neuigkeit' ein positiver Wert zugesprochen wurde, den sie in der Literatur des Mittelalters nicht hatte. Die führende Gattung, in der die ‚Neuigkeit' präsentiert wurde, war die *Novelle*, deren Muster Giovanni Boccaccio im 14. Jahrhundert mit seinem *Decamerone* gab. In der toskanischen Novelle des 14. Jahrhunderts war die Handlung geprägt von einem zentralen Ereignis, einem Wendepunkt, der oft einen Bruch der überkommenen Normen oder der sozialen Ordnung bedeutete (vgl. Pabst 1953; Polheim 1970; Thomé und Wehle 2000).

Eine wirkungsreiche Definition der Gattung Novelle stammt von Goethe: „[W]as ist eine Novelle anders als eine sich ereignete unerhörte Begebenheit." (Eckermann 1836, 319 [Goethe zu Eckermann, 29. 1. 1827]) In dieser Formulierung wird sowohl die Außergewöhnlichkeit als auch die Faktizität der erzählten Begebenheit betont.

2 ‚Sujet' und ‚Ereignis' nach Jurij Lotman

Eine Theorie der Novelle oder des in ihr erzählten Ereignisses ist freilich weder in der Renaissance noch von Goethe formuliert worden. Die erste systematische Definition des Ereignisses hat der russische Strukturalist und Kulturhistoriker Jurij Lotman gegeben, das Haupt der Moskau-Tartu-Schule. In seinem Buch *Die Struktur des künstlerischen Textes* formulierte Lotman (1970; dt. 1972, 1973) eine

Theorie des Sujets und des Ereignisses, die durch russische Proto-Narratologen (vgl. Schmid 2009b) inspiriert war, den Komparatisten Aleksandr Veselovskij, den Formalisten Viktor Šklovskij, vor allem aber durch seinen akademischen Lehrer Vladimir Propp und dessen funktionale Analyse der *Morphologie des Märchens* (1928).

Mit *Sujet* (russ. *sjužet*) meint Lotman eine Handlungsfolge, die drei Elemente enthält:

(1) „ein bestimmtes semantisches Feld, das in zwei sich ergänzende Teilmengen gegliedert ist";
(2) „eine Grenze zwischen diesen Teilen, die unter normalen Umständen unüberschreitbar ist, sich jedoch im vorliegenden Fall [...] als überwindbar erweist";
(3) „den Helden als Handlungsträger" (Lotman 1972, 341).

Lotman definiert das *Ereignis* (*sobytie*) in Kategorien des Raums (zu Lotmans theoretischen Prämissen und Kategorien vgl. Titzmann 2003, 3077–3084; Hauschild 2009; Gruber 2014, 74–85). Sein Konzept des Raums ist dichotomisch und entspricht dem Modell semantischer Oppositionen: „[D]ie Welt wird [im künstlerischen Text] eingeteilt sein in Reiche und Arme, Eigene und Fremde, Rechtgläubige und Ketzer, Gebildete und Ungebildete, Menschen der Natur und Menschen der Gesellschaft" (Lotman 1972, 337). Im Text erhalten diese Welten eine räumliche Realisierung, die sich für den Gegensatz von Armen und Reichen im Kontrast der „Vorstädte, Slums, Dachstuben" einerseits und der „Hauptstraße, Paläste, Beletage" andererseits manifestiert (Lotman 1972, 337).

Der Begriff des semantischen Feldes dient Lotman bei der Definition des Ereignisses: „[E]in Ereignis im Text ist die Versetzung einer Figur über die Grenzen eines semantischen Feldes" (Lotman 1972, 332). Eine wesentliche Rolle spielt in dieser Definition das Konzept der Grenze, die der Handlungsträger zu überwinden hat. An dieser Grenze sind alle Arten von Hindernissen konzentriert: „Es ist unwesentlich, ob das nun die ‚Widersacher' des Zaubermärchens sind oder die dem Odysseus feindlichen Wellen, Winde und Meeresströmungen oder die falschen Fährten und Indizien im Krimi: strukturell haben sie alle die gleiche Funktion – sie machen den Übergang von einem semantischen Feld in das andere äußerst mühsam." (Lotman 1972, 342)

Die Grenze kann eine topografische sein, aber auch eine pragmatische, ethische, psychologische oder kognitive. Lotman definiert das Ereignis in topologischen Kategorien, betont aber ihre normative Relevanz, indem er darauf verweist, dass normative Werte oft in räumlichen Bildern und Gegensätzen ausgedrückt werden. Somit sollten Lotmans räumliche Oppositionen als Metaphern für nicht-räumliche, normative Wertgegensätze verstanden werden. Der normative Charakter, den Lotman der Grenze zuweist, geht aus einer seiner alternativen Definitionen des Ereignisses hervor: „Ein Ereignis ist [...] immer die Verletzung irgendeines Verbotes, ein Faktum, das stattgefunden hat, obwohl es nicht hätte stattfinden sollen" (Lotman 1972, 336).

Den „Sujettexten", in denen sich eine Grenzüberschreitung ereignet, stellt Lotman die „sujetlosen" Texte gegenüber, die klassifikatorischen Charakter haben und eine bestimmte Welt und ihre Konstruktion bestätigen. Im Gegensatz zu sujetlosen Texten, die die Grenzen bekräftigen, haben Sujettexte einen „revolutionären" Charakter. Auf der Grundlage der Opposition von Sujettexten und sujetlosen Texten gibt Lotman eine weitere Definition des Ereignisses: „Die Bewegung des Sujets, das Ereignis, ist die Überwindung jener Verbotsgrenze, die von der sujetlosen Struktur festgelegt ist. Eine Verschiebung des Helden *innerhalb* des ihm zugewiesenen Raumes ist kein Ereignis." (Lotman 1972, 338)

Entsprechend der Dichotomie von ‚Sujettexten' und ‚sujetlosen Texten' unterscheidet Lotman zwei Gruppen von Figuren: die beweglichen Figuren, die Grenzen überschreiten, und die unbeweglichen, die in ihrem semantischen Feld bleiben. Für die Ersteren gibt Lotman vier Beispiele: Rastignac, der Held in Balzacs *Comédie humaine*, der seinen Weg vom Boden der sozialen Hierarchie zur Spitze der Gesellschaft macht; Romeo und Julia, die die Barriere zwischen den verfeindeten Häusern überwinden; der Held, der mit dem Haus seiner Väter bricht, um ins Kloster zu gehen und ein Heiliger zu werden; der Held, der mit seinem sozialem Milieu bricht und im Dienste einer Revolution ins Volk geht.

Lotmans Beispiele für sujetlose Texte sind Kalender und Telefonbücher. Zu diesem Texttypus gehören freilich auch alle Arten von deskriptiven Texten. Ein spezifischer Typus von sujetlosen Texten sind mythologische Texte. Sie erzählen nicht von Neuigkeiten einer sich wandelnden Welt, sondern beschreiben die zyklischen Iterationen und die Isomorphien eines geschlossenen Kosmos, dessen Ordnungen grundsätzlich affirmiert werden. Mythologische Texte unterscheidet von narrativen, dass die in ihnen dargestellten Zustandsveränderungen sich wiederholen und nicht zu kategorial neuen Zuständen führen (zur Struktur des mythischen Denkens vgl. Cassirer 1925; Lotman und Uspenskij 1986 [im russ. Orig. 1973]; Meletinskij 1976).

Lotmans Ereigniskonzept enthält einen Aspekt, der in kulturgeschichtlichen Analysen von literarischen Ereignissen zu bedenken ist: „Das Sujet hängt [...] organisch zusammen mit dem Weltbild, das den Maßstab dafür liefert, was ein Ereignis ist und was nur eine Variante, die uns nichts Neues bringt" (Lotman 1972, 333). Als Beispiel erwähnt Lotman ein Ehepaar, das sich wegen unterschiedlicher Bewertung abstrakter Kunst zerstritten hat und sich an die Polizei wendet, um den Fall zu Protokoll zu geben. Der Polizeibeamte wird sich, nachdem er festgestellt hat, dass weder Tätlichkeiten noch sonstige Verletzungen der Gesetze vorliegen, weigern, ein Protokoll aufzusetzen, da kein ‚Ereignis' vorliegt. Von seinem Standpunkt aus hat sich nichts ereignet. Für einen Psychologen, einen

Moral-, Kultur- oder gar Kunsthistoriker dagegen wäre der erwähnte Fall sehr wohl ein Ereignis. „Die vielen Auseinandersetzungen über den relativen Wert dieses oder jenes Sujets, die es in der Geschichte der Kunst immer wieder gegeben hat, hängen damit zusammen, daß ein und dasselbe Ereignis von einer Position aus als wesentlich erschien, von einer andern als unbedeutend und für eine dritte als überhaupt nicht existent." (Lotman 1972, 333)

In der Erörterung eines Beispiels aus der altrussischen Literatur, das belegen soll, dass selbst der Tod eines Helden in manchen Texten kein Ereignis ist, berührt Lotman eine weitere wichtige Eigenschaft von Ereignissen, ihre Skalierbarkeit: „Ein Ereignis wird gedacht als etwas, was geschehen ist, obwohl es auch nicht hätte zu geschehen brauchen. Je geringer die Wahrscheinlichkeit ist, daß ein bestimmtes Ereignis eintritt [...], desto höher rangiert es auf der Skala der Sujethaftigkeit" (Lotman 1972, 336). Auf diese etwas beiläufige Weise würdigt Lotman den Umstand, dass Ereignisse über unterschiedliche Grade jener Eigenschaft verfügen können, die in der aktuellen Narratologie ‚Ereignishaftigkeit' (engl. *eventfulness*) genannt wird.

Wenn man Lotmans Ansatz weiterentwickelt, wird man als die für die Skalierung von Ereignissen entscheidenden Faktoren den Kontext und den ideologischen Standpunkt des Betrachters (sei es eine Figur der erzählten Welt, der reale Autor oder der reale Leser) ansetzen müssen (vgl. Schmid 2009a). Kontextsensitivität und Subjektabhängigkeit sind Lotmans wichtigste Anregungen für künftige Untersuchungen zum Ereignis als hermeneutisches Phänomen.

In der deutschen Literaturwissenschaft sind Versuche unternommen worden, Lotmans Ansätze durch Verfeinerung und Formalisierung der Konzepte weiterzuentwickeln (vgl. die Übersicht in Hühn 2014 [2009], 172–173). Karl Nikolaus Renner (1983, 2004) erklärt das Raumkonzept, das Lotman metaphorisch benutzt, mit Kategorien der Mengenlehre. Hans Krah (1999) differenziert Unterkategorien der Opposition der semantischen Felder und der Grenzüberschreitung. Michael Titzmann (2003, 2013) schlägt zur Ergänzung von Lotmans Raumsemantik eine neue Kategorie vor: In einem „Meta-Ereignis" wird nicht nur die Grenze zwischen zwei semantischen Feldern überschritten, sondern die gesamte Struktur der dargestellten Welt verändert, indem die Grenze selbst (1) verschoben oder (2) aufgehoben wird oder das gesamte System der semantischen Räume durch ein anderes mit neuen Grenzziehungen ersetzt wird (Titzmann 2013, 129).

Vertreter der Hamburger Forschergruppe Narratologie und des Interdisziplinären Centrums für Narratologie haben, gestützt auf Lotmans Ereigniskonzept, narratologische Fragestellungen auf Gattungen jenseits der Prosanarration angewandt, insbesondere auf die Lyrik (Hühn und Schönert 2002; Hühn und Kiefer 2005; Hühn 2005; Schönert et al. 2007). Peter Hühn (2008) hat Lotmans Konzept mit den von der Schematheorie bereitgestellten Kategorien *frame* und *script* verbunden und ist so zu einer Definition von Ereignishaftigkeit gelangt, in der die Abweichung von einem *script* und der Bruch von Erwartungen eine prominente Rolle spielen.

Lotman ging es ausschließlich um das Ereignis in literarischen Texten. Strikt von seinem literaturwissenschaftlichen Begriff des in Narrationen dargestellten Ereignisses zu unterscheiden ist das philosophische Konzept des Ereignisses im Leben (einen Überblick über die westliche philosophische Diskussion des Ereignisses als einer ontologischen Kategorie geben Schneider 2005; Casati und Varzi 2010; Kaldis 2013; zum Ereignisbegriff der französischen Philosophie des 20. Jahrhunderts vgl. die Sammelbände Rölli 2004 sowie Glaudes und Meter 2008).

Lotmans Ereigniskonzept ist auch scharf abzugrenzen von dem gleichlautenden Begriff des ‚Ereignisses' (*sobytie*), das eine zentrale Rolle in der Philosophie Michail Bachtins spielt. Mit seinem lebensphilosophischen Begriff, den Bachtin häufig in der doppeldeutigen Formel *sobytie bytija* verwendet, die einerseits das ‚Ereignis des Seins' bedeutet, andererseits aber die Bedeutung ‚Mit-Sein des Seins' assoziiert (Morson und Emerson 1990, 179), umschreibt Bachtin seine zentrale Idee der Nicht-Determiniertheit des Lebens, der Offenheit für unterschiedliche, unprognostizierbare Verläufe und der damit aufgegebenen Verantwortlichkeit des frei handelnden Menschen. Die Kategorie des Ereignisses wird in der frühen, aus den 1920er Jahren stammenden Schrift *Zur Philosophie der Handlung* exponiert, deren späte russische Veröffentlichung (Bachtin 1986) und englische Übersetzung (Bachtin 1995) eine nicht unerhebliche Revision des westlichen Bachtin-Bildes nach sich zog. Bis dahin war der Philosoph, vor allem in den nicht Russisch lesenden bachtinistischen Kreisen des Westens, als Literaturwissenschaftler, Texttheoretiker, Formalist, Strukturalist und dergleichen rezipiert worden (zu den diversen Bachtin-Leseweisen vgl. Freise 1993, 31–50). Die Herausgeberin der deutschen Übersetzung (Bachtin 2011) charakterisiert Bachtins Ereignisphilosophie mit Blick auf die im russischen *so-bytie* anklingende Bedeutung *Mit-Sein* als eine „Philosophie der Teilnahme, des Partizipierens, des Dialogischen […], die sich nur zwischen Ich und Anderem abspielen kann" (Sasse 2011, 24; zu Bachtins Ereignisbegriff vgl. auch Ščitcova 2000 sowie den Sammelband Markovič und Schmid 2010, darin bes. Smirnov 2010). Im nordamerikanischen Raum ist recht verbreitet die von Gary Saul Morson (1994) als *eventness* übersetzte Bachtin'sche Ereigniskategorie, mit der das in fiktionalen Narrationen, insbesondere in Erzählwerken Lev Tolstojs, dargestellte Leben beschrieben wird, das das Prinzip der finalitäts- und teleologiefreien *prosaics* (Morson 1988) verwirklicht.

3 Ebenen des Ereignisses

Das Konzept des Ereignisses sollte etwas weiter als bei Lotman gefasst werden. Ein Ereignis ist nicht notwendig die Verletzung einer Norm. Es besteht nicht notwendig in der Abweichung von dem in einer gegebenen narrativen Welt Gesetzmäßigen, dessen Vollzug die Ordnung dieser Welt aufrechterhält. Die Grenze braucht nicht ein Verbot zu bedeuten. Ein Ereignis kann auch darin bestehen, dass eine Figur eine neue Erkenntnis macht, ein falsches Verständnis revidiert, sich zu neuen Werten bekennt, ihre Lebensweise ändert.

Ein Ereignis kann im Erzählwerk auf zwei Ebenen erscheinen, als *diegetisches Ereignis* in der erzählten Geschichte (*Diegesis*) und als *exegetisches Ereignis* auf der Ebene des Erzählens und der begleitenden Kommentare, Erläuterungen, Reflexionen und metanarrativen Bemerkungen des Erzählers (*Exegesis*). Von dieser Dichotomie zu unterscheiden ist Jan Christoph Meisters (2003, 107–116) Unterscheidung von *object events* und *discourse events*. Während erstere ein physisches Objekt in der dargestellten Welt haben, etwa eine diegetische Figur oder eine exegetische Erzählinstanz, besitzen letztere keinen dargestellten Inhalt (vgl. die Kritik bei Gruber 2014, 120–121; eine Übersicht über verschiedene Ereigniskonzepte und -typologien gibt sie ebd., 65–141.)

Exegetische Ereignisse sind in aller Regel mentaler Natur. Sie manifestieren sich vor allem in axiologischen Peripetien, d. h. unerwarteten Umwertungen der Handlung und ihrer Protagonisten durch den Erzähler oder in plötzlichem Verstehen von Zusammenhängen, die dem Erzähler erst durch das Erzählen klar geworden sind. Ein Beispiel für hohe exegetische Ereignishaftigkeit ist Dostoevskijs Roman *Der Jüngling* (1875), dessen diegetischer Erzähler seine Bewertung einiger Figuren und sein Verhältnis zum angesprochenen Adressaten, den er anfangs polemisch attackiert hat, im Verlaufe seines Erzählens erheblich ändert. Bezeichnend ist seine finale Erklärung zur geänderten Bewertung der „Tante" Tat'jana Pavlovna Prutkova: „Eins möchte ich noch hinzufügen: es tut mir furchtbar leid, dass ich mir im Verlauf dieser Aufzeichnungen oft erlaubt habe, über diesen Menschen respektlos und von oben herab zu sprechen. Aber im Schreiben habe ich mich selbst allzu sehr so vorgestellt, wie ich in jeder der von mir beschriebenen Minuten gewesen bin." (Dostoevskij 1972–1990, Bd. XIII, 447; Übers. W. S.) Im Verlaufe des Erzählens verzichtet der Erzähler auch zunehmend auf seine gereizten Angriffe auf den Adressaten, dessen kritisches Urteil zu fürchten er immer weniger Anlass hat.

In seiner Typologie von Ereignissen unterscheidet Hühn (2010b, 9–10) neben Ereignissen in der Geschichte und ihrer Präsentation durch den Erzähler auch „reception events", die auf der Ebene der Rezeption lokalisiert sind und den Leser als Agenten haben. Bei den Rezeptionsereignissen handelt es sich in Hühns Konzeption um wesentliche mentale Veränderungen, die keine der dargestellten Instanzen, weder der Erzähler noch die Figuren, vollziehen, die aber der Text bzw. der in ihm implizierte Autor als notwendig oder wünschbar signalisiert und die der Leser in seinem Bewusstsein realisieren soll. Ein solches Rezeptionsereignis führt Hühn (2010d) an James Joyces Erzählung „Grace" aus den *Dubliners* (1914) vor.

Drei Ereignistypen unterscheidet auch Carola Gruber (2014), die sich dabei an Genettes Triade *histoire – narration – récit* orientiert. Neben den „erzählten Ereignissen" und den „Erzählereignissen" (die Schmids [2014, 14] „diegetischen" und „exegetischen Ereignissen" entsprechen) figurieren bei ihr „Textereignisse". Darunter werden „Abweichungen von einer Ordnung auf Textebene" verstanden, „Textelemente, die im Gegensatz zu einer vom Text [zuvor] etablierten Struktur stehen" (Gruber 2014, 112). Für den zweiten und dritten Typus lässt Gruber (2014, 108) auch den in anderen Modellen (Hühn und Schönert 2007, 9) verwendeten Oberbegriff des „Darbietungsereignisses" zu. Für den dritten Typus, das „Textereignis", wird – ähnlich wie für Hühns (2007, 2010b) ‚Rezeptionsereignis' oder „reception event" – der Ereignisbegriff freilich unübersehbar metaphorisiert.

Ein Zustand, der in einem Ereignis verändert wird, soll verstanden werden als eine Menge von Eigenschaften, die sich auf eine Figur oder die Welt in einer bestimmten Zeit der erzählten Geschichte beziehen. Je nachdem, ob sich die dargestellten Eigenschaften auf das Innere der Figur beziehen oder auf Teile der äußeren Welt, haben wir es mit einem *inneren* oder *äußeren* Zustand zu tun. (Ein Zustand kann natürlich zugleich sowohl durch innere Eigenschaften der Figur als auch durch Eigenschaften der Welt definiert sein.) Wenn die Zustandsveränderung durch einen *Agenten* herbeigeführt wird, sprechen wir von einer *Handlung*. Wenn sie einem *Patienten* zugefügt wird, handelt es sich um ein *Vorkommnis* (Chatman 1986 [1978], 32; Prince 1987, 39).

Handlungen und Vorkommnisse können sich sowohl auf die äußere Welt als auch auf das Innere einer Figur beziehen. Dementsprechend unterscheiden wir *innere* oder *mentale* und *äußere* Ereignisse. Diese Dichotomie ist allerdings seit der Literatur des 18. Jahrhunderts weniger relevant geworden. Seit dieser Zeit wird äußeres Handeln zunehmend konsequenter mit inneren Vorgängen verbunden, und die Motivierung des Handelns durch das Bewusstsein avanciert zum Grundprinzip des neueren Erzählens. Mit dem Aufstieg des Bewusstseinsromans, der mit den Werken Samuel Richardsons und Jane Austens datiert werden kann, konzentriert sich das Erzählen mehr auf die mentalen Ereignisse als auf ihre Entsprechungen im Bereich der äußeren Handlungen (vgl. Schmid 2017). Während im traditionellen Abenteuerroman des Typus *Tom Jones* (1749) das Bewusstsein bestenfalls der Motivierung äußerer Handlungen diente, rückte es im jüngeren

Bewusstseinsroman in das Zentrum des narrativen Interesses. Vom Beginn des 19. Jahrhunderts an sind die in Romanen dargestellten Ereignisse im Wesentlichen mentaler Natur (zur historischen Entwicklung der Bewusstseinsdarstellung in der englischen Literatur vgl. Herman 2011).

4 Merkmale der Ereignishaftigkeit

Damit eine Zustandsveränderung als Ereignis erscheinen kann, muss sie bestimmte Bedingungen erfüllen. Die Unterscheidung allerdings zwischen „event I" (beliebige Zustandsveränderung) und „event II" („a type of event that satisfies certain additional conditions"), die Peter Hühn (2014 [2009], 159) einführt, scheint nicht erforderlich zu sein. Der Unterschied liegt hier eher im Standpunkt des Betrachters, der entweder eine linguistische oder eine hermeneutische Perspektive gegenüber der Zustandsveränderung einnimmt. In der erzählten Welt gibt es keine Grenzen zwischen Ereignissen I und Ereignissen II.

Die erste Grundbedingung für ein Ereignis ist die *Faktizität* oder *Realität* der Veränderung (Faktizität und Realität natürlich im Rahmen der fiktiven Welt). Gewünschte, imaginierte oder geträumte Veränderungen bilden nach dieser Prämisse kein Ereignis. Der reale Akt des Wünschens, des Imaginierens oder des Träumens selbst kann jedoch ein Ereignis sein.

Die zweite Grundbedingung ist *Resultativität*, ein Korrelat der Faktizität. Eine Zustandsveränderung, die als Ereignis betrachtet werden kann, muss in der narrativen Welt zu einem Abschluss gekommen sein. Das heißt: Veränderungen, die ein Ereignis bilden, sind nicht inchoativ, werden also nicht nur begonnen, sind nicht konativ, werden also nicht nur versucht, sind auch nicht durativ, befinden sich also nicht nur im Zustand des Vollzugs, sondern sind resultativ, gelangen also in der jeweiligen narrativen Welt des Textes zu einem Abschluss. Dieser Abschluss braucht sich nicht in konkreten äußeren Handlungen zu manifestieren. Für ein mentales Ereignis ist es hinreichend, dass eine Revision früherer Auffassungen stattgefunden hat oder eine tiefere Einsicht in bestimmte Umstände gewonnen wurde.

Natürlich kann schon der bloße Akt des Wünschens, Imaginierens, Planens und dergleichen eine Veränderung in einer Figur anzeigen (Hühn 2014 [2009], 170). Aber in jedem Fall müssen diese mentalen Prozesse ein gewisses Ergebnis erreicht haben, damit ein Ereignis zustande kommt. Ein flüchtiges Wünschen oder Imaginieren und ein an den Moment gebundenes Planen, aus dem keine Entscheidung folgt, kann kaum als Ereignis gelten. In der postrealistischen Literatur eines Anton Čechov beruht in vielen Werken die Erzählwürdigkeit gerade auf der Unrealisierbarkeit der Wünsche, Vorstellungen und Pläne der Figuren. Das wird deutlich an dem Drama *Die drei Schwestern* (1900). Seine Heldinnen, die ein unbefriedigendes Leben in der russischen Provinz führen, wünschen, jede für sich, eine radikale Änderung ihres Lebens. Davon zeugt der von ihnen wiederholte Ausruf „Nach Moskau, nach Moskau!" Die *tellability* des Stücks besteht in der Unmöglichkeit, die existentiellen und nicht zuletzt charakterologischen Grenzen zu überschreiten, die die Figuren an die Provinz binden. Obwohl das angestrebte äußere Ereignis, das Verlassen der Provinz und das Leben in Moskau, von keiner der drei Schwestern realisiert werden kann, ist das Entstehen des Wunsches nach Veränderung, der Sehnsucht nach einem anderen Leben eine durchaus reale und resultative Zustandsveränderung.

Realität und Resultativität sollen *notwendige* Bedingungen des Ereignisses sein; sie sind aber offensichtlich nicht ausreichend, um eine Zustandsveränderung zu einem Ereignis zu machen. Denn auch Veränderungen, die in einer narrativen Welt als ganz trivial, also eben nicht als Ereignisse empfunden werden, können diese beiden Bedingungen erfüllen. Wenn eine Figur ihre Hand hebt, ist die Zustandsveränderung sowohl faktisch als auch resultativ. In der Regel wird diese Veränderung ohne große Konsequenzen bleiben. In bestimmten Kontexten kann das Heben einer Hand aber große Bedeutung gewinnen. Man denke an einen historischen Roman über das alte Rom. Im Kolosseum kann die kleinste Bewegung der Hand des Imperators über Menschenleben entscheiden.

Ereignisse sind mehr oder weniger ereignishaft. Ereignishaftigkeit ist eine skalierbare Eigenschaft. Den Grad der Ereignishaftigkeit einer Zustandsveränderung bestimmen fünf Merkmale (vgl. Schmid 1992, 2003).

1. *Relevanz*. Die Ereignishaftigkeit steigt in dem Maße, wie die Zustandsveränderung in der jeweiligen narrativen Welt als wesentlich empfunden wird. Triviale Veränderungen – trivial nach der Axiologie der erzählten Welt – haben einen geringen Grad von Ereignishaftigkeit.

2. *Imprädiktabilität*. Die Ereignishaftigkeit steigt mit dem Maß der Abweichung von der narrativen ‚Doxa', d. h. von dem, was in einer erzählten Welt allgemein erwartet wird. Ein Ereignis beruht nicht notwendig auf der Verletzung einer Norm, auf der Überschreitung einer Verbotsgrenze, wie Lotman postulierte, sondern kann auch im Bruch einer Erwartung bestehen. Eine ereignishafte Veränderung ist „paradoxal" im Sinne Aristoteles', d. h. „gegen die Erwartung" (*Poetik* 1452a). Eine in der narrativen Welt gesetzmäßige, vorhersagbare Veränderung ist wenig ereignishaft, mag sie für den einzelnen Protagonisten auch wesentlich sein. Die narrative Doxa bezieht sich allerdings nur auf die erzählte Welt und ihre Protagonisten, nicht auf die Handlungserwartung, das *script*, des Lesers. Ein *script* (Schank und Abelson 1977; vgl. Emmott und Alexander 2009) ist eine Folge von erwarteten Verhaltensweisen für eine bestimmte Situation.

Das klassische Beispiel ist das *script* eines Restaurantbesuchs. Die Sequenz der erwarteten Handlungen beginnt mit einem hungrigen Gast, der ein Restaurant betritt, bestellt, isst, bezahlt und das Restaurant verlässt. Doxa umfasst das, was die Figuren einer narrativen Welt von ihrem Leben erwarten, während das *script* die Sequenz der Handlungen enthält, die der Leser aufgrund seiner Erfahrungen mit der Literatur oder in der realen Welt erwartet. Eine in der narrativen Welt eines Werks für alle Protagonisten überraschende Zustandsveränderung kann für den geschulten Leser ein durchaus prädiktables Merkmal der Gattung sein. Die Heirat der Oberschwester mit dem Chefchirurgen eines Krankenhauses mag für beide Beteiligte ein Ereignis sein, das für sie unvorhersehbar war. Aber für den erfahrenen Leser von Arztromanen und Krankenhausromanzen steht dieses *happy ending* von vornherein fest. Es sind also auseinanderzuhalten: das *script* des Lesers bezüglich des Verlaufs eines Werks und die Erwartungen der Protagonisten an den Verlauf ihres Lebens.

Relevanz und Imprädiktabilität sind die Hauptkriterien der gradationsfähigen Ereignishaftigkeit. Beide müssen in einem Mindestmaß erfüllt sein, wenn eine Zustandsveränderung als Ereignis wahrgenommen werden soll. Hinzu kommen drei weitere, nachgeordnete Merkmale.

3. *Konsekutivität*: Die Ereignishaftigkeit einer Zustandsveränderung steigt in dem Maße, wie die Veränderung im Rahmen der erzählten Welt Folgen für das Denken und Handeln der betroffenen Figur hat.

4. *Irreversibilität*: Die Ereignishaftigkeit nimmt zu mit der Unumkehrbarkeit des aus der Veränderung resultierenden neuen Zustands. Je weniger wahrscheinlich es ist, dass der erreichte Zustand rückgängig gemacht wird, etwa eine Figur in überwundenes Denken zurückfällt, desto höher ist der Grad der Ereignishaftigkeit.

5. *Non-Iterativität*: Veränderungen, die sich wiederholen, konstituieren, selbst wenn sie relevant sind, bestenfalls nur geringe Ereignishaftigkeit.

In Narrationen mit hoher Ereignishaftigkeit wird diese in der Regel mit der Erzählwürdigkeit zusammenfallen. In Narrationen mit niedriger Ereignishaftigkeit kann die Erzählwürdigkeit auf dem Fehlen eines Ereignisses beruhen, das der Leser erwartet haben mag.

Ein Beispiel für das Auseinanderklaffen von Erzählwürdigkeit und Ereignis ist etwa Otto Ludwigs Roman *Zwischen Himmel und Erde* (1856), wo der engelgleiche Apollonius gegen alle Erwartung nicht die Grenze zu einer realistischen Sicht seines teuflischen Bruders überschreiten kann und nach dem selbstverschuldeten Tod des Bruders, der zweimal nach seinem Leben getrachtet hat, nicht die Kraft findet, seine strengen Prinzipien, sein übergroßes Verantwortungsgefühl dem Urteil der Vernunft auszusetzen. Wenn er aus selbstanklägerischen moralischen Beweggründen der Liebe zur Witwe seines Bruders entsagt, die ihn selbst inniglich liebt, und wenn er sich der Eheschließung entzieht, die für alle das Natürlichste der Welt wäre, findet eine erwartete Grenzüberschreitung nicht statt. In diesem Fall handelte es sich um ein mentales Ereignis, wenn Apollonius seinen rigiden Moralismus relativierte, seine unbegründete Selbstanklage aufgäbe, eine realistische Einschätzung des Vorgefallenen gewönne und der Neigung seines Herzens folgte. Die Erzählwürdigkeit der Geschichte beruht hier im Wesentlichen auf dem Vorenthalt eines Ereignisses, dem Nicht-Überschreiten einer mentalen Grenze, auf der Entscheidung des Helden, die geliebte Frau nicht zu heiraten.

Im Allgemeinen gilt: Wenn eine Braut heiratet, ist das kein Ereignis; es kann aber für alle Beteiligten eine Überraschung und damit ein Ereignis sein, wenn die Braut – wie in Čechovs Erzählung „Die Braut" (1903) – ihrem Bräutigam kurz vor der Hochzeit, als alles schon besprochen und vorbereitet ist, den Laufpass gibt. In diesem Fall entspräche die Heirat der Doxa. Die Verweigerung der Heirat ist ein Ereignis.

Erzählwürdigkeit, die auf nicht stattfindenden Ereignissen beruht, prägt die *Kleinseitner Geschichten* (1867–1877) des tschechischen Schriftstellers Jan Neruda (in der nicht stattfindende Heiraten mehrfach eine Rolle spielen, ja wo Herr Jarmárka den 25. Jahrestag einer fast vollzogenen Eheschließung begeht). In der Erzählung „Wie Herr Vorel seine Meerschaumpfeife eingeraucht hat" eröffnet der Held einen Lebensmittelladen auf der Prager Kleinseite an einem Ort, wo es vorher nie einen Laden gegeben hat. Lotman hätte das die ‚Überschreitung einer Verbotsgrenze' genannt. Die Grenzüberschreitung scheitert an der Unwilligkeit der Kleinbürger des Viertels, Veränderungen in ihrem Leben zu akzeptieren. Der Boykott des neuen Ladens (an dem die schon lange vergeblich nach einem Bewerber Ausschau haltende und über ihr Ledigsein verbitterte Jungfer Poldi maßgeblich beteiligt ist) führt zum Bankrott des Grenzüberschreiters und zu seinem Selbstmord. Dieser tragische Ausgang ist für die erzählte Welt und den Leser angesichts der Mentalität, die die Kleinseite beherrscht, nicht völlig unerwartet. Er ist die voraussehbare Folge des vergeblichen Versuchs, eine unantastbare Grenze zu überschreiten. Der Selbstmord ist deshalb ein Ereignis mit relativ geringer Ereignishaftigkeit. Das eigentlich Erzählwürdige in dieser Geschichte ist das Scheitern einer versuchten Grenzüberschreitung oder die letalen Folgen einer vollzogenen Grenzüberschreitung. Der gesamte Zyklus der *Kleinseitner Geschichten* ist der Ereignislosigkeit dieses Mikrokosmos, der Unüberwindbarkeit seiner Grenzen gewidmet. Das wird in den oft erwähnten Stadtmauern symbolisiert, die die Kleinseite umgeben und die Unüberwindbarkeit der von ihren Bürgern gezogenen räumlichen und normativen Grenzen ausdrücken.

Obwohl die Imprädiktabilität einer Zustandsveränderung eine wichtige Bedingung für Ereignishaftigkeit darstellt, bildet die Nicht-Erfüllung einer Erwartung an sich noch kein Ereignis. Erwartete, aber nicht eintretende Zustandsveränderungen sind das Phänomen, an dem Ereignishaftigkeit und Erzählwürdigkeit deutlich auseinandertreten.

5 Ereignishaftigkeit, Kontext und Interpretation

Zumindest zwei der genannten fünf Kriterien, nämlich Relevanz und Imprädiktabilität, die wesentlich über den Grad der Ereignishaftigkeit entscheiden, sind nicht objektiv gegeben, sondern *interpretationsabhängig*. Die Interpretationsabhängigkeit hat zwei Facetten: den *Instanzenbezug* und die *Kontextsensitivität* (vgl. Schmid 2009a).

1. *Instanzenbezug*: Relevanz und Imprädiktabilität einer Zustandsveränderung können durch die Figuren einer erzählten Welt durchaus unterschiedlich beurteilt werden. Was für *eine* Figur ein welterschütterndes Ereignis ist, kann von einer *anderen* als eine erwartbare, gesetzmäßige Entwicklung betrachtet werden. Ein Beispiel dafür liefert Anton Čechovs Erzählung „Ein Ereignis" (1886), die die Differenz zwischen kindlicher und erwachsener Sicht auf die Geburt von Kätzchen und die Vertilgung der Kätzchen durch den großen Hofhund Nero demonstriert. Während die Erwachsenen ruhig hinnehmen, dass Nero die Neugeborenen allesamt frisst, und sich nur über seinen unermesslichen Appetit wundern, bricht für die vierjährige Nina und den sechsjährigen Vanja die Welt zusammen.

Auch der Erzähler und die vom Leser implizierten Instanzen wie der abstrakte Autor und der abstrakte Leser müssen als Träger unterschiedlicher Einschätzungen der Merkmale Relevanz und Imprädiktabilität gedacht werden. Reale Leser, vor allem auch solche späterer Zeiten, können Relevanz und Imprädiktabilität wiederum auf eine Weise einschätzen, die mit der Einschätzung durch die fiktiven und implizierten Instanzen nicht übereinstimmt.

Der Instanzenbezug unterscheidet den literaturwissenschaftlichen Ereignisbegriff von dem der Historiografie. In den historiografischen Ereigniskonzepten, die etwa Rathmann (2003) und Suter und Hettling (2001) entwickeln, spielen Kriterien wie Relevanz, Erwartungsbruch, Abweichung, Konsekutivität, Interpretationsbedürftigkeit durchaus eine Rolle, aber der Bezug besteht ausschließlich auf das Bewusstsein der historischen Zeitgenossen (vgl. Hühn 2014 [2009], 164–165). Dagegen hatte schon Hans Robert Jauß (1973, 535–536) in einem Diskussionsbeitrag zum Konstanzer Kolloquium *Geschichte – Ereignis und Erzählung* von 1970 dafür plädiert, auch „Standort und Auffassung des späteren Betrachters als mitkonstitutiv für die Ereignisbedeutung anzusehen". Dahinter steht die Auffassung, dass das historische Ereignis „die gleiche Hermeneutik impliziert wie die bedeutungsoffene Struktur des Kunstwerks".

2. *Kontextsensitivität*: Die Bewertung der Merkmale Relevanz und Imprädiktabilität ist nicht nur instanzenbezogen, sondern auch kontextgebunden. Die Kategorie des Kontextes hat allerdings mehrere Facetten. Für die Bewertung der Ereignishaftigkeit ist *Kontext* in zumindest drei Bedeutungen in Erwägung zu ziehen.

a) Erstens bedeutet ‚Kontext' das System der *sozialen Normen und Werte* der Entstehungszeit eines Werks oder der in ihm dargestellten Handlungszeit. Oft bestehen Ereignisse aus Überschreitungen der in der Gesellschaft einer Zeit gezogenen Grenzen, aus Verletzungen sozialer Normen. Eine Divergenz in der Beurteilung von Relevanz und Imprädiktabilität zwischen realen Lesern und den werkimmanenten Instanzen tritt vor allem dann auf, wenn in verletzten Normen eine gesellschaftliche Entwicklung seit der dargestellten Handlungszeit oder der Entstehungszeit des Werks eingetreten ist. Ein solcher Fall ist etwa in Samuel Richardsons *Pamela* (1740) zu finden, wo es dem Dienstmädchen gelingt, durch Heirat in die Aristokratie aufzusteigen (zur Ereignishaftigkeit des Romans vgl. Hühn 2010c). Ein solcher Aufstieg, in der Handlungs- und Entstehungszeit unerhört, verlor in späteren Zeiten, als ganze Trivialserien den heiratsbedingten sozialen Aufstieg von Dienstmädchen und Krankenschwestern zum *script* machten, erheblich an Ereignishaftigkeit.

Ohne Kenntnis der Normen der Entstehungs- oder Handlungszeit kann man die Ereignishaftigkeit eines Werks in seiner Zeit und Gesellschaft nicht beurteilen. Allerdings wird der Bedarf an Rekonstruktion des sozialen Kontextes der Zeit des Autors oder der dargestellten Epoche oft überschätzt. Um etwa die Ereignishaftigkeit von *Madame Bovary* (1856) zu verstehen, bedarf es keiner besonderen Kenntnisse der Gesellschaftsordnung zu Flauberts Zeit, keiner Studien zur Erziehung in französischen Mädchenlyzeen oder zum damaligen Stand der Medizin. Es wird auch so deutlich, dass Emmas Glückserwartungen von der Lektüre zu vieler schlechter Liebesromane herrühren und dass Bovary ein bescheidener Feldscher ist. Der Roman liefert die für die Beurteilung seiner Ereignishaftigkeit erforderlichen Informationen mit. Dass Werke Informationen über die Normen und Werte ihrer narrativen Welten mehr oder weniger explizit enthalten, ist auch der Grund, warum wir die Ereignisse etwa in Wolframs *Parzival* verstehen können, ohne die Sozialordnung im ersten Jahrzehnt des 13. Jahrhunderts studiert zu haben.

b) Einen höchst relevanten Kontext bildet das *Ereigniskonzept* in den Gattungen und literarischen Richtungen einer Epoche. Gattungen und Richtungen implizieren ja bestimmte charakteristische Vorstellungen von dem, was als ereignishaft gelten soll. In der russischen Literatur der 1830er Jahre beispielsweise entwickelte die Versepik Ereigniskonzepte, die sich von denen der zeitgenössischen Prosaerzählung deutlich unterschieden, und die späte Romantik sah Grenzüberschreitungen vor, die im zeitgleichen frühen Realismus nicht mehr als ereignishaft galten. Die Ereignishaftigkeit konkreter Werke wird im Kontext ihrer Zeit besser verstehen, wer den Ereigniscode der entsprechenden Gattung und Richtung kennt.

c) Von großer, aber oft unterschätzter Bedeutung ist der *intertextuelle Kontext*. Einerseits kann eine Zustandsveränderung, die für eine Figur überraschend eintritt, für Leser, die die Prätexte kennen, durchaus erwartbar sein. Andererseits kann die Ereignishaftigkeit erst vor dem Hintergrund der Prätexte aufscheinen. Ein Beispiel für Letzteres ist Aleksandr Puškins Novelle „Der Stationsaufseher" (1831), deren Titelheld sich zu Tode trinkt, aus Kummer über den vermuteten Untergang der Tochter, die, wie er gegen alle Evidenz glaubt oder glauben möchte, von einem jungen Husaren gegen ihren Willen von der Station nach Petersburg entführt wurde und in der Stadt einer schändlichen Existenz entgegensieht. Nach dem Tode des Vaters erscheint die Tochter mit allen Anzeichen des Wohlergehens auf der Station. Die Zustandsveränderungen von Vater und Tochter, die für den heutigen Leser an sich nicht besonders überraschend sind, erhalten ein ereignishaftes Profil, wenn man sie vor dem Hintergrund der Prätexte wahrnimmt. Das offensichtliche Glück der Tochter widerspricht dem traurigen Ende all der armen Lizas, Marfas und Mašas, der bäuerlichen Heldinnen des Sentimentalismus, die, von einem jungen Adeligen verführt, ihr Leben im Dorfteich beenden. Und das Verhalten des Vaters widerspricht der Großzügigkeit des Vaters im Gleichnis vom verlorenen Sohn, dessen vier Illustrationen die Stationsstube schmücken. Anstatt geduldig auf die Rückkehr der vermeintlich verlorenen Tochter zu warten, wünscht ihr der Vater angesichts der Schande das Grab – und trinkt sich, wie erwähnt, selbst zu Tode. So kann der Bezug zu Texten, die dem Leser der Entstehungszeit gut bekannt sind, eine Ereignishaftigkeit profilieren, die für spätere Leser, denen die Prätexte nicht mehr geläufig sind, nicht mehr ohne weiteres besteht.

6 Ereignishaftigkeit als Indikator für Mentalitätsstrukturen

Ereignishaftigkeit ist ein kulturell spezifisches und historisch veränderliches Phänomen narrativer Repräsentationen und damit ein Indikator von Mentalitätsstrukturen. Deshalb ist die Kategorie von besonderer Bedeutung für die Erforschung der Typologie der Kultur, der Geschichte der Literatur und allgemeiner der Episteme.

In mittelalterlichen Literaturen, die religiös und kirchlich beeinflusst waren, figurierte die Ereignishaftigkeit nicht als positiver Wert. In der Hagiografie etwa, dem führenden narrativen Genre der altrussischen Literatur, kann von Imprädiktabilität nicht die Rede sein. Natürlich berichten hagiografische Texte von der einen oder anderen außergewöhnlichen Zustandsveränderung, nicht selten sogar von Wundern. Aber das Wunder ist in der Welt dieser Texte nicht etwas Unerwartetes und Unvorhersehbares; es verletzt keine Normen, da es sich im Einklang mit heiligen Mustern vollzieht und nur die christliche Vorstellung von der Weltordnung affirmiert. Das Wunder war in der Hagiografie eine ‚Sujetnotwendigkeit', es gehörte zum *script*, denn nur das Wunder kompensierte den Mangel an psychologischer Motivierung und brachte Bewegung und Entwicklung in die Biografie des Heiligen (vgl. Lichačev 1987 [1958], 76). Auch das Märtyrertum und der Märtyrertod, von denen in der Hagiografie berichtet wird, oder die Bekehrung eines heidnischen Herrschers, von denen die russischen Fürstenviten erzählen, sind nach heiligen Vorbildern modelliert und begründen keine originelle, genuine Ereignishaftigkeit. Im Grunde begnügt sich die altrussische Literatur mit kleinen, relativen Zustandsveränderungen oder folgt, wenn größere Umschwünge berichtet werden, Modellen, die die Offenbarungswahrheiten nicht im Geringsten infrage stellen.

Etwas anders steht es um die höfische mittelalterliche Epik in Westeuropa. Obwohl auch sie grundsätzlich im Bannkreis christlicher Vorstellungen bleibt, gestattet sie nicht nur Überschreitungen der gesellschaftlich und religiös gültigen Normen, sondern erhebt die Grenzüberschreiter sogar zu Helden. Am deutlichsten wird das in den beiden großen Epen des deutschen Mittelalters, Wolframs von Eschenbach *Parzival* und Gottfrieds von Straßburg *Tristan* (beide um 1200).

Parzival, der im Wald fern der Gesellschaft aufgewachsene tumbe Tor, wendet die zunächst von der Mutter und dann vom ritterlichen Lehrer Gurnemanz erteilten Lehren und Weisungen („irn sult niht vil gevrâgen"; *Parzival* 171, 17) falsch an, verletzt unterschiedliche Normen, ritterliches Ethos, das Gebot des Mitleids und lehnt sich nach seiner Verfluchung durch die Gralsbotin Cundrie auch gegen Gott auf, den er als untreuen Dienstherren versteht. Sein Weg zum Gral, reich an *aventiuren*, kann als Weg zum Erkennen und Verstehen gedeutet werden. So zeichnet die handlungsreiche Geschichte ein mentales Ereignis.

Tristan verletzt in der schicksalhaften Minne die religiösen und gesellschaftlichen Normen und die Treue zu König Marke von Cornwall, dem er die schöne Isolt von Irland als Braut zugeführt hat. Er verliert auch die *êre*, das Ansehen in der Gesellschaft. In den vor- oder frühhöfischen Vorlagen war die unauslöschliche Minne ausschließlich magisch motiviert, durch den Zaubertrank, den Werber und Braut unwissentlich auf der Schiffsfahrt nach Cornwall zu sich nehmen. Gottfried führt eine realistische, psychologische Motivierung ein: Abweichend von den Vorlagen wird Tristan in Irland zum Erzieher der jungen Isolt, die er in

Musik und *moraliteit* unterweist. So erhält die schicksalhafte Liebe eine persönliche Dimension.

In Russland erscheint Ereignishaftigkeit im modernen Sinne erst in einigen ‚weltlichen Erzählungen' des 17. Jahrhunderts, die unter dem Einfluss der westeuropäischen Renaissance-Novelle entstanden. In diesen Erzählungen wird von moralisch dubiosen Helden und ihren Grenzüberschreitungen erzählt, die, im Gegensatz zu den Übeltaten in der geistlichen Literatur, ungestraft bleiben. So kann der Held in der *Historie vom russischen Edelmann Frol Skobeev* (Ende 17. Jahrhundert) in der Gesellschaft aufsteigen und die Tochter eines Würdenträgers heiraten, die er vorher mit böser List verführt hat, ohne dass seine Untaten irgendwie geahndet würden. Diese frivole Geschichte eines dreisten Abenteurers präsentiert ein von allen geistlichen und weltlichen Banden freies Individuum, das alle denkbaren Normen bricht und erfolgreich soziale Grenzen überschreitet, ohne irgendeinem strafenden Recht zugeführt zu werden.

Diese Periode der ‚weltlichen Erzählung' blieb in der Geschichte der russischen Literatur freilich eine Episode und wurde in der Folgezeit nicht fortgesetzt oder erneuert. Der Klassizismus des 18. Jahrhunderts war in Russland wie im Westen ereignisfeindlich. Er ging von der Vorstellung einer geordneten Welt aus und strebte danach, die Welt in einem tableauartigen Überblick über ihre mannigfachen Erscheinungen zu präsentieren. Das führte zur Dominanz der Deskription über die Narration. Unterschiedliche Prädikate der Dinge in der Beschreibung begründeten noch keine Zustandsveränderung, sondern charakterisierten die Dinge, die unbeweglich an ihrer Stelle im Tableau der Welt blieben, nur von verschiedenen Seiten und zeigten so ihr Wesen und ihre Potentialität (vgl. Dehne 2006). Das bedeutet aber, dass Ereignishaftigkeit im modernen Sinne im Klassizismus unmöglich war, da die für sie konstitutiven Prinzipien im positiven Bild der Welt des 18. Jahrhunderts keinen Platz hatten.

Erst in der Prosa der Empfindsamkeit und der Romantik erfuhr mit der Wendung auf das Innere des Menschen die Ereignishaftigkeit eine positive Bewertung. Das Ereignis wurde immer mehr als Veränderung des inneren, mentalen Zustands des Menschen modelliert. Diese Entwicklung erreichte ihren Höhepunkt im realistischen Roman. In Russland geben Tolstoj und Dostoevskij den mentalen Ereignissen eine Form, die mit den Bildern der ‚Erleuchtung' und der ‚plötzlichen Klarsicht' umschrieben wurde. Ihren Höhepunkt erreicht die realistische Ereignishaftigkeit bei Tolstoj im plötzlichen Begreifen des Sinns des Lebens, der Pierre Bezuchov in *Krieg und Frieden* (1868/1869) und Konstantin Levin in *Anna Karenina* (1877/1878) durch einen einfachen Menschen aus dem Volk vermittelt wird, und in der „Auferstehung" Fürst Nechljudovs, die Tolstojs drittem Roman (1899) den Namen gegeben hat. Dostoevskij gestaltet das mentale Ereignis in der ‚Auferstehung' Rodion Raskol'nikovs in *Schuld und Sühne* (1866) und in der finalen Einsicht in ihre Schuld, die die Brüder Karamazov in dem nach ihnen benannten Roman (1878/1880) gewinnen.

Während in den Romanen der beiden Großrealisten die Helden zur tiefen, wesentlichen Veränderung, zur Überwindung ihrer moralischen und charakterologischen Grenzen fähig waren, wird in den postrealistischen Erzählungen Anton Čechovs die Ereignishaftigkeit der Welt und die Veränderungsfähigkeit des Menschen kategorial infrage gestellt. In vielen seiner späten Werke ist das Erzählen ganz auf die Gestaltung von mentalen Ereignissen ausgerichtet, sei es das Begreifen des Geheimnisses des Lebens (wie im „Erzpriester", 1902), das Erkennen sozialer Gesetzmäßigkeiten („Ein Fall aus der Praxis", 1898), die emotionale Umstimmung und charakterliche Läuterung („Die Dame mit dem Hündchen", 1899) oder die Revision ethisch-praktischer Entscheidungen („Der Literaturlehrer", 1894). Aber Čechov stellt keine vollzogenen, perfektiven mentalen Ereignisse dar, sondern er präsentiert die Entstehung des entsprechenden Wunsches und problematisiert die Möglichkeit seiner Verwirklichung. Wenn ein Ereignis nicht zustande kommt, so besteht die Erzählwürdigkeit darin, zu zeigen, inwiefern das angestrebte Ereignis nicht realisiert wurde und welches die Gründe waren, die einerseits zur Absicht der Veränderung führten und andererseits ihre Realisierung verhinderten. Für die postrealistische Poetik Čechovs ist charakteristisch, dass die Kategorien der Erzählwürdigkeit und der Ereignishaftigkeit nicht mehr zusammenfallen, dass die *tellability* aus dem nicht gelingenden Ereignis erwächst.

Dieser knappe und hochselektive Überblick mag genügen um zu zeigen, dass Ereignis und Ereignishaftigkeit nützliche Kategorien sind, die helfen, die Mentalität und Episteme von Epochen und Richtungen zu erfassen.

Literaturverzeichnis

Abbott, H. Porter (2014). „Narrativity". In: P. Hühn, J. Ch. Meister, J. Pier, W. Schmid (Hgg.), *Handbook of Narratology*. 2nd ed., fully revised and expanded. Berlin, 587–607. http://www.lhn.uni-hamburg.de/article/narrativity (28. Mai 2017).

Aumüller, Matthias (2012). „Literaturwissenschaftliche Erzählbegriffe". In: M. Aumüller, *Narrativität als Begriff. Analysen und Anwendungsbeispiele zwischen philologischer und anthropologischer Orientierung*. Berlin, 141–168.

Bachtin, Michail M. (1986). „K filosofii postupka". In: *Filosofija i sociologija nauki i techniki*. Moskva. 80–160. Engl.: Bachtin 1995. Dt.: Bachtin 2011.

Bachtin, Michail M. [Bakhtin] (1995). *Toward a Philosophy of the Act* [Übers. von Bachtin 1986]. Tr. and notes by V. Liapunov. Ed. by V. Liapunov and M. Holquist. Austin.

Bachtin, Michail M. (2011) *Zur Philosophie der Handlung* [Übers. von Bachtin 1986]. Aus dem Russischen von D. Trottenberg, hg. von S. Sasse. Berlin.

Baroni, Raphaël (2014). „Tellability". In: P. Hühn, J. Ch. Meister, J. Pier, W. Schmid (Hgg.), *Handbook of Narratology*. 2nd ed., fully revised and expanded. Berlin, 836–845. http://www.lhn.uni-hamburg.de/article/tellability (28. Mai 2017).

Casati, Roberto, und Achille Varzi (2010). „Events". In: E. N. Zalta (Hg.), *The Stanford Encyclopedia of Philosophy* (Spring 2010 Edition). http://plato.stanford.edu/archives/spr2010/entries/events/ (28. Mai 2017).

Cassirer, Ernst (1925). *Philosophie der symbolischen Formen*. Teil 2: *Das mythische Denken*. Berlin.

Chatman, Seymour (1986 [1978]). *Story and Discourse. Narrative Structure in Fiction and Film*. 3. Aufl. Ithaca.

Dehne, Marianne (2006). *Der Wissensumbruch um 1800 in der russischen Lyrik*. Frankfurt a. M.

Dostoevskij, Fëdor Michajlovič (1972–1990). *Polnoe sobranie sočinenij v 30 t.* Leningrad

Eckermann, Johann Peter (1836). *Gespräche mit Goethe in den letzten Jahren seines Lebens 1823–1832. Erster Theil*. Leipzig.

Emmott, Catherine, und Marc Alexander (2014). „Schemata". In: P. Hühn, J. Ch. Meister, J. Pier, W. Schmid (Hgg.), *Handbook of Narratology*. 2nd ed., fully revised and expanded. Berlin, 756–764. http://www.lhn.uni-hamburg.de/article/schemata (28. Mai 2017).

Forster, Edward Morgan (1974 [1927]. *Aspects of the Novel*. London.

Freise, Matthias (1993). *Michail Bachtins philosophische Ästhetik der Literatur*. Frankfurt a. M.

Genette, Gérard (1983). *Nouveau discours du récit*. Paris. Dt.: Genette 1994.

Genette, Gérard (1994). „Neuer Diskurs der Erzählung" [Übers. von Genette 1983]. In: G. Genette, *Die Erzählung*. München, 193–298.

Glaudes, Pierre, und Helmut Meter (Hgg. 2008). *Le Sens de l'événement dans la littérature française des XIXe et XXe siecles. Actes du colloque international de Klagenfurt, 1er–3 juin 2005*. Bern.

Gruber, Carola (2014). *Ereignisse in aller Kürze. Narratologische Untersuchungen zur Ereignishaftigkeit in Kürzestprosa von Thomas Bernhard, Ror Wolf und Helmut Heißenbüttel*. Bielefeld.

Hauschild, Christiane (2009). „Jurij Lotmans semiotischer Ereignisbegriff: Versuch einer Neubewertung". In: W. Schmid (Hg.), *Slavische Erzähltheorie. Russische und tschechische Ansätze*. Berlin/New York, 141–186.

Herman, David (Hg. 2011). *The Emergence of Mind: Representations of Consciousness in Narrative Discourse in English*. Lincoln.

Hühn, Peter (2005). „Plotting the Lyric: Forms of Narration in Poetry". In: E. Müller-Zettelmann, M. Rubik (Hgg.), *Theory into Poetry: New Approaches to the Lyric*. Amsterdam, 147–172.

Hühn, Peter (2007). „Eventfulness in Poetry and Prose Fiction". In: *Amsterdam International Electronic Journal for Cultural Narratology*, Nr. 4. http://cf.hum.uva.nl/narratology/a07_huhn.htm (28. Mai 2017).

Hühn, Peter (2008). „Functions and Forms of Eventfulness in Narrative Fiction". In: J. Pier, J. Á. García Landa (Hgg.), *Theorizing Narrativity*. Berlin, 141–163.

Hühn, Peter (2010a). *Eventfulness in British Fiction*. With contributions by M. Kempf, K. Kroll and J. K. Wulf. Berlin.

Hühn, Peter (2010b). „Introduction". In: P. Hühn, *Eventfulness in British Fiction*. With contributions by M. Kempf, K. Kroll and J. K. Wulf. Berlin, 1–13.

Hühn, Peter (2010c). „Samuel Richardson: ‚Pamela' (1740)". In: P. Hühn, *Eventfulness in British Fiction*. With contributions by M. Kempf, K. Kroll and J. K. Wulf. Berlin, 63–73.

Hühn, Peter (2010d). „James Joyce: ‚Grace' (1914)". In: P. Hühn, *Eventfulness in British Fiction*. With contributions by M. Kempf, K. Kroll and J. K. Wulf. Berlin, 125–132.

Hühn, Peter (2014 [2009]). „Event and Eventfulness". In: P. Hühn, J. Ch. Meister, J. Pier, W. Schmid (Hgg.), *Handbook of Narratology*. 2nd ed., fully revised and expanded. Berlin, 159–178. http://www.lhn.uni-hamburg.de/article/event-and-eventfulness (28. Mai 2017).

Hühn, Peter, und Jens Kiefer (2005). *The Narratological Analysis of Lyric Poetry: Studies in English Poetry from the 16th to the 20th Century*. Berlin.

Hühn, Peter, und Jörg Schönert (2002). „Zur narratologischen Analyse von Lyrik". In: *Poetica* 34, 287–305.

Hühn, Peter, und Jörg Schönert (2007). „Theorie und Methodologie narratologischer Lyrik-Analyse". In: J. Schönert, P. Hühn, M. Stein, *Lyrik und Narratologie. Text-Analysen zu deutschsprachigen Gedichten vom 16. bis zum 20. Jahrhundert*. Berlin. 1–18.

Jauß, Hans Robert (1973). „Zur Analogie von literarischem Werk und historischem Ereignis". In: R. Koselleck, W.-D. Stempel (Hgg.), *Geschichte – Ereignis und Erzählung*. München, 535–536.

Kaldis, Byron (2013). „Events". In: *Encyclopedia of Philosophy and the Social Sciences*. http://www.academia.edu/4017688/events (28. Mai 2017).

Krah, Hans (1999). „Räume, Grenzen, Grenzüberschreitungen: Einführende Überlegungen". In: *Kodikas/Code* 22, 3–12.

Labov, William (1972). *Language in the Inner City: Studies in the Black English Vernacular*. Philadelphia.

Lichačev, Dmitrij (1987 [1958]). „Čelovek v literature Drevnej Rusi". In: D. Lichačev, *Izbrannye raboty v 3 tomax*. Bd. 3. Leningrad, 4–147.

Lotman, Jurij M. (1970). *Struktura chudožestvennogo teksta*. Moskva. Dt.: Lotman 1972, 1973.

Lotman, Jurij M. (1972). *Die Struktur literarischer Texte* [Übers. von Lotman 1970]. Übers. von R.-D. Keil. München.

Lotman, Jurij M. (1973). *Die Struktur des künstlerischen Textes* [Übers. von Lotman 1970]. Hg., übers., mit einem Nachwort und einem Register von R. Grübel. Frankfurt a. M.

Lotman, Jurij, und Boris Uspenskij (1986 [1973]). „Mythos – Name – Kultur". In: K. Eimermacher (Hg.), *Semiotica sovietica. Sowjetische Arbeiten der Moskauer und Tartuer Schule zu sekundären modellbildenden Zeichensystemen (1962–1973)*. 2 Bde. Aachen, Bd. 2, 881–907.

Markovič, Vladimir, und Wolf Schmid (Hgg. 2010). *Sobytie i sobytijnost'. Sbornik statej*. Moskva.

Meister, Jan Christoph (2003). *Computing Action. A Narratological Approach*. Berlin.

Meletinskij, Éleazar (1976). *Poètika mifa*. Moskva.

Morson, Gary Saul (1988). „Prosaics and ‚Anna Karenina'". In: *Tolstoy Studies Journal* 1, 1–12.

Morson, Gary Saul (1994). *Narrative and Freedom. The Shadows of Time*. New Haven.

Morson, Gary Saul, und Caryl Emerson (1990). *Mikhail Bakhtin. Creation of a Prosaics*. Stanford, CA.

Pabst, Walter (1953). *Novellentheorie und Novellendichtung: Zur Geschichte ihrer Antinomie in den romanischen Literaturen*. Hamburg.

Polheim, Karl Konrad (Hg. 1970). *Theorie und Kritik der deutschen Novelle von Wieland bis Musil*. Tübingen.

Prince, Gerald (1987). *A Dictionary of Narratology*. Lincoln.

Prince, Gerald (2008). „Narrativehood, Narrativeness, Narrativity, Narratability". In: J. Pier, J. Á. García Landa (Hgg.), *Theorizing Narrativity*. Berlin, 19–27.

Propp, Vladimir (1928). *Morfologija skazki*. Moskva. 2. Aufl. 1969. Dt.: Propp 1972.

Propp, Vladimir (1972). *Morphologie des Märchens* [Übers. von Propp 1928]. Übers. von Ch. Wendt. München 1972.
Rathmann, Thomas (2003). „Ereignisse Konstrukte Geschichten". In: Th. Rathmann, *Ereignis: Konzeptionen eines Begriffs in Geschichte, Kunst und Literatur*. Köln, 1–119.
Renner, Karl Nikolaus (1983). *Der Findling: Eine Erzählung von Heinrich von Kleist und ein Film von George Moorse. Prinzipien einer adäquaten Wiedergabe narrativer Strukturen*. München.
Renner, Karl Nikolaus (2004). „Grenze und Ereignis: Weiterführende Überlegungen zum Ereigniskonzept von J. M. Lotman". In: G. Frank, W. Lukas (Hgg.), *Norm – Grenze – Abweichung: Kultursemiotische Studien zu Literatur, Medien und Wirtschaft*. Passau, 357–381.
Rölli, Marc (Hg. 2004). *Ereignis auf Französisch. Von Bergson bis Deleuze*. München.
Ryan, Marie-Laure (2005a). „Narrative". In: D. Herman, M. Jahn, M.-L. Ryan (Hgg.), *Routledge Encyclopedia of Narrative Theory*. Oxon, 344–348.
Ryan, Marie-Laure (2005b). „Tellability". In: D. Herman, M. Jahn, M.-L. Ryan (Hgg.), *Routledge Encyclopedia of Narrative Theory*. Oxon. 589–591.
Sasse, Sylvia (2011). „Vorwort". In: M. M. Bachtin, *Zur Philosophie der Handlung*. Übers. von D. Trottenberg, hg. von S. Sasse. Berlin 2011, 5–31.
Schank, Roger C., und Robert P. Abelson (1977). *Scripts, Plans, Goals and Understanding*. Hillsdale.
Schmid, Wolf (1992). „Ereignishaftigkeit und ihre Einklammerung". In: W. Schmid, *Ornamentales Erzählen in der russischen Moderne. Čechov – Babel' – Zamjatin*. Frankfurt a. M., 107–117.
Schmid, Wolf (2003). „Narrativity and Eventfulness". In: T. Kindt, H.-H. Müller (Hgg.), *What Is Narratology? Questions and Answers Regarding the Status of a Theory*. Berlin, 17–33.
Schmid, Wolf (2007). „Eventfulness as a Narratological Category". In: *Amsterdam International Electronic Journal for Cultural Narratology*, Nr. 4. http://cf.hum.uva.nl/narratology/a07_schmid.htm (28. Mai 2017).
Schmid, Wolf (2009a). „Eventfulness and Context". In: V. Ambros, R. Le Huenen, A. Perez-Simon (Hgg.), *Structuralism(s) Today. Paris, Prague, Tartu*. New York, 101–110.
Schmid, Wolf (2009b). „Vorwort". In: W. Schmid, *Russische Proto-Narratologie. Texte in kommentierten Übersetzungen*. Berlin, V–X.
Schmid, Wolf (2014 [2005]). *Elemente der Narratologie*. 3., erweiterte und überarbeitete Auflage. Berlin/Boston.
Schmid, Wolf (2017). *Mentale Ereignisse. Bewusstseinsveränderungen in europäischen Erzählwerken vom Mittelalter bis zur Moderne*. Berlin/Boston.
Schneider, Susan (2005). „Events". In: *Internet Encyclopedia of Philosophy*. www.iep.utm.edu/events (28. Mai 2017).
Schönert, Jörg, Peter Hühn und Malte Stein (2007). *Lyrik und Narratologie: Text-Analysen zu deutschsprachigen Gedichten vom 16. bis zum 20. Jahrhundert*. Berlin.
Ščitcova, T. V. (2000). *Ponjatie sobytija i filosofskoe obosnovanie gumanitarnych nauk u Bachtina*. Minsk.
Smirnov, Igor' (2010). „Sobytie v filosofii i v literature". In: V. M. Markovič, W. Schmid (Hgg.), *Sobytie i sobytijnost'. Sbornik statej*. Moskva, 191–202.
Suter, Andreas, und Manfred Hettling (2001). „Struktur und Ereignis – Wege zu einer Sozialgeschichte des Ereignisses". In: A. Suter, M. Hettling (Hgg.), *Struktur und Ereignis. Geschichte und Gesellschaft*. Göttingen, 7–32.

Thomé, Horst, und Winfried Wehle (2000). „Novelle". In: H. Fricke et al. (Hgg.), *Reallexikon der deutschen Literaturwissenschaft*. Bd. II. Neubearb. Berlin, 725–731.

Titzmann, Michael (2003). Semiotische Aspekte der Literaturwissenschaft: Literatursemiotik. In: R. Posner, K. Robering, Th. A. Sebeok (Hgg.), *Semiotik/Semiotics. Ein Handbuch zu den zeichentheoretischen Grundlagen von Natur und Kultur/A Handbook on the Sign-Theoretic Foundations of Nature and Culture*. Berlin. Bd. 3, 3028–3103.

Titzmann, Michael (2013). „Narrative Strukturen in semiotischen Äußerungen". In: H. Krah, M. Titzmann (Hgg.), *Medien und Kommunikation. Eine interdisziplinäre Einführung*. 3. Aufl., Passau, 111–137.

Todorov, Tzvetan (1969). *Grammaire du Décaméron*. La Haye.

Sonja Klimek
III.2.5 Metalepse

1 Explikation und einführende Erklärung

Die ‚narrative Metalepse', meist abgekürzt ‚Metalepse' genannt, bezeichnet sowohl ein Motiv als auch eine Redeweise in fiktionalen Erzähltexten. Dabei wechselt ein Element oder eine Figur aus einer diegetischen Ebene auf paradoxe Weise, d. h. entgegen den Gesetzen der Logik, in eine andere diegetische Ebene. (Bei einem etwas weiteren Begriffsverständnis werden dagegen alle Überschreitungen der Grenze zwischen distinkten fiktiven Welten als Metalepsen bezeichnet. Diese Überschreitungen müssen dann nicht im streng logischen Sinne paradox sein; sie können auch nur im alltagssprachlichen Sinne ‚paradox', d. h. etwa überraschend oder ungewöhnlich erscheinen.)

Der Begriff ‚Metalepse' wurde 1972 von Gérard Genette aus der Rhetorik in die Erzählforschung übertragen. In der antiken Rhetorik bezeichnete ‚metalepsis' (μετάληψις) u. a. den Spezialfall einer „Metonymie mit vom Grund zur Folge gerichtete[r] Beziehung" (vgl. Lausberg 1990, 748). Genette griff jedoch nicht direkt auf einen antiken, sondern auf den neuzeitlichen französischen Rhetoriker Pierre Fontanier zurück. Dieser hatte den Begriff der Metalepse, der ursprünglich einen Tropus (d. h. eine Figur in einem Wort) bezeichnete, 1830 erstmals auch auf eine Redeweise übertragen: Er sprach von „métalepse de l'auteur", wenn ein Dichter im Enthusiasmus des Dichtens plötzlich seine konventionelle Rolle als Berichterstatter über die Ereignisse der fiktiven Welt aufgibt und sich stattdessen als Urheber der Fiktion zu erkennen gibt (Fontanier 1977 [1830], 129). Dieses erweiterte Begriffsverständnis griff Genette auf. Als Beispiel für eine solche Metalepse des Autors nannte Genette den Roman *Jacques le fataliste et son maître* (1796) des französischen Enzyklopädisten Denis Diderot, in dem der heterodiegetische Erzähler sich in einem Einschub direkt an den Leser wendet und seine Souveränität als Schöpfer der fiktiven Welt offenlegt:

> Vous voyez, lecteur, [...] qu'il ne tiendrait qu'à moi de vous faire attendre un an, deux ans, trois ans le récit des amours de Jacques [...]. Qu'est-ce qui m'empêcherait de marier le maître et de le faire cocu ? d'embarquer Jacques pour les îles ? [Sie sehen, Leser, [...], dass es nur von mir abhängt, ob ich Sie noch ein, zwei oder drei Jahre lang auf die Liebesgeschichten von Jacques warten lasse [...]. Was würde mich daran hindern, den Meister zu verheiraten und ihn zum Hahnrei werden zu lassen? Oder Jacques auf ein Schiff zu den Inseln zu verfrachten?] (Diderot 1994 [1796], 714; Übers. S. K.)

Solche Beispiele finden sich aber, so Genette, auch schon in Laurence Sternes Roman *The Life and Opinions of Tristram Shandy Gentlemen* (1759–1767), der Diderot als Vorbild diente. Berühmt ist etwa jene Stelle am Ende des 38. Kapitels im dritten Buch, wo der (im Unterschied zu Diderot bei Sterne homodiegetische) Erzähler Tristram eine seiner vielen Abschweifungen mit der Begründung unterbricht, er habe die Figuren seiner Erzählung bereits viel zu lange auf die Fortsetzung ihrer Handlung warten lassen:

> [B]ut there is no time to be lost in exclamations. – I have left my father lying across his bed, and my uncle *Toby* in his old fringed chair, sitting beside him, and promised I would go back to them in half an hour, and five-and-thirty minutes are laps'd already. – Of all the perplexities a mortal author was ever seen in, – this certainly is the greatest, – for I have [...] to finish [several digressions] [...], and all this in five minutes less, than no time at all [...]! (Sterne 1980 [1759–1767], 171)

Metalepsen, die sich rein durch das Erzählen vollziehen, müssen nicht zwingend den Autor bzw. Erzähler betreffen. Sie können auch den narrativen Adressaten (*narratee*) in die paradoxe Grenzüberschreitung miteinbeziehen, so etwa schon in Henry Fieldings *The History of Tom Jones. A Foundling* (1749), wie Fludernik (2003, 390) bemerkte. Hier spricht der Erzähler den Leser am Ende des elften Buchs direkt an: „As we have now brought *Sophia* into safe Hands, the Reader will, I apprehend, be contented to deposite her there a while, and to look a little after other Personages, and particularly poor *Jones*, whom we have left long enough to do Pennance for his past Offences [...]." (Fielding 1974 [1749], Bd. 1, 618)

Genette (1972, 244) fasste sowohl solche Redeweisen, durch die Erzähler und Leser quasi in die Ebene der Geschichte eindringen, als auch das ihnen in gewisser Weise entgegengesetzte Motiv, dass eine fiktive Figur ihren Autor anspricht oder sogar als Person in der Welt ihres Schöpfers lebendig wird, unter der Begriffsprägung „métalepses narratives" zusammen: „[j]edes Eindringen des extradiegetischen Erzählers oder narrativen Adressaten ins diegetische Universum (bzw. diegetischer Figuren in ein metadiegetisches Universum usw.) oder auch [...] das Umgekehrte" (Genette 1994, 168 [im franz. Orig.: 1972, 244]). Ein berühmtes Beispiel für dieses „Umgekehrte", also das „Eigenleben" literarischer Figuren (vgl. Hölter 2007), die in der Welt ihres Schöpfers lebendig werden und dort sogar versuchen, ihren Autor zu töten, findet sich etwa in Flann O'Briens Roman *At Swim-Two-Birds* (1939).

Bereits in Genettes Gründungstext der Metalepsenforschung wird die Metalepse als ein intermediales Phänomen gedacht: Als Beispiele für das Motiv des Lebendigwerdens von Erfundenem verweist Genette (1972, 244; dt. 1994, 168) u. a. auf die *nouveaux romans* von Alain Robbe-Grillet. Hier werden innerhalb eines Erzähltextes nicht nur metadiegetische Figuren aus in die Diegese eingeschachtelten literarischen Texten, sondern auch aus in der Diegese vorhandenen Gemälden und Fotografien lebendig.

Zentral für die Bestimmung der Metalepse ist die Grenze, die zwischen diesen diegetischen Ebenen oder fiktiven Welten besteht und die durch die Metalepse überwunden, verschoben oder gar infrage gestellt wird. Genette bezeichnet sie als „bewegliche, aber heilige Grenze zwischen zwei Welten" (Genette 1994, 168 [im frz. Orig.: 1972, 244]). Bei Genette ist diese Grenze ursprünglich die zwischen einer Rahmen- und einer Binnenwelt. Der Begriff wird jedoch in der Forschung gelegentlich auch in einem erweiterten Sinne gebraucht. Er bezeichnet dann auch Transgressionen der Grenze zwischen zwei ‚auf demselben Erzählniveau' eingeschachtelten Welten innerhalb einer Rahmenerzählung (vgl. Wagner 2002, 247; Meyer-Minnemann 2005, 140). Das (als Zitat markierte oder auch unmarkierte) Auftauchen von (Inhalts- oder Form-) Elementen aus einem anderen literarischen Text der Weltliteratur wird jedoch (zumindest nach dem auf Genette zurückgehenden, engeren Begriffsverständnis) nicht als Metalepse bezeichnet, sondern fällt unter den Begriff der Intertextualität.

2 Hauptaspekte des Themas

Das Konzept der Metalepse ist eng verbunden mit denen der Einschachtelung unterschiedlicher fiktiver Welten oder der hierarchischen Anordnung diegetischer Ebenen. Genette (1972; dt. 1994) geht davon aus, dass alle fiktionalen Erzähltexte auch einen Erzähler haben, selbst wenn dieser als Figur nicht weiter charakterisiert wird (ein in der Narratologie nicht unangefochtenes Postulat, das etwa Köppe und Stühring [2011] vehement bestreiten). Diese (eventuell nur durch ihre Stimme vorhandene) Erzählinstanz existiert für Genette in der Extradiegese. Die erzählte Geschichte spielt nach Genettes Terminologie in der Diegese. Wird innerhalb dieser Diegese erneut eine fiktive Welt dargestellt, so spricht Genette von Metadiegese – ein problematischer Begriffsname, der in der Narratologie daher häufig durch den der Hypodiegese ersetzt wird (vgl. Bal 1977, 24).

Damit man bei einem ‚narrativen Kurzschluss' zwischen zwei verschiedenen Ebenen („short circuit", Lodge 1977, 239–245; auch übernommen von McHale 1987, 213) von einer Metalepse sprechen kann – und nicht etwa nur von einer Zeitreise oder einem ‚Beamen' im Raum –, muss eine der beteiligten Welten innerhalb der anderen dargestellt und durch diese Darstellung erst erzeugt werden. Handelt es sich bei einer Binnenerzählung nicht um eine fiktionale (d. h. die dargestellte Binnenwelt überhaupt erst hervorbringende), sondern um eine faktuale Erzählung, so wären Überschreitungen der Grenze zwischen erzählter Geschichte und der Welt des Erzählens nicht paradox, sondern logisch möglich; sie zählen somit nicht zu den Metalepsen. Wenn etwa in Achim von Arnims *Isabella von Ägypten* (1812) eine alte Frau die Geschichte vom Bärnhäuter erzählt und dieser im nächsten Moment leibhaftig zur Tür hineinkommt, so handelt es sich hierbei nur scheinbar um eine Metalepse, denn bald erfahren die beteiligten Figuren, dass innerhalb ihrer Diegese die Geschichte der Alten gar kein Märchen, sondern tatsächlich einen wahren Bericht über die inzwischen irrtümlich zum Mythos verklärte reale Vergangenheit darstellt. Die Binnenwelt der Erzählung ist zwar als Hypodiegese in die Intradiegese eingeschachtelt, die erzählten Geschehnisse werden aber nicht erst im Akt des Erzählens erzeugt. Die Überschreitung der Grenze zwischen Binnen- und Rahmenerzählung ist hier somit nicht paradoxal (im Sinne von logik-widrig; zu einer Argumentation, die die Metalepse generell vom Konzept des Paradoxons loslösen will, vgl. Klauk und Köppe [under review]).

Zu Genettes Ausgangsdefinition von 1972 kamen im Laufe der Jahre diverse daran anschließende Begriffsbestimmungen, die den Begriffsumfang ausweiteten (z. B. Genette 2004 selbst), einschränkten (z. B. Häsner 2005) oder den narratologischen Terminus systematisch auf seine transmediale Anwendbarkeit hin überprüften (Wolf 2009). Ein zentrales Anliegen der Forschung war es immer wieder, den als „umbrella term" (Pier 2014, 331) für verschiedene Phänomene erkannten Begriff der Metalepse in Unterkategorien zu zergliedern. Von Marie-Laure Ryan (2005) stammt die häufig übernommene Unterscheidung zwischen „métalepse rhétorique" und „métalepse ontologique". *Métalepse rhétorique* bezeichnet das Sprechen des extradiegetischen Erzählers über die Grenze zur Diegese hinweg, wie im oben erwähnten Beispiel von Diderot. Es handelt sich um ein zumeist nur punktuelles Phänomen, das sich lediglich mit der Stimme, nicht jedoch auch körperlich in der fiktiven Welt manifestiert. Daher schlägt Pier (2005) vor, in diesem Fall von „minimal" metalepsis zu sprechen. Fludernik (2003, 391) stellt fest, dass solche punktuellen Metalepsen als metanarrative Markierungen eines Szenenwechsels nicht erst seit Sterne, Diderot und Fielding vorkommen, sondern in der Erzählliteratur bereits seit dem 16. Jahrhundert, etwa in der *Old Arcadia* von Sir Philip Sidney, geläufig sind. *Métalepse ontologique* dagegen bezeichnet das Motiv, dass eine Figur auch körperlich die diegetische Ebene wechselt, wie etwa im oben genannten Beispiel von O'Brien. Diese Unterscheidung zwischen einer Erzählweise und einem Motiv wird grundsätzlich auch vertreten von Cohn (2005, 121), die jedoch von „métalepses au niveau du discours" und „métalepses au niveau de l'histoire" spricht, sowie von Fludernik (2008, 175), die für das Deutsche die Begriffe „diskursive" und „ontologische Metalepsen" prägte.

Neben dieser Unterscheidung von Motiv und Redeweise gibt es jedoch auch Ansätze, die Metalepse nach der Bewegungsrichtung des paradoxalen Ebenenwechsels zu kategorisieren: Wagner (2002) unterscheidet hier zunächst zwischen auf- und absteigenden Metalepsen und führt zudem als dritte Kategorie, abweichend von Genettes ursprünglicher Begriffsbestimmung, noch die „auto-intertextualité" ein, eine Vermischung von Elementen zweier hierarchisch gleich hoher distinkter diegetischer Ebenen in zwei verschiedenen Texten, aber innerhalb des Gesamtwerkes eines Autors. In solchen Fällen wird aber nicht die Grenze zwischen der Ebene des Erzählens und der des Erzählten durchbrochen, sondern die zwischen zwei gleichermaßen erzählten Welten. Diesen erweiterten Metalepsenbegriff übernehmen z. B. Meyer-Minnemann (2005, 2006), Schlickers (2005) und Lang (2006), wohingegen sich andere (z. B. Klimek 2010, 68) für die Beibehaltung des ursprünglichen Genette'schen Differenzkriteriums aussprechen.

Bei den Versuchen, die möglichen Formen der Metalepse auch grafisch darzustellen, gibt es narratologische Modelle, die von hierarchisch angeordneten Erzählebenen ausgehen (vgl. Abb. 1).

1. ‚Absteigende Metalepsen' bezeichnen das Herabgleiten von einem narrativen Niveau auf ein tieferes
   a) von der Extradiegese auf die Intra- oder Hypodiegese,
   b) von der Intradiegese auf die Hypodiegese.
2. ‚Aufsteigende Metalepsen' bezeichnen das Hinaufwechseln von einem narrativen Niveau auf ein höheres
   a) von der Intra- oder Hypodiegese auf die Extradiegese
   b) von der Hypodiegese auf die Intradiegese.

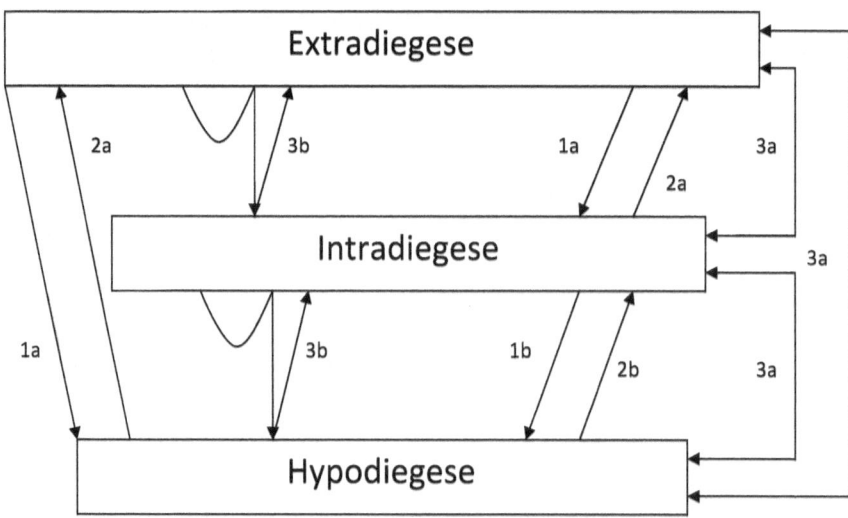

Abb. 1: Grafische Darstellung der Metalepse-Formen (Klimek 2010, 70, aufbauend auf Wagner 2002).

3. Komplexitätsformen der Metalepse bilden die
   a) Möbiusband-Erzählung (Rekurrentsetzung von aufsteigenden und absteigenden Metalepsen) und die
   b) Unlogische Heterarchie (eine Figur auf einer bestimmten narrativen Ebene übt durch einen Darstellungsprozess [z. B. durch das Schreiben eines Romans] Macht über Figuren ihrer eigenen diegetischen Ebene aus).

Andere visualisieren dagegen die unterschiedlichen Formen der Metalepse mithilfe ineinander eingebetteter Welten, wie beispielsweise Malina (2002, 46–49) mit „inward metalepsis" und „outward metalepsis". Limoges (2011, 202) bietet ein deutlich komplexeres Schema als Klimek (2010) und Wagner (2002) an, das explizit auch performative Kunstformen wie das Theater und Text-Bild-Ton-Medien wie den Film mitberücksichtigt und daher auch die werkexterne Wirklichkeit der Rezipienten einbezieht (vgl. Abb. 2).

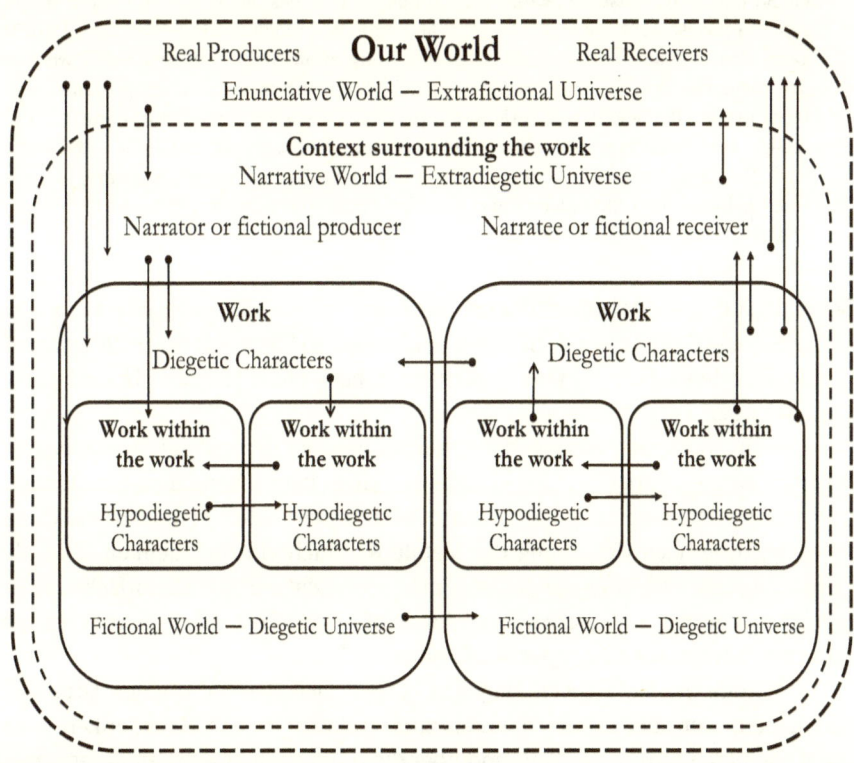

Abb. 2: Transmedial anwendbares Schema der Metalepsen (Limoges 2011, 202).

Kindt (2005) grenzt die Metalepse als grundlegende Verletzung des fiktionalen Paktes von der Verletzung einzelner Grice'scher Konversationsmaximen im ‚unzuverlässigen Erzählen' ab. Als Unterform der *unnatural narrative* konzeptualisieren die Metalepse Alber und Bell (2012) sowie Wolf (2013).

Metalepsen können nicht nur verschiedene Formen annehmen, sie können offenbar auch unterschiedliche und sogar gegensätzliche Wirkungsdispositionen haben: Bereits Genette identifizierte die von allen Metalepsen ausgehende „bizarre Wirkung, die mal komisch ist [...], mal phantastisch." (Genette 1994, 168 [im franz. Orig.: 1972, 244])

Metalepsen des Autors (wie die im obigen Diderot-Beispiel) können punktuell die ästhetische Illusion brechen, indem sie die Fiktionalität der Erzählung offenlegen:

> [Une métalepse] rompt bel et bien avec la fiction (au sens de convention) inhérente à la narration romanesque, qui veut que le romancier-narrateur rapporte des événements effectivement advenus. Cette manière de ‚dénuder le procédé', comme disaient les Formalistes russes, c'est-à-dire de dévoiler, fût-ce en passant le caractère tout imaginaire et modifiable ad libitum de l'histoire racontée, égratigne donc au passage le contrat fictionnel, qui consiste précisément à nier le caractère fictionnel de la fiction. [[Eine Metalepse] bricht ganz offen mit der dem Roman inhärenten Konvention fiktionalen Erzählens, wonach der Romancier-Erzähler über Ereignisse berichtet, die sich tatsächlich zugetragen haben. Diese Art der ‚Bloßlegung der Verfahren', wie die russischen Formalisten es nannten, d. h. diese – manchmal nur punktuelle – Entschleierung des komplett erfundenen und somit nach Belieben des Autors veränderbaren Charakters der erzählten Geschichte, zerreißt somit nebenbei den fiktionalen Pakt, der eben genau in der Leugnung dieses fiktionalen Charakters der Fiktion besteht.] (Genette 2004, 23; Übers. S. K.)

Schmid (2005) weist zudem darauf hin, dass bereits der russische Formalist Viktor Šklovskij 1921 ‚metaleptische' Erzählweisen in Sternes *Tristram Shandy* auf ihre verfremdende Funktion hin untersucht habe – natürlich noch ohne sie unter Genettes Begriff der Metalepse zu fassen.

Der Illusionsbruch von solchen ‚rhetorischen Metalepsen' auf der Ebene des *discours* kann – wie bei Sterne und Diderot – einen komischen Effekt hervorrufen und somit beim Rezipienten Distanz zum fiktiven Geschehen erzeugen. Auf diese Weise wird, je nach Gestaltung der Metalepse, auch ein Nachdenken über die Funktionsweise von Literatur generell möglich. Nicht wenige ‚rhetorische Metalepsen' erschöpfen sich jedoch in ihrem komischen Effekt (auch in anderen als rein sprachlichen Medien, vgl. etwa Limoges 2008).

‚Ontologische Metalepsen' dagegen können beispielsweise einen Gruseleffekt haben oder aber die Rezipienten zum philosophischen Nachdenken über ihren eigenen Status in der Welt und über die Grenzen ihrer eigenen Erkenntnisfähigkeit anregen. Diese Wirkung der ontologischen Verunsicherung hat bereits

André Gide im Blick gehabt, als er 1893 zur Beschreibung von gewissen heute unter den Begriff der Metalepse fallenden Strukturen den Begriff der *mise en abyme* (auf Deutsch etwa ‚In-den-Abgrund-Geworfen') prägte und betonte, dass sie beim Betrachter einen ‚Schwindel' auslösten (vgl. Fricke 2003).

Gemeinhin geht man heute jedoch nicht mehr davon aus, dass Metalepsen immer illusionsbrechend wirken müssen (so noch Wolf 2005). Vielmehr gibt es Formen von Metalepsen, die ein durchaus illusionsstabilisierendes Potential entfalten können (so Wolf 2013 nach Klimek 2009b): Gerade ‚ontologische Metalepsen' können von den Leser/innen auch als wunderbares Element einer auch ansonsten wunderbaren fiktiven Welt akzeptiert werden, z. B. in der zeitgenössischen Erzähl-Phantastik (vgl. Klimek 2011). ‚Ontologische Metalepsen', die in zunächst nach den Konventionen des ‚Realismus' verfassten Erzähltexten plötzlich auftauchen, können zudem – nach kurzer Irritation – bei den Leser/innen einen Wechsel der Genreerwartungen auslösen, mit denen sie den Text rezipieren (vgl. Klimek 2010).

3 Kurzer Abriss der Geschichte des Phänomens in der Erzählliteratur und der Geschichte seiner Erforschung

Die Sachgeschichte jener Phänomene, die man heute als ‚(narrative) Metalepsen' bezeichnet, reicht bis in die Antike zurück. Dies zeigt schon Genettes (2004, 11) Rückgriff auf ein Beispiel aus Vergils neunter *Ekloge*, in der eine Figur zum Dichter sagt, dass er durch seine poetische Darstellung die Welt wirklich zum Blühen und die Bächlein tatsächlich zum Fließen bringe (zum Zusammenhang von Metalepsen und Immersion bzw. der Vergegenwärtigung rein sprachlich evozierter Ereignisse in der Antike vgl. grundlegend auch Rutger et al. 2017). Generell kommt der Metalepse in der antiken Literatur jedoch ein anderer Status zu als in der Moderne: So ist etwa die Parabase, d. h. die direkte Ansprache des Chors an das Publikum, ein zentraler Bestandteil bereits der attischen Komödientradition. Auch die im antiken Theater bereits verbreitete Apostrophe eines Schauspielers an einen auf der Bühne gar nicht anwesenden Adressaten kann als Metalepse bezeichnet werden (vgl. de Jong 2009). Pier (2014, 330) bemerkt: „[U]nlike modern practices, metalepsis in ancient literatures is a serious technique which is used not for comic or anti-illusionistic effects, but rather as a means for increasing the narrator's authority and intensifying the credibility of the narrative." Doch nicht nur im alten Europa, auch in anderen Kulturräumen gab es Metalepsen oder zumindest metalepsen-ähnliche Phänomene, so etwa in der pharaonischen Literatur Ägyptens (vgl. Moers 2013) oder in den Heiligen Schriften des Judentums (vgl. Müllner 2013).

Es scheint jedoch auch innerhalb der europäischen Literaturgeschichte der letzten Jahrhunderte einige Phasen gegeben zu haben, in denen metaleptisches Schreiben gehäuft auftrat. Neben dem immer wieder genannten Beispiel, dass sich *Don Quijote* im zweiten Teil (1615) mit der unautorisierten Fortsetzung seiner Abenteuer und somit mit sich selbst als literarischer Figur auseinandersetzen muss, und neben den Metalepsen des Autors bei Fielding, Sterne, Diderot sowie, in ihrem Gefolge, etwa auch bei Jean Paul scheint es in der Romantik auffällig oft zum Aus-der-Rolle-Fallen von Figuren innerhalb von Theaterstücken und zum Eigenleben von Romanfiguren etc. gekommen zu sein. Während die Metalepse – vermutlich aufgrund ihres illusionsbrechenden oder phantastischen Potentials – im 19. Jahrhundert (zumindest in der realistischen Literatur) seltener vorkommt, ist sie im 20. und 21. Jahrhundert (zunächst eher in den experimentellen, später dann auch in eher schema-orientierten Werken) zunehmend präsent. Berühmte Beispiele finden sich in André Gides *Les Faux-Monnayeurs* (1925) und Flann O'Briens bereits erwähntem Roman *At Swim-Two-Birds* (1939), später dann auch in den *nouveaux romans* im Frankreich der 1970er Jahre sowie mittlerweile in der Gegenwarts- (vgl. Bareis 2010) und sogar in den verschiedenen Genres der Populärliteratur (vgl. Kukkonen und Klimek 2011).

Im Unterschied zu der Sache selbst wurde der Begriff ‚Metalepse' zu ihrer Bezeichnung erst relativ spät in die Literaturwissenschaft eingeführt. Nach seiner Prägung durch Genette 1972 ist der Begriff ‚Metalepse' zunächst wenig beachtet worden (Ausnahmen bilden Baetens 1988; Landfester 1997; Herman 1997). Vorerst wurden Paradoxien der Darstellung innerhalb von Erzähltexten, die unter Genettes heute etablierten Begriff der Metalepse fallen, unter anderen Oberbegriffen erforscht, etwa unter dem von Gide geprägten Begriff der *mise en abyme* (vgl. Dällenbach 1977) oder dem der ‚Selbstreferenz' (vgl. Withalm 1997). Das *Reallexikon der deutschen Literaturwissenschaft* (1997–2003) etwa enthält noch kein eigenes Lemma ‚Metalepse', sondern fasst die zum Begriffsumfang der Metalepse gehörigen Phänomene unter den auf Novalis zurückgehenden Sammelnamen ‚Potenzierung' (vgl. Fricke 2003). Seit der Jahrtausendwende hat sich jedoch in der Literatur-, aber auch in anderen Bereichen der Kunst- und Medienwissenschaften Genettes Begriff – weit über die Grenzen der klassischen Narratologie hinaus – zunehmend durchgesetzt. Maßgeblich dazu beigetragen haben die Aufsätze, die aus drei Tagungen zur Metalepse hervorgingen, einer grundlegenden mit dem Titel „La métalepse, aujourd'hui" 2002 an der EHESS in Paris (Pier und Schaeffer 2005) sowie zwei thematisch fokussierten, „Metalepsis in Popular Culture" 2009 in Neuchâtel (Kukkonen und Klimek 2011) und „Die Metalepse in antiken Diskursen" 2011 bei Gießen (Eisen und Möllendorff 2013). Moderne Einführungen in die Erzähltheorie widmen der Metalepse mittlerweile meist mehrere Seiten (vgl. etwa Köppe und Kindt 2014, 177–179).

In den letzten Jahren entstanden zahlreiche Einzelfallstudien zu Metalepsen in konkreten Werken der Weltliteratur, von pharaonischen Papyri (Moers 2013), dem Alten Testament (Müllner 2013), akkadischer Literatur (Wassermann 2013), dem Evangelium nach Johannes (Eisen 2013) und der Literatur der römischen Kaiserzeit (Möllendorff 2013) über *Beowulf* (Sharma 2005) und frühneuzeitliche (Gutiérrez Trápaga 2017) bis zu modernen und postmodernen Autoren wie Droste-Hülshoff (Reinert 2010), Kästner (Langemeyer 2010), Queneau (Ferguson 2012), Cortázar (Chihaia 2010, 2013), Handke (Previšić 2011) oder Kehlmann (Bareis 2010). Zudem entstanden Untersuchungen zu Metalepsen in einzelnen Gattungen, etwa in der Kinder- und Jugendliteratur (Klimek 2009a; Langemeyer 2010; Pantaloe 2010), im Kriminalroman (Lutas 2011) oder in der Phantastik (Chen 2008; Klimek 2011).

Die Metalepse ist bereits von Genette 1972 als transmediales Phänomen erkannt worden: Er verwies beispielsweise auf Metalepsen in den Theaterstücken von Pirandello und Genet. ‚Dramatische Metalepsen' untersuchte nach ihm zuerst Landfester (1997) unter diesem Begriff, und zwar am Beispiel der romantischen Komödien Ludwig Tiecks. Die Begriffsübertragung aus der Narratologie auf andere Bereiche der Kunst- und Medienwissenschaft reflektierte sodann erstmals umfassend Wolf (2005). Mit Bezug auf den Begriff der ‚Metamalerei' untersuchte Stoichita (1993; dt. 1998) gemalte Metalepsen. Roque (2005) beschrieb ähnliche Gemälde dann mit Genettes Terminologie. Für die Fotografie lieferte schließlich Genette (2004) selbst einige Beispieluntersuchungen. Mittlerweile gibt es Studien zu Metalepsen in diversen zeitgenössischen Medienformaten, so etwa im Spielfilm von Limoges (2008), Chihaia (2011), Sarkhosh (2011) und Thoss (2011), im Animationsfilm von Feyersinger (2010) und Limoges (2011), in Fernsehserien von Feyersinger (2011), in Popsongs von Ben-Merre (2011), im Musik-Videoclip von Keazor (2011), in Hologramm-Konzertveranstaltungen von Hofer (2011), in *Fan Fiction* und von Fans nicht-professionell produzierten Internet-Clips von Turk (2011), im *Pen-and-Paper*-Erzähl-Rollenspiel von Klimek (2010, 112–116), Bell (2016a) wiederum befasst sich mit *digital fictions* (d.h. in für eine Lektüre am Bildschirm verfassten Erzähltexten, die mit Soundeffekten und Animationen etc. ausgestattet sein können, in „hypertext fiction, kinetic poetry, flash fiction, and some video games"; Bell 2016a, 20), Schuldiner (2002), Kukkonen (2011) und Thoss (2015) mit Comic und *Graphic Novel*.

Bereits von Genette (1972) wurde das Konzept der ‚narrativen Metalepse' (unter Verweis auf Borges) auf seine philosophischen Implikationen hin untersucht: Durch die Infragestellung der festen ontologischen Grenzen zwischen

Autor- und Leserfiguren (die sich in ihrer Diegese für reale Menschen halten) und metadiegetischen Figuren (die ihren Autor- bzw. Leserfiguren fiktiv vorkommen) kann auch den empirischen Leser/innen suggeriert werden, sie selbst könnten vielleicht wiederum auch nur fiktive Geschöpfe sein, die sich innerhalb ihrer eigenen Welt (Diegese) real vorkommen. Eine solche philosophische Reflexion auszulösen, ist eine der Wirkungsdispositionen vieler der im Kontext von Skeptizismus- und Solipsismus-Rezeption entstandenen Metalepsen seit der Romantik (vgl. Klimek 2010). Wenn man die Metalepse als Paradoxon im logischen Sinn expliziert, so ergeben sich zudem über die formale Logik Anschlussmöglichkeiten an Geometrie und Mathematik (vgl. Hofstadter 1985 [1979]), aber auch zur Informatik (vgl. Ryan 2004; Meister 2005).

4 Aktueller Stand der Forschung und offene Fragen

Thoss (2015) definiert die Metalepse als transmediales Phänomen neuerdings – ähnlich wie schon Limoges (2011) – über die Grenzverletzung zwischen dem ‚Innen' und dem ‚Außen' einer erzählten Welt, nicht zwischen einem ‚Unten' und einem ‚Oben'. Dieses ‚Außen' kann dann verschiedene Bereiche betreffen, weshalb Thoss (2015) drei verschiedene Typen von Metalepsen differenziert: (1) Überschreitungen der Grenze zwischen einer erzählten Welt und einer anderen imaginären Welt, (2) zwischen einer erzählten Welt und der Realität, (3) zwischen einer erzählten Welt und dem *discours* der Erzählung. Damit gehört Thoss zu denjenigen, die die notorisch strittige Frage, ob Metalepsen ein rein fiktionsinternes Phänomen sind, verneinen. In diesem Sinne bezeichnet auch Genette (2004) nach seinem transmedial erweiterten Metalepsen-Verständnis es mittlerweile als metaleptisch, wenn ein Schauspieler vom Publikum derart mit einer ihm angestammten Rolle identifiziert wird, dass er fortan in keiner anderen Rolle mehr Erfolg hat (vgl. Genette 2004, 120), wenn Zuschauer auf der Straße einem Schauspieler ‚in natura' begegnen, den sie nur aus dem Fernsehen kennen (vgl. Genette 2004, 62–63), und sogar wenn eine berühmte Persönlichkeit ‚as himself' und nicht in einer anderen Rolle in einem Film auftaucht (vgl. Genette 2004, 71). Wenn man solche Rückkopplungsphänomene zwischen Wirklichkeit und fiktiver Welt jedoch mit unter den Metalepsen-Begriff fasst, so weitet man ihn damit zwangsläufig sehr stark aus: Jede punktuelle Referenz auf Wirklichkeit, etwa die Nennung von Orts- oder Personennamen innerhalb der Fiktion, wäre demnach schon eine Metalepse – ob nun Sherlock Holmes' Geschichten in ‚London' spielen oder ob in Tolstojs *Krieg und Frieden* eine Figur namens ‚Napoleon' auftaucht: „Cette transfusion perpétuelle, et réciproque, de la diégèse réelle [!] à la diégèse fictionnelle, et d'une fiction à une autre, est l'âme de la fiction en général, et de toute fiction en particulier." [Dieser ständige und gegenseitige Austausch zwischen der realen und der fiktiven Diegese sowie der zwischen unterschiedlichen fiktiven Diegesen ist die Seele der Fiktion allgemein und jeder einzelnen Fiktion im Speziellen. Übers. S. K.] (Genette 2004, 131) Durch diese Ausweitung wird der Begriff der Metalepse zu einem Synonym von Fiktion. So kommt denn auch Genette (2004, 131) zu dem Fazit: „Toute fiction est tissée de métalepses." [Jede Fiktion ist aus Metalepsen gewebt. Übers. S. K.] Bessière (2005) und Schaeffer (2005, 334) stimmen Genette in Bezug auf die ‚inhärent metaleptische Natur der Fiktion' zu.

Tatsächlich kann ja bei ‚absteigenden' Metalepsen die uneigentliche Redeweise, jemand sei in seine Lektüre versunken, auf der *histoire*-Ebene einer fiktionalen Geschichte wörtlich genommen und als Handlungselement ausgestaltet sein. Das tatsächlich auch physische Hineingesogen-Werden einer Leserfigur in die fiktive Welt ihrer Lektüre, wie es etwa die Metalepse in Michael Endes Bestseller *Die unendliche Geschichte* (1979) darstellt, bezieht sich eindeutig auf die lebensweltliche Erfahrung, dass Leser/innen empathisch an Fiktionen Anteil nehmen und beispielsweise mit Tränen oder Pulsbeschleunigung auf die Darstellung gewisser Ereignisse reagieren, obwohl sie um die Fiktivität des Dargestellten wissen. Hier besteht also ein Bezug der Metalepse zum ‚paradox of fiction', das Fiktionstheoretiker seit Colin Radfords Aufsatz „How Can We Be Moved by the Fate of Anna Karenina?" (1975) beschäftigt. Da die Metalepse (in der von Wolf 2005 explizierten transmedialen und transgenerischen Verwendungsweise des Terminus) offenbar eine Möglichkeit *aller* fiktionalen Darstellungsformen ist, wäre Genettes These von der Metalepse als der eigentlichen ‚Seele der Fiktion' (oder besser: der Fiktionalität) aus fiktionstheoretischer Sicht zu prüfen. Neben philosophischen Arbeiten liegen mittlerweile jedoch auch Ansätze zur Erforschung der Metalepse aus kognitionspsychologischer Perspektive vor (vgl. Feyersinger 2012).

Im Zuge der Ausweitung des Literaturbegriffs und des Wandels im Verständnis von einer rein textzentrierten hin zur kulturwissenschaftlich geöffneten Literaturwissenschaft wurden Metalepsen in verschiedenen Formen der Populärkultur (Kukkonen und Klimek 2011), aber auch Text-Bild-Zeugnisse des Altertums erforscht (vgl. generell Eisen und Möllendorff 2013). Diese Einzelstudien wären sicher noch zu ergänzen durch Beiträge zu weiteren Medienformaten aus anderen Zeiten und Kulturräumen, aber auch aus der westlichen Gegenwartskultur, etwa zu Bild-Metalepsen in der Plakatwerbung, zu gefilmten Metalepsen im Fernseh- und Internetwerbespot (vgl. dazu inzwischen Weber 2014) oder zu den Möglichkeiten interaktiver Metalepsen in Computer-(Rollen-)Spielen (speziell auch in sogenannten MMORPGs, d. h. in ausschließlich über das Internet zu spielenden Computer-Rollenspielen, an denen gleichzeitig Tausende bis Millionen von Nutzern teilnehmen können) oder auch in 3D-basierten begehbaren Simulationsräumen.

Da metaleptische Potentiale grundsätzlich eng mit den Bedingungen des jeweiligen Mediums zusammenhängen, werden sich metaleptische Phänomene im Zuge des technischen Fortschritts vermutlich auch weiterhin vervielfältigen. Neue Medien werden wohl auch zukünftig neue Formen von Metalepsen ausbilden. Gerade was Metalepsen in interaktiven Medienformaten angeht, gibt es zurzeit noch kaum grundlegende Studien (Anfänge bei Bell 2016b).

Offene Fragen wären des Weiteren, ob sich aus den vereinzelten Studien zu Metalepsen etwa im Altertum, bei Cervantes, bei Fielding, Sterne und Diderot, in der Romantik, in der Postmoderne und in der Gegenwart eine Geschichte der Metalepse (transmedial, oder auch nur für die Literatur) schreiben ließe, ob sich neben diesen bisher identifizierten ‚Hoch-Phasen' der Metalepse weitere Zeitabschnitte identifizieren lassen, in denen auffällig viel metaleptische Kunst bzw. Literatur entstand (und gegebenenfalls, welche Gründe es für solche Bündelungen geben könnte), und schließlich ob sich nicht nur die Formen, sondern auch die Wirkungsdispositionen der Metalepse (gegebenenfalls auch nur innerhalb eines einzigen Mediums) historisch wandeln. Eventuelle Entwicklungslinien wären in dem Falle auch kultur-, philosophie- und mediengeschichtlich zu kontextualisieren (Ansätze bei Klimek 2010; Hanebeck 2017).

Darüber hinaus ist noch nicht geklärt, ob Metalepsen auch in nicht-darstellenden Kunstformen (wie etwa der Instrumentalmusik) vorkommen können (zur Metalepse im Musiktheater vgl. dagegen bereits Fricke 2011).

Literaturverzeichnis

Alber, Jan, und Alice Bell (2012). „Ontological Metalepsis and Unnatural Narratology". In: *Journal of Narrative Theory* 42.2, 66–92.

Baetens, Jan (1988). „Les dessous d'une planche: Champ censuré et métalepse optique dans un dessin de Joost Swarte". In: *Semiotica* 68, 321–329.

Bal, Mieke (1977). *Narratologie. Essais sur la signification narrative dans quatre romans modernes*. Paris.

Bareis, J. Alexander (2010). „‚‚Beschädigte Prosa' und ‚autobiographischer Narzißmus'. Metafiktionales und metaleptisches Erzählen in Daniel Kehlmanns ‚Ruhm'". In: J. A. Bareis, T. Grub (Hgg.), *Metafiktion. Analysen zur deutschsprachigen Gegenwartsliteratur*. Berlin, 243–268.

Bell, Alice (2016a). „‚I felt like I'd stepped out of a different reality': Possible Worlds Theory, Metalepsis and Digital Fiction". In: J. Gavins, E. Lahey (Hgg.), *World Building. Discourse in the Mind*. London u. a., 15–32.

Bell, Alice (2016b). „Interactional Metalepsis and Unnatural Narratology". In: *Narrative*, 24.3, 294–310.

Ben-Merre, David (2011): „‚I'm so vain I bet I think this song is about myself': Carly Simon, Pop Music and the Problematic ‚I' of Lyric Poetry". In: K. Kukkonen, S. Klimek (Hgg.), *Metalepsis in Popular Culture*. Berlin/New York, 65–82.

Bessière, Jean (2005). „Récit de fiction, transition discursive, présentation actuelle du passé, ou que le récit de fiction est toujours métaleptique". In: J. Pier, J.-M. Schaeffer (Hgg.), *Métalepses. Entorses au pacte de la représentation*. Paris, 279–294.

Chen, Fanfan (2008). „From Hypotyposis to Metalepsis: Narrative Devices in Contemporary Fantasy Fiction". In: *Forum for Modern Language Studies* 44.4, 394–411.

Chihaia, Matei (2010). „Descolocación y metalepsis en ‚El otro cielo'". In: C. Chantraine-Braillon, N. Giraldi Dei Cas, F. Idmhand (Hgg.), *El escritor y el intelectual entre dos mundos. Homenaje en honor a Fernando Aínsa*. Madrid, 157–166.

Chihaia, Matei (2011). *Der Golem-Effekt. Orientierung und phantastische Immersion im Zeitalter des Kinos*. Bielefeld.

Chihaia, Matei (2013). „Macht und Metalepse – Zur politischen Dimension eines narrativen Verfahrens am Beispiel von Julio Cortázars Erzählung ‚Apocalipsis de Solentiname'". In: K. Hahn, M. Hausmann, C. Wehr (Hgg.), *Erzählmacht. Narrative Politiken des Imaginären*. Würzburg, 85–98.

Cohn, Dorrit (2005). „Métalepse et mise en abyme". In: J. Pier, J.-M. Schaeffer (Hgg.), *Métalepses. Entorses au pacte de la représentation*. Paris, 121–130.

Dällenbach, Lucien (1977). *Le récit spéculaire. Essai sur la mise en abyme*. Paris.

de Jong, Irene (2009). „Metalepsis in Ancient Greek Literature". In: J. Grethlein, A. Rengakos (Hgg.), *Narratology and Interpretation. The Content of Narrative Form in Ancient Literature*. Berlin/New York, 87–115.

Diderot, Denis (1994 [1796]). *Jacques le fataliste et son maître*. In: D. Diderot, *Œuvres*. Hg. von Laurent Versini. Bd. 2: *Contes*. Paris, 697–919.

Eisen, Ute E. (2013). „Metalepsis in the Gospel of John – Narration Situation and ‚Beloved Disciple' in New Perspective". In: U. E. Eisen, P. v. Möllendorff (Hgg.), *Über die Grenze. Metalepse in Text- und Bildmedien des Altertums*. Berlin, 318–345.

Eisen, Ute E., und Peter von Möllendorff (Hgg. 2013), *Über die Grenze. Metalepse in Text- und Bildmedien des Altertums*. Berlin.

Ferguson, Sam (2012). „Metalepsis and the Auteur Supposé in Raymond Queneau's Œuvres complètes de Sally Mara". In: *French Studies. A Quarterly Review* 66.2, 178–192.

Feyersinger, Erwin (2010). „Diegetic Short Circuits: Metalepsis in Animation". In: *Animation* 5.3, 279–294.

Feyersinger, Erwin (2011). „Metaleptic TV Crossovers". In: K. Kukkonen, S. Klimek (Hgg.), *Metalepsis in Popular Culture*. Berlin/New York, 127–157.

Feyersinger, Erwin (2012). „The Conceptual Integration Network of Metalepsis". In: R. Schneider, M. Hartner (Hgg.), *Blending and the Study of Narrative: Approaches and Applications*. Berlin, 173–197.

Fielding, Henry (1974 [1749]). *The History of Tom Jones. A Fundling*. 2 Bde. Hg. von Fredson Bowers. Einl. und Komm. von Martin C. Battestin. Oxford.

Fludernik, Monika (2003). „Scene Shift, Metalepsis, and the Metaleptic Mode". In: *Style* 37, 382–400.
Fludernik, Monika (2008). *Erzähltheorie. Eine Einführung.* 2. durchges. Aufl. Darmstadt.
Fontanier, Pierre (1977 [1830]). *Les figures du discours.* Neu hg. von Gérard Genette. Paris.
Fricke, Harald (2003). „Potenzierung". In: *Reallexikon der deutschen Literaturwissenschaft.* Bd. 3: *P–Z*. Hg. von J.-D. Müller. Berlin/New York, 144–147.
Fricke, Harald (2011). „Pop-Culture in History: Metalepsis and Metareference in German and Italian Music Theatre". In: K. Kukkonen, S. Klimek (Hgg.), *Metalepsis in Popular Culture.* Berlin/New York, 252–267.
Genette, Gérard (1972). „Discours du récit". In: G. Genette, *Figures III.* Paris, 67–282. Dt.: Genette 1994.
Genette, Gérard (1994). „Diskurs der Erzählung. Ein methodologischer Versuch" [Übers. von Genette 1972]. In: G. Genette, *Die Erzählung.* Übers. von Andreas Knop, mit einem Nachwort hg. von Jochen Vogt. München, 9–192.
Genette, Gérard (2004). *Métalepse. De la figure à la fiction.* Paris.
Gutiérrez Trápaga, Daniel (2017). „The Boundaries of Fiction: Metalepsis in Marcos Martínez's ‚Espejo de príncipes y caballeros' (III) (1587) and its Precedents in Castilian Romances of Chivalry". In: *The Modern Language Review* 112.1, 153–170.
Hanebeck, Julian (2017). *Understanding Metalepsis. The Hermeneutics of Narrative Transgression.* Berlin/Boston.
Häsner, Bernd (2005). *Metalepsen: Zur Genese, Systematik und Funktion transgressiver Erzählweisen.* Diss., FB Philosophie und Geisteswissenschaften, FU Berlin. http://www.diss.fu-berlin.de/diss/receive/FUDISS_thesis_000000001782 (28. Mai 2017).
Herman, David (1997). „Toward a Formal Description of Narrative Metalepsis". In: *Journal of Literary Semantics* 26.2, 132–152.
Hofer, Roberta (2011). „Metalepsis in Live Performance: Holographic Projections of the Cartoon Band ‚Gorillaz' as a Means of Metalepsis". In: K. Kukkonen, S. Klimek (Hgg.), *Metalepsis in Popular Culture.* Berlin/New York, 232–251.
Hofstadter, Douglas R. (1985 [1979]). *Gödel, Escher, Bach: ein Endloses Geflochtenes Band.* Übers. von P. Wolff-Windegg und H. Feuersee. Stuttgart [Übers. von D. R. Hofstadter, *Gödel, Escher, Bach: An Eternal Golden Braid.* New York 1979].
Hölter, Achim (2007). „Das Eigenleben der Figuren. Eine radikale Konsequenz der neueren Metafiktion". In: *Komparatistik. Jahrbuch der Deutschen Gesellschaft für Allgemeine und Vergleichende Literaturwissenschaft*, 29–53.
Keazor, Henry (2011). „‚I had the strangest week ever!' Metalepsis in Music Videos". In: K. Kukkonen, S. Klimek (Hgg.), *Metalepsis in Popular Culture.* Berlin/New York, 104–126.
Kindt, Tom (2005). „L'art de violer le contrat. Une comparaison entre la métalepse et la non-fiabilité narrative". In: J. Pier, J.-M. Schaeffer (Hgg.), *Métalepses. Entorses au pacte de la représentation.* Paris, 167–178.
Klauk, Tobias, und Tilmann Köppe [under review]. „Is metaleptic fiction paradoxical?" Aufsatzmanuskript, in Vorbereitung zur Veröffentlichung.
Klimek, Sonja (2009a). „Die Metalepse in der zeitgenössischen Kinder- und Jugendliteratur. Ein paradoxes Erzählphänomen im Zeitalter der Medialisierung". In: *InterJuli* 1, 5–22.
Klimek, Sonja (2009b). „‚Metalepsis': A Transmedial Form of Implicit Metareference and Its (Anti-) Illusionist Effects in the Arts, Media and Role-Playing Games". In: W. Wolf (Hg.), *Metareference Across Media. Theory and Case Studies.* Amsterdam/New York, 169–187.

Klimek, Sonja (2010). *Paradoxes Erzählen. Die Metalepse in der phantastischen Literatur.* Paderborn.
Klimek, Sonja (2011). „Metalepsis in Fantasy Fiction". In: K. Kukkonen, S. Klimek (Hgg.), *Metalepsis in Popular Culture.* Berlin/New York, 22–40.
Köppe, Tilmann, und Tom Kindt (2014). *Erzähltheorie. Eine Einführung.* Stuttgart.
Köppe, Tilmann, und Jan Stühring (2011). „Against Pan-Narrator Theories". In: *Journal of Literary Semantics* 40, 59–80.
Kukkonen, Karin (2011). „Metalepsis in Comics and Graphic Novels". In: K. Kukkonen, S. Klimek (Hgg.), *Metalepsis in Popular Culture.* Berlin/New York, 213–231.
Kukkonen, Karin, und Sonja Klimek (Hgg. 2011), *Metalepsis in Popular Culture.* Berlin/New York.
Landfester, Ulrike (1997). „,… die Zeit selbst ist thöricht geworden …' Ludwig Tiecks Komödie ,Der gestiefelte Kater' (1797) in der Tradition des Spiel im Spiel-Dramas". In: W. Schmitz (Hg.), *Ludwig Tieck. Literaturprogramm und Lebensinszenierung im Kontext seiner Zeit.* Tübingen, 101–133.
Lang, Sabine (2006). „Prolegómenos para una teoria de la ,narración paradójica'". In: N. Grabe, S. Lang, K. Meyer-Minnemann (Hgg.), *La narración paradojica. ,Normas narrativas' y el principio de la ,transgresión'.* Madrid/Frankfurt a. M., 21–47.
Langemeyer, Peter (2010). „Metaleptische Erzählverfahren in Erich Kästners ,Romanen für Kinder'". In: S. Kvam, K. P. Knutsen, P. Langemeyer (Hgg.), *Textsorten und kulturelle Kompetenz. Interdisziplinäre Beiträge zur Textwissenschaft.* Münster u. a., 297–320.
Lausberg, Heinrich (1990). *Handbuch der literarischen Rhetorik. Eine Grundlegung der Literaturwissenschaft.* 3. Aufl. Stuttgart.
Limoges, Jean-Marc (2008). „Quand Mel dépasse les bornes: D'un usage comique de la métalepse chez Brooks". In: *Humoresques* 28: *Grand écran, petit écran. Le comique filmique et télévisuel,* 31–41.
Limoges, Jean-Marc (2011). „Metalepsis in the Cartoons of Tex Avery: Expanding the Boundaries of Transgression". In: K. Kukkonen, S. Klimek (Hgg.), *Metalepsis in Popular Culture.* Berlin/New York, 196–212.
Lodge, David (1977). *The Modes of Modern Writing: Metaphor, Metonymy, and the Typology of Modern Literature.* London.
Lutas, Liviu (2011). „Narrative Metalepsis in Detective Fiction". In: K. Kukkonen, S. Klimek (Hgg.), *Metalepsis in Popular Culture.* Berlin/New York, 4–64.
Malina, Debra (2002). *Breaking the Frame: Metalepsis and the Construction of the Subject.* Columbus, OH.
McHale, Brian (1987). *Postmodernist Fiction.* New York/London.
Meister, Jan Christoph (2005). „Le ,Metalepticon': une étude informatique de la métalepse". In: J. Pier, J.-M. Schaeffer (Hgg.), *Métalepses. Entorses au pacte de la représentation.* Paris, 225–246.
Meyer-Minnemann, Klaus (2005). „Un procédé narratif qui ,produit un effet de bizarrerie': la métalepse littéraire". In: J. Pier, J.-M. Schaeffer (Hgg.), *Métalepses. Entorses au pacte de la représentation.* Paris, 133–150.
Meyer-Minnemann, Klaus (2006). „Narración paradójica y ficción". In: N. Grabe, S. Lang, K. Meyer-Minnemann (Hgg.), *La narración paradojica. ,Normas narrativas' y el principio de la ,transgresión'.* Madrid/Frankfurt a. M., 49–71.
Moers, Gerald (2013). „Von Stimmen und Texten. Pharaonische Metalepsen als mediales Phänomen". In: U. E. Eisen, P. v. Möllendorff (Hgg.), *Über die Grenze. Metalepse in Text- und Bildmedien des Altertums.* Berlin, 29–58.

Möllendorff, Peter von (2013). „'Sie hielt ein aufgerolltes Buch in den Händen ...' – Metalepse als mediales Phänomen in der Literatur der Kaiserzeit". In: U. E. Eisen, P. v. Möllendorff (Hgg.), *Über die Grenze. Metalepse in Text- und Bildmedien des Altertums*. Berlin, 346–386.

Müllner, Ilse (2013). „Pessach als Ereignis und Ritual. Die narrative Einbindung kommender Generationen in Ex 12,1–13,16". In: U. E. Eisen, P. v. Möllendorff (Hgg.), *Über die Grenze. Metalepse in Text- und Bildmedien des Altertums*. Berlin, 59–94.

Pantaloe, Sylvia (2010). „Mutinous Fiction: Narrative and Illustrative Metalepsis in Three Postmodern Picturebooks". In: *Children's Literature in Education* 41.1, 12–27.

Pier, John (2005). „Métalepse et hierarchies narratives". In: J. Pier, J.-M. Schaeffer (Hgg.), *Métalepses. Entorses au pacte de la représentation*. Paris, 247–261.

Pier, John (2014). „Metalepsis". In: P. Hühn, J. Ch. Meister, J. Pier, W. Schmid (Hgg.), *Handbook of Narratology*. 2., vollst. überarb. und erweiterte Aufl. Berlin/Boston, Bd. 1, 326–343.

Pier, John, und Jean-Marie Schaeffer (Hgg. 2005), *Métalepses. Entorses au pacte de la représentation*. Paris.

Previšić, Boris (2011). „Wo beginnt die Geschichte? Der Zerfall Jugoslawiens und Peter Handkes permanente Metalepsen". In: J. Rzeszotnik (Hg.), *Schriftstellerische Autopoiesis. Beiträge zur literarischen Selbstreferenzialität*. Darmstadt, 79–96.

Radford, Colin (1975). „How Can We Be Moved by the Fate of Anna Karenina?" In: *Proceedings of the Aristotelian Society*, Suppl. 49, 67–80.

Reinert, Bastian (2010). „Metaleptische Dialoge. Wirklichkeit als Reflexionsprozess in Annette von Droste-Hülshoffs Versepos ‚Des Arztes Vermächtniß'". In: Claudia Liebrand, I. Hnilica, T. Wortmann (Hgg.), *Redigierte Tradition. Literaturhistorische Positionierungen Annette von Droste-Hülshoffs*. Paderborn, 77–91.

Roque, Georges (2005). „Sous le signe de Magritte". In: J. Pier, J.-M. Schaeffer (Hgg.), *Métalepses. Entorses au pacte de la représentation*. Paris, 263–276.

Rutger, J. Allan, Irene J. F. de Jong und Casper C. de Jonge (2017). „From Enargeia to Immersion: The Ancient Roots of a Modern Concept". In: *Style* 51.1, 34–51.

Ryan, Marie-Laure (2004). „Metaleptic Machines". In: *Semiotica* 150.1, 439–469.

Ryan, Marie-Laure (2005). „Logique culturelle de la métalepse, ou la métalepse dans tous ses états". In: J. Pier, J.-M. Schaeffer (Hgg.), *Métalepses. Entorses au pacte de la représentation*. Paris, 201–223.

Sarkhosh, Keyvan (2011). „Metalepsis in Popular Comedy Film". In: K. Kukkonen, S. Klimek (Hgg.), *Metalepsis in Popular Culture*. Berlin/New York, 171–195.

Schaeffer, Jean-Marie (2005). „Métalepse et immersion fictionnelle". In: J. Pier, J.-M. Schaeffer (Hgg.), *Métalepses. Entorses au pacte de la représentation*. Paris, 323–334.

Schlickers, Sabine (2005). „Inversions, transgressions, paradoxes et bizarreries. La métalepse dans les littératures espagnoles et françaises". In: J. Pier, J.-M. Schaeffer (Hgg.), *Métalepses. Entorses au pacte de la représentation*. Paris, 151–166.

Schmid, Wolf (2005). „La métalepse narrative dans la construction du formalisme russe". In: J. Pier, J.-M. Schaeffer (Hgg.), *Métalepses. Entorses au pacte de la représentation*. Paris, 189–195.

Schuldiner, Michael (2002). „Writer's Block and the Metaleptic Event in Art Spiegelman's Graphic Novel ‚Maus'". In: *Studies in American Jewish Literature* 21, 108–115.

Sharma, Manish (2005). „Metalepsis and Monstrosity: The Boundaries of Narrative Structure in ‚Beowulf'". In: *Studies in Philology* 102.3, 247–279.

Sterne, Laurence (1980 [1759–1767]): *Tristram Shandy. A Norton Critical Edition*. Hg. von Howard Anderson. New York/London.
Stoichita, Victor I. (1993). *L'instauration du tableau*. Paris. Dt.: Stoichita 1998.
Stoichita, Victor I. (1998). Das selbstbewußte Bild. Vom Ursprung der Metamalerei [Übers. von Stoichita 1993]. Übers. von Heinz Jatho. München.
Thoss, Jeff (2011). „Unnatural Narrative and Metalepsis: Grant Morrison's ‚Animal Man'". In: J. Alber, R. Heinze (Hgg.), *Unnatural Narrative – Unnatural Narratology*. Berlin, 189–209.
Thoss, Jeff (2015). *When Storyworlds Collide: Metalepsis in Popular Fiction, Film and Comics*. Leiden.
Turk, Tisha (2011). „Metalepsis in Fan Vids and Fan Fiction". In: K. Kukkonen, S. Klimek (Hgg.), *Metalepsis in Popular Culture*. Berlin/New York, 83–103.
Wagner, Frank (2002). „Glissements et déphasages. Note sur la métalepse narrative". In: *Poétique* 139, 235–253.
Wassermann, Nathan (2013). „Who is Talking? Some Cases of Metalepsis and Mise-en-Abyme in Akkadian Literature". In: U. E. Eisen, P. v. Möllendorff (Hgg.), *Über die Grenze. Metalepse in Text- und Bildmedien des Altertums*. Berlin, 13–26.
Weber, Katharina (2014). „‚Die Figur ist nicht schlecht ausgedacht, sie ist gar nicht ausgedacht'. Zur Figur der Metalepse in Literatur und Marketing". In: *Wirkendes Wort* 64.1, 97–113.
Withalm, Gloria (1997). „‚How did you find us?' – ‚We read the script!': A Special Case of Self-Reference in the Movies". In: W. Nöth (Hg.), *Semiotics of the Media. State of the Art, Projects, and Perspectives*. Berlin/New York, 255–267.
Wolf, Werner (2005). „Metalepsis as a Transgeneric and Transmedial Phenomenon. A Case Study of the Possibilities of ‚Exporting' Narratological Concepts". In: J. Ch. Meister, T. Kindt, W. Schernus (Hgg.), *Narratology beyond Literary Criticism. Mediality, Disciplinarity*. Berlin/New York, 83–107.
Wolf, Werner (2009). „Foreword". In: W. Wolf (Hg.): *Metareference across Media: Theory and Case Studies*. Amsterdam/New York, 1–85.
Wolf, Werner (2013). „‚Unnatural' Metalepsis and Immersion. Necassarily Incompatible?" In: J. Alber, H. Skov Nielsen, B. Richardson (Hgg.), *A Poetics of Unnatural Narrative*. Columbus, 113–141.

Caroline Frank
III.2.6 Raum

1 Raum in Erzählungen

Im Zentrum von Erzählungen stehen in der Regel Figuren, die zielgerichtete Handlungen ausführen und die in zeitlicher, aber auch räumlicher Hinsicht existentiell in einer erzählten Welt verankert sind (Fludernik 2008, 13). Aus literaturwissenschaftlicher Perspektive lassen sich vier Formen von Räumlichkeit unterscheiden: erstens der Raum, den ein Text als Medium in seiner Materialität einnimmt; zweitens der Raum, in dem eine Erzählung in der Realität gelesen oder gesprochen wird; drittens eine metaphorisch verstandene Räumlichkeit im Sinne von Erzählverfahren, die die Temporalität der Erzählung durch Fragmentierung oder Montage unterminieren (J. Frank 1991 [1945]), und viertens der konkrete Raum der erzählten Welt im Sinne der Umgebung von Figuren (Ryan 2012).

Die Narratologie beschäftigt sich hauptsächlich mit dem konkreten Raum, den sie als Phänomen von *histoire* (Geschichte) und *discours* (Darstellung) sowie als Träger außertextueller Diskurse in den Blick nimmt und der wie folgt definiert werden kann: Er ist Bestandteil jedes erzählten Weltentwurfs, besitzt in der Regel ein Innen und Außen, ist zumeist dreidimensional (vgl. Dennerlein 2011, 158) und untergliedert in einzelne Teilräume, die in Relation zueinander stehen. Diese Relation findet häufig Ausdruck in lokaldeiktischen Referenzen, die ein Hier und Dort, ein Oben und Unten sowie Nähe und Ferne explizit oder zumindest implizit benennen (vgl. Würzbach 2001, 108). Weitere sprachliche Marker zur Bezeichnung von Raum in Erzähltexten sind Toponymika, Eigennamen, Präpositionalphrasen, metrische und georeferentielle Angaben etc. (Dennerlein 2011, 159). Darüber hinaus enthalten erzählte Raumentwürfe immer Unbestimmtheitsstellen, die vom Leser auf Basis der im Text vergebenen Informationen und durch Inferenzen auf raumbezogenes Weltwissen ausgefüllt werden müssen. In fiktionsontologischer Hinsicht lassen sich narrative Räume danach unterscheiden, ob sie innerhalb der Fiktion einen realen Status besitzen oder ob sie von den Figuren nur imaginiert werden, wenn diese sich z. B. an einen anderen Ort wünschen oder an einen anderen Ort erinnern.

2 Narratologische Kategorien zur Untersuchung erzählter Räume

Die Vielfalt an möglichen Untersuchungsaspekten lässt sich in drei Hauptaspekten zusammenfassen (vgl. C. Frank 2017): (1) Selektion und Kombination von Teilräumen; (2) narrative Verfahren der Raumdarstellung; (3) Bedeutung des Raumes.

Selektion und Kombination von Teilräumen

Erzählte Welten können im Hinblick auf paradigmatische Bezugsfelder untersucht werden (Nünning 2009, 39–44). Natürlich ist es unmöglich, die inhaltliche Vielfalt der räumlichen Einheiten aufzulisten, auf die Raumentwürfe potentiell referieren können. Es lassen sich aber größere Referenzrichtungen und damit Raumgruppen benennen, auf die narrative Raumentwürfe Bezug nehmen können.

Die erste Bezugsgruppe besteht aus Räumen der außertextuellen Wirklichkeit. Für den Rezipienten ist diese Wirklichkeit in der Regel eine räumliche Alltagswirklichkeit, die sich aus alltäglichem Wissen sowie wissenschaftlichen Erkenntnissen über den Raum zusammensetzt. Da Wirklichkeitskonzepte ihrerseits permanenter Veränderung unterworfen sind, referiert ein Rezipient aus der heutigen Zeit auf eine andere räumliche Alltagswirklichkeit als vorherige Leser- bzw. Hörergenerationen (vgl. Goodman 1978, 20; Zipfel 2001, 75–80). Zur Bestimmung des Realitätsgrades erzählter Räume ist eine Skalierung entlang der beiden Pole *Imagination* und *Realität* sinnvoll. Am einen Ende der Skala befinden sich Texte wie Alfred Döblins *Berlin Alexanderplatz* (1929) oder Wolfgang Koeppens *Der Tod in Rom* (1954), die ein dichtes Netz an Referenzen auf außertextuelle Räume enthalten. Eine Art Zwischenposition nehmen Texte ein, die mit einigen wenigen Bezügen auf reale Räume auskommen. Am anderen Ende der Skala befinden sich Texte, die gar nicht auf Räume außerhalb der Erzählung referieren und in denen hauptsächlich imaginäre Schauplätze beschrieben werden. Fast alle Texte von Franz Kafka zählen zu dieser Gruppe, weil sie keine Toponymika oder andere Formen der Realitätsreferenz enthalten, die dabei helfen könnten, die Handlung im räumlichen Außerhalb des Textes zu verorten – was zusätzlich zu der ständig variierenden Ausdehnung und Entfernung der Räume zur Irritation des Lesers beiträgt. Wichtige Hilfsdisziplinen, um erzählte Räume ins Verhältnis zum Georaum zu setzen und sie in Karten zu verzeichnen, sind die Literaturgeo- und die Literaturkartografie. Im besten Fall ergeben sich aus dem kartografischen Vergleich zwischen realem und erzähltem Raum Erkenntnisse, die über die Ergebnisse der Lektüre hinausgehen (Piatti 2009; Moretti 1997; Piatti und Weber 2006 ff.: http://www.literaturatlas.eu).

Die zweite Bezugsgruppe bilden andere Erzählungen, wobei die Raumreferenzen hinsichtlich ihrer intertextuellen Intensität differenziert werden können (Nünning 2009, 41; zur Skalierung intertextueller Referenzen vgl. Pfister 1985). Einen niedrigen Intensitätsgrad besitzen Referenzen auf stereotypisierte Orte, sogenannte *loci*, die keinem bestimmten Ausgangstext und keiner bestimmten Textgruppe zugeordnet werden können – zu denken wäre hier etwa an das Landschaftsidyll des *locus amoenus*, das sich inzwischen von seinen antiken Ursprüngen in der pastoralen Dichtung gelöst hat. Deutlicher erkennbar sind Referenzen auf Raummuster einer Gattung wie beispielsweise auf die Dichotomie aus phantastischer und realistischer Welt in Texten der phantastischen Literatur. Die größte Intensität bezüglich raumbezogener Referenz liegt dann vor, wenn eine Erzählung auf das individuelle Raummuster oder auf individuelle Teilräume eines einzigen Hypotextes Bezug nimmt wie etwa Friedrich Nicolais kurze Erzählung *Die Freuden des jungen Werthers. Leiden und Freuden Werthers des Mannes* (1775) auf Johann Wolfgang Goethes Briefroman *Die Leiden des jungen Werthers* (1774).

Neben der Selektion können erzählte Teilräume im Hinblick auf ihre Kombination und damit auf ihre Beziehung zueinander untersucht werden, die qualitativer und topografischer Natur sein kann. Mit qualitativer Kombination ist die Unterscheidung von Teilräumen nach den ihnen inhärenten, semantischen Merkmalen gemeint. Anregungen zu semantischen Relationen liefert hier die strukturalistische Raumforschung, zu deren prominentesten Vertretern Jurij Lotman zählt. Lotman nimmt an, dass Erzählungen zum Entwurf eines binären Weltmodells tendieren. Dies wiederum geht auf die anthropologische Grundannahme zurück, dass Menschen die Welt visuell und damit räumlich wahrnehmen und deshalb häufig nicht-räumliche Sachverhalte räumlich modellieren. Die diversen literaturwissenschaftlichen Adaptionen von Lotmans Thesen auf narrative Gattungen und Einzeltexte zeugen davon, wie häufig Narrationen mit Binarismen, um genauer zu sein, mit binär-kontrastiven Zweiteilungen arbeiten, die sich in der Topografie der Diegese in Unterscheidungen wie oben/unten, nah/fern, hoch/tief, außen/innen widerspiegeln. Ein Beispiel wäre die mit den Gegensatzpaaren gesund/krank oder realitätsnah/realitätsfern auflösbare Antinomie zwischen Tal und Bergdorfsanatorium in Thomas Manns *Der Zauberberg* (1924). In der konkreten Analysepraxis scheint es aber wichtig zu sein, die Suche nach Dichotomien nicht absolut zu setzen und nicht-binäre sowie nicht-kontrastive Decodierungen – Korrelation, Permutation, Substitution etc. – zuzulassen.

Zusätzlich zum qualitativen Verhältnis zwischen Teilräumen ist nach der konkreten topografischen Strukturierung der erzählten Welt zu fragen – und damit nach räumlichen Achsen und topografischen Verteilungsmustern. Dabei bietet sich eine Unterscheidung verschiedener Texttopografien entlang der topologischen Organisationsformen *linear, gestaffelt, punktuell* und *polyzentrisch* an (vgl. Piatti 2009, 130). Eine punktuelle Raumordnungsform kennzeichnet etwa den Thesenroman der Aufklärung, dessen Ordnungsmuster „stationenhaft zersplittert" (Engel 1993, 132) ist. Meist werden die Räume dieser Textgruppe, zu der unter anderem Voltaires *Candide* (1759) oder Denis Diderots *Jacques le fataliste et son maître* (1796 posthum veröffentlicht) zählen, nicht ausführlich beschrieben oder genau lokalisiert, sie dienen ebenso wie die Figuren und die rudimentäre Handlung lediglich der satirischen Auseinandersetzung mit gegenwärtigen Verhältnissen. Als linear können hingegen Topografien in Romanen bezeichnet werden, deren Helden eine Veränderung durchleben, die sich räumlich in Form von aneinandergereihten Orten vollzieht. Die Lebensreise wird zu einer Reise im Raum, die Stationen sind nicht zersplittert, sondern stehen in einem semantischen Zusammenhang (z. B. Goethes *Wilhelm Meisters Lehrjahre* [1795/1796] oder Max Frischs *Homo Faber* [1957]). Ein gestaffeltes Raummuster kennzeichnet unter anderem die vielfach in die Tiefe potenzierten, enigmatischen Erzählwelten in Kafkas Texten. Das Schloss aus dem gleichnamigen, 1926 posthum veröffentlichten Roman, in das die Figur K. nur allmählich Einblicke gewinnen kann, besteht aus mehreren Ebenen von Behörden, die hintereinander liegen und von denen K. nur die erste selbst betreten darf. Polyzentrische Raummodelle hingegen konstituieren sich aus mehreren Orten, die zu Handlungszentren werden und dies auch für eine längere Spanne der erzählten Zeit bleiben. Meist entspricht der polyzentrischen Raumordnungsstruktur eine Differenzierung des Figurenpersonals in mehrere Gruppen, die sich zur selben Zeit an verschiedenen Orten der Diegese aufhalten.

Häufig werden die einzelnen Teilräume durch eine Grenze getrennt, die eigentlich erst distinkte räumliche Einheiten erkennbar werden lässt. In Erzählungen können Grenzen als gegebene Größen dargestellt werden, die sich konkret in der narrativen Welt als Demarkationen manifestieren – zu denken wäre etwa an Gebirgs- oder Flussgrenzen sowie an nationale oder regionale Grenzen. Sie können aber auch als konstruierte und unnatürliche Trennungen erscheinen, die es zu überwinden gilt. Entscheidend für die Interpretation ist die Frage nach dem Umgang der Figuren mit den räumlichen Hindernissen und nach der Art und Weise, wie sie diese erleben. Bezogen auf ihre räumliche Ausdehnung können erzählte Grenzen linear sein oder den Charakter eines als Kontaktregion fungierenden Bereichs besitzen. Meist tendieren insbesondere solche Erzählungen zum Entwurf von Grenzen, in denen von Expansions-, Rebellions-, Loslösungs- und Abgrenzungsprozessen erzählt wird.

Narrative Verfahren der Raumdarstellung

Für die Untersuchung der narrativen Vermittlung von raumbezogenen Informationen sind Fragen nach dem Grad an Mittelbarkeit des Raumerzählens, dem Grad an Präsenz der Erzählinstanz, nach dem Wahrnehmungsträger – anonyme Wahrnehmungsinstanz, Erzählinstanz oder Figur – sowie nach der Dauer im Sinne des Verhältnisses von Erzählzeit und erzählter Zeit relevant. Die aus Gérard Genettes narratologischer Taxonomie (Genette 2010 [1972 u. 1983]) bekannte Kategorie der Distanz muss, bezogen auf den Untersuchungsgegenstand des Raums, um die folgenden Formen der Perzeptionswiedergabe erweitert werden, die sich an Kategorien der Gedanken- und Redewiedergabe orientieren: erlebter Eindruck, Wahrnehmungsbericht und Wahrnehmungsmonolog (vgl. Steinberg 1971, Bd. 1, 27–30). Beim erlebten Eindruck handelt es sich in Analogie zur erlebten Rede um eine transponierte, Erzähler- und Figurenstimme zusammenführende Form der Wahrnehmungswiedergabe (z. B.: „Übrigens schien oben auf dem Berg viel weniger Schnee zu sein als hier im Dorf"). Der Wahrnehmungsbericht ist eine Zusammenfassung des Wahrnehmungsaktes mit den Worten und aus der Sicht der Erzählinstanz (z. B.: „Nun sah er oben das Schloß deutlich umrissen"), und der Wahrnehmungsmonolog gibt die Wahrnehmungen der Figuren mit Techniken wieder, die Unmittelbarkeit suggerieren (z. B.: „Jener Turm, bestimmt, ohne Zögern, geradenwegs nach oben sich verjüngend, breitdachig abschließend mit roten Ziegeln, ein irdisches Gebäude – was können wir anderes bauen?") (alle Zit. aus Kafka 2002 [1926], 16–18).

Typische Ausprägungen dieser narratologischen Kategorien lassen sich wiederum in den drei Modi Raumbeschreibung, Raumbericht und Raumkommentar bündeln. Raumbeschreibungen, wie zu Beginn von Theodor Fontanes *Effi Briest* (1894–1895), führen häufig in die erzählte Welt ein:

> In Front des schon seit Kurfürst Georg Wilhelm von der Familie von Briest bewohnten Herrenhauses zu Hohen-Cremmen fiel heller Sonnenschein auf die mittagsstille Dorfstraße, während nach der Park- und Gartenseite hin ein rechtwinklig angebauter Seitenflügel einen breiten Schatten erst auf einen weiß und grün quadrierten Fliesengang und dann über diesen hinaus auf ein großes in seiner Mitte mit einer Sonnenuhr und an seinem Rande mit Canna indica und Rhabarberstauden besetztes Rondell warf. (Fontane 1998 [1894–1895], 5)

In dieser Beschreibung wird nicht von einem einmaligen Ereignis erzählt und die anonyme narrative Instanz, die eventuell identisch mit der Wahrnehmungsinstanz ist, schildert zeitdeckend einen detailreichen Blick auf das Anwesen der Familie Briest. Nicht in allen Raumbeschreibungen werden allerdings Wahrnehmungen erzählt, mitunter erfolgt die raumbezogene Informationsvergabe auch ohne gleichzeitige Erwähnung eines Perzeptionsaktes.

Raumberichte sind im Unterschied zu Raumbeschreibungen an die Schilderung von Ereignissen gebunden und in ihnen wird tendenziell zeitraffend erzählt. Der Modus des Raumkommentars ist tendenziell ereignislos, tendenziell statisch und besitzt im Unterschied zu den beiden anderen Formen eine große Affinität zur Pause in der erzählten Zeit, wobei die narrative Instanz sich kommentierend und bewertend zum Raum äußert.

Ebenfalls zum Bereich der narrativen Raumdarstellung zählt die Beschäftigung mit der raumbezogenen Syntagmatik, die sich in den folgenden Fragen bündeln lässt: In welcher Reihenfolge, Frequenz und Dauer wird von einzelnen Teilräumen erzählt und inwiefern beeinflusst das erzählchronologische Nacheinander die Beziehung der Teilräume zueinander? Eine direkte Aufeinanderfolge von Raumschilderungen kann den Kontrast oder die Korrelation zwischen Teilräumen verstärken. Andererseits kann eine repetitive Schilderung desselben Raums aus verschiedenen Perspektiven Gemeinsamkeiten und Unterschiede in der Welterfassung der Figuren betonen und Hinweise zum fiktionsontologischen Status der erzählten Welt liefern.

Bedeutung des Raumes

Räume erfüllen in Erzählungen potentiell sehr viele verschiedene Funktionen. Sie erzeugen nicht nur einen Realismuseffekt und tragen damit zur Illusionsbildung bei, sie stehen häufig auch in enger Wechselbeziehungen zu den Figuren und der Handlung. Zudem können sie als Träger von Diskursen fungieren und diese entweder bestätigen oder hinterfragen. Folgt man Jurij Lotman, lassen sich Figuren nach dem Grad ihrer Agilität im Raum unterscheiden. Während bewegliche Figuren, von Lotman „Figuren des Weges" genannt, räumliche Grenzen überwinden und von einem räumlich-semantischen Feld ins andere wechseln, verharren die unbeweglichen „Figuren der Steppe" in einem Teilraum und bringen keine Handlung in Gang (Lotman 1974, 202–203).

Des Weiteren lässt sich das Verhältnis zwischen Raum und Figuren unter Bezug auf die Sozialgeografie als Wechselverhältnis von Ordnen und Anordnen beschreiben. Räume basieren demnach einerseits auf der Praxis des Anordnens im Sinne der Leistung wahrnehmend-synthetisierender Verknüpfung sowie der konkreten Platzierung, andererseits geben sie aber zugleich eine gesellschaftliche Ordnung vor. Diese Ordnung, verstanden als gesellschaftliche Struktur, ist sowohl dem Handeln vorgängig als auch Folge des Handelns (vgl. Löw 2009, 63). Übertragen auf die Erzähltextanalyse sind daraus Fragen nach dem Aktivitätsgrad der Figuren im Verhältnis zum Raum ableitbar: Gestalten sie ihr räumliches Umfeld selbst und entsteht so der Eindruck, Raum sei ein veränderbares, von den

Figuren gemachtes Konstrukt, oder haben die Figuren das Gefühl, lediglich im Raum verortet zu werden, ohne selbst etwas verändern und sich aktiv verorten zu können? Charakteristisch für den letzten Typus sind die meisten Figuren in Kafkas Texten, die in der Regel, wie K. im *Schloss* oder Josef K. im *Process* (1925 posthum veröffentlicht), nicht in diejenigen Räume vordringen können, die für sie von besonderer Wichtigkeit sind.

Darüber hinaus kann der Raum als Element der epischen Situation in metonymischer Verbindung zu den Figuren stehen, wenn er in seiner Ausdehnung oder Beschaffenheit indirekt auf Merkmale der Figuren verweist. Er kann auch als Barometer von Stimmungen fungieren, wenn die Art und Weise, wie die Figuren den Raum erleben, zu einem Ausdruck ihrer Befindlichkeiten wird. Mehrere Beispiele hierzu finden sich in Goethes *Die Leiden des jungen Werthers*, wenn Werther die Landschaft in Abhängigkeit von seiner Gemütsverfassung als lieblich oder bedrohlich wahrnimmt. In Abgrenzung davon wird der erzählte Raum dann zu einem Symbol, wenn er unabhängig vom figuralen Erleben eine Handlungs- oder Figurenentwicklung widerspiegelt. Im *Werther* dient die Beschreibung der vom Gewitter heimgesuchten Landschaft als Symbol für die Dramatisierung der Handlung kurz vor Werthers Selbstmord.

Wie insbesondere die literaturwissenschaftliche Forschung jüngeren Datums nachweisen konnte, werden erzählte Räume häufig zu Trägern von Diskursen, wenn sie auf raumbezogene oder nicht-raumbezogene Diskurse ihrer Entstehungszeit verweisen. In Rainer Maria Rilkes *Die Aufzeichnungen des Malte Laurids Brigge* (1910) wird etwa auf die fortschrittskritischen soziologischen Großstadtdiskurse zu Beginn des 20. Jahrhunderts Bezug genommen (Simmel 1995 [1903]), der Stadt Paris aber zugleich ein persönlichkeitsveränderndes Innovationspotential zugesprochen. Und Erzählungen wie Jorge Luis Borges „Aleph" (1949), in der plötzlich ein Raum auftaucht, der angeblich alle Punkte der Welt in sich vereint, stellen traditionelle Containerraumkonzepte durch die Hybridität und Unkonventionalität ihrer Raumentwürfe radikal infrage.

3 Geschichte der narratologischen Raumforschung

Während Arbeiten der frühen, vorstrukturalistischen Erzählforschung dominant an semantischen Aspekten des Raums interessiert waren (z. B. Petsch 1934; Ritter 1975), bemühte sich die strukturalistisch-phänomenologische Raumforschung ab den 1960er Jahren verstärkt um die Typologisierung von räumlichen Einheiten sowie um die Beschreibung raumbezogener Tiefenstrukturen. So unterscheidet

Gerhard Hoffmann (1978) drei verschiedene Raumtypen: den gestimmten Raum, in dem Schauplätze zu Symbolen für figurale oder atmosphärische Stimmungen werden, den Aktionsraum, der dominant durch die in ihm stattfindende Handlung charakterisiert ist, und den Anschauungsraum, der einen panoramatischen Blick auf die Diegese ermöglicht. Neben Jurij Lotmans Arbeiten zur Semiotik erzählter Räume gehört auch Michail Bachtins Chronotopos-Konzept im weitesten Sinn zum Bereich der strukturalistischen Raumnarratologie. Diesem Konzept liegt die These zugrunde, dass es in der außertextuellen Wirklichkeit epochenspezifische raumzeitliche Muster der Welterfassung gibt, die sich in der Konzeption literarischer Raum-Zeit-Modelle spiegeln. Für den Abenteuerroman als Untergattung des griechischen Romans identifiziert Bachtin in den 1930er Jahren etwa den Chronotopos der ‚Abenteuerzeit' und des ‚Abenteuerraums', die den größten Teil der erzählten Zeit und des erzählten Raums ausmachen. Ausgangspunkt der Handlung ist in jenen Romanen zumeist das erste Treffen der Liebenden, den Endpunkt markiert ihre Heirat, dazwischen werden sie mehrfach getrennt und finden erst nach zahlreichen Abenteuern wieder zueinander. Laut Bachtin liegt die Abenteuerzeit als Spanne der Trennung der Liebenden jedoch „außerhalb der biographischen Zeit", da die Figuren keinerlei Veränderungen durchleben. Auch der Abenteuerraum hat keinerlei Spezifität, er ist potentiell beliebig translozierbar und ordnet sich vollständig dem Handlungsmuster unter (Bachtin 2008, 13–14).

Seit der transdisziplinären Proklamation des *spatial turn* durch den Humangeografen Edward Soja (1990) erlebt die literaturwissenschaftliche bzw. erzähltheoretische Raumforschung eine Phase erhöhter Produktivität. Narrative Räume werden unter Rekurs auf die konstruktivistischen Raumtheorien des *spatial turn* nun zunehmend als Repräsentationen kultureller Raumdiskurse verstanden und auf ihr poietisches, die Diskurse beeinflussendes Potential hin untersucht. Erzählungen können dabei realweltliche Raumkonzepte einerseits bestätigen oder andererseits kritisch hinterfragen. Einen raumkritischen literaturwissenschaftlichen Zugang favorisieren etwa der Sammelband von Wolfgang Hallet und Birgit Neumann (2009) und der von Hartmut Böhme (2005). Mit dem Verhältnis zum Außerhalb des Textes beschäftigt sich auch die kognitionswissenschaftliche Raumnarratologie, für die die Annahme leitend ist, dass erzählte Räume eigentlich erst im Zuge des Rezeptionsprozesses entstehen, indem die Leser aus den im Text vergebenen raumbezogenen Informationen und unter Rückgriff auf ihr raumbezogenes Weltwissen ein mentales Raummodell bilden (vgl. Dennerlein 2009; mit stärker empirischem Zugang Ryan 2003).

Raumnarratologische Arbeiten jüngeren Datums liefern unter Bezug auf Methoden der strukturalistischen und der postklassischen Narratologie differenzierte Systematiken und Modelle, um den erzählten Raum auf der Ebene des *dis-*

cours und der *histoire* (vgl. Dennerlein 2009; C. Frank 2017) untersuchen und ins Verhältnis zu anderen Elementen der epischen Situation wie Figuren, Zeit und Handlung setzen zu können (vgl. C. Frank 2017).

4 Desiderata der narratologischen Raumforschung

Bisher noch ein Forschungsdesiderat sind Arbeiten zur historischen Raumnarratologie, die diachrone Veränderungen fiktionaler Raumentwürfe in unterschiedlichen narrativen Genres und unterschiedlichen literaturgeschichtlichen Epochen untersuchen und die, wie von Michail Bachtin in seiner *Chronotopos*-Studie angedacht, nach einzeltextübergreifenden Mustern der Raumdarstellung suchen (vgl. C. Frank 2014). Forschungsbedarf besteht außerdem im Hinblick auf die vielfältigen Möglichkeiten der literaturwissenschaftlichen Raumforschung, an Erkenntnisse der kognitiven Narratologie und der empirischen Leserforschung anzuschließen, sowie im Bereich der transgenerischen Raumnarratologie, die Gemeinsamkeiten und Unterschiede von Raumdarstellungen in Literatur, Film, Comic und Computerspiel beschreibt (vgl. Schüwer 2008; Günzel 2012).

Literaturverzeichnis

Bachtin, Michail M. (2008). *Chronotopos*. Übers. von Michael Dewey, mit einem Nachwort von Michael C. Frank und Kirsten Mahlke. Frankfurt a. M.
Böhme, Hartmut (Hg. 2005). *Topographien der Literatur. Deutsche Literatur im transnationalen Kontext*. Stuttgart/Weimar.
Dennerlein, Katrin (2009). *Narratologie des Raumes*. Berlin.
Dennerlein, Katrin (2011). „Raum". In: M. Martínez (Hg.), *Handbuch Erzählliteratur. Theorie, Analyse, Geschichte*. Stuttgart/Weimar, 158–165.
Engel, Manfred (1993). *Der Roman der Goethezeit*. Bd. 1: *Anfänge in Klassik und Frühromantik. Transzendentale Geschichten*. Stuttgart.
Fludernik, Monika (2008). *Erzähltheorie. Eine Einführung*. 2. durchges. Aufl. Darmstadt.
Fontane, Theodor (1998 [1894–1895]). *Effi Briest*. In: Th. Fontane, *Große Brandenburger Ausgabe. Das erzählerische Werk*. Hg. von G. Erler. Bd. 15. Hg. von Ch. Hehle. Berlin.
Frank, Caroline (2014). „Prolegomena zu einer historischen Raumnarratologie am Beispiel von autodiegetisch erzählten Lebensgeschichten". In: *Diegesis* 3.2. https://www.diegesis.uni-wuppertal.de/index.php/diegesis/article/view/166/219 (28. Mai 2007).
Frank, Caroline (2017). *Raum und Erzählen. Narratologisches Analysemodell und Uwe Tellkamps „Der Turm"*. Würzburg.
Frank, Joseph (1991 [1945]). *The Idea of Spatial Form*. New Brunswick.

Genette, Gérard (2010). *Die Erzählung*. Übers. von Andreas Knop. 3., durchges. und korr. Aufl. Paderborn.
Goodman, Nelson (1978). *Ways of Worldmaking*. Indianapolis.
Günzel, Stephan (2012). *Egoshooter. Das Raumbild des Computerspiels*. Frankfurt a. M.
Hallet, Wolfgang, und Birgit Neumann (Hgg. 2009). *Raum und Bewegung in der Literatur. Die Literaturwissenschaften und der Spatial Turn*. Bielefeld.
Hoffmann, Gerhard (1978). *Raum, Situation, erzählte Wirklichkeit. Poetologische und historische Studien zum englischen und amerikanischen Roman*. Stuttgart.
Kafka, Franz (2002 [1926]). *Das Schloß*. In: F. Kafka, *Schriften, Tagebücher, Briefe. Kritische Ausgabe*. Hg. von J. Born u. a. Bd. 5. Hg. von M. Pasley. Frankfurt a. M.
Lotman, Jurij (1973 [1970]). *Die Struktur des künstlerischen Textes*. Frankfurt a. M.
Lotman, Jurij (1974). „Das Problem des künstlerischen Raums in Gogols Prosa". In: J. Lotman, *Aufsätze zur Theorie und Methodologie der Literatur und Kultur*. Hg. von K. Eimermacher. Kronberg i. Ts., 200–271.
Löw, Martina (2009). *Raumsoziologie*. Frankfurt a. M.
Moretti, Franco (1997). *Atlas des europäischen Romans. Wo die Literatur spielte*. Köln.
Nünning, Ansgar (2009). „Formen und Funktionen literarischer Raumdarstellung: Grundlagen, Ansätze, narratologische Kategorien und neue Perspektiven". In: W. Hallet, B. Neumann (Hgg.), *Raum und Bewegung in der Literatur. Die Literaturwissenschaften und der Spatial Turn*. Bielefeld, 33–52.
Petsch, Robert (1934). *Wesen und Formen der Erzählkunst*. Halle (Saale).
Pfister, Manfred (1985). „Konzepte von Intertextualität". In: M. Pfister, U. Broich (Hgg.), *Intertextualität. Formen, Funktionen, anglistische Fallstudien*. Tübingen, 1–30.
Piatti, Barbara (2009). *Die Geographie der Literatur. Schauplätze, Handlungsräume, Raumphantasien*. Göttingen.
Piatti, Barbara, und Anne-Kathrin Weber (2006 ff.). *Ein literarischer Atlas Europas*. http://www.literaturatlas.eu (28. Mai 2017).
Ritter, Alexander (1975). *Landschaft und Raum in der Erzählkunst*. Darmstadt.
Ryan, Marie-Laure (2003). „Cognitive Maps and the Construction of Narrative Space". In: D. Herman (Hg.), *Narrative Theory and Cognitive Sciences*. Stanford, 214–242.
Ryan, Marie-Laure (2012). „Space". In: P. Hühn et al. (Hgg.), *the living handbook of narratology*. Hamburg. http://www.lhn.uni-hamburg.de/article/space (28. Mai 2017).
Schüwer, Martin (2008). *Wie Comics erzählen. Grundriss einer intermedialen Erzähltheorie der grafischen Literatur*. Trier.
Simmel, Georg (1995 [1903]). „Die Großstädte und das Geistesleben". In: G. Simmel, *Gesamtausgabe in 24 Bänden*. Hg. von O. Rammstedt. Bd. 7: *Aufsätze und Abhandlungen. 1901–1908. Bd. I*. Hg. von R. Kramme, A. Rammstedt, O. Rammstedt. Frankfurt a. M., 116–131.
Soja, Edward (1990). *Postmodern Geographies. The Reassertion of Space in Critical Social Theory*. London.
Steinberg, Günter (1971). *Erlebte Rede. Ihre Eigenart und ihre Formen in neuerer deutscher, französischer und englischer Erzählliteratur*. 2 Bde. Göppingen.
Würzbach, Natascha (2001). „Erzählter Raum. Fiktionaler Baustein, kultureller Sinnträger, Ausdruck der Geschlechterordnung". In: J. Helbig (Hg.), *Erzählen und Erzähltheorie im 20. Jahrhundert. Festschrift für Wilhelm Füger*. Heidelberg, 105–129.
Zipfel, Frank (2001). *Fiktion, Fiktivität, Fiktionalität. Analysen zur Fiktion in der Literatur und zum Fiktionsbegriff in der Literaturwissenschaft*. Berlin.

III.3 Gattungen

Rüdiger Zymner
III.3.1 Narrative Gattungen

1 Einleitende Erläuterungen

Der Beitrag konzentriert sich auf *narrative* Gattungen im Sinne von *erzählenden* Gattungen und nicht im Sinne von *geschehensdarstellenden* oder *storyvermittelnden* Gattungen (vgl. z. B. Korthals 2003). Ausgeschlossen werden somit alle Gattungen, die anders als mithilfe der Allerweltsredetätigkeit des Erzählens (Weber 1998) Geschehnisse oder Geschichten vermitteln, wie etwa das Drama, der Film, Pantomime und Ballett, sogenannte erzählende Bilder und anderes mehr. Neben solchen in einem weiteren Sinne narrativen, aber eben nicht erzählenden Gattungen bleiben außerdem natürlich alle nicht-erzählenden und nichtnarrativen Gattungen unberücksichtigt (wie z. B. Lyrik, Aphorismus, Essay, Spruch, Foto, Porträt etc.).

Erzählen kann mit Weber bestimmt werden als: adressierte, serielle, entfaltend berichtende Rede mit zwei Orientierungszentren über nicht-aktuelle (meist vergangene), zeitlich bestimmte Sachverhalte vonseiten eines Außenstehenden (Weber 1998, 63).

Weiter soll das Erzählen als ein Rede- oder Sprechtypus neben anderen Sprechtypen (wie insbesondere der Mitvollzug von Aktuellem in teichoskopischer Rede oder der Vollzug von Aktuellem in dramatischer Rede, aber auch das Kommentieren, das Beschreiben, das Erörtern, das Werten, die Reflexion, das Vorausdeuten oder das Rückverweisen und andere Formen nicht-erzählender mündlicher Rede) vom Erzählen neben anderen dargestellten Sprechtypen in grafisch repräsentierten *Texten* unterschieden werden. Der Artikel kümmert sich um Gattungen grafisch repräsentierter Sprache, also um Texte und nicht um Rede, für die das (nun schriftsprachlich nachgeahmte oder in Texte transponierte, ,im Erzählwerk dargestellte'; vgl. Schmid 2008, 43) Erzählen im definierten Sinne als charakteristisch betrachtet wird, und hier wiederum um solche Gattungen, die dem Handlungs- und Kommunikationsfeld der Poetrie oder aber demjenigen der Literatur zugerechnet werden können (vgl. Zymner 2013, 11–37). Außerdichterische Erzähltexte, etwa Alltagserzählungen, bleiben also ebenfalls unberücksichtigt, mündliche dichterische Erzähltexte spielen nur in schriftlicher Fixierung eine Rolle.

Der Gesamtbereich der so bestimmten narrativen Texte und Gattungen wird heute häufig mit dem klassifizierenden Ausdruck *Epik* benannt: Fokussiert werden hier somit Gattungen der (schriftlich repräsentierten) Epik.

Wichtig ist dabei die Feststellung, dass zur Epik gezählte Einzeltexte nicht *ausschließlich* aus Erzählen im definierten Sinn bestehen müssen (ebenso wenig wie mündliche Alltagserzählungen), und dass damit die einzelnen Texte, die zu einer bestimmten narrativen Gattung gerechnet werden oder diese konstituieren, auch nicht ausschließlich, Wort für Wort, erzählend sein müssen, ja dies in der Regel auch nicht sind. Bei der Unterscheidung erzählender Gattungen von nicht-erzählenden Gattungen wird das Erzählen allerdings als ein die Einzeltexte übergreifend oder hervorstechend charakterisierendes, genauer: konstitutives oder *notwendiges*, dazu sortierendes Merkmal betrachtet. Daneben kann es aber auch in Texten und Gattungen vorkommen, die gemeinhin als nicht-narrativ aufgefasst werden (wie etwa in der Lyrik) – hier wäre es eben kein gattungscharakterisierendes, kein notwendiges Merkmal, und sogar eines, das einen Einzeltext tendenziell außerhalb des Zentrums der Gattung Lyrik positionierte.

Erzählen ist eine strukturell einfache Rede- und Textform, und man könnte daher allgemein festhalten, dass es aufgrund der strukturellen Einfachheit eigentlich kein gattungsspezifisches Erzählen gibt, wohl aber generisch differenzierbare Erzähltexte als mischende Darstellungen erzählender und nicht-erzählender Redeformen. Zur Bestimmung und Unterscheidung narrativer Gattungen werden dabei in aller Regel weitere Charakteristika neben dem des Erzählens im strukturellen Sinn benannt. Besonders der Umfang des Textes, die ‚Welthaltigkeit' des Mitgeteilten, Fiktionalität oder Faktualität, aber auch Art und Reihenfolge der Informationsvergabe im Text sowie thematische und stilistische Aspekte sind hierbei von Belang. Gelegentlich spielen Variationsmöglichkeiten bei der Ausgestaltung der einzelnen Strukturelemente des Erzählens für die literaturwissenschaftliche Gruppierung innerhalb des Bereiches der Epik zwar eine Rolle (etwa bei der typologischen Unterscheidung zwischen Erzähltexten, in denen der häufig als ‚Erzähler' bezeichnete Außenstehende über nichtaktuelle Sachverhalte ‚spricht', die ihn selbst betreffen – allgemein: Ich-Erzählung –, und solchen, bei denen das dargestellte Erzählen andere betrifft – allgemein: Er-Erzählungen), solche Varianten des Erzählens werden aber so gut wie gar nicht zur Definition von narrativen Gattungen herangezogen.

Die Bestimmung und die Unterscheidung von Gattungen ist eine von mehreren Möglichkeiten, die unübersichtliche Welt der Poetrie und der Literatur zu ordnen. Gattungen sind konstituierte Sammelkategorien unterschiedlichen Allgemeinheitsgrades (wie z. B. Epik, Roman, Versroman, Liebesroman etc.). Im Prinzip ist jede dieser Sammelkategorien koordinierbar und subordinierbar. Dadurch lassen sich wiederum unterschiedliche systematische Zusammenhänge von Gattungen bilden (wie vor allem die Nebenordnung von Gattungen in einer Aufzählung oder die hierarchisierende Ordnung in einem ‚Stammbaum' oder die gradierende Ordnung in einem Typenkreis). Gattungssysteme der Poetrie und solche der Literatur entsprechen dabei aber aus mehreren Gründen nicht der Klassifikation biologischer Gattungen (vgl. Strube 1993, 56) – insbesondere, weil Gattungen in Poetrie und Literatur unscharfe und keineswegs trennscharf voneinander abgegrenzte mentale Schemata sind, deren Systematisierung mehr mit biologischen Wahrnehmungsdispositionen des Menschen und kulturell eingespielten sozialen Praktiken als mit Logik oder den Regeln der Evolution zu tun hat.

Gattungen kann man nicht anfassen oder sehen, sie sind nirgendwo zu finden oder irgendwo (etwa in einem Reich der Ideen) vorgegeben. Vielmehr ‚begegnen' sie uns einerseits als Normen der Kommunikation (vor allem in Poetiken, Ästhetiken, Sachlexika oder allgemein Texten über Gattungen, aber auch in Gesprächen, in denen man sich über Sachverhalte verständigen will oder muss) und andererseits in Exemplifikationen *von* Normen der Kommunikation bzw. Exemplifikationen *für* Normen der Kommunikation (also in einzelnen Texten, mit denen Normen der Kommunikation illustriert werden oder anhand deren sie überhaupt erst entwickelt werden; vgl. Fowler 1982; Zymner 2003, 2010; Michler 2015). Je nach theoretischem Hintergrund, je nach dem Textkorpus, das einem vor Augen steht, und je nach der Funktion in einem pragmatischem Kontext können Gattungen mithilfe unterschiedlicher Definitionsformen (*Genus-differentia*-Definition, Explikation, Realdefinition etc.) und unterschiedlicher Begriffstypen (univoke Begriffe, paronyme Begriffe, Familienähnlichkeitsbegriffe usw.) bestimmt werden.

Es gibt nicht *die* richtige Definitionsform oder *den* richtigen Begriffstyp bei der Normierung von Gattungsbegriffen (und damit auch nicht eine und nur diese eine ‚richtige' Definition einer Gattung), wohl aber Konventionalisierung und Vergesellschaftung von bestimmten Gattungsbegriffen und Gattungssystematisierungen. Die Konventionalisierung und die Vergesellschaftung von Gattungsbegriffen und -systematisierungen ist eine Frage ihrer Zweckmäßigkeit und ihrer Plausibilität, dazu eine Frage der geltenden Diskursmechanismen, der Herausbildung und Etablierung von Traditionen oder auch der wissenschaftlichen Schulbildungen. Die Konventionalisierung und Vergesellschaftung von Gattungsbegriffen, die einerseits vor Willkür oder Beliebigkeit schützen und andererseits Gattungen historisch-sozial stabilisieren, können schließlich auch den Effekt haben, dass Gattungen nicht mehr als theorie-, paradigmen- und subjektabhängige, kulturell und historisch relative Konstrukte gesehen, sondern sogar für sozusagen objektive Gegebenheiten der unübersichtlichen Welt der Poetrie und der Literatur gehalten werden. Das ist freilich eine Täuschung, vor der die Gattungsforschung schützen kann.

2 Hauptaspekte des Themas

Das *Handbuch der literarischen Gattungen* verzeichnet und behandelt insgesamt 31 zentrale Gattungen im Bereich der Epik – angefangen beim Abenteuerroman, über Biografie, Epos und Fabel, weiter über Kurzgeschichte, Märchen und Novelle, bis zu Roman, Sage und Utopie (vgl. Lamping 2009, 763–764). Als *zentral* können diese Gattungen besonders wegen ihres literarhistorischen Vorkommens über Epochen und Einzelliteraturen der zusammenfassend westlich-abendländischen Literatur hinweg bezeichnet werden. Es werden, so Lamping, „international verbreitete Gattungen aus der westlichen Weltliteratur seit der Antike" dargestellt, wobei ein Akzent auf der europäischen und innerhalb der europäischen auf der deutschen Literatur liege (Lamping 2009, XXIV). Lampings *Handbuch* gibt damit gleichzeitig einen Überblick über die heute literaturwissenschaftlich und in mehreren einzelphilologischen Literaturwissenschaften aus unterschiedlichen Gründen relevantesten epischen Gattungen, nicht jedoch über *alle* epischen Gattungen der Poetrie und der Literatur. Zahlreiche, ja vermutlich sogar die allermeisten narrativen Gattungen finden keine Erwähnung – weder das Maere noch die Paramythie, weder *short short story* noch *urban legend*, weder *Chanson de toile* noch *Lai narratif*. Aus rein praktischen Gründen kann dies auch hier nicht geleistet werden, die Darstellung muss sich sogar auf nur wenige der von Lamping als zentral betrachteten Gattungen beschränken.

Man kann hierbei zunächst einmal das Material in erster Linie nach dem Umfangskriterium ordnen und narrative Gattungen mit einem großen Textumfang der Einzeltexte von solchen mit einem geringen Textumfang der Einzeltexte und dazwischen angesiedelten Gattungen mit mittellangen Einzeltexten voneinander unterscheiden. Es handelt sich erkennbar um eine unscharfe, gradierende Einteilung, aber vielleicht kann man als deren äußere Pole Epos und Roman einerseits und die Kurzgeschichte andererseits betrachten. Das Spektrum der berücksichtigten narrativen Gattungen umfasst denn auch Epos und Roman als Gattungen mit prototypisch umfangreichen Texten, Novelle und Erzählung (im generisch spezifischen Sinn) als Gattungen mit prototypisch mittellangen Texten sowie Märchen und Kurzgeschichte als Gattungen mit prototypisch kurzen Texten. Kritische Übergangsbereiche innerhalb dieses gleitenden Kontinuums von langen zu kurzen Formen werden von sogenannten Kurzromanen (wie Margaret Rumer Goddens *The River*, 1946, Arno Schmidts *Aus dem Leben eines Fauns*, 1953, oder dessen *Die Gelehrtenrepublik*, 1957) und romanlangen Novellen (wie Henry James' *The Turn of the Screw*, 1898) oder Günter Grass' *Im Krebsgang*, 2002) oder auch von kurzgeschichtenlangen Erzählungen und Märchen und novellenlangen Kurzgeschichten gebildet.

3 Narrative Gattungen in historischer Perspektive

Epos

Das Epos ist sicherlich diejenige narrative Gattung, der in der abendländischen Geschichte der Poetrie und der Literatur seit der griechischen Antike sowohl die größte wie auch die anhaltendste Wertschätzung entgegengebracht worden ist. Erst seit dem Ende des 18. Jahrhunderts wurde es durch den Roman von seiner Position als dichterische Leitgattung verdrängt. Unter einem Epos versteht man heute „eine narrative Großform in Versen"; der Begriff bezeichne „eine erzählende Versdichtung gehobenen Anspruchs und größeren Umfangs" (Essen 2009, 204). Die ältesten Einzeltexte, die unter eine solche weite Bestimmung fallen, treffen wir in den altorientalischen Kulturen an (etwa im Falle des sogenannten *Gilgameš-Epos*, ca. 1800 v. Chr.). Auch außerhalb des westlich-abendländischen Kulturkreises stoßen wir schon früh auf Epen (wie beispielsweise auf die Sanskrit-Epen *Mahābhārata*, 5. Jh. v. Chr., und *Rāmāyaṇa*, 4./3. Jh. v. Chr.; vgl. hierzu Foley 2005). Die Geschichte des Epos in der westlich-abendländischen Dichtkunst beginnt jedoch mit *Ilias* und *Odyssee* des Homer, ca. 8. Jahrhundert v. Chr. Die beiden Texte mit einem Umfang von 15.693 und 12.200 Versen, deren kanonische Fassungen im 3. Jahrhundert v. Chr. von Philologen der Bibliothek von Alexandria erstellt wurden, sind in der Folge zu europa- und weltweit wirksamen Mustern der Gattung Epos geworden. Beide Texte weisen wichtige Merkmale des Epos der Antike auf, vor allem die fortlaufende Verwendung hexametrischer Verse, das Fehlen einer strophischen Gliederung, die Gliederung der Texte nach ‚Büchern' oder ‚Gesängen' (jeweils 24 ‚Bücher' bei *Ilias* und *Odyssee*), die Verwendung typischer Formulierungsmodule (wiederkehrende Epitheta, formelhafte Wendungen, Gleichnisse, Kataloge, Ekphrasen) sowie nicht zuletzt die intensive Gestaltung dramatischer Rede und direkter Figurenrede: „In der *Ilias* [...] fallen ca. 45 %, in der *Odyssee* [...] ca. 67 % des Textes auf direkte Reden" (Tilg 2011, 169; vgl. auch Latacz 1998, 13). Charakteristisch ist außerdem der erhabene, historisch-politisch relevante und mit den Heldentaten einer adligen Führungsschicht verbundene Gegenstand beider Epen, der überdies in einer stilisiert feierlichen Sprache behandelt wird, sowie die vielfache Verbindung der ‚Menschenwelt' mit einer ‚Götterwelt' und die alle menschlichen Handlungen beeinflussende Existenz eines ‚Götterapparates'.

Die gattungstheoretische Reflexion setzt in der griechischen Antike ein (vgl. Koster 1970). Generell wurden mit dem altgriechischen Wort *épos* (Wort, Ausdruck) Dichtungen in Hexametern bezeichnet, neben narrativen Texten fällt auch eine Vielzahl nicht-erzählender Texte wie das Lehrgedicht unter diese altgriechische Bezeichnung. Bei Herodot (*Historien* 7, 143; 4, 29) wird der Plural *épe* zur Bezeichnung des heroischen Liedes und des Versepos im engeren Sinn verwendet. In der *Poetik* des Aristoteles (384–322 v. Chr.) findet sich gattungstheoretisch spezifizierend ein Vergleich zwischen Epos und Tragödie, bei dem Parallelen in der Gestaltung des Mythos/der Fabel betont werden, aber auch, dass die *mimēsis* des Epos im Unterschied zu der der Tragödie berichtend (*dihēgematikés*) sei (*Poetik* 1459a). Aristoteles verwendet hier zur Bezeichnung der Epik den Ausdruck *épopoiía* (*Poetik* 1447a), auf den spätere Gattungsbezeichnungen für das Epos wie die französische *épopée* oder die deutsche *Epopöe* zurückgeführt werden können. Der Gattungsname *Epos* wird erst seit dem ausgehenden 18. Jahrhundert im Deutschen verwendet. Die Theorie des Epos führt über Bemerkungen bei Horaz, Cicero und Quintilian zunächst bis zu Julius Cäsar Scaligers *Poetices libri septem* (1561). Scaliger fasst mit großem Einfluss auf deutsche und französische Poetiken das dichtungstheoretische Denken der Renaissance zusammen und betrachtet „jene Form der Epik, in der wir Geschlecht, Leben und Taten von Helden beschreiben", als die „hervorragendste", weshalb nach ihrem Vorbild „die übrigen Teile der Dichtkunst ausgerichtet werden" sollen (Scaliger 1994–2011 [1561], Bd. III, 21). Die Theorie des Epos erreicht über weitere Stationen Hegel, genauer: dessen *Vorlesungen über die Ästhetik* aus den 1820er Jahren. Hier bestimmt Hegel das Epos als Form der Objektivität und der Totalität, das einem archaisch-heroischen Weltzustand angehöre (Hegel 1986 [1832–1845], 330–415). Dieser poetische Weltzustand sei in der Moderne nicht mehr gegeben, so dass nun das Epos durch den Roman als „moderne bürgerliche Epopöe" (Hegel 1986 [1832–1845], 392) abgelöst werde. Zuvor hatte bereits Friedrich von Blanckenburg in seinem *Versuch über den Roman* (1774) den Roman als modernes Äquivalent des Epos betrachtet. Spuren dieser geschichtsphilosophisch-ästhetischen Position lassen sich mindestens bis zu Georg Lukács' *Theorie des Romans* (1916) nachweisen.

Epen in griechischer Sprache werden von den gattungsbegründenden Epen Homers bis ins 5. Jahrhundert n. Chr. geschrieben. Die römische Epen-Tradition beginnt mit der Übersetzung der *Odyssee* durch Livius Andronicus im 3. Jahrhundert v. Chr. und führt einerseits zu der *Aeneis* (29–19 v. Chr.) des Vergil als dem über einzelne Dichtungskulturen hinweg wirkungsmächtigsten Epos nach *Ilias* und *Odyssee*, und andererseits zu den *Metamorphosen* (2–8 n. Chr.) des Ovid als einem nicht minder wirkungsmächtigen, nun aber episodisch strukturierten epischen Großtext, der u.a als Vorläufer frühneuzeitlicher Novellensammlungen gesehen werden kann. Eine Geschichte des Epos ließe sich weiter über die – eigenständige – germanische und romanische Heldenepik (*Beowulf*, *Edda*, *Nibelungenlied*, *Chanson de Roland*, *Poema del Cid*), über die Renaissance-Epik (z. B. Francesco Petrarca, *Africa*, 1338; Ludovico Ariost, *Orlando furioso*, 1516, 1532; Torquato Tasso, *La Gerusalemme liberata*, 1570–1575; Luís Vaz de Camões, *Lusíadas*,

1572) und die religiöse Epik der Frühen Neuzeit (u. a. John Milton, *Paradise Lost*, 1667; Friedrich Gottlieb Klopstock, *Der Messias*, 1748) bis zur Nationalepik des 19. Jahrhunderts (u. a. Adam Mickiewicz, *Pan Tadeusz*, 1834; Aleksandr Puškin, *Mednyj Vsadnik*, 1837) und der neuen Epik des 20. Jahrhunderts (Ezra Pound, *Cantos*, 1915–1919; Derek Walcott, *Omeros*, 1990) verfolgen. Dabei könnten zahlreiche Spielarten bzw. literaturwissenschaftliche Subgenres des Epos voneinander unterschieden werden – neben dem Heldenepos z. B. das Bibelepos, das Tierepos, das Nationalepos, das komische Epos, das satirische Epos, das kleine Epos, das Rokoko-Epos, das Idyllenepos und anderes mehr.

Roman

Von den Anfängen jedenfalls der abendländischen Dichtung an scheint die Gattung Epos von der des Romans begleitet worden zu sein, auch wenn es in der griechischen und römischen Antike weder einen Gattungsnamen für den Roman noch eingehendere gattungstheoretische Reflexionen über dieses Genre der Epik gegeben hat. Der Roman hat das Epos schließlich als Leitgattung abgelöst, er ist insbesondere eine Leitgattung der modernen, sich seit dem ausgehenden 18. Jahrhundert herausbildenden Literatur, deren verwickelte Vielfalt selbst wiederum häufig in Literaturkritik, -didaktik und -wissenschaft auf den Roman reduziert wird. Das hängt womöglich auch mit der generischen Weite dieser narrativen Gattung zusammen, die wie kaum eine andere die Erwartungen an Erzählwerke im Zeitalter der technischen Reproduzierbarkeit und globalisierten Vermarktung zu erfüllen vermag und unterschiedlichste Leserbedürfnisse moderner Gesellschaften in zahlreichen, häufig einander kreuzenden Genres zu befriedigen scheint (als Liebesroman oder auch als dystopischer Roman, als Poproman oder als Kriminalroman, als Abenteuerroman, als Entwicklungs- und Bildungsroman, als maritimer Roman, als experimenteller Roman, als Heimatroman und als Migrationsroman, als Historischer Roman oder als zeitgenössischer Gesellschaftsroman, als Fantasyroman, als Porno oder als Familienroman usw.).

Generell könne der Roman „definiert werden als eine längere Erzählung in Prosa, die in der Regel als ein Buch, manchmal auch in mehreren Bänden, veröffentlicht wird" (Fludernik 2009, 627). Zu den generischen Normen der Gattung Roman gehört außerdem, dass es sich um eine fiktionale Erzählung handelt, deren ‚Welt' lediglich fiktiv, also übergreifend ausgedacht oder erfunden ist (zum Problem der Fiktionalität vgl. Klauk und Köppe 2014). Die genannten Kriterien – Länge, Erzählung, Prosa, Fiktionalität – umspielen einen Gattungsbegriff allerdings mehr, als dass sie ihn scharf umreißen. Hinreichend deutlich wird zwar, dass prototypische Romane eben keine kurzen Texte sein sollten, sich als Erzählungen von prototypisch nicht-erzählenden Gattungen in Lyrik und Dramatik unterscheiden und typischerweise durch die Prosaform von Verstexten abgegrenzt werden können sollten. Schließlich deutet das Kriterium der Fiktionalität darauf hin, dass Romane eben nicht mit ‚Wirklichkeitserzählungen' (wie historiografischen Darstellungen, Biografien, Autobiografien etc.) zu verwechseln sein sollten. Was aber eine ‚längere' Erzählung ist (Forster [1927, 17] spricht von mehr als 50.000 Wörtern) und was nicht, ist umstritten; ebenso wenig bestimmt ist, inwiefern der Roman als längere ‚Erzählung' auch tatsächlich erzählen muss (und nicht vielmehr überwiegend oder vollständig aus der Darstellung nicht-erzählender Rede bestehen kann). Das Prosakriterium stellt auch keine wirkliche Grenzmarkierung dar, können doch viele Beispiele der sogenannten *novel in verse* (wie Vikram Seths *The Golden Gate* von 1986 oder auch Christoph Ransmayrs *Der fliegende Berg* von 2006, aber auch z. B. schon der mittelalterliche höfische Roman) als Genres des Romans und nicht als solche des Epos betrachtet werden. Schließlich ist auch das Kriterium der Fiktionalität so unscharf, dass selbst ‚faktuale' *faction novels* oder *non-fiction novels* der Gattung Roman zugerechnet werden (vgl. Zipfel 2009). Die ohnehin weiten generischen Kriterien sind im Fall des Romans also im Grunde jederzeit bis zu ihrem polaren oder gar kontradiktorischen Gegenteil dehnbar – was die Gattungsbezeichnung ‚Roman'/‚roman'/‚novel' etc. zu einem lediglich vage orientierenden terminologischen Joker im zeitgenössischen literarischen Feld werden lässt, der signalisiert, dass es in dem mehr oder weniger umfangreichen Text um eine ‚Geschichte', einen interessanten ‚Fall', vielleicht sogar um *ein* ‚Schicksal' (nicht aber um *das* Schicksal) geht.

Der Roman ist, anders als das Epos, keine Gattung, die bereits in antiken oder frühneuzeitlichen Poetiken, Grammatiken oder Rhetoriken normiert worden wäre. Überlegungen zur Theorie des Romans werden relativ spät greifbar (vgl. Steinecke und Wahrenburg 1999; Lämmert 1992). Nach Ansätzen in Prologen mittelalterlicher Versromane und solchen mit Blick auf den Prosaroman des 15. und 16. Jahrhunderts bietet eigentlich erst der *Traité de l'origine des romans* (1670) von Pierre Daniel Huet umfangreichere Ausführungen zur Gattung. Huet bezeichnet Romane hier als „des fictions d'aventures amoureuses, écrites en Prose avec art, pour le plaisir & l'instruction des Lecteurs" (Huet 1966 [1670], 4f.; erfundene Geschichten über Liebesabenteuer in kunstvoller Prosa, zur Freude und zur Belehrung der Leser). Er skizziert außerdem eine erste Darstellung der Gattungsgeschichte, die ihn bis zu Heliodors *Aithiopiká* zurückführt. Fast gleichzeitig mit Huet befasst sich Charles Sorel in *De la conoissance des bons livres* (1671) mit dem komischen oder niederen Roman, im Vorwort zu William Congreves *Incognita* (1692) ist wenig später der Ausdruck ‚novel' als englische Bezeichnung für den Roman belegt. Unter dem Titel „Discours von dem Ursprunge der Romanen" tauchen Huets Gattungsbestimmung und Gattungsgeschichte 1682 in Eberhard

Werner Happels Roman *Der insulanische Mandorell* und damit in der deutschen Literatur auf, aber erst Friedrich von Blanckenburgs *Versuch über den Roman* von 1774 kann als die erste selbstständige deutschsprachige Gattungsreflexion bezeichnet werden. Seit dem ausgehenden 18. Jahrhundert und dem beginnenden 19. Jahrhundert schenkt man der Theorie des Romans – einhergehend mit der explosionsartigen Verbreitung und der autoren- wie leserseitigen Beliebtheit der Gattung – verstärkte Aufmerksamkeit, und zwar vor allem in Autorenpoetiken der Romanschriftsteller und -schriftstellerinnen selbst sowie in philosophischen Ästhetiken (prototypisch die ‚Ästhetik' Hegels). Erst seit dem Beginn des 20. Jahrhunderts stößt man auch auf wissenschaftliche Romantheorien (z. B. bei Lubbock, Lugowski, Bachtin, Eco), die allerdings vielfach zugleich als Beiträge zur Narratologie verstanden werden müssen.

Erste Belege für den europäischen Roman finden sich im Hellenismus. Aus der Zeit zwischen dem 2. Jahrhundert v. Chr. und dem 4. Jahrhundert n. Chr. ist ein Textkorpus von insgesamt 18, teils nur fragmentarisch erhaltenen, teils lediglich aus Inhaltsangaben bekannten Romanen überliefert. Die Gattungszugehörigkeit wird hier nicht durch einen gemeinsamen Gattungsnamen angezeigt, wohl aber lässt sie sich inhaltlich (‚erfundene Liebes- und Abenteuergeschichten') und formal (Prosa) begründen. Zudem kann man Typen des Romans voneinander unterscheiden, nämlich den idealisierenden, ‚hohen' Roman einerseits (einflussreichster Vertreter: die *Aithiopiká* des Heliodor, ca. 3. Jh. n. Chr.; außerdem Longos' *Lesbiaka*, 2./3. Jh. n. Chr., Begründung des Schäferromans) und andererseits den komisch-realistischen, ‚niedrigen' Roman (Petronius' *Satyrikon*, ca. 65 n. Chr.; Apuleius' *Metamorphosen/‚Der goldene Esel'*, 2. Jh. n. Chr.). Eine Geschichte der Gattung Roman könnte in ersten Schritten von hier aus über die Prosaauflösung der mittelalterlichen Verserzählungen (*Prosa-Lancelot*, ca. 1230) und die von hierher sich herausbildenden Ritterromane (besonders: Garci Rodríguez de Montalvos *Amadís de Gaula*, 1508) sowie frühe Vertreter des Pikaroromans (der anonyme *Lazarillo de Tormes*, 1554; Mateo Alémán, *Guzmán de Alfarache*, 1599; vgl. Jacobs 1998; Bauer 1994) bis zu Miguel de Cervantes' ‚ritterbuchkritischen' und poetologisch reflexiven *Don Quijote* (1605/1615) führen – in vielerlei Hinsicht der erste moderne Roman. Weitere generische Spielarten des Romans streifend, wie die des deutschen Barockromans (Schelmenroman, Historischer Roman, Schäferroman, politischer Roman, galanter Roman), des Romans im französischen Klassizismus (z. B. *roman courtois*) und in der englischen Literatur (frühe Briefromane), könnte sich die Geschichte der Gattung zu den europäischen Briefromanen, Robinsonaden, empfindsamen, humoristischen, satirischen und philosophischen Romanen, Entwicklungs- und Bildungsromanen des 18. Jahrhunderts fortbewegen und einen generischen Höhepunkt in den Schauerromanen, den regionalen Romanen und den Historischen Romanen in der Zeit der Wende vom 18. zum 19. Jahrhundert sehen. Die nächsten Etappen würden über den Gesellschaftsroman, den Historischen Roman oder auch den Sozialroman des 19. Jahrhunderts zum modernen Roman als ‚Spielfeld der Möglichkeiten' (vgl. Petersen 1991) vor allem in der ersten Hälfte des 20. Jahrhunderts und zum experimentellen Roman vor allem in der zweiten Hälfte des 20. Jahrhunderts führen, und schließen könnte die Geschichte des Romans mit der Feststellung einer nahezu unüberschaubaren Vielfalt an Genres des Romans im 21. Jahrhundert.

Novelle

Eine solche Geschichte des Romans müsste sich womöglich auch mit der Abgrenzung des Romans von narrativen Gattungen mittleren Umfangs wie namentlich mit der Novelle und mit der Erzählung beschäftigen. Das *Handbuch literarischer Gattungen* definiert die Novelle als einen literarischen „Erzähltext mittlerer Länge, der in der Regel eine musterhafte Geschichte mit einem zentralen Geschehensmoment" (Kindt 2009, 540) schildere. Auch hier macht das vage Umfangskriterium den Gattungsbegriff unscharf, so dass man die Novelle deutlicher auch als narrative Gattung „von dehnbarem Umfang" definieren kann, zu der Texte „vom fünfzeiligen Witzwort [...] bis zu E. S. Piccolominis ‚Euryalus und Lucrezia' im Umfang eines kurzen Romans" gezählt werden (Thomé und Wehle 2000, 726). Daneben gebe es aber auch einen Novellenbegriff, unter den nahezu jede Erzählung mittlerer Länge (in der Regel in Prosa) mit literarischem Anspruch subsumiert werden kann (Thomé und Wehle 2000, 726). Das Stichwort ‚literarisch' deutet darauf hin, dass die Novelle zumeist als eine durch Fiktionalität charakterisierte Gattung betrachtet wird. ‚Literarisch' kann aber auch einfach ‚poetische Gestaltung' meinen, so dass nicht-fiktionale Erzählungen – etwa Gerichtsreportagen (z. B. Gisela Friedrichsens *„Ich bin doch kein Mörder"*, 2004), journalistische ‚Fallgeschichten' usw. – ebenfalls als Novellen bezeichnet werden können.

Die Novelle ist ebenso wenig eine kanonische, etwa in Poetiken, Rhetoriken oder Grammatiken normierte Gattung wie der Roman, und ebenso wenig wie bei der Konstituierung des Gattungsbegriffes des Romans sind die genannten definierenden Kriterien des Novellenbegriffs einzeln oder gemeinsam disjunkt. Immerhin können im Fall der Novelle noch weitere typische Merkmale genannt werden, die die Bestimmung der Novelle erleichtern mögen. So ist die prototypische Novelle einsträngig, Novellen lassen überdies häufig den Anspruch erkennen, einen exemplarischen Fall darzustellen, und häufig werden Novellen in Novellenzyklen präsentiert. So etwas wie eine Theorie der Novelle entwickelt sich eigentlich erst seit dem 18. Jahrhundert. Christoph Martin Wieland bestimmt in seinem Roman *Die Abenteuer des Don Sylvio von Rosalva* (1772) die Novelle folgendermaßen: „Novellen werden vorzüglich eine Art von Erzählungen genannt, welche sich von den großen Romanen durch Simplicität des Plans und den kleinen Umfang der Fabel unterscheiden." (Wieland 1984 [1772], 18) Die von Novellen-Autoren vorangetriebene Novellentheorie um 1800 und im 19. Jahrhundert konzentriert sich im Anschluss an Goethes Bemerkung von der ‚unerhörten Begebenheit' (Goethe zu Eckermann, 29. 1. 1827) vor allem auf das charakteristische Mittelpunktsereignis bzw. das betonte Geschehensmoment, zudem wird die Novelle im Hinblick auf ihren ereignisorientierten Handlungsaufbau häufig mit dem Drama verglichen und z. B. von Theodor Storm sogar als „Schwester des Dramas" (Storm 1970 [1881]) bezeichnet. Wichtige Impulse geben Paul Heyses Ausführungen zur Funktion des veranschaulichenden Symbols in der Novelle, des sogenannten Falken-Motivs (Heyse 1970 [1871]). Auch im Fall der Novelle setzt erst im 20. Jahrhundert eine literaturwissenschaftlich Reflexion der Gattung mit unterschiedlichen Definitionsversuchen ein (exemplarisch analysiert bei Strube 1993), die freilich in jüngeren Beiträgen zu Zweifeln an der Möglichkeit einer generischen Bestimmung der Novelle (vgl. etwa Rath 2000) oder zu dem Vorschlag führen, besser nur noch von ‚Erzählung mittlerer Länge' statt von ‚Novellen' zu sprechen (Thomé und Wehle 2000, 730).

Ungeachtet der problematischen begrifflichen Kontur der Novelle werden in der Forschung doch Grundzüge einer Geschichte der Gattung skizziert. Diese Geschichte setzt ein mit der ältesten Sammlung novellenartiger Texte, *Il novellino* (entstanden ab ca. 1280). Das anonyme ‚Novellenbüchlein', dessen älteste überlieferte Handschrift aus dem 14. Jahrhundert und dessen ältester Druck von 1525 stammen, enthält einhundert ‚Erzähltexte'. Stofflich und formal gehören sie in den Kontext älterer volkssprachlicher Erzähltraditionen, in den unmittelbaren Gattungskontext dieser häufig schwankhaften, häufig belehrenden kürzeren Erzähltexte in Prosa gehören andere kürzere Erzählformen wie das Maere oder auch das *Fabliau*. Einige der Texte in *Il novellino* lassen sich wegen ihrer Konzentration auf einen besonderen Fall allerdings schon als regelrechte Novellen im engeren Sinn des Gattungsbegriffes betrachten. Der zyklisch organisierte, auf Unterhaltung ausgerichtete und menschliches Verhalten als Kasus in den Mittelpunkt der Erzählung rückende moderne Typus wird durch Giovanni Boccaccios *Decamerone* (1348/1349–1353) generisch vorbildlich. Zur an Boccaccio orientierten Novellenpraxis gehört auch, dass die Novelle als eine gesellige Form gestaltet wird, die ‚Grenzen und Lizenzen' menschlichen Handelns mit prinzipiellem Anspruch auf Glaubwürdigkeit oder Faktenwahrheit im sachlich-schmucklosen Stil (*genus humilis*) darbietet und dabei die Gesellschaftsfähigkeit des Erzählenden belegt. Typische (und in den Rahmengeschichten der Novellensammlungen geschilderte) Erzählkontexte sind die Reisegesellschaft, das Zechgelage oder auch die Pilgergruppe. Besonders für die internationale Novellistik bis ins 18. Jahrhundert hinein ist die Rahmenerzählung, die den geselligen Kontext des Erzählens modelliert, konstitutiv. Man findet sie in Geoffrey Chaucers *The Canterbury Tales* (entstanden um 1380; erschienen ca. 1478) ebenso wie in den deutschsprachigen Erzählsammlungen des 16. Jahrhunderts, z. B. in Georg Wickrams *Rollwagenbüchlein* (1555), Jakob Freys *Gartengesellschaft* (1556) oder auch in Martin Montanus' *Wegkürtzer* (1558 ff.). An das Gattungskriterium der (geselligen) Rahmung knüpft noch Christoph Martin Wieland zur Unterscheidung der Novelle von Märchen und Wundergeschichte an (*Hexameron von Rosenhain* [1805]); auch in Goethes *Unterhaltungen deutscher Ausgewanderten* (1795) ist es zu erkennen. Für Cervantes *Novelas ejemplares* (1612) ist wenigstens die zyklische Konstruktion ebenso leitend wie für E. T. A. Hoffmanns *Serapionsbrüder* (1819–1821), für Gottfried Kellers *Sinngedicht* (1881) oder Alfred Döblins *Hamlet* (1956). Novellen können daneben aber auch z. B. als alleinstehende Einzeltexte in einer Textfolge konzipiert sein (E. T. A. Hoffmanns *Nachtstücke*, 1814–1817; Adalbert Stifters *Studien*, 1840–1850, und seine *Bunten Steine*, 1843–1853; Gottfried Kellers *Die Leute von Seldwyla*, 1856–1874). Sie können überdies als isolierte Einzelnovellen erscheinen (wie bei Heinrich von Kleist, bei Goethes *Novelle* und noch bei Günter Grass' *Im Krebsgang. Eine Novelle*) oder auch in Romane eingebettet sein (wie in Goethes *Wahlverwandtschaften* und in *Wilhelm Meisters Wanderjahren*). Die Novelle kann als eine zentrale Gattung des 19. Jahrhunderts beschrieben werden, die in der deutschsprachigen Literatur ebenso wie in der französischen und russischen, der schwedischen und dänischen Literatur gepflegt wird. Neben sozusagen traditionellen Novellen wie Patrick Süskinds *Die Taube* (1987), Siegfried Lenz' *Schweigeminute* (2008) oder Jonas Lüschers *Frühling der Barbaren. Novelle* (2013) treten im 20. Jahrhundert und in der Gegenwart Erzähltexte, die die Möglichkeiten der Novelle erproben und in unterschiedlicher Weise mit der Gattung experimentieren (vgl. hierzu Tholen 2008) – exemplarisch zu nennen wären hier etwa Texte wie Arthur Schnitzlers *Lieutnant Gustl* (1900/1901) oder Franz Kafkas *Die Verwandlung* (1915), Martin Walsers *Ein fliehendes Pferd* (1978), Robert Gernhardts kleine Sammlung *Lug und Trug* (1991) oder Helmut Kraussers *Schmerznovelle* (2001) und Katja Petrowkajas *Vielleicht Esther* (2014). Solche modernen Novellen bestärken und plausibilisieren jedoch vielfach den literaturwissenschaftlichen Vorschlag, auf den Begriff der Novelle zu verzichten und nur noch von ‚Erzählungen' zu sprechen.

Erzählung

Dies würde die Novellenforschung allerdings womöglich in Konflikt bringen mit dem literaturwissenschaftlichen Versuch, die Erzählung als eigenständiges narratives Genre *neben* der Novelle und anderen narrativen Gattungen mittleren, allerdings sehr dehnbaren Umfangs zu konstituieren. Im engeren Sinn sei die Erzählung nämlich eine epische Gattung, „die sich durch geringeren Umfang, geringere Figurenzahl, Welthaltigkeit und Breite von Epos, Roman, Saga, durch weniger kunstvollen und tektonisch straffen Aufbau von der Novelle, durch geringere Pointierung von Anekdote und Kurzgeschichte, durch Vermeidung des Unwirklichen von Sage und Märchen unterscheidet und somit alle weniger gattungshaft ausgeprägten Formen der Erzählkunst umfasst, sich mit den anderen jedoch häufig überschneidet" (Wilpert 2001, 239; vgl. auch Schmeling und Walstra 1997). Die Erzählung in diesem Sinn sei weiter gekennzeichnet durch ein dezentriertes, lockeres, gelegentlich auch verweilendes Entfalten des Erzählstoffes, erscheine meist in Prosa, könne aber auch in Versen auftreten. In literarhistorischer Hinsicht lässt sich der literaturwissenschaftliche Versuch, eine selbstständige narrative Gattung ‚Erzählung' zu konstituieren, deren Charakteristika vornehmlich in der graduellen Dämpfung oder Reduktion konstitutiver Charakteristika anderer narrativer Gattungen bestehen, durch eine Reihe von Texten plausibilisieren, die sich gelegentlich sogar ausdrücklich durch die Verwendung der Bezeichnung ‚Erzählung' oder einer anderssprachigen Entsprechung von anderen epischen Gattungen abgrenzen. Als Beispiele für Erzählungen in diesem Sinn wären einige der Erzählwerke Thomas Manns (u. a. *Herr und Hund*, 1919; *Unordnung und frühes Leid*, 1925; *Die Betrogene*, 1953) zu nennen, ebenso Texte Edgar Allan Poes (z. B. *Diddling Considered as One of the Exact Sciences*, 1843), Anton Čechovs (*Eine langweilige Geschichte. Aus den Aufzeichnungen eines alten Mannes*, 1889) oder auch die *stories* von Raymond Carver (*What We Talk About When We Talk About Love*, 1981). Im Hinblick auf das Umfangskriterium gibt es auch bei der Erzählung einen gleitenden Übergang zu den narrativen Gattungen, zu deren Gattungsbegriff die Kürze gehört, etwa Kurzgeschichte und Märchen.

Märchen

Der Diminutiv im Gattungsnamen Märchen weist nicht nur darauf hin, dass etwas mitgeteilt wird, was nicht ganz ernst zu nehmen ist, sondern auch, dass es sich bei den so bezeichneten Texten um typischerweise kurze Erzählungen handelt. Aber auch hier ist das Umfangskriterium nicht präzise und der Umfang von Märchen schwankend. Näherhin verbindet man heute literaturwissenschaftlich mit dem

Gattungsbegriff Märchen solche mündlich oder schriftlich tradierten Prosaerzählungen, in denen die Bedingungen der Wirklichkeit aufgehoben seien bzw. in denen selbstverständliche Wunder begegneten. Märchen schildern Wunder und Wunderbares, gegen Naturgesetze Verstoßendes wie selbstverständlich oder als unproblematisierte Selbstverständlichkeiten in der Welt der Fiktion, wollen dabei aber nicht in jeder Hinsicht glaubwürdig sein (Rölleke 2000, 2009). Weiter sei für den Begriff des Märchens wichtig, dass Märchen in jahrhundertelang international verbreiteter Motivik verankert seien, dass ihre Verfasser ebenso wie die Entstehungszeit, der Entstehungsort und der Entstehungszweck unbekannt seien und dass sie im Laufe ihrer mündlichen oder schriftlichen Überlieferung variiert worden seien. Solche auch als Volksmärchen bezeichneten Texte lassen sich durch die genannten Kriterien von nicht-anonymen Kunstmärchen, aber auch von Wundergeschichten und Mythen, von Sage und Legende abgrenzen, die allesamt das Wunder oder das Wunderbare als etwas Außergewöhnliches und mit dem Anspruch auf Glaubhaftigkeit präsentierten (Rölleke 2000, 514). Der deutsche Gattungsname geht auf das mittelhochdeutsche Wort ‚maere' (Nachricht, Kunde) zurück und wurde mit den *Kinder- und Hausmärchen* (1812/1814 ff.) der Brüder Grimm als Gattungsbezeichnung durchgesetzt. Die *Kinder- und Hausmärchen* bieten allerdings Märchen im definierten Sinn lediglich neben anderen epischen Texten, die unter benachbarte Gattungsbegriffe fallen (Fabeln, Parabeln, Legenden usw.; vgl. hierzu auch Dithmar 1982; Zymner 1991) – es handelt sich sozusagen um keine reine Märchen-Sammlung, sondern um eine Sammlung von Märchen und anderen familienähnlichen Texten. Die Sammeltätigkeit von Jakob und Wilhelm Grimm sowie die Publikation der *Kinder- und Hausmärchen* markiert den Beginn der internationalen und disziplinär verzweigten Märchenforschung, welche Märchen nicht allein in weltweiten und historisch weit zurückreichenden Überlieferungen zu erfassen versucht, sondern unter volkskundlichen, rechtshistorischen, literaturgeschichtlichen, psychoanalytischen, pädagogischen und anderen Gesichtspunkten erforscht. Unter anderem hat der russische Märchenforscher Vladimir Propp 1928 an einem Korpus russischer Zaubermärchen herausgearbeitet, dass ihnen allen eine abstrakte Handlungsstruktur unterlegt werden kann. Von Propps Forschungen gehen wichtige Impulse für die Theorie formalisierter Handlungsmodelle (bei A. J. Greimas u. a.). sowie für die Narratologie im Allgemeinen aus.

Kurzgeschichte

Obwohl das Märchen eine kurze Form ist, wird es in der Gattungsforschung doch nicht auch ausdrücklich zu den sogenannten epischen Kurz- oder Kleinformen gerechnet (vgl. z. B. Kleine literarische Formen 2002) – anders als u. a. die Fabel, die Parabel, die Beispielgeschichte, die Anekdote, der Schwank, der Witz, die Facetie, die Kalendergeschichte und auch die *Kurzgeschichte*. Das *Handbuch literarischer Gattungen* bezeichnet die Kurzgeschichte als eine „epische Form, die sich vor allem durch ihre Kürze und ihre relative Einheit von Ort, Zeit und Handlung" definiere und „die ein hohes Maß an Komplexität und Suggestivität" transportiere (Seiler 2009, 452). Auch hier macht das Umfangskriterium den Gattungsbegriff schwankend. Präzisierungsversuche, nach denen die Umfangsuntergrenze der Kurzgeschichte bei 500 bis 2.000 und ihre Umfangsobergrenze bei 15.000 bis 30.000 Wörtern liege (vgl. Wenzel 2000, 369) sorgen – wie ja auch schon im Fall der bereits angeführten berühmten Umfangsbestimmung des Romans, der nach Forster mehr als 50.000 Wörter umfassen sollte (vgl. Forster 1927, 17) – lediglich scheinbar für Klarheit. So benennt die Forschung denn auch im Fall der Kurzgeschichte zusätzliche typische Merkmale, um die Gattung halbwegs sicher konturieren zu können. Hierzu zählen ein geradliniger, möglicherweise sogar auf die Darstellung einzelner Ereignisse begrenzter Handlungsverlauf, eine begrenzte Figurenzahl sowie die Tendenz zur Typisierung der Figuren, die Vermeidung von Ortswechseln und überhaupt die geringe Bedeutung des dargestellten Raumes, der Verzicht auf multiperspektivisches Erzählen, ein dynamisch-offener *medias-in-res*-Anfang und ein abrupter, häufig sinnverweisender Schluss sowie eine verknappte und suggestive Sprache (Kriterien nach Wenzel 2000, 369). Die Kurzgeschichte unterscheide sich etwa durch die konzentrierte Komposition von der Erzählung, durch den Verzicht auf narrative Formkonventionen von der Novelle, durch ihren komplexen Gehalt von anderen epischen Kurzformen wie Anekdote, Schwank oder Exempel. Die im 20. Jahrhundert einsetzende literaturwissenschaftliche Forschung zur Kurzgeschichte hat sich vornehmlich mit dem Zusammenhang der Gattung mit der amerikanischen *short story* befasst sowie die Funktionen der Kürze bzw. Konzentriertheit auf Raum-, Zeit-, Figuren- und Handlungsdarstellung untersucht. Zudem hat man anhand der Handlungsstruktur (z. B. einsträngig vs. mehrsträngig), anhand charakteristischer Motive (Initiation, Enthüllung, grenzüberschreitende Erfahrung), des Titels (Dingtitel, Figurentitel, Vorgangstitel usw.) oder auch der Anfänge und Schlüsse zwischen Typen der Kurzgeschichte zu unterscheiden versucht (Doderer 1953; Höllerer 1962; Wenzel 1989; Durzak 1989; Marx 2005; Meyer 2014). Gattungsgeschichten der Kurzgeschichte verweisen auf deren Entstehung als *short story* in der amerikanischen Literatur des 19. Jahrhunderts (Washington Irving, Edgar Allan Poe, Nathaniel Hawthorne). Zu den Vorläufern der deutschen Kurzgeschichte werden ferner die *Kalendergeschichten* Johann Peter Hebels oder kürzere Erzähltexte Heinrich von Kleists gezählt. Die deutsche Kurzgeschichte entwickelte sich jedoch besonders unter dem Einfluss der amerikanischen *short story*. Die Gattungsbezeichnung ‚Kurzgeschichte' taucht Ende des 19. Jahrhunderts auf (Karl Pröll, *Am Seelentelephon. Neue Kurzgeschichten*, ca. 1895), als erste deutschsprachige Kurzgeschichte gilt *Ein Tod* (1889) von Arno Holz und Johannes Schlaf. Obwohl die Gattung bereits in der ersten Hälfte des 20. Jahrhunderts gepflegt worden sei, steige sie aber erst nach 1945 zu einem modernen, eigenständigen Literaturtyp auf (Wenzel 2000, 370; vgl. auch Bellmann 2003) – vor allem mit den Texten Wolfgang Borcherts, Elisabeth Langgässers, Wolfdietrich Schnurres, Heinrich Bölls. In der schwankenden Konjunktur der Kurzgeschichte lasse sich schließlich in der Gegenwart ein erneutes Interesse an der Gattung beobachten, etwa bei Ingo Schulze (*Simple Storys*, 1998) oder Judith Hermann (*Sommerhaus, später*, 1998) und Helmut Krausser (*Spielgeld*, 1990).

4 Narrative Gattungen in anthropologischer Perspektive

Schon die wenigen Beispiele für narrative Gattungen, die hier behandelt werden, deuten darauf hin, dass wir es im großen Bereich der Epik mit unüberschaubar vielen und dabei in vielen Fällen nur vage voneinander abgegrenzten bzw. abgrenzbaren narrativen Gattungen zu tun bekommen könnten, mit Gattungen, die sich mit Blick auf die Vielgestaltigkeit der Einzeltexte eigentlich nur als konturierte Orientierungsbereiche in einem verschwimmenden Kontinuum der Epik bezeichnen lassen, als kulturell etablierte, begrifflich eher schwach konturierte Sammelkategorien, die durch Abstraktion und Idealisierung gebildet und daher zumeist von konkreten Einzeltexten infrage gestellt werden. Es hat allerdings nicht an Versuchen gefehlt, diese Vielfalt gewissermaßen zu bändigen oder zu bündeln – sei es, indem man sie auf „Einfache Formen" (Jolles 1930) zurückgeführt hat, sei es, dass man, wie neuerdings Michael Neumann, „Hyper-Genres" (Neumann 2013, 46) konstituiert. Neumann bezeichnet diese ‚Hyper-Genres' auch als „Ströme des Erzählens", und meint mit diesem Ausdruck unterschiedliche Handlungssequenzen, die durch das Zusammenspiel bestimmter angeborener Dispositionen der Wahrnehmung und Bewertung hervorgebracht werden und jeweils ein für den ‚Strom' charakteristisches Konfliktfeld bearbeiten: „Dadurch faszinieren sie ihr Publikum und ziehen es an. Konkrete Narrationen ereignen sich immer nur unter kulturell, historisch, sozial, medial und individuell besonderen Bedingungen. Deswegen entfaltet sich unter der Attraktionskraft einer solchen Konstellation eine heterogene Fülle unterschiedlichster Gattungen, Formen und Einzelnarrationen: ein ‚Strom des Erzählens'" (Neumann 2013, 46). Neumann nennt insgesamt fünf solcher ‚Hyper-Genres', nämlich erstens den

Märchen-Strom, zweitens den Sagen-Strom, drittens den Mythen-Strom, viertens den Anderwelt-Strom und fünftens den Schwank-Strom.

Jeder dieser ‚Ströme des Erzählens' lässt sich unter sieben Gesichtspunkten genauer bestimmen: „1. Handlungssequenz, 2. Handlungsziel, 3. Figuren, 4. Handlungsraum, 5. Rahmen der Situation, 6. Stimmung und Emotionen der Rezipienten, 7. anthropologische Funktion" (Neumann 2013, 142). Neumann konturiert in seiner Arbeit zunächst die generischen Prototypen, die den einzelnen Strömen ihren spezifischen Charakter verleihen, bevor er in einer Reihe von exemplarischen Fallstudien zeigt, „welch verschiedenartige Gattungen und Formen die kulturellen und historischen Bedingungen aus dem metamorphotischen Potential der Ströme hervorzaubern können" (Neumann 2013, 510). Bei den von Neumann konstituierten Hyper-Genres handelt es sich also um literaturwissenschaftliche narrative Gattungen mit hohem Allgemeinheitsgrad. Sie sind zugleich tragende Elemente der Hypothesen einer anthropologisch informierten Gattungsforschung, nach denen das Feld der narrativen Gattungen sich im Prinzip auf diese fünf Hyper-Genres reduzieren lasse – oder anders: Alle narrativen Gattungen und damit alle Erzählwerke gehören zu einem der fünf Ströme des Erzählens. Dabei verwendet Neumann den Ausdruck Narration allerdings in einem weiten Sinn und schließt außer mündlichen und schriftlich fixierten Erzählungen nicht-erzählende, storyvermittelnde Texte und sogar außertextuelle Storyvermittlung (etwa im Film) mit ein. Wie stabil Neumanns weitreichende Theorie ist, wird sich in genaueren Prüfungen zeigen müssen – und ebenso, wie sich die Allerweltsredetätigkeit des Erzählens bzw. die textuelle Darstellung des Erzählens zu diesen Hyper-Genres verhält.

Literaturverzeichnis

Bachtin, Michail M. (1996 [1969]). *Literatur und Karneval. Zur Romantheorie und Lachkultur.* Frankfurt a. M.
Bauer, Matthias (1994). *Der Schelmenroman.* Stuttgart.
Bellmann, Werner (Hg. 2003). *Klassische deutsche Kurzgeschichten.* Stuttgart.
Dithmar, Reinhard (Hg. 1982). *Texte zur Theorie der Fabeln, Parabeln und Gleichnisse.* München.
Doderer, Klaus (1953). *Die Kurzgeschichte in Deutschland.* Wiesbaden.
Durzak, Manfred (1989). *Die Kunst der Kurzgeschichte.* München.
Eco, Umberto (1987). *Lector in fabula.* München.
Engel, Manfred (1993). *Der Roman der Goethezeit.* Bd. 1: *Anfänge in Klassik und Frühromantik. Transzendentale Geschichten.* Stuttgart.
Essen, Gesa von (2009). „Epos". In: D. Lamping (Hg.), *Handbuch literarischer Gattungen.* Stuttgart, 204–220.

Fludernik, Monika (2009). „Roman". In: D. Lamping (Hg.), *Handbuch literarischer Gattungen*. Stuttgart, 627–645.
Foley, John Miles (Hg. 2005). *A Companion to Ancient Epic*. Oxford.
Forster, E. M. (1927). *Aspects of the Novel*. London.
Fowler, Alastair (1982). *Kinds of Literature. An Introduction to the Theory of Genres and Modes*. Oxford.
Hegel, Georg Wilhelm Friedrich (1986 [1832–1845]). *Vorlesungen über die Ästhetik*. In: G. W. F. Hegel, *Werke in 20 Bänden. Auf der Grundlage der Werke von 1832–1845*. Hg. von E. Moldenhauer und K. M. Michel. Bd. 15. Frankfurt a. M.
Heyse, Paul (1970 [1871]). „Einleitung". In: K. K. Pohlheim (Hg.), *Theorie und Kritik der deutschen Novelle von Wieland bis Musil*, Tübingen, 141–149.
Höllerer, Walter (1962). „Die kurze Form der Prosa". In: *Akzente* 9, 226–245.
Huet, Pierre Daniel (1966 [1670]). *Traité de l'origine des romans*. Faks.-Dr. nach der Erstausgabe v. 1670 und der Happelschen übersetzung von 1682. Mit einem Nachwort von Hans Hinterhäuser. Stuttgart
Jacobs, Jürgen (1998). *Der Weg des Pícaro. Untersuchungen zum europäischen Schelmenroman*. Trier.
Jolles, André (1930). *Einfache Formen*. Halle.
Kindt, Tom (2009). „Novelle". In: D. Lamping (Hg.), *Handbuch literarischer Gattungen*. Stuttgart, 540–548.
Klauk, Tobias, und Tilmann Köppe (Hgg. 2014). *Fiktionalität. Ein interdisziplinäres Handbuch*. Berlin/Boston.
Kleine literarische Formen in Einzeldarstellungen (2002). Stuttgart.
Korthals, Holger (2003). *Zwischen Drama und Erzählung. Ein Beitrag zur Theorie geschehensdarstellender Literatur*. Berlin.
Koster, Severin (1970). *Antike Epostheorien*. Wiesbaden.
Lämmert, Eberhard (Hg. 1992). *Romantheorie. Dokumentation ihrer Geschichte in Deutschland*. 2 Bde. 3. Aufl. Köln/Berlin.
Lamping, Dieter (Hg. 2009). *Handbuch literarischer Gattungen*. Stuttgart.
Latacz, Joachim (1998). „Epos. Definitionsprobleme, Gattungsmerkmale". In: *Der Neue Pauly. Enzyklopädie der Antike*. Bd. 4: *Ep–Gro*. Hg. von H. Cancik und H. Schneider. Stuttgart/Weimar, Sp. 11–13.
Lubbock, Percy (1921). *The Craft of Fiction*. New York.
Lugowski, Clemens (1976 [1932]). *Die Form der Individualität im Roman*. Frankfurt a. M.
Lukács, Georg (1994 [1916]). *Die Theorie des Romans*. München.
Marx, Leonie (2005), *Die deutsche Kurzgeschichte*. 3. Aufl. Stuttgart.
Meyer, Anne-Rose (2014). *Die deutschsprachige Kurzgeschichte. Eine Einführung*. Berlin.
Michler, Werner (2015). *Kulturen der Gattung. Poetik im Kontext 1750–1950*. Göttingen.
Neumann, Michael (2013). *Die fünf Ströme des Erzählens. Eine Anthropologie der Narration*. Berlin/Boston.
Petersen, Jürgen H. (1991). *Der deutsche Roman der Moderne. Grundlegung, Typologie, Entwicklung*. Stuttgart.
Propp, Vladimir J. (1975 [1928]). *Morphologie des Märchens*. Übers. v. Christel Wendt. Frankfurt a. M.
Rath, Wolfgang (2000). *Novelle. Konzept und Geschichte*. Göttingen.
Rölleke, Heinz (2000). „Märchen". In: H. Fricke (Hg.), *Reallexikon der deutschen Literaturwissenschaft*. Bd. II: *H–O*. Berlin/New York, 513–517.

Rölleke, Heinz (2009). „Märchen". In: D. Lamping (Hg.), *Handbuch literarischer Gattungen*. Stuttgart, 508–513.
Scaliger, Julius Cäsar (1994–2011 [1561]). *Poetices libri septem / Sieben Bücher über die Dichtkunst*. 6 Bde. Hg., übers., eingel. und erl. von. Luc Deitz. Stuttgart-Bad Cannstadt.
Schmeling, Manfred, und Kerst Walstra (1997). „Erzählung". In: K. Weimar (Hg.), *Reallexikon der deutschen Literaturwissenschaft*. Bd. I: *A–G*. Berlin/New York, 510–522.
Schmid, Wolf (2008). *Elemente der Narratologie*. 2., verbesserte Aufl. Berlin/New York.
Seiler, Sascha (2009). „Kurzgeschichte". In: D. Lamping (Hg.), *Handbuch literarischer Gattungen*. Stuttgart, 452–460.
Steinecke, Hartmut, und Fritz Wahrenburg (Hg. 1999). *Romantheorie. Texte vom Barock bis zur Gegenwart*. Stuttgart.
Storm, Theodor (1970 [1881]). „Brief an Gottfried Keller". In: K. K. Pohlheim (Hg.), *Theorie und Kritik der deutschen Novelle von Wieland bis Musil*. Tübingen, 120.
Strube, Werner (1993). *Analytische Philosophie der Literaturwissenschaft. Definition, Klassifikation, Interpretation, Bewertung*. Paderborn.
Tholen, Toni (2008). „‚Unerhörte Begebenheit'. Zur Transformation eines zentralen Formmerkmals in der Novellistik der Gegenwart". In: *Germanisch-Romanische Monatshefte* 58, 207–222.
Thomé, Horst, und Winfried Wehle (2000). „Novelle". In: H. Fricke (Hg.), *Reallexikon der deutschen Literaturwissenschaft*. Bd. II: *H–O*. Berlin/New York, 725–731.
Tilg, Stefan (2011). „Antike". In: M. Martínez (Hg.), *Handbuch Erzählliteratur. Theorie, Analyse, Geschichte*. Stuttgart/Weimar.
Weber, Dietrich (1998). *Erzählliteratur. Schriftwerk, Kunstwerk, Erzählwerk*. Göttingen.
Wenzel, Peter (1989). *Von der Struktur des Witzes zum Witz der Struktur. Untersuchungen zur Pointierung in Witz und Kurzgeschichte*. Heidelberg.
Wenzel, Peter (2000). „Kurzgeschichte". In: H. Fricke (Hg.), *Reallexikon der deutschen Literaturwissenschaft*. Bd. II: *H–O*. Berlin/New York, 369–371.
Wieland, Christoph Martin (1984 [1772]). *Die Abenteuer des Don Sylvio von Rosalva*. In: C. M. Wieland, *Sämmtliche Werke*. Hg. von der Hamburger Stiftung zur Förderung von Wissenschaft und Kultur. Bd. 4. Nördlingen.
Wilpert, Gero von (2001). *Sachwörterbuch der Literatur*. 8. Aufl. Stuttgart.
Zipfel, Frank (2009). „Nonfiction Novel". In: D. Lamping (Hg.), *Handbuch literarischer Gattungen*. Stuttgart, 534–539.
Zymner, Rüdiger (1991). *Uneigentlichkeit. Studien zu Semantik und Geschichte der Parabel*. Paderborn.
Zymner, Rüdiger (2003). *Gattungstheorie. Probleme und Positionen der Literaturwissenschaft*. Paderborn.
Zymner, Rüdiger (Hg. 2010). *Handbuch Gattungstheorie*. Stuttgart/Weimar.
Zymner, Rüdiger (2013). *Funktionen der Lyrik*. Paderborn.

Peter Hühn
III.3.2 Erzählen in der Lyrik und im Drama

1 Erzählen in der Lyrik

Dimensionen des Narrativen in lyrischen Gedichten

Erzählen, als universelle semiotische Praxis, mit der Menschen Erfahrungen sinnhaft ordnen und deuten sowie anderen (und sich selbst) mitteilen, wird auch in der Lyrik im engeren Sinne durchgängig genutzt, nicht nur in Erzählgedichten wie Balladen oder Verserzählungen. Gedichte können Geschichten auf zweierlei Weise repräsentieren: *diegetisch*, durch einen Erzähler vermittelt, wie in Erzählprosa, oder *mimetisch*, direkt vorgeführt, wie in Dramen (Schönert 2004). Man kann diese beiden Modi als Erzählen im engen bzw. im weiten Sinn bezeichnen. Die Universalität dieser Praxis und ihre Relevanz auch für die Lyrik beruhen auf der fundamentalen Zeitlichkeit, d. h. ständigen Veränderbarkeit, der menschlichen Existenz in der Welt. Hieraus resultiert als Grundmerkmal der präsentierten Geschichten die Zustandsveränderung: Geschichten bestehen aus einer zeitlichen Geschehenssequenz von einer Ausgangslage über Veränderungen zu einer Endsituation (bezogen auf dieselbe Figur), vermittelt durch eine bestimmte Artikulationsinstanz (einen Sprecher oder Erzähler) und aus einer bestimmten Perspektive (und Fokalisation). Der Sinn der Geschichten resultiert aus der Zuordnung zu einem situativen oder thematischen Rahmen (*frame*), und ihr Ablauf orientiert sich gewöhnlich an einem kulturspezifischen Verlaufsschema (*script*). Relevanz und Erzählwürdigkeit (*tellability*) einer Geschichte werden aber erst durch einen überraschenden, vom gegebenen Schema abweichenden Umschwung oder etwa durch einen entscheidenden mentalen, kognitiven Umschlag erzeugt: das Ereignis. Die transgenerische Übertragbarkeit narratologischer Kategorien, ursprünglich an Prosaerzählungen entwickelt, auf die Lyrik beruht darauf, dass den narrativen Elementen auch hier die Differenz zwischen dem ausgewählten und repräsentierten Geschehen, der Geschichte (*histoire*), und dem Repräsentationsmedium, der ‚Darbietung' (*discours*), sowie dem Repräsentationsakt (*narration*) zugrunde liegt. Geschichten in Gedichten weisen lyrikspezifische Unterschiede zu Geschichten in Romanen und Dramen auf: Es handelt sich typischerweise um mentale – statt physischer oder sozialer – Veränderungen (Vorstellungen, Erinnerungen, Wünsche etc.); Vorgänge werden vielfach in kompakter, geraffter Form dargeboten und bedürfen zum Verständnis der narrativen Kompetenz und des Weltwissens des Lesers (oft auch der Vertrautheit mit Stil und Thematik des

Autors); Figuren und Situationen werden meist nicht durch Namen, konkrete Zeit- und Raumangaben oder soziale Details näher bezeichnet. Lyriktypisch ist schließlich die zusätzliche Modulation des vermittelten Sinns oder aber dessen Generierung durch prosodische Strukturen (Metrum, Reim, Klangtechniken etc.). Mithilfe narratologischer Kategorien lassen sich sowohl die Vermittlungsmodalität als auch besonders die Sequenzstruktur an Gedichten genauer und spezifischer analysieren als in der herkömmlichen Praxis der Gedichtinterpretation.

Ansätze zur narratologischen Lyrikanalyse

Die Anwendung erzähltheoretischer Fragestellungen auf Lyrik setzt erst relativ spät ein, in den 1980er Jahren, bedingt durch die anhaltende Dominanz traditioneller Vorstellungen von der absoluten Sonderstellung von Lyrik gegenüber den erzählenden Gattungen (unmittelbare Ich-Aussprache, Liedhaftigkeit, Gefühlsausdruck, sprachliche Überstrukturiertheit etc.). Symptomatisch für diesen traditionellen Widerstand ist noch McHales (2005) programmatischer Artikel zum Erzählen in Gedichten, der außer Verserzählungen und quasi-narrativen Gedichtzyklen lediglich zwei Sonderphänomene – situative Einbettung des Sprechers und eingebettete Mikro-Erzählungen – behandelt, aber die narrative Strukturiertheit eines Großteils der Lyrik ignoriert.

Die meisten narratologischen Ansätze thematisieren den Vermittlungsaspekt in Gedichten. Gegenüber der Ansicht lyrischer Unmittelbarkeit betont Bernhart (1993) die Vermitteltheit von Sachverhalten auch in der Lyrik und unterscheidet Grade der Wahrnehmbarkeit des Vermittlers. Seemann (1984) und Kraan (1991) differenzieren zwischen Kommunikationsinstanzen in Gedichten, besonders zwischen empirischem Autor, implizitem Autor, Sprecher und Figur. Müller-Zettelmann (2000, 2002) propagiert die grundsätzliche Übertragung narratologischer Kategorien auf Lyrik, benennt jedoch mit der Differenz von *histoire* (,enounced') und *discours* (,enunciation') lediglich das Phänomen der Mittelbarkeit auch von Gedichten und erklärt den genre-typischen Eindruck von Unvermitteltheit (,lyrische Subjektivität') als Effekt von ästhetischer Illusion.

Eine umfassende systematische Anwendung narratologischer Kategorien auf Lyrik nehmen Hühn (2002, 2004) sowie Hühn und Schönert (2002) im Rückgriff auf Genette (1994 [1972/1983]) vor, mit der Unterscheidung zwischen den beiden grundlegenden Vermittlungsdimensionen, den Instanzen und den Ebenen von Perspektive. Zum einen unterscheiden sie, ähnlich wie Seemann und Kraan, vier Instanzen auf vier hierarchisch gestaffelten Ebenen: biografischer Autor, impliziter Autor, Sprecher/Erzähler, Protagonist/Figur. Zum andern differenzieren sie zwei Modi der Präsentation: Stimme (die wörtliche Äußerung eines Sprechers oder eines Protagonisten in der Darbietung) und Fokalisierung (die perzeptuelle, kognitive, psychologische und ideologische Perspektivierung des Geschehens). Zur Klärung der Unterscheidung zwischen Sprecher und implizitem Autor sowie der Verbindung von Fokalisierung mit der jeweiligen Instanz (z. B. ob mit Sprecher oder Figur zu verbinden) führen sie die Operation der Zuschreibung (Attribution) ein, die Leser in ihrer Rezeption des Textes vornehmen. Die kontrollierte Anwendung dieser zwei differenzierten Kategorien in Verbindung mit der Operation der Zuschreibung ermöglicht eine genauere und klarer begründete Analyse von Gedichten in ihrer historischen und kulturellen Variation, als es herkömmliche Praktiken gestatten.

Die andere Dimension des poetischen (wie jedes narrativen) Textes, die Sequentialität, wird in traditionellen Lyrikansätzen weitgehend vernachlässigt, obwohl sie einen zentralen Aspekt der Gedichtbedeutung darstellt. Für die transgenerische Lyrikanalyse ist die Untersuchung der zeitlichen Organisation des Gedichtes essentiell, da Basis der Anwendbarkeit narratologischer Kategorien. Im Gegensatz zum etablierten Kategoriensystem für die Vermittlungsdimension in der Narratologie fehlt für die Dimension der Sequentialität in der Lyrik eine allgemein akzeptierte Terminologie. Stattdessen gibt es unterschiedliche Kategorisierungsansätze zur Sequenzbeschreibung, verschiedenartige Formen der Abstraktion von Handlungsabläufen, wie die Morphologie und Erzählgrammatik von Propp (1972 [1928]), Todorov (1969, 1972) oder Bremond (1966), die Sujettheorie Lotmans (1972 [1970]) und die Schematheorie Schanks und Abelsons (1977). Stillinger (1985) abstrahiert in romantischer Lyrik zwei Plotmuster, nach dem Vorbild von Todorov und Bremond: (1) Übergang von einem Gleichgewichtszustand über dessen Störung zu neuer Stabilität; (2) Konfrontation eines Begehrens mit Widerständen und deren Auflösung. Ein verwandtes, aber terminologisch genauer und detaillierter ausgeführtes Modell für die Sequenzanalyse auf der Basis von Propp und Todorov schlägt Kafalenos (2006, 157–178) vor: die Rekonstruktion individueller Handlungen in Form von Funktionen und kausalen Verkettungen. Auch Weststeijn (1989) propagiert die Übertragung des Plotkonzepts auf Lyrik und benennt dabei zwei lyrikspezifische Besonderheiten: (1) Präferenz für mentale Handlungen; (2) soziale, räumliche und zeitliche Unbestimmtheit von Situation, Figur und Handlung. Einen weiterführenden praktischen Ansatz für die Analyse von Lyrik bietet Semino (1995, 1997) mit der Schematheorie, allerdings noch ohne Verbindung zur narrativen Dimension. Diese der kognitiven Psychologie entlehnte Theorie geht davon aus, dass Verstehen von Texten auf vorgängigem Wissen der Leser beruht, organisiert in Schemata, dynamischen Strukturmustern, die von Texten entweder bestätigt oder partiell modifiziert werden.

Die Verknüpfung der Schematheorie mit Lotmans (1972 [1970]) Sujet- und Ereigniskonzept als Ansatz zur Modellierung der Sequenzebene von Lyrik wird von Hühn und Schönert (2002), Hühn (2004, 2005), Hühn und Kiefer (2005) und Schönert, Hühn und Stein (2007) vorgeschlagen. In Anlehnung an Schank und Abelson (1977) unterscheiden sie zwei Typen von Schemata: Rahmen (*frames*), d. h. stereotypische Themen oder Situationen, die die Signifikanz des Vorgangs bezeichnen, und Skripts (*scripts*), d. h. stereotypische dynamische Prozesse oder Abläufe, die der Veränderungsstruktur des Vorgangs zugrunde liegen. Aufgrund der lyrikspezifischen Kürze und situativen wie personalen Unbestimmtheit signalisieren Gedichte Rahmen und Skripts meist nur in knappen Andeutungen, die die vorgängige Vertrautheit der Leser mit ihnen voraussetzen. Lotmans Sequenzmodell erlaubt es, den signifikanten Wendepunkt oder Umschwung im Gedicht, das Ereignis zu bestimmen, das die Pointe, die *raison d'être* einer jeden Erzählung wie auch jedes Gedichtes ausmacht. Ereignishafte Veränderungen in der Haltung, Sichtweise, Emotion etc. betreffen jeweils eine bestimmte Figur auf den unterschiedlichen Ebenen des Gedichtes – den Protagonisten auf der Ebene des Geschehens als Geschehensereignis oder den Sprecher/Erzähler auf der Ebene der Darbietung als Darbietungsereignis.

Ein Beispiel

Die Verwendung narrativer Elemente in der Lyrik und der transgenerische Einsatz narratologischer Kategorien zu ihrer Analyse seien an Rainer Maria Rilkes „Früher Apollo" aus dem ersten Teil der Sammlung *Neue Gedichte* (1907) demonstriert.

Früher Apollo

(1) Wie manches Mal durch das noch unbelaubte
(2) Gezweig ein Morgen durchsieht, der schon ganz
(3) im Frühling ist: so ist in seinem Haupte
(4) nichts, was verhindern könnte, daß der Glanz

(5) aller Gedichte uns fast tödlich träfe;
(6) denn noch kein Schatten ist in seinem Schaun,
(7) zu kühl für Lorbeer sind noch seine Schläfe
(8) und später erst wird aus den Augenbraun

(9) hochstämmig sich der Rosengarten heben,
(10) aus welchem Blätter, einzeln, ausgelöst
(11) hintreiben werden auf des Mundes Beben,

(12) der jetzt noch still ist, niegebraucht und blinkend
(13) und nur mit seinem Lächeln etwas trinkend
(14) als würde ihm sein Singen eingeflößt. (Rilke 1986, 427)

Gegenstand des Sonetts ist eine Statue und damit ‚eigentlich' ein statisches Ding in einem (über weite Zeiträume) unveränderten Zustand. Zur Wiedergabe dieses Gegenstandes narrativiert – und dynamisiert – der Sprecher diesen Zustand, indem er ihn als Übergangsstadium innerhalb einer Entwicklung von einem früheren zu einem späteren Zustand darstellt, ihn also in eine sich vollziehende Geschichte platziert. Diese Geschichte wird auf zweierlei Weise mit Sinn versehen: der der Statue assoziierte Entwicklungsvorgang wird durch eine thematische Rahmung (*frame*) in seiner übergreifenden Bedeutung bezeichnet; und der Veränderungsvorgang wird durch assoziierte metaphorische Sequenzen (*scripts*) in seiner Dynamik verbildlicht.

Hinsichtlich der Rahmung präsentiert das Sonett die Narrativierung der Statue thematisch als Entwicklung eines Dichters im Prozess der Ausbildung und Vollendung seiner dichterischen Kreativität – dies ist das Skript. Hierauf deutet bereits die Nennung Apollos im Titel, des griechischen Gottes der Dichtkunst, weiter konkretisiert durch die Vorhersage zukünftiger „Gedichte" (5), den Hinweis auf „sein Singen" (14) als Dichten, den Mund (11) als Äußerungsorgan, „Blätter" (10) als Veröffentlichungsmedium, verbunden mit der Erwähnung des späteren „Lorbeer[s]" (7) als der prophezeiten rituellen Anerkennung dichterischer Leistung. Ein weiteres indirektes Signal für diese Rahmung ist in dem antizipierten Rosengarten (9) zu sehen: Zeichen der künstlerischen Schöpfungskraft, über die Doppeldeutigkeit der „Blätter" ferner mit der Dichtungsthematik („des Mundes Beben" [11]) verbunden.

Der dynamische Verlauf dieser thematisierten Entwicklung wird durch eine Reihe von knapp angedeuteten, metaphorischen Sequenzmustern (Skripts) bezeichnet: die universell elementaren Skripts des Tagesverlaufs („ein Morgen" [2]) und besonders des Jahres- und Vegetationszyklus („Frühling" [3]; impliziert ferner in „unbelaubt" [2], „kein Schatten" [6], „kühl" [7], „Rosengarten" – „Blätter" [9, 10]) sowie, knapper, des quasi-physiologischen Prozesses von Aufnahme und Wiedergabe mit Bezug auf den Mund („etwas trinkend / als würde ihm sein Singen eingeflößt" [13–14]; „des Mundes Beben" [11]).

Das der Statue zugeschriebene Zwischenstadium zwischen vorher und nachher ist mittels einer Kette von Zeitadverbien und Verbformen in seiner Zeitlichkeit und damit in seiner narrativen Dynamik markiert: „noch" nicht (1, 6, 7), „schon" (2), „später erst" (8), „wird", „werden" (8, 11 – als Futurformen), „jetzt noch", „niegebraucht" (12). Der dynamische Zusammenhang von früher und später, von Voraussetzung und Folge, wird besonders in der Schlussformulierung „als würde ihm sein *Singen eingeflößt*" sinnfällig, mit der durch den Rahmen gestützten Bedeutung: Der Dichter nimmt Welt in sich auf („trinken"), um dann daraus Dichtung zu schaffen („singen").

Das Ereignis, die Grenzüberschreitung, besteht in dem Übergang von der Potentialität (der künstlerischen Kreativität) zur Aktualität (des künstlerischen Werkes). Das Sonett deutet die Statue als ‚Vorschein' und Verheißung, als Virtualität dichterischen Schaffens, wie es sich später als „Glanz aller Gedichte" (4–5), bildlich als „hochstämmig[er]" „Rosengarten" mit hintreibenden „Blätter[n]" (9–10), manifestieren und allgemeine Anerkennung („Lorbeer" [7]) erwerben wird. Dieser ereignishafte Umschwung tritt nicht, wie sonst häufig, an einer einzelnen Stelle des Gedichtes ein, sondern wird an verschiedenen Stellen für die Zukunft vorhergesagt: Die Statue des ‚frühen Apollo' prophezeit in ihrer Gestalt die Grenzüberschreitung.

Der Sprecher tritt nur an einer Stelle hervor, als Teil eines Kollektivs („uns" [5]), der (potentiellen) Rezipienten, die sich der Dichtung des Gottes in ihrem göttlichen Glanz aussetzen. Aber darüber hinaus manifestiert er sich durchgängig als Reflektor, als Wahrnehmender, in der imaginativen Anschauung der Statue wie in der dynamischen, bilderreichen Wiedergabe dieser Anschauung auf der Ebene der Darbietung in Sprache. Die Ebene des Geschehens ist letztlich nur in der Benennung einiger Teile der Statue rekonstruierbar: „Haupt[ ]" (3), „Schaun" (6), „Schläfe" (7), „Augenbraun" (d. h. Stirn, 8), „Mund[ ]" (11) und „Lächeln" (13). Der hohe Grad der Imagination des Sprechers wird daran deutlich, dass nahezu alles, was er über diese Teile der Statue sagt, gar nicht vorhanden und nicht sichtbar ist, lediglich erwartet wird und letztlich projiziert werden muss. Angesichts dieser hoch-imaginativen narrativen Leistung liegt die Deutung nahe, dass der Sprecher in diesem Sonett letztlich über sein eigenes dichterisches Werden spricht und sozusagen den Gott in seiner Potentialität in sich aufnimmt, um selbst zu dichten – und dies bereits in diesem Sonett unter Beweis zu stellen.

2 Erzählen im Drama

Besonderheiten des Narrativen im Drama

Unter Drama wird hier im spezifischen Sinne dieser multimedialen Gattung die Drameninszenierung auf einer Bühne verstanden, nicht lediglich der Dramentext (als eine andere, rein literarische Gattung), wenngleich Analysen (in der Lehre wie in Publikationen) praktischerweise meist am Text belegt werden. Dabei ist jedoch nicht die theaterwissenschaftliche Untersuchung konkreter, einzigartiger Inszenierungen gemeint, sondern die Beschreibung und Analyse einer prototypischen Dramenaufführung. Anders als bei Lyrik ist der narratologische Ansatz zur Analyse von Dramen letztlich nicht umstritten, da diese zweifellos Geschichten präsentieren. Dramen unterscheiden sich prototypisch von Erzählliteratur lediglich durch drei gattungsspezifische Merkmale. Die Geschichte wird, erstens, direkt leibhaft mittels Schauspieler in ihren körperlichen Aktionen und Reden, also mimetisch, präsentiert, zeitgleich vor den Augen und Ohren der Rezipienten ohne die (diegetische) Vermittlung durch die Stimme einer personalisierten Erzählerinstanz. Bedingt durch diese mimetische Präsentationsform wird das Geschehen, zweitens, im Prinzip streng chronologisch dargeboten, ohne Umstellung der zeitlichen Ordnung, wie dies in Romanen möglich ist. Die Dauer der Darbietung ist zudem nach Maßgabe der Aufführungspraxis – anders als bei Romanen – eng begrenzt. Als Folge des mimetischen Darbietungsmodus sind, drittens, mentale Vorgänge nicht direkt vermittelbar, sondern nur implizit durch Gestik und Mimik und verbalisiert durch Mitteilung im Dialog sowie durch artifizielle Hilfsmittel wie Monologe, Beiseitesprechen und die Dramatisierung von Visionen, Träumen oder Erinnerungen auf der Bühne, auch mithilfe technischer Medien wie Tonband, Film oder Video.

Unter Berücksichtigung solcher dramatischer Spezifika lassen sich die beiden Grunddimensionen von Narrativität, (zeitliche) Sequentialität und (vermittelnde) Präsentation, auch beim Drama analog zur Erzählliteratur narratologisch untersuchen. Besonders die Analyse der dramatischen Plotstruktur kann sich derselben Kategorien wie bei literarischen Erzähltexten bedienen: Figur und Figurenkonstellation, Segmentierung der Geschichte (Anfang, Phasenfolge, Schluss), Bezug auf *frames* und *scripts*, ereignishafte Umschwünge und deren (individuelle und soziale) Bedingungsfaktoren. Diese Analogie gilt weitgehend auch für die Raumdimension in ihrer Relevanz für das Geschehen, wenngleich deren sinnliche Darstellung theaterspezifischen Sonderbedingungen unterliegt: Der fixe Bühnenraum ist durch Requisiten, Beleuchtung und verbale Hinweise variabel definierbar. Bei der Wiedergabe mentaler Vorgänge jedoch bedingt der dramatische Präsentationsmodus zum Teil andersartige Vermittlungsverfahren als in sprachlichen Erzählungen (siehe oben).

Innerhalb dieses genuin mimetisch-performativen Präsentationsmodus von Geschichten, wie sie von einer transgenerischen und transmedialen Narratologie analysierbar sind, können Dramen auch im engeren Sinne epische Elemente einsetzen, die der erzähltheoretischen Analyse direkter zugänglich sind, beispielsweise Erzähler und andere extradiegetische Elemente wie Prolog und Epilog oder die intradiegetische Erzählung von Geschichten durch Figuren auf der Bühne, etwa als Botenbericht oder Mauerschau (Teichoskopie).

Ansätze zur narratologischen Analyse inszenierter Dramen

Dass und wie Dramen Geschichten präsentieren, ist bereits Gegenstand der frühesten erzähltheoretischen Überlegungen überhaupt, der *Poetik* des Aristoteles. Aristoteles sieht in der Narrativität, d. h. der Wiedergabe einer Handlung (des *mýthos*), das gemeinsame Merkmal von Tragödie und Epos (z. B. Kap. 5, 6, 7, 24) und bestimmt auf dieser Basis die Spezifika der Tragödie gegenüber dem Epos hinsichtlich Wiedergabemodus (Aufführung statt Bericht), Handlungsverlauf (Umschlag von Glück in Unglück) und Länge (ein Tag). Sein besonderes Interesse gilt dem Status und der Struktur der Geschichte (Umschwung durch Handeln der Figuren aufgrund von Charakter und Intention) sowie der Ereignishaftigkeit, der unerwarteten Wende (Peripetie) und der plötzlichen Erkenntnis (*anagnorisis*) in der Tragödie (Kap. 9, 11, 13).

Im engeren Sinne narratologische Ansätze zur Dramenanalyse finden sich vermehrt seit den 1990er Jahren. Ein Hindernis gegen eine derartige Übertragung (vgl. Schmid 2014, 1–4) war die lange vorherrschende Auffassung, Narrativität sei durch Medialität, das Vorhandensein einer Vermittlungsinstanz, definiert (noch bei Stanzel 1979). Erst die alternative Prämisse, dass nicht die Vermittlung, sondern die Zeitlichkeit des präsentierten Geschehens, die Zustandsveränderung von dargestellten Situationen und Figuren, das genuin Erzählerische ausmache, begründet die Anwendung erzähltheoretischer Kategorien auf das Drama. Basis dieses Ansatzes ist die grundsätzliche Differenzierung zwischen zwei Formen von Narrativität, zwischen diegetischer und mimetischer Präsentation von Geschichten (Chatman 1990, 111–115; Nünning und Sommer 2008, 337–339) oder, in anderer Terminologie, zwischen *narration* und *performance* (Fludernik 2008, 363–367), zwischen *written/printed* und *performed* (Jahn 2001, 675), eine Differenzierung, die der traditionellen Unterscheidung zwischen *telling* und *showing* entspricht.

Nach ersten Vorschlägen von Ryan (1991, 87–88) und Fludernik (1996, 349–353) wird die transgenerische Anwendbarkeit von Narratologie auf Dramen systematisch von Korthals (2003, bes. 27–52), Ryan (2005, bes. 11), Richardson (2007), Fludernik (2008) sowie Nünning und Sommer (2002, 2008) und Hühn und Sommer (2014) begründet und ausgeführt. Narrativität aufgrund von Geschehensdarstellung eignet der Dramengattung ebenso wie der Erzählliteratur, auch wenn sie sich in dreierlei Hinsicht von dieser unterscheidet: in der multimedialen Aufführung (gegenüber verbaler Erzählung), im Fehlen (gegenüber dem Vorhandensein) einer personalisierten Erzählerinstanz und in der gleichzeitigen (gegenüber der nachträglichen) Repräsentation der Geschichte. Besonders zwei der für die dramatische Geschehensdarstellung relevanten narratologischen Kategorien sind Gegenstand ausführlicher programmatischer Studien. Die dynamische Kausalität von Plotentwicklung wird von Pavel (1985) auf der Grundlage einer *Move*- oder *Plot*-Grammatik und von Kafalenos (2006, 1–26, 62–103) auf der Basis von Propps System von Funktionen untersucht. Aspekte von Perspektive und Fokalisierung im Drama werden von Pfister (1977) auf der Basis eines Kategorienspektrums mit Differenzierung zwischen Figuren- und Zuschauer- sowie zwischen offenen und geschlossenen Perspektiven analysiert. Korthals (2003) und Weidle (2009) übertragen das Genette'sche System der drei Fokalisierungstypen (interne, externe und Null-Fokalisation) auf das Drama, ähnlich, aber präziser Muny (2008, bes. 87–186, 189), die zwischen Kameratechnik (dem externen Blickpunkt), Fokalisierung (dem perzeptiven, emotiven oder kognitiven Erlebnis*vorgang* von Figuren) und ,Fokussierung' (dem Erlebnis*feld* oder *-inhalt* mit seinen Gegenständen) unterscheidet. Darüber hinaus widmen sich zahlreiche Studien den vielfältigen narrativen Elementen im Drama unterhalb der übergreifenden Geschehensdarstellung auf der Bühne, die Phänomenen in Erzählliteratur entsprechen, wie Prologen, Botenberichten, Erzählungen von Figuren, epischen Erzählern, Rahmenerzählungen, Monologen, selbstreflexiven oder metadramatischen Kommentaren, Metalepsen oder selbstreferentiellen Techniken wie dem Spiel im Spiel (vgl. Überblick in Nünning und Sommer 2008, 337–344, sowie 2011).

Die narratologisch zu beschreibende Dimension der narrativen Vermittlungsmodalität wird in der Dramenforschung selten thematisiert. Chatman (1990, 114–115) schlägt den übergeordneten Begriff *presenter* vor, der sowohl den Erzähler einer sprachlichen Erzählung als auch die komplexe, nicht-personalisierte Gestaltungsinstanz einer auf der Bühne aufgeführten oder auf der Leinwand abgebildeten Geschichte umfasst. Jahn (2001, 670) erklärt, im Rückgriff auf Aczel (1998, 492–494), die Annahme einer Vermittlungsinstanz auch in scheinbar erzählerlosen Schauspielen für pragmatisch notwendig, da Auswahl, Anordnung und Perspektivierung des Geschehens zur Produktion eines kohärenten Schauspiels dem Wirken einer (kollektiven) menschlichen Instanz zuzuschreiben seien (vgl. Nünning und Sommer 2002, 119; Korthals 2003, 111). Diese Instanz kann als komplexes Zusammenwirken von Autor, Regisseur, Dramaturg, Bühnenbildner, Beleuchter etc. oder, wie Chatman (1990, 113–114, 119) argumentiert, als impliziter Autor identifiziert werden. Jahn (2001, 672) und Weidle (2009, 228–230) schlagen den abstrakten Begriff *superordinate narrative agent* bzw. *superordinate narrative system* vor.

Gegen die transgenerische Anwendung der Narratologie auf das Drama sind vereinzelt kritische Einwände erhoben worden. Rajewsky (2007, 58) insistiert auf der Trennung zwischen der narrativen Kommunikation im Roman und der nicht-vermittelten Kommunikation im Drama und bestreitet die Möglichkeit einer heterodiegetischen Erzählung auf der Bühne, wo *discourse* vielmehr stets von Angehörigen der dargestellten Welt geschaffen werde. Schenk-Haupt (2007) unterstützt diese Auffassung im Rückgriff auf Genettes Narrativitätskonzept mit dem Argument, dass extradiegetisches Erzählen im Drama wegen des Fehlens einer direkten extradiegtischen Kommunikation unmöglich sei. Darüber hinaus werfen Rajewsky und Schenk-Haupt der transgenerischen Narratologie vor, die Grenzen zwischen Gattungen und Medien zu nivellieren.

Diese Kritik ist jedoch restriktiv normativen Gattungsvorstellungen verhaftet. Statt Genregrenzen zu verwischen, haben transgenerische Ansätze vielfältig demonstrieren können, dass die Anerkennung des gemeinsamen Merkmals von Narrativität in Erzählliteratur und Dramatik eine genaue Analyse der differentiellen Modalitäten der Strukturierung und Vermittlung von Geschichten in beiden Genres ermöglicht, besonders hinsichtlich Zeit (in der Relation *story* und *discourse*), Perspektive und Bewusstseinswiedergabe. Bezüglich der kontroversen Frage der narrativen Instanz im Drama ist es unabweisbar, dass die Produktion der Aufführung – auch wenn es keinen wahrnehmbaren Vermittler (*presenter*) gibt – einen kollektiven menschlichen Agenten voraussetzt, auch in Fällen, in denen ein epischer Erzähler fehlt.

Ein Beispiel: Shakespeares Macbeth

Die Übertragbarkeit narratologischer Kategorien auf das Drama sei an Shakespeares Tragödie *Macbeth* (UA 1606) angedeutet. Zentraler Aspekt der auf der Bühne repräsentierten Geschehensabfolge ist das Streben des Protagonisten Macbeth nach Gewinn und Erhalt der Königsmacht als höchste Vervollkommnung seines Selbst und Realisierung individueller menschlicher Autonomie. Zwar erreicht Macbeth dies Ziel rasch durch die Ermordung des gegenwärtigen Königs und den Antritt seiner Nachfolge (Ende Akt II), aber in seinem Handeln ist er bis hin zur Erlangung der Königswürde und dann bei deren Bewahrung die längste Zeit nicht autonom, sondern bedarf äußerer Anstöße und Versicherungen, durch die Hexen und durch seine Frau. Die Hexen wecken in ihm allererst das (latent vorhandene) Verlangen nach der Königsmacht mit der Prophezeiung seines bevorstehenden Aufstiegs (I, 3). Seine Frau treibt ihn an, dies Ziel mit Gewalt (Mord) anzustreben (I, 5), und unterstützt ihn aktiv (I, 7; II, 2). Zwar beginnt er sich von ihrer Unterstützung zu emanzipieren, als er ohne seine Frau den Mord an Banquo zur Sicherung der zukünftigen Nachfolge plant (III, 2, 45 ff. [Zeilenangabe nach Shakespeare 1995]), aber später sucht er noch einmal die Hilfe der Hexen, die ihn seiner Unverwundbarkeit versichern und so weiteres Handeln ermöglichen („laugh to scorn / The power of man, for none of woman born / Shall harm Macbeth" [IV, 1, 79–81]). Erst ganz am Schluss (V, 8), im Zweikampf mit Macduff, erlangt er die innere Stärke selbstständigen Handelns, als sein Widersacher ihm die trügerische Sicherheit der Prophezeiung der Hexen raubt („Macduff was from his mother's womb / Untimely ripp'd" [V, 8, 14–16]), und er endlich illusionslos und ohne äußere Stütze weiterkämpft und untergeht. Die Erlangung autonomen Handelns erst im Moment des selbstverschuldeten Untergangs ist das tragische Ereignis dieses Plots. Tragisch und ebenfalls ereignishaft ist ferner, dass Macbeths gesetzloses Handeln zur Erlangung und Absicherung der Macht ihn in seiner moralischen und psychischen Integrität zerstört, statt sie zu konstituieren: Ihm kommt der Sinn des Lebens (und seines eigenen Lebens) vollkommen abhanden, wie er sich in einem Monolog am Ende eingesteht (V, 5, 26–28: „[Life] is a tale / Told by an idiot, full of sound and fury, / Signifying nothing"). Mit dieser mehrschichtigen (mentalen) Ereignishaftigkeit vollzieht das Drama den (für Tragödien) genretypischen Plotverlauf (Skript) vom Aufstieg und Fall des tragischen Helden in Wechselwirkung zwischen eigener Disposition und äußeren Faktoren.

Dieser Plotverlauf wird durch die Segmentierung der Geschichte akzentuiert – von der Niederschlagung der Rebellion gegen den vorigen König durch Macbeth und seinem Mord an ihm bis hin zum schließlichen Sieg der Rebellion gegen ihn selbst. Zentral für die Vermittlung von Relevanz und Sinn dieses Plotverlaufs ist die Perspektivtechnik in der dramatischen Darstellung des Geschehens, bei der Wiedergabe von Aufstieg und Fall des Protagonisten. Zum einen wird dieser Plotverlauf wiedergegeben in einem Wechsel zwischen Einzel- und Kollektivperspektiven, zwischen der Präsentation von Macbeths Handeln in Interaktion mit anderen (aus seiner figurenbezogenen Perspektive) und den Interaktionen und Dialogen der anderen untereinander (mit Etablierung eines kollektiven Blickpunkts), im weiteren Verlauf mit besonderem Fokus auf den Gegenspieler Macduff und die sich formierende Gegenseite. In diesem Fortschreiten der Handlung wird aber zum anderen vor allem die mentale Dimension präsentiert, der Wechsel der jeweils figurenbezogenen Perspektive zwischen Macbeth und denjenigen Figuren, auf die sich sein Handeln stützt (die Hexen, Lady Macbeth), deren Sicht und Absicht in ihren Äußerungen zum Ausdruck kommt. Macbeths interne Perspektive wird zu Beginn noch vereinzelt in dialogischen Äußerungen gegenüber Banquo und Lady Macbeth kommuniziert, dann aber detailliert und explizit in seinen zahlreichen Monologen und *asides* sowie indirekt in der nur für Macbeth sichtbaren Erscheinung von Banquos Geist (III, 4), in der sich Macbeths Schuldgefühle und Ängste verraten (Banquos Nachkommen werden Macbeth beerben). Mittels dieser Perspektivtechnik wird einerseits die Entwicklung von Macbeths anfangs problematischer, schließlich sich festigender Handlungsfähigkeit herausgestellt, unter anderem im Kontrast zur gleichzeitig verfallenden Stärke seiner Frau bis zu ihrem Ende im Wahnsinn. Andererseits unterstreicht diese Technik des Perspektivwechsels Macbeths zunehmende moralische und psychische Desintegration, seinen Verlust an Lebenssinn und seine sich vertiefende Isolation. Durch diese Vermittlung der mentalen Dimension, von Wünschen, Absichten, Wahrnehmungen und Vorstellungen speziell des Protagonisten, gelingt es dem Drama *Macbeth*, mehr als eine äußerliche Geschehensfolge von Aufstieg und Fall eines ehrgeizigen Mannes zu präsentieren: Vorgeführt wird der komplexe Prozess menschlichen Strebens nach Autonomie und seines ereignishaften Scheiterns aufgrund von innerer Schwäche, Sicherheitsbedürfnis, kognitiver Begrenztheit und der Verletzung moralischer Normen.

Literaturverzeichnis

Aczel, Richard (1998). „Hearing Voices in Narrative Texts". In: *New Literary History* 29.3, 467–500.
Aristoteles. *Poetik. Griechisch/Deutsch*. Übers. und hg. von M. Fuhrmann. Stuttgart 1994.
Bernhart, Walter (1993). „Überlegungen zur Lyriktheorie aus erzähltheoretischer Sicht". In: H. Foltinek, W. Riehle, W. Zacharasiewicz (Hgg), *Tales and „their telling difference": Zur Theorie und Geschichte der Narrativik. Festschrift für Franz K. Stanzel*. Heidelberg, 359–375.
Bremond, Claude (1966). „La logique des possibles narratifs". In: *Communications* 8, 60–76.
Chatman, Seymour (1990). *Coming to Terms: The Rhetoric of Narrative in Fiction and Film*. Ithaca, NY.
Fludernik, Monika (1996). *Towards a ‚Natural' Narratology*. London.
Fludernik, Monika (2008). „Narrative and Drama". In: J. Pier, J. Á. García Landa (Hgg.), *Theorizing Narrativity*. Berlin, 353–381.
Genette, Gérard (1994 [1972/1983]). *Die Erzählung*. Übers. von A. Knop. München.
Hühn, Peter (2002). „Reading Poetry as Narrative: Towards a Narratological Analysis of Lyric Poems". In: Ch. Todenhagen, W. Thiele (Hgg.), *Investigations into Narrative Structures*. Frankfurt a. M., 13–27.
Hühn, Peter (2004). „Transgeneric Narratology: Applications to Lyric Poetry". In: J. Pier (Hg.), *The Dynamics of Narrative Form*. Berlin, 139–158.
Hühn, Peter (2005). „Plotting the Lyric: Forms of Narration in Poetry". In: E. Müller-Zettelmann, M. Rubik (Hgg.), *Theory into Poetry*. Amsterdam, 147–172.
Hühn, Peter, und Jens Kiefer (2005). *The Narratological Analysis of Lyric Poetry: Studies in English Poetry from the 16th to the 20th Century*. Berlin.
Hühn, Peter, und Jörg Schönert (2002). „Zur narratologischen Analyse von Lyrik". In: *Poetica* 34, 287–305.
Hühn, Peter, und Roy Sommer (2014). „Narration in Poetry and Drama". In: P. Hühn, J. Ch. Meister, J. Pier, W. Schmid, (Hgg.), *Handbook of Narratology*. 2 Bde. 2. Aufl. Berlin, Bd. 1, 419–434.
Jahn, Manfred (2001). „Narrative Voice and Agency in Drama: Aspects of a Narratology of Drama". In: *New Literary History* 32, 659–679.
Kafalenos, Emma (2006). *Narrative Causalities*. Columbus, OH.
Korthals, Holger (2003). *Zwischen Drama und Erzählung: Ein Beitrag zur Theorie geschehensdarstellender Literatur*. Berlin.

Kraan, Menno (1991). „Towards a Model of Lyric Communication: Some Historical and Theoretical Remarks". In: *Russian Literature* 30, 199–230.
Lotman, Jurij (1972 [1970]). *Die Struktur literarischer Texte*. Übers. von R.-D. Keil. München.
McHale, Brian (2005). „Narrative in Poetry". In: D. Herman, M. Jahn, M.-L. Ryan (Hgg.), *Routledge Encyclopedia of Narrative Theory*. London, 356–358.
Müller-Zettelmann, Eva (2000). *Lyrik und Metalyrik: Theorie einer Gattung und ihrer Selbstbespiegelung anhand von Beispielen aus der englisch- und deutschsprachigen Dichtkunst*. Heidelberg.
Müller-Zettelmann, Eva (2002). „Lyrik und Narratologie". In: A. Nünning, V. Nünning (Hgg.), *Erzähltheorie transgenerisch, intermedial, interdisziplinär*. Trier, 129–153.
Muny, Eike (2008). *Erzählperspektive im Drama: Ein Beitrag zur transgenerischen Narratologie*. München.
Nünning, Ansgar, und Roy Sommer (2002). „Drama und Narratologie: Die Entwicklung erzähltheoretischer Modelle und Kategorien für die Dramenanalyse". In: V. Nünning, A. Nünning (Hgg.), *Erzähltheorie transgenerisch, intermedial, interdisziplinär*. Trier, 105–128.
Nünning, Ansgar, und Roy Sommer (2008). „Diegetic and Mimetic Narrativity: Some further Steps towards a Narratology of Drama". In: J. Pier und J. Á. García Landa (Hgg.), *Theorizing Narrativity*. Berlin, 331–354.
Nünning, Ansgar, und Roy Sommer (2011). „The Perfomative Power of Narrative in Drama: On the Forms and Functions of Dramatic Storytelling in Shakespeare's Plays". In: G. Olson (Hg.), *Current Trends in Narratology*. Berlin, 200–231.
Pavel, Thomas (1985). *The Poetics of Plot: The Case of English Renaissance Drama*. Manchester.
Pfister, Manfred (1977). *Das Drama: Theorie und Analyse*. München.
Propp, Vladimir (1972 [1928]). *Morphologie des Märchens*. München.
Rajewsky, Irina O. (2007). „Von Erzählern, die (nichts) vermitteln: Überlegungen zu grundlegenden Annahmen der Dramentheorie im Kontext einer transmedialen Narratologie". In: *Zeitschrift für französische Sprache und Literatur* 117, 25–68.
Richardson, Brian (2007). „Drama and Narrative". In: D. Herman (Hg.), *The Cambridge Companion to Narrative*. Cambridge, 142–155.
Rilke, Rainer Maria (1986). *Die Gedichte*. Frankfurt a. M.
Ryan, Marie-Laure (1991). *Possible Worlds, Artificial Intelligence, and Narrative Theory*. Bloomington.
Ryan, Marie-Laure (2005). „On the Theoretical Foundations of Transmedial Narratology". In: J. Ch. Meister (Hg.), *Narratology beyond Literary Criticism: Mediality, Disciplinarity*. Berlin, 1–23.
Schank, Roger, und Robert Abelson (1977). *Scripts, Plans, Goals and Understanding. An Inquiry into Human Knowledge*. Hillsdale.
Schenk-Haupt, Stefan (2007). „Narrativity in Dramatic Writing: Towards a General Theory of Genres". In: *Anglistik* 18.2, 25–42.
Schmid, Wolf (2014). *Elemente der Narratologie*. 3. erw. und überarb. Aufl. Berlin/Boston.
Schönert, Jörg (2004). „Normative Vorgaben als ‚Theorie der Lyrik'? Vorschläge zu einer texttheoretischen Revision". In: G. Frank, W. Lukas (Hgg.), *Norm – Grenze – Abweichung. Kultursemiotische Studien zu Literatur, Medien und Wirtschaft. Michael Titzmann zum 60. Geburtstag*. Passau, 303–318.
Schönert, Jörg, Peter Hühn und Malte Stein (2007). *Lyrik und Narratologie: Text-Analysen zu deutschsprachigen Gedichten vom 16. bis zum 20. Jahrhundert*. Berlin.

Seemann, Klaus Dieter (1984). „Die Kommunikationsstruktur im lyrischen Gedicht". In: W. Schmid, R. Döring-Smirnov, P. Rehder (Hgg.), *Text, Symbol, Weltmodell. Johannes Holthusen zum 60. Geburtstag.* München, 533–554.

Semino, Elena (1995). „Schema Theory and the Analysis of Text Worlds in Poetry". In: *Language and Literature* 4, 79–108.

Semino, Elena (1997). *Language and World Creation in Poems and Other Texts.* London. 117–194.

Shakespeare, William (1995). *Macbeth.* Zweisprachige Ausg. Übers. von F. Günther. München.

Stanzel, Franz K. (1979). *Theorie des Erzählens.* Göttingen.

Stillinger, Jack (1985). „The Plots of Romantic Poetry". In: *College Literature* 12, 95–112.

Todorov, Tzvetan (1969). *Grammaire du Décaméron.* Den Haag/Paris.

Todorov, Tzvetan (1972). „Grammatik und Erzählgrammatik". In: T. Todorov, *Poetik der Prosa.* Übers. von H. Müller. Frankfurt a. M., 115–125.

Weidle, Roland (2009). „Organizing the Perspectives: Focalization and the Superordinate Narrative System in Drama". In: P. Hühn, W. Schmid, J. Schönert (Hgg.), *Point of View, Perspective, and Focalization. Modeling Mediation in Narrative.* Berlin, 221–242.

Weststeijn, Willem G. (1989). „Plot Structure in Lyric Poetry: An Analysis of Three Exile Poems by Aleksandr Puškin". In: *Russian Literature* 26, 509–522.

III.4 Rezeption

Werner Wolf
III.4.1 Ästhetische Illusion

1 Definition

Ästhetische Illusion – in Kurzform, auch historisch, oft nur ‚Illusion' – ist ein unter vielen Bezeichnungen (häufigste Alternative neben ‚transportation', vgl. Gerrig 1993; Green, Brock 2000: ‚Immersion'; vgl. Ryan 1991; Schaeffer und Vultur 2005; Wolf et al. 2013) geführtes wirkungsästhetisches Phänomen, das unter bestimmten Bedingungen bei der Rezeption von darstellenden Artefakten im Rezipientenbewusstsein entstehen kann und auch häufig entsteht. Es handelt sich dabei um einen Eindruck von variabler Intensität, emotional und vorstellungsmäßig in einer dargestellten Welt anwesend (‚immergiert' oder ‚rezentriert') zu sein und diese analog (aber nicht identisch) zur Wirklichkeit als Gegenwärtige zu erfahren, selbst wenn es sich um Geschichten der Vergangenheit handelt. Im Gegensatz zur Illusion als Irrtum, Sinnestäuschung oder Halluzination, aber auch zur ‚magischen bzw. rituellen Illusion' einer archaischen Wahrnehmung von Artefakten, bei der diese mit der Realität gleichgesetzt werden, besitzt ästhetische Illusion stets ein Moment latenter rationaler Distanz als Folge des kulturell erworbenen Wissens um den Artefaktstatus des Wahrgenommenen (vgl. Wolf 2013d [1997], 327; wie auch insgesamt für diesen Artikel Wolf 2014 [2009] sowie 2013a).

2 Allgemeine Aspekte der ästhetischen Illusion

Die Existenz von Distanz als Gegengewicht zu und Relativierung der in der Regel als attraktiv empfundenen Immersion erlaubt es, ästhetische Illusion von der (epistemologischen) ‚Illusion' als Irrtum oder Trug(bild) zu unterscheiden, macht ästhetische Illusion aber zu einem ambivalenten Phänomen: Sie ist angesiedelt auf einer Skala zwischen den Polen ‚völliger Distanz' und ‚gänzlicher Immersion' – *zwischen* ihnen, da deren Erreichen sie zum Verschwinden brächte. Denn völlige Distanz ließe keinen Raum mehr für Immersion, und gänzliche Immersion würde ästhetische Illusion in Delusion verwandeln (der Begriff ‚Illusion' weicht also vom Alltagsgebrauch ab – was Troscianko [2017] kritisiert –, ist aber durch eine lange Begriffsgeschichte gerechtfertigt). Die Konzeptionalisierung einer Bipolarität erlaubt überdies das Erfassen verschiedener Intensitätsgrade von ästhetischer Illusion wie auch von ‚Illusionsdurchbrechung' im Rahmen ganzer

Werke oder auch nur von Werkteilen. Ästhetische Illusion selbst wird dabei in der Regel nahe am Pol ‚Immersion' gelagert sein, während Illusionsdurchbrechung (die freilich Illusion zumindest im kulturellen Repertoire voraussetzt) als mehr oder weniger starke Aktualisierung von Distanz aufzufassen und daher eher in der Nähe zum Pol ‚Distanz' anzusiedeln ist.

Distanz und Immersion als Konstituenten ästhetischer Illusion unterscheiden sich ihrer Natur nach ebenso wie nach ihren Inhalten: Wesen der Distanz ist ihre Rationalität, ihr Inhalt ein kulturell erworbenes metareferentielles Medien- bzw. Artefaktbewusstsein, d. h. ein Wissen um die mediale Grundlage der Vermittlung aller Repräsentation. Es handelt sich um jene Differenz zwischen Lebenswelt und dargestellten Welten, welche z. B. kleine Kinder oder auch Don Quijote mit seiner *locura* (‚Narrheit') (noch) nicht (voll ausgeprägt) besitzen, weshalb denn auch der Ritter von der traurigen Gestalt im 26. Kapitel des zweiten Buchs von *Don Quijote* meint, in das Puppenspiel des Don Pedro eingreifen zu müssen. Demgegenüber ist das Wesen der Immersion eine imaginative Aktivität, welche diverse, quasi-perzeptive, emotionale, ggf. sensomotorische (vgl. Kuzmičová 2012) wie auch rational-kognitive Aspekte umfasst und zu einer imaginären (nicht nur visuellen) Quasi-Wahrnehmung führt, die in Analogie zur lebensweltlichen Wahrnehmung strukturiert ist, allerdings durch das Medienbewusstsein des Illudierten relativiert wird. Der Inhalt dieser Quasi-Wahrnehmung ist stets eine dargestellte, scheinbar gegenwärtige Welt und betrifft damit zuvorderst die Inhalts- und nicht die Vermittlungsebene einer Darstellung (letztere nur insoweit, als sie z. B. in der plastischen Ausgestaltung einer Erzählsituation selbst Elemente einer erzählten Welt höherer Ordnung annimmt; zu dieser ‚Erzählillusion' in Romanen und Kurzgeschichten vgl. Nünning 2000). Wesentlich für die Natur der Immersion während der Dauer der ästhetischen Illusion ist für den Rezipienten eine weitgehende Abschottung von der realen Rezeptionssituation wie auch seine scheinbare Rezentrierung innerhalb der dargestellten Welt bzw. an einem Ort, der zu dieser in Beziehung steht (das kann auch eine ‚Vogelperspektive' sein). Hierzu ist die Identifikation mit einem solchermaßen innerweltlichen ‚Blickpunkt' erforderlich, nicht jedoch unbedingt die Identifikation mit einer bestimmten Figur (denn auch Landschaftsschilderungen ohne dargestellte Figuren können ästhetische Illusion erzeugen). Trotzdem ist vor allem Empathie mit sympathisch gezeichneten Figuren ein oft mit ästhetischer Illusion einhergehender Affekt. In jedem Fall ist das scheinbare Miterleben der dargestellten Welt analog zur Wirklichkeitswahrnehmung das zentrale Moment der Immersion und daher auch der Illusion, die damit wesentlich ‚Erlebnisillusion' ist (das Fürwahrhalten des Miterlebten in Form einer ‚Referenzillusion' ist dagegen zweitrangig; vgl. Wolf 2008). Ein weiteres allgemeines Merkmal gelungener immersiver Rezentrierung ist die Tendenz, die Bedingungen der Immersion auszublenden: indem die gleichwohl, quasi im

Hinterkopf des Rezipienten vorhandene Distanz und deren Inhalte (neben der Medialität kann das bei Erzählungen auch deren Vergangenheitsdimension sein) in Latenz gehalten werden, da dem ästhetisch Illudierten die dargestellte Welt in lebendiger, quasi unvermittelter Gegenwärtigkeit erscheint. Von dieser Latenz kann die Distanz dennoch – durch werkseitige Verfahren der Illusionsdurchbrechung, durch Einwirken kontextueller Faktoren oder den Willen des Rezipienten – wieder in die Aktualität geholt werden. *Ästhetische Illusion* ist daher nicht nur von variabler Intensität, sondern auch oftmals instabil, da sie eine Reihe von imaginativen Aktivitäten und Ausblendungen erfordert. Solange der dominante Faktor der ästhetischen Illusion, die Immersion, vorherrscht, eignet ihr ein aktives Moment, während die Distanz einer eher passiven Haltung entspricht; im Zustand gefühlter Illusionsdurchbrechung ist es umgekehrt.

Bei aller Ähnlichkeit zwischen ästhetisch-illusionistischer Quasi-Erfahrung dargestellter Welten und lebensweltlicher Erfahrung sind doch einige wesentliche Unterschiede vorhanden: So können wir im Umgang mit dargestellten Welten in der Regel (mit Ausnahme bestimmter interaktiver, vor allem digitaler Welten) unseren Standpunkt nicht wählen, da er ebenso vorgegeben ist wie die Detailliertheit der Darstellung (in der Lebenswelt können wir *ad libitum* Einzelheiten betrachten), und wir werden auch – im Gegensatz zu Don Quijote – z. B. bei Theateraufführungen nicht versuchen, in die Darstellung einzugreifen.

3 Grundlegende Faktoren der Illusionsbildung (I): (Kultureller) Kontext und Rezipient

Wie alle wirkungsästhetischen Phänomene ist ästhetische Illusion das Produkt mehrerer grundlegender Faktoren, die nach Gombrich (1977 [1960], 169) als Elemente einer „guided projection" aufgefasst werden können: Dies sind zunächst einmal verschiedene Rahmenbedingungen der Rezeption (quasi der Projektionsraum). Zu diesen zählt zuvorderst der kulturhistorische Kontext. Dieser variable Faktor stellt z. B. das Konzept der ästhetischen Illusion wie auch dasjenige einer bestimmten ästhetischen Einstellung zur Verfügung und ermöglicht es so, sich auf ein durch Artefakte ausgelöstes und im Begriff der ‚In-lusion' mitschwingendes Vorstellungs*spiel*, ein „game of make-believe" (Walton 1990, 35 et passim), einzulassen. Derselbe Kontext ist auch für die Enkulturation des Rezipienten mitverantwortlich. Er liefert überdies die epistemischen Bedingungen der Wahrscheinlichkeit als für die ästhetische Illusion wichtiges Element, welches die Analogie zwischen Erfahrung des Dargestellten und Wirklichkeitserfahrung reguliert. Ferner sind in diesem Zusammenhang die situativen (z. B. räumlichen)

Kontexte relevant, in denen die Rezeption stattfindet, wie auch Gattungskonventionen. Letztere sind auch insofern von Bedeutung, als sie die Anwendbarkeit bzw. Modifikation des historisch veränderlichen Konzepts der Wahrscheinlichkeit bzw. Plausibilität mitbeeinflussen (in der *fantasy fiction* wird manches als plausibel erscheinen, das in einem realistischen Roman als illusionsbrechende Unwahrscheinlichkeit wirken würde). Schließlich ist auch der technische und ästhetische Entwicklungsstand des jeweiligen Mediums bzw. der jeweiligen Kunstform in Anschlag zu bringen, denn was z. B. im Kinofilm der 1950er Jahre im Bereich der *special effects* noch als *state of the art* gelten konnte und daher weitgehend akzeptabel erschien, würde in der Gegenwart womöglich illusionsstörend wirken, da technisch Veraltetes zu sehr Bedingungen und Grenzen des Mediums spüren ließe.

Der zweite grundlegende Faktor ästhetischer Illusion ist der Rezipient. Er fungiert quasi als Regisseur oder Direktor jenes inneren Theaters, in dem das vom potentiell illusionistischen Artefakt Repräsentierte zuallererst als (Quasi-)Wirklichkeit vorstell- und erlebbar werden muss, soll ästhetische Illusion gelingen. Damit kommt erneut ein höchst variabler Faktor ins Spiel, denn zahlreiche individuelle Prädispositionen und Bezüge – u. a. zu den oben erwähnten Kontexten – können sowohl das Gelingen der Illusion wie auch deren rezipientenseitige Basis beeinflussen (zumindest was ihre willkürliche Seite anbelangt): nämlich jenen ‚Kontrakt' zwischen Rezipient und Artefakt bzw. Autor, den Coleridge (1965 [1817], 169) mit der bekannten Formel der „willing suspension of disbelief for the moment" beschrieb. Zwar können illusionistische Werke einen starken Sog ausüben (und damit einen unwillkürlichen Anteil an der Illusion aktivieren, der wohl unserer anthropologischen Prädisposition zum Rollenspiel und zur Imaginierung von *hic et nunc* entzogenen Welten geschuldet ist), aber letztlich ist immer die Option gegeben, bewusst oder zumindest de facto den Kontrakt, der eine illusionsfreundliche Einstellung sichern soll, nicht einzugehen. An dessen Stelle könnte z. B. die Einstellung eines Literaturwissenschaftlers treten, der sprachliches Material einer strukturellen Analyse unterzieht (für solche und ähnliche Fälle eignete sich Gerrigs Formel der „willing construction of disbelief" [Gerrig 1993, 230]). Subjektive Motivation dafür, im Zustand von „disbelief" zu bleiben, kann u. a. das Nicht-Akzeptieren der z. B. weltanschaulichen ‚Tendenz' eines Werkes sein, das aus diesem Grund als (schlecht oder tendenziös) konstruiert erscheint, womit seine Medialität eben nicht hinlänglich in der Latenz bleibt. Ferner wird der Wille und die Fähigkeit, sich in konkreten Fällen ‚immergieren' zu lassen, u. a. vom Erfahrungshorizont, Alter und Geschlecht, von kulturellen Hintergründen, von ästhetischer und medialer *literacy* und der Rezeptionssituation abhängen.

4 Grundlegende Faktoren der Illusionsbildung (II): Das Werk/Artefakt

Der dritte Faktor der ästhetischen Illusion als ‚guided projection' ist schließlich das (potentiell) illusionistische Artefakt selbst (bzw. eine Aufführung), gleichsam das die Vorstellung des Rezipienten lenkende und zuallererst auslösende Skript. Aus dem vielfältigen Korpus mehr oder wenig (oder gar nicht) illusionsbildender Werke lassen sich einige Grundbedingungen, allgemeine Charakteristika und Prinzipien werkseitiger Illusionsbildung ableiten.

Die zentralen Grundbedingungen sind, dass ein unmittelbarer und objektiv gegebener Auslöser vorhanden ist (ein Artefakt, gegebenenfalls auch eine Aufführung – im Gegensatz zur Subjektivität von Traum und Halluzination und der Immaterialität ihrer direkten Auslöser) und dass das betreffende, illusionsauslösende Werk ein darstellendes ist, in neuerer Terminologie (vgl. Nünning et al. 2010), dass in ihm *worldmaking* stattfindet, also eine Welt dargestellt wird – im Gegensatz zu nicht-darstellenden Artefakten, z. B. abstrakter Malerei und dem Großteil der Instrumentalmusik (vgl. hierzu eine nuancierte Diskussion bei Bernhart 2013), aber auch zur Natur bzw. der Welt selbst. *Keine* Grundbedingung ist dagegen folgendes: Ästhetische Illusion ist nicht an ein bestimmtes Medium (etwa die buch-vermittelte fiktionale Literatur) gebunden, sondern grundsätzlich transmedial (vgl. Wolf et al. 2013), wenn es hier auch medienspezifische Eignungsgrade zur Auslösung von ästhetischer Illusion gibt. Ästhetische Illusion kann z. B. ein Effekt nicht nur von Erzählkunst, sondern auch von Drama und Lyrik (vgl. Wolf 2013b) sein, aber auch – unter besonderen Bedingungen – von bestimmten Formen der Architektur (vgl. Bieger 2013). Ferner sind hier zu nennen: die verschiedenen Formen der bildenden Kunst einschließlich der Skulptur (vgl. Wolf 2013c) und zum Teil multimedialer *Trompe-l'œil*-Darstellungen (s. Hedinger 2010a), die Fotografie, der Film sowie digitale Repräsentationen in all ihren Erscheinungsformen (z. B. auch im *role-playing game*; vgl. Klimek 2012), am eindrücklichsten in den Versuchen, eine möglichst überzeugende *virtual reality* (vgl. Grau 2003), zum Teil auch als *augmented reality* (die Kombination von Realität und Simulationen; vgl. Dörner et al. 2013), zu erzeugen. Eine ähnliche Flexibilität wie im Bereich der relevanten Medien gilt für die weitgehende Unabhängigkeit ästhetischer Illusion von bestimmten Gattungen (sie ist damit auch transgenerisch). Ferner ist sie – im Gegensatz zu verbreiteten Auffassungen (Walton 1990; Schaeffer 1999; Bareis 2008) – nicht an Fiktionalität gebunden, sondern kann auch von faktualen Darstellungen ausgelöst werden (vgl. Wolf 2008; Green, Brock 2000). ‚Referenzillusion', d. h. der Schein von Faktualität, ist daher nur auf bestimmte fiktionale Werke beschränkt und für ästhetische Illusion insgesamt nicht zentral. Des Weiteren ist ästhetische Illusion – obwohl es auch hierzu andere Auffassungen gibt (z. B. Schaeffer und Vultur 2005) – auch ‚transmodal', d. h. sie kann von mehr als einem ‚semiotischen Makromodus' (einer grundlegenden Organisations- und Konfigurationsform von Zeichen) veranlasst werden: nicht nur von der Narration, sondern auch von der Deskription. Allerdings besteht wegen der Dynamik und Ereignishaftigkeit des Erzählens und seiner Fähigkeit, dadurch eine intensive Erlebnisqualität zu erlangen, aber auch wegen der grundsätzlichen menschlichen Prädisposition zum Erzählen als Vermittlung von Erlebtem eine besondere Nähe zwischen dem Narrativen und der ästhetischen Illusion. Schließlich kommen als Auslöser der Illusion nicht nur Werke der ‚Hochkunst' infrage, sondern auch ‚Trivialkunst' (vgl. Felski 2008) sowie generell alle darstellenden Medien unabhängig von ihrer ästhetischen Wertigkeit. Das Element ‚ästhetisch' innerhalb des Begriffes der ‚ästhetischen Illusion' bezieht sich daher nicht auf einen hohen künstlerischen Wert, sondern auf jene ästhetischer Einstellung inhärente Distanz (siehe oben) und jene, in der Etymologie des Begriffs angedeutete (Quasi)Wahrnehmbarkeit, die bei der Rezeption von Kunst besonders typisch ist, allerdings nicht auf diese beschränkt werden kann.

Was die werkseitigen Charakteristika und zugrunde liegenden Prinzipien einer illusionsbildenden Gestaltung anbelangt, so wären grundsätzlich auch die Bedingungen, Potentiale und Grenzen einzelner Medien mitzuberücksichtigen, was allerdings hier zu weit führen würde. Daher sind die folgenden Ausführungen auf den ‚klassischen Typ' einer um lebensnahe Wahrscheinlichkeit bemühten Erzählkunst bezogen, wie er sich im Prototyp illusionistischen Erzählens, im realistischen Roman des 19. Jahrhunderts, manifestiert (vgl. hierzu ausführlicher Wolf 1993a, Kap. 2 und 3). Anschlussmöglichkeiten an andere Medien und Gattungen wie auch z. B. zum Drama sind indes mit Modifikationen durchaus möglich.

Charakteristika typischer illusionsbildender Erzählwerke (im Gegensatz zu illusionsstörenden, z. B. postmodern-experimentellen Werken) sind im Einzelnen (vgl. auch Wolf 2013a, 37–42):

a) Die Inhalts- oder *histoire*-Ebene ist die dominante Ebene, da sich auf dieser eine komplexe, kohärente und in ihrem Inventar lebensnahe Erzählwelt entfaltet, die in der Regel von einer gewissen Extension ist und dem Rezipienten Interessantes bietet;

b) die Vermittlungs- oder *discours*-Ebene bleibt demgegenüber relativ im Hintergrund und wirkt als ‚transparentes Fenster', das den Blick unproblematisch auf die Erzählwelt freigibt bzw. ermöglicht und deren offensichtlichster Beitrag darin besteht, die Erzählwürdigkeit (*tellability*; Pratt 1977, 140) der dargestellten Welt und des in dieser ablaufenden Geschehens sowie deren Kohärenz und Wahrscheinlichkeit zu unterstützen oder zu generieren;

c) Inhalts- wie Vermittlungsebene tendieren zu ernsthafter und ernst zu nehmender Darstellung, und

d) illusionsbildende Werke sind dominant heteroreferentiell und nicht oder nur gering metareferentiell.

Ad a) Die Dominanz der Inhaltsebene ergibt sich aus dem Umstand, dass auf dieser Ebene die Welt erstellt wird, in welcher der Rezipient durch Immersion rezentriert werden soll. Eine gewisse Extension ist für Illusionswelten typisch, da Illusionsbildung in der Regel ein Prozess ist, der sich allmählich bei der Rezeption einstellt und der eine ausreichende Dauer (oder Intensität) haben muss, um den Übergang von lebensweltlicher Wahrnehmung zu imaginärer Quasi-Wahrnehmung im Zustand ästhetischer Illusion zu gewährleisten. Die relative Komplexität einer solchen dargestellten Welt ist insofern illusionsfördernd, als sich dadurch besonders offensichtlich eine Analogie zur Erfahrung der Lebenswelt ergibt. Die Wahrscheinlichkeit und die Kohärenz z. B. realistischen Erzählens sind im Grunde Aspekte einer allgemeineren Qualität illusionistischer Welten, nämlich ihrer relativ leichten Zugänglichkeit (zur Graduierbarkeit der Zugänglichkeit dargestellter Welten vgl. Ryan 1991, 32–33). Im realistischen Roman wird dies u. a. dadurch ermöglicht, dass die Erzählwelten nach der Bekanntheit von Ort und Zeit der Handlung, aber auch mit Blick auf die behandelten Themen, impliziten Normen und epistemologischen Grundüberzeugungen hinsichtlich einer ‚Lesbarkeit' der Welt scheinbare Extensionen der Erlebniswelten der zeitgenössischen Leserschaft sind.

Ad b) Eine weitgehende Unscheinbarkeit und Transparenz der Vermittlungsebene, die für die Medialität, aber auch die, bei Lichte betrachtet, Künstlichkeit und damit potentiell distanzschaffende Qualität der dargestellten Welt (mit)verantwortlich zeichnet, ist die Kehrseite der Dominanz der Inhaltsebene, von der möglichst wenig abgelenkt werden und deren Künstlichkeit verdeckt bleiben soll.

Ad c) Die Tendenz zur Ernsthaftigkeit typisch illusionistischer Welten hängt mit der Vermeidung von distanzschaffenden Momenten zusammen. Komik impliziert emotionale Distanz, die im Gegensatz zum illusionsfördernden emotionalen Engagement des Rezipienten steht und eine Analogie zur rationalen Distanz als Gegenpol der Immersion bildet. Dies heißt nun nicht, dass komische Werke von der Illusionsbildung gänzlich ausgeschlossen wären; die in diesen erzielte Illusionsbildung kann jedoch leichter in Illusionsdurchbrechung kippen und ist in der Regel auch weniger intensiv als bei ernsten Darstellungen. Der realistische Roman des 19. Jahrhunderts (wie auch z. B. illusionistische Fantasyklassiker wie Tolkiens *Lord of the Rings*) tendieren daher typischerweise zu ernster Darstellung. Der Bezug Ernst – Illusion vs. Komik – Illusionsdurchbrechung kann auch im Drama beobachtet werden: Die Tragödie tendiert zu starker ästhetischer Illusion (bereits Aristoteles' Tragödientheorie setzt Empathie in den zentralen Momenten *eleos* – Mitleid – und *phobos* – Furcht – voraus), während die Komödie zur Illusionsdurchbrechung neigt (vgl. Warning 1976).

Ad d) Die Dominanz von ‚Heteroreferenz' (Referenz auf Phänomene jenseits des Zeichensystems bzw. von Zeichensystemen überhaupt) ergibt sich aus der Grundbedingung illusionistischer Artefakte, nämlich ihrer darstellenden Qualität: Sie evozieren eine Wirklichkeit, die außerhalb des Artefakts und seiner Bedingungen zu liegen und diesem vorgängig zu sein scheint. Implizit wie explizit metareferentielle Verweise auf die Künstlichkeit oder gar ‚Unwahrheit' des Dargestellten werden daher weitgehend vermieden (wenn auch ein gewisser Grad an insbesondere ‚affirmativer' Metareferentialität, etwa in Authentizitätsfiktionen, illusionskompatibel ist). Jedenfalls dominiert metareferentielle Selbstbespiegelung in illusionistischen Werken nie die heteroreferentielle Erstellung einer Welt. Der realistische Roman des 19. Jahrhunderts als Vertreter einer historischen Form mimetischer Darstellung steht beispielhaft für diese Verhältnisse. Das bedeutet indes weder, dass Mimesis allein illusionsgenerierend wirkt, noch, dass illusionistische Werke immer in einem engeren Sinn mimetisch sein oder die Ästhetik des realistischen Erzählens im 19. Jahrhundert erfüllen müssen; sie können z. B. durchaus auch Gattungen wie *fantasy fiction*, *science fiction*, Schauerroman usw. angehören und aus anderen Epochen (z. B. dem Modernismus) entspringen.

Aus dem Korpus illusionsbildender Werke lässt sich eine Reihe von Prinzipien (vgl. Wolf 1993a, Kap. 2.2.; Wolf 2013a, 42–51) ableiten, welche für das charakteristische Erscheinungsbild insbesondere von typisch illusionistischen Erzähltexten (aber wohl auch darüber hinaus) verantwortlich sind und allesamt auf eine Analogie zu den Strukturen bzw. Prinzipien lebensweltlicher Erfahrung rückführbar sind (hier ist grundsätzlich Ryans [1991, 51] „principle of minimal departure" in Anschlag zu bringen, wenn auch in Einzelfällen, z. B. aufgrund von Gattungskonventionen oder einem bestimmten historischen Entwicklungsstand Abweichungen möglich sind):

1. das Prinzip der Gattungs-, Modus- und Mediumsadäquatheit, d. h., in Analogie zu unserer lebensweltlichen Gebundenheit an Wahrnehmungs-,‚Medien' – vor allem unseren Körper – und andere Kontexte, die Berücksichtigung der Grenzen und Möglichkeiten des darstellenden Mediums, des gewählten Modus, z. B. des Narrativen, und der gewählten Gattung (eine mangelnde Berücksichtigung der Möglichkeiten und Grenzen des Mediums oder Modus würde dieses bzw. diesen selbst in den Blick rücken; Ähnliches gilt für unmotivierte Abweichungen von Gattungskonventionen);
2. das Prinzip einer Welterstellung nach den Grundsätzen leichter Zugänglichkeit (nicht visueller) ‚Anschaulichkeit' und (ggf. sensomotorischer) Erfahrbarkeit (analog zur Zugänglichkeit, ‚Anschaulichkeit' und Erfahrbarkeit der Lebenswelt);

3. das Prinzip der Kohärenz (bezogen auf die dargestellte Welt in Analogie zu den Sinnprinzipien wie räumliche und zeitliche Kontinuität, Kausalität usw., mithilfe derer wir die Lebenswelt erfassen);
4. das Prinzip der Perspektivität (die Tendenz, u. a. in der Geschichte illusionsbildender Erzählkunst Analogien zu den an Standort und Horizont gebundenen perspektivischen Beschränkungen der Wirklichkeitswahrnehmung zu entwickeln);
5. das Prinzip der Interessantheit, d. h. die Tendenz, u. a. ein emotionales Interesse an der dargestellten Welt zu erwecken in Analogie zu der nach Relevanz- und Aufmerksamkeitskriterien erfolgenden Selektivität lebensweltlicher Wahrnehmung (hierzu kann auch die ästhetische Interessantheit der Darstellung gehören, solange diese nicht mit dem folgenden Prinzip konfligiert);
6. das in einer gewissen Spannung zu metareferentiellem Selbstbespiegeln des Mediums stehende Prinzip des *celare artem*, des Verhüllens des darstellenden Mediums und seiner Künstlichkeit in Analogie zur Unbewusstheit und Latenz der Bedingungen und Beschränkungen lebensweltlicher Wahrnehmung im Akt der Wahrnehmung selbst.

5 Funktionen der ästhetischen Illusion

Die Attraktivität der ästhetischen Illusion ist untrennbar mit ihren vielfältigen Funktionen verbunden, von denen hier nur einige angedeutet werden können: Ästhetische Illusion kommt offenbar anthropologischen Prädispositionen entgegen und hat wohl auch evolutionäre Vorteile, denn sie schult unser Vermögen, in der Vorstellung die Perspektive und das Erleben anderer Menschen zu übernehmen und trägt damit bei zum Training unserer Befähigung zu einer *Theory of Mind* (der Fähigkeit, sich in andere Gedankenwelten zu versetzen). Sie kommt ferner unserem (neugierigen) Streben entgegen, die Grenzen uns bekannter Erlebnis- und Zeiträume zu überschreiten, und bereitet so auch auf noch nicht selbst erfahrene Situationen, Probleme und Gefahren der Realität im harmlosen Raum der Imagination vor. Illusionistisch miterlebte Welten liefern dabei nicht nur sachliche Informationen, sondern vermitteln auch das Gefühl, wie es wäre, ‚in der Haut' eines anderen zu stecken oder bestimmte Situationen und Handlungen sowie deren Konsequenzen zu erleben. Die Lust an der Illusion mag zu einem Teil als Prämie für das Schulen dieser Fähigkeiten angesehen werden. Darüber hinaus kann gerade diese lustvolle Dimension der ästhetischen Illusion auch quasi als ‚Köder' für weitere Ziele eingesetzt werden, z. B. zur leichteren Vermittlung didaktischer Inhalte oder für ästhetische Zwecke. Aus kulturhistorischer

Perspektive mag der Umstand, dass ästhetische Illusion vor allem in Perioden zunehmender Säkularisierung besonders intensiviert wurde, mit einer Kompensationsfunktion erklärt werden: Wo die Überzeugungskraft dargestellter Welten (und deren Künstlichkeit) nicht mehr zu einem beträchtlichen Teil aus kontextuellen Sinnsystemen bezogen werden kann, muss das Werk selbst für diese Überzeugungskraft sorgen – mithilfe der ästhetischen Illusion. In der säkularen Gegenwart westlicher Gesellschaften scheint dies zwar mit der Illusionsfeindlichkeit der jüngsten kulturellen ‚Epoche', der Postmoderne, in Spannung zu stehen. Man sollte jedoch nicht übersehen, dass postmodernes Experimentieren nur einen kleinen, hochkulturellen Teil der Artefaktproduktion ausmacht und demgegenüber gerade in der zumindest literarischen Erzählkunst gegenwärtig eine Renaissance der ästhetischen Illusion zu verzeichnen ist. Auch populäre Medien, deren Konsum quantitativ besonders zu Buche schlägt, haben sich in Richtung einer immer intensiveren und perfekteren Illusionierung (u. a. durch digitale virtuelle Welten) entwickelt, so dass die Gegenwart insgesamt geradezu als Zeitalter medialer Illusionierung vor allem im visuellen bzw. multimedialen Bereich bezeichnet werden könnte.

6 Wissenschaftliche Herangehensweisen zur Erhellung der ästhetischen Illusion

Die ästhetische Illusion ist ein facettenreiches Phänomen, das sich einer Vielzahl von wissenschaftlichen Herangehensweisen öffnet (vgl. z. B. Burwick und Pape 1990). Historisch ist wohl die früheste Herangehensweise eine evaluative, und hier zeigt sich, dass ästhetische Illusion ein durchaus kontroverses Phänomen ist, das Befürworter und Gegner auf den Plan ruft. Die Auseinandersetzung beginnt wahrscheinlich bereits in der unterschiedlichen Einschätzung von Mimesis (als einem historisch gewichtigen werkseitigen Faktor ästhetischer Illusion) zwischen Platos Kritik und Aristoteles' Verwendung als Basiskonzept seiner *Poetik* (auch wenn der Begriff bei beiden nicht deckungsgleich ist). Nach der Antike, in der die Reflexion über die ästhetische Illusion u. a. im Konzept der *enargeia* nachgewiesen wurde (Allan, Jong, Jonge 2017) setzt eine intensive neuzeitliche Diskussion des Phänomens im 17. und 18. Jahrhundert ein (z. B. in d'Aubignacs *La Pratique du théâtre*, 1657, Dubos' *Réflexions critiques sur la poésie et sur la peinture*, 1719, oder Henry Homes *Elements of Criticism*, 1762). Hier überwiegen die positiven Einschätzungen oft im Verein mit der Deskription der Effekte v.a im Drama, wobei Marmontel in seinem bemerkenswerten *Encyclopédie*-Artikel „Illusion" (1778) implizit von Diderots Propagierung einer – im Kontext empfindsamer Wirkungsästhetik – möglichst vollständigen Illudierung mit Blick auf die notwendige ästhetische Distanz abrückt. Wesentliches Element einer Kritik der ästhetischen Illusion wie auch illusionistischer Darstellungen waren seit jeher ihre ‚trügerische' Schein-Natur, die von Wichtigerem ablenkt. Der Begriff ‚Illusion', der auch im Sinne von ‚Irrtum' und (magischem) Trug verwendet wird (schon im Mittelalter als *illusiones diaboli*), förderte dabei eine negative Einschätzung. Im 20. Jahrhundert gehörte in diesem Zusammenhang zu den einflussreichsten Kritikern der ästhetischen Illusion – wiederum auf das Drama bezogen – Brecht, der illusionsdurchbrechende Verfremdungseffekte bevorzugte. In der postmodernen Ästhetik ist im Kontext der Krise der Repräsentation die ästhetische Illusion insgesamt in Verruf geraten (bereits in Barthes' einflussreichem Essay „L'effet de réel" von 1968).

In der wissenschaftlichen Reflexion über die ästhetische Illusion (zum Teil auch unter anderer Begrifflichkeit) in der zweiten Hälfte des 20. Jahrhunderts überwiegen zunächst die historischen und deskriptiven Diskussionen der Illusion wie auch der Illusionsdurchbrechung (für die bildende Kunst z. B. Gombrich 1977 [1960]; für die Erzählkunst z. B. Strube 1976, 2007 [2000]; ebenso Alter 1975). Weitere Herangehensweisen an die ästhetische Illusion (zum Teil ohne Kenntnis voneinander) sind in der Folge: Phänomenologie und Rezeptionsästhetik (Lobsien 1975; Smuda 1979; Nell 1988), die kognitive Psychologie bzw. kognitionswissenschaftliche Ansätze (Gombrich 1977 [1960]; Walton 1990; Gerrig 1993; Anderson 1996; Zwaan 1999; Bortolussi und Dixon 2003), ferner die textzentrierte Deskription (Wolf 1993a), die *Possible-Worlds*-Theorie (Ryan 1991, 2001), die Emotionsforschung (Mellmann 2002, 2006; Opdahl 2002), ein evolutionärer Ansatz (Mellmann 2011), die empirische Literaturforschung (Miall 1995; Green, Brock 2000) und schließlich Forschungen zu Einzelmedien jenseits der bildenden Kunst und der Literatur (zum Film z. B. Cammack 2007; zu multimodalen, interaktiven digitalen Medien z. B. Pasquinelli 2011; zu Problemen, die von neuen Technologien wie 3D aufgeworfen werden, z. B. Huhtamo 2013) wie auch aus intermedialer Perspektive zu mehreren Medien im Vergleich (Hedinger 2010b; Wolf et al. 2013).

7 Geschichte der ästhetischen Illusion

Ein generelles Problem ästhetischer Illusion ist die Schwierigkeit, sie im Rezipienten nachzuweisen. Dies gilt für die Gegenwart (wobei hier immerhin empirische Methoden im Anschluss an Miall [1995] und Green, Brock [2000] entwickelt werden könnten), noch mehr aber für die Vergangenheit. Allerdings tappt hier die Forschung nicht ganz im Dunkeln, denn es gibt immerhin (seltene) Rezeptionszeugnisse, ästhetische Reflexionen (Ästhetiken bzw. ästhetische und rhetorische Konzepte wie dasjenige der *enargeia* [vgl. Allan, Jong, Jonge 2017], aber auch Anekdoten wie diejenige des berühmten *Trompe-l'œil*-Wettbewerbs zwischen den Malern Zeuxis und Parrhasios im 4. und 5. Jahrhundert v. Chr., überliefert bei Plinius d. Ä. in dessen *Naturalis historia*, ca. 77–79 n. Chr.) und andere, zum Teil indirekte Indizien, z. B. auf das Vorhandensein eines Spiels mit der Illusion in bestimmten Werken.

Gombrich (1977 [1960]) setzt für die bildende Kunst den Beginn der ästhetischen Illusion in der griechischen Antike an, näherhin in der sogenannten Griechischen Revolution, einem Jahrhunderte dauernden Prozess mit Höhepunkt in der Mitte des 4. Jahrhunderts v. Chr. Dieser abendländische Beginn fällt mit dem allmählichen Geltungsverlust einer ‚magischen' bzw. ‚archaisch-ritualistischen' Kunst zugunsten einer ästhetischen zusammen. In der Literatur finden sich hier Anfänge bereits bei Homer (vgl. Grethlein 2015, 2017). Die Tragödientheorie des Aristoteles deutet aufgrund ihrer wirkungsästhetischen Ausrichtung auf eine Katharsis als Folge von Furcht und Mitleid (mit dem tragischen Helden) bereits auf die Existenz einer vor allem emotionalen Rezentrierung der Zuschauer in der dargestellten Welt hin und damit auf die Existenz von Immersion (das Moment der ästhetischen Distanz ergibt sich in Kap. 4 der *Poetik* aus der zweifachen Freude an der Mimesis, zu der nicht nur das Identifizieren des Dargestellten, sondern auch die Lust an der Kunstfertigkeit der Nachahmung selbst gehört). Auf die Existenz ästhetischer Illusion schließen lässt auch das Spiel mit der Immersion im komischen Theater, wenn z. B. in den *Bátrachoi* (den *Fröschen*) des Aristophanes (405 v. Chr.) durch die Einbeziehung des Publikums (sogar der Dionysospriester, hinter denen die Figur des Dionysos Schutz sucht) mit der Grenze zwischen Darstellung und Wirklichkeit gespielt wird. Ein ähnliches Spiel mit der Illusion gibt es in einigen mittelalterlichen Ritterepen und Erzählungen (vgl. Wolf 1993, 49), und Carruthers (1990, 341) zitiert eine den Horazischen Topos ‚ut pictura poesis' fortsetzende Passage aus *Li Bestiaires d'Amours* des Richard de Fournival (1201–1259/1260), in der davon die Rede ist, dass der Leser von Geschichten wie denen aus dem Trojanischen Krieg Abenteuer so miterlebt, als sähe er sie gemalt vor Augen (vgl. Wolf 2013a, 30). Erwähnung verdient in der Vorgeschichte neuzeitlicher Illusion das meditative Sich-hinein-Versetzen in Szenen des biblischen Heilsgeschehens, wie dies in der *Vita Christi* (1374) des Ludolf von Sachsen und später auch in den *Exerzitien* des Ignatius von Loyola angelegt ist (vgl. Ryan 2001, 115–119). Nach dem Mittelalter sind das Spiel mit der Illusion und die komisch-metareferentielle Ausstellung von nicht vorhandenen Rezeptionskontrakten zu den Bedingungen der ästhetischen Illusion bei Shakespeare (vor allem im Handwerkerspiel des fünften Aktes von *A Midsummer Night's Dream*; vgl. Wolf 1993b) und in Cervantes' *Don Quijote* sowie die Reflexion verschiedener

Illusionsformen in Corneilles *L'Illusion comique* (vgl. Wolf 2016) sichere Indizien für die bereits weit fortgeschrittene Etablierung von ästhetischer Illusion. *Don Quijote* steht dabei am Anfang zweier paralleler Traditionen: einer illusionistischen, die über den proto-realistischen Roman des 18. Jahrhunderts – nach Watt (1972 [1957]) der Zeit der Entstehung des Romans, wie wir ihn kennen –, den realistischen Roman des 19. Jahrhunderts und die Bewusstseinsmimesis des Modernismus bis in unsere Tage reicht, und einer anti-illusionistischen oder spielerisch mit der Illusion umgehenden Tradition, die im 18. Jahrhundert mit Sternes *Tristram Shandy* und Diderots *Jacques le fataliste* Höhepunkte erreicht und vor allem im 20. Jahrhundert im experimentellen Modernismus (z. B. in Pirandellos *Sei personaggi in cerca d'autore*) und im Postmodernismus mit seinen vielfältigen Experimenten zu beobachten ist. Interessanterweise hat die ästhetische Illusion aber trotz vielfältiger Kritik in der Gegenwart überlebt. Dies gilt nicht nur – und vielleicht vor allem – für die in der Simulation von Lebensechtheit immer perfekter werdenden Medien wie den Film (mit der jüngsten Renaissance der 3D-Technik), *virtual realities* und andere Erzeugnisse der digitalen Medien sowie für die Trivialliteratur, sondern auch für den Kunst-Roman. Hier ist (z. B. in einem ironischen *recycling* illusionistischen Darstellens) inzwischen ein doppelregistriges Erzählen weit verbreitet, das heteroreferentielle und oftmals realistische Elemente mit metareferentiellen verbindet, wie es Lodge (1977 [1969]) mit seinem Konzept der *problematic novel* theoretisiert. Dabei muss angemerkt werden, dass hier wie auch – gattungsbedingt z. B. in *fantasy fiction* – die Metareferentialität inzwischen durch einen Gewöhnungseffekt (und andere Gründe; vgl. Wolf 2011) an illusionsstörender Kraft vielfach eingebüßt hat und sogar Metalepsen – also paradoxe, im Grunde ‚unmögliche Sprünge' zwischen Ebenen und dargestellten (Teil-)Welten – zum illusionskompatiblen Repertoire von Romanen wie Michael Endes *Die Unendliche Geschichte* zählen können.

8 Offene Fragen und Forschungsdesiderate zur ästhetischen Illusion

Obwohl ästhetische Illusion ein zentraler wirkungsästhetischer Effekt nicht nur von Erzähltexten ist, gehört sie zu den vergleichsweise wenig erforschten Phänomenen – was wohl mit dem Hauptproblem jeder Illusionstheorie zusammenhängt, nämlich der schwierigen Fassbarkeit dessen, was im Rezipientenbewusstsein tatsächlich vorgeht. Trotzdem lohnen hier weitere, zum Teil interdisziplinäre Untersuchungen, u. a. bezüglich folgender Fragen:

1. Lassen sich weitere Zeugnisse für das Entstehen ästhetischer Illusion finden, u. a. in der Literatur der Antike, des Mittelalters und der Renaissance – oder auch in Kunst und Literatur anderer Kulturen?
2. Lassen sich die oben genannten Entstehungszeiten für ästhetische Illusion aufrechterhalten?
3. Welche kulturellen oder auch evolutionären Faktoren lassen sich für die Entstehung der Illusion und ihre offensichtliche Attraktivität anführen?
4. Wie lässt sich zumindest bei heutigen Rezipienten Illusionsbildung nachweisen – in Abhängigkeit von welchen kontextuellen und werkseitigen Parametern, oder auch z. B. bezüglich der (bildhaften und/oder sensomotorischen [vgl. Grethlein 2017]?) Natur und der Intensität der Illusion?
5. Lassen sich werkseitige Prinzipien der Illusionsbildung empirisch belegen? Und lässt sich dadurch auch eine Analogie zwischen den Strukturen lebensweltlicher Erfahrung und der von Illusionswerken vermittelten Quasi-Erfahrung bestätigen?
6. Welche Änderungen der Wirkung hinsichtlich früher als dominant illusionsstörend angesehener Verfahren gibt es in der Gegenwart aus welchen Gründen?
7. In welchem Zusammenhang steht ästhetische Illusion zu anderen mentalen Reaktionen auf Artefakte?

Schließlich bieten sich auch folgende transmediale Fragen an:

1. Welche Bezüge gibt es zwischen der ästhetischen Illusion und gegebenenfalls ihrer Störung in bestimmten Medien jenseits der Literatur (z. B. in der Instrumentalmusik, in deskriptiven Medien bzw. Gattungen und in den ‚neuen' Medien und ihrer technischen Entwicklung)?
2. Wie sieht Immersion bzw. Rezentrierung bei Medien mit räumlicher Dimension (Skulptur, Architektur) aus?

Könnte man auch nur einige dieser Fragen beantworten, hätte man einiges für die Erhellung einer der attraktivsten und verbreitetsten Wirkungen darstellender Medien gewonnen. Und man wäre damit auch einen Schritt näher an der Erklärung des Menschen als eines vorstellungsbildenden Wesens und Schöpfers solcher Medien.

Literaturverzeichnis

Allan, Rutger J., Irene de Jong und Casper C. de Jonge (2017). „From Enargeia to Immersion. The Ancient Roots of a Modern Concept". In: *Style* 51.1, 34–51.

Alter, Robert (1975). *Partial Magic: The Novel as a Self-Conscious Genre*. Berkeley, CA.

Anderson, Joseph D. (1996). *The Reality of Illusion: An Ecological Approach to Cognitive Film Theory*. Carbondale, IL.

Bareis, J. Alexander (2008). *Fiktionales Erzählen: Zur Theorie der literarischen Fiktion als Make-Believe*. Göteborg.
Barthes, Roland (1968). „L'effet de réel". In: *Communications* 11, 84–89.
Bernhart, Walter (2013). „Aesthetic Illusion in Instrumental Music?" In: W. Wolf, W. Bernhart, A. Mahler (Hgg.), *Immersion and Distance: Aesthetic Illusion in Literature and Other Media*. Amsterdam, 365–380.
Bieger, Laura (2013). „Architectures of Immersion: The Material Fictions of the ‚New' Las Vegas". In: W. Wolf, W. Bernhart, A. Mahler (Hgg.), *Immersion and Distance: Aesthetic Illusion in Literature and Other Media*. Amsterdam, 315–338.
Bortolussi, Marisa, und Peter Dixon (2003). *Psychonarratology: Foundations for the Empirical Study of Literary Response*. Cambridge (UK).
Burwick, Frederick, und Walter Pape (1990). *Aesthetic Illusion: Theoretical and Historical Approaches*. Berlin/New York.
Cammack, Jocelyn (2007). „Cinema, Illusionism and Imaginative Perception". In: S. Horstkotte, K. Leonhard (Hgg.), *Seeing Perception*. Newcastle, 270–291.
Carruthers, Mary J. (1990). *The Book of Memory: A Study of Memory in Medieval Culture*. Cambridge (UK).
Coleridge, Samuel Taylor (1965 [1817]). *Biographia Literaria*. Hg. von George Watson. London.
Dörner, Ralf, Wolfgang Broll, Paul Grimm und Bernhard Jung (Hgg. 2013), *Virtual und Augmented Reality (VR/AR): Grundlagen und Methoden der Virtuellen und Augmentierten Realität*. Berlin.
Felski, Rita (2008). *Uses of Literature*. Hoboken, NJ.
Gerrig, Richard J. (1993). *Experiencing Narrative Worlds: On the Psychological Activities of Reading*. New Haven, CT.
Gombrich, Ernst H. (1977 [1960]). *Art and Illusion: A Study in the Psychology of Pictorial Representation*. Oxford (UK).
Grau, Oliver (2003). *Virtual Art: From Illusion to Immersion*. Übers. von Gloria Custance. Cambridge, MA.
Green, Melanie C., Timothy C. Brock (2000). „The role of transportation in persuasiveness of public narratives". In: *Journal of Personality and Social Psychology*. 79.5, 701–721.
Grethlein, Jonas (2015). „Aesthetic Experience, Ancient and Modern". In: *New Literary History* 46.2, 309–333.
Grethlein, Jonas (2017, im Druck). „Homer's Vividness: An Enactive Approach". In: *Journal of Hellenic Studies* 137.
Hedinger, Bärbel (2010a). „Trompe-l'oeuil: Eine moderne Gattung seit der Antike". In: B. Hedinger (Hg.), *Täuschend echt: Illusion und Wirklichkeit in der Kunst*. München, 10–15.
Hedinger, Bärbel (Hg. 2010b). *Täuschend echt: Illusion und Wirklichkeit in der Kunst*. München.
Huhtamo, Erkki (2013). „Illusion and Its Revers: About Artistic Exploration of Stereoscopic 3D". In: B. Kracke, M. Ries (Hgg.), *Expanded Narration/Das neue Erzählen*. Bielefeld, 123–133.
Klimek, Sonja (2012). „Illusion, Immersion and Identification: Storytelling Role-Playing Games as Interactive Media Practice". In: S. Coelsch-Foisner, S. Herbe (Hgg.), *New Directions in the European Fantastic*. Heidelberg, 1–13.
Kuzmičová, Anežka (2012). „Presence in the Reading of Literary Narrative: A Case for motorenactment." In: *Semiotica* 189. 1/4, 23–48.
Lobsien, Eckhard (1975). *Theorie literarischer Illusionsbildung*. Stuttgart.
Lodge, David (1977 [1969]), „The Novelist at the Crossroads". In: M. Bradbury (Hg.), *The Novel Today: Contemporary Writers on Modern Fiction*. Manchester (UK), 84–110.

Mellmann, Katja (2002). „E-Motion: Being Moved by Fiction and Media? Notes on Fictional Worlds, Virtual Contacts and the Reality of Emotions". In: *PsyArt: An Online Journal for the Psychological Study of the Arts.* http://psyartjournal.com/article/show/mellmann-e_motion_being_moved_by_fiction_and_medi (28. Mai 2017).

Mellmann, Katja (2006). „Literatur als emotionale Attrappe: Eine evolutionspsychologische Lösung des ‚paradox of fiction'". In: U. Klein, K. Mellmann, S. Metzger (Hgg.), *Heuristiken der Literaturwissenschaft.* Paderborn, 145–166.

Mellmann, Katja (2011). „Evolutionary Psychology as a Heuristic in Literary Studies". In: N. Saul, S. J. James (Hgg.), *The Evolution of Literature: Legacies of Darwin in European Cultures.* Amsterdam, 299–317.

Miall, David S. (1995). „Anticipation and Feeling in Literary Response: A Neuropsychological Perspective". In: *Poetics* 23, 275–298.

Nell, Victor (1988). *Lost in a Book: The Psychology of Reading for Pleasure.* New Haven, CT.

Nünning, Ansgar (2000). „‚Great Wits Jump': Die literarische Inszenierung von Erzählillusion als vernachlässigte Entwicklungslinie des englischen Romans von Laurence Sterne bis Stevie Smith". In: B. Reitz, E. Voigts-Virchow (Hgg.), *Lineages of the Novel: Essays in Honour of Raimund Borgmeier.* Trier, 67–91.

Nünning, Vera, Ansgar Nünning und Birgit Neumann (Hgg. 2010). *Cultural Ways of Worldmaking: Media and Narratives.* Berlin.

Opdahl, Keith M. (2002). *Emotion as Meaning: The Literary Case for How We Imagine.* Lewisburg.

Pasquinelli, Elena (2011). „Multimodal, Interactive Media and the Illusion of reality". In: F. Bacci, D. Melcher (Hgg.), *Art and the Senses.* Oxford (UK), 599–618.

Pratt, Mary Louise (1977). *Toward a Speech Act Theory of Literary Discourse.* Bloomington, IN.

Ryan, Marie-Laure (1991). *Possible Worlds, Artificial Intelligence, and Narrative Theory.* Bloomington, IN.

Ryan, Marie-Laure (2001). *Narrative as Virtual Reality: Immersion and Interactivity in Literature and Electronic Media.* Baltimore, MD.

Schaeffer, Jean-Marie (1999). *Pourquoi la fiction?* Paris.

Schaeffer, Jean-Marie, und Ioana Vultur (2005). „Immersion". In: D. Herman, M. Jahn, M.-L. Ryan (Hgg.), *Routledge Encyclopedia of Narrative Theory.* London/New York, 237–239.

Smuda, Manfred (1979). *Der Gegenstand in der bildenden Kunst und Literatur: Typologische Untersuchungen zur Theorie des ästhetischen Gegenstands.* München.

Strube, Werner (1976). „Illusion". In: J. Ritter, K. Gründer (Hgg.), *Historisches Wörterbuch der Philosophie.* Bd. 4. Darmstadt, 204–215.

Strube, Werner (2007 [2000]). „Illusion". In: H. Fricke (Hg.), *Reallexikon der deutschen Literaturwissenschaft.* 3 Bde. Berlin, Bd. 2, 125–129.

Troscianko, Emily T. (2017). „How Should We Talk About Reading Experiences? Arguments and Empirical Evidence." In: T. Koblížek (Hg.), *The Aesthetic Illusion in Literature and the Arts.* London. 237–271.

Walton, Kendall L. (1990). *Mimesis as Make-Believe: On the Foundations of the Representational Arts.* Cambridge, MA.

Warning, Rainer (1976). „Elemente einer Pragmasemiotik der Komödie". In: W. Preisendanz, R. Warning (Hgg.), *Das Komische.* München, 279–333.

Watt, Ian (1972 [1957]). *The Rise of the Novel: Studies in Defoe, Richardson and Fielding.* Harmondsworth.

Wolf, Werner (1993a). *Ästhetische Illusion und Illusionsdurchbrechung in der Erzählkunst. Theorie und Geschichte mit Schwerpunkt auf englischem illusionsstörenden Erzählen.* Tübingen.

Wolf, Werner (1993b). „Shakespeare und die Entstehung ästhetischer Illusion im englischen Drama". In: *Germanisch-Romanische Monatsschrift* 43, 279–301.

Wolf, Werner (2008). „Is Aesthetic Illusion ‚illusion référentielle'? ‚Immersion' and its Relationship to Fictionality and Factuality". In: *Journal of Literary Theory* 2.1, 99–126, 171–173.

Wolf, Werner (Hgg., in Zusammenarb. mit K. Bantleon und J. Thoss, 2011), *The Metareferential Turn in Contemporary Arts and Media: Forms, Functions, Attempts at Explanation*. Amsterdam.

Wolf, Werner (2013a). „Aesthetic Illusion". In: W. Wolf, W. Bernhart, A. Mahler (Hgg.), *Immersion and Distance: Aesthetic Illusion in Literature and Other Media*. Amsterdam, 1–63.

Wolf, Werner (2013b). „Aesthetic Illusion as an Effect of Lyric Poetry?" In: W. Wolf, W. Bernhart, A. Mahler (Hgg.), *Immersion and Distance: Aesthetic Illusion in Literature and Other Media*. Amsterdam, 183–233.

Wolf, Werner (2013c). „Ein Standbild als illusionistische Erzählung? Reflexionen über Möglichkeiten und Grenzen skulpturaler Mimesis". In: J. Aufreiter, G. Reisinger, E. Sobieczky, C. Steinhardt-Hirsch (Hgg.), *KunstKritikGeschichte: Festschrift für Konrad Eberlein*. Berlin, 393–412.

Wolf, Werner (2013d [1997]). „Illusion, ästhetische". In: A. Nünning (Hg.), *Metzler Lexikon Literatur- und Kulturtheorie: Ansätze – Personen – Grundbegriffe*. 5. Aufl. Stuttgart, 327–328.

Wolf, Werner (2014 [2009]). „Illusion (Aesthetic)". In: P. Hühn, J. Ch. Meister, J. Pier, W. Schmid (Hgg.), *Handbook of Narratology*. 2 Bde. 2. Aufl. Berlin/New York, Bd. 1, 270–287.

Wolf, Werner (216). „Von magischer Täuschung zu ästhetischer Illusion: Pierre Corneilles *L'Illusion comique* als ‚Schwellentext'". In: K. Dickhaut (Hg.), *Kunst der Täuschung: Über Status und Bedeutung von ästhetischer und dämonischer Illusion in der Frühen Neuzeit (1400–1700) in Italien und Frankreich*. Wiesbaden, 397–421.

Wolf, Werner, Walter Bernhart und Andreas Mahler (Hgg. 2013), *Immersion and Distance: Aesthetic Illusion in Literature and Other Media*. Amsterdam.

Zwaan, Rolf A. (1999). „Situation Models: The Mental Leap into Imagined Worlds". In: *Current Directions in Psychological Science* 8, 15–18.

Rüdiger Heinze
III.4.2 ‚Unnatürliches' Erzählen

1 Einleitung

‚Unnatürliche' Erzählungen konfrontieren Leser mit Szenarien, die nicht, nicht gänzlich oder nur mit Mühe mithilfe unserer lebensweltlichen kognitiven Muster und Schemata verstanden und interpretiert werden können. Sie projizieren eine Welt, die im Sinne David Hermans (2002) nicht ‚realistisch' ist. So gibt es Erzählungen, die von Hunden (Paul Austers *Timbuktu*), Pferden (Lev Tolstojs *Der Leinwandmesser*) oder Objekten erzählt werden (*The Dream of the Rood*); in denen ein menschlicher Ich-Erzähler die Gedanken anderer Figuren kennt oder andere Dinge weiß, die er/sie unmöglich wissen kann (Rick Moodys *The Ice Storm*); die in sich implizit oder explizit widersprüchlich sind, so dass sich keine logisch/kausal kohärente Handlung rekonstruieren lässt (Robert Coovers *The Babysitter*); in denen die Zeit rückwärts läuft (Martin Amis' *Time's Arrow*) oder so ‚chaotisch'" präsentiert wird, dass sie nur sehr mühsam rekonstruierbar ist (Alejandro González Iñárritus *21 Grams*); die in der Gegenwartsform erzählt werden, gleich so, als ob die Geschichte in eben diesem Augenblick erzählt würde (Jhumpa Lahiris *The Namesake*); oder die eine 2. Person adressieren, jedoch eindeutig keine Briefe sind, und dieser Person ihre eigene Geschichte erzählen und ihre Gedanken kennen (Jay McInerneys *Bright Lights, Big City*). All diesen Phänomenen ist gemein, dass sie eines oder mehrere der Brian Richardson (2011, 23) zufolge drei fundamentalen Konzepte der Erzähltheorie missachten: Eine einheitliche ‚Stimme' bzw. lokalisierbare Identität des Erzählers; eine logische, in sich widerspruchsfreie Geschichte, die auf Grundlage des Plots, also der konkreten diskursiven Ausformung, rekonstruierbar ist; und epistemische Konsistenz, d.h. eine Figur kann nicht die Gedanken einer anderen lesen bzw. wissen.

Für einige solcher Phänomene haben wir entweder Erklärungsmuster, oder wir haben uns an sie gewöhnt. So wundern wir uns als Leser nicht über sprechende Tiere, Hexen, Wurmlöcher, Drachen oder Menschen, die sich bei Wutanfällen in große, grüne Monster verwandeln, wenn wir ein generisches Skript zur Verfügung haben, in das sich solche Erzählungen einordnen lassen. Andere Phänomene lassen sich durch stilistische und/oder epochale Konzepte erklären (magischer Realismus/Moderne/Postmoderne); wieder andere durch einen von mehreren ‚Integrationsmechanismen' (Yacobi 1981), wie beispielsweise ‚Unzuverlässigkeit' (des Erzählers) oder ‚Funktion' (d.h. wenn ein auf den ersten Blick inkongruentes Textelement im Gesamtkontext einer Erzählung eine bestimmte Funktion – etwa Überraschung oder Übertreibung – erfüllt). Und schließlich stolpern wir – zumindest als erfahrene Leser – nicht mehr über allwissende heterodiegetische Erzähler oder seitenweise wortgenau erinnerten Dialog („mnemonic overkill"; Cohn 1978, 162), weil beides hinreichend (quantitativ) ‚normal' bzw. (qualitativ) konventionell geworden ist.

Es verbleiben jedoch zahlreiche ‚unnatürliche' Erzählungen, Szenarien und Phänomene, die sich mit keinem dieser Erklärungsmuster angemessen beschreiben lassen (z. B. allwissende Ich-Erzähler oder Präsenserzählungen), oder zumindest nur in Teilen. Darüber hinaus können diese Muster, selbst wenn sie eine Erklärung anbieten, sogar den Blick auf solche Phänomene verstellen oder sie unangemessen isolieren und verkürzen (‚unnatürliche' Temporalitäten in den Erzählungen von Philip K. Dick sind nie ‚einfach nur' Science-Fiction), denn ‚unnatürliche' Elemente gibt es in allen Arten von Texten, Genres und Medien – Roman, Comic, Film, fiktional, nicht-fiktional, realistisch, naturalistisch, phantastisch, modern, postmodern usw. – und das, je nach Textform und Medium, seit Jahrhunderten. Klassische narratologische Konzepte und Theorien, die zumeist eine mimetische, d. h. realweltliche Basis haben, können diese Phänomene nicht umfänglich erfassen oder vernachlässigen sie als Ausnahmen und Sonderfälle; Shlomith Rimmon-Kenans Aussage zur internen Fokalisierung beispielsweise lässt einen allwissenden Ich-Erzähler logischerweise schlichtweg nicht zu: „The knowledge of an internal focalizer [...] is restricted by definition: being a part of the represented world, he cannot know everything about it." (Rimmon-Kenan, 2002 [1983], 80)

Wie also gehen wir als Leser mit solchen Erzählungen und Szenarien um? Welche Gemeinsamkeiten und Unterschiede gibt es zwischen den verschiedenen Phänomenen? Welche genau können überhaupt als ‚unnatürlich' gelten, in Abhängigkeit von welcher Definition? In welcher Beziehung stehen sie zu ‚realistischen' Szenarien bzw. Erzählungen? Warum fallen uns einige Phänomene nicht mehr auf bzw. sind relativ leicht naturalisierbar, während andere – zumindest gegenwärtig – immer noch irritierend sind? Wie kann die Genese und Funktion solcher Elemente zufriedenstellend erklärt werden? Mit welchen erzähltheoretischen Mitteln und Ansätzen? Und wie verhalten sich diese Ansätze zu traditionellen Erzähltheorien?

Diese Fragen sind in den letzten Jahren zu einem eigenen Forschungsfeld in der ‚postklassischen' Narratologie geworden. Unter dem Namen *unnatural narratology* versammelt sich eine Reihe verschiedener, überwiegend induktiver Ansätze, Konzepte und Definitionen, die trotz ihrer Unterschiede grundlegende Annahmen, Interessen und Ausrichtungen teilen. Zunächst allerdings muss betont werden, dass der Terminus ‚unnatürlich' in diesem Zusammenhang keinerlei Verbindung zu problematischen Diskursen und Denkmustern hat, in denen die Gegenüberstellung von ‚natürlich' und ‚unnatürlich' dazu dient, bestimmte

Verhaltensweisen, Praktiken und Identitäten herabzusetzen, zu marginalisieren oder zu unterdrücken. Unter anderem aufgrund dieser terminologischen Vorbelastung hat Monika Fludernik (2012, 362) die Verwendung von „non-natural" vorgeschlagen; jedoch sind das Forschungsfeld und seine Nomenklatur mittlerweile so etabliert und dahingehend eingeführt, dass ein entsprechend informierter Umgang mit dem Terminus ‚unnatürlich' vorausgesetzt werden kann und somit ab jetzt auf Anführungszeichen verzichtet wird.

2 Unnatürliches Erzählen/*Unnatural Narratology*: Grundlagen

Die wahrscheinlich erste Verwendung von ‚unnatürlich' im erzähltheoretischen Zusammenhang findet sich im Titel von Brian Richardsons Buch *Unnatural Voices* (2006). Richardson selbst benutzt den Terminus im Buch nicht weiter, sondern unterscheidet zwischen „mimetic", „non-mimetic" und „anti-mimetic", wobei er fiktionale Welten als mimetisch bezeichnet, wenn sie eine Welt projizieren, die der realen gleich sein soll (z. B. im literarischen Realismus), als non-mimetisch, wenn sie keinen direkten Bezug zur realen Welt herstellen bzw. intendieren (z. B. Fabeln, Märchen) und als anti-mimetisch, wenn sie sich zwar auf die reale Welt beziehen, aber gleichzeitig unmögliche Szenarien/Ereignisse/Erzählperspektiven projizieren (wie eben allwissende Ich-Erzähler) (Richardson 2006, 2, 6–7, 12–14, 134–138). Nichtsdestotrotz bezieht sich der Titel seines Buches eindeutig auf Monika Fluderniks einflussreiches Buch *Towards a ‚Natural' Narratology* (1996), welches wiederum auf William Labovs soziolinguistische Analyse von *natural narratives* in dessen Buch *Language in the Inner City: Studies in the Black English Vernacular* (1972) zurückgreift. Unnatural narratology ist somit immer sowohl ein Rückgriff auf als auch eine Abgrenzung zu und Komplementierung von Fluderniks theoretischen Überlegungen. Die grundsätzliche Konzeptualisierung unnatürlichen bzw. anti-mimetischen Erzählens lässt sich allerdings bis zu den russischen Formalisten und ihren Analysen nicht-realistischer Texte und Erzähltechniken zurückverfolgen.

Seit den 2000er Jahren ist eine ganze Reihe von Schriften veröffentlicht worden, die sich explizit mit diesen Forschungsfragen beschäftigen. Der erste Sammelband, *Unnatural Narratives, Unnatural Narratology*, herausgegeben von Alber und Heinze, erschien 2011; jüngst ist von Alber, Nielsen und Richardson der Sammelband *A Poetics of Unnatural Narrative* (2013b) erschienen. Die Diskussion hat einen vorläufigen Höhepunkt gefunden in einer schriftlichen Diskussion in der Zeitschrift *Narrative* (3/2012) zwischen Monika Fludernik auf der einen Seite und Jan Alber, Stefan Iversen, Henrik Skov Nielsen und Brian Richardson auf der anderen.

Trotz zahlreicher Differenzen im Detail teilen die unter diesem Namen versammelten erzähltheoretischen Ansätze einige grundsätzliche Ansichten und Forschungsinteressen. Gemein ist allen Ansätzen

(1) ein Interesse an „highly implausible, impossible, unreal, otherworldly, outrageous, extreme, outlandish, and insistently fictional narratives and their structure" (Alber et al. 2012, 380), gleichgültig, ob diese nun als ‚unnatürlich', ‚nicht-natürlich', ‚anti-mimetisch', ‚nicht-realistisch' oder Ähnliches bezeichnet werden;
(2) ein Interesse an der Interpretation solcher Erzählungen sowie an der Frage, wie Leser allgemein mit solchen Erzählungen umgehen bzw. umgehen können und sollten (Alber et al. 2012, 380);
(3) ein Interesse an der Frage und Untersuchung, wie solche Erzählungen sich zu allen anderen Arten von Erzählungen verhalten und welche Konsequenzen dies für unser Verständnis von Narration im Allgemeinen hat (Alber et al. 2012, 380; 2013a, 2–3).

Weiterhin teilen die Ansätze ihre Kritik an mimetisch bzw. realweltlich basierten erzähltheoretischen Ansätzen: „Generally speaking, unnatural narrative theorists oppose what one might call ‚mimetic reductionism', that is, the claim that the basic aspects of narrative can be explained primarily or exclusively by models based on realist parameters." (Alber et al. 2013a, 1) Sie argumentieren im Gegenteil, „that narratives are particularly compelling when they depict situations and events that move beyond, extend, challenge, or defy our knowledge of the world" (Alber et al. 2013a, 2).

Hieraus sollte jedoch nicht abgeleitet werden, dass sich das Augenmerk dieser Ansätze allein auf unnatürliche bzw. anti- und nicht-mimetische Erzählungen richtet. Sie sind ebenfalls an derartigen konventionellen Strategien realistischen Erzählens interessiert, welche unserer lebensweltlichen Erfahrung nach unmöglich oder ausgesprochen unwahrscheinlich sind, also „phenomena such as omniscience, a streamlined plot, and literary dialogue" (Alber et al. 2013a, 3), denn eigentlich ist schon ein allwissender Er-Erzähler ebenso eine Unmöglichkeit wie „unnatural and impossible elements [that] may also occasionally be found in nonfictional narrative" (Alber et al. 2013a, 3). Kurz gesagt: „[U]nnatural narrative analysis seeks to draw attention both to the unnatural in defiantly anti-mimetic texts as well as to the largely invisible unnatural elements cached within ostensibly mimetic works" (Alber et al. 2013a, 3).

3 Unnatürliches Erzählen: Streitpunkte

Jenseits dieser grundsätzlichen Gemeinsamkeiten und Interessen gibt es jedoch deutlich unterschiedliche Ansichten, (1) was genau unter ‚unnatürlich' zu fassen ist und warum, (2) wie Leser damit umgehen bzw. umgehen können und sollten und (3) welche Konsequenzen all dies für Erzähltheorien und unser Verständnis von Narration allgemein hat.

(1) Es gibt bisher vier fundamentale, voneinander verschiedene Definitionen von ‚unnatürlich'. Zwar listen Alber et al. (2013a, 7) in ihrem jüngsten Beitrag zur Debatte eine fünfte Definition von Maria Mäkelä, die betont, dass die Fiktionalisierung bzw. ‚Literarisierung' menschlichen Lebens, Denkens und Erfahrens grundsätzlich unnatürlich ist; diese Definition ist aber, obgleich als Hinweis grundsätzlich wichtig und korrekt, zu allgemein, um von analytischem Nutzen zu sein. Als unnatürlich können zunächst nach Jan Alber (2009, 80) solche Erzählungen verstanden werden, die physisch, logisch oder menschlich unmögliche Szenarien und/oder Ereignisse enthalten. Solche Erzählungen verletzen die uns bekannten Naturgesetze (z. B. durch rückwärts laufende Zeit), halten sich nicht an grundsätzliche Prinzipien der Logik (z. B. Kausalität, Widerspruchsfreiheit) oder enthalten menschliche Figuren, die Wissen und/oder Fähigkeiten jenseits typischer menschlicher Beschränkungen aufzeigen (z. B. bei allwissenden Ich-Erzählern).

Bei Brian Richardson steht hingegen nicht das physisch oder logisch Unmögliche im Vordergrund, sondern der gezielte Bruch von „mimetic conventions that govern conversational natural narratives, nonfictional texts, and realistic works that attempt to mimic the conventions of nonfictional narratives" (Alber et al. 2013a, 5). So wäre es in unserer realen Welt zumindest ausgesprochen ungewöhnlich und höchstwahrscheinlich auch irritierend, wenn wir einer Zuhörerin Ereignisse, Handlungen und Gedanken aus ihrem eigenen Leben in der Gegenwartsform erzählten oder nicht zwischen tatsächlich Erlebtem und Erfundenem unterschieden. Interessanterweise sind wir als realweltliche Erzähler nachweislich ausgesprochen ‚unzuverlässig'. So erfinden wir in unseren vorgeblich nichtfiktionalen Erzählungen regelmäßig Dinge, die sich nicht oder nicht in dieser Art zugetragen haben. Stefan Iversen (2001) beispielsweise hat untersucht, wie nichtfiktionale Trauma-Erzählungen über unnatürliche Erzählstrategien versuchen, sich dem Unaussprechlichen zu nähern; ähnlich auch die Psychologin Gabriele Lucius-Hoene (2013).

Henrik Skov Nielsen betont, dass unnatürliches Erzählen sowohl auf der inhaltlichen als auch der diskursiven Ebene lokalisiert sein kann. Für ihn sind unnatürliche Erzählungen „a subset of fictional narratives that may have temporalities, storyworlds, mind representations, or *acts of narration* that would have to be construed as physically, logically, *mnemonically*, or *psychologically* impossible or implausible in real-world storytelling situations" (Alber et al. 2013a, 6; Hervorh. R. H.). Diese Definition ist also eher eine Ergänzung zu Alber als eine wesentlich andere.

Stefan Iversen schließlich definiert Erzählungen als unnatürlich, die sich, salopp gesagt, nicht an ihre eigenen Regeln – d. h. der von ihnen selbst projizierten Welt – halten bzw. den Leser mit unauflösbaren Widersprüchen innerhalb der Erzählung konfrontieren: „narratives that present the reader with clashes between the rules governing the storyworld in the narrative and events producing or taking place inside this storyworld, in other words, clashes that defy naturalization" (Alber et al. 2013a, 6–7). Insbesondere vor dem Hintergrund dieser Definition wird deutlich, wie wichtig Genre und Medium für die Einschätzung einer Erzählung als unnatürlich sind: Sie geben aufgrund ihrer spezifischen Konventionen und Repräsentationsmodi grundsätzliche Regeln vor, deren Bruch einen Unnatürlichkeitseffekt hervorrufen kann, obwohl die physikalischen Naturgesetze durch eben diesen Bruch wiederhergestellt werden (Fehrle 2011; Thoss 2011; Heinze 2013). Dass Superman fliegen kann, ist ‚natürlich'; würde er ein Flugzeug benutzen, bedürfte gerade dies einer Erklärung (Fehrle 2011, 218–220). Ähnlich Monika Fludernik: „One notes that in alternative worlds operating according to different laws of physics, such scenarios might be ‚mimetic' in the sense of representing what is the case in that particular world." (Fludernik 2012, 363)

Es lässt sich generell also immer fragen, ob die fiktionale Welt einer Erzählung bzw. ein bestimmter Erzählakt in der jeweiligen Form in unserer realen Welt aktualisierbar wäre, d. h. stattfinden oder vorstellbar sein könnte.

(2) Deutliche Unterschiede gibt es auch hinsichtlich der Frage, wie wir als Leser mit solchen Szenarien umgehen und/oder umgehen sollten. Hier gibt es zwei grundsätzliche Positionen. Auf der einen Seite argumentiert Alber, dass wir, da wir grundsätzlich an unsere kognitive ‚Architektur' gebunden sind, gar nicht anders können, als unnatürlichen Erzählungen und Szenarien auf Grundlage unserer lebensweltlichen Existenz ‚Sinn' zu geben (Alber 2014, § 18). Hierzu, so Alber, steht uns eine ganze Reihe von Skripten und kognitiven Mustern zur Verfügung, die die Basis für Lesestrategien bilden (Alber 2009, 79–96). So können wir seltsame und irritierende Szenarien und Ereignisse in Erzählungen – wenn keine etablierten Skripte zur Verfügung stehen – als Traum interpretieren oder als Metapher oder Allegorie (z. B. auf die Seltsamkeit der menschlichen Existenz). Anhand dieser Position wird auch deutlich, dass Albers erzähltheoretischer Ansatz nicht per se anti-mimetisch ist und Grundannahmen mit Fluderniks Modell teilt, wie sowohl Alber als auch Fludernik betonen.

Auf der anderen Seite argumentieren Richardson (2011), Iversen (2013) und Mäkelä (2013), dass Effekte bleiben, die sich nur schwer oder gar nicht, nicht einmal mit diversen Lesestrategien, erklären lassen und die wir auch gar nicht erklären müssen oder sollten, sondern als Polysemie und Anti-Mimesis schlichtweg akzeptieren können. So schreibt Richardson (2011, 33): „[W]e need to recognize the anti-mimetic as such, and resist impulses to deny its protean essence and unexpected effects." Iversen (2013, 96) betont, dass wir die „affective power and resonance of such narratives" nicht durch kognitiven Essentialismus reduzieren sollten; und Mäkelä (2013, 145) weist darauf hin, dass wir den Leser nicht als „mere sense-making machine" begreifen sollten, sondern als jemanden, „who might just as well opt for the improbable and the indeterminate".

(3) Aus beiden Positionen ergibt sich die Frage nach der möglichen – in einigen Fällen literaturgeschichtlich schon vollzogenen – Konventionalisierung unnatürlicher Erzählungen und Szenarien und damit implizit auch nach den erzähltheoretischen Konsequenzen und nach unserem Verständnis von Narration insgesamt. Prinzipiell ist vorstellbar, dass wir für jede Form von erzählerischem Phänomen eine Lesestrategie entwickeln und als geübte Leser schließlich nicht mehr durch bestimmte unnatürliche Szenarien irritiert sind, auch wenn die zweite Position dafür plädiert, eben nicht jedes Phänomen erklären bzw. verstehen zu wollen; wenn sich solche Strategien etablieren und verallgemeinern, werden diese Szenarien konventionell und damit für uns relativ leicht naturalisierbar und ‚erzählbar'. Zahlreiche Szenarien, wie eben Raumschiffe oder heterodiegetische allwissende Er-Erzähler, sind uns als Konventionen vertraut, obwohl sie – zumindest nach Alber, Richardson und Nielsen – unnatürlich sind; andere Szenarien hingegen, wie homodiegetische allwissende Ich-Erzähler oder rückwärts erzählte Erzählungen, bleiben für den Moment nur schwer oder sogar überhaupt nicht naturalisierbar und sind bisher nicht konventionell geworden. Ob sie dies jemals werden, bleibt abzuwarten. In jedem Fall hängt die Einschätzung sowohl der bisherigen als auch der zukünftigen Entwicklung davon ab, welchen erzähltheoretischen Ansatz man für überzeugender hält und auf welche Arten von Erzählungen man sein Hauptaugenmerk legt.

4 Ausblick

Unnatürliche Erzählungen und Szenarien werden wahrscheinlich auch längerfristig wenig von ihrer Faszination verlieren, erzähltheoretische Ansätze, die sich mit ihnen beschäftigen, auch weiterhin einen ernst zu nehmenden Beitrag zu ihrer Analyse und Diskussion leisten können. Da diese Ansätze jedoch nicht einheitlich sind, teils deutliche Unterschiede aufweisen und diesbezüglich selbst auch keinen Handlungsbedarf sehen, ist beim Umgang mit ihnen definitorische

Sorgfalt und Präzision geboten, zumal die Nomenklatur auf den ersten Blick irreführend sein kann; dies ist allerdings auch bei anderen Erzähltheorien der Fall.

Deutlichen Forschungsbedarf hat die *unnatural narratology* (1) in anderen Genres und Medien, z. B. in der Lyrik, dem Drama oder dem Comic, denn die dem jeweiligen Genre und Medium innewohnenden Repräsentationsmodi, -regeln und -funktionen haben einen großen Einfluss auf die Klassifizierung und Analyse eines Textes oder Phänomens als unnatürlich. Vielleicht noch wichtiger ist (2) der theoretische und praktische Einbezug des kulturellen Kontexts: Was in einem Kulturkreis als physisch, logisch, menschlich, psychologisch, diskursiv etc. unmöglich gilt, lässt sich nicht ohne weiteres auf andere Kulturkreise übertragen und ist teilweise unabhängig von wissenschaftlich gesicherten Erkenntnissen. So ist die Vorstellung von Zeit als linear fortschreitend und irreversibel nicht überall auf der Welt selbstverständlich, ebenso wenig wie die Einschätzung von Erzählungen in der 1. Person Plural als unkonventionell. Und schließlich (3) scheint es lohnenswert, einige Behauptungen hinsichtlich des Leseverhaltens (z. B. der behauptete Rückgriff auf bestimmte Skripte bei unnatürlichen Szenarien) empirisch zu untersuchen, soweit das möglich ist.

Die Stärke von erzähltheoretischen Ansätzen, die sich mit unnatürlichen Erzählungen beschäftigen, besteht darin, dass sie Phänomene in den Vordergrund rücken, die von klassischen, mimetisch untermauerten Erzähltheorien vernachlässigt oder – zumeist unbeabsichtigt – ‚wegdefiniert' werden. Das heißt nicht, dass Mimesis keine Rolle spielte oder die reale Welt vollständig ‚verschwände'. Im Gegenteil: Die Wirkmacht unnatürlicher Erzählungen im Speziellen und implizit von Fiktion im Allgemeinen als Erschaffung neuer Welten und Vorstellungen wird gerade durch den Kontrast zur realen Welt deutlich; unnatürliche Erzählungen können zudem betonen, wie seltsam, unverständlich und ‚unwahrscheinlich' unsere Welt sein kann und ist.

Darüber hinaus bringt *unnatural narratology*, wie Fludernik betont, Diskurse zusammen, die bisher meistens nicht zusammengedacht bzw. -gebracht werden: Fabel, Romanze, Erzählungen vor dem Zeitalter des Romans, postmoderner Anti-Illusionismus, Metafiktion sowie Science-Fiction und Fantasy: „What ‚unnatural' narratology may set out to do is to characterize in more detail how the fantastic is woven through the texture of realism, and how the fabulous relies on the cognitive frames of realism to become interpretable." (Fludernik 2012, 363)

Wie hier nochmals deutlich wird, ist *unnatural narratology*, entgegen mancher Kritik, kein reiner Gegenentwurf zur *natural narratology* von Monika Fludernik oder zu anderen, mimetisch begründeten Erzähltheorien, sondern in weiten Teilen eine induktiv argumentierende Modifizierung, Erweiterung und Ergänzung vorhandener erzähltheoretischer Modelle, die gleichwohl weitreichende Konsequenzen hat. In ihrem Teil des schriftlichen Dialogs in der Zeitschrift *Nar-*

rative bringt Monika Fludernik (2012, 362) die Unterschiede in einer illustrativen Metapher zusammen: Während sie am Gesamtgeschmack des Puddings (Narration) interessiert ist, fokussieren sich unnatürliche Ansätze auf die einzelnen, herausstechenden, teils in Widerstreit stehenden Gewürze und Zutaten.

Literaturverzeichnis

Alber, Jan (2009). „Impossible Storyworlds – and What to Do with Them". In: *Storyworlds: A Journal of Narrative Studies* 1, 79–96.

Alber, Jan (2014). „Unnatural Narrative". In: P. Hühn, J. Pier, W. Schmid, J. Schönert (Hgg.), *the living handbook of narratology*. Hamburg. http://www.lhn.uni-hamburg.de/article/unnatural-narrative (28. Mai 2017).

Alber, Jan, und Rüdiger Heinze (Hgg. 2011). *Unnatural Narratives, Unnatural Narratology*. Berlin.

Alber, Jan, Stefan Iversen, Henrik Skov Nielsen und Brian Richardson (2012). „What is Unnatural About Unnatural Narratology? A Response to Monika Fludernik". In: *Narrative* 20.3, 371–382.

Alber, Jan, Stefan Iversen, Henrik Skov Nielsen und Brian Richardson (2013a). „Introduction". In: J. Alber, H. S. Nielsen, B. Richardson (Hgg.), *A Poetics of Unnatural Narrative*. Columbus, 1–15.

Alber, Jan, Henrik Skov Nielsen und Brian Richardson (Hgg. 2013b). *A Poetics of Unnatural Narrative*. Columbus.

Cohn, Dorrit (1978). *Transparent Minds. Narrative Modes for Presenting Consciousness in Fiction*. Princeton.

Fehrle, Johannes (2011). „Unnatural Worlds and Unnatural Narration in Comics? A Critical Examination". In: J. Alber, R. Heinze (Hgg.), *Unnatural Narratives, Unnatural Narratology*. Berlin, 210–245.

Fludernik, Monika (1996). *Towards a ‚Natural' Narratology*. London.

Fludernik, Monika (2012). „How Natural is ‚Unnatural Narratology'; or, What is Unnatural About Unnatural Narratology?" In: *Narrative* 20.3, 357–370.

Heinze, Rüdiger (2013). „The Whirligig of Time: Toward a Poetics of Unnatural Temporality". In: J. Alber, H. Skov Nielsen, B. Richardson (Hgg.), *A Poetics of Unnatural Narrative*. Columbus, 31–44.

Herman, David (2002). *Story Logic*. Lincoln.

Iversen, Stefan (2011). „‚In flaming flames': Crises of ‚Experientiality' in Non-Fictional Narratives". In: J. Alber, R. Heinze (Hgg.), *Unnatural Narratives, Unnatural Narratology*. Berlin, 89–103.

Iversen, Stefan (2013). „Unnatural Minds". In: J. Alber, H. Skov Nielsen, B. Richardson (Hgg.), *A Poetics of Unnatural Narrative*. Columbus, 94–112.

Labov, William (1972). *Language in the Inner City: Studies in the Black English Vernacular*. Philadelphia.

Lucius-Hoene, Gabriele (2013). „Constructing Perspectives as Positioning Resources in Stories of the Self". In: C. Holler, M. Klepper (Hgg.), *Rethinking Narrative Identity*. Amsterdam/Philadelphia, 85–102.

Mäkelä, Maria (2013). „Realism and the Unnatural". In: J. Alber, H. Skov Nielsen, B. Richardson (Hgg.), *A Poetics of Unnatural Narrative*. Columbus, 142–166.

Richardson, Brian (2006). *Unnatural Voices: Extreme Narration in Modern and Contemporary Fiction*. Columbus.

Richardson, Brian (2011). „What is Unnatural Narrative Theory?" In: J. Alber, R. Heinze (Hgg.), *Unnatural Narratives, Unnatural Narratology*. Berlin, 23–40.

Rimmon-Kenan, Shlomith (2002 [1983]). *Narrative Fiction*. London/New York.

Thoss, Jeff (2011). „Unnatural Narrative and Metalepsis: Grant Morrison's ,Animal Man'". In: J. Alber, R. Heinze (Hgg.), *Unnatural Narratives, Unnatural Narratology*. Berlin, 189–209.

Yacobi, Tamar (1981). „Fictional Reliability as a Communicative Problem". In: *Poetics Today* 2, 113–126.

IV Transdisziplinäre Implikationen und Konzepte

IV.1 Erzählen jenseits der Literatur

Daniel Fulda
IV.1.1 Historiografie als Erzählen

1 Dimensionen des Erzählens in der Geschichtsschreibung

Die Erzählung als Konstituens des historischen Diskurses

Geschichte muss erzählt werden: Um ‚Geschichte' im prägnanten Begriffsverständnis zu schreiben, also um Vergangenheitsgeschehen in jener Kohärenz, Folgerichtigkeit und Sinnfülle darzustellen, die der Begriff der Geschichte seit dem 18. Jahrhundert behauptet, bedient sich die Historiografie unweigerlich der Verfahren narrativer Verknüpfung. „[W]here there is no narrative, there is no distinctively historical discourse." (White 1999, 3)

Erzählförmigkeit zeigt der historische Diskurs auf mehreren Ebenen: Historiografie disponiert ihren Stoff durch die Benennung von Kontrahenten, die Ermittlung oder Unterstellung von Absichten sowie die Identifizierung von Widerständen bzw. Faktoren zu deren Überwindung. Dabei handelt es sich um eine Operation von grundlegender Bedeutung: Erst durch die narrative Formierung von historischem Geschehen nach dem Muster des ‚dramatischen Handlungsmodells' (vgl. Harth 1980, 99–104) entstehen der Zusammenhang und die Entwicklungsrichtung, die der Kollektivsingular ‚Geschichte' impliziert (‚syntagmatische' Dimension). Das Handlungsmodell des Dramas und die Verknüpfungsstruktur der Erzählung dienen dem Historiografen zudem als Heuristiken zur Auswahl aus dem amorphen Vergangenheitsgeschehen (wie die Quellen es bezeugen) sowie zu dessen Konfiguration zu einer folgerichtigen und dadurch verstehbaren Geschichte. Weiterhin von einem ‚ästhetischen Handlungsmodell' lässt sich sprechen, sofern die Akteure als Agenten allgemeinerer Tendenzen (Ideen, Klassenkonflikte, Strukturveränderungen usw.) begriffen werden. Ästhetisch ist dabei die interpretative Zuordnung des jeweiligen ‚Vordergrunds' von anschaulicher personaler Interaktion zu einem ‚Hintergrund' überpersönlicher, abstrakter Prozesse (‚paradigmatische' Dimension) (vgl. Müller 2008). Zu erzählen gilt als die spezifisch historiografische Form des Erklärens. Geschichtsschreibung gewinnt und vermittelt ‚Erkenntnis durch Erzählung'.

Ist also jeder historiografische Text narrativ verfasst? Keineswegs jegliches Schreiben über Geschichte hat die *Form* einer Erzählung. Eine quellenkritische Diskussion beispielsweise muss nicht notwendig eine Handlungsverknüpfung zwischen verschiedenen Zeitpunkten herstellen. Sobald Geschichte als Prozess in der Zeit mitgedacht wird, kommen jedoch narrative Verknüpfungen ins Spiel, nämlich als *mentale Rahmenannahmen*, denn das Konzept bzw. der Denkmodus ‚Geschichte' ist in seiner modernen Ausprägung durch das Prinzip narrativer Konfiguration charakterisiert. Geschichte als genetisch-kausaler Zusammenhang von Geschehen zu unterschiedlichen Zeitpunkten gilt heute als unabdingbar von Narration getragen (vgl. Ricœur 1988–1991 [1983–1985]). Werden historische Verläufe im Text beschrieben, so manifestiert sich die narrative Struktur des Geschichts*denkens* auch als konfigurationale Struktur der erzählten Geschichte (im doppelten Sinne von *story* und *history*).

Nach der Etablierung des Narrativismus gibt es aktuell neue kritische Stimmen, die teilweise seine theoretischen Grundlagen infrage stellen, teilweise den Blick auf die Praktiken der Geschichtswissenschaft lenken, die durch die Analyse historiografischer Werke in der Tat nicht hinreichend erfasst wird (vgl. Kuukkanen 2015). Narrative stellen sich in dieser Perspektive als Teil eines wesentlich argumentativen Fachgesprächs dar, dessen Rationalitätsansprüche keineswegs an einer bloß ästhetischen Evidenz der Erzählung zerbrechen. Das Label lautet hier ‚Postnarrativismus'; eine Alternative zur narrativistischen Erklärung des *Konzepts* ‚Geschichte' liegt bislang jedoch nicht vor. Treffender wäre von einem post-postmodernen Narrativismus die Rede.

Historiografisches Erzählen als Kunst, Geschichtsschreibung als literarische Gattung

Doch folgt aus der prinzipiellen Narrativität des Geschichtsdiskurses keineswegs zwingend – und sogar eher selten – ein *kunstvolles* Erzählen. Als ‚große Erzähler' sind insbesondere einige Historiker des 19. Jahrhunderts berühmt geworden, ohne dadurch (bei ihren Zeitgenossen) an wissenschaftlicher Reputation verloren zu haben. Jules Michelet beeindruckt am meisten durch die emotionalisierende Lebendigkeit seiner Schilderung historischer Situationen und Lebenswelten, die auf nichts Geringeres als eine ‚Auferstehung der Toten' zielt (*Histoire de la France* [1833–1867], *Histoire de la Révolution française* [1847–1853]). Theodor Mommsen gelang es in seiner *Römischen Geschichte* (1852–1854), einem komplexen historischen Prozess (der ‚Einigung' Italiens durch Rom sowie Cäsars Begründung einer Militärmonarchie) den Eindruck von Notwendigkeit zu verleihen und seine Leser daraus Hoffnung für die deutsche Politik schöpfen zu lassen.

Michelets Geschichtswerke haben dauerhaften Eingang in den literarischen Kanon seines Landes gefunden. Mommsen hingegen wurde zwar 1902 mit dem Nobelpreis für Literatur geehrt, doch galt und gilt Historiografie in Deutschland nicht als literarische Gattung. Weder unter Literaten noch unter Historikern kann man hierzulande mit einer Geschichtsschreibung reüssieren, die Satzbau, Erzählerstimme, Fokalisierung, Metaphern und dergleichen bewusst gestaltet, um einer bestimmten Geschichtsdeutung sprachliche Form zu geben. Als Golo Mann seine Wallenstein-Biografie (1971) vorlegte, welche die Zögerlichkeit, die sie ihrem ‚Helden' zuschreibt, bereits im Stil ausdrückt, soll ihm sein Fachkollege Hans-Ulrich Wehler vorgehalten haben, er sei ein „Goldrähmchenerzähler" (Lahme 2009, 353). Germanistische Anerkennung (oder auch bloß Aufmerksamkeit) finden historiografische Texte ebenfalls nur selten. Die Erweiterung des Literaturbegriffs, die die Literaturwissenschaft seit ca. 1970 proklamiert, hat daran wenig geändert.

2 Stationen der Theoriebildung zur Historiografie als Erzählen

Von der Antike bis zum Historismus

Als Erzählung wird die Geschichtsschreibung beinahe solange begriffen, wie es sie gibt bzw. man einen Begriff von ihr hat, also seit der griechischen Antike. Als *narratio* thematisieren und regulieren sie die rhetorischen Lehrgebäude, in deren Kategorien man bis ins 18. Jahrhundert über Geschichtsschreibung spricht (vgl. Keßler 1982). Auch nachdem sie im Laufe des 19. Jahrhunderts als Resultat wissenschaftlicher Forschung konzipiert wurde, ist von der Darstellungsarbeit des Historikers immer wieder als einer Erzählung der erkannten Vergangenheit die Rede. Jedoch wird das Schreiben der Geschichte jetzt als nachträglich und nachrangig gegenüber deren Erforschung verstanden. Mommsen, der das moderne Prinzip arbeitsteiliger Forschung in die Geschichtswissenschaft einführte, mutete der Erzählung gleichwohl zu, die eigentliche Erklärungsleistung der Historie zu erbringen: „Die Geschichte ist ja nichts anderes als die deutliche Erkenntnis tatsächlicher Vorgänge, also zusammengesetzt teils aus der Ermittlung und der Sichtung der darüber vorliegenden Zeugnisse, teils aus der Zusammenknüpfung derselben nach der Kenntnis der einwirkenden Persönlichkeiten und der bestehenden Verhältnisse zu einer Ursache und Wirkung darlegenden Erzählung." (Mommsen 1905, 10)

Philosophie der 1960er und 1970er Jahre: Tiefenstrukturelle Narrativität der Historiografie und des historischen Denkens

Umfassend wurde die narrative Struktur der Geschichtsrekonstruktion seit den 1960er Jahren nachgewiesen, zwar von unterschiedlichen wissenschaftskonzeptionellen Ansätzen aus, die argumentativ aber aufeinander aufbauen. Durchweg geht es dabei nicht um ‚Erzählerisches' auf der *discours*-Ebene (plastische Charaktere, Absichten und Interaktionen im Zentrum, Anschaulichkeit des Settings), wie es die historiografischen Klassiker von der Antike bis zum Historismus bieten, sondern um eine narrative Tiefenstruktur, die Historiografie generell ausmacht, einschließlich der programmatisch postnarrativen Geschichtsforschung sozialwissenschaftlicher, strukturanalytischer oder kliometrischer Orientierung; entsprechende Analysen der *Annales*-Historiker liegen vor (vgl. Rüth 2005).

Dass Geschichtsschreibung tiefenstrukturell und daher notwendig narrativ verfährt, hat zunächst die Analytische Philosophie herausgearbeitet. Hier wurde die Erzählung als eine für historische Prozesse besonders geeignete Form der Erklärung ausgewiesen (vgl. Danto 1974 [1965]). Während die Erklärung durch Gesetze bei historischen Prozessen nicht greift, weil diese extrem multifaktoriell bzw. ‚kontingent' sind, ist der typischen Drei-Phasen-Struktur erzählter Geschichten eine immanente Erklärungsleistung eingeschrieben: Ein Ausgangszustand wird durch ein Ereignis verändert, das die nicht nur temporale, sondern auch qualitative Differenz zum Endzustand ausmacht. Jörn Rüsen (1982, 520) nennt die Leistung der Erzählung daher „Sinnbildung über Zeiterfahrung". Die Erzählung ‚erklärt' jene Zustandsveränderungen, indem sie auf eine im Erfahrungshorizont oder zumindest dem Vorstellungsvermögen von Erzähler und Rezipient plausible Weise aus Phase 1 in Phase 3 überleitet.

Transzendentalphilosophisch wurde die Erzählung darüber hinaus als apriorisches Schema ausgewiesen, das allen Rekonstruktionen, ja Wahrnehmungen von Geschichte zugrunde liegt (vgl. Baumgartner 1972). Danach fungiert das Kohärenzschema der Erzählung im historischen Denken als Anschauungsform, die ‚bloßes', amorphes Geschehen in strukturierte, durch Kontinuität und sinnvolle Entwicklung ausgezeichnete Geschichte transformiert. Schon historisches Denken (mit einem Konzept von Geschichte als wesentlicher Veränderung in der Zeit) ist daher genuin und generell narrativ verfasst.

Hayden White: Geschichtsdeutung durch Emplotment

Dass Geschichte erzählt werden muss, bezeichnet ihr Strukturprinzip auf allgemeinster Ebene. In den einzelnen Geschichtswerken wird es je besonders ausgestaltet. Hayden White (1991 [1973]) hat zu zeigen versucht, dass die Klassiker der Historiografie nach den typischen Plots literarischer Gattungen erzählt sind. White nennt: Komödie, Tragödie, Romanze und Satire; dem Selbstverständnis der modernen, forschenden Historiografie steht die Detektivgeschichte näher, deren Nähe zur geschichtswissenschaftlichen Rekonstruktion von Geschehenem Achim Saupe (2009) aufgewiesen hat. Im Erzählen entsteht nicht nur Geschichte als solche, sondern hierbei erhält die jeweils erzählte Geschichte einen sinnhaften Handlungsverlauf, der strukturell an die Geschichtentypen literarischer Gattungen angelehnt ist (oder sein kann, wie man vorsichtiger als White formulieren könnte). Aus den in einer bestimmten Kultur akzeptierten Geschichtentypen ist dieser Plot prinzipiell frei wählbar; seine Wahl ist daher signifikant für die Deutung der jeweils dargestellten Geschichte wie der Geschichte allgemein (eben als Komödie usw.). Über den geschichtskonstitutiven Sinn der Folgerichtigkeit hinaus schafft die historiografische Erzählung einen Sinn, der sehr unterschiedlich ausfallen kann und daher auch einiges über die ideologischen Absichten des Historiografen besagt. So bezeugt die Komödienstruktur von Johann Gustav Droysens *Geschichte Alexanders des Großen* (1833) mit ihrer Versöhnungsorientierung besonders hohe Sinnerwartungen an die Geschichte. Mit dem gewählten *emplotment* sind spezifische Handlungs- und Gesellschaftsmodelle, Ethiken, Ideologien und Weltbilder verbunden (vgl. White 1991 [1973]; davon ausgehend, aber differenzierter Rigney 1990). Als Kritik an White hat Jörn Rüsen (1982) eine andere Typologie entworfen, die unterschiedliche Orientierungsfunktionen des historischen Erzählens ins Zentrum stellt: traditionales, exemplarisches, kritisches und genetisches Erzählen.

Auf den historischen Ort literarischer Erzähltechniken bezogen, steht die Historiografie dem realistischen Roman des 19. Jahrhunderts am nächsten. Das gilt auch für die Historiografie der Gegenwart; die Experimente der literarischen Moderne (Fragmentierung, Achronie, Depersonation) hat sie nicht mitvollzogen – und kann dies wohl auch nicht, soll ihr auf narrative Folgerichtigkeit gegründetes Konzept von Geschichte nicht Schaden leiden. Die immer wieder erhobenen Forderungen nach Modernisierung der Geschichtsschreibung nach literarischem Vorbild lassen sich lediglich im experimentellen Einzelfall befriedigen (z. B. bei Philippe Artières' und Dominique Kalifas *Vidal, le tueur de femmes. Une biographie sociale* [2001]; vgl. Carrard 2013, 299–304). Wo solche Forderungen als generelle Maßgabe auftreten, ignorieren sie die Divergenz beider Diskursformationen, die durch die Entwicklung der Literatur seit etwa 1900 entstanden ist. Eine Geschichtsschreibung mit modernistischer Multiperspektivität halten Hayden White (2013) und Wulf Kansteiner (2009) für möglich, während Stephan Jaeger (2000) skeptisch bleibt.

Die Sinnzuweisung durch *emplotment* stellt ein zentrales, aber nicht das einzige Moment der Mehrfachcodierung dar, die Historiografie ähnlich wie literarische Texte betreibt. Mehrfachcodierung meint, dass sprachlichen Zeichen außer ihren konventionell bzw. im jeweiligen Kontext nächstliegenden Bedeutungen weitere Bedeutungen zugewiesen werden, etwa aufgrund von Metaphorizität, Isotopien, symbolischem Potential, Klangkorrespondenzen, Wiederholungen von Satzteilstrukturen (Anaphern und anderen Figuren). Techniken der Mehrfachcodierung werden auch in der wissenschaftlichen Historiografie genutzt, etwa indem Faktisches (Geschehensdetails, Bauliches, aber auch Horoskope, Träume usw.) als Symbolisches dargestellt wird, dessen Bedeutung über die je konkrete Situation hinausweist, oder indem durch die Wiederholung von Motiven Korrespondenzstrukturen zwischen verschiedenen Phasen der Geschichte bzw. Teilen des Textes geschaffen werden. Das heißt zugleich, dass auch Geschichtswerke die Autoreferentialität aufweisen können, die häufig als Kennzeichen literarischer Texte angesehen wird (vgl. McIntosh-Varjabédian 2010, 43–65). Für ihre Sinnbildung nutzen sie Selbstreferenzen ebenso wie Techniken der Mehrfachcodierung; damit bleibt historiografische Sinnbildung zumindest partiell implizit (neben der argumentativen und belegenden Explikation als notwendiger Bedingung von Wissenschaftlichkeit).

Debatten in Folge H. Whites: Historiografische vs. literarisch-fiktionale Erzählungen

Aus dem Befund, dass die Erzählung die genuine Form der Geschichte darstellt, wurde verschiedentlich gefolgert, dass eine so verstandene Historiografie von der Wissenschaft zur literarischen Gattung mutiere. In solchen Fällen wird übersehen, dass die Erzählung kein Spezifikum der Literatur darstellt, sondern einen schon lebensweltlich omnipräsenten Modus der Auffassung, Strukturierung, Deutung und Vermittlung von realen oder imaginierten Erfahrungen, von Wissen, Vorstellungen und Intentionen bildet. Sieht man wissenschaftliche Erkenntnis nicht auf die Aufstellung von und Ableitungen aus Gesetzen beschränkt, so kann die Verknüpfungs- und Repräsentationsleistung der Erzählung durchaus als wissenschaftsfähig gelten – wenn die Gewinnung von Geschichte in den Erzählungen der Historiografie methodisch reflektiert erfolgt.

Beabsichtigt ist die Homogenisierung von Historiografie und Literatur dort, wo der Begriff Fiktion undifferenziert verwandt wird. White charakterisiert die Geschichtsschreibung als „verbal fictions, the contents of which are as much *invented* as *found* and the forms of which have more in common with their counterparts in literature than they have with those in sciences" (White 1978

[1974], 82; Hervorh. im Orig.). White unterstellt der Historiografie zum einen fiktive Inhalte, da nicht alle ihre Aussagen schon in den Quellen stehen. Tatsächlich haben Kollektivsubjekte wie ‚das Bürgertum' oder gar personifizierte Abstrakta wie ‚die Moderne' keinen Referenten in den Quellen, sondern werden im narrativen Diskurs konstituiert (vgl. Ankersmit 1983). Zum anderen schließt White von der narrativen Form der Historiografie auf deren Zugehörigkeit zur diese Form kultivierenden fiktionalen Literatur. Gegen solche Argumente hat eine Fiktionstheorie Einspruch zu erheben, die *kognitive* oder *methodische* (einschließlich heuristischer) von *literarischen* Fiktionen unterscheidet, nämlich sowohl in deren Realitätsbezug als auch in deren Pragmatik: Macht die Historiografie Aussagen, die über das von Quellen Belegte hinausgehen (und sei es nur, indem sie das Abstraktionspotential der Sprache nutzt oder historischen Verläufen die Struktur erzählter Geschichten verleiht), so wird von ihr erwartet, dass sie damit an der Erkenntnis von vergangener Wirklichkeit arbeitet; sie hat nicht die Lizenz zum Spiel mit Referentialität, die die literarische Fiktion durch einen zwischen Autor und Leser abgeschlossenen ‚Fiktionsvertrag' erhält. Fiona McIntosh-Varjabédian (2010, 237) schreibt zwar auch dem Leser von Historiografie „une volonté de croire" zu (ähnlich dem „willing suspension of disbelief" bei Coleridges Literaturrezipienten; vgl. Coleridge 1965 [1817], 169), doch handelt es sich nicht um ein kurzfristiges Wegtauchen aus der Realität, sondern um ein Vertrauen in den Historiker-Erzähler, das über den Rezeptionsakt hinaus anhält.

Textinterne Kriterien zur Abgrenzung der historiografischen von der literarisch-fiktionalen Erzählung hat Ansgar Nünning (1999, 368–377) gesammelt. Zu den Privilegien letzterer rechnet er: die Möglichkeit uneingeschränkter Innenweltdarstellung; die Möglichkeit, fiktive Bestandteile (Figuren, Schauplätze, Geschehnisse) und solche mit Realitätsreferenz völlig frei zu kombinieren; intertextuelle Referenzen auch auf fiktionale statt lediglich auf andere wissenschaftliche Texte; eine metafiktionale Rückbezüglichkeit, die den Text als Fiktion ausstellt; die Unterschiedenheit von Autor und Erzähler (einer bei fiktionalen Texten stets fiktiven Instanz); ein breiteres Spektrum von Perspektivierungsmöglichkeiten, z. B. die interne Fokalisierung, so dass das Wie der Vermittlung wichtiger werden kann als das Was des Erzählten; szenisches Erzählen mit ausgiebigen Dialogen; Semantisierung des Raumes. Gegen eine nicht nur graduelle, sondern kategoriale Scheidung von literarischen und historiografischen Geschichtsdarstellungen, die sich in dieser Weise auf Textmerkmale bezieht, sind indes Einwände möglich. Einiges, was nach Nünning der Fiktion vorbehalten ist, findet sich auch in manchen Geschichtswerken, und zwar nicht allein in vormodernen oder außerwissenschaftlichen Texten, etwa szenisches Erzählen mit Dialogen, erlebte Rede, Symbolisierungen.

Gegen ein zu enges Aneinanderrücken von historiografischer und literarischer Erzählung spricht vor allem deren seit zwei Jahrhunderten eingebürgerte Situierung in zwei distinkten Sozialsystemen (im Sinne Niklas Luhmanns). Die kommunikative Zuordnung zum einen oder anderen System kann ganz ohne Bezug auf textinterne Merkmale erfolgen, nämlich schon aufgrund von paratextuellen Hinweisen (,Roman' als Gattungsbezeichnung, Informationen zum Autor) oder nach dem jeweiligen Distributions- oder Kommunikationsort (belletristische oder historische Abteilung in einer Buchhandlung, literaturwissenschaftliches oder historisches Seminar usw.). Ihre Zugehörigkeit zum Wissenschaftssystem demonstriert Historiografie in aller Regel aber auch intratextuell, indem sie sich explizit mit anderen Forschungspositionen auseinandersetzt bzw. durch Fußnoten absichert. Lubomír Doležel (2010, 37–39) argumentiert, dass Historiografie und fiktionale Erzähltexte sich durch die Art der „gaps" unterscheiden, die sie lassen: Während die epistemologischen Leerstellen der Historiografie durch neue Quellen oder Argumente gefüllt werden können, sind die Lücken der Fiktion ontologisch, weil es keinen Referenten außerhalb der fiktionalen Welt gibt. Das gilt auch dann, wenn eine fiktionale Geschichtserzählung fingiert, eine historiografische zu sein (als Beispiel vgl. Wolfgang Hildesheimers *Marbot. Eine Biographie* [1981]).

Historizität der ‚einen Geschichte' und ihrer Erzählförmigkeit

Geschichte als eine spezifisch gedachte Struktur der Vergangenheit in ihrer Verbindung mit der Gegenwart und Zukunft ist kein automatisches Produkt des Erzählens von Geschichten über Geschehenes. Solche Geschichten finden wir bereits in den ältesten Texten des Abendlandes. Über die Vergangenheit diese oder jene Geschichten zu erzählen, seien es die Schicksale einzelner, sei es die Geschichte ganzer Völker, impliziert jedoch nicht die Annahme, dass alle Vergangenheiten eine einzige Geschichte bilden, in der sie mit Gegenwart und Zukunft prozessual zusammenhängen. ‚Die Geschichte', wie wir sie totalisierend-singularisch nennen, hat sich als Vorstellung erst im Laufe des 18. Jahrhunderts herausgebildet (so Reinhart Koselleck 1975, 647–653). Louis O. Mink hat diese moderne Vorstellung von Geschichte zuerst mit deren Erzählförmigkeit in Verbindung gebracht und als Produkt einer „single unified story of the human past" bezeichnet, die in der Geschichtsphilosophie der zweiten Hälfte des 18. Jahrhunderts entstanden sei (vgl. Mink 1978, 140). Die narrative Eindrücklichkeit, welche die Geschichtsschreibung zur selben Zeit mit Autoren wie Edward Gibbon oder Friedrich Schiller gewann, beförderte die Habitualisierung des von narrativer Konfiguration geprägten, totalisierenden Geschichtsverständnisses.

In Deutschland löste der Aufstieg der goethezeitlichen Literatur in den Klassikerrang einen historiografischen Narrativierungsschub aus, weil er den Historikern die Orientierung an der nun aufgewerteten Literatur nahelegte. In Leopold Rankes *Römischen Päpsten* von 1834–1836, dem Modelltext der historistischen Geschichtsschreibung, finden wir eine ganze Reihe von Denkweisen und Darstellungstechniken der Literatur und Ästhetik um 1800 wieder: Der historische Prozess wurde nun immanent narrativ erklärt, der Geschehensbericht verfabelt (mit deutlicher Tendenz zu bildungsanalogen Plots); herausragende Figuren erhielten eine ideelle Agenda zugewiesen, während der auktoriale Erzähler zurücktrat; in Entscheidungssituationen oder auch scheinbar nebensächlichen, aber auffälligen Details konzentrierte sich das Ganze der jeweils erzählten Geschichte in symbolhafter Anschaulichkeit (vgl. Fulda 1996, 344–410). Als wissenschaftliche Textsorte mit öffentlicher Resonanz etablierte sich die Geschichtsschreibung, indem sie zur literaturnahen Erzählung wurde.

Ansätze der Kognitiven Narratologie: Geschichte als medienindifferentes Denkmuster

Die narrativistische Geschichtstheorie hat sich weitgehend unabhängig von der literaturwissenschaftlichen Narratologie entwickelt und greift kaum auf deren Kategorien zurück. Eine Chance zu substantiellerer Verbindung bieten kognitivistische Erzähltheorien, wie sie seit einigen Jahren im Schwange sind. Diese postulieren, dass unser Wissen (in einem umfassenden Sinne, der Wahrnehmungen und Äußerungen einschließt) durch *schemata*, *scripts* und *frames* strukturiert werde. Bereits das, was wir wahrnehmen, nähmen wir deshalb wahr, weil unserer kognitiver Apparat es mit ‚eingespeicherten' Schemata abgleicht. Narrativität prozessierten diese Schemata, wenn gelesene Signifikate sich mit einem vorgängigen Wissen des Rezipienten von typischen Geschichtenelementen und Plotmustern verknüpfen lassen: „Telling and understanding narratives is a certain way of reconciling emergent with prior knowledge" (Herman 2002, 90).

Der Kognitivismus verortet solche Schemata in einem Wechselspiel zwischen Erfahrung und Erwartung: „Stored in the memory, previous experiences form structured repertoires of expectations about current and emergent experiences." (Herman 2002, 89) Diese Rekursivität kann erklären, wie sich das von Erzählungen getragene Denkmuster ‚Geschichte' um 1800 als epistemologische Grundstruktur der westlichen Moderne etablierte: Aufgrund ‚historischer Erfahrungen', die wir nicht zuletzt in medial vermittelter Form u. a. lektüreweise machen, nehmen wir Geschehen als geschichtlich wahr – und machen mit diesem Wissen wieder ‚historische Erfahrungen'. Gegenstand und Modus der Wahrnehmung stützen sich hier gegenseitig, so dass sie nur bei ausdrücklicher theoretischer Anstrengung unterschieden werden (während das Alltagsverständnis die Geschichte für tatsächlich geschehen hält). Der kognitivistisch-narratologische Ansatz ermöglicht es, Geschichte als Wahrnehmungsschema und als Produkt von Wahrnehmungen zugleich zu begreifen.

Geschichte stellt demnach ein kognitives (Makro-)Schema dar, das einige Elemente als Subschemata enthält, die in den vorstehenden Absätzen bereits angeführt wurden: dramatische Handlung, Kohärenz, genetisch-kausaler Zusammenhang, *emplotment*, ästhetische Stellvertretung, Referentialität u. a. Das (Makro-) Schema Geschichte scheint nicht universell oder gar angeboren zu sein, sondern muss erlernt werden bzw. etabliert sich in bestimmten Kulturen und Epochen. Die enthaltenen Subschemata hingegen können anthropologisch mitgegeben und ubiquitär sein oder aber in anderen Diskursformationen bereits erprobt, entwickelt und eingeübt sein, etwa in der Literatur. Auf dieser schematheoretischen Grundlage ist Geschichte als seinerseits historisches Denkmuster zu konzipieren und vom Alltagsverständnis der Geschichte als einfach geschehend und gegeben abzugrenzen.

Der kognitivistische Ansatz verspricht auch solchen Geschichtsdarstellungen gerecht zu werden, die sich – wie heute häufig – misstrauisch gegenüber narrativer Kohärenz zeigen. Solche Darstellungen erfordern beträchtliche Narrativierungsanstrengungen auf der Rezipientenseite; als Geschichtsdarstellungen sind diese Texte oder anderen Artefakte gewissermaßen unvollständig, z. B. weil sie keinen (gut erkennbaren) Plot aufweisen. Häufig sind die Rezipienten aber trotzdem in der Lage, sie zu ‚lesen'. Denn Narrativierung ist ein konstruktiver Prozess, „which enables readers to re-cognize as narrative those kind of texts that appears to be non-narrative" (Fludernik 1996, 46). Nicht zuletzt Erzählungen außerhalb des traditionellen gedruckten Buches lassen sich auf kognitivistischer Grundlage besser analysieren (als Fallstudie vgl. Lippert 2010). Stellt Narrativität eine Zuschreibung des Rezipienten an ein ihm vorliegendes Material dar, so ist dieses Objekt von nachrangiger Bedeutung, seien es ein Film, eine Fernsehsendung oder andere Bilderfolgen, eine Ausstellung (vgl. Fulda 2005, 182–190), Theateraufführungen, Hör- oder Computerspiele oder Hypertexte.

Monika Fludernik, eine der prominentesten Vertreterin der kognitiven Narratologie, hat die Geschichtsschreibung allerdings aus dem Feld des Narrativen ausgeschlossen, weil der Erzähler hier keine Erfahrungen (eigene oder die Erfahrungen fiktiver Figuren) und keine persönlichen Motive, Gefühle oder Eindrücke, sondern aus der Distanz gewonnenes Wissen mitteile (Fludernik 1996, 328). Dass Narrativität vor allem von Erfahrungshaftigkeit abhänge, ist allerdings keine Mehrheitsposition der Narratologie. In einer neueren Publikation hat Fludernik ihre These abgeschwächt: „I would now argue that experientiality (and hence narrativity) occurs on a scale, and that the more academic a historical text is, the less experientiality there will be." (Fludernik 2010, 50) Nicht nur könne Geschichtsschreibung die Erfahrungen früher lebender Menschen ‚zitieren', sondern die Rezeption von Historiografie „can in itself constitute an experience" (Fludernik 2010, 51).

3 Desiderata und Perspektiven künftiger Forschung

Während in der allgemeinen bzw. literaturwissenschaftlichen Narratologie eine ganze Reihe von systematisch ausgearbeiteten Theorie- und Begriffsgebäuden vorliegt (zuletzt Schmid 2014), gibt es für die Geschichtsschreibung nichts Vergleichbares. Eine Schwierigkeit besteht darin, dass eine einigermaßen umfassende Narratologie der Geschichtsschreibung sowohl die geschichtskonstitutive Funktion der Erzählung und deren Leistung für die Geschichte als Wissenschaft explizieren als auch das formale Repertoire der Geschichtsschreibung als Text oder anderes Medium systematisch entfalten müsste. Die geschichtskonstitutive Funktion der Erzählung ist vergleichsweise am besten erforscht, während das historiografische Repertoire an Erzähltechniken weniger Beachtung gefunden hat; das gilt insbesondere für das Erzählen als Akt eines Erzählers, das in den traditionellen Narratologien im Vordergrund steht (vgl. neuerdings jedoch Carrard 2013, 103–165). Ganz grundlegend fehlt eine Bestandsaufnahme mit konsistentem Begriffsgerüst, die sich von den Modellen der Literaturwissenschaft, seien es die Plotmuster Northrop Fryes bei H. White, seien es die Begriffe Gérard Genettes, emanzipieren würde.

In historischer Hinsicht ist das Spektrum der historiografischen Erzählung, das mehr oder weniger narratologisch untersucht worden ist, erfreulich breit; es reicht von der griechischen Antike (vgl. Grethlein 2013) bis in die Gegenwart (vgl. Carrard 2013). Weniger zufriedenstellend ist, dass fast ausschließlich ‚große Werke', d. h. National- und Epochengeschichten oder auch mikrohistorisch exemplarisch verfahrende Studien, analysiert werden. Weitgehend ungeklärt ist, in welchem Maße und in welcher Weise die vielen kleineren Formate, die den Hauptteil geschichtswissenschaftlicher Textproduktion ausmachen, als narrativ zu charakterisieren sind. Zeitschriftenbeiträge, Vorträge, Quelleneditionen und vielleicht auch Rezensionen müssten in Untersuchungen zur narrativen Verfasstheit des geschichtswissenschaftlichen Schreibens (und Lesens) einbezogen werden. Die nähere Bestimmung von ‚Historiografie als Erzählung' stellt sich von diesen Textsorten her sowohl als klaffendes Desiderat wie auch – wegen mangelnder Vorarbeiten – als besonders schwierig dar. Einer der wenigen Autoren, die sich dieser Herausforderung zu stellen beginnen, ist der Romanist Philippe Carrard, der über die französische Historiografie der Gegenwart urteilt, sie sei nur zum deutlich kleineren Teil Erzählung in dem Sinne, dass zeitliche Prozesse verfolgt werden; die meisten Untersuchungen seien als synchronische Darlegungen (*tableaux*) oder Problemanalysen zu charakterisieren (Carrard 2013, 68–81).

Eine wichtige Detailfrage präziserer Textanalysen wäre, ob der weithin üblichen Identifikation der historiografischen Erzählinstanz mit dem Autor uneingeschränkte Geltung zukommt. Bei Gérard Genette lautet die plakative Formel „A[utor] = N[arrator/Erzähler] ≠ P[erson] → Historische Erzählung" (Genette 1992 [1991], 85). In der Tat verweisen Ich-Aussagen in der historiografischen Erzählung stets auf den Historiker-Autor. Doch kann sich die Erzählinstanz sowohl ideologisch als auch zeitlich von der Position des Autors entfernen, so dass es geboten scheint, Autor und Erzähler auseinanderzuhalten (vgl. Rüth 2005, 35–36). Der protestantische Historiker Ranke z. B. erzählt seine Geschichte der *Römischen Päpste* vorwiegend vom Standpunkt dieser geschichtlichen Macht aus. Eine zeitliche Entfernung von der Autorposition liegt dann vor, wenn der Erzähler den Geschichtsverlauf als noch offen und die jeweilige Vergangenheit als damalige Zukunft darzustellen versucht. Der Erzähler stellt sich demnach eher als Funktion des jeweiligen historiografischen Konzepts denn als identisch mit dem empirischen Autor dar (vom „allgemeinen Ich" des Historikers im Unterschied zu dessen „empirischem Ich" spricht bereits Droysen 1977 [1857], 365). Auch die Erzählperspektive scheint einer differenzierten Betrachtung zu bedürfen, etwa wenn Rankes Erzähler, obwohl er die Sicht der Päpste auf die erzählten Konflikte nachzustellen versucht, manche Urteile doch von einem protestantischen Standpunkt aus fällt. Wolf Schmid (2014, 122–127) bietet hierzu die Unterscheidung von perzeptiver, ideologischer, räumlicher, zeitlicher und sprachlicher Perspektive an.

Noch schwieriger wird die systematische Erfassung historiografischer Erzählungen, wenn man über die Schrifttexte der Geschichtswissenschaft hinausgreift. Dies scheint durchaus geboten, da die Geschichtswissenschaft kein Monopol auf Geschichtserkenntnisse und deren Vermittlung hat, heute weniger denn je. Eine umfassende Narratologie der Historiografie müsste auch Fernsehsendungen, Ausstellungen und vieles andere mehr, womöglich gar *reenactments* berücksichtigen, hätte es also mit weit mehr Medien als gedruckten Büchern zu tun. Neben der kognitiven Leistung narrativer Formen wären dann verstärkt nichtkognitive, insbesondere auch emotionale Rezeptionsangebote der verschiedenen Geschichtsrepräsentationen zu berücksichtigen. In einer ansonsten eher klassischen Analyse mit Schwerpunkt auf der Historiografie und Historik in Aufklärung und Romantik hat Mark Salber Philips (2013) diesen *emotional turn* bereits vollzogen.

Literaturverzeichnis

Ankersmit, F. R. (1983). *Narrative Logic. A Semantic Analysis of the Historian's Language*. Den Haag.
Baumgartner, Hans Michael (1972). *Kontinuität und Geschichte. Zur Kritik und Metakritik der historischen Vernunft*. Frankfurt a. M.
Carrard, Philippe (2013). *Le Passé mis en texte. Poétique de l'historiographie française contemporaine*. Paris.
Coleridge, Samuel Taylor (1965 [1817]). *Biographia Literaria*. Hg. von George Watson. London.
Danto, Arthur C. (1974 [1965]). *Analytische Philosophie der Geschichte*. Übers. von Jürgen Behrens. Frankfurt a. M.
Doležel, Lubomír (2010). *Possible Worlds of Fiction and History: The Postmodern Stage*. Baltimore.
Droysen, Johann Gustav (1977). *Historik. Rekonstruktion der ersten vollständigen Fassung der Vorlesungen (1857), Grundriß der Historik in der ersten handschriftlichen (1857/58) und in der letzten gedruckten Fassung (1882)*. Hg. von Peter Leyh. Stuttgart-Bad Cannstatt.
Fludernik, Monika (1996). *Towards a ‚Natural' Narratology*. London.
Fludernik, Monika (2010). „Experience, Experiantiality, and Historical Narrative. A View from Narratology". In: T. Breyer, D. Creutz (Hgg.), *Erfahrung und Geschichte. Historische Sinnbildung im Pränarrativen*. Berlin, 40–72.
Fulda, Daniel (1996). *Wissenschaft aus Kunst. Die Entstehung der modernen deutschen Geschichtsschreibung 1760–1860*. Berlin.
Fulda, Daniel (2005). „‚Selective' History. Why and how ‚History' Depends on Readerly Narrativization, with the Wehrmachtsausstellung as an example". In: J. Ch. Meister (Hg., in Zusammenarb. mit T. Kindt und W. Schernus), *Narratology beyond Literary Criticism: Mediality, Disciplinarity*. Berlin, 173–194.
Genette, Gérard (1992 [1991]). *Fiktion und Diktion*. Übers. von Heinz Jatho. München.
Grethlein, Jonas (2013). *Experience and Teleology in Ancient Historiography. ‚Futures Past' from Herodotus to Augustine*. Cambridge.
Harth, Dietrich (1980). „Biographie als Weltgeschichte. Die theoretische und ästhetische Konstruktion der historischen Handlung in Droysens ‚Alexander' und Rankes ‚Wallenstein'". In: *Deutsche Vierteljahrsschrift für Literaturwissenschaft und Geistesgeschichte* 54, 58–104.
Herman, David (2002). *Story Logic. Problems and Possibilities of Narrative*. Lincoln.
Jaeger, Stephan (2000). „Multiperspektivisches Erzählen in der Geschichtsschreibung des ausgehenden 20. Jahrhunderts: Wissenschaftliche Inszenierungen von Geschichte zwischen Roman und Wirklichkeit". In: V. Nünning, A. Nünning (Hgg.), *Multiperspektivisches Erzählen: Zur Theorie und Geschichte der Perspektivenstruktur im englischen Roman des 18. und 20. Jahrhunderts*. Trier, 323–346.
Kansteiner, Wulf (2009). „Success, Truth, and Modernism in Holocaust Historiography: Reading Saul Friedländer Thirty-five Years After the Publication of ‚Metahistory'". In: *History and Theory*, Theme Issue 47, 25–53.
Keßler, Eckhard (1982). „Das rhetorische Modell der Historiographie". In: R. Koselleck, H. Lutz, J. Rüsen (Hgg.), *Formen der Geschichtsschreibung*. München, 37–85.

Koselleck, Reinhart (1975). „Geschichte, Historie". In: O. Brunner, W. Conze, R. Koselleck (Hgg.), *Geschichtliche Grundbegriffe. Historisches Lexikon zur politisch-sozialen Sprache in Deutschland.* Bd. 1–8 (in 9). Bd. 2. Stuttgart, 593–595, 647–718.

Kuukkanen, Jouni-Matti (2015). *Postnarrativist Philosophy of Historiography.* Basingstoke.

Lahme, Tilmann (2009). *Golo Mann. Biographie.* Frankfurt a. M.

Lippert, Julia (2010). *Ein kognitives Lesemodell historio(bio)graphischer Texte. Georg III. – Rezeption und Konstruktion in den britischen Medien (1990–2006).* Trier.

McIntosh-Varjabédian, Fiona (2010). *Écriture de l'histoire et regard rétrospectif. Clio et Épiméthée.* Paris.

Mink, Louis O. (1978). „Narrative Form as Cognitive Instrument". In: R. H. Canary, H. Kozicki (Hgg.), *The Writing of History. Literary Form and Historical Understanding.* Madison, 129–149.

Mommsen, Theodor (1905). „Rede bei Antritt des Rektorats. 15. Oktober 1874". In: Th. Mommsen, *Reden und Aufsätze.* Berlin, 3–16.

Müller, Philipp (2008). *Erkenntnis und Erzählung. Ästhetische Geschichtsschreibung in der Historiographie von Ranke, Burckhardt und Taine.* Köln.

Nünning, Ansgar (1999). „,Verbal Fictions?' Kritische Überlegungen und narratologische Alternativen zu Hayden Whites Einebnung des Gegensatzes zwischen Historiographie und Literatur". In: *Literaturwissenschaftliches Jahrbuch* 40, 351–380.

Philips, Mark Salber (2013). *On Historical Distance.* New Haven.

Ricœur, Paul (1988–1991 [frz. 1983–1985]). *Zeit und Erzählung.* Bd. 1–3. Übers. von Rainer Rochlitz und Andreas Knop (Bd. 3). München.

Rigney, Ann (1990). *The Rhetoric of Historical Representation. Three Narrative Histories of the French Revolution.* Cambridge.

Rüsen, Jörn (1982). „Die vier Formen des historischen Erzählens". In: R. Koselleck, H. Lutz, J. Rüsen (Hgg.), *Formen der Geschichtsschreibung.* München, 514–605.

Rüth, Axel (2005). *Erzählte Geschichte. Narrative Strukturen in der französischen Annales-Geschichtsschreibung.* Berlin.

Saupe, Achim (2009). *Der Historiker als Detektiv – der Detektiv als Historiker. Historik, Kriminalistik und der Nationalsozialismus als Kriminalroman.* Bielefeld.

Schmid, Wolf (2014). *Elemente der Narratologie.* 3. Aufl. Berlin/Boston.

White, Hayden (1978 [1974]). „The Historical Text as Literary Artifact". In: H. White, *Tropics of Dicourse. Essays in Cultural Criticism.* Baltimore, 81–100.

White, Hayden (1991 [1973]). *Metahistory. Die historische Einbildungskraft im 19. Jahrhundert in Europa.* Übers. von Peter Kohlhaas. Frankfurt a. M.

White, Hayden (1999). „Literary Theory and Historical Writing". In: H. White, *Figural Realism. Studies in the Mimesis Effect.* Baltimore, 1–26, 176–182.

White, Hayden (2013). „Historical Discourse and Literary Theory. On Saul Friedländer's ‚Years of Extermination'". In: N. Frei, W. Kansteiner (Hgg.), *Den Holocaust erzählen. Historiographie zwischen wissenschaftlicher Empirie und narrativer Kreativität.* Göttingen, 51–78.

Matthias Christen
IV.1.2 Erzählen im Film

1 Entstehung einer Erzählform

Der Film ist fraglos eines der produktivsten Erzählmedien des 20. Jahrhunderts. Das Modell des fiktionalen Spielfilms behauptet eine kulturelle Vormachtstellung, die Gunning (2006 [1986], 381) von einer eigentlichen „hegemony of narrative film" sprechen lässt, die das Produktionsaufkommen über weite Strecken genauso bestimmt wie die wissenschaftliche Beschäftigung mit den filmischen Erzählformen. Dennoch ist die Narrativität keine dem Film inhärente Eigenschaft, sondern ein spezifischer, historisch gewachsener „Diskursmodus" (Kuhn 2011, 47; Tröhler 2002, 31). Die ersten, um 1895 projizierten Filme sind, was die institutionelle Verortung, die Präsentationsform und die ästhetische Binnenorganisation angeht, fest in den traditionellen Schaukünsten verankert (Varieté, Jahrmarkt, Zirkus). Sie entwickeln keine zusammenhängenden Narrative, sondern präsentieren „a series of views to an audience, fascinating because of their illusory power" (Gunning 2006 [1986], 382), und stellen so unter Beweis, was die neuartige Technik der fotografischen Aufzeichnung von Bewegtbildern für die bestehenden Schaukünste attraktiv macht: ihre ‚Fähigkeit, Dinge zu zeigen' (Gunning 1991, 41). Dass aus dem frühen ‚cinema of attractions', das vorab an die sensorische Neugier des Publikums appelliert, Anfang des 20. Jahrhunderts ein ‚cinema of narrative integration' wird, das die Story dauerhaft zum zentralen Organisationsprinzip filmischer Verlaufsformen macht, ist weder absehbar noch zwangsläufig und das Ergebnis eines komplexen Prozesses, an dem wirtschaftliche, institutionsgeschichtliche und ästhetische Faktoren gleichermaßen beteiligt sind. Die Ansätze zur Beschreibung des Films als „storytelling medium" (Gunning 2006 [1986], 382) lassen sich danach unterscheiden, wie sie die einzelnen Faktoren gewichten, die ihn genealogisch bestimmen. So rückt die Filmnarratologie (Kuhn 2011) in der Nachfolge literatur- und sprachwissenschaftlicher Ansätze die Strukturen und formalästhetischen Mittel filmischer Erzählungen in den Fokus. Trotz des pauschalen Anspruchs, den sie im Namen führt, vertritt die Filmnarratologie jedoch nur eine Position innerhalb einer breit gefächerten Auseinandersetzung mit dem filmischen Erzählen. So gibt es neben den akademischen Ansätzen, die sich aus der Sprach-, Literatur-, Film- oder Medienwissenschaft herleiten, eine lange Reihe von Arbeiten, die sich mit Filmerzählungen stärker unter dem Aspekt ihrer praktischen Verfertigung beschäftigen und einen industrieaffinen Optimierungsdiskurs bedienen. Obwohl sie unter Hinweis auf ihre angeblichen Theoriedefizite häufig aus den akademischen Debatten ausgeklammert werden, bilden auch diese unter dem Begriff der Filmdramaturgie zu fassenden Entwürfe einen integralen Bestandteil der filmischen Erzählforschung.

2 Narrative Grundform, Minimaldefinitionen

Der Übergang zum Film als narrativem Medium, der sich in Westeuropa und den USA annähernd parallel vollzieht, führt dazu, dass sich kurz nach 1900 eine basale Form der filmischen Erzählung etabliert. Sie sieht einen abgeschlossenen Raum vor, in der Forschung häufig als Diegese bezeichnet (vgl. *Montage AV*, Themenheft „Diegese", 2007), über den das Publikum mittelbar adressiert wird. Der in der Frühphase gängige Blick in die Kamera wird damit zu einem disruptiven Element, das die innere Stimmigkeit der erzählten Welt bedroht. Die Diegese bildet den raumzeitlichen Rahmen für eine Abfolge von Ereignissen, die kausal motiviert sein kann, mindestens aber eine signifikante Änderung gegenüber dem Ausgangszustand erbringen muss (Kuhn 2011, 58). Getragen wird die Ereignisfolge gewöhnlich von Figuren, bei denen es sich – selbst wenn sie anthropomorphe Züge tragen, von menschlichen Akteuren verkörpert werden und über ein psychologisches Innenleben verfügen – stets um „kommunikativ konstruierte Artefakte" (Eder 2008, 704) handelt.

Die narrative Grundform sieht weiter eine Doppelung der chronologischen Ordnung vor, die als Distinktionsmerkmal den Kurz- und Kürzestfilmen des Attraktionskinos abgeht, auch wo sie mikrostrukturell wie Geschichten organisiert sind. Die gebräuchlichen Begriffspaare Story/Plot, Fabula/Sujet oder *histoire/discours* meinen dabei ungeachtet der wechselnden theoriesprachlichen Präferenzen im Wesentlichen das Gleiche: Die lineare Ereignisfolge der zu erzählenden Geschichte wird auf der Leinwand in einer eigenständigen, nicht notwendig gleichlaufenden zeitlichen Ordnung aktualisiert.

Den entscheidenden Unterschied gegenüber den literarischen Erzählformen markiert die Multimodalität des Films. Als hybrides Erzählmedium verfügt er über mehrere Codes gleichzeitig: sprachliche (Dialog, Schrift), auditive (Musik, Geräusche) und ikonische. Die Multimodalität des Films und insbesondere das ihm eigene Moment des Zeigens stellt eine Herausforderung dar, für die die Praxis des filmischen Erzählens historisch genauso Lösungen entwickeln musste wie die Erzähltheorie zu deren Beschreibung. So besitzt das Filmbild aufgrund seiner fotografischen Herkunft einen ausgeprägt präsentischen Charakter. Ohne ein Tempussystem, wie es die Sprache kennt, müssen zeitliche Abstufungen im Erzählvorgang daher stilistisch anderweitig markiert werden (über die Montage, wechselnde Materialitäten des Filmbildes, chromatische Codes o. Ä.). Ähnliches gilt für die Frage der Perspektive. Über verbale Äußerungen lässt sich das Erzählte zwar leicht einer einzelnen Figur in Form eines *voice over* zuordnen (Fokalisierung). Die visuelle Zuschreibung (Okularisierung; zur Unterscheidung vgl. Kuhn 2011, 119–194) gestaltet sich dagegen schwieriger; die Bindung des Blicks einer (anthropomorphen) Figur an das apparative ‚Auge' der Kamera wirkt rasch künstlich (Brinckmann 1997), wo sie sich nicht auf konventionalisierte Fälle wie die sogenannte Tätersubjektive beschränkt, wo der Akt des Betrachtens thematisch ist. Eine Erzählposition, wie sie die 1. Person Singular für die Sprache eröffnet, setzt daher eine vorgängige historische Codierung filmästhetischer Mittel voraus, weshalb etwa autobiografische Erzählformen im Film vergleichsweise spät, in der zweiten Hälfte des vergangenen Jahrhunderts, auftreten (Christen 2017).

Aufgrund seiner Multimodalität verfügt der Film über mehrere Erzählinstanzen, die sich unterschiedlich manifest und dauerhaft in wechselnden Dominanzverhältnissen ablösen. Die Kamera kann genauso eine Erzählfunktion übernehmen wie eine einzelne Figur in einem *voice over* oder ein wiederkehrendes Farbschema.

Die Frage der Erzählinstanz ist zentral für die meisten Entwürfe einer Erzähltheorie des Films. Seymour Chatman unterstellt als einer ihrer frühen Vertreter (siehe zuerst Chatman 1978) einen *cinematic narrator* als einheitliches Organisationsprinzip der Erzählung (Chatman 1990, 124–138). Dieser *cinematic narrator* ist nach Chatman zwar ausdrücklich nicht als anthropomorphe, personalisierte Instanz zu verstehen, verantwortet als „agent" jedoch die Filmerzählung, indem er den ‚auditiven' und den ‚visuellen Kanal' zusammenführt: „It is the cinematic narrator that shows the film" (Chatman 1990, 134).

David Bordwell und Kristin Thompson setzen sich in ihrem einflussreichen und seit den 1970er Jahren fortlaufend weiterentwickelten Projekt einer historischen Poetik des Kinos entschieden von der Vorstellung einer derartigen narrativen ‚agency' ab. Bordwell erweitert die dyadische Begriffsbildung von Story und Plot bzw. Fabula und Sujet zu diesem Zweck um die Kategorie des Stils, den er im Gegensatz zur Story und deren sequentieller (Re-)Organisation auf der Leinwand als medienspezifische Größe versteht: „‚[S]tyle' simply means the film's systematic use of cinematic devices" (Bordwell 1985, 50). ‚Narration' bezeichnet in diesem Zusammenhang „the process whereby the film's syuzhet and style interact in the course of cueing and channeling the spectator's construction of the fabula" (Bordwell 1985, 53). So wie Chatman in seinem produktionsästhetischen Ansatz von einem immateriellen *narrator* ausgeht, setzt Bordwell in seinem kognitivistischen Modell auf der Rezipientenseite einen ähnlich körperlosen *spectator* an. Dieser bildet auf der Grundlage von vorgängigen Seherfahrungen, Genreerwartungen und Informationen, die der Film ihm oder ihr in unterschiedlichem Umfang und wechselnder Qualität zugänglich macht, Hypothesen, die im weiteren Verlauf der Erzählung bestätigt oder widerlegt werden. Die Narration ist demnach ein schemageleiteter informationeller Prozess, in dem über Sujet und Stil fortwährend Informationen vergeben und von dem am Film aktiv teilhabenden Zuschauer verarbeitet werden mit dem Ziel, aufgrund der verfügbaren ‚cues' die Fabel zu erschließen (zur Rolle des Zuschauers vgl. Thompson 2003 [1988], 441–451).

Das Konzept des ‚hypothetischen' Zuschauers (vgl. Thompson 2003 [1988], 447) oder „classical spectator" (vgl. Kuhn 2011, 33) hat seinerseits Kritik geweckt, da es bei Bordwell und Thompson schwankt zwischen einem abstrakten Ideal, der Hypostasierung einer zu einer bestimmten Zeit verfügbaren kinematografischen Seherfahrung und empirisch nachprüfbaren Zuschauerpositionen. In seinem Entwurf einer Filmnarratologie verzichtet Kuhn (2011) daher auf die Annahme eines ‚idealen' Zuschauers und differenziert im Gegenzug Chatmans Konzept des *cinematic narrator* analytisch weiter aus, indem er mehrere Kommunikationsebenen und unterschiedliche visuelle und sprachliche Erzählinstanzen (abgekürzt VEI und SEI) auffächert, die einander wahlweise unterstützen und unterlaufen (2011, 107).

Die Rede von einer Mehrzahl möglicher Erzählinstanzen gegenüber einer klar umrissenen Erzählposition verweist auf eine weitere Eigentümlichkeit, die das filmische Erzählen kennzeichnet. Als Diskursmodus verstanden, ist filmische Narrativität immer ein *„graduelle[s]* Phänomen" (Kuhn 2011, 47), muss also Filme, die narrativ verfahren, nicht notwendig als ganze strukturieren. Unter dem Begriff des „cinematic excess" fassen Thompson (1999) und Williams (2009 [1991]) jene Elemente eines überschießenden sinnlichen Mehrwerts, die sich nicht nahtlos in die Ökonomie der narrativen Informationsvergabe einfügen. Beispiele für eine lückenhafte narrative Integration finden sich zahlreich im frühen Film. So ist in Edwin S. Porters *Life of an American Fireman* (1903) die zentrale Szene, in der eine Frau und ihr kleines Kind von dem titelgebenden Feuerwehrmann aus einem brennenden Haus gerettet werden, zwei Mal ununterbrochen hintereinander zu sehen: einmal aus einer Perspektive innerhalb des brennenden Hauses, einmal in einer frontalen Außenansicht. Die erste Einstellung enthält bereits alle storyrelevanten Informationen – Frau und Kind werden im letzten Moment in Sicherheit gebracht –; ohne einen signifikanten informationellen Mehrwert zu haben, dient die Wiederholung des Vorgangs aus einer anderen Perspektive allein dazu, einen Moment gesteigerter emotionaler Dichte noch einmal sinnlich erfahrbar zu machen. Erst in einer zweiten, vermutlich in den 1930er Jahren entstandenen Fassung werden die beiden handlungsgleichen Einstellungen narrativ in einer chronologisch fortschreitenden Montagesequenz integriert, die zwischen der Innen- und der Außenperspektive wechselt und die für die Informationsvergabe überflüssige Doppelung einzieht (Kessler 1993).

Filmhistorisch bleibt die Verflechtung narrativer Elemente mit solchen des *cinematic excess* nicht auf die Frühgeschichte beschränkt; sie ist in unterschiedlichen Mischungsverhältnissen konstitutiv für einzelne Genres (Musical, Zirkus-, Katastrophenfilm u. a.) und in letzter Konsequenz für den Film als multimodales Medium insgesamt. Filmtheorien wie diejenige Siegfried Kracauers (2005 [1960]), die den Film von seiner fotografischen Anlage her denken, kommen daher weitgehend ohne einen Begriff von Narration und Narrativität aus.

Wenn Narrativität als Diskursmodus Filme nur in wechselnden Abstufungen organisiert, dann bedeutet das auch, dass sie nicht fest an die Gattung des fiktionalen Spielfilms gebunden ist, an die sie häufig gekoppelt scheint. Jost (1998 [1989]), Winston (2013) und Tröhler (2002) machen daher gattungsübergreifend auch im Dokumentarfilm narrative Verfahren aus. Sofern das dokumentarische Material ganz oder in Teilen „im weitesten Sinn als Geschichte präsentiert" wird, macht es daher für Tröhler keinen Unterschied, *„ob diese erfunden ist oder nicht"* (Tröhler 2002, 3; Hervorh. im Orig.).

3 Institution und Industrie: Normierungen

Mit dem Übergang zum ‚cinema of narrative integration' vollziehen sich in den ersten Jahren des 20. Jahrhunderts zwei weitere, eng miteinander verbundene Entwicklungen, die den Film als ‚storytelling medium' weit über die Frühphase der Kinematografie hinaus maßgeblich prägen: zum einen die Etablierung des Kinos als eines eigenständigen institutionellen Raums, an den die Filmrezeption lange als Wahrnehmungsdispositiv gebunden bleibt, zum anderen das Aufkommen einer kapitalistisch organisierten Film*industrie*, die die mit der institutionellen Etablierung des neuen Mediums wachsende Nachfrage durch standardisierte, rationell herzustellende Produkte, nämlich fiktionale, narrative Langfilme bedient. Während narratologische Ansätze wie derjenige Kuhns erklärtermaßen werkimmanent argumentieren (Kuhn 2011, 3), begreifen Bordwell und Thompson in ihrer historischen Poetik des Kinos den Film als gleichermaßen durch die Aspekte „creativity, technology, and business" (Bordwell und Thompson 2010, 2) bestimmt und binden daher die „institutionell und ökonomisch bedingten Standardisierungs- und Konventionalisierungsprozesse" ein, die sich daraus für die Filmproduktion ergeben (Hartmann und Wulff 2007, 208). Diese betreffen die arbeitsteilig organisierten, industriellen Produktions- genauso wie die Erzählformen. Die langanhaltende wirtschaftliche und kulturelle Dominanz des amerikanischen Films beruht maßgeblich darauf, dass es der amerikanischen Filmindustrie, für die Hollywood paradigmatisch steht, nach dem Ersten Weltkrieg gelungen ist, nicht nur stabile Produktionsroutinen – das sogenannte Studiosystem – aufzubauen, sondern mit dem *classical Hollywood narrative* auch eine für ein breites Publikum verlässliche Form des Erzählens zu etablieren (vgl. u. a. Bordwell et al. 1988). Bei den Erzählungen, die dem klassischen Modell folgen, handelt es sich in der Regel um handlungszentrierte, linear voranschreitende und kausal motivierte Verkettungen von Ereignissen. Die mediale Vermitteltheit der Narration tritt gewöhnlich gegenüber einer scheinbar restlosen Transparenz der erzählten Welt in den Hintergrund (*Continuity*-Modell). Ausgehend von einem Zustand des Gleichgewichts, der durch einen zwischen den Figuren aufbrechenden Konflikt empfindlich gestört wird, endet die Erzählung absehbar mit dessen dauerhafter Lösung, wobei die Wiederherstellung des narrativen Equilibriums regelmäßig die vorübergehend destabilisierten (vorfilmischen) Normvorstellungen und Werthierarchien wieder ins Recht setzt.

Der Standardisierung von Produktionsabläufen und Erzählweisen dient – über die klassische, in den 1950er Jahren zu Ende gehende Studioära Hollywoods hinaus – auch die Kategorisierung von Erzählungen nach Genres. Als „familiar formula of interrelated narrative and cinematic components" (Schatz 1981, 16) liefern sie gerade aufgrund ihrer Konventionalisierung einen ausreichend stabilen Rahmen, um grundlegende kulturelle Konflikte durchzuspielen (ebd.). Als polyvalente Konzepte, in denen kultur-, erzähltheoretische und ökonomische Aspekte ineinandergreifen, sorgen Genres zudem für einen Interessenausgleich zwischen den Parteien, die entlang der Wertschöpfungskette von Filmen an deren Produktion, Distribution und Konsumption beteiligt sind. Als Storyschemata erlauben sie den Herstellern das labile Verhältnis von Innovation und Erwartbarkeit auszutarieren, das Filme als industriell und mit hohem Kapitalaufwand produzierte Wirtschaftsgüter halten müssen. Zugleich helfen generische Storyschemata den Zuschauerinnen und Zuschauern, sich angesichts der besonderen Produkteigenschaften von Filmen zu orientieren; diese werden zwar industriell hergestellt, sind aber als Kulturgüter in ihrer Qualität vor der Konsumption nicht mit letzter Sicherheit abzuschätzen (Hediger und Vonderau 2009).

Eine vergleichbare Funktion erfüllen, quer zum Genresystem, die Filmdramaturgien. Anders als die akademischen Ansätze zu einer filmischen Erzähltheorie, die mit Blick auf den fertigen Film Fragen des Stils als eines systematischen Gebrauchs kinematografischer Mittel (Bordwell) einschließen, beziehen sich die dramaturgischen Modelle vorrangig auf das Drehbuch als profilmische Erzählform und die Ebenen von Story und Plot, für die sie zunehmend feiner ausdifferenzierte Verlaufsformen und Ordnungsmuster entwickeln (vgl. das an Vladimir Propps *Morphologie des Märchens* orientierte Modell von Vogler [2007; erstmals 1998], das Drei-Akt- und das erweiterte Drei-Akt-Modell von Field [2005; erstmals 1979] bzw. Seger [2010], das Acht-Sequenzen-Modell von Howard [2006] und das

Beat-Sheet-Konzept von Snyder [2005, 2007, 2009], das 15 Sequenzen vorsieht). Die Verfasserinnen und Verfasser sind in den meisten Fällen selbst Drehbuchautorinnen und Drehbuchautoren oder als *script consultants* für amerikanische Firmen tätig, die in der Hoffnung, den Erfolg von Film planbar zu machen, auf naturgesetzähnliche Regeln des Erzählens aus sind (vgl. Snyders Rede von „the immutable laws of screenplay physics"; Snyder 2005, 119). Obwohl in der akademischen wie der breiteren Öffentlichkeit kaum bekannt, haben diese industrieaffinen Dramaturginnen und Dramaturgen einen nicht zu unterschätzenden Einfluss auf die Erzählformen des Mainstream-Kino.

4 Widerstände, Abweichungen, Weiterungen

Das mit dem amerikanischen Studiosystem der 1930er, 1940er und 1950er Jahre assoziierte *classic narrative system* hat das filmische Erzählen über weite Strecken beherrscht. Parallel dazu ist allerdings eine Reihe von Absetzbewegungen und Versuchen zu verzeichnen, die industriellen Standardisierungen zu unterlaufen und die Bandbreite des filmischen Erzählens zu erweitern. So wenden sich Vertreter des russischen Avantgardekinos wie Vertov und Ėjzenštejn in den 1920er Jahren strikt gegen die an der Romanliteratur und am psychologischen Realismus orientierten Erzählkonventionen des Spielfilms und sehen in der genuin filmischen Technik der Montage anstelle der Story das Leitprinzip einer intellektuellen Organisation des Bildmaterials. Auch die frühe Filmtheorie bestimmt das Medium entgegen der verbreiteten Praxis ausdrücklich nicht über seine Narrativität, sondern über die Nähe zur Malerei und den bildenden Künsten oder über das „Physiognomische als Antithese zum Literarischen" (Schweinitz 1999, 75). Die nach dem Zweiten Weltkrieg aufkommenden ‚Neuen Wellen' – der *Neorealismo* in Italien, die *Nouvelle Vague* in Frankreich, das *New Hollywood* in den USA und der Neue deutsche Film –, das *Independent-*, *Art House-* und Autorenkino verlegen sich auf offene, nicht-lineare, intransparente, entdramatisierte Erzählformen (vgl. u. a. Wuss 1990, 1992, 1999; analog für die Filmdramaturgie vgl. Rabenalt 2011). Im Zuge der Dekolonisierung und der entsprechenden Theoriebildung rücken vermehrt auch nicht-westliche, vermeintlich marginale Kinematografien mit ihren Erzählkulturen in den Blick, in denen sich regionale Traditionen und Elemente mit den globalisierten westlichen Kinonarrativen zu hybriden Formen des ‚cinematic storytelling' verbinden (Khatib 2012, 2013).

5 Mediengeschichtliche Verschiebungen: Ausblick

Die auffälligste, wenngleich nicht allein maßgebliche Entwicklung in der jüngeren Geschichte des filmischen Erzählens betrifft dessen weitgehende Loslösung vom Kino als Institution, mit der es sich zu Anfang des vergangenen Jahrhunderts etabliert hat. Im Zeitalter des „Post-Cinema" (Hagener et al. 2016) sind im Zuge der Digitalisierung neue Formen der Zirkulation und Rezeption entstanden, die auf die wirtschaftliche Auswertung von Filmen ebenso zurückwirken wie auf deren Erzählformen. Die *Star-Wars*-Saga liefert dafür ein passendes Beispiel: 1977 mit dem gleichnamigen Kinofilm von George Lucas begründet, ist sie mit ihrer mittlerweile siebten Weiterung kein abgeschlossenes filmisches Narrativ mehr, sondern eine *storyworld*, die chronologisch in immer weiteren Pre- und Sequels und lateral in unterschiedliche mediale Formate (Computerspiele, Comics, Brettspiele u. a.) aufgefaltet wird (zum Konzept der *storyworld* als transmedialer Weiterung der herkömmlichen filmischen Diegese vgl. Ryan und Thon 2014).

Vor dem Hintergrund des veränderten Umgangs, den neue Trägermedien und Zirkulationswege wie die DVD oder das Internet mit Filmen ermöglichen (mehrfaches, analytisches Sichten, Bereitstellung zusätzlicher Informationen über Bonusmaterialien, Kommentierung und Diskussion in Fanforen u. a.), und einer historisch gewachsenen Vertrautheit des Publikums mit einem breiten Spektrum narrativer Formen betrachtet Elsaesser (2009a, 2009b) für das neue Jahrtausend eine gesteigerte Komplexität filmischer Narrative, die sich über das *Independent*- und Autorenkino hinaus auf das stärker am klassischen Modell orientierte Mainstream-Kino erstreckt. Wie diese Entwicklung einzuschätzen ist, ist umstritten. Bordwell geht davon aus, dass Phänomene wie die *forking paths* oder *network narratives* trotz ihrer nonlinearen Plotstrukturen in der Tradition des klassischen Modells kausaler Motivierung und kognitiver Transparenz stehen und das postklassische Erzählen eher eine Kontinuität von „crucial practices of storytelling" (Bordwell 2006, 17) als einen Bruch markiert. Dagegen nimmt Elsaesser auf der Grundlage eines medienphilosophisch erweiterten, epistemologischen Begriffs von Narration einen eigentlichen Paradigmenwechsel an. Elsaesser versteht das Geschichtenerzählen als eine historisch erfolgreiche „Form der Datenverarbeitung" (Elsaesser 2009a, 247), mithin als ein Instrument der Sortierung und Ordnung von Wissen. „[I]n einer von abstrakten Funktionszusammenhängen und von der Handlungsmacht der Dinge regierten Welt" (Elsaesser 2009a, 247) gerät die Story als Modell filmischen Erzählens jedoch in die Krise, sofern sie selbsttätige Akteure, Kausalzusammenhänge, lineare Verläufe und eine abschließende *closure* voraussetzt. Angesichts einer unübersichtlichen, schwer zu fassenden Gegenwart schlägt Elsaesser Rhizom, Archiv und Datenbank als geeignetere Ordnungsprinzipien vor, die sich an der Speicher- und Verknüpfungsleistung von Rechnern als neuem, digitalen Leitmedium orientieren, und verweist beispielhaft auf die sogenannten Mind-Game- oder Puzzle-Filme (vgl. auch Buckland 2009, 2014). Diese kündigen den klassischen Transparenzkontrakt, indem sie den ontologischen Status des Gezeigten in der Schwebe lassen, auf lineare Verlaufsformen und schlüssige kausale Motivation verzichten und selbst die Identität von Figuren etwa über Doppelgängerkonstruktionen untergraben. Die widerspruchslose Konstruktion einer Fabel auf der Grundlage der über Stil und Plot vergebenen Informationen, wie sie Bordwells kognitivistisches Modell als Normalfall vorsieht, ist in Filmen wie *Inception* (Regie: Christopher Nolan, 2010) oder *Abre los ojos* (Regie: Alejandro Amenábar, 1997) nicht länger möglich.

Ähnlich wie Elsaesser sieht auch Fahle (2017) in seinem filmphilosophischen Entwurf einer epistemischen Moderne das Vertrauen in die welterschließende Funktion filmischer Narrative infrage gestellt. Beide beschreiben übereinstimmend und unabweisbar für die mit den Begriffen ‚Post-Cinema' und ‚nachklassisch' belegte Gegenwart eine Tendenz, die gekennzeichnet ist von wachsender narrativer Komplexität und einem abnehmenden Vertrauen in den Film als ‚storytelling medium'. Dennoch werden Filme weiterhin auch herkömmlich erzählt, so dass quer zu den Versuchen, die Geschichte des Films als Abfolge historischer Paradigmen zu verstehen, unterschiedliche Erzählweisen nebeneinander fortbestehen. Vor diesem Hintergrund lassen sich für eine mit dem Film beschäftigte Erzählforschung vier Fragen oder Herausforderungen benennen: Wie lassen sich filmische Narrative anders als vom bewährten Ordnungsmodell der Story her denken (vgl. dazu Wuss 1992 und das Konzept der topischen Reihung von kaum bewusst wahrgenommenen Merkmalskonfigurationen)? Was bedeutet der Übergang zu einem polyzentrischen Verständnis von ‚world cinema', in dem nicht länger ‚marginale' Kinematografien Hollywood als hegemonialem Zentrum gegenüberstehen (Nagib, Perriam et al. 2012), für den Begriff des Narration? Wie lassen sich die erzähl*theoretischen* Ansätze und die filmdramaturgischen als Form einer industrienahen Selbstverständigung integrieren? Und wie sind die Theorie und Geschichte des filmischen Erzählens von dessen Medien und Institutionen her (neu) zu schreiben?

Literaturverzeichnis

Bordwell, David (1985). *Narration in the Fiction Film*. Madison.
Bordwell, David (2006). *The Way Hollywood Tells It. Story and Style in Modern Movies*. Berkeley, Los Angeles/London.
Bordwell, David, Janet Staiger und Kristin Thompson (1988). *The Classical Hollywood Cinema. Film Style and Mode of Production to 1960*. London.
Bordwell, David, und Kristin Thompson (2010). *Film Art. An Introduction*. New York.
Brinckmann, Christine N. (1997). „Ichfilm und Ichroman". In: Ch. N. Brinckmann, *Die anthropomorphe Kamera und andere Schriften zur filmischen Narration*. Hg. von M. Lewinsky und A. Schneider. Zürich, 82–112.
Buckland, Warren (Hg. 2009). *Puzzle Films. Complex Storytelling in Contemporary Cinema*. Malden/Oxford.
Buckland, Warren (Hg. 2014). *Hollywood Puzzle Films*. New York/London.
Chatman, Seymour (1978). *Story and Discourse. Narrative Structure in Fiction and Film*. Ithaca/London.
Chatman, Seymour (1990). *Coming to Terms. The Rhetoric of Narrative in Fiction and Film*. Ithaca/London.
Christen, Matthias (2017). „Autobiographical/autofictional film". In: M. Wagner-Egelhaaf (Hg.), *Handbook Autobiography/Autofiction*. Berlin [im Druck].
Eder, Jens (2008). *Die Figur im Film. Grundlagen der Figurenanalyse*. Marburg.
Elsaesser, Thomas (2009a). „Film als Möglichkeitsform. Vom ‚post-mortem'-Kino zu mindgame movies". In: Th. Elsaesser, *Hollywood heute. Geschichte, Gender und Nation im postklassischen Kino*. Berlin, 237–263.
Elsaesser, Thomas (2009b). „The Mind-Game Film". In: W. Buckland (Hg.), *Puzzle Films. Complex Storytelling in Contemporary Cinema*. Oxford, 13–41.
Fahle, Oliver (2017). „Kosmopolitische und globale Filmästhetik in der medialen und epistemischen Moderne". In: M. Christen, K. Rothemund (Hgg.), *Cosmopolitan Cinema*. Marburg [im Druck].
Field, Syd (2005 [1979]). *Screenplay. The Foundations of Screenwriting*. New York.
Gunning, Tom (1991). *D. W. Griffith and the Origins of American Narrative Film*. Urbana.
Gunning, Tom (2006 [1986]). „The Cinema of Attraction[s]: Early Film, its Spectator and the Avant-Garde". In: W. Strauven (Hg.), *The Cinema of Attractions Reloaded*. Amsterdam, 381–388.
Hagener, Malte, Vinzenz Hediger und Alena Strohmaier (Hgg. 2016). *The State of Post-Cinema. Tracing the Moving Image in the Age of Digital Dissemination*. Basingstoke.
Hartmann, Britta, und Hans J. Wulff (2007). „Neoformalismus, Kognitivismus, Historische Poetik des Kinos". In: J. Felix (Hg.), *Moderne Film Theorie*. Mainz, 191–216.
Hediger, Vinzenz, und Patrick Vonderau (2009). „Landkarten des Vergnügens. Genre und Filmvermarktung". In: V. Hediger, P. Vonderau (Hgg.), *Demnächst in Ihrem Kino. Grundlagen der Filmwerbung und Filmvermarktung*. 2. Aufl. Marburg, 240–248.
Howard, David (2006). *How to Build a Great Screenplay. A Master Class in Storytelling for Film*. New York.
Jost, François (1998 [1989]). „Der Dokumentarfilm. Narratologische Ansätze". In: E. Hohenberger (Hg.), *Bilder des Wirklichen. Texte zur Theorie des Dokumentarfilms*. Berlin, 216–231.

Kessler, Frank (1993). „Attraktion, Spannung, Filmform". In: *Montage AV* 2.2, 117–126.
Khatib, Lina (Hg. 2012). *Storytelling in World Cinemas. Forms*. London.
Khatib, Lina (Hg. 2013). *Storytelling in World Cinemas. Contexts*. London.
Kracauer, Siegfried (1960). *Theory of Film. The Redemption of Physical Reality*. New York. Dt.: Kracauer 2005.
Kracauer, Siegfried (2005). *Theorie des Films. Die Errettung der äußeren Wirklichkeit* [Übers. von Kracauer 1960]. Vom Verfasser revid. Übers. von Friedrich Walter und Ruth Zellschan. Hg. von K. Witte. Frankfurt a. M.
Kuhn, Markus (2011). *Filmnarratologie: Ein erzähltheoretisches Analysemodell*. Berlin/New York.
Montage AV (2007). Themenheft: „Diegese".
Nagib, Lúcia, Chris Perriam und Rajinder Dudrah (Hgg. 2012). *Theorizing World Cinema*. London/New York.
Rabenalt, Peter (2011). *Filmdramaturgie*. Überarb. Neuaufl. Vorw. von Detlev Buck. Berlin.
Ryan, Marie-Laure, und Jan-Noël Thon (2014). „Introduction: Storyworlds across Media". In: M.-L. Ryan, J.-N. Thon (Hgg.), *Storyworlds across Media: Toward a Media-Conscious Narratology*. Lincoln, 1–21.
Schatz, Thomas (1981). *Hollywood Genres: Formulas, Filmmaking, and The Studio System*. New York.
Schweinitz, Jörg (1999). „Zur Erzählforschung in der Filmwissenschaft". In: E. Lämmert (Hg.), *Die erzählerische Dimension. Eine Gemeinsamkeit der Künste*. Berlin, 73–87.
Seger, Linda (2010). *Making a Good Script Great*. Revised and expanded 3rd ed. Beverly Hills.
Snyder, Blake (2005). *Save The Cat! The Last Book on Screenwriting You'll Ever Need*. Studio City.
Snyder, Blake (2007). *Save the Cat! Goes to the Movies: The Screenwriter's Guide to Every Story Ever Told*. Studio City.
Snyder, Blake (2009). *Save the Cat! Strikes Back: More Trouble for Screenwriters to Get into ... and Out*. [o. O.].
Thompson, Kristin (1988). *Breaking the Glass Armor. Neoformalist Film Analysis*. Princeton.
Thompson, Kristin (1999 [1995]). „The Concept of Cinematic Excess". In: L. Braudy, M. Cohen (Hgg.), *Film Theory and Criticism: Introductory Readings*. New York, 487–498.
Thompson, Kristin (2003). „Neoformalistische Filmanalyse" [Übers. von Thompson 1988]. In: F.-J. Albersmeier (Hg.), *Texte zur Theorie des Films*. 5. durchges. und erw. Aufl. Stuttgart, 427–464.
Tröhler, Margrit (2002). „Von Weltenkonstellationen und Textgebäuden. Fiktion – Nichtfiktion – Narration in Spiel- und Dokumentarfilm". In: *Montage AV* 11.2, 9–41.
Vogler, Christopher (2007 [1998]). *The Writer's Journey. Mythic Structure for Writers*. 3. Aufl. Studio City.
Williams, Linda (2009 [1991]). „Filmkörper: Gender, Genre und Exzess". In: *Montage AV* 18.2, 9–30.
Winston, Brian (Hg. 2013). *The Documentary Film Book*. London.
Wuss, Peter (1990). *Die Tiefenstruktur des Filmkunstwerks. Zur Analyse von Spielfilmen mit offener Komposition*. Berlin.
Wuss, Peter (1992). „Der Rote Faden der Filmgeschichten und seine unbewussten Komponenten. Topik-Reihen, Kausal-Ketten und Story-Schemata – drei Ebenen filmischer Narration". In: *Montage AV* 1.1, 25–36.
Wuss, Peter (1999). *Filmanalyse und Psychologie. Strukturen des Films im Wahrnehmungsprozess*. 2., durchges. u. erw. Aufl. Berlin.

Kathrin Rothemund
IV.1.3 Erzählen im Fernsehen

Auch wenn in der Forschungsliteratur zum Fernsehen die „Zerklüftung" (Engell 2012, 12–24) der televisuellen Theoriebildung betont wird, die sich auf die Disparität und die ‚paradoxe Vielgestaltigkeit' (vgl. Adelmann et al. 2001, 7) des Mediums Fernsehen zurückführen lässt, erlangten vor allem Erzählformen im Fernsehen in den letzten Jahren zunehmend wissenschaftliche Aufmerksamkeit (vgl. Rothemund 2012): Zeitgenössische Fernsehserien werden spätestens seit der Jahrtausendwende vielfach als innovatives Spielfeld audiovisuellen Erzählens wahrgenommen und sowohl in der Medienwissenschaft als auch in vielen literaturwissenschaftlich geprägten Forschungsfeldern (vgl. u. a. Ernst und Paul 2015; Schleich und Nesselhauf 2016) zu wichtigen Forschungs- wie auch Lehrgegenständen. Insbesondere US-amerikanische Serien wie *The Sopranos*, *The Wire*, *Lost* oder aber auch der deutsche *Tatort* werden von Film-, Medien-, Kultur- und Literaturwissenschaftlerinnen und Literaturwissenschaftlern als narrativ richtungsweisend sowie stilprägend angesehen und ihnen werden Einflüsse auf die Erzählweisen anderer Medien zugeschrieben. Figurenkonzeptionen und Erzählstrukturen sogenannter Mind-Game-Filme werden häufig unter Rückbezug auf televisuelle Vorläufer interpretiert (Elsaesser 2009, 19), während gleichzeitig immer wieder eine Angleichung an das vermeintlich qualitativ überlegene Medium Film unterstellt wird. Unter dem Begriff des ‚cinematic television' wird einerseits basierend auf einer künstlerischen Überlegenheit des Mediums Films (vgl. Jaramillo 2013, 67–68) und andererseits im Zuge der technischen Veränderungen von Qualitätsstandards (vgl. Mills 2013, 61, 64–65) wie *High Definition*, durch verbesserte und zunehmend kostengünstigere Möglichkeiten in der Postproduktion sowie infolge der Fluidität von Bildschirmgrößen ein audiovisueller Stil proklamiert, der sich von konventionellen Fernsehproduktionen abzugrenzen versucht. Neben dieser ästhetischen Zuschreibung wird eine Rückkehr zum ‚epischen Erzählen' (Schneid 2012, 48–57) proklamiert, die sich so (nur noch) im Fernsehen finden lassen würde und daher auch zunehmend Filmschaffende wie Martin Scorsese (Produzent der Serie *Boardwalk Empire*) oder David Fincher (Executive Producer der Serie *House of Cards*) für das Fernsehen begeistern konnte, die für ihre Serie nicht nur als führende Produzenten tätig waren, sondern zudem auch Regie bei einzelnen Episoden übernahmen.

Die Veränderung in der Serienlandschaft sowie die zunehmende Medienkonvergenz und Digitalisierung, die auch maßgeblichen Einfluss auf das Fernsehen haben, führen dazu, dass von einem zentralen Umbruch in der Geschichte des Fernsehens gesprochen wird. So schreiben sowohl John Ellis (2000) als auch

Toby Miller (2010) vom ‚Fernsehen 3.0', das eine neue Ära des televisuellen Überflusses einleiten soll. Solche Ansätze verweisen zwar vielleicht auf die Veränderungen, die das Medium Fernsehen vor allem in der ‚Post-Network-Ära' (vgl. Lotz 2007, 21–52) in den letzten drei Jahrzehnten durchlaufen hat, verhindern durch den intermedialen Verweis aber meist die Fokussierung auf die Besonderheiten des Fernsehens. Statt konstitutive Merkmale der Fernseherzählung ausgehend von den Eigenschaften des Mediums zu beschreiben, wird durch den Vergleich unterstellt, das Medium Fernsehen würde erst durch die Anlehnung an andere Erzählmedien beachtenswerte Erzählformen ausbilden, während das Fernsehen gleichzeitig dafür herangezogen wird, Innovationen im Kinobereich zu erklären. Dies ignoriert die lange und traditionsreiche Fernsehforschung ebenso wie die facettenreiche Fernsehgeschichte, deren Besonderheiten hinsichtlich des Erzählens im Fernsehen sich an spezifischen televisuellen Organisationsprinzipien gut zeigen lassen.

Während Erzählen im Fernsehen ebenso wie im Film auf multimodalen Erzählformen beruht (vgl. im vorliegenden Band *Christen, Erzählen im Film*), ist es gleichzeitig durch wichtige mediale Eigenschaften des Fernsehens bestimmt wie auch John Ellis bereits 1982 betont (vgl. Ellis 1982, 146). Für Ellis zählen Segmentierung, der Prozess der Programmbildung, Wiederholungsstrukturen und Fernsehen als häusliches Medium zu den zentralen Aspekten, um Fernsehnarration näher bestimmen zu können. In ähnlicher Weise schreibt Horace Newcomb dem Fernsehen 1974 drei Funktionen zu: Intimität (*intimacy*), die dadurch entsteht, dass das Fernsehen das ‚Ferne' nach Hause ins private Umfeld bringt, Unmittelbarkeit (*immediacy*), die durch den Live-Charakter des Fernsehens zu einer Synchronizität mit dem Alltag der Zuschauerinnen und Zuschauer führt, und Kontinuität (*continuity*), die in der Serialität des Televisuellen ihren Ausdruck findet (Newcomb 1974; vgl. auch Bignell 2013, 176).

An der dispositiven Programmatik, dem televisuellen *Flow* und vor allem an der narrativen Serialität kann das besondere Verhältnis von Offenheit und Geschlossenheit, welches das Erzählen im Fernsehen maßgeblich strukturiert, erläutert werden. Diese drei Aspekte markieren zugleich die Eigenheiten der televisuellen Erzählung im Gegensatz zu anderen audiovisuellen Erzählformen.

1 Dispositive Programmatik

Im Gegensatz zu anderen medialen Erzählformen ist televisuelle Narration nur bedingt über einzelne Fernsehtexte (z.B. einzelne Serien) zu erschließen, da sich verschiedene Ordnungsstrukturen überlagern und damit ein höheres Maß an televisueller Intertextualität bedingen: „TV narratives differ from other types of narratives, for example, by virtue of the fact, that they are by definition both preceded and followed by other programmes." (Allrath et al. 2005, 3) Das Fernsehprogramm ist die erste Ordnungsstruktur televisueller Narration, da es Einfluss auf das Genre, die dargestellten Inhalte und nicht zuletzt die Erzähldauer nimmt. Das Fernsehprogramm fordert durch seine Zeitstrukturen spezifische Erzähleinheiten in der Länge von z. B. 30, 45, 60 oder 90 Minuten. Exemplarisch hierfür steht der sonntägliche *Tatort*, der unabhängig vom zu lösenden Fall, von den Ermittlerinnen und Ermittlern, der regionalen Verortung der Diegese oder auch der produzierenden Rundfunkanstalt rund 90 Minuten zu dauern und in dieser Zeit – bis auf sehr wenige Ausnahmen – zu einer Auflösung des Falls zu führen hat. Doch nicht nur beim *Tatort*, sondern bei so gut wie allen Sendungsformaten gibt es standardisierte Folgendauern, die sich an den Programmslots der Sendeanstalten und Networks orientieren und die Austauschbarkeit einzelner Sendungen erlauben. Dies führt sogar dazu, dass Kinofilme bei ihrer Fernsehauswertung stellenweise gekürzt oder durch kurze Wiederholungen von Szenen vor und nach Werbepausen künstlich verlängert werden, um den Sendeplätzen zu entsprechen.

Die standardisierte Dauer einzelner Folgen ist deswegen von zentraler Bedeutung für televisuelle Erzählformen, weil sie die erzählten Geschichten oder Berichte einem klaren Zeitregime unterwirft und somit eine Dramatisierung des Dargestellten und die Auflösung der Handlung in einem sehr genau vorgegebenen Zeitraum erfordert. Doch nicht nur die Sendedauer, sondern auch der Ausstrahlungszeitpunkt hat wesentlichen Einfluss auf die inhaltliche wie auch formale Gestaltung der jeweiligen Sendung, da die verschiedenen Sendezeitpunkte unterschiedlichen Aufmerksamkeitsökonomien ausgesetzt sind. Für den fiktionalen Bereich lässt sich beispielsweise eine wesentliche Unterscheidung zwischen Tages- und Abendprogramm aufzeigen: Während *Primetime*-Serien, die zur besten Sendezeit zwischen 20 und 22 Uhr ausgestrahlt werden, stärker auf intraseriale Kohärenz ausgelegt sind, zeichnen sich Serien des Tagesprogramms – meist *Soap Operas* oder *Telenovelas* sowie *Scripted-Reality*-Formate – durch ein hohes Maß an narrativer Redundanz und in ihrer Ansprache der Zuschauerinnen und Zuschauer durch eine Vordergrundierung emotionaler Partizipation aus (vgl. für Anfang der 1980er Jahre bereits Modleski 2001 [1982], 377). Vor allem *Soap Operas* lassen sich als eine Angleichung von televisueller Erzählung und Alltag der Zuschauerinnen und Zuschauer verstehen, bei der lebensweltliche Ereignisse wie Feiertage und gesellschaftliche Themen Eingang in die serielle Narration finden und damit die Lebenswelt zu einer narrativen Umgebung der seriellen Erzählung machen und den Zuschauerinnen und Zuschauern so kontinuierlich eine parasoziale Teilhabe an der seriellen Welt ermöglichen.

Darüber hinaus unterscheiden sich die unterschiedlichen Fernsehsender in ihren Sendungsschwerpunkten. Nicht nur Spartensender mit spezifischen Zuschauergruppen, sondern auch Vollprogrammsender organisieren ihre Sendungen häufig rund um Schwerpunkte. Durch die Fokussierung auf Genres wie beim Krimi-Freitag im ZDF oder spezifische Sujets, bei denen verschiedene Sendungsformate thematisch aufeinander abgestimmt werden – wenn z. B. nach einem *Tatort* ein Faktencheck und eine Diskussionsrunde zum verhandelten, gesellschaftlich relevanten Thema des Falles in der nachfolgenden Polit-Talkshow stattfindet –, entstehen Makroerzählungen, die den Rahmen einzelner Sendungen überschreiten. Fernseherzählungen lassen sich daher allgemein mit Ellis als „dispers" bezeichnen: „[I]t is extensive rather than sequential" (Ellis 1982, 147).

2 Televisueller *Flow*

Der *Flow* bringt Struktur in die Erzählung. Einerseits dienen *Cliffhanger*, Vorankündigungen, Überleitungen und Verweise dazu, ein Fernseherlebnis zu schaffen, das im Gegensatz zur Vorführung im Kino nicht durch die Fokussierung auf ein singuläres, künstlerisches Artefakt geprägt ist, sondern die Zuschauerinnen und Zuschauer in Form eines „viewing strip" (Newcomb und Hirsch 2000 [1983], 567 ff.) im Verlauf des Fernsehtages über Stunden an das Programmangebot binden und zum Wiedereinschalten serieller Angebote bewegen soll. Somit entsteht eine Art „super-text" (Browne 1984, 175 ff.), der sich durch Verschränkungen der verschiedenen Sendungsangebote wie durch ständige Unterbrechungen auszeichnet, da die einzelnen Sendungen durch Werbeblöcke, Einschübe und offene Enden aufgebrochen und damit die Geschlossenheit einzelner narrativer Angebote strukturell negiert wird, um sie zu dieser „grand narrative" (Geraghty 2003, 29) zu verschränken. Dieses Phänomen wurde bereits 1974 von Raymond Williams als „Flow" (Williams 2003 [1974], 91 ff.) bezeichnet und bildet eines der bekanntesten Fernsehkonzepte. Zwar wird das *Flow*-Konzept durchaus auch kritisch betrachtet (vgl. Engell 2012, 176–186; Thompson 2003, 7 ff.), doch erlaubt es, die Eigenheiten der televisuellen Narration im Vergleich zu anderen Medienformen aufzuzeigen. Der *Flow* bedingt nach Williams die Segmentierung des Erzählens in kurze Erzähleinheiten (vgl. Williams 2003 [1974], 93), die sich beispielsweise anhand von Werbespots, Musikvideos oder Kurzberichten in Nachrichtensendungen erklären lassen. Kurze, meist nur wenige Minuten umfassende narrative Einheiten, die sich durch ihr Thema, ihre Wirkungsabsicht und nicht zuletzt durch ihre visuelle Gestaltung abgrenzen lassen, finden in der linearen Abfolge ihre televisuelle Anordnung.

Auch Unterhaltungsshows wie *Wetten, dass ...?, Deutschland sucht den Superstar* oder *Das Supertalent*, die sich in Anlehnung an das ‚Kino der Attraktionen' (vgl. Gunning 2006 [1986]) als Programmierung einer Abfolge möglichst spektakulärer Auftritte, emotionaler Einblicke in das Privatleben der Akteure und der Kritik der jeweiligen Jurorinnen und Juroren sowie des innerdiegetischen Publikums als ein ‚Fernsehen der Attraktionen' beschreiben lassen, bauen zentral auf diese segmentierte Form der Fernsehnarration. Doch nicht nur im Rahmen von Unterhaltungsshows, in Nachrichtenformaten oder bei der Werbung ist die Segmentierung der Fernsehnarration festzustellen, auch narrative Einheiten serieller fiktionaler Erzählungen, die Robin Nelson (1997, 24) auch „flexi-narratives" bezeichnet, sind durch Segmentierung geprägt. Während filmisches Erzählen mehr Raum für lange Szenen und Plansequenzen lässt, ist televisuelles Erzählen überwiegend durch kürzere Erzähleinheiten geprägt. Diese Segmente lassen sich im Gegensatz zu den Makroerzählungen der Programmstruktur als ‚Mikronarrative' (Brunsdon 1998, 106) bezeichnen; sie ermöglichen den Wechsel zwischen verschiedenen Erzählsträngen und erlauben auch entsprechende (Werbe-)Unterbrechungen. Binnen-*Cliffhanger* direkt vor der Werbepause dienen hierbei dem Spannungsaufbau, um die Zuschauerinnen und Zuschauer vom Umschalten abzuhalten und sie an den televisuellen *Flow* zu binden.

Unterbrechungen sind somit zentrales, dramaturgisches Element des seriellen Erzählens (Thompson 2003, 16 ff.). Dies gilt insbesondere für die *Soap Opera* mit ihren wechselnden Erzählsträngen und der Einbindung von Werbepausen an dramaturgisch wichtigen Momenten, denn „[d]ie zahlreichen Handlungsfäden der Soap Opera sind darauf angelegt, das Interesse der Zuschauerinnen an mehreren Personen und ihren unterschiedlichen Schicksalen gleichzeitig aufrechtzuerhalten." (Modleski 2001 [1982], 382) Fernsehserien als die spezifischste aller Fernsehformen lassen sich allerdings in diesem televisuellen *Flow* zunehmend als eigener *Flow im weiteren Sinne des Begriffs* verstehen, da sie als „ongoing narratives" (Allrath et al. 2005, 3) und mit ihren „rekursive[n] Dynamik[en]" (Jahn-Sudmann und Kelleter 2012, 207) einen Hang zur (medialen) Selbstbeobachtung erkennen lassen.

3 Narrative Serialität

Die angeführte Programmatik und der televisuelle *Flow* sorgen einerseits für eine zunehmende Schematisierung der Erzählung, da sie Stereotypisierung und Genrekonventionen befördern, die zudem in ihrer Serialität, d. h. in Redundanz und Varianz der seriellen Abfolge von Episoden, ausgespielt werden können. Zugleich sind Erzählstrukturen einzelner Episoden und auch ganzer Staffeln durch den Veröffentlichungs- und Werberhythmus der Erzählumgebung (d.h. der Programm- und Senderstruktur) geprägt. Nicht umsonst schreibt Jane Feuer daher vom „Einfluß der Serienstruktur mit ihren vielfachen Handlungssträngen auf das Gesamt aller amerikanischen Fernsehprogramme" (Feuer 1987, 13). Beschäftigt man sich nun allerdings konkreter mit seriellen Erzählstrukturen fiktionaler Fernsehtexte, so lassen sich sowohl bestimmte Erzählmuster als auch konventionalisierte Serienformen aufzeigen.

Erzählmuster

Eine fiktionale Serie besteht aus mindestens zwei Episoden, die sich durch formale und/oder inhaltliche Kohärenz auszeichnen. Serielles Erzählen folgt im Aufbau einzelner Episoden mindestens einem wiederkehrenden dramaturgischen Modell, das je nach Serienform durch mehr Offen- oder Geschlossenheit zu beschreiben ist, meist zeichnen sich die Episoden zudem durch wiederkehrendes Figurenarsenal und/oder eine Kontinuität der diegetischen Räume aus. Weber und Junklewitz (2008) beschreiben dieses Verhältnis von offen/geschlossen unter Rückgriff auf Allrath et al. (2005) mit dem Konzept der „intraserialen Kohärenz", die sie anhand der Fortsetzungsreichweite und der Fortsetzungsdichte beschreiben (Weber und Junklewitz 2008, 21 ff.). Für die intraseriale Kohärenz ist demnach nicht nur entscheidend, über wie viele Folgen sich ein Handlungsbogen in einer spezifischen seriellen Narration erstreckt, sondern vor allem auch, wie häufig episodenübergreifendes Erzählen Teil der jeweiligen seriellen Handlung ist.

Betrachtet man nun den Aufbau einzelner Folgen einer seriellen Erzählung mit Blick auf Punkte, an denen sich Kontinuum der und Kohärenz zur gesamten Serie aufzeigen lassen, so sind insbesondere die folgenden Aspekte hervorzuheben.

Erstens werden Episoden häufig mit einer „dispersed exposition" (Thompson 2003, 65) eingeleitet, die die spezifische Fernsehredundanz einer Erzählung verdeutlicht. Dazu gehören vor allem bei Episoden mit zunehmender intraserialer Kohärenz kurze Wiederholungen, die im ‚Previously On' den Zuschauerinnen und Zuschauern vor dem Beginn der eigentlichen Episodennarration die wichtigsten Handlungsstränge in Erinnerung rufen oder aber auch Neueinsteigerinnen und Neueinsteigern Zugang zur fortlaufenden Erzählung ermöglichen sollen. Auf formalästhetischer Ebene der intraserialen Kohärenz spielen zudem Vorspänne und Titelsequenzen eine zentrale Rolle dabei, auf die Singularität wie auch Serialität eines spezifischen televisuellen Textes zu verweisen (Weber und Junklewitz 2008, 16). Über eine Titelmelodie und eine prägnante visuelle Gestaltung der *Credits* wird die Serie nicht nur formal, sondern vor allem auch über eine serienspezifische Televisualität eröffnet. Mit dieser Eröffnung kann dann auch seriell gespielt werden, wenn beispielsweise jede der fünf Staffeln der Serie *The Wire* einen optisch ähnlichen, aber thematisch anders fokussierten Vorspann präsentiert, der mit jeder neuen Staffel auch eine neue Version des Liedes „Way Down in the Hole" (ursprünglich 1987 von Tom Waits) enthält. Auch der Vorspann der Serie *Game of Thrones*, der eine animierte Karte der diegetischen Welt der Serie darstellt, ändert sich von Folge zu Folge, um die jeweiligen Handlungsorte der sich anschließenden Episode aufzuzeigen und bildet damit eine implizite narrative Vorschau auf die folgenden Szenen. Andere Serien wie *Lost* zeichnen sich wiederum durch ein sehr reduziertes Vorspanndesign aus, was zum Teil konträr zur Komplexität der seriellen Narration steht.

Entscheidender für das serielle Kontinuum sind allerdings – zweitens – die Erzählstränge, die nicht nur die einzelnen Erzählsegmente, sondern auch die verschiedenen Episoden und Staffeln miteinander verknüpfen. Insgesamt lässt sich eine Multiplikation der Erzählungen und Erzählstränge im seriellen Erzählen festhalten. Diese Multiplikation kann horizontal wie auch vertikal zu verzeichnen sein. Während vertikales Erzählen auf stärker abgeschlossene Folgen und damit eine geringere intraseriale Kohärenz abzielt, ist horizontales Erzählen vor allem auf die Verknüpfung verschiedener Episoden, Staffeln oder auch ganzer Serien über dominante Erzählstränge aus. Während horizontale Multiplikation insbesondere durch hohe intraseriale Kohärenz geprägt ist, lassen sich auch bei vertikaler Multiplikation spezifische Erzählansätze finden. Dazu zählt beispielsweise die ‚kumulative Narration' (*cumulative narrative*; vgl. Newcomb 1985, 23 ff.), die sich für die Zuschauerinnen und Zuschauer ergibt, die eine bestimmte Serie sehr regelmäßig schauen und die durch selbstreflexive Verweise, beispielsweise in Form von Verweisen auf frühere Folgen, innerhalb einer Serie einen Mehrwert gegenüber Zuschauerinnen und Zuschauern haben, die nur Zugang zu der Hauptnarration einer bestimmten Folge bekommen (vgl. Newcomb 2004, 422). Ähnlich funktionieren auch narrative Spezialeffekte als extradiegetische Marker, die die Zuschauerinnen- und Zuschauerposition bestärken (vgl. Bignell 2013, 100; Mittell 2015). Beim vertikalen Erzählen stellt sich die Multiplikation der Erzählstränge somit in einer sukzessiven Abfolge bei gleichzeitig niedriger Fortsetzungsdichte dar, während beim horizontalen Erzählen eher von einer netzwerkartigen Verflechtung verschiedener Erzählstränge auszugehen ist, die teilweise hohe Fortsetzungsreichweiten aufweisen. Eine Multiplikation der Erzählstränge – egal ob vertikal oder horizontal – führt aber immer zu einer insgesamt zunehmenden Erzähldichte (vgl. Thompson 2003, 57).

Episoden- und auch Staffelenden geben Aufschluss über die jeweiligen Serienformen, da sich hier ablesen lässt, ob eine einzelne Folge eher offen oder eher geschlossen erzählt ist. Oft wird der ‚Cliffhanger' als spezifisches serielles Ende beschrieben, da durch die Inszenierung eines dramatischen Moments – häufig auch in Kombination mit einem Zoom hin zur Großaufnahme auf das Gesicht einer zentralen Figur, in dem sich hohe Emotionen ablesen lassen – die Erzählung an einem besonders spannenden oder dramatischen Moment abgebrochen wird, um die Zuschauerinnen und Zuschauer zum Wiedereinschalten am nächsten Tag oder in der nächsten Woche zu bewegen. Dieses Stilmittel, das sich bereits in den *Filmserials* der 1920er Jahre finden lässt, ist besonders häufig bei *Soap Operas*, aber auch bei narrativ komplex erzählten Fortsetzungsserien zu finden, allerdings verwenden nicht alle Serienformen dieses stilistische Mittel. Vor allem bei Serien mit einer geringeren intraserialen Kohärenz werden die zentralen Handlungsstränge bis zum Ende der jeweiligen Episode aufgelöst und alle wesentlichen Fragen beantwortet.

Serienformen

Serielles Erzählen im Fernsehen lässt sich in Reihen und Anthologieserien, Mehrteiler und Miniserien, Episoden- sowie Fortsetzungsserien unterteilen, wobei die Übergänge häufig fließend sind und zunehmend Hybridformen benutzt werden.

Reihen und *Anthologieserien* zeichnen sich durch einen thematischen Schwerpunkt aus, unter dem die einzelnen, weitgehend abgeschlossenen und narrativ eigenständigen Episoden ausgestrahlt werden. Häufig durch generische Merkmale, wiederkehrende Rahmenhandlung oder das gleiche Darstellerensemble gekennzeichnet, weisen die einzelnen Folgen zwar keine hohe narrative, aber eine dominante strukturelle Kohärenz auf. Bekannteste historische Beispiele hierfür sind *Alfred Hitchcock Presents* (CBS und NBC, 1955–1965) und *The Twilight Zone* (CBS, 1959–1964), aber auch die *Tatort*-Reihe lässt sich hier als Beispiel anführen, wenngleich durch die regional gleich bleibenden Ermittlerteams zunehmend episodenübergreifende Handlungsbögen an Relevanz gewinnen. In den letzten Jahren nahmen zudem Anthologieserien zu, die jeweils in einer Staffel über mehrere Episoden einen größeren Handlungsbogen erzählen, in der darauffolgenden Staffel dann jedoch eine komplett neue Handlung aufgreifen und bei denen meist auch der komplette *Cast* ausgetauscht wird. Beispiele hierfür sind *True Detective* (HBO, seit 2014) und *Fargo* (FX, seit 2014). *American Horror Story* (FX, seit 2011) ist wiederum dadurch charakterisiert, dass die jeweilige Handlung mit einer Staffel abgeschlossen wird, die Hauptdarstellerinnen und Hauptdarsteller allerdings über die verschiedenen Staffeln hinweg erhalten bleiben und unterschiedlichste Rollen übernehmen.

Mehrteiler und *Miniserien* sind Erzählungen, die über mindestens zwei Folgen hinweg eine Handlung erzählen, bei denen die einzelnen Episoden üblicherweise eine hohe narrative Offenheit aufweisen, die eine eigenständige Rezeption der einzelnen Folgen oder eine Veränderung der Episodenreihenfolge nicht begünstigen. Bekannte Beispiele hierfür sind *Roots* (ABC, 1977, acht Folgen), *Band of Brothers* (HBO, 2001, zehn Folgen) oder auch *Unsere Mütter, Unsere Väter* (ZDF, 2014, drei Folgen). Der Übergang zwischen Mehrteiler (meist zwei bis sechs Folgen) und Miniserie (meist sechs bis zehn Folgen) ist fließend und die Verwendung der Begriffe häufig durch nationale Eigenheiten geprägt. Während in Deutschland der Fernsehmehrteiler vor allem als ‚Eventfernsehen' mit historischen Stoffen (vgl. u. a. *Der Tunnel* [Sat.1, 2001, zwei Folgen], *Dresden* [ZDF, 2006, zwei Folgen], *Die Flucht* [ZDF, 2007, zwei Folgen]) oder auch die Weihnachtsmehrteiler der unterschiedlichen Fernsehsender erfolgreich im Fernsehprogramm laufen, finden sich im US-amerikanischen Fernsehen eher Miniserien mit mehr als drei Folgen. Gemein ist beiden Varianten, dass die Serie bereits in der Produktion auf Abgeschlossenheit angelegt ist und die jeweilige Geschichte in den angesetzten Episoden zu Ende erzählt wird. Zwischen den einzelnen Episoden besteht daher eine hohe intraseriale Kohärenz, auch wenn die Fortsetzungsreichweite nur über die von Anfang an begrenzte Episodenzahl reicht. Im Gegensatz zu klassischen Fernsehfilmen ermöglicht die längere Spieldauer allerdings eine stärker mäandernde Erzählform, die zudem häufig ein großes Figurenensemble umfasst und mehrere Nebenerzählstränge erlaubt. So umfasst die deutsche Miniserie *Im Angesicht des Verbrechens* (ARD, 2010) von Dominik Graf zehn Folgen, in der über 120 Sprechrollen auftauchen und eine Vielzahl von Handlungssträngen rund um den Polizisten Marek Gorsky, seine Polizeieinheit und seine Familie mit Verbindungen zur osteuropäischen Mafia erst in den letzten zwei Folgen zusammengeführt werden.

Die dominantesten Formen des seriellen Erzählens sind allerdings *Episoden-* und *Fortsetzungsserien*, die über mehrere Staffeln hinweg durch ihre generischen Bezüge, die Figurenensembles und die diegetischen Räume ein erzählerisches Kontinuum schaffen, in dem in unterschiedlicher Weise Erzählstränge verfolgt werden.

Bei *Episodenserien* werden die jeweiligen Haupterzählstränge üblicherweise in jeder einzelnen Folge abgeschlossen und nur weniger relevante Nebenhandlungen werden über mehrere Episoden weitergeführt. Eines der bekanntesten Beispiele episodischen Erzählens ist die animierte Comedyserie *The Simpsons* (Fox, seit 1989), bei der die Hauptfiguren in den mehr als 25 Jahren seriellen Erzählens bisher nicht gealtert sind, was sich vor allem an den Kindern der Familie

Simpsons ablesen lässt. Am Anfang jeder neuen Folge kehrt die serielle Erzählung stattdessen zu ihrem Nullpunkt vor dem heimischen Fernsehgerät zurück und erlaubt nur wenigen Nebenfiguren wie dem Supermarktverkäufer Apu, der im Verlauf der Serie heiratet und mehrfacher Vater wird, eine Charakterentwicklung.

Häufig sind Episodenserien an narrativen Orten angesiedelt, die eine hohe Figurenfluktuation bei einigen wenigen gleich bleibenden Charakteren erlauben. Krankenhäuser, Polizeistationen oder auch Gerichte sind z. B. Ausgangspunkte sogenannter *Procedurals*, bei denen bestimmten vorstrukturierte Handlungsprozesse abgearbeitet werden und die zugleich einen hohen Figurenwechsel bedingen. So zeichnen sich beispielsweise Gerichtsserien wie *Law & Order* (NBC, 1990–2010) durch einen wiederkehrenden Spannungsbogen aus, der von den polizeilichen Vorermittlungen über die Eröffnung des Prozesses und die Beweisführung bis hin zum Urteil reicht. Während Ermittlerinnen und Ermittler sowie das Personal der Staatsanwaltschaft und des Gerichts als wiederkehrende Haupt- und Nebenfiguren besetzt sind, wechseln Opfer und/oder Täter und Täterinnen von Episode zu Episode. Die einzelnen Folgen einer Episodenserie sind somit eher auf Abgeschlossenheit, die gesamte Serie aber in ihrer Form der seriellen Redundanz und Varianz auf eine möglichst lange Laufzeit und damit große Offenheit ausgelegt. Seit den 1990er Jahren lässt sich allerdings auch in Episodenserien eine zunehmende episodenübergreifende Erzählstruktur feststellen, bei der Nebenhandlungsstränge über mehrere Folgen hinweg erzählt werden und dadurch meist eine Charakterentwicklung der Hauptfiguren möglich ist, die in früheren Episodenserien kaum zu verzeichnen war.

Fortsetzungsserien zeichnen sich im Gegensatz zu Episodenserien durch eine hohe Offenheit der Episoden und damit eine hohe intraseriale Kohärenz aus, da die zentralen Handlungsstränge meist über eine Staffel, häufig auch über mehrere Staffeln hinweg erzählt werden. Besondere Formen der Fortsetzungsserie sind *Soap Opera* und *Telenovela*, die beide vor allem melodramatische Erzählstränge und ein großes Figurenarsenal zu einer wenig komplexen, aber stark mäandernden Erzählung zusammenführen und häufig im Vorabendprogramm zu finden sind. Während sich die *Soap Opera*, die zunächst insbesondere im US-amerikanischen und europäischen Kontext zu finden war, durch episodenübergreifende Offenheit bis hin zur (theoretischen) Unendlichkeit auszeichnet, ist die *Telenovela*, die ihren Ursprung im lateinamerikanischen Fernsehen hat, von Anfang an auf ein Happy End ausgerichtet, das üblicherweise nach 120 bis 150 Folgen eintritt und damit die Erzählung abschließt. Im Gegensatz zur *Soap Opera*, die sich durch eine Vielzahl zentraler Protagonistinnen und Protagonisten auszeichnet, dreht sich in der *Telenovela* die Hauptnarration zudem um eine zentrale, üblicherweise weibliche Figur.

Die einzelnen Folgen einer Fortsetzungsserie müssen in einer linearen Abfolge rezipiert werden. Um Zuschauerinnen und Zuschauer auch einen späteren Einstieg zu ermöglichen, werden viele Fortsetzungsserien über das ‚Previously On' eingeleitet, bei dem für die jeweilige Folge relevante Vorgänge der letzten Folge(n) verkürzt wiederholt werden. Häufig endet dieser Rückblick mit dem *Cliffhanger* der vorangegangenen Folge, der das *in media res* der aktuellen Folge bildet. *Soap Operas* und *Telenovelas* entwickeln zudem im Verlauf der einzelnen Folgen eine hohe narrative Redundanz, da relevante Informationen des seriellen Gedächtnisses regelmäßig in Figurendialogen wiederholt werden, um Zuschauerinnen und Zuschauern einen Neu- oder Wiedereinstieg in die Serie zu ermöglichen. Bei zunehmender Komplexität wird auf dieses intraserielle Seriengedächtnis verzichtet und in externe Gedächtnisstützen wie Fan-Wikis ausgelagert.

Im Verlauf der einzelnen Episoden werden meistens zwei Haupthandlungsstränge der großen episodenübergreifenden Erzählung weitergeführt, während zugleich ein Nebenerzählstrang für die narrative Kohärenz der einzelnen Episode sorgt und im Verlauf der jeweiligen Folge abgeschlossen wird. Die einzelnen Folgen der Fortsetzungsserie *Lost* zeichnen sich beispielsweise dadurch aus, dass jeweils mindestens zwei Erzählstränge des großen Inselmysteriums erzählt werden. Die beiden Haupterzählstränge fokussieren dabei üblicherweise jeweils eine der zwei zentralen Figurengruppen (Strand- vs. Höhlenbewohner, Gestrandete vs. ‚die Anderen' etc.), während in einem Nebenerzählstrang ein *Flash Back* oder *Flash Forward* einer einzelnen Figur erzählt wird (vgl. Rothemund 2013, 125–137). Insbesondere Fortsetzungsserien der Primetime wird eine zunehmende narrative Komplexität zugeschrieben, die sich durch eine polyzentrische Ästhetik, beruhend auf einer hohen Diversität und einer hohen Verflechtung narrativer Faktoren, sowie durch Nicht-Linearität, Offenheit und Kontingenz der Narration auszeichnet (vgl. Rothemund 2013; Mittell 2006, 2015), die häufig nicht nur eine intraseriale Kohärenz, sondern auch eine intermediale Kohärenz mit transmedialen Erzählwelten bedingen.

4 To be continued ... Zur Zukunft der seriellen (Fernseh-)Narration

Vor allem mit Blick auf die zunehmende Relevanz von Streamingangeboten wie Netflix oder Amazon Video ist gerne vom Niedergang des Fernsehens im Allgemeinen, zumindest aber vom Bedeutungsverlust des Fernsehens für das serielle Erzählen die Rede (vgl. Kirschbacher und Stollfuß 2015). Das verkennt nicht nur die Nutzungszahlen, die nach wie vor für eine deutliche Dominanz des Mediums Fernsehen sprechen (vgl. Krupp und Breunig 2016), sondern auch den Einfluss, den televisuelles Erzählen auf digitale Angebote jenseits der Sendeanstalten hat. Auch wenn sich bei Streamingdiensten wie Netflix und Amazon Prime häufig eine geringere Segmentierung der Erzählungen als bei den meisten televisuellen Angeboten feststellen lässt, da die jeweilige serielle Narration keinen Raum für Werbeunterbrechungen schaffen muss, so hat doch vor allem der *Flow* nach wie vor eine zentrale Bedeutung für die Bindung der Nutzerinnen und Nutzer an die serielle Erzählung ebenso wie an den übertragenden Kanal. Ähnlich wie im konventionellen Fernsehen werden bei Streamingdiensten unterschiedliche Sendungen durch Empfehlungen und Autoplayfunktion miteinander verknüpft. So folgt auch im digitalen Angebot meist nicht nur wie im Fernsehen eine Sendung auf die nächste, hier folgt auch automatisch eine Folge auf die nächste, was zum „Binge-Watching" (vgl. McCormick 2013, 102–103) einlädt, sondern nach einer beendeten Serie folgen sofort Empfehlungen für weitere Serien (vgl. Alexander 2013). Die Nutzerinnen und Nutzer sollen auch bei Streamingdiensten möglichst lange an das Angebot gebunden werden, um ein Wechseln zur Konkurrenz oder zu einem anderen medialen Angebot zu vermeiden. Doch nicht nur in der Bindung der Nutzerinnen und Nutzer lassen sich Ähnlichkeiten zum Fernsehen aufzeigen. Auch die Serienformen, die von Streaminganbietern produziert werden und ihre Erstauswertung nicht mehr im Fernsehen, sondern direkt auf Netflix oder bei anderen Anbietern erfahren, unterscheiden sich bisher nicht wesentlich von Serienangeboten der Fernsehsender. Im Gegenteil lassen sich bei Streaminganbietern häufig eher konventionelle Serienformen finden, denn während Fernsehsender immer wieder auf ‚Second-Screen-Angebote' setzen und ihren Zuschauerinnen und Zuschauern zusätzliche Online-Angebote bereitstellen, verzichten Streamingdienste bisher weitgehend auf transmediale Erzählformen und interaktive Narrationen. Stattdessen finden sich online häufig formal eher konventionelle Serienformate, die – wie z. B. bei *Sense8* (Netflix, seit 2015) – allerdings häufiger gesellschaftlich komplexe Themen aufgreifen und sich durch eine hohe narrative Diversität auszeichnen.

Literaturverzeichnis

Adelmann, Ralf, Jan O. Hesse, Judith Keilbach, Markus Stauff und Matthias Thiele (2001). „Perspektiven der Fernsehwissenschaft". In: R. Adelmann, J. O. Hesse, J. Keilbach, M. Stauff, M. Thiele (Hgg.), *Grundlagentexte zur Fernsehwissenschaft. Theorie – Geschichte – Analyse*. Konstanz, 7–19.

Alexander, Neta (2013). „Catered to Your Future Self: Netflix's ‚Predictive Personalization' and Mathematization of Taste". In: K. McDonald und D. Smith-Rowsey (Hgg.), *The Netflix Effect. Technology and Entertainment in the 21st Century*. New York u. a., 81–98.

Allrath, Gaby, Marion Gymnich und Carola Surkamp (2005). „Introduction: Towards a Narratology of TV Series". In: G. Allrath, M. Gymnich (Hgg.), *Narrative Strategies in Television Series*. Basingstoke/New York, 1–43.

Bignell, Jonathan (2013). *An Introduction to Television Studies*. 3. Aufl. London/New York.

Browne, Nick (1984): „The Political Economy of the Television (Super) Text". In: *Quarterly Review of Film Studies* 9.3, 174–182.

Brunsdon, Charlotte (1998). „What is the ‚Television' of Television Studies?" In: C. Geraghty, D. Lusted (Hgg.), *The Television Studies Book*. London u. a., S. 95–113.

Ellis, John (1982). *Visible Fictions. Cinema, Television, Video*. London u. a.

Ellis, John (2000). *Seeing Things. Television in the Age of Uncertainty*. London/New York.

Elsaesser, Thomas (2009). „The Mind-Game Film". In: W. Buckland (Hg.), *Puzzle Films. Complex Storytelling in Contemporary Cinema*. Malden/Oxford, 13–41.

Engell, Lorenz (2012). *Fernsehtheorie zur Einführung*. Hamburg.

Ernst, Christoph, und Heike Paul (Hgg. 2015). *Amerikanische Fernsehserien der Gegenwart. Perspektiven der American Studies und der Media Studies*. Bielefeld.

Feuer, Jane (1987). „Melodrama, Serienform und Fernsehen heute". In: *Frauen und Film* 42, 12–23.

Geraghty, Christine (2003). „Aesthetics and Quality in Popular Television Drama". In: *International Journal of Cultural Studies* 6.1, 25–45.

Gunning, Tom (2006 [1986]). „The Cinema of Attractions: Early Film, its Spectator and the Avant-Garde". In: W. Strauven (Hg.), *The Cinema of Attractions Reloaded*. Amsterdam, 381–388.

Jahn-Sudmann, Andreas, und Frank Kelleter (2012). „Die Dynamik serieller Überbietung. Amerikanische Fernsehserien und das Konzept des Quality TV". In: F. Kelleter (Hg.), *Populäre Serialität. Narration – Evolution – Distinktion. Zum seriellen Erzählen seit dem 19. Jahrhundert*. Bielefeld, 205–223.

Jaramillo, Deborah L. (2013). „Rescuing Television from ‚the Cinematic': The Perils of Dismissing Television Style". In: J. Jacobs, S. Peacock (Hgg.), *Television Aesthetics and Style*. London/New Delhi/New York/Sydney, 67–76.

Kirschbacher, Felix, und Sven Stollfuß (2015). „Von der TV- zur AV-Serie. Produktions-, Distributions- und Rezeptionsformen aktueller US-Serien". In: *merz: Medien und Erziehung. Zeitschrift für Medienpädagogik* 59.4, 21–28.

Krupp, Manfred, und Christian Breunig (Hgg. 2016). *Massenkommunikation IX. Eine Langzeitstudie zur Mediennutzung und Medienbewertung 1964–2015*. Baden-Baden.

Lotz, Amanda (2007). *The Television Will Be Revolutionized*. New York.

McCormick, Casey J. (2013). „Forward is the Battle Cry. Binge-Viewing Netflix's ‚House of Cards'". In: K. McDonald, D. Smith-Rowsey (Hgg.), *The Netflix Effect. Technology and Entertainment in the 21st Century*. New York u. a., 101–116.

Miller, Toby (2010). *Television Studies. The Basics*. Milton Park/New York.

Mills, Brett (2013): „What Does it Mean to Call Television ‚Cinematic'?" In: J. Jacobs, S. Peacock (Hgg.), *Television Aesthetis and Style*. London/New Delhi/New York/Sydney, 57–66.

Mittell, Jason (2006). „Narrative Complexity in Contemporary American Television". In: *The Velvet Light Trap* 58, 29–40.

Mittell, Jason (2015): *Complex TV. The Poetics of Contemporary Television Storytelling*. New York/London.

Modleski, Tania (2001 [1982]). „Die Rhythmen der Rezeption. Daytime-Fernsehen und Hausarbeit". In: R. Adelmann, J. O. Hesse, J. Keilbach, M. Stauff, M. Thiele (Hgg.), *Grundlagentexte zur Fernsehwissenschaft. Theorie – Geschichte – Analyse*. Konstanz, 376–387.

Nelson, Robin (1997). *TV Drama in Transition. Forms, Values and Cultural Change*. Basingstoke/New York.

Newcomb, Horace (1974). *Television. The Most Popular Art*. New York.

Newcomb, Horace (1985). „Magnum, Champagne of Television?" In: *Channels of Communications*, May/June 1985, 23–26.

Newcomb, Horace (2004). „Narrative and Genre". In: J. Downing, D. McQuail, P. Schlesinger, E. Wartella (Hgg.), *The SAGE Handbook of Media Studies*. Thousand Oaks, 413–428.

Newcomb, Horace, und Paul M. Hirsch (2000 [1983]): „Television as Cultural Form". In: H. Newcomb (Hg.), *Television. A Critical View*. 7. Ausg. Oxford, 561–573.

Rothemund, Kathrin (2012). „Serielle Textproduktionen – Zeitgenössische Fernsehserienforschung". In: *MEDIENwissenschaft* 1.2012, 8–21.

Rothemund, Kathrin (2013). *Komplexe Welten. Narrative Strategien in US-amerikanischen Fernsehserien*. Berlin.

Schleich, Markus, und Bernd Nesselhauf (2016). *Fernsehserien. Geschichte, Theorie, Narration*. Tübingen.

Schneid, Bernd (2012). *Die Sopranos, Lost und die Rückkehr des Epos. Erzähltheoretische Konzepte zu Epizität und Psychobiographie*. Würzburg.

Thompson, Kristin (2003). *Storytelling in Film and Television*. Cambridge/London.

Weber, Tanja, und Christian Junklewitz (2008). „Das Gesetz der Serie – Ansätze zur Definition und Analyse". In: *MEDIENwissenschaft* 1.2008, 13–31.

Williams, Raymond (2003 [1974]). *Television. Technology and Cultural Form*. 2. Aufl. London/New York.

Wolfgang Kemp
IV.1.4 Erzählen in Bildern

1 Bilder erzählen. Erzählen Bilder?

Erzählen mit Bildern ist eine universale Aufgabe in fast allen Kulturen, es bedient sich unterschiedlichster Medien: Wand- und Tafelmalerei, Glasmalerei, Reliefs, Skulptur, Grafik, Miniaturen und Illustrationen in handgeschriebenen oder gedruckten Büchern, Fotografie. Die Stoffe werden der Mythologie, der Bibel, der Historie, der Literatur entnommen oder neu erfunden. Seitdem William Hogarth im 18. Jahrhundert seine Grafikzyklen veröffentlichte, waren und sind bildende Künstler auch Erzähler in eigener Regie.

Die Frage, ob man mit Bildern überhaupt erzählen kann, ist immer wieder diskutiert worden, wird aber heute mehr pragmatisch angegangen: Was die Erzählkompetenz der Bildkünste angeht, hat sich eine Haltung durchgesetzt, welche von „gradierbaren Differenzqualitäten" (Wolf 2002, 42) spricht und berücksichtigt, dass verschiedene Medien und Kunstformen unterschiedliche Nähe zu essentiell gesetzten Qualitäten von Erzählen (wie Erzählinstanz, Temporalität, Kausalität, Ereignishaftigkeit) aufweisen und auf verschiedene Weise bereit oder gezwungen sind, sich extern auf die Erzählung anderer Medien zu stützen (Medienkombination) und intern mit nicht-narrativen Kommunikationsformen zu verbinden (Moduskombination).

2 Hauptaspekte der Bilderzählung

Aktion, Akt

Bildlich erzählte Geschichten arbeiten mit „natürlichen Zeichen" (Lessing 1974 [1766]), die eine Ähnlichkeitsbeziehung zu dem Gemeinten unterhalten, was sie von den „konventionellen Zeichen" der Dichtung unterscheidet: von Buchstaben, Worten, Sätzen etc., die als aufeinanderfolgende Signifikanten eine „bequeme Beziehung" zur Dichtkunst als einer Kunst der Zeit unterhalten. Die Bildkünste dagegen regieren den Raum und arbeiten mit dem Bild von Körpern. „Körper mit ihren sichtbaren Eigenschaften" nennt Lessing „die eigentlichen Gegenstände der Malerei" (Lessing 1974 [1766], 102). Da diese Körper aber Lebewesen gehören und diese sich bewegen, muss Lessing die Raumfixierung der Malerei entscheidend erweitern: „Doch alle Körper existieren nicht allein in dem Raume, sondern auch in der Zeit." Menschliche Handlungen bedingen und unterliegen Veränderungen, Wirkungen und Ursachen wechseln. Lessing macht daraus großzügigerweise eine Kann-Bestimmung, muss sie aber gleich wieder einschränken: „Folglich kann die Malerei auch Handlungen nachahmen, aber nur andeutungsweise durch Körper." (Lessing 1974 [1766], 102)

Anders formuliert: Basismaterial der Erzählung in Bildern sind soziale Akte (Handlungen), die aus Aktionen (körperlichen Bewegungen) bestehen. Mit den Worten von Rom Harré: „Actions are the meanings of movements and utterances. Acts are the meaning of actions." (Harré 1993, 61) Aktionen, die in unserem nichtverbalen Kontext auf „utterances" verzichten müssen, es sei denn, sie sind ihnen mit Spruchbändern oder Sprechblasen beigegeben, fungieren in der Bilderzählung wie Vokabeln: Einer nimmt den Hut ab und verneigt sich leicht, eine Aktion, die als sozial verdichteter Akt das höfliche männliche Grüßen in der Öffentlichkeit bedeuten würde, das in der westlichen Kultur von etwa 1750 bis 1960/1970 eine leicht verstehbare Handlung war. Zu den körpersprachlichen Gesten gehören räumliche und szenische Kontexte. Ein Gruß verlangt nach einem Adressaten, und der Akt seinerseits ist in ein soziales System oder Netzwerk eingebettet. So machte, den Hut zum Gruß zu lüften, nur Sinn in der Sphäre der Öffentlichkeit. Andere Akte gehören zu den Wirklichkeitsbereichen des familiären Lebens, der Arbeit oder des intimen Zusammenseins. Nach Harré sind Akte Episoden, ‚welche die gewählte soziale Welt konstituieren, verändern und erhalten'(Harré 1993, 62).

Die körpersprachliche Aktion ist universal, der Akt als Sinnträger ist hochgradig historisch und kulturell codiert. Wenn man daran denkt, dass im japanischen Kulturbereich an die vierzig Bedeutungen des Lachens eruiert wurden, von denen die meisten den westlichen Sinngebungen widersprechen, wird man mit Vorsicht auch selbstverständlich erscheinende körpersprachliche Aktionen deuten. Aber im Rahmen einer gegebenen Kultur besitzen soziale Akte in etwa den Verallgemeinerungsgrad, der den ‚Funktionen', den Standardsituationen und Handlungsmustern in der strukturalen Erzählforschung seit Vladimir Propps *Morphologie des Märchens* (1928) zugewiesen wird: Abschied, Reise, Begrüßung, gastliche Aufnahme, Feiern, Beraubung, Verstoßung – das sind etwa die sieben ersten Stationen der Parabel vom verlorenen Sohn, wie sie die Langzyklen der mittelalterlichen Fenster illustrieren. Sie sind bis auf Details damals wie heute lesbar (Kemp 1987).

Sequentialität und ihre Modi

Schon hier zeigt sich, dass Akte sequentiellen Charakter haben: Man bricht erst auf und kommt dann an, man kämpft gegen jemanden aus einem bestimmten

vorausgehenden Grund. Sequenzen sind nach Aktionen und Akten das dritte Bauelement der Erzählung in Bildern (zu Zeitstrukturen in der Kunst allgemein, aber auch in narratologischer Hinsicht vgl. Pochat 1996; Hülsen-Esch et al. 2003; Schöch und Sick 2007; Aigner und Pochat 1999). Das Nacheinander ist in der Kunstgeschichte in verschiedenen Modi gestaltet worden, die medienübergreifend auftreten können. Wickhoff unterschied 1895 das ‚distinguierende Erzählen' vom ‚komplementierenden' und ‚kontinuierenden Stil'. Diese Einteilungen hat Varga (1990; vgl. auch Wolf 2002, 55; Sturgis 2000) zu einem Katalog umgearbeitet, der viele Anhänger hat. Varga differenziert:
1. das monoszenische Einzelbild (distinguierendes Erzählen),
2. das pluriszenische Einzelbild (Simultanbild, komplementärer, kontinuierender Stil),
3. die Bildreihe, der Zyklus aus monoszenischen Einzelbildern (distinguierendes Erzählen, aber jetzt unter das Gesetz der Folge, der Folgerichtigkeit, des Zyklus gestellt),
4. die Bildreihe aus pluriszenischen Einzelbildern (eine der Systematik geschuldete Option, in der Wirklichkeit kaum anzutreffen).

Die Varianten 1 und 3 sind bekannt und werden bis heute praktiziert; die Erzählform 2 ist ein Modus, der zeigt, wie dieselben Akteure in ein und demselben Bildfeld zeitlich aufeinanderfolgende Aktionen vorantreiben. Diese Erzählform kennen wir aus der Antike und dem Mittelalter, aber die Einführung der Zentralperspektive bereitete dem Modus kein Ende, gerade das 15. Jahrhundert in Italien hat man als eine Hochzeit dieses Modus erkannt (Andrews 1995). Wickhoffs ‚komplementierender Stil' ist eine Subspezies von Variante 2: Sie ordnet die Episoden nicht zeilenförmig nebeneinander an, sondern verteilt die Erzählstationen an verschiedenen Orten im Bild. Ein Beispiel: Auf einem Kalvarienberg des 15. Jahrhunderts nimmt die Kreuzigung wie gewohnt die Mitte ein, ‚gleichzeitig' aber zieht aus Jerusalem die Volksmenge erst heran, es wird Christus liegend ans Kreuz genagelt, und es ziehen die ersten Schaulustigen auch schon wieder ab (*Kalvarienberg der Familie Wasservass*, ca. 1425; Köln, Wallraf-Richartz-Museum). Außer der Kreuzigung müssen die anderen Erzähleinheiten nicht in sich komplett dargestellt, sondern in wesentlichen Momenten angedeutet werden: Es geht also gar nicht so sehr um Folge, sondern um eine bildliche Aufzählung all dessen, ‚was zur Geschichte dazugehört'.

Folgende Ergänzungen sind den Modi von Wickhoff und Varga hinzuzufügen: In der christlichen Kunst wird seit dem 5. Jahrhundert das typologische Erzählen entwickelt. Man könnte von Parallelerzählung sprechen. Sie kombiniert in zwei Registern oder in der Gegenüberstellung zweier Einzelbilder oder in Clusterform Szenen aus dem Alten Testament (Typus) und aus dem Neuen Testament (Antitypus), welche die Heilsgeschichte als einen doppelten Kursus von Präfigurationen und Erfüllungen wiedergeben. Typologie fordert vom Erzähler und seinen Beratern nicht nur theologisches Wissen, sondern auch eine besondere Begabung für die Abstimmung von Inhalt und Medium (Kemp 1987; Mohnhaupt 2000; Linke 2014). In der christlichen Kunst führt diese Reflexion zu dem für sie typischen und einzigartigen Modus des ‚Bildsystems' oder der ‚Bildsumme' (Kemp 1994b). Thematische Einheiten, bestehend aus Symbolen, Allegorien, heiligen Figuren, koexistieren hier in kunstvoller Verschränkung mit narrativen Registern. Im Grunde ist das auch eine Art von ‚komplementierendem Stil': So wie sich die großen Erzählungen des Alten und Neuen Testaments gegenseitig ergänzen, so tritt das axiomatische Statement der höheren Glaubenswahrheiten in einen systematischen Zusammenhang mit der narrativen Darlegung der Heilsgeschichte als Geschichte.

Während solche Bildsummen sehr gut durchkonstruiert sind, versammelt das ‚ornamentale Erzählen' die Elemente zu viel loser geknüpften Aggregaten, in das Dispositiv des Clusters. Der Begriff, den Schmid (1992) auf Erzählungen der russischen Moderne angewandt hat, passt besonders gut auf die Praxis der deutschen Romantik, das Ornament der Arabeske narrativ zu beleben und zusätzlich mit Symbolen und Allegorien zu bevölkern, also ‚zeitliche und unzeitliche Verknüpfungen' herzustellen und ein hybrides Gebilde aus deskriptiven, erzählerischen und diskursiven Elementen herzustellen (Busch und Maisak 2013). Ein Beispiel hierfür ist Moritz Schwinds *Der Gestiefelte Kater*, ein Holzstich von 1849.

Das Historienbild

Das monoszenische Historienbild ist die größte Herausforderung der Aufgabe ‚Erzählen in Bildern' (Wolf 2002; Speidel 2013). Es muss den Akt als Ereignis ausweisen, es muss ihn notwendig und ‚zeithaltig' erscheinen lassen. Letzteres heißt: Als Schnitt durch den Prozess der Veränderung muss das monoszenische Bild – nicht nur nach Lessing – Aspekte von Vor- und Nachgeschichte mit implizieren. Lessing schreibt: „Die Malerei kann in ihren koexistierenden Kompositionen nur einen einzigen Augenblick der Handlung nutzen, und muß daher den prägnantesten wählen, aus welchem das Vorhergehende und Folgende am begreiflichsten wird." (Lessing 1974 [1766], 103) Die berühmte Gruppe des Laokoon lässt die drei Personen und die zwei Schlangen drei Phasen ausagieren: Der Sohn links ist von der einen Schlange gebissen worden und sinkt im Moment tot darnieder, der Vater in der Mitte kämpft noch gegen die zum Biss ansetzende zweite Schlange, und der Sohn rechts schaut entsetzt diesem Kampf zu und könnte sich retten. In der Malerei lassen sich Phasen nicht so manifest personifizieren. Hier sind entsprechend schwierigere Hinweise auf die Voraussetzungen, Konsequenzen und auf den zentralen Akt, wenn er fehlt, gefordert – deswegen nennt Wolf das Historienbild auch nicht geschichtendarstellend, sondern „geschichtenindizierend" (Wolf 2002, 75). „Gesten, Mimik und Blicke als Resultate von Vorherigem oder Indikatoren von Zukünftigem" sind ebenso wie zeitlich aufgeladene Objekte „wichtige visuelle chronotopische Mittel" (Wolf 2002, 67; dort auch Beispiele).

Lessing war nur an der Frage interessiert, ob Laokoon stöhnt oder aufschreit, und leitete von der ersten, für ihn evidenten Variante das Gesetz des ‚fruchtbaren Augenblicks' ab, der kurz vor Höhepunkt und Erfüllung des Aktes liegt. Die Schnitte durch die Sequenz können aber auch ganz anders gelegt werden: im Vorfeld der Hauptszene oder in der Folgezeit danach. Als Beispiel soll Jacques-Louis Davids *Der Schwur der Horatier* (1787; Paris, Louvre) dienen: Die Notwendigkeit des Geschehens wird durch die vollständige, körperliche Hingabe der vier Männer an den Akt des Schwurs ausgedrückt. Sie verpflichten sich, für das Vaterland zu kämpfen. Der Kampf selbst ist ausgespart, doch proleptisch betrauern die Frauen jetzt schon die Verluste: die Entschlossenheit der Männer und die Trauer der Frauen rahmen als Vorher und (imaginiertes) Nachher den Akt selbst und fungieren als Indikatoren der Konsekutivität des Aktes vor dem Akt.

Ein Werkbeispiel: Momentane Zeitgestalt im Historienbild

Daniel 5 ist mit 30 Versen eine der längsten Erzählungen des Alten Testaments überhaupt. Belsazar, König der Chaldäer, feiert mit „tausend Mächtigen", „mit seinen Frauen und mit seinen Nebenfrauen" ein großes Fest. Dazu lässt er goldene und silberne Gefäße auftischen, die sein Vater im Tempel zu Jerusalem geraubt hatte. Da „gingen hervor Finger wie von einer Menschenhand, die schrieben [...] auf die getünchte Wand in dem königlichen Saal" (Dan 5,5). Der König erschrickt und ruft seine „Weisen" herbei, die Schrift zu deuten, was aber erst dem jüdischen „Zeichendeuter" Daniel gelingt. Er liest „Mene mene tekel u-parsin" – gezählt, gewogen, zerteilt – und interpretiert die Worte als Prophezeiung: Die Tage des Königtums sind gezählt, Belsazar wurde gewogen und für zu leicht befunden, sein Reich wird den Medern und Persern zugeteilt werden (Dan 5,25–28). „Aber in derselben Nacht wurde Belsazar, der König der Chaldäer, getötet." (Dan 5,30) Die ‚Runde' des Festes wird durch ein übernatürliches Eingreifen gesprengt, weil sie selbst auf dem Bruch einer Einheit basiert, auf Raub und Sakrileg. Das Standardmotiv des Mangels schließt sich an: man will die Botschaft ‚von höchster Hand' verstehen, es gelingt dies aber erst nach 23 Versen, und auf die Deutung der prophetischen Botschaft folgt deren schnelle Erfüllung, ein zweites Standardmotiv, die Klammer aus Vorhersage und Vollziehung.

Abb. 1: Rembrandt van Rijn, *Das Gastmahl des Belsazar*, Öl auf Leinwand, 167 × 209 cm, 1630er Jahre, London, National Gallery.

Rembrandt konzentriert in seinem *Gastmahl des Belsazar* (1630er Jahre; London, National Gallery) die Erzählung auf sieben Personen und einen extrem kurzen Moment. Nicht mehr als neun Gäste für ein Festmahl einzuladen, hatte der Polyhistor Markus Terentius Varro empfohlen, und Leon Battista Alberti (Alberti 1970 [1435] 125) hatte in dem ersten neuzeitlichen Malereitraktat diese Größe zur Norm einer Historienmalerei erhoben, die durch Vielfältigkeit und nicht durch Menge überzeugen will. So variiert Rembrandt das Spektrum menschlicher Reflexe durch und übersetzt Akt in Aktion: Vom unberührt seinen Dienst im Hintergrund tuenden Flötisten über die ausdruckslose Rückenfigur der statiös sitzenden Hauptfrau im Vordergrund, über die beiden entsetzten Gäste am Tisch, ein alter Mann und eine Hände ringende junge ‚Nebenfrau', steigt die körperliche Erregtheit auf bis zur Hauptfigur, dem König, der aufgesprungen ist, sich erschrocken der feurigen Schrift zuwendet und mit ausgestrecktem Arm die Frau rechts in eine geduckte, ihm ausweichende Haltung zwingt. Die Bibel hebt an drei Stellen das Erschrecken des Königs hervor: Zuerst heißt es: „Da entfärbte sich der König und seine Gedanken erschreckten ihn, sodass er wie gelähmt war und ihm die Beine zitterten." (Dan 5,6) Rembrandt ‚entfärbt' und ‚lähmt' nicht: Belsazar ist bei ihm überwältigt und gewaltvoll zugleich. Er steht in der Mitte und regiert mit ausgestreckten Armen den Tisch und die Dienerin, ohne dass er jedoch das Geschehen an der Wand verhindern könnte und ohne dass sein Blick nicht nur höchste Aufmerksamkeit, sondern auch ein tiefes Nichtverstehen und Betroffensein verraten würde. Körper sind die „eigentlichen Gegenstände" dieses Bildes, jede ihrer „augenblicklichen Erscheinungen und Verbindungen ist die Wirkung einer vorhergehenden, und kann die Ursache einer folgenden, und sonach gleichsam das Zentrum einer Handlung sein." (Lessing 1974 [1766], 102)

Ein fruchtbarer Moment? In der Bibel heißt es: „In eadem hora" – „zu derselben Stunde gingen hervor Finger wie von einer Menschenhand, die schrieben [...]." Rembrandt macht aus Stunde Sekunden: Zwei goldene Pokale kippen und ergießen den Wein über den Tisch bzw. über den Oberarm der Frau ganz rechts, und der rote Stoff ihres Kleides, welcher den intensivsten Farbakzent des ganzen Bildes setzt, wird vom Wein getränkt und verfärbt sich braun. Selten wurde für ein Bild die Zeit so jäh durchschnitten. Schrecksekunde ist unser Wort dafür. Schrecken ist hier die Einsatzstelle, durch die „das Vorhergehende und Folgende am begreiflichsten wird" (Lessing 1974 [1766], 103), die, um mit Husserl zu sprechen, „retentionale" und „protentionale" Momente zusammenhält (Husserl 2001 [1917/1918], 4). Das Schreiben an der Wand macht erschrocken, und das Nichtverstehen und das begleitende Gefühl, dass die Schriftzüge nichts Gutes bedeuten können, prolongiert das Unbehagen. Rembrandt kann die biblische Zeitgestalt von Vorhersage und Erfüllung nicht explizieren, er kann die Reaktion auf die (unverstandene) Gottesbotschaft nur zu höchster Dringlichkeit steigern und implizieren, dass auf den Schrecken Schreckliches folgt. Der Fall eines Reiches ist die Konsequenz, ein höheres Ereignis, ein bedeutenderer profaner Stoff war für die barocke Kunst nicht denkbar. Es sind vor allem zwei Indizien, die der Momentaneität sozusagen Richtung verleihen: Erst fallen die Kelche, dann das Königtum. Erst wendet sich der König um, und dann kommt es zur großen Zeitenwende. Besonders diese letztere abrupte Aktion der Umwendung hat in der Kunstgeschichte kein Vorbild. Schon dass ein König aufspringt und sich umdreht, um etwas hinter ihm zu erblicken, geht gegen jedes Decorum und lässt augenfällig werden, welch höhere Macht den Herrscher hier bewegt.

Die instantane Zeitstruktur bricht sich an einer Instanz der Dauer, und das ist die Schrift. Der biblische Text und auch Rembrandt legen viel Wert darauf, dass die Botschaft an der Wand nicht einfach erscheint, sondern geschrieben wird: „und der König wurde gewahr der Hand, die da schrieb." (Dan 5,5). Im Bild ist die Hand gerade dabei, den letzten Buchstaben zu vollenden, und man könnte sich überlegen, ob dies der Moment ist, in dem die Schrift erst sichtbar hervortritt, aber auch so bleibt die Schrift etwas Endgültiges und Stabiles, das selbst mit

Feuer geschrieben im krassen Gegensatz zur chaotischen Reaktion einer Festgesellschaft steht. Was nur der Schriftkundige wissen konnte, die Schrift ist auch in ihrer Aussagestruktur komplett: Sie ist eingängig durchrhythmisiert, und sie steigert ihre Konsequenz bis zum finalen Ergebnis, dem Verlust des Königtums. Rembrandt, der sich beim Schreiben von einem Rabbi in seiner Straße helfen ließ, konnte der Schrift keine höhere Konsequenz einräumen, als sie zur Lichtquelle des Bildes zu machen. Zwar wird auch ein Lichtgang von links wahrnehmbar, aber das Licht, das trifft, die Erzählung in Gang setzt und selbst schreibt, ist das Licht der Schrift. Man hat als Begriff „Offenbarungslicht" (Bohlmann et al. 2002) vorgeschlagen. Rembrandt hat nie wieder Geschriebenes in ein Gemälde aufgenommen; vielleicht kommt er mit seinem ‚Belsazar' ja wirklich einem Auftraggeber entgegen, der als Jude die Schrift über alles setzte – und sich ihre Macht durch ein mächtiges Bild bestätigen ließ.

Erzählperspektiven

Auf der innerbildlichen Ebene geht es um Aktionen, Akte, Zeitindikatoren, aber auch um die Mittel, „die den Grad an Mittelbarkeit und die Perspektivierung betreffen" (Martínez und Scheffel 2003 [1999], 47, im Anschluss an Gérard Genette 1972). Unterschieden wird zwischen der „Distanz (Wie mittelbar wird das Erzählte präsentiert?)" (Martínez und Scheffel 2003 [1999], 47) und „Fokalisierung (Aus welcher Sicht wird erzählt?)" (Martínez und Scheffel 2003 [1999], 62). Was die Distanz angeht, so kann man grob verallgemeinern, dass die Bilderzählungen ihre Geschichten möglichst unmittelbar präsentieren – im *Belsazar* schneidet Rembrandt direkt ins Geschehen hinein. Bilder zeigen, *they show, don't tell*. In der Filmtheorie hat man deswegen die Instanz Erzähler aufgegeben und spricht von Erzählung, Erzählfunktion oder „narrative agency" (Bordwell und Thompson 1990, 33); in den „mimetischen Texten", wie Schmid die Bilderzählungen nennt, wird „Veränderung ohne ‚Vermittlung' durch einen ‚Erzähler' dargestellt" (Schmid 2014 [2005], 8). Für die Kunst und den frühen Film muss man aber hinzufügen: Erzähler gab (und gibt es im Grunde immer noch) *vor* den Bildern: vor im zeitlichen Sinne als Prätext, vor im räumlichen Sinne von ‚Lesehelfern'. Vor und zu den Bildern wurde geredet, doziert, diskutiert: Vor allem mittelalterliche Kunst kann man sich ohne diegetische Vermittlung durch Geistliche oder andere Betrachter überhaupt nicht vorstellen. Kein Werk der bildenden Kunst ist so ausführlich beschrieben und nacherzählt worden wie die ersten autonomen Bilderzählungen des William Hogarth (Paulson 1992). Erst in der bürgerlichen Ära setzte sich die schweigende Kontemplation als Norm der Rezeption durch, und im gleichen Moment werden die innerbildlichen Vermittler immer wichtiger.

Was das Fehlen einer Erzählerstimme oder gar Erzählerfigur angeht, machen Darstellungen von Visionen und Träumen eine gewisse Ausnahme, wenn sie, wie im Mittelalter üblich, den Visionär oder Träumer zusammen mit seiner Vision bzw. seinem Traum abbilden. Diese Wahrnehmungsinstanz ist aber nicht wie ein Erzähler in die Handlung involviert oder hat auch nicht die Macht, das Gesehene als seine spezielle Sicht auszuweisen. Solche komplementären Figuren sind ein Zeichen, das den außergewöhnlichen Charakter des Gesehenen verbürgt und durch ihre Gegenwart und Körpersprache sagt, dass es sich um eine Offenbarung handelt (Bogen 2001; Ganz 2008).

Das Erzählen im restringierenden oder autoritären Modus, wie es die literarische Erzählung betreiben kann, ist Sache der Bilderzählung nicht. Im Gegenteil gilt für die Epoche der ‚klassischen Repräsentation', also die Zeit vom 15. bis zum 19. Jahrhundert, die „supreme fiction", die ‚höchste Fiktion' (Fried 1975), die besagt: Die Gegenwart des Erzählers wird genauso geleugnet wie die des Betrachters, die ‚vierte Wand' ist geschlossen, die Handelnden konzentrieren sich ganz auf sich selbst und ihr Tun – Nullfokalisierung hieße das, wenn nicht Schmid darauf bestünde, „dass jegliche Darstellung von Wirklichkeit in den Akten der Auswahl, Benennung und Bewertung der Geschehensmomente Perspektive impliziert" (Schmid 2014 [2005], 121). Bei Bildwerken käme hinzu der Ausschnitt, die bedeutungsstabilisierende Komposition und die genannte „supreme fiction" der Nichtgegenwart des Betrachters. Letzterer wird dann im 19. Jahrhundert sehr viel gezielter und manifester angesprochen als in den Epochen davor. Bedeutend älter ist allerdings die Zeigerfigur, die schon Alberti im frühen 15. Jahrhundert empfahl (vgl. Pieter Bruegel d. Ä., *Der Nesträuber*, 1568; Wien, Kunsthistorisches Museum; zum Zeiger vgl. Gandelmann 1992). Im 19. Jahrhundert ist es nicht mehr der bloße Verweis, sondern Perspektivträger übernehmen die Betrachterfunktion im Bild stellvertretend und aktivierend (Kemp 1983, Kap. 2). Ein berühmtes Beispiel für solche Fokalisatoren ist Théodore Géricaults *Floß der Medusa* (1819; Paris, Louvre), wo gestikulierende Rückenfiguren den Blick in die Tiefe und zwar in die Richtung des winzigen, Rettung bringenden Schiffes am Horizont lenken. Im Vordergrund aber sitzt eine dem Betrachter zugewandte Reflektorfigur, welche die Aufregung der anderen nicht ablenken kann von den traurigen Vorgängen der Vorgeschichte: Schiffbruch, Versagen der Vorgesetzten, Tod vieler Matrosen und Kannibalismus. Was ebenfalls im Zeitalter der Privatheit, aber auch des Kriminalromans große Konjunktur hat, sind Bilder, in denen Lauscher und Voyeure die intimen Szenen zugleich öffnen und als intim qualifizieren (vgl. Ferdinand Georg Waldmüller, *Belauschte Liebesleute*, 1858; München, Neue Pinakothek).

3 Zur Geschichte der kunsthistorischen Erzählforschung

Kunstgeschichte und Archäologie können mit gutem Recht behaupten, als erste Geisteswissenschaften erzähltheoretische Modelle vorgelegt zu haben: 1895 unterschied Wickhoff die ‚Erzählstile' narrativer Kunstwerke und meinte damit die Aufbauformen von Erzählzeit. Schmarsow untersuchte zur selben Zeit mittelalterliche Kunst (Freskenzyklen, Glasfenster) als rhythmische Erzählkunst im Vergleich mit Werken der Dichtung und Musik (vgl. ältere Forschungen zusammenfassend Schmarsow 1920). Schüler von Schmarsow setzten diese Arbeit vor allem zum zyklischen Erzählen fort. Das Thema Erzählen in Bildern wurde dann erst wieder in den 1980er Jahren durch eine Aufarbeitung der strukturalen Erzählforschung der Literaturwissenschaften neu aufgenommen. Kemp (1987, 1994a, 1994b) untersuchte die Langzyklen der mittelalterlichen Glasmalerei (dazu jetzt auch Whatling 2010) sowie das komplementäre Miteinander von thematischer und narrativer Argumentation in der christlichen Kunst. Karpf (1994) unterzog das Angebot der strukturalistischen Erzähltheorie für die Kunstgeschichte einer kritischen Prüfung. Bilderzyklen des 18. und 19. Jahrhunderts waren das Thema von Brand (1995) und Jäger (1998). Der spezifische Ansatz des typologischen Erzählens beschäftigte Mohnhaupt (2000) und Linke (2014).

Die moderne Kunst hat, solange sie gegenständlich ist, das Erzählen den Bildmedien Comic, Fotoroman, Film überlassen. Aber in der Postmoderne haben die Rückkehr zum Genrebild in der Kunstfotografie und die Pflege des Mediums Video diesen Bildgegenstand wieder belebt und eine Sekundärliteratur hervorgebracht, welche kunsthistorische Erzählforschung mit den methodischen Ansätzen der Kunstgeschichtsschreibung der Moderne verbindet (Scheuermann 2005, 2010; vgl. auch den Ausstellungskatalog *Pagan Stories* 1992). Oft unbemerkt vom Fach Kunstgeschichte sind intermediale Untersuchungen zum Erzählen in Bildern und Texten in den letzten Jahren stark vorangetrieben worden (grundlegend Wolf 2002; weiterhin Steiner 2004; Ryan 2012), so dass eigene Zeitschriften wie *Word & Image*, *Diegesis*, *Image & Narrative* sich dieser Thematik widmen. In diesem Sinn sehr aktiv ist auch die Comic-Forschung, die klassischen narratologischen Fragestellungen nachgeht (Sturgis 2000; Grünewald 2000, 27–35; Groensteen 2011; Petersen 2011), als auch ihrerseits sich zurückwendet und sich für das historische Erzählen in Bildern als Vorgeschichte des Mediums Comic interessiert (Sackmann; *La Bande Dessinée avant la Bande Dessinée*). So wie Hogarths Erzählstil in Verbindung mit der Romanliteratur seiner Zeit gebracht wurde (Paulson 1992), werden intermediale Bezüge zwischen narrativen Texten und Bildern in Werken des 19. und 20. Jahrhunderts immer stärker bearbeitet (zwei exemplarische Studien: Meisel 1984; Steinaecker 2007).

Innerhalb der Kunstgeschichte ist den Arbeiten der 1980er und 1990er Jahre vorgeworfen worden, sich zu stark auf Handlungsstrukturen konzentriert zu haben. Gegen die Überbetonung der ‚Geschichtsebene' (*story*) wird mehr Rücksichtnahme auf das ‚Schildern', auf die bildeigene ‚Darstellungsebene' (*discourse*) gefordert (Franzen 2002).

Literaturverzeichnis

Aigner, Carl und Götz Pochat (1999). *Zeit/Los. Zur Kunstgeschichte der Zeit*. Ostfildern.
Alberti, Leon Battista (1966). *On Painting*. New York.
Andrews, Lewin (1995). *Story and Space in Renaissance Art: The Rebirth of Continuous Narrative*. Cambridge.
Bogen, Steffen (2001). *Träumen und Erzählen. Selbstreflexion der Bildkunst vor 1300*. München.
Bohlmann, Caroline, Thomas Fink und Philipp Weiss (2002). „Lichtgefüge des 17. Jahrhunderts". In: *kritische berichte* 4, 5–14.
Bordwell, David, und Kristin Thompson (1990). *Film Art. An Introduction*. New York.
Brand, Jochen (1995). *Der Text zum Bild: Untersuchungen zu den Erscheinungsformen und paratextuellen Funktionen von sprachlichen Bestandteilen zu deutschen graphischen Folgen und Zyklen des 19. Jahrhunderts*. Marburg.
Busch, Werner, und Petra Maisak (2013). *Die Verwandlung der Welt: Die romantische Arabeske*. Petersberg.
Franzen, Wilfried (2002). *Die Karlsruher Passion und das „Erzählen in Bildern": Studien zur süddeutschen Tafelmalerei des 15. Jahrhunderts*. Berlin.
Fried, Michael (1975), *Toward a supreme fiction: Genre and beholder in the art criticism of Diderot and his contemporaries*. Baltimore.
Gandelmann, Claude (1992). „Die Geste des Zeigers". In: W. Kemp (Hg.), *Der Betrachter ist im Bild. Kunstwissenschaft und Rezeptionsästhetik*. Berlin/Hamburg, 71–93.
Ganz, David (2008). *Medien der Offenbarung. Visionsdarstellungen im Mittelalter*. Berlin.
Genette, Gérard (1972). „Discours du récit". In: G. Genette, *Figures III*. Paris, 67–282.
Groensteen, Thierry (2011). *Bande dessinée et narration*. Paris.
Grünewald, Dieter (2000). *Comics*. Tübingen.
Harré, Rom (1993). *Social Being*. Oxford.
Hülsen-Esch, Andrea von, Hans Körner und Guido Reuter (Hgg. 2003). *Bilderzählungen. Zeitlichkeit im Bild*. Köln u. a.
Husserl, Edmund (2001). *Bernauer Manuskripte über das Zeitbewusstsein (1917/18)* [= Husserliana Bd. XXXIII]. Melle.
Jäger, Thomas (1998). *Die Bilderzählung. Narrative Strukturen in Zyklen des 18. und 19. Jahrhunderts*. Petersberg.
Karpf, Jutta (1994). *Strukturanalyse der mittelalterlichen Bilderzählung. Ein Beitrag zur kunsthistorischen Erzählforschung*. Marburg.

Kemp, Wolfgang (1983). *Der Anteil des Betrachters. Rezeptionsästhetische Studien zur Malerei des 19. Jahrhunderts*. München.
Kemp, Wolfgang (1987). *Sermo corporeus: Die Erzählung der mittelalterlichen Glasfenster*. München.
Kemp, Wolfgang (1994a). „Über Bilderzählungen". In: M. Glasmeier (Hg.), *Erzählen*. Berlin, 55–70.
Kemp, Wolfgang (1994b). *Christliche Kunst: Ihre Anfänge, ihre Strukturen*. München.
La Bande Dessinée avant la Bande Dessinée. http://expositions.bnf.fr/bdavbd/ (28. Mai 2017).
Lessing, Gotthold Ephraim (1974 [1766]). *Laokoon*. In: G. E. Lessing, *Werke*. Hg. von Herbert G. Göpfert. München, Bd. 6, 9–187.
Linke, Alexander (2014). *Typologie in der frühen Neuzeit*. Berlin.
Martínez, Matías, und Michael Scheffel (2003 [1999]). *Einführung in die Erzähltheorie*. München.
Meisel, Kurt (1984). *Narrative, Pictorial and Theatrical Arts in Nineteenth Century England*. Princeton.
Mohnhaupt, Bernd (2000). *Beziehungsgeflechte. Typologische Kunst des Mittelalters*. Bern.
Pagan Stories. The Situation of Narrative in Recent Art (1992). Ausstellungskatalog Museum of Modern Art. New York.
Paulson, Ronald (1992). *Hogarth*. New Brunswick, NJ.
Petersen, Robert B. (2011). *Comics, Mangas, and Graphic Novels: A History of Graphic Narratives*. Santa Barbara.
Pochat, Götz (1996). *Bild – Zeit. Eine Kunstgeschichte der vierten Dimension*. Wien.
Ryan, Marie-Laure (2012). „Narration in Various Media". In: *The Living Handbook of Narratology*. http://wikis.sub.uni-hamburg.de/lhn/index.php/Narration_in_Various_Media# (28. Mai 2017).
Sackmann, Eckart (2006). *Comics im Mittelalter*. http://www.comicforschung.de/tagungen/06nov/sackmann/06nov_sackmann4.html (28. Mai 2017).
Scheuermann, Barbara J. (2005). *Erzählstrategien in der zeitgenössischen Kunst*. Diss., Universität zu Köln. http://kups.ub.uni-koeln.de/2837/ (28. Mai 2017).
Scheuermann, Barbara J. (2010). „Narreme, Unbestimmtheitsstellen, Stimuli – Erzählen im fotografischen Einzelbild". In: L. Blunck (Hg.), *Die Fotografische Wirklichkeit: Inszenierung – Fiktion – Narration*. Bielefeld, 191–206.
Schmarsow, August (1920). *Kompositionsgesetze in der Kunst des Mittelalters*. 4 Bde. Bonn.
Schmid, Wolf (1992). *Ornamentales Erzählen in der russischen Moderne: Čechov – Babel' – Zamjatin*. Frankfurt a. M.
Schmid, Wolf (2014 [2005]). *Elemente der Narratologie*. 3., erw. und überarb. Aufl. Berlin/Boston.
Schöch, Christof, und Franziska Sick (Hgg. 2007). *Zeitlichkeit in Text und Bild*. Heidelberg.
Speidel, Klaus (2013). „Can a Single Still Picture Tell a Story? Definitions of Narrative and the Alleged Problem of Time with Single Still Picture". In: *Diegesis* 2.1. https://www.diegesis.uni-wuppertal.de/index.php/diegesis/article/view/128/158 (28. Mai 2017).
Steinaecker, Thomas von (2007). *Literarische Fototexte. Zur Funktion der Fotografie in den Texten Rolf Dieter Brinkmanns, Alexander Kluges und W. G. Sebalds*. Bielefeld.
Steiner, Wendy (2004). „Pictorial Narrativity". In: M.-L. Ryan (Hg.), *Narrative across Media. The Languages of Storytelling*. Lincoln/London, 145–177.
Sturgis, Alexander (2000). *Telling Time*. London.

Varga, Aron Kibédi (1990). „Visuelle Argumentation und visuelle Narrativität". In: W. Harms (Hg.), *Text und Bild, Bild und Text. DFG-Symposium 1988*. Stuttgart, 360–365.
Whatling, Stuart (2010). *Narrative Art in Northern Europe, c. 1140–1300: A Narratological Re-appraisal*. PhD, University of London. http://www.medievalart.org.uk/PhD/Contents.html (28. Mai 2017).
Wickhoff, Franz (1903 [1895]). *Römische Kunst (Die Wiener Genesis)*. In: F. Wickhoff, *Die Schriften*. Hg. von Max Dvorak. Wien. Bd. 3, 9–123.
Wolf, Werner (2002). „Das Problem der Narrativität in Literatur, bildender Kunst und Musik: Ein Beitrag zu einer intermedialen Erzähltheorie". In: V. Nünning, A. Nünning (Hg.), *Erzähltheorie transgenerisch, intermedial, interdisziplinär*. Trier, 23–104.

Lukas Etter und Jan-Noël Thon
IV.1.5 Erzählen im Comic

1 Intermediales Erzählen und die Grundzüge einer medienbewussten Narratologie

Nach ihrer Etablierung innerhalb des literaturwissenschaftlichen Strukturalismus der 1960er und 1970er Jahre und ihrer umfassenden Kodifizierung während der 1980er und 1990er Jahre hat sich die Narratologie seit der Jahrtausendwende zunehmend Erzählformen jenseits des literarischen Textes zugewandt. Entsprechend werden innerhalb der gegenwärtigen Literatur-, Kultur- und Medienwissenschaft nicht mehr nur literarische Texte (vgl. z. B. Genette 1972; Schmid 2014 [2005]) und Filme (vgl. z. B. Branigan 1992; Kuhn 2011), sondern auch verschiedene andere Medien, von Comics (vgl. z. B. Kukkonen 2013a; Schüwer 2008) bis zu Computerspielen (vgl. z. B. Backe 2008; Neitzel 2000), aus narratologischer Perspektive untersucht. Das so angerissene allgemeine Forschungsfeld einer ‚medienbewussten Narratologie' bildet damit einen guten Ausgangspunkt auch für die folgenden, spezifisch auf das Erzählen im Comic fokussierenden Überlegungen (vgl. auch Ryan und Thon 2014; Thon 2015c).

Zur Kartografierung dieses recht umfassenden Forschungsfeldes erweist es sich dabei zunächst als hilfreich, im Anschluss etwa an Irina Rajewsky zwischen den Begriffen ‚Medialität', ‚Intermedialität' und ‚Transmedialität' zu unterscheiden: Medialität bzw. Intramedialität bezeichnet jene Phänomene, „die, dem Präfix entsprechend, *innerhalb* eines Mediums bestehen, mit denen also eine Überschreitung von Mediengrenzen nicht einhergeht" (Rajewsky 2002, 12; Hervorh. im Orig.); Intermedialität bezieht sich demgegenüber auf „Mediengrenzen überschreitende Phänomene, die mindestens zwei konventionell als distinkt wahrgenommene Medien involvieren"; und Transmedialität schließlich meint „[m]edienunspezifische Phänomene, die in verschiedensten Medien mit den dem jeweiligen Medium eigenen Mitteln ausgetragen werden können, ohne daß hierbei die Annahme eines kontaktgebenden Ursprungsmediums wichtig oder möglich ist" (Rajewsky 2002, 13).

Diese begriffliche Differenzierung erlaubt es nun nicht zuletzt, narratologische Arbeiten jenseits des literarischen Textes genauer in den Blick zu nehmen. Gérard Genettes „Discours du récit" (1972) oder Wolf Schmids *Elemente der Narratologie* (2005), Edward Branigans *Narrative Comprehension and Film* (1992) oder Markus Kuhns *Filmnarratologie* (2011), Martin Schüwers *Wie Comics erzählen* (2008) oder Karin Kukkonens *Contemporary Comics Storytelling* (2013), Britta

Neitzels *Gespielte Geschichten* (2000) oder Hans-Joachim Backes *Strukturen und Funktionen des Erzählens im Computerspiel* (2008) mögen zwar ähnliche Bezeichnungen und Begriffe verwenden, aber es handelt sich dennoch um primär in der literarischen Narratologie, der Filmnarratologie, der Comicnarratologie und der Computerspielnarratologie zu verortende Arbeiten. Als solche sind sie vor allem an der spezifischen Medialität ihrer jeweiligen Medien sowie an den sich daraus ergebenden Konsequenzen für die Narrativität der entsprechenden Medienangebote interessiert.

In vergleichbarer Weise beschäftigen sich Arbeiten wie Sabine Schlickers' *Verfilmtes Erzählen* (1997) mit der intermedialen Schnittmenge zwischen literarischen Texten und Filmen, andere wie Benjamin Beils *First-Person Perspectives* (2010) mit der intermedialen Schnittmenge zwischen Filmen und Computerspielen. Entsprechend wären derartige Forschungen eher im Feld der intermedialen als im Feld der transmedialen Narratologie zu verorten. Die Bezeichnung ‚transmediale Narratologie' lässt sich demgegenüber vor allem für Studien verwenden, die sich nicht mit einzelnen narrativen Medien als solchen, sondern mit transmedialen Strategien narrativer Darstellung oder anderen transmedialen Phänomenen beschäftigen, welche ihrerseits in ganz unterschiedlichen Medien realisiert werden können (vgl. z. B. Herman 2009; Ryan 2006; Thon 2016; Thoss 2015). Freilich gilt auch hier, dass die Realisierung von transmedialen narrativen Phänomenen notwendigerweise innerhalb der spezifischen Medialität bestimmter Einzelmedien erfolgt und also eine transmediale Perspektive sowohl mediale als auch intermediale Perspektiven voraussetzt.

In der Tat geht es im Folgenden weniger um die Transmedialität von Strategien narrativer Darstellung als vielmehr um das Zusammenspiel von medialen und intermedialen Aspekten innerhalb von Comicerzählungen, wobei die Medialität und die Intermedialität des Comics ineinander übergehen. Die erste Frage, die sich hierbei stellt, betrifft die Art und Weise, in der sich vor dem skizzierten Hintergrund überhaupt von Comics als Medien sprechen lässt. Zumindest in einem narratologischen Kontext wird die Bezeichnung ‚Medium' in der Regel als auf einen multidimensionalen Begriff verweisend verstanden, der zumindest eine semiotisch-kommunikative, eine materiell-technische und eine kulturell-institutionelle Dimension verbindet (vgl. z. B. Ryan 2006; aus einer allgemeiner medientheoretischen Perspektive vgl. Schmidt 2000). Während etwa die Medialitäten von Zeitschriften-Cartoons und Webcomics mit Blick auf die semiotisch-kommunikative Dimension weitgehend deckungsgleich sein werden, unterscheiden sie sich grundlegend in ihrer materiell-technischen und kulturell-institutionellen Dimension (vgl. auch den allgemeinen Überblick zum Begriff der ‚Medialität' in Thon 2014; für eine detailliertere Diskussion vgl. Wilde 2014). Entsprechend handelt es sich bei ‚Comics' letztlich um einen Sammelbegriff für eine Reihe recht verschiedener Medienformen.

Angesichts der Vielfalt gegenwärtiger Medienbegriffe überrascht es zudem kaum, dass auch der Begriff der ‚Intermedialität' in durchaus unterschiedlicher Weise verwendet wird. Insbesondere mit Blick auf die Frage nach dem Erzählen im Comic lässt sich dabei wiederum mit Irina Rajewsky zwischen drei grundlegenden Formen von Intermedialität unterscheiden. Auf einer noch recht basalen Ebene lässt sich Intermedialität erstens als ein „Phänomen der *Medienkombination*" verstehen, das „auf der Addition mindestens zweier, konventionell als distinkt wahrgenommener medialer Systeme beruht" (Rajewsky 2002, 15; Hervorh. im Orig.). In diesem Sinne intermediale Medien (wie Comics, Filme, Fernsehserien oder Computerspiele) können zweitens im Rahmen „*intermedialer Bezüge* [...] auf ein bestimmtes Produkt eines anderen Mediums oder auf das andere Medium qua semiotischem System" (Rajewsky 2002, 16–17; Hervorh. im Orig.) verweisen. Und schließlich sind bestimmte Medienangebote das Produkt eines „*Medienwechsels*" im Sinne der Adaption beispielsweise einer Erzählung „aus einem semiotischen System in ein anderes" (Rajewsky 2002, 16; Hervorh. im Orig.). Ein Standardbeispiel für Letzteres ist die Verfilmung von Romanen, aber in den vergangenen Jahren hat auch die soziokulturelle Sichtbarkeit von Comicverfilmungen kontinuierlich zugenommen.

Es lässt sich also bereits die Medialität vieler konventionell distinkter Medien – und hier insbesondere des Comics – als eine grundlegende Form der Intermedialität im Sinne einer Kombination zweier semiotischer ‚Medien' verstehen (siehe Abschnitt 2). Daneben verwenden Comics aber auch stärker markierte Formen von ‚intermedialen Bezügen', die auf die Medialität anderer konventionell distinkter Medien, etwa des Fernsehens, des Films oder des Computerspiels, verweisen (siehe Abschnitt 3). Schließlich lassen sich Comicadaptionen anderer Medien bzw. Comics, die in anderen Medien adaptiert werden, mit dem Begriff des ‚Medienwechsels' beschreiben. Die Produkte dieses Wechsels sind freilich gerade in der konvergenten Medienkultur der Gegenwart meist nicht mehr nur als singuläre (bzw. eigentlich ‚binäre') intermediale Adaptionen zu verstehen, sondern treten vielmehr als saliente Bestandteile von teils deutlich umfassenderen transmedialen Franchises in Erscheinung (siehe Abschnitt 4).

2 Intermediales Erzählen als Medienkombination von Wort und Bild

Wie bereits erwähnt, lassen sich Comics mit Blick auf ihre charakteristische Kombination von Wort und Bild vergleichsweise unkontrovers als Medienkombinationen im Sinne Rajewskys beschreiben. Diese Beschreibung generalisieren zu wollen, wäre indes problematischer. Dass es sich bei der Kombination von Wort und Bild einerseits nicht um eine hinreichende Bedingung für das Vorliegen von ‚Comics' handelt, wird bereits durch den Umstand verdeutlicht, dass sowohl die Form der Panels und Panelbegrenzungen als auch deren Anordnung auf der (Druck-)Seite die Narrativität eines Comics in nachhaltiger Weise prägen (vgl. zur formalen Gestaltung von Comics auch Groensteen 2011; Miodrag 2013; Packard 2006; Postema 2013). Dass die Kombination von Wort und Bild andererseits nicht einmal eine notwendige Bedingung für das Vorliegen eines ‚Comics' ist, lässt sich am Beispiel ‚pantomimischer Comics' wie Peter Kupers *The System* (1997), Nicolas de Crécys *Prosopopus* (2003) oder Shaun Tans *The Arrival* (2006) illustrieren, die weitgehend ohne sprachliche Elemente auskommen.

Trotzdem ist es wichtig, verschiedene Arten zu unterscheiden, auf die Comics Wörter und Bilder kombinieren können – der prototypensemantischen Annahme folgend, dass eine solche Kombination zumindest einem Großteil von Comics eigen ist. Dabei ist allerdings hervorzuheben, dass die Verbindung von verbalen und piktorialen Elementen im Comic nicht einer Vereinigung oder gar Verschmelzung gleichkommt. Hillary Chute und Marianne DeKoven betonen etwa, dass Comics „cross-discursive" (Chute und DeKoven 2006, 768–769) sind: Geschriebenes vermischt sich nie vollständig mit dem Gezeichneten, das Wort nie vollständig mit dem Bild; vielmehr interagieren beide auf vielfältige Weise miteinander, um die Erzählung voranzutreiben, bleiben aber als solche auch einzeln fassbar. Die Bezeichnung ‚Geschriebenes' soll indes nicht über die Tatsache hinwegtäuschen, dass Sprache in Comics meist in Form von Sprech- oder Gedankenblasen, Soundwörtern oder Erzählblöcken dargestellt wird und die Gestaltung dieser grafischen Elemente ebenso ‚bedeutungstragend' ist wie ihr sprachlicher ‚Inhalt'.

Semiotisch gesprochen werden Schriftzeichen also nicht nur nach ihrem symbolischen, sondern auch nach ihrem ikonischen Wert integrativer Bestandteil einer Comicerzählung. Wie man aber mit Wörtern nicht ‚nicht kommunizieren' kann, kann man im Comic mit Wörtern auch nicht ‚nicht gestalten'. Insbesondere handgeschriebene Wörter, aber durchaus auch allgemeiner das Lettering mit seinen Aspekten wie Schriftwahl, Farbe, Größe etc. ist eine von verschiedenen Ebenen individueller Stile von Comicautorinnen und -autoren, wie es auch der Zeichenstil im engeren Sinne ist – also etwa Linienführung, konkrete Ausgestaltung karikierter Gesichter oder die Farbwahl (vgl. Etter 2014; Gardner 2011). Anders gesagt: Schriftzeichen in Comics sind Elemente, die sich im Gegensatz zu denjenigen im Prosatext nicht ‚neu setzen' lassen, ohne dass fundamentale Aspekte der Erzählung verändert werden oder gar verlorengehen, was etwa die recht langwierige und gut dokumentierte Übersetzung von Chris Wares bekanntem *Jimmy Corrigan: The Smartest Kid on Earth* (2000; dt. 2013) ins Deutsche illustriert.

Das multimodale Medium des Comics ist also zumindest in seiner prototypischen Form durch die Kombination verbaler und piktorialer Darstellungsstrategien bestimmt, wobei sich innerhalb des resultierenden Spektrums fünf prototypische Kombinationsformen unterscheiden lassen: in *wortspezifischen Kombinationen* dominiert das Wort, während Bilder höchstens der Illustration der Wörter dienen; in *bildspezifischen Kombinationen* dienen sprachliche Elemente, falls überhaupt vorhanden, lediglich als visueller ‚Soundtrack' zu den recht eigenständigen Bildern; eine *wechselspezifische Kombination* liegt dann vor, wenn sich Wort und Bild über eine Passage hinweg die Waage halten; in der *Montage* kommt es zur Integration von Textversatzstücken in das Bild, die dadurch nur noch bedingt lesbar sind; und in der *parallelen Kombination* schließlich liegt eine scheinbare semantische Distanz zwischen Wort und Bild vor, was in experimentellen Comics wie Chris Wares *Thrilling Adventure Stories* (1991) zu ausnehmend medienreflexiven Formen des Erzählens eingesetzt werden kann (vgl. auch Hoppeler et al. 2009, 64–70; Rippl und Etter 2015, 204–211; jeweils als Erweiterung von W. Wolf 2002; McCloud 1993).

Die Spielformen, die zwischen den zwei Polen der wortspezifischen und bildspezifischen Kombinationen auszumachen sind, variieren in Bezug auf das Maß an rezipientenseitig notwendiger Narrativierung: Während aneinandergereihte Textblöcke ohne weiteres als genuin narrativ bezeichnet werden können, bedarf es einer höheren kognitiven Kombinationsleistung, um aus Einzelbildern ein narratives Ganzes zu entwickeln – also eines höheren Maßes an *closure* (vgl. McCloud 1993; für eine Differenzierung des Konzepts Kukkonen 2013b, 31). Gerade das mit dem Begriff der *closure* hier nur angerissene, in der Regel kognitionstheoretisch konzeptualisierte Füllen der Panel-Zwischenräume verdeutlicht auch noch einmal, dass die Auseinandersetzung mit ‚intermedialen' Wort-Bild-Kombinationen kaum losgelöst von der Gesamtgestaltung von Comicseiten und ganzen Werken möglich ist: Die Kombinationen finden in Einzelpanels statt, die aber ihrerseits in potentieller Verbindung mit allen anderen Panels der Seite oder des Werks stehen (vgl. Groensteen 1999) und deren Anordnung auch insofern bedeutungstragend ist, als eine Comicseite stets gleichzeitig als Sequenz wie auch als integratives Ganzes gelesen wird (vgl. Peeters 1999; Schüwer 2008; Cortsen 2012).

3 Intermediale Bezüge auf Fernsehen, Film und Computerspiel

An die Kontextualisierung von Wort-Bild-Kombinationen in einem Seiten- und Werkganzen schließt sich eine weitere Art der Kontextualisierung an. Aus der Annahme, dass eine kulturell-institutionelle Dimension von Medialität unser Verständnis etwa des Comics als eines Mediums in maßgeblicher Weise bestimmt, ergibt sich nämlich nicht zuletzt die Beobachtung, dass Medien sich auf andere Medien beziehen können. Solchen ‚intermedialen Bezügen' (vgl. Rajewsky 2002) liegt die Konzeptualisierung etwa von Comics, Fernsehsendungen, Filmen und Computerspielen als konventionell distinkte bzw. konventionell als distinkt wahrgenommene Medien zugrunde. Das wiederum macht es nun gerade mit Blick auf diese spezifische Form der Intermedialität notwendig, nicht nur nach dem aufgrund von semiotisch-kommunikativer oder materiell-technischer Beschaffenheit theoretisch Möglichen, sondern auch anhand konkreter Beispiele im Rahmen konventionell-institutioneller Kontexte nach dem tatsächlich Realisierten zu fragen.

Die Comics und Comic-Cover von Lynda Barry, David Mack oder dem Kollektiv ‚Black Kirby' etwa sind durch ihre hervorgehobene Materialität in Form angedeuteter oder tatsächlicher Collagen geprägt. Wiewohl ihre jeweilige Eigenständigkeit sowohl im Stil als auch mit Blick auf die mitunter politisch motivierte Wahl der Motivik nicht von der Hand zu weisen ist, ist diesen Werken doch gemein, dass sie Reminiszenzen an andere Medien enthalten, also intermediale Bezüge herstellen. Die Art und Weise, wie etwa ein Fließtext im Hintergrund solcher Bilder montiert sein kann und damit eher seine Form als den in ihm zu lesenden semantischen Inhalt betont, kann etwa an Collagen analytischer Kubisten erinnern, aber auch an die Plattenhüllen von frühen Hip-Hop-LPs. Nicht zuletzt sind auch Vorspänne verschiedener Filme aufgerufen, dazu die animierten und mit Ton unterlegten Logos, die im europäischen und nordamerikanischen Fernsehen der 1980er und 1990er Jahre sofortige Wiedererkennung zu generieren hofften, wenn sie den Beginn einer bestimmten wöchentlichen Sendung ankündigten.

Noch klarer auf das audiovisuelle Medium Fernsehen verweisen Comics, die diesen Bezug auch thematisch tragen – analog etwa zu den zahlreichen Fällen vermeintlich filmischer Erzählstrategien in der Prosaliteratur (vgl. Schwanecke 2015). Ein Beispiel für ein Comic, das sich in dezidierter Weise auf die Medialität des Fernsehens bezieht, wäre etwa Gene Luen Yangs *American Born Chinese* (2006), in dem alle Auftritte der überzeichnet-stereotypen ‚chinesischen' Figur Chin-Kee durch das Gelächter und Klatschen, welches durchlaufend jeweils unterhalb der unteren Panelränder onomatopoetisch notiert wird, als Sitcom-

Parodien markiert sind. Die Aktualität des Bezuges geht hier freilich noch einen Schritt weiter, insofern Yang im Paratext der Graphic Novel auf die ins Rassistische tendierende Imitation von ‚Chinesen'-Englisch in einem YouTube-Video verweist, das dem ästhetischen Kniff der intermedialen Bezugnahme innerhalb der Sitcom-Szenen des Comics zugrunde liegt.

Tatsächlich können intermediale Bezüge zum Audiovisuellen im weiteren Sinne und somit insbesondere auch zum Film bereits in europäischen und nordamerikanischen Comics in unzähligen Formen und Facetten nachgewiesen werden. Hier liegen zunächst, allen historischen Differenzen zum Trotz, gewisse ästhetische Parallelen zwischen den Medien des Comics und des (Kino-)Films auf der Hand (vgl. Gardner 2012). Dazu gehören die vergleichbaren Arten von Skizzen und Storyboards, aus denen heraus sich im Endprodukt entweder eine Reihe von Panels oder aber spezifische Kamera-Kadragen entwickeln können. Wenn also die Superman-Comics von DC zwischen den 1930er und den 2010er Jahren eine Entwicklung von in relativ gleichmäßigen ‚Halbtotalen' dargestellten Dialogen hin zu action- und variationsreichen Perspektiven und rasch aufeinanderfolgenden ‚Zoom'-Sequenzen durchmachten, dann müssen die sich über den gleichen Zeitraum rapide verändernden technischen Möglichkeiten sowohl der Film- als auch der Fernsehindustrie als Bezugspunkt stets mitreflektiert werden.

Andere Werke wiederum stellen intermediale Bezüge zum Film eher punktuell denn systematisch her. So etabliert etwa Art Spiegelman, wenn er in *Maus* (1980–1991) bedeutungsschwangere Momente in einem weißen Kreis auf schwarzem Grund darstellt, einen Bezug zum Scheinwerferkegel der Bühne ebenso wie zu den Irisblenden des Hollywoodkinos der 1930er und 1940er Jahre – jener Zeit also, in welcher ein Großteil von Vladeks biografischer Binnenerzählung tatsächlich angesiedelt ist (vgl. hierzu ausführlicher McGlothlin 2003; Thon 2016). Ein weiteres Beispiel wäre die Art und Weise, wie die Eingangssequenz sowie diverse spätere Rückblenden in Alan Moores und Dave Gibbons' *Watchmen* (1986–1987) gestaltet sind (vgl. Horstkotte 2015). Auch bei solchen Bezügen, die nicht so sehr auf konkrete Angebote denn auf „andere[ ] Medi[en] *qua* semiotischem System" (Rajewsky 2002, 17) verweisen, handelt es sich also offenkundig um eine nicht zuletzt mit Blick auf den Comic saliente Form von Intermedialität.

Freilich können derartige intermediale Bezüge nicht nur zu audiovisuell erzählenden Medien wie Film und Fernsehen hergestellt werden. So kann bereits in der Konvention der Sprechblase ein historischer wie auch medialer Rückbezug auf Spruchbänder in mittelalterlichen Gemälden gesehen werden (vgl. Smolderen 2009), deren auf die ersten Proto-Sprechblasen etwa in Richard F. Outcaults *The Yellow Kid* (1895–1898) folgende Etablierung wiederum den Ausgangspunkt für formalästhetische Experimente etwa im bereits erwähnten *Jimmy Corrigan* und zahlreichen anderen neueren Comics gebildet hat. Darüber hinaus ließen sich hier die in vielen Comics auftauchenden Rückgriffe auf erklärende Tabellen, medizinische Schaubilder oder topografische Übersichten (vgl. Dittmar 2011) ebenso nennen wie die visuelle Evokation von Fotografien in nicht-fiktionalen Arbeiten wie Alison Bechdels *Fun Home* (2006) oder Emmanuel Guiberts, Alain Kelers und Frédéric Lemerciers *Des Nouvelles d'Alain* (2011) (vgl. Etter 2013).

Schließlich lässt sich spätestens seit der zunehmenden ‚Interaktivierung' von Comics und comicähnlichen Angeboten im Kontext ihrer umfassenderen Digitalisierung eine Tendenz zu intermedialen Bezügen auf das Medium Computerspiel beobachten. Die Spannbreite dieser Bezugnahmen reicht dabei von dem noch recht basalen Befund, dass Comics zunehmend darauf ausgerichtet sind, sowohl in analoger Form (Seite für Seite) als auch in Form von zoomfähigen E-Texten auf Tablets (und damit potentiell Panel für Panel) rezipiert zu werden, bis hin zu der recht spezifischen Beobachtung, dass der zunächst vor allem im Bereich der Computerspiele verbreitete Begriff ‚Avatar' inzwischen auch als Bezeichnung für das ‚erlebende Ich' in autobiografischen Comics verwendet wird (vgl. Whitlock und Poletti 2008). Gerade digitale Comics können dabei nicht nur etwa mit dem Internet als Spielwiese kokettieren (vgl. Hammel 2014), sondern sogar als dezidierte *game comics* wie Daniel Merlin Goodbreys *A Duck Has An Adventure* (2012) oder *The Empty Kingdom* (2014) daherkommen, deren formalästhetische Gestaltung – etwa mit Blick auf Panels, die es zu durchlaufen gilt – aber nach wie vor an die narrativen Möglichkeiten und Grenzen des Comics angelehnt bleibt (vgl. Goodbrey 2015).

4 Intermediale Adaptionen und transmediale Franchises

Wie die vorangegangenen Abschnitte deutlich gemacht haben, lässt sich das Erzählen im Comic aufgrund seiner charakteristischen Kombination von Wort und Bild als ‚immer schon intermedial' verstehen, überdies lassen sich in vielen narrativ komplexen Comics mehr oder weniger deutlich markierte ‚intermediale Bezüge' auf andere konventionell als distinkt wahrgenommene Medien herausarbeiten. Darüber hinaus stehen Comics aber nicht selten auch in Adaptionszusammenhängen ganz unterschiedlicher Art, von Comicadaptionen literarischer Texte wie Paul Austers *City of Glass* (1985; als Comic 1994) oder Uwe Timms *Die Entdeckung der Currywurst* (1993; als Comic 1996) bis hin zu auf Comicvorlagen basierenden Computerspielen wie *XIII* (seit 1984; als Spiel 2003), Hörspielen wie *Barfuß durch Hiroshima* (1983; als Hörspiel 2006), Fernsehserien wie *The Walking Dead* (seit 2003; als TV-Serie seit 2010) oder Musicals wie *Fun Home* (2006; UA als

Musical 2009). Im Folgenden konzentrieren wir uns auf das besonders umfangreiche Feld der Comicverfilmungen (vgl. aber kontrastierend die rezenten Überlegungen zur Comicadaption von literarischen Texten in Stein 2015). Obwohl sich die Adaptionsforschung zunehmend von ihrem traditionellen Fokus auf Fragen der ‚Werktreue' gelöst hat (vgl. z. B. Hutcheon 2013; Sanders 2006), gilt dabei nach wie vor, dass filmische Adaptionen von Comics vielleicht noch stärker als Adaptionen literarischer Texte mit dem Problem konfrontiert sind, wie sie sich zur Medialität ihrer jeweiligen Vorlage verhalten sollen.

Innerhalb des theoretischen Rahmens der transmedialen Narratologie lässt sich hier zunächst grundsätzlich zwischen *histoire*- und *discours*-orientierten Bezugnahmen unterscheiden, wobei Erstere die Frage betreffen, *was* die Comicvorlage und ihre filmische Adaption erzählen, während Letztere auf das *Wie* des Erzählens abheben. Ein eindrückliches Beispiel für die Produktivität dieser Unterscheidung bietet etwa Frank Millers und Robert Rodriguez' Verfilmung (2005) von Millers Comicserie *Sin City* (1991–2000), die nicht nur verschiedene Elemente der durch die Comicserie erzählten Geschichten neu zusammenfügt, sondern das Ergebnis dieser Re-Kombination auch unter Verwendung eines ungewöhnlichen visuellen Stils erzählt, der sich mit seiner Kombination von Schwarz-Weiß-Bildern und ausgewählten Einfärbungen recht offensichtlich um eine Adaption des ‚Noir'-Stils der Comicvorlage bemüht. Aus einer *histoire*-orientierten Perspektive ließe sich nun im Detail rekonstruieren, wie Millers und Rodriguez' *Sin City* Ereignisse aus den Comicgeschichten „The Customer Is Always Right", „That Yellow Bastard", „The Hard Goodbye" und „The Big Fat Kill" neu kombiniert. Der ästhetische Reiz von Millers und Rodriguez' *Sin City* erschließt sich aber erst durch den Einbezug einer *discours*-orientierten Perspektive, aus der sich dann nicht nur die filmische Umsetzung des die Comicserie definierenden visuellen Stils, sondern auch die Rekonstruktion einzelner Panels und ganzer Panelsequenzen innerhalb der Möglichkeiten und Grenzen filmischer Bildsprache beschreiben lassen (vgl. z. B. Sina 2014).

Darüber hinaus macht eine narratologische Perspektive auf filmische Adaptionen von Comics auch die Transformation von stärker optionalen Strategien narrativer Darstellung wie den Einsatz von sprachlichen Erzählern sichtbar (vgl. etwa Kuhn und Veits 2015; Thon 2015d). Noch deutlicher als im Adaptionszusammenhang von *Sin City* werden die Schwierigkeiten, die mit der Übertragung von comicspezifischen ‚Erzählblöcken' in filmspezifische Formen des *voice over* verbunden sein können, in Zack Snyders filmischer Adaption (2009) von Alan Moores und Dave Gibbons' *Watchmen*. Die Comicvorlage entwickelt ihre stilbildende Subversion des Superhelden-Topos bekanntlich unter Verwendung einer ganzen Reihe narratorialer Darstellungsstrategien: So wird die verbal-piktoriale Darstellung alternierend durch die schriftliche Narration aus Rorschachs diegetischem Tagebuch, die schriftliche Narration in einem diegetischen Comic mit dem Titel „The Black Freighter", die ‚gedachte' Narration von Dr. Manhattan sowie die gesprochene Narration einer Reihe weiterer Figuren gerahmt. Elf der insgesamt zwölf Kapitel werden zudem durch verschiedene Formen narrativer ‚Exzerpte' aus weiteren diegetischen Texten abgeschlossen. Vor diesem Hintergrund ist es zumindest auffällig, dass Snyders *Watchmen* nicht nur die schriftliche Narration aus dem Comic „The Black Freighter" sowie die diegetischen ‚Exzerpte' weitgehend ausblendet, sondern sich auch mit der Umsetzung der für die narratoriale Konstellation des Comics zentraleren Erzählstimmen von Rorschach und Dr. Manhattan offenkundig schwertut.

Obwohl Snyders *Watchmen* aus einer *histoire*-orientierten Perspektive eine nicht weniger große ‚Werktreue' zugeschrieben werden könnte als etwa Millers und Rodriguez' *Sin City*, handelt es sich bei Letzterem zumindest aus einer *discours*-orientierten Perspektive recht eindeutig um die gelungenere Comicverfilmung. Freilich erscheint auch Snyders *Watchmen* noch näher am narrativen, ästhetischen und politischen Impetus der Vorlage von Moore und Gibbons, als das etwa mit Blick auf das ‚Tie-In-Computerspiel' *Watchmen: The End Is Nigh* (2009) konstatiert werden kann. Hierbei handelt es sich um ein schablonenhaftes Beat 'em up, das mit einigen *Watchmen*-Texturen und Cut-Scenes im Comicstil versehen wurde, dessen primäre Funktion aber in der Vermarktung des Films besteht. Interessant ist *Watchmen: The End Is Nigh* entsprechend weniger aufgrund seiner narrativen oder ästhetischen Gestaltung als vielmehr aufgrund seiner Relation sowohl zu Moores und Gibbons' Comic als auch zu Snyders Film, da diese Relation weit über das gerade in der Narratologie recht wirkmächtige Konzept von Adaptionen als ‚Nacherzählungen' hinausgeht. Insofern sich überhaupt davon sprechen lässt, dass *Watchmen: The End Is Nigh* eine Geschichte erzählt (vgl. zum Problem des Erzählens im Computerspiel auch Thon 2015b), sind die Ereignisse dieser Geschichte zeitlich vor jenen Ereignissen verortet, von denen der Comic und der Film handeln (vgl. auch die 2012 veröffentlichten ‚Prequel-Comics' der *Before Watchmen*-Serie).

Damit verweist *Watchmen: The End Is Nigh* auf eine auch und gerade für den Bereich des intermedialen Erzählens im Comic einschlägige Tendenz zur Integration einzelner Medienangebote in deutlich umfassendere transmediale Franchises (vgl. z. B. Jenkins 2006; Johnson 2013). Aus einer narratologischen Perspektive ist dabei insbesondere die Frage relevant, wie solche Franchises über Mediengrenzen hinweg von mehr oder weniger komplexen Welten bzw. Weltkonstellationen erzählen (vgl. z. B. Thon 2015a; M. Wolf 2012). Tatsächlich ist gerade diese Tendenz zum ‚transmedialen Weltenbau' im Comicbereich besonders ausgeprägt und die comicbasierten ‚DC-' und ‚Marvel-Universen' bieten eindrückliche Beispiele für die innerhalb derartiger (Multi-)Franchises zu beobachtende Transformation des etablierten Verständnisses von Adaption als ‚Medienwechsel' (vgl. auch Kukkonen 2010; Packard 2015; allgemeiner Parody 2011; Ryan 2015). Nicht zuletzt der im Vergleich zu den Comics deutlich größere kommerzielle Erfolg der entsprechenden ‚Comicverfilmungen' führt dabei zu einer kontinuierlichen medialen ‚De-Zentrierung' der entsprechenden Franchises. So dürfte unsere kollektive Vorstellung von DCs Batman inzwischen mindestens ebenso stark durch Christopher Nolans *The Dark Knight Trilogy* (2005–2012) und Rocksteady Studios' *Batman: Arkham*-Computerspielserie wie durch die deutlich zahlreicheren, aber weniger stark rezipierten Comics geprägt sein. In vergleichbarer Weise wurde das ‚Marvel-Universum' in den letzten Jahren weniger durch die Marvel-Comics als vielmehr durch eine Reihe von figurenzentrierten Filmen geprägt. Während sich aber Filme wie *Iron Man* (2008), *The Incredible Hulk* (2008), *Thor* (2011), *Captain America: The First Avenger* (2011) und *The Avengers* (2012) nach wie vor auf Comicvorlagen beziehen, lassen sie sich mit dem etablierten Adaptionsbegriff kaum mehr in angemessener Weise erfassen.

5 Fazit und Ausblick

Es handelt sich beim Erzählen im Comic um einen Phänomenbereich, der in vielfältiger Weise von Formen der Intermedialität bestimmt ist. Auf einer noch recht grundlegenden Ebene lässt sich der Comic als ein ‚immer schon intermediales' Medium verstehen, dessen charakteristische Kombination von Wort und Bild in spezifischen – gerade auch: narrativen – Möglichkeiten und Grenzen resultiert. Darüber hinaus finden sich in vielen Comics ganz unterschiedlicher Genres aber auch stärker markierte Formen der Intermedialität, insofern sich diese Comics in unterschiedlicher Weise auf andere konventionell als distinkt wahrgenommene Medien wie das Fernsehen, den Film oder das Computerspiel beziehen können. Und schließlich lassen sich Comics nicht selten als Elemente von Adaptionszusammenhängen verstehen, die allerdings angesichts einer zunehmenden Medienkonvergenz häufig nicht mehr nur als intermediale Adaptionen, sondern vielmehr als Bestandteile von transmedialen Franchises beschreibbar werden. Vor diesem Hintergrund ist davon auszugehen, dass das Erzählen im Comic auch in Zukunft im Fokus narratologischer Praktiken jenseits des literarischen Textes stehen wird.

Literaturverzeichnis

Backe, Hans-Joachim (2008). *Strukturen und Funktionen des Erzählens im Computerspiel. Eine typologische Einführung*. Würzburg.

Beil, Benjamin (2010). *First Person Perspectives. Point of View und figurenzentrierte Erzählformen im Film und im Computerspiel*. Münster.

Branigan, Edward (1992). *Narrative Comprehension and Film*. London.

Chute, Hillary, und Marianne DeKoven (2006). „Introduction. Graphic Narrative". In: *Modern Fiction Studies* 52.4, 767–782.

Cortsen, Rikke Platz (2012). *Comics as Assemblage. How Spatio-Temporality in Comics is Constructed*. Diss., Universität Kopenhagen.

Dittmar, Jakob F. (2011). „Grenzüberschreitungen. Technikdokumentation und drei-dimensionale Bilder in fiktionalen Comics". In: Th. Becker (Hg.), *Comic. Intermedialität und Legitimität eines popkulturellen Mediums*. Bochum, 147–158.

Etter, Lukas (2013). „Autobiographische Graphic Novels. Das Beispiel von Alison Bechdels ‚Fun Home'". In: U. Baumann, K. A. Neuhausen (Hgg.), *Autobiographie. Eine interdisziplinäre Gattung zwischen klassischer Tradition und (post-)moderner Variation*. Göttingen, 532–545.

Etter, Lukas (2014). *Auteurgraphy. Distinctiveness of Styles in Alternative Graphic Narratives*. Diss., Universität Bern.

Gardner, Jared (2011). „Storylines". In: *SubStance* 40.1, 53–69.

Gardner, Jared (2012). *Projections. Comics and the History of Twenty-First-Century Storytelling*. Stanford.

Genette, Gérard (1972). „Discours du récit". In: G. Genette, *Figures III*. Paris, 67–282.

Goodbrey, Daniel Merlin (2015). „Game Comics. An Analysis of an Emergent Hybrid Form". In: *Journal of Graphic Novels and Comics* 6.1, 3–14.

Groensteen, Thierry (1999). *Système de la bande dessinée*. Paris.

Groensteen, Thierry (2011). *Bande dessinée et narration*. Paris.

Hammel, Björn (2014). *Webcomics. Einführung und Typologie*. Berlin.

Herman, David (2009). *Basic Elements of Narrative*. Chichester.

Hoppeler, Stephanie, Lukas Etter und Gabriele Rippl (2009). „Intermedialität in Comics. Neil Gaiman's ‚The Sandman'". In: S. Ditschke, K. Kroucheva, D. Stein (Hgg.), *Comics. Zur Geschichte und Theorie eines populärkulturellen Mediums*. Bielefeld, 53–79.

Horstkotte, Silke (2015). „Zooming In and Out. Panels, Frames, Sequences and the Building of Graphic Storyworlds". In: D. Stein, J.-N. Thon (Hgg.), *From Comic Strips to Graphic Novels. Contributions to the Theory and History of Graphic Narrative*. 2. Aufl. Berlin, 27–48.

Hutcheon, Linda (2013). *A Theory of Adaptation*. 2. Aufl. Abingdon.

Jenkins, Henry (2006). *Convergence Culture. Where Old and New Media Collide*. New York.

Johnson, Derek (2013). *Media Franchising. Creative License and Collaboration in the Culture Industries*. New York.

Kuhn, Markus (2011). *Filmnarratologie. Ein erzähltheoretisches Analysemodell*. Berlin.

Kuhn, Markus, und Andreas Veits (2015). „Narrative Mediation in Comics. Narrative Instances and Narrative Levels in Paul Hornschemeier's ‚The Three Paradoxes'". In: D. Birke, T. Köppe (Hgg.), *Author and Narrator. Transdisciplinary Contributions to a Narratological Debate*. Berlin, 235–262.

Kukkonen, Karin (2010). „Navigating Infinite Earths. Readers, Mental Models, and the Multiverse of Superhero Comics". In: *Storyworlds. A Journal of Narrative Studies* 2, 39–58.

Kukkonen, Karin (2013a). *Contemporary Comics Storytelling*. Lincoln.
Kukkonen, Karin (2013b). *Studying Comics and Graphic Novels*. Malden.
McCloud, Scott (1993). *Understanding Comics. The Invisible Art*. New York.
McGlothlin, Erin (2003). „No Time Like the Present. Narrative and Time in Art Spiegelman's ‚Maus'". In: *Narrative* 11.2, 177–198.
Miodrag, Hannah (2013). *Comics and Language. Reimagining Critical Discourse on the Form*. Jackson.
Neitzel, Britta (2000). *Gespielte Geschichten. Struktur- und prozessanalytische Untersuchungen der Narrativität von Videospielen*. Diss., Bauhaus-Universität Weimar. https://e-pub.uni-weimar.de/opus4/files/69/Neitzel.pdf (28. Mai 2017).
Packard, Stephan (2006). *Anatomie des Comics. Psychosemiotische Medienanalyse*. Göttingen.
Packard, Stephan (2015). „Closing the Open Signification. Forms of Transmedial Storyworlds and Chronotopoi in Comics". In: *Storyworlds. A Journal of Narrative Studies* 7.2, 55–74.
Parody, Clare (2011). „Franchising/Adaptation". In: *Adaptation* 4.2, 210–218.
Peeters, Benoît (1999). *Case, Planche, Récit. Lire la Bande Dessinée*. Tournai.
Postema, Barbara (2013). *Narrative Structure in Comics. Making Sense of Fragments*. Rochester.
Rajewsky, Irina O. (2002). *Intermedialität*. Tübingen.
Rippl, Gabriele, und Lukas Etter (2015). „Intermediality, Transmediality, and Graphic Narrative". In: D. Stein, J.-N. Thon (Hgg.), *From Comic Strips to Graphic Novels. Contributions to the Theory and History of Graphic Narrative*. 2. Aufl. Berlin, 191–217.
Ryan, Marie-Laure (2006). *Avatars of Story*. Minneapolis.
Ryan, Marie-Laure (2015). „Transmedia Storytelling. Industry Buzzword or New Narrative Experience?" In: *Storyworlds. A Journal of Narrative Studies* 7.2, 1–19.
Ryan, Marie-Laure, und Jan-Noël Thon (2014). „Introduction. Storyworlds across Media". In: M.-L. Ryan, J.-N. Thon (Hgg.), *Storyworlds across Media. Toward a Media-Conscious Narratology*. Lincoln, 1–21.
Sanders, Julie (2006). *Adaptation and Appropriation*. Abingdon.
Schlickers, Sabine (1997). *Verfilmtes Erzählen. Narratologisch-komparative Untersuchung zu „El beso de la mujer araña" (Manuel Puig/Héctor Babenco) und „Crónica de una muerte anunciada" (Gabriel García Marquez/Fransesco Rosi)*. Frankfurt a. M.
Schmid, Wolf (2014 [2005]). *Elemente der Narratologie*. 3., erw. und überarb. Aufl. Berlin/Boston.
Schmidt, Siegfried J. (2000). *Kalte Faszination. Medien – Kultur – Wissenschaft in der Mediengesellschaft*. Weilerswist.
Schüwer, Martin (2008). *Wie Comics erzählen. Grundriss einer intermedialen Erzähltheorie der grafischen Literatur*. Trier.
Schwanecke, Christine (2015). „Filmic Modes in Literature". In: G. Rippl (Hg.), *Handbook of Intermediality. Literature – Image – Sound – Music*. Berlin, 268–286.
Sina, Véronique (2014). „Sin City: Von Comic und Film zum Comicfilm". In: *Daumenkino*. http://dkritik.de/schwerpunkt/sin-city-von-comic-und-film-zum-comicfilm/ (28. Mai 2017).
Smolderen, Thierry (2009). *Naissances de la Bande Dessinée. De William Hogarth à Winsor McCay*. Brüssel.
Stein, Daniel (2015). „Comics and Graphic Novels". In: G. Rippl (Hg.), *Handbook of Intermediality. Literature – Image – Sound – Music*. Berlin, 420–438.
Thon, Jan-Noël (2014). „Mediality". In: M.-L. Ryan, L. Emerson, B. J. Robertson (Hgg.), *The Johns Hopkins Guide to Digital Media*. Baltimore, 334–337.

Thon, Jan-Noël (2015a). „Converging Worlds. From Transmedial Storyworlds to Transmedial Universes". In: *Storyworlds. A Journal of Narrative Studies* 7.2, 21–53.

Thon, Jan-Noël (2015b). „Game Studies und Narratologie". In: K. Sachs-Hombach, J.-N. Thon (Hgg.), *Game Studies. Aktuelle Ansätze der Computerspielforschung*. Köln, 101–161.

Thon, Jan-Noël (2015c). „Narratives across Media and the Outlines of a Media-Conscious Narratology". In: G. Rippl (Hg.), *Handbook of Intermediality. Literature – Image – Sound – Music*. Berlin, 459–456.

Thon, Jan-Noël (2015d). „Who's Telling the Tale? Authors and Narrators in Graphic Narrative". In: D. Stein, J.-N. Thon (Hgg.), *From Comic Strips to Graphic Novels. Contributions to the Theory and History of Graphic Narrative*. 2. Aufl. Berlin, 67–99.

Thon, Jan-Noël (2016): *Transmedial Narratology and Contemporary Media Culture*. Lincoln.

Thoss, Jeff (2015). *When Storyworlds Collide. Metalepsis in Popular Fiction, Film and Comics*. Leiden.

Whitlock, Gillian, und Anna Poletti (2008). „Self-Regarding Art". In: *Biography* 31.1, v–xxiii.

Wilde, Lukas R. A. (2014). „Was unterscheiden Comic-‚Medien'?" In: *Closure. Kieler e-Journal für Comicforschung* 1, 25–50. http://www.closure.uni-kiel.de/data/pdf/closure1_full.pdf (28. Mai 2017).

Wolf, Mark J. P. (2012). *Building Imaginary Worlds. The Theory and History of Subcreation*. New York.

Wolf, Werner (2002). „Das Problem der Narrativität in Literatur, bildender Kunst und Musik. Ein Beitrag zu einer intermedialen Erzähltheorie". In: V. Nünning, A. Nünning (Hgg.), *Erzähltheorie transgenerisch, intermedial, interdisziplinär*. Trier, 23–104.

Werner Wolf
IV.1.6 Erzählen in der Musik

1 Erzählen in der Musik als Problem(-Geschichte)

Das Erzählen wird zumeist intuitiv mit verbalen Medien in Verbindung gebracht oder mit solchen, in der Sprache medialer Bestandteil ist wie in Comics bzw. *Graphic Novels* oder (Spiel-)Filmen, und scheint dort unproblematisch realisierbar zu sein. Wo Musik, unter der hier westliche Musik der letzten Jahrhunderte verstanden werden soll, sich mit Sprache oder sprachenthaltenden Medien verbindet, partizipiert sie zumeist an dieser vergleichsweise unproblematischen Vermittelbarkeit des Narrativen. Das gilt sowohl für die Filmmusik (vgl. Gorbman 1987) als auch für Vokalmusik, insbesondere das Oratorium, das Musikdrama, das Musical, die Operette und die Oper (zum narrativen Potential der Oper vgl. Abbate 1991; Halliwell 1999; Hutcheon und Hutcheon 2005); für das Lied gilt diese offensichtliche Affinität zum Erzählerischen nur insofern, als der Text, etwa in vertonten Balladen, narrativ ist. Wo indes Musik allein erklingt, also in der Instrumentalmusik, scheint eine Verbindung mit dem Narrativen höchst problematisch, ja in vielen Fällen sogar abwegig zu sein. In der Tat: Was erzählt schon eine Bach'sche Fuge, eine Mozart-Serenade, ein Chopin-Walzer oder eine Zwölftonkomposition von Schönberg?

Andererseits hat es in der Geschichte der Musik und der Reflexion über sie besonders seit dem 19. Jahrhundert immer wieder Versuche gegeben, mancher Instrumentalmusik Erzählerisches zuzuschreiben (vgl. Wolf 2002, 76–77). Musikhistorisch ist hier – nach einer Vorgeschichte u. a. in den Tonmalereien des Barockzeitalters – auf die Programmmusik und Sinfonische Dichtung des 19. und frühen 20. Jahrhunderts zu verweisen, etwa auf Hector Berlioz' quasi autobiografische *Episoden aus dem Leben eines Künstlers*, die *Symphonie fantastique*, oder vor ihm auf Beethovens sechste Symphonie, die *Pastorale,* mit ihren ein narratives Programm nahelegenden fünf Satzüberschriften („Erwachen heiterer Gefühle bei der Ankunft auf dem Lande"; „Szene am Bach"; „Lustiges Zusammensein der Landleute"; „Gewitter, Sturm"; „Frohe und dankbare Gefühle nach dem Sturm").

Im 19. Jahrhundert sind auch die ersten theoretischen Zeugnisse einer erzählerischen Rezeption von (Instrumental-)Musik zu verzeichnen (vgl. Nattiez 1990, 240; Abbate 1991, 23–27; Burnham 1995, Kap. 1; Neubauer 1997, 120–121), bei denen Adolf Bernhard Marx (1845; 1875 [1859], 75) und Aléxandre Oulibicheff (1857) einen besonderen Rang einnehmen. Weitere Stationen sind in den 1930er Jahren die Arbeiten Heinrich Schenkers (1930) und Arnold Scherings (1936) und danach das Mahler-Buch Theodor Adornos (1960), dessen Kapitel 4 bezeichnenderweise mit „Roman" (bezogen auf Gustav Mahlers symphonische Kompositionsweise) betitelt ist.

Die eigentliche musikwissenschaftliche Diskussion der Gegenwart um die Narrativität der Musik beginnt jedoch erst mit dem Versuch von Anthony Newcomb (1987), Plot-Archetypen in Schumanns Musik zu beschreiben, der u. a. von Neubauer (1997, 123–125) und Kramer (1991, 146–148) massiv kritisiert wurde. Insgesamt hat sich seit den 1980er Jahren über die genannten Forscher hinaus eine intensive Diskussion um die Narrativität von Musik entfaltet, zu der hier chronologisch geordnet nur einige Namen genannt werden können (Pasler 1989; Maus 1991; Newcomb 1992; Burnham 1995; Imberty 1997; Karl 1997; McClary 1997; Knapp 2000; Micznik 2001; Kafalenos 2004; Rabinowitz 2004; Tarasti 2004; Maus 2005; Seaton 2005; Meelberg 2006; Grabócz 2007; Almén 2008; Wolf 2008; Grabócz 2009; Baroni 2011; Toolan 2011; Walsh 2011; Klein und Reyland 2013; Stollberg 2014). Ein Ende dieses „‚narrative turn' in musicology" (Klein und Reyland 2013, ix) ist nicht absehbar.

2 Das Narrative als transmedial realisierbarer, prototypensemantisch beschreibbarer kognitiver ‚Rahmen' zur Entschlüsselung von Zeichenkonfigurationen

Eine Lösung des Problems musikalischer Narrativität, welche die Gegner dieser Sichtweise von Instrumentalmusik wie Nattiez (1990) und deren Befürworter wie Newcomb (1987) gleichermaßen zufriedenstellen könnte, ist nicht zu erwarten. Denkbar ist aber eine Herangehensweise an das Problem, die zumindest eine Vermittlung zwischen beiden Meinungen erlaubt. Hierzu erscheinen folgende Positionen hilfreich zu sein: a) die Anerkennung der Transmedialität des Narrativen, b) die kommunikationstheoretische und semiotische Konzeptionalisierung des Narrativen als einer elementaren Konfigurierungsform semiotischer Komplexe innerhalb kommunikativer Prozesse (als ‚semiotischer Makromodus') bzw. als, kognitionspsychologisch betrachtet, kognitiver ‚Rahmen' und c) die Beschreibung des Narrativen mithilfe der Prototypensemantik. All dies sollte zunächst medienneutral geschehen, bevor dann in einem weiteren systematischen Schritt die gleichwohl erforderliche Einbeziehung der Spezifik einzelner Medien wie der Instrumentalmusik erfolgen kann.

Hierzu eine kurze Erläuterung: Die bereits am Anfang der neueren Narratologie am Eingang eines wegweisenden Aufsatzes von Barthes (1966, 1) zu findende medien- und künsteübergreifende Konzeptionalisierung des Narrativen (bei der indes die Musik fehlt) wurde zwar in der Folge weitgehend ausgeblendet, hat aber in der jüngsten, insbesondere ‚postklassischen' Narratologie eine Renaissance erfahren (z. B. bei Herman 1999; Nünning und Nünning, 2002; Ryan 2004; Ryan und Thon 2014). Mit dieser Anerkennung der Transmedialität des Narrativen ist eine Grundvoraussetzung dafür gegeben, dass die Frage nach dem Erzählen in der Musik überhaupt sinnvoll gestellt werden kann.

Wieso aber das Narrative in einer Vielzahl von Medien und in außerordentlich mannigfachen Formen auftreten kann und insgesamt zu einem der wichtigsten menschlichen Mittel werden konnte, zeitliche Lebenserfahrungen mit Sinn aufzuladen und zu kommunizieren, lässt sich am besten nicht durch eine ‚horizontale' Kausalkette erklären, dergestalt, dass das verbale Geschichtenerzählen als primäre Vermittlungsform des Narrativen andere Medien beeinflusst hätte, sondern ‚vertikal' (Almén metaphorisiert dies in seiner ansonsten problematischen *Theory of Musical Narrative* eindrücklich als zurückzuweisendes „*descendant* model" im Gegensatz zu einem „*sibling* model"; Almèn 2008, 12). Dies bedeutet, das Narrative zunächst als grundsätzliche kognitive menschliche Fähigkeit aufzufassen, in der Terminologie der *frame theory* à la Goffman (1974) als kognitiven Rahmen (*cognitive frame*), d. h. als ein im Bewusstsein angesiedeltes abstraktes und daher medienunabhängiges Metakonzept, das bestimmte Zeichenkomplexe zu decodieren und sinnvoll zu verarbeiten erlaubt und in einer Vielzahl von medialen Formen realisierbar ist – möglicherweise auch in der Instrumentalmusik.

Als kognitiver Rahmen dient das Narrative nicht nur dem Verstehen, der Sinnstiftung und Orientierung, sondern auch der Kommunikation. Damit sind die Faktoren jeder Kommunikation (wie etwa von Jakobson 1960 beschrieben) auch für das Narrative zu berücksichtigen. Neben dem erzählenden ‚Sender' und natürlich der ‚Nachricht' in Form eines narrativ konfigurierten abstrakten Inhalts, der durch die Elemente ‚Kontaktmedium' und ‚Code' medial konkretisiert wird, sind hier zu nennen: der ‚Empfänger', d. h. der ‚narrativierende' Rezipient, in dessen Bewusstsein die Wahrnehmung eines (medial fixierten oder performativ generierten) Zeichenkomplexes oder Artefakts als narrativ decodiert werden muss, sowie relevante (insbesondere kulturhistorische) Kontexte.

Erzählungen treten, wie angedeutet, in unterschiedlichsten Erscheinungsformen auf – wie so viele Phänomene, die wir trotzdem zu einer Kategorie zuzuordnen in der Lage sind. Die beste Theorie, diese Fähigkeit zu erfassen, ist wohl die Prototypensemantik, wie sie von Rosch und Mervis (1975) und anderen entwickelt wurde (vgl. z. B. zur Gattungstheorie Fowler 1982; zur Lyriktheorie Petzold 2012). Diese geht davon aus, dass anhand von erlernten typischen Vertretern einer Kategorie ein flexibles Kategorienkonzept im Bewusstsein gespeichert wird, das es erlaubt, bei der Konfrontation mit denselben oder ähnlichen Phänomenen eine korrekte Zuordnung vorzunehmen. Das Besondere der Prototypensemantik ist dabei, dass sie nicht nur kategoriale Urteile von Einschluss und Ausschluss bezüglich einer bestimmten Kategorie ermöglicht, sondern graduelle Zuordnungen nach dem Prinzip des Mehr oder Weniger: Es gibt ‚starke Vertreter' eines Typs und ‚schwache'. Die Zuordnung zu einem bestimmten Prototypen (der auch abstrakter Natur sein kann) erfolgt anhand typischer Merkmale, die alle von diesen erfüllt werden, in konkreten Fällen aber nur mehr oder weniger vollständig eingelöst erscheinen.

Auf das Erzählen angewandt, bedeutet dies: Es ist ein kognitiver Rahmen, der nach der Prototypensemantik über bestimmte Merkmale beschrieben werden kann und konkrete Phänomene als mehr oder weniger narrativ zu kategorisieren erlaubt (vgl. Fludernik 1996; Wolf 2002; Schaeffer 2010). Dabei hängt diese Graduierbarkeit des Narrativen zu einem Großteil vom verwendeten Medium ab, aber auch von der individuell wie kontextuell beeinflussten Narrativierungsbereitschaft des Rezipienten. Dieser ist in jedem Fall ein notwendiges ‚werkexternes' Pendant zu bestimmten ‚werkinternen' Merkmalen bzw. ‚Narremen' („narratemes" [Prince 1999, 46]), welche dessen Narrativierungsfähigkeit mehr oder weniger stark (oder gar nicht) aktivieren.

Für die Beschreibung dieser ‚Narreme' ist es (trotz der Kritik an diesem Vorgehen; z. B. Meelberg 2006, 199) sinnvoll, sich am verbalen Erzählen zumindest insoweit zu orientieren, dass es von der Konzeptionalisierung eingeschlossen wird. Die Sprache ist schließlich unser elaboriertestes Zeichensystem, und es ist daher kein Zufall, dass die meisten Menschen zuallererst mit sprachlich vermittelten Geschichten konfrontiert und dadurch geprägt werden, ebenso wenig ist es ein Zufall, dass der Großteil neuerer Narratologie (zunächst) mit Blick auf diese Form des Erzählen entwickelt wurde. Dies tut der transmedialen Konzeptionalisierung des Narrativen solange keinen Abbruch, als dabei klar medien- oder gattungsspezifische Merkmale und Bedingungen ausgeblendet werden (insbesondere das Vorhandensein eines konkret in der Erzählsituation anwesenden oder dargestellten Erzählers) und die Beschreibung sich auf Allgemeines konzentriert, wie es in typisch narrativen Medien (nicht nur im mündlichen Geschichtenerzählen oder Roman, sondern auch im Drama, Comic und Spielfilm) zu beobachten ist.

Die wichtigsten ‚Narreme' können hier nur kursorisch genannt werden (ausführlicher vgl. z. B. Ryan 2004; Wolf 2002, 43–53): Das Erzählen erstellt typischerweise Miniaturwelten mit Modellfunktion. Dieses *world building* korreliert mit den in jedem Fall für das Erzählen notwendigen *Kern-Narremen* ‚Darstellungsqualität', ‚Erfahrungs- bzw. Erlebnisqualität' und ‚Sinnhaftigkeit': Wir können Erzählwelten erfahren oder sogar miterleben (zumal wenn sie ästhetische Illusion hervorrufen), weil sie sinnvolle Darstellungen menschlichen Erlebens bilden.

Aus den Kern-Narremen ergeben sich *inhaltliche Narreme* ('Bausteine' von Erzählwelten) wie *syntaktische Narreme* (die quasi als 'Mörtel' der 'Bausteine' fungieren). Zu den ersteren zählen dabei in einer raumzeitlichen Dimension handelnde anthropomorphe Figuren (Almén [2008, 27, 55] glaubt verkürzend, hierauf verzichten zu können), deren Handlungen zu besonderen, ereignishaften Zustandsveränderungen in der dargestellten Welt führen. Zusätzlich sind narrative Handlungen bzw. Ereignisse typischerweise mehrphasig und beinhalten Konflikte und die Überwindung von Widerständen.

Was die 'syntaktischen Narreme' betrifft, so gehört zu diesen zuvorderst die Konsequenz aus der Notwendigkeit, dass die Bausteine der dargestellten Welt in bestimmter Weise ausgewählt und miteinander verbunden werden müssen, d. h. dass das Narrem 'Selektivität nach Relevanzkriterien' in Anschlag kommt. Hieraus resultiert die bereits in der *Poetik* (Kap. 7) des Aristoteles als Beschreibung der vollständigen Tragödienhandlung zu lesende syntaktische Grundstruktur von Anfang, Mitte und Ende. Ferner zählen zu den syntaktischen Narremen die chronologische (für jedes Erzählen unabdingbare), kausale und teleologische Strukturierung des Dargestellten. Letzteres wird im verbalen Erzählen meist formal schon durch das 'epische Präteritum' angezeigt, ein implizites Signal für die Vergangenheitsdimension des typisch Narrativen, die wiederum mit der Suggestion korreliert, dass man das Ende – worauf eine Geschichte hinausläuft – bereits kennt (vgl. Wolf 2013).

Das Kern-Narrem der Erlebnisqualität wird u. a. durch das syntaktische Narrem spannender Darstellung (meist im Zusammenhang mit Konflikten, Gefahren und deren Überwindung) und das sowohl die Inhalts- als auch die 'syntaktische' Dimension berührende Narrem der *tellability* (Erzählwürdigkeit; vgl. Pratt 1977, 136) gefördert. Dieses ist die Folge der partiellen Ungewöhnlichkeit des Erzählten, das in der Regel eine gewisse Abweichung von Erwartbarem, d. h. also von nicht nur in 'Novellen' vermitteltem 'Neuem' bietet. Durch Kausalität und Teleologie sowie Konflikte und Hindernisse gibt es mindestens einmal mehrere Möglichkeiten, wie die Geschichte weitergehen könnte: Eine davon wird realisiert, die andere wird zu Nicht-Realisiertem, dem Narrem der „disnarrated elements" (Prince 1996, 98).

Narrativität ist damit, auf einen allgemeinen Nenner gebracht, eine transmediale Eigenschaft von Artefakten, Texten oder Aufführungen, welche Rezipienten zur Aktivierung des kognitiven Rahmens des Narrativen anregt. Näherhin ist es die graduierbare Qualität von Darstellungen oder Inszenierungen, welche zumindest Teile einer vorstell- und miterlebbaren Welt vermitteln, in der mindestens zwei verschiedene Zustände um wenigstens eine anthropomorphe Figur zentriert sind und durch mehr als bloße Chronologie in einen sinnvollen Zusammenhang gebracht werden. Im prototypischen Fall ist dieser Zusammenhang sowohl kausal und teleologisch als auch thematisch motiviert und bildet als Ereigniskette das Rückgrat der Erzählung. Typische Geschichten stellen ferner planende, handelnde und fühlende Individuen in den Mittelpunkt und sind ‚erzählwürdig‘, d. h. interessant, da sie durch Hindernisse, Konflikte und Gefahren spannend sind und von Erwartungen in gewissem Umfang abweichen.

3 Möglichkeiten und Grenzen der Narrativität von Instrumentalmusik

Wie, wenn überhaupt, ist Narrativität und ihre beschriebenen Konstituenten in der Instrumentalmusik einlösbar? Die Antwort ist mit Blick auf die Medienspezifik der Instrumentalmusik ambivalent (vgl. dazu schon Wolf 2008, 27–38). Die eine Seite betrifft die erheblichen Hindernisse, die sich der Musik als potentiell narrativem Medium in den Weg stellen. Das wichtigste ist das bekannte Problem musikalischer Referenz. Das allgemeine Narrem der Darstellungsqualität setzt die Eigenschaft des verwendeten Zeichensystems voraus, ‚heteroreferentiell‘ über sich hinaus weisen zu können (der Versuch von Walsh [2011], von der Darstellungsqualität des Narrativen abzusehen, um über ein elementares Rhythmuserleben eine gemeinsame Basis zwischen Musik und Narrativität zu erhalten, überzeugt wenig). Heteroreferenz bereitet in der Musik durch ihre dominante Selbstreferentialität (vgl. Micznik 2001, 212) und die Konzentration auf die – semiotisch gesprochen – *signifiant*-Ebene stets Schwierigkeiten. Musik allein kann in der Regel keine (oder kaum) konkrete Referenzen auf bestimmte räumliche wie zeitliche Settings und Figuren und auch auf keine in ihrer Spezifik identifizierbaren Ereignisse samt deren kausaler Herleitung geben. Damit ist im Grunde die Erfüllbarkeit aller inhaltlichen und eines Teils der syntaktischen Nanreme durch Musik infrage gestellt.

Dennoch gibt es, wie erwähnt, eine Fülle von Zeugnissen aus Musikgeschichte wie -wissenschaft, denen zufolge zumindest bestimmte Kompositionen als narrativ empfunden wurden oder werden. Dies sollte nicht bloß als Beleg für die subjektive ‚Zugkraft‘ des Narrativen als des wohl wichtigsten kognitiven Rahmens, innerhalb dessen sich menschliche Sinnstiftung vollzieht, abgetan werden, sondern ernsthaft die Frage erlauben, ob nicht wenigstens *bestimmter* Instrumentalmusik ein gewisses Maß an Narrativität zugesprochen werden kann. Näherhin ist zu fragen, ob es bestimmte Qualitäten des Mediums Musik gibt, die nachvollziehbarerweise zur Narrativierung anregen, sowie ob gegebenenfalls bestimmte Kriterien genannt werden können, die eine solche Narrativierung in bestimmten Fällen nahelegen.

Hier ist zunächst einmal die Absolutheit der Aussage, Musik könne nicht über sich hinausweisen, zu relativieren. Denn die Musik hat – wie die Musiksemiotik lehrt (vgl. Micznik 2001; vgl. auch Wolf 2008, 29–31) – sehr wohl einige Möglichkeiten hierzu. Zu erwähnen sind: einmal seltene Fälle von symbolischer Zeichenverwendung, z. B. in der kodifizierten Rhetorik der Barockmusik, oder – unter Zuhilfenahme eines sprachlichen Notationssystems – Komponistensignaturen wie B – A – C – H für J. S. Bach. Solche symbolische Referenz regt zwar nicht per se zur Narrativierung an, kann aber eine Aura von Semantisierung schaffen, die indirekt einer Narrativierung Vorschub leistet.

Als Verfahren musikalischer Referenz ist darüber hinaus die vielfach kommentierte, besondere Emotionalität von Musik zu nennen. Diese ist nicht nur wirkungsästhetisch für die Erlebnisqualität von Musik besonders relevant, sondern kann unter bestimmten Umständen auch semiotisch als Anzeichen für das Vorhandensein bestimmter Emotionen in einer musikalischen ‚Welt' verstanden werden. Der Bezug auf Narrativität ist dort gegeben, wo diese Indexfunktion mit vorstellbaren Figuren in Zusammenhang gebracht werden kann. Indexikalisch aufgefasst werden kann auch die Existenz mehrerer Stimmen (oder Instrumente), da Stimmen metonymisch auf die Existenz von Figuren verweisen können (vgl. Toolan 2011, 14 [online]). Schließlich können auch andere Qualitäten von Musik indexikalisch wirken, z. B. dynamische Differenzen wie laut/leise als Anzeichen für räumliche Nah-Fern-Relationen, womit, narratologisch gesprochen, Figuren in einem räumlichen Setting vorstellbar werden.

Besonders wichtig sind als Verfahren musikalischer Heteroreferenz verschiedene Formen von Ikonizität, also Fälle, für die gilt: „Form mim[es] meaning" (Nänny und Fischer 1999). Hierzu zählt z. B. die akustische Imitation außermusikalischer lautlicher Phänomene als Aufrufen der damit konventionell verbundenen Denotationen und Konnotationen (die Nachahmung des Kuckucksrufs als Referenz auf den Vogel, aber auch die Konnotation Wald, Natur usw.). Neben dieser von Abbate (1991, 33) so genannten „aural mimicry" steht der Musik auch die ‚diagrammatische Ikonizität' zur Verfügung: die Möglichkeit, über den melodischen, harmonischen und rhythmischen Verlauf analoge Vorstellungen zu erwecken (rasche Tonfolgen als Evokation des Laufens, langsame Tempi, reduzierte Dynamik bis hin zu Generalpausen als Analogie zur Ruhe usw.). Bei vielen dieser Formen musikalischer Heteroreferenz spielt eine gehörige Portion sprachlich konventionalisierter Metaphorik eine Rolle (bereits die Bezeichnungen ‚hohe' und ‚tiefe' Töne sind bekanntlich Beschreibungsmetaphern). Schließlich ist auch auf einen Sonderfall akustischer Imitation zu verweisen: auf das innermusikalische Analogon zur Intertextualität. Solche ‚Intermusikalität' und die damit implizierte Semantisierung kann sowohl als Einzeltextreferenz auftreten (z. B. im ‚Zitieren' bestimmter Liedmelodien und damit dem Aufrufen des im Lied Thematisierten), oder als Systemreferenz (wenn z. B. Rhythmus und Melodik auf die Gattung ‚Marsch' und damit auf Militärisches anspielt, wenn eine getragene Melodie wie in Schumanns *Rheinischer Symphonie* die Gattung ‚Choral' evoziert und so aufgrund kulturhistorischer Konnotationen die Vorstellung einer Kirche erweckt oder eine instrumentale Passage – eine weitere Möglichkeit der Referenz auf Figuren – über die Imitation eines *recitativo* auf menschliche Rede verweist).

All diese Spielarten musikalischer Heteroreferenz sind jedoch so begrenzt und auf Sonderfälle beschränkt, dass sie allein für die Begründung eines narrativen Potentials *der* Instrumentalmusik nicht ausreichen. Wichtiger ist da eine fundamentale Qualität der Musik, die sie im Unterschied zur bildenden Kunst mit dem narrativen Medium *par excellence*, der verbalen Sprache, teilt, nämlich ihre Zeitlichkeit. Dank ihrer kann Musik im Verein mit bestimmten kompositorischen Mitteln ein chronologisch sich entwickelndes Geschehen suggerieren, Erwartungen wecken, enttäuschen oder bestätigen, Spannungen schaffen und lösen und damit eine ganze Reihe von Narremen realisieren. Musik ist damit auch in der Lage, eine zum Teil kausale und teleologische Struktur zu schaffen, die zwar auch rein innermusikalisch rezipierbar ist, jedoch gleichzeitig „an incitement to a narrative thread" suggerieren kann, wie auch der Skeptiker Nattiez (1990, 257) konzediert. In tonaler Musik ist z. B. die Rückkehr zur Haupttonart nach diversen Modulationen ein konventionelles Telos, das, wenn auch vage und arbiträr, mit inhaltlichen Momenten (‚Heimkehr') füllbar ist; und Kausalität mag man, wenn auch nur formal, durch die Regeln der Harmonielehre angedeutet finden, denen zufolge ein Dominantseptakkord als Grund für einen folgenden Tonika-Akkord auffassbar ist (der bei ‚Trugschlüssen' sogar analog zu einem *disnarrated element* wirken kann). Musik vermag durch ihre chronologisch-teleologische Organisationsmöglichkeit ferner Entwicklungen mit Konflikten und Hindernissen sowie deren Überwindung in Harmonie und ‚Versöhnung' und damit weitere Narreme zu suggerieren (vgl. McClary 1997, 22). Sie kann dabei überraschen, Stimmungen wechseln und Grenzen, z. B. von Tonarten, überschreiten und durch all diese Konsequenzen der Zeitlichkeit „sequences of events", also ein Kardinalnarrem, trotz ihrer referentiellen Unbestimmtheit zumindest andeuten (Abbate 1991, 45). Hierbei ist gleichgültig, ob diese ‚Ereignisse' als äußere Vorkommnisse aufgefasst oder, wie vorgeschlagen wurde (Maus 1991, 7), als innere, psychische Zustandsveränderungen interpretiert werden. Unter bestimmten Bedingungen wie dem Vorliegen einer Sonatenhauptsatzform in tonaler Kompositionsweise können in beiden Fällen sogar Analogien zu allgemeinen narrativen Handlungsmustern entstehen, insbesondere zu einem ternären Schema mit den Phasen Ausgangssituation, Störung bzw. ‚dramatische' Entwicklung und (Wieder-)Herstellung eines

Gleichgewichts (vgl. Todorov 1968; Maus 1991, 16). Musik kann über die tatsächliche Einlösung des Narrems ‚Chronologie' und die wenigstens andeutungsweise Erfüllung der Narreme ‚Spannungsbildung', ‚Teleologie' und ‚Ereignishaftigkeit' hinaus und zusätzlich zur genannten allgemeinen indexikalischen Verbindung zwischen Stimme und Figur bei polyphoner Kompositionsweise den Eindruck einander imitierender oder gegeneinander auftretender Stimmen erwecken und daher, wie Neubauer (1997, 119) sagt, quasi Dialoge als Elemente einer narrativen Entwicklung inszenieren – „enact metaphoric dialogues". Ähnliches vermag homophone Musik mit anderen, insbesondere thematischen und instrumentalen Mitteln in Großformen wie dem Solokonzert oder der Sonatenhauptsatzform zu vermitteln, in der schon A. B. Marx die beiden Themen als männlich und weiblich geschlechtlich anthropomorphisiert hat (vgl. Marx 1837–1847, Tl. III, 273). Musik scheint also das Narrem der Zentrierung von Geschehen um anthropomorphe Figuren auf mehrfache Weise einlösen zu können. Selbst Abbate, die auf einem engen, erzählerzentrierten Narrativitätsbegriff beharrt und daher viele Versuche einer narrativen Rezeption von Musik, die auf deren quasi dramatisch-performativer *enactment*-Qualität basieren, zurückweist (Abbate 1991, 27), muss mit Blick auf die Zeitlichkeit der Musik zugeben: „[M]usic is a marking of experienced time" (Abbate 1991, 261).

Aufgrund dieser grundsätzlichen ‚Isomorphie' (vgl. Abbate 1991, 32 und passim; Baroni 2011) zwischen zeitlicher Erfahrung und Musik kann dieses Medium tatsächlich zu einem „audible ideogram of experience" werden, so eine griffige Formel von Orlov (1981, 137). Musik erfüllt damit eine wesentliche Bedingung des Narrativen, nämlich Erfahrungsqualität, und das auf umso ansprechendere Weise, als die Inhalte dieser ‚Erfahrungsinszenierung' wegen der referentiellen Indeterminiertheit der meisten Musik weitgehend unbestimmt bleiben: Damit nämlich eröffnet die Musik Projektionsflächen, die jeder Hörer nach Maßgabe seiner eigenen Erfahrungswelt narrativ auffüllen kann (vgl. McClary 1997, 31).

Alle potentiell narrativ lesbaren Elemente musikalischer Komposition (rekurrente Stimmen oder Themen als Figuren; dynamische, atmosphärische oder Tonhöhendifferenzen als Erlebnisräume; musikalische Progression als Wechsel zeitlicher Settings; Spannungsbildung und -lösung, Überraschungen in dieser Progression etc. als Handlung bzw. Plot) sind, das gilt es zusammenfassend zu betonen, zunächst einmal Elemente des Mediums selbst und verweisen per se *nicht* notwendig über sich hinaus auf eine Erzählwelt. Sie können aber auf der innermusikalischen Ebene eine solche Fülle an Angeboten enthalten, die abstrakten Elemente des Mediums durch *emplotment* mit narrativem Sinn zu füllen, dass manche Kompositionen – nicht alle – offenbar zum Narrativieren einladen.

Wieso aber werden einige Kompositionen eher als narrativ empfunden als andere? Es gibt offenbar bestimmte Faktoren und Stimuli bzw. ‚Rahmungen', die hier über die grundsätzlichen medialen Möglichkeiten der Instrumentalmusik hinaus ins Kalkül zu ziehen sind. Zu beachten ist hierbei, dass neben den betreffenden Kompositionen selbst auch werkexterne, d.h. kontextuelle Rahmungen und Stimuli eine Rolle spielen. Bei den Faktoren werkexterner Rahmung wird man vor allem die kulturhistorische Situation der jeweiligen Entstehungszeit berücksichtigen müssen. Diese würde z.B. im 19. Jahrhundert, in dem das Erzählerische in vielen kulturellen Bereichen einen besonders großen Einfluss hatte (vgl. McClary 1997), die Narrativierungen von zeitgenössischen Symphonien favorisieren oder zumindest historisch etwas plausibler machen, als es die Narrativierung von Fugen des 18. Jahrhunderts wäre. Ferner wird man wohl auch Manifestationen von Komponistenintentionen ins Kalkül ziehen müssen. Diese können sich sowohl werkextern in (nach Genette 1987: ‚epitextuellen') Kommentaren als auch werkintern manifestieren. Was die diesbezüglichen werkinternen Stimuli betrifft, so sind ‚peritextuelle' verbale Rahmungen besonders wichtige paratextuelle Elemente, vor allem in programmatischen Werktiteln und Satzbezeichnungen. Solche Paratexte sind oft entscheidend dafür, dass eine narrative ‚Lektüre' zuallererst ausgelöst oder wenigstens erklärlich gemacht werden kann, wenn auch die damit vorliegende intermediale Anleihe bei der Sprache zugleich auf die Problematik jeder musikalischen Narrativierung weist.

Darüber hinaus sind folgende werkinterne und dabei genuin musikalische Stimuli bzw. Kriterien beachtenswert und würden zur Erklärung dafür beitragen, dass nicht alle und jede Instrumentalmusik gleichermaßen narrativ erscheint.

a) Zunächst wäre da ein nicht zur kleiner Umfang der Komposition als Voraussetzung der Zulassung narrativer Projektionen, denn erst eine gewisse Länge würde die erzähltypische Suggestion zeitlicher Erfahrung und den Aufbau einer Erzählwelt auslösen können.

b) Hinzu kommt als Ermöglichung der Projektion narrativer Handlung eine geringe Offensichtlichkeit musikalisch-selbstreferentieller Formorientiertheit wie z.B. allzu ‚wörtliche' Wiederholungen längerer Passagen; solche Wiederholungen nämlich würden die Suggestion einer narrativen ‚Lektüre' deshalb beeinträchtigen, da zumindest signifikante, erzählwürdige Erfahrung kaum je in identischer Weise wiederkehrt, vielmehr meist formal nicht kommensurable Momente von Akzidenz enthält (vgl. McClary 1997, 32).

c) Als weitere Hilfe für die Projektion von Handlung und insbesondere überraschenden Ereignissen ist mit Micznik (2001, 246) ein relativ hoher Grad an Devianz von erwarteten, vor allem formalen Kompositionsmustern und Gattungsschemata zu nennen. Eine auffallende, innermusikalisch nicht oder ungenügend motivierte ‚Dramatik', d.h. überraschende Unvorhersehbarkeit der musikalischen Entwicklung, oder auch starke Spannungen und Kontrastrelationen können einen für das Narrative konstitutiven Eindruck von inszenierter Akzidenz, von ‚Ereignishaftigkeit' oder gar der Präsenz von Konflikten fördern (vgl. Baroni 2011).

d) Ferner ist an die werkseitige Bereitstellung von Strukturen zu denken, welche die Projektion zumindest einer Figur gestattet (eine Erfüllung eines zentralen Narrems, die immerhin eine ‚Lektüre' des Werks als Monodrama nahelegen könnte, z. B. bei rezitativähnlicher oder sanglicher und daher an eine menschliche Stimme erinnernder Melodieführung); effizienter aber sind Strukturen, welche die Projektion mehrerer Figuren ermöglichen (eine Pluralität von rekurrenten Motiven oder Themen; distinkte, imitativ geführte Stimmen in polyphoner Satzweise; bestimmte, über längere Strecken prominente und als Individuen erfahrbare Instrumente).

e) Als Basis eines Teils der in den Punkten c) und d) aufgeführten Stimuli kommt die Anwendung eines bekannten musikalischen Regelsystems (insbesondere die Dur-Moll-Harmonik und Formenlehre) infrage, vor deren Hintergrund z. B. Kontraste, Erwartungen, Spannungen und Lösungen als Elemente erzählerischer Entwicklung überhaupt erst wahrnehmbar werden (so auch McClary 1997, 22; im Gegensatz zu Meelberg 2006 sowie zu Klein und Reyland 2013, wobei Klein [2013, 16] selbst immerhin der Tonalität „strong implications for a narrative order" konzediert).

f) Als ergänzende, aber weniger wichtige Stimuli bzw. Kriterien könnte man schließlich nennen: das Auftreten von punktueller musikalischer ‚Intertextualität' (‚Intermusikalität') bzw. Intermedialität, zumal als Bezug zu (narrativen) Vokalwerken, und auch Heteroreferenz (etwa in der Form musikalischer Ikonizität, besonders zum Zweck tonmalerischen Beschreibens); sowie – allerdings nur für wenige Fälle –

g) den von Abbate (allerdings zu Unrecht absolut gesetzten) Stimulus der Suggestion einer musikalischen „narrating voice" (Abbate 1991, 19 und passim), d. h. einer Erzählerstimme, wie sie Abbate vor allem in Vorausdeutungen (vgl. Abbate 1991, 169) und Reminiszenzen (vgl. Abbate 1991, 54–55) und in metamusikalischen Elementen zu vernehmen glaubt (z. B. in Paul Dukas' *L'Apprenti sorcier*; vgl. Abbate 1991, 56, 60).

Zusammengenommen erklären diese Stimuli bzw. Kriterien immerhin, wieso z. B. Mahlers Symphonien, die zumindest Kriterien a) bis e) erfüllen, eher narrativ ‚gelesen' wurden als kurze Cembalo-Menuette des 18. Jahrhunderts, die keine der Kriterien erfüllen.

4 Die Narrativität von Instrumentalmusik als problematischer, aber sinnvoller Forschungsgegenstand

Die Instrumentalmusik kann zwar aus sich allein heraus keine konkreten Geschichten erzählen, wie es Roman oder Film vermögen; ebenso wenig steht ihr ein elaboriertes Repertoire narrativer Vermittlungstechniken wie diesen Medien zur Verfügung. Es gibt daher keine instrumentalmusikalischen Erzählungen, wie es filmische, dramatische oder romaneske gibt. Nähme man verbales Erzählen als absoluten Standard müsste daher die Frage nach einer ‚erzählenden Musik', was deren instrumentale Variante betrifft, streng genommen, verneint werden. Allerdings würde dies einen untunlichen Rückfall in die bedingungslose Anerkennung eines Primats des Verbalen im Zeichen eines „descendant model" (Almèn 2008, 12) bedeuten. Demgegenüber legt die Prototypensemantik nahe, von solchen absoluten, nur Ein- oder Ausschluss kennenden binären Klassifizierungen abzuweichen und auch eher ‚schwache' Vertreter des Typus zu berücksichtigen. Vor diesem Hintergrund kann man sehr wohl von einer *narrativierungsstimulierenden* Instrumentalmusik sprechen – wenn dies auch nur auf bestimmte Kompositionen zutrifft. Dieser Art von Musik kann damit zumindest eine *quasi-narrative Qualität* zugesprochen werden, denn sie besitzt vor allem durch die zeitlichen Strukturen ihrer Organisation und ihres Verlaufs das Potential, gleichsam die ‚Hohlform' des Narrativen allgemein bereitzustellen, welche von den Hörern unter bestimmten Umständen mit – in der Regel ganz verschiedenen – Inhalten gefüllt werden kann (vgl. zu einem dementsprechenden Experiment Nattiez 1990, 246–249). Diese Inhalte sind weitgehend unbestimmt, können aber doch in Rudimenten bestimmten Erscheinungsformen des Narrativen folgen und damit allgemeine *scripts* z. B. gut oder schlecht ausgehender Geschichten andeuten. Eduard Hanslicks bekannte Formel von der Musik als „tönend bewegten Formen" (Hanslick 1990 [1854], 59) kann sich also auch auf das Narrative als kognitive Hohlform von Geschichten beziehen. Allgemein ist musikalische Quasi-Narrativität dem Drama weit näher (vgl. Stollberg 2014) als dem Roman, da sie eher als Performanz vergegenwärtigten Geschehens (*enactment*) denn als Bericht eines dargestellten Erzählers über Vergangenes wirkt. (Instrumental-)Musik hat damit bezüglich des Erzählens nicht nur Grenzen, sondern auch Möglichkeiten. Insgesamt gilt es, zwischen allzu optimistischen, pro-narrativen Auffassungen und radikalen Ablehnungen jeglicher Narrativität auch von Instrumentalmusik wie bei Nattiez (1990, 257) einen Mittelweg zu finden, denn es ist immerhin zuzugeben, dass manche Musik bei vielen Rezipienten einen narrativierenden Impuls auslöst. Dieser mag zwar problematisch erscheinen und Instrumentalmusik eher am Rande des Spektrums potentiell narrativer Medien ansiedeln, ein sinnvoller Forschungsgegenstand einer transmedialen Narratologie ist die Frage nach dem Erzählen in der Musik allemal.

Literaturverzeichnis

Abbate, Carolyn (1991). *Unsung Voices: Opera and Musical Narrative in the Nineteenth Century*. Princeton, NJ.
Adorno, Theodor (1960). *Mahler: Eine musikalische Physiognomik*. Frankfurt a. M.
Almén, Byron (2008). *A Theory of Musical Narrative*. Bloomington, IN.
Baroni, Raphaël (2011). „Tensions et résolutions: musicalité de l'intrigue musicale?" In: *Cahiers de Narratologie* 21. http://narratologie.revues.org/6461 (28. Mai 2017).
Barthes, Roland (1966). „Introduction à l'analyse structurale des récits". In: *Communications* 8, 1–27.
Burnham, Scott (1995). *Beethoven Hero*. Princeton, NJ.
Fludernik, Monika (1996). *Towards a 'Natural' Narratology*. London/New York.
Fowler, Alastair (1982). „Concepts of Genre". In: A. Fowler (Hg.), *Kinds of Literature: An Introduction to the Theory of Genres and Modes*. Cambridge, MA, 37–53.
Genette, Gérard (1987). *Seuils*. Paris.
Goffman, Erving (1974). *Frame Analysis: An Essay on the Organization of Experience*. Cambridge, MA.
Gorbman, Claudia (1987). *Unheard Melodies: Narrative Film Music*. London/Bloomington, IN.
Grabócz, Márta (2007). „La Narratologie générale et les trois modes d'existence de la narrativité en musique". In: M. Grabócz (Hg.), *Sens et signification en musique*. Paris, 231–253.
Grabócz, Márta (2009). *Musique, narrativité, signification*. Paris.
Halliwell, Michael (1999). „Narrative Elements in Opera". In: W. Bernhart, S. P. Scher, W. Wolf (Hgg.), *Word and Music Studies: Defining the Field. Proceedings of the First International Conference on Word and Music Studies at Graz, 1997*. Amsterdam/Atlanta, GA, 135–153.
Hanslick, Eduard (1990 [1854]). *Vom Musikalisch-Schönen: Ein Beitrag zur Revision der Ästhetik der Tonkunst. Teil 1: Historisch-kritische Ausgabe*. Hg. von Dietmar Strauß. Mainz u. a.
Herman, David (Hg. 1999), *Narratologies: New Perspectives on Narrative Analysis*. Columbus, OH.
Hutcheon, Linda, und Hutcheon, Michael (2005). „Narrativizing the End: Death and Opera". In: J. Phelan, P. J. Rabinowitz (Hgg.), *A Companion to Narrative Theory*. Malden/Oxford/Victoria, 441–450.
Imberty, Michel (1997). „Can One Seriously Speak of Narrativity in Music?" In: A. Gabrielsson (Hg.), *Proceedings of the Third Triennial ESCOM Conference*. Uppsala, 13–22.
Jakobson, Roman (1960). „Closing Statement: Linguistics and Poetics". In: Th. A. Sebeok (Hg.), *Style in Language*. Cambridge, MA, 350–377.
Kafalenos, Emma (2004). „Overview of the Music and Narrative Field". In: M.-L. Ryan (Hg.), *Narrative across Media: The Languages of Storytelling*. Lincoln, NE, 275–282.
Karl, Gregory (1997). „Structuralism and Musical Plot". In: *Music Theory Spectrum* 19, 13–34.

Klein, Michael L. (2013). „Musical Story". In: M. L. Klein, N. Reyland (Hgg.), *Music and Narrative since 1900*. Bloomington, IN, 3–28.

Klein, Michael L., und Nicholas Reyland (Hgg. 2013). *Music and Narrative since 1900*. Bloomington, IN.

Knapp, Raymond (2000). „A Tale of Two Symphonies: Converging Narratives of Divine Reconciliation in Beethoven's Fifth and Sixth". In: *Journal of the American Musicological Society* 53.2, 291–343.

Kramer, Lawrence (1991). „Musical Narratology: A Theoretical Outline". In: *Indiana Theory Review* 12, 141–162.

Marx, Adolf Bernhard (1837–1847). *Die Lehre von der musikalischen Komposition, praktisch-theoretisch*. Leipzig. Dritter Teil 1845.

Marx, Adolf Bernhard (1875 [1859]). *Ludwig van Beethoven: Leben und Schaffen*. Berlin.

Maus, Fred Everett (1991). „Music as Narrative". In: *Indiana Theory Review* 12, 1–34.

Maus, Fred Everett (2005). „Classical Instrumental Music and Narrative". In: J. Phelan, P. J. Rabinowitz (Hgg.), *A Companion to Narrative Theory*. Malden, MA, 466–483.

McClary, Susan (1997). „The Impromptu That Trod on a Loaf: or How Music Tells Stories". In: *Narrative* 5.1, 20–35.

Meelberg, Vincent (2006). *New Sounds, New Stories: Narrativity in Contemporary Music*. Leiden.

Micznik, Vera (2001). „Music and Narrative Revisited: Degrees of Narrativity in Beethoven and Mahler". In: *Journal of the Royal Musical Association* 126, 193–249.

Nänny, Max, und Olga Fischer (Hgg. 1999), *Form Miming Meaning: Iconicity in Language and Literature*. Amsterdam/Philadelphia.

Nattiez, Jean-Jacques (1990). „Can One Speak of Narrativity in Music?" In: *Journal of the Royal Music Association* 115.2, 240–257.

Neubauer, John (1997). „Tales of Hoffmann and Others on Narrativizations of Instrumental Music". In: U.-B. Lagerroth, H. Lund, E. Hedling (Hgg.), *Interart Poetics: Essays on the Interrelations of the Arts and Media*. Amsterdam, 117–136.

Newcomb, Anthony (1987). „Schumann and Late Eighteenth-Century Narrative Strategies". In: *Nineteenth-Century Music* 11, 164–174.

Newcomb, Anthony (1992). „Narrative Archetypes and Mahler's Ninth Symphony". In: P. S. Scher (Hg.), *Music and Text: Critical Inquiries*. Cambridge (UK), 118–136.

Nünning, Ansgar, und Vera Nünning (Hgg. 2002). *Erzähltheorie transgenerisch, intermedial, interdisziplinär*. Trier.

Orlov, Henry (1981). „Toward a Semiotics of Music". In: W. Steiner (Hg.), *The Sign in Music and Literature*. Austin, TX, 131–137.

Oulibicheff, Aléxandre (1857). *Beethoven, ses critiques, ses glossateurs*. Paris.

Pasler, Jann (1989). „Narrative and Narrativity in Music". In: J. T. Fraser (Hg.), *Time and Mind: Interdisciplinary Issues*. Madison, CT, 233–260.

Petzold, Jochen (2012). *Sprechsituationen lyrischer Dichtung: Ein Beitrag zur Gattungstypologie*. Würzburg.

Pratt, Mary Louise (1977). *Toward a Speech Act Theory of Literary Discourse*. Bloomington, IN.

Prince, Gerald (1996). „Remarks on Narrativity". In: C. Wahlin (Hg.), *Perspectives on Narratology: Papers from the Stockholm Symposium on Narratology*. Frankfurt a. M., 95–106.

Prince, Gerald (1999). „Revisiting Narrativity". In: W. Grünzweig, A. Solbach (Hgg.), *Grenzüberschreitungen: Narratologie im Kontext. Transcending Boundaries: Narratology in Context*, Tübingen, 43–51.

Rabinowitz, Peter J. (2004). „Music, Genre, and Narrative Theory". In: M.-L. Ryan (Hg.), *Narrative across Media: The Languages of Storytelling*. Lincoln, NE, 305–328.
Rosch, Eleanor, und Carolyn B. Mervis (1975). „Family Resemblances: Studies in the Internal Structure of Categories". In: *Cognitive Psychology* 7, 573–605.
Ryan, Marie-Laure (2004). „Introduction". In: M.-L. Ryan (Hg.), *Narrative across Media: The Languages of Storytelling*. Lincoln, NE, 1–40.
Ryan, Marie-Laure, und Jan-Noël Thon (Hgg. 2014). *Storyworlds across Media: Toward a Media-Conscious Narratology*. Lincoln, NE.
Schaeffer, Jean-Marie (2010). „Le traitement cognitif de la narration". In: J. Pier, F. Berthelot (Hgg.), *Narratologies contemporaines. Approches nouvelles pour la théorie et l'analyse du récit*. Paris, 215–231.
Schenker, Heinrich (1930). „Beethovens Dritte Symphonie, in ihrem wahren Gehalt zum erstenmal dargestellt". In: H. Schenker (Hg.), *Das Meisterwerk in der Musik: Ein Jahrbuch*. Bd. 3. München, 29–101.
Schering, Arnold (1936). *Beethoven und die Dichtung*. Berlin.
Seaton, Douglass (2005). „Narrative in Music: The Case of Beethoven's ‚Tempest' Sonata". In: J. Ch. Meister (Hg.), *Narratology beyond Literary Criticism: Mediality, Disciplinarity*. Berlin, 65–81.
Stollberg, Arne (2014). *Tönend bewegte Dramen: Die Idee des Tragischen in der Orchestermusik vom späten 18. bis zum frühen 20. Jahrhundert*. München.
Tarasti, Eero (2004). „Music as a Narrative Art". In: M.-L. Ryan (Hg.), *Narrative across Media: The Languages of Storytelling*. Lincoln, NE, 283–304.
Todorov, Tzvetan (1968). „La Grammaire du récit". In: *Langage* 12, 94–102.
Toolan, Michael (2011). „La narrativité musicale". In: *Cahiers de Narratologie* 21. http://narratologie.revues.org/6489 (28. Mai 2017).
Walsh, Richard (2011). „The Common Basis of Narrative and Music: Somatic, Social, and Affective Foundations". In: *StoryWorlds* 3, 49–71.
Wolf, Werner (2002). „Das Problem der Narrativität in Literatur, bildender Kunst und Musik: Ein Beitrag zu einer intermedialen Erzähltheorie". In: A. Nünning, V. Nünning (Hgg.), *Erzähltheorie transgenerisch, intermedial, interdisziplinär*. Trier, 23–104.
Wolf, Werner (2008). „Erzählende Musik? Zum erzähltheoretischen Konzept der Narrativität und dessen Anwendbarkeit auf Instrumentalmusik". In: M. Unseld, S. Weiss (Hgg.), *Der Komponist als Erzähler: Narrativität in Dmitri Schostakowitschs Instrumentalmusik*. Hildesheim, 17–44.
Wolf, Werner (2013). „‚The Sense of the Precedence of […] Event[s]' – ‚A Defining Condition of Narrative' across Media?" In: *Germanisch-Romanische Monatsschrift* 63.2, 245–259.

Michael Niehaus
IV.1.7 Narration im Recht und vor Gericht

Es scheint auf der Hand zu liegen, dass die Frage nach der Rolle von Narration im Recht und vor Gericht zu unterscheiden ist von der Thematisierung von Recht und gerichtlichen Verfahren in literarischen oder sonstigen Narrationen – vom Gerichtsdrama (*Oidípous Týrannos*) über die Kriminal- und Detektiverzählung bis zur ‚Gerichtsshow' im Fernsehen. Letzteres wäre – in angelsächsischer Terminologie der *Law-and-Literature*-Bewegung (Cover 1983; Posner 1988; Freeman und Lewis 1999; Brook 2002) – *Law in Literature*, Ersteres gehörte zu *Law as Literature* (Lachenmaier 2008). Indes setzt diese Unterscheidung eine verlässliche Demarkationslinie zwischen einem Rechtsdiskurs bzw. ausdifferenzierten Rechtssystem auf der einen und dem ins Reich des Fiktionalen verbannten literarischen Diskurs auf der anderen Seite voraus, die alles andere als selbstverständlich ist und sich historisch erst nach und nach herausgebildet hat.

Das durch den Tropus *Law as Literature* angesprochene Themenfeld lässt sich auf verschiedene Weise strukturieren. Die Frage nach der Rechtshermeneutik kann dabei ebenso im Vordergrund stehen wie die Analyse der Rhetorizität des Rechts, die Analyse des Rechts als Repräsentation von Kultur oder eben auch die Beschäftigung mit der Narrativität des Rechts (Binder 1999; Klein 2003, 294 ff.). Ein weiterer für Recht und Literatur gleichermaßen zentraler Begriff ist der der Fiktion (Bleumer 2011a, 6 ff.). Auch gattungslogisch betrachtet ist die Untersuchung des Narrativen nur ein Teilaspekt von *Law as Literature*. Die ursprüngliche Nähe von Recht und *Poesie* hat Anfang des 19. Jahrhunderts bereits Jacob Grimm in seinem berühmten Diktum, diese seien „miteinander aus einem bette aufgestanden" (Grimm 1957 [1816], 8), zum Ausdruck gebracht; sie wird etwa in der Rechtsformel und im Rechtssprichwort sinnfällig. Dass die *Theatralität* – als Inszenierung und Performanz – ein wesentlicher Bestandteil des Rechts bzw. des rechtlichen Verfahrens ist, liegt ebenfalls auf der Hand (Diehl et al. 2006; Vismann 2011, 19 ff.).

1 Narrativität vor Gericht: Erscheinungsformen

Im Rechtsleben bzw. in der Rechtspflege einer Gemeinschaft wird – im weitesten Sinne genommen – unablässig erzählt (Lempert 1991; Brooks 2005). Das betrifft zunächst einmal die mündlich oder schriftlich vorgebrachten Sachverhaltsdarstellungen der Parteien, die persönlich gefärbt sind, eine ordnungstiftende Funktion haben und einen Kausalnexus konstruieren (Dannecker 2013). Kläger und Geschädigte erzählen ihre Version eines Tatherganges im Ermittlungsverfahren und vor Gericht, ebenso Beschuldigte und Angeklagte bzw. deren rechtliche Vertreter. Zeugenberichte und Sachverhaltsdarstellungen in Gutachten sind gleichfalls als Narrationen mit spezifischen Erfordernissen aufzufassen. Ein Geständnis ist ebenso mit einer Erzählung verbunden wie ein Plädoyer.

Zwar unterscheiden sich die Verfahrensformen bei der Durchsetzung gültiger Verhaltensnormen je nach Rechtskultur und Ausdifferenzierungsgrad des Rechts, aber die Möglichkeit dessen, was heutzutage als ‚rechtliches Gehör' bezeichnet wird, scheint ein notwendiges Erfordernis jeglicher Rechtsförmigkeit zu sein. Das Gericht ist ein „Forum" (Arnauld 2009, 18). Insofern derjenige, dem rechtliches Gehör gewährt wird, sich mit dem Vorwurf eines Normverstoßes konfrontiert sieht, liegt es nahe, dass er die Gelegenheit ergreift, um seine Version als eine Geschichte zu erzählen, die den Vorwurf zu entkräften sucht (modellbildend gewährt schon Gott in der Genesis Adam nach seinem verbotenen Apfelgenuss die Möglichkeit zur Rechtfertigung, die dieser in Form einer kleinen Erzählung wahrnimmt). Die Grundform des Erzählens vor Gericht (und vielleicht des Erzählens überhaupt; vgl. Breithaupt 2012) ist die Ausrede.

Das rechtliche Verfahren hat die Aufgabe, mit solchen Narrationen umzugehen. Dabei ist es nicht gehalten, sie als geschlossene Narrationen stehen zu lassen oder überhaupt zuzulassen. Viele der Narrationen vor Gericht stellen kein einheitliches Ganzes dar. Vielmehr sind die narrativen Elemente eingebettet und häufig auch fragmentiert („In short, a trial consists of fragmented narratives and narrative multipicity"; Gewirtz 1996a, 8). Da es im Recht um die Durchsetzung von Ansprüchen und Interessen vor dem Hintergrund von Normen geht, ist – textlinguistisch gesprochen – die dominante Themenentfaltung die *argumentative*. Dieser Zug tritt umso mehr hervor, je stärker das Recht formalisiert und begrifflich durchgearbeitet ist. Das bedeutet, dass die Narration in unterschiedlichem Maße – je nach Professionalisierungsgrad des Erzählenden – bereits auf die rechtlichen Kategorien zurückgreift, die auf die Sachverhaltsdarstellung angewendet werden können bzw. sollen. Auch wenn am Anfang eine mehr oder weniger einfache narrative Darstellung des Lebenssachverhaltes eines Beteiligten steht, muss diese, um prozessual verwertbar zu sein, in eine sprachliche Form gebracht werden, die die Subsumtion unter rechtliche Kategorien nahelegt oder zumindest gestattet. In dem Grade, in dem diese spätere Subsumierbarkeit bereits den Erzählakt selbst prägt, handelt es sich nicht mehr um eine Erzählung ‚in eigenen Worten'. Zusammen mit dem Umstand, dass die Narrationen vor Gericht häufig durch Nachfragen, Ergänzungen von anderer Seite usw. unterbrochen werden oder auch nicht zu Ende geführt werden können, erfordert diese ‚Entmächtigung' der Erzählerinstanz im Rahmen der institutionellen Kommunikation vor Gericht eine grundlegende Adaption der erzähltheoretischen

Begriffe bzw. eine Ergänzung des literaturwissenschaftlichen narratologischen Beschreibungsvokabulars durch die allgemeine Erzähltheorie (Koschorke 2012) und die sprachwissenschaftliche Erzählforschung (Hoffmann 1980; Bennett und Feldman 1981). Wo der Richter als „Ko-Autor, aber auch als Zensor und Kommentator" (Hoffmann 1980, 30) fungiert, muss das Erzählen immer auch sprachpragmatisch beschrieben werden.

Auf der Ebene der manifesten Erzählakte sind die Narrationen vor Gericht häufig bruchstückhaft und das Ergebnis eines (mehr oder weniger) kommunikativen Prozesses. Zugleich konturieren sich die manifesten Erzählakte nur vor dem Hintergrund allgemeinerer narrativer Schemata, die im deutschen Sprachraum seit einiger Zeit mit dem schillernden Begriff des *Narrativs* belegt werden (Ächtler 2014). Unter anderem sorgen die Narrative einer Kultur dafür, dass nicht alles manifest erzählt werden muss, sondern das dahinterstehende Muster – das wiederum von unterschiedlichem Allgemeinheitsgrad sein kann – zu ‚triggern'. Narrative haben keine Erzähler und keine Autoren. Im weiteren Sinne sind auch Großerzählungen und Fiktionen im Umkreis des Rechts – wie etwa die Lehre vom Gesellschaftsvertrag, die Trennung von Recht und Moral, die Entwicklung des Rechtsstaats usw. – hierzu zu zählen. Von den Narrativen, die vor Gericht eine Rolle spielen, hat das *Opfernarrativ* den höchsten Allgemeinheitsgrad, da es in verschiedenen Varianten sowohl vom Geschädigten als auch vom Beklagten oder Angeschuldigten (z. B. als Opfer einer Verführung wie in der Genesis) in Anspruch genommen werden kann (Gewirtz 1996b). Insbesondere das kirchliche Inquisitionsverfahren des Mittelalters arbeitete aus strukturellen Gründen mit dem Narrativ des ‚Irregeleitetseins' (Niehaus 2003, 166 ff.).

Erzählungen vor Gericht richten sich in erster Linie an die urteilende Instanz (die Richter, die Jury). Man kann die zumindest zwei konkurrierenden Narrationen und Narrative der Parteien als Entwürfe für das „Masternarrativ" (Hannken-Illjes 213; Arnauld 2009, 32–33) auffassen, das am Ende vom Gericht selbst hergestellt wird und als Bestandteil der Urteilbegründungen explizit wird. Die dort abschließend formulierten Sachverhaltsdarstellungen können sich in Stil und Diktion je nach Rechtskultur anders ausprägen und ihre Narrativität unterschiedlich profilieren (Arnauld 2009, 15–16). Richard Posner vergleicht das Verfassen einer „judical opinion" mit dem einer „short story" (Posner 1988, 350). Die autoritative Narration, die nicht vor Gericht stattfindet, sondern durch das Gericht selbst vollzogen wird, ist zwar in unterschiedlicher Form Bestandteil unserer Rechtsordnung, jedoch keineswegs ein unbedingtes prozessuales Erfordernis. Nicht nur fällt sie überall dort aus, wo das Urteil durch eine Jury gefällt wird (die keine Erzählung produziert), sondern auch in den antiken Formen des reinen Parteienprozesses. Eine Masternarration des Gerichts hat vielmehr nur im – aus dem mittelalterlichen Inquisitionsverfahren erwachsenden (Foucault

1976, 289–290) – Ermittlungsgrundsatz mit Anspruch auf materielle Feststellung der Wahrheit ihren Platz.

2 Narrative Strukturen in Rechtstexten

Ein Gesetz als solches ist zunächst einmal nicht narrativ. Gesetzestexte definieren allgemeine Normen, unter die eine Vielzahl unterschiedlicher Fälle subsumiert werden kann: Das Narrative wird von außen in Form der einzelnen Fälle bzw. Fallerzählungen an das Recht herangetragen und muss von ihm unter Bezugnahme auf die Gesetzestexte ‚erledigt' werden. Narrativität wird allerdings relevant, wenn es darum geht, zu begründen, warum eine Gesetzessammlung in der Welt ist, warum sie Geltung beanspruchen kann und wie sie angewendet werden soll. Insbesondere Präambeln weisen auch heutzutage nicht selten narrative Bestandteile auf (Jayne 1993, 16–17). Von einem der berühmtesten kurzen Erzähltexte der Moderne, Franz Kafkas „Vor dem Gesetz", wird im Roman *Der Process* gesagt, er befinde sich in den „einleitenden Schriften zum Gesetz" (Kafka 1994 [1925], 226). Ganz allgemein lässt sich sagen, dass das Recht ohne mehr oder weniger entfaltete oder implizierte (mythische) Gründungserzählungen nicht auskommt (Koschorke 2012, 324 ff.). Abgesehen davon könnte es sich lohnen, die von einer Gesetzessammlung unterschwellig mittransportierten Narrative freizulegen.

Darüber hinaus ist die Trennung zwischen Gesetzestext und Gesetzesanwendung in der Einzelfallentscheidung nicht absolut. Insbesondere im angelsächsischen Recht spielen richterliche Entscheidungen in konkreten Fällen eine entscheidende Rolle für die zukünftige Beurteilung als analog auffassbare Fälle (*case law*), was die Narrativität viel stärker im Recht verankert als in den kontinentaleuropäischen Rechtssystemen. Aber auch dort können sich Gerichtsurteile – insbesondere von höheren Gerichten – an andere Adressaten richten als an die Prozessbeteiligten und als Präzendenzfälle veröffentlicht werden (Arnauld 2009, 15–16), d. h. zur „Schaffung neuen Rechts" (Kudlich 2014, 88) beitragen. Logisch gesehen können einzelne Fallentscheidungen mit ihren Mastererzählungen unter bestimmten Bedingungen Gesetzeskraft erlangen. Das Fallrecht mit seinem höheren Anteil an Narrativität ist – da die Entscheidung hier per Analogiebildung aus anderen konkreten Fällen abgeleitet wird – dem tatsächlichen Rechtsleben einer Gemeinschaft vom Prinzip her näher, liefert sich andererseits aber auch der Unberechenbarkeit dieser Analogiebildung aus.

Strukturell gesehen ist die Allgemeinheit des Gesetzes stets von der Infiltration durch Narrativität bedroht – bzw. umgekehrt: Die Allgemeinheit des Gesetzes ergibt sich erst aus einem Abstraktionsprozess, in dem die Herkunft aus dem einzelnen Fall unkenntlich wird. Je besser die Gesetze dem Einzelfall gerecht werden sollen, desto mehr Gesetze muss es geben und desto deutlicher fungiert das einzelne Gesetz als „narrative pattern" (Arnauld 2009, 37). In dieser Hinsicht kann ein Gesetz als ein „if-plot" (Sternberg 2008) aufgefasst werden. Dies erfordert allerdings eine Erweiterung des Erzählbegriffs, der nicht nur konkrete, sondern auch generalisierte und hypothetische Narrationen („mini-tale[s]"; Sternberg 2008, 42) unter sich zu subsumieren gestattet. So kann man etwa StGB §97 (1) durchaus als eine ‚Art Narration' auffassen: „Wer ein Staatsgeheimnis, das von einer amtlichen Stelle oder auf deren Veranlassung geheimgehalten wird, an einen Unbefugten gelangen läßt oder öffentlich bekanntmacht und dadurch fahrlässig die Gefahr eines schweren Nachteils für die äußere Sicherheit der Bundesrepublik Deutschland verursacht, wird mit Freiheitsstrafe bis zu fünf Jahren oder mit Geldstrafe bestraft." Die Arbeit des Richters besteht dann darin, den fraglichen Sachverhalt mit der Norm abzugleichen, Narration in Argumentation zu verwandeln (Hannken-Illjes 2006, 221–222) und damit zugleich das Narrativ von Verbrechen und Strafe zu realisieren.

3 *Narratio* (Rhetorik)

Narrativität im Recht wird häufig im Zusammenhang mit der Rhetorik betrachtet (Brooks und Gewirtz 1996). Tatsächlich hat die antike Rhetorik die *narratio* (bzw. griechisch *diégesis*) vor allem als festen Bestandteil der Gerichtsrede theoretisiert. Insgesamt ist die *narratio* in der klassischen Rhetorik keine selbstständige Textsorte, sondern erfüllt eine persuasive Funktion in einem diskursiven Zusammenhang (wobei sie nicht den Höhepunkt der Rede darstellt). In der Gerichtsrede kommt die *narratio* an zweiter Stelle, nach dem *exordium*, vor der *argumentatio* (Knape 2003). Da die Rhetorik von einer mündlichen Kommunikationssituation ausgeht, rücken im Redner, dem *orator*, *auctor* und *narrator* zusammen. Der *narrator* muss, um glaubwürdig zu sein, in der Erzählung auch seine charakterlichen Qualitäten (*ethos*) und die innere Entschiedenheit (*prohairesis*) für die betreffende Sache performieren (Aristoteles, *Rhetorik* III, 16, 5), ohne sich dabei in den Vordergrund zu spielen. Nach Quintilians Definition ist die *narratio* die „zum Überreden nützliche Darlegung eines tatsächlichen oder scheinbar tatsächlichen Vorgangs" („rei factae aut ut factae utilis ad persuadendum expositio"; *Institutio oratoria* IV, 2, 31). Der Richter soll die Sache – die *causa* – nicht nur kennenlernen, sondern ihr auch zustimmen (*Institutio oratoria* IV, 2, 21). Die Rede kann aber nicht nur das enthalten, was unmittelbar zur Sache gehört, sondern auch die weitere „Darstellung von Ereignissen, die mit dem Fall zu tun haben" (Knape

2003, 101), z. B. die Vorgeschichte oder aber die Geschichte, die erzählt werden muss, wenn man die Tat nicht begangen hat (*Institutio oratoria* IV, 2, 14). Bis zu einem gewissen Grad gilt auch für die *narratio* vor Gericht, dass, wer „die Hoheit über das Erzählen besitzt, [...] deshalb auch praktisch Herrschaft über die kollektive Agenda erringen" (Koschorke 2012, 62) kann.

Es versteht sich, dass die Rhetorik vor allem Kriterien für die gute, d. h. erfolgreiche *narratio* aufgestellt hat. Wichtige Schlagworte sind hier „Kürze, Deutlichkeit und Wahrscheinlichkeit" (Knape 2003, 102). Dem Wahren ähnlich („veri similis") ist die *narratio* dann, wenn sie einleuchtend („probabilis") oder glaubhaft („credibilis") ist (*Institutio oratoria* IV, 2, 31 ff.). Die Erzählung vor Gericht muss die Sache zur Darstellung bringen; die geforderte Kürze und Klarheit bedeuten indessen nicht, dass sie bar jeden Schmuckes ist („non inornata debet esse brevitas"; *Institutio oratoria* IV, 2, 46).

Vergleicht man die Auslassungen der rhetorischen Tradition zur *narratio* mit den heutigen Kriterien zur Beurteilung von Erzählungen vor Gericht, so wird man, was die professionelle Redetätigkeit angeht, eine starke Kontinuität beobachten können. Der heute häufig gebrauchte Begriff der Plausibilität ist dem der Wahrscheinlichkeit und Glaubhaftigkeit sehr nahe. Die auf die amerikanischen Verfahrensform bezogene Feststellung, „what really happens in a trial is that each side tries to convince the jury that its story is more plausible than the opponent's story" (Posner 1997, 739), scheint die von der Rhetorik beschriebene Problemlage lediglich zu wiederholen. Sie bezieht sich jedoch auf den Prozess als Ganzen, von dem die oratorischen Erzählungen nur einen Teil ausmachen. Das Konkurrieren um Plausibilität kann dabei vor allem im Strafprozess weit über den Fall selbst (*ipsa causa*) ausgreifen und das gesamte Leben des Angeklagten miteinbeziehen. In den USA hat der Supreme Court zunächst der Verteidigung in Todesstrafsachen gestattet, der Jury die Lebensgeschichte des Angeklagten vorzutragen, „to persuade the jury that he does not deserve to be put to death"; im Gegenzug wurde dann auch den Vertretern des Opfers erlaubt, „to tell the jury the absent victim's story" (Posner 1997, 739). Da das Erzählen der Täterbiografie nur dann Aussicht auf Erfolg hat, wenn dieser zugleich irgendwie als ein Opfer dargestellt werden kann, ist dies ein eklatantes Beispiel für die Dominanz des Opfernarrativs.

Nimmt man die nicht-professionellen Erzählungen insbesondere von Angeklagten vor Gericht (aber auch im Ermittlungsverfahren) in den Blick, verschieben sich die Kriterien für Plausibilität. Bei der Sachverhaltsdarstellung vor Gericht, so der Sprachwissenschaftler Ludger Hoffmann, ergebe sich Plausibilität nach Maßgabe dreier Kriterien: Normalisierung (Kontrolle am Maßstab der Alltagslogik), Kohärenzerwartung (Widerspruchsfreiheit des Dargestellten) und Personalisierung (Glaubwürdigkeit der Darstellungsweise) (Hoffmann 1989, 12–13). Deutlich wird hier, dass die Glaubhaftigkeit der Erzählung nicht nur vom Wortlaut der Erzählung, sondern auch von der Performanz des Erzählenden – gewissermaßen seiner nonverbalen Rhetorik – abhängt.

Zu unterscheiden hiervon sind Sachverhaltsdarstellungen von Zeugen. Zeugen werden zwar – je nach Prozessordnung in unterschiedlicher Weise – von den Parteien benannt und teilweise befragt, es wird von ihnen aber – durchaus kontrafaktisch – erwartet, in ihrer Sachverhaltsdarstellung primär an der Wahrheit interessiert zu sein (weshalb sie auch vereidigt werden können). Die Rhetorik der Zeugenaussage steht daher unter der formalen Voraussetzung, nicht als solche auftreten zu können. Dem entsprechen die ausdifferenzierten Kriterien der Gerichtspsychologie, nach denen die Glaubwürdigkeit einer Zeugenaussage beurteilt werden können soll (Arntzen 1983). Zwar werden im deutschen Recht auch Zeugen vor Gericht dazu aufgefordert, durch eine erzählende Darstellung zur Klärung des strittigen Sachverhalts beizutragen, im Grunde soll die Zeugenaussage aber gerade nicht die Erzählung einer ‚Geschichte' sein, da der Zeuge sich in seiner „berichtende[n] Darstellung" (Hoffmann 1980, 55) auf seine Wahrnehmungen beschränken, nicht aber diese persönlich färben und schlussfolgernd verknüpfen soll (entsprechend dürfen die Zeugen im Verfahren angelsächsischer Prägung auch nur auf präzise Fragen antworten und werden teilweise darauf trainiert, dies besonders glaubwürdig zu tun). Gleichwohl gibt es auch bei der Zeugenaussage erzählerische Elemente, die gerade für die Beurteilung der Glaubwürdigkeit eine große Rolle spielen. Besondere Bedeutung hat hier das ausgefallene oder widerständige Detail, dessen Reproduktion vor Gericht als ein Hinweis auf die tatsächliche Erlebtheit des geschilderten Sachverhalts gilt und dessen Bedeutung auch in der allgemeinen Erzähltheorie nachgewiesen wurde (Koschorke 2012, 55). Narrativität kann bei der Zeugenaussage aber noch in einer anderen Dimension relevant sein, dann nämlich, wenn es – insbesondere im amerikanischen Kreuzverhör – darum geht, die Aussage zu entwerten und den Zeugen etwa durch seinen Lebenswandel oder seine Vergangenheit zu diskreditieren. Solche Versuche bedürfen keiner geschlossenen Erzählung, da sie mit Typologien arbeiten und auf ein Set von Narrativen zurückgreifen können.

4 Der Fall und seine Erzählung

Das Recht ist vor allem dazu da, ihm vorgelegte Fälle zu entscheiden bzw. zu erledigen. Der Fall materialisiert sich, insofern er schriftlich fixiert wird, in der *Akte*. In ihr sind alle Vorgänge, die den Fall betreffen, datiert und festgehalten – *actum et datum*: „Beide Begriffe haben einen zeitlichen Index. Mit der datierten

Registrierung einer Handlung wird diese als Ereignis in der Zeit adressierbar." (Vismann 2000, 142) Damit generiert die Akte auch die Erzählbarkeit des Falles. Der Fall ist keine Erzählung, er kann aber in eine Erzählung überführt werden. Es handelt sich dann um eine ‚Mastererzählung' höherer Ordnung, die erstens für sich in Anspruch nimmt, ausschließlich im Dienste der Wahrheit zu stehen, und die zweitens das gesamte Verfahren wiedergibt, soweit es in der Akte enthalten ist (unter Einschluss der im Verfahren vorkommenden Narrationen). Allerdings gilt dies mit Ausschluss der mündlich-öffentlichen Hauptverhandlung, zu deren Vorbereitung die Akte dient. Jedoch wurde in Deutschland und in weiten Teilen Kontinentaleuropas der Abschluss auch des Strafverfahrens erst im Laufe des 19. Jahrhunderts als mündliche Gerichtsverhandlung ausgestaltet, während zuvor das schriftlich geführte Inquisitionsverfahren die Regel war.

Innerhalb dieses Aktenverfahrens sind nicht nur alle narrativen Elemente vertreten, die auch im heutigen Ermittlungsverfahren vorkommen, sondern auch weitere Aufbereitungen des Tatbestands, etwa in den schriftlichen Urteilsbegründungen der Spruchkollegien. Darüber hinaus zirkulierten aktenmäßige Falldarstellungen auch in der juristischen Fachliteratur. 1734 begründete der französische Jurist François Gayot de Pitaval eine bald auf 20 Bände angewachsene Sammlung von *Causes célèbres et interessantes* (Pitaval 1737). Sie sind die Initialzündung für zahlreiche Falldarstellungen ‚nach den Akten' zwischen 1750 und 1850, die sich nicht mehr nur an Juristen wandten, später dann sogar in erster Linie an Nichtjuristen, auch wenn namhafte Juristen sich an dieser neuen Literaturgattung beteiligten (vgl. z.B. Feuerbach 1828/1929). Die Fallerzählung nach den Akten, die vor komplexe Darstellungsprobleme stellt, weil sowohl die Geschichte des Verfahrens als auch die Geschichte und Vorgeschichte der Tat erzählt werden müssen, ist daher der primäre Ort, an dem das Erzählen im Recht in literarisches Erzählen übergeht (Schönert et al. 1991). Die Literatur erbt gewissermaßen von den staatlichen Wahrheitsinstitutionen den Status, die Wahrheit zu verwalten und zugleich als Verfahrensbeobachter zu fungieren (Niehaus 2003, 373 ff.).

Innerhalb des Rechts haben Falldarstellungen vor allem eine praktische Funktion bei der Juristenausbildung: Man lernt das Recht, indem man Fälle bearbeitet (Kudlich 2014, 84 ff.). Andreas von Arnauld beschreibt die Präsentation der Fälle als „zumeist fiktionale Texte, kurze Erzählungen, die im Idealfall ohne überflüssige Ausschmückungen die juristisch relevanten Elemente enthalten" (Arnauld 2009, 21). Mit der (problematischen) Kennzeichnung als ‚fiktional' ist hier gemeint, dass die Falldarstellung nicht auf einen tatsächlichen Fall referiert, obwohl sie in der Regel von realen Fällen abstrahiert ist. Narrationen vor Gericht sind ihrer Logik nach homodiegetisch, wenn von den Beteiligten bzw. Zeugen erzählt wird, und heterodiegetisch, aber intern fokalisiert, wenn sie von den Rechtsvertretern der Parteien vorgebracht werden; die ‚Masternarrative' sind tendenziell nullfokalisiert, weil von einer erhöhten Position aus erzählt. Die Falldarstellung zum Zwecke der Juristenausbildung hingegen ist durch neutrale Fokalisierung sowie äußerste Erzählökonomie gekennzeichnet und stellt daher eine Art Nullpunkt des Erzählens dar. Die Falldarstellung muss zwar jene Merkmale des Tatbestands enthalten, die für die Erledigung des Falles relevant sind, aber ohne schon die Sprache der Tatbestandsmerkmale zu sprechen. Die Fälle, die Studierende des Rechts vorgelegt bekommen, sind durch eine in Fachtermini übersetzbare Sprache gekennzeichnet. Ihre spezifische narrative Form hängt damit zusammen, dass die Fachtermini gewissermaßen verkleidet sind (Niehaus 2015).

Im Bereich der Literaturwissenschaft hat André Jolles (1930, 171–199) die Falldarstellung unter dem Terminus *Kasus* als eine eigene ‚Einfache Form' in die Diskussion eingeführt – eine Namenswahl, die auch auf die (moraltheologisch geprägte) Kasuistik der Frühen Neuzeit verweist. Nach der Beschreibung von Jolles zeichnet sich der Kasus durch „Hinzufügungen", (Jolles 1930, 181) bzw. durch „auswechselbare Bestandteile" (Jolles 1930, 182) aus. Diese eigentlich narrativen Elemente, die das bloße Gerüst des Falls beliebig anreichern können, führten letztlich zu jener „Kunstform, die wir *Novelle* nennen" (Jolles 1930, 182). Zu einem *Kasus* wird der Fall nach Jolles nur, wenn er nicht durch einfache Subsumtion unter das Gesetz zu lösen ist (als dessen beispielhafter Anwendungsfall er dann fungierte), sondern wenn ein Normenkonflikt in ihm angelegt ist, der zum Abwägen zwischen Normen zwingt. Nicht zuletzt in der Psychologisierung, dem „Wägen und Messen der Beweggründe einer Handlung nach inneren und äußeren Normen" (Jolles 1930, 199), liegt das narrative und literarische Potential des Kasus. Abgesehen davon entzünden sich heutige rechtspolitische Diskussionen über zentrale Fragen – etwa im Hinblick auf die ausnahmsweise Legitimität von Folter – häufig am strittigen Status unvermeidlicher Fallbeispiele (Arnauld 2009, 22–23).

5 Die rechtspolitische Dimension und die Billigkeit

Vor allem die Problematisierungen des Verhältnisses zwischen Narration und Recht im amerikanischen Rechtssystem heben immer wieder die rechtspolitische Dimension hervor: Es müssen vor allem die Geschichten jener Menschen gehört werden und Aufmerksamkeit bekommen, die innerhalb des normativen *Systems* mit seinen Generalisierungen nicht genügend repräsentiert sind („traditionally slighted and marginalized by legal thinking and procedure"; Brooks 2005, 415; vgl. auch Roermund 1997): „Komplexe Narrativität ist eng verbunden mit ungelösten Minderheitsproblemen." (Lüderssen 1996, 69) Das Recht soll sich dieser Auffassung des *Law-as-Literature-Movements* zufolge mit nicht-professionellen Erzählungen anreichern und die Juristen sollen sich mit Literatur beschäftigen, damit der Verabsolutierung einer ‚lebensfernen' Begriffsjurisprudenz entgegengewirkt wird, die sich überdies tendenziell gegen ihre historische Fortentwicklung immunisiert: „Der Rekurs auf das Narrative korrigiert die im Laufe der Jahrhunderte eingetretenen Verkürzungen der Sachverhalte und Entscheidungskriterien, gewinnt also Konkretheit und Individualisierung zurück", freilich auf Kosten der „Rechtssicherheit", d. h. der Vorhersagbarkeit der Urteile (Lüderssen 1996, 67–68).

Es stellt sich die Frage, „wie die Produktivität der Verifizierung der narrativen Strukturen [...] aussehen soll" (Lüderssen 1996, 70), wie also Gerichte mit diesen Erzählungen umgehen sollen. Im Extremfall reduziert sich das Gericht auf das *Forum*, in dem diese Geschichten ohne Rechtsfolgen geäußert und gehört werden können, wie es bei den sogenannten Wahrheitskommissionen insbesondere in Südafrika nach dem Ende des Apartheid-Regimes der Fall war (Arnauld 2008, 18–19). Es liegt nahe, diese Frage mit derjenigen nach der Beteiligung von Laien an der Rechtsprechung zu verknüpfen, die ihr Urteil eben nicht nach Maßgabe der professionellen Begriffsjurisprudenz fällen (können). Robert Burns spricht davon, dass die „deep structure of narrative" dazu diene, die Mitglieder der Jury an ihre praktische Aufgabe zu erinnern (Burns 1999, 163). Dies geschieht ihm zufolge auf der Folie des Narrativs von der ausgleichenden Gerechtigkeit: „Story structure is built around a sequence of legitimate status quo, a disruption of the status quo, and its restoration." (Burns 1999, 163) Dieses Narrativ ist freilich zu roh und undifferenziert, um zu einer angemessenen Entscheidungsfindung zu verhelfen. Klaus Lüderssen merkt an, dass „Laienrichter" häufig „auf abstrakte[ ], manchmal alttestamentarisch anmutende[ ] Prinzipientreue pochen" (Lüderssen 1996, 72); ähnlich warnt Martha Minow mit Bezug auf das Opfernarrativ: „Victim stories risk trivializing pain and obscuring the metric or vantage point for evaluating competing stories of pain. Victim stories also often adhere to an unspoken norm that prefers narratives of helplessness to stories of responsibility, and tales of victimization to narratives of human agency and capacity." (Minow 1996, 32) Man kann daher umgekehrt argumentieren, gerade das Eindringen von Erzählungen ins Recht erfordere, dass „die Personen, welche die juristische Elite verkörpern, Perspektiven der Laien verbindlich und nachprüfbar aufnehmen und verwalten" (Lüderssen 1996, 72).

In der Rechtsprechung steht der Begriff der *Billigkeit* – lateinisch *aequitas* – „im Allgemeinen für das Gebot, der Beurteilung gleicher Fälle nach gleichen Grundsätzen" (Maye 2006, 60). Das sollte immer der Fall sein. Wenn jedoch etwas nicht ‚recht und billig' ist, kann das daran liegen, dass die bestehenden Gesetze auf einen Fall aufgrund seiner Komplexität nicht ohne weiteres angewendet werden können, dass er im Gesetz bislang noch gar nicht vorgesehen war oder dass die Anwendung des Gesetzes dem Rechtsempfinden widerspricht (Maye 2006, 60). Die Billigkeitsentscheidung, die darauf reagiert, kann nur eine – gleichwohl auf das Recht bezogene – Ausnahmeentscheidung sein. Sie lässt sich verstehen als eine adäquate Antwort auf eine narrative Darstellung des Falles als eines im Prinzip unentscheidbaren Einzelfalls (Derrida 1991, 49), dessen einfache Subsumtion unter das Gesetz zu einer Ungerechtigkeit führen würde.

Die Billigkeitsentscheidung, schon nach Aristoteles eine Folge der Gesetzesherrschaft, kann *per definitionem* nicht durch das Gesetz ‚gedeckt' sein und ist insofern regellos (Maye 2006, 61 ff.). Sie greift das strenge Recht (*ius strictum*) an, weshalb Kant die Billigkeit aus dem Recht überhaupt ausschließt (vgl. Maye 2006, 65) und Hegel 1820 in seinen *Grundlinien der Philosophie des Rechts* von einem etwaigen „*Billigkeitsgerichtshof*" sagt, „daß er über den einzelnen Fall, ohne sich an die Formalitäten des Rechtsganges und insbesondere an die objektiven Beweismittel, wie sie gesetzlich gefaßt werden können, zu halten, sowie nach dem eigenen Interesse des einzelnen Falles als *dieses*, nicht im Interesse einer allgemeinen zu machenden gesetzlichen Disposition, entscheidet" (Hegel 1970 [1820], 376). Ein ‚Billigkeitsgerichtshof' urteilt nicht nur über einen Einzelfall nach einer Regel, die nicht angegeben werden kann, sondern er setzt auch das Wissen darüber voraus, was der Fall ist. Er nimmt für sich in Anspruch, über eine nur der Wahrheit verpflichtete – nicht-rhetorische – ‚Mastererzählung' des Falls zu verfügen, weshalb Hegel sagen kann, dass der Billigkeitsgerichtshof sich zunächst auf den „*Inhalt* des Rechtsstreits" (Hegel 1970 [1820], 376) bezieht.

An einen solchen Billigkeitsgerichtshof appelliert der literarische Text, insofern er einen Fall formlos erzählt und damit zur Entscheidung vorlegt (wie er auch auf der Ebene des Verfahrens über das Recht hinauszugehen und die ‚poetische Gerechtigkeit' herzustellen vermag). Die „Billigkeit" tritt als „ein juristischer Schlüsselbegriff, ohne den sich die Funktion narrativer Fiktionen im Recht nicht erschließt" (Bleumer 2011a, 1299), vor allem dort hervor, wo eine enge Verbindung von Recht und Literatur gegeben ist. Besonders in der Literatur des Mittelalters wird – vor dem Hintergrund unübersichtlicher rechtlicher Verhältnisse vor allem im Gewohnheitsrecht – nicht nur immer wieder deutlich, dass Rechtstexte wie der *Sachsenspiegel* zahlreiche narrative Elemente enthalten können, sondern dass auch umgekehrt Dichtungen im engeren Sinne durch „kasusförmliches Erzählen" (Bloh 2011, 42) geprägt sind. Ganz im Sinne von Jolles sind darunter

Fallnarrationen zu verstehen, die nicht als *Exempla* für eine Normanwendung fungieren, sondern einen „kasuistischen Diskurs" (Bleumer 2011b, 153 ff.) in Gang setzen, „der das exemplarische Erzählen selbst als prekär erscheinen lässt" (Bleumer 2011b, 161).

Literaturverzeichnis

Ächtler, Norbert (2014). „Was ist ein Narrativ?" In: *KulturPoetik* 14.2, 244–268.
Aristoteles (1995). *Rhetorik.* Übers., mit einer Bibliogr., Erl. und einem Nachw. von Franz G. Sieveke. 5. Aufl. München.
Arnauld, Andreas von (2008). „Erzählen im juristischen Diskurs". In: Chr. Klein, M. Martínez (Hgg.), *Wirklichkeitserzählungen. Felder, Formen und Funktionen nicht-literarischen Erzählens.* Stuttgart/Weimar 2008, 14–50.
Arntzen, Friedrich (1983). *Psychologie der Zeugenaussage. System der Glaubwürdigkeitsmerkmale.* 2. Aufl. München.
Bennett, W. L., und M. S. Feldman (1981). *Reconstructing Reality in the Courtroom.* London.
Binder, Guyora (1999). „The Law-as-Literature-Trope". In: M. Freeman, A. Lewis (Hgg.), *Law and Literature.* Oxford, 63–89.
Bleumer, Hartmut (2011a). „Einleitung". In: *LiLi*, H. 163: *Recht und Literatur*, 5–17.
Bleumer, Hartmut (2011b). „Vom guten Recht des Teufels. Kasus, Tropus und die Macht der Sprache beim Stricker und im Erzählmotiv ‚The Devil and the Lawyers' (AT 1186; Mot M. 215)". In: *LiLi*, H. 163: *Recht und Literatur*, 149–173.
Bloh, Ute von (2011). „Keine Konzessionen? Recht und Gerechtigkeit im Epos ‚Loher und Maller". In: *LiLi*, H. 163: *Recht und Literatur*, 42–65.
Breithaupt, Fritz (2012). *Kultur der Ausrede.* Berlin.
Brook, Thomas (Hg. 2002). *Law and Literature.* Tübingen.
Brooks, Peter (2005). „Narrative in and of the Law". In: J. Phelan, P. J. Rabinowitz (Hgg.), *A Companion to Narrative Theory.* Oxford, 415–26.
Brooks, Peter, und Paul D. Gewirtz (Hgg. 1996). *Law's Stories. Narrative and Rhetoric in the Law.* New Haven.
Burns, Robert P. (1999). *A Theory of the Trial.* Princeton, NJ.
Cover, Robert M. (1983). „Nomos and Narrative". In: *Harvard Law Review* 97, 4–68.
Dannecker, Gerhard (2013). „Narrativität im Recht. Zur Gestaltung der Sachverhalte durch die Gerichte". In: M. Anderheiden, S. Kirste, R. Keil, J. Ph. Schaefer (Hgg.), *Verfassungsvoraussetzungen.* Tübingen, 621–642.
Derrida, Jacques (1991). *Gesetzeskraft. Der „mystische Grund der Autorität".* Frankfurt a. M.
Diehl, Paula, Henning Grunwald, Thomas Scheffer und Christoph Wulf (Hgg. 2006). *Performanz des Rechts. Inszenierung und Diskurs* [= *Paragrana. Internationale Zeitschrift für historische Anthropologie* 15.1]. Berlin.
Feuerbach, Paul Johann Anselm von (1828/1829). *Aktenmäßige Darstellung merkwürdiger Verbrechen.* 2 Bde. Gießen.
Foucault, Michel (1976). *Überwachen und Strafen. Die Geburt des Gefängnisses.* Übers. von Walter Seitter. Frankfurt a. M.
Freeman, Michael, und Andrew Lewis (Hgg. 1999). *Law and Literature.* Oxford.

Gewirtz, Paul D. (1996a). „Narrative and Rhetoric in the Law". In: P. Brooks, P. D. Gewirtz (Hgg.), *Law's Stories. Narrative and Rhetoric in the Law*. New Haven, 2–14.
Gewirtz, Paul D. (1996b). „Victims and Voyeurs: Two Narrative Problems at the Criminal Trial". In: P. Brooks, P. D. Gewirtz (Hgg.), *Law's Stories. Narrative and Rhetoric in the Law*. New Haven, 135–161.
Grimm, Jacob (1957 [1816]). *Von der Poesie im Recht*. Darmstadt.
Hannken-Illjes, Kati (2006). „Mit Geschichten argumentieren – Argumentation und Narration im Strafverfahren". In: *Zeitschrift für Rechtssoziologie* 27, 211–223.
Hegel, Georg Wilhelm Friedrich (1970 [1820]). *Grundlinien der Philosophie des Rechts oder Naturrecht und Staatswissenschaft im Grundrisse*. Frankfurt a. M.
Hoffmann, Ludger (1980). „Zur Pragmatik von Erzählformen vor Gericht". In: K. Ehlich (Hg.), *Erzählen im Alltag*. Frankfurt a. M., 28–64.
Hoffmann, Ludger (1989). „Einleitung: Recht – Sprache – Diskurs". In: L. Hoffmann (Hg.), *Rechtsdiskurse. Untersuchungen zur Kommunikation in Gerichtsverfahren*. Tübingen, 9–39.
Jayne, Erik (1993). *Narrative Normen im internationalen Privat- und Verfahrensrecht*. Tübingen.
Jolles, André (1930). *Einfache Formen. Legende, Sage, Mythe, Rätsel, Spruch, Kasus, Memorabile, Märchen, Witz*. Halle.
Kafka, Franz (1994 [1925]). *Der Process*. In: F. Kafka, *Gesammelte Werke in zwölf Bänden*. Bd. 3. Frankfurt a. M.
Klein, Christian (2003). „Ästhetik des Spiels als Ästhetik des Rechts". In: A. v. Arnauld (Hg.), *Recht und Spielregeln*. Tübingen, 272–297.
Knape, Joachim (2003). „Narratio". In: G. Ueding (Hg.), *Historisches Wörterbuch der Rhetorik*. Bd. 6. Tübingen, Sp. 98–106.
Koschorke, Albrecht (2012). *Wahrheit und Erfindung. Grundzüge einer Allgemeinen Erzähltheorie*. Frankfurt a. M.
Kudlich, Hans (2014). „Der Fall in der Jurisprudenz. Zwischen Einzelfallentscheidung und systembildendem Baustein: SchulFÄLLE, EinzelFALLentscheidungen und FALLweise Fortentwicklung des Rechts". In: S. Düwell, N. Pethes (Hgg.), *Fall – Fallgeschichte – Fallstudie*. Frankfurt a. M., 82–99.
Lachenmaier, Birgit M. (2008). *Die Law as Literature-Bewegung. Entstehung, Entwicklung und Nutzen*. Berlin.
Lempert, Richard (1991). „Telling Tales at Court: Trial Procedure and the Story Model". In: *Cardozo Law Review* 13, 559–573.
Lüderssen, Klaus (1996). „Das Narrative in der Jurisprudenz". In: K. Lüderssen, *Genesis und Geltung in der Jurisprudenz*. Frankfurt a. M., 66–78.
Maye, Harun (2006). „Die Paradoxien der Billigkeit in Recht und Hermeneutik". In: C. Vismann, Th. Weitin (Hgg.), *Urteilen / Entscheiden*. Paderborn, 56–71.
Minow, Martha (1996). „Stories in Law". In: P. Brooks, P. D. Gewirtz (Hgg.), *Law's Stories. Narrative and Rhetoric in the Law*. New Haven, 24–36.
Niehaus, Michael (2003). *Das Verhör. Geschichte – Theorie – Fiktion*. Paderborn.
Niehaus, Michael (2015). „Kasuem". In: L. Aschauer, H. Gruner, T. Gutmann (Hgg.), *Fallgeschichten. Text- und Wissensformen in der Kultur der Moderne*. Würzburg, 29–44.
Pitaval, Gayot de (1737). *Causes célèbres et interessantes, avec les jugemens qui les ont décidées*. Paris.
Posner, Richard A. (1988). *Law and Literature*. Cambridge/London.

Posner, Richard A. (1997). „Legal Narratology". In: *The University of Chicago law review* 64, 737–747.
Quintilianus, Marcus Fabius (1972). *Ausbildung des Redners. Zwölf Bücher.* Hg. und übers. von Helmut Rahn. Darmstadt.
Roermund, Bert van (1997). *Law, Narrative and Reality. An Essay in Intercepting Politics.* Den Haag
Schönert, Jörg, Konstantin Imm und Joachim Linder (Hgg. 1991). *Erzählte Kriminalität. Zur Typologie und Funktion von narrativen Darstellungen in Strafrechtspflege, Publizistik und Literatur zwischen 1770 und 1920.* Tübingen.
Sternberg, Meir (2008). „If-Plots: Narrativity and the Law-Code". In: J. Pier, J. Á. García Landa (Hgg.), *Theorizing Narrativity.* Berlin, 29–107.
Vismann, Cornelia (2000). *Akten. Medientechnik und Recht.* Frankfurt a. M.
Vismann, Cornelia (2011). *Medien der Rechtsprechung.* Hg. von A. Kemmerer und M. Krajewski. Frankfurt a. M.

Carl Eduard Scheidt und Anja Stukenbrock
IV.1.8 Erzählungen und narrative Praktiken in der Psychotherapie

1 Ziele der Psychotherapie und Funktionen des Erzählens

Menschen begeben sich in Psychotherapie, weil sie Linderung in einem Zustand des Leidens suchen. Die Leidenszustände, die Anlass geben, eine Psychotherapie aufzusuchen, sind unterschiedlich. Sie können in einem quälenden Symptom bestehen, z. B. Angst oder Depression. Häufig sind konflikthafte Erfahrungen in zwischenmenschlichen Beziehungen der Grund, eine Therapie zu beginnen, manchmal Schicksalsschläge wie Krankheit und Verlust. Auch ein Zerwürfnis im Selbst, das Scheitern an eigenen Ansprüchen, Idealen und Normen mit den daraus entstehenden Gefühlen der Scham oder der Schuld können Anlass einer Psychotherapie sein. So unterschiedlich die individuellen Behandlungsaufträge, so unterschiedlich sind auch die psychotherapeutischen Behandlungsansätze. Es ist daher notwendig, sich einige Kriterien in Erinnerung zu rufen, die wissenschaftlich begründete psychotherapeutische Behandlungsverfahren kennzeichnen. Nach einer Definition von Hans Strotzka ist Psychotherapie „ein bewusster und geplanter interaktioneller Prozess zur Beeinflussung von Verhaltensstörungen und Leidenszuständen, die in einem Konsensus (möglichst zwischen Patient, Therapeut und Bezugsgruppe) für behandlungsbedürftig gehalten werden, mit psychologischen Mitteln (durch Kommunikation) meist verbal aber auch averbal, in Richtung auf ein definiertes, nach Möglichkeit gemeinsam erarbeitetes Ziel [...] mittels lehrbarer Techniken auf der Basis einer Theorie des normalen und pathologischen Verhaltens." (Strotzka 1975, 4).

In der Regel setzt dies eine tragfähige emotionale Bindung zwischen Patient und Therapeut voraus.

Aus der den unterschiedlichen therapeutischen Orientierungen jeweils zugrunde liegenden Theorie des normalen und pathologischen Verhaltens leiten sich nicht nur unterschiedliche Methoden der Behandlung, sondern auch verschiedene Therapieziele ab. So steht in der Psychoanalyse der möglichst freie Zugang zum (unbewussten) Erleben als strukturelles Behandlungsziel im Mittelpunkt. Die Verhaltenstherapie betont dagegen die Modifikation dysfunktionaler Verhaltensmuster. Neben diesen therapiemethodenorientierten Definitionen von Therapiezielen hat sich in den vergangenen Jahrzehnten ein Konsens entwickelt, dass (1) die individuellen Behandlungsziele des einzelnen Patienten im

Mittelpunkt zu stehen haben und dass (2) Behandlungsziele oft nur schwer von sogenannten Lebenszielen, d. h. übergeordneten Wertsetzungen des Patienten, getrennt werden können.

Was hat Psychotherapie mit dem Erzählen zu tun? Menschen in Therapie erzählen unablässig Geschichten – Geschichten ihrer Beschwerden, ihrer Entwicklung, ihrer Beziehungen zu Freunden, Partnern und Familienmitgliedern. Sie beschreiben Motivationen, Absichten und Charakterzüge, gemeinsam erlebte Begebenheiten in ihrer Verknüpfung mit eigenen Wünschen, Ängsten, Niederlagen oder Triumphen. Als Erzählende entwerfen Patienten zugleich sich selbst, positionieren sich innerhalb ihrer Geschichte wie auch in der Performanz der aktuellen Rede in der Therapie sowie im therapeutischen Interaktionsgeschehen. Durch das Erzählen stellen Klienten eine Beziehung zu ihrem Therapeuten her und versuchen sich selbst innerhalb dieser Beziehung zu orientieren und zu positionieren. Kurzum, das Erzählen von Geschichten ist wie in der Alltagskommunikation auch in der Psychotherapie ein zentraler Bestandteil der Interaktion.

Erzählungen im Kontext der Psychotherapie sind in der Regel autobiografische Erzählungen. Berichtet werden zurückliegende oder aktuelle Erfahrungen, in denen gegenwärtiges und vergangenes Leben und Erleben mitgeteilt wird. Erzählungen stellen gleichsam ‚die Szene' dar, der der Therapeut als Zuhörer und als Zuschauer beiwohnt. Das Stück entfaltet sich dabei in dem Spannungsfeld zwischen biografischen ‚Fakten', der bedeutungsgebenden subjektiven (Aus-)Gestaltung dieser ‚Fakten' und der Performanz des verbalen und leiblichen Geschehens im emergenten Versprachlichungsprozess. Im Prozess des autobiografischen Erzählens wird Identität explizit oder implizit als reflexive Perspektive auf eigenes Handeln und Erleben entworfen und variiert; Ereignisse und Erfahrungen werden chronologisch geordnet und im Hinblick auf ihre Bedeutung für das Selbst des Erzählenden befragt, gedeutet und bewertet. Durch die Verwendung von Metaphern, Analogien und Bildern können autobiografische Erzählungen neue Interpretations- und Deutungsräume für Geschehenes eröffnen und tiefere Ebenen des Selbsterlebens erschließen. All diese Funktionen und Gestaltungsmöglichkeiten von Narrativen sind für die Psychotherapie sehr bedeutsam, und sie entsprechen genau dem, was genuines Ziel von Psychotherapie ist, nämlich Bedeutungsräume zu eröffnen, in denen Lebensereignisse in Erfahrungen transformiert und im Kontext der Lebensgeschichte eingeordnet und verstanden werden können. Deswegen ist es nicht erstaunlich, dass die Erzählforschung für die Psychotherapie hochrelevant ist.

2 Erzählungen und narrative Praktiken

Nicht alle Formen sprachlicher Äußerungen in der Interaktion zwischen Therapeuten und Patienten lassen sich als Erzählungen bezeichnen. Als Erzählungen im engeren Sinne bezeichnen wir mit Labov und Waletzky (1967) sprachliche Mitteilungen, die einen Spannungsbogen sowie eine Evaluation aufweisen und somit die Struktur einer ‚erzählten Geschichte' zeigen. Der Begriff der ‚Erzählung' umfasst daneben und in Erweiterung des klassischen analytischen Erzählmodells für mündliche Narrative von Labov und Waletzky jedoch auch sogenannte *small stories* (Bamberg und Georgakopoulou 2008). *Small stories* sind kurze (Alltags-) Erzählungen, die im Unterschied zu elaborierten biografischen Erzählungen in alltäglichen, aber auch in medizinischen Interaktionskontexten erzählt werden und in denen ebenfalls kommunikative Verfahren der Identitätsaushandlung, der Selbst- und Fremdpositionierung eine wichtige Rolle spielen (Bamberg 2003, 2005; Stukenbrock 2012).

Selbst wenn man kleine Erzählungen und Erzählfragmente (Bamberg und Georgakopoulou 2008) hinzurechnet, bleiben jedoch viele Äußerungen in der therapeutischen Kommunikation übrig, die auch bei einer sehr weiten Auslegung des Begriffs nicht als Erzählungen bezeichnet werden können. Beispiele für solche Äußerungen sind die Rahmungen der Sitzung durch Begrüßung und Verabschiedung, die Kommunikation im Zusammenhang mit Vereinbarungen zu Terminen und anderen Fragen des Settings, darüber hinaus Sprechhandlungen (Fragen, Aufforderungen oder Bitten), die sich auf den Inhalt oder den Verlauf der Sitzung oder die äußere Situation der Therapie beziehen. Erzählungen sind insofern zwar aufgrund der spezifischen Überschneidung ihrer Ziele und Funktionen mit denen der Psychotherapie (siehe oben) paradigmatisch relevante Formen sprachlicher Äußerungen; sie stellen jedoch gleichzeitig nur eine Klasse sprachlicher Äußerungen dar und sind eingebettet in eine Interaktion, in der noch vielfältige andere sprachliche wie auch nicht-sprachliche (mimische und gestische) Ausdrucksformen verwendet werden.

Als narrative Praktiken bezeichnen wir hier die Art und Weise, wie Erzählungen in der therapeutischen Kommunikation generiert werden. Dies geschieht durch eine Reihe von expliziten und impliziten Regeln und Konventionen, die die therapeutische Interaktion in spezifischer Weise von der Alltagskommunikation unterscheiden und die den Austausch sprachlicher Mitteilungen innerhalb der jeweiligen Therapie steuern. Narrative Praktiken im Sinne solcher ausgestalteter Erzählaufforderungen unterscheiden sich zwischen den verschiedenen Therapieformen substantiell. In einigen Therapieformen wie etwa in der Psychoanalyse gilt eine sehr weit gefasste Erzählaufforderung, die nicht auf bestimmte Inhalte oder Themenbereiche fokussiert ist. Die sogenannte Grundregel (siehe unten) kann als Beispiel einer solchen expliziten Regel zur Gestaltung des erzählungsgenerierenden Kontextes verstanden werden. In anderen Therapieformen dagegen wie der Narrativen Expositionstherapie (siehe unten) richtet sich die Erzählaufforderung vor allem auf bestimmte Erfahrungsinhalte, nämlich die Schilderung traumatischer autobiografischer Erfahrungen. Auch die Formen der Erzählunterstützung und der narrativen Ko-Konstruktion (Fivush et al. 1987), d. h. das bis in die Syntax des Einzelsatzes hineinreichende gemeinsame Formulieren einer Äußerung (Sacks 1992), variieren in Abhängigkeit von den unterschiedlichen psychotherapeutischen Methoden. Die therapeutenseitige Gestaltung dieser Praktiken erfolgt in einigen Therapieansätzen theoriegeleitet, um in der Interaktion bestimmte psychologische Prozesse in Gang setzen und dadurch entsprechende therapeutische Ziele erreichen zu können, während andere Therapieformen sich nicht an expliziten Konzepten zur theoriegeleiteten Steuerung narrativer Praktiken orientieren.

Obwohl Erzählungen in allen psychotherapeutischen Verfahren vorkommen, werden sie in der Theorie hinsichtlich ihrer therapeutischen Wirksamkeit sehr unterschiedlich gedeutet. Unter dem Begriff der ‚narrativen Therapien' hat sich in den vergangenen 15 Jahren eine Gruppe von neuen psychotherapeutischen Verfahren entwickelt, die sich alle explizit auf das Konzept der ‚Erzählung' stützen. Diese Entwicklung zeigt an, wie stark die Erzählforschung letzthin auch in der Psychotherapie rezipiert und beachtet worden ist.

3 Erzählen in der Psychoanalyse

Die Entdeckung, dass die Versprachlichung des Erlebens therapeutisch ausgesprochen wirkungsvoll sein kann, geht auf Josef Breuers Behandlung der Bertha Pappenheim zurück, die selbst für diesen Prozess den Begriff der „talking cure" prägte, den Breuer übernahm (Gay 1989, 80 ff.) und der später von Sigmund Freud zur Bezeichnung der Psychoanalyse verwendet wurde. Seither spielen Erzählungen in der Psychoanalyse eine außerordentlich große Rolle. Die Konzeptualisierung der zentralen Wirkdimensionen der Psychoanalyse fokussierte in den folgenden Dekaden jedoch weniger auf die Sprache und den Prozess der Versprachlichung als auf theoretische Modelle (topisches Modell, Strukturmodell) und das Verständnis des psychoanalytischen Prozesses (Regression und Übertragung). Erst sehr viel später in der Entwicklung der psychoanalytischen Theoriegeschichte, nämlich bei Jacques Lacan, in dessen strukturalistischer Metaphysik des Symbolischen, wurde das Thema der Sprache wieder aufgenommen und der Sprache eine wesentliche Rolle in der Organisation des Psychischen zugewiesen.

Jedoch befasste sich auch Lacan nicht empirisch mit den Besonderheiten der gesprochenen Sprache und ihrer Bedeutung in der Kommunikation von Angesicht zu Angesicht.

Will man die grundsätzliche Bedeutung der Versprachlichung von Erfahrung in der Psychoanalyse würdigen, ist es unumgänglich, sich kurz auf die Theorie der Symbolisierung zu beziehen. Freud zufolge finden im Verlauf der ontogenetischen Entwicklung körpernahe Impulse zunehmend Anschluss an das unbewusste und bewusste Erleben, indem sie durch sprachliche und nicht-sprachliche Symbole (Protosymbole) repräsentiert werden. Diesem Ziel dient letztlich auch der psychoanalytische Prozess selbst, der keineswegs nur darauf abzielt, Unbewusstes bewusst zu machen, sondern der vielmehr auf tieferen Ebenen des emotionalen und körpernahen Erlebens Integrationsprozesse in Gang setzt. Diese Integrationsprozesse werden in der Entwicklung über den Aufbau mentaler Repräsentationen ermöglicht, die in der Interaktion mit den primären Bindungspersonen stattfindet und auf Vorgängen wie Affektmarkierung, Affektspiegelung und Affektcontaining basiert. Neuere Theorien in der Psychoanalyse weisen dem Konzept der Mentalisierung deswegen eine zentrale Bedeutung zu (Allen et al. 2008), wobei dieses Konzept folgendermassen definiert wird: „ Mentalization is the process by which we implicitly and explicitly interpret the actions of ourselves and others as meaningful based on intentional mental states (e. g., desires, needs, feelings, beliefs, and reasons)." (Bateman und Fonagy 2008, 181). Mentalisierung ist essentiell sprachlich vermittelt. Da in Erzählungen fast immer bedeutsame Bezüge zwischen den eigenen Handlungen und den Handlungen anderer, dem eigenen Erleben und dem Erleben anderer hergestellt werden, können sie als wichtige Katalysatoren der Mentalisierung angesehen werden.

Brigitte Boothe (1994, 2011), die sich in den vergangenen Jahrzehnten sehr intensiv mit dem Thema der psychoanalytischen Erzählforschung befasst hat, konzentriert sich in ihren Untersuchungen auf die Wunsch-Abwehraspekte, die der Generierung von Erzählungen zugrunde liegen. Der Text der Erzählung wird demzufolge als Kompromisslösung zwischen Wunsch und Abwehr verstanden. Boothe beschreibt in ihrer Monografie über das Narrativ von 2011 auf der Grundlage theoretisch psychoanalytischer Überlegungen und auf der Basis zahlreicher Patientenerzählungen Erzählfiguren mit unterschiedlichen Themen wie ‚Sich-verbunden-Fühlen und Sicherheit', ‚Teil einer Eltern-Kind-Beziehung sein', ‚Macht', ‚Loyalität', Profilierung, Selbstgenügsamkeit, Anerkennung durch die Gewissensinstanz und Generativität. Die Erzählungen zu diesen Themen navigieren einerseits zwischen Erfüllung und Katastrophe sowie andererseits zwischen Wunscherfüllung und Abwehr (Boothe 2011).

Studien zur Wiedererzählung von Geschichten (*retelling*) in der Psychotherapie beschreiben Erzählungen, deren Gegenstand konflikthafte zentrale

Beziehungserfahrungen sind, die aus der Sicht des Erzählers kritische Wendepunkte der Lebensentwicklung beschreiben (Scheidt und Lucius-Hoene 2015). Im Mittelpunkt steht eine Beziehungserfahrung, die vom Erzähler selbst für eine bestimmte Beziehungskonstellation, oft auch für einen bestimmten Beziehungskonflikt als typisch angesehen und die implizit oder explizit als bedeutsamer lebensgeschichtlicher Wendepunkt markiert wird. Die Tatsache der Wiedererzählung ist dem Erzähler selbst, auch wenn die Geschichte innerhalb von kurzer Zeit und demselben Adressaten gegenüber wiederholt wird, oft nicht bewusst. Die Erzählungen weisen eher wenig adressaten- und situationsspezifische Variation auf. Sie bleiben über die zeitliche Distanz und unterschiedliche Redekontexte hinweg identisch und lassen sich als episodisch ausgestaltete Erzählungen konflikthafter Kernbeziehungen (Luborsky 1977) beschreiben. Die Erzählungen prototypischer Beziehungserfahrungen können als ‚Beleg-Erzählungen' verstanden werden, die als repräsentativ für eine ganze Klasse interaktioneller Erfahrungen mit einer Person stehen. An die Stelle einer allgemeinen, zusammenfassenden Beschreibung oder Bewertung durch eines oder mehrere Adjektive tritt hierbei eine detailreiche Erzählung, die der Positionierung des Erzählers in der geschilderten Beziehungskonstellation größere Glaubwürdigkeit und Anschaulichkeit verleiht (Scheidt und Lucius-Hoene 2015).

Erzählungen und Wiedererzählungen im Kontext tiefenpsychologischer und psychoanalytischer Therapie sind immer spontane Narrative. Die psychoanalytische Therapie kennt keine spezifische oder gezielte Erzählaufforderung, wie sie für narrative Interviews oder narrative Therapien im engeren Sinne (siehe unten) üblich, ja sogar kennzeichnend sind. Die Erzählaufforderung in der Psychoanalyse, wenn man sie so bezeichnen will, besteht in der sogenannten Grundregel, der Aufforderung an den Analysanden, dass er, so Freud 1912 „alles mitteilen soll, was er in seiner Selbstbeobachtung erhascht, mit Hintanhaltung aller logischen und affektiven Einwendungen, die ihn bewegen wollen, eine Auswahl zu treffen" (Freud1975 [1912], 175). Über die unterschiedliche Handhabung der Grundregel ist in der Psychoanalyse vielfach diskutiert worden (Lichtenberg und Galler 1987). Die Fähigkeit zur freien Assoziation ist ein Ziel der Analyse, d. h. die Folge eines freien und ungehinderten Zugangs zum eigenen Erleben. Und dennoch wird sie als Anforderung an den Analysanden zu Beginn der Behandlung formuliert. Die Grundregel beinhaltet aber gerade nicht die Aufforderung zum Erzählen im Sinne einer gestalterischen Überformung/Formgebung gemäß kulturell vorgeprägter und überkommener Erzählstrukturen. Sie lässt die Wahl und die Gestaltung der sprachlichen Form vielmehr offen. Dadurch gerät ein Phänomen in den Blick, das man als ‚narrative Emergenz' bezeichnen kann: Wann wird eigentlich im interaktiven Prozess der Analyse von der Sprachform der Erzählung Gebrauch gemacht? Wann tauchen Erzählungen im therapeutischen Prozess auf, und mit welcher Zielsetzung etwa wird diese im Vergleich mit anderen Äußerungsformen hochstrukturierte Gattung gewählt?

Ein Sonderfall ist in der analytischen Psychotherapie der Bericht von Träumen (Boothe und Stojkovic 2015), der auch oft in die Gestalt einer Erzählung gekleidet wird. Es gibt hierbei unterschiedliche Varianten. Der Trauminhalt selbst kann die Struktur einer Erzählung aufweisen, d. h. dem Strukturaufbau mündlicher Erzählungen (Labov und Waletzky 1967) folgen und dementsprechend mit einem fakultativen Abstrakt bzw. der Orientierung beginnen, sich über die Phasen der Komplikation, der Evaluation und der Resolution fortsetzen und gegebenenfalls noch eine Coda enthalten. Häufiger allerdings wird das Ereignis des Traumes als solches narrativ eingeführt: ‚In der vorvergangenen Nacht hatte ich einen Traum, der mich sehr erschüttert hat ...' Die ‚Handlung' der folgenden Erzählung besteht dann nicht vorrangig im Trauminhalt, sondern im Ereignis des Träumens, das mit einer zeitlicher Situierung, einem kritischen Ereignis und einer Evaluation versehen wird. Da Träume für das Verständnis unbewusster Prozesse in der Psychoanalyse hohe Bedeutung haben, wird der Analytiker durch tangentiales Nachfragen eine indirekte Erzählaufforderung geben, um die Rekonstruktion der zum Trauminhalt gehörenden Erinnerungen, Phantasien und Emotionen anzuregen. In Redekontexten der Psychotherapie spielt die Ermöglichung von Erzählungen durch narrative Ko-Konstruktion (Fivush et al. 1987) eine wichtige Rolle.

Inspiriert durch die Theorien von Carl Gustav Jung ist in der Psychoanalyse eine Sonderform der Therapie entstanden, die heute den narrativen Therapien zugerechnet werden kann und die mit einer spezifischen Erzählaufforderung arbeitet. Dabei handelt es sich um die Nutzung von Märchenstoffen zur erzählenden Inszenierung biografischer Erfahrungen. Die Klienten werden aufgefordert, Episoden oder Abschnitte ihrer Biografie als Märchen zu erzählen. Mit diesem Gestaltungsmittel wird eine Bildersprache eingeführt, die kollektiv sedimentierte Erfahrungs- und Beziehungsmuster anbietet, um die Erzählung der eigenen Lebensgeschichte symbolisch zu gestalten (Kast 1985, 2013). Märchen sind hierfür aus verschiedenen Gründen besonders geeignet: Sie stellen typische menschliche Problemsituationen und Dilemmata dar, sie gestatten die Repräsentation von widerspruchsvollen und konflikthaften seelischen Anteilen, sie sind im Ausgang zumeist hoffnungsvoll (Kast 1985; Lüthi 2004), und sie eröffnen einen imaginären Raum, in dem Wunder geschehen und Handlungsoptionen frei nach inneren Bedürfnissen arrangiert werden können. Die Gestaltung wird im Märchen auch dadurch erleichtert, dass auf die Berücksichtigung komplexer Motivationen zugunsten einer einfachen Handlungssprache verzichtet wird.

Die Arbeit mit Märchen hat sich in der Kindertherapie etabliert, wird jedoch auch in der Therapie mit erwachsenen Patienten angewendet.

4 Erzählen in der Verhaltenstherapie

Die Versprachlichung von Erfahrungen spielt in der Lerntheorie und den auf ihr basierenden verhaltenstherapeutischen Behandlungsansätzen nicht dieselbe Rolle wie in der Psychoanalyse. Die klassischen Modellsituationen der Lerntheorie wie das operante Konditionieren sind weitestgehend sprachunabhängig und können der Theorie zufolge auch sprachunabhängig verändert werden. Mit der kognitiven Wende wurde zwar in der Verhaltenstherapie mentalen Prozessen größere Bedeutung für die Steuerung des Erlebens und Verhaltens beigemessen. In der Therapie spielte die Versprachlichung selbst jedoch nie die Rolle einer eigenständigen Wirkdimension des Verfahrens. Sprache und Sprechen werden vielmehr überwiegend als Medium der Kommunikation verstanden, das instrumentell zum Erreichen bestimmter Ziele wie der Symptombeschreibung, der Bedingungsanalyse oder der Vermittlung therapeutischer Techniken erforderlich ist.

Eine Veränderung wurde in der Geschichte der Verhaltenstherapie eingeleitet, als Susan Folkman und Judith T. Moskowitz (2004) in einer kritischen Revision der Untersuchungen zu den psychologischen Vorgängen bei der Bewältigung von Stress (Copingforschung), zu der Feststellung kamen, dass neben problemfokussierten und emotionsfokussierten Strategien der Bewältigung (Folkman und Lazarus 1980) auch die Konstruktion von Bedeutung als eine zentral wichtige Bewältigungsstrategie anzusehen sei. Damit wurde deutlich, dass die Versprachlichung von Erfahrung und damit natürlich auch die Generierung von Erzählungen insbesondere über belastende Lebensereignisse therapeutisch wirksam sein können. Die Erzählung kritischer Lebensereignisse und ihre Einordnung in den lebensgeschichtlichen Kontext ebenso wie ihre Bewertung und Interpretation im Zusammenhang mit eigenen Lebenszielen eröffnet Folkman und Moskowitz zufolge der Copingforschung auch die Chance, neue Bewältigungsstrategien zu entdecken, die bisher in den existierenden Skalen zur empirischen Erfassung von Bewältigungsstilen nicht beachtet wurden (Folkman und Moskowitz 2004).

Analog zur narrativen Wende in der Copingforschung wurde im klinischen Kontext der kognitiven Verhaltenstherapie in den vergangenen Jahren ein narrationsbasiertes Behandlungsverfahren zur Therapie von Traumafolgestörungen entwickelt. Die sogenannte Narrative Expositionstherapie (NET) (Schauer et al. 2005) beruht auf der Erarbeitung einer Erzählung der traumatischen Erfahrungen über die Lebensentwicklung, in der die Ereignisabläufe chronologisch geordnet, detailliert geschildert und kontextuell verknüpft werden. Die Versprachlichung der traumatischen Erfahrung wird in diesem Zusammenhang als ‚Exposition', d. h. als eine Wiederannäherung, Reaktualisierung und Konfrontation mit der angstauslösenden Situation verstanden. Diese Exposition wird als Voraussetzung für die Wiederherstellung einer geordneten Erinnerung und die Entwicklung adaptiverer Bewältigungsformen gesehen. Das intensive Wiedererleben von Angst, das bei der Erzählung von noch unverarbeiteten traumatischen Erfahrungen regelhaft beobachtet werden kann, belegt diesen Expositionscharakter des Erzählens. Der Therapeut trägt zu einer Integration von Ereignischronologie und affektivem Erleben bei, indem er in der Erzählsituation die emotionalen und physiologischen Begleitreaktionen wahrnimmt und benennt. Die Ausrichtung des Erzählens in diesem Therapieverfahren besteht weniger in der narrativen Herstellung neuer Bedeutungszusammenhänge als vielmehr in der durch das Erzählen induzierten Erinnerung an das Trauma und die Exposition in Bezug auf die damit verbundene Angst.

Ein weiteres narrationsbasiertes traumaspezifisches Therapieverfahren aus der Gruppe der kognitiven Therapien ist die Integrative Testimonial Therapie (Knaevelsrud et al. 2011; Böttche und Knaevelsrud 2015). Sie zielt ähnlich wie die Narrative Expositionstherapie auf die sprachliche Rekonstruktion der traumatischen Erfahrungen, um die fragmentierte Erinnerung wiederherzustellen. Im Gegensatz zur NET bedient sich die Integrative Testimonial Therapie der Schriftform. Sie schließt damit in ihrer Grundidee an die Untersuchungen James W. Pennebakers (1993) an, der die therapeutischen Effekte schriftlicher Erzählungen über belastende Lebensereignisse untersucht und belegt hatte. Die Integrative Testimonial Therapie enthält ebenso wie die NET eine spezifische Erzählaufforderung: Die traumatische Erfahrung soll in einem detaillierten Bericht, der die Ereignisse ebenso wie die emotionalen und körperlichen Reaktionen darauf einschließt, erzählt (verschriftlicht) werden (Knaevelsrud et al. 2011). Neben diesem Teil der Erzählung, der im Sinne der Verhaltenstherapie eine Exposition enthält, werden die Betroffenen aufgefordert, einen Brief an sich selbst aus der heutigen Perspektive zu verfassen. Durch die im Schreibprozess erfahrbar gemachte und vollzogene Differenzierung zwischen der erzählten Zeit und dem gegenwärtigen Erzählzeitpunkt wird der Prozess einer Distanzierung vom Selbsterleben in der Traumasituation gefördert.

In beiden skizzierten Verfahren werden Erzählungen mit einer spezifischen Intention therapeutisch eingesetzt. Die Erzählungen werden durch eine Erzählanweisung induziert, die auf einen genauen, vollständigen episodischen Bericht einer Trauma-Erfahrung ausgerichtet ist. Im Zentrum der Therapie steht die mit der Erzählung verbundene Exposition sowie die Distanzierung und Neubewertung der katastrophalen Erfahrung. Andere Aspekte einer Erzählung, etwa Positionierung und Selbstdefinition, Agentivität (Deppermann 2015) etc., werden weniger fokussiert. In beiden Therapieansätzen werden Erzählungen in einem letztlich instrumentellen therapeutischen Kontext eingesetzt, um eine Linderung für Menschen nach Extremtraumatisierung zu erzielen.

5 Erzählen in der Systemischen Therapie

Das Konzept der narrativen Therapie wurde in der Systemischen Therapie vor allem von Michael White und David Epston ausgearbeitet, wobei sozialkonstruktivistische Theorien der interaktiven Positionierung und der Selbst- und Identitätsdefinition in das Konzept Eingang fanden.

In seinem Buch *Landkarten der narrativen Therapie* entwickelte White seinen Ansatz, indem er sehr lebendige Falldarstellungen seiner Arbeit mit Kindern und Familien schildert. Er beschreibt eine Reihe von Interventionen, die für das Vorgehen in der narrativen Therapie charakteristisch sind: das Externalisieren von Problemen, die Entwicklung neuer Erzähllinien, die Wiederherstellung von Zugehörigkeit, Definitionszeremonien, die Beleuchtung einmaliger Resultate etc. Im Kern zielen diese Interventionen darauf ab, eingefahrene Muster des Denkens und Verhaltens aufzuweichen, neue Lösungsansätze und Perspektiven zu eröffnen und die eigene Selbstkonstruktion zu überprüfen und zu verändern. Die Fragetechniken entstammen zum Teil dem klassischen Repertoire der systemischen Therapie: „Welche Geschichte aus deinem Leben würde dein Vater erzählen, die verstehen hilft, weshalb du mit dieser Entwicklung so unzufrieden bist?" (White 2010, 54). Der narrative Ansatz in der Systemischen Therapie beschreitet insofern neue Wege, als in früheren Interventionsansätzen der Systemischen Therapie (Selvini-Palazzoli et al. 1977; Minuchin 1977) die Änderung von Mustern der Interaktion mithilfe von Verhaltensanweisungen (z. B. Symptomverschreibung) im Mittelpunkt stand. Somit markiert die narrative Wende in der Systemischen Therapie ebenso wie in der Verhaltenstherapie einen Paradigmenwechsel hin zu einer stärkeren Fokussierung auf die interaktive Konstruktion und Ko-Konstruktion von Bedeutung. Die Generierung von Erzählungen wird in diesem Zusammenhang aber nicht – wie in den narrativen Ansätzen der Verhaltenstherapie – primär als Exposition gesehen, d. h. als ‚Instrument' zur Beeinflussung psychischer Symptome, sondern steht ähnlich wie in der Psychoanalyse in einem erweiterten Kontext des Selbstverstehens und der konstruktiven Selbstpositionierung.

Eine spezifische narrative Praktik stellt die in der Systemischen Therapie entwickelte Intervention des ‚reflecting team' dar: Nach einem kodifizierten Ablaufprotokoll unterhalten sich die therapeutischen Experten, die an einem Familiengespräch teilgenommen haben, im Anschluss daran im Beisein der Familie über ihr Verständnis des Problems, so wie es sich ihnen in der Beobachtung der familiären Interaktion im Gespräch dargestellt hat. Sie bieten durch ihre Äußerungen der Familie Hypothesen und einen Raum potentieller Deutungen und Verstehenszugänge an. Die Beteiligten können aus diesem Angebot für sich die Deutungen übernehmen, die ihrer eigenen Wirklichkeitskonstruktion am ehesten entsprechen. Die Deutungshoheit bleibt beim Patienten bzw. der Familie, die aus den möglichen Deutungsvorschlägen das aussucht, was ihrer eigenen Perspektive auf das Problem entspricht.

Eine Besonderheit von Erzählungen in der Paar- und Familientherapie besteht darin, dass es nicht nur einen, sondern in der Regel mehrere Autoren/Erzähler und häufig deswegen eben auch nicht nur eine, sondern mehrere Versionen der Erzählung gibt. Erzählungen in Familiengesprächen – insbesondere wenn es um Ereignisse geht, die konflikthaft sind – spiegeln uns die unterschiedlichen Wirklichkeitskonstruktionen der Autoren wieder. Sie sind mehrstimmig. Die Geltungsansprüche der jeweils erzählten Geschichte müssen deswegen oft interaktiv ausgehandelt werden. Dabei können Pattsituationen entstehen. Es ist ein wesentliches Ziel familientherapeutischer Arbeit, die Familie darin zu unterstützen, aus der Pattsituation solch inkompatibler Wirklichkeitskonstruktionen wieder herauszufinden.

6 Erzählen in nonverbalen Therapieformen

Ein interessantes Grenzgebiet narrativer Praktiken in der Psychotherapie stellt die Generierung von Erzählungen im Kontext ‚nonverbaler' Therapien dar. Zu diesen gehören die Kunst- und Gestaltungstherapie, die Musiktherapie und die Konzentrative Bewegungstherapie. Alle diese Therapieformen arbeiten schwerpunktmäßig mit nicht-sprachlichen Ausdrucksformen. Sie bieten ein Medium der Kommunikation an, das symbolisch, aber nicht sprachlich ist. Dieses ermöglicht einen freieren, weniger kontrollierten und zensurierten Ausdruck des emotionalen Erlebens.

In der therapeutischen Arbeit der kreativen, ausdrucksorientierten Therapieformen geht man in der Regel so vor, dass die Behandlungseinheit in zwei Abschnitte gegliedert ist. Im ersten Abschnitt wird im jeweiligen therapeutischen Medium gearbeitet, d. h. mit Kunst, Musik oder körperlichem Ausdruck. Im zweiten Abschnitt wird das zuvor Entstandene sprachlich reflektiert, kommentiert und gedeutet. Es ist wichtig, dass dieser zweite Schritt der Versprachlichung so spielerisch vollzogen wird, dass die Vieldeutigkeit des kreativen Ausdrucks nicht zerstört wird, sondern erhalten bleibt. Denn auch hier geht es ja gerade um die Generierung eines Bedeutungsraumes und nicht um die Rückführung eines kreativen Ausdrucks in eine (eindeutige) Zeichensprache. In einem interaktiven Prozess in der Gruppe können dann aus der Vielfalt möglicher Bedeutungen die Geschichte bzw. die Geschichten ausgewählt werden, die zu einem gegebenen Moment für den Autor oder die Autorin die höchste (psychologische)

Evidenz besitzen und heuristisch am fruchtbarsten erscheinen. Das Ziel besteht auch hier darin, unzugängliche oder unverstandene Aspekte der eigenen Lebensgeschichte zu erschließen und zu verstehen. Häufig entstehen dabei Narrative, die polyphone Aspekte des Selbst in ihrem Verhältnis zueinander beleuchten oder unterschiedliche Personen der Lebensgeschichte im Sinne einer ‚Handlung' verknüpfen. Nicht selten belegen diese Handlungen einen Ort und haben eine chronologische Struktur, dies ist jedoch nicht immer der Fall. Oft handelt es sich auch um die Beschreibung von ‚Zuständen' des Selbst in seiner interpersonalen Welt. Die Schilderungen zeigen die Motivationen der Protagonisten auf und lassen die Positionierung des Erzählers erkennen. Therapeutisch fruchtbar sind vor allem solche Erzählungen, die quasi *online* aus dem Gestaltungsprozess heraus imaginiert werden, während Erzählungen, die bereits lange sedimentiert und wiederholt überarbeitet wurden, therapeutisch oft weniger ergiebig sind.

7 Erzählungen über Krankheit, Verlust und Trauma

Erzählungen über einschneidende Lebensereignisse wie Krankheit, Verlust und Trauma spielen sowohl in der Psychotherapie wie auch in der Alltagskommunikation eine Rolle. Die Erzählung belastender Lebensereignisse kann wie oben bereits dargestellt als Bewältigungsleistung verstanden werden. Die narrative Bewältigung von Trauma und Verlust ist heute Gegenstand unterschiedlicher interdisziplinärer Forschungsansätze, die sich dem Thema aus linguistischer, therapeutischer und literaturwissenschaftlicher Perspektive nähern (Scheidt et al. 2015).

Der amerikanische Psychologe Pennebaker hatte bereits seit den 1980er Jahren in einer Reihe von Untersuchungen gezeigt, dass das Aufschreiben belastender Erfahrungen auch dann, wenn die Texte nicht einem Leser zugestellt werden, gesundheitserhaltend ist und die Bewältigung der kritischen Erfahrung erleichtert (Pennebaker 1997). Auch unabhängig von der sozialen Resonanz wirken Erzählungen auf den Autor zurück. Wie zum Konzept der Integrativen Testimonial Therapie allerdings bereits ausgeführt wurde, ist gerade für den Bericht über Trauma-Erfahrungen auch der Aspekt der Zeugenschaft wichtig. Zeugenschaft beinhaltet die Tatsache, dass erlittenes Unrecht nicht stumm und unerkannt bleibt, sondern anerkannt und womöglich gesühnt wird. In der linguistischen Analyse von Trauma-Narrativen steht die Frage im Zentrum, inwieweit anhand der Strukturmerkmale der sprachlichen Darstellung Rückschlüsse auf den Grad der psychischen Verarbeitung der Trauma- und Verlusterfahrung möglich sind. Foa et al. (1995) hatten in einer psychotherapeutischen Interventionsstudie mit weiblichen Opfern von Vergewaltigung gezeigt, dass die spezifischen, mit der Post-Traumatischen Belastungsstörung assoziierten Trauma-Erzählungen sich nach der Behandlung in charakteristischen Merkmalen änderten. Dies belegt die Zusammenhänge zwischen traumaspezifischen Gedächtnisstörungen und den charakteristischen Veränderungen der Erzählstruktur in Trauma-Erzählungen sowie die Tatsache, dass es durch Psychotherapie zu spezifischen Veränderungen kommt.

Lucius-Hoene (2002) hat sich intensiv mit dem Thema der narrativen Bewältigung von Krankheitserfahrungen befasst und sowohl die involvierten psychologischen Prozesse als auch die sprachlichen Gestaltungsmittel differenziert dargestellt. Narrative über Krankheit und Verlust dienen in ähnlicher Weise der psychischen Bewältigung der Erfahrung wie Erzählungen über traumatische Ereignisse (Stukenbrock 2013a, 2015). Dabei weisen Narrative über Verlusterfahrungen, die als traumatisch erlebt werden, einerseits typische Gestaltungsmuster auf, die mit adaptiven bzw. nicht-adaptiven Bewältigungsprozessen in Verbindung gebracht werden können. Andererseits zeigt die Variationsbreite dieser Narrative auch, dass neben und gegebenenfalls auch quer zu sprachlichen Merkmalen (nicht-)adaptiver Bewältigungsprozesse grundsätzliche Faktoren wie Bildungsgrad, sprachliche Kompetenz, narratives Talent, soziokultureller Habitus und aktive Teilhabe an den kommunikativen Praktiken (Deppermann et al. 2016) einer Gesellschaft bei der Beurteilung etwa der Kohärenz von Narrativen berücksichtigt werden müssen (Stukenbrock 2015). Untersuchungen zu sogenannten *broken narratives* (Hydén und Brockmeier 2008) werfen darüber hinaus ein neues Licht auf Konzepte wie Kohärenz, Ordnung und Struktur, indem sie deren normativen Status kritisch reflektieren.

8 Forschung

Erzählungen sind auch im klinischen Kontext der Psychotherapie Gegenstand der Forschung. Bezüglich der Psychotherapieforschung steht die Frage im Mittelpunkt, in welcher Beziehung Erzählungen und die Fähigkeit zur Narrativierung zu Merkmalen des Therapieprozesses und des Therapieergebnisses stehen. Die Analyse von Erzählungen in der Therapie eröffnet daneben auch die Möglichkeit, grundlegende Wirkdimensionen des therapeutischen Prozesses zu verstehen. Zudem kann bei der Analyse einzelner Therapieverläufe die Analyse von Narrativen Aufschluss darüber geben, welche Themen in bestimmten Behandlungsabschnitten im Vordergrund stehen oder welche Funktion die narrative Gestaltung eines Themas für den weiteren Verlauf der Therapie hat. Die Datenkorpora, auf die sich solche Studien stützen, bestehen in der Regel aus Verbatim-Transkripten von audiografierten Therapiesitzungen, zu deren Auswertung unterschiedliche Methoden entwickelt wurden. Einige dieser Auswertungsmethoden stellen wir im Folgenden kurz vor.

Boothe et al. (2010) haben zur Auswertung und Analyse von Erzählungen das Codier- und Analysesystem JAKOB entwickelt. Als Textkorpora werden verbatim-transkribierte Therapiesitzungen verwendet. Theoretisch verortet sich das System in der psychoanalytischen Narratologie (Flader und Giesecke 1980) und bezieht sich auf das ‚Bühnenmodell' von Thomä und Kächele (2006). In der Textanalyse werden zwei Schritte unterschieden. Im ersten Schritt wird die narrative Dynamik untersucht, d. h. die Erzählungen werden aus dem Text extrahiert und nach festgelegten Regeln aufbereitet. Es erfolgt eine Auswertung nach Kategorien. Im zweiten Schritt wird die Konfliktdynamik untersucht, d. h. Wünsche, Ängste und Abwehrmechanismen werden aufgrund der narrativen Analyse erschlossen (Boothe et al. 2010). Das System erlaubt es, Konfliktkonstellationen im Sinne der Psychoanalyse zu beschreiben sowie intra-individuelle Veränderungen der Konfliktdynamik im therapeutischen Verlauf darzustellen.

Samstag et al. (2008) haben mit der Skala für narrative Kohärenz ein Instrument entwickelt, mit dem das Ausmaß an Kooperation in der Therapeut-Klient-Interaktion bestimmt werden kann. Das Instrument wurde aus dem Auswertungssystem des Erwachsenenbindungsinterviews (Main und Goldwyn 1985–1996) und der dort verwendeten Skala für Kohärenz abgeleitet. Das Konzept der Kohärenz im Erwachsenenbindungsinterview stützt sich auf eine Operationalisierung von drei Konstrukten, nämlich die vier Konversationsmaximen von Herbert Paul Grice (1975) (Maxime der Quantität, der Qualität, der Relation, der Art und Weise), die Fähigkeit zum metakognitiven Monitoring und die Gesamtplausibilität der Erzählung. Die Theorie der Konversationsmaximen von Grice beruht auf der Annahme, dass nicht die konventionelle Codebedeutung der Sprache für das Verstehen und die Verständigung zentral ist, sondern die Intentionen des Sprechers bzw. das Gemeinte. Um vom Gesagten zum Gemeinten zu gelangen, sind wir als Gesprächspartner auf Schlussverfahren angewiesen, die sogenannten Implikaturen, die anders als logische Implikationen vor dem Hintergrund eines grundsätzlich zu unterstellenden Kooperationsprinzips der Gesprächsbeteiligten und der vier Konversationsmaximen – Quantität, Qualität, Relation bzw. Relevanz sowie Art und Weise – operieren. An diesen Maximen richten wir unser Gesprächsverhalten aus, können aber auch bewusst oder unbewusst dagegen verstoßen (z. B. durch den Gebrauch gängiger rhetorischer Figuren wie Litotes, Metaphern, Hyperbeln etc.) und dadurch eine Inferenz beim Adressaten auslösen, die ihm angesichts der unterstellten Kooperativität und des gemeinsamen Wissens ermöglicht, vom Gesagten auf das Gemeinte zu schließen.

Die Bedeutung des Konstrukts der narrativen Kohärenz beruht darauf, dass sie als valider Indikator der narrativen Kompetenz anzusehen ist, eine Fähigkeit, die sich in den Interaktionen mit den primären Bindungspersonen entwickelt und mit der Sicherheit der Bindung im Erwachsenenalter zusammenhängt.

Das Narrative Process Coding System (NPCS) wurde von Angus et al. (1996, 1999) entwickelt. Der gesamte therapeutische Dialog wird als narrativer Prozess verstanden, in dem Therapeut und Klient gemeinsam die Lebensgeschichte(n) des Klienten erkunden und bewerten. Der therapeutische Dialog wird auf der Grundlage von Wechseln zwischen unterschiedlichen narrativen Modi in Sequenzen unterteilt. Die Modi sind (a) externaler narrativer Modus, in dem Lebensereignisse, Tatsachen oder praktische Themen erörtert werden; (b) internaler narrativer Prozess, in dem Gefühle und subjektive Erfahrungen artikuliert werden; (c) reflexiver narrativer Prozess, in dem Geschehnisse oder innere Zustände analysiert werden. Mithilfe dieses Beschreibungssystems können unterschiedliche Psychotherapieverfahren differenziert werden. Zur Erforschung von Erzählungen im engeren Sinne oder ihrer Funktion im therapeutischen Prozess trägt dieses Instrument wenig bei.

Versucht man den aktuellen Forschungsstand zum Thema Narrativierung in der Psychotherapie zusammenfassend zu würdigen, so steht einem inzwischen extensiven Gebrauch des Konzeptes eine erhebliche begriffliche Unschärfe und eine eher geringe Anzahl an brauchbaren Forschungsinstrumenten gegenüber. Die Konversationsanalyse (Schegloff 2007) und die linguistische Interaktionsforschung (Stukenbrock 2013b), zwei eng verwandte Forschungsrichtungen, die methodisch besonders geeignete, multimodale Zugänge zum Erzählen als Prozess bieten, sind in der empirischen Psychotherapieforschung nicht beheimatet. Ihr Einsatz würde eine enge Kooperation zwischen Sprachwissenschaft und Psychotherapieforschung erfordern, die zwar ohne weiteres möglich wäre, im deutschsprachigen Raum bislang jedoch noch keinen prägenden Einfluss auf das aktuelle Forschungsfeld in der Psychotherapieforschung hat. Ein Sammelband von Peräkylä et al. (2008) gibt eine gute Übersicht über die möglichen Berührungspunkte und thematischen Überscheidungen zwischen Konversationsanalyse und Psychotherapie. In ihrer Anwendung auf das Feld der Psychotherapie gibt die Konversationsanalyse linguistisch detailliert Aufschluss darüber, wie Therapeuten und Klienten durch ihr verbales und körperliches Verhalten den psychotherapeutischen Interaktionsprozess Augenblick-für-Augenblick gemeinsam hervorbringen, welche lexikalischen, syntaktischen und pragmatischen Strukturen und Praktiken sie dabei gebrauchen und wie sie sich in der Wechselbezüglichkeit ihrer Äußerungen gegenseitig ihr Verstehen und Nichtverstehen, ihr *alignment* und *misalignment* usw. anzeigen. Durch Audio- bzw. Videoaufzeichnungen therapeutischer Interaktionen, minutiöse Transkriptionen des verbalen und nonverbalen Interaktionsgeschehens und durch das Verfahren der Sequenzanalyse bietet die Konversationsanalyse einen methodisch kontrollierten Zugang zur Kommunikation zwischen Therapeut und Klient. Als Gegenstand der Konversationsanalyse gehört die Psychotherapie zu den Spezialfällen der ‚institutionellen Kommunikation', zu der umfangreiche konversationsanalytische Forschungsliteratur vorhanden ist (Drew und Heritage 1992; Gill und Roberts 2012; Peräkylä 2012). Im Mittelpunkt steht die Frage, wie die Beteiligten die interaktionalen Aufgaben bearbeiten, die sich aus dem jeweiligen institutionellen Kontext ergeben und wie sie diesen Kontext durch ihre kommunikativen Handlungen zugleich interaktiv hervorbringen.

Die Konversationsanalyse weist in einer sehr fruchtbaren Weise spezifische, in der Psychotherapie gebräuchliche diskursive Strategien auf, die dort eingesetzt werden, um bestimmte therapeutische Prozesse in Gang zu setzen und für die Zwecke der Therapie zu nutzen (vgl. dazu Antaki 2008; Bercelli et al. 2008).

9 Fazit

Erzählungen in unterschiedlichsten Ausgestaltungen nehmen in der Psychotherapie eine herausragende Position ein. Je nach Kontext und therapeutischem Paradigma entstehen sie teils spontan, teils werden sie aus therapeutischen Gründen durch spezifische Aufforderungen evoziert. Während Erzählungen in der Psychoanalyse von Beginn an eine zentrale Rolle spielten, zogen Verhaltenstherapie und Systemische Therapie in den vergangenen 15 Jahren unter dem Einfluss der narrativen Wende in den Geistes- und Sozialwissenschaften nach. So entwickelte sich eine Gruppe von Verfahren, die sich heute, trotz aller Verschiedenheit der Ansätze, unter der Gruppe der ‚narrativen Therapien' zusammenfassen lassen und in denen unterschiedliche Aspekte der Narrativierung insbesondere von Trauma-Erfahrungen therapeutisch genutzt werden.

Die Untersuchung von Erzählungen und narrativen Praktiken in der Psychotherapieforschung ist ein vielversprechendes Forschungsfeld, das in den vergangenen Jahren leider hinter einer auf quantitative Ergebnisstudien orientierten und auf Evidenzbasierung abzielenden Mainstream-Forschung zurückstehen musste. Trotzdem gibt es bereits sehr differenzierte und interessante Ansätze einer interdisziplinären Zusammenarbeit zwischen Sprachwissenschaft und Psychotherapieforschung, die sowohl grundlagenwissenschaftliche Fragen wie auch Themen der therapeutischen Nutzanwendung bearbeiten.

Literaturverzeichnis

Allen, Jon G., Peter Fonagy und Anthony W. Bateman (2008). *Mentalizing in Clinical Practice.* Washington, DC/London.
Angus, Lynne, Karen Hardtke und Heidi Levitt (1996). *Narrative Processes Coding System. Training Manual.* Unveröff. Manuskript, Department of Psychology, York University, North York, Ontario (Canada).
Angus, Lynne, Karen Hardtke und Heidi Levitt (1999). „The Narrative Processes Coding System: Research, Applications and Implications for Psychotherapy Practice". In: *Journal of Clinical Psychology* 55, 1255–1270.
Antaki, Charles (2008). „Formulations in Psychotherapy". In: A. Peräkylä, C. Antaki, S. Vehviläinen, I. Leudar (Hgg.), *Conversational Analysis and Psychotherapy.* Cambridge, 26–42.
Bamberg, Michael (2003). „Positioning with David Hogan. Stories, Tellings, and Identities". In: C. Daiute, C. Lightfoot (Hgg.), *Narrative Analysis: Studying the Development in Society.* London, 135–157.
Bamberg, Michael (2005). „Narrative Discourse and Identites". In: J. Ch. Meister, T. Kindt, W. Schernus (Hgg.), *Narratology beyond Literary Criticism. Mediality, Disciplinariy.* Berlin, 213–237.
Bamberg, Michael, und Alexandra Georgakopoulou (2008). „Small Stories as a New Perspective in Narrative and Identity Analysis". In: *Text & Talk* 28, 377–396.
Bateman, A., und P. Fonagy (2008). „Comorbid Antisocial and Borderline Personality Disorders: Mentalization-based Treatment". In: *Journal of Clinical Psychology* 64.2, 181–194.
Bercelli, Fabrizio, Federico Rossano und Maurizio Viaro (2008). „Clients' Responses to Therapists' Reinterpretations". In: A. Peräkylä, C. Antaki, S. Vehviläinen, I. Leudar (Hgg.), *Conversational Analysis and Psychotherapy.* Cambridge, 43–61.
Boothe, Brigitte (1994).*Der Patient als Erzähler in der Psychotherapie.* Göttingen.
Boothe, Brigitte (2011). *Das Narrativ.* Stuttgart.
Boothe, Brigitte, Geneviève Grimm, Marie-Luise Hermann und Marc Luder (2010). „JAKOB Narrative Analysis: The Psychodynamic Conflict as a Narrative Model". In: *Psychotherapy Research* 20, 511–525.
Boothe, Brigitte, und DragicaStojkovic (2015). „Communicating Dreams: On the Struggle for Reliable Dream Reporting and the Unreliability of Dream Reports". In: V. Nünning (Hg.), *Unreliable Narration and Trustworthiness. Intermedial and Interdisciplinary Perspectives.* Berlin/Boston, 415–428.
Böttche, Maria, und Christine Knaevelsrud (2015). „Die Narration des Traumas als therapeutischer Ansatz am Beispiel der Integrativen Testimonial Therapie". In: C. E. Scheidt, G. Lucius-Hoene, A. Stukenbrock, E. Waller (Hgg.), *Narrative Bewältigung von Trauma und Verlust.* Stuttgart, 170–182.
Deppermann, Arnulf (2015). „Agency in Erzählungen über Gewalterfahrungen in der Kindheit und Jugend". In: C. E. Scheidt, G. Lucius-Hoene, A. Stukenbrock, E. Waller (Hgg.), *Narrative Bewältigung von Trauma und Verlust.* Stuttgart, 64–75.
Deppermann, Arnulf, Helmuth Feilke und Angelika Linke (2016). „Sprachliche und kommunikative Praktiken. Eine Annäherung aus linguistischer Sicht". In: A. Deppermann, H. Feilke, A. Linke (Hgg.), *Sprachliche und kommunikative Praktiken.* Berlin/Boston, 1–24.

Drew, Paul, und John Heritage (Hgg. 1992), *Talk at Work. Interaction in Institutional Settings*. Cambridge.
Fivush, Robyn, Jacquelyn T. Gray und Fayene A. Fromhoff (1987). „Two Year Olds' Talk About the Past". In: *Cognitive Development* 2, 393–410.
Flader, Dieter, und Michael Giesecke (1980). „Erzählen im psychoanalytischen Erstinterview – eine Fallstudie". In: K. Ehlich (Hg.), *Erzählen im Alltag*. Frankfurt a. M., 209–262.
Foa, Edna B., Chris Molnar und Laurie Cashman (1995). „Change in Rape Narratives During Exposure Therapy for Post-traumatic Stress Disorder". In: *Journal of Traumatic Stress* 8, 675–690.
Folkman, Susan, und Judith T. Moskowitz (2004). „Coping: Pitfalls and Promise". In: *Annual Review of Psychology* 55, 745–774.
Folkman, Susan, und Richard S. Lazarus (1980). „An Analysis of Coping in a Middle-aged Community Sample". In: *Journal of Health and Social Behavior* 21, 219–239.
Freud, Sigmund (1975 [1912]). „Ratschläge für den Arzt bei der psychoanalytischen Behandlung". In: S. Freud, *Studienausgabe*. Ergänzungsband: *Schriften zur Behandlungstechnik*. Frankfurt a. M., 169–180.
Gay, Peter (1989). *Freud. Eine Biographie für unsere Zeit*. 2. Aufl. Frankfurt a. M.
Gill, Virginia Teas, und Felicia Roberts (2012). „Conversation Analysis in Medicine". In: T. Stivers, J. Sidnell (Hgg.), *The Handbook of Conversation Analysis*. Wiley-Blackwell, 575–592.
Grice, Herbert Paul (1975). „Logic and Conversation". In: P. Cole, J. L. Morgan (Hgg.), *Syntax and Semantics III: Speech Acts*. New York, 41–58.
Hydén, Lars-Christer, und Jens Brockmeier (Hgg. 2008). *Health, Illness and Culture: Broken Narratives*. New York.
Kast, Verena (1985). *Wege zur Autonomie. Märchen psychologisch gedeutet*. Olten/Freiburg.
Kast, Verena (2013). *Märchen als Therapie* 14. Aufl. München.
Knaevelsrud, Christine, Maria Böttche und Philipp Kuwert (2011). „Integrative Testimonial Therapie (ITT): Eine biographisch narrative Schreibtherapie zur Behandlung von posttraumatischen Belastungsstörungen bei ehemaligen Kriegskindern". In: *Psychotherapie im Alter* 1.8, 27–41.
Labov, William, und Joshua Waletzky (1967). „Narrative Analysis: Oral Versions of Personal Experience". In: J. Helm (Hg.), *Essays on the Verbal and Visual Arts: Proceedings of the 1966 Annual Spring Meeting of the American Ethnological Society*. Seattle, 12–44.
Lichtenberg, Joseph D., und Floyd B. Galler (1987). „The Fundamental Rule: A Study of Current Usage". In: *Journal of the American Psychoanalytic Association* 35, 47–76.
Luborsky, Lester (1977). „Measuring a Pervasive Psychic Structure in Psychotherapy: The Core Conflictual Relationship Theme". In: N. Freedman, S. Grand (Hgg.), *Communicative Structures and Psychic Structures*. New York, 367–395.
Lucius-Hoene, Gabriele (2002). „Narrative Bewältigung von Krankheit und Coping-Forschung". In: *Psychotherapie und Sozialwissenschaft* 4, 166–203.
Lüthi, Max (2004). *Märchen*. 10 Aufl. Stuttgart.
Main, Mary, und Ruth Goldwyn (1985–1996). *Adult Attachment Scoring and Classification System*. Unveröff. Scoring Manual. Department of Psychology, University of California, Berkeley.
Minuchin, Salvador (1977). *Familie und Familientherapie. Theorie und Praxis struktureller Familientherapie*. Freiburg i. Br.
Pennebaker, James W. (1993). „Putting Stress into Words: Health, Linguistic and Therapeutic Implications". In: *Behaviour Research and Therapy* 31, 539–548.

Pennebaker, James W. (1997). „Writing about Emotional Experiences as a Therapeutic Process". *Psychological Science* 8, 162–166.

Peräykylä, Anssi (2012). „Conversation Analysis in Psychotherapy". In: T. Stivers, J. Sidnell (Hgg.), *The Handbook of Conversation Analysis*. Chichester, 551–574.

Peräkylä, Anssi, Charles Antaki, Sanna Vehviläinen und Ivan Leudar (Hgg. 2008). *Conversational Analysis and Psychotherapy*. Cambridge.

Sacks, Harvey (1992). *Lectures on Conversation*. Oxford/Cambridge, MA.

Samstag, Lisa Wallner, J. Christopher Muran, Paul L. Wachtel, Arietta Slade, Jeremy D. Safran und Arnold Winston (2008). „Evaluating Negative Process: A Comparison of Working Alliance. Interpersonal Behavior, and Narrative Coherency Among Three Psychotherapy Outcome Conditions". In: *American Journal ofPsychotherapy* 62, 165–194.

Schauer, Maggie, Frank Neuner und Thomas Elbert (2005). *Narrative Exposure Therapy. A Short-Term Intervention for Traumatic Stress Disorder After War, Terror or Torture*. Göttingen.

Schegloff, Emanuel A. (2007). *Sequence Organization in Interaction. A Primer in Conversation Analysis*. Bd. 1. Cambridge.

Scheidt, Carl Eduard, und Gabriele Lucius-Hoene (2015). „Die Wieder-Erzählung prototypischer Beziehungserfahrungen in der Psychotherapie". In: E. Schumann, E. Gülich, G. Lucius-Hoene, S. Pfänder (Hgg.), *Wiedererzählen. Formen und Funktionen einer kulturellen Praxis*. Bielefeld, 227–242.

Scheidt, Carl Eduard, Gabriele Lucius-Hoene, Anja Stukenbrock und Elisabeth Waller (Hgg. 2015). *Narrative Bewältigung von Trauma und Verlust*. Stuttgart.

Selvini-Palazzoli, Mara, Luigi Boscolo, Gianfranco Cecchin und Giuliana Prata (1977). *Paradoxon und Gegenparadoxon*. Stuttgart.

Strotzka, Hans (1975). *Psychotherapie: Grundlagen, Verfahren, Indikationen*. München.

Stukenbrock, Anja (2012). „Zur Beredsamkeit des Körpers. Figurendarstellung und Figurenwissen als multimodale Alltagsinszenierung". In: L. Jappe, O. Krämer, F. Lampart (Hgg.), *Figurenwissen. Funktion von Wissen bei der narrativen Figurendarstellung*. Berlin/Boston, 345–285.

Stukenbrock, Anja (2013a). „Die Rekonstruktion potenziell traumatischer Erfahrungen: Sprachlicher Verfahren zur Darstellung von Kindsverlust". In: *Gesprächsforschung – Online-Zeitschrift zur verbalen Interaktion* 14, 167–199. http://www.gespraechsforschung-online.de/fileadmin/dateien/heft2013/ga-stukenbrock.pdf (28. Mai 2017)

Stukenbrock, Anja (2013b). „Sprachliche Interaktion". In: P. Auer (Hg.), *Sprachwissenschaft. Grammatik – Interaktion – Kognition*. Stuttgart, 217–259.

Stukenbrock, Anja (2015). „Verlustnarrative im Spannungsfeld zwischen erzählter Situation und Erzählsituation: Linguistische Fallanalyse". In: C. E. Scheidt, G. Lucius-Hoene, A. Stukenbrock, E. Waller (Hgg.), *Narrative Bewältigung von Trauma und Verlust*. Stuttgart, 76–93.

Thomä, Helmut, und Horst Kächele (2006). *Lehrbuch der Psychoanalytischen Therapie*. Bd. 1: *Grundlagen*. 3. Aufl. Heidelberg.

White, Michael (2010). *Landkarten der narrativen Therapie*. Heidelberg.

Karin Birkner
IV.1.9 Erzählen im Arzt/Patient-Gespräch

Trotz zunehmender Technisierung im Gesundheitswesen gehört das Gespräch in seinen unterschiedlichsten Erscheinungsformen nach wie vor zum zentralen Handwerkszeug der sogenannten Helfenden Berufe (Graf und Spranz-Fogasy [im Ersch.]; Sator und Spranz-Fogasy 2011, 378; für einen linguistischen Forschungsüberblick vgl. Nowak 2010). Dies rückt seit geraumer Zeit wieder stärker ins Bewusstsein, so dass in der Medizin bisweilen schon von der „linguistischen Wende" (Menz 2015, 75) die Rede ist. Dabei werden dem Gespräch verschiedenste Funktionen zugeschrieben, vom heilenden Sprechen (nicht zuletzt in der Therapie) über Beziehungsstiftung und Identitätsrelevanz bis hin zum Instrument des Informationsaustausches.

Arthur Kleinman, Psychiater und Medizinischer Anthropologe der Harvard Medical School und prominenter Vertreter der narrativen Medizin, gibt den Ärztinnen und Ärzten folgende Maxime auf den Weg: „Listen to the patient, he is telling you the diagnosis." (Kleinman 1988, 130) Ein Akzent liegt dabei auf dem *telling*, denn den Ausgangspunkt seiner Überlegungen bildet die Überzeugung: „[P]atients order their personal experience of illness – what it means to them and to significant others – as personal narratives" (Kleinman 1988, 49). Kleinman gilt als derjenige, der wesentlich dazu beigetragen hat, dass autobiografische Krankheitserzählungen (auch Krankheitsnarrative; vgl. Abschnitt 2) zu einem eigenen Forschungsbereich wurden. Die Ursachen für die zunehmende Bedeutung, die Krankheitserzählungen beigemessen wird, sind in verschiedenen Entwicklungen seit Mitte des 20. Jahrhunderts zu sehen: Das Auftreten von HIV/AIDS, die Zunahme chronischer Erkrankungen und Krebs (wohl nicht zuletzt durch die Steigerung des Lebenserwartung), die Kommerzialisierung der Medizin wie auch niedrigschwellige Publikationsmöglichkeiten und die Verfügbarkeit von entsprechenden Texten im Internet (vgl. Jurecic 2012).

Insbesondere Beschwerdenexploration und Diagnose beruhen in hohem Maße auf dem Wissen der Betroffenen, das im Arzt/Patient-Gespräch (im Folgenden: APG) elizitiert werden muss. Da Geschichten Auskunft geben über Relevanzen, Belastungen und Bewältigungsstrategien, können Erzählungen von Betroffenen auch für medizinische Zwecke sinnvoll genutzt werden. Sie erlangen trotz ihres subjektiven und lebensweltlichen Charakters Beweisstatus, wenn ‚objektive' diagnostische Indikatoren fehlen (z. B. bei psychischen Störungen, Schmerzchronifizierung, medizinisch unerklärten Symptomen [MUS]). Aber nicht allein der Informationsaustausch, auch die Güte der Arzt/Patient-Beziehung ist ein Erfolgsfaktor für die Behandlung; umgekehrt sind Vertrauen, ein stabiles Behandlungsbündnis und patientenseitige Adhärenz an eine gelingende Kommunikation geknüpft. Dass dabei das Erzählen eine große Rolle spielt, ergibt sich aus der Tatsache, dass es zur anthropologischen Grundausstattung des Menschen gehört, via Narrationen Sinn und Bedeutung in Geschichten vom Leiden, von Krankheit, Heilung und Tod zu suchen und zu finden (Hydén 1997).

Allerdings scheint Erzählen unter den institutionellen Rahmenbedingungen des heutigen Medizinbetriebes mit dessen Zeit- und Kostendruck bisweilen nur schwer vereinbar. Dennoch wächst im Zuge des sich seit Mitte der 1990er Jahre vollziehenden Wechsels von einem paternalistischen zu einem partizipativen Paradigma in der medizinischen Versorgung (für einen Überblick vgl. Lalouschek 2013, 355) die Bedeutung des Erzählens auch für die Medizin. Der Wandel ging zunächst von der psychosomatischen Medizin nach Thure von Uexküll und Viktor von Weizsäcker (vgl. Kalitzkus et al. 2009) aus, ist aber mit Konzepten wie der patientenzentrierten Medizin, Patientenbeteiligung, *shared decision making* etc. mittlerweile im Zentrum der medizinischen Versorgung angelangt (zu gesellschaftspolitischen Hintergründen vgl. Lalouschek 2013, 356). Dieser Wandel repräsentiert eine Grund- und Wertehaltung, die in der sogenannten narrativen Medizin programmatisch geworden ist und auch in aktuelleren Entwicklungen, etwa der ganzheitlich orientierten, integrativen Medizin, nachhaltig bleibt.

Im Folgenden werden in Abschnitt 1 zunächst verschiedene disziplinäre Perspektiven auf krankheitsbezogenes Erzählen vorgestellt. In Abschnitt 2 wird das Konzept des Krankheitsnarrativs erläutert. Die Ergebnisse der Angewandten Linguistik, die das Erzählen im klassischen APG der Akutversorgung intensiv erforscht hat, werden in Abschnitt 3 zur Sprache gebracht: Zunächst soll es hier um die Zeitknappheit als verbreitetes Argument gegen das Erzählen gehen. Im Anschluss werden die Funktionen des Erzählens im Zusammenhang mit Verfahren der Veranschaulichung schwer beschreibbarer und komplexer Sachverhalte dargestellt. Zugleich soll der Frage nachgegangen werden, wie formale, linguistisch beschreibbare Merkmale von Krankheitsnarrationen in der Medizin differentialdiagnostisch nutzbar gemacht werden können. Der Beitrag schließt mit einem Ausblick in Abschnitt 4.

1 Interdisziplinäre Perspektiven auf Erzählen im medizinischen Kontext

Der *narrative turn* seit den 1980er Jahren schlägt sich u. a. in den ‚Medical Humanities' nieder, einem interdisziplinären Feld an der Schnittstelle von Medizin und Geistes- und Sozialwissenschaften (Gygax und Locher 2015), das aus Literatur- und Kulturwissenschaften, Linguistik, Psychologie, Anthropologie, Soziologie etc. gespeist wird (Greco 2013; Kirklin und Richardson 2001; Hydén und Brockmeier 2008). Einen wesentlichen theoretischen Einfluss nahmen hier von Beginn an Literaturtheoretiker/innen und Narratolog/innen. Schon in den 1970er Jahren hatte man in den Literatur- und Kulturwissenschaften begonnen, sich mit Fragen der Selbstdarstellung oder der sozialen und kulturellen Konstruktion von Krankheit auseinanderzusetzen; das verstärkte sich im Zuge der Theoretisierung des Körpers seit Butler (1993) noch weiter. Chronische Krankheiten und chronischer Schmerz spielen dabei eine besondere Rolle. Scarry (1987) reflektiert in ihrem Versuch, die Natur physischen Leidens zu ergründen, die Unmöglichkeit, Schmerz sprachlich direkt auszudrücken (vgl. auch Wittgensteins 1953 posthum veröffentlichte *Philosophischen Untersuchungen* und die Notwendigkeit des Sprachspiels zum Ausdruck von Schmerz). Vielmehr führt starker Schmerz zur Zerstörung von Sprache, wenn z. B. nur noch Schreien und Stöhnen möglich sind. Andererseits prägt die (geschriebene) Sprache auch eine ‚Kultur des Schmerzes/ der Krankheit', die bis in den Bereich der körperlichen Erfahrung zurückwirkt: Sontag (1989) zeigt eindrucksvoll, so Jurecic (2012, 67), wie Literatur die kulturelle Bedeutung und Erfahrung von Krankheit, Schmerz und Leiden dokumentiert und gestaltet. Feministinnen wie Gilmore (2012) untersuchen biografisches Schreiben über chronischen Schmerz und analysieren durch den Posthumanismus aufgeworfene ethische Fragen bezüglich zwischenmenschlicher Beziehungen, Umwelt, *Embodiment* und Temporalität.

Innerhalb der Medizin ist in dieser Hinsicht die sogenannte *narrative medicine* eine der wichtigsten Bewegungen, die stark von Charon (2006) geprägt wird (vgl. auch Greenhalgh und Hurwitz 1999). Für Charon sind *acts of doctoring* dem Lesen, Interpretieren und Schreiben sehr ähnlich. Mittels des Verständnisses dafür, wie Narrationen Krankheit repräsentieren, kurz: durch narrative Kompetenz, verbessert ein Arzt/eine Ärztin insbesondere eines: „awareness of the ethical complexity of the relationship between doctor and patient, teller and listener, a relationship marked by duty toward privileged knowledge and gratitude for being heard" (Charon 2012, 212). Hieraus ergibt sich nicht zuletzt eine Relevanz der Literaturwissenschaft für die medizinische Ausbildung: Charon plädiert für die Schulung von Angehörigen medizinischer Berufe in der literarischen Analyse von Texten, um deren narrative Kompetenz für den Umgang mit den Erzählungen der Patient/innen zu erweitern bzw. sie für ihr eigenes Erzählen in Arztbriefen und Krankenakten zu sensibilisieren (Charon 2006, viii; 2014).

In der patientenzentrierten, narrativen Medizin und ihrer biografiebasierten Methode erfolgt der klinische Zugang zum Patienten/zur Patientin mittels der narrativen Wissensgenerierung, die in Abgrenzung zu einem eher interrogativen Stil gesehen wird. „Als alltägliche Kommunikationsform liefert die Erzählung einen ausgezeichneten Zugang zu Wissensbeständen, die vom Patienten nicht ohne weiteres [sic!] auf den *Begriff* gebracht und die vom Arzt deswegen nicht ohne Weiteres durch bloße *Befragung* exploriert werden können." (Koerfer et al. 2010, 98; Hervorh. im Orig.) Ein erzählevozierender Zugang zur Erkrankung soll die Dichotomie von Leib und Seele überwinden helfen, indem der Patient/ die Patientin im klinischen Zugriff nicht auf den Körper reduziert wird, sondern ein erweiterter, kommunikationsbasierter Blick auf Leib und Leben eröffnet wird (Koerfer et al. 2010, 95).

Für die Psychotherapie, insbesondere für die sogenannten narrativen Therapieansätze, sind die Funktionen des Erzählens ausführlich aufgearbeitet (vgl. im vorliegenden Band *Scheidt und Stukenbrock, Narrative Praktiken in der Psychotherapie*). Erzählen dient der Bewältigung krisenhafter Erfahrungen, der Erkenntnis und der Schaffung neuer Bedeutungsräume und Perspektiven, es ist Mittel der Selbst- und Fremdpositionierung und eine Basis der Beziehungsarbeit zwischen Therapeut/in und Klient/in. Für Therapeut/innen stellt Erzähl-Elizitation nicht nur eine Form der Intervention dar, sondern wird auch als Diagnoseinstrument eingesetzt, das weit über die reine Informationskommunikation hinausweist (Boothe et al. 2010; Boothe 2001; Samstag et al. 2008; vgl. auch Abschnitt 3 zu medizinischer Differentialdiagnostik).

Aus der Sicht der Erzählforschung ist das Konzept *illness narrative* (dt. ‚Krankheitserzählung') von herausgehobener Bedeutung; seit den 1970er Jahren wird die Beziehungen zwischen Narrativ und Krankheitserfahrungen in vielfacher Weise und aus verschiedensten disziplinären Perspektiven beleuchtet. Dies wird im folgenden Abschnitt in den Fokus rücken.

2 Krankheitsnarrative

Das Konzept der *Krankheitsnarrative* (auch: *Krankheitserzählung*; engl. *illness narrative*) erfasst Erzählungen von Betroffenen und/oder deren Angehörigen über eine (oft chronische oder lebensbedrohliche) Erkrankung und deren Folgen für ihr Leben. Eine frühe, vielzitierte Definition zu *illness narrative* stammt von Kleinman: „The illness narrative is a story the patient tells, and significant others retell, to give coherence to the distinctive events and long term course of suffering." (Kleinman 1988, 49) Krankheitsnarrative kommen mündlich, z. B. im Alltag mit Freunden und Familie oder mit medizinischem Personal, vor, aber auch schriftlich, z. B. als (Auto-)Biografie oder in der *Online*-Therapie. Kalitzkus et al. (2009, 61–63) unterscheiden vier Typen: 1) Patientengeschichten (klassische Krankheiterzählung), 2) Arztgeschichten, d. h. (Auto-)Biografien von Mediziner/

innen, 3) Erzählungen über Arzt/Patient-Begegnungen und 4) Meta-Narrative, d. h. Geschichten hinter den Geschichten von Patient/innen und Ärztinnen/Ärzten, die den Hintergrund für individuelle Erzählungen bilden und das soziokulturelle Verständnis von Gesundheit und Krankheit abbilden bzw. prägen. Im vorliegenden Zusammenhang stehen die unter 1) genannten Krankheitsnarrative von Betroffenen im Arzt/Patient-Gespräch im Zentrum.

Krankheitserzählungen in der Medizin erheben – anders als literarisches Erzählen, das überwiegend mit Fiktionen arbeitet – den Anspruch, reale Ereignisse zu rekonstruieren. Martínez und Klein sprechen von „Wirklichkeitserzählungen", die sich dadurch auszeichnen, dass sie zwar ebenfalls „konstruktiv" sind, ihnen aber ein Geltungsanspruch eigen sei, reale Sachverhalte darzustellen (Martínez und Klein 2009, 7). Der Nutzen von Narrativen für die Medizin geht über den fraglos gegebenen Informationsgehalt für die Diagnose weit hinaus: Nicht nur sind Erzählungen phänomenologisch naheliegende Formen, in denen Patient/innen Krankheit erleben und reflektieren, sie fördern außerdem im Gegenüber Empathie und Verstehen und erlauben die (Re-)Konstruktion von Bedeutung (vgl. auch Greenhalgh und Hurwitz 1999, 49). Nach Gülich (2005a) haben Krankheitserzählungen eine Erkenntnisfunktion, was zur Krankheitsverarbeitung beitragen kann. Besonders chronisch Kranken ermöglicht das Erzählen der eigenen Geschichte, unabhängig vom institutionellen Narrativ, einen wichtigen „autoepistemischen Lernprozess" (Haug 2015, 61). Haug betont: „Die damit ermöglichte soziale Validierung einer selbstwertförderlichen Darstellung der Ereignisse innerhalb der Erzählzeit, also dem Hier und Jetzt, kann die Verarbeitung gerade von schwierigen oder als belastend erlebten Situationen deutlich unterstützen und fördern" (Haug 2015, 54).

Auch wenn Krankheitserfahrungen als persönliche Erzählungen präsentiert werden, unterliegen sie doch der Prägung durch soziale und kulturelle Modelle, von Erzähltraditionen bis hin zu Lebensentwürfen: „The plot lines, core metaphors, and rhetorical devices that structure the illness narrative are drawn from cultural and personal models for arranging experiences in meaningful ways and for effectively communicating those meanings" (Kleinman 1988, 49). Kleinman geht jedoch noch weiter, wenn er fortfährt, dass diese Modelltexte Erfahrungen nicht nur formen, sondern sogar erzeugen: „Over the long course of chronic disorder, these model texts shape and even create experience" (Kleinman 1988, 49).

Frank (1997) betont die soziale Relevanz der Krankheitserzählung. Im Wiedererkennen von ähnlichen Beschwerden oder Einschränkungen stellt sich ein Zugehörigkeitsgefühl ein, das eine ‚Gemeinschaft von Betroffenen' (Frank 1997, 35) erzeugt und denen eine Stimme gibt, die durch ihre Erkrankung aus der Normalität ihres Alltags geworfen sind und ein neues Selbstverständnis finden müssen. Er argumentiert weiter, dass Patientenerzählungen die Möglichkeit eines Gegendiskurses eröffnen, der es erlaubt, dem „Herrschaftsnarrativ der Medizin" (Haug 2015, 61) die eigene Geschichte gegenüberzustellen. Die häufigsten Geschichten, die Kranke außerhalb medizinischer Kontexte erzählen, handeln von kleineren Widerständigkeiten, z. B. „ironic verbal comebacks to tactless remarks made by medical staff, covert acts of noncompliance, engagement in nonmedically authorized or medically incomprehensible acts of self-healing and recovery, or simply dumb-doctor anecdotes that are themselves performative acts of resistance" (Frank 1997, 35). Auch Lucius-Hoene (2008) weist in ihren Interviewstudien nach, dass bestimmte Topoi wiederkehren, z. B. der Arzt, der sich keine Zeit nimmt, oder die Kämpferin, die tapfer gegen die Krankheit antritt. Gesellschaftliche Werte werden auch da mitverhandelt, wo etablierte Topoi mit den eigenen Erfahrungen parallelisiert und in die Erzählungen integriert werden. Im günstigsten Fall ergänzen sich die Erzählungen von den Ärzt/innen als Experten der medizinischen Welt und die Erzählungen der Betroffenen als Experten ihrer Lebenswelt gegenseitig (Lucius-Hoene 2008, 94; vgl. auch Haug 2015); häufig werden jedoch in der Identitätsarbeit und den Selbst- und Fremdpositionierungen Friktionen und Stigmatisierungen bearbeitet (Lucius-Hoene und Deppermann 2004a). Hier liegt zugleich das Potential der heilenden Anteile von Krankheitsnarrationen, wenn Sinnzusammenhänge in der erzählten Zeit neu in die Erzählzeit integriert werden (Gülich und Schöndienst 2015; Waller und Scheidt 2010; Lucius-Hoene 1998, 2002). Haug (2015, 42) formuliert es prägnant: „Erlebtes kann für das Hier und Jetzt neu gedeutet und in eine Gesamterfahrung integriert werden, die in sich kohärent ist und als Narration verbalisierbar werden kann [...]." Gelingt es nicht, eine kohärente Geschichte von der eigenen Krankheit zu rekonstruieren, z. B. bei traumatischen Ereignissen oder unerklärten Beschwerden (*broken narratives*; Kirmayer 2000; vgl. auch Hydén und Brockmeier 2008; Frank 1995), zeigt sich das Misslingen auch in Inkonsistenzen der Narration. Für Mediziner/innen können Merkmale wie Abbrüche, Häsitationen etc. als Relevanzmarkierungen dienen, um weiter zu explorieren, denn hier liegen häufig bedeutungsvolle Details (zu Relevanzmarkierungen im APG vgl. Sator 2003; Sator und Spranz-Fogasy 2011, 383–385).

3 Erzählen im Arzt/Patient-Gespräch

Mündliches Erzählen stellt eine spezifische Form der Rekonstruktion vergangener Ereignisse, Erlebnisse, Erfahrungen etc. dar (Gülich 2005a, 74; zu rekonstruktiven Gattungen vgl. auch Bergmann und Luckmann 1995). Es ist eine kooperative Tätigkeit mit verteilten Zuständigkeiten (Quasthoff 2001). Zum einen müssen

Erzählungen, als längere Redebeiträge, von den Rezipient/innen lizensiert werden, oftmals initiieren sie sie sogar durch einen Erzählimpuls. Zum anderen wirken Rezipienten durch ein Aufmerksamkeitsdisplay (z. B. Blickkontakt, Zuwendung etc.), durch Rückmeldesignale, Verständnisfragen, Lachen, evaluative Mimik und Kommentare an der Emergenz der Erzählung mit. Erzählungen als Formen narrativer Rekonstruktion etablieren kognitiv-konversationelle Zugänge der Sachverhaltsdarstellung, die die Struktur von Erzählungen prägen: den „Detaillierungszwang", den „Relevanzfestlegungs- und Kondensierungszwang" sowie den „Gestaltschließungszwang" (Kallmeyer und Schütze 1977, 187; vgl. auch Gülich 2005a, 76). Durch den Detaillierungszwang ist der/die Erzählende gehalten, „sich an die tatsächliche Abfolge der von ihm erlebten Ereignisse zu halten und – orientiert an der Art der von ihm erlebten Verknüpfungen zwischen den Ereignissen – von der Schilderung des Ereignisses A zur Schilderung des Ereignisses B überzugehen" (Kallmeyer und Schütze 1977, 188). Denn um die Kohärenz und Nachvollziehbarkeit der Geschichte zu gewährleisten, sind Details, die Beziehungen zwischen den einzelnen Elementen herstellen und Hintergrundwissen liefern, von großer Bedeutung.

Eine der frühesten Arbeiten in der Linguistik, die eine Verbindung von Erzählen und Medizinkommunikation herstellt, ist die Untersuchung von Labov und Fanshel (1977) zu Psychotherapiegesprächen. Dass Therapien in der Regel auf längere Dauer angelegt sind als APG, so dass sich eine eigene Diskurshistorie entfaltet, spielt sicher eine Rolle dabei, dass die Relevanz des Narrativen hier zuerst erkannt wurde. Demgegenüber bietet das medizinische APG, auf Zeiteffizienz und Lösungseffektivität orientiert, weniger Gelegenheiten für das vergleichsweise raumgreifende Erzählen. Das Gros der Arbeiten zum Erzählen im APG stammt denn auch aus dem Kontext der chronischen Schmerzen, der MUS oder der Psychosomatik, in dem herkömmliche Behandlungsmethoden an ihre Grenzen geraten sind.

APG finden unter spezifischen institutionellen Rahmenbedingungen statt (Birkner und Meer 2011; Lalouschek 2013, 354 zur Arztrolle), die die Beteiligungsrollen, Aufgaben, Ziele, Asymmetrien sowie Erwartungen und Erwartungserwartungen usw. maßgeblich prägen (vgl. auch Drew und Heritage 1992). Die Perspektiven der sogenannten Agenten und Klienten sind dabei im besten Falle komplementär, häufig kommt es jedoch zu Unvereinbarkeiten zwischen der, so Mishler (1984), „voice of the life world" und der „voice of medicine" (vgl. auch Abschnitt 2). Informationsaustausch, den eine typische Wissensasymmetrie notwendig macht und der den Beteiligten als Basis für eine Entscheidungsfindung dient, gilt als ein typischer Bestandteil institutioneller Kommunikation. Dabei werden die Angaben der Klient/innen von den Agent/innen in institutionenspezifische Kategorien überführt. Klientenseitiges Erzählen spielt hier eine zentrale

Rolle und wurde bereits früh in verschiedenen Institutionen beschrieben, und zwar nicht selten als dysfunktional: auf dem Sozialamt (Selting 1987), in der Sozialberatung (Rehbein 1980), in der Therapie (Wodak-Leodolter 1980; Flader und Giesecke 1980), in der Schule (Ehlich 1984), bei Gericht (Hoffmann 1980) (für einen Überblick vgl. Gülich und Hausendorf 2000, 382). Im APG treffen institutionelle Diskursformen einerseits und alltagsweltliche Darstellungsformen des Patientenerlebens andererseits aufeinander und es kommt zum „frame conflict" (Lalouschek 1995, 18; vgl. auch Lalouschek 2002): Von Patient/innen verwendete Diskursformen, etwa das Erzählen (vgl. zu *lifeworld narratives* Stivers und Heritage 2001), gelten für Ärzt/innen als institutionell ungeeignet; sie bevorzugen z. B. berichtartige Rekonstruktionen. Bereits Bliesener (1980) führt anhand einer Fallanalyse vor, wie die Erzählversuche einer Patientin während einer Visite systematisch von der Ärztin zurückgewiesen werden und letztendlich scheitern. Er zeigt einen Zielkonflikt zwischen unterschiedlichen Interaktionsmustern auf: Während die Patientin ein „Erzählschema" verfolgt, orientiert sich die Ärztin am Schema „Austausch"; letzteres steht im Einklang mit den Verfahren, die das Krankenhaus zur Erreichung des institutionellen Zwecks der Heilung vorgibt (Bliesener 1980, 174). Es verlangt jedoch „vom Patienten eine Selbstzensur gegenüber seinem thematischen Bewußtsein" (Bliesener 1980, 175). Auch Gülich (2005a, 73) erkennt bei der linguistischen Analyse von Arzt/Patient-Gesprächen häufig einen „Konflikt zwischen Erzählen-Wollen" und „Nicht-Zuhören-Wollen oder -Können", der im Gespräch jedoch meist nicht offen thematisiert wird.

APG bestehen aus Phasen, in denen der Erzählraum für die Patient/innen sehr unterschiedlich verteilt ist. Graf und Spranz-Fogasy ([im Ersch.]) sowie Nowak und Spranz-Fogasy (2009) beschreiben die Handlungsstruktur von APG über die Kernaufgaben Beschwerdenexploration (gegebenenfalls inklusive einer körperlichen und/oder technischen Untersuchung), Diagnosestellung (und gegebenenfalls -mitteilung) und Therapieentwicklung (gegebenenfalls therapeutische Maßnahmen) (vgl. auch Nowak 2010; Byrne und Long 1976; Menz [2015, 81–82] plädiert mit Lalouschek [2013] für die Aufnahme einer Phase der Anliegensklärung vor der Beschwerdenexploration). Die Gesprächssteuerung, z. B. der Phasenübergänge, liegt weitgehend beim Arzt. Patientenseitige Narrationen kommen vor allem während der Beschwerdenexploration vor. Das ist auf eine spezifische, komplementäre Verteilung des Wissens im APG zurückzuführen: Patient/innen haben die Expertise für ihre Beschwerden, während die Ärzt/innen als Experten für die Diagnosestellung agieren. Insbesondere die Eröffnungszüge für die Beschwerdenschilderung wurden intensiv untersucht (Menz 2015, 77). Sie spannen den Rahmen auf, den Patient/innen dann für ihre Beschwerdendarstellung nutzen (können) und deren Gestaltung wesentlichen Einfluss auf die Partizipation der Patient/innen nimmt (Heritage und Robinson 2006; vgl. Spranz-Fogasy und Lindtner 2009, 154 zu Rechte- und Pflichtenverteilung). Ärztliche Eröffnungsinitiativen reichen von geschlossenen Fragen bis zu Erzählaufforderungen (Lalouschek 2005) und einem „Sich-zur-Verfügung-stellen" (Spranz-Fogasy 2005; vgl. auch Robinson und Heritage 2006). Allerdings lässt sich die Partizipation von Patientinnen und Patienten eben nur bedingt über die Gesprächsführung steuern, so zeigt Birkner (2006, 176), dass eine Patientin eine vergleichbar offene Erzählaufforderung im APG nur verhalten, im Interview hingegen sehr ausführlich beantwortet. Auf der anderen Seite beobachten Stivers und Heritage (2001), dass Patient/innen mehr Informationen liefern, als eine Frage isoliert betrachtet im Skopus hat (vgl. zum „Antwortüberschuss" Spranz-Fogasy 2010, 81). Das rezeptartige Empfehlen bestimmter Fragetypen zur Verbesserung der Narrativität in AGP greift folglich zu kurz. „Patientengeschichten können eben nicht erfragt, sondern nur erzählt werden." (Koerfer et al. 1994, 72; vgl. auch Surmann 2005, 145) Dieses Diktum ist darin begründet, dass der Fragende unvermeidlich eine Perspektivierung auf ein Erfragtes vornimmt und die folgende Darstellung damit beeinflusst, während eine Geschichte optimalerweise vom Erzählenden selbst perspektiviert wird und damit die eigenen Relevantsetzungen zum Ausdruck bringt (Nowak 2015). Sator und Spranz-Fogasy (2011, 385) zeigen, dass die Vernachlässigung von Relevanzmarkierungen der Patient/innen zu Gesprächsstörungen wie Insistieren oder Entmutigung führen.

Erzählzeit als knappe Ressource

Ein immer wieder angeführtes Argument gegen das Erzählen im APG rekurriert auf knappe Zeitressourcen: „Bei ‚Erzählen' denken wir eher an ausführliche, lebhafte, vielleicht ausschmückende, emotional gefärbte sprachliche Darstellungen, die im herkömmlichen Sprechstundengespräch – zumindest aus schulmedizinischer Sicht – eher stören oder zu viel Zeit beanspruchen." (Gülich 2005a, 73) Tatsächlich konnte kein Zusammenhang zwischen Eröffnungsinitiativen, die den Patient/innen einen größeren Gestaltungsraum z. B. für Erzählungen zuweisen, und längerer Gesamtdauer nachgewiesen werden (Menz 2015, 77 und 82). Koerfer et al. (2010, 124; vgl. auch Köhle et al. 2001) errechnen, dass APG, die dem narrativen Ansatz folgen, nicht länger dauern als andere. In einer Studie von Langewitz et al. (2002) wurden Ärzt/innen angehalten, die Patient/innen aussprechen zu lassen; die Anliegensdarstellung dauerte bei 80 Prozent der Patienten zwei Minuten (es ergab sich eine mittlere ununterbrochene Sprechzeit von 92 Sekunden, nur sieben Personen sprachen länger als fünf Minuten). Die beteiligten Ärzte erklärten, in der nicht unterbrochenen Sprechzeit wertvolle Behandlungsinformationen bekommen zu haben. Vielmehr werden kommunikative Schleifen,

„door-knob-questions", d.h. Fragen, die im letzten Moment doch noch gestellt werden (Ripke 1994, 126), oder das Vergessen wichtiger Anliegen (Menz 2015, 83) verhindert, durch die sich die vermeintliche Effektivität durch Schnelligkeit rasch in Ineffizienz verkehrt. Tatsächlich wirkt sich anfänglich investierte Zeit, z. B. für die Anliegensklärung und das Explorieren über die sogenannten Präsentiersymptome hinaus, positiv auf die Patientenzufriedenheit und die Behandlungsqualität aus.

Dennoch kommt es oft zu frühzeitigen Eingriffen durch Ärzt/innen, was die Narration empfindlich stören kann. Einige Studien zeigen, dass Patient/innen häufig und frühzeitig unterbrochen werden, so dass größere Diskurseinheiten wie das Erzählen, die einen primären Sprecher und eine gewisse Erstreckung haben, in ihrer Entfaltung beeinträchtigt werden (Beckman und Frankel 1984; Koerfer et al. 1994; Marvel et al. 1999; Langewitz et al. 2002). Auch Frankel (2001, 90) zeigt, wie der rote Faden in Patientenerzählungen, z. B. bei Ursachenzuschreibungen und Belastungen, verlorengeht. Frühzeitig unterbrochene Patient/innen äußern außerdem nur selten weitere Anliegen, denn Studien zeigen: „[P]hysician interruption at the beginning of the visits inhibited patients from supplying additional, and in some case critical information for decision making" (Frankel 2001, 89).

Erzählen im APG als Veranschaulichungsverfahren

Eine wesentliche Funktion des Erzählens liegt in der Veranschaulichung schwer verbalisierbarer Sachverhalte. APG liegt in der Regel eine durch den Arzt zu beantwortende Frage der Patient/innen zugrunde: ‚Was ist mit mir los?' Diese Quaestio legt eine gewisse Unbestimmtheit des Infrage-Stehenden bereits nahe; darüber hinaus handelt es bei den Auslösern für die Inanspruchnahme – abgesehen von Kontrolluntersuchungen – um Körperempfindungen wie Schmerz und Unwohlsein, gepaart mit Emotionen wie Sorge und Verunsicherung. Folglich sind die betreffenden Sachverhalte zum einen komplex, zum zweiten verbal schwer beschreibbar und einem Gegenüber nur indirekt mitteilbar. Im Zuge der hier relevant werdenden Veranschaulichungsverfahren (für einen Überblick vgl. Ehmer 2013) erweisen sich Erzählungen als eine probate Lösung für das Problem der schweren Beschreibbarkeit (Gülich 2005b; Gülich und Schöndienst 1999).

Die Überwindung von Unbeschreibbarkeitsproblemen liegt u. a. darin, dass mittels des Erzählens Dinge gesagt werden, die „nie ‚von sich aus' gesagt würden, wären sie nicht z. B. in der narrativen Rekonstruktion eines Ereignisablaufes unabdingbares Detail einer Voraussetzung i. S. des Detaillierungszwangs" (Surmann 2005, 145). Relevanzfestlegungs- und Kondensierungszwang führen dazu, „nur das zu erzählen, was an Ereignissen als ‚Ereignisknoten' innerhalb der zu erzählenden Geschichte relevant ist" (Surmann 2005, 188); im Sinne einer funktionierenden Geschichte muss die Bedeutung einzelner Ereignisse bzw. Erlebnisse bewertet und Irrelevantes weglassen oder zusammengefasst werden. Wesentliches hingegen muss erzählt werden, auch wenn nur begrenzte zeitliche Ressourcen zur Verfügung stehen. Beim Gestaltschließungszwang müssen „die in der Erzählung darstellungsmäßig begonnenen kognitiven Strukturen" (Surmann 2005, 188) als strukturierte Abfolge zum Abschluss gebracht werde. Erzählungen etablieren also form- und inhaltsbezogene Erwartungen, die, sobald eine Erzählung angekündigt ist, eine gewisse Eigendynamik entfalten, der sich die Erzählenden, aber auch die Rezipient/innen nicht gänzlich entziehen können. Das führt unter Umständen dazu, dass eine Erzählung eine höhere Kohärenz aufweisen kann als das Leben selbst, denn: „[S]tories significantly distort the form and shape of lived experience precisely in order to achieve their meaning and significance" (Mattingly 2000, 183).

Birkner (2013) zeigt, dass in Erstgesprächen zwischen einem Zahnarzt und Patientinnen, die mit Gesichtsschmerz vorstellig werden, Krankheitsnarrative schon eingesetzt werden, um den Beginn der Beschwerden zu artikulieren, sei es, dass sie durch entsprechende Arztfragen elizitiert werden, sei es, dass sie eigeninitiativ eingebracht werden. Das erste Auftreten der Beschwerden, das eng mit Kausalattributionen und Subjektiven Krankheitstheorien verbunden ist (Birkner und Vlassenko 2015), wird dabei nicht kalendarisch, sondern mit biografischen Ereignissen und Erlebnissen verknüpft, einem typischen narrativen Merkmal (Schwitalla 2003, 195 ff.). Auch in der stark vom Arzt/von der Ärztin gesteuerten Exploration der Beschwerden treten regelmäßig Narrationen auf; so werden arztseitige Aufforderungen zur Schmerzlokalisation mit Beispielerzählungen beantwortet. Solche narrativen Rekonstruktionen entfalten sich auf engstem Raum, sie enthalten lokale und temporale Situierungen, performative Elemente mittels direkter Rede, Dialektalismen, Tempuswechsel ins szenische Präsens zur Ausgestaltung des Höhepunkts etc. (Schwitalla 2003, Kap. 7; vgl. auch Lucius-Hoene und Deppermann 2004b). Andere Elemente hingegen, z. B. Evaluationen oder Coda, vor allem aber Rezipientensignale und empathische Reaktionen seitens der Rezipientinnen und Rezipienten, die in Alltagserzählungen obligatorisch sind (vgl. Quasthoff 2001; Gardner 2001), fehlen. Es handelt sich also keineswegs um ausgebaute ‚Alltagserzählungen', sondern um auf den institutionellen Kontext zugeschnittene, funktionalisierte narrative Sequenzen (vgl. auch zum Konzept der *small stories* Bamberg und Georgakopoulou 2008). Sie stellen Fragmente eines größeren Krankheitsnarrativs dar, die kontextsensitiv angepasst werden. Nach Birkner (2013) erweisen sich diese vergleichsweise fragmentarischen Narrationen jedoch nicht als dysfunktional, der Arzt interpretiert sie entsprechend, wie sich anhand der anschließenden Handlungszüge belegen lässt. In ihrem lokalen institutionsspezifischem Zuschnitt dienen sie vielfältigen Zwecken – wie dem Belegen von Zeugenschaft und des Ausmaßes der Alltagsbelastungen, der Exemplifizierung von Subjektiven Krankheitstheorien etc. – und allgemein der Lösung für Darstellungsprobleme, die sich aus der schweren Beschreibbarkeit u. a. von Schmerzen ergeben (zum Einsatz multimodaler Metaphern als Darstellungsverfahren in elizitierten Krankheitsnarrativen im Interview vgl. Vlassenko 2015).

Wie weit die Kontextsensitivität tatsächlich geht, wird erst in einem komparativen Setting wirklich deutlich. Birkner (2015) vergleicht Krankheitsnarrative derselben Sprecherinnen im Interview und im Anamnesegespräch. In den Mikrovariationen der rekonstruktiven Instantiierungen eines Krankheitsnarrativs, dem dennoch erkennbar eine identische „kognitive Geschichte" (Gülich 2005a, 75) zugrunde liegt, werden u. a. Unterschiede in der Agentivitätszuschreibung der Erzählenden selbst sichtbar (für einen Überblick über sprachliche Mittel der Agentivierung im Deutschen vgl. Lucius-Hoene 2012). Im Interview bringen die Patientinnen im Vergleich zum APG eine vergleichsweise stärkere Handlungsermächtigung und Ego-Perspektive zum Ausdruck. Mithilfe der Agentivitätsdarstellungen positionieren sich die Betroffenen als aktiv in den Suchprozess involviert und verantwortungsvoll in Bezug auf Entscheidungen und machen deutlich, dass sie ihre Krankheitserfahrung reflektieren (zu Identität und Gesundheit vgl. auch Kelleher und Leavey 2004; zu Gesundheit vgl. Blaxter 2004). Offensichtlich positioniert sich ein und dieselbe Person in Abhängigkeit vom Gesprächstyp bzw. Gesprächspartner auf unterschiedliche Weise, bringt in den Details eine etwas andere epistemische Haltung und differierende Kontrollüberzeugungen, Kausalattributionen sowie Einschätzungen über das Wesen der Krankheit zum Ausdruck.

Haug (2015) untersucht Arztzitate in Form direkter Rede in Krankheitsnarrationen von Menschen mit einer chronischen Erkrankung und arbeitet deren Funktionen heraus. Die fremde Rede wird genutzt, um spezifische Herausforderungen in der Arzt/Patient-Beziehung abzubilden und Identitätsarbeit und Bewältigungsprozesse zu unterstützen. Auch Haug zeigt, wie eng die Positionierungen mit diesen lokalen Erzählanliegen zusammenhängen und wie sich darin neben den allgemeinen Erwartungen an Ärzte auch krankheitsspezifische Herausforderungen für die Arzt/Patient-Beziehung spiegeln. Haug versteht „die Nutzung von Arztrede in Krankheitserzählungen als ein *Wirkmechanismus von Erzählen als Bewältigungshandeln im krankheitsbezogenen narrativen Interview*". „Im Erzählen", so Haug, „können Selbstwert und Würde (wieder-)hergestellt und dargestellt werden und das erzählende Ich kann sich als handlungsfähig und autonom erleben." (2015, iii; Hervorh. im Orig.) Im Beschwerdenvortrag erfolgt z. B. auch die Legitimierung der Inanspruchnahme der medizinischen Leistung, die Patient/innen zeigen hier, „that they have a problem or a concern for which seeking medical assistance is a reasonable solution" (Heritage und Robinson 2006, 58). Hier spielt Zeugenschaft von anderen Personen, z. B. Familienmitgliedern oder behandelnden Ärzt/innen, eine große Rolle, die häufig in Form von zitierten Stimmen zu Wort kommen (vgl. auch Heritage und Robinson 2006, 71–74).

Krankheitsnarrationen als Diagnoseinstrument

Eine hohe Anwendungsrelevanz von narrativen Strukturen erarbeitete ein interdisziplinäres Projekt zwischen Linguistik und Epilepsiemedizin in den Jahren 1999–2002 in Bielefeld. Das Projektteam unter Leitung von Elisabeth Gülich von der Universität Bielefeld und Martin Schöndienst vom Epilepsiezentrum Bethel fand bei der vergleichenden Analyse von Interviews mit Patient/innen mit Anfallserkrankungen deutliche Unterschiede in der Darstellung von Anfällen und gegebenenfalls vorausgehenden Vorgefühlen (Auren), je nachdem, ob es sich um psychogene oder epileptische Ursachen handelte (Gülich und Schöndienst 1999). Mit medizinischen Verfahren ist die Differenzierung schwierig und bis zu drei Viertel der psychogenen Anfallserkrankungen werden ineffektiv, unangemessen, bisweilen gar gefährlich falsch behandelt (Reuber und Ekberg 2015, 265). Die genaue linguistische Analyse der rekonstruktiven Texte, die weniger das *was*, sondern vielmehr das *wie* in den Vordergrund rückte, zeigte, dass nicht-epileptische Anfälle mit Phänomenen wie der „Detaillierungssperre" (d. h. Aussparung von Details in der Anfallschilderung), der „Fokussierungsresistenz" (interaktioneller Widerstand gegen die Exploration von Anfallserinnerungen) und unter Verwendung spezifischer metaphorischer Konzepte dargestellt werden (Gülich und Schöndienst 1999; Surmann 2005). Seit 2005 wurde dieser Ansatz von Markus Reuber von der Universität Sheffield in interdisziplinären und internationalen Forschungsprojekten weiterentwickelt und für die prospektive Differentialdiagnose fruchtbar gemacht (Plug et al. 2009). Als eines der wichtigsten differentialdiagnostischen Merkmale erwies sich dabei, ob Patient/innen Anfallsymptome selbstinitiativ erwähnen oder ob der Arzt nachfragen muss (Reuber und Ekberg 2015, 274); das allerdings setzt eine Gesprächsführung voraus, bei der die Patient/innen erzählerischen Freiraum haben, damit diese Merkmale überhaupt beobachtbar werden (Reuber und Ekberg 2015, 278).

Im Anschluss an diese sehr ermutigenden Ergebnisse wurden die interdisziplinären medizinisch-gesprächslinguistischen Kooperationen ausgedehnt auf die Differenzierung von Angst-Auren und Panikattacken (Gülich und Lindemann 2010), Demenz und nicht-progressivem Gedächtnisverlust (Jones et al. 2013) sowie auf den Versuch, den Grad der psychischen Verarbeitung von Trauma- und Verlusterfahrung anhand linguistischer Analysen von Traumanarrativen zu bestimmen (Scheidt et al. 2015; Stukenbrock 2015). Abschließende Ergebnisse stehen noch aus.

4 Ausblick

Die interdisziplinären Perspektiven auf die ‚Stimme der Lebenswelt', wie es Mishler (1984) – vielfach zitiert – formulierte, haben sich als ausgesprochen ertragreich erwiesen. Und zwar nicht nur im angewandten Sinne für eine Verbesserung der medizinischen Versorgung, sondern auch für Gegenstände der Geistes- und Sozialwissenschaften, die in deren jeweiligen fachlichen Zentren stehen: Identität, Positionierung, Wissenskommunikation, Veranschaulichungsverfahren, Verarbeitung und vieles andere mehr. Im vorliegenden Beitrag stand das Erzählen im APG im Mittelpunkt, das bisher am besten interdisziplinär beackerte Feld. Narrative Rekonstruktionen in unterschiedlichen Formen und Ausprägungen spielen in vielen institutionellen – medizinischen wie nicht-medizinischen – kommunikativen Konstellationen eine zentrale Rolle. Die gemeinsame Arbeit in diesem Bereich wird hoffentlich weiterhin ambitioniert und fruchtbar fortgesetzt!

Literaturverzeichnis

Bamberg, Michael, und Alexandra Georgakopoulou (2008). „Small Stories as a New Perspective in Narrative and Identity Analysis". In: *Text & Talk* 28, 377–396.

Beckman, Howard B., und Richard M. Frankel (1984). „The Effect of Physician Behavior on the Collection of Data". In: *Annals of Internal Medicine* 101, 692–696.

Bergmann, Jörg, und Thomas Luckmann (1995). „Reconstructive Genres of Everyday Communication". In: U. Quasthoff (Hg.), *Aspects of Oral Communication*. Berlin/New York, 289–304.

Birkner, Karin (2006). „Subjektive Krankheitstheorien im Gespräch". In: *Gesprächsforschung: Online-Zeitschrift zur verbalen Interaktion* 7, 152–183.

Birkner, Karin (2013). „Erzählfragmente: Narrative Funktionalisierungen zur Lösung der schweren Beschreibbarkeit von Schmerzempfindungen". In: M. Hartung, A. Deppermann (Hgg.), *Gesprochenes und Geschriebenes im Wandel der Zeit. Festschrift für Johannes Schwitalla*. Mannheim, 82–98.

Birkner, Karin (2015). „Wiedererzählte Krankheitsnarrative im Vergleich: Zwischen Variabilität und Geronnenheit". In: E. Schumann, E. Gülich, G. Lucius-Hoene, S. Pfänder (Hgg.), *Wiedererzählen: Formen und Funktionen einer kulturellen Praxis*. Bielefeld, 269–294.

Birkner, Karin, und Dorothee Meer (Hgg. 2011). *Institutionalisierter Alltag: Mündlichkeit und Schriftlichkeit in unterschiedlichen Praxisfeldern*. Mannheim.

Birkner, Karin, und Ivan Vlassenko (2015). „Subjektive Theorien zu Krankheit und Gesundheit". In: A. Busch, T. Spranz-Fogasy (Hgg.), *Handbuch Sprache in der Medizin*. Berlin/Boston, 135–153.

Blaxter, Mildred (2004). *Health*. Cambridge.

Bliesener, Thomas (1980). „Erzählen unerwünscht. Erzählversuche von Patienten in der Visite". In: K. Ehlich (Hg.), *Erzählen im Alltag*, 143–178.

Boothe, Brigitte, Geneviève Grimm, Marie-Luise Hermann und Marc Luder (2010). „JAKOB Narrative Analysis: The Psychodynamic Conflict as a Narrative Model". In: *Psychotherapy Research* 20, 511–525.

Boothe, Brigitte (2001). Erzähldynamik und psychischer Verarbeitungsprozess. Eine narrative Einzelfallstudie. In: *Psychotherapie und Sozialwissenschaft. Zeitschrift für qualitative Forschung* 3(1), 28–51.

Busch, Albert, und Thomas Spranz-Fogasy (Hgg. 2015). *Handbuch Sprache in der Medizin*. Berlin/Boston.

Butler, Judith (1993). *Bodies that Matter: On the Discursive Limits of „sex"*. New York.

Byrne, Patrick, und Barry Long (1976). *Doctors Talking to Patients*. London.

Charon, Rita (2006). *Narrative Medicine. Honoring the Stories of Illness*. Oxford.

Charon, Rita (2012). „Narrative and Medicine". In: N. S. Jecker, A. R. Jonsen, R. A. Pearlman (Hgg.), *Bioethics: An Introduction to the History, Methods, and Practice*. London, 210–213.

Charon, Rita (2014). „Why Read and Write in the Clinic? The Contributions of Narrative Medicine to Health Care". In: H. Hamilton, W.-y. S. Chou (Hgg. 2014), *The Routledge Handbook of Language and Health Communication*. London/New York, 245–258.

Drew, Paul, und John Heritage (Hgg. 1992). *Talk at Work: Interaction in Institutional Settings*. Cambridge/New York.

Ehlich, Konrad (Hg. 1984). *Erzählen in der Schule*. Frankfurt a. M.

Ehmer, Oliver (2013). „Veranschaulichungsverfahren im Gespräch". In: K. Birkner, O. Ehmer (Hgg.), *Veranschaulichungsverfahren im Gespräch*. Mannheim.

Flader, Dieter, und Michael Giesecke (1980). „Erzählen im psychoanalytischen Erstinterview – eine Fallstudie". In: K. Ehlich (Hg.), *Erzählen im Alltag*. Frankfurt a. M., 209–262.

Frank, Arthur W. (1995). *The Wounded Storyteller: Body, Illness, and Ethics*. Chicago.

Frank, Arthur W. (1997). „Enacting Illness Stories: When, What, and Why". In: H. Lindemann Nelson (Hg.), *Stories and Their Limits. Narrative Approaches to Bioethics*. New York, 31–49.

Frankel, Richard (2001). „Clinical Care and Conversational Contingencies. The Role of Patients' Self-Diagnosis in Medical Encounters". In: *Text* 21.1/2, 83–111.

Gardner, Rod (2001). *When Listeners Talk. Response Tokens and Listener Stance*. Amsterdam/Philadelphia.

Gilmore, Leigh (2012). „Agency Without Mastery: Chronic Pain and Posthuman Life Writing". In: *Biography* 35.1, 83–98.

Graf, Eva, und Thomas Spranz-Fogasy ([im Ersch.]). „Helfende Berufe – Helfende Interaktionen". In: K. Birkner, N. Janich (Hgg.), *Text und Gespräch*. Berlin/New York.

Greco, Monica (2013). „The Case of Medical Humanities". In: A. Barry, G. Born (Hgg.), *Interdisziplinarity. Reconfiguration of the Social and Natural Sciences*. London/New York.

Greenhalgh, Trisha, und Brian Hurwitz (1999). „Narrative-based Medicine: Why Study Medicine?" In: *British Medical Journal* 18, 48–50.

Gülich, Elisabeth (2005a). „Krankheitserzählungen". In: M. Neises, S. Ditz, T. Spranz-Fogasy (Hgg.), *Psychosomatische Gesprächsführung in der Frauenheilkunde. Ein interdisziplinärer Ansatz zur verbalen Intervention.* Stuttgart, 73–89.

Gülich, Elisabeth (2005b). „Unbeschreibbarkeit: Rhetorischer Topos – Gattungsmerkmal – Formulierungsressource". In: *Gesprächsforschung – Online-Zeitschrift zur verbalen Interaktion* 6, 222–244. http://www.gespraechsforschung-online.de/fileadmin/dateien/heft2005/ga-guelich.pdf (28. Mai 2017).

Gülich, Elisabeth, und Heiko Hausendorf (2000). „Vertextungsmuster Narration". In: In: K. Brinker, G. Antos, W. Heinemann, S. F. Sager (Hgg.), *Text- und Gesprächslinguistik/Linguistics of Text and Conversation.* 2. Halbbd. Berlin/Boston, 369–385.

Gülich, Elisabeth, und Kathrin Lindemann (2010). „Communicating Emotion in Doctor-Patient Interaction. A Multi-Modal Description". In: D. Barth-Weingarten, E. Reber, M. Selting (Hgg.), *Prosody in Interaction.* Amsterdam/Philadelphia, 269–294.

Gülich, Elisabeth, und Martin Schöndienst (1999). „,Das ist unheimlich schwer zu beschreiben'. Formulierungsmuster in Krankheitsbeschreibungen anfallskranker Patienten: differentialdiagnostische und therapeutische Aspekte". In: *Psychotherapie und Sozialwissenschaft. Zeitschrift für qualitative Forschung* 1, 199–227.

Gülich, Elisabeth, und Martin Schöndienst (2015). „Brüche in der Kohärenz bei der narrativen Rekonstruktion von Krankheitserfahrungen. Konversationsanalytische und klinische Aspekte". In: C. E. Scheidt, G. Lucius-Hoene, A. Stukenbrock, E. Waller (Hgg.), *Narrative Bewältigung von Trauma und Verlust.* Stuttgart, 121–134.

Gygax, Franziska, und Miriam A. Locher (Hgg. 2015). *Narrative Matters in Medical Contexts across Disciplines.* Amsterdam.

Haug, Stephanie (2015). *Die Stimme des Arztes in den Erzählungen chronisch kranker Menschen. Eine Studie zur Nutzung von Redewiedergabe in krankheitsbezogenen narrativen Interviews.* Diss., Albert-Ludwigs-Universität Freiburg i. Br. https://freidok.uni-freiburg.de/data/10291 (28. Mai 2017).

Heritage, John, und Jeffrey Robinson (2006). „Accounting for the Visit: Giving Reasons for Seeking Medical Care". In: J. Heritage, D. Maynard (Hgg.), *Communication in Medical Care: Interactions between Primary Care Physicians and Patients.* Cambridge, 48–85.

Hoffmann, Ludger (1980). „Zur Pragmatik von Erzählformen vor Gericht". In: K. Ehlich (Hg.), *Erzählen im Alltag.* Frankfurt a. M., 28–64.

Hydén, Lars-Christer (1997). „Illness and Narrative". In: *Sociology of Health & Illness* 19.1, 48–69.

Hydén, Lars-Christer, und Jens Brockmeier (Hgg. 2008). *Health, Illness and Culture: Broken Narratives.* New York.

Jurecic, Anne (2012). *Illness as Narrative.* Pittsburg.

Kalitzkus, Vera, Stefan Wilms und Peter F. Matthiessen (2009). „Narrative Medizin – Was ist es, was bringt es, wie setzt man es um?" In: *Zeitschrift für Allgemeinmedizin* 85.2, 60–66.

Kallmeyer, Werner, und Fritz Schütze (1977). „Zur Konstruktion von Kommunikationsschemata der Sachverhaltsdarstellung". In: D. Wegner (Hg.), *Gesprächsanalysen.* Hamburg, 159–274.

Kelleher, David, und Gerard Leavey (Hgg. 2004). *Identity and Health.* London.

Kirklin, Deborah, und Ruth Richardson (Hgg. 2001). *Medical Humanities: A Practical Introduction.* London.

Kirmayer, Laurence J. (2000). „Broken Narratives: Clinical Encounters and the Poetics of Illness Experience". In: C. Mattingly, L. C. Garro (Hgg.), *Narrative and the Cultural Construction of Illness and Healing.* Berkeley/Los Angeles/London, 153–180.

Kleinman, Arthur (1988). *The Illness Narrative*. New York.
Koerfer, Armin, Karl Köhle und Rainer Obliers (1994). „Zur Evaluation von Arzt-Patient-Kommunikation. Perspektiven einer angewandten Diskursethik in der Medizin". In: A. Redder, I. Wiese (Hgg.), *Medizinische Kommunikation*. Opladen, 53–94.
Koerfer, Armin, Karl Köhle, Jochen Faber, Hanna Kaerger und Rainer Obliers (1996). „Zwischen Verhören und Zuhören. Gesprächsreflexionen und Rollenspiele zur Arzt-Patient-Kommunikation im medizinpsychologischen Studium". In: O. Bahrs, W. Fischer-Rosenthal, J. Szecsenyi (Hgg.), *Vom Ablichten und Im-Bilde-Sein. Ärztliche Qualitätszirkel und Video-Analysen*. Würzburg, 109–131.
Koerfer, Armin, Karl Köhle, Rainer Obliers, Walter Thomas und Christian Albus (2010). „Narrative Wissensgenerierung in einer biopsychosozialen Medizin". In: U. Dausendschön-Gay, C. Domke, S. Ohlhus (Hgg.), *Wissen in (Inter-)Aktion*. Berlin, 91–131.
Köhle, Karl, Hanna Kaerger-Sommerfeld, Armin Koerfer, Rainer Obliers und Walter Thomas (2001). „Können Ärzte ihr Kommunikationsverhalten verbessern?" In: H.-Ch. Deter (Hg.), *Psychosomatik am Beginn des 21. Jahrhunderts*. Bern u. a., 301–310.
Labov, William, und David Fanshel (1977). *Therapeutic Discourse: Psychotherapy as Conversation*, New York.
Lalouschek, Johanna (1995). *Ärztliche Gesprächsausbildung. Eine diskursanalytische Studie zu Formen des ärztlichen Gesprächs*. Opladen.
Lalouschek, Johanna (2002). „Frage-Antwort-Sequenzen im ärztlichen Gespräch". In: G. Brünner, R. Fiehler. W. Kindt (Hgg.), *Angewandte Diskursforschung*. Bd. 1: *Grundlagen und Beispielanalysen*. Radolfzell, 155–173.
Lalouschek, Johanna (2005). *Inszenierte Medizin. Ärztliche Kommunikation, Gesundheitsinformation und das Sprechen über Krankheit in Medizinsendungen und Talkshows*. Radolfzell.
Lalouschek, Johanna (2013). „Anliegensklärung im ärztlichen Gespräch – Patientenbeteiligung und neue Formen medizinischer Kommunikation". In: F. Menz (Hg.), *Migration und Medizinische Kommunikation. Linguistische Verfahren der Patientenbeteiligung und Verständnissicherung in ärztlichen Gesprächen mit MigrantInnen*. Wien, 353–444.
Langewitz, Wolf, Martin Denz, Anne Keller, Alexander Kiss, Sigmund Rüttimann und Brigitta Wössmer (2002). „Spontaneous Talking Time at Start of Consultation in Outpatient Clinic: Cohort Study". In: *British Medical Journal* 325, 682–683.
Lucius-Hoene, Gabriele (1998). „Erzählen von Krankheit und Behinderung". In: *Psychotherapie, Psychosomatik, Medizinische Psychologie* 48, 108–113.
Lucius-Hoene, Gabriele (2002). „Narrative Bewältigung von Krankheit und Coping-Forschung". In: *Psychotherapie und Sozialwissenschaft* 4.3, 166–203.
Lucius-Hoene, Gabriele (2008). „Krankheitserzählungen und die narrative Medizin". In: *Rehabilitation* 47, 90–97.
Lucius-Hoene, Gabriele (2012). „,Und dann haben wir's operiert' – Ebenen der Textanalyse narrativer Agency-Konstruktionen". In: S. Bethmann, C. Helferich, H. Hausendorf, D. Niermann (Hgg.), *Agency*. Weinheim, 40–70.
Lucius-Hoene, Gabriele, und Arnulf Deppermann (2004a). *Rekonstruktion narrativer Identität. Ein Arbeitsbuch zur Analyse narrativer Interviews*. 2. Aufl. Wiesbaden.
Lucius-Hoene, Gabriele, und Arnulf Deppermann (2004b). „Narrative Identität und Positionierung" In: *Gesprächsforschung – Online-Zeitschrift zur verbalen Interaktion* 5, 166–183. http://www.gespraechsforschung-ozs.de/heft2004/ga-lucius.pdf (28. Mai 2017).

Martínez, Matías, und Christian Klein (Hgg. 2009). *Wirklichkeitserzählungen. Felder, Formen und Funktionen nicht-literarischen Erzählens.* Stuttgart.
Marvel, M. Kim, Ronald M. Epstein, Kristine Flowers und Howard B. Beckman (1999). „Soliciting the Patient's Agenda: Have We Improved?" In: *Journal of the American Medical Association* 281, 283–287.
Mattingly, Cheryl (2000). „Emergent Narratives". In: C. Mattingly. L. C. Garro (Hgg.), *Narrative and the Cultural Construction of Illness and Healing.* Berkeley, 181–211.
Menz, Florian (2015). „Handlungsstrukturen ärztlicher Gespräche und ihre Beeinflussung durch institutionelle und soziale Rahmenbedingungen". In: A. Busch, T. Spranz-Fogasy (Hgg.), *Handbuch Sprache in der Medizin.* Berlin/Boston, 75–92.
Mishler, Elliot George (1984). *The Discourse of Medicine: The Dialectics of Medical Interviews.* Norwood, NJ.
Nowak, Peter (2010). *Eine Systematik der Arzt-Patient-Interaktion. Systemtheoretische Grundlagen, qualitative Synthesemethodik und diskursanalytische Ergebnisse zum sprachlichen Handeln von Ärztinnen und Ärzten.* Frankfurt a. M.
Nowak, Peter (2015). „Leitlinien für das Arzt-Patient-Gespräch – sinnvolle Hilfestellung für den ärztlichen Alltag". In: A. Busch, T. Spranz-Fogasy (Hgg.), *Handbuch Sprache in der Medizin.* Berlin/Boston, 348–368.
Nowak, Peter, und Thomas Spranz-Fogasy (2009). „Medizinische Kommunikation – Arzt und Patient im Gespräch". In: *Jahrbuch Deutsch als Fremdsprache* 34, 80–96.
Plug, Leendert, Basil Sharrack und Markus Reuber (2009). „Conversation Analysis Can Help to Distinguish Between Epilepsy and Non-epileptic Seizure Disorders: A Case Comparison". In: *Seizure* 18.1, 43–50.
Quasthoff, Uta (2001). „Erzählen als interaktive Struktur". In: K. Brinker, G. Antos, W. Heinemann, S. F. Sager (Hgg.), *Text- und Gesprächslinguistik/Linguistics of Text and Conversation.* 2. Halbbd. Berlin/Boston, 1293–1309.
Rehbein, Jochen (1980) „Sequentielles Erzählen. Erzählstrukturen von Immigranten bei Sozialberatungen in England". In: K. Ehlich (Hg.) *Erzählen im Alltag.* Frankfurt a. M., 64–108.
Reuber, Markus, und Katie Ekberg (2015). „Linguistisch-interaktionale Differentialdiagnose in der Anfallsambulanz". In: A. Busch, T. Spranz-Fogasy (Hgg.), *Handbuch Sprache in der Medizin.* Berlin/Boston, 264–281.
Ripke, Thomas (1994). *Patient und Arzt im Dialog, Praxis der ärztlichen Gesprächsführung.* Stuttgart.
Robinson, Jeffrey, und John Heritage (2006). „Physicians' Opening Questions and Patients' Satisfaction". In: *Patient Education and Counseling* 60, 279–285.
Samstag, Lisa Wallner, J. Christopher Muran, Paul L. Wachtel, Arietta Slade, Jeremy D. Safran und Arnold Winston (2008). „Evaluating Negative Process: A Comparison of Working Alliance. Interpersonal Behavior, and Narrative Coherence Among Three Psychotherapy Outcome Conditions". In: *American Journal of Psychotherapy* 62, 165–194.
Sator, Marlene (2003). *Zum Umgang mit Relevanzmarkierungen im ÄrztInnen-PatientInnen-Gespräch. Eine konversationsanalytische Fallstudie eines Erstgesprächs auf der onkologischen Ambulanz.* Wien.
Sator, Marlene, und Thomas Spranz-Fogasy (2011). „Medizinische Kommunikation". In: K. Knapp, G. Antos, M. Becker-Mrotzek, A. Deppermann (Hgg.), *Angewandte Linguistik. Ein Lehrbuch.* Tübingen, 376–393.
Scarry, Elaine (1987). *The Body in Pain: The Making and Unmaking of the World.* New York u. a.

Scheidt, Carl Eduard, Gabriele Lucius-Hoene, Anja Stukenbrock und Elisabeth Waller (Hgg.) 2015). *Narrative Bewältigung von Trauma und Verlust*. Stuttgart.
Schwitalla, Johannes (2003). *Gesprochenes Deutsch. Eine Einführung*. Berlin.
Selting, Margret (1987). *Verständigungsprobleme. Eine empirische Analyse am Beispiel der Bürger-Verwaltungs-Kommunikation*. Tübingen.
Sontag, Susan (1989). *Illness as Metaphor*. New York.
Spranz-Fogasy, Thomas (2005). „Kommunikatives Handeln in ärztlichen Gesprächen – Gesprächseröffnung und Beschwerdenexploration". In: M. Neises, S. Ditz, T. Spranz-Fogasy (Hgg.), *Psychosomatische Gesprächsführung in der Frauenheilkunde. Ein interdisziplinärer Ansatz zur verbalen Intervention*. Stuttgart, 17–47.
Spranz-Fogasy, Thomas (2010). „Verstehensdokumentation in der medizinischen Kommunikation: Fragen und Antworten im Arzt-Patient-Gespräch". In: A. Deppermann, U. Reitemeier, R. Schmitt, T. Spranz-Fogasy (Hgg.), *Verstehen in professionellen Handlungsfeldern*. Tübingen, 27–116.
Spranz-Fogasy, Thomas, und Heide Lindtner (2009). „ham se n unfall gehabt? Fragen und Verstehen im Gespräch zwischen Arzt und Patient". In: E. Felder, M. Müller (Hgg.) *Wissen durch Sprache. Theorie, Praxis und Erkenntnisinteresse des Forschungsnetzwerks ‚Sprache und Wissen'*. Berlin/New York, 141–170.
Stivers, Tanya, und John Heritage (2001). „Breaking the Sequential Mold: Answering ‚More than the Question' During Comprehensive History Taking". In: *Text* 21.1, 151–185.
Stukenbrock, Anja (2015). „Verlustnarrative im Spannungsfeld zwischen erzählter Situation und Erzählsituation: Linguistische Fallanalyse". In: C. E. Scheidt, G. Lucius-Hoene, A. Stukenbrock, E. Waller (Hgg.), *Narrative Bewältigung von Trauma und Verlust*. Stuttgart, 76–93.
Surmann, Volker (2005). *Anfallsbilder. Metaphorische Konzepte im Sprechen anfallskranker Menschen*. Würzburg.
Vlassenko, Ivan (2015). *Sprechen über HIV/AIDS. Narrative Rekonstruktionen und multimodale Metaphern zur Darstellung von Subjektiven Krankheitstheorien*. Berlin/Münster/Wien.
Waller, Nicola, und Carl E. Scheidt (2010). „Erzählen als Prozess der (Wieder-)Herstellung von Selbstkohärenz. Überlegungen zur Verarbeitung traumatischer Erfahrungen". In: *Zeitschrift für Psychosomatische Medizin Psychotherapie* 56.1, 56–73.
Wittgenstein, Ludwig (2001 [1953]). *Philosophische Untersuchungen. Kritisch-genetische Edition*. Hg. von J. Schulte. Frankfurt a. M.
Wodak-Leodolter, Ruth (1980). „Problemdarstellungen in gruppentherapeutischen Situationen". In: K. Ehlich (Hg.), *Erzählen im Alltag*. Frankfurt a. M., 179–208.

IV.2 **Transdisziplinäre Fragestellungen und Konzepte**

Susan S. Lanser
IV.2.1 Erzählen und Gender

1 Gender als Weg, Erzählen zu verstehen

Einen Erzählakt – das steht fest – kann es ohne Zeitlichkeit nicht geben. Jedem Erzählen müssen zwei oder mehr Ereignisse vorausgehen, die in einer chronologischen Beziehung zueinander stehen. Auch kann es ohne wenigstens einen Handelnden keinen Erzählakt geben, ob es sich dabei nun um einen Menschen, ein Tier oder ein unbelebtes Ding mit menschenähnlichen Zügen handelt. Obwohl Gender keine solche ontologische Grundvoraussetzung des Erzählens darstellt, lohnt es sich doch, der These nachzugehen, dass die Kategorie Gender bzw. Geschlecht ein fast ebenso fester Bestandteil des Erzählens ist wie Ereignis und Subjekt und dass ohne den Rückgriff auf Gender längere Erzählungen praxeologisch schlicht unmöglich sind. In allen Genres, von traditionellen Volksmärchen und Sagen bis hin zum modernen Roman und zur historischen Erzählung, tragen die Handelnden und die Ereignisse, die das Erzählen erst *als* Erzählen definierbar machen, die Signifikanten von Geschlecht, selbst wenn es als solches unmarkiert bleibt. Kurz gesagt, Gender ist für das Erzählen von ebenso zentraler Bedeutung wie für die gesamte Bandbreite realer oder imaginärer menschlicher Erfahrung in Vergangenheit und Gegenwart. Die großen Fragen, die dieser Band diskutiert, nämlich warum Menschen Geschichten erzählen und warum Geschichten für menschliches Agieren in so unterschiedlichen Bereichen wie Recht, Medizin und Religion derart bedeutsam sind, sind fast immer auch Fragen, in denen Gender eine Rolle spielt. Die meisten Theorien, die strukturelle Elemente des Erzählens in den Blick nehmen (z. B. Ereignis, Stimme, Fokalisierung, Reihenfolge oder Dauer), übergehen jedoch Gender als konstitutives Element des Erzählens, und dies, obwohl es sich auf all diese formalen Elemente nicht nur auswirkt, sondern sie mitunter sogar bedingt. Eine ganzheitliche Annäherung an das Erzählen muss jedoch anerkennen, dass Erzählen zu verstehen immer auch bedeutet zu verstehen, wann, wo und wie Gender in Erzähltexten relevant wird. Eine ganzheitliche Annäherung an das Erzählen erfasst aber auch die zentrale Rolle, die der Erzählanalyse für das Lesen der Vergangenheit und das Schreiben der Zukunft zukommt.

Beginnen wir unsere Überlegungen damit, die Bedeutung von Gender für das Erzählen aus mindestens vier miteinander verschränkten Perspektiven zu betrachten, die ich als epistemologische, soziohistorische, thematische und formale bezeichnen möchte. In *epistemologischer* Hinsicht können wir uns fragen, ob und wie Erzählen Gender in sich birgt. Selbst wenn wir zugeben, dass

Gender kein ontologischer Bestandteil des Erzählens ist, lässt sich doch fragen, wie und inwieweit Erzählen soziales und grammatikalisches Geschlecht voraussetzt, um verstanden zu werden. *Thematisch* interessiert uns, wie Erzählungen Figuren und Situationen einsetzen, die gendermarkierte Züge oder Implikationen tragen, sei es in Bezug auf männliche und weibliche Personen, Eigenschaften, Rollen oder Beziehungen, wobei wir uns auch solchen Erzählungen zuwenden werden, die die Kategorie Geschlecht untergraben oder vollständig dekonstruieren. Diese thematische Frage müssen wir auch in *formaler* Hinsicht betrachten und überlegen, welche konkreten Elemente des Erzählens Gender einschließen oder darauf aufbauen oder aber, im Gegenteil, die Möglichkeit in sich bergen, konventionelle Regeln und Annahmen infrage zu stellen. Und da all diese Aspekte in ihrem jeweiligen historischen und kulturellen Kontext zu betrachten sind, werden wir auch diskutieren müssen, wie Geschlecht *soziohistorisch* funktioniert als Aspekt des Erzählens, der bedingt ist durch die sich ständig wandelnde Dynamik kulturell unterschiedlicher Vorstellungswelten.

Wenn wir uns der Genderfrage aus diesen vier Blickwinkeln nähern, erkennen wir nicht nur den zentralen Stellenwert von Gender für das Erzählen und damit für die narratologische Analyse, sondern auch die zentrale Rolle des Erzählens beim Aufdecken gesellschaftlicher Konstruktionen von Gender und das Potential der Erzählanalyse dafür. Allerdings werden wir dabei auch allzu vereinfachende Annahmen infrage stellen müssen über die Art und Weise, wie Gender im Erzählen und damit im gesellschaftlichen Leben bedeutsam wird, indem wir unsere Perspektive erweitern auf Konstellationen jenseits der herkömmlichen binären Genderkonstruktionen, um damit auch mögliche queere Arten zu erfassen, in denen Erzählen die Dichotomie männlich/weiblich durchbricht. Gender als narratives Phänomen zu untersuchen schärft unseren Blick für die Bedingtheit narrativer Epistemologien und die Überschneidung von Form und Thematik, die für jedes Nachdenken über Erzählen eine theoretische Herausforderung darstellt.

2 Die Bedingtheit von Gender

In epistemologischer Hinsicht lässt sich festhalten, dass die Kategorie des Geschlechts im Wissenshorizont und in der kulturellen Vorstellungswelt einer jeden uns bekannten Gesellschaft eine Rolle spielt. Ob wir uns nun mit religiösen, juristischen, philosophischen oder wissenschaftlichen Diskursen beschäftigen, wir treffen überall auf Gendermarkierungen, die menschliche Fähigkeiten und Eigenschaften kennzeichnen und menschliches Verhalten verbindlich und normgebend regulieren. Daraus folgt sowohl logisch als auch empirisch, dass Erzählen ein durch Gender geprägtes Phänomen darstellt, insofern es als soziale Praxis geschaffen und gelesen wird, die wiederum andere soziale Praktiken reflektiert und gestaltet. Erzählen ist ein genderspezifisches Phänomen. Tatsächlich beschäftigt sich Erzählen ganz wesentlich mit Gender, auch wenn Letzteres nicht immer offen als solches markiert ist. Denken wir beispielsweise an Vladimir Propps bahnbrechende Studie *Morphologie des Märchens* (1928; engl. 1958; dt. 1972), die die 31 Funktionen der *dramatis personae* des paradigmatischen russischen Volksmärchens auflistet und spätere narratologische Studien in viel weitreichender Form beeinflusst hat, als Propp dies selbst intendiert hatte. Obwohl 30 dieser Funktionen mit *relativ* genderneutraler Begrifflichkeit belegt sind, geht Propps Darstellung implizit doch stets von einem männlichen Helden aus, etwa wenn das begehrte Objekt der Rettung und Sehnsucht als *die Zarentochter* bezeichnet wird. So kann es kaum überraschen, dass die Hochzeit als finale Funktion verstanden wird, bei der der Held vor den Traualtar tritt und den Thron besteigt (vgl. Propp 1958 [1928], 63). Auch wenn Frauenfiguren als Protagonistinnen zahlreicher Märchen auftreten, etwa in der Märchensammlung der Brüder Grimm, funktionieren sie doch stets nur in ausgesprochen patriarchalisch geprägten Systemen. Erzählungen, die diese Modelle umkehren – z. B. feministische Kindergeschichten, in denen die Heldin Großtaten vollbringt und den Helden erobert oder in denen sie sich weigert, den Prinzen zu heiraten, aber auch Erzählgedichte wie Anne Sextons berühmtes *Transformations* (1972), das 17 Grimm'sche Märchen neu gestaltet –, stellen sich offen gegen Konventionen und rücken die Kategorie des Geschlechts damit umso stärker in den Vordergrund. Noch mächtigere Gegenbilder zu konventionellen Modellen gestalten ‚queere' Versionen, in denen ein Held einen Helden oder eine Heldin eine Heldin heiratet, denn Erzählungen im Propp'schen wie Grimm'schen Sinne setzen stets eine heteronormative Vorstellung von Verlangen und Ehe voraus. Deutlich wird, dass in allen genannten Fällen Erzählen Gender *erwartet*; erzählende Arten des Wissens sind nahezu immer genderspezifisch, unabhängig davon, ob sie konventionelle Geschlechterrollen einsetzen oder sich mit einer Handlung, die kulturellen Normen und traditionellen Geschichten widerspricht, bewusst gegen die Konvention stellen.

Gleichzeitig ist dieses genderspezifische Denken – selbst da, wo es homogen wirkt – keineswegs universell und allgemeingültig, sondern immer historisch, sprachlich und kulturell bedingt. Denn Gender als Kategorie des Subjektes existiert nicht in einem Vakuum. Wie ‚Intersektionalitäts'-Theoretiker wiederholt deutlich gemacht haben (z. B. Crenshaw 1991 [1989]), überlappt sich Geschlecht stets mit weiteren unterschiedlich besetzten Identitätsträgern wie ‚Ethnie' und Nation, Klasse oder Status, Religion, Alter und Sexualität, um nur die üblichsten Elemente einer modernen Episteme zu nennen. Gender ist bereits in der

Sprache selbst ausdifferenziert, und dies in verschiedenen Sprachen auf durchaus unterschiedliche Art und Weise. Aufschlussreich in diesem Zusammenhang ist die in den USA überaus beliebte Kindererzählung *The Giving Tree* (1964). Im englischen Original beginnt die Geschichte mit: „Once there was a tree, and she loved a little boy." Als der Junge im Laufe der Erzählung erwachsen wird, gibt der (die!) großzügige Baum, die sich nichts als das Glück dieses Mannes wünscht, der als Junge unter ihren Ästen spielte, ihre Äpfel, Äste und den Stamm her, so dass der Mann-Junge zu Geld, einem Zuhause und einem Boot kommt und in die Welt hinausziehen kann, bis er schließlich als alter Mann zurückkehrt und auf ihrem Stumpf sitzt, und der (die!) Baum ist glücklich. *The Giving Tree* ist sowohl als Parabel auf die göttliche Liebe gelesen worden als auch als Offenlegung eines rein auf Gewinn ausgerichteten Kapitalismus oder als Klage über die räuberische Ausbeutung der Natur, doch hat die Vergeschlechtlichung des Baumes als weibliches Wesen vielfach Fragen aufgeworfen nach seiner (ihrer!) mütterlichen Selbstaufopferung. Das Bild des Baumes, der nicht nur seine (ihre!) Früchte aufgibt, sondern auch seine (ihre) Äste und seinen (ihren) Stamm und damit sein (ihr) eigentliches ‚Baumsein', ist eine genderspezifische Vorstellung, die sich nicht ergeben hätte, wäre der Baum als männlich oder als neutrales ‚Es' gestaltet worden. Allerdings funktioniert diese genderspezifische Lesart des gebenden Baumes als Idealbild der Weiblichkeit in den meisten Sprachen, in die *The Giving Tree* übertragen wurde, überhaupt nicht, mit Ausnahme des Lateinischen, wo die titelgebende *Arbor Alma* ihre Weiblichkeit behält. In den meisten anderen Sprachen hingegen trägt ‚Baum' das grammatikalische Genus Maskulinum, so dass es sprachlich unmöglich ist, ihn als weiblich vorzustellen, was auch von keinem Übersetzer versucht worden ist. Typisch für dieses Dilemma ist die Übersetzung ins Deutsche (obwohl der elaborierte deutsche Titel *Der Baum, der sich nicht lumpen ließ* auch das ‚Geben' des Baumes verschönert), die das Potential des Originals (einen großzügigen weiblichen Baum mit einem selbstsüchtigen, ausbeuterischen Mann zu kontrastieren) komplett aufgibt. Dieses Beispiel macht deutlich, in welch starkem Maße genderspezifische Denkweisen durch sprachliche Systeme bestimmt werden, die ihrerseits die narrative Bedeutung formen. Im Gegenzug prägen menschliche wie nicht-menschliche Akteure, deren Gender sprachlich markiert ist, ebenso wie sprachliche Gendersysteme selbst, das Geschlecht von Handlungsträgern in Erzählungen auf unterschiedliche Weise. Es lässt sich mit guten Gründen behaupten, dass das englische Original *The Giving Tree* Gender noch stärker als die deutsche Übersetzung in den Vordergrund schiebt, da es gegen jede semantische Notwendigkeit einem unbelebten Baum ein menschliches Geschlecht zuschreibt, während dieser im Englischen üblicherweise als neutrales ‚Es' beschrieben würde. Eine solche Neutralität findet sich in der japanischen Übersetzung und fände sich ebenso in Übertragungen ins Finnische und Türkische, die ebenfalls kein grammatikalisches Genus besitzen. In solchen Fällen ist es nur schwer möglich, den Baum als Darstellung weiblicher Unterwerfung oder mütterlicher Großzügigkeit zu lesen.

Doch sind grammatikalische Marker nur der Anfang der kulturellen Bedeutung, die der Kategorie des Geschlechts im Erzählen zukommt. Stellen wir uns eine Version von *The Giving Tree* vor mit folgender Umkehr der Gendermarkierung: ‚Once there was a tree, and he loved a little girl.' In der heutigen Zeit, in der das Bewusstsein für die Gefahren sexuellen Missbrauchs allgegenwärtig ist, könnte diese genderverkehrte Version von *The Giving Tree* unheilvoll wirken, wenn nicht gar unvertretbar als Erzählung für Kinder, während sie in einem anderen historischen Kontext möglicherweise ganz anders gelesen worden wäre. Es lässt sich fragen, wie viele andere Geschichten ihre Bedeutung verlören – oder eine völlig andere Bedeutung gewönnen –, würde das Geschlecht eines oder mehrerer ihrer Akteure umgekehrt.

Fragen zum semantischen Wert von Geschlecht sind daher niemals ‚nur' Genderfragen. Die besondere Verfasstheit narrativer Situationen bedeutet, dass Charaktere fast unvermeidlich ‚intersektionale' Figuren sind, die in Bezug auf Alter, ‚Ethnie', Klasse, Religion und Kultur verortet sind, sei es explizit oder implizit. Oftmals jedoch bleibt eine dominante gesellschaftliche Gruppe die unmarkierte Erzählinstanz. Während es z. B. selbstverständlich ist, die Figuren in einem Roman von Toni Morrison als ‚schwarze Männer und Frauen' zu beschreiben, ist es nicht so selbstverständlich, die Figuren in einem Roman von Ian McEwan als ‚weiße Männer und Frauen' zu bezeichnen. Dennoch prägt in beiden Fällen die ethnische Identität die gesellschaftliche Stellung und damit die narrative Plausibilität: Würde man in Morrisons *Menschenkind* (im Orig. *Beloved*, 1987) die ethnischen Rollen umkehren, wäre der Roman unsinnig oder zutiefst parodistisch statt historisch aufschlussreich; und versuchte man dasselbe mit McEwans *Abbitte* (im Orig. *Atonement*, 2001), würde die Darstellung des traditionellen englischen Klassensystems nicht gelingen. Damit ist Gender nur einer der vielen Aspekte, die die Erzählsituation prägen und damit narrative Bedeutung formen.

3 Gender als Erzählform

In epistemologischer Hinsicht wird Gender zu einem notwendigen Erzählelement mit je nach Zeit und Ort unterschiedlicher und sich wandelnder Bedeutung, und narratives Gender ist untrennbar verbunden mit seinen historischen Konturen, was narrative Epistemologie selbst zu etwas kulturell Bedingtem macht. Und da Gender in der Isolation nicht existiert, können wir uns auch fragen, wie Erzählen historisch konkrete Konstellationen von genderspezifischen Figuren und Eigenschaften entwirft. All dies macht deutlich, dass narratives Geschlecht auch eine Formfrage ist. Von Fragen zur Autorschaft über Fragen zur Dynamik von Handlungsabläufen bis zur Stimme und Sichtweise des Erzählers auf historische wie fiktionale Figuren: Narrative Elemente bewegen sich üblicherweise in genderspezifischen Begriffsmustern, die eng verschränkt sind mit anderen Aspekten gesellschaftlicher Identität, Rangordnung und Beziehung, die bezüglich verschiedener narrativer Elemente unterschiedlich konfiguriert sind.

Unter diesen narrativen Elementen bilden Figur und Handlung als die am offenkundigsten genderspezifischen Elemente einen guten Ausgangspunkt, da sie zusammengenommen starke thematische Resonanzen erzeugen. Gender durchzieht die Charakterdarstellung auf ganz unterschiedliche Art und Weise. Am augenscheinlichsten ist, dass wir Figuren im Hinblick auf genderspezifische Annahmen und Konventionen lesen (und vermutlich entsprechend beurteilen). Etwas weniger offensichtlich ist, dass wir überlegen können, wie Figurenfunktionen und Figurensysteme durch Gender geprägt sein können. Vor dem Hintergrund von James Phelans Theorie der mimetischen, synthetischen und thematischen Figureninformation (1987) ließe sich fragen, wie Gender diese Funktionen verteilt, z. B. welche thematischen Zwecke männliche und weibliche Figuren erfüllen dürfen und welche Textfunktion ihnen zukommt. Oder wir könnten denken an Alex Wolochs (2003, 13) Konzept von Haupt- und Nebenfiguren als „character systems" und uns umsehen nach genderspezifischen Mustern, nach denen Figuren in einem Text miteinander um Raum kämpfen. Manchmal hilft es, die Genderrollen einfach umzukehren, um zu erkennen, wie stark genderbezogen und -spezifisch eine Figurendarstellung tatsächlich ist. Stellen wir uns z. B. einen Roman vor, der beginnt mit: ‚Nennt mich Isabel. Ein paar Jahre ist's her – unwichtig, wie lang genau –, da hatte ich wenig bis gar kein Geld im Beutel, und an Land reizte mich nichts Besonderes, und so dacht ich mir, ich wollt ein wenig herumsegeln und mir den wässerigen Teil der Welt besehen.' Dass eine Frau erklärt, sie beabsichtige ‚herumzusegeln', wäre mehr als überraschend, und noch schwieriger lässt sich die entschieden männliche Welt von Melvilles *Moby Dick* (1851) als weiblicher Raum vorstellen, beherrscht von einem weiblichen Gegenstück von Kapitän Ahab, das auf hoher See auf Walfang geht, oder gar mit *einer* Seefahrerin an Bord der *Pequod*. Dies weist darauf hin, dass auch die Handlung keineswegs genderneutral ist und dass ‚Isabel', wenn sie sich denn anschickte, die Weltmeere zu befahren, sicherlich einer niederen sozialen Klasse angehörte und wegen ihrer Unabhängigkeit von patriarchaler Kontrolle sexuell höchst verdächtig wäre. Wenn man die Handlung von Abenteuergeschichten analysiert, wird deutlich, dass wenigstens in der westlichen Literatur des 18., 19. und großer Teile des 20. Jahrhunderts Frauen, die Abenteuer erleben, niederen sozialen Schichten angehören oder auf die eine oder andere Weise jenseits eines traditionellen weißen, wohlgeordneten gesellschaftlichen Kontextes stehen. Es überrascht nicht, dass der historische Schelmenroman einige Beispiele für abenteuerlustige Frauen aus der gesellschaftlichen Unterschicht bietet, man denke etwa an die Titelheldinnen in Francisco López de Úbedas *Pícara Justina* (1605) oder Daniel Defoes *Moll Flanders* (1722), obwohl diese Frauen, was ebenfalls nicht überrascht, gegen Ende der Erzählung stets heiraten und sesshaft werden. Mit wenigen Ausnahmen ist Heldinnen aus der Oberschicht ein häusliches Leben ohne jede Bewegungsfreiheit zugedacht, und der Preis für das Verlassen des wohlbekannten Lebensumfeldes ist hoch, wie uns Samuel Richardsons Clarissa und Susanna Rowsons Charlotte Temple ebenso vor Augen führen wie George Eliots Maggie Tulliver.

Als weiteres Beispiel lässt sich Goethes erster Roman *Die Leiden des jungen Werthers* (1774) anführen. Der Briefroman, der den jungen Goethe über den deutschen Sprachraum hinaus berühmt machen sollte, dreht sich bekanntlich um den gleichnamigen sensiblen Helden, der sich, auf rastloser Suche nach seiner gesellschaftlichen wie künstlerischen Nische, in die von ihm idealisierte, unerreichbare (und tatsächlich schließlich verheiratete) Charlotte verliebt, eine perfekte Verkörperung von Weiblichkeit, Vernunft und Edelmut. Als Werther die Vergeblichkeit seines Sehnens nicht länger ertragen kann, nimmt er sich das Leben, indem er sich mit einer von Charlottes Ehemann Albert ausgeliehenen Pistole in den Kopf schießt. Im Anschluss an den letzten Brief wird die Erzählung unvermittelt durch die Stimme eines fiktiven Herausgebers weitergeführt, der von Werthers letzten Tagen und seinem Tod berichtet. Während es prinzipiell möglich wäre, das Geschlecht der beteiligten Figuren umzukehren, ergäbe eine solche Umkehr gesellschaftlich keinen Sinn. Selbst wenn wir uns eine Frau vorstellen können, die sich verzweifelt in einen idealisierten Mann verliebt, lassen sich so weder die Rastlosigkeit des Künstlers noch der Frust über die mittelmäßige berufliche Stellung in einem korrupten bürokratischen System oder der Suizid durch Erschießen ohne weiteres in eine gesellschaftlich sinnvolle Erzählung übertragen. Der Entwurf einer weiblichen Subjektivität und, noch konkreter, einer weiblichen ‚Außenseiterin' als Erzählstimme hat noch keinen Platz in der deutschen Erzählliteratur. So gestaltet Sophie von la Roches Briefroman *Geschichte des Fräuleins von Sternheim* (1771) die Figur einer weiblichen Erzählerin, die zu jedem Zeitpunkt ihrem Platz in der Gesellschaft und den geltenden Normen verpflichtet bleibt. Weniger als ein Jahrhundert später wird Flauberts Madame Bovary ihrer Verzweiflung über eine gescheiterte Liebesbeziehung anders begegnen und sich das Leben nehmen, wenn auch auf andere Weise als Werther. Dass eine figürliche Erzählerstimme Emma Bovarys Bewusstseinslage auf distanzierende, ironische und dabei tragische Weise darstellt, markiert eine andere Art der Abkehr vom

Werther'schen Vorbild, während in Tolstojs Darstellung der Anna Karenina die erlebte Rede die Ambiguität zwischen weiblichem Mitgefühl und ethischem Urteil gestaltet. Die Verwendung der 3. Person, um die grenzüberschreitenden Sehnsüchte einer Frau darzustellen, wird letztlich zu einem bleibenden Mittel in der westlichen Erzählliteratur. Wenn die autodiegetische Erzählerin in Christa Wolfs *Nachdenken über Christa T.* (1968) von der ‚Schwierigkeit' schreibt, *ich* zu sagen, artikuliert sie ein literarisches Muster, das männlichen Stimmen unterschiedlichen Status verliehen hat, besonders wenn diese erzählenden Figuren sich an ein allgemeines Leserpublikum wenden und/oder gesellschaftliche Normen übertreten. Auch wenn sich bereits im 18. Jahrhundert einige – von männlichen Romanschriftstellern gestaltete – weibliche Erzählerinnen finden (allen voran Defoes *Moll Flanders* und *Roxana*) und jede Menge weiblicher Figuren, die sich in der Hochphase der Briefliteratur in Form von Briefen an andere Figuren wenden, ist Charlotte Brontës *Jane Eyre* (1847) der erste europäische Roman überhaupt, in dem eine autodiegetische weibliche Erzählerin sich explizit an einen allgemeinen fiktiven Adressaten wendet. Jane Eyres berühmtes Geständnis ‚Reader, I married him' ist damit nicht nur der Schlusspunkt einer dramatischen Handlung, sondern die Einführung einer narrativen Strategie.

Heute, da autodiegetisches Erzählen unter männlichen wie weiblichen Schriftstellern und ihren Hauptfiguren, gleich welchen Geschlechts, die Regel bildet, ist eine innovativere, wenn auch viel schwierigere Strategie die komplette Absage an die Kategorie des Geschlechts, was in personalen oder heterodiegetischen Erzählungen sehr schwierig umzusetzen ist in all denjenigen Sprachen, in denen Pronomen der 3. Person genusmarkiert sind. Machbarer, wenngleich immer noch schwierig, ist dies in Sprachen, die bei der Bildung der 1. Person keine Genusmarkierung voraussetzen. Ein herausragendes Beispiel dieser komplexen Form ist Jeanette Wintersons Roman *Auf den Körper geschrieben* (im Orig. *Written on the Body*, 1992), in dem ein Protagonist nicht spezifizierten Geschlechts von einer Liebesbeziehung mit einer Frau erzählt, ohne die eigene sexuelle Identität an irgendeiner Stelle preiszugeben. Übersetzer des Romans sahen sich mit mehr oder weniger großen Schwierigkeiten konfrontiert, diese genderqueere Darstellung in ihren jeweiligen Zielsprachen angemessen bzw. überhaupt auszudrücken (Übertragungen ins Deutsche oder Französische sind schwieriger zu bewerkstelligen als das englische Original, aber eher machbar als z. B. eine hebräische Übersetzung), eine wichtige Erinnerung daran, dass sich bestimmte narrative Praktiken besser für genderqueere Darstellungen eignen als andere. Einige andere Erzählexperimente haben ein erfundenes neutrales Pronomen der 3. Person verwendet, um genderspezifische Erwartungen an Figurenzeichnung und Handlung durcheinanderzuwerfen.

4 Die Dekonstruktion von Genderdichotomien

Eine Frage habe ich mir fast bis zum Schluss aufgehoben, nämlich die möglicherweise offensichtlichste oder vordringlichste: die nach der Vergeschlechtlichung der Autorschaft selbst. Auf diese Frage lassen sich jedoch nicht nur keine einfachen Antworten finden, sondern erstaunlicherweise überhaupt nur wenige. Viele Werke der Erzählliteratur, sowohl fiktionale als auch nicht-fiktionale, sind anonym erschienen, hervorgegangen aus einer kollektiven mündlichen Tradition oder bewusst keinem konkreten Autor zugeschrieben. Diese Werke machen deutlich, was modernere Werke, die in einer Zeit des Autor-als-Funktion-Denkens einem einzelnen Verfasser zugeschrieben werden, ebenfalls unterstreichen: Es ist nicht zulässig, einer Erzählung aufgrund des vermuteten Geschlechts ihres Autors bestimmte Eigenschaften zuzuschreiben, und kein empirisches Projekt hat bislang erfolgreich Genderunterschiede im literarischen Stil aufzeigen oder das Geschlecht des Autors eines bestimmten Werkes beweisen können. Selbstverständlich haben bestimmte Themen Schriftsteller des einen oder anderen Geschlechts stärker angezogen, genauso wie gewisse Themen Schriftsteller bestimmter ‚ethnischer' Herkunft oder Nationalität, bestimmten Alters oder gesellschaftlicher Zugehörigkeit stärker beschäftigen als andere. Es ließe sich behaupten, dass Schriftsteller immer auf eigenes Risiko ‚andere' darstellen, ohne das Wissen und Verständnis, das das tiefe Eintauchen (und sei es nur imaginär) in die Identität, Geschichte oder gesellschaftliche Position eines oder einer anderen mit sich bringt. Zudem bevorzugen patriarchale Systeme, in denen sonst alles gleichrangig ist, mit Sicherheit männliche gegenüber weiblicher Autorität, und sei dies nun im Kontext von Autorschaft oder Erzählstimme. So sehr wir vielleicht mutmaßen, ein anonymer Liebesroman stamme aus der Feder einer Frau und die Erzählung eines Seeabenteuers aus der eines Mannes: Es ist fast genauso wahrscheinlich, dass wir uns irren wie dass wir Recht haben. Selbstverständlich dürfen Leser ohne diesbezügliche Hinweise einem Autor ein bestimmtes Geschlecht zuschreiben, und sie tun dies auch. Meines Erachtens gibt es beispielsweise niemanden, der behauptet hätte, der anonyme Ur-Schelmenroman *Lazarillo de Tormes* (um 1552) stamme von einer Frau, obwohl etwa im 19. Jahrhundert der Romanautor Samuel Butler die These vertrat, die *Odyssee* sei von einer Autorin geschrieben worden. In solchen Fällen jedoch urteilen Leser auf der Grundlage kultureller Annahmen, die vielleicht der Konvention entsprechen, jedoch kaum nachprüfbar sind. Und gehört es nicht gerade zur Schönheit der Erzählung, dass sie von ihrem Verfasser/ihrer Verfasserin losgelöst werden und frei im unbestimmten Raum der Identität schweben kann?

Noch unklarer – und zwar genau wegen dieses Potentials von Erzählen, genderspezifische Erwartungen auf den Kopf zu stellen und uneindeutige Identitäten zu gestalten – ist das Geschlecht der unmarkierten heterodiegetischen Erzählstimme. Wir haben uns bereits angesehen, wie Texte absichtlich das Geschlecht von Figuren und manchmal auch von homodiegetischen Erzählern ‚durchkreuzen'. Doch lohnt es sich, eine noch dramatischere Möglichkeit in den Blick zu nehmen, wie die häufigste Form des fiktionalen Erzählens – die allwissende Stimme, die wir als ‚heterodiegetisch' bezeichnen –, ‚unnatürlich' sein kann in mehr als nur einem Sinne. Narratologen unterscheiden ‚natürliche' Erzählungen einerseits, die westlichen Erwartungen bezüglich physikalischer Gesetze und Möglichkeiten gehorchen, z. B. Ich-Erzählungen oder Erzählungen, die von menschlich Handelnden vorgetragen werden, und ‚unnatürliche' Erzählungen anderseits, z. B. Fantasy- und Science-Fiction-Literatur oder Erzählungen, in denen eine Person die Gedanken und Gefühle einer anderen Person kennt und beschreiben kann. Allwissendes Erzählen und erlebte Rede, die jeweils den Zugang zur Gedankenwelt anderer voraussetzen, sind beide in formaler Hinsicht ‚unnatürlich'. Und obwohl die Narratologie des ‚Unnatürlichen' ihre Verwendung des Begriffes trennt von dem Konzept der Überschreitung sozialer Grenzen, scheint es möglich, dass sich heterodiegetisches Erzählen, welches sich selbst fast nie festlegt in Bezug auf Gender und wie ein anonymes ‚Es' funktioniert, als queer verstanden werden kann. Diese Hypothese würde beinhalten, eine feministische Behauptung neu zu durchdenken, die als so axiomatisch gilt, dass sie als ‚Lanser-Regel' bekannt geworden ist, und die besagt, dass Leser dem unmarkierten auktorialen Erzähler üblicherweise das Geschlecht des Autors zuweisen, insofern dieses bekannt ist. In einem dekonstruktiven Kontext jedoch ist es möglich, jene unmarkierte heterodiegetische Erzählerstimme als ultimativen Träger des queeren Potentials narrativer Praktiken zu verstehen, genderspezifische Annahmen neu zu gestalten und auszutarieren. Wie Robyn Warhol (1989, 115) festgestellt hat, ist es unmöglich, genau zu wissen, welches Geschlecht Leser dem Erzähler von *Adam Bede* (1859) zuweisen: das von George Eliot oder das von Mary Anne Evans. Wäre es nicht am zutreffendsten und vielleicht gar am nützlichsten zu behaupten, der Erzähler von *Adam Bede* sei queer? Eine solche Geste würde ein neues und momentan sehr populäres Paradigma nicht einfach abnicken, sie würde das enorme Potential des Erzählens anerkennen, gendermarkierte Systeme zu dekonstruieren, die das Erzählen selbst mitgeformt und immer wieder bestätigt hat. Damit würde sie uns daran erinnern, dass, so wie das Erzählen Gender braucht, die Zukunft von Gender das Erzählen braucht: als Mittel, gesellschaftliche Realitäten nicht nur widerzuspiegeln und offenzulegen, sondern sie zu gestalten.

Übersetzt von Christine Henschel

Literaturverzeichnis

Crenshaw, Kimberlé ([1989] 1991). „Mapping the Margins: Intersectionality, Identity Politics, and Violence Against Women of Color". In: *Stanford Law Review* 43, 1241–1299.
Phelan, James (1987). „Character, Progression, and the Mimetic-Didactic Distinction". In: *Modern Philology* 84, 282–299.
Propp, Vladimir (1958 [1928]). *Morphology of the Folktale*. Bloomington.
Warhol, Robyn R. (1989). *Gendered Interventions: Narrative Discourse in the Victorian Novel*. New Brunswick.
Woloch, Alex (2003). *The One vs. the Many: Minor Characters and the Space of the Protagonist in the Novel*. Princeton.

Ralf Schneider
IV.2.2 Kognitivistische Narratologie

1 Kognitionswissenschaften und kognitivistische Ansätze in der Narratologie

Erzählen kann als eine grundlegende Fähigkeit des menschlichen Geistes betrachtet werden. Wer Erzählen erforscht, erforscht demnach auch den Geist; und wer den Geist erforscht, interessiert sich auch für das Erzählen (Turner 1996; Hsu 2008). Idealerweise können sich Erzählforschung und Kognitionsforschung also gegenseitig bereichern (Herman 2013a; Hogan 2013; Aldama und Hogan 2014). Von einer ‚kognitiven Wende' in der Erzählforschung war zuerst in den 1990er Jahren die Rede, als Fragestellungen und Erkenntnisse der Kognitionswissenschaften auf breiter Basis in den Geistes- und Gesellschaftswissenschaften rezipiert wurden (Ibsch 1990; Zerweck 2002; A. Richardson 2004). In der Psychologie hatte sich in den 1970er Jahren eine Abkehr vom behavioristischen Menschenbild vollzogen und eine genauere Erforschung der Strukturen, Mechanismen und Dispositionen innerhalb der *black box* des menschlichen Geistes eingesetzt. Zum kognitionswissenschaftlichen Forschungsgeschehen tragen seitdem neben der Psychologie auch andere, zum Teil recht disparate Disziplinen bei, z. B. verschiedene Zweige der Linguistik, die Philosophie, die Erforschung künstlicher Intelligenz und die Evolutionsbiologie; und es gibt weitere interne Differenzierungen: Die Kognitionswissenschaften umfassen eine Reihe von Unterdisziplinen wie die kognitiven Neurowissenschaften, die sich mit der Erforschung des Gehirns befassen, die kognitive Sozialpsychologie oder die Emotionspsychologie; diese können wiederum Verbindungen miteinander eingehen und neue Forschungsfelder hervorbringen, wie etwa die soziale Neurowissenschaft, die das Gehirn in der sozialen Interaktion untersucht, oder die Neurolinguistik, die sich neurologischen Grundlagen von Sprache und Sprechverhalten widmet (Aldama und Hogan 2014, vii).

Die kognitivistischen Ansätze der Erzählforschung, die sich ab den 1990er Jahren etablierten (für einen Überblick vgl. Eder 2003), greifen auf einzelne oder mehrere dieser Bereiche der *cognitive sciences* zurück. Schon aufgrund dieser Verankerung in einem interdisziplinären und diversen Feld kann es nicht *eine* kognitivistische Narratologie geben. Noch vor wenigen Jahren konstatierte David Herman (2009, 79): „[C]ognitive approaches to narrative analysis at present constitute more a set of loosely confederated heuristic schemes than a coordinated research program." Die Erkenntnisinteressen einzelner Ansätze innerhalb der kognitivistischen Erzählforschung, ihre Theorien, Modelle und Methoden unterscheiden sich zum Teil erheblich voneinander. So betrachten z. B. die an der kognitiven Linguistik orientierten Ansätze (etwa zum Textverstehen) das Phänomen Erzählen aus einer völlig anderen Perspektive als evolutionsbiologisch inspirierte Beiträge (siehe unten).

Einige Zweige der Kognitionswissenschaften arbeiten naturwissenschaftlich und mit empirischen Methoden. Die Inkorporation solcher Befunde und Methoden in eine ursprünglich geisteswissenschaftlich und hermeneutisch ausgerichtete Disziplin ist für das interdisziplinäre Projekt der kognitivistischen Narratologie Chance und Problem zugleich (Zymner 2009; Ryan 2010; Hartner 2012, 13–56; Herman 2013b). Die Chance besteht darin, dass die naturwissenschaftliche Forschung genauere Erkenntnisse über die allgemeinen Funktionsweisen des Geistes gewinnt, die auch Hinweise auf die Grundlagen und Mechanismen der Produktion und Rezeption von Erzählungen liefern und dann in die narratologische Theoriebildung einfließen können. Die Problematik besteht darin, dass die Komplexität des Erlebens und der Bedeutung von literarischen Texten für Produzenten und Rezipienten mit naturwissenschaftlichen Methoden kaum je zu erfassen ist; die für valide empirische Studien verwendbaren Texte sind häufig nichtliterarisch und unterkomplex, so dass kritisch gefragt werden muss, wie weit der kognitivistische Erkenntnisgewinn über traditionelle hermeneutische Konzepte hinausgeht (vgl. zur Kritik auch Sternberg 2003 und die Bestandsaufnahme bei Bruhn 2011). Außerdem besteht die Gefahr, dass naturwissenschaftliche Annahmen und Befunde, die gemeinhin mit dem Nimbus der Objektivität ausgestattet sind, auf literaturwissenschaftliche Fragestellungen übertragen werden, ohne dass ihr Status in der Ausgangsdisziplin kritisch genug geprüft wird oder ohne mögliche Übertragungsfehler zu berücksichtigen. Die weit verbreitete, aber vorschnelle Begeisterung für Spiegelneuronen als Erklärung für Empathie bei der Literaturrezeption ist ein Beispiel hierfür (Lauer 2007; Hartwig 2009): Selbst wenn irgendwann auch beim Menschen zweifelsfrei nachgewiesen werden könnte, dass die Beobachtung und vor allem Vorstellung von Handlungen beim Beobachter dieselben Gehirnareale aktiviert wie beim Ausführenden der Handlung, dann wären damit die hochkomplexen Vorgänge und Effekte der Empathie während der Rezeption von Erzählungen – zumal schriftsprachlich vermittelter, literarischer Erzählungen – keineswegs erklärt. Dasselbe gilt für viele Emotionskomplexe, die bei der Literaturrezeption zentral sind, wie z. B. Hoffnung, Scham, Enttäuschung, Freude, Erleichterung, Spannung usw. Bei Abwägung der Chancen und Risiken ist die Narratologie aber dennoch berechtigt, auch weiterhin behutsam und sparsam Anleihen bei anderen Disziplinen, wie eben den Kognitionswissenschaften, zu machen, wenn sie sich davon ein besseres Verständnis des Erzählens erhofft (Aldama 2010, 8).

Die Verwandtschaft kognitionswissenschaftlicher und narratologischer Interessen wirkt sich in der Erzählforschung, wie oben angemerkt, in unterschiedlichen Schwerpunktsetzungen aus (vgl. Bernaerts et al. 2013; Herman 2010, 2013c). So fragt eine Strömung kognitivistischer Narratologie danach, inwiefern generelle Fähigkeiten des Geistes den Menschen dazu befähigen, Erzählungen hervorzubringen und sich dabei bestimmter Erzählstrategien zu bedienen; von Interesse ist aber zugleich auch, wie Menschen Erzählungen mental verarbeiten. Ein weiterer Schwerpunkt kognitiv-narratologischer Forschung liegt auf der Frage, inwieweit Erzählungen selbst ‚Instrumente des Denkens' sind. Dieser Forschungszweig geht davon aus, dass Erzählstrukturen ein geordnetes, verstehendes Erfassen des Selbst und der Welt sowie das Äußern von Erfahrung und das Speichern von Erinnerungen allererst ermöglichen. Die bisher genannten Bereiche können unter der Überschrift ‚Der menschliche Geist *und die* Erzählliteratur' subsumiert werden. In diesem Bereich ist es aber hilfreich, die Ansätze grob in zwei Strömungen aufzuteilen (Schneider 2013a). Zum einen gibt es Ansätze, die sich detailliert der Dynamik von Verstehensprozessen widmen, eng am empirisch-kognitionspsychologischen Forschungsgeschehen orientiert sind und auf explizierten Prozessmodellen des Verstehens beruhen. Diese lassen sich einem ‚Informationsverarbeitungsparadigma' (*information processing paradigm*) zuordnen. Häufig stammen Arbeiten aus diesem Bereich aus psychologischen oder psycholinguistischen, nicht aus literaturwissenschaftlichen Kontexten. Bis auf wenige Ausnahmen arbeiten Literaturwissenschaftler üblicherweise nicht kognitionspsychologisch-empirisch (zu den Ausnahmen vgl. insbesondere die Arbeiten von David S. Miall), und wenige Kognitionspsychologen gehen mit literaturwissenschaftlichem Interesse an Texte heran (vgl. aber Arbeiten von Richard J. Gerrig oder Rolf A. Zwaan). Gelegentlich arbeiten Literaturwissenschaftler und Psychologen (z. B. Marisa Bortolussi und Peter Dixon, David S. Miall und Don Kuiken) oder an literarischen Texten interessierte Linguisten und Psychologen (Anthony J. Sanford und Catherine Emmott) zusammen. Viele Linguisten, die ein Interesse an literarischen Texten verfolgen, tragen auch zu einem Forschungsfeld bei, das sich als *Cognitive Poetics* (Stockwell 2002; Brône und Vandaele 2009) oder *Cognitive Stylistics* (Semino und Culpeper 2002) bezeichnet und sich neben Erzählungen auch der Lyrik und dem Drama widmet (Gavins und Steen 2003).

Die zweite Strömung besteht aus kognitivistisch-narratologischen Ansätzen, die weniger detailliert an Informationsverarbeitungsprozessen interessiert sind. Vielmehr greifen sie für ihre Annahmen über das Verstehen von Erzählungen auf abstraktere Theorien über Mechanismen des Geistes zurück, die zum Teil so komplex sind, dass sie nicht in kognitionspsychologischen Versuchsdesigns erfasst werden können. Diese seit den 1990er Jahren zunehmenden Arbeiten könnte man daher einem ‚Paradigma mentaler Dispositionen' (*mental dispositions paradigm*) zuordnen. Sie haben ebenfalls wichtige Impulse für die kognitivistische Narratologie geliefert. Dazu zählen Arbeiten, die bereits in den 1990er Jahren aus der deutschen Anglistik hervorgingen und in vielerlei Hinsicht wegweisend für die kognitivistische Narratologie waren, etwa die Entwicklung einer auf kognitive Rahmen nicht-literarischen Erzählens und lebensweltliche Schemata zurückgreifenden ‚natürlichen' Narratologie durch Monika Fludernik (1996, 2003) und Manfred Jahns (1997, 1999) Arbeiten zur modell- bzw. schemageleiteten Rezeption von Erzähltexten. Während sich schematheoretische Beiträge noch durch eine große Nähe zu Informationsverarbeitungsmodellen auszeichnen (siehe unten: *Kognitive Psychologie und Textverstehen: Wissensstrukturen und Informationsverarbeitung*), zielen evolutionsbiologisch orientierte Arbeiten (siehe unten) auf weitaus abstraktere Phänomene, ebenso wie manche Ansätze zum Zusammenhang von Erzählung und Emotion (siehe unten: *Erzählstruktur, Dynamik der Rezeption und Emotion*) oder zu den Operationen des *Blending* (auch *Conceptual Integration*, nach Fauconnier und Turner 2002): *Blending* beschreibt die Fähigkeit, Bedeutung aus verschiedenen, zum Teil sehr disparaten Informationsquellen zu verbinden und aus dieser Integration neue Bedeutung zu generieren. Solche Prozesse können beim Verstehen von Erzähltexten auf vielfältige Weise evoziert werden (vgl. z. B. Turner 2003; Dancygier 2008; Fludernik 2010; Hartner 2012; Schneider und Hartner 2012).

Neben dem Zusammenhang von Geist und Erzählliteratur interessiert sich die kognitivistische Narratologie auch für die Möglichkeiten und Grenzen der *Darstellung* des menschlichen Geistes in literarischen (und filmischen) Erzählungen, also für den menschlichen Geist ‚*in der* Erzählliteratur' (zu letzterem Feld siehe im vorliegenden Band das Kapitel *Hillebrandt, Figur* sowie die Kapitel *Zeman, Perspektive / Fokalisierung* und *Schmid, Bewusstseinsdarstellung*).

2 Der menschliche Geist und die Erzählliteratur

Narration und Evolution

Ein Zweig der kognitivistischen Narratologie widmet sich den Grundlagen der Produktion und Rezeption von Erzählliteratur (siehe im vorliegenden Band auch den Beitrag *Meister, Erzählen: Eine anthropologische Universalie?*). Dabei kann eine evolutionsbiologische Perspektive eingenommen werden, in der Kunst und Literatur allgemein und literarisches Erzählen im Besonderen auf Fähigkeiten des Geistes zurückgeführt werden, die sich im Laufe der Phylogenese entwickelt haben (Carroll 2004; Boyd 2009; Eibl 2012). In einer Anwendung dieser Perspektive geht z. B. Lisa Zunshine (2006) davon aus, dass die Fähigkeit zum Entwerfen und die Lust am Erleben von fiktionalen Welten eine evolutionär-adaptive Errungenschaft ist, da das narrative Fingieren dem Menschen seine kognitiven Fähigkeiten bewusst mache und dazu anrege, diese zu trainieren. Dazu gehört auch die Fähigkeit, anderen Menschen Gefühle, Gedanken und Intentionen zuzuschreiben, die in der Psychologie u. a. unter der Bezeichnung *Theory of Mind* untersucht wird und für deren Anwendung fiktionale Erzählungen besonders geeignete Anlässe bieten, wie neben Zunshine auch Blakey Vermeule (2010) annimmt. Nach Vermeule entwickelte sich dadurch ein kognitiver Zugewinn, der im Kontext immer komplexer werdender Sozialstrukturen von Vorteil war. Literaturdarwinistische Ansätze werfen allerdings auch Fragen auf (vgl. zur Kritik Kramnick 2011). Wie kann das entwicklungsgeschichtlich relativ junge Phänomen narrativer Literatur als Beleg für Veränderungen der genetischen Ausstattung des Menschen betrachtet werden, die für das Überleben der Spezies notwendig sind, zumal deren Entwicklung vor 2,5 Millionen Jahren begann und vor ca. 10.000 Jahren abgeschlossen war? Nicht unproblematisch sind auch die universalistischen Annahmen, die mit der entwicklungsbiologischen Perspektive zwangsläufig einhergehen. Während die Narratologie aufgrund ihrer strukturalistischen Prinzipien anfänglich insgesamt eher ahistorisch und universalistisch orientiert war, sind seit dem *cultural turn* auch historische und kulturspezifische Entwicklungen in den Blick genommen worden, was ein Gegengewicht sowohl zur evolutionistischen Langzeitperspektive als auch zu Universalitätsannahmen darstellt. Eine Verbindung von biologischer Orientierung und kulturhistorischer Betrachtung unternimmt Patrick Colm Hogan (2003, 2011). Hogan schließt aus einem Vergleich von Erzählstrukturen in den Literaturen der Welt auf einige wenige prototypische Erzählmuster (*romantic*, *heroic* und *sacrificial tragicomedy*), die er mit den emotionsbiologischen Dispositionen des Menschen in Verbindung bringt, ohne dabei aber die kulturspezifischen Variationen der Erzählungen zu vernachlässigen: Die Biologie der Emotionen und soziokulturelle Bedingungen beeinflussen zusammen die Ausprägungen des Erzählens. Nach Hogan kann die Annahme einer gemeinsamen biologischen Wurzel die nahezu universelle Verbreitung mancher soziokultureller Strukturen nicht restlos erklären. Ähnlich argumentiert Katja Mellmann (2013), die auf der Grundlage von Niklas Luhmanns Systemtheorie vorschlägt, die biologische Evolution von der kulturellen zu unterscheiden und die Fähigkeit zu Illusionsbildung und Spiel zwar als allgemein evolutionär-adaptiv zu betrachten, davon aber die Fähigkeit, Kultur, Kunst und Literatur hervorzubringen, zu unterscheiden, die sich in mehreren Zwischenstufen symbolischen Spiels daraus entwickelt hat. Zuletzt hat Hogan (2013) den Versuch unternommen, auch die individuellen Unterschiede der Literaturproduktion durch einzelne Autorinnen und Autoren mit biologisch-universalistischen Grundannahmen zu verbinden.

Erzählen und Weltverstehen

Auf einem ähnlich abstrakten Niveau argumentieren Ansätze, die Erzählungen eine wichtige Ordnungsfunktion für vielfältige mentale Operationen zuschreiben. Die sozialpsychologische und soziolinguistische Forschung befasste sich ab den 1990er Jahren mit Erzählstrukturen, die Menschen verwenden, um der sie umgebenden Welt Sinn zu verleihen. Jerome Bruner (1990) gehört zu den Vertretern einer Theorie, der zufolge sowohl Erfahrungen und Interaktion mit anderen Menschen als auch Erinnerungen narrativer Strukturen bedürfen, weil der Geist mit ihrer Hilfe aus der Unmenge von Eindrücken und Wahrnehmungen sinnvolle Zusammenhänge herstellen kann. Daniel D. Hutto (2007) geht davon aus, dass das Verstehen anderer Menschen durch den Erwerb narrativer Kompetenzen möglich wird, nicht durch Zuschreibungen von Bewusstseinszuständen, wie von der *Theory-of-Mind*-Forschung angenommen (vgl. Gallagher und Hutto 2008). In der Kindheit kommen Menschen in Kontakt mit Erzählungen, in denen andere aus bestimmten Gründen handeln. Erzählungen, die immer einem konkreten soziokulturellen Kontext entstammen, schaffen damit auch den Rahmen für die Bewertung von Motivationen und Handlungen. Der sozialkognitive Aspekt solcher Ansätze findet sich auch bei David Herman (2002), der ihn aber insofern erweitert, als er auf der Grundlage weiterer psychologischer und linguistischer Theorien Erzählstrukturen als generelle Instrumente des Verstehens und Problemlösens betrachtet (‚stories as a tool for thinking'). Durch Erzählungen können nach Herman disparate Erfahrungsmomente in verständliche Einheiten zusammengefügt werden (‚chunking'); es können Kausalbeziehungen zwischen Ereignissen hergestellt werden; außerdem bieten Erzählungen einen Rahmen, in dem erwartbare und überraschende Ereignisse gegeneinander abgewogen werden können; sie strukturieren nicht nur das Gesprächsverhalten in der *Face-to-face*-Kommunikation sondern auch die räumlichen und zeitlichen Verhältnisse der Ereignisse, die erzählt werden; schließlich bieten Erzählungen die Möglichkeit und auch Anlässe, sich die Bewusstseinszustände anderer Menschen vorzustellen und die Perspektiven auf ein Ereignis zu vervielfältigen. Der menschliche Geist erscheint in dieser Hinsicht als sehr grundlegend narrativ verfasst.

Kognitive Psychologie und Textverstehen: Wissensstrukturen und Informationsverarbeitung

Die ersten literaturnahen Forschungsfragen der Kognitionspsychologie entstammen der Textverstehensforschung (zumeist unter der Bezeichnung *discourse processing*). Anhand des Verstehens von Text wollte man auch allgemeinen

Mechanismen der Informationsverarbeitung auf den Grund gehen, wie z. B. unterschiedlichen Stufen der Verarbeitung (bei Texten von der Buchstabenerkennung über Wort- und Satzsemantik bis hin zur mentalen Repräsentation von Informationen) oder dem Speichern und Abrufen von Informationen. Diese Forschung hat wichtige Erkenntnisse über die grundlegenden Mechanismen des Textverstehens geliefert, die auch für die Narratologie relevant sind (Gerrig 1993; Bortolussi und Dixon 2003; Gerrig und Egidi 2003). Wie schon Konzepte der phänomenologisch orientierten Rezeptionsästhetik Roman Ingardens und vor allem Wolfgang Isers postulierten, verläuft Textverstehen auf der Basis einer ständigen Interaktion zwischen den Wissensstrukturen des Lesers und den Informationen des Texts (Dijk und Kintsch 1983; Kintsch 1988; Zwaan und Rapp 2006). Diese als Dynamik von *top-down*-Informationsverarbeitung (Verwendung gespeicherten Wissens) und *bottom-up*-Informationsverarbeitung (sukzessive Integration textseitiger Informationen) zu verstehenden Vorgänge sind die Grundlage aller kognitionspsychologischen Textverstehensmodelle und aller leserorientierten literaturwissenschaftlichen Ansätze (Schneider 2013a).

Ein weiteres wichtiges Element ist die Erkenntnis, dass Wissen in komplexen Zusammenhängen gespeichert, geordnet und abgerufen wird. Solche Wissensstrukturen (Schemata, *frames* und *scripts*, vgl. Cook 1994; Stockwell 2002, 75–89), die bei der Rezeption einer Erzählung aktiviert werden, leiten die impliziten Erwartungen der Rezipienten über die Art und den Fortgang der Erzählung (vgl. auch Jahn 1997; Emmott 1997; Strasen 2008, 195–272). Der kognitivistische Schemabegriff, der sowohl semantisches, d. h. deklaratives, als auch prozedurales Wissen umfasst, ist sowohl im Zusammenhang mit individuellen Wissensbeständen von Rezipienten relevant als auch im Hinblick auf gesellschaftlich bzw. kulturraumspezifische und historisch variable Wissensbestände. Dies betrifft nicht nur Wissen über Menschen, das auf literarische Figuren angewendet wird (Gerrig und Allbritton 1990; Schneider 2000, 2013c; vgl. auch den Beitrag *Hillebrandt, Figur* in diesem Band), sondern auch Gattungswissen (Fishelov 1995): Kenntnisse typischer Plotverläufe, Settings, Erzählsituationen und Figurenkonstellationen werden durch gattungsspezifische Textmerkmale früh im Rezeptionsprozess evoziert. Gattungsschemata können modifiziert werden, wenn Texte in einzelnen Bereichen von den Vorgaben abweichen, diese umdeuten oder mit anderen Gattungsmerkmalen mischen. Eine kognitivistische Perspektive nimmt die mentalen Prozesse und das kreative Potential von Schemaabweichungen in den Blick: Nicht nur Gattungsabweichungen (Sinding 2002; Hallet 2007), sondern z. B. auch unerwartete Plotverläufe oder Erzählsituationen unterlaufen die Automatismen der Schemaaktivierung. Auch zunächst vom Text selbst hergestellte Schemata, die sich dann als modifikationsbedürftig herausstellen, können eine erhebliche Aufmerksamkeit erregende Wirkung haben. Generell betrachten kognitivistische

Ansätze Schemaabweichung und Schemamodifikation als zentrale Rezeptionseffekte (Herman 2002, 85–113; Stockwell 2002, Kap. 6; Strasen 2008, Kap. 5; Bracher 2013).

Zentraler Baustein der Ansätze zum Textverstehen ist das Situationsmodell. Generell geht die Kognitionspsychologie davon aus, dass bei der Textverarbeitung mentale Modelle gebildet werden, die den vom Leser verstandenen Sinn des Texts repräsentieren (Garnham 1987; Albrecht und O'Brien 1993). Das Situationsmodell repräsentiert die fiktionale Situation, wobei diese mentale Repräsentation gleichermaßen unter Rückgriff auf Weltwissen und durch Integration der Textinformation fortwährend verändert und dem aktuellen Stand des Verstehens und der Informationsvergabe angepasst wird (vgl. Zwaan 2005; Sanford und Emmott 2012, Kap. 2 und 3). Das Situationsmodell ist auch der ,Ort', von dem aus sowohl auf bereits verarbeitete Informationen zurückgeblickt wird als auch zukünftige Verläufe antizipiert werden können. Die Annahme, dass das Verstehen einer Erzählung ein ständiger Prozess von Erwartungsaufbau und Entwerfen (und gegebenenfalls Verwerfen) von Hypothesen ist, war ebenfalls bereits in rezeptionsästhetischen Konzepten (z. B. der Protention und Retention) angelegt. Sie ist inzwischen von der Kognitionspsychologie empirisch und theoretisch im Zusammenhang nicht nur mit dem Situationsmodell, sondern auch mit dem Themenfeld der Inferenzbildung (Graesser und Bower 1990; Graesser et al. 1994) erforscht worden. Leser können mentale Modelle auch zu Teilbereichen der fiktionalen Welt entwerfen, wobei sich das Interesse vorrangig auf die Figuren und ihre Interaktionen richten dürfte (Schneider 2000, 2013c; Hartner 2012). Während das Situationsmodell in der Tendenz eine begrenzte mentale Repräsentation eines fiktionalen Szenarios ist, hat David Herman (2002) mit dem Begriff *storyworld* ein ähnliches, aber deutlich umfassenderes Modell vorgelegt, in dem er die Repräsentation aller Handlungs-, Figuren-, Orts- und Zeitzusammenhänge zusammenfasst, die ein Leser oder eine Leserin beim Verstehen einer Erzählung erstellt.

Erzählstruktur, Dynamik der Rezeption und Emotion

Die Temporalität von Erzählungen spielt in vielfacher Hinsicht eine wichtige Rolle in der Narratologie (siehe auch die Beiträge in der Sektion *Zeit, Handlung, Raum und Ereignis* in diesem Band). Zwar behandeln viele Ansätze von der klassischen bis zur postklassischen Narratologie auch die Dynamik des Erzählens (vgl. B. Richardson 2002), doch können manche Analysekategorien strukturalistischer Prägung zumeist erst nach der Lektüre eines gesamten Textes zur Anwendung kommen, da sie z. B. die von der Oberflächenstruktur abstrahierten Grundelemente einer Erzählung erfassen oder eine Figur als *insgesamt* statisch oder dynamisch, ein- oder mehrdimensional kategorisieren. Damit bleiben aber wichtige kognitiv-emotionale Wirkungspotentiale des Verstehens einer Erzählung außen vor, denn erstens warten Leser nicht mit der Sinnstiftung, bis ein Text bis zum Ende gelesen ist, und zweitens erzielen viele Erzählungen gerade dadurch ihre Wirkung, dass sie Erwartungen evozieren und diese bestätigen oder enttäuschen. Auch kognitivistische Ansätze haben Erzählen schon früh als dynamischen Prozess verstanden, in dem die Auswirkungen der bereits erfolgten Informationsverarbeitung und das Entwerfen von Erwartungen zu einem bestimmten Zeitpunkt einer Erzählung als Quellen für wichtige Rezeptionsemotionen berücksichtigt werden (Sternberg 1978; Perry 1979). Nach Meir Sternberg (2003) stellen Neugier, Spannung und Überraschung die zentralen kognitiv-emotionalen Wirkungen der Informationsvergabe und Informationsverarbeitung dar. Das vorrangige Interesse an diesen Erzähleffekten hat dazu geführt, dass vor allem die strukturellen und logischen Aspekte der Erzähldynamik untersucht wurden sowie die Abfolge und Verbindung der strukturierenden Einheiten (Szenen, Sequenzen, Ploteinheiten) einer Erzählung. Außerdem kamen eventuelle Spannungsverhältnisse zwischen der Informationsvergabe und Segmentierung der Erzählung auf der Ebene des Erzählens (*discourse*) einerseits und den darunterliegenden kausallogischen Zusammenhängen zwischen Handlungen auf der Ebene der erzählten Welt (*story*) andererseits in den Blick. Hogan (2011) zufolge besitzen bereits einzelne Ereignisse in Erzählungen nicht nur eine emotionale Qualität, sondern ihre Emotionalität bedingt auch die Segmentierung und Temporalität größerer Episoden. Daneben hat z. B. David S. Miall (1989 und in Zusammenarbeit mit Don Kuiken 1994) gezeigt, dass Emotionen gerade in den Momenten aktiviert werden, in denen aktivierte Schemata nicht mehr für das Verstehen einer Erzählung ausreichen. Die Dynamik des Verstehens einer Erzählung beinhaltet also immer auch eine Zeitlichkeit, die auf der Emotionalität der Ereignisse beruht, nicht nur auf ihrer kausallogischen Verknüpfung (Miall 2011; Schneider 2013b). Obwohl inzwischen zahlreiche Arbeiten zu diversen emotionalen Aspekten des Erzählens, insbesondere zur Empathie vorliegen (z. B. Gerrig und Rapp 2004; Keen 2011), stellt die Entwicklung einer einheitlichen kognitiv-emotionalen Erzähltheorie noch ein Desiderat dar.

3 Der menschliche Geist in der Erzählliteratur

Die Erforschung des Geistes und der Funktionsweisen des Gehirns ist in den letzten zwei bis drei Dekaden auf breite gesellschaftliche Resonanz gestoßen. Es verwundert daher nicht, dass seit einiger Zeit vermehrt Erzählungen erscheinen, die man als *fictions of cognition* (Freißmann 2011) bezeichnen kann. Dabei handelt es sich um Romane, die sich auf thematischer und figuraler Ebene mit den Kognitionswissenschaften befassen, also etwa Kognitionswissenschaftler oder Gehirnforscher auftreten lassen oder Figuren in den Vordergrund stellen, deren psychische Dispositionen, Gehirnfunktionen und/oder Wahrnehmungen der Welt Besonderheiten oder gar pathologische Züge zeigen. Während sich Untersuchungen zum unzuverlässigen Erzählen (siehe den Beitrag *Igl, Erzähler und Erzählstimme* in diesem Band) bereits seit einiger Zeit auch mit Erzählern befassen, deren Geisteszustand als gestört analysiert werden kann, treten nun häufiger Figuren auf, bei denen z. B. Autismus oder Demenz zu diagnostizieren wäre. In manchen Fällen versuchen Autorinnen und Autoren, die Denkweisen solcher Figuren in der Bewusstseinsdarstellung zu imitieren (vgl. z. B. Semino 2014). Dies gilt natürlich auch für Figuren, deren Bewusstseinsprozesse keine Störungen aufweisen. Nachdem Monika Fludernik (1996) Erfahrungshaftigkeit (*experientiality*) als Definitionskriterium für Narrrativität etabliert hatte, hat Marco Caracciolo (2014a) jüngst argumentiert, dass die „quasi-mimetic evocation of real-life experience", mit der Fludernik (1996, 12) *experientiality* umschreibt, noch zu stark auf die textuelle Informationsvergabe ausgerichtet sei. In einer stärker rezeptionsorientierten Perspektive müsse gefragt werden, wie Rezipienten im Zusammenspiel mit der Darstellung von Erfahrungswelten in Erzählungen aus den Gegebenheiten ihres eigenen Geistes und ihrer eigenen Körperlichkeit heraus während der Lektüre solche Erfahrungsqualitäten mental generieren. Damit zeigt Caracciolo zum einen, wie eine phänomenologisch orientierte *Philosophy of Mind* zur kognitivistischen Narratologie beitragen kann, zum anderen stellt er eine Verbindung zwischen der Betrachtung von Geist *und* Erzählliteratur einerseits und dem Geist *in* der Erzählliteratur andererseits her (vgl. auch Caracciolo 2014b).

Dass die Darstellung der Inhalte und Strukturen des menschlichen Geistes keine Erfindung der zeitgenössischen Literatur ist, hat die historische Narratologie jüngst in den Blick genommen (Herman 2011). Autorinnen und Autoren sind schon sehr lange an den mentalen Vorgängen des Menschen und den Funktionsweisen des Geistes interessiert und sie entwickelten verschiedene Strategien, intrapsychisches Geschehen zugänglich zu machen (siehe den Beitrag *Schmid, Bewusstseinsdarstellung* in diesem Band). Während zahlreiche Ansätze sich der Darstellung des Bewusstseins einzelner Figuren gewidmet haben, ist in der jüngeren kognitivistischen Narratologie eine Hinwendung zur Darstellung von kollektivem Figurenbewusstsein (Palmer 2010) bzw. zur Interaktion von Figurenperspektiven (Hartner 2012) zu verzeichnen.

4 Neuere Entwicklungen und Perspektiven

David Herman (2013b) sieht weiteres Entwicklungspotential für die kognitivistische Narratologie bei der Integration qualitativer und quantitativer Methoden, bei der Etablierung eines gleichberechtigten Dialogs zwischen Narratologen und Kognitionswissenschaftlern, der Einbindung solcher Interdisziplinarität in die etablierte Erzählforschung, bei der Abstimmung zwischen narratologischen Analysekategorien und analysierten Texten bzw. Korpora sowie bei der Entwicklung von Interpretationsstrategien für einzelne Erzählungen aus allgemeinen kognitionswissenschaftlichen Erkenntnissen. Herman bemerkt zu Recht, dass die kognitivistische Narratologie als fortzuführendes Projekt betrachtet werden muss, auch wenn, wie oben skizziert wurde, schon einiges geleistet werden konnte. Es sind noch weitere Felder zu nennen, in denen noch Entwicklungen zu erwarten sind.

Nachdem die Kognitionswissenschaften sich in den letzten beiden Dekaden zunehmend der neurobiologischen Erforschung der Aktivitäten des Gehirns und Zentralnervensystems zugewandt haben, stellt sich auch für die geisteswissenschaftliche Erzählforschung die Frage, inwieweit solche Erkenntnisse die Theorien, Modelle und Methoden bereichern können. Hierbei besteht zum einen das grundsätzliche Problem, dass die Beobachtungsebenen der Neurobiologie, die mit immer weiter verfeinerten bildgebenden Verfahren Gehirnaktivitäten sichtbar machen kann, nicht nur weit unterhalb der Komplexität narratologischer Fragestellungen angesiedelt sind, sondern auch jenseits der Erlebensqualitäten (Qualia). So ist es z. B. völlig unmöglich, die leserseitige mentale Verarbeitung einer über mehrere Sätze in erlebter Rede dargestellten psychischen Aktivität einer Romanfigur in einem neurobiologischen Versuchsaufbau im Detail zu erforschen. Zum anderen stellt sich natürlich die Frage, was es denn erklären würde, zu wissen, welche Gehirnareale bei der Verarbeitung einer solchen Textstelle aktiv sind (vgl. Ryan 2014). Die Entwicklung einer ‚Neuro-Narratologie' als Fortführung der kognitivistischen Narratologie scheint aus dieser Sicht noch in weiter Ferne zu liegen. Allerdings zählt zu den Erkenntnissen der Neurobiologie auch die enge Vernetzung emotionaler und rationaler Funktionen des Gehirns, die mit der synaptischen Verschaltung zwischen den für Emotionen (lymbisches System) und rationales Denken (präfrontaler Cortex) zuständigen Gehirnarealen zusammenhängt und die Informationsverarbeitung weit unterhalb der Bewusstseinsschwelle beeinflusst (Miall 2009). Hier besteht eine wichtige Aufgabe für die Narratologie darin, insbesondere emotionale Aspekte des Verstehens stärker in die Theoriebildung einfließen zu lassen (Miall 2004, 2011). Außerdem lässt die neuere Gehirnforschung Gedächtnismodelle in einem neuen Licht erscheinen, denn auf der Grundlage der Erforschung neuronaler Netzwerke tritt die Dynamik des erneuten Herstellens von Wissen gegenüber einem Wiederauffinden von in einem Speicher abgelegter Information stärker hervor (Gerrig 2011). Die kognitiv-narratologische Konzeption von Wissensschemata und Schemaaktivierung könnte sich als überarbeitungsbedürftig erweisen.

Die Beschaffenheit mentaler Repräsentation beim Textverstehen gehört zu den leider noch zu wenig geklärten Fragen, deren Beantwortung auch Auswirkungen auf die etablierten Analysekategorien der Narratologie haben dürften: Hat die Wahl der Erzählsituation einen Einfluss auf die Art der mentalen Repräsentation der fiktionalen Welt? Beeinflusst die Verwendung unterschiedlicher Techniken der Bewusstseinsdarstellung die mentale Repräsentation einer Figur und ihrer Sicht auf die Welt? Sind mentale Modelle von Figuren, die Fokalisierungsinstanzen sind, von anderer Qualität als diejenigen von Figuren, deren Bewusstseinsinhalte uns nicht zugänglich sind? Wie repräsentieren Leser Erzählinstanzen, und gibt es im Geist von Rezipienten einen kategorialen oder nur einen graduellen Unterschied zwischen expliziten Erzählern (*overt narrators*) und impliziten (*covert narrators*)? Werden mentale Modelle zu homodiegetischen Erzählern in strenger Analogie zur mentalen Repräsentation von Figuren erstellt oder unterscheiden sie sich von diesen? Zwar implizieren narratologische Analysekategorien immer, dass die beobachtbaren Texteigenschaften bei der Bedeutungsgenerierung wirksam sind, doch weisen kognitivistische Ansätze in der Narratologie insgesamt auf die Notwendigkeit hin, leserseitige Variablen der Bedeutung stärker in die Theoriebildung einzubeziehen (z. B. Kuiken et al. 2004; Bortolussi und Dixon 2003, 2013).

Weiteres Entwicklungspotential bietet sich für die kognitivistische Narratologie im Bereich kulturwissenschaftlicher und ethischer Fragen, denn das Speichern und Wiederverwenden von Wissen bei der Produktion und Rezeption von Erzählungen ist niemals wertfrei (vgl. aus narratologischer Sicht Liesbeth Korthals Altes 2014). Dies betrifft natürlich auch Wissen über Kategorien sozialer Differenzierung, wie Alter, Geschlecht, Ethnie und soziale Schicht. Wenngleich narratologische Analysekategorien schon immer auch für eine politisch-kritische Interpretation verwendet werden konnten (die feministische und postkoloniale Literaturwissenschaft stellen hierfür zentrale Beispiele dar), könnte die kognitivistische Narratologie durch Rückbindung an genauer operationalisierte Modelle der Schemamodifikation und des Zusammenwirkens rationaler und emotionaler Strukturen der Selbst- und Fremdwahrnehmung ihr Potenzial als ‚kritische' Narratologie erweitern. Sie könnte dies z. B. tun, indem sie Schemawissen im Sinne kultureller Modelle konzipiert (Strasen 2008). In welche Richtung ein solcher Ansatz gehen könnte, haben etwa Hallet (2007) und Hartner (2013) zum Thema Genre und Sommer (2013) in Bezug auf interkulturelle Themen gezeigt. Inwieweit die Hinwendung der Kognitionswissenschaften zu Modellen des Geistes als

„enactive, embedded, embodied, and extended" (Kukkonen und Caracciolo 2014, 261), die frühere Modelle der Informationsverarbeitung als reduktiv betrachten, zur Etablierung einer „second generation" (ebd.) kognitivistischer Literaturwissenschaft führt, wird sich zeigen.

Literaturverzeichnis

Albrecht, Jason A., und Edward O'Brien (1993). „Updating a Mental Model: Maintaining Both Local and Global Coherence". In: *Journal of Experimental Psychology: Learning, Memory, and Cognition* 19.5, 1061–1070.

Aldama, Frederick L. (2010). „Introduction: The Sciences and Humanities Matter as One". In: F. L. Aldama (Hg.), *Toward a Cognitive Theory of Narrative Acts*. Austin, 1–10.

Aldama, Frederick L., und Patrick Colm Hogan (2014). *Conversations on Cognitive Cultural Studies: Literature, Language, Aesthetics*. Columbus, OH.

Bernaerts, Lars, Dirk de Geest, Luc Herman und Bart Vervaeck (2013). „Introduction. Cognitive Narrative Studies: Themes and Variations". In: L. Bernaerts, D. de Geest, L. Herman, B. Vervaeck (Hgg.), *Stories and Minds: Cognitive Approaches to Literary Narrative*. Lincoln/London, 1–20.

Bortolussi, Marisa, und Peter Dixon (2003). *Psychonarratology: Foundations for the Empirical Study of Literary Response*. Cambridge.

Bortolussi, Marisa, und Peter Dixon (2013). „Minding the Text: Memory for Literary Narratives". In: L. Bernaerts, D. de Geest, L. Herman, B. Vervaeck (Hgg.), *Stories and Minds: Cognitive Approaches to Literary Narrative*. Lincoln/London, 23–37.

Boyd, Brian (2009). *On the Origin of Stories: Evolution, Cognition, and Fiction*. Cambridge, MA.

Bracher, Mark (2013). *Literature and Social Justice: Protest Novels, Cognitive Politics, and Schema Criticism*. Austin, TX.

Brône, Geert, und Jeroen Vandaele (Hgg. 2009). *Cognitive Poetics: Goals, Gains and Gaps*. Berlin/New York.

Bruhn, Mark J. (2011). „Introduction. Exchange Values: Poetics and Cognitive Science". In: *Poetics Today* 32.3, 403–460.

Bruner, Jerome (1990). *Acts of Meaning*. Cambridge, MA.

Caracciolo, Marco (2014a). *The Experientiality of Narrative: An Enactivist Approach*. Berlin.

Caracciolo, Marco (2014b). „Experientiality". In: P. Hühn, J. Pier, W. Schmid, J. Schönert (Hgg.), *the living handbook of narratology*. Hamburg. http://www.lhn.uni-hamburg.de/article/experientiality (28. Mai 2017).

Carroll, Joseph (2004). *Literary Darwinism: Evolution, Human Nature, and Literature*. New York.

Cook, Guy (1994). *Discourse and Literature: The Interplay of Form and Mind*. Oxford.

Dancygier, Barbara (2008). „The Text and the Story: Levels of Blending in Fictional Narratives". In: T. Oakley, A. Hougaard (Hgg.), *Mental Spaces in Discourse and Interaction*. Amsterdam/Philadelphia, 51–78.

Dijk, Teun A. van, und Walter Kintsch (1983). *Strategies of Discourse Comprehension*. London.

Eder, Jens (2003). „Narratology and Cognitive Reception Theories". In: T. Kindt, H.-H. Müller (Hgg.), *What is Narratology? Questions and Answers Regarding the Status of a Theory*. Berlin/New York, 277–301.

Eibl, Karl (2012). „How Can Evolutionary Biology Enrich the Study of Literature?" In: C. Gansel, D. Vanderbeke (Hgg), *Telling Stories: Literature and Evolution*. Berlin/New York, 11–29.
Emmott, Catherine (1997). *Narrative Comprehension: A Discourse Perspective*. Oxford/New York.
Fauconnier, Gilles, und Mark Turner (2002). *The Way We Think: Conceptual Blending and the Mind's Hidden Complexities*. New York.
Fishelov, David (1995). „The Structure of Generic Categories: Some Cognitive Aspects". In: *Journal of Literary Semantics* 24.2, 117–126.
Fludernik, Monika (1996). *Towards a ‚Natural' Narratology*. London.
Fludernik, Monika (2003). „Natural Narratology and Cognitive Parameters". In: D. Herman (Hg.), *Narrative Theory and the Cognitive Sciences*. Stanford, 243–267.
Fludernik, Monika (2010). „Naturalizing the Unnatural: A View from Blending Theory". In: *Journal of Literary Semantics* 39, 1–27.
Freißmann, Stephan (2011). *Fictions of Cognition: Representing (Un)Consciousness and Cognitive Science in Contemporary English and American Fiction*. Trier.
Gallagher, Shaun, und Daniel D. Hutto (2008). „Understanding Others through Primary Interaction and Narrative Practice". In: J. Zlatev, T. P. Racine, C. Sinha, E. Itkonen (Hgg.), *The Shared Mind: Perspectives on Intersubjectivity*. Amsterdam/Philadelphia, 17–38.
Garnham, Alan (1987). *Mental Models as Representations of Discourse and Text*. Chichester.
Gavins, Joanna, und Gerard Steen (Hgg. 2003). *Cognitive Poetics in Practice*. London.
Gerrig, Richard (1993). *Experiencing Narrative Worlds: On the Psychological Activities of Reading*. Boulder.
Gerrig, Richard (2011). „Conscious and Unconscious Processes in Readers' Narrative Experiences". In: G. Olson (Hg.), *Current Trends in Narratology*. Berlin/New York, 37–60.
Gerrig, Richard J., und David W. Allbritton (1990). „The Construction of Literary Character: A View from Cognitive Psychology". In: *Style* 24.3, 380–391.
Gerrig, Richard, und Giovanna Egidi (2003). „Cognitive Psychological Foundations of Narrative Experience". In: D. Herman (Hg.), *Narrative Theory and the Cognitive Sciences*. Stanford, 33–55.
Gerrig, Richard J., und David N. Rapp (2004). „Psychological Processes Underlying Literary Impact". In: *Poetics Today* 25, 265–281.
Graesser, Art C., und Gordon H. Bower (Hgg. 1990). *Inferences and Text Comprehension*. San Diego, CA.
Graesser, Art C., Murray Singer und Tom Trabasso (1994). „Constructing Inferences During Narrative Text Comprehension". In: *Psychological Review* 101.3, 371–395.
Hallet, Wolfgang (2007). „Gattungen als kognitive Schemata: Die multigenerische Interpretation literarischer Texte". In: M. Gymnich, B. Neumann, A. Nünning (Hgg.), *Gattungstheorie und Gattungsgeschichte*. Trier, 53–71.
Hartner, Marcus (2012). *Perspektivische Interaktion im Roman: Kognition, Rezeption, Interpretation*. Berlin/New York.
Hartner, Marcus (2013). „Hybrid Genres and Cultural Change: A Cognitive Approach". In: M. Basseler, A. Nünning, C. Schwanecke (Hgg.), *The Cultural Dynamics of Generic Change in Contemporary Fiction: Theoretical Frameworks, Genres and Model Interpretations*. Trier, 163–182.
Hartwig, Susanne (2009). „Kognition und Empathie bei der Rezeption literarischer Texte (Tatiana Lobo, Bernardo Carvalho)". In: *Grenzgänge* 31/32, 168–196.

Herman, David (2002). *Story Logic: Problems and Possibilities of Narrative*. Lincoln.
Herman, David (2009). „Cognitive Approaches to Narrative Analysis". In: G. Brône, J. Vandaele (Hgg.), *Cognitive Poetics: Goals, Gains and Gaps*. Berlin/New York, 79–118.
Herman, David (2010). „Narrative Theory after the Second Cognitive Revolution". In: L. Zunshine (Hg.), *Introduction to Cognitive Cultural Studies*. Baltimore, 155–175.
Herman, David (Hg. 2011). *The Emergence of Mind: Representations of Consciousness in Narrative Discourse in English*. Lincoln/London.
Herman, David (2013a). *Storytelling and the Sciences of Mind*. Cambridge, MA.
Herman, David (2013b). „Afterword. Narrative and Mind: Directions for Inquiry". In: L. Bernaerts, D. de Geest, L. Herman, B. Vervaeck (Hgg.), *Stories and Minds: Cognitive Approaches to Literary Narrative*. Lincoln/London, 199–209.
Herman, David (2013c). „Cognitive Narratology (revised version; uploaded 22 September 2013)". In: P. Hühn, J. Pier, W. Schmid, J. Schönert (Hgg.), *the living handbook of narratology*. Hamburg. http://www.lhn.uni-hamburg.de/article/cognitive-narratology-revised-version-uploaded-22-september-2013 (28. Mai 2017).
Hogan, Patrick Colm (2003). *The Mind and Its Stories: Narrative Universals and Human Emotion*. Cambridge.
Hogan, Patrick Colm (2011). *Affective Narratology: The Emotional Structure of Stories*. Lincoln/London.
Hogan, Patrick Colm (2013). *How Authors' Minds Make Stories*. Cambridge.
Hsu, Jeremy (2008). „The Secrets of Storytelling: Our Love for Telling Tales Reveals the Workings of the Mind". In: *Scientific American Mind* 19.4, 46–51.
Hutto Daniel D. (2007). „The Narrative Practice Hypothesis". In: D. D. Hutto (Hg.), *Narrative and Understanding Persons*. Cambridge, 43–68.
Ibsch, Elrud (1990). „The Cognitive Turn in Narratology". In: *Poetics Today* 11.2, 411–418.
Jahn, Manfred (1997). „Frames, Preferences, and the Reading of Third-Person Narratives: Towards a Cognitive Narratology". In: *Poetics Today* 18.4, 441–468.
Jahn, Manfred (1999). „,Speak, friend, and enter': Garden Paths, Artificial Intelligence, and Cognitive Narratology". In: D. Herman (Hg), *Narratologies: New Perspectives on Narrative Analysis*. Ohio, 167–194.
Keen, Suzanne (Hg. 2011). *Poetics Today* 32.1, Sonderheft *Narrative and The Emotions*.
Kintsch, Walter (1988). „The Role of Knowledge in Discourse Comprehension. A Construction-Integration Model". In: *Psychological Review* 95, 163–182.
Korthals Altes, Liesbeth (2014). *Ethos and Narrative Interpretation: The Negotiation of Values in Fiction*. Lincoln/London.
Kramnick, Jonathan (2011). „Against Literary Darwinism." In: *Critical Inquiry* 31, 315–347.
Kuiken, Don, David S. Miall und Shelley Sikora (2004). „Forms of Self-Implication in Literary Reading". In: *Poetics Today* 25, 171–203.
Kukkonen, Karin, und Marco Caracciolo (2014). „Introduction. What is the Second Generation?" In: *Style* 48.3 (Sonderheft *Cognitive Literary Study: Second Generation*, hg. von Karin Kukkonen und Marco Caracciolo), 261–274.
Lauer, Gerhard (2007). „Spiegelneuronen. Über den Grund des Wohlgefallens an der Nachahmung". In: K. Eibl, K. Mellmann, R. Zymner (Hgg.), *Im Rücken der Kulturen*. Paderborn, 137–163.
Mellmann, Katja (2013). „On the Emergence of Aesthetic Illusion: An Evolutionary Perspective". In: W. Wolf, W. Bernhart, A. Mahler (Hgg.), *Immersion and Distance: Aesthetic Illusion in Literature and Other Media*. Amsterdam/New York, 67–88.

Miall, David S. (1989). „Beyond the Schema Given: Affective Comprehension of Literary Narratives". In: *Cognition and Emotion* 3, 55–78.
Miall, David S. (2004). „Episode Structures in Literary Narratives". In: *Journal of Literary Semantics* 33, 111–129.
Miall, David S. (2009). „Neuroaesthetics of Literary Reading". In: M. Skov, O. Vartanian (Hgg.), *Neuroaesthetics*. Amityville, NY, 233–247.
Miall, David S. (2011). „Emotions and the Structuring of Narrative Responses". In: *Poetics Today* 32.2, 323–348.
Miall, David S., und Don Kuiken (1994). „Foregrounding, Defamiliarization, and Affect". In: *Poetics* 22, 389–407.
Palmer, Alan (2010). *Social Minds in the Novel*. Columbus, OH.
Perry, Menakhem (1979). „Literary Dynamics: How the Order of a Text Creates its Meaning". In: *Poetics Today* 1.1, 35–64 und 311–361.
Richardson, Alan (2004). „Studies in Literature and Cognition: A Field Map". In: A. Richardson, E. Spolsky (Hgg.), *The Work of Fiction: Cognition, Culture, and Complexity*. Aldershot, 1–30.
Richardson, Brian (Hg. 2002). *Narrative Dynamics: Essays on Time, Plot, Closure and Frames*. Columbus.
Ryan, Marie-Laure (2010). „Narratology and Cognitive Science: A Problematic Relationship". In: *Style* 44.4, 469–495.
Ryan, Marie-Laure (2014). „My Narratology: An Interview with Marie-Laure Ryan". In: *Diegesis: Interdisziplinäres E-Journal für Erzählforschung/Interdisciplinary Journal for Narrative Research* 3.1, 78–81.
Sanford, Anthony J., und Catherine Emmott (2012). *Mind, Brain and Narrative*. Cambridge.
Schneider, Ralf (2000). *Grundriß zur kognitiven Theorie der Figurenrezeption am Beispiel des viktorianischen Romans*. Tübingen.
Schneider, Ralf (2013a). „Making Sense: Ziele, Möglichkeiten und Grenzen einer kognitiven Rezeptionstheorie". In: G. Brahier, D. Johannsen (Hgg.), *Konstruktionsgeschichten: Narrationsbezogene Ansätze in der Religionsforschung*. Würzburg, 37–53.
Schneider, Ralf (2013b). „New Narrative Dynamics? How the Order of a Text and the Reader's Cognition and Emotion Create its Meanings". In: *Germanisch-Romanische Monatsschrift* 63.1 (Sonderheft *New Narratologies: Recent Developments and New Directions*, hg. von Ansgar Nünning), 47–67.
Schneider, Ralf (2013c). „The Cognitive Theory of Character Reception: An Updated Proposal". In: *Anglistik* 24.2, 117–134.
Schneider, Ralf, und Marcus Hartner (Hgg. 2012). *Blending and the Study of Narrative: Approaches and Applications*. Berlin/New York.
Semino, Elena (2014). „Language, Mind and Autism in Mark Haddon's ‚The Curious Incident of the Dog in the Night Time'". In: M. Fludernik, D. Jacob (Hgg.), *Linguistics and Literary Studies: Interfaces, Encounters, Transfers*. Berlin/New York, 279–303.
Semino, Elena, und Jonathan Culpeper (Hgg. 2002). *Cognitive Stylistics: Language and Cognition in Text Analysis*. Amsterdam.
Sinding, Michael (2002). „After Definitions: Genre, Categories and Cognitive Science". In: *Genre* 35.2, 181–220.
Sommer, Roy (2013). „Other Stories, Other Minds: The Intercultural Potential of Cognitive Approaches to Marriage". In: L. Bernaerts, D. de Geest, L. Herman, B. Vervaeck (Hgg.), *Stories and Minds: Cognitive Approaches to Literary Narrative*. Lincoln/London, 155–174.
Sternberg, Meir (1978). *Expositional Modes and Temporal Ordering in Fiction*. Baltimore.

Sternberg, Meir (2003). „Universals of Narrative and their Cognitive Fortunes". In: *Poetics Today* 24, 297–395 (Teil I), 517–638 (Teil II).
Stockwell, Peter (2002). *Cognitive Poetics: An Introduction*. London/New York.
Strasen, Sven (2008). *Rezeptionstheorien: Literatur-, sprach- und kulturwissenschaftliche Ansätze und kulturelle Modelle*. Trier.
Turner, Mark (1996). *The Literary Mind: The Origins of Thought and Language*. Oxford.
Turner, Mark (2003). „Double-Scope Stories". In: D. Herman (Hg.), *Narrative Theory and the Cognitive Sciences*. Stanford, 117–142.
Vermeule, Blakey (2010). *Why Do We Care about Literary Characters?* Baltimore.
Zerweck, Bruno (2002). „Der *cognitive turn* in der Erzähltheorie: Kognitive und ‚Natürliche' Narratologie". In: A. Nünning, V. Nünning (Hgg.), *Neue Ansätze in der Erzähltheorie*. Trier, 219–142.
Zunshine, Lisa (2006). *Why We Read Fiction. Theory of Mind and the Novel*. Columbus, OH.
Zwaan, Rolf A. (2005). „Situation Model". In: D. Herman, M. Jahn, M.-L. Ryan (Hgg.), *The Routledge Encyclopedia of Narrative Theory*. London/New York, 534–535.
Zwaan, Rolf A., und David N. Rapp (2006). „Discourse Comprehension". In: M. A. Gernsbacher, M. J. Traxler (Hgg.), *Handbook of Psycholinguistics*. San Diego, CA, 725–764.
Zymner, Rüdiger (2009). „Körper, Geist und Literatur: Perspektiven der kognitiven Literaturwissenschaft – eine kritische Bestandsaufnahme". In: M. Huber, S. Winko (Hgg.), *Literatur und Kognition: Bestandsaufnahmen und Perspektiven eines Arbeitsfeldes*. Paderborn, 135–154.

Fotis Jannidis
IV.2.3 Computergestützte Erzähltextforschung

1 Definition

Computergestützte Erzähltextforschung (*computational narratology*) bezeichnet ein neues Forschungsfeld, in dem Verfahren der digitalen Textanalyse zur Untersuchung von Erzähltexten verwendet werden. Zumeist wird nicht nur ein Text, sondern eine größere Sammlung untersucht. Computergestützte Erzählforschung ist Teil des Arbeitsfelds quantitativer Analyse literarischer Texte in den *Digital Humanities*, zu dem außerdem u. a. die Dramen- und die Metrikanalyse gehören. Einige Forscher verwenden einen weiten Begriff der *computational narratology* und zählen auch die Forschung zur Generierung von Erzähltexten dazu sowie die computergestützte Analyse von Erzählungen in anderen Medien, z. B. dem Film, und die Untersuchung der Rezeption von Erzähltexten mit digitalen Mitteln (Mani 2013b), während im Folgenden ein enger Begriff verwendet wird, der das Feld auf die Analyse von erzählenden Texten einschränkt. Wichtige Teilfelder der computergestützten Erzählforschung sind die Analyse von Gattungen, Figuren bzw. Figurennetzwerken, von Ereignissen und Plotstrukturen sowie von typischen *discours*-Aspekten wie Redewiedergabe, Fokalisierung und anderen Erzählformen.

2 Hauptaspekte des Themas

Die computergestützte Erzählforschung zielt darauf ab, Aspekte von Erzähltexten formalisiert zu modellieren sowie automatisch erkennen zu können und somit zählbar zu machen. Auf diese Weise soll es möglich werden, die Abertausenden Erzähltexte auch analytisch zu verarbeiten, die durch die Digitalisierung nun zunehmend zugänglich werden. Dabei hat die computergestützte Erzählforschung allerdings mit einem zentralen Problem zu kämpfen. Die narratologische Forschung der letzten Jahrzehnte hat deutlich gemacht, wie sehr das Verständnis von Erzählungen abhängig ist vom geteilten Weltwissen der Autoren und Rezipienten. Das Lesen eines Textes ist insgesamt ein vielschichtiger Prozess, in dem textbasierte und weltwissensbasierte Impulse ständig zusammenwirken, um so etwas wie das Verstehen auf Satz- und Textebene überhaupt erst zu ermöglichen. Diesen komplexen integralen Prozess kann man mittels des Computers (noch) nicht nachbilden. Stattdessen können recht spezifische Aspekte von Erzählungen modelliert und dann auch automatisch erhoben werden. Allerdings funktioniert das umso schlechter, je mehr diese Aspekte das vollständige Verstehen des Textes und den Aufbau eines mentalen Modells der erzählten Welt voraussetzen. So lassen sich etwa Formen der Redewiedergabe recht gut modellieren, insbesondere Formen, die sich wie direkte und indirekte Rede unmittelbar durch Oberflächenaspekte erkennen lassen. Dagegen stellt z. B. eine abstrakte Kategorie wie Plotmuster eine deutlich größere Herausforderung dar. Diese sehr unterschiedliche Zugänglichkeit erzählerischer Phänomene für die computergestützte Erzählforschung ist die Ursache für die im Folgenden zu skizzierende ungleichförmige Forschungslage: Zu einigen Aspekten liegen schon vergleichsweise viele Untersuchungen vor, während andere, aus der Sicht der traditionellen Narratologie eng verwandte Aspekte kaum oder nur mit mäßigem Erfolg bearbeitet worden sind.

Die Geschichte der computergestützten Erzählforschung beginnt – bis auf einige verstreute Vorläufer – in den 1960er Jahren (Hockey 2000, Kap. 5), wobei allerdings bis in die Gegenwart der Einfluss von Propps Korpusstudie zu den Zaubermärchen aus den 1920er Jahren spürbar ist (Meister 2014). Nach Jahrzehnten optimistischer Bemühungen erschien Ende der 1990er Jahre manchen Beobachtern der Ertrag der computergestützten Erzählforschung wenig überzeugend. Die Probleme der ersten Jahrzehnte können rückblickend so erklärt werden: Das spezifische Wissen über Text- und Kontextstrukturen musste jeweils aufwendig manuell modelliert werden und war aufgrund seiner Text- und Domänenabhängigkeit, also der Bedingtheit durch das Vorwissen und die sprachlichen Gepflogenheiten in einem Handlungsfeld, nur schlecht übertragbar. Dennoch entwickelte sich eine Forschungsgemeinschaft, die sich zumeist auf die Analyse von Einzeltexten und kleinen Sammlungen konzentrierte und auf die Anwendung einfacher statistischer Verfahren bzw. die Sichtung aller Belege aufgrund von Suchmustern (z. B. Rommel 1995). Erst seitdem sehr große Sammlungen von Texten vorliegen, werden mit probabilistischen Verfahren, z. B. maschinellen Lernverfahren, größere Fortschritte gemacht. Häufig wird Morettis Begriff des *distant reading* – der von ihm eigentlich im Kontext einer Komparatistik entwickelt wurde, die sich auf die Forschung der spezialisierten Philologien verlässt – zusammenfassend für alle Verfahren verwendet, die größere Textmengen erschließen (Moretti 2000). Deren Ergebnisse erscheinen vielen Forschern inzwischen akzeptabel, auch wenn sie im Vergleich zu traditionellen Verfahren deutlichen Einschränkungen unterliegen, eben weil sie eine große Zahl unbekannter Texte einbeziehen können.

Handlung und Figur

Den beiden Hauptmomenten der narrativen Welt, Handlung und Figur, ist mit unterschiedlichem Erfolg viel Aufmerksamkeit gewidmet worden. Die Präsenz von Figuren im Text lässt sich über die Erwähnung der Namen und anderer Bezeichner vergleichsweise gut nachvollziehen. Anschließend kann die Interaktion der Figuren modelliert werden, z. B. auf der Grundlage der sprachlichen Kommunikation (Moretti 2011; Elson et al. 2010) oder aber aufgrund der Kookkurrenz der Figurenreferenzen im Text (Park et al. 2013; Ardanuy und Sporleder 2014) oder der Themen der Gespräche (Celikyilmaz et al. 2010). Solche Daten lassen sich gut mit den Mitteln der sozialen Netzwerkanalyse auswerten (Trilcke 2013) und erlauben eine Modellierung von Konzepten wie Haupt- und Nebenfigur, ermöglichen den Überblick über historisch dominante Figurenkonstellationen oder lassen sich als Ähnlichkeitsdimension von Texten auffassen. An diese vergleichsweise einfachen Netzwerke schließt die Analyse von spezifischen Figurenrelationen an, z. B. von Familienbeziehungen (Makazhanov et al. 2014) oder Liebesbeziehungen (Karsdorp et al. 2015). Auch die Beschreibungen von Figuren sind inzwischen mit manuellen und automatischen Verfahren untersucht worden; die Erfolge waren bei bestimmten Formen populärer Literatur deutlich besser, wohl weil diese schematischer sind (Koolen und Cranenburgh 2017). Versuche, aus sehr großen Textsammlungen Figurentypen zu ermitteln, können erste Ergebnisse vorweisen, lassen sich aber aufgrund der fehlenden Referenzmaßstäbe nur schlecht evaluieren (Bamman et al. 2013, 2014).

Die Modellierung von Handlung dagegen ist sehr viel komplexer, da das narratologische Konzept eines Plots als Folge von Ereignissen aufgrund des problematischen Ereignisbegriffs (Meister 2003; Dunn und Schumacher 2016) nur schwer operationalisierbar ist. Eine Reihe von Vorschlägen setzt daher wiederum bei den Figuren an: Lehnert (1981) schlägt vor, eine Zusammenfassung von Erzähltexten als Netzwerk aus den affektiven Zuständen der Figuren und den affektiven Verbindungen zu konstruieren, allerdings kann sie damals noch kein automatisches Verfahren zur Ermittlung der Informationen vorschlagen. Ausgehend vom Skriptkonzept schlagen Chambers und Jurafsky (2009) vor, narrative Ereignisketten – ausgehend von den Verben – und die zugehörigen Rollen unüberwacht zu lernen (siehe Methodenabschnitt unten). Ein anderer Vorschlag lautet, den Verlauf der im Zusammenhang mit Figuren verwendeten Emotionswörter und die mit den Figuren besonders häufig verbundenen Wörter als Indikatoren für den Plot zu nehmen und auf diese Weise Handlungsähnlichkeiten zwischen Romanen zu erfassen (Elsner 2012). Intensiv diskutiert wurde der Vorschlag von Jockers, den Plot aufgrund der Häufigkeit und Polarität, also der positiven oder negativen Wertung, von Emotionswörtern zu modellieren (Jockers

2015; vgl. auch Bilenko und Miyakawa 2013). Geschichten mit vergleichbaren Plots können auf ihre Ähnlichkeiten hin untersucht werden, um die ähnlichen Passagen zu alignieren (Reiter et al. 2014). Bei einem Korpus von nicht-fiktionalen Erzählungen über ‚das erste Mal' haben sich hierarchische Graphen als nützlich erwiesen, wobei stabile Fünf-Wort-Verbindungen als Knoten dienten, um Handlungsabschnitte und deren sprachliche Realisierung sichtbar zu machen (Bubenhofer et al. 2013). Die Visualisierung von Ereignisfolgen im Zusammenhang mit realen oder fiktionalen Räumen ist seit der berühmten Darstellung von Napoleons Feldzug in Russland durch Minard ein zentrales Problem der einschlägigen Forschung (Meirelles 2013, Kap. 3), wobei die Ereignisse entweder manuell identifiziert werden oder nur ein klar abgegrenzter Bereich von Ereignissen, die etwa mittels einer Ontologie modelliert werden können, überhaupt berücksichtigt werden. Ein nicht unerhebliches Problem vieler dieser Ansätze ist der Mangel an klaren Definitionen und Operationalisierungen der einschlägigen Begriffe in der Literaturwissenschaft, was nicht zuletzt eine vergleichende Evaluation der Verfahren sehr erschwert.

Analyse der Redewiedergabe

Die automatische Erkennung von Redewiedergabe hat zwei Funktionen. Zum einen ist sie an sich interessant, da sie es erlaubt, Fragen wie die folgenden auf der Grundlage von sehr großen Textsammlungen zu beantworten: Gibt es systematische Unterschiede in der Verwendung von direkter Rede, z. B. im Vergleich von Unterhaltungsroman und Kunstroman? Gibt es systematische Unterschiede in der Verteilung von unterschiedlichen Formen der Redewiedergabe? Zugleich aber ist die automatische Redewiedergabe auch ein wichtiger Vorverarbeitungsschritt, wenn man z. B. die Kommunikationsinteraktion von Figuren analysieren möchte oder wenn man eine Koreferenzauflösung durchführen möchte, da Erzählerrede und Figurenrede praktisch wie zwei unterschiedliche Textsorten funktionieren. Gleich zwei buchlange Studien sind diesem Problem gewidmet: Semino und Short (2004) annotieren in einem englischsprachigen Korpus Formen der Schreib-, Rede- und Gedankenwiedergabe und führen auf dieser Grundlage eine quantitative und qualitative Korpusstudie durch. Brunner (2015) beschränkt sich auf die Redewiedergabe; sie annotiert ebenfalls ein kleines Korpus, diesmal von deutschsprachigen Texten, ist aber vor allem daran interessiert, ob man mit regelbasierten Verfahren oder Methoden des maschinellen Lernens Modelle für beliebig viele Texte entwickeln kann. Die Resultate schwanken stark abhängig von den Formen der Redewiedergabe: Direkte Rede lässt sich sehr gut erfassen, während erlebte Rede deutlich schwieriger ist – hierbei ist aber auch die Übereinstimmung der Annotatoren deutlich geringer.

Gattungsanalyse

Die Untersuchung von erzählerischen Gattungen ist in den meisten Darstellungen der Narratologie nicht Teil der Untersuchung, zugleich aber ein intensiv bearbeitetes Feld der Erzählforschung. Mit automatischen Verfahren lassen sich aus sehr großen Textsammlungen mit über 90-prozentiger Wahrscheinlichkeit erzählende Werke extrahieren (Underwood 2015). Uneinheitlicher ist das Bild *innerhalb* der Großgattung Erzählliteratur.

Moretti hat sich in einer frühen Studie aufgrund einer breiten Auswertung von Forschungsliteratur an einem quantitativen Überblick über die Gattungen des englischen Romans versucht und dabei seine kontroverse These zur generationsbedingten Lebensspanne von Romangattungen formuliert (Moretti 2005). Jockers kann diese These mit automatischen Verfahren der Textklassifikation zumindest für eine Reihe von kleineren Romangattungen bestätigen (Jockers 2013, 87), allerdings enthält das stilometrische Signal auf der Grundlage der häufigsten Wörter nur zu einem kleineren Teil Gattungsinformationen, vielmehr wird es vom Autorsignal dominiert (Jockers 2013, 81; Allison et al. 2011). Die automatische Klassifikation von erzählerischen Untergattungen stellt auch deshalb eine Herausforderung dar, weil sehr unterschiedliche Merkmale erzählerische Gattungen definieren und diese Merkmale zudem auch unterschiedlich salient sind; so können Abenteuerromane mit sehr hoher Zuverlässigkeit klassifiziert werden, während der Unterschied zwischen Entwicklungsromanen (einschließlich Bildungsromanen) und Gesellschaftsromanen deutlich schlechter automatisch ermittelbar ist (Hettinger et al. 2016), was entweder an der Vagheit der Kategorien oder deren Komplexität liegen kann.

Stilanalyse

Die Stilometrie gehört zu den großen Erfolgsgeschichten der *Digital Humanities*. In den letzten 50 Jahren sind zahlreiche Studien entstanden, die verschiedene Textmerkmale als Stilmerkmale heranziehen und insbesondere für die Autorschaftszuschreibung verwenden – da die Autoren der meisten Texte bekannt sind, erlaubt dies eine einfache Evaluation der Verfahren. Um 2000 wurden aus der sehr großen Menge möglicher Stilmerkmale, z. B. Satzlänge, Interpunktionsdichte, Wortlänge, Satzstruktur usw., zumeist solche ausgewählt, die ein vorliegendes Korpus optimal differenziert haben, um dann den unbekannten Text dem Korpus hinzuzufügen und zu beobachten, welchem Autor der Text zugeordnet wird (Love 2002). Burrows, einer der Altmeister der Stilometrie, beschrieb ein einfaches Maß, Delta, auf der Grundlage der häufigsten Wörter (Burrows 2002), das seitdem erfolgreich für viele verschiedene Gattungen und Sprachen getestet (Eder und Rybicki 2013) und weiterentwickelt wurde (Evert et al. 2017). Auch jenseits der Autorschaftszuschreibung wurden stilometrische Verfahren erfolgreich eingesetzt, da sich darüber neben dem Autorsignal sowohl Gattungs- als auch Epochensignale zeigen lassen (Jockers 2013, Kap. 6; Jannidis und Lauer 2014); diese Zusammensetzung gilt allerdings auch für inhaltliche Aspekte, wie Schöch (2015) am Beispiel von französischen Kriminalromanen zeigen kann. Eine wichtige Einsicht der Stilometrie besteht darin, dass es keinen ‚stilistischen Fingerabdruck' gibt, der eine eindeutige Zuordnung von Texten erlaubt – sei es zu Autoren, Gattungen oder Epochen. Wenn aber das Untersuchungskorpus funktional und sorgfältig zusammengesetzt wird, können mit teils sehr hohen Wahrscheinlichkeiten belastbare Aussagen über die stilistische Ähnlichkeit von Texten oder Trends in der Entwicklung des Stils getroffen werden. Stilometrische Untersuchungen auf der Grundlage von sehr großen Textsammlungen konnten etwa zeigen, wie die britische Literatursprache im 19. Jahrhundert zunehmend eigenständiger wird und durch die Bevorzugung von Worten für Konkreta und die Vermeidung von Abstraktionen geprägt ist (Heuser und Le-Khac 2012), was auch eng mit der Bevorzugung von Wörtern zusammenhängt, die vor der Eroberung durch die Normannen schon geläufig waren und deshalb vor allem für die mündliche Kommunikation kennzeichnend sind (Underwood und Sellers 2012). Unterschiede in der Verwendungshäufigkeit von Wortgruppen können auch herangezogen werden, um mit großer Zuverlässigkeit fiktionale Erzähltexte von nicht-fiktionalen zu unterscheiden (Piper 2016).

Das Feld der computergestützten Erzählforschung entwickelt sich rasch: Immer größere Textsammlungen liegen vor und ermöglichen es Forschern, ihre Untersuchungen ohne langwierige Digitalisierungsvorarbeiten zu beginnen. Die formale Modellierung von narratologischen Konzepten macht zunehmend Fortschritte, z. B. zur Zeit (Mani 2010) oder zu Namen (Dalen-Oskam 2013). Inzwischen liegen auch umfangreichere Vorschläge vor, die einen Großteil der Genette'schen Kategorien als formales Auszeichnungssystem spezifizieren (vgl. Mani 2013a; Gius 2015). Es entstehen zunehmend Ressourcen, die eine wichtige Grundlage für weitere Arbeitsschritte darstellen, z. B. Lexika für die *Sentiment Analysis* oder Verzeichnisse von narrativen Topoi, etwa die französischsprachige Datenbank SatorBase für erzählerische Topoi vor 1800 (Sinclair et al. 2000–2006). Verfahren, etwa zur Verarbeitung von natürlicher Sprache, Stilometrie oder der thematischen Erschließung mittels *Topic Modeling*, werden erfolgreich weiterentwickelt und durch Standardsoftware auch ohne Programmierkenntnisse leicht zugänglich gemacht.

3 Forschungsmethoden

Die Forschungsmethoden der computergestützten Erzählforschung sind ausgesprochen breit gefächert und unterscheiden sich systematisch aufgrund der Menge, der analysierten Texte sowie des Grades der Automatisierung der Erkennung des Merkmals, das untersucht wird. So liegt an dem einen Eckpunkt dieses Feldes die *manuelle* Annotation eines Merkmals, z. B. der Form der Redewiedergaben, in *einem* Text und am anderen Eckpunkt die *automatische* Extraktion eines erzählerischen Merkmals in *vielen*, eventuell sogar *allen* Texten. Eine wichtige Rolle spielt immer noch die halbautomatische Annotation, in der computergestützt einschlägige Phänomene recherchiert werden, die Treffermenge dann aber in Autopsie gesichtet wird und die fehlerhaften Treffer aussortiert werden. In jedem dieser Fälle kann das erzählerische Merkmal entweder direkt oder indirekt erfasst werden. Im ersten Fall wird das Phänomen selbst annotiert, z. B. erlebte Rede. Wird etwas indirekt erfasst, werden Indikatoren gesucht und diese annotiert, so kann z. B. ein komplexes Phänomen wie die zunehmende Psychologisierung des Erzählens durch Indikatoren wie die Zunahme von Worten, die interne Zustände beschreiben, erfasst werden. Die Auswertung der Annotationen erlaubt eine quantitative Aussage, deren Reichweite durch das zugrunde liegende Korpus und sein Verhältnis zur Grundgesamtheit bestimmt wird. Hervorzuheben ist, dass im Gegensatz zu traditionellen Methoden der Textanalyse die meisten Verfahren der computergestützten Erzählforschung aus sehr genau definierten Einzelschritten bestehen, die jeweils eine bestimmte Aufgabe beschreiben. So zerfällt etwa die Aufgabe, die Referenzen auf Figuren in einem Erzähltext zu erkennen, in folgende Schritte: Erkenne die Namen (*named entity recognition*), erkenne die Substantive, die wie Namen verwendet werden (z. B. ‚Hauptmann' oder ‚Enkel'), erkenne die Personalpronomina und klassifiziere diese Referenzen nach der Figur, auf die sie verweisen (Koreferenzauflösung).

Manuelle Annotationen werden heute mit generischen Annotationsprogrammen oder mit spezialisierter Software für die Annotation von Erzähltexten erstellt, z. B. Catma (Meister 2008–2017) oder Scheherazade (Elson 2012), oder auch mit projektspezifischen Lösungen, die speziell für die Annotation eines bestimmten Phänomens entwickelt werden. Der Vorteil von aufgabenspezifischen Lösungen liegt darin, dass automatische Heuristiken, deren Ergebnis von den Annotatoren überprüft werden, den Prozess sehr beschleunigen können; hinzu kommt, dass die verteilte Eingabe von Annotationen sowie die Messung der Inter Annotator-Übereinstimmung leichter durchgeführt werden können.

Die automatische Annotation geschieht entweder regelbasiert oder auf der Grundlage von maschinellem Lernen oder auf Basis einer Mischung aus beidem. In der regelbasierten Annotation wird das Phänomen durch eine – möglicherweise sehr lange – Reihe von Regeln beschrieben, z. B. könnte eine Regel für die Erkennung von Figuren lauten, dass das Subjekt von Sätzen mit Kommunikationsverben wie ‚sagen' als Figur markiert wird. Ein großer Vorteil dieses Ansatzes wird darin gesehen, dass diese Beschreibung für Menschen sehr gut verständlich ist, allerdings sind die Wirkungen der Reihenfolge der Regeln und der Beschreibungen von Ausnahmen keineswegs trivial, und schon eine vergleichsweise kleine Menge von Regeln kann insgesamt sehr komplexe Wechselwirkungen erzeugen.

Im Fall des maschinellen Lernens unterscheidet man zwischen überwachtem und nicht-überwachtem Verfahren. Das überwachte maschinelle Lernen kann etwa zur automatischen Klassifikation eingesetzt werden. Zur Vorbereitung muss eine Reihe von Instanzen – Texte, Textauszüge, Sätze oder auch nur Teilsätze – manuell mit den Namen der Zielklassen annotiert werden. Will man etwa ein Modell für indirekte Rede trainieren, würde man randomisiert Sätze aus dem Korpus ziehen und alle Sätze, die indirekte Rede enthalten entsprechend positiv markieren, während die anderen negativ markiert wären. Auf diese Weise wird ein Trainings- und Testkorpus erstellt. Im nächsten Schritt werden Merkmale festgelegt, die in relevanter Weise zwischen den Fällen, die das Merkmal aufweisen, und den anderen Fällen variieren, z. B. im Fall von Redewiedergabe *Inquit*-Formeln, Konjunktiv, Satzzeichen und anderes mehr. Anschließend werden für jede Instanz die Ausprägungen der Merkmale gezählt, also ob eine *Inquit*-Formel vorhanden ist, wie viele Konjunktive, Satzzeichen verwendet werden usw. Für jede Instanz werden einem Lernalgorithmus die Ausprägungen der relevanten Merkmale übergeben, und der Algorithmus versucht, eine optimale Grenze zwischen den Klassen der Instanzen aufgrund der Ausprägungen der Merkmale zu ziehen. Die Brauchbarkeit des Modells wird über mehrfache Kreuzvalidierung überprüft, bei der mehrfach ein Großteil der Instanzen für die Erstellung des Modells verwendet wird und dann das Modell auf den Rest der Instanzen angewandt wird, bei denen die richtige Antwort ‚ja' markiert ist und so die Differenz zwischen den Vorhersagen des Modells und der manuellen Annotation gemessen werden kann. Leider ermöglichen nicht alle Lernalgorithmen einen tieferen Einblick in die Beschaffenheit des Modells, so dass manche Verfahren wie eine *black box* funktionieren. Sie ermöglichen zwar die Extraktion der Merkmale, aber kein tieferes Verständnis. Einmal mit brauchbaren Ergebnissen extrahierte Merkmale können selbst wiederum in regel- oder modellbasierte Beschreibungen eingehen und zur Erfassung weiterer Merkmale dienen.

Bei der Auswertung spielen zunehmend komplexere Verfahren der Visualisierung eine Rolle, da sie es erlauben, Daten interaktiv zu explorieren und dabei relevante Tendenzen und andere Auffälligkeiten überhaupt erst zu entdecken. Eine wichtige Rolle können hierbei auch Verfahren des nicht-überwachten maschinellen Lernens spielen. Hierbei wird im Idealfall auf der Grundlage der Auswertung von Merkmalen deutlich, dass sich eine Gruppe von Instanzen, also z. B. Texten, deutlich abhebt von anderen Gruppen, deren Mitglieder wiederum eine deutlich geringere Binnendistanz aufweisen. Diese Gruppen (*Cluster*) müssen dann wiederum inhaltlich von einem Experten interpretiert werden. Auch die Ergebnisse des im Bereich der *Digital Humanities* sehr beliebten *Topic Modeling*, das als eine Art Kookkurrenzanalyse aufgrund eines generativen Textmodells verstanden werden kann, sind in dieser Weise von der Interpretation der Experten abhängig (Blei 2012).

In all diesen Verfahren können die Ergebnisse einer Analyse wiederum die Eingabe und damit die Grundlage einer weiteren darstellen. So kann etwa eine Ermittlung aller Referenzen auf Figuren – auf der Basis eines entsprechenden Trainingskorpus – selbst wiederum die Grundlage für die Erstellung eines Figurennetzwerks sein, dass die Figureninteraktion in einem Erzähltext repräsentiert (Jannidis et al. 2015). So entstehen sehr spezifische analytische Pipelines, deren Gestaltung eine umfassende Kenntnis der existierenden Verfahren als auch das Wissen um bestehende *Natural-Language-Processing*-Ressourcen voraussetzt. Dazu zählen Werkzeuge, z. B. zur Namenserkennung, sowie annotierte Korpora, Wörterbücher, Wortlisten und anderes mehr. Nicht zuletzt ist hier auch die experimentelle Phantasie der Forscher gefragt.

Da die Liste der quantitativen Methoden sich schnell erweitert, seien hier nur einige weitere genannt, die sich als besonders produktiv erwiesen haben. Für die Extraktion von Zeichenmustern haben sich reguläre Ausdrücke, die die kompakte Beschreibung von Zeichenklassen ermöglichen und in fast allen Programmiersprachen unterstützt werden, als sehr nützlich erwiesen (Friedl 2006). Linguistische Anwendungen, die sprachliche Informationen über Sätze erzeugen, sind oft ein zentraler Vorverarbeitungsschritt in Analyse-Pipelines. Typische Informationen, die so erhoben werden, umfassen das Lemma eines Tokens (z. B. zu ‚geschah' das Lemma ‚geschehen'), *Part-of-Speech*-Angaben (z. B. ein Wort ist ein Substantiv), Namenserkennung (z. B. ein Wort ist ein Name für einen Ort), morphologische Angaben (z. B. ein Wort steht im Dativ Singular) und syntaktische Strukturangaben. Ansätze und Konzepte aus dem *Information Retrieval* wie die Modellierung von Texten als *bag of words* bzw. das Vektorraum-Modell sind auch für die computergestützte Erzählforschung wichtig (Manning et al. 2008).

In den letzten Jahren haben Verfahren der distributionellen Semantik die inhaltliche Erschließung von Texten deutlich verbessert. Die Kookkurrenz von Worten kann als Hinweis auf gemeinsame Bedeutungsaspekte gesehen werden, und davon ausgehend kann auch die ähnliche Verteilung von Worten entsprechend ausgewertet werden, was zu immer komplexeren und mächtigen semantischen Erschließungsverfahren, z. B. *Topic Modeling* (Blei 2012) oder Word2Vec (Mikolov et al. 2013) geführt hat.

Die soziale Netzwerkanalyse hat sich etwa in der Soziologie und der Geschichtswissenschaft als nützliches Werkzeug zur Analyse der Struktur und Komplexität von sozialen Gebilden erwiesen. Auch zur Analyse von Figurenbeziehungen wird sie, trotz der offensichtlichen Unterschiede der Domänen, erfolgreich eingesetzt (Trilcke 2013). Die *Sentiment Analysis*, ein Verfahren zur automatischen Extraktion von Wertungen, Einstellungen und Gefühlsworten in Texten, hat die stark vereinfachenden Annahmen der Anfangszeit schnell hinter sich gelassen und inzwischen zu komplexen Verfahren mit hohen Trefferquoten geführt (Liu 2015).

4 Offene Fragen, Forschungsdesiderate

Die computergestützte Erzählforschung hat eine lange Vorgeschichte und kann inzwischen eine Reihe von Erträgen verbuchen, die nur auf diese Weise möglich waren. Zugleich sollte aber deutlich geworden sein, dass sie noch einen weiten Weg vor sich hat, wenn man die menschliche Kompetenz der Einzeltextanalyse und -interpretation als Zielvorgabe nimmt. Narratologische Basiskategorien wie Ereignis, Plot oder indirekte Charakterisierung sind bislang kaum automatisch extrahierbar. Das gilt umso mehr für höherstufige Operationen, z. B. die Identifikation und Deutung von komplexen Formen uneigentlicher Rede wie Symbolen oder die Verbindung von Erzähltexten mit Kontexten wie der Ideen-, Diskurs-, Sozial- oder Kulturgeschichte. Ein Problem der computergestützten Erzähltextforschung besteht darin, dass die Forschung, um die Anerkennung im eigenen Fach möglichst schnell zu erringen, sich häufig auf die hochliterarischen Texte konzentriert, die zumeist Gegenstand der traditionellen literaturwissenschaftlichen Erzählforschung sind. Es spricht allerdings viel dafür, erst einmal die in vielen Aspekten einfacher gestaltete populäre Literatur zu untersuchen, um auf dieser breiten Basis verlässliche Methoden zu entwickeln, die man dann am deutlich kleineren Korpus der Hochliteratur erproben kann. Weitere Fortschritte der computergestützten Erzählforschung sind nicht zuletzt durch die erfolgreiche Bewältigung einer Reihe von Herausforderungen zu erwarten: der mentalen Modellbildung, der Repräsentativität, der Domänenadaption und der Evaluation.

Mentale Modellbildung. Ein zentrales Problem der computergestützten Erzählforschung besteht in der Differenz zwischen dem, was im Text, verstanden als eine Folge von Buchstaben, gegeben ist, und der vollständigen Repräsentation und Interpretation einer narrativen Welt, die auf der Grundlage des Textes, des Weltwissens und einer Fülle von Inferenzen konstruiert wurde. Wenn Menschen über Erzähltexte sprechen, dann sprechen sie zumeist über Letzteres, während sich die computergestützte Analyse ganz und ausschließlich auf Ersteres stützt. Selbst wenn moderne Verfahren der distributionellen Semantik einen teilweisen Zugriff auf Aspekte des Weltwissens und der naheliegenden Inferenzen ermöglichen, sind die resultierenden Modelle bislang kaum in Form von Symbollogiken beschrieben worden, die eine direkte Vergleichbarkeit der Modelle und deren Verwendung in der Prozessierung weiterer Informationen ermöglichen.

Repräsentativität. Wenn man ein Modell eines Erzählaspekts erstellt, stellt sich die Frage, für welche Texte es gültig ist. Das Gleiche gilt für die Reichweite von Aussagen, wenn man bestimmte erzählerische Phänomene in einer Textsammlung ausgezählt hat. Solange die Erzähltexte der Vergangenheit nicht vollständig in digitaler Form vorliegen, arbeitet man in der computergestützten Erzählforschung mit einer Auswahl. Man kann aus der Statistik lernen, wann Aussagen, die man anhand einer Auswahl gewonnen hat, verallgemeinerbar sind und für die Gesamtheit gelten. Dabei spielt der Begriff der Zufallsstichprobe eine wichtige Rolle: Nur wenn die Auswahl – also z. B. eine Menge von Romanen des 19. Jahrhunderts – zufällig aus der Grundgesamtheit – also der Menge aller Romane des 19. Jahrhunderts – gezogen wird, können Messungen in der Auswahl für alle Texte in der Grundgesamtheit verallgemeinert werden. Beobachtet man also etwa einen deutlichen Anstieg der erlebten Rede in einer Auswahl, dann kann das für die Geschichte des Romans im 19. Jahrhundert nur dann verallgemeinert werden, wenn die Auswahl randomisiert gewonnen wurde. Allerdings gibt es dabei zwei Probleme. Erstens kennen wir die Grundgesamtheit häufig nicht; es gibt z. B. bislang noch keine Bibliografie der deutschen Romane des 19. Jahrhunderts. Und zweitens sind die Texte, die digital vorliegen, gerade nicht zufällig ausgewählt, vielmehr spielen hierbei komplexe Kanonisierungsprozesse eine entscheidende Rolle, die bestimmen, welche Texte in den Bibliotheken aufbewahrt werden und welche zuerst digitalisiert werden. Erst der Aufbau von repräsentativen Textsammlungen und später dann die weitgehend vollständige Digitalisierung aller Texte wird dieses Problem lösen. Allerdings zeigen jetzt schon Beispiele umfassender Bibliografien, wie etwa im Fall der australischen Literatur, welche Auswertungsmöglichkeiten sich damit eröffnen (Bode 2012).

Domänenadaption. Viele Sprachverarbeitungswerkzeuge der Computerlinguistik und der Informatik, die bei der computergestützten Erzählforschung zum Einsatz kommen, sind auf der Grundlage von linguistischen Korpora gewonnen, die sehr häufig zu einem großen Teil aus Zeitungstexten der Gegenwart bestehen. Sie sind also gleich zweifach vom Gegenstand einer historischen computergestützten Erzählforschung entfernt: durch die Gattung und durch die Zeit. Zum Teil wird dieses Problem sofort sichtbar, z. B. bei Texten vor 1800, wenn die zunehmende Varianz in der Orthografie die Ergebnisse vieler Verfahren deutlich verschlechtert. Zum Teil aber verschleiert die Überschätzung des *Recalls* bzw. der Trefferquote (siehe unten *Evaluation*) die Mängel. Man wird also immer prüfen müssen, inwieweit die Werkzeuge, wenn sie aufgrund von Trainingskorpora erstellt wurden, überhaupt verwendbar sind und ob nicht eigene Trainingskorpora für die jeweilige Gattung und die jeweilige Zeit erstellt werden müssen. Häufig ist diese Domänenadaption außerdem mit einer leichten Veränderung der eigentlichen Aufgabe des Werkzeugs verbunden. So ist etwa im Bereich der *named entity recognition* typischerweise vorgesehen, dass die Namen in Texten erkannt werden, um dann in einem zweiten Schritt weitere Referenzen auf diese Entitäten zu erkennen und zuzuordnen (Koreferenzauflösung). Die implizite Vorannahme ist hier, dass für die meisten Entitäten tatsächlich Namen existieren, was aber in literarischen Texten nicht der Fall ist, vielmehr tragen sie oft generische Bezeichnungen wie der ‚Hauptmann' oder die ‚Sängerin'. Entsprechend muss die Aufgabe so angepasst werden, dass schon bei der Identifikation der wesentlichen Referenzen auch Appellative aufgenommen werden (Elson und McKeown 2010; Jannidis et al. 2015)

Evaluation. Die Evaluation automatischer Verfahren sollte aufgrund von manuell erstellten Testkorpora geschehen, bei denen das untersuchte Phänomen von mehreren Annotatoren ausgezeichnet wurde. Die Übereinstimmung der Annotatoren lässt bereits erste Rückschlüsse darauf zu, wie gut automatische Verfahren funktionieren: Bei sehr hoher Übereinstimmung ist oftmals auch die Automatisierung einfacher, während eine niedrige Übereinstimmung zwei Ursachen haben kann. Entweder ist das Konzept, das modelliert werden soll, selbst vage oder die Ansprüche an die analytische Kompetenz bei der Verwendung des Konzepts sind sehr hoch. Ein besonderes Problem stellen historische Texte dar, da eine angemessene Annotation entsprechende Kompetenzen voraussetzt.

Trotz dieser Probleme sollte auf eine solche Evaluation mit einem Testkorpus nicht verzichtet werden, da Anwender häufig die Qualität des *Recalls* überschätzen (Ball 1994). Liegen etwa Probleme in der Suche vor, dann scheinen die Ergebnisse oft auf den ersten Blick noch brauchbar, da die Genauigkeit der Suche (*Precision*) hoch ist, d. h. fast alle als Treffer markierten Ausdrücke sind tatsächlich Treffer, aber der *Recall* (wie viele aller möglichen Treffer werden angezeigt) ist sehr niedrig, d. h. nur wenige der im Korpus vorliegenden möglichen Treffer werden gefunden. Den *Recall* kann man aber nur bestimmen, wenn manuell annotierte Daten vorliegen, oder man kann ihn zumindest einschätzen, wenn man das Korpus sehr gut kennt, was aufgrund der Größe der Sammlungen oft kaum möglich ist.

Insgesamt lässt sich nur schwer vorhersehen, wie die Kreativität der einschlägigen Forschung, also der Informatik, Computerlinguistik und Computerphilologie, die zukünftigen Forschungsmöglichkeiten verändern wird. Aber die ständig steigenden Datenmengen und die Entstehung neuerer Ressourcen sowie der allgemeine Fortschritt im Bereich der natürlichen Sprachverarbeitung lassen erwarten, dass sich das Gebiet der computergestützten Erzählforschung auch weiterhin sehr schnell entwickeln wird.

Literaturverzeichnis

Allison, Sarah, Ryan Heuser, Matthew Jockers, Franco Moretti und Michael Witmore (2011). „Quantitative Formalism". In: *Stanford Literary Lab Pamphlet 1.* https://litlab.stanford.edu/LiteraryLabPamphlet1.pdf (28. Mai 2017).

Ardanuy, Mariona Coll, und Caroline Sporleder (2014). „Structure-based Clustering of Novels". In: *Proceedings of the 3rd Workshop on Computational Linguistics for Literature (CLfL) @ EACL 2014, Gothenburg, Sweden, April 27, 2014,* 31–39.

Ball, C. N. (1994). „Automated Text Analysis: Cautionary Tales". In: *Literary and Linguistic Computing* 9.4, 295–302.

Bamman, David, Brendan O'Connor und Noah A. Smith (2013). *Learning Latent Personas of Film Characters.* In: *Proceedings of the 51st Annual Meeting of the Association for Computational Linguistics, Sofia, Bulgaria, August 4–9 2013,* 352–361.

Bamman, David, Ted Underwood und Noah A. Smith (2014). „A Bayesian Mixed Effects Model of Literary Character". In: *Proceedings of the 52nd Annual Meeting of the Association for Computational Linguistics, Baltimore, Maryland, USA, June 23–25, 2014,* 370–379.

Bilenko, Natalia Y., und Asako Miyakawa (2013). „Visualization of Narrative Structure: Analysis of Sentiments and Character Interaction in Fiction". http://vis.berkeley.edu/courses/cs294-10-fa13/wiki/images/7/7b/AMNBpaper.pdf (28. Mai 2017).

Blei, David (2012). „Probabilistic Topic Models". In: *Communications of the ACM* 55.4, 77–84.

Bode, Katherine (2012). *Reading by Numbers: Recalibrating the Literary Field.* London/New York.

Brunner, Annelen (2015). Automatische Erkennung von Redewiedergabe. Ein Beitrag zur quantitativen Narratologie. Berlin, New York.

Bubenhofer, Noah, Nicole Müller und Joachim Scharloth (2013). „Narrative Muster und Diskursanalyse: Ein datengeleiteter Ansatz". In: *Zeitschrift für Semiotik* 35.3–4, 419–444.

Burrows, John (2002). „,Delta' – A measure of stylistic difference and a guide to likely authorship". In: *Literary and Linguistic Computing* 17.3, 267–287.

Celikyilmaz, Asli, Dilek Hakkani-tur, Hua He, Greg Kondrak und Denilson Barbosa (2010). *The Actor Topic Model for Extracting Social Networks in Literary Narrative*. NIPS Workshop: Machine Learning for Social Computing, 2010.

Chambers, Nathanael, und Dan Jurafsky (2009). „Unsupervised Learning of Narrative Schemas and their Participants". In: *Proceedings of the 47th Annual Meeting of the ACL and the 4th IJCNLP of the AFNLP, Suntec, Singapore*, 602–610.

Dalen-Oskam, Karina van (2013). „Names in Novels: An Experiment in Computational Stylistics". In: *LLC: The Journal of Digital scholarship in the Humanities* 28.2, 359–370.

Dunn, Stuart, and Mareike Schumacher (2016). „Explaining Events to Computers: Critical Quantification, Multiplicity and Narratives in Cultural Heritage". In: *Digital Humanities Quaterly* 10.3. http://www.digitalhumanities.org/dhq/vol/10/3/000262/000262.html (28. Mai 2017)

Eder, Maciej, und Jan Rybicki (2013). „Do Birds of a Feather Really Flock Together, or How to Choose Training Samples for Authorship Attribution". In: *Literary and Linguistic Computing* 28.2, 229–236.

Elsner, Micha (2012). „Character-based Kernels for Novelistic Plot Structure". In: *Proceeding EACL 2012 Proceedings of the 13th Conference of the European Chapter of the Association for Computational Linguistics*, 634–644.

Elson, David K. (2012). „Scheherazade. A symbolic annotation/encoding tool for stories". http://www.cs.columbia.edu/~delson/software.shtml (28. Mai 2017)

Elson, David K., und Kathleen R. McKeown (2010). „Automatic Attribution of Quoted Speech in Literary Narrative". In: *Proceedings of the Twenty-Fourth AAAI Conference on Artificial Intelligence (AAAI 2010)*, Atlanta, GA.

Elson, David K., Nicholas Dames, und Kathleen McKeown (2010). „Extracting Social Networks from Literary Fiction". In: *Proceedings of the 48th Annual Meeting of the Association for Computational Linguistics, Uppsala, Sweden, July 11 – 16, 2010*, 138–147.

Evert, Stefan, Thomas Proisl, Fotis Jannidis, Isabella Reger, Steffen Pielström, Christof Schöch, Thorsten Vitt (2017). „Understanding and explaining Delta measures for authorship attribution". In: *Digital Scholarship in the Humanities* [im Druck]. DOI:10.1093/llc/fqx023.

Friedl, Jeffrey E. F. (2006). *Mastering Regular Expression*. Sebastopol, CA.

Gius, Evelyn (2015). *Erzählen über Konflikte. Ein Beitrag zur digitalen Narratologie*. Berlin/Boston.

Hettinger, Lena, Isabella Reger, Fotis Jannidis und Andreas Hotho (2016). „Classification of Literary Subgenres". In: *Modellierung, Vernetzung, Visualisierung DHd 2016 Universität Leipzig. Konferenzabstracts*, 160–164. http://dhd2016.de/boa.pdf (28. Mai 2017).

Heuser, Ryan, und Long Le-Khac (2012). „A Quantitative Literary History of 2.958 Nineteenth-Century British Novels: The Semantic Cohort Method". In: *Stanford Literary Lab Pamphlet 4*. https://litlab.stanford.edu/LiteraryLabPamphlet4.pdf (28. Mai 2017).

Hockey, Susan (2000). *Electronic Texts in the Humanities*. Oxford.

Jannidis, Fotis, und Gerhard Lauer (2014). „Burrows Delta and its Use in German Literary History". In: M. Erlin, L. Tatlock (Hgg.), *Distant Readings. Topologies of German Culture in the Long Nineteenth Century*. Rochester, 29–54.

Jannidis, Fotis, Markus Krug, Martin Toepfer, Frank Puppe, Isabella Reger und Lukas Weimer (2015). „Automatische Erkennung von Figuren in deutschsprachigen Romanen". In: *Abstract für die DHd 2015*. Graz. http://nbn-resolving.de/urn/resolver.pl?urn:nbn:de:bvb:20-opus-143332 (28. Mai 2017).

Jockers, Matthew (2013). *Macroanalysis. Digital Methods and Literary History*. Urbana.

Jockers, Matthew (2015). „Revealing Sentiment and Plot Arcs with the Syuzhet Package". http://www.matthewjockers.net/2015/02/02/syuzhet/ (28. Mai 2017).

Karsdorp, Folgert, Mike Kestemont, Christof Schöch und Antal van den Bosch (2015). „The Love Equation: Computational Modeling of Romantic Relationships in French Classical Drama". In: M. A. Finlayson, B. Miller, A. Lieto, R. Ronfard (Hgg.), *6th Workshop on Computational Models of Narrative (CMN 2015) Atlanta, U.S.A.*, 98–107.

Koolen, Corina, und Andreas van Cranenburgh (2017). „Blue Eyes and Porcelain Cheeks: Computational Extraction of Physical Descriptions from Dutch Chick Lit and Literary Novels". In: *Digital Scholarship in the Humanities* [im Druck]. https://doi.org/10.1093/llc/fqx016.

Lehnert, Wendy G. (1981). „Plot Units: A Narrative Summarization Strategy". In: W. G. Lehnert, M. H. Ringle (Hgg.), *Strategies for Natural Language Processing*. Hillsdale, 375–414.

Liu, Bing (2015). *Sentiment Analysis: Mining Opinions, Sentiments, and Emotions*. Cambridge.

Love, Harold (2002). *Attributing Authorship*. Cambridge.

Makazhanov, Aibek, Denilson Barbosa und Grzegorz Kondrak (2014). „Extracting Family Relationship Networks from Novels". https://arxiv.org/pdf/1405.0603.pdf (28. Mai 2017).

Mani, Inderjeet (2010). *The Imagined Moment*. Lincoln.

Mani, Inderjeet (2013a). *Computational Modeling of Narrative*. San Francisco, CA.

Mani, Inderjeet (2013b). „Computational Narratology". In: P. Hühn et al. (Hgg.), *the living handbook of narratology*. Hamburg. http://www.lhn.uni-hamburg.de/article/computational-narratology (28. Mai 2017).

Manning, Christopher D., Prabhakar Raghavan und Hinrich Schütze (2008). *Introduction to Information Retrieval*. New York.

Meirelles, Isabel (2013). *Design for Information*. Beverly, MA.

Meister, Jan Christoph (2003). *Computing Action. A Narratological Approach*. Berlin/New York.

Meister, Jan Christoph (2008–2017). *Catma. For Undogmatic Textual Markup and Analysis*. http://catma.de/ (28. Mai 2017)

Meister, Jan Christoph (2014). „Toward a Computational Narratology". In: M. Agosti, F. Tomasi (Hgg.), *Collaborative Research Practices and Shared Infrastructures for Humanities Computing. 2nd Aiucd Annual Conference, Aiucd 2013, Padua, Italy, 11–12 December 2013. Proceedings of Revised Papers*, Padua, 17–38.

Mikolov, Tomas, Greg Corrado, Kai Chen und Jeffrey Dean (2013). „Efficient Estimation of Word Representations in Vector Space". https://arxiv.org/pdf/1301.3781.pdf (28. Mai 2017).

Moretti, Franco (2000). „Conjectures on World Literature". In: *New Left Review* 1, 54–68.

Moretti, Franco (2005). *Graphs, Maps, Trees: Abstract Models for a Literary History*. London/New York.

Moretti, Franco (2011). „Network Theory, Plot Analysis". Literary Lap Pamphlet 2, 1. Mai 2011. https://litlab.stanford.edu/LiteraryLabPamphlet2.pdf (28. Mai 2017)

Park Gyeong-Mi, Kim Sung-Hwan, Hwang Hye-Ryeon und Cho Hwan-Gue (2013). „Complex System Analysis of Social Networks Extracted from Literary Fictions". In: *International Journal of Machine Learning and Computing* 3.1, 107–111.

Piper, Andrew (2016). „Fictionality". In: *Journal of Cultural Analytics*, 20. Dezember 2016. DOI: 10.22148/16.011. http://culturalanalytics.org/2016/12/fictionality/ (28. Mai 2017).

Reiter, Nils, Anette Frank and Oliver Hellwig (2014). „An NLP-based Cross-document Approach to Narrative Structure Discovery". In: *Literary and Linguistic Computing* 29.4, 583–605.

Rommel, Thomas (1995). *‚And trace it in this poem every line': Methoden und Verfahren computergestützter Textanalyse am Beispiel von Lord Byrons Don Juan*. Tübingen.

Schöch, Christof (2015). „Topic Modeling French Crime Fiction". In: *Abstracts for the Digital Humanities 2015*. Sidney. http://dh2015.org/abstracts/xml/SCHOCH_Christof_Topic_Modeling_French_Crime_Ficti/SCH_CH_Christof_Topic_Modeling_French_Crime_Fiction.html (28. Mai 2017).

Semino, Elena, und Mick Short (2004). *Corpus Stylistics: Speech, Writing and Thought. Presentation in a Corpus of English Writing*. London.

Sinclair, Stéfan et al. (2000–2006). *Satorbase*. http://www.satorbase.org (28. Mai 2017).

Trilcke, Peer (2013). „Social Network Analysis (SNA) als Methode einer textempirischen Literaturwissenschaft". In: Ph. Ajouri, K. Mellmann, Ch. Rauen (Hgg.), *Empirie in der Literaturwissenschaft*. Münster, 201–247.

Underwood, Ted (2015). „Understanding Genre in a Collection of a Million Volumes". White Paper. Digital Humanities Start-up Grant, Award HD5178713. https://securegrants.neh.gov/publicquery/main.aspx?f=1&gn=HD-51787-13 (28. Mai 2017).

Underwood, Ted, und Jordan Sellers (2012). „The Emergence of Literary Diction". In: *Journal of Digital Humanities* 1.2. http://journalofdigitalhumanities.org/1-2/the-emergence-of-literary-diction-by-ted-underwood-and-jordan-sellers/ (28. Mai 2017).

Roy Sommer
IV.2.4 Kulturwissenschaftliche Konzepte des Erzählens

Gibt es spezifisch kulturwissenschaftliche Konzepte des Erzählens? Wodurch unterscheiden sie sich von nicht-kulturwissenschaftlichen Konzepten, und wie ist ihr Stellenwert innerhalb der transdisziplinären Diskurse der Kulturwissenschaften auf der einen, und der Erzählforschung auf der anderen Seite zu beurteilen? Diese Frage stellt sich nicht zuletzt deshalb, weil beide Diskurse die Theoriedebatten der Literaturwissenschaften in den vergangenen zwanzig Jahren dominieren. Was dies allerdings für die Erzähl- und Kulturtheorie bedeutet, ist unklar. So dämpft Wolfgang Müller-Funk (2008 [2002], 14) die interdisziplinäre Euphorie: „Eine narrative Theorie von Kultur ist nicht die einzig mögliche, weil Kultur selbst ein plurales und unübersichtliches Gebilde darstellt." Anders Albrecht Koschorke (2012, 22), der für eine kulturtheoretische Fundierung der Erzähltheorie plädiert: „Eine Erzähltheorie, die der Universalität ihres Gegenstands Rechnung trägt, ist ohne eine entsprechende Kulturtheorie nicht zu haben."

Kann man also von einer kulturwissenschaftlichen Erzähltheorie, nicht aber von narrativer (oder narratologischer) Kulturtheorie sprechen? Mit den Kulturwissenschaften, aber auch der Erzählforschung sind weniger Disziplinen gemeint als vielmehr transdisziplinäre Diskurse, die sich eher durch Theorieimporte und dadurch inspirierte ‚Wenden' (Bachmann-Medick 2014 [2006]) auszeichnen als durch kontinuierliche Paradigmenbildung und -entwicklung (vgl. A. Nünning 2013, 15–26). Die Situation wird dadurch noch zusätzlich verkompliziert, dass diese transdisziplinären Diskurse überwiegend in *einer* Disziplin geführt werden, nämlich der Literaturwissenschaft, von deren Diskussionen und Einsichten andere, sich ebenfalls als Kulturwissenschaften verstehende (Teile von) Disziplinen bislang kaum Kenntnis nehmen. Dieser Problematik versucht die folgende Darstellung in zweifacher Hinsicht gerecht zu werden: zum einen durch eine wissenschaftsgeschichtliche und -theoretische Rekonstruktion der Entwicklung der Erzähltheorie, zum anderen durch die Wahl einer dezidiert literaturwissenschaftlichen Perspektive.

1 Von der klassischen Narratologie zur postklassischen Erzählforschung

Die klassische Narratologie der 1970er und 1980er Jahre, deren Wurzeln im russischen Formalismus und Prager Strukturalismus liegen, entwickelte Minimaldefinitionen von Narrativität, die dazu dienen sollten, das Gemeinsame aller (literarischen) Erzählungen herauszuarbeiten. Ein mögliches Ziel dieser Arbeit lag – in Anlehnung an die Prämissen und Thesen der strukturalen Linguistik – in der Entwicklung einer Semantik und Grammatik des Erzählens, die von der Regelhaftigkeit narrativer Bedeutungskonstitution ausging. Obwohl dieses Erkenntnisinteresse nicht von allen Pionieren der Erzählforschung geteilt wurde, stand doch in dieser strukturalistischen Phase der Narratologie die Entwicklung von Terminologien und Modellen zur Beschreibung und Klassifizierung narrativer Verfahren und Strukturen im Vordergrund. Die Erzähltheorie von Gérard Genette, dessen Arbeiten zum erzählerischen Diskurs, dem Phänomen der Metalepse und den Formen der Fokalisierung sowie zur Zeitdarstellung im Roman den narratologischen Diskurs nachhaltig geprägt haben, zählt heute zu den Grundlagen der internationalen Erzählforschung.

In den 1990er Jahren beginnt jener Prozess, den David Herman (1999) als Übergang von der klassischen Narratologie hin zu einer Vielfalt postklassischer Narratologien bezeichnet hat. Eine systematische Bestandsaufnahme hat Ansgar Nünning (2003) vorgelegt. Er arbeitet zunächst die Charakteristika der neuen, postklassischen Ansätze heraus. Dazu zählen u. a. die Einbeziehung des Kontexts, der Fokus auf den Prozess der Bedeutungskonstitution, der Übergang von der Klassifizierung und Typologisierung zur Anwendung narratologischer Konzepte und Kategorien bei der Erzähltextanalyse (hierfür steht die ebenso eingängige wie adäquate Metapher des narratologischen ‚Werkzeugkastens') sowie, damit verbunden, die Hinwendung zu ideologiekritischen und ethischen Fragestellungen und die Einbeziehung diachroner Perspektiven im Rahmen der historischen Narratologie. Ausgehend von dieser Charakterisierung unterscheidet Nünning acht Ansätze mit jeweils zahlreichen Unterkategorien. Die Bandbreite reicht von feministischen und rhetorischen Narratologien bis hin zu anthropologisch und kognitiv orientierten Forschungsbeiträgen.

Mittlerweile liegen neben Rekonstruktionen der Genese der heutigen Erzählforschung (vgl. Fludernik 2005; Herman 2005) auch Arbeiten zur Wissenschafts- und Wirkungsgeschichte des Strukturalismus vor (vgl. Dosse 2012a [1991], 2012b [1992]). Dass die zahlreichen einschlägigen Einführungen, Handbücher und Nachschlagewerke selbst Gegenstand von Überblicksdarstellungen werden (vgl. Chihaia 2012; Scheffel 2012; Schernus 2013), trägt zur Konsolidierung der postklassischen Narratologie bei. Roy Sommer (2012, 2013) unterscheidet zwischen den textorientierten strukturalistischen Traditionen auf der einen und der kontextorientierten neueren Erzählforschung auf der anderen Seite. Letztere umfasst sowohl dominant korpusorientierte Ansätze, bei denen bestimmte Gattungen oder Medien im Mittelpunkt stehen (z. B. interkulturelle oder postkoloniale Narratologie, aber auch Filmnarratologie und Computerspielnarratologie), als auch primär an Rezeptionsprozessen interessierte Richtungen wie die kognitive Narratologie oder die Psychonarratologie. Wissenschaftstheoretisch interessant ist der Umstand, dass sich nicht nur die Begründung der Narratologie, sondern auch ihre Ausdifferenzierung in Analogie zu neueren Entwicklungen in der Linguistik (Soziolinguistik, Pragmatik, kognitive Linguistik, Korpuslinguistik) vollzieht.

Kulturwissenschaftlich in einem weiteren Sinne sind vor diesem Hintergrund alle narratologischen Ansätze, die den Fokus auf Klassifizierung und Typologisierung zugunsten einer Kombination formaler und kontextueller Aspekte aufgeben. Von anderen kontextualisierenden Ansätzen der Literaturwissenschaft, etwa dem *New Historicism*, ist die kulturwissenschaftliche Erzählforschung dadurch zu unterscheiden, dass sie immer auch einen Beitrag zur Erzähl*theorie* zu leisten versucht, etwa durch terminologische Differenzierung oder durch die systematische Anwendung und Evaluierung narratologischer Terminologien und Modelle. Alle erzähltheoretisch fundierten Ansätze eint zudem der Anspruch, die Nachvollziehbarkeit, Überprüfbarkeit und Vergleichbarkeit von Analysen zu erhöhen und die interdisziplinäre Anschlussfähigkeit literaturwissenschaftlicher Theoriebildung zu steigern.

2 Kulturwissenschaftliche Erzählforschung: Transdisziplinarität und Wissenschaftsgeschichte

Die kulturwissenschaftliche Erzählforschung ist von der Prämisse geleitet, dass es sich beim Erzählen um einen in allen Kulturen zu beobachtenden Modus spezifisch menschlicher Welterfahrung, Erfahrungsdeutung, Vergangenheitsbewältigung, Sinnstiftung und Wissensüberlieferung handelt: Das Erzählen gilt als eine Universalie im anthropologischen Sinne und damit nicht als Spezifikum der Literatur. Dies hat zur Folge, dass die Literaturwissenschaft zunehmend ihren Gegenstands- und Zuständigkeitsbereich erweitert. Die Omnipräsenz des Erzählens in außerliterarischen Diskursen von der Geschichtswissenschaft bis hin zum Produktmarketing hat darüber hinaus aber auch einen Anstieg der Konkurrenz und damit des Innovationsdrucks auf dem narratologischen Markt zur Folge. Andere Disziplinen, die sich zum Teil selbst als Kulturwissenschaften verstehen, sammeln, dokumentieren, analysieren und interpretieren ebenfalls Erzählungen. Fungierte in der Anfangszeit der Narratologie die strukturale Linguistik noch als eine Leitdisziplin, deren Prämissen und Vorgehensweisen die Erzähltheorie übernahm, lässt sich die Erzählforschung heute zunehmend als ein transdisziplinäres Feld beschreiben, in dem die Literaturwissenschaft Anregungen aus unterschiedlichen Disziplinen, insbesondere den Kognitionswissenschaften, bezieht.

Vielleicht sollte man besser von einem multidisziplinären Feld sprechen, denn Wissenstransfer aus der Literaturwissenschaft findet bislang kaum statt. Narrative Ansätze in den Sozialwissenschaften haben in der Regel kein theoretisches Interesse am Erzählen, sondern ein ganz praktisches – sie benutzen Narrationen als ein Verfahren zur Erhebung von Daten. So zählen narrative Interviews in qualitativen Studien zu den gängigen Methoden empirischer Forschung. Methodologische Fragen sind hier wichtiger als narratologische Konzepte: Wie Matti Hyvärinen (2006) gezeigt hat, werden auch etablierte Begriffe wie Erzählen oder Erzähler in anderen Disziplinen nicht in ihrer narratologischen Bedeutung, sondern meist in einer alltagssprachlichen Weise gebraucht.

Ein Versuch, die epistemologische Funktion von Konzepten bzw. Begriffen für die Kulturwissenschaften systematisch zu beschreiben, ist Mieke Bals Monografie *Travelling Concepts in the Humanities* (2002), die sich als Gegenentwurf zu methodenbasierten Formen der interdisziplinären Zusammenarbeit versteht. ‚Travelling concepts' fungieren, so Bal (2002, 22), in interdisziplinären Forschungskontexten als „tools of intersubjectivity"; im Gegensatz zu Methoden orientieren sie sich weniger an disziplinären Traditionen und vermögen daher disziplinäre Grenzen leichter zu überwinden. Die Metapher der Reise, die von Baumbach et al. (2012, 5 ff.) differenziert kritisiert wird, meint sowohl den Prozess der Terminologiebildung (vom Wort zum Begriff) als auch disziplinäre Grenzüberschreitungen, und darüber hinaus Wechselbeziehungen zwischen Konzepten und Objekten einerseits sowie zwischen verschiedenen Konzepten andererseits (vgl. Bal 2002, 25–50).

Bal stellt ihre Theorie explizit in einen weiteren wissenschaftstheoretischen Zusammenhang und wendet sich in der Auseinandersetzung mit Thomas S. Kuhn gegen die normative Epistemologie der klassischen Wissenschaftstheorie (vgl. Bal 2002, 29–33). Damit zählt sie zu den wenigen Literatur- und Kulturtheoretikerinnen, die sich im Zuge des *narrative turn* explizit (wenngleich nur kursorisch) mit der *philosophy of science* auseinandergesetzt haben. Sie hebt zum einen die „conceptualizing force" von Begriffen hervor, die Phänomene erhellen und als solche sichtbar und verstehbar machen; daneben spricht sie von ihrer „foundational capacity", die sich gerade am Beispiel der um den Begriff des Narrativen herum entstandenen kulturwissenschaftlichen Erzählforschung nachvollziehen lässt (Bal 2002, 33).

Bals Konzeptmethodologie spiegelt das theoretische Klima der vergangen zwanzig Jahre, das auch in den zahlreichen ‚cultural turns' (Bachmann-Medick 2014 [2006]) zum Ausdruck kommt: Die Lust an der innovativen Kombination von immer neuen Konzepten und die Neigung der Literaturwissenschaft zum Theorieimport fördern eine Kultur des Ausprobierens, der metaphorischen Begriffsbildung und der multidisziplinären Gegenstandskonstitution. Der Unterschied zum restriktiven Anspruch der strukturalistischen Narratologie könnte kaum größer sein. Eine systematische Reflexion der epistemologischen und methodologischen Voraussetzungen und Prinzipien der kulturwissenschaftlichen Erzählforschung zählt daher zu den vordringlichen Forschungsdesideraten einer noch zu entwickelnden Metanarratologie (Sommer 2017).

Betrachtet man das Zusammenwachsen der Diskurse der Kultur und des Erzählens aus wissenschaftsgeschichtlicher Perspektive, sind zunächst zwei einflussreiche Denkfiguren hervorzuheben, deren Ursprung in der Kulturphilosophie, Soziologie und Sozialanthropologie des frühen 20. Jahrhunderts liegen (zu erinnern ist in diesem Zusammenhang an die Arbeiten von Ernst Cassirer, Maurice Halbwachs und Bronisław Malinowski, die in den 1990er Jahren ein Comeback erlebten). Als äußerst produktiv erwies sich zum einen die auf Clifford Geertz zurückgehende, metaphorische Bestimmung von „Kultur als Text", wie die breite Rezeption von Bachmann-Medicks gleichnamigem Sammelband (2004 [1996]) zeigt. Die Berührungspunkte zwischen Kulturanthropologie, Kultursemiotik und Erzählforschung wurden in zahlreichen literaturwissenschaftlichen Publikationen systematisch entwickelt. Ähnlich wirkmächtig war zum anderen die von Jan Assmann initiierte Debatte zum kulturellen bzw. kollektiven Gedächtnis (1997), die zu einem Boom der *Cultural Memories Studies* führte, einem kulturwissenschaftlichen Forschungsfeld, dessen enge Bezüge zur Narratologie insbesondere von Astrid Erll (2009) systematisch herausgearbeitet wurden.

Ein weiterer Impuls für die Entwicklung kulturwissenschaftlicher Konzepte des Erzählens war die intermediale und transgenerische Erweiterung des Gegenstandsbereichs literaturwissenschaftlicher Forschung. Bereits die strukturalistische Narratologie untersuchte narrative Strukturen und Verfahren unabhängig von Genre und Erzählmedium, allerdings mit anderer Zielsetzung. In Anlehnung an die linguistische Grammatiktheorie konstruierte Gerald Prince in seinem einflussreichen Grundlagenwerk *Narratology: The Form and Functioning of Narrative* (1982) selbst Beispielsätze, um seine Thesen zu illustrieren und zu überprüfen. Da es ihm darum ging, das Gemeinsame aller bestehenden und künftigen Narrationen unabhängig von Inhalt und Genre herauszuarbeiten, spielten Thematik, Stil und Ästhetik keine Rolle. Dies wird in der kulturwissenschaftlichen Erzählforschung grundsätzlich anders gesehen, der es um die Analyse gattungs- und medienspezifischer Erzählverfahren geht. So sind in den letzten Jahren innovative Beiträge zum Erzählen in audiovisuellen Medien wie dem Fernsehen, dem Film und dem Videospiel entstanden, die fruchtbare Kooperationen zwischen Erzählforschung und Medienwissenschaft bzw. Spielforschung hervorbringen, häufig auf der Grundlage eines kognitionswissenschaftlichen Ansatzes.

Auch das faktuale Erzählen in „Wirklichkeitserzählungen" (Klein und Martínez 2009a) zählt heute zum Gegenstandsbereich literaturwissenschaftlicher und narratologischer Forschung. Klein und Martínez (2009b) wenden sich gegen den Panfiktionalismus, der grundsätzliche Unterschiede zwischen dem Wahrheitsanspruch fiktionaler und faktualer Texte in Abrede stellt, und charakterisieren verschiedene Typen von Wirklichkeitserzählungen durch systemtheoretisch fundierte Leitdifferenzen wie legal/illegal, gesund/krank, wahr/unwahr, aktuell/nicht-aktuell oder Regierung/Opposition, die das Erzählen z. B. in juristischen, medizinischen, wissenschaftlichen, journalistischen, und politischen Diskursen charakterisieren.

3 Kulturwissenschaftliche Konzepte des Erzählens: Beispiele

Wie dieser kurze wissenschaftsgeschichtliche Abriss zeigt, werden unter dem Begriff der kulturwissenschaftlichen Erzählforschung zahlreiche Ansätze mit unterschiedlichen Erkenntnisinteressen zusammengefasst. Dennoch lassen sich Kriterien benennen, die es ermöglichen, die Spezifika kulturwissenschaftlicher Erzählkonzepte näher zu bestimmen. Prinzipiell gehen kulturwissenschaftliche Beiträge zur Erzählforschung wie ihre strukturalistischen Vorläufer davon aus, dass sich Form und Bedeutung nicht trennscharf differenzieren lassen (vgl. Schmid 1977), sondern dass sprachliche wie auch auditive oder visuelle Erzählverfahren immer einen Beitrag zur Bedeutungskonstitution leisten (vgl. A. Nünning 2013). Beispiele für Konzepte zur Beschreibung dieser „Semantisierung literarischer Formen" (A. Nünning 2013, 29) sind Dialogizität und Polyphonie, aber auch die Perspektivenstruktur narrativer Texte, Kategorien der feministischen Narratologie wie der von Warhol (1991) eingeführte *engaging narrator* oder auch *skaz*, ein insbesondere mit der russischen Literatur assoziiertes Verfahren zur Individualisierung der Erzählerstimme, dessen soziokulturelle Funktionen noch näher zu untersuchen sind (vgl. Schmid 2014, 794).

Die Analyse bedeutungsgebender Verfahren lässt sich auch für die Literatur- und Kulturgeschichtsschreibung nutzbar machen. Ein Beispiel ist Martin

Kleppers 2011 erschienene diachrone Studie *The Discovery of Point of View*, die die Entwicklung moderner Verfahren der Perspektivierung und Fokalisierung in der amerikanischen Erzählliteratur des 19. Jahrhunderts nachzeichnet. Weitere Beispiele innovativer und produktiver Korrelierungen von narrativer Form und Bedeutung in diachroner Perspektive finden sich in dem von Herman herausgegebenen Band *The Emergence of Mind* (2011). So zeigt etwa Monika Fluderniks ebenda veröffentlichter Beitrag, dass die mittelalterliche Erzählliteratur ein breites Formenspektrum nutzt, um Gefühlszustände und Gemütsregungen narrativ zu vermitteln (Fludernik 2011). Dazu zählen u. a. Beschreibungen von Gesten, die auf Emotionen verweisen, direkte Rede, *psycho-narration*, empathische Äußerungen der Erzählinstanz und *free indirect discourse*. Beiträge zu einer historischen Narratologie bilden nicht nur die Grundlage für die systematische Untersuchung der diachronen Entwicklung narrativer Verfahren, sondern geben auch, wie Hermans Band zeigt, kulturgeschichtlich relevante Einblicke in die Emotionskonzepte und Körperlichkeitsdiskurse früherer Epochen.

Die Prämisse der Semantik der Form, also die Annahme eines engen Zusammenhangs von Verfahren und Bedeutung, verbindet klassische und postklassische Ansätze der Narratologie. Letztere lenken den Blick zudem auch auf die kognitiven Prozesse narrativer Bedeutungskonstitution in spezifischen Kontexten, so dass neben der Beschreibung und Analyse textueller Strukturen auch theoretische Modellierungen von Naturalisierungsprozessen an Bedeutung gewinnen. In der Regel geschieht dies heute unter Rückgriff auf kognitionswissenschaftliche Konzepte, die zu älteren, rezeptionsästhetischen Modellen komplementär sind. So gehen die zahlreichen Arbeiten zum Phänomen des unzuverlässigen Erzählens davon aus, dass *unreliability* ein Effekt bestimmter narrativer Strategien ist (etwa die Häufung von Diskrepanzen innerhalb des Erzählerdiskurses), der erst vor dem Hintergrund des kulturell codierten Weltwissens der Rezipientinnen und Rezipienten realisiert wird (zum Forschungsstand vgl. die Beiträge in V. Nünning 2015). Die Analyse des Wirkungspotentials unzuverlässigen Erzählens setzt also kulturwissenschaftliche Interpretationshypothesen zu Kollektivvorstellungen von Normalität, Verbindlichkeit und Glaubwürdigkeit voraus.

Die bislang vorgestellten narratologischen Konzepte sind genuin literaturwissenschaftliche Kategorien. Geht man einen Schritt weiter, so lassen sich Anforderungsprofile an eine kulturwissenschaftliche Narratologie dadurch schärfen, dass man mit Müller-Funk (2008 [2002], 14) Kulturen als Erzählgemeinschaften mit einem bestimmten Reservoir an narrativen Mustern auffasst. Eine kulturwissenschaftliche Narratologie kann mit Konzepten wie der Präfiguration und Zirkulation von Plotmustern oder den Selektionsstrukturen von Narrativen Werkzeuge zur Analyse der narrativen Dimensionen von Kulturen bereitstellen und so zur kulturwissenschaftlichen Untersuchung von Selbst- und Fremdbildern sowie der Wirklichkeitskonzeptionen von Kollektiven beitragen (vgl. A. Nünning 2013, 34 ff.).

4 Ausblick

Wie der Versuch einer wissenschaftsgeschichtlichen und systematischen Rekonstruktion zeigt, ist die kontextorientierte Narratologie innerhalb der literaturwissenschaftlichen Erzählforschung bereits fest verankert. Sie ist nicht als eine Alternative, sondern als komplementäre Erweiterung der strukturalistischen Narratologie anzusehen. Erwartet man aber einen transdisziplinären Diskurs über die Zusammenhänge von Narration und Kultur, ist zu konstatieren, dass die kulturwissenschaftliche Erzählforschung noch in den Kinderschuhen steckt. Hinsichtlich ihrer Auffassungen von Theorie und Empirie sowie von der Rolle von Konzepten, aber auch mit Blick auf ihre Erkenntnisinteressen und die daraus abgeleiteten Forschungsfragen unterscheiden sich die (Teil-)Disziplinen, die zu den Kulturwissenschaften gezählt werden, doch deutlich voneinander. Für die Forschungspraxis ist dies aber unerheblich: Sowohl die literaturwissenschaftliche Relevanz als auch die interdisziplinäre Attraktivität kulturwissenschaftlicher Konzepte des Erzählens hängen letztlich davon ab, welche neuen Einsichten sie generieren.

Literaturverzeichnis

Assmann, Jan (1997). *Das kulturelle Gedächtnis. Schrift, Erinnerung und politische Identität in frühen Hochkulturen*. München.
Bachmann-Medick, Doris (Hg. 2004 [1996]). *Kultur als Text: Die anthropologische Wende in der Literaturwissenschaft*. 2. aktualisierte Aufl. mit neuer Bilanz. Tübingen/Berlin.
Bachmann-Medick, Doris (2014 [2006]). *Cultural Turns: Neuorientierung in den Kulturwissenschaften*. Reinbek bei Hamburg.
Bal, Mieke (2002). *Travelling Concepts in the Humanities: A Rough Guide*. Toronto u. a.
Baumbach, Sibylle, Beatrice Michaelis und Ansgar Nünning (2012). „Introducing Travelling Concepts and the Metaphor of Travelling: Risks and Promises of Conceptual Transfers in Literary and Cultural Studies". In: S. Baumbach, B. Michaelis, A. Nünning (Hgg.), *Travelling Concepts, Metaphors, and Narratives: Literary and Cultural Studies in an Age of Interdisciplinary Research*. Trier, 1–21.
Chihaia, Matei (2012). „Introductions to Narratology: Theory, Practice and the Afterlife of Structuralism". In: *DIEGESIS: Interdisziplinäres E-Journal für Erzählforschung / Interdisciplinary E-Journal for Narrative Research* 1.1, 15–31.
Dosse, François (2012a [1991]). *Histoire du structuralisme*. Bd. 1: *Le champ du signe 1945–1966*. Réédition. Paris.

Dosse, François (2012b [1992]). *Histoire du structuralisme*. Bd. 2: *Le chant du cygne 1967 à nos jours*. Réédition. Paris.
Erll, Astrid (2009). „Narratology and Cultural Memory Studies". In: S. Heinen, R. Sommer (Hgg.), *Narratology in the Age of Cross-Disciplinary Narrative Research*. Berlin/New York, 212–227.
Fludernik, Monika (2005). „Histories of Narrative Theory (II): From Structuralism to the Present". In: J. Phelan, P. J. Rabinowitz (Hgg.), *A Companion to Narrative Theory*. Malden, MA, 36–59.
Fludernik, Monika (2011). „1050–1500: Through a Glass Darkly; or, the Emergence of Mind in Medieval Narrative". In: D. Herman (Hg.), *The Emergence of Mind: Representation of Consciousness in Narrative Discourse in English*. Lincoln, NE/London, 69–102.
Herman, David (1999). „Introduction: Narratologies". In: D. Herman (Hg.), *Narratologies: New Perspectives on Narrative Analysis*. Columbus, 1–30.
Herman, David (2005). „Histories of Narrative Theory (I): A Genealogy of Early Developments". In: J. Phelan, P. J. Rabinowitz (Hgg.), *A Companion to Narrative Theory*. Malden, MA, 19–35.
Herman, David (Hg. 2011). *The Emergence of Mind: Representation of Consciousness in Narrative Discourse in English*. Lincoln, NE/London.
Hyvärinen, Matti (2006). „Towards a Conceptual History of Narrative". In: M. Hyvärinen, A. Korhonen, J. Mykkänen (Hgg.), *The Travelling Concept of Narrative. COLLeGIUM: Studies Across Disciplines in the Humanities and Social Sciences* 1, 20–41.
Klein, Christian, und Matías Martínez (Hgg. 2009a). *Wirklichkeitserzählungen: Felder, Formen und Funktionen nicht-literarischen Erzählens*. Stuttgart/Weimar.
Klein, Christian, und Matías Martínez (2009b). „Wirklichkeitserzählungen. Felder, Formen und Funktionen nicht-literarischen Erzählens". In: Ch. Klein, M. Martínez (Hgg.), *Wirklichkeitserzählungen: Felder, Formen und Funktionen nicht-literarischen Erzählens*. Stuttgart/Weimar, 1–13.
Klepper, Martin (2011). *The Discovery of Point of View: Observation and Narration in the American Novel 1790–1910*. Heidelberg.
Koschorke, Albrecht (2012). *Wahrheit und Erfindung. Grundzüge einer Allgemeinen Erzähltheorie*. Frankfurt a. M.
Müller-Funk, Wolfgang (2008 [2002]). *Die Kultur und ihre Narrative*. Wien/New York.
Nünning, Ansgar (2003). „Narratology or Narratologies? Taking Stock of Recent Developments, Critique and Modest Proposals for Future Usages of the Term". In: T. Kindt, H.-H. Müller (Hgg.), *What Is Narratology? Questions and Answers Regarding the Status of a Theory*. Berlin/New York, 239–275.
Nünning, Ansgar (2013). „Wie Erzählungen Kulturen erzeugen: Prämissen, Konzepte und Perspektiven für eine kulturwissenschaftliche Narratologie". In: A. Strohmaier (Hg.), *Kultur – Wissen – Narration: Perspektiven transdisziplinärer Erzählforschung für die Kulturwissenschaften*. Bielefeld, 15–53.
Nünning, Vera (Hg. 2015). *Unreliable Narration and Untrustworthiness. Intermedial and Interdisciplinary Perspectives*. Berlin/München/Boston.
Prince, Gerald (1982). *Narratology: The Form and Functioning of Narrative*. Berlin et al.
Scheffel, Michael (2012). „Nach dem ‚narrative turn': Handbücher und Lexika des 21. Jahrhunderts". In: *DIEGESIS: Interdisziplinäres E-Journal für Erzählforschung / Interdisciplinary E-Journal for Narrative Research* 1.1, 43–55.
Schernus, Wilhelm (2013). „Narratology in the Mirror of Codifying Texts". In: G. Olson (Hg.), *Current Trends in Narratology*. Berlin/Boston, 277–296.

Schmid, Wolf (1977). *Der ästhetische Inhalt. Zur semantischen Funktion poetischer Verfahren*. Lisse.
Schmid, Wolf (2014). „Skaz". In: P. Hühn et al. (Hgg.), *Handbook of Narratology*. 2 Bde. 2. Aufl. Berlin/Boston, Bd. 2, 787–795.
Sommer, Roy (2012). „The Merger of Classical and Postclassical Narratologies and the Consolidated Future of Narrative Theory". In: *DIEGESIS: Interdisziplinäres E-Journal für Erzählforschung / Interdisciplinary E-Journal for Narrative Research* 1.1, 143–157.
Sommer, Roy (2013). „Erzählforschung als Kulturwissenschaft: Erkenntnisinteressen, Ansätze und Fragestellungen der postklassischen Narratologie". In: *Germanisch-Romanische Monatsschrift* 63.1, 85–101.
Sommer, Roy (2017). „The Future of Narratology's Past: A Contribution to Metanarratology". In: P. K. Hansen, J. Pier, Ph. Rousin, W. Schmid (Hgg.), *Emerging Vectors of Narratology*. Berlin/New York [in Vorbereitung].
Warhol, Robyn (1991). „Toward a Theory of the Engaging Narrator: Earnest Interventions in Gaskell, Stowe, and Eliot". In: *PMLA* 101.5, 811–818.

Register der Namen und Werke

Personenregister

Hinweis zur Benutzung des Sachregisters: Die Begriffe „Erzählen", „Erzähltheorie", „Erzählung", „Narratologie" und „Literaturwissenschaft" sind aufgrund zu großer Treffermengen nicht erfasst.

Aarne, Antti 283 f.
Abbate, Carolyn 499, 505–507, 509
Abbott, H. Porter 105, 120, 122, 125, 127, 312
Abelson, Robert P. 321, 386 f.
Ächtler, Norbert 516
Adam, Jean-Michel 63
Adamson, Sylvia 194
Adelmann, Ralf 458
Adorno, Theodor W. 499
Aigner, Carl 474
Alber, Jan 82, 130, 230, 273, 340, 420–424
Alberti, Leon Battista 477
Albrecht, Jason A. 587
Aldama, Frederick L. 580 f.
Alémán, Mateo
– *Guzmán de Alfarache* 373
Alexander, Marc 321
Alexander, Neta 469
Allan, Rutger J. 410, 412
Allbritton, David W. 586
Allen, Jon G. 532
Allison, Sarah 601
Allrath, Gaby 460, 462 f.
Almén, Byron 500 f., 503
Amenábar, Alejandro
– *Abre los ojos* 455
Amis, Martin
– *Time's Arrow* 273, 418
Andersen, Hans Christian 162
Anderson, Joseph D. 411
Anderst, Leah 196
Andrews, Lewin 474
Andrews, Molly 235
Angehrn, Emil 152
Angus, Lynne 542
Ankersmit, Franklin R. 439
Antaki, Charles 543
Antweiler, Christoph 93

Apollinaire, Guillaume
– *Calligrammes* 72
Apuleius
– *Der goldene Esel* (Asinus aureus; Metamorphoseon libri XI) 289, 373
Ardanuy, Mariona Coll 599
Ariost, Ludovico
– *Orlando furioso* 370
Aristophanes
– *Batrachoi* 412
Aristoteles 16–18, 40–42, 71, 76, 89, 163, 278, 280, 282, 295, 307, 407, 524
– *Poetik* 4, 16, 164, 280–282, 299–301, 321, 370, 391, 410, 412, 503
– *Rhetorik* 518
Arnauld, Andreas von 515–518, 521–523
Arnim, Achim von
– *Isabella von Ägypten* 337
Arntzen, Friedrich 520
Artières, Philippe
– *Vidal, le tueur de femmes. Une biographie sociale* 437
Assmann, Aleida 269 f.
Assmann, Jan 269, 617
Astington, Janet 179
Atkinson, Paul 91
Atwood, Margaret
– *Bluebeard's Egg* 285
– *The Robber Bride* 293 f.
Aubignac, François Hédelin, abbe d' 410
Auerbach, Berthold 25–27
Augustinus 107
Aumüller, Matthias 38, 41, 50, 312
Austen, Jane 194, 319
– *Pride and Prejudice* 223, 291 f.
Auster, Paul
– *Timbuktu* 418
Avanessian, Armen 244, 254 f., 267

Bacchilega, Cristina 285
Bach, Johann Sebastian 499, 505
Bachmann-Medick, Doris 613, 617
Bachtin, Michail M. 52, 62, 192, 208–210, 213, 215, 219, 267, 270 f., 273, 306, 317, 359 f., 373
Backe, Hans-Joachim 485 f.
Baetens, Jan 342
Bakker, Egbert J. 195
Bal, Mieke 98, 120, 127, 143, 180, 182–185, 187, 287, 336, 616 f.
Ball, C. N. 608
Bally, Charles 209
Balzac, Honoré de
– Comédie humaine 315
– Sarrasine 75
Bamberg, Michael 102, 233 f., 530, 557
Bamman, David 599
Banfield, Ann 127 f., 133 f., 216, 219, 249, 267
Barbauld, Anna L. 25
Bareis, J. Alexander 343, 405
Baroni, Raphaël 79, 294, 313, 500, 507, 509
Barry, Lynda 490
Barthel, Verena 168
Barthes, Roland 45, 59 f., 65, 69, 74–76, 80 f., 265, 411
Bartoszyński, Kazimierz 151 f., 154
Bateman, Anthony W. 532
Battersby, James L. 108
Batteux, Charles 19 f.
Bauer, Matthias 373
Bauman, Richard 237
Baumbach, Sibylle 616
Baumgartner, Hans M. 436
Beaumont, Jeanne-Marie Leprince de 285
Bechdel, Alison
– Fun Home 492
Becker, Franz 7
Becker, Tabea 229, 233
Beckett, Samuel
– Fin de partie 304
– Play 303
Beckman, Howard B. 556
Beethoven, Ludwig van 499
Behaghel, Otto 25
Beil, Benjamin 486

Bell, Alice 340, 343
Bellmann, Werner 380
Belyj, Andrej
– Symphonien (Simfonii) 50
Benjamin, Walter 194
Ben-Merre, David 343
Bennett, W.L. 516
Benveniste, Émile 60, 71
Beowulf 343, 370
Berend, Alice
– Die Bräutigame der Babette Bomberling 134 f., 189, 216, 248
Berger, Günter 271
Bergmann, Jörg 552
Berlioz, Hector 499
Bernaerts, Lars 582
Bernhart, Walter 385, 405
Bessière, Jean 345
Bieger, Laura 405
Bignell, Jonathan 459, 464
Bilenko, Natalia Y. 600
Binder, Guyora 514
Birke, Dorothee 128 f.
Birkner, Karin 553, 555, 557 f.
Blanckenburg, Christian Friedrich von 21, 290, 370, 373
Blaxter, Mildred 558
Blei, David 605 f.
Bleumer, Hartmut 514, 524 f.
Bliesener, Thomas 554
Blödorn, Andreas 130, 181, 190, 239
Blüher, Karl A. 195
Blumenberg, Hans 3
Boccaccio, Giovanni 71
– Decamerone 72, 286, 289, 302, 307, 313, 375
Bode, Christoph 244
Bogen, Steffen 480
Bohlmann, Caroline 479
Böhme, Hartmut 359
Bohrer, Karl Heinz 268
Boiero, Maria C. 229
Böll, Heinrich 380
Booth, Wayne C. 82, 117–119, 121 f., 124, 136, 180
Boothe, Brigitte 532, 541, 550
Borchert, Wolfgang 380

Bordwell, David 265, 280, 449, 451f., 454, 479
Borges, Jorge Luis 119, 162, 343
– Das Aleph (El aleph) 358
Bortolussi, Marisa 125, 130f., 176, 187, 206, 411, 582, 586, 591
Böttche, Maria 536
Bottigheimer, Ruth 284
Bower, Gordon H. 587
Boyd, Brian 583
Bracher, Mark 587
Brand, Jochen 481
Brandt, Line 131, 138
Branigan, Edward 485
Brecht, Bertolt 411
Breithaupt, Fritz 515
Bremond, Claude 62, 64, 68–72, 74, 76, 80, 284–286, 386
Breuer, Josef 531
Breunig, Christian 469
Brewer, William F. 106
Brinckmann, Christine N. 449
Brock, Timothy C. 491, 405, 411, 415
Brockmeier, Jens 540, 549, 552
Brod, Max 165
Broman, Eva 180–182
Brône, Geert 130, 582
Brontë, Charlotte
– Jane Eyre 576
Bronzwaer, Wilhelmus 182
Brook, Thomas 514
Brooks, Cleanth 180
Brooks, Peter 79, 514, 523
Brown, Carolyn S. 229
Brown, Donald E. 95
Browning, Robert 238
Bruhn, Mark J. 581
Bruner, Jerome 92, 105, 107, 229, 585
Brunner, Annelen 600
Brunsdon, Charlotte 462
Bubenhofer, Noah 600
Buchštab, Boris Ja. 151
Budniakewicz, Therese 66
Bühler, Karl 131, 134, 175, 216, 247, 267
Burdorf, Dieter 29
Burnham, Scott 499f.
Burns, Robert P. 523

Burrows, John 602
Burwick, Frederick 410
Busch, Werner 475
Buschmann, Matthias 196
Butler, Judith 549
Butler, Samuel 577
Butor, Michel 150, 157
Byrne, Patrick 554
Byron, George Gordon 158

Calvino, Italo
– Se una notte d'inverno un viaggiatore 293
Cammack, Jocelyn 411
Camões, Luís Vaz de
– Os Lusíadas 370
Campion, Jane
– The Piano 285
Canisius, Peter 195
Capps, Lisa 231f.
Caracciolo, Marco 589, 592
Carrard, Philippe 437, 443f.
Carroll, Joseph 583
Carruthers, Mary J. 412
Carver, Raymond
– What We Talk About When We Talk About Love 377
Casati, Roberto 317
Casparis, Christian P. 255
Cassirer, Ernst 315, 617
Čechov, Anton 329
– Der Erzpriester (Archierej) 329
– Der Literaturlehrer (Učitel' slovesnosti) 329
– Der Student (Student) 221
– Die Braut (Nevesta) 323
– Die Dame mit dem Hündchen (Dama s sobačkoj) 329
– Die drei Schwestern (Tri sestry) 320
– Eine langweilige Geschichte (Skučnaja istorija) 377
– Ein Ereignis (Sobytie) 324
– Ein Fall aus der Praxis (Slučaj iz praktiki) 329
Celi, Ana 229
Celikyilmaz, Asli 599
Cervantes, Miguel de 346
– Don Quijote 302f., 342, 373, 402f., 412f.
– Novelas ejemplares 376

626 — Personenregister

Červenka, Miroslav 151
Chafe, Wallace 237
Chambers, Nathanael 599
Chanson de Roland 370
Charon, Rita 229, 549
Chatman, Seymour 46, 63, 81, 118–120, 122–124, 145, 183, 185–187, 265 f., 319, 391 f., 449 f.
Chaucer, Geoffrey
– *The Canterbury Tales* 123, 289, 376
Chen, Fanfan 343
Chihaia, Matei 343, 614
Chopin, Frederic 499
Christen, Matthias 449
Christman, John 96, 107 f.
Chute, Hillary 488
Cicero 370
Cohn, Dorrit 78, 81, 104, 175, 183, 185, 194, 204–206, 212–214, 223, 244, 255, 294, 337, 419
Coleridge, Samuel T. 290, 404, 439
Čolović, Ivan 238
Comrie, Bernard 244
Congreves, William
– *Incognita* 372
Conrad, Joseph 119
Cook, Guy 586
Coover, Robert
– *The Babysitter* 418
Corneille, Pierre
– *L'Illusion comique* 413
Cornils, Anja 28, 62, 69
Cortázar, Julio 343
– *Rayuela (Rayuela. Himmel und Hölle)* 308
Cortsen, Rikke Platz 489
Cotrozzi, Stefano 253
Courtés, Joseph 66 f.
Cover, Robert M. 514
Cranenburgh, Andreas van 599
Crenshaw, Kimberlé 571
Culler, Jonathan 65 f., 81, 282
Culpeper, Jonathan 582

Dalen-Oskam, Karina van 602
Dällenbach, Lucien 342
Damisch, Hubert 188

Dancygier, Barbara 129, 133 f., 138–140, 239, 583
Dannecker, Gerhard 514
Dannenberg, Hilary 282, 284
Danto, Arthur C. 436
da Silva, Sara G. 88
d'Aulnoy, Marie-Catherine 285
David, Jacques-Louis 476
De Crécy, Nicolas
– *Prosopopus* 488
De Fina, Anna 233 f.
Defoe, Daniel
– *Moll Flanders* 575 f.
– *Robinson Crusoe* 272
– *Roxana. The Fortunate Mistress* 576
Dehne, Marianne 328
de Jong, Irene J. F. 194–196, 270, 341
DeKoven, Marianne 488
Delamont, Sara 91
Dembski, Tanja 192
Dennerlein, Katrin 352, 359 f.
Denning, Steve 102
Deppermann, Arnulf 229, 536, 540, 552, 557
Der Fincken Ritter 273
Derrida, Jacques 75, 524
Dibelius, Wilhelm 36
Dick, Philip K. 419
Dickens, Charles
– *Oliver Twist* 166
Diderot, Denis 151, 163, 337, 340, 342, 346, 410
– *Jacques le fataliste* 288, 334, 355, 413
Diehl, Paula 514
Diengott, Nilli 119 f.
Dijk, Teun A. van 73, 586
Diller, Hans-Jürgen 254
Dimpel, Friedrich M. 168
Dithmar, Reinhard 378
Dittmar, Jakob F. 492
Dixon, Peter 125, 130 f., 176, 187, 411, 582, 586, 591
Döblin, Alfred
– *Berlin Alexanderplatz* 135, 192, 250, 353
– *Hamlet oder Die lange Nacht nimmt ein Ende* 376
Doderer, Klaus 379
Doležel, Lubomír 17, 64, 69, 72, 215, 440

Dörner, Ralf 405
Dosse, François 614
Dostoevskij, Fëdor M. 52, 158, 205, 209, 215, 328
– Der Doppelgänger (Dvojnik) 218, 223
– Der Jüngling (Podrostok) 304, 318
– Die Brüder Karamazov (Brat'ja Karamazovy) 329
– Die Sanfte (Krotkaja) 304
– Schuld und Sühne (Prestuplenie i nakazanie) 328
Dowden, Earnest 119
Doxiades, Apostolos 91
Drew, Paul 553
Driesch, Hans 40
Droste-Hülshoff, Annette von 343
Droysen, Johann G. 444
– Geschichte Alexanders des Großen 437
Dubos, Jean-Baptiste 151, 410
Dujardin, Édouard
– Les lauriers sont coupés 223
Dukas, Paul 509
Dunn, Stuart 599
DuPlessis, Rachel Blau 284
Durzak, Manfred 379

Eckardt, Regine 189
Eckermann, Johann Peter 313
Eco, Umberto 373
Edda 370
Eder, Jens 161–163, 165, 167, 170 f., 448, 580
Eder, Maciej 602
Egidi, Giovanna 586
Ehlich, Konrad 554
Ehmer, Oliver 556
Ehrenfels, Christian von 40
Eibl, Karl 128, 136, 138, 583
Eisen, Ute E. 343, 345
Ėjchenbaum, Boris M. 5, 48 f., 240
Ėjzenštejn, Sergej 453
Ekberg, Katie 559
Elias, Norbert 263
Eliot, George 119
– Adam Bede 578
– The Mill on the Floss 575
Ellis, John 458 f., 461
Elsaesser, Thomas 454, 458

Elsner, Micha 599
Elson, David K. 599, 608
Emerson, Caryl 317
Emmott, Catherine 321, 582, 586 f.
Ende, Michael
– Die unendliche Geschichte 345, 413
Engel, Johann J. 20 f.
Engel, Manfred 355
Engell, Lorenz 458, 461
Epston, David 537
Erll, Astrid 617
Ernst, Christoph 458
Ernst, Ulrich 15, 270
Erzählung von Frol Skobeev (Povest' o Frole Skobeeve) 328
Essen, Gesa von 369
Etter, Lukas 489, 492
Ettl-Huber, Silvia 8
Euripides
– Ödipus (Oidípous) 281
Evert, Stefan 602

Fahle, Oliver 455
Fahrenwald, Claudia 90
Fanshel, David 553
Faraday, Michael 99
Fauconnier, Gilles 133, 139, 583
Fehrle, Johannes 423
Feldman, Carol Fleisher 179
Feldman, M. S. 516
Felski, Rita 406
Ferguson, Sam 343
Fernyhough, Charles 208
Fetterley, Judith 124
Feuchtwanger, Lion
– Der jüdische Krieg 217
Feuer, Jane 463
Feuerbach, Paul Johann Anselm von 521
Feyersinger, Erwin 343, 345
Field, Syd 452
Fielding, Henry 337, 342, 346
– Amelia 117
– Joseph Andrews 117, 279
– The History of Tom Jones, A Foundling 117, 290, 292, 295, 319, 335
– The Life and Death of Jonathan Wild, the Great 117

Fincher, David 458
Fischer, Olga 505
Fischer-Lichte, Erika 169
Fishelov, David 586
Fisher, Walter R. 4, 107, 229
Fivush, Robyn 531, 534
Flader, Dieter 541, 554
Flaubert, Gustave 166, 194
– *Madame Bovary* 183f., 192, 223, 325, 575
Fleischman, Suzanne 253f.
Fludernik, Monika 33, 60, 82, 104, 131–133, 157, 175, 187, 189f., 195, 197, 211, 213, 220, 230, 244, 249, 252–254, 256, 337, 352, 371, 391, 420, 423, 425f., 442f., 502, 583, 589, 614, 619
Foa, Edna B. 540
Foley, John M. 238, 369
Folkman, Susan 535
Fonagy, Peter 532
Fontane, Theodor 158
– *Effi Briest* 356
Fontanier, Pierre 334
Foppa, Klaus 178
Forster, Edward M. 88, 203, 206, 278, 280, 312, 372, 379
Foucault, Michel 274, 516
Fournival, Richard de
– *Li Bestiaires d'Amours* 412
Fowler, Alastair 367, 501
Frank, Arthur W. 551f.
Frank, Caroline 353, 360
Frank, Joseph 306, 352
Frankel, Richard M. 556
Franzen, Wilfried 482
Freeman, Michael 514
Freise, Matthias 317
Freißmann, Stephan 589
Freud, Sigmund 164, 531–533
Frey, Jakob
– *Gartengesellschaft* 376
Freytag, Gustav 280f.
Frick, Werner 271f.
Fricke, Ellen 134
Fricke, Harald 131, 341f., 346
Fried, Michael 480
Friedemann, Käte 28–30, 33, 36, 98
Friedl, Jeffrey E. F. 605

Friedman, Norman 180
Friedrich, Udo 264, 301
Friedrichsen, Gisela 374
Frisch, Max
– *Homo Faber* 355
Frow, John 162
Frye, Northrop 284, 286, 443
Fuhrmann, Manfred 16, 300
Fulda, Daniel 441f.

Gächter, Yvonne 236
Gadinger, Frank 8
Gallagher, Shaun 179, 585
Galland, Antoine
– *Tausendundeine Nacht (Les mille et une nuits. Contes arabes)* 287–289
Galler, Floyd B. 533
Ganz, David 480
Gardner, Jared 491
Gardner, Rod 557
Garnham, Alan 587
Garrett, Peter K. 295
Gavins, Joanna 131, 582
Gawron, Jean-Mark 132, 136
Gay, Peter 531
Gee, J. Paul 237
Geertz, Clifford 95, 617
Genet, Jean 343
Genette, Gérard 26, 30, 38, 62f., 70f., 76–81, 100, 119f., 122, 130, 132, 138f., 141–144, 180–183, 185–187, 205, 265–267, 270, 289, 312, 319, 334–338, 340–345, 356, 385, 392, 443f., 479, 485, 508, 602, 614
Genot, Gérard 61, 73
Georgakopoulou, Alexandra 102, 233f., 237, 530, 557
Gernhardt, Robert
– *Lug und Trug* 376
Gerrig, Richard J. 401, 404, 411, 582, 586, 588, 591
Gertken, Jan 161
Gewirtz, Paul D. 515f., 518
Gibbon, Edward 440
Gibbons, Alison 9
Gibbons, Dave
– *Watchmen* 491, 493f.

Gide, André 341f.
- *Les Faux Monnayeurs* 342
Gieschler, Sabine 89
Giesecke, Michael 541, 554
Gilgamesch-Epos 369
Gilmore, Leigh 549
Gius, Evelyn 101, 602
Glaudes, Pierre 317
Głowiński, Michał 151f.
Goethe, Johann Wolfgang von 22, 32, 64, 313, 375
- *Die Leiden des jungen Werthers* 354, 358, 575
- *Die Wahlverwandtschaften* 222, 376
- *Novelle* 376
- *Unterhaltungen deutscher Ausgewanderten* 376
- *Wilhelm Meisters Lehrjahre* 355
- *Wilhelm Meisters Wanderjahre* 376
Goetsch, Paul 239
Goffman, Erving 501
Gogol', Nikolaj V. 48, 156, 158
Goldie, Peter 179
Goldsmith, Oliver
- *Der Pfarrer von Wakefield (The Vicar of Wakefield)* 26
Goldwyn, Ruth 541
Gombrich, Ernst H. 403, 411f.
Gombrowicz, Witold 156
Goncourt, Edmond und Jules de 123
González Iñárritu, Alejandro
- *21 Grams* 418
Goodbrey, Daniel M. 492
- *A Duck Has An Adventure* 492
- *The Empty Kingdom* 492
Gooding, David 99
Goodman, Nelson 353
Gorbman, Claudia 499
Gottfried von Straßburg
- *Tristan* 327
Grabócz, Márta 500
Graesser, Art C. 587
Graf, Dominik 466
Graf, Eva 547, 554
Grass, Günter
- *Die Blechtrommel* 136
- *Im Krebsgang* 368, 376

Grau, Oliver 405
Graumann, Carl F. 138, 175, 178
Greco, Monica 549
Green 401, 405, 411
Greenhalgh, Trisha 549, 551
Greimas, Algirdas J. 66–68, 70–72, 74, 80, 164, 281, 283, 378
Grethlein, Jonas 412, 414, 443
Grice, H. Paul 136, 340, 541
Grimm, Jacob 514
Grimm, Jacob und Wilhelm
- *Der Räuberbräutigam* 283–286, 294
- *Kinder- und Hausmärchen* 286, 378, 571
Grimmelshausen, Hans Jakob Christoffel von
- *Simplicius Simplicissimus* 101
Groensteen, Thierry 481, 488f.
Grove, Nicola 229
Gruber, Carola 314, 318f.
Grünewald, Dieter 481
Guibert, Emmanuel
- *Des Nouvelles d'Alain* 492
Guillén, Claudio 177, 188
Gülich, Elisabeth 63, 70f., 88, 551–556, 558f.
Gumbrecht, Hans Ulrich 268f.
Gunning, Tom 447, 462
Günther, Werner 219
Günzel, Stephan 360
Gutiérrez Trápaga, Daniel 343
Gygax, Franziska 548

Haas, Wolf 143
- *Das ewige Leben* 143
Habermas, Jürgen 90
Hagener, Malte 454
Hahl, Werner 24
Halbwachs, Maurice 617
Hallet, Wolfgang 359, 586, 591
Halliwell, Michael 499
Hamburger, Käte 78, 81, 134, 189, 203–207, 212, 245, 248f., 254f., 257, 267
Hammel, Björn 492
Hammer, Andreas 301
Handke, Peter 343
Hannken-Illjes, Kati 516, 518
Hansen, Per K. 102
Hansen-Löve, Aage A. 43, 46, 50, 302, 304
Hanslick, Eduard 510

Happel, Werner
– *Der insulanische Mandorell* 373
Harré, Rom 473
Harries, Elizabeth Wanning 285
Harth, Dietrich 433
Hartmann, Britta 451
Hartmann von Aue
– *Erec* 271
Hartner, Marcus 174 f., 177, 188, 193, 581, 583, 587, 589, 591
Hartwig, Susanne 581
Häsner, Bernd 337
Haug, Stephanie 551 f., 558
Hauschild, Christiane 51, 314
Hausendorf, Heiko 554
Hauthal, Janine 196
Hawthorne, Nathaniel 379
Hebel, Johann Peter
– *Die Kalendergeschichten* 379
– *Unverhofftes Wiedersehen* 264
Hediger, Vinzenz 452
Hedinger, Bärbel 405, 411
Hegel, Georg Wilhelm Friedrich 23, 370, 524
Heidbrink, Henriette 170 f.
Heinen, Sandra 122 f.
Heinze, Rüdiger 420, 423
Heliodor 271–273
– *Aithiopiká* 271, 292 f., 295, 372 f.
Hemingway, Ernest 4 f.
Hénault, Anne 63, 66
Hendricks, William O. 72 f.
Hennig, Anke 244, 254 f., 267
Herchenbach, Hugo 252
Heritage, John 553–555, 559
Herman, David 6, 31, 59–61, 63 f., 69, 74–76, 80, 82 f., 121, 131, 175 f., 186 f., 194, 204 f., 208, 229, 238, 320, 342, 418, 441, 486, 501, 580, 582, 585, 587, 589 f., 614, 619
Herman, Luc 121, 142
Hermann, Judith
– *Sommerhaus, später* 380
Herodot
– *Historien* 370
Herzog Ernst 250
Hettinger, Lena 601
Hettling, Manfred 324

Heuser, Ryan 602
Heyse, Paul 375
Hildesheimer, Wolfgang
– *Marbot. Eine Biographie* 440
Hillebrandt, Claudia 165, 168, 170 f.
Hirt, Ernst 265
Hirt, Günter 309
Historia Apollonii regis Tyri 271
Hjelmslev, Louis 74
Hobbes, Thomas 123
Hofer, Roberta 343
Hoffmann, E. T. A.
– *Der Sandmann* 252
– *Die Serapionsbrüder* 376
– *Nachtstücke* 376
Hoffmann, Gerhard 359
Hoffmann, Ludger 516, 519 f., 554
Hoffmann, Roland 8
Hofstadter, Douglas R. 344
Hogan, Patrick C. 122 f., 125, 208, 580, 584, 588
Hogarth, William 472, 479, 481
Holenstein, Elmar 89, 93
Höllerer, Walter 379
Holz, Arno
– *Ein Tod* 380
Home, Henry 410
Homer 15 f., 195 f., 216, 370, 412
– *Ilias* 150, 263, 369
– *Odyssee* 150, 263, 295, 302, 369
Hoppeler, Stephanie 489
Horaz 370, 412
Horstkotte, Silke 142, 197, 491
Howard, David 452
Hsu, Jeremy 580
Hübner, Gert 194, 238
Huet, Pierre Daniel
– *Traité de l'origine des romans* 295, 372
Hühn, Peter 51, 142, 306, 313, 316, 318–320, 324 f., 385, 387, 391
Huhtamo, Erkki 411
Hülsen-Esch, Andrea von 474
Hunold, Christian Friedrich
– *Satyrischer Roman* 273
Hurwitz, Brian 549, 551
Husserl, Edmund 107, 478
Hutcheon, Linda 196, 493, 499

Hutcheon, Michael 499
Hutto, Daniel 176, 179, 206, 208, 585
Huwiler, Elke 239
Hydén, Lars-Christer 540, 548f., 552
Hymes, Dell 237
Hyvärinen, Matti 90, 107, 616

Ibsch, Elrud 580
Igl, Natalia 129, 141, 143, 176
Ignatius von Loyola
– Exerzitien 412
Ihwe, Jens 61
Il novellino 375
Imberty, Michel 500
Ingarden, Roman 99, 151, 153, 586
Irving, Washington 379
Iser, Wolfgang 151, 586
Ishiguro, Kazuo
– Was vom Tage übrigblieb 124
Iversen, Stefan 421–423

Jacobs, Jürgen 373
Jaeger, Stephan 437
Jäger, Ludwig 145
Jäger, Thomas 481
Jahn, Manfred 182f., 187, 208, 391f., 583, 586
Jahn-Sudmann, Andreas 462
Jakobson, Roman 37, 49f., 60, 62, 99f., 247, 501
James, Henry 31, 81, 162, 187
– The Ambassadors 31
– The Author of Beltraffio 119
– The Private Life 119
– The Turn of the Screw 368
James, Henry u.a.
– The Whole Family 123
Jannidis, Fotis 131, 161f., 166–168, 187, 602, 605
Jappe, Lilith 166
Jaramillo, Deborah L. 458
Jauß, Hans R. 163, 272f., 324
Jayne, Erik 517
Jean Paul 159, 342
Jenkins, Henry 494
Jensen, Rolf 8
Jensen, Wilhelm 164
Jockers, Matthew 599, 601f.

Johannes
– Evangelium 343
Johnson, Derek 494
Johnson, Samuel 151
Jolles, André 286, 380, 522
Jong, Irene de 410, 412
Jonge, Casper C. de 410, 412
Jonson, Ben
– The Alchemist 290
Jost, François 451
Joyce, James
– Dubliners 319
– Grace 319
– Ulysses 123, 223, 264, 273
Jung, Carl G. 534
Junklewitz, Christian 463f.
Jurafsky, Dan 599
Jurecic, Anne 547, 549

Kächele, Horst 541
Kafalenos, Emma 206, 386, 392, 500
Kafka, Franz 353, 356
– Das Schloss 165, 355, 358
– Der Process 358, 517
– Die Verwandlung 376
Kahler, Erich 194
Kaldis, Byron 317
Kalepky, Theodor 218
Kalifa, Dominique
– Vidal, le tueur de femmes. Une biographie sociale 437
Kalitzkus, Vera 548, 550
Kallmeyer, Werner 138, 175, 553
Kampmann, Elisabeth 168, 171
Kansteiner, Wulf 437
Kant, Immanuel 30, 108
Karamzin, Nikolaj
– Die arme Lisa (Bednaja Liza) 222
Karl, Gregory 500
Karpf, Jutta 481
Karsdorp, Folgert 599
Kast, Verena 534
Kästner, Erich 343
Kawashima, Robert S. 188
Kayser, Wolfgang 128, 245
Keazor, Henry 343
Keen, Suzanne 142f., 171, 176, 588

Kehlmann, Daniel 343
Keiter, Heinrich 24 f.
Keler, Alain
– Des Nouvelles d'Alain 492
Kelleher, David 558
Keller, Gottfried
– Die Leute von Seldwyla 376
– Sinngedicht 376
Kelleter, Frank 295, 462
Kellogg, Robert 69
Kemp, Wolfgang 303, 473, 475, 480 f.
Kermode, Frank 305
Keßler, Eckhard 435
Kessler, Frank 450
Keun, Irmgard
– Das kunstseidene Mädchen 139–141
Khatib, Lina 453
Kiefer, Jens 316, 387
Kindt, Tom 121, 161 f., 167 f., 343, 374
Kintsch, Walter 586
Kirklin, Deborah 549
Kirmayer, Laurence J. 552
Kirschbacher, Felix 468
Klaiber, Isabell 123
Klauk, Tobias 337, 371
Klebl, Michael 237
Klein, Christian 514, 551, 618
Klein, Michael L. 500, 509
Klein, Wolfgang 246
Kleinman, Arthur 547, 550 f.
Kleist, Heinrich von 376, 379
Klepper, Martin 177, 194–197, 619
Klimek, Sonja 338 f., 341–343, 345 f., 405
Klopstock, Friedrich Gottlieb
– Der Messias 371
Knaevelsrud, Christine 536
Knape, Joachim 15, 273, 518 f.
Knapp, Raymond 500
Koch, Peter 253
Koeppen, Wolfgang
– Der Tod in Rom 353
Koerfer, Armin 550, 555 f.
Köhle, Karl 555
Koolen, Corina 599
Köppe, Tilmann 128 f., 161 f., 167 f., 337, 343, 371
Korthals, Holger 365, 391 f.

Korthals Altes, Liesbeth 591
Koschorke, Albrecht 9, 91, 229, 516 f., 519 f., 613
Koselleck, Reinhart 273, 440
Koster, Severin 369
Kourouma, Ahmadou 238
Kraan, Menno 385
Kracauer, Siegfried 451
Kraft, Stephan 273
Krah, Hans 316
Kramer, Lawrence 500
Kramnick, Jonathan 584
Krausser, Helmut
– Schmerznovelle 376
– Spielgeld 380
Kreiswirth, Martin 90
Kristeva, Julia 75
Krüger, Florian 8
Krupp, Manfred 469
Kudlich, Hans 517, 521
Kuhn, Markus 266, 447–451, 485, 493
Kuhn, Thomas S. 616
Kuiken, Don 582, 588, 591
Kukkonen, Karin 9, 285 f., 342 f., 345, 485, 495, 592
Kuper, Peter
– The System 488
Kurkowska-Budzan, Marta 234
Kurt, Sibylle 194
Kuukkanen, Jouni-Matti 434
Kuzmičova, Anežka 402

Labov, William 230–234, 236–238, 313, 420, 530, 534, 553
Lacan, Jacques 531
LaCapra, Dominick 223
Lachenmaier, Birgit M. 514
Lachmann, Renate 270
Låftman, Emil 218
Lahiri, Jhumpa
– The Namesake 418
Lahme, Tilmann 435
Lahn, Silke 30 f.
Lalouschek, Johanna 548, 553–555
Lamarque, Peter 162
Lämmert, Eberhard 32, 266, 299, 305, 372

Lamping, Dieter 368
Landfester, Ulrike 342
Lang, Sabine 338
Langacker, Ronald W. 175
Langemeyer, Peter 343
Langer, Daniela 130, 181, 190
Langewitz, Wolf 555 f.
Langgässer, Elisabeth 380
Lanser, Susan 123, 174, 188
La Roche, Sophie von
– Geschichte des Fräuleins von Sternheim 575
Latacz, Joachim 369
Lauer, Gerhard 581, 602
Lausberg, Heinrich 334
Lazarillo de Tormes 373, 577
Lazarus, Richard S. 535
Leavey, Gerard 558
Le Bossu, René 17 f.
Leech, Geoffrey 239
Lehnert, Wendy G. 599
Lehnert-Rodiek, Gertrud 272
Leiss, Elisabeth 175, 253
Leitch, Vincent B. 76
Le-Khac, Long 602
Lemercier, Frédéric
– Des Nouvelles d'Alain 492
Lempert, Richard 514
Lenz, Siegfried
– Schweigeminute 376
Lerch, Eugen 209, 219
Lerch, Gertraud 209
Leschke, Rainer 170 f.
Leskov, Nikolaj 48
Lessing, Gotthold Ephraim 20, 104, 151, 472 f., 475 f., 478
Levinson, Jerrold 163
Lévi-Strauss, Claude 62, 64–68, 80, 281, 283
Lewis, Andrew 514
Lichačev, Dmitrij 327
Lichtenberg, Joseph D. 533
Lieblich, Amia 234
Limoges, Jean-Marc 339 f., 343 f.
Linde, Charlotte 229, 238
Lindemann, Kathrin 559
Lindemann, Uwe 191 f., 196
Lindtner, Heide 555

Linke, Alexander 475, 481
Lintvelt, Jaap 53
Lippert, Julia 442
Liu, Bing 606
Livius Andronicus 370
Lobsien, Eckhard 411
Locher, Miriam A. 548
Lodge, David 336, 413
Long, Barry 554
Longacre, Robert E. 253
Longos
– Lesbiaka 373
López de Úbeda, Francisco
– La pícara Justina 575
Lorck, Étienne 209
Lorris, Guillaume de 123
Lotman, Jurij 41, 49, 51, 62, 280, 299, 301, 313–318, 321, 323, 354, 357, 359, 386 f.
Lotz, Amanda 459
Love, Harold 602
Löw, Martina 357
Lubbock, Percy 30 f., 187, 373
Luborsky, Lester 533
Lucas, George
– Star-Wars-Saga 454
Lucius-Hoene, Gabriele 229, 422, 533, 540, 552, 557 f.
Luckmann, Thomas 552
Lüderssen, Klaus 523
Ludolf von Sachsen
– Vita Christi 412
Ludwig, Otto 25 f., 33
– Zwischen Himmel und Erde 322
Lugowski, Clemens 273, 373
Luhmann, Niklas 440, 584
Lukács, Georg 370
Lukosch, Stephan 237
Lurija, Aleksandr 209
Lüscher, Jonas
– Frühling der Barbaren 157, 376
Lutas, Liviu 343
Lüthi, Max 534
Lyotard, Jean-François 7, 90, 92, 102

Maar, Paul
– Die Geschichte vom Jungen, der keine Geschichten erzählen konnte 97

MacIntyre, Alasdair 8, 107
Mack, David 490
Mahābhārata 369
Mahler, Gustav 500, 509
Main, Mary 541
Maisak, Petra 475
Makazhanov, Aibek 599
Mäkelä, Maria 422–424
Malina, Debra 339
Malinowski, Bronisław 617
Mani, Inderjeet 597, 602
Mann, Golo
– *Wallenstein* 435
Mann, Thomas 156, 272
– *Der Zauberberg* 264, 272, 354
– *Die Betrogene* 377
– *Herr und Hund* 377
– *Tod in Venedig* 264
– *Unordnung und frühes Leid* 377
Manning, Christopher D. 605
Margolin, Uri 33, 127–130, 132, 144, 187, 247
Marguerite de Navarre
– *Heptaméron* 289
Markovič, Vladimir 317
Marmontel, Jean-François 410
Márquez, Gabriel García
– *Cien años de soledad* 267
Martens, Gunther 143 f.
Martin, Wallace 195
Martínez, Matías 63, 71, 244, 266, 305, 479, 551, 618
Marvel, M. Kim 556
Marx, Adolf B. 499, 507
Marx, Leonie 379
Mattingly, Cheryl 229, 557
Maupassant, Guy de 302
Maus, Fred E. 500, 506 f.
Maye, Harun 524
Mazur, Barry 91
McAdams, Dan P. 234
McClary, Susan 500, 506–509
McCloud, Scott 489
McCormic, Casey J. 469
McEwan, Ian
– *Atonement* 192, 573
McGlothlin, Erin 491

McHale, Brian 211, 213–215, 336, 385
McInerney, Jay
– *Bright Lights, Big City* 418
McIntosh-Varjabédian, Fiona 438 f.
McKeown, Kathleen R. 608
Mead, George H. 163
Meelberg, Vincent 500, 502, 509
Meirelles, Isabel 600
Meisel, Kurt 482
Meister, Jan C. 5, 30 f., 62, 108, 283, 318, 344, 598 f.
Meletinskij, Éleazar 315
Mellmann, Katja 131 f., 411, 584
Meltzoff, Andrew N. 178
Melville, Herman
– *Moby Dick* 170, 574
Menhard, Felicitas 193
Menz, Florian 547, 554 f.
Mercier, Louis-Sébastian
– *L'an deux mille quatre cent quarante* 272
Merkel, Johannes 229, 236
Mervis, Carolyn B. 501
Meter, Helmut 317
Metz, Bernhard 93, 95
Metz, Christian 265 f.
Meung, Jean de 123
Meyer, Anne-Rose 379
Meyer-Minnemann, Klaus 336, 338
Miall, David S. 411, 582, 588, 590
Michelet, Jules
– *Histoire de la France* 434
– *Histoire de la Révolution française* 434
Michler, Werner 367
Mickiewicz, Adam
– *Pan Tadeusz* 371
Micznik, Vera 500, 504 f., 508
Middeke, Martin 272
Mikolov, Tomas 606
Mildorf, Jarmila 231, 234, 238
Miller, Frank
– *Sin City* 493 f.
Miller, J. Hillis 280
Miller, Nancy 284, 286
Miller, Toby 459
Mills, Brett 458
Milton, John
– *Paradise Lost* 371

Mink, Louis O. 440
Minow, Martha 523
Minuchin, Salvador 537
Miodrag, Hannah 488
Mishler, Elliot G. 553, 560
Mittell, Jason 464, 468
Miyakawa, Asako 600
Modleski, Tania 460, 462
Moers, Gerald 342 f.
Mohnhaupt, Bernd 475, 481
Moll, Henrike 178
Möllendorff, Peter von 343, 345
Mommsen, Theodor 435
– *Römische Geschichte* 434
Montalvo, Garci Rodríguez de
– *Amadís de Gaula* 373
Montanus, Martin
– *Wegkürtzer* 376
Moody, Rick
– *The Ice Storm* 418
Moore, Alan 278, 280, 295
– *Watchmen* 491, 493 f.
Mora, Terézia 308
– *Das Ungeheuer* 308
Moretti, Franco 354, 598 f., 601
Morrison, Toni
– *Menschenkind (Beloved)* 573
Morson, Gary S. 317
Moskowitz, Judith T. 535
Mozart, Wolfgang Amadeus 499
Mukařovský, Jan 5, 41, 49
Müller, Günther 32, 265 f., 270, 306
Müller, Hans-Harald 121
Müller, Philipp 433
Müller, Ralph 131
Müller-Funk, Wolfgang 3, 613, 619
Müller-Zettelmann, Eva 385
Müllner, Ilse 342 f.
Muny, Eike 392
Murdock, George P. 94
Musil, Robert 158

Nabokov, Vladimir 158
– *Lolita* 193
Nagib, Lúcia 455
Nänny, Max 505
Nattiez, Jean-Jacques 499 f., 506, 510

Neder, Pablo 8
Nef, Ernst 271
Neitzel, Britta 485 f.
Nell, Victor 411
Nelles, William 117 f., 287 f., 290
Nelson, Katherine 179
Nelson, Robin 462
Neruda, Jan
– *Kleinseitner Geschichten (Povídky malostranské)* 323
– *Wie Herr Vorel seine Meerschaumpfeife eingeraucht hat (Jak si pan Vorel nakouřil pěnovku)* 323
Nesselhauf, Bernd 458
Neubauer, John 499 f., 507
Neumann, Birgit 359
Neumann, Gerhard 301
Neumann, Michael 380 f.
Newcomb, Anthony 500
Newcomb, Horace 459, 461, 464
Nibelungenlied 370
Nicolai, Friedrich
– *Die Freuden des jungen Werthers. Leiden und Freuden Werthers des Mannes* 354
Niehaus, Michael 516, 521 f.
Nielsen, Henrik Skov 420–422, 424
Nischik, Reingard 287–290
Nitsche, Barbara 270 f.
Nolan, Christopher
– *Inception* 455
– *The Dark Knight Trilogy* 495
Norlyk, Brigitte 8
Norrick, Neal R. 229, 232, 236 f.
Novalis 342
Nowak, Peter 547, 554 f.
Nünlist, René 270
Nünning, Ansgar 6, 82, 120, 174, 176 f., 182, 187–189, 191, 193, 196 f., 306, 353 f., 391 f., 402, 439, 501, 613 f., 618, 620
Nünning, Vera 82, 136, 174, 176 f., 188 f., 191, 193, 196 f., 405, 501, 619
Nurra, Antonio 104

Obermayr, Brigitte 303 f.
O'Brien, Edward 587
O'Brien, Flann 337
– *At Swim-Two-Birds* 335, 342

Ochs, Elinor 231f.
Oeftering, Michael 271
Oesterreicher, Wulf 253
Ohme, Andreas 238
Okopień-Sławińska, Aleksandra 151f.
Olsen, Stein Haugom 162
Olson, Greta 82
Ong, Walter J. 238f.
Opdahl, Keith M. 411
Orendel 272
Orlov, Henry 507
Orme, Jennifer 285
O'Sullivan, Sean 295
Oulibicheff, Aléxandre 499
Outcault, Richard F.
– The Yellow Kid 491
Ovid
– Metamorphosen 370

Pabst, Walter 313
Packard, Stephan 488, 495
Padučeva, Elena V. 219
Page, Norman 214
Page, Ruth 229, 236–238
Palmer, Alan 175f., 192, 203, 205–208, 213f., 223, 589
Pantaloe, Sylvia 343
Pape, Walter 410
Park Gyeong-Mi 599
Parks, Tim
– Teach Us to Sit Still 90
Parody, Clare 495
Parrhasios 412
Parry, Adam 238
Pascal, Roy 134, 139, 189, 194, 219, 222, 249
Pasler, Jann 500
Pasquinelli, Elena 411
Pasternak, Boris 50
Patron, Sylvie 79, 127f., 130, 187
Paul, Heike 458
Paulson, Ronald 479, 481
Pavel, Thomas 65, 67–69, 73, 76, 80
Pedri, Nancy 142, 197
Peeters, Benoît 489
Pellauer, David 106f.
Pennebaker, James W. 536, 539
Peräkylä, Anssi 542

Perner, Josef 178
Perrault, Charles
– Contes de ma mère l'Oye 286
Perriam, Chris 455
Perry, Menakhem 588
Perutz, Leo
– Zwischen Neun und Neun 263, 273
Petersen, Jürgen H. 244f., 254f., 374
Petersen, Robert B. 481
Petrarca, Francesco
– Africa 370
Petronius
– Satyrikon 373
Petrovskij, Michail 41, 44, 46, 50
Petrowskaja, Katja
– Vielleicht Esther 376
Petsch, Robert 32, 358
Petzold, Jochen 501
Pfister, Manfred 167, 169, 177, 265, 354, 392
Phelan, James 92, 108, 117f., 121f., 124, 143f., 183f., 574
Philips, Mark Salber 444
Piaget, Jean 60
Piatti, Barbara 354f.
Piccolomini, Enea Silvio
– Historia de duobus amantibus Euryalo et Lucretia 374
Pier, John 71, 73, 77–79, 337, 341f.
Pinault, David 288
Piper, Andrew 602
Pirandello, Luigi 343
– Sei personaggi in cerca d'autore 413
Pitaval, Gayot de
– Causes célèbres et interessantes 521
Platon 15–17, 89, 94, 211, 216, 410
Plinius d.Ä. 412
Plug, Leendert 559
Pochat, Götz 474
Poe, Edgar Allan 379
– Diddling Considered als One of the Exact Sciences 377
Poema del Cid 370
Polanyi, Livia 237
Poletti, Anna 492
Polheim, Karl K. 313
Pomorska, Krystyna 49

Porter, Edwin S.
- *Life of an American Fireman* 450
Posner, Richard A. 514, 516, 519
Postema, Barbara 488
Potocki, Jan
- *Manuscrit trouvé à Saragosse (Rękopis znaleziony w Saragossie)* 289
Pound, Ezra
- *The Cantos* 371
Pratt, Mary Louise 406, 503
Previšić, Boris 343
Prince, Gerald 61, 63, 65, 69 f., 73, 183, 187, 312 f., 319, 502 f., 617
Pröll, Karl
- *Am Seelentelephon. Neue Kurzgeschichten* 380
Propp, Vladimir 46, 51, 62–64, 66–68, 71 f., 74, 80, 96, 164, 167, 280, 283 f., 314, 378, 386, 392, 452, 473, 571, 598
Proust, Marcel 119
- *À la recherche du temps perdu* 264, 272
Puškin, Aleksandr 50
- *Der Stationsaufseher (Stancionnyj smotritel')* 326
- *Mednyj Vsadnik (Der eherne Reiter)* 371

Quasthoff, Uta M. 233, 253, 256, 552, 557
Quendler, Christian 132
Queneau, Raymond 343
Quintilian 370
- *Institutio oratoria* 518

Rabenalt, Peter 453
Rabinowitz, Peter J. 117, 121, 500
Radford, Colin 345
Raible, Wolfgang 63, 70 f.
Rajewsky, Irina O. 392 f., 485, 487, 490 f.
Rāmāyaṇa 369
Randall, William Lowell 236
Ranke, Leopold 444
- *Römische Päpste* 441, 444
Ransmayr, Christoph
- *Der fliegende Berg* 372
Rapp, David N. 586, 588
Rasch, Wolfdietrich 244 f.
Rath, Wolfgang 375

Rathmann, Thomas 324
Rehbein, Jochen 554
Reichelt, Gregor 93, 95
Reicher, Maria E. 163
Reichert, Klaus 303
Reichl, Karl 238
Reinert, Bastian 343
Reiter, Nils 600
Rembrandt van Rijn 477–479
Renner, Karl N. 316
Reuber, Markus 559
Reuster-Jahn, Uta 240
Reyland, Nicholas 500, 509
Richardson, Alan 580
Richardson, Brian 82, 118, 120, 123, 130, 230, 391, 418, 420–424, 587
Richardson, Ruth 549
Richardson, Samuel 25
- *Clarissa* 192, 575
- *Pamela* 325
Ricœur, Paul 64, 66, 68, 70, 78 f., 106 f., 273, 278, 434
Riessman, Catherine K. 229, 234
Rigney, Ann 437
Rilke, Rainer Maria
- *Die Aufzeichnungen des Malte Laurids Brigge* 192, 358
- *Früher Apollo* 387
Rimmon-Kenan, Shlomith 53, 63, 77, 81 f., 118, 120, 181, 208, 419
Ripke, Thomas 556
Rippl, Gabriele 489
Ritter, Alexander 358
Rivara, René 137
Robbe-Grillet, Alain 335
- *La Jalousie* 254
Robinson, Jeffrey 554 f., 559
Rodriguez, Robert
- *Sin City* 493 f.
Roermund, Bert van 523
Rölleke, Heinz 378
Rölli, Marc 317
Romberg, Bertil 180
Ronen, Ruth 267
Roque, Georges 343
Rosch, Eleanor 501
Rothemund, Kathrin 458, 468

Rowson, Susanna
– *Charlotte Temple* 575
Rubinštejn, Lev
– *Kartothek* 309
Rumelhart, David E. 96
Rumer Godden, Margaret
– *The River* 368
Rüsen, Jörn 436 f.
Rüth, Axel 436, 444
Ryan, Marie-Laure 69, 72, 103, 121, 131, 145, 175, 193, 208, 281, 285 f., 288, 290, 312 f., 337, 344, 352, 359, 391, 401, 407 f., 411 f., 454, 481, 485 f., 495, 501 f., 581, 590
Rybicki, Jan 602

Sachsenspiegel 524
Sackmann, Eckart 481
Sakita, Tomoko 253, 256
Sambor, Ronnie 157
Samstag, Lisa W. 541, 550
Sanders, Julie 493
Sanford, Anthony J. 582, 587
Sarbin, Theodore R. 229
Sarkhosh, Keyvan 343
Sasse, Sylvia 317
Sator, Marlene 547, 552, 555
Saupe, Achim 437
Saussure, Ferdinand de 61, 66 f., 74, 80
Scaliger, Julius Cäsar
– *Poetices libri septem* 370
Scarry, Elaine 549
Schaeffer, Jean-Marie 342, 345, 401, 405 f., 502
Schank, Roger C. 321, 386 f.
Schapp, Wilhelm 3, 229
Schauer, Maggie 535
Scheerer, Thomas M. 70
Scheffel, Michael 20, 63, 71, 89, 244, 266, 305, 479, 614
Scheidt, Carl E. 533, 539, 552, 560
Scheler, Max 163
Schenker, Heinrich 499
Schenk-Haupt, Stefan 392 f.
Schering, Arnold 499
Schernus, Wilhelm 28, 62, 69, 614
Scheuermann, Barbara J. 481
Schiffrin, Deborah 234

Schiller, Friedrich 21 f., 440
– *Der Geisterseher* 289
Schissel von Fleschenberg, Otmar 37
Schlaf, Johannes
– *Ein Tod* 380
Schlegel, August W. 22 f.
Schlegel, Friedrich 22 f.
Schleich, Markus 458
Schlenker, Philippe 134, 189 f.
Schlickers, Sabine 338, 486
Schmarsow, August 481
Schmeling, Manfred 377
Schmid, Wolf 36 f., 39–41, 49 f., 52 f., 62 f., 71, 100, 117, 119, 124, 127 f., 131, 133, 141, 151, 154, 156, 168, 174, 177, 182, 188, 210 f., 215, 221, 223, 231, 238, 240, 267, 302, 306, 313 f., 316 f., 319, 321, 324, 340, 365, 391, 443 f., 475, 479 f., 485, 618
Schmidt, Arno 308
– *Aus dem Leben eines Fauns* 368
– *Die Gelehrtenrepublik* 368
– *Zettel's Traum* 308
Schmidt, Roderich 264
Schmidt, Siegfried J. 486
Schmitz-Emans, Monika 188
Schnabel, Johann Gottfried
– *Insel Felsenburg* 272
Schneid, Bernd 458
Schneider, Christian 270
Schneider, Lars 304
Schneider, Ralf 164, 582 f., 586–588
Schneider, Susan 317
Schnitzler, Arthur 194
– *Fräulein Else* 195
– *Lieutenant Gustl* 190 f., 195, 254, 376
Schnurre, Wolfdietrich 380
Schöch, Christof 474, 602
Scholes, Robert 69, 81
Schönberg, Arnold 499
Schöndienst, Martin 552, 556, 559
Schönert, Jörg 316, 319, 384 f., 387, 521
Schuldiner, Michael 343
Schuler-Lang, Larissa 305
Schulze, Ingo
– *Simple Storys* 380
Schumacher, Mareike 599

Schumann, Robert 500, 506
Schütze, Fritz 553
Schüwer, Martin 360, 485, 489
Schwanecke, Christine 490
Schweikle, Günther 238
Schweinitz, Jörg 453
Schwind, Moritz 475
Schwitalla, Johannes 557
Ščitcova, Tat'jana V. 317
Scollon, Ronald 237
Scollon, Suzanne B. K. 237
Scorsese, Martin 458
Scudéry, Madeleine de 289
Seaton, Douglass 500
Seemann, Klaus D. 385
Seger, Linda 452
Seiler, Sascha 379
Sellers, Jordan 602
Selting, Margret 554
Selvini-Palazzoli, Mara 537
Semino, Elena 131, 386, 582, 589, 600
Seth, Vikram
- *The Golden Gate* 372
Sexton, Anne
- *Transformations* 571
Shakespeare, William 151
- *A Midsummer Night's Dream* 412
- *Macbeth* 393
- *Romeo und Julia* 315
Sharma, Manish 343
Shen, Dan 118, 136
Sherzer, Joel 237
Shoemaker, David 101
Short, Mick 239, 600
Sick, Franziska 474
Sicks, Kai M. 306
Sidney, Philip 337
Sievers, Eduard 240
Sigurdsson, Gisli 238
Silverstein, Shel
- *The Giving Tree* 572 f.
Simmel, Georg 358
Sina, Véronique 493
Sinding, Michael 586
Šklovskij, Viktor 5, 36–44, 46 f., 50 f., 278, 280, 290, 302 f., 305–307, 314, 340

Sławiński, Janusz 151 f.
Smirnov, Igor' 317
Smolderen, Thierry 491
Smuda, Manfred 411
Snyder, Blake 453
Snyder, Zack
- *Watchmen* 493 f.
Soja, Edward 359
Solms, Friedhelm 151
Sommer, Roy 391 f., 591, 615, 617
Sontag, Susan 549
Sophokles
- *König Ödipus* 282, 290, 301, 514
- *Ödipus auf Kolonos* 301
Sorel, Charles
- *De la conoissance des bons livres* 372
Sorg, Jürgen 171
Souriau, Étienne 66, 72, 265
Speidel, Klaus 475
Sperber, Dan 136
Spiegelman, Art
- *Maus* 491
Spielhagen, Friedrich 24 f., 27, 29 f., 33
Spitzer, Leo 218
Sporleder, Caroline 599
Spranz-Fogasy, Thomas 547, 552, 554 f.
Stanzel, Franz K. 26 f., 31–33, 77 f., 132, 180, 185, 194 f., 204, 212, 245, 249, 255, 272, 391
Steen, Gerard 582
Stein, Daniel 493
Stein, Malte 387
Steinaecker, Thomas von 482
Steinberg, Günter 211, 356
Steinecke, Hartmut 372
Steiner, Peter 80
Steiner, Wendy 481
Steinmetz, Horst 26
Sternberg, Meir 46, 92, 188, 215, 265, 295, 518, 581, 588
Sterne, Laurence 150, 337, 342, 346
- *The Life and Opinions of Tristram Shandy, Gentleman* 38 f., 293, 305, 335, 340, 413
Stevenson, Robert L.
- *The Strange Case of Dr. Jekyll and Mr. Hyde* 139

Stifter, Adalbert
– *Bunte Steine* 376
– *Studien* 376
Stillinger, Jack 386
Stivers, Tanya 554 f.
Stockwell, Peter 9, 137, 582, 586 f.
Stoichita, Victor I. 343
Stollberg, Arne 500, 510
Stollfuß, Sven 468
Storm, Theodor 375
– *Der Schimmelreiter* 250
Störmer-Caysa, Uta 270–273
Strasen, Sven 586 f., 591
Strawson, Galen 108
Strawson, Peter F. 94
Strotzka, Hans 528
Strube, Werner 367, 375, 411
Struve, Gleb 223
Stühring, Jan 128 f.
Stukenbrock, Anja 540, 560
Sturgis, Alexander 474, 481
Sulzer, Johann G. 20
Surkamp, Carola 176, 188, 193, 196
Surmann, Volker 555
Süskind, Patrick
– *Die Taube* 376
Suter, Andreas 324
Swift, Jonathan
– *Gullivers Reisen (Gulliver's Travels)* 302

Tagore, Rabindranath 122
Tan, Shaun
– *The Arrival* 488
Tannen, Deborah 237
Tarasti, Eero 500
Tasso, Torquato
– *La Gerusalemme liberata* 370
Tatar, Maria 284
Tedlock, Dennis 237
Tehrani, Jamshid J. 88
Tesnière, Lucien 66
The Dream of the Rood 418
Tholen, Toni 376
Thomä, Helmut 541
Thomas, Bronwen 238
Thomas von Aquin
– *Summa theologiae* 150

Thomé, Horst 313, 374 f.
Thompson, Kristin 449–451, 461–464, 479
Thon, Jan-Noël 131, 145, 454, 485 f., 491, 493 f., 501
Thoss, Jeff 343 f., 423, 486
Tieck, Ludwig 343
Tilg, Stefan 369
Tillotson, Kathleen 119
Titzmann, Michael 188, 314, 316
Tjupa, Valerij 210
Tobler, Adolf 25, 213
Todorov, Tzvetan 36 f., 45 f., 61–63, 70–74, 77, 80, 283, 286, 288, 290, 312, 386, 507
Tolkien, J.R.R.
– *Lord of the Rings* 407
Tolstaja, Sof'ja Andreevna
– *Eine Frage der Schuld* 165
Tolstoj, Lev N. 123, 317, 328
– *Anna Karenina* 220, 328, 576
– *Auferstehung (Voskresenie)* 328
– *Der Leinwandmesser (Cholstomer)* 418
– *Die Kreutzersonate (Krejcerova sonata)* 165
– *Krieg und Frieden (Vojna i mir)* 206 f., 223 f., 328, 344
– *Sevastopoler Skizzen* 223
Tomasek, Tomas 271
Tomaševskij, Boris 37, 42–46, 51, 62, 74, 265, 299
Toolan, Michael 211, 500, 505
Topalović, Elvira 253
Torgovnick, Marianna 304
Toro, Alfonso de 265–267
Trappen, Stefan 19
Trilcke, Peer 599, 606
Troscianko 401
Tröhler, Margrit 447, 451
Trubetzkoy, Nikolai S. 65
Turgenev, Ivan S. 158
Turk, Tisha 343
Turner, Mark 133, 139, 580, 583
Tynjanov, Jurij 41, 50, 119

Uexküll, Thure von 548
Uhl, Benjamin 253

Ulicka, Danuta 151
Ulrich, Anton 272
Underwood, Ted 601f.
Uspenskij, Boris A. 52f., 177, 315

Van Alphen, Ernst 192, 194
Vandaele, Jeroen 130, 582
Vandelanotte, Lieven 140
Van Hasselt, Caroline
– *High Wire Act; Ted Rogers and the Empire that Debt Built* 247
Varga, Aron Kibédi 474
Varzi, Achille 317
Veits, Andreas 493
Velten, Hans R. 168
Vennemann, Kevin
– *Nahe Jedenew* 263
Verde, Alfredo 104
Vergil 150
– *Aeneis* 370
– *Bucolica* 341
Verhagen, Arie 175
Vermeule, Blakey 584
Verrier, Jean 64, 284
Vertov, Dziga 453
Vervaeck, Bart 121, 142
Veselovskij, Aleksandr 51, 314
Vida, Marco Girolamo 279
Vidan, Aida 238
Vinogradov, Viktor 47, 50, 52, 119
Vischer, Friedrich T. 23f.
Vismann, Cornelia 514, 521
Vlassenko, Ivan 557f.
Vodička, Felix 151
Vogler, Christopher 452
Volek, Emil 38
Vološinov, Valentin 52, 208–210, 215, 219
Voltaire 151
– *Candide* 273, 355
Vonderau, Patrick 452
Vultur, Ioana 401, 406
Vygotskij, Lev 46, 208

Wagner, Frank 336f., 339
Wagner, Silvan 144
Wahrenburg, Fritz 372

Waits, Tom 464
Walcott, Derek
– *Omeros* 371
Waletzky, Joshua 230, 530, 534
Waller, Elisabeth 552
Walser, Martin
– *Ein fliehendes Pferd* 376
Walsh, Richard 500, 504
Walstra, Kerst 377
Walton, Kendall L. 403, 405, 411
Walzel, Oskar 28f., 36, 218, 299, 304, 306
Ware, Chris
– *Jimmy Corrigan, The Smartest Kid on Earth* 489, 491
– *Thrilling Adventure Srories* 489
Warhol, Robyn R. 578, 618
Warning, Rainer 274, 407
Warren, Robert Penn 180
Wassermann, Nathan 343
Watt, Ian 413
Waugh, Patricia 196
Weber, Dietrich 16, 266f., 365
Weber, Heinrich 254
Weber, Katharina 345
Weber, Tanja 463
Wege, Sophia 9, 130
Wehle, Winfried 313, 374f.
Wehler, Hans-Ulrich 435
Weidle, Roland 392
Weimar, Klaus 151
Weinberg, Manfred 269f.
Weinrich, Harald 245, 254f., 257
Weixler, Antonius 263
Weizsäcker, Viktor von 548
Wenzel, Peter 379f.
Werner, Lukas 263, 265, 271
Werth, Paul 131
Wertsch, James V. 209
Weststeijn, Willem G. 386
Whatling, Stuart 481
White, Hayden 90f., 294, 433, 436–439, 443
White, Michael 537
Whitlock, Gillian 492
Wickhoff, Franz 474, 481
Wickram, Georg
– *Rollwagenbüchlein* 376

Wieland, Christoph Martin
- *Das Hexameron von Rosenhain* 376
- *Die Abenteuer des Don Sylvio von Rosalva* 374
- *Geschichte des Agathon* 272, 290
Wigamur 271
Williams, Linda 450
Williams, Raymond 461
Wilpert, Gero 377
Wilson, Deidre 136
Winkler, Markus 70
Winko, Simone 169–171
Winston, Brian 451
Winterson, Jeanette
- *Written on the Body* 576
Wippermann, Hanna 270
Withalm, Gloria 342
Wittgenstein, Ludwig 92, 549
Witthöft, Christiane 301
Wodak-Leodolter, Ruth 554
Wolf, Christa
- *Nachdenken über Christa T.* 576
Wolf, Mark J. P. 494
Wolf, Werner 145, 187, 196, 337, 340 f., 343, 345, 401 f., 405 f., 408, 411–413, 472, 474 f., 481, 489, 499 f., 502–505
Wolfram von Eschenbach
- *Parzival* 325, 327
Wolfson, Nessa 253
Woloch, Alex 574
Wonders, Sascha 309

Woolf, Virginia 119, 308
- *Die Jahre (The Years)* 307
- *Die Wellen (The Waves)* 307
- *Orlando* 273
- *To the Lighthouse* 223
- *Zwischen den Akten (Between the Acts)* 307
Wright, Georg H. von 70
Wulff, Hans J. 451
Würzbach, Natascha 352
Wuss, Peter 453, 455

Yacobi, Tamar 418
Yang, Gene Luen
- *American Born Chinese* 490

Zamjatin, Evgenij
- *Die Überschwemmung (Navodnenie)* 306
Zamorski, Krzysztof 234
Zeller, Rosmarie 127
Zeman, Sonja 129, 133, 135, 138, 143, 145, 178, 188, 190 f., 249, 251, 253, 256 f.
Zerweck, Bruno 580
Zeuxis 412
Zigler und Kliphausen, Heinrich Anshelm von
- *Die Asiatische Banise* 272
Zipes, Jack 284
Zipfel, Frank 129 f., 132, 161, 353, 372
Zunshine, Lisa 176, 205, 584
Zwaan, Rolf A. 411, 582, 586 f.
Zymner, Rüdiger 365, 367, 378, 581

Sachregister

Abenteuerroman 39, 267, 271, 302, 306, 319, 359, 368, 371–373, 574, 577, 601
Abenteuerzeit 267, 271, 359
abstrakte Malerei 405
abstraktes Strukturprinzip 137
Abweichung 37, 105, 266, 317–319, 321, 324, 408, 503, 586 f.
Adaption 6, 285, 487, 492–495
Agent 69, 72, 101, 103, 105, 171, 318 f., 393, 433, 553

Akt 39, 41 f., 44, 63, 77, 473, 475, 477
Aktant 46, 66 f., 71 f., 74, 156, 164
Allegorie 165, 264, 289, 423, 475
Alltagsereignis 103
Alltagserzählung 229, 240
allwissender Erzähler 419–422, 424, 578
Altes Testament 343, 474–478, 523
Anachronie 266
Anagnorisis 71, 282, 300 f., 391

Sachregister

Analepse 266, 272, 289, 304
Analogie 73, 267, 281, 403, 407–409, 414, 505f., 517, 529, 591
Anfang 3, 22, 44f., 69, 140, 264f., 281f., 286, 299–305, 308, 379, 390, 467, 503, 515
Anordnung 20, 22, 32, 175, 232, 279–282, 294, 336, 392, 461, 488f.
Anthropologie 4f., 20, 83, 89–95, 108, 158, 174, 303, 354, 380f., 404, 409, 442, 548f., 614f., 617
Anthropomorphisierung 130, 187, 192, 230, 448f., 503, 507
Antike 15, 19, 22, 24, 93, 150, 194, 238, 270, 289, 334, 341, 354, 368f., 371f., 412, 435f., 443, 474, 516, 518
anti-mimetisch 420f., 423f.
Antiroman 150
Apokalypse 303
Äquivalenz 49–51, 214, 224, 312
Äquivalenzbildung 37
Architektur 88, 405, 414
Artefakt 9, 59, 88, 130, 161f., 165–167, 401–405, 408, 410, 414, 442, 448, 461, 501, 503
artifiziell 159, 162, 168, 266, 390
Arzt/Patient-Gespräch 547, 560
Aästhetische Einstellung 153, 403, 406
ästhetische Illusion 401–414
Audiomedien 237, 239, 543
Audionarratologie 239
audiovisuelles Erzählen 145, 458f., 491
Aufklärung 19–21, 301, 355, 444
Aufspaltung 138–140, 208
Augenleser 158
augmented reality 405
äußeres Ereignis 319, 321, 506
Authentizität 203, 207, 211, 215, 218, 237
Authentizitätsfiktion 408
Autobiografieforschung 233f.
autobiografisches Erzählen 90, 236f., 372, 449, 492, 499, 529, 531, 547, 550
autodiegetisch 130, 139, 141, 576
Autor 117, 125
Autorbild 119, 158
Autoreferentialität 438
Autorintention 123, 136

Autorleser 158
Autorprinzip 156
Avatar 492

Ballade 238, 384, 499
Barock 19, 264, 271, 289, 373, 478, 499, 505
Bedeutung 9, 27, 51, 65, 67f., 71, 74, 76, 120f., 156, 165, 196, 231, 237, 245, 248f., 253, 282, 293, 295, 321, 324, 353, 357, 379, 438, 473, 529, 535–538, 541, 548, 550f., 557, 572f., 583, 591, 606, 618f.
Bedeutungskonstitution 131, 614, 618f.
Beginn, formal 73, 141, 271, 291, 301, 304, 356, 490, 572, 574
Behaviorismus 580
Beobachter 26, 91, 138f., 141, 155, 178, 581
berichtende Darstellung 15f., 18f., 26, 32f., 99, 301, 337, 365, 370, 391, 460, 510, 520, 534, 536, 539
Betrachter 51, 135, 138f., 142f., 174–176, 178, 185, 190, 316, 324, 341, 479f.
Betrachter-Präsens 251f., 254f.
Betrachtzeit 246
Bewältigungsstrategie 535f., 539f., 547, 550, 558
Bewusstseinsbericht 212f., 216, 218, 222
Bewusstseinsmimesis 413
Bewusstseinsroman 222f., 319f.
Bewusstseinsstrom 186, 191, 194, 212, 224, 252
Bezug 9, 23, 25, 33, 71, 76, 79, 101, 132, 137, 165, 167, 179, 191, 231, 246, 253, 288, 324, 326, 353f., 358, 388, 390, 404, 407, 420, 439, 466, 487, 490–493
Bild 472, 482
Bilderzählung 472f., 479f.
Bildreihe 474
Bildsumme 475
Bildsystem 475
Bildungsroman 33, 101, 371, 373, 601
Bildungsziel 89
Billigkeitsentscheidung 524
Binnenerzählung 305, 336, 491
Biografie 101, 327, 368, 372, 435, 519, 534, 549f.

Bitextualität 218f., 223
Bivokalismus 209, 216, 219
Blending-Theorie 133, 139, 193, 583
blog 237
Botenbericht 303, 390, 392
Brief 25, 117, 151, 207, 222, 235, 418, 536, 575f.
Buch 17, 45, 171, 265, 293, 303, 309, 371, 405, 442
Bürgertum 102, 439

Chanson de toile 368
chromatischer Code 448
Chronologie 43, 68, 88, 96, 100, 266, 293, 299, 304–306, 308f., 357, 390, 448, 450, 454, 503f., 506f., 529, 535f., 539, 569
Chronotopos 264, 359
cinematic excess 450f.
cinematic narrator 449f.
cinematic television 458
Cliffhanger 461f., 465, 468
closure 304, 454, 489
Coda 231, 534, 557
Cognitive Poetics 9, 131, 161, 582
Cognitive Stylistics 9, 582
Collage 191f., 490
Comic 485–495
Comicverfilmung 487, 493–495
computational narratology 597–609
Computerlinguistik 81, 608f.
Computerphilologie 609
Computerspiel 103, 170f., 345, 360, 442, 454, 485–487, 490, 492, 494f., 615, 618
co-narration 232, 236
Conceptual Integration 139, 583
Continuity-Modell 452
Corporate Storytelling 102
criminal profiling 104
cultural turn 584, 617
Cut-Scene 494

Darbietungsereignis 319, 387
deiktisch 134f., 137, 144, 175, 204, 247–251, 253, 256, 352
Dekonstruktion 75, 81f., 90, 570, 577f.

dénouement 280
Deskription 328, 406, 410f.
diachron 65, 197, 250, 253, 255f., 270f., 281, 360, 614, 619
diachrone Narratologie 197
Dialog 20f., 191f., 209f., 234, 239, 317, 390, 394, 419, 421, 439, 448, 468, 491, 507, 542
Dialogizität 47, 618
Diegese 76, 130, 135, 141, 143f., 211, 214, 216, 224, 318, 335–337, 344f., 354f., 359, 448, 454, 460
diegetisch 3, 131, 137, 145, 211, 214f., 252, 263, 265, 274, 318, 334–339, 384, 390f., 464, 466, 479, 494
diegetisches Ereignis 318f.
Digital Humanities 88, 597, 601, 605
direct thought 213, 215
direkte innere Rede 217, 222
direkte Rede 127, 135, 184, 186, 211–213, 215, 222, 250, 369, 557f., 598, 600, 619
direkter innerer Monolog 217, 223
discours 22, 41, 45f., 70f., 76f., 81f., 96, 100, 166, 168, 189, 266, 337, 340, 344, 352, 360, 384f., 390, 406, 436, 448, 493, 597
discourse 46, 144, 392f., 433, 482, 588
discourse processing 585
Diskursanalyse 65, 74, 79, 81, 270
Diskursgeschichte 606
diskursive Doppelstruktur 129
Diskurslinguistik 74
Diskursmarker 233
Diskursnarratologie 62f.
disnarrated 69
disnarrated element 503, 506
Dispositionen 95, 158, 380, 394, 524, 580, 582, 584, 589
Dispositiv-Cluster 475
Dissonanz 191–193
distant reading 598
Distanz 5, 21, 26, 31, 47, 140f., 181, 340, 356, 401–403, 406f., 411f., 442, 479, 489, 533, 605
distinguierendes Erzählen 474
distributionelle Semantik 606f.
Dokumentarfilm 451

Domänenadaption 607 f.
doppelte Perspektivstruktur 137 f.
double-plotted narrative 285
Drama 389, 395
Dramatik 23, 372, 393, 508
dramatische Darstellung 29, 31, 33, 235, 391, 394
Dramentheorie 169
Drehbuch 452
dual voice 139, 189, 219, 249
Dynamik 131 f., 140 f., 143, 167, 188, 279, 281 f., 379, 386–389, 406, 462, 505, 507, 541, 574, 582, 586–588, 590
dynamische Kausalität 391

Ebenenmodell 52 f.
eigentliche Erzählung 26, 33
einfache Formen 283, 286, 380, 522
einfacher Plot 282, 286
Einfühlungsästhetik 151, 209, 219
Einleitung 16, 280, 305
eleos 407, 412
embedded narrative 290
embeddedness 232
emotionale Handlung 104
Emotionalität 4, 20, 162, 164 f., 168, 171, 175–177, 220, 278, 286, 329, 401 f., 407, 409, 412, 444, 450, 460, 462, 505, 528, 532, 536, 538, 555, 588, 590 f.
Emotionsbiologie 584
Empathie 4, 167 f., 176, 220, 345, 402, 407, 551, 557, 581, 588, 619
Empfindsamkeit 151, 222, 328, 373, 410
empirischer Autor 22, 385, 444
emplotment 68, 78, 91, 106, 294, 436–438, 442, 507
Ende 3, 22, 44 f., 69, 73, 101, 192, 264 f., 280–283, 287–289, 291 f., 299–306, 308, 326, 394, 461, 465 f., 503, 515, 575, 588
enargeia 410, 412
Energeia 40, 42 f., 45, 49
engaging narrator 618
Entwicklungsroman 101, 306, 371, 373, 601
enunziative Narratologie 79
Epik 16, 18 f., 22–24, 144, 295, 325, 327, 365 f., 368, 370 f., 380

Epilog 304, 390
epische Einheit 23
Episches Präteritum 244, 257
Episode 108, 302 f., 307, 370, 458, 462–468, 473 f., 533 f., 536, 588
epistemische Konsistenz 418
Epistemologie 30, 90, 206, 401, 407, 440 f., 454, 569 f., 573, 616 f.
Epoche 29, 88 f., 101, 151, 222, 268, 301, 325, 329, 359 f., 368, 408, 410, 442 f., 480, 602
Epos 15–17, 20, 22 f., 190, 195 f., 238, 254, 299, 327, 368–372, 377, 391, 412
Ereignis 312, 329
– *Ereignis im Sinne Lotmans* 51, 313–317, 386
Ereignishaftigkeit 320–329
Ereigniskonzept 315–318, 324 f., 386
Ereigniszeit 246 f., 251 f.
Er-Erzähler 421, 424
Erfahrbarkeit 103 f., 178, 230, 450, 536, 589
Erfahrung 3–5, 7, 24, 27, 30, 78, 89 f., 101, 104, 152 f., 197, 204 f., 207, 229–231, 312, 322, 345, 379, 384, 403 f., 407 f., 414, 421, 436, 438, 441–443, 449 f., 501 f., 507 f., 528 f., 531–536, 539 f., 542 f., 549–552, 558, 560, 569, 582, 585, 589, 615
Erfahrungshaftigkeit 442, 589
Ergon 42, 46
Erinnerung 104, 182, 224, 264, 268–272, 384, 390, 463, 534, 536, 559, 582, 585
Erkenntnis 19, 90, 104, 207, 282, 300, 318, 340, 353, 391, 433, 438 f., 444, 550 f.
Erklärung 7, 105, 154, 414, 418 f., 423, 435 f., 581
Erleben 39, 204, 209, 230, 254, 269, 308, 355, 358, 409, 503 f., 528 f., 531–533, 535 f., 538, 551, 554, 558, 581, 584, 590
Erlebnis 5, 27, 92, 229 f., 232, 234 f., 237, 392, 402, 406 f., 409, 461, 502 f., 505, 507, 552, 557
Erlebnisillusion 402
erlebte Rede 25, 104, 133 f., 186, 204, 209–219, 222 f., 356, 439, 576, 578, 590, 600, 603, 607

erlebter Eindruck 356
erlebter innerer Monolog 217 f., 223
erlebte Wahrnehmung 218
Erwartung 105 f., 132, 136, 152–154, 284, 286, 294, 305, 317, 321–324, 341, 371, 437, 441, 449, 504, 506, 509, 519, 553, 557 f., 576–578, 586–588
Erzählakt 127, 132, 263 f., 266 f., 423, 515 f., 569
Erzählaufforderung 530 f., 533 f., 536, 543, 555
Erzähldichte 218, 464
Erzählebene 192, 196, 287–289, 338
erzählende Darstellung 15, 20–22, 28, 91, 99 f., 103 f., 304, 520, 534
Erzähler 127, 145
Erzählerebene 129, 138, 140 f., 189 f., 195, 256
erzählerloses Erzählen 127–130, 133, 135
Erzählerrede 15, 17 f., 47, 155, 600
Erzählertext 215, 219, 222
Erzählförmigkeit 433, 440
Erzählgedicht 150, 384, 571
Erzählgrammatik 66–68, 70–75, 386
Erzählhaltung 104, 124
Erzählimpuls 553
Erzählinstanz 5, 24, 29 f., 98, 100, 128, 130, 132 f., 135, 140, 142–145, 156, 174, 176, 181, 186 f., 190, 192 f., 195, 245, 248–250, 252, 255 f., 265, 267, 307, 318, 336, 356, 384, 390 f., 444, 449 f., 472, 479, 515, 573, 591, 619
Erzählkunst 278, 296, 377, 405 f., 409–411, 481
Erzähllogik 68–70, 75, 80
Erzählmonolog 155
Erzählmuster 101, 103, 106, 244, 254 f., 463, 584
Erzählperspektive 9, 31, 76, 139, 142 f., 174, 176, 189, 196, 250, 420, 444, 479
Erzählraum 140 f., 143 f., 554
Erzählsituation 31, 33, 132, 186, 239, 250, 265, 402, 502, 536, 573, 586, 591
Erzählstimme/Erzählerstimme 47, 77, 209, 239, 307, 356, 435, 480, 494, 509, 575, 577 f., 618
Erzählstimme/Erzählerstimme 127, 145

Erzählstrang 299, 302 f., 305–307, 462, 464, 466–468
Erzählstruktur 8, 68, 74 f., 191, 195 f., 234, 458, 463, 467, 533, 540, 582, 584 f., 587
erzählter Raum 131, 140 f., 144, 352–354, 358 f.
Erzähltextanalyse 127, 357, 614
erzählte Zeit 3, 32, 264–267, 271, 355–357, 359, 536, 552
Erzählvermögen 89 f., 95 f., 105, 108
Erzählwerk 122, 128, 150, 152–156, 158 f., 263, 299, 304, 306, 317 f., 365, 371, 377, 381, 406
Erzählwürdigkeit 312 f., 320, 322–324, 329, 384, 406, 503 f., 508
Erzählzeit 32, 250, 265–267, 306, 356, 481, 551 f., 555
Ethik, narrative 124
ethnopoetics 237
evaluation 232 f., 530, 534
Evangelium nach Johannes 343
evolutionsbiologische Perspektive 105, 581, 583 f.
exegetisches Ereignis 318 f.
externe Fokalisierung 26, 142, 181 f., 392
extradiegetisch 130, 140, 194, 335–338, 390, 393, 464

Fabel 24, 37–47, 62, 70 f., 154 f., 265, 280, 299 f., 368, 370, 375, 378 f., 420, 425, 448–450, 455
Fadenmetapher 280, 292, 294 f.
Faktizität 206, 229, 235 f., 313, 320
Faktualität 103, 130, 204, 207, 336, 366, 372, 405, 618
Falldarstellung 521 f., 537
Fantasy 371, 404, 407 f., 413, 425, 578
Farbschema 449
feministische Literaturwissenschaft 82, 591, 614, 618
Fernsehen 458, 469
Fernsehsender 461, 463, 466, 469
Fernsehserie 196, 289, 295, 343, 458–460, 462–469, 487, 492
fictions of cognition 589
Figur 161, 171
Figurenbewusstsein 204 f., 217, 589

Sachregister —— 647

Figurenebene 129, 135, 138–141, 144 f., 183, 189 f., 195
Figurenkonstellation 166 f., 292, 390, 586, 599
Figurennetzwerk 597, 605
Figurenrede 15–19, 47, 155, 168 f., 191, 211, 216, 222, 369, 600
Figurentext 210–212, 215, 219, 222
Fiktion 154, 156 f., 161–163, 203–207, 249, 334, 340, 344 f., 352, 378, 425, 438–440, 514, 516, 524, 551
fiktional 204
Fiktionalisierung 422
Fiktionalität 27, 78 f., 117 f., 124, 128–135, 138, 161 f., 170, 175, 187, 204, 206 f., 229, 235 f., 244–246, 248–250, 256 f., 267, 286, 294 f., 317, 334, 336, 340, 344 f., 360, 366, 371 f., 374, 405, 420, 423, 439 f., 447, 451, 460, 462 f., 514, 521, 574, 577 f., 584, 587, 591, 600, 602, 618
Fiktionalitätsinstitution 161 f.
fiktionsextern 161 f., 166
fiktionsintern 161, 166, 344
Fiktionstheorie 161, 345, 439
fiktiv 15, 77, 119, 127, 133 f., 152–154, 156–158, 162 f., 165 f., 168, 192, 205–207, 244, 248–251, 293, 320, 324, 334–337, 340 f., 344 f., 371, 439, 575 f.
fiktiver Erzähler 127, 133, 152–158, 286, 312
fiktiver Leser 118, 127, 344
Film 447, 455
Filmdramaturgie 448, 452 f., 455
filmisches Erzählen 145
Filmmusik 220, 499
Filmnarratologie 447, 450, 485 f., 615
Flow 459, 461 f., 469
Fokalisierer 141, 143 f., 182, 185
Fokalisierung 174, 197
Fokussierung 157, 174, 178, 188, 392, 468, 535, 559
forking path 280, 454
Form 3 f., 8 f., 17 f., 28 f., 38–41, 46, 74, 100, 138, 169, 196, 229, 234, 286, 299, 336, 378 f., 433, 435, 438 f., 488, 490, 505, 522, 533, 570, 618 f.
Formalität 229

Formprinzip 18–20, 305
Formung 38 f., 41, 45 f., 278
Fortsetzung 308, 335, 342, 463–468
Fotografie 279, 336, 343, 365, 405, 447 f., 451, 472, 481, 492
Fragmentierung 352, 437, 515, 536
free indirect thought 213, 215
freie Assoziation 224, 533
freie indirekte Rede 25, 133 f., 184, 189 f., 194, 249 f., 255, 619
Frühromantik 268
Funktion 63 f., 68 f., 74, 76, 164, 167, 283, 418, 473, 571
Funktionalität 30, 47, 50, 60, 72, 96–98, 104, 136, 153, 190, 271, 314, 557, 602
Funktionsstelle 131 f., 138, 140 f., 145

game comic 492
Gattung 16, 20, 29, 166–168, 239, 274, 302, 313, 316, 325 f., 354, 389, 393, 404–406, 408, 414, 451, 506, 534, 597, 602, 608, 615
– *literarische Gattung* 6, 15–17, 19 f., 22 f., 32, 104, 210, 236, 238, 389, 434, 437 f., 521
– *narrative Gattung* 365, 381
Gattungsbegriffe 367, 371, 374 f., 377–379
Gattungsmerkmal 19, 234, 299, 322, 379, 390, 586, 601
Gattungsschemata 508, 586
Gattungssysteme 19, 366 f.
Gattungswissen 586
Gedächtnis 269 f., 468, 540, 559, 590
Gedanken 25, 104, 134 f., 140, 151, 175, 184–186, 189, 209, 211 f., 215–217, 222 f., 235 f., 356, 409, 418, 422, 578, 584, 600
Gedankenblase 488
Gedicht 20, 150, 369, 384–389, 571
Gegenwart 4, 22, 108, 190, 244, 246, 248, 256, 264, 266, 305, 308, 418, 422, 440, 480, 569, 608
Geheimnisroman 302
Gemachtheit 39, 41, 288
Genauigkeit 98, 178, 205, 291, 419, 536, 608
generativer Parcours 67
Genetik 584

Genre 98, 102 f., 154, 166–168, 170, 284, 327, 341 f., 360, 371 f., 374, 377, 380 f., 385, 393 f., 419, 423, 425, 449, 451 f., 460–462, 495, 569, 591, 617
Genrebild 481
Genus 570, 572 f., 576
Gericht 514, 525
Gerichtsdrama 514
Gesamtgeschehenszeitraum 154
Geschehensmoment 128, 174 f., 188, 374 f., 480
Geschichte/history 8, 433–438, 440–443
Geschichtsschreibung 433, 444
Geschichtswissenschaft 91, 95, 434 f., 437, 443 f., 606, 615
Geschlossenheit 108, 193, 264, 272, 302, 315, 392, 459, 461, 463, 465, 515, 520, 555
Gesellschaft 3, 7 f., 10, 59, 66, 89, 93, 101 f., 154, 233, 269, 273, 291, 307, 314 f., 325, 327 f., 357, 371, 410, 437, 516, 540, 552, 570, 573–578
gestalthaft 130, 132 f.
Gestik 48, 88, 100, 204, 220, 390, 476, 530
Glaubwürdigkeit 15, 166, 193, 375, 378, 518–520, 533, 619
Graduierbarkeit 407, 502 f.
Graphic Novel 9, 197, 274, 343, 491, 499
Grundformen 32
Grundgesamtheit 603, 607
Grundregel 530, 533

Hagiografie 326 f.
Handlung 278, 296
Handlungsstrang 300, 305, 308, 468
Happy End 322, 467
Hauptfigur 155–157, 164, 291, 466 f., 477, 574, 576, 599
Haupthandlung 156, 292, 300, 305 f., 468
Held 27, 30, 37 f., 44, 52, 63 f., 163, 205, 211, 218 f., 222 f., 238, 267, 271, 282–286, 288 f., 294, 308, 314–316, 321, 323, 326–329, 355, 370 f., 394, 412, 435, 571, 575
Heldengedicht 20
Hermeneutik 68, 75 f., 78 f., 163, 268, 303 f., 316, 320, 324, 514, 581

heterodiegetisch 27, 129 f., 192, 392, 521, 576, 578
heterodiegetischer Erzähler 142, 176, 184, 334, 419, 424, 578
Heteroglossie 210
histoire 22, 45–47, 70 f., 77, 81, 96, 100, 176, 265 f., 319, 337, 345, 352, 360, 384 f., 406, 448, 482, 493 f.
Historienbild 475–479
Historiografie 433, 444
historische Narratologie 82, 589, 608, 614, 619
historische Semantik 274
Historisches Präsens 244, 257
holistischer Ansatz 234
Hollywood narrative 452
homodiegetisch 26, 130, 176, 335, 424, 521, 578, 591
homo narrans 4, 89, 229
Hörbuch 239
Humanismus 19
Hyper-Genre 380 f.
Hypertext 308 f., 343, 442

Ich-Erzähler 25–27, 30, 136, 235, 366, 418–420, 422, 424, 578
Ich-Origo 134, 204, 248 f.
Ich-Roman 26 f.
idealistische Ästhetik 23, 25
Idee 24 f., 28, 51, 94, 295, 367, 433
Ideengeschichte 89, 606
Identifikation 100, 102, 153, 168, 344, 402, 444
Identität 3, 88, 97, 101 f., 108 f., 233 f., 239, 269, 420, 455, 529 f., 537, 547, 552, 558, 560, 571, 573 f., 576 f.
Identitätsforschung 233
if-plot 518
Ikonizität 505, 509
Illusionsbrechung 196, 341 f., 404
Illusionsdurchbrechung 401–403, 407, 411
Illusionsverstärkung 196
Imagination 5, 88, 103, 152, 154 f., 157 f., 192, 207, 235 f., 273, 320, 352 f., 389, 404, 409, 438, 476, 539
Immersion 9, 103, 105, 341, 401–403, 407, 412, 414

impliziter Autor 117, 125
impliziter Leser 118, 124, 152, 158, 176
Imprädiktabilität 321–325, 327
indirekte Charakterisierung 606
indirekte Darstellung 217, 219f., 222, 394
indirekte Rede 211–213, 217, 598, 604
Inferenz 248, 352, 541, 587, 607
Informatik 344, 608f.
Information 3f., 19, 136, 139, 166–170, 181, 183, 187, 231, 325, 352, 356, 359, 366, 409, 440, 449f., 454f., 468, 547, 551, 553, 555f., 586f., 591, 599, 601, 605, 607
Informationsverarbeitung 582f., 585f., 588, 590, 592
Inhalt 23f., 39, 41, 46, 62–64, 66, 77, 96, 99f., 177, 211f., 219f., 234, 272, 318, 336, 402f., 406f., 439, 460, 475, 488, 490, 501, 503, 507, 510, 524, 530, 589, 617
innerer Monolog 104, 127, 145, 184, 190, 194, 212, 223f., 254
inneres Ereignis 319
Inquit-Formel 134, 211, 604
Instanzenbezug 324f.
Institution 102, 229, 451, 454f., 554
Instrumentalmusik 346, 405, 414, 499–501, 504, 506, 508, 510
Inszenierung 135, 140f., 207, 389, 465, 503, 507, 514, 534
intentionaler Fehlschluss 121
Interaktion 97, 99f., 121, 162f., 165, 168, 170f., 193, 195, 209, 233, 288, 394, 433, 436, 528–533, 537, 541–543, 554, 580, 585–587, 589, 599f., 605
Inter Annotator-Übereinstimmung 604, 608
Interdisziplinarität 15, 82f., 165, 171, 413, 539, 543, 548, 559f., 580f., 590, 613, 615f., 620
interkulturelle Narratologie 240, 615
Intermedialität 485
Intermusikalität 505, 509
interne Fokalisierung 142, 181f., 184, 254, 392, 419, 439, 521
Interpretation 28, 71, 100, 108, 120, 156, 193, 196, 220, 268–270, 281, 324, 355, 385, 421, 529, 535, 590, 605–607
Intersubjektivierung 175

Intertextualität 75, 153, 159, 168, 270, 326, 336, 354, 439, 460, 505, 509
intradiegetisch 130, 337f., 390
Intramedialität 485
intramental 208
Introspektion 97, 104, 140, 204–206, 222
inward turn 194f.
Ironie 100, 118, 163, 177, 179, 192, 196, 212, 218, 220, 223, 273, 285, 413, 575

Kamera 122, 144, 392, 448f., 491
Kanonisierungsprozesse 607
Kasus 375, 522
Kausalität 4, 72f., 145, 391, 409, 422, 472, 503, 506
Kindspracherwerb 253
Kino 81, 170f., 265, 404, 448f., 451, 453f., 459–462, 491
klassische Narratologie 5, 33, 59–61, 77, 79f., 82f., 128, 133, 203, 208, 211, 342, 419, 425, 481, 587, 614, 619
klassische Repräsentation 480
Klassizismus 328, 373
Ko-Autor 123, 151, 516
Kognition 97, 105, 130–132, 139, 163f.
Kognitionswissenschaft 6, 9, 63, 91, 95, 130, 132, 163f., 206, 359, 411, 580–582, 589–591, 616, 618f.
kognitive Handlung 104
kognitiver Rahmen 132, 425, 500–502
kognitive Wende 535, 580
Kognitivismus 125, 220, 441
Kognitivistische Narratologie 580, 592
kognitiv-linguistisch 129, 131, 133, 135–137, 139, 143, 175, 178f.
kognitiv-poetisch 131
Kohärenz 4, 7, 23, 44, 101, 107, 224, 233, 271, 392, 406f., 409, 418, 433, 436, 442, 460, 463–468, 519, 540–542, 552f., 557
kollektives Figurenbewusstsein 589
Kollektivsubjekt 439
Kommunikation 6, 8, 10, 23, 30, 66, 75, 89f., 99f., 105, 107, 118, 120f., 127, 130–132, 137, 141, 150f., 153, 155, 165, 169, 176, 186, 210, 237, 274, 367, 393, 472, 501, 515, 518, 528–530, 532, 535, 538f., 543, 548–550, 553, 560, 585, 599f., 602

Kommunikationsmaximen 136
kommunikatives Gedächtnis 269
Komödie 15 f., 234, 284, 341, 343, 407, 437
komplementierender Stil 474 f.
komplexer Plot 290, 292
Komposition 24, 29 f., 37, 50, 128, 290, 302, 313, 379, 475, 480
– musikalische Komposition 499 f., 504, 506–508, 510
Kompositionstheorie 41, 50
Konfiguration 72, 78, 103, 167, 433 f., 440, 455
Konflikterzählung 100
Konkretisation 150 f.
Konnotation 76, 187, 505
Konstruktion 39–41, 43 f., 50, 97–99, 101 f., 107, 131, 192, 196, 208 f., 215, 293, 376, 455, 535, 537
Konterdiskursivität 274
Kontext 5, 9, 27, 51, 59 f., 67, 88, 93, 99, 106, 166, 184, 196 f., 204, 207 f., 210, 220, 229 f., 232, 237, 249, 274, 288, 316, 321, 324–326, 376, 403 f., 425, 438, 473, 490, 501 f., 508, 535, 557 f., 570, 573, 575, 585, 598, 614 f., 619 f.
Kontiguität 49 f.
Kontingenz 4, 103, 264, 271 f., 302, 436, 468
Kontrast 49 f., 167, 190–193, 253 f., 295, 312, 314, 357, 425, 508 f., 572
Kontrastpaar 291
Konventionalität 38
Konversationsanalyse 81, 233 f., 542 f.
Konversationsmaximen 340, 541
Kookkurrenz 599, 605 f.
Ko-Opposition 49, 51
Koreferenzauflösung 600, 603, 608
Korpus 9, 64, 378, 541, 590, 598, 600, 602–606, 608 f., 615
Krankheit 354, 528, 539 f., 547–552, 557–559, 618
Krankheitsnarrativ 540, 547 f., 550–552, 557 f.
Kriminalerzählung 143, 153, 175, 314, 343, 371, 480, 514, 602
Kultur als Text 617
kulturelle Evolution 584
kulturelle Praktik 95, 269, 367
kulturelles Gedächtnis 269, 617
kulturell wahrscheinlich 81
Kulturgeschichte 51, 197, 268 f., 274, 313, 315, 346, 403, 409, 501, 506, 508, 584, 606, 618 f.
Kulturwissenschaft 613, 620
Künstlichkeit 38 f., 162, 165 f., 222, 407–410, 449
Kürze 4, 169, 377, 379, 387, 519
Kurzfilm 448
Kurzgeschichte 169, 236, 285, 368, 377–380, 402

Lai narratif 368
langue 59, 74 f.
Lanser-Regel 578
Lautlichkeit 306
Lebensereignis 529, 535 f., 539, 542
Lebensgeschichte 25, 101, 107 f., 234, 519, 529, 533–535, 539, 542
Leerstelle 440
Leitmotiv 306
Leser 150, 159
Leserlenkung 154 f.
Leserrolle 152–154, 158 f.
Lesestrategie 423 f.
Lettering 488
Lexia 76
Liebesroman 325, 366, 371
Liedhaftigkeit 385
Life as Narrative 92, 107
Linearität 64, 68, 231 f., 273, 304, 306, 355, 425, 448, 452, 454, 461, 468
Linguistik 9, 60–63, 65–67, 74 f., 80–83, 93, 129, 133 f., 136 f., 164, 175, 208 f., 230, 234, 237–239, 257, 320, 539, 542, 547–549, 553 f., 559 f., 580–582, 585, 605, 608, 614–617
linguistische Wende 547
Literaturdarwinismus 584
Literaturgeografie 353
Literaturhaftigkeit 37
Literaturkonsument 152
Literaturkritik 81, 151, 278, 371
Literaturproduzent 28, 152
locus amoenus 271, 354

Logik 62, 64f., 68–71, 73, 75, 80, 230, 253, 274, 281f., 334, 337, 344, 367, 422, 519, 607
Lyrik 384, 389
Lyriktheorie 169, 501
lyrische Subjektivität 385
lysis 280

Maere 368, 375
magischer Realismus 418
Manipulation 3, 67, 89, 293
Märchen 63, 67f., 164, 167, 282–286, 293f., 302, 314, 337, 368, 376–378, 381, 420, 534, 569, 571, 598
Markennarrativ 8
master narrative 7, 92, 102
Material 38–42, 44–46, 80, 240, 280, 368, 404, 442, 453, 473
Medialität 391, 403f., 407, 485–487, 490, 493
Medical Humanities 548
Mediendifferenz 169–171
Medienkombination 472, 487f.
Medienkonvergenz 6, 458, 495
medienneutral 69, 73, 80
medienreflexiv 489
medienspezifisch 145, 165, 171, 405, 449, 502, 504, 618
Medienwechsel 487, 495
Meditation 90, 412
Medium 5f., 10, 29f., 88, 145, 161f., 170, 219, 281, 346, 352, 384, 388, 393, 404f., 408f., 419, 423, 425, 443f., 447f., 451, 453, 455, 458f., 472, 475, 481, 485–487, 489f., 492, 495, 501f., 504, 506f., 535, 538, 617
Mehrfachcodierung 438
Mehrstimmigkeit 192, 538
mentale Konstruktion 129, 131f., 164
mentale Repräsentation 131, 532, 586f., 591
mentales Ereignis 203, 223, 319f., 323, 327–329, 394
mentales Modell 97, 105, 164f., 587, 591, 598, 607
Mental-Space-Theorie 133, 139
Metabolē 300
Metafiktion 196, 425

metafiktional 196, 288, 293f., 439
Metaisierung 9, 196
Metalepse 334, 346
Meta-Leser 158f.
Metalinguistik 52, 209f.
Meta-Perspektive 178f.
Metapher 50, 107, 177, 210, 254, 279f., 293f., 314, 423, 426, 435, 505, 529, 541, 551, 558, 614, 616
Metaphorik 61, 130, 177, 182, 185, 187, 208, 229, 265, 279f., 316, 352, 388, 505, 507, 559, 617
Metaplot 292, 294f.
metareferentiell 402, 407–409, 412f.
Metonymie 50, 334, 358, 505
Mikroerzählung 234
Mikronarrative 462
Mimesis 15f., 76, 78, 106, 214f., 299, 408, 410, 412, 425
mimetisch 15f., 130, 211, 214f., 238, 384, 390f., 408, 419–422, 425, 479, 574
Mimik 48, 204, 220, 390, 476, 530, 553
mind game movie 455, 458
mind reading 203, 205f., 220
Minimaldefinition 614
Minimalerzählung 66, 312
mini-tale 518
Mise en abyme 196, 341f.
Mitte 22, 281, 290, 299f., 305, 503
Mittelalter 61, 150, 190, 194, 238, 269–273, 289, 301, 313, 326f., 372f., 411f., 414, 473f., 479–481, 491, 516, 524, 619
Mittelbarkeit 21, 29, 32, 174, 184–186, 356, 385, 479
mnemonic overkill 419
Mnemotechnik 270
modale Narratologie 63, 78
Modalität 68, 72f., 94, 268
Moderne 5, 27, 50, 94, 144, 194–196, 244, 268, 271, 280, 303, 306, 341, 370, 418, 437, 439, 441, 455, 475, 481, 517
Modernismus 223f., 408, 413, 437
Modus 8, 33, 38, 71f., 76f., 80, 96, 103, 131, 133, 137, 142, 163, 166, 168, 174f., 180f., 186, 190, 210f., 216–218, 356f., 384f., 408, 438, 441, 474f., 480, 615
Moduskombination 472

Monolog 25, 47f., 191, 195, 212, 224, 238, 254, 390, 392, 394
monoszenisches Einzelbild 474f.
Montage 48, 145, 191f., 307, 352, 448, 450, 453, 489f.
moral stance 232
Morphologie 32, 64, 66f., 72, 264, 284f., 386, 605
Motiv 40, 44f., 49, 96, 100, 103, 105, 205, 264, 271f., 280, 285, 302, 306f., 334f., 337, 375, 378f., 438, 442, 476, 490, 509
Motivierung 4, 26, 38f., 42f., 47f., 203, 220, 319, 327, 454
Move-Grammatik 392
Multifokalisierung 191
Multimedialität 236, 389, 391, 405, 410
Multimodalität 9, 411, 448f., 451, 459, 489, 542, 558
Multiperspektivität 135f., 145, 179, 189–197, 379, 437
multipler Plot 286, 290
Mündliches Erzählen 229, 240
Mündlichkeit 47f., 233, 236–239, 254
Musical 451, 492, 499
Musik 499, 511
Musiksemiotik 505
Mythem 65, 80
Mythologie 66, 315, 472
Mythos 4, 24, 40, 64–66, 278, 281f., 299f., 337, 370

Nachvollziehbarkeit 101, 553, 615
Nachzeitigkeit 103
named entity recognition 603, 608
narratio 15, 435, 518f.
Narration 74, 76f., 81, 128, 130, 132f., 135, 138–144, 174, 180f., 190, 203, 208, 249f., 265, 267, 328, 381, 406, 421f., 424, 426, 434, 449–452, 454f., 459–461, 463f., 468f., 493f., 514–516, 518, 522, 552, 556, 620
narration, engl. 256, 391
narration, frz. 17, 45, 77, 265, 319, 384
Narrativ 7f., 68–70, 204, 434, 447, 454f., 516–518, 520, 522f., 529f., 532f., 539f., 550f., 619
narrative, engl. 7, 92

narrative agency 449, 479
narrative clauses 231
narrative Ereigniskette 599
Narrative Expositionstherapie 531, 535f.
narrative identity 96f., 106–108
narrative imperialism 92, 108
narrative Ko-Konstruktion 531, 534, 537
narrative Kommunikation 121, 132, 137, 143, 152, 392
narrative Kommunikationsebene 141, 143, 450
narrative Kompetenz 384, 542, 549, 585
narrative Möglichkeiten 68–70, 285, 492
narrative paradigm 107
narrative Praktiken 528, 543
Narrative Process Coding System 542
narrativer Diskurs 60, 127, 129, 132f., 135, 137f., 140, 144f., 190, 256, 439
narrativer Modus 72, 135f., 256, 542
narratives Präsens 254f.
narratives Programm 66f., 499
narratives Sinngeschehen 152–154, 156, 158f.
narrative Strategie 137, 139, 141, 194, 196, 421f., 486, 489f., 493, 576, 582, 619
narrative Therapien 531, 533f., 537, 543, 550
narrative Topoi 602
narrative turn 6, 77, 90f., 96, 108, 500, 548, 616
narrative Wende 535, 537, 543
Narrativismus 434, 441
Narrativität 50, 68–70, 76, 174f., 190, 244f., 249, 256f., 312, 390–393, 434, 436, 441f., 447, 450f., 453, 486, 488, 500, 503–505, 507, 510, 514, 516–518, 520, 523, 555, 614
narratorship 129, 133
Narrem 502–504, 506f., 509
Nation 102, 571
naturally occurring 230
natürlich 20, 40, 43, 77, 93, 100, 105, 221, 230, 266, 323, 419, 423, 472, 578, 602, 609
natürliche Narratologie 230, 420, 425, 578, 583
Naturwissenschaft 91, 273, 581

Nebenfigur 105, 153, 467, 574, 599
Neoklassik 279, 291, 295
neoklassische Kritik 280
Neorealismus 453
network narratives 454
Neue Medien 236–238
Neues Testament 474 f.
Neuro-Narratologie 590
New Criticism 81
New Historicism 615
New Hollywood 453
new narratologies 264
Nicht-Erzählen 15, 69, 81, 89 f., 96, 365 f., 381
Nominalismus 94
non-mimetisch 420
nonverbales Erzählen 538
nouveau roman 254, 335, 342
Nouvelle Vague 453
Novelle 50, 71, 75, 151, 156, 169, 195, 254, 286, 302 f., 307, 313, 326, 328, 368, 370, 374–377, 379, 503, 522
Null-Ende 302
Nullfokalisierung 181 f., 392, 480, 522

Objekt 23, 49, 66 f., 72, 94, 178, 184, 186, 188, 210, 318, 418, 442, 476, 571, 616
Objektivität 23–25, 27, 29, 91, 104, 370, 524, 547, 581
Offenheit 75, 77, 193, 264, 272, 302, 317, 379, 392, 444, 453, 459, 461, 463, 465–468, 555
Ohrenleser 158
Okularisierung 449
openness 236
Oper 499
Operette 499
Optik 177, 192
Optional-narrator theories 128–130, 133
Oral History 234, 239
Oralität 143, 229, 233, 238 f.
Oratorium 499
Ordnung 3 f., 18, 22 f., 29, 42–44, 72, 74, 100, 106, 263, 266, 270, 272, 302, 319, 390, 448, 454 f., 459, 540, 585
ordo artificialis 155, 270
ordo naturalis 155, 266, 270

orientation 231, 234, 534
Origo 131, 134 f., 137, 140, 143, 175, 178, 204, 247–250
ornamentales Erzählen 47 f., 50, 475
Ornamentalismus 37, 49

Panel 145, 488–493
Pan-narrator theories 128 f., 132
panoramatische Darstellung 30
Parabase 341
Parabel 378 f., 473, 572
paradigmatische Dimension 68, 433
Parallelismus 39, 46, 49 f., 302
Paramythie 368
Paratext 192, 440, 491, 508
parole 65, 74
Patient (semantische Rolle) 69, 319
performance 391
Performanz 100, 237 f., 510, 514, 520, 529
Peripetie 282, 300, 318, 391
Person 21 f., 25, 33, 44, 47, 64, 72, 77, 80, 97 f., 101, 103, 119, 129, 138 f., 155, 157–159, 161 f., 164, 175, 178 f., 181, 190, 206 f., 232, 237, 306, 335, 418, 462, 523, 533, 539, 570, 578
Persona 133, 137
Personenwahrnehmung 162 f.
Perspektive 30 f., 33, 45, 47 f., 52 f., 76, 135, 137–139, 142 f., 155, 168, 170 f., 174, 197, 219, 223, 247, 249, 254, 256, 266 f., 307 f., 357, 384 f., 392–394, 402, 420, 444, 449 f., 474, 480, 589, 618
Perspektivenwechsel 178 f., 186
Perspektivfigur 153, 155–157
Perspektivierung 7, 30, 46–48, 52, 96, 136, 138, 143, 154, 174 f., 177–180, 182, 186–192, 194 f., 247, 256, 386, 392, 439, 479, 555, 619
Perspektivierungsstrategie 144
perspektivische Aufspaltung 132, 139
perspektivische Doppelstruktur 138, 140, 189 f.
perspektivische Überblendung 139
perspektivische Überlagerung 134 f., 137–140, 145, 185 f., 249
Perspektivstruktur 21, 137 f.
Perspektivwechsel 153, 394

Phänomenologie 78, 89, 107, 151, 268, 358, 411, 551, 586, 589
phantastische Literatur 103, 272, 341, 343, 354
Philosophie 317, 580
Philosophy of Mind 589
phobos 407, 412
Phonologie 65
piktoriale Darstellung 31, 312, 488 f., 493
Plausibilität 82, 100, 203, 404, 519, 541, 573
Plot 88, 230, 278, 296, 394, 418, 421, 437, 441 f., 448 f., 452, 455, 500, 507, 551, 599 f., 606
Ploterwartung 294
Plot-Grammatik 392
Plotmuster 271, 386, 441, 443, 598, 619
Plot-Pyramide 280 f.
Plötzlichkeit 264, 268
Plurimedialität 169
pluriszenisches Einzelbild 474
Poem 150, 156
Poetik 15, 17–21, 23 f., 31, 77 f., 81, 83, 150, 270 f., 279, 329, 367, 370, 372–374, 449, 451
poetisierte Prosa 50
Poetrie 365–369
Pointe 136, 387
Point of View 179 f., 187 f., 195, 210, 247
Politik 7 f., 239, 369, 434, 490, 494, 591, 618
Polyphonie 191 f., 195, 308, 507, 509, 539, 618
Polysemie 424
Possible-World-Theorie 82, 175, 285, 411
postklassische Narratologie 5, 51, 59–61, 77, 79–83, 359, 419, 501, 587, 614 f., 619
postkoloniale Literaturwissenschaft 591
postkoloniale Narratologie 615
Postmoderne 38, 82, 89, 130, 144, 159, 194, 196, 303, 343, 346, 406, 410 f., 413, 418 f., 425, 481
Postromantik 150, 158
Poststrukturalismus 33, 61, 75, 90, 268, 270
Potenzierung 342, 355
Präambel 517
Prager Strukturalismus 614
Präpositionen 72, 265, 352

Präsens 140, 244–247, 250–255, 557
Präsenserzählung 419
Präsensroman 195, 244
Präsenz 117, 128, 145, 264, 268 f., 308, 356, 599
Präteritum 190, 244–249, 251, 253–255
Präzendenzfall 517
presenter 392 f.
problematic novel 413
Programmatik 459–462
Programmmusik 499
Prolepse 266
prolepsis 289
Prolog 304, 372, 390, 392
Pronomen 71, 135, 167, 576, 603
Proposition 71–73, 137
Prosodie 49, 233, 237, 239, 385
Protagonist 124, 152, 175, 179, 220, 267, 281, 318, 321 f., 385–387, 394, 467, 539, 571, 576
Protention 478, 587
Prototypensemantik 488, 500–502, 510
Providenz 264, 271 f.
Pseudo-Ende 302
Psychoanalyse 75, 90, 101, 163, 273, 378, 528, 530, 535, 537, 541, 543
Psychoanalyse 531, 534
Psycholinguistik 176, 582
Psychologie 52, 91, 161, 204–206, 234, 386, 411, 520, 549, 580, 584 f., 587
psycho-narration 185 f., 194, 212–214, 619
Psychonarratologie 131, 615
Psychotherapie 6, 550, 553
Psychotherapie 528, 543

Qualia 590

Rahmen 132, 136 f., 273, 300–302, 316, 336, 381, 384, 387 f., 390, 441, 494, 586
Rahmenhandlung 153, 156 f., 307, 465
Rahmung 192, 239, 285, 287, 306 f., 376, 388, 507 f., 530
raison d'être 42, 387
Raum 131, 137, 140, 143–145, 178, 263, 265, 269–273, 293, 314–316, 336, 379, 381, 385, 390, 439, 451, 463, 466, 472, 574, 600

Sachregister — 655

Raum 352, 360
Raumbeschreibung 356f.
Raumkommentar 356f.
Realismus 94, 168, 357, 453
realistisch 150, 168, 322f., 327f., 354, 373, 407, 413, 418f., 421, 425
realistischer Roman 205, 328, 404, 406–408, 413, 437
Realität 45, 102, 154, 174, 178, 188, 196, 203, 205f., 215, 223, 245, 320f., 344, 352–354, 401, 405, 409, 425, 439, 551, 578
Recall 608f.
Recht 8, 328, 514, 525, 569
Rechtsformel 514
Rechtssprichwort 514
récit 45, 47, 77, 81, 265, 319
Redeinterferenz 52, 209, 215
Redekontext 533f.
Redekriterium 15–17, 19
Redewiedergabe 191f., 209, 211–214, 356, 597f., 600, 603f.
Redundanz 460, 462f., 467f.
Referenzillusion 402, 405
Referenzraum 131, 140
Referenzzeit 246f., 251f.
Refiguration 79
Reflektorfigur 31, 33, 184f., 249, 389, 480
Rekonstruktion 102f., 175f., 187, 203, 206, 287, 325, 386, 389, 418, 436f., 493, 534, 536, 551–554, 556f., 559f.
Relevanz 39, 166, 284, 321f., 324f., 384, 394, 409, 503, 541, 547, 553, 556
Relevanzmarkierung 552, 555
Relevanz-Theorie 136
reliability 136
Renaissance 313, 328, 370, 414
reportability 232
Repräsentationsmedium 384
Repräsentationsmodus 423, 425
Repräsentativität 533, 607
resolution 231, 234, 534
Resultativität 320f.
Retention 478, 587
Retrieval 605
Rezentrierung 401f., 407, 412, 414

Rezeption 9, 20, 22, 106, 130f., 133, 150, 165, 169–171, 188, 239, 263f., 295, 318, 359, 386, 401, 403f., 406f., 439, 443f., 451, 454, 466, 479, 507, 581, 583, 586–589, 591, 597, 615
Rezeptionsästhetik 26, 191, 411, 586f., 619
Rezeptionsereignis 318f.
Rezeptionserwartung 132
Rezeptionszeit 250f., 255
Rezipient 21f., 25, 28, 99, 131f., 136, 141, 150, 153, 155, 162–164, 170, 176, 251, 265, 313, 339f., 353, 381, 389f., 401–407, 411, 413f., 436, 441f., 501–503, 510, 553, 557, 581, 586, 589, 591, 597, 619
Rezipientenperspektive 176, 193
Rhapsode 22f.
Rhetorik 15, 270, 334, 372, 374, 505, 518–520
rhetorische Figuren 161, 541
rhetorische Narratologie 82, 118, 121, 614
Rhythmus 50, 237, 299, 479, 481, 504–506
Ritualisierung 229, 239
role-playing game 405
Rolle 16, 25, 66f., 69f., 99, 120f., 152, 154f., 169, 193, 334, 342, 344f., 570
Roman 24, 31, 33, 38f., 47, 101, 104, 128, 151, 153, 156f., 169, 180, 189, 194f., 203, 205f., 210, 222f., 236, 239, 244, 248, 254, 264, 267, 271f., 279, 281, 289–291, 295, 302, 306, 319–322, 325, 328f., 335, 339f., 342f., 355, 359, 366, 368–377, 379, 384, 390, 392, 402, 404, 406–408, 413, 419, 425, 437, 440, 453, 480f., 487, 500, 502, 510, 569, 574f., 577, 589, 599–602, 607, 614
Romantik 102, 150, 158, 222f., 290, 325, 328, 342–344, 346, 386, 444, 475
russischer Formalismus 36–45
russisches Avantgardekino 453

Sage 24, 368, 377f., 381, 569
Säkularisierung 272f., 410
Sanktion 67
SatorBase 602
Schachtelerzählung 289f., 293, 302
Schauerroman 289, 373, 408
Schelmenroman 101, 373, 575, 577

Schema 67, 71, 73, 105, 166f., 234, 342, 367, 384, 386f., 418, 436, 441f., 450, 452, 506, 516, 554, 583, 586–588, 591
Schematheorie 316, 386, 442, 583
Schluss, formal 301–304, 308, 379, 576
Schmerz 220, 547, 549, 553, 556–558
Schriftlichkeit 48, 236, 238, 254
Science Fiction 272, 408, 419, 425, 578
script 316f., 321f., 325, 327, 384, 387f., 390, 394, 441, 510, 586, 599
Scripted Reality 460
Segmentierung 74, 76, 174, 390, 394, 461f., 469, 588
Selbstbewusstsein 105
Selektion 174, 181–183, 187, 206, 353f., 619
Semantik 61, 64, 70, 82, 196, 268, 316, 586, 614, 619
semantische Opposition 314
semantisches Feld 314–316, 357
Semiotik 51f., 61f., 66–69, 78f., 163f., 170, 187, 359, 384, 406, 486–488, 490f., 500, 504f., 617
semiotisches Quadrat 67, 281
Sentiment Analysis 602, 606
Sequentialität 305f., 308f., 386, 390, 473
Sequenz 44, 65, 69f., 72–74, 88, 96, 107, 120, 135, 139, 224, 230, 233, 238f., 252, 303f., 306–309, 322, 380f., 384, 386, 388, 450, 453, 474, 476, 489, 491, 493, 542, 557, 588
Sequenzanalyse 386, 543
Sequenzmodell 387, 452
Sequenzstruktur 64, 385
Serialität 9, 304, 307, 365, 459–469
short circuit 336
short short story 368
short story 180, 379, 516
showing 26, 31, 33, 76, 181, 391
signifiant 47, 76f., 265, 472, 504
signifié 47, 76f., 265, 441
Similarität 49f., 312
Simulation 103f., 144, 251, 346, 405, 413
Sinfonische Dichtung 499
Sinn 4, 6f., 41, 67, 72, 153f., 215, 268f., 294, 303f., 306, 328, 379, 385, 388, 394, 409f., 423, 433, 436–438, 473, 501f., 504, 507, 548, 552, 575, 585, 587f., 615

Sinnerzeugung 267
Sinnkultur 269
Sinnposition 52, 210–212
Situationsmodell 587
Skaz 37, 47–49, 238, 240, 618
Skulptur 405, 414, 472
small story 102, 233, 530, 557
soap Opera 460, 462, 465, 467f.
social mind 207f.
socionarratology 238
Sonett 388f.
soziale Medien 8, 229, 236f.
soziale Netzwerkanalyse 599, 606
soziale Netzwerke 236
Sozialgeschichte 606
Sozialwissenschaft 83, 90f., 436, 543, 548, 560, 616
Soziolinguistik 81, 232, 420, 585, 615
Soziologie 5, 163, 234, 358, 549, 606, 617
Spannung 26, 192, 273, 287, 289, 305, 462, 465, 467, 503f., 506–509, 530, 581, 588
spatial turn 359
Spiegelneuronen 581
Spiel 48, 68, 136, 171, 187, 271, 305, 345, 392, 412f., 584, 618
Sprachphilosophie 121, 209
Sprachsystem 572
Sprechakttheorie 81, 175
Sprechblase 473, 488, 491
Sprecher 47f., 131f., 134f., 137f., 140, 158, 174f., 190, 210, 231, 233, 236, 239, 245, 247, 249–251, 253, 255f., 385–389, 541, 556, 558
Sprecherinstanz 128f., 138, 140, 256, 384
Sprecherposition 127–132, 136–138
Sprechhandlung 530
Sprechzeit 246–248, 251f., 555
Spürbarkeit 41f., 48, 240, 302, 309
Staatsmarxismus 150
Standpunkt 26, 51–53, 142, 161f., 166, 168, 175, 178f., 315f.
Stil 9, 63, 119, 123, 155f., 158, 210, 215, 313, 375, 384, 435, 449f., 452, 455, 458, 474f., 488, 490, 493, 516, 549, 577, 602, 617
Stilometrie 601f.

Stimme 48, 81, 119, 123, 129 f., 132 f., 135, 138 f., 141–143, 158, 180, 186, 192, 209 f., 239 f., 265 f., 308, 336 f., 385, 390, 418, 505, 507, 509, 569, 574–576, 578
story 7, 46, 88, 96, 142, 189, 256, 280, 393, 434, 447–449, 452–455, 482, 519, 550, 588
story logic 96
story now 246, 249
storyworld 78, 131 f., 422 f., 454, 587
Streaming 468 f.
stream of consciousness 213, 217 f., 223
Stress 535
Ströme des Erzählens 380 f.
strukturale Linguistik 75, 80, 614, 616
Strukturalismus 41, 45 f., 51 f., 60 f., 63, 69, 73 f., 76, 80 f., 90, 125, 152, 163 f., 283, 285, 313, 317, 354, 358, 485, 531, 584, 587, 614
strukturalistische Narratologie 5, 33, 45–47, 49, 51–53, 59–63, 73, 76, 80–82, 96, 100, 125, 164, 231, 281, 283, 285, 359, 481, 485, 584, 614 f., 617 f., 620
Strukturprinzip 16, 28, 118, 137, 436
Subjekt 23, 51, 66 f., 69, 72, 101 f., 136, 139, 157, 174, 178, 187 f., 195, 204, 221, 273, 312, 316, 569, 571, 604
Subjekt-Aufspaltung 139, 178 f.
Subjekt-Objekt 49, 66 f., 178, 186, 188
Subjekt-Prädikat 70 f., 77
Sujet 37 f., 41–46, 48–50, 62, 70 f., 272, 299 f., 327, 448–450, 461
– Sujet im Sinne Lotmans 313–316, 386
– Sujet im Sinne Šklovskijs 38–43, 46, 50, 278, 280, 302
symbolisch 65, 76, 97–100, 165 f., 210, 220, 438, 488, 505, 531, 534, 538, 584
symptomatisch 165 f.
Synopsis 279
syntagmatische Dimension 68, 433
synthesis 98 f., 281
Systemtheorie 268, 584, 618
szenische Darstellung 16, 18–21, 26, 30 f., 33, 307, 439

tabellarisches Präsens 251
Tagebuch 140, 151, 207, 222, 308, 494
Teichoskopie 365, 390
Tel Aviv School of Poetics 81
Telenovela 460, 467 f.
tellability 107, 232, 313, 321, 329, 384, 406, 503
tellership 232
Temporaladverb 135, 189, 246, 248 f., 251, 256, 263, 265
Temporalität 244, 249, 256 f., 352, 419, 422, 472, 549, 587 f.
temporal juncture 230
Tempus 77, 80, 135, 175, 190, 211, 216 f., 219, 244–247, 252–257, 263, 265, 267, 448, 557
Text 6 f., 9, 16, 29, 44, 47, 50, 65, 67, 74–77, 79, 88, 118–122, 124, 127, 130 f., 133, 135, 138, 162 f., 175, 179, 187–189, 197, 216, 264 f., 267, 269 f., 274, 284, 294, 299, 303 f., 306, 308 f., 314, 319 f., 339, 345, 352, 359, 365 f., 369, 386, 419, 425, 439, 443, 463, 499, 503, 532, 541, 585–588, 597–599, 602–607, 617
Textimpuls 131, 141
Textinterferenz 215 f., 218 f., 223
Text-Leser-Verhältnis 131
Textlinguistik 73 f., 81, 515
Textobjektivismus 150
Textverstehen 164, 581, 585–587, 591, 598
Textwelt 139
Text World Theory 131
Theater 236, 239, 265, 279–281, 292, 339, 341–343, 390, 403, 412, 442
thematische Narratologie 62 f., 70, 76, 78, 82
theoretische Synekdoche 80
Theory of Mind 175, 179, 193, 205 f., 220, 409, 584 f.
thought report 213 f.
Tiefenstruktur 135, 139, 358, 436
Tonmalereien 499, 509
top-down 164, 586
Topic Modeling 603, 605 f.
Topos 412, 493, 552, 602
Tragödie 15 f., 164, 234, 299–301, 370, 391, 393 f., 407, 412, 437, 503
Trainingskorpus 604 f., 608

Transdisziplinarität 77, 359, 613, 615 f., 620
Transformation 47 f., 60, 71, 73, 80, 100, 188, 211, 240, 274, 493
Translinguistik 74
transmediale Narratologie 145, 390, 486, 493, 511
Transmedialität 82, 144, 171, 196, 337, 343–346, 405, 414, 454, 468 f., 485–487, 492, 494 f., 500–503
transparent mind 104
Traum 167, 207, 252, 320, 390, 405, 423, 438, 480, 534
Trauma 422, 531, 535 f., 539 f., 543, 552, 560
trompe-l'œil 405, 412
typologisches Erzählen 474, 481

Umfang 169, 366, 368 f., 372, 374 f., 377, 379, 508
uneigentliches Erzählen 218 f., 345, 606
Uneindeutigkeit 150, 218 f., 223, 577
Ungenauigkeit 98, 118
Unhintergehbarkeit 89 f.
Universalgrammatik 61
Universalität 19, 59, 384, 584
Unmittelbarkeit 33, 127, 185 f., 236, 356, 385, 459, 479
unnatural narratology 82, 230, 419 f., 425, 578
unnatürlich 292, 355, 419–425, 578
unnatürliche Erzählstimme 130, 135, 578
Unnatürliches Erzählen 418, 426
unzuverlässiges Erzählen 82, 118, 124, 136 f., 192 f., 195, 340, 418, 422, 589, 619
Unzuverlässigkeit 136, 418, 422, 619
urban legend 368
Utopie 99, 103, 368

Verfilmung 170, 487, 493–495
Verfremdung 37–39, 41–43, 46, 48 f., 280, 302, 340, 411
Vergangenheit 4, 18, 107, 134, 211, 244–251, 255 f., 264, 266, 270, 337, 403, 433, 435, 440, 444, 503, 520, 569, 615
Verknüpfung 4, 23, 43–45, 88, 91, 96, 98, 103, 105, 168, 289, 292, 299 f., 302–307, 357, 433 f., 438, 455, 464, 475, 529, 553, 588

Verkörperung 22, 129, 132, 448, 575
Verlaufsmodell 98 f.
Vermitteltheit 98, 385, 452
Vermittlungsinstanz 23, 118, 120, 128, 131, 142, 391 f.
Vermittlungsmodalität 385, 392 f.
Versepos 190, 238, 254, 325, 370
Verserzählung 156, 373, 384 f.
Versprachlichung 90, 529, 531 f., 535, 538
Versroman 366, 372
Verstehen 105, 107, 124, 229, 318, 327, 386, 501, 537, 541 f., 551, 582 f., 585, 587 f., 590, 597 f.
Virtualität 69, 389
virtual reality 103, 405, 413
Vision 390, 480
voice over 145, 449, 493
Vokalmusik 499
Vorkommnis 3, 319, 506

Wahrheit 98, 106, 236, 301, 375, 517, 520 f., 523 f., 618
Wahrnehmbarkeit 48 f., 385
Wahrnehmung 9, 19, 30 f., 39, 44, 93, 98, 103, 105, 107 f., 132, 134, 136, 138 f., 141 f., 144, 154 f., 157, 162, 166, 174 f., 177–183, 185, 187 f., 193, 195, 211 f., 217 f., 221, 251 f., 263, 268, 271, 273, 280, 356, 367, 380, 395, 401 f., 407, 409, 436, 441 f., 451, 501, 520, 585, 589, 591
Wahrnehmungsbericht 356
Wahrnehmungsinstanz 5, 30, 132, 142–144, 183, 252, 356, 480
Wahrnehmungsmonolog 356
Wahrscheinlichkeit 106, 271, 286, 316, 403 f., 406 f., 519
Weltliteratur 151, 287, 290, 336, 343, 368
Weltwissen 352, 359, 384, 587, 597, 607, 619
Wendepunkt 299–301, 305 f., 313, 387, 533
Wiedererzählung 532 f.
Wirklichkeitsaussage 249
Wirklichkeitserzählung 372, 551, 618
Wirkung 15, 20 f., 26, 46, 88, 104, 117, 164 f., 193 f., 340, 344, 346, 414, 435, 461, 473, 478, 586, 588, 604, 619
Wirkungsästhetik 20, 88, 151, 401, 403, 411–413, 505

Wirtschaft 7f.
Wissen 15, 26, 67, 104, 130, 132, 138, 144, 166, 175, 179, 181, 184f., 187, 192f., 204f., 207, 229, 235, 244, 269, 353, 386, 401f., 422, 438, 441f., 454, 475, 524, 542, 547, 549, 554, 560, 570f., 577, 586, 591, 598, 605, 615f.
Wissensasymmetrie 553
Wissensbestände 132, 166, 550, 586
Wissenschaft 5, 8, 10, 61, 90–93, 95–97, 283, 438, 443
Wissensstruktur 585f.
worldmaking 230, 405
Wunder 327, 376, 378, 534
Wunsch 99, 164, 205, 320f., 326, 329, 352, 384, 395, 529, 532, 541

Zeit 3f., 17, 21, 32, 68, 71, 78f., 81, 98, 105–108, 137, 145, 168, 180f., 244, 246, 248–251, 256, 263, 274, 305f., 319, 359f., 379, 385, 393, 407, 418, 422, 425, 434, 436, 460, 473f., 478f., 521, 552, 555, 573, 587, 614

Zeitlichkeit 65, 68, 72f., 79, 105f., 250, 268, 273, 384, 388, 391, 506f., 569, 588
Zeitmoment 154
Zeitreise 272, 336
Zeitreiseroman 264
Zeit-Roman 264, 272
Zeugenbericht 98, 515
Zoom 144, 465, 491f.
Zufallsstichprobe 607
Zukunft 4, 102, 107, 244, 246, 248, 264, 266, 268, 273, 388f., 440, 444, 476
Zuschauer 22, 220, 282, 344, 392, 412, 449f., 452, 459–465, 468f., 529
Zustand 21, 40, 66f., 72, 89, 167, 203, 220, 231, 312, 315, 319f., 322, 328, 388, 403f., 407, 436, 448, 503, 528, 539, 542, 599, 603, 619
Zustandsveränderung 21, 108, 203, 231, 263, 312f., 315, 319–324, 326–328, 384, 391, 436, 503, 506
Zweistimmigkeit 47, 52, 215, 219
zyklisches Erzählen 375f., 481

Grundthemen der Literaturwissenschaft

Herausgegeben von Klaus Stierstorfer

Rainer Emig, Lucia Krämer (Hrsg.)
Grundthemen der Literaturwissenschaft:
Adaption
ISBN 978-3-11-040781-5

Michael Wetzel (Hrsg.)
Grundthemen der Literaturwissenschaft:
Autorschaft
ISBN 978-3-11-029692-1

Andreas Englhart, Franziska Schößler (Hrsg.)
Grundthemen der Literaturwissenschaft:
Drama
ISBN 978-3-11-037956-3

Martin Huber, Wolf Schmid (Hrsg.)
Grundthemen der Literaturwissenschaft:
Erzählen
ISBN 978-3-11-040118-9

Lut Missinne, Ralf Schneider, Beatrix Theresa van Dam (Hrsg.)
Grundthemen der Literaturwissenschaft:
Fiktionalität
ISBN 978-3-11-046602-7

Robert Matthias Erdbeer, Florian Kläger, Klaus Stierstorfer (Hrsg.)
Grundthemen der Literaturwissenschaft:
Form
ISBN 978-3-11-036433-0

Eric Achermann (Hrsg.)
Grundthemen der Literaturwissenschaft:
Interpretation
ISBN 978-3-11-040782-2

Rolf Parr, Alexander Honold (Hrsg.)
Grundthemen der Literaturwissenschaft:
Lesen
ISBN 978-3-11-036467-5

Norbert Otto Eke, Stefan Elit (Hrsg.)
Grundthemen der Literaturwissenschaft:
Literarische Institutionen
ISBN 978-3-11-036469-9

Christiane Lütge (Hrsg.)
Grundthemen der Literaturwissenschaft:
Literaturdidaktik
ISBN 978-3-11-040120-2

Rainer Grübel, Gun-Britt Kohler (Hrsg.)
Grundthemen der Literaturwissenschaft:
Literaturgeschichte
ISBN 978-3-11-035968-8

Ralf Simon (Hrsg.)
Grundthemen der Literaturwissenschaft:
Poetik und Poetizität
ISBN 978-3-11-040780-8

Vittoria Borsò, Schamma Schahadat (Hrsg.)
Grundthemen der Literaturwissenschaft:
Weltliteratur
ISBN 978-3-11-040119-6

Alle Bände der Reihe sind auch als eBook erhältlich

www.ingramcontent.com/pod-product-compliance
Lightning Source LLC
Chambersburg PA
CBHW020601300426
44113CB00007B/469